Ebert Einstweiliger Rechtsschutz in Familiensachen

ANWALTSPRAXIS
DeutscherAnwaltVerein

Einstweiliger Rechtsschutz in Familiensachen

Von
RiOLG Dr. Johannes Ebert,
Bamberg

2. Auflage

DeutscherAnwaltVerlag

Zitiervorschlag:
Ebert, Einstweiliger Rechtsschutz, § 1 Rn 1

Copyright 2007 by Deutscher Anwaltverlag, Bonn
Satz: Reemers publishing services, Krefeld
Druck: Westermann Druck Zwickau GmbH
ISBN 978-3-8240-0793-6

Bibliografische Information der Deutschen Bibliothek
Die Deutsche Bibliothek verzeichnet diese Publikation in der Deutschen Nationalbibliografie; detaillierte bibliografische Daten sind im Internet über http://dnb.ddb.de abrufbar.

Vorwort zur 2. Auflage

Mittlerweile sind seit dem Erscheinen des Werkes in 1. Auflage mehr als vier Jahre vergangen. Die Rechtsprechung hat auf die Änderungen des einstweiligen Rechtsschutzes erwartungsgemäß durch zahlreiche Entscheidungen reagiert. Viele streitige Fragen wurden geklärt, andere Streitfragen – wie die Statthaftigkeit der vorläufigen Anordnung bei einem Vorgehen des Familiengerichts von Amts wegen – sind geblieben.

Der Gesetzgeber war ebenfalls nicht untätig. Änderungen im Recht der Lebenspartnerschaft, die gesetzliche Normierung der Gehörsrüge, neue EG-Verordnungen etc. haben das System des einstweiligen Rechtsschutzes maßgeblich beeinflusst.

Die Neuauflage versucht diesem Umstand Rechnung zu tragen und verarbeitet die Gesetzeslage und Rechtsprechung bis Oktober 2006.

Soweit künftige Änderungen konkret ersichtlich sind, wie bei der Novellierung des Unterhaltsrechts, wurde dies ebenfalls bereits berücksichtigt. Die geplante grundlegende Überarbeitung des Familienverfahrensrechts, die auch die Struktur des einstweiligen Rechtsschutzes in weiten Bereichen völlig verändern wird, wurde bewusst nicht in das Werk übernommen, da das Stadium des Referentenentwurfs bei Abschluss des Manuskripts noch nicht überschritten und ein In-Kraft-Treten der etwaigen Gesetzesänderungen noch nicht abzusehen war.

Für die zahlreichen Anregungen und Hinweise, die mir aus der Praxis zugegangen sind, bedanke ich mich ganz herzlich. Ich hoffe, dass es mir gelungen ist, diese erschöpfend aufzugreifen und in der Darstellung der Problembereiche umzusetzen.

Allen, die mich bei der Anfertigung der 2. Auflage unterstützt haben, sei herzlich gedankt. Besonderer Dank gilt meiner Familie für die Geduld, die sie während der Erstellung des Manuskripts aufgebracht hat.

Margetshöchheim, im Januar 2007   Johannes Ebert

Aus dem Vorwort zur 1. Auflage

Mit dem vorliegenden Werk unternehme ich den Versuch, die Struktur und die Inhalte der verschiedenen Mittel des einstweiligen Rechtsschutz in Familiensachen in verständlicher Weise darzustellen. Gleichzeitig soll jedoch auf eine tiefer gehende Bearbeitung der Materie, die dem Benutzer eine Auseinandersetzung mit der einschlägigen Rechtsprechung und Literatur ermöglicht, nicht verzichtet werden.

Die Vielfalt der Möglichkeiten und die verstreute Regelung der einschlägigen Rechtsnormen erschwert den Zugang zu diesem Themenbereich. Um eine korrekte Auswahl des zutreffenden Mittels des einstweiligen Rechtsschutzes zu ermöglichen, wird in der Ausarbeitung besonderer Wert darauf gelegt, den Anwendungsbereich der verschiedenen denkbaren Maßnahmen herauszuarbeiten und Abgrenzungsfragen zu lösen. Zum schnellen Einstieg und besseren Überblick sind jedem Kapitel Übersichten vorangestellt, mit deren Hilfe sich der Leser zügig dem maßgeblichen Problemkreis nähern kann.

Inhaltsübersicht

Inhaltsverzeichnis	XI
Literaturverzeichnis	XLIX
Einleitung	1
§ 1 Grundbegriffe und Grundstrukturen des einstweiligen Rechtsschutzes	5
§ 2 Einstweiliger Rechtsschutz auf Gewährung von Unterhalt	21
§ 3 Einstweiliger Rechtsschutz zu elterlicher Sorge, Umgangsrecht, Herausgabe des Kindes	251
§ 4 Der einstweilige Rechtsschutz zum Hausrat	345
§ 5 Der einstweilige Rechtsschutz zur Ehewohnung	391
§ 6 Der einstweilige Rechtsschutz zu Maßnahmen nach dem Gewaltschutzgesetz	439
§ 7 Der einstweilige Rechtsschutz zum Getrenntleben, Belästigungsverbote	501
§ 8 Einstweiliger Rechtsschutz bei Ehestörungen	519
§ 9 Herausgabe und Benutzung zum persönlichen Gebrauch dienender Gegenstände	527
§ 10 Der einstweilige Rechtsschutz bei güterrechtlichen Verfügungsverboten	557
§ 11 Der schuldrechtliche Versorgungsausgleich	569
§ 12 Die Sicherung des Zugewinnausgleichs	575
§ 13 Die Sicherung des Unterhalts	635
§ 14 Fälle mit Auslandsbezug	651
Stichwortverzeichnis	665

Inhaltsverzeichnis

Literaturverzeichnis XLIX
Einleitung 1

§1 Grundbegriffe und Grundstrukturen des einstweiligen Rechtsschutzes 5
A. Grundbegriffe des einstweiligen Rechtsschutzes 5
    I. Primärer – sekundärer vorläufiger Rechtsschutz. 5
    II. Einstweiliger – vorläufiger Rechtsschutz/vorgeschalteter – nachgeschalteter vorläufiger Rechtsschutz 6
    III. Verfahrensselbstständige – verfahrensunselbstständige Mittel des einstweiligen Rechtsschutzes 6
    IV. Einstweilige Anordnung – vorläufige Anordnung 7
    V. ZPO-Familiensachen – FGG-Familiensachen 7
    VI. Hauptsacheverfahren – Eilverfahren 8
B. Grundstrukturen des einstweiligen Rechtsschutzes 8
    I. Einstweiliger Rechtsschutz und materielles Recht 8
    II. Rechtshängigkeit/beschränkte materielle Rechtskraft 9
       1. Streitgegenstand und Rechtshängigkeit 9
       2. Folgen der Rechtshängigkeit 10
          a) Folgen der Rechtshängigkeit im Allgemeinen 10
          b) Besonderheiten bei FGG-Angelegenheiten 11
       3. Beschränkte Rechtskraft der Eilentscheidung 11
          a) Formelle Rechtskraft 11
          b) Materielle Rechtskraft 12
    III. Glaubhaftmachung 13
       1. Art der Beweisführung 14
       2. Beschränkung der Beweiswürdigung/erhobene Beweise. 16
       3. Grad der Erkenntnis 16
    IV. Darlegungslast/Beweislast 17

§2 Einstweiliger Rechtsschutz auf Gewährung von Unterhalt 21
A. Allgemeines 21
B. Die einstweilige Anordnung zum Ehegatten- und Kindesunterhalt nach § 620 Nr. 4, 6 ZPO sowie zum Unterhalt bei eingetragenen Lebenspartnerschaften nach § 661 Abs. 2 i.V.m. § 620 Nr. 4, 6 ZPO. 24

Inhaltsverzeichnis

I. Anhängigkeit einer Ehesache oder einer Lebenspartnerschaftssache nach § 661 Abs. 1 Nr. 1 bis 3 LPartG 24
   1. Anhängigkeit einer Ehesache 24
   2. Anhängigkeit einer Lebenspartnerschaftssache nach § 661 Abs. 1 Nr. 1 bis 3 LPartG 27
II. Inhalte der einstweiligen Anordnung nach § 620 Nr. 4, Nr. 6 ZPO 28
   1. Der persönliche Wirkungsbereich der einstweiligen Anordnung nach § 620 Nr. 4, Nr. 6 ZPO. 28
       a) Kindesunterhalt 28
       b) Ehegattenunterhalt und Unterhalt eingetragener Lebenspartner... 29
   2. Sachlicher Anwendungsbereich 29
       a) Unterhaltshöhe, Unterhaltsarten 29
       b) Zeitliche Beschränkungen der einstweiligen Anordnung 33
III. Das Verhältnis der einstweiligen Anordnung nach §§ 620 Nr. 4, 6, 661 Abs. 2 ZPO zu Hauptsacheverfahren und zu anderen Mitteln des einstweiligen Rechtsschutzes 36
   1. Das Verhältnis einstweiliger Anordnungen zu Hauptsacheverfahren . 37
       a) Vor Rechtshängigkeit des Hauptsacheverfahrens 37
       b) Nach Rechtshängigkeit des Hauptsacheverfahrens 38
       c) Nach Rechtskraft der Hauptsacheentscheidung 38
   2. Das Verhältnis einstweiliger Anordnungen zu anderen Mitteln des einstweiligen Rechtsschutzes 39
       a) Vor Anhängigkeit anderer summarischer Verfahren 39
       b) Nach Anhängigkeit anderer summarischer Verfahren.......... 41
       c) Nach Vollstreckbarkeit der Regelungen anderer summarischer Verfahren 43
IV. Regelungsbedürfnis.. 43
   1. Allgemeines 43
   2. Regelungsbedürfnis bei der einstweiligen Anordnung nach §§ 620 Nr. 4, 6, 661 Abs. 2 ZPO 45
V. Weitere Zulässigkeitsvoraussetzungen 46
VI. Antragstellung.. 46
   1. Erfordernis der Antragstellung und Art des Antrags 46
   2. Antragsbefugnis, Vertretungsregelung 48
   3. Form des Antrags/Anwaltszwang 49
   4. Inhalt der Antragsschrift/darzustellende Voraussetzungen 49
   5. Glaubhaftmachung....................................... 51
   6. Zuständiges Gericht 51
   7. Internationale Zuständigkeit................................ 54

VII.	Ablauf des Verfahrens	54
	1. Beteiligte	54
	2. Mündliche Verhandlung	54
	3. Rechtliches Gehör	55
	4. Die Wahlmöglichkeiten des Gerichts zur Verfahrensgestaltung	55
	5. Anwaltszwang	56
	6. Beweisaufnahme	57
	7. Beendigung durch Vergleich	58
	8. Die Entscheidung im Verfahren der einstweiligen Anordnung nach §§ 620 Nr. 4, 6, 661 Abs. 2 ZPO	59
	a) Förmlichkeiten der Entscheidung	59
	b) Prüfungsumfang des Gerichts/Bindung an Parteianträge	59
	c) Inhalt des Beschlusses	60
VIII.	Vollstreckung	64
	1. Allgemeine Voraussetzungen der Zwangsvollstreckung	64
	2. Verfahrensfragen	64
	3. Aussetzung der Vollziehung/Einstellung der Zwangsvollstreckung	65
IX.	Rechtsbehelfe	65
	1. Erneute Beschlussfassung aufgrund mündlicher Verhandlung (§ 620b Abs. 2 ZPO)	66
	a) Voraussetzungen	66
	b) Verhältnis zu weiteren Rechtsbehelfen des Anordnungsverfahrens und zu Hauptsacheklagen	69
	c) Ablauf des Verfahrens und Entscheidung	69
	d) Rechtsbehelfe gegen die erneute Beschlussfassung	70
	2. Abänderung oder Aufhebung des Beschlusses (§ 620b Abs. 1 ZPO)	71
	a) Voraussetzungen	71
	b) Verhältnis des Abänderungsantrages zu weiteren Rechtsbehelfen des Anordnungsverfahrens und zu Hauptsacheklagen	74
	c) Ablauf des Verfahrens und Entscheidung	76
	d) Besonderheiten bei der Abänderung von Vergleichen	78
	e) Rechtsbehelfe gegen Entscheidungen nach § 620b Abs. 1 ZPO	78
	3. Sofortige Beschwerde (§ 620c ZPO)	79
	4. Gehörsrüge (§ 321a ZPO)	80
	a) Anwendungsbereich	80
	b) Verfahrensfragen	82
	c) Ablauf des Verfahrens und Entscheidung	84
	5. Untätigkeitsbeschwerde	84
	6. Aussetzung der Vollziehung nach § 620e ZPO	85
	a) Voraussetzungen und Verfahrensfragen	85

b) Verhältnis der Aussetzung der Vollziehung nach § 620e ZPO zur einstweiligen Einstellung der Zwangsvollstreckung bei anhängigem Hauptsacheverfahren. 86
7. Weitere anfechtbare Entscheidungen im Anordnungsverfahren (Zwischen- und Nebenentscheidungen). 88
8. Hauptsacheklagen 89
   a) Leistungsklage, Rückforderungsklage, negative Feststellungsklage 89
   b) Vollstreckungsabwehrklage (§§ 767, 795 ZPO) 91
X. Das Außer-Kraft-Treten der einstweiligen Anordnung 93
1. Wirksamwerden einer anderweitigen Regelung. 93
   a) Anderweitige Regelungen. 94
   b) Wirksamkeit der anderweitigen Regelung 94
   c) Deckungsgleichheit (Kongruenz) der Regelungsbereiche 95
   d) Anderweitige Regelungen bei Kindesunterhalt. 95
   e) Anderweitige Regelungen bei Ehegattenunterhalt 101
   f) Anderweitige Regelungen bei Unterhalt eingetragener Lebenspartner 103
2. Das Außer-Kraft-Treten der einstweiligen Anordnung in sonstigen Fällen 103
   a) Rücknahme des Hauptsacheantrages 103
   b) Abweisung des Hauptsacheantrages in der Ehesache. 104
   c) Erledigung des Rechtsstreits in sonstiger Weise. 105
3. Feststellung des Außer-Kraft-Tretens 105
   a) Konkurrierende Rechtsbehelfe 105
   b) Ablauf des Verfahrens. 106
   c) Beschlussfassung/Rechtsbehelf. 107
4. Ausgleichsansprüche bei Außer-Kraft-Treten einer einstweiligen Anordnung 108
   a) Schadensersatz nach §§ 717 Abs. 2, 945, 641g ZPO analog? 108
   b) Rückforderung wegen ungerechtfertigter Bereicherung. 108
   c) Schadensersatz nach §§ 823, 826 BGB. 110
   d) Angebot zur Darlehensgewährung 110
XI. Sonderfragen zur Gewährung von Prozesskostenhilfe 110
C. Die einstweilige Anordnung nach § 644 ZPO 112
  I. Gesetzesgrundlagen 112
 II. Anhängigkeit des Hauptsacheverfahrens 112
    1. Anhängigkeit des Bezugsverfahrens 112
    2. Das Hauptsacheverfahren als Klageverfahren 113
    3. Denkbare Klagearten im Hauptsacheverfahren 113

III.	Inhalte der einstweiligen Anordnung	116
	1. Persönlicher Anwendungsbereich	116
	2. Sachlicher Anwendungsbereich	117
	a) Unterhaltshöhe, Unterhaltsart	117
	b) Zeitliche Beschränkung der einstweiligen Anordnung	118
	3. Deckungsgleichheit zwischen Anordnungsverfahren und Hauptsacheverfahren	118
	4. Inhaltlich auszuscheidende Hauptsacheklagen	119
IV.	Verhältnis zu anderen Mitteln einstweiligen Rechtsschutzes und zu Hauptsacheregelungen	120
	1. Das Verhältnis einstweiliger Anordnungen nach § 644 ZPO zu Hauptsacheverfahren	120
	a) Vor und nach Rechtshängigkeit des Hauptsacheverfahrens	120
	b) Nach Rechtskraft der Hauptsacheentscheidung	121
	2. Das Verhältnis der einstweiligen Anordnung nach § 644 ZPO zu anderen Mitteln des einstweiligen Rechtsschutzes	121
	a) Vor Anhängigkeit anderer summarischer Verfahren	121
	b) Nach Anhängigkeit anderer summarischer Verfahren	124
	c) Nach Vollstreckbarkeit anderer summarischer Verfahren	124
V.	Regelungsbedürfnis	125
VI.	Weitere Zulässigkeitsvoraussetzungen	125
VII.	Antragstellung	125
	1. Erfordernis der Antragstellung und Art des Antrages	125
	2. Antragsbefugnis/Vertretungsregelung	125
	3. Form des Antrages/Anwaltszwang	126
	4. Inhalt der Antragsschrift/darzustellende Voraussetzungen	126
	5. Glaubhaftmachung	127
	6. Zuständiges Gericht	128
	7. Internationale Zuständigkeit	128
VIII.	Ablauf des Verfahrens	128
	1. Beteiligte	128
	2. Mündliche Verhandlung	128
	3. Rechtliches Gehör	129
	4. Die Wahlmöglichkeiten des Gerichts zur Verfahrensgestaltung	129
	5. Anwaltszwang	129
	6. Beweisaufnahme	129
	7. Beendigung durch Vergleich	129
	8. Die Entscheidung nach § 644 ZPO	129
	a) Förmlichkeiten der Entscheidung	129

	b) Prüfungsumfang des Gerichts/Bindung an Parteianträge	129
	c) Inhalt des Beschlusses	130
IX.	Vollstreckung.	131
X.	Rechtsbehelfe	131
XI.	Außer-Kraft-Treten der einstweiligen Anordnung nach § 644 ZPO	132
	1. Wirksamwerden einer anderweitigen Regelung.	132
	2. Das Außer-Kraft-Treten der einstweiligen Anordnung in sonstigen Fällen	133
	3. Die einstweilige Anordnung bezüglich Trennungsunterhalt eines Ehegatten in Abhängigkeit von der Rechtskraft der Scheidung.	133
	4. Feststellung des Außer-Kraft-Tretens	134
XII.	Sonderfragen zur Prozesskostenhilfe	134
D. Die einstweilige Anordnung nach § 641d ZPO		134
I.	Anhängigkeit eines Hauptsacheverfahrens auf Feststellung des Bestehens der Vaterschaft	134
	1. Anhängigkeit des Bezugsverfahrens	134
	2. Geeignete Hauptsacheverfahren.	135
II.	Inhalt der einstweiligen Anordnung nach § 641d ZPO.	138
	1. Persönlicher Anwendungsbereich	138
	2. Sachlicher Anwendungsbereich.	138
	a) Einstweilige Anordnung zur Leistung von Unterhalt	138
	b) Einstweilige Anordnung zur Sicherung des Unterhaltes.	141
III.	Das Verhältnis der einstweiligen Anordnung nach § 641d ZPO zu anderen Mitteln einstweiligen Rechtsschutzes und zu Hauptsacheregelungen.	142
	1. Das Verhältnis der einstweiligen Anordnung zu Hauptsacheverfahren	142
	2. Das Verhältnis der einstweiligen Anordnung nach § 641d ZPO zu anderen Mitteln des einstweiligen Rechtsschutzes	143
	a) Vor wirksamer Anerkennung/rechtskräftiger Feststellung der Vaterschaft.	143
	b) Nach wirksamer Anerkennung/rechtskräftiger Feststellung der nichtehelichen Vaterschaft	144
IV.	Regelungsbedürfnis (§ 641d Abs. 2 S. 3 ZPO).	146
V.	Weitere Zulässigkeitsvoraussetzungen	147
VI.	Antragstellung.	147
	1. Erfordernis der Antragstellung und Art des Antrags	147
	2. Antragsbefugnis	147
	3. Form des Antrags/Anwaltszwang	149
	4. Inhalt der Antragsschrift/darzustellende Voraussetzungen	149

		5. Glaubhaftmachung/Begründung	151
		a) Materielle Voraussetzungen mit Ausnahme der Vaterschaft	151
		b) Voraussetzungen der Vaterschaft	152
		6. Zuständiges Gericht	153
VII.	Ablauf des Verfahrens		154
	1. Beteiligte		154
	2. Mündliche Verhandlung		154
	3. Anwaltszwang		154
	4. Beweisaufnahme/Parteimaxime		155
	5. Beendigung durch Vergleich		155
	6. Entscheidung/Beschluss		155
	a) Förmlichkeiten der Entscheidung		155
	b) Inhalt des Beschlusses		156
VIII.	Vollstreckung		157
IX.	Rechtsbehelfe		157
	1. Abänderung oder Aufhebung des Beschlusses		157
	2. Sofortige Beschwerde		159
	3. Konkurrenz der unterschiedlichen Rechtsbehelfe		160
X.	Das Außer-Kraft-Treten der einstweiligen Anordnung		160
	1. Außer-Kraft-Treten wegen eines anderen Schuldtitels des Unterhaltsgläubigers (§ 641e ZPO)		160
	2. Außer-Kraft-Treten der einstweiligen Anordnung auf Betreiben des Unterhaltsschuldners		161
	3. Das Außer-Kraft-Treten der einstweiligen Anordnung in sonstigen Fällen		162
	4. Feststellung des Außer-Kraft-Tretens		163
	5. Schadensersatzanspruch bei Außer-Kraft-Treten der einstweiligen Anordnung (§ 641g ZPO)		163
XI.	Sonderfragen zur Gewährung von Prozesskostenhilfe		164
E. Die Leistungsverfügung auf Zahlung von Unterhalt			164
I.	Bezug zu einem Hauptsacheverfahren auf Unterhalt		165
II.	Inhalt der Leistungsverfügung auf Unterhalt		166
	1. Persönlicher Anwendungsbereich		166
	2. Sachlicher Anwendungsbereich		166
	a) Unterhaltsart		166
	b) Begrenzung der Unterhaltsleistungen (Unterhaltshöhe, zeitliche Beschränkung)		167

Inhaltsverzeichnis

III.	Das Verhältnis der Leistungsverfügung zu anderen Mitteln einstweiligen Rechtsschutzes und zu Hauptsacheverfahren	171
	1. Das Verhältnis der Leistungsverfügung zu Hauptsacheverfahren	171
	2. Das Verhältnis der Leistungsverfügung zu anderen Mitteln des einstweiligen Rechtsschutzes	172
	a) Das Verhältnis zur einstweiligen Anordnung nach § 620 ZPO. ...	172
	b) Das Verhältnis zur einstweiligen Anordnung nach § 644 ZPO. ...	173
	c) Das Verhältnis zu einstweiligen Anordnungen nach §§ 641d, 127a, 621f ZPO, § 1615o BGB...........................	176
IV.	Verfügungsgrund...	176
V.	Weitere Zulässigkeitsvoraussetzungen	179
VI.	Antragstellung...	179
	1. Erfordernis und Art der Antragstellung.......................	179
	2. Antragsbefugnis/Vertretungsregelung	179
	3. Form des Antrags/Anwaltszwang	179
	4. Inhalt der Antragsschrift/darzustellende Voraussetzungen	180
	5. Glaubhaftmachung.......................................	182
	6. Zuständiges Gericht	182
	7. Internationale Zuständigkeit................................	185
VII.	Ablauf des Verfahrens..	185
	1. Parteien..	186
	2. Mündliche Verhandlung...................................	186
	3. Rechtliches Gehör	187
	4. Anwaltszwang	188
	5. Beweisaufnahme	188
	6. Beendigung durch Vergleich	188
	7. Entscheidung	188
	a) Förmlichkeiten der Entscheidung	188
	b) Inhalt der Entscheidung.................................	189
	c) Verkündung/Mitteilung der Entscheidung	190
VIII.	Die Vollziehung der Leistungsverfügung	191
	1. Vollstreckungsklausel.....................................	191
	2. Vollstreckung vor Zustellung der Leistungsverfügung	191
	3. Vollziehungsfrist nach § 929 Abs. 2 ZPO	192
IX.	Rechtsbehelfe	194
	1. Sofortige Beschwerde/Widerspruch/Berufung...................	194
	2. Antrag auf Aufhebung/Abänderung der einstweiligen Verfügung ...	194
	a) Aufhebung wegen Versäumung der Klagefrist nach §§ 936, 926 Abs. 2 ZPO..	194

		b) Aufhebung/Abänderung wegen veränderter Umstände (§§ 936, 927 ZPO)	194
		c) Aufhebung wegen Versäumung der Klagefrist nach § 942 Abs. 3 ZPO	195
	X.	Außer-Kraft-Treten	197
	XI.	Schadensersatz	197
	XII.	Zusatzfragen zur Prozesskostenhilfe	198
F.	Die einstweilige Verfügung nach § 1615o BGB		199
	I.	Bezug zu einem Hauptsacheverfahren auf Unterhalt	200
	II.	Inhalt der einstweiligen Verfügung nach § 1615o BGB	200
		1. Unterhaltsleistungen	200
		a) Unterhalt für das Kind	200
		b) Unterhalt für die Mutter	201
		c) Unterhalt für den Vater – analoge Anwendung des § 1615o BGB?	201
		2. Hinterlegung des Unterhaltes	202
	III.	Verhältnis zu anderen Mitteln einstweiligen Rechtsschutzes und zu Hauptsacheverfahren	202
		1. Das Verhältnis der einstweiligen Verfügung nach § 1615o BGB zu Hauptsacheverfahren	202
		2. Das Verhältnis der einstweiligen Verfügung nach § 1615o BGB zu anderen Mitteln des einstweiligen Rechtsschutzes	203
	IV.	Verfügungsgrund/Regelungsbedürfnis	204
	V.	Weitere Zulässigkeitsvoraussetzungen	205
	VI.	Antragstellung	205
		1. Erfordernis und Art der Antragstellung	205
		2. Antragsbefugnis	205
		3. Form/Anwaltszwang	206
		4. Inhalt	206
		5. Glaubhaftmachung	206
		6. Zuständiges Gericht	208
		7. Internationale Zuständigkeit	209
	VII.	Ablauf des Verfahrens	209
		1. Parteien	209
		2. Mündliche Verhandlung	209
		3. Rechtliches Gehör	209
		4. Anwaltszwang	209
		5. Beweisaufnahme	209
		6. Beendigung durch Vergleich	210

		7. Entscheidung	210
		a) Förmlichkeiten der Entscheidung	210
		b) Inhalt der einstweiligen Verfügung	210
VIII.		Vollziehung	212
IX.		Rechtsbehelfe	212
	1.	Sofortige Beschwerde, Widerspruch, Berufung	212
	2.	Antrag auf Aufhebung/Abänderung der einstweiligen Verfügung	212
		a) Aufhebung wegen Versäumung der Klagefrist nach §§ 936, 926 Abs. 2 ZPO	212
		b) Aufhebung/Abänderung wegen veränderter Umstände (§§ 936, 927 ZPO)	213
X.		Außer-Kraft-Treten der einstweiligen Verfügung des § 1615o BGB	213
XI.		Schadensersatz	213

G. Die einstweilige Anordnung/einstweilige Verfügung auf Prozesskostenvorschuss ... 214

- I. Allgemeines ... 214
  1. Formelle Grundlagen ... 214
  2. Materielle Grundlagen ... 214
     - a) Anspruchsberechtigter und -verpflichteter Personenkreis ... 214
     - b) Der Rechtsstreit über eine persönliche Angelegenheit ... 218
     - c) Bedürftigkeit, Leistungsfähigkeit, Billigkeit ... 220
- II. Die einstweilige Anordnung auf Prozesskostenvorschuss nach § 127a ZPO ... 223
  1. Anhängigkeit des Unterhaltsrechtsstreits ... 223
  2. Art der Unterhaltsstreitigkeit als Hauptsacheverfahren ... 224
  3. Inhalt der einstweiligen Anordnung auf Prozesskostenvorschuss ... 225
     - a) Persönlicher Wirkungsbereich ... 225
     - b) Umfang des Anspruchs auf Prozesskostenvorschuss ... 225
     - c) Zeitliche Begrenzung des Prozesskostenvorschusses ... 226
  4. Verhältnis zu anderen Mitteln einstweiligen Rechtsschutzes und zu Hauptsacheregelungen ... 227
     - a) Das Verhältnis einstweiliger Anordnungen nach § 127a ZPO zu Hauptsacheverfahren ... 227
     - b) Das Verhältnis der einstweiligen Anordnung nach § 127a ZPO zu anderen Mitteln des einstweiligen Rechtsschutzes ... 228
  5. Regelungsbedürfnis ... 229
  6. Weitere Zulässigkeitsvoraussetzungen ... 229
  7. Antragstellung ... 229
     - a) Antragsbefugnis ... 230
     - b) Erforderliche Darstellungen und Glaubhaftmachung ... 230

	c) Zuständiges Gericht	230
8.	Ablauf des Verfahrens	231
9.	Vollstreckung	232
10.	Rechtsbehelfe	232
11.	Außer-Kraft-Treten der einstweiligen Anordnung nach § 127a ZPO.	233
	a) Wirksamwerden einer anderweitigen Regelung	233
	b) Das Außer-Kraft-Treten der einstweiligen Anordnung in sonstigen Fällen	234
	c) Feststellung des Außer-Kraft-Tretens	235
12.	Rückzahlung des Prozesskostenvorschusses	235
13.	Die Gewährung von Prozesskostenhilfe	236

III. Die einstweilige Anordnung auf Prozesskostenvorschuss nach § 621f ZPO ... 237

1. Anhängigkeit einer Familiensache des § 621 Abs. 1 Nr. 1 bis 3, 6 bis 9, 13 ZPO. ... 237
2. Die maßgeblichen Familiensachen und deren mögliche Anspruchsteller sowie Anspruchsgegner ... 237
   a) Elterliche Sorge nach § 621 Abs. 1 Nr. 1 ZPO ... 238
   b) Regelung des Umgangs mit einem Kind (§ 621 Abs. 1 Nr. 2 ZPO) ... 238
   c) Kindesherausgabe (§ 621 Abs. 1 Nr. 3 ZPO) ... 239
   d) Regelung zum Versorgungsausgleich (§ 621 Nr. 6 ZPO) ... 239
   e) Regelung der Rechtsverhältnisse an Ehewohnung und Hausrat (§ 621 Abs. 1 Nr. 7 ZPO) ... 239
   f) Verfahren wegen güterrechtlicher Ansprüche (§ 621 Abs. 1 Nr. 8 ZPO) ... 240
   g) Verfahren auf Stundung der Zugewinnausgleichsforderung oder Übertragung bestimmter Vermögensgegenstände (§§ 1382, 1383 BGB, § 621 Abs. 1 Nr. 9 ZPO) ... 240
   h) Maßnahmen nach §§ 1 und 2 des Gewaltschutzgesetzes bei gemeinsamer Haushaltsführung (§ 621 Abs. 1 Nr. 13 ZPO). ... 240
3. Das Verhältnis der einstweiligen Anordnung nach § 621f ZPO zu anderen Mitteln des einstweiligen Rechtsschutzes und zu Hauptsacheregelungen ... 241
   a) Das Verhältnis zu Hauptsacheregelungen ... 241
   b) Das Verhältnis der einstweiligen Anordnung nach § 621f zu anderen Mitteln einstweiligen Rechtsschutzes ... 241
4. Regelungsbedürfnis, Antragstellung, Ablauf des Verfahrens, Vollstreckung ... 241
5. Rechtsbehelfe ... 241

IV. Die einstweilige Anordnung nach § 620 Nr. 10 ZPO 242
V. Die einstweilige Anordnung nach § 641d ZPO 242
VI. Die einstweilige Verfügung auf Zahlung eines Prozesskostenvorschusses 243
   1. Abhängigkeit vom Hauptsacheverfahren 245
   2. Inhalt der einstweiligen Verfügung 245
   3. Verhältnis der einstweiligen Verfügung zu anderen Mitteln einstweiligen Rechtsschutzes und zu Hauptsacheverfahren 245
     a) Das Verhältnis der einstweiligen Verfügung zu Hauptsacheverfahren 245
     b) Das Verhältnis der einstweiligen Verfügung zu anderen Mitteln des einstweiligen Rechtsschutzes 246
   4. Verfügungsgrund 246
   5. Antragstellung 247
     a) Inhalt 247
     b) Darlegungslast und Glaubhaftmachung 247
     c) Zuständiges Gericht. 247
   6. Ablauf des Verfahrens 248
   7. Beendigung des Verfahrens durch Vergleich, Entscheidung, Rechtsbehelfe 248
   8. Rückzahlung des Prozesskostenvorschusses 248
   9. Prozesskostenhilfe 249

§3 Einstweiliger Rechtsschutz zu elterlicher Sorge, Umgangsrecht, Herausgabe des Kindes 251

A. Allgemeines. 251
B. Die einstweilige Anordnung zu elterlicher Sorge, Umgangsrecht und Herausgabe des Kindes nach § 620 Nr. 1, 2, 3 ZPO 253
   I. Anhängigkeit der Ehesache. 253
  II. Inhalte der einstweiligen Anordnungen nach § 620 Nr. 1 bis 3 ZPO 253
     1. Die einstweilige Anordnung nach § 620 Nr. 1 ZPO (elterliche Sorge für ein gemeinschaftliches Kind) 254
       a) Der persönliche Wirkungsbereich 254
       b) Regelungsinhalt 254
       c) Teilregelungen 255
       d) Das Umgangsrecht als »dienende« Maßnahme. 257
       e) Maßnahmen nach § 1666 BGB: Anordnung einer Vormundschaft oder Pflegschaft 257
       f) Pflegschaft zur Durchsetzung des Umgangsrechts 259

	2. Die einstweilige Anordnung nach § 620 Nr. 2 ZPO	
	(Umgang eines Elternteils mit dem Kind)	260
	a) Der persönliche Wirkungsbereich	260
	b) Regelungsinhalt	260
	c) Verschiedene Regelungsbereiche	261
	3. Die einstweilige Anordnung nach § 620 Nr. 3 ZPO	262
	a) Der persönliche Wirkungsbereich	262
	b) Regelungsinhalt	262
III.	Das Verhältnis der einstweiligen Anordnungen nach § 620 Nr. 1–3 ZPO zu Hauptsacheverfahren und zu anderen Mitteln des einstweiligen Rechtsschutzes	263
	1. Das Verhältnis einstweiliger Anordnungen zu Hauptsacheverfahren .	263
	a) Vor Rechtshängigkeit des Hauptsacheverfahrens	263
	b) Nach Rechtshängigkeit des Hauptsacheverfahrens	264
	c) Nach Wirksamkeit der Hauptsacheentscheidung	266
	2. Das Verhältnis einstweiliger Anordnungen zu anderen Mitteln des einstweiligen Rechtsschutzes	266
	a) Vor Anhängigkeit anderer summarischer Verfahren	266
	b) Nach Anhängigkeit anderer summarischer Verfahren	266
	c) Nach Wirksamkeit der Regelungen anderer summarischer Verfahren	267
IV.	Regelungsbedürfnis	267
	1. Allgemeines	267
	2. Regelungsbedürfnis bei Anordnungen zur elterlichen Sorge	267
	3. Regelungsbedürfnis bei umgangsrechtlichen Anordnungen	268
	4. Anordnung der Herausgabe des Kindes	269
V.	Weitere Zulässigkeitsvoraussetzungen	269
VI.	Antragstellung	269
	1. Erfordernis der Antragstellung und Art des Antrags	269
	2. Antragsbefugnis	269
	3. Form des Antrags/Anwaltszwang	270
	4. Inhalt der Antragsschrift/darzustellende Voraussetzungen	270
	5. Glaubhaftmachung	271
	6. Zuständiges Gericht	271
VII.	Ablauf des Verfahrens	272
	1. Beteiligte	272
	2. Mündliche Verhandlung	272
	3. Rechtliches Gehör	272
	4. Die Wahlmöglichkeiten des Gerichts zur Verfahrensgestaltung	273

XXIII

		5. Anwaltszwang	273
		6. Beweisaufnahme	273
		7. Beendigung durch Vergleich	274
		8. Die Entscheidung im Verfahren der einstweiligen Anordnungen nach § 620 Nr. 1 bis 3 ZPO	275
		a) Förmlichkeiten der Entscheidung	275
		b) Prüfungsumfang des Gerichts/Bindung an Parteianträge	275
		c) Inhalt des Beschlusses	277
	VIII.	Vollstreckung.	278
		1. Allgemeine Voraussetzungen der Zwangsvollstreckung	278
		2. Zuständiges Gericht, Verfahrensfragen	279
		3. Rechtsbehelfe gegen Vollstreckungsmaßnahmen	280
		4. Aussetzung der Vollziehung.	280
	IX.	Rechtsbehelfe	280
		1. Erneute Beschlussfassung aufgrund mündlicher Verhandlung (§ 620b Abs. 2 ZPO)	281
		2. Abänderung oder Aufhebung des Beschlusses (§ 620b Abs. 1 ZPO)	282
		3. Sofortige Beschwerde (§ 620c ZPO)	283
		a) Voraussetzungen im Einzelnen	283
		b) Verfahrensablauf und Entscheidung	289
		4. Rechtsbehelfe	293
		5. Aussetzung der Vollziehung nach § 620e ZPO	294
		6. Weitere anfechtbare Entscheidungen im Anordnungsverfahren (Zwischen- und Nebenentscheidungen)	294
	X.	Das Außer-Kraft-Treten der einstweiligen Anordnung	295
		1. Wirksamwerden einer anderweitigen Regelung.	295
		a) Wirksamwerden der Regelung	295
		b) Anderweitige Regelung in Angelegenheiten der elterlichen Sorge	296
		c) Anderweitige Regelung zum Umgangsrecht.	296
		d) Anderweitige Regelung zur Kindesherausgabe	297
		2. Feststellung der Unwirksamkeit.	297
	XI.	Sonderfragen zu Prozesskostenhilfe	297
C. Die einstweilige Anordnung zu elterlicher Sorge, Umgangsrecht und Herausgabe des Kindes im Rahmen isolierter Hauptsacheverfahren (§ 621g ZPO).			298
	I.	Anhängigkeit eines Hauptsacheverfahrens	299
	II.	Inhalte der einstweiligen Anordnungen zu elterlicher Sorge, Umgangsrecht und Kindesherausgabe nach §§ 621g, 621 Abs. 1 Nr. 1–3 ZPO	299

Inhaltsverzeichnis

1. Deckungsgleichheit zwischen einstweiliger Anordnung und Hauptsacheverfahren	299
2. Die einstweilige Anordnung zur elterlichen Sorge	300
a) Der persönliche Wirkungsbereich	300
b) Regelungsinhalt	301
3. Die einstweilige Anordnung zum Umgangsrecht	304
a) Der persönliche Wirkungsbereich	304
b) Regelungsinhalt	305
4. Herausgabe des Kindes	306
a) Der persönliche Wirkungsbereich	306
b) Sachlicher Anwendungsbereich; Regelungsumfang	306
c) Kindesherausgabe bei Entführungsfällen ins Ausland oder aus dem Ausland	307

III. Das Verhältnis einstweiliger Anordnungen nach §§ 621g S. 1, 621 Abs. 1 Nr. 1–3 ZPO zu Hauptsacheverfahren und zu anderen Mitteln des einstweiligen Rechtsschutzes ... 307
   1. Das Verhältnis einstweiliger Anordnungen zu Hauptsacheverfahren . 307
      a) Vor und nach Rechtshängigkeit des Hauptsacheverfahrens ... 307
      b) Nach Wirksamkeit der Entscheidung im Hauptsacheverfahren ... 308
   2. Das Verhältnis einstweiliger Anordnungen nach § 621g S. 1 ZPO zu anderen Mitteln des einstweiligen Rechtsschutzes ... 308
      a) Das Verhältnis zu § 620 Nr. 1 bis 3 ZPO ... 308
      b) Das Verhältnis zur vorläufigen Anordnung ... 308

IV. Regelungsbedürfnis ... 309
   1. Allgemeines ... 309
   2. Regelungsbedürfnis bei den jeweiligen Anordnungsbereichen ... 309
      a) Elterliche Sorge ... 309
      b) Umgangsrecht ... 309
   3. Herausgabe des Kindes ... 310

V. Antragstellung ... 310
   1. Erfordernis der Antragstellung und Art des Antrags ... 310
   2. Antragsbefugnis ... 310
   3. Form des Antrags/Anwaltszwang ... 311
   4. Zuständiges Gericht ... 311
   5. Form des Antrags/darzustellende Voraussetzungen/ Glaubhaftmachung ... 311

VI. Ablauf des Verfahrens ... 311
   1. Beteiligte ... 311
   2. Anwaltszwang ... 313

XXV

		3. Wahlmöglichkeiten des Gerichts, Beweisaufnahme, Beendigung durch Vergleich	313

        3. Wahlmöglichkeiten des Gerichts, Beweisaufnahme, Beendigung
           durch Vergleich 313
        4. Die Entscheidung nach § 621g ZPO 313
           a) Förmlichkeiten der Entscheidung 313
           b) Prüfungsumfang des Gerichts/Bindung an Parteianträge 313
           c) Inhalt des Beschlusses 314
  VII. Vollstreckung 317
  VIII. Rechtsbehelfe 317
  IX. Das Außer-Kraft-Treten der einstweiligen Anordnung 318
        1. Wirksamwerden einer anderweitigen Regelung 318
        2. Rücknahme des Antrages in der Hauptsache 318
        3. Erledigung des Hauptsacheverfahrens 319
        4. Feststellung der Unwirksamkeit der einstweiligen Anordnung 319
  X. Sonderfragen zur Prozesskostenhilfe 319

D. Die vorläufige Anordnung zu elterlicher Sorge, Umgangsrecht und
Herausgabe des Kindes 319
  I. Auswirkungen der Regelung des § 621g ZPO 319
        1. Anwendungsbereich der vorläufigen Anordnung 319
           a) Die vorläufige Anordnung bei Hauptsacheverfahren, die von
              Amts wegen betrieben werden 319
           b) Die vorläufige Anordnung bei Antragsverfahren in
              Angelegenheiten der freiwilligen Gerichtsbarkeit 320
           c) »Dienende« Anordnungen 321
           d) Abgrenzung der vorläufigen Anordnung von der einstweiligen
              Anordnung durch die Art der Erledigung 322
           e) Zusammenfassung zum Anwendungsbereich der vorläufigen
              Anordnung 323
        2. Einschränkung des Anwendungsbereichs des § 621g ZPO 325
  II. Anhängigkeit eines Hauptsacheverfahrens 326
  III. Inhalte der vorläufigen Anordnungen zu elterlicher Sorge,
Umgangsrecht und Herausgabe des Kindes 327
        1. Deckungsgleichheit zwischen vorläufiger Anordnung
           und Hauptsacheverfahren 327
        2. Die vorläufige Anordnung zur elterlichen Sorge 328
        3. Die vorläufige Anordnung zum Umgangsrecht 329
        4. Die vorläufige Anordnung im Zusammenhang mit der
           Kindesherausgabe 330
  IV. Verhältnis der vorläufigen Anordnung zu Hauptsacheverfahren und
zu anderen Mitteln des einstweiligen Rechtsschutzes 330

	1. Das Verhältnis der vorläufigen Anordnung zu Hauptsacheverfahren .	330
	2. Das Verhältnis der vorläufigen Anordnung zu anderen Mitteln des einstweiligen Rechtsschutzes	331
V.	Regelungsbedürfnis	331
VI.	Antragstellung	332
	1. Anwendungsbereich eines Antrages auf Erlass einer vorläufigen Anordnung	332
	2. Inhalt und Form eines FGG-Antrages	332
VII.	Zuständiges Gericht	332
VIII.	Ablauf des Verfahrens	333
	1. Beteiligte	333
	2. Mündliche Verhandlung	333
	3. Rechtliches Gehör	334
	4. Anwaltszwang	334
	5. Beweisaufnahme	334
	6. Beendigung durch Vergleich	335
	7. Entscheidung/Beschluss	335
	a) Förmlichkeiten der Entscheidung	335
	b) Inhalt des Beschlusses	336
IX.	Vollstreckung	337
X.	Rechtsbehelfe	337
	1. Abänderung der vorläufigen Anordnung nach § 18 Abs. 1 FGG	339
	2. Beschwerde	340
	a) Statthaftigkeit der Beschwerde; Beschwerdeberechtigung	340
	b) Verfahren und Entscheidung	341
	c) Aussetzung der Vollziehung	342
XI.	Außer-Kraft-Treten der vorläufigen Anordnung	342
XII.	Sonderfragen zur Prozesskostenhilfe	343

§ 4 Der einstweilige Rechtsschutz zum Hausrat 345

A. Die einstweilige Anordnung nach § 620 Nr. 7 ZPO	347
I. Anhängigkeit einer Ehesache oder einer Lebenspartnerschaftssache nach § 661 Abs. 1 Nr. 1 bis 3 LPartG	347
1. Anhängigkeit einer Ehesache	347
2. Anhängigkeit einer Lebenspartnerschaftssache	347
II. Inhalte der einstweiligen Anordnung nach § 620 Nr. 7 ZPO	347
1. Der persönliche Wirkungsbereich	347
2. Sachlicher Anwendungsbereich/Regelungsinhalte	348

III.	Das Verhältnis der einstweiligen Anordnung nach § 620 Nr. 7 ZPO zu anderen Mitteln einstweiligen Rechtsschutzes und zu Hauptsacheregelungen	350
	1. Das Verhältnis der einstweiligen Anordnung zu Hauptsacheverfahren	350
	2. Das Verhältnis der einstweiligen Anordnung nach § 620 Nr. 7 ZPO zu anderen Mitteln des einstweiligen Rechtsschutzes	351
	a) Das Verhältnis des § 620 Nr. 7 ZPO zu § 621g ZPO	351
	b) Das Verhältnis des § 620 Nr. 7 ZPO zur einstweiligen Verfügung .	352
IV.	Regelungsbedürfnis...	353
V.	Weitere Zulässigkeitsvoraussetzungen	353
VI.	Antragstellung..	353
	1. Erfordernis der Antragstellung und Art des Antrags	353
	2. Antragsbefugnis...	354
	3. Form/Anwaltszwang	354
	4. Sachdarstellung/Glaubhaftmachung	354
	a) Besonderheiten der »streitigen FGG-Angelegenheiten«.........	354
	b) Darzustellende Voraussetzungen..........................	356
	5. Zuständiges Gericht	357
	6. Internationale Zuständigkeit................................	358
VII.	Ablauf des Verfahrens.......................................	358
	1. Beteiligte	358
	2. Mündliche Verhandlung...................................	358
	3. Rechtliches Gehör	358
	4. Die Wahlmöglichkeiten des Gerichts zur Verfahrensgestaltung	358
	5. Anwaltszwang	358
	6. Beweisaufnahme	359
	7. Beendigung durch Vergleich	359
	8. Entscheidung/Beschluss...................................	360
	a) Förmlichkeiten der Entscheidung	360
	b) Prüfungsumfang des Gerichts/Bindung an Parteianträge	360
	c) Inhalt des Beschlusses.................................	360
VIII.	Vollstreckung..	360
IX.	Rechtsbehelfe	361
X.	Außer-Kraft-Treten der einstweiligen Anordnung	362
XI.	Prozesskostenhilfe..	363
B. Die einstweilige Anordnung nach § 621g ZPO i.V.m. § 621 Nr. 7 ZPO		363
	I. Anhängigkeit eines Hauptsacheverfahrens	364
	II. Inhalte der einstweiligen Anordnung nach § 621g ZPO zu Hausratsangelegenheiten.......................................	366

	1. Der persönliche Wirkungsbereich	366
	2. Sachlicher Anwendungsbereich/Regelungsinhalte	366
III.	Das Verhältnis der einstweiligen Anordnung nach § 621g ZPO (Hausrat) zu anderen Mitteln des einstweiligen Rechtsschutzes und zu Hauptsacheregelungen	367
	1. Das Verhältnis der einstweiligen Anordnung zu Hauptsacheverfahren	367
	2. Das Verhältnis der einstweiligen Anordnung nach § 621g ZPO zu anderen Mitteln des einstweiligen Rechtsschutzes	368
	a) Das Verhältnis des § 621g ZPO zu § 620 Nr. 7 ZPO	368
	b) Das Verhältnis des § 621g ZPO zur einstweiligen Verfügung	368
IV.	Regelungsbedürfnis	369
V.	Weitere Zulässigkeitsvoraussetzungen	370
VI.	Antragstellung	371
	1. Erfordernis der Antragstellung und Art des Antrags	371
	2. Antragsbefugnis	371
	3. Form/Anwaltszwang	371
	4. Sachdarstellung/Glaubhaftmachung	372
	5. Zuständiges Gericht	372
	6. Internationale Zuständigkeit	372
VII.	Ablauf des Verfahrens	372
	1. Beteiligte	372
	2. Mündliche Verhandlung	373
	3. Rechtliches Gehör	373
	4. Die Wahlmöglichkeiten des Gerichts zur Verfahrensgestaltung	373
	5. Anwaltszwang	373
	6. Beweisaufnahme	373
	7. Beendigung durch Vergleich	373
	8. Entscheidung/Beschluss	374
	a) Förmlichkeiten der Entscheidung	374
	b) Prüfungsumfang des Gerichts/Bindung an Parteianträge	374
	c) Inhalt des Beschlusses	375
VIII.	Vollstreckung	375
IX.	Rechtsbehelfe	375
X.	Außer-Kraft-Treten der einstweiligen Anordnung	376
XI.	Zusatzfragen zu Prozesskostenhilfe	377
C. Die vorläufige Anordnung zu Hausratsangelegenheiten		377
D. Die einstweilige Verfügung auf Herausgabe von Hausrat und sonstiger Gegenstände sowie zur Verhinderung der Verfügung über Hausrat		378
	I. Bezug zu einem Hauptsacheverfahren	378

Inhaltsverzeichnis

II.	Regelungsziele der einstweiligen Verfügung	379
1.	Die einstweilige Verfügung auf Herausgabe von Hausrat und sonstiger Gegenstände	379
	a) Die einstweilige Verfügung gegen den Ehepartner/Lebenspartner	379
	b) Die einstweilige Verfügung gegen Dritte	382
	c) Die einstweilige Verfügung des Kindes gegen einen Elternteil	384
2.	Die einstweilige Verfügung zur Verhinderung von Verfügungen über Hausrat	384
	a) Die einstweilige Verfügung gegen den Ehepartner/Lebenspartner zur Verhinderung von Verfügungen über den Hausrat	385
	b) Die einstweilige Verfügung gegen Dritte zur Verhinderung von Verfügungen über den Hausrat	387
III.	Ablauf des Verfahrens	387
1.	Parteien	388
2.	Entscheidung	388
IV.	Vollziehung	388
V.	Rechtsbehelfe, Außer-Kraft-Treten, Schadensersatz	388
E. Der Arrest zur Sicherung von Ansprüchen aus dem Hausratsverfahren		388

§5 Der einstweilige Rechtsschutz zur Ehewohnung 391

A. Die einstweilige Anordnung nach § 620 Nr. 7 ZPO 392
    I. Anhängigkeit der Ehesache/Lebenspartnerschaftssache 392
    II. Inhalte der einstweiligen Anordnung nach § 620 Nr. 7 ZPO 393
        1. Der persönliche Wirkungsbereich der einstweiligen Anordnung nach § 620 Nr. 7 ZPO. 393
        2. Sachlicher Anwendungsbereich/Regelungsinhalte 393
    III. Das Verhältnis der einstweiligen Anordnung nach § 620 Nr. 7 ZPO zu anderen Mitteln einstweiligen Rechtsschutzes und zu Hauptsacheregelungen. 400
        1. Das Verhältnis der einstweiligen Anordnung zu Hauptsacheverfahren 400
        2. Das Verhältnis der einstweiligen Anordnung zu anderen Mitteln des einstweiligen Rechtsschutzes. 401
            a) Das Verhältnis des § 620 Nr. 7 ZPO zu § 621g ZPO 401
            b) Das Verhältnis des § 620 Nr. 7 ZPO zu § 620 Nr. 9 ZPO n.F. 401
            c) Das Verhältnis des § 620 Nr. 7 ZPO zu § 620 Nr. 5 ZPO 402
            d) Das Verhältnis des § 620 Nr. 7 ZPO zu § 64b Abs. 3 S. 1 FGG n.F. 402
            e) Das Verhältnis des § 620 Nr. 7 ZPO zur einstweiligen Verfügung . 402

IV.	Regelungsbedürfnis.	402
V.	Weitere Zulässigkeitsvoraussetzungen	403
VI.	Antragstellung.	403
	1. Erfordernis der Antragstellung und Art des Antrags	403
	2. Antragsbefugnis	404
	3. Form/Anwaltszwang	404
	4. Sachdarstellung/Glaubhaftmachung.	404
	a) Besonderheiten der »streitigen FGG-Angelegenheiten«.	404
	b) Darzustellende Voraussetzungen.	404
	5. Zuständiges Gericht	413
VII.	Ablauf des Verfahrens.	414
	1. Beteiligte	414
	2. Mündliche Verhandlung.	414
	3. Rechtliches Gehör	414
	4. Die Wahlmöglichkeiten des Gerichts zur Verfahrensgestaltung	415
	5. Anwaltszwang	415
	6. Beweisaufnahme	415
	7. Beendigung durch Vergleich	415
	8. Entscheidung/Beschluss.	415
	a) Förmlichkeiten der Entscheidung	415
	b) Prüfungsumfang des Gerichts/Bindung an Parteianträge	416
	c) Inhalt des Beschlusses.	416
VIII.	Vollstreckung.	417
IX.	Rechtsbehelfe	418
	1. Erneute Beschlussfassung aufgrund mündlicher Verhandlung (§ 620b Abs. 2 ZPO)	418
	2. Abänderung oder Aufhebung des Beschlusses	418
	3. Die sofortige Beschwerde (§ 620c ZPO).	419
	a) Anwendungsbereich	419
	b) Verfahrensablauf und Entscheidung	420
	4. Aussetzung der Vollziehung nach § 620e ZPO	421
X.	Außer-Kraft-Treten der einstweiligen Anordnung	422
XI.	Zusatzfragen zur Prozesskostenhilfe.	422
B. Die einstweilige Anordnung nach § 621g S. 1 ZPO i.V.m. § 621 Abs. 1 Nr. 7 ZPO		423
I.	Anhängigkeit eines Hauptsacheverfahrens	423
II.	Inhalte der einstweiligen Anordnung nach § 621g ZPO zu Ehewohnung/gemeinsamer Wohnung.	424
	1. Der persönliche Wirkungsbereich der einstweiligen Anordnung	424

	2. Sachlicher Anwendungsbereich/Regelungsinhalte	424
III.	Das Verhältnis der einstweiligen Anordnung nach § 621g ZPO zu Hauptsacheregelungen und zu anderen Mitteln des einstweiligen Rechtsschutzes	424
	1. Das Verhältnis der einstweiligen Anordnung zu Hauptsacheverfahren	424
	2. Das Verhältnis der einstweiligen Anordnung zu anderen Mitteln des einstweiligen Rechtsschutzes	424
	a) Das Verhältnis des § 621g ZPO zu § 620 Nr. 7 ZPO	424
	b) Das Verhältnis des § 621g ZPO zu § 64b Abs. 3 S. 1 FGG n.F. ...	424
	c) Das Verhältnis des § 621g ZPO zur einstweiligen Verfügung	425
IV.	Regelungsbedürfnis	426
V.	Weitere Zulässigkeitsvoraussetzungen	427
VI.	Antragstellung	427
	1. Erfordernis der Antragstellung und Art des Antrags	427
	2. Antragsbefugnis	428
	3. Form/Anwaltszwang	428
	4. Sachdarstellung/Glaubhaftmachung	428
	5. Zuständiges Gericht	428
VII.	Ablauf des Verfahrens	429
	1. Beteiligte	429
	2. Mündliche Verhandlung, rechtliches Gehör, Wahlmöglichkeiten des Gerichts zur Verfahrensgestaltung, Anwaltszwang, Beweisaufnahme, Beendigung durch Vergleich	429
	3. Entscheidung/Beschluss	429
	a) Förmlichkeiten der Entscheidung	429
	b) Prüfungsumfang des Gerichts/Bindung an Parteianträge	429
	c) Inhalt des Beschlusses	430
VIII.	Vollstreckung	430
IX.	Rechtsbehelfe	430
X.	Außer-Kraft-Treten der einstweiligen Anordnung	430
XI.	Zusatzfragen zu Prozesskostenhilfe	430
C. Die vorläufige Anordnung zu Ehewohnungsangelegenheiten/Zuweisung der gemeinsamen Wohnung bei Lebenspartnern		431
D. Die einstweilige Verfügung zur Regelung der (Ehe-) Wohnungsangelegenheiten		431
I.	Inhalt der einstweiligen Verfügung	432
II.	Das Verhältnis der einstweiligen Verfügung zu einstweiligen Anordnungen nach § 620 Nr. 7 ZPO oder nach § 621g ZPO	432
III.	Verfügungsgrund	432

IV.	Antragstellung	433
	1. Erfordernis und Art der Antragstellung	433
	2. Antragsbefugnis	433
	3. Darzustellende Voraussetzungen/Glaubhaftmachung	433
	4. Zuständiges Gericht	434
V.	Weitere Verfahrensfragen	434
E.	Maßnahmen des einstweiligen Rechtsschutzes bei drohender Veräußerung der (Ehe-)Wohnung, drohender Kündigung des Mietverhältnisses durch den Ehegatten/Lebenspartner und drohender Zwangsversteigerung	434
	I. Drohende Veräußerung der (Ehe-)Wohnung	434
	II. Drohende Kündigung der (Ehe-)Wohnung	435
	III. Drohende Zwangsvollstreckung	436
F.	Der Arrest zur Sicherung von Ansprüchen aus dem (Ehe-)Wohnungsverfahren	437

§ 6 Der einstweilige Rechtsschutz zu Maßnahmen nach dem Gewaltschutzgesetz 439

A. Die einstweilige Anordnung zu Maßnahmen nach §§ 1, 2 GewSchG gemäß § 620 Nr. 9 ZPO 442
    I. Anhängigkeit der Ehesache/Lebenspartnerschaftssache 442
    II. Inhalt der einstweiligen Anordnung nach § 620 Nr. 9 ZPO 442
        1. Der persönliche Wirkungsbereich der einstweiligen Anordnung nach § 620 Nr. 9 ZPO 442
        2. Sachlicher Anwendungsbereich 444
            a) Maßnahmen nach § 1 GewSchG 444
            b) Überlassung der Ehewohnung nach § 2 GewSchG 452
        3. Zusammenfassung zum Anwendungsbereich des § 620 Nr. 9 ZPO .. 460
            a) Anwendungsbereich nach § 620 Nr. 9 ZPO bezüglich Überlassung der Ehewohnung 460
            b) Anwendungsbereich nach § 620 Nr. 9 ZPO bei Schutzmaßnahmen nach § 1 GewSchG (Belästigungs-, Näherungs- und Kontaktverbote) 461
    III. Das Verhältnis der einstweiligen Anordnung nach § 620 Nr. 9 ZPO zu anderen Mitteln einstweiligen Rechtsschutzes und zu Hauptsacheregelungen 462
        1. Das Verhältnis der einstweiligen Anordnung zu Hauptsacheverfahren ... 462
        2. Das Verhältnis der einstweiligen Anordnung zu anderen Mitteln des einstweiligen Rechtsschutzes 463
            a) Das Verhältnis des § 620 Nr. 9 ZPO zu § 64b Abs. 3 FGG 463

	b) Das Verhältnis des § 620 Nr. 9 ZPO zu § 620 Nr. 7 ZPO und zu § 621g ZPO.	463
	c) Das Verhältnis des § 620 Nr. 9 ZPO zu § 620 Nr. 5 ZPO	465
	d) Das Verhältnis des § 620 Nr. 9 ZPO zur einstweiligen Verfügung.	465
IV.	Regelungsbedürfnis.	466
V.	Weitere Zulässigkeitsvoraussetzungen	466
VI.	Antragstellung.	466
	1. Erfordernis der Antragstellung und Art des Antrags	466
	2. Antragsbefugnis	466
	3. Form/Anwaltszwang	467
	4. Sachdarstellung/Glaubhaftmachung	467
	a) Anzuwendende Verfahrensart	467
	b) Darzustellende Voraussetzungen.	467
	c) Glaubhaftmachung	469
	5. Zuständiges Gericht	469
	6. Internationale Zuständigkeit.	469
VII.	Ablauf des Verfahrens.	469
	1. Beteiligte	469
	2. Mündliche Verhandlung.	470
	3. Rechtliches Gehör	470
	4. Die Wahlmöglichkeiten des Gerichts zur Verfahrensgestaltung	470
	5. Anwaltszwang	470
	6. Beweisaufnahme	470
	7. Beendigung durch Vergleich	470
	8. Entscheidung/Beschluss.	471
	a) Förmlichkeiten der Entscheidung	471
	b) Prüfungsumfang des Gerichts/Bindung an Parteianträge	471
	c) Inhalt des Beschlusses.	472
VIII.	Vollstreckung.	472
IX.	Rechtsbehelfe	473
X.	Außer-Kraft-Treten der einstweiligen Anordnung	474
XI.	Zusatzfragen zu Prozesskostenhilfe	476
B. Die einstweilige Anordnung nach § 64b Abs. 3 FGG.		476
I.	Anhängigkeit eines Hauptsacheverfahrens nach §§ 1, 2 GewSchG	477
II.	Inhalt der einstweiligen Anordnung nach § 64b Abs. 3 FGG.	478
	1. Der persönliche Wirkungsbereich der einstweiligen Anordnung nach § 64b Abs. 3 FGG	478
	2. Sachlicher Anwendungsbereich.	480

III.	Das Verhältnis der einstweiligen Anordnung nach § 64b Abs. 3 FGG zu anderen Mitteln einstweiligen Rechtsschutzes und zu Hauptsacheregelungen	480
	1. Das Verhältnis der einstweiligen Anordnung zu Hauptsacheverfahren	480
	2. Das Verhältnis der einstweiligen Anordnung zu anderen Mitteln des einstweiligen Rechtsschutzes	481
	a) Das Verhältnis des § 64b Abs. 3 FGG zu § 620 Nr. 9 ZPO	481
	b) Das Verhältnis des § 64b Abs. 3 FGG zu § 620 Nr. 7 ZPO und zu § 621g ZPO.	481
	c) Das Verhältnis des § 64b Abs. 3 FGG zu § 620 Nr. 5 ZPO	482
	d) Das Verhältnis des § 64b Abs. 3 FGG zur einstweiligen Verfügung	482
IV.	Regelungsbedürfnis.	483
V.	Weitere Zulässigkeitsvoraussetzungen	483
VI.	Antragstellung.	483
	1. Erfordernis der Antragstellung und Art des Antrags	483
	2. Antragsbefugnis	484
	3. Form/Anwaltszwang	484
	4. Sachdarstellung/Glaubhaftmachung.	484
	a) Anzuwendende Verfahrensart/Glaubhaftmachung	484
	b) Darzustellende Voraussetzungen	484
	5. Zuständiges Gericht	485
	6. Internationale Zuständigkeit.	486
VII.	Ablauf des Verfahrens.	486
	1. Beteiligte	486
	2. Mündliche Verhandlung.	486
	3. Rechtliches Gehör	486
	4. Anwaltszwang	486
	5. Beweisaufnahme	487
	6. Beendigung durch Vergleich	487
	7. Entscheidung/Beschluss.	487
	a) Förmlichkeiten der Entscheidung	487
	b) Prüfungsumfang des Gerichts/Bindung an Parteianträge	488
	c) Inhalt des Beschlusses.	488
VIII.	Vollstreckung.	489
IX.	Rechtsbehelfe	490
X.	Außer-Kraft-Treten der einstweiligen Anordnung	490
XI.	Zusatzfragen zu Prozesskostenhilfe	492
C. Die vorläufige Anordnung zu Maßnahmen des Gewaltschutzgesetzes.		492
D. Die einstweilige Verfügung zu Maßnahmen nach dem Gewaltschutzgesetz		493

	I.	Bezug zu einem Hauptsacheverfahren	493
	II.	Inhalt der einstweiligen Verfügung	493
		1. Der persönliche Wirkungsbereich der einstweiligen Verfügung	493
		a) Die einstweilige Verfügung auf Zuweisung der gemeinsamen Wohnung nach § 2 GewSchG	493
		b) Die einstweilige Verfügung bei Maßnahmen nach § 1 GewSchG (Belästigungs-, Näherungs- und Kontaktverbote)	495
		2. Sachlicher Anwendungsbereich/Regelungsinhalt	496
	III.	Das Verhältnis der einstweiligen Verfügung zu anderen Mitteln einstweiligen Rechtsschutzes	496
	IV.	Regelungsbedürfnis/Verfügungsgrund	496
	V.	Weitere Zulässigkeitsvoraussetzungen	497
	VI.	Antragstellung	497
		1. Erfordernis und Art der Antragstellung	497
		2. Antragsbefugnis	498
		3. Form/Anwaltszwang	498
		4. Sachdarstellung/Glaubhaftmachung	498
		a) Anzuwendende Verfahrensart	498
		b) Darzustellende materielle Voraussetzungen zum Verfügungsanspruch	498
		5. Zuständiges Gericht	498
		6. Internationale Zuständigkeit	499
	VII.	Ablauf des Verfahrens	499
	VIII.	Vollziehung	499
	IX.	Rechtsbehelfe und Außer-Kraft-Treten	499

§ 7 Der einstweilige Rechtsschutz zum Getrenntleben, Belästigungsverbote 501

A. Die einstweilige Anordnung nach § 620 Nr. 5 ZPO 503
    I. Anhängigkeit der Ehesache/Lebenspartnerschaftssache 503
    II. Inhalte der einstweiligen Anordnung nach § 620 Nr. 5 ZPO 504
        1. Der persönliche Wirkungsbereich der einstweiligen Anordnung nach § 620 Nr. 5 504
        2. Sachlicher Anwendungsbereich/Regelungsinhalte 504
    III. Das Verhältnis des § 620 Nr. 5 ZPO zu anderen Mitteln einstweiligen Rechtsschutzes und zu Hauptsacheregelungen 506
        1. Das Verhältnis des § 620 Nr. 5 ZPO zu Hauptsacheverfahren 506
        2. Das Verhältnis der einstweiligen Anordnung zu anderen Mitteln des einstweiligen Rechtsschutzes 507

	a) Das Verhältnis des § 620 Nr. 5 ZPO zu §§ 620 Nr. 7, 620 Nr. 9 ZPO und zu § 64b Abs. 3 FGG	507
	b) Das Verhältnis des § 620 Nr. 5 ZPO zur einstweiligen Regelungsverfügung nach § 940 ZPO	508
IV.	Regelungsbedürfnis	509
V.	Weitere Zulässigkeitsvoraussetzungen	509
VI.	Antragstellung	510
	1. Erfordernis der Antragstellung und Art des Antrags	510
	2. Antragsbefugnis	510
	3. Form/Anwaltszwang	510
	4. Sachdarstellung/Glaubhaftmachung	510
	a) Darzustellende Voraussetzungen	510
	b) Glaubhaftmachung	511
	5. Zuständiges Gericht	512
	6. Internationale Zuständigkeit	512
VII.	Ablauf des Verfahrens	512
	1. Beteiligte	512
	2. Mündliche Verhandlung	512
	3. Rechtliches Gehör	512
	4. Die Wahlmöglichkeiten des Gerichts zur Verfahrensgestaltung	512
	5. Anwaltszwang	512
	6. Beweisaufnahme	513
	7. Beendigung durch Vergleich	513
	8. Entscheidung/Beschluss	513
	a) Förmlichkeiten der Entscheidung	513
	b) Prüfungsumfang des Gerichts/Bindung an Parteianträge	513
	c) Inhalt des Beschlusses	513
VIII.	Vollstreckung	513
IX.	Rechtsbehelfe	514
X.	Außer-Kraft-Treten der einstweiligen Anordnung	514
B. Die einstweilige Anordnung nach § 621g i.V.m. § 621 Abs. 1 Nr. 7 ZPO		515
C. Die einstweilige Verfügung zum Schutz persönlicher Rechte und Rechtsgüter/Belästigungsverbote		516

§8 Einstweiliger Rechtsschutz bei Ehestörungen — 519

A. Bezug zu einem Hauptsacheverfahren		520
B. Inhalte der einstweiligen Verfügung		520
I.	Der persönliche Wirkungsbereich der einstweiligen Verfügung	520
II.	Sachlicher Anwendungsbereich/Regelungsinhalte	521

C. Verhältnis der einstweiligen Verfügung zu anderen Mitteln einstweiligen
Rechtsschutzes 522
D. Regelungsbedürfnis – Verfügungsgrund 522
E. Antragstellung 522
    I. Erfordernis der Antragstellung und Art des Antrags 522
    II. Antragsbefugnis 523
    III. Form/Anwaltszwang 523
    IV. Sachdarstellung/Glaubhaftmachung 523
        1. Darzustellende materielle Voraussetzungen zum Verfügungsanspruch 523
        2. Glaubhaftmachung 524
    V. Zuständiges Gericht 524
F. Ablauf des Verfahrens 524
    I. Beteiligte 524
    II. Ablauf des Verfahrens im Übrigen 524
G. Vollziehung 525
H. Rechtsbehelfe 525
I. Außer-Kraft-Treten der einstweiligen Verfügung 525

§9 Herausgabe und Benutzung zum persönlichen Gebrauch dienender Gegenstände 527

A. Die einstweilige Anordnung zur Herausgabe persönlicher Gegenstände nach
§ 620 Nr. 8 ZPO 529
    I. Anhängigkeit der Ehesache 529
    II. Inhalt der einstweiligen Anordnung nach § 620 Nr. 8 ZPO 529
        1. Der persönliche Wirkungsbereich der einstweiligen Anordnung
           nach § 620 Nr. 8 ZPO 529
        2. Sachlicher Anwendungsbereich/Regelungsinhalt 530
           a) Sachlicher Anwendungsbereich 530
           b) Regelungsinhalt 531
    III. Das Verhältnis der einstweiligen Anordnung nach § 620 Nr. 8 ZPO
       zu anderen Mitteln einstweiligen Rechtsschutzes und zu Hauptsache-
       regelungen 531
        1. Das Verhältnis der einstweiligen Anordnung zu Hauptsacheverfahren 531
        2. Das Verhältnis der einstweiligen Anordnung zu anderen Mitteln des
           einstweiligen Rechtsschutzes 532
           a) Das Verhältnis des § 620 Nr. 8 ZPO zu § 50d FGG und zu
              § 621g ZPO 532
           b) Das Verhältnis des § 620 Nr. 8 ZPO zur einstweiligen Verfügung . 533
    IV. Regelungsbedürfnis 533

V.	Weitere Zulässigkeitsvoraussetzungen	534
VI.	Antragstellung	534
	1. Erfordernis der Antragstellung und Art des Antrags	534
	2. Antragsbefugnis	534
	3. Form/Anwaltszwang	535
	4. Sachdarstellung/Glaubhaftmachung	535
	a) Anzuwendende Verfahrensart	535
	b) Darzustellende Voraussetzungen	535
	c) Glaubhaftmachung	536
	5. Zuständiges Gericht	536
	6. Internationale Zuständigkeit	536
VII.	Ablauf des Verfahrens	537
	1. Beteiligte	537
	2. Mündliche Verhandlung	537
	3. Rechtliches Gehör	537
	4. Die Wahlmöglichkeiten des Gerichts zur Verfahrensgestaltung	537
	5. Anwaltszwang	537
	6. Beweisaufnahme	537
	7. Beendigung durch Vergleich	538
	8. Entscheidung/Beschluss	538
	a) Förmlichkeiten der Entscheidung	538
	b) Prüfungsumfang des Gerichts/Bindung an Parteianträge	538
	c) Inhalt des Beschlusses	538
VIII.	Vollstreckung	538
IX.	Rechtsbehelfe	539
X.	Außer-Kraft-Treten der einstweiligen Anordnung	539
XI.	Zusatzfragen zu Prozesskostenhilfe	539
B. Die einstweilige Anordnung nach § 50d FGG		539
I.	Anhängigkeit eines Hauptsacheverfahrens auf Herausgabe eines Kindes	540
II.	Inhalt der einstweiligen Anordnung nach § 50d FGG	541
	1. Der persönliche Wirkungsbereich der einstweiligen Anordnung nach § 50d FGG	541
	2. Sachlicher Anwendungsbereich/Regelungsinhalt	541
III.	Das Verhältnis der einstweiligen Anordnung zu anderen Mitteln einstweiligen Rechtsschutzes und zu Hauptsacheregelungen	541
	1. Das Verhältnis der einstweiligen Anordnung nach § 50d FGG zu Hauptsacheverfahren	541
	2. Das Verhältnis der einstweiligen Anordnung zu anderen Mitteln des einstweiligen Rechtsschutzes	542

XXXIX

		a) Das Verhältnis des § 50d FGG zu § 620 Nr. 8 ZPO und zu	
		§ 621g ZPO	542
		b) Das Verhältnis des § 50d FGG zur einstweiligen Verfügung	543
IV.	Regelungsbedürfnis.		543
V.	Weitere Zulässigkeitsvoraussetzungen		543
VI.	Antragstellung.		543
	1.	Erfordernis der Antragstellung und Art des Antrags	543
	2.	Antragsbefugnis	544
	3.	Form/Anwaltszwang	544
	4.	Sachdarstellung/Glaubhaftmachung	544
		a) Anzuwendende Verfahrensart/Glaubhaftmachung	544
		b) Darzustellende Voraussetzungen.	545
	5.	Zuständiges Gericht	545
	6.	Internationale Zuständigkeit.	546
VII.	Ablauf des Verfahrens.		546
	1.	Beteiligte	546
	2.	Mündliche Verhandlung.	546
	3.	Rechtliches Gehör	546
	4.	Anwaltszwang	546
	5.	Beweisaufnahme	546
	6.	Beendigung durch Vergleich	547
	7.	Entscheidung/Beschluss.	547
		a) Förmlichkeiten der Entscheidung	547
		b) Prüfungsumfang des Gerichts/Bindung an Parteianträge	547
		c) Inhalt des Beschlusses.	547
VIII.	Vollstreckung.		548
IX.	Rechtsbehelfe		548
X.	Außer-Kraft-Treten der einstweiligen Anordnung		548

C. Die einstweilige Verfügung auf Herausgabe persönlicher Gegenstände des
Ehegatten und/oder des Kindes. 549
    I.   Bezug zu einem Hauptsacheverfahren 549
    II. Inhalt der einstweiligen Verfügung. 549
        1. Der persönliche Wirkungsbereich der einstweiligen Verfügung 549
        2. Sachlicher Anwendungsbereich/Regelungsinhalt 550
    III. Das Verhältnis der einstweiligen Verfügung auf Herausgabe
       persönlicher Gegenstände zu anderen Mitteln einstweiligen
       Rechtsschutzes 550
        1. Die einstweilige Verfügung auf Herausgabe persönlicher
           Gegenstände des Ehegatten/Lebenspartners 550

		2. Die einstweilige Verfügung auf Herausgabe persönlicher Gegenstände des Kindes.	551
		3. Überleitung des Verfügungsverfahrens in Anordnungsverfahren	552
	IV.	Regelungsbedürfnis/Verfügungsgrund	552
	V.	Weitere Zulässigkeitsvoraussetzungen	553
	VI.	Antragstellung	553
		1. Erfordernis und Art der Antragstellung	553
		2. Antragsbefugnis	553
		3. Form/Anwaltszwang	553
		4. Sachdarstellung/Glaubhaftmachung.	553
		a) Anzuwendende Verfahrensart	553
		b) Darzustellende materielle Voraussetzungen zum Verfügungsanspruch.	554
		5. Zuständiges Gericht	554
		6. Internationale Zuständigkeit.	555
	VII.	Ablauf des Verfahrens	555
	VIII.	Vollziehung	555
	IX.	Rechtsbehelfe und Außer-Kraft-Treten.	555

§ 10 Der einstweilige Rechtsschutz bei güterrechtlichen Verfügungsverboten 557

A.	Die einstweilige Verfügung gegen den Ehegatten/Lebenspartner auf Erlass eines Veräußerungsverbotes		560
	I.	Abhängigkeit von Hauptsacheverfahren	560
	II.	Inhalte der einstweiligen Verfügung	560
		1. Der persönliche Wirkungsbereich der einstweiligen Verfügung	560
		2. Sachlicher Anwendungsbereich/Regelungsinhalt	560
	III.	Das Verhältnis der einstweiligen Verfügung zu anderen Mitteln des einstweiligen Rechtsschutzes (§§ 620 Nr. 7, 621g ZPO)	561
	IV.	Verfügungsgrund/Regelungsbedürfnis	561
	V.	Antragstellung	562
		1. Erfordernis der Antragstellung und Art des Antrags, Antragsbefugnis, Form, Anwaltszwang	562
		2. Sachdarstellung/Glaubhaftmachung.	562
		3. Zuständiges Gericht	562
	VI.	Ablauf des Verfahrens, Vollstreckung	562
	VII.	Rechtsbehelfe	563
B.	Maßnahmen des einstweiligen Rechtsschutzes bei beantragter Teilungsversteigerung nach § 180 ZVG		563

XLI

C. Die einstweilige Verfügung gegen Dritte auf Erlass eines Erwerbs- oder
 Veräußerungsverbotes 563
   I. Abhängigkeit von Hauptsacheverfahren 563
   II. Inhalt der einstweiligen Verfügung 564
      1. Der persönliche Wirkungsbereich der einstweiligen Verfügung 564
      2. Sachlicher Anwendungsbereich/Regelungsinhalt 564
   III. Das Verhältnis der einstweiligen Verfügung zu anderen Mitteln des
      einstweiligen Rechtsschutzes (§§ 620 Nr. 7, 621g ZPO) 565
   IV. Verfügungsgrund/Regelungsbedürfnis 565
   V. Antragstellung 566
      1. Erfordernis der Antragstellung und Art des Antrags, Antrags-
         befugnis, Form, Anwaltszwang 566
      2. Sachdarstellung/Glaubhaftmachung 566
      3. Zuständiges Gericht 566
   VI. Ablauf des Verfahrens, Vollstreckung 566
   VII. Rechtsbehelfe 566
D. Maßnahmen einstweiligen Rechtsschutzes zur Verhinderung der
 Vollstreckung aus dem verbotswidrigen Veräußerungsgeschäft 567
E. Maßnahmen einstweiligen Rechtsschutzes zur Verhinderung der
 Vollstreckung gegen den Erwerber 567
F. Arrest 567

§ 11 Der schuldrechtliche Versorgungsausgleich 569
A. Die einstweilige Anordnung nach § 3a Abs. 9 S. 3 VAHRG im Falle des
 verlängerten schuldrechtlichen Versorgungsausgleichs 569
   I. Anhängigkeit einer Hauptsache 570
   II. Inhalt der einstweiligen Anordnung – erreichbare Regelungsziele 570
   III. Regelungsbedürfnis 571
   IV. Antragstellung 571
      1. Erfordernis der Antragstellung und Art des Antrags 571
      2. Antragsbefugnis 571
      3. Form des Antrags/Anwaltszwang 571
      4. Inhalt der Antragsschrift/darzustellende Voraussetzungen 571
      5. Zuständiges Gericht 572
   V. Ablauf des Verfahrens 572
      1. Beteiligte 572
      2. Mündliche Verhandlung/rechtliches Gehör 572
      3. Anwaltszwang 572
      4. Beweisaufnahme 572

		5. Entscheidung	573
	VI.	Vollstreckung.	573
	VII.	Rechtsbehelfe	573
	VIII.	Außer-Kraft-Treten der einstweiligen Anordnung	573
	IX.	Zusatzfragen zu Prozesskostenhilfe	573

B. Die einstweilige Anordnung nach § 3a Abs. 9 S. 3 VAHRG analog im Falle des schuldrechtlichen Versorgungsausgleichs nach § 1587f BGB, § 2 VAHRG 573

C. Der einstweilige Rechtsschutz zur Sicherung des Abfindungsanspruchs aus § 1587l BGB 574

§ 12 Die Sicherung des Zugewinnausgleichs ... 575

A. Der Arrest zur Sicherung des Anspruchs auf Zugewinnausgleich 576

	I.	Anwendbarkeit der Arrestvorschriften	576
		1. Künftige Ausgleichsforderung vor Beendigung des gesetzlichen Güterstandes.	576
		2. Ausgleichsforderung nach Beendigung des Güterstandes	578
		3. Anwendbarkeit bei Lebenspartnern	578
	II.	Bezug zu einem Hauptsacheverfahren	579
	III.	Inhalt der Arrestanordnung	579
	IV.	Verhältnis des Arrestes zu anderen Mitteln einstweiligen Rechtsschutzes und zu Hauptsacheregelungen	580
		1. Das Verhältnis des Arrestes zu Hauptsacheverfahren	580
		2. Das Verhältnis des Arrestes zu anderen Mitteln des einstweiligen Rechtsschutzes	581
		a) Das Verhältnis des Arrestes zur einstweiligen Anordnung nach § 53a Abs. 3 FGG	581
		b) Das Verhältnis des Arrestes zur einstweiligen Verfügung auf Leistung einer Ausgleichszahlung.	581
	V.	Arrestgrund	581
	VI.	Weitere Zulässigkeitsvoraussetzungen	583
	VII.	Antragstellung	583
		1. Erfordernis der Antragstellung und Art des Antrages	583
		2. Antragsbefugnis	583
		3. Form des Antrages/Anwaltszwang	584
		4. Inhalt der Antragsschrift/darzustellende Voraussetzungen	584
		a) Formale Anforderungen	584
		b) Übersicht zu den darzustellenden Voraussetzungen	585
		c) Darstellung des Arrestanspruchs	585

		5. Glaubhaftmachung	586
		6. Zuständiges Gericht	586
		a) Gericht der Hauptsache	586
		b) Amtsgericht, in dessen Bezirk sich der mit Arrest zu belegende Gegenstand befindet	588
		c) Internationale Zuständigkeit	588
	VIII.	Ablauf des Verfahrens	588
		1. Parteien	588
		2. Mündliche Verhandlung	589
		3. Rechtliches Gehör	589
		4. Anwaltszwang	590
		5. Beweisaufnahme	590
		6. Beendigung durch Vergleich	590
		7. Entscheidung	591
		a) Förmlichkeiten der Entscheidung	591
		b) Prüfungsumfang	591
		c) Inhalt der Arrestentscheidung	591
		d) Verkündung/Mitteilung der Entscheidung	593
	IX.	Vollziehung	593
		1. Vollstreckungsklausel	593
		2. Vollstreckung vor Zustellung des Arrestbefehls	594
		3. Versäumung der Vollziehungsfrist nach § 929 Abs. 2 ZPO	594
		a) Ablauf der Vollziehungsfrist	594
		b) Wahrung der Vollziehungsfrist	596
		c) Folgen der Versäumung der Vollziehungsfrist	598
		4. Hinterlegung der Lösungssumme nach § 923 ZPO	599
	X.	Rechtsbehelfe	599
		1. Rechtsbehelfe des Antragstellers	599
		2. Rechtsbehelfe des Antragsgegners	600
		a) Widerspruch gegen die Arrestanordnung (§§ 924, 925 ZPO)	601
		b) Aufhebung wegen Versäumung der Klagefrist (§ 926 Abs. 2 ZPO)	606
		c) Aufhebung wegen veränderter Umstände (§ 927 ZPO)	613
		d) Schutzschrift	618
	XI.	Außer-Kraft-Treten der Arrestanordnung	620
	XII.	Schadensersatz wegen Vollziehung eines Arrestbefehls	620
		1. Haftung bei ungerechtfertigter Anordnung des Arrestes	621
		a) Voraussetzungen	621
		b) Prüfungsumfang des Gerichts/Bindungswirkung an vorliegende Entscheidungen	621

  2. Schadensersatz bei Aufhebung des Arrestes nach § 926 Abs. 2 ZPO .   623
  3. Ersatzfähiger Vollziehungsschaden   624
   a) Vollziehungsschaden   624
   b) Mitverschulden   625
  4. Anspruchsberechtigter   625
  5. Verfahrensfragen/Zuständigkeit   625
B. Der Arrest zur Sicherung des Anspruchs aus § 1389 BGB   626
C. Die einstweilige Verfügung im Bereich des Zugewinnausgleichs   626
 I. Die einstweilige Verfügung auf Leistung einer Ausgleichszahlung   626
 II. Die einstweilige Verfügung zur Sicherung der Ausgleichsforderung   627
  1. Einstweilige Verfügung im Bezug auf die Sicherheitsleistung
   nach § 1389 BGB   627
  2. Einstweilige Verfügung bei güterrechtlichen Veräußerungsverboten .   628
  3. Einstweilige Verfügung zur Verhinderung sonstiger den
   Ausgleichsanspruch schädigender Verfügungen?   628
D. Die einstweilige Anordnung nach § 53a FGG im Verfahren auf Stundung
 der Ausgleichsforderung oder auf Übertragung von Vermögensgegenständen . .   629
 I. Bezug zu einem Hauptsacheverfahren   629
 II. Regelungsinhalt   629
 III. Verhältnis der einstweiligen Anordnung zum Arrest   630
 IV. Verfahrensfragen   630
  1. Erfordernis der Antragstellung und Art des Antrags   630
  2. Zuständigkeit des Gerichts   630
 V. Vollstreckung   630
 VI. Rechtsbehelfe   631
  1. Abänderung   631
  2. Anfechtung/befristete Beschwerde   631
E. Die Sicherung des Ausgleichsanspruchs gegen Dritte wegen beeinträchtigender
 Schenkungen nach § 1390 BGB   631
 I. Nach Rechtshängigkeit einer Klage auf vorzeitigen Zugewinn-
  ausgleich oder eines Antrages auf Scheidung oder Aufhebung der Ehe/
  Lebenspartnerschaft   631
 II. Nach Beendigung des Güterstandes   632

§ 13 Die Sicherung des Unterhalts 635
A. Anwendbarkeit der Arrestvorschriften   636
B. Bezug zu einem Hauptsacheverfahren   636
C. Regelungsbereich und Inhalt der Arrestanordnung   636
 I. Anwendungsbereich des Unterhaltsarrestes   636

XLV

1. Anspruch auf Kindesunterhalt 637
   a) Allgemein 637
   b) Nichteheliche Kinder. 637
2. Anspruch auf Ehegattenunterhalt 637
   a) Familienunterhalt. 637
   b) Trennungsunterhalt 638
   c) Nachehelicher Unterhalt 639
3. Anspruch auf Unterhalt des Lebenspartners 639
4. Anspruch auf Verwandtenunterhalt 639
5. Anspruch auf Unterhalt eines Elternteils des nichtehelichen Kindes . 640
II. Inhalt der Arrestanordnung 640
D. Verhältnis des Arrestes zu anderen Mitteln des einstweiligen Rechtsschutzes und zu Hauptsacheregelungen. 641
   I. Das Verhältnis des Arrestes zu Hauptsacheverfahren 641
   II. Das Verhältnis des Arrestes zu anderen Mitteln des einstweiligen Rechtsschutzes 641
      1. Das Verhältnis des Arrestes zur Leistungsverfügung. 641
      2. Das Verhältnis des Arrestes zu § 1615o BGB, § 641d ZPO 642
E. Arrestgrund 643
F. Weitere Zulässigkeitsvoraussetzungen/Verfahrenshindernisse 644
G. Antragstellung. 644
   I. Erfordernis der Antragstellung und Art des Antrags 644
   II. Antragsbefugnis 644
   III. Form/Anwaltszwang. 644
   IV. Inhalt der Antragsschrift/darzustellende Voraussetzungen 645
      1. Formale Anforderungen. 645
      2. Übersicht zu den darzustellenden Voraussetzungen. 645
      3. Materielle Voraussetzungen – zu sichernder Anspruch 646
   V. Glaubhaftmachung 646
   VI. Zuständiges Gericht 646
H. Ablauf des Verfahrens. 647
   I. Parteien 647
   II. Mündliche Verhandlung 647
   III. Rechtliches Gehör 647
   IV. Anwaltszwang. 647
   V. Beweisaufnahme 647
   VI. Beendigung durch Vergleich 647
   VII. Entscheidung. 647
      1. Förmlichkeiten der Entscheidung. 647

		2. Prüfungsumfang	648
		3. Inhalt der Arrestentscheidung	648
		a) Bindung an die Antragstellung	648
		b) Regelungsumfang	648
		c) Verkündung/Mitteilung der Entscheidung	649
I.	Vollziehung		649
J.	Rechtsbehelfe		649
K.	Außer-Kraft-Treten der Arrestanordnung		649
L.	Schadensersatz wegen Vollziehung eines Arrestbefehls		649

§ 14 Fälle mit Auslandsbezug 651

A. Internationale Zuständigkeit 651
    I. Die internationale Zuständigkeit bei Anhängigkeit der Ehesache/Lebenspartnerschaftssache nach § 661 Abs. 1 Nr. 1 bis 3 ZPO 651
    II. Besonderheiten der internationalen Zuständigkeit bei elterlicher Sorge, Umgangsrecht, Herausgabe des Kindes 652
        1. Annexkompetenz/Vorrang der EheVO 652
        2. Das Minderjährigenschutzabkommen (MSA) 654
        3. Restzuständigkeit nach allgemeinen Regelungen 656
    III. Besonderheiten der internationalen Zuständigkeit bei Unterhalt 657
    IV. Besonderheiten der internationalen Zuständigkeit bei (Ehe-)Wohnung und Hausrat sowie Maßnahmen nach dem Gewaltschutzgesetz 658
    V. Besonderheiten der internationalen Zuständigkeit bei Arrest und einstweiliger Verfügung 659
B. Verfahrensrecht 659
C. Anwendbares materielles Recht 659
D. Die Rückführung ins Ausland oder aus dem Ausland entführter Kinder 661
    I. Inhalt der einstweiligen Anordnung nach § 15 IntFamRVG 662
    II. Verfahrensvoraussetzungen/Verfahrensablauf 663
    III. Entscheidung 664
    IV. Rechtsbehelfe 664
    V. Außer-Kraft-Treten der einstweiligen Anordnung 664
    VI. Prozesskostenhilfe 664

Stichwortverzeichnis 665

Literaturverzeichnis

Bach/Gildenast, Internationale Kindesentführung, FamRZ-Buch 12, 1. Auflage 1999
Baumbach/Lauterbach/Albers/Hartmann, Kommentar zur Zivilprozessordnung, 64. Auflage 2006
Bergerfurth/Rogner, Der Ehescheidungsprozess, 15. Auflage 2006
Bölling, Konkurrenz einstweiliger Anordnungen mit einstweiligen Verfügungen in Unterhaltssachen, 1981
Börger/Bosch/Heuschmid, Anwaltformulare Familienrecht, 2. Auflage 2002
Bumiller/Winkler, Freiwillige Gerichtsbarkeit, 8. Auflage 2006
Crückeberg, Vorläufiger Rechtsschutz, 3. Auflage 2006
Dauner-Lieb/Heidel/Ring, Anwaltkommentar BGB, Kaiser/Schnitzler/Friederici, Band 4: Familienrecht, 2005, zit. AnwK – BGB/Bearbeiter
Dose, Einstweiliger Rechtsschutz in Familiensachen, 2. Auflage 2005
Erman/Schiemann, Handkommentar zum Bürgerlichen Gesetzbuch, 10. Auflage 2000
Fehmel, Hausratsverordnung 1992
Finke, Unterhaltsrecht, 2. Auflage 2004
Finke/Garbe, Familienrecht, 5. Auflage 2003
Garbe, Antrags- und Klageerwiderungen in Ehe- und Familiensachen, 3. Auflage 2003
Gebauer/Schneider, Rechtsanwaltsvergütungsgesetz, 2. Auflage 2004
Gerhardt/von Heintschel-Heinegg/Klein, Handbuch des Fachanwalts Familienrecht, 5. Auflage 2005
Gernhuber, Lehrbuch des Familienrechts, 3. Auflage 1980
Gießler/Soyka, Vorläufiger Rechtsschutz in Ehe-, Familien- und Kindschaftssachen, 4. Auflage 2005
Göppinger/Wax/van Els, Unterhaltsrecht, 7. Auflage 1999
Greßmann, Neues Kindschaftsrecht, FamRZ-Buch 6, 1. Auflage 1998
Hartmann, Kostengesetze, 35. Auflage 2005
Heiß/Born, Unterhaltsrecht, Loseblatt Stand März 2006
Hohloch, Internationales Scheidungs- und Scheidungsfolgenrecht, 1. Auflage 1998
Johannsen/Henrich, Eherecht, 4. Auflage 2003
Jorzik, Das neue Kindesentführungsgesetz, 1995
Kalthoener/Büttner/Niepmann, Die Rechtsprechung zur Höhe des Unterhalts, 2004
Keidel/Kuntze/Winkler, Freiwillige Gerichtsbarkeit, 15. Auflage 2003 mit Nachtrag zur 15. Auflage, 2005
Kroiß, Das neue Zivilprozeßrecht, 1. Auflage 2001
Münchener Kommentar zum Bürgerlichen Gesetzbuch, 4. Auflage 2000/2002, zitiert: MK (BGB)

Literaturverzeichnis

Münchener Kommentar zur Zivilprozessordnung, 2. Auflage 2000/2001, mit Ergänzungsband 2002, zitiert: MK (ZPO)
Musielak, Kommentar zur ZPO, 4. Auflage 2005
Oelkers, Sorge- und Umgangsrecht in der Praxis, 2. Auflage 2003
Palandt, Bürgerliches Gesetzbuch, 65. Auflage 2006
Rahm/Künkel, Handbuch des Familiengerichtsverfahrens, Stand Oktober 2002
Reichsgerichtsrätekommentar, RGRK, Das Bürgerliche Gesetzbuch, 12. Auflage
Rühl/Greßmann, Kindesunterhaltsgesetz, FamRZ-Buch 7, 1998
Saenger, Zivilprozessordnung, 1. Auflage 2005, zitiert: HK – ZPO/Bearbeiter
Schellhammer, Familienrecht nach Anspruchsgrundlagen, 2. Auflage 2001
Schellhammer, Zivilprozess, 10. Auflage 2003
Schnitzler, Arbeitshilfen zum Familienrecht, 3. Auflage 2000
Schuschke/Walker, Vollstreckung und Vorläufiger Rechtsschutz, Band I 1997, Band II 1999
Schwab, Handbuch des Scheidungsrechts, 5. Auflage 2004
Siehr, Internationales Privatrecht, 1. Auflage 2001
Soergel, Bürgerliches Gesetzbuch, 13. Auflage 2000
Staudinger, Kommentar zum Bürgerlichen Gesetzbuch, Stand 1999/2000
Staudinger/Spallenberg, Band Internationales Verfahrensrecht in Ehesachen, 2005
Stein/Jonas, Kommentar zur Zivilprozessordnung, 22. Auflage
Stöber, Zwangsversteigerungsgesetz, 18. Auflage 2006
Thomas/Putzo, Zivilprozessordnung, 27. Auflage 2005
van Els, Das Kind im einstweiligen Rechtsschutz im Familienrecht, 1. Auflage 2000
Wendl/Staudigl, Das Unterhaltsrecht in der familienrichterlichen Praxis, 6. Auflage 2004
Wohlfahrt, Familienrecht, Band 1, 2. Auflage 2001
Wohlfahrt, Familienrecht, Band 2, 2. Auflage 2001
Zöller, Zivilprozessordnung, 25. Auflage, 2005

Einleitung

Familiengerichtliche Verfahren stellen an den anwaltlichen Vertreter und den sachbearbeitenden Richter hohe Anforderungen im Hinblick auf Kenntnis und Handhabung des anzuwendenden Verfahrensrechts. So ist etwa zu unterscheiden, ob in Hauptsacheverfahren nach ZPO-Regeln zu verhandeln ist oder FGG-Regelungen Anwendung finden, die ihrerseits durch spezielle Vorschriften der Hausratsverordnung, des VAHRG[1] oder auch der ZPO verdrängt werden können (vgl. § 621a ZPO).

Diese Differenzierungen werden im einstweiligen Rechtsschutz keineswegs vereinfacht. Auch hier gilt es, mannigfache Abgrenzungen vorzunehmen, die maßgebliche Auswirkungen u.a. auf die zu wählenden Mittel, den Verfahrensablauf, die Wirkungsdauer und Anfechtbarkeit getroffener Entscheidungen haben können.

Für den anwaltlichen Vertreter bedeutet dies, dass die entsprechenden Folgen bereits im **Zeitpunkt der Auswahl des konkreten Mittels** des einstweiligen Rechtsschutzes bedacht sein müssen, um eine spätere Feststellung auszuschließen, dass eine andere Vorgehensweise dem **Interesse des Mandanten** möglicherweise besser entsprochen hätte.

Die Wichtigkeit des einstweiligen Rechtsschutzes in familiengerichtlichen Verfahren bedarf keiner besonderen Betonung. Eine Trennung oder Scheidung von Ehegatten oder Lebenspartnern erfordert die Lösung von Problemstellungen, die für die Beteiligten elementare Bedeutung haben. Bis zum Vorliegen einer Entscheidung in einem Hauptsacheverfahren kann meist nicht zugewartet werden. Bei **Unterhaltsstreitigkeiten** liegt dies auf der Hand. Wenn nicht freiwillig geleistet wird, benötigt ein Unterhaltsberechtigter schnell einen Titel, aufgrund dessen er vorläufige Unterhaltszahlungen erzwingen kann. Ebenso kann die **unverzügliche Zuweisung von Hausrat** erforderlich sein, um angemessen leben zu können. Auch in den Bereichen **elterliche Sorge** und Umgangsrecht ist es aus Gründen des Kindeswohls angezeigt, zügig eine vorläufige Regelung zu finden, um einen Konflikt der Eltern zur Bestimmung des Hauptaufenthaltsortes zu lösen und somit die Kinder selbst aus einer Auseinandersetzung der Eltern herauszuhalten. Andererseits muss aber auch gewährleistet sein, dass der Elternteil, bei dem die Kinder zukünftig nicht leben werden, ein **Umgangsrecht** erhält, um möglichst zu verhindern, dass eine Entfremdung im Eltern-Kind-Verhältnis eintritt. Auch kann es angezeigt sein sicherzustellen, dass ein **Anspruch auf Zugewinnausgleich** nicht deshalb wertlos wird, weil sich der Ausgleichspflichtige mit seinem Vermögen ins Ausland absetzt.

Besonderer Handlungsbedarf besteht auch im Zusammenhang mit **körperlichen Übergriffen, Belästigungen und unzumutbaren Nachstellungen**.

---

1 Gesetz zur Regelung von Härten im Versorgungsausgleich, abgedruckt und kommentiert bei *Palandt – Brudermüller*, Anhang zu § 1587b.

Einleitung

Diese kurze Darstellung denkbarer Anwendungsbereiche einstweiligen Rechtsschutzes in familienrechtlichen Angelegenheiten hat nur beispielhaften Charakter, zeigt jedoch bereits, dass **unverzügliches Handeln** und **schnelle gerichtliche Reaktionen** auf vielen verschiedenen Gebieten erforderlich sein können.

Die Lösung der jeweiligen Problemfälle wird dadurch erschwert, dass die einschlägigen Normenkomplexe keineswegs kompakt gefasst sind, sondern Mittel des einstweiligen Rechtsschutzes sich weit verstreut in gesetzlichen Regelungen finden.

Die vorliegende Arbeit setzt sich zum Ziel, Ordnung und Systematik in das Dickicht des einstweiligen Rechtsschutzes in Familiensachen zu bringen. Hierbei soll die **anwaltliche Sichtweise vor erstmaliger Antragstellung** den Aufbau der Erörterungen bestimmen. Außerdem möchte dieses Werk auch einem Berufsanfänger eine Einarbeitung in die komplexe Materie erleichtern. Deshalb wird sich die jeweilige Darstellung daran orientieren, herauszuarbeiten, mit welchem Mittel (oder auch welchen Mitteln) der Mandant das Ziel, das er vor Augen hat, verfolgen kann.

Nach der Feststellung, zu welchem **Regelungsbereich** (Unterhalt, elterliche Sorge etc.) eine dringliche Entscheidung benötigt wird und welcher Art diese sein soll (Leistung, Regelung oder nur Sicherung), ist es erforderlich, unter mehreren in Betracht kommenden **Maßnahmen des einstweiligen Rechtsschutzes auszuwählen**. Dies wird dadurch erschwert, dass zahlreiche »Überschneidungen« existieren. So ist beispielsweise eine Unterhaltsanordnung unter gewissen Voraussetzungen sowohl nach § 644 ZPO, aber auch nach § 620 Nr. 4, Nr. 6 ZPO zu erlangen. Im Ausnahmefall kommt auch der Erlass einer Leistungsverfügung in Betracht. Jedoch ist der Anwendungsbereich der einstweiligen Anordnung nach § 620 ZPO beschränkt auf Ehegattenunterhalt und Unterhalt für ein gemeinsames minderjähriges Kind, so dass sonstiger Verwandtenunterhalt nicht nach § 620 ZPO geregelt werden kann. In diesem Bereich greift somit nur § 644 ZPO als einstweilige Anordnung.

Ist ein Vorgehen mit unterschiedlichen Mitteln denkbar, wird die konkrete Antragstellung durch weitere Umstände beeinflusst. So ist für eine einstweilige Anordnung nach § 644 ZPO die Anhängigkeit eines deckungsgleichen Hauptsacheverfahrens auf Unterhalt erforderlich, für eine einstweilige Anordnung nach § 620 ZPO dagegen die Anhängigkeit eines Eheverfahrens.[2] Demzufolge ist diese formale Frage vor Antragstellung zu lösen.

Da weiterhin ein **Konkurrenzverhältnis verschiedener Mittel des einstweiligen Rechtsschutzes** (oder auch zu Hauptsacheverfahren) bestehen kann – beispielsweise ist eine Leistungsverfügung subsidiär gegenüber einer einstweiligen Anordnung und teilweise wird ein Vorrang der einstweiligen Anordnung nach § 620 ZPO vor derjenigen nach § 644 ZPO befürwortet –, muss überprüft werden, ob nicht der Erfolg des konkret gewählten Mittels des einstweiligen Rechtsschutzes hierdurch beeinflusst wird.

---

[2] Es genügt jeweils ebenso die Anhängigkeit eines entsprechenden Antrags auf Gewährung von Prozesskostenhilfe.

Einleitung

Erst wenn Klarheit über die soeben angesprochenen Fragestellungen besteht, kann der Antragsteller das erfolgversprechende Mittel einstweiligen Rechtsschutzes ergreifen. Aus diesem Grund werden in der Ausarbeitung zunächst diese Problembereiche dargestellt und erst im Anschluss hieran die formalen Erörterungen zu **Verfahrensfragen** – wie etwa der Bestimmtheit des Antrags oder dem Ablauf des Verfahrens – vorgenommen (auch wenn dies sicherlich nicht einem »klassischen« Aufbau nach Zulässigkeit und Begründetheit eines Antrages entspricht).

Zur Erleichterung der Problemerfassung sind den jeweiligen Themenkomplexen **Übersichten** mit Hinweisen auf die maßgeblichen Textpassagen vorangestellt. Aufgrund zahlreicher Querverweise wird ein Vergleich zwischen den verschiedenen Maßnahmen vorläufigen Rechtsschutzes erleichtert. Eine »**Checkliste**« zu den jeweils darzustellenden Tatsachen soll die Vollständigkeit des Sachvortrages gewährleisten.

Wesentliche **Grundbegriffe** des einstweiligen Rechtsschutzes sind vorweg einer kurzen Erläuterung unterzogen. Auf die jeweiligen Definitionen wird bei Anlass in der Darstellung selbst verwiesen.

§ 1 Grundbegriffe und Grundstrukturen des einstweiligen Rechtsschutzes

Der einstweilige Rechtsschutz ist von vielen Besonderheiten geprägt, die sich aus seiner Aufgabe herleiten, **mittels einer vorläufigen Regelung die Zeit bis zu einer endgültigen Sachentscheidung zu überbrücken,**[1] um deren spätere Vollziehung zu ermöglichen. Doch gerade im familienrechtlichen Bereich verfolgen die Mittel einstweiligen Rechtsschutzes weitere Zwecke. Dies lässt sich insbesondere durch einstweilige Anordnungen belegen, die zur vorläufigen Gewährung von Leistungen – zu Unterhaltszahlungen – verpflichten. Ferner sind vorläufige Regelungen denkbar, die vorübergehend ein Rechtsverhältnis ausgestalten, wie dies bei der Übertragung von Teilbereichen der elterlichen Sorge anzunehmen ist. Ebenso ist es möglich, dass trotz einer bereits vorliegenden rechtskräftigen Entscheidung einstweiliger Rechtsschutz erstrebt wird, etwa wenn die Gefahr besteht, dass ein Titel auf wiederkehrende Leistungen zukünftig nicht mehr vollstreckbar sein wird, weil der verurteilte Schuldner sein Vermögen zu verschleudern oder beiseite zu schaffen droht.

Um diese Unterschiede prägnant darzustellen, wurden im Schrifttum und in der Rechtsprechung verschiedene begriffliche Differenzierungen herausgearbeitet, die im Folgenden kurz erörtert werden sollen.

Einstweiliger Rechtsschutz kann seinen Zweck nur erfüllen, wenn die vorläufig anzuordnenden Maßnahmen in einem Verfahren zu erlangen sind, das einen erheblich kürzeren zeitlichen Rahmen als ein normales Erkenntnisverfahren benötigt. Diese Vorgabe beeinflusst bestimmende **Wesensmerkmale des vorläufigen Rechtsschutzes**. Eine erschöpfende Beweisaufnahme kann nicht durchgeführt werden. Effektiver Rechtsschutz ist vielfach nur zu erlangen, wenn der Antragsgegner überrascht wird. Die sich hieraus ergebenden Grundstrukturen der Eilverfahren werden ebenfalls sogleich einer kurzen Darstellung unterzogen. Bei Bedarf erfolgen vertiefende Erörterungen im Zusammenhang mit der jeweiligen Maßnahme einstweiligen Rechtsschutzes.

A. Grundbegriffe des einstweiligen Rechtsschutzes

I. Primärer – sekundärer vorläufiger Rechtsschutz

Eine Differenzierung der verschiedenen Maßnahmen einstweiligen Rechtsschutzes kann sich daraus ergeben, dass die **zeitliche** Abfolge im Vergleich mit der Hauptsacheentscheidung herausgestellt wird. Hierzu werden die Begriffe »primärer« bzw. »sekundärer vorläufiger Rechtsschutz« verwendet.

---

1 *Gießler/Soyka*, Rn 1 m.w.N.

§ 1 Grundbegriffe und Grundstrukturen des einstweiligen Rechtsschutzes

Unter **primärem vorläufigem Rechtsschutz** versteht man dabei denjenigen, der bis zum Erlass eines Hauptsachetitels greifen soll. Als Beispiel sei hier die einstweilige Anordnung gemäß § 644 ZPO[2] erwähnt, mit deren Hilfe kurzfristig ein vollstreckbarer Unterhaltstitel geschaffen wird.

Die Bezeichnung **sekundärer vorläufiger Rechtsschutz** wird dann gewählt, wenn entweder eine **noch nicht formell rechtskräftige Hauptsacheentscheidung** vorläufig durchgesetzt oder deren Durchsetzung verhindert werden soll;[3] so bei der vorläufigen Einstellung der Zwangsvollstreckung gemäß § 769 ZPO analog[4] nach erhobener Abänderungsklage (mit dem Ziel der Reduzierung des titulierten Unterhaltsanspruchs).

II. Einstweiliger – vorläufiger Rechtsschutz/vorgeschalteter – nachgeschalteter vorläufiger Rechtsschutz

3 Anknüpfend an die soeben gewählte Differenzierung wird unterschieden zwischen »einstweiligem« und »vorläufigem Rechtsschutz«.[5]

Der Begriff einstweiliger Rechtsschutz soll sich dementsprechend auf primären (vorgeschalteten vorläufigen) Rechtsschutz beziehen und der Begriff vorläufiger Rechtsschutz auf sekundären (nachgeschalteten vorläufigen) Rechtsschutz.[6] In der vorliegenden Darstellung werden die Begriffe einstweiliger und vorläufiger Rechtsschutz synonym verwendet.

III. Verfahrensselbstständige – verfahrensunselbstständige Mittel des einstweiligen Rechtsschutzes

4 Als **verfahrensunselbstständige Mittel** des einstweiligen Rechtsschutzes werden diejenigen bezeichnet, die als Zulässigkeitsvoraussetzung ein Hauptsacheverfahren erfordern wie die einstweilige Anordnung nach § 620 ZPO ein Eheverfahren,[7] § 644 ZPO ein (inhaltsgleiches) Unterhaltsverfahren[8] oder die vorläufige Anordnung ein (inhaltsgleiches) Hauptsacheverfahren.[9]

---

2 Siehe § 2 Rn 258 ff.
3 *Gießler/Soyka*, Rn 2.
4 Siehe § 2 Rn 265 Stichwort »Abänderungsklage auf Unterhaltsreduzierung«.
5 Nicht zu verwechseln mit den Begriffen einstweilige Anordnung – vorläufige Anordnung; insoweit vgl. § 1 Rn 5.
6 MK (ZPO) – *Heinze*, vor § 916 Rn 15 ff.; *van Els*, Rn 14.
7 § 2 Rn 4.
8 § 2 Rn 259.
9 § 3 Rn 209.

Verfahrensselbstständig sind dagegen Eilverfahren, die isoliert und unabhängig von einem derartigen Hauptsacheverfahren betrieben werden können, also Arrest und einstweilige Verfügung.[10]

IV. Einstweilige Anordnung – vorläufige Anordnung

Dem Gesetz ist der Begriff »vorläufige« Anordnung fremd. Sowohl in zivilprozessualen Verfahren als auch in solchen, die nach den Regeln des Gesetzes über die Angelegenheiten der freiwilligen Gerichtsbarkeit zu erledigen sind, spricht der Gesetzgeber von »einstweiligen« Anordnungen.

5

Dennoch wurden in der gerichtlichen Praxis die **Eilanordnungen nach dem FGG** weitgehend als **vorläufige** Anordnungen und diejenigen, deren Verfahrensablauf **sich nach der ZPO** richtet, als **einstweilige** Anordnungen bezeichnet. Da nunmehr mit § 621g ZPO eine weitere Regelung geschaffen wurde, die auch in FGG-Angelegenheiten ausdrücklich die einstweilige Anordnung als zutreffendes Mittel vorläufigen Rechtsschutzes zur Verfügung stellt, wird hier der Begriff vorläufige Anordnung ausschließlich für Mittel einstweiligen Rechtsschutzes verwendet, die in FGG-Regelungsbereichen von Amts wegen erlassen werden.[11]

V. ZPO-Familiensachen – FGG-Familiensachen

Die gerichtliche Erledigung von Familiensachen folgt nicht einer einheitlichen Prozessordnung. Ein Blick in § 621a ZPO genügt, um festzustellen, dass eine Vielzahl von verschiedenen Verfahrensregeln anzuwenden ist.

6

ZPO-Familiensachen (ZPO-Angelegenheiten) sind solche, die nach ZPO-Vorschriften zu verhandeln sind. Das Gegenstück dazu bilden FGG-Familiensachen (FGG-Angelegenheiten), bei denen weitgehend die Regeln des FGG Anwendung finden. Jedoch gilt dies nicht uneingeschränkt. Die Normen des FGG werden teilweise »überlagert« von zivilprozessualen Vorschriften und Regelungen der HausratsVO (§ 621a Abs. 1 ZPO).

Innerhalb der FGG-Angelegenheiten sind als besondere Formen die sogenannten **streitigen FGG-Angelegenheiten** hervorzuheben. Dieser Begriff wird gewählt, um Regelungsbereiche zu umschreiben, die zwar nach FGG-Regeln zu erledigen sind, bei denen somit auch grds. der Anwendungsbereich des § 12 FGG[12] eröffnet ist, jedoch eine Annäherung an zivilprozessuale Grundsätze vorgenommen wird. Die Dispositionsbefugnis der Beteiligten bestimmt das Verfahren. Ohne Antrag kann es nicht in Gang kommen (vgl. den Wortlaut der

7

---
10 § 12 Rn 11.
11 § 3 Rn 193 ff.
12 Vgl. zur Glaubhaftmachungslast bei derartigen Verfahren § 1 Rn 34.

§§ 1361a, 1361b BGB, 1 HausratsVO) und eine nach Antragseinreichung erfolgte Einigung der Beteiligten hindert eine Entscheidung des Gerichts.

VI. Hauptsacheverfahren – Eilverfahren

8   Das Hauptsacheverfahren hat eine **endgültige Erledigung der familienrechtlichen Streitigkeit** zum Ziel und wird in einem normalen Erkenntnisverfahren zur Entscheidung geführt. Hierbei ist eine Beweisaufnahme nach den Regeln der jeweils maßgeblichen Verfahrensordnung zu gestalten. In einem zivilprozessualen Verfahren herrscht der Beibringungsgrundsatz, in FGG-Verfahren das Amtsermittlungsprinzip.

Das Eilverfahren dagegen dient lediglich der **vorläufigen Sicherung oder Regelung einer familienrechtlichen Angelegenheit** und wird in einem summarischen Verfahren mit geringeren Beweisanforderungen erledigt.

B. Grundstrukturen des einstweiligen Rechtsschutzes

I. Einstweiliger Rechtsschutz und materielles Recht

9   Der einstweilige Rechtsschutz dient der Sicherung oder vorläufigen Regelung einer familienrechtlichen Angelegenheit. Die Entscheidung im entsprechenden Hauptsacheverfahren wird selbstverständlich geprägt durch das materielle Recht, also durch bestehende Ansprüche oder existente Rechtsverhältnisse, die einer Regelung zugänglich sind.

Am materiellen Recht hat sich jedoch **auch im summarischen Verfahren** der Umfang der rechtlichen Prüfung zu orientieren. Der Auffassung, nach der wegen der in § 920 Abs. 2 ZPO fehlenden Unterscheidung zwischen der Glaubhaftmachung von Tatsachen und Rechtsfolgen eine nur eingeschränkte Schlüssigkeitsprüfung stattfindet,[13] ist m.E. nicht zu folgen. Eine einstweilige Anordnung oder auch einstweilige Verfügung und Arrest können in ZPO-Verfahren nur dann erlassen werden, wenn die glaubhaft gemachten Tatsachen beispielsweise den zu sichernden oder vorläufig zu befriedigenden Unterhaltsanspruch auch materiell ergeben. In Verfahren zum Erlass von Maßnahmen des einstweiligen Rechtsschutzes kann **nicht eine geringere Intensität der rechtlichen Prüfung** als in einem Hauptsacheverfahren genügen. Ein Anspruch kann nur gesichert werden, wenn er nach den dargelegten und glaubhaft gemachten Tatsachen (diese als wahr unterstellt) auch besteht.

In **FGG-Angelegenheiten**, bei denen das Gericht die Tatsachen von Amts wegen zu ermitteln hat, gilt dies in gleicher Weise. Die rechtliche Prüfung muss die Frage beantworten, ob die vorliegenden Tatsachen – von Amts wegen ermittelt oder auch von den Beteiligten

---

13 Dagegen vgl. *Zöller – Vollkommer*, § 922 Rn 6 mit Hinweis auf *Leipold:* Eine eingeschränkte Schlüssigkeitsprüfung genügt.

glaubhaft gemacht – den Erlass der einstweiligen Anordnung (oder vorläufigen Anordnung) materiell rechtfertigen. Eine andere Frage ist, mit welchem Grad an Wahrscheinlichkeit davon auszugehen ist, dass die der Entscheidung zugrunde zu legenden Tatsachen den wahren Gegebenheiten entsprechen.[14]

Eine Ausnahme von dieser strengen Orientierung der Maßnahmen vorläufigen Rechtsschutzes wird dann anerkannt, wenn **ausländisches Recht** zur Anwendung gelangen soll. In einem solchen Fall ist zwar grds. dieses Recht zu erforschen und zur Grundlage der Entscheidung zu machen. Lässt sich dessen Inhalt nicht innerhalb eines dem Regelungsbedürfnis entsprechenden Zeitraumes feststellen, ist auf das deutsche Recht (lex fori) zurückzugreifen.[15] Trifft das ausländische Recht keine klare Aussage, soll das Gericht nach freier Interessenabwägung **entscheiden**, ob es eine Maßnahme des einstweiligen Rechtsschutzes erlässt und ggf. welchen Inhalt diese hat; dabei sind die bekannten Rechtssätze des jeweils maßgeblichen ausländischen Rechtes zu berücksichtigen.[16] Im Falle besonderer Dringlichkeit der Eilanordnung genügt eine nur kursorische Prüfung der materiellen Rechtslage, wenn in Rechte Betroffener in nur geringem Maße eingegriffen wird.[17]

Unter Anwendung dieser zum ausländischen Recht geltenden Grundsätze wird darüber hinaus bei **ungeklärten und auch schwierigen** vom Familienrichter zu entscheidenden **Rechtsfragen** angenommen, dass sich das Gericht darauf beschränken darf, in die Entscheidungsfindung nur die **zur Verfügung stehenden Entscheidungshilfen** einzubeziehen.[18]

II. Rechtshängigkeit/beschränkte materielle Rechtskraft

1. Streitgegenstand und Rechtshängigkeit

Der **Streitgegenstand** des summarischen Verfahrens ist nicht identisch mit dem Hauptsacheanspruch oder dem Rechtsverhältnis, wegen derer das Eilverfahren betrieben wird. Er wird durch das **Rechtsschutzziel** bestimmt, das ein Antragsteller verfolgt, also durch die vorläufige Sicherung/Regelung der familienrechtlichen Angelegenheit oder durch die vorläufige Gewährung bestimmter Leistungen.[19] Unterschiedliche Ziele werden verfolgt, wenn einerseits Unterhaltssicherung und andererseits vorläufige Leistung begehrt wird. Außerdem muss beachtet werden, welches **Recht oder Rechtsverhältnis** (der materielle Anspruch, die Rechtsbeziehung) denn einer Sicherung, Regelung oder vorläufigen Befriedigung unterzogen werden soll. Hier ist beispielsweise danach zu differenzieren, ob eine

---

14 Hierzu vgl. § 1 Rn 28 ff.
15 BGH NJW 1978, 496; *Zöller – Philippi*, § 620 Rn 9; *Johannsen/Henrich/Sedemund-Treiber*, § 620 Rn 3.
16 *Gießler/Soyka*, Rn 68.
17 *Gießler/Soyka*, Rn 69.
18 *Gießler/Soyka*, Rn 67; zustimmend *van Els*, Rn 90.
19 *Gießler/Soyka*, Rn 39; *van Els*, Rn 25 jeweils m.w.N.

§ 1 Grundbegriffe und Grundstrukturen des einstweiligen Rechtsschutzes

Titulierung von Unterhaltsleistungen für ein Kind oder für einen Ehegatten begehrt wird. Aber auch zeitliche Vorgaben sind zu berücksichtigen wie z.b. bei einer Ehewohnungszuweisung oder bei Ehegattenunterhalt, ob die Zeit des Getrenntlebens oder nach Rechtskraft der Scheidung betroffen ist.

13 Das Verfahren auf vorläufigen Rechtsschutz wird in dem Zeitpunkt **rechtshängig**, in dem die Antragsschrift bei Gericht eingereicht wird. In normalen Streitverfahren der ZPO wird dagegen auf die Zustellung des Antrages abgestellt (vgl. §§ 253 Abs. 1, 261 Abs. 1 ZPO). Der hier zeitlich vorgezogene Eintritt der Rechtshängigkeit beruht auf dem Umstand, dass Maßnahmen des einstweiligen Rechtsschutzes ohne mündliche Verhandlung und ohne vorherige Anhörung des Antragsgegners angeordnet werden können.[20]

2. Folgen der Rechtshängigkeit

a) Folgen der Rechtshängigkeit im Allgemeinen

14 Folge der Rechtshängigkeit ist, dass in entsprechender Anwendung des **§ 261 Abs. 3 Nr. 1 ZPO** ein weiteres Verfahren mit demselben Rechtsschutzziel nicht betrieben werden kann. Ebenso greift **§ 261 Abs. 3 Nr. 2 ZPO**, so dass eine einmal begründete Zuständigkeit durch eine Veränderung der sie begründeten Umstände nicht berührt wird.[21]

15 Die Zulässigkeit eines **Hauptsacheverfahrens**, das stets einen **anderen Streitgegenstand** beinhaltet als das summarische Verfahren, wird von der Rechtshängigkeit eines Eilverfahrens nicht beeinflusst; § 261 Abs. 3 Nr. 1 ZPO knüpft an den Streitgegenstand an.

Darüber hinaus ist ein **weiteres Verfahren einstweiligen Rechtsschutzes** zulässig, wenn das im späteren Verfahren verfolgte Begehren sich von dem zunächst anhängig gemachten unterscheidet.

Somit kann beispielsweise die Anordnung eines Arrestes zur Sicherung künftiger Unterhaltsleistungen beantragt werden, auch wenn bereits ein Verfahren anhängig ist, mit dessen Hilfe die vorläufige Gewährung von Unterhaltszahlungen tituliert werden soll. Hier ist das **Ziel** des Eilverfahrens ein unterschiedliches: einerseits Sicherung – andererseits vorläufige Leistung. Nicht zulässig ist es dagegen, Unterhaltsleistungen, die **gegenständlich** identisch (sowohl zeitlich als auch inhaltlich) sind, sowohl mit einer einstweiligen Anordnung nach § 620 Nr. 4, Nr. 6 ZPO als auch nach § 644 ZPO zu verfolgen.[22]

16 Anderweitige Rechtshängigkeit vor einem **ausländischen Gericht**[23] ist ebenso gemäß § 261 Abs. 3 Nr. 1 ZPO zu beachten. Voraussetzung ist jedoch, dass die dort getroffene Ent-

---

20 *Gießler/Soyka*, Rn 39; *van Els*, Rn 26.
21 Vgl. zur Geltung dieses Grundsatzes in FGG-Angelegenheiten *Bumiller/Winkler*, § 36 Rn 2.
22 Zur Gegenstandsidentität (zwischen Hauptsacheverfahren und einstweiliger Anordnung nach § 644 ZPO) vgl. § 2 Rn 270.
23 Ob ausländische Rechtshängigkeit gegeben ist, bestimmt sich nach dem jeweiligen ausländischen Verfahrensrecht – BGH NJW 1987, 3083; 1986, 662; *Zöller – Greger*, § 261 Rn 3.

scheidung im Bundesgebiet voraussichtlich anerkannt wird und vollstreckungsfähig ist. Die Sperrwirkung greift nicht, wenn der Verweis auf den Rechtsschutz im Ausland zu einer unzumutbaren Verzögerung führen würde,[24] insbesondere der Antragsteller dadurch in Not geriete.[25]

b) Besonderheiten bei FGG-Angelegenheiten

Bei **FGG-Angelegenheiten** sind Besonderheiten zu beachten. In auf Antrag geführten Verfahren wie den streitigen FGG-Angelegenheiten, aber m.E. auch bei Sorgerechtssachen, die auf Antrag geregelt werden (§§ 1671, 1672 BGB), ist eine entsprechende Anwendung des § 261 Abs. 3 Nr. 1 ZPO angezeigt.[26] Ein Antrag auf Erlass einer einstweiligen Anordnung nach § 620 ZPO oder § 621g ZPO verhindert die Zulässigkeit der Antragstellung im jeweils anderen Verfahren. Hierdurch kann jedoch eine Tätigkeit des Gerichts von Amts wegen nicht eingeschränkt werden.[27] So dürfte es auf der Hand liegen, dass ein nach § 620 Nr. 1 ZPO eingeleitetes summarisches Verfahren das Familiengericht nicht daran hindern kann, ein isoliertes Verfahren nach § 1666 BGB zu betreiben,[28] dieses nach § 623 Abs. 2 S. 2 ZPO vom Hauptsacheverfahren abzutrennen und dort eine vorläufige Anordnung von Amts wegen zu erlassen. Dies lässt sich m.e. auch damit begründen, dass der Regelungsgegenstand nicht identisch ist, da zwar in beiden Fällen eine Entscheidung zur elterlichen Sorge getroffen werden soll, der mögliche Regelungsumfang in § 1671 BGB (Übertragung der elterlichen Sorge nur auf den Antragsteller) aber ein anderer ist als nach § 1666 BGB (jegliche Entscheidung zur Übertragung elterlicher Sorge denkbar – auch auf Dritte).

17

3. Beschränkte Rechtskraft der Eilentscheidung

a) Formelle Rechtskraft

Auch gerichtliche Entscheidungen in Verfahren des einstweiligen Rechtsschutzes erwachsen in **formelle** Rechtskraft. Dies ist der Fall, wenn sie

- mit einem fristgebundenen Rechtsbehelf angreifbar sind und Fristablauf eingetreten ist,
- unbefristet angefochten werden können durch Ausschöpfung des Rechtswegs, Verzicht auf den Rechtsbehelf, Verwirkung des Rechtsbehelfs oder
- unanfechtbar sind.

18

---

24 BGH NJW 1983, 1269.
25 OLG Köln FamRZ 1992, 75.
26 Vgl. *Zöller – Philippi*, § 621a Rn 9; *Johannsen/Henrich/Sedemund-Treiber*, § 621a Rn 3; a.A. *Keidel/Kuntze*, § 64 Rn 33 und *Keidel/Kahl*, § 4 Rn 5.
27 Für eine generelle analoge Anwendung des § 261 Abs. 3 Nr. 1 ZPO bei FGG-Angelegenheiten: *van Els*, Rn 28, der jedoch die Auffassung vertritt, dass einstweilige Anordnungen nach § 620 Nr. 1 ZPO bei Kindeswohlgefährdung auch von Amts wegen erlassen werden können – vgl. *van Els*, Rn 117.
28 Vgl. auch die in § 3 Rn 14 ff. dargestellte Auffassung, nach der im Rahmen einer einstweiligen Anordnung nach § 620 Nr. 1 ZPO Maßnahmen nach § 1666 ZPO angeordnet werden können.

b) Materielle Rechtskraft

19 Materielle Rechtskraft kann Eilentscheidungen nur beschränkt zukommen. Auf die Hauptsacheentscheidung hat der Erlass einer Maßnahme vorläufigen Rechtsschutzes oder auch dessen Ablehnung keinerlei Einfluss. Denn ein Hauptsacheverfahren und ein Eilverfahren umfassen einen jeweils anderen Streitgegenstand.

Sobald jedoch ein summarisches Verfahren unanfechtbar beendet ist, ist eine beliebige Wiederholung eines Streites um dieselbe vorläufige Sicherung/Regelung der familienrechtlichen Angelegenheit oder dieselbe vorläufige Gewährung bestimmter Leistungen nicht zulässig. Es greift das Prozesshindernis **anderweitiger (beschränkter) Rechtskraft**.[29]

20 Wie in einer Hauptsacheentscheidung wirkt Rechtskraft nur zwischen den am Prozess beteiligten Parteien.[30] Außerdem muss derselbe Streitgegenstand betroffen sein.[31] Sowohl das **Ziel** des ursprünglich erfolglos erstrebten oder erlangten Rechtsschutzes als auch das zu regelnde **Recht oder Rechtsverhältnis** müssen in beiden Verfahren identisch sein. Ist dies zu bejahen, darf das später anhängig gemachte Verfahren nicht weiter betrieben werden.

Nur **beschränkte Rechtskraft** tritt deshalb ein, weil das Gericht aufgrund des Charakters des Eilverfahrens nicht nur eine erschöpfende Beweiserhebung nicht durchführen kann, sondern auch der Antragsteller vielfach nicht imstande ist, den Sachverhalt erschöpfend vorzutragen bzw. unter Beweis[32] zu stellen. Somit werden in weiterem Maße als bei Hauptsacheentscheidungen[33] Durchbrechungen der Rechtskraft zugelassen.

21 Nach **Erlass** einer Maßnahme des einstweiligen Rechtsschutzes gilt:
- Der **Antragsteller** ist nicht befugt, erneut eine Maßnahme einstweiligen Rechtsschutzes mit demselben Streitgegenstand zu beantragen.
- Der **Antragsgegner** kann bei einstweiligen Anordnungen nach §§ 620, 644, 621g ZPO eine Abänderung der getroffenen Entscheidung gemäß § 620b Abs. 1 ZPO verlangen, wenn sich die tatsächlichen Verhältnisse geändert haben, aber auch, wenn ihm Tatsachen nur nachträglich (nach Erlass der einstweiligen Anordnung) bekannt geworden sind – auf ein Verschulden kommt es nicht an – oder ihm nunmehr Mittel der Glaubhaftmachung zur Verfügung stehen, auf die er zuvor (bis zum Erlass der einstweiligen Anordnung) nicht zugreifen konnte.
Dies gilt sicherlich bei den FGG-Angelegenheiten elterliche Sorge, Umgangsrecht und Kindesherausgabe, da hier das Kindeswohl im Vordergrund steht und dieses die Abänderung einer inkorrekten Entscheidung rechtfertigt.[34] M.E. greifen diese Grundsätze

---

29 *Gießler/Soyka*, Rn 80 ff.; *van Els*, Rn 32 ff.
30 Vgl. die Ausnahme in § 1629 Abs. 3 S. 2 BGB.
31 Vgl. § 1 Rn 15.
32 Das Mittel der Glaubhaftmachung genügt.
33 Vgl. z.B. § 323 ZPO.
34 Vgl. auch § 1696 BGB.

Grundbegriffe und Grundstrukturen des einstweiligen Rechtsschutzes § 1

jedoch auch bei den sonstigen familienrechtlichen Angelegenheiten, da auch dort das bei Eilverfahren regelmäßig anzutreffende Problem zu bewältigen ist, dass die Beteiligten nicht in der Lage sind, den Sachverhalt in gehöriger Weise zu ermitteln.[35]

- Nach der Neuregelung des § 641d Abs. 3 ZPO (Angreifbarkeit der einstweiligen Anordnung durch sofortige Beschwerde) gelten die soeben zu §§ 644, 620 ZPO dargestellten Grundsätze auch bei einer einstweiligen Anordnung nach § 641d Abs. 1 ZPO entsprechend.[36]
- Bei Arrest und einstweiliger Verfügung kommt eine Abänderung zugunsten des Antragstellers nur nach § 927 ZPO in Betracht. Voraussetzung ist, dass sich die tatsächlichen Verhältnisse geändert haben.
- Bei von Amts wegen zu erlassenden vorläufigen Anordnungen greift die ausdrückliche gesetzliche Regelung des § 18 Abs. 1 FGG, die Abänderungen zulässt.

Wurde der **Erlass** einer Maßnahme einstweiligen Rechtsschutzes **abgelehnt**, ist nach Eintritt der formellen Rechtskraft das Folgende zu beachten: 22

- Der unterlegene **Antragsteller** kann bei einstweiligen Anordnungen nach §§ 620, 644, 621g ZPO eine Abänderung der getroffenen Entscheidung gemäß § 620b Abs. 1 ZPO verlangen, wenn sich die tatsächlichen Verhältnisse geändert haben, aber auch, wenn ihm Tatsachen nur nachträglich (nach Erlass der einstweiligen Anordnung) bekannt geworden sind oder ihm nunmehr Mittel der Glaubhaftmachung zur Verfügung stehen, auf die er zuvor (bis zum Erlass der einstweiligen Anordnung) nicht zugreifen konnte. Auf ein Verschulden kommt es hier ebensowenig wie bei Abänderung einer erlassenen einstweiligen Anordnung an.
- Bei Arrest und einstweiliger Verfügung kann der Antragsteller neue Tatsachen und Mittel der Glaubhaftmachung zulässigerweise zum Anlass nehmen, einen neuen Antrag zu stellen. Lagen die Tatsachen bei Erlass der früheren Entscheidung schon vor, gilt dasselbe, soweit sie ihm zu diesem früheren Zeitpunkt nicht schon bekannt waren.[37] Neue Mittel der Glaubhaftmachung genügen nur, wenn sie im ersten Verfahren nicht schon vorgebracht werden konnten.[38]

III. Glaubhaftmachung

Bei verschiedenen Mitteln des einstweiligen Rechtsschutzes finden sich Normen, die die Beweisführung in diesen summarischen Verfahren maßgeblich beeinflussen. Nach §§ 620a Abs. 2 S. 3, 641d Abs. 2 S. 3, 920 Abs. 2 ZPO genügt es, die den Erlass der Eilentscheidung 23

---

35 a.A. *van Els*, Rn 37: nur ausreichend, wenn der Antragsteller (hier Antragsgegner) die Tatsachen oder Mittel der Glaubhaftmachung im Erstverfahren nicht vorbringen konnte.
36 § 2 Rn 382 f.
37 a.A. *Thomas/Putzo – Reichold*, § 922 Rn 11 mit Hinweis auf KG MDR 1979, 64: »neue, nach der ersten Beschlussfassung entstandene Tatsachen« sind erforderlich.
38 *Thomas/Putzo – Reichold*, § 922 Rn 10.

rechtfertigenden Tatsachen **glaubhaft** zu machen. Rechtsfragen dagegen können nicht glaubhaft gemacht werden. Sie sind vom Gericht zu entscheiden.

Dem Antragsgegner steht selbstverständlich die Möglichkeit zu, mit Hilfe einer **Gegenglaubhaftmachung** den Sachvortrag und die Beweisführung durch den Antragsteller zu entkräften.

§ 294 Abs. 1 ZPO bestimmt (jedenfalls für zivilprozessuale Verfahren), dass für eine Glaubhaftmachung alle Beweismittel zugelassen sind und zusätzlich auch eine Versicherung an Eides statt geleistet werden kann.

Hierdurch ist die **Art der Beweisführung** angesprochen.

Dass eine Glaubhaftmachung genügt, bedeutet jedoch darüber hinaus, dass das Gericht nicht zur vollen Überzeugung kommen muss, dass die für die Entscheidungsfindung maßgeblichen Tatsachen vorliegen, sondern ein **geringeres Beweismaß** genügt. Damit geht gleichzeitig einher, dass die Beweisaufnahme **nicht alle Beweismittel erschöpfend** behandeln muss.

1. Art der Beweisführung

24 Mit Hilfe des in der Zivilprozessordnung im Allgemeinen geltenden sogenannten Strengbeweisverfahrens soll unter Verwendung der in den §§ 355 ff. ZPO benannten Beweismittel die volle Überzeugung des Richters von dem Vorliegen der zu beweisenden Tatsachen herbeigeführt werden.[39] Eine derartige Vorgehensweise würde dem Sinn und Zweck der Eilverfahren zuwiderlaufen. Zeugen könnten nicht schnell genug herbeigebracht werden. Auch ist es nicht immer möglich, Urkunden sofort vorzulegen. Erst recht wäre es undenkbar, dass Sachverständige in der gebotenen Eile stets ein hinreichend fundiertes schriftliches oder mündliches Gutachten abliefern.

Deshalb muss es genügen, dass andere Beweismittel verwendet werden. Selbstverständlich sind auch die in der ZPO ausdrücklich benannten **Zeugen, Urkunden und sonstigen Beweismittel verwendbar**. Die Eilbedürftigkeit schränkt deren Heranziehung jedoch insoweit ein, als § 294 Abs. 2 ZPO bestimmt, dass eine Beweisaufnahme, die nicht sofort erfolgen kann, unstatthaft ist. Nur **präsente Beweismittel** sind demzufolge zulässig.[40] Beispielsweise muss das Gericht einem Beweisantritt, der sich auf nicht präsente Zeugen bezieht, nicht folgen.[41] Teilweise wird hiervon eine Ausnahme gemacht, wenn das Gericht einen Termin bestimmt und vorbereitende Anordnungen nach § 273 ZPO treffen kann, ohne dass sich dadurch das Verfahren verzögert.[42]

---

39 *Thomas/Putzo – Reichold*, Vorbem § 284 Rn 4.
40 *Zöller – Greger*, § 294 Rn 3.
41 OLG München FamRZ 1978, 54; OLG Düsseldorf FamRZ 1995, 182; *van Els*, Rn 77.
42 *Zöller – Greger*, § 294 Rn 3; vgl. auch *Schwab/Maurer*, I Rn 923.

Grundbegriffe und Grundstrukturen des einstweiligen Rechtsschutzes § 1

Um bei diesen Vorgaben eine Beweisführung zu ermöglichen, ist es zulässig, dass auch 25
andere Beweismittel als die in §§ 355 ZPO benannten Verwendung finden.
Anerkannt sind folgende:
- die Versicherung an Eides statt
  Gemäß § 294 Abs. 1 ZPO ist die Versicherung an Eides statt ausdrücklich als zulässiges Beweismittel benannt. Es genügt die Versicherung des beweisbelasteten Antragstellers. In der Praxis wird eine solche eidesstattliche Versicherung häufig nicht nach den Vorgaben der Rechtsprechung gefertigt. Danach wird gefordert, dass der Erklärende eine **eigene Darstellung der maßgeblichen Tatsachen** vornimmt. Es genügt gerade nicht, wenn sich dieser darauf beschränkt, auf beigegebene Erklärungen anderer Bezug zu nehmen.[43] Vielfach wird lediglich erklärt, dass der eingereichte anwaltliche Schriftsatz in Gegenwart der Partei gefertigt wurde und die dort enthaltenen Angaben der Realität entsprechen. Dies werde eidesstattlich versichert. Eine solche »Versicherung« hat lediglich die Qualität einer schriftlichen Erklärung.
- die anwaltliche Versicherung[44]
  Eine anwaltliche Versicherung bezieht sich auf Vorgänge, die der Anwalt in Ausübung seiner Berufstätigkeit wahrgenommen hat.
- schriftliche Erklärungen von Zeugen
  Dass eine solche verwertet werden kann, lässt sich auf § 377 Abs. 3 ZPO stützen, obwohl nach dem Wortlaut dieser Regelung die Erklärung vom Gericht angefordert worden sein muss.[45]
- schriftliche Auskünfte von Behörden
- Privatgutachten
- Fotokopien von Schriftstücken[46]
- Lichtbilder[47]
- Tonbandaufnahmen, soweit sie nicht rechtswidrig erlangt[48] sind
  Beispielsweise können auf einem Anrufbeantworter gespeicherte Aufnahmen in Betracht kommen, wenn die Anordnung sogenannter Belästigungsverbote begehrt wird.
- Telefonauskünfte von Zeugen, Sachverständigen oder Behörden.[49]

---

43 BGH NJW 1988, 2045; 1996, 1683; 2003, 3558.
44 BayObLG WuM 1994, 296; OLG Köln GRUR 1986, 196.
45 Vgl. auch zur Verwertung von schriftlichen Erklärungen, die ohne gerichtliche Anforderung vorgelegt wurden, in einem Hauptsacheverfahren *Zöller – Greger,* § 377 Rn 11.
46 OLG Köln FamRZ 1983, 709; BGH NJW-RR 1987, 900.
47 OLG Jena OLGR 1997, 94.
48 *Baumbach/Lauterbach/Hartmann,* § 286 Rn 68.
49 *van Els,* Rn 76.

2. Beschränkung der Beweiswürdigung/erhobene Beweise

26　Es ist in einem summarischen Verfahren nicht möglich, alle maßgeblichen Beweise zu erheben und erschöpfend zu würdigen. Nicht nur durch die in § 294 Abs. 2 ZPO ausdrücklich angeordnete Beschränkung auf präsente Beweismittel ist die Beweiswürdigung bestimmt. Im Einzelfall ist es auch denkbar, dass vorgelegte Beweismittel nicht hinreichend ausgewertet werden können, weil dies zu einer nicht akzeptablen Verzögerung führen würde.

Besteht bei Vorlage umfangreicher Privatgutachten die Möglichkeit, dass die Entscheidung nicht innerhalb des für ein Eilverfahren gebotenen Zeitraumes gefällt werden kann, darf sich das Gericht je nach Dringlichkeit auf eine summarische Prüfung dieser Beweismittel beschränken oder im Extremfall eine solche sogar völlig unterlassen.[50]

3. Grad der Erkenntnis

27　In einem normalen zivilprozessualen Verfahren bestimmt § 286 Abs. 1 ZPO nicht nur den Vorgang der Beweiserhebung, sondern auch das **Beweismaß**, also welche Voraussetzungen erfüllt sein müssen, damit der Richter davon ausgehen darf, dass eine tatsächliche Behauptung wahr ist. Es ist erforderlich, dass das Gericht von der Wahrheit einer zu beweisenden Tatsache überzeugt ist. Eine absolute Gewissheit jedoch ist nicht erforderlich. Es genügt eine persönliche Gewissheit des Richters, die Zweifeln Schweigen gebietet, ohne sie völlig auszuschließen.[51]

28　In Verfahren des einstweiligen Rechtsschutzes dagegen, bei denen eine Glaubhaftmachung genügt, muss dieses Beweismaß nicht erreicht werden. Im Allgemeinen genügt jedenfalls, dass mit **hoher Wahrscheinlichkeit**[52] anzunehmen ist, dass die vorgebrachten Tatsachen der Wahrheit entsprechen. Hierzu ist erforderlich, dass erheblich mehr Gesichtspunkte für das Vorliegen der zu beweisenden Tatsache sprechen als dagegen. Jedoch muss dieser Ansatz stets hinterfragt und relativiert werden. Denn **es existiert kein »fester Grad« der Überzeugung**, der stets erreicht sein müsste, aber auch ausreichen würde, um annehmen zu können, dass die zu beweisende Tatsache glaubhaft (gemacht) ist. Es ist vielmehr zu fordern, dass das erforderliche Maß der Glaubhaftigkeit an die **konkreten Umstände** angepasst und somit die Gewissheit der Feststellung davon abhängig gemacht wird, welche Folgen die zu treffende Entscheidung (oder deren Unterlassung) nach sich zieht.[53] Dies bedeutet, dass eine Abwägung der Interessen der Beteiligten vorzunehmen ist.

---

50 *Gießler/Soyka*, Rn 58.
51 BGH NJW 1970, 946; 1973, 1925; 1989, 2948; 1993, 935; 2000, 953; *Zöller – Greger*, § 286 Rn 19; *Thomas/Putzo – Reichold*, § 286 Rn 2.
52 *Gießler/Soyka*, Rn 56 f. teilt prozentual zu (hier mehr als 75%), was m.E. nur als gedanklicher Ansatz verstanden werden kann. Der Grad der Glaubhaftmachung lässt sich nicht exakt in Prozente fassen.
53 *Zöller – Greger*, § 294 Rn 6.

Hierzu wurden folgende **Grundregeln** aufgestellt.⁵⁴

Je dringlicher die **Notwendigkeit** des Erlasses einer Maßnahme des einstweiligen Rechtsschutzes **für den Gläubiger** ist, desto eher ist zu seinen Gunsten zu entscheiden und desto niedriger ist das erforderliche Maß der Glaubhaftmachung.

Es kann genügen, dass eine (nur leicht) **überwiegende Wahrscheinlichkeit**⁵⁵ vorliegt, also dass mehr Anhaltspunkte dafür sprechen, dass die glaubhaft zu machende Tatsache gegeben ist, als dagegen.

Sind die zu erwartenden Nachteile für den Gläubiger jedoch gering, hat der Wahrscheinlichkeitsgrad der Glaubhaftmachung höhere Anforderungen zu erfüllen.

Soll eine Maßnahme einstweiligen Rechtsschutzes **ohne Anhörung des Antragsgegners** erlassen werden, wird ein erhöhtes Beweismaß und somit regelmäßig zumindest eine hohe Wahrscheinlichkeit zu fordern sein.

Je härter bei Erlass der Entscheidung in **Rechte des Schuldners eingegriffen** wird und je weniger reparabel ein Schaden ist, der aus einer letztlich ungerechtfertigten Maßnahme des einstweiligen Rechtsschutzes resultiert, desto zurückhaltender ist von einer solchen Gebrauch zu machen und desto höher muss das erforderliche Maß der Glaubhaftmachung angesetzt werden. Umgekehrt kann bei nur geringen Auswirkungen für den Schuldner wiederum genügen, dass eine **überwiegende Wahrscheinlichkeit** gegeben ist.

Bei nur geringer Notwendigkeit auf Seiten des Gläubigers und bei gleichzeitig erheblichen drohenden Nachteilen auf Seiten des Schuldners ist erforderlich, dass eine **hohe Wahrscheinlichkeit**⁵⁶ (weit überwiegende Wahrscheinlichkeit) besteht, dass die glaubhaft gemachten Tatsachen der Wahrheit entsprechen.

Bei für den Schuldner sich sehr einschneidend auswirkenden Maßnahmen wird (nahezu) der **Vollbeweis**⁵⁷ zu verlangen sein, insbesondere wenn auf Seiten des Gläubigers bei Ablehnung der beantragten Entscheidung nur geringe Nachteile auftreten.

IV. Darlegungslast/Beweislast

In § 620a Abs. 2 S. 3 ZPO, auf den §§ 127a Abs. 2 S. 2, 621g S. 2, 644 S. 2 ZPO, 64b Abs. 3 S. 2 FGG Bezug nehmen, wird ohne weitere Differenzierung gefordert (»soll«), dass der Antragsteller die Voraussetzungen für die einstweilige Anordnung glaubhaft macht. Hieraus könnte nun geschlossen werde, dass auch die **Darlegungslast** bezüglich ihm günstiger Umstände bei dem jeweiligen Antragsteller liegt. Es ist jedoch in Verfahren des einstweiligen Rechtsschutzes zu unterscheiden, welcher **Regelungsgegenstand** betroffen ist.

---
54 Vgl. *van Els*, Rn 13, der diese plakativ als »Goldene Regeln« bezeichnet; *Gießler/Soyka*, Rn 57.
55 Nach *Gießler/Soyka* mehr als 50%.
56 Nach *Gießler/Soyka* mit mit mehr als 75% anzusetzen.
57 Der Vollbeweis muss nach *Gießler/Soyka* einen Wahrscheinlichkeitsgrad von mehr als 99,8% erreichen.

17

§ 1 Grundbegriffe und Grundstrukturen des einstweiligen Rechtsschutzes

33 Handelt es sich um **FGG-Angelegenheiten** (insbesondere elterliche Sorge, Umgangsrecht, Herausgabe des Kindes), greift der Amtsermittlungsgrundsatz des § 12 FGG. Dies bedeutet, dass im Interesse des Kindeswohles die maßgeblichen Tatsachen **von Amts wegen** zu ermitteln sind.

Eine **Beweisführungslast** existiert nicht. Diese ist jedoch zu unterscheiden von der sogenannten **Feststellungslast**,[58] also von der Frage, zu wessen Lasten es sich denn auswirkt, wenn eine Tatsache nicht hinreichend glaubhaft (gemacht) ist, von deren Vorliegen oder Nichtvorliegen der Erlass der begehrten Maßnahme einstweiligen Rechtsschutzes abhängig ist. Dem Antrag wird nicht stattgegeben, wenn eine tatsächliche Voraussetzung für die Entscheidung (z.b. zum Regelungsbedürfnis, zur materiellen Norm)[59] nicht mit dem erforderlichen Grad glaubhaft ist.

34 In den **streitigen FGG-Angelegenheiten** wie Ehewohnung und Hausrat gilt zwar ebenso § 12 FGG. Jedoch greifen FGG-Regeln hier nicht uneingeschränkt. Das Verfahren nähert sich den Grundsätzen der Zivilprozessordnung.

Deshalb entspricht es herrschender Rechtsprechung, dass bei einem Herausgabeverlangen auf Hausrat die begehrten Hausratsgegenstände **konkret** zu bezeichnen sind.[60]

Der jeweilige Antragsteller hat ferner die **Tatsachen**, die den Antrag rechtfertigen sollen, **eingehend darzustellen**[61] und auch **Beweismittel** zu **benennen**,[62] das heißt nicht unbedingt glaubhaft zu machen.

Bei besonders dringlicher Entscheidung sind sinnvollerweise auch die diese **Dringlichkeit** begründenden Umstände darzutun.

Teilweise wird jedoch darüber hinausgehend gefordert, dass nicht nur eine Benennung der Beweismittel erfolgt, sondern im Bereich »streitiger FGG-Sachen« die Anspruchsvoraussetzungen tatsächlich auch **glaubhaft gemacht** werden.[63]

Sind die jeweils geforderten Voraussetzungen erfüllt, muss das Gericht bei entsprechendem Sachvortrag wegen § 12 FGG **auch andere** als die angebotenen oder als präsente Beweismittel erheben, wenn es auf solche zur hinreichenden Sachverhaltsaufklärung noch ankommt.

---

58 Vgl. *Finke/Garbe*, § 4 Rn 90.
59 Vgl. hierzu aber auch die unterschiedlichen Formulierungen beispielsweise in § 1671 Abs. 2 S. 1 BGB (»dem Kindeswohl dient«) und in § 1672 Abs. 2 BGB (»dem Kindeswohl nicht widerspricht«), die Auswirkungen auf die Feststellungslast haben – *Finke/Garbe*, § 4 Rn 96.
60 *Musielak – Borth*, § 620a Rn 7 begründet dies mit der erforderlichen Vollstreckbarkeit; a.A. OLG Zweibrücken FamRZ 1999, 672.
61 Diese Sonderstellung des Streitverfahrens der freiwilligen Gerichtsbarkeit führt unter anderem dazu, dass im Hauptsacheverfahren der Hausratsverteilung vielfach die Vorlage von Listen verlangt wird, aufgrund derer ersichtlich wird, welcher Hausrat (ggf. mit Wertangaben) vorhanden ist, in wessen Eigentum er jeweils steht und wem er jeweils zugewiesen werden soll. Vgl. dagegen jedoch OLG Zweibrücken FamRZ 1999, 672.
62 *Gießler/Soyka*, Rn 758; ohne derartige Differenzierung *Zöller – Philippi*, § 620a, 21.
63 *Rahm/Künkel/Niepmann*, VI 17.1 verlangt zusätzlich zur Sachdarstellung auch Glaubhaftmachung; MK (ZPO) *Finger*, § 620a Rn 30 schränkt dies ein: »soweit möglich«.

Dagegen ist es nicht gehalten, eine mangelhafte Mitwirkung des Antragstellers durch von Amts wegen vorzunehmende Ermittlungen auszugleichen.[64] Im Gegenteil verletzt das Gericht seine Aufklärungspflicht nicht, wenn es davon ausgeht, dass jeder Beteiligte die ihm vorteilhaften Umstände selbst darlegt.[65] Aus dem fehlenden Bestreiten eines Beteiligten darf im Rahmen der freien Beweiswürdigung der Schluss auf die Richtigkeit des entsprechenden Vorbringens gezogen werden.[66]

In reinen **ZPO-Angelegenheiten** (z.B. Unterhalt) gilt die **Darlegungs-** und auch **Glaubhaftmachungslast uneingeschränkt**. Der Antragsteller hat alle ihm günstigen Umstände darzutun und glaubhaft zu machen.[67]

35

Soll eine Maßnahme einstweiligen Rechtsschutzes **ohne Anhörung des Gegners** erlassen werden, muss der Antragsteller darüber hinausgehend **alle naheliegenden Einwendungen** ausräumen, insbesondere somit die Leistungsfähigkeit des Antragsgegners glaubhaft machen.[68]

Die Beweisregeln der ZPO greifen auch in Verfahren des einstweiligen Rechtsschutzes, sodass im Falle des Nichtbestreitens in mündlicher Verhandlung § **138 Abs. 3 ZPO** Anwendung findet; im ausschließlich schriftlichen Verfahren jedoch kann von dieser Regelung nicht Gebrauch gemacht werden, da eine Erklärungspflicht des Gegners hier nicht besteht.[69] Die Grundsätze des **Anscheinsbeweises** sind anwendbar.

---

64 OLG Stuttgart FamRZ 1980, 467.
65 BGH FamRZ 1994, 236; BayObLGZ 59, 269.
66 BayObLG FamRZ 1960, 515; *Keidel/Schmidt*, § 12 Rn 229; *Gießler/Soyka*, Rn 765.
67 *Thomas/Putzo – Hüßtege*, § 620a Rn 4; MK (ZPO) – *Finger*, § 620a Rn 28.
68 MK (ZPO) – *Finger*, § 620a Rn 28; *Gießler/Soyka*, Rn 62.
69 *Gießler/Soyka*, Rn 62 mit Hinweis auf *Thomas/Putzo-Reichold*, § 138 Rn 15; vgl. auch Zöller – *Greger*, § 138 Rn 9: Geltung des § 138 Abs. 3 ZPO im gesamten Verfahren der ZPO.

§2 Einstweiliger Rechtsschutz auf Gewährung von Unterhalt

A. Allgemeines

Entsprechend dem Grundkonzept dieses Werkes soll vor der Darstellung der einzelnen Verfahrensfragen geklärt werden, mit welchem Mittel des einstweiligen Rechtsschutzes das erstrebte Ziel überhaupt erreicht werden kann.

Bei einstweiligem Rechtsschutz bezogen auf Unterhalt ist danach zu differenzieren, ob solcher **vorläufig geleistet** oder nur **gesichert** werden soll. Im Falle eines Leistungsbegehrens ist weitergehend die Unterscheidung maßgeblich, ob der Unterhaltsanspruch rein vertraglicher oder gesetzlicher Natur ist, bei gesetzlichem Unterhalt, in welchem Verhältnis (Verwandtschaft, Ehegatte, Partner einer eingetragenen Lebensgemeinschaft, Mutter eines nichtehelichen Kindes) Anspruchsteller und Anspruchsgegner zueinander stehen und auch für welchen Bedarf Unterhalt begehrt wird (Elementarunterhalt, Mehrbedarf,[1] Sonderbedarf[2] oder Prozesskostenvorschuss).[3] Darüber hinaus ist bedeutsam, in welchem Zeitraum die Antragstellung erfolgt, mithin ob bereits eine Ehesache anhängig ist oder nicht. Bei **Kindesunterhalt** ist auch zu prüfen, ob es sich um **minderjährige** oder **volljährige** Gläubiger handelt, ggf. auch, ob die Eltern des Kindes bei dessen Geburt miteinander verheiratet sind oder nicht, ob es sich also um ein **eheliches** oder **nichteheliches**[4] Kind handelt.

In diesem Abschnitt wird inhaltlich vorwiegend auf Maßnahmen zur Leistung von Unterhalt eingegangen. Der Arrest zur Sicherung von Unterhaltsansprüchen bleibt einer späteren Darstellung vorbehalten. Soweit einstweilige Anordnungen jedoch geeignet sind, eine derartige Regelung herbeizuführen, erfolgt die Erörterung im Zusammenhang mit der jeweiligen Leistungsanordnung.

Zur schnellen Orientierung dient die folgende **Übersicht,** mit der ein Überblick über die zu treffende Wahl des maßgeblichen Mittels des einstweiligen Rechtsschutzes verschafft werden soll. Detailfragen müssen den Textausführungen entnommen werden.

---

1 *Palandt – Diederichsen*, § 1610 Rn 12.
2 *Palandt – Diederichsen*, § 1613 Rn 16 ff.
3 Vgl. § 2 Rn 535 ff.
4 Der Gesetzgeber verwendet den Begriff »nichteheliches« Kind nicht mehr, um Diskriminierungen zu vermeiden. Der Einfachheit halber (vgl. die ansonsten erforderliche Differenzierung nach § 1626a Abs. 1 BGB: Kinder, deren Eltern »bei der Geburt des Kindes nicht miteinander verheiratet« sind) werde ich dennoch diese Begrifflichkeit wählen, ohne dass damit eine Abwertung verbunden sein soll.

§ 2 Einstweiliger Rechtsschutz auf Gewährung von Unterhalt

Übersicht über die Maßnahmen einstweiligen Rechtsschutzes zum Unterhalt

Regelungsziele:		
Gewährung von Unterhaltsleistungen	Gewährung von Prozesskostenvorschuss	Sicherung der Unterhaltsleistungen Vgl. § 13 Übersicht

Regelungsziel: Gewährung von Unterhaltsleistungen			
Ehegatten/Lebenspartner	bei Anhängigkeit einer Ehesache/LPartSache (§ 661 Abs. 1 Nr. 1, 2, 3 LPartG)	§ 620 Nr. 6 ZPO wahlweise (str.) § 644 ZPO § 2 Rn 4 ff. und 47	zum Streit vgl. § 2 Rn 277 ff.
	ohne Anhängigkeit einer Ehesache/LPartSache (§ 661 Abs. 1 Nr. 1, 2, 3 LPartG)	§ 644 ZPO § 2 Rn 258 ff.	Leistungsverfügung im Ausnahmefall § 2 Rn 428 f.
minderjähriges eheliches Kind	bei Anhängigkeit einer Ehesache/LPartSache (§ 661 Abs. 1 Nr. 1, 2, 3 LPartG)	§ 620 Nr. 4 ZPO wahlweise (str.) § 644 ZPO § 2 Rn 4 ff. und 47	
	ohne Anhängigkeit einer Ehesache/LPartSache (§ 661 Abs. 1 Nr. 1, 2, 3 LPartG)	§ 644 ZPO § 2 Rn 258 ff.	Leistungsverfügung im Ausnahmefall § 2 Rn 428 f.
minderjähriges nichteheliches Kind	vor der Geburt des Kindes	§ 1615o BGB § 2 Rn 498 ff., 504	Unterhalt für drei Monate nach der Geburt (Kind)
	nach der Geburt des Kindes und vor Anhängigkeit einer Klage auf Feststellung der Vaterschaft (ohne Anerkennung der Vaterschaft)	§ 1615o BGB § 2 Rn 498 ff., 504	Unterhalt für sechs Wochen vor und acht Wochen nach der Geburt (Mutter)
Mutter eines nichtehelichen Kindes	nach der Geburt des Kindes und nach Anhängigkeit einer Klage auf Feststellung der Vaterschaft (ohne Anerkennung der Vaterschaft)	§ 641d ZPO § 2 Rn 320 ff.	
	nach der Geburt des Kindes und nach Anerkennung oder rechtskräftiger Feststellung der Vaterschaft	§ 644 ZPO § 2 Rn 266	Leistungsverfügung im Ausnahmefall § 2 Rn 428 f.

Einstweiliger Rechtsschutz auf Gewährung von Unterhalt § 2

Regelungsziel: Gewährung von Unterhaltsleistungen			
	vor Geburt des Kindes	kein einstweiliger Rechtsschutz	
Vater eines nichtehelichen Kindes	vor Feststellung oder Anerkennung der Vaterschaft	Leistungsverfügung § 2 Rn 502	
	nach Feststellung oder Anerkennung der Vaterschaft	§ 644 ZPO § 2 Rn 266	Leistungsverfügung im Ausnahmefall § 2 Rn 428 f.
volljähriges Kind	ehelich oder nichtehelich	§ 644 ZPO § 2 Rn 266	Leistungsverfügung im Ausnahmefall § 2 Rn 428 f.
weiterer Verwandtenunterhalt		§ 644 ZPO § 2 Rn 266	Leistungsverfügung im Ausnahmefall § 2 Rn 428 f.
rein vertraglicher Unterhalt		Leistungsverfügung § 2 Rn 405 ff.	
Regelungsziel: Gewährung von Prozesskostenvorschuss			
Anspruchsgegner ist am Hauptsacheprozess beteiligt			
Ehesache, Folgesachen, einstweilige Anordnungen	§ 620 Nr. 10 ZPO § 2 Rn 606		
Lebenspartnerschaftssache (§ 661 Abs. 1 Nr. 1, 2 LPartG), Folgesachen, einstweilige Anordnungen	§§ 661 Abs. 2, 620 Nr. 10 ZPO § 2 Rn 606		
isolierte Unterhaltsklage	§ 127a ZPO § 2 Rn 559 ff.		
isolierte Familiensache	§ 621f ZPO § 2 Rn 591 ff.		
Vaterschaftsfeststellungsklage	§ 641d ZPO § 2 Rn 319 ff.		str. § 2 Rn 331
rein vertraglicher Unterhalt	§ 127a ZPO § 2 Rn 562		
Anspruchsgegner ist nicht am Hauptsacheprozess beteiligt			
sämtliche Familiensachen	einstweilige Verfügung § 2 Rn 610		
rein vertraglicher Unterhalt	einstweilige Verfügung § 2 Rn 610		

B. Die einstweilige Anordnung zum Ehegatten- und Kindesunterhalt nach § 620 Nr. 4, 6 ZPO sowie zum Unterhalt bei eingetragenen Lebenspartnerschaften nach § 661 Abs. 2 i.V.m. § 620 Nr. 4, 6 ZPO

3 Eine vorläufige Regelung zum Ehegatten- und Kindesunterhalt für ein gemeinschaftliches minderjähriges Kind kann mit Hilfe einer einstweiligen Anordnung nach § 620 ZPO erwirkt werden. Da dies abhängig ist von der **Anhängigkeit einer Ehesache** bzw. mittlerweile bei eingetragenen Lebenspartnerschaften von der **Anhängigkeit einer Lebenspartnerschaftssache** nach § 661 Abs. 1 Nr. 1 bis 3 LPartG[5] und zudem nach weit verbreiteter Auffassung § 644 ZPO, der ebenfalls den Erlass einer Unterhaltsanordnung ermöglicht, im Anwendungsbereich des § 620 ZPO verdrängt wird,[6] bietet es sich an, zunächst auf dieses formale Erfordernis einzugehen.

I. Anhängigkeit einer Ehesache oder einer Lebenspartnerschaftssache nach § 661 Abs. 1 Nr. 1 bis 3 LPartG

1. Anhängigkeit einer Ehesache

4 Eine einstweilige Anordnung nach § 620 ZPO kann als **verfahrensunselbstständiges Mittel**[7] des vorläufigen Rechtsschutzes gemäß § 620a Abs. 2 S. 1 ZPO erst ab **Anhängigkeit einer Ehesache**[8] beantragt werden. Es genügt jedoch auch, dass ein Antrag auf Bewilligung von Prozesskostenhilfe für das Eheverfahren gestellt ist oder gleichzeitig mit dem Anordnungsantrag gestellt wird.

Rechtshängigkeit der Ehesache muss dagegen nicht vorliegen.[9] Auf eine Zustellung der Antragsschrift (§§ 253 Abs. 1, 263 Abs. 1 ZPO) kommt es also nicht an.

Ist der Scheidungsantrag anhängig, aber mangels Einzahlung des erforderlichen Kostenvorschusses noch nicht zugestellt (und sind auch die Voraussetzungen des § 14 GKG nicht erfüllt), soll auch der Antrag auf einstweilige Anordnung nicht zugestellt werden. Erst recht nicht ist er ohne vorherige Anhörung des Antragsgegners zu verbescheiden. Eine Ausnahme gilt nur dann, wenn ein besonderes Eilbedürfnis glaubhaft gemacht ist.[10]

---

5 Zur verfassungsrechtlichen Problematik des LPartG vgl. *Scholz/Uhle,* NJW 2001, 393 ff., BVerfG NJW 2002, 2543 und die Eilentscheidung des BVerfG NJW 2001, 2457
6 Siehe § 2 Rn 46 ff.
7 Zum Begriff s.o. § 1 Rn 4.
8 Der Begriff der Ehesache ist in § 606 Abs. 1 BGB gesetzlich definiert.
9 BGH FamRZ 1988, 491.
10 *Zöller – Philippi,* § 620a Rn 6; *Gießler/Soyka,* Rn 97.

Einstweiliger Rechtsschutz auf Gewährung von Unterhalt § 2

Der Verfahrensgegenstand des Hauptsacheverfahrens beschränkt sich hier auf die Ehesache. Anders als bei der einstweiligen Anordnung nach § 644 ZPO[11] oder nach § 621g ZPO ist ein inhaltsgleiches Hauptsacheverfahren auf Unterhalt nicht erforderlich.[12]

Die Ehesache muss im Zeitpunkt der Antragstellung noch anhängig sein. Ein rechtskräftiger Abschluss des Verfahrens in der Ehesache bewirkt die Unzulässigkeit des Antrages auf Erlass einer einstweiligen Anordnung nach § 620 ZPO.[13] Dasselbe gilt bei Rücknahme des Scheidungsantrages oder Tod des Ehegatten (§ 619 ZPO).

Dies ist zwar dem Wortlaut des § 620a ZPO nicht zu entnehmen, ergibt sich aber aus dem Umstand, dass Nebenverfahren nur bei Anhängigkeit eines Hauptsacheverfahrens (hier der Ehesache) möglich sind.[14]

Selbst bei weiterer Anhängigkeit einer Folgesache (etwa nach Abtrennung gemäß § 628 ZPO[15] oder bei ausschließlicher Anfechtung einer Folgesache und damit einhergehendem Eintritt der Rechtskraft in der Ehesache) ist nach überwiegender Ansicht der Weg über § 620 ZPO verschlossen.[16]

Dennoch **nach Rechtskraft** der Scheidung gestellte Anträge werden in einen Antrag auf Erlass einer einstweiligen Anordnung nach § 644 ZPO **umzudeuten** sein.[17] Zu beachten ist in diesem Fall jedoch, dass nunmehr ein inhaltlich entsprechendes Hauptsacheverfahren anhängig zu machen ist,[18] falls noch nicht geschehen.

Ist ein Antrag auf Erlass einer einstweiligen Anordnung nach § 620 ZPO dagegen bereits vor der Beendigung des Hauptverfahrens gestellt worden,[19] so ist zu differenzieren.

Bei Erledigung durch rechtskräftigen Ausspruch der Scheidung ist über den Antrag noch zu entscheiden.[20]

Gegenteilig ist die Rechtslage bei Erledigung durch Antragsrücknahme, rechtskräftige Antragsabweisung oder Tod des Antragstellers (§ 619 ZPO). Denn § 620f Abs. 1 S. 1 ZPO bestimmt, dass eine einstweilige Anordnung im Zeitpunkt der Erledigung außer Kraft tritt. Der Erlass eines sofort unwirksam werdenden Beschlusses ist unzulässig.[21]

---

11 Vgl. § 2 Rn 259.
12 Dies wäre im Übrigen auch gar nicht möglich, wie die Folgesache Ehegattenunterhalt beweist. Diese richtet sich materiell nach §§ 1569 ff. BGB, während die einstweilige Anordnung nach § 620 Nr. 6 ZPO während der Zeit der Trennung erlassen wird, sich somit (zumindest auch) an § 1361 BGB orientiert und damit einen anderen Streitgegenstand betrifft.
13 OLG Karlsruhe FamRZ 1992, 1454; OLG Frankfurt FamRZ 1990, 539.
14 *Zöller – Philippi*, § 620a Rn 3; BGH FamRZ 1983, 355.
15 Vgl. *Thomas/Putzo – Hüßtege*, § 628 Rn 15.
16 OLG Karlsruhe FamRZ 1992, 1454; OLG Frankfurt FamRZ 1990, 539; *Zöller – Philippi*, § 620a Rn 3a m.w.N.; a. A. MK (ZPO) – *Finger*, § 620a Rn 5; OLG Hamm FamRZ 1987, 1278.
17 *Gießler/Soyka*, Rn 98.
18 Hierzu vgl. § 2 Rn 259.
19 Maßgeblich ist der Zeitpunkt des Eingangs bei Gericht – vgl. *Zöller – Philippi*, § 620a Rn 4.
20 *Zöller – Philippi*, § 620a Rn 4 m.w.N.; *Gießler/Soyka*, Rn 98; MK (ZPO) – *Finger*, § 620a Rn 8.
21 *Zöller – Philippi*, § 620a Rn 4 m.w.N.; *Gießler/Soyka*, Rn 98; MK (ZPO) – *Finger*, § 620a Rn 7.

§ 2 Einstweiliger Rechtsschutz auf Gewährung von Unterhalt

In diesem Fall ist es möglich, die unzulässige einstweilige Anordnung nach § 620 ZPO in ein Verfahren auf Erlass einer einstweiligen Anordnung nach § 644 ZPO überzuleiten (wiederum mit dem Erfordernis, dass ein entsprechendes Hauptsacheverfahren anhängig sein oder anhängig gemacht werden muss).

7   Als Voraussetzung für den Erlass der einstweiligen Anordnung wird (lediglich) gefordert, dass das Eheverfahren schon und noch anhängig ist. Dies bedeutet, dass es grds. unschädlich ist, wenn das Hauptverfahren nicht mehr betrieben wird, ausgesetzt ist oder ruht. Dauert die Aussetzung oder das Ruhen des Verfahrens bereits längere Zeit an, wird zu überprüfen sein, ob der Antrag auf einstweilige Anordnung rechtsmissbräuchlich ist.[22]

8   Ohne Bedeutung ist auch die **Erfolgsaussicht** des eingereichten Scheidungsantrages oder des PKH-Antrags.[23] Eine Ausnahme von diesem Grundsatz ist jedoch anzunehmen, wenn die Ehesache[24] (oder der PKH-Antrag)[25] **offensichtlich unzulässig** oder **unbegründet** ist, etwa wenn das Trennungsjahr noch nicht abgelaufen und Gründe für eine »Härtefallscheidung« nach § 1565 Abs. 2 BGB nicht vorgetragen sind bzw. offenkundig nicht vorliegen.

9   Der Antrag auf Bewilligung von PKH kann isoliert eingereicht werden. Einer gleichzeitig anhängigen Ehesache bedarf es nicht.[26] Wird das PKH-Gesuch in einem solchen Fall abgelehnt, kann eine einstweilige Anordnung nicht mehr erlassen werden.[27] Unerheblich ist, ob die Ablehnung des PKH-Antrages noch anfechtbar ist.[28]

Dies gilt auch, wenn man für den hiervon abweichenden Fall annimmt, dass eine bereits erlassene einstweilige Anordnung weiterhin Bestand hat, wenn eine noch anfechtbare Abweisung des PKH-Antrages erfolgt ist.[29]

Denn im Zeitpunkt der Ablehnung des PKH-Gesuches erlischt das Antragsrecht.[30]

Bei zulässig eingelegter **sofortiger Beschwerde** gegen den Beschluss auf Abweisung des PKH-Antrages leben das Antragsrecht und die Entscheidungsbefugnis des Gerichts wieder auf.[31]

---

22 *Bergerfurth/Rogner*, Rn 216: »Denn es ist nicht Sinn des Gesetzes durch »auf Eis gelegte« Scheidungsanträge einen Tummelplatz für einstweilige Anordnungen zu schaffen.«; *Zöller – Philippi*, § 620a Rn 2; *Gießler/Soyka*, Rn 97; MK (ZPO) – *Finger*, § 620a Rn 3.
23 MK (ZPO) – *Finger*, § 620a Rn 3.
24 OLG Karlsruhe FamRZ 1989, 79; OLG Hamburg DAV 83, 151; OLG Bamberg FamRZ 1983, 82.
25 MK (ZPO) – *Finger*, mit Hinweis auf AG Lörrach NJW 1978, 1330.
26 *Zöller – Philippi*, § 620a Rn 5.
27 OLG Hamm FamRZ 1982, 721.
28 Nach § 127 Abs. 2 S. 2 ZPO ist gegen die ablehnende erstinstanzliche PKH-Entscheidung die sofortige Beschwerde statthaft.
29 Vgl. § 2 Rn 232.
30 OLG Hamm FamRZ 1982, 721; *Zöller – Philippi*, § 620a Rn 5.
31 *Zöller – Philippi*, § 620a Rn 5; a.A. MK (ZPO) – *Finger*, § 620a Rn 5 mit Fn 9, der darauf hinweist, dass sich das Gericht nicht in Widerspruch zur eigenen Entscheidung setzen darf.

Einstweiliger Rechtsschutz auf Gewährung von Unterhalt § 2

Vor und nach Anhängigkeit einer Ehesache kommt der Erlass einer einstweiligen Anordnung nach § 620 ZPO nicht (mehr) in Betracht. Der Antragsteller ist auf die einstweilige Anordnung nach § 644 ZPO (ggf. auch auf die einstweilige Verfügung[32]) zu verweisen. Zur Frage, ob während der Anhängigkeit der Ehesache ein Wahlrecht zwischen einem Antrag nach § 620 Nr. 4, Nr. 6 ZPO und nach § 644 ZPO besteht, ist auf § 2 Rn 46 f. zu verweisen.

10

2. Anhängigkeit einer Lebenspartnerschaftssache nach § 661 Abs. 1 Nr. 1 bis 3 LPartG

Der Anwendungsbereich des § 620 ZPO wurde – soweit sich die Regelungsmaterien dieser Norm hierfür eignen – durch die Schaffung des LPartG[33] und die Verweisung in § 661 Abs. 2 ZPO erweitert und ermöglicht nun auch den Erlass einer einstweiligen Anordnung zwischen Partnern einer eingetragenen Lebenspartnerschaft. Zwar ist der einstweilige Rechtsschutz im Rahmen dieses Gesetzeswerkes nicht ausdrücklich geregelt. Jedoch wird in der Neufassung des § 661 Abs. 2 ZPO angeordnet, dass in Lebenspartnerschaftssachen die für Ehesachen bestimmten Vorschriften (mit Ausnahme der Vorschriften zur Aufhebung der Ehe) jeweils entsprechende Anwendung finden. Dies bedeutet, dass in den hier maßgeblichen Bereichen der **Aufhebung einer Lebenspartnerschaft** aufgrund des Lebenspartnerschaftsgesetzes, der **Feststellung des Bestehens oder Nichtbestehens einer Lebenspartnerschaft**[34] und der **Verpflichtung zur Fürsorge und Unterstützung in der partnerschaftlichen Lebensgemeinschaft**[35] § 620 ZPO anzuwenden ist.[36] Denn diese Norm stellt eine Regelung dar, die bei den in Bezug genommenen Ehesachen Geltung beansprucht. Eine entsprechende Anwendung des § 620 ZPO trägt der Intention des Gesetzgebers Rechnung, wonach durch die Einstellung der Verfahrensvorschriften in Lebenspartnerschaftssachen in das 6. Buch der ZPO (Verfahren in Familiensachen) sichergestellt werden sollte,[37] dass das gesamte verfahrensrechtliche Gefüge bezüglich der Familiensachen weitestgehend in Anspruch genommen werden kann und die Lebenspartnerschaftssachen verfahrensrechtlich parallel zu gleichgearteten anderen Familiensachen behandelt werden.

11

---

32 Vgl. hierzu § 2 Rn 405 ff.
33 Gesetz zur Beendigung der Diskriminierung gleichgeschlechtlicher Gemeinschaften: Lebenspartnerschaften, BGBl I 2001, 266; genau genommen umfasst ausschließlich Artikel 1 dieses Gesetzes das sogenannte Lebenspartnerschaftsgesetz (Gesetz über die Eingetragene Lebenspartnerschaft – LPartG). Aber der Einfachheit halber benutze ich den Begriff für das gesamte Gesetzeswerk.
34 Nicht jedoch greift § 620 ZPO analog bei den Lebenspartnerschaftssachen nach § 661 Abs. 1 Nr. 4 bis 7 ZPO, da es sich insoweit nicht um der Ehesache gleichgearteten Familiensachen handelt.
35 Soweit das verfolgte Ziel vergleichbar ist mit der Herstellung des ehelichen Lebens im Sinne des § 606 ZPO.
36 *Wohlfahrt*, Band 1 § 1 Rn 8; *Thomas/Putzo – Hüßtege*, § 661 Rn 18.
37 Vgl. BT-Drucks. 14/3751, 58 (zu § 54, zu Nr. 9).

II. Inhalte der einstweiligen Anordnung nach § 620 Nr. 4, Nr. 6 ZPO

12 Im Anschluss an die Beantwortung der Frage, ob die formale Voraussetzung des § 620a Abs. 2 ZPO erfüllt ist oder zur Erlangung einer einstweiligen Anordnung nach § 620 ZPO die Anhängigkeit einer Ehesache erst noch bewirkt werden muss, bietet sich m. E. die Überprüfung an, ob mit der erstrebten einstweiligen Anordnung die konkret begehrten Unterhaltsleistungen überhaupt erlangt werden können.

Die Regelungsbereiche der einstweiligen Anordnung nach § 620 ZPO lassen sich weitgehend aus der Formulierung der Norm entnehmen. Sie sind dort abschließend aufgeführt.[38]

Inhaltlich erfahren die einzelnen Materien teilweise Einschränkungen, die sich aus dem Wesen des einstweiligen Rechtsschutzes herleiten.[39]

1. Der persönliche Wirkungsbereich der einstweiligen Anordnung nach § 620 Nr. 4, Nr. 6 ZPO

a) Kindesunterhalt

13 Ausdrücklich ist der Regelung des § 620 Nr. 4 ZPO die Einschränkung des Wirkungsbereiches auf Unterhalt für **minderjährige Kinder** zu entnehmen.[40] Darüber hinaus jedoch ist zu berücksichtigen, dass § 620 ZPO eine Regelung nur ermöglichen soll und zulässt, die zwischen den Ehegatten Wirkung entfaltet. Somit muss die erstrebte Anordnung ein gemeinsames Kind der Ehegatten betreffen. Hierzu zählen auch scheineheliche Kinder (vgl. § 1592 Nr. 1 BGB), solange die Anfechtung der Vaterschaft noch nicht rechtskräftig erfolgt ist.[41]

14 Die einstweilige Anordnung umfasst dementsprechend eine Regelung, die ein Elternteil gegen den anderen Elternteil im Wege gesetzlicher Prozessstandschaft nach § 1629 Abs. 3 S. 1 BGB und mit Vertretungsmacht ausgestattet gemäß § 1629 Abs. 2 S. 2 BGB erwirkt. Verfahrensbeteiligte sind somit ausschließlich die Ehegatten, auch wenn die Anordnung sich inhaltlich auf Unterhalt des minderjährigen Kindes bezieht.[42]

15 Da mittlerweile eine sogenannte Stiefkindadoption[43] möglich ist und in einem solchen Fall die Lebenspartner die elterliche Sorge gemeinsam ausüben (vgl. § 9 Abs. 7 LPartG, § 1754 Abs. 1, 3 BGB), kommt in einem solchen Fall auch ein Kindesunterhaltsanspruch in Betracht gegenüber dem Lebenspartner des leiblichen Elternteils.

---

38 *Rahm/Künkel/Niepmann*, VI 3.
39 Vgl. hierzu beispielsweise § 2 Rn 28 zur Ablehnung der Gewährung von Unterhaltsleistungen für die Vergangenheit.
40 Zur Dauer der Wirksamkeit der Regelung und zur evtl. zeitlichen Befristung bis zur Volljährigkeit vgl. § 2 Rn 32.
41 Zur alten Rechtslage vgl. OLG Oldenburg NJW 1967, 359.
42 *Zöller – Philippi*, § 620 Rn 49 bis 50; *Musielak – Borth*, § 620 Rn 49.
43 Eine gemeinsame Adoption eines Kindes durch Lebenspartner dagegen ist nach wie vor nicht vorgesehen.

b) Ehegattenunterhalt und Unterhalt eingetragener Lebenspartner

§ 620 Nr. 6 ZPO betrifft ausschließlich die **Unterhaltspflicht der Ehegatten zueinander**. Ansprüche gegen Dritte[44] sind demzufolge nicht nach § 620 Nr. 6 ZPO zu verfolgen; diesbezüglich wäre an einstweiligen Rechtsschutz nach §§ 644, 641d ZPO, 1615o BGB zu denken.

§§ 661 Abs. 2, 620 Nr. 6 ZPO ermöglichen es, einem Lebenspartner **gegen den anderen Lebenspartner** zustehende Unterhaltsansprüche einstweilen zu regeln.

16

2. Sachlicher Anwendungsbereich

Während das KindRG[45] und KindUG[46] die Zuständigkeit des Familiengerichts erheblich erweitert haben und sich dies im unterhaltsrechtlichen Bereich auch maßgeblich auswirkt,[47] ist die einstweilige Anordnung nach § 620 Nr. 4 (und auch Nr. 6) ZPO in ihrem sachlichen Anwendungsbereich nicht geändert worden. Durch das LPartG sind materielle Unterhaltsansprüche geschaffen worden, die bis zum In-Kraft-Treten des Gesetzes nur als vertragliche Ansprüche denkbar waren. Diese Erweiterung materiellen Rechts setzt sich im Rahmen der einstweiligen Anordnung nach § 620 Nr. 6 ZPO (ggf. i.V.m. § 661 Abs. 2 ZPO) fort.

17

a) Unterhaltshöhe, Unterhaltsarten

Bezüglich **Kindesunterhalt** ist die materielle Regelung den §§ 1601 ff. BGB zu entnehmen.

18

Ehegattenunterhalt dagegen folgt unterschiedlichen Anspruchsgrundlagen aus §§ 1360, 1360a (Familienunterhalt), § 1361 (Trennungsunterhalt) und §§ 1569 ff. BGB (nachehelicher Unterhalt).

Regelmäßig wird eine Prüfung des § 1361 BGB anstehen, da der Erlass der einstweiligen Anordnung während der Trennungsphase beantragt wird.

---

44 Denkbar wäre ein Anspruch nach § 1615l Abs. 2 BGB, der mit einem Anspruch auf Trennungsunterhalt konkurriert. Für einen solchen Fall wäre es jedoch erforderlich, dass ein rechtskräftiges Urteil nach § 1599 Abs. 1 BGB vorliegt, aufgrund dessen festgestellt ist, dass der Ehegatte nicht der Vater des während der Ehezeit geborenen Kindes ist, das weiterhin § 1599 Abs. 2 BGB nicht greift, das Kind also vor Anhängigkeit des Scheidungsantrages geboren ist (vgl. § 1599 Abs. 2 S. 1, 3 BGB), und dass die Vaterschaft des anderen Mannes wirksam festgestellt ist. Zur Konkurrenz von § 1615l zu nachehelichem Betreuungsunterhalt vgl. BGH NJW 1998, 1309
45 Kindschaftsrechtsreformgesetz vom 16.12.1997, BGBl 1997 I, 2942.
46 Kindesunterhaltsgesetz vom 6.4.1998, BGBl 1998 I, 666.
47 Vgl. die einstweilige Anordnung beim Verwandtenunterhalt und beim nichtehelichen Kind.

§2 Einstweiliger Rechtsschutz auf Gewährung von Unterhalt

Jedoch ist es auch denkbar (wenn auch nicht gerade erheblich praxisrelevant), dass – solange die Ehegatten noch in häuslicher Gemeinschaft leben – mit der einstweiligen Anordnung Regelungen erlassen werden, die die Beiträge der Ehegatten zum Familienunterhalt betreffen.[48] Erforderlich ist selbstverständlich auch hier die Anhängigkeit einer Ehesache.[49]

Wirkt die Anordnung über die Rechtskraft der Scheidung hinaus, was regelmäßig der Fall ist,[50] so stellen die §§ 1569 ff. BGB den Grund für die erlassene einstweilige Anordnung dar. Dies gilt insbesondere dann, wenn die einstweilige Anordnung nur[51] für die Zeit nach Rechtskraft der Scheidung ergeht.[52]

19 Bei **eingetragenen Lebenspartnern** können entsprechend der Rechtslage bei Ehegatten Unterhaltsleistungen nach § 5 LPartG (Verpflichtung zum Lebenspartnerschaftsunterhalt),[53] § 12 LPartG (Unterhalt bei Getrenntleben) und auch nach § 16 LPartG (nachpartnerschaftlicher Unterhalt) zuerkannt werden.

20 Mit Hilfe der einstweiligen Anordnung nach § 620 Nr. 4, 6 ZPO kann der **volle Unterhalt** zugesprochen werden.[54] Anders als bei der Leistungsverfügung[55] ist eine Beschränkung auf den Notbedarf nicht vorzunehmen.[56]

Dies birgt bei (behauptet) guten Einkommensverhältnissen die Gefahr in sich, dass im einstweiligen Rechtsschutz ein vollstreckungsfähiger Titel über einen hohen Unterhaltsbetrag erwirkt wird, obwohl die tatsächliche Situation nur summarisch geprüft wurde. Der aufgrund der einstweiligen Anordnung gezahlte Unterhaltsbetrag kann jedoch wegen des Einwands der Entreicherung (§ 818 Abs. 3 BGB) vielfach nicht zurückgefordert werden, wenn sich im Hauptsacheverfahren nur ein geringerer Unterhaltsanspruch nachweisen lässt. Deshalb wird zum Schutz des Unterhaltsschuldners an die Glaubhaftmachung ein strengerer

---

48 *Zöller – Philippi*, § 620 Rn 60 (mit folgenden Beispielen: der Ehefrau kann das gleiche Haushaltsgeld zugesprochen werden wie bisher; der Anspruch auf Naturalunterhalt kann geregelt werden – Verbrauch von Vorräten); MK (ZPO) – *Finger*, § 620 Rn 65.
49 Beispiele für den Inhalt einer Herstellungsklage aus § 606 ZPO werden bei *Zöller – Philippi*, § 606 Rn 5 dargestellt wie: Klage auf Unterlassung ehewidriger Handlungen.
50 Siehe § 2 Rn 201.
51 Hierzu siehe § 2 Rn 35.
52 MK (ZPO) – *Finger*, § 620 Rn 65, 38; *Zöller – Philippi*, § 620 Rn 59 mit Hinweisen auf abweichende Auffassung.
53 Dies kommt beispielsweise in Betracht, wenn eine Klage auf Feststellung des Bestehens einer Lebenspartnerschaft anhängig ist (§§ 661 Abs. 1 Nr. 2, Abs. 2, 620 ZPO).
54 MK (ZPO) – *Finger*, § 620 Rn 37; *Musielak – Borth*, § 620 Rn 51; *Gießler/Soyka*, Rn 551; *Thomas/Putzo – Hüßtege*, § 620 Rn 18; a.A. OLG Hamm FamRZ 2000, 964 – Erwiderung durch *Luthin*, FamRZ 2001, 357.
55 Siehe § 2 Rn 410 ff.
56 Vgl. aber zur einstweiligen Anordnung nach § 644 ZPO die abweichenden Auffassungen der Amtsgerichte Pforzheim FamRZ 2004, 1653; Marburg FamRZ 1999, 660; Groß-Gerau FamRZ 1999, 661. So auch zu § 620 ZPO OLG Hamm FamRZ 2000, 964.

§ 2 Einstweiliger Rechtsschutz auf Gewährung von Unterhalt

Maßstab angelegt, falls bei Geltendmachung von Ehegattenunterhalt der **Notunterhalt**,[57] erst recht der **angemessene Eigenbedarf**[58] erheblich überschritten wird.
Je nach Höhe des begehrten Unterhaltes ist ein unterschiedlicher Beweisgrad zu fordern. Es besteht eine Wechselwirkung zwischen Beweismaß und Regelungsumfang.[59]
Wenn die Voraussetzungen des Unterhaltsanspruchs nur mit **überwiegender Wahrscheinlichkeit** dargetan sind und nicht der Beweisgrad der hohen Wahrscheinlichkeit oder sogar Gewissheit[60] erreicht ist, wird eine Begrenzung des Unterhalts der Höhe nach auf den Notunterhalt[61] in Erwägung zu ziehen sein. Im Einzelfall kommt auch eine zeitliche Begrenzung[62] in Betracht.[63]

21

Sind die Voraussetzungen des Unterhaltsanspruchs mit **hoher Wahrscheinlichkeit** dargetan, ist es im Allgemeinen gerechtfertigt, den angemessenen Unterhalt zuzusprechen. Bei behaupteten sehr hohen Einkommensverhältnissen und damit einhergehend einer sehr hohen begehrten monatlichen Unterhaltsrate[64] muss das Ausmaß der Glaubhaftmachung nahe an Gewissheit heranreichen.[65]

Das erforderliche Beweismaß kann zugunsten des Antragstellers verschoben werden, wenn der Grund für die nicht hinreichende Glaubhaftmachung in der fehlenden Mitwirkung des Antragsgegners liegt.[66]

Beachte

22

Wird eine einstweilige Anordnung auf Kindesunterhalt **ohne Anhörung**[67] des Antragsgegners erlassen, so ist diese betragsmäßig auf den **Regelbetrag** nach der Regelbetrag-Verordnung[68] zu begrenzen.[69] Die Geltendmachung lediglich des Regelbetrags bzw. **Mindestbedarfs** hat jedoch für den Antragsteller im Hinblick auf die Darlegungs- und Beweislast auch erhebliche Vorteile.[70]

---

57 Nach der Düsseldorfer Tabelle (Stand 1.7.2005): 890 EUR.
58 Nach der Düsseldorfer Tabelle (Stand 1.7.2005) 1.100 EUR; der BGH spricht sich gegen eine derartige schematische Festsetzung des angemessenen Eigenbedarfs aus, vgl. etwa BGH FamRZ 1995, 346; siehe auch BGH FamRZ 2006, 683 und FamRZ 2006, 765.
59 MK (ZPO) – *Finger*, § 620 Rn 42; *Gießler/Soyka*, Rn 57; vgl. § 1 Rn 28 ff.
60 *Gießler/Soyka*, Rn 56 f.
61 Zum Begriff und Betrag vgl. § 2 Rn 411 f.
62 Obwohl diese grds. ausscheidet, vgl. hierzu § 2 Rn 31 ff.
63 MK (ZPO) – *Finger*, § 620 Rn 42.
64 Der beim Verfasser im Rahmen einer einstweiligen Anordnung gestellte höchste Unterhaltsantrag belief sich auf sage und schreibe 35.000 DM monatlich.
65 Vgl. § 1 Rn 31.
66 So auch MK (ZPO) – *Finger*, § 620 Rn 42.
67 Zum Erfordernis der Anhörung allgemein vgl. § 2 Rn 97.
68 Nach Inkrafttreten des Unterhaltsänderungsgesetzes (voraussichtlich 1.7.2007) wird der sodann wieder gesetzlich statuierte **Mindestbedarf** maßgeblich sein; vgl. hierzu § 2 Rn 411.
69 Vgl. hierzu § 2 Rn 411 ff.; siehe auch *Garbe*, § 4 Rn 107 und *Musielak – Borth*, § 620 Rn 55.
70 Vgl. § 2 Rn 412.

§ 2 Einstweiliger Rechtsschutz auf Gewährung von Unterhalt

23 Selbstverständlich kann mit Hilfe einer einstweiligen Anordnung kein höherer Betrag zugesprochen werden als mit einem Hauptsacheurteil. Liegt der Bedarf des Unterhaltsgläubigers unterhalb der soeben benannten Beträge, ist dieser geringere Unterhalt zuzusprechen. Dasselbe gilt bei eingeschränkter Leistungsfähigkeit des Unterhaltsschuldners, die jedoch grundsätzlich dieser vorzutragen und glaubhaft zu machen hat.

24 Der angemessene Bedarf eingetragener Lebenspartner richtet sich gemäß § 12 S. 1 LPartG nach den Lebens-, Erwerbs- und Vermögensverhältnissen während der Lebenspartnerschaft. Aufgrund der Neufassung des § 12 S. 2 LPartG[71] entsprechen die unterhaltsrechtlichen Regelungen bei Getrenntleben der Lebenspartner nunmehr den für Ehegatten geltenden Vorschriften.

25 Neben dem sogenannten **Elementarunterhalt** kann auch **Sonderbedarf**[72] und **Mehrbedarf**[73] durch eine einstweilige Anordnung nach § 620 ZPO zugesprochen werden.

Auch ist in Ausnahmefällen an **Naturalunterhalt** zu denken; so etwa, wenn sich die Eltern nach § 1612 Abs. 2 BGB auf diese Art der Unterhaltsgewährung geeinigt haben.[74]

26 Nicht begehrt werden kann nach h.M. die Erteilung einer **Auskunft** über das Einkommen und Vermögen des Antragsgegners.[75] Hierbei handelt es sich um einen bloßen Hilfsanspruch zum Unterhalt, der von § 620 Nr. 4 und Nr. 6 ZPO nicht erfasst sein soll, da dort ausschließlich die Unterhaltsleistung als solche angesprochen ist.

Dementsprechend umfasst der Anwendungsbereich des § 620 Nr. 4 und Nr. 6 ZPO auch **nicht**:
- Anspruch auf Rückgewähr von zu viel gezahltem Unterhalt aus §§ 812, 826, 823 Abs. 2 BGB i.V.m. 263 StGB[76]
- Anspruch auf Zustimmung zum begrenzten Realsplitting[77]
- Anspruch auf Mitwirkung bei der Abgabe einer gemeinschaftlichen Steuererklärung
- Anspruch auf Sicherheitsleistung für den künftigen Unterhalt[78]
- familienrechtliche Ausgleichsansprüche.

---

71 BGBl I 2005, 203.
72 Hierzu vgl. *Palandt – Diederichsen,* § 1612 Rn 3; § 1613 Rn 16; *Palandt – Brudermüller,* § 1578 Rn 44.
73 Z.B. für Krankenversicherung, vgl. *Musielak – Borth,* § 620 Rn 51.
74 *Zöller – Philippi,* § 620 Rn 51.
75 OLG Stuttgart FamRZ 1980, 1138; OLG Düsseldorf FamRZ 1983, 514; OLG Hamm FamRZ 2000, 362 (zu § 644 ZPO); *Gießler/Soyka,* Rn 590 m.w.N.; *Brudermüller,* in: Handbuch des Fachanwalts Familienrecht, 1. Kapitel Rn 288 (Grund: es würde bereits endgültig Rechtsschutz gewährt); a.A. MK (ZPO) – *Finger,* § 620 Rn 39 a.E. m.w.N.; *Musielak – Borth,* § 620 Rn 53; *van Els,* FamRZ 1995, 650; *Zöller – Philippi,* § 620 Rn 63.
76 MK (ZPO) – *Finger,* § 620 Rn 37
77 *Zöller – Philippi,* § 620 Rn 64.
78 S.u. § 13 zur Sicherung durch Arrest.

Da die einstweilige Anordnung nicht der Rechtsverteidigung dient, ist es auch nicht möglich, nach § 620 ZPO eine **negative Feststellung**, dass Unterhalt[79] nicht geschuldet wird, zu erlangen.[80]   27

b) Zeitliche Beschränkungen der einstweiligen Anordnung

Mit der einstweiligen Anordnung können **Unterhaltsrückstände** nicht begehrt werden, da dieses Mittel des vorläufigen Rechtsschutzes lediglich laufende Unterhaltsansprüche gewährleisten soll.[81] Dementsprechend wird eine Antragstellung **frühestens ab Anhängigkeit des Antrages** sinnvoll und erfolgversprechend sein.[82]   28

Ausnahmen von diesem Grundsatz werden dann zugelassen, wenn der Unterhaltsberechtigte in der Vergangenheit Schulden gemacht hat, um die wegen ausgebliebener Unterhaltszahlungen bestehende Notlage zu beseitigen, und diese Schulden den Antragsteller in der Gegenwart noch belasten, so wenn mit dem begehrten Unterhalt Mietrückstände beglichen oder aufgenommene Kredite getilgt werden sollen.[83]

Zu berücksichtigen ist weiter, dass die Antragstellung den (grds.) frühest möglichen Zeitpunkt beschreibt. Es ist durchaus denkbar, dass Unterhalt erst ab einem späteren Termin zuerkannt wird.   29

Die maßgeblichen Umstände können sich aus dem materiellen Recht ergeben, wenn erst während des laufenden Anordnungsverfahrens die Voraussetzungen für die Unterhaltsforderung geschaffen werden (vgl. § 1613 Abs. 1 BGB für Kindesunterhalt, in Verbindung mit §§ 1361 Abs. 4 S. 4, 1360a Abs. 3 BGB für Ehegattentrennungsunterhalt).[84] Ist somit der Antragsgegner nicht gemäß den soeben benannten Regelungen verpflichtet, Unterhalt für die Vergangenheit zu leisten, wird Unterhalt erst **ab dem Zeitpunkt der Zustellung** des Antrages auf Erlass einer einstweiligen Anordnung zugesprochen werden.[85]

---

79 Wie z.B. isolierter Kindergeldausgleich – *Stein/Jonas/Schlosser*, § 620 Rn 2; Ausgleich für von einem Elternteil überzahlten Unterhalt; vgl. zum familienrechtlichen Ausgleichsanspruch *Gerhardt*, in: Handbuch des Fachanwalts Familienrecht, 6. Kapitel Rn 549 ff.; *Finke*, § 11 Rn 125, 127, 132.
80 MK (ZPO) – *Finger*, § 620 Rn 36 mit Hinweis auf OLG Zweibrücken und AG Ludwigshafen FamRZ 1983, 939, 940.
81 MK (ZPO) – *Finger*, § 620 Rn 38; *Gießler/Soyka*, Rn 552, 568; *Musielak – Borth,* Rn 52 – jeweils mit weiteren Nachweisen.
82 MK (ZPO) – *Finger*, § 620 Rn 38 schlägt aus Gründen der Praktikabilität vor, entsprechend § 708 Nr. 8 ZPO Rückstände aus dem letzten Vierteljahr vor Antragstellung einzubeziehen, um zu verhindern, dass wegen dieser Rückstände eine isolierte Unterhaltsklage erhoben werden muss.
83 *Zöller – Philippi*, § 620 Rn 57; *Gießler/Soyka*, Rn 552; *Musielak – Borth*, § 620 Rn 52 mit der Einschränkung, dass ein eiliges Regelungsbedürfnis nachgewiesen werden muss; a.A. *van Els*, FamRZ 1990, 581 m.w.N. (ausschließlich ab Antragstellung).
84 § 1585b Abs. 2 BGB (Ehegattenunterhalt nach der Scheidung) wird insoweit lediglich bei § 644 ZPO Bedeutung haben können.
85 Dieser ist als verzugsbegründende Mahnung anzusehen – BGH FamRZ 1988, 597; OLG Köln FamRZ 1998, 1194.

§ 2 Einstweiliger Rechtsschutz auf Gewährung von Unterhalt

Hinweis
Demzufolge ist es anzuraten, die Wirkungen des § 1613 Abs. 1 BGB frühzeitig herbeizuführen und die tatsächlichen Umstände in der Antragsschrift glaubhaft zu machen.

Weitere Beispiele für eine zeitliche Beschränkung:[86]
- Unterhaltsbedürftigkeit tritt erst nachträglich ein.
- Unterhaltsanspruch ist für den Monat der Antragstellung bereits auf den Sozialhilfeträger übergegangen.
- Unterhalt für die Zeit des Getrenntlebens ist bereits rechtskräftig tituliert, weshalb die einstweilige Anordnung nur den nachehelichen Unterhalt regeln kann.

30 Aus dem formellen Bereich ergeben sich Einschränkungen, wenn der Antrag bei Einreichung an **erheblichen Mängeln** gelitten hat. Dann ist Unterhalt erst ab dem Zeitpunkt der Beseitigung dieser Mängel zuzusprechen.[87]

31 Der Unterhalt ist in aller Regel **unbefristet**[88] zuzusprechen (es sei denn, die Antragstellung selbst enthält eine zeitliche Einschränkung).

Steht jedoch fest, zu welchem Zeitpunkt die Unterhaltspflicht enden wird, so ist eine Befristung möglich[89] und angezeigt.[90]

32 Bei **Kindesunterhalt** ist eine Übernahme in ein Arbeitsverhältnis zu berücksichtigen, falls diese sicher feststeht.[91] Unterhaltszahlungen sind in einem solchen Fall nur bis zum Zeitpunkt der Aufnahme der Erwerbstätigkeit anzuordnen bzw. ab diesem Zeitpunkt neu zu berechnen. Dasselbe gilt bei Wegfall des Unterhaltsanspruches aus anderen Gründen wie z.B. wegen Eintritts des Nachrangs im Mangelfall nach § 1609 BGB.[92]

Allein der **Eintritt der Volljährigkeit** des unterhaltsberechtigten Kindes während der voraussichtlichen Wirksamkeit der einstweiligen Anordnung bewirkt nicht, dass diese entsprechend § 1612 Abs. 3 S. 2 BGB auf das Ende des Monats zu begrenzen ist, in dem das 18. Lebensjahr vollendet wird.

Die abweichende Auffassung,[93] nach der eine solche zeitliche Einschränkung vorzunehmen sein soll, beruft sich auf den Wortlaut des § 620 Nr. 4 ZPO, wonach der Unterhalt des minderjährigen Kindes zu regeln ist.

Dies bewirkt jedoch nicht notwendigerweise, dass die Wirkungsdauer der einstweiligen Anordnung zu beschränken ist. Bei einem Hauptsacheverfahren führt der Eintritt der Voll-

---

86 Nach *Gießler/Soyka*, Rn 552.
87 *Zöller – Philippi*, § 620 Rn 57; *van Els*, FamRZ 1990, 582.
88 Zur abweichenden Rechtslage bei der einstweiligen Verfügung siehe § 2 Rn 418.
89 *Musielak – Borth*, § 620 Rn 51.
90 *Gießler/Soyka*, Rn 553 ff.
91 *van Els*, FamRZ 1990, 581, 583.
92 Ein unterhaltsberechtigtes Kind wird volljährig und geht somit dem Ehegatten und weiteren (noch minderjährigen) Kindern nach.
93 *Zöller – Philippi*, § 620 Rn 50.

jährigkeit beim Kindesunterhalt nicht zu einem Streitgegenstandswechsel,[94] obwohl sich die Berechnungsweise des Unterhaltsanspruchs ändert.[95] Ein Hauptsachetitel, der während der Minderjährigkeit des Kindes erlangt wurde, umfasst auch den Unterhalt nach Volljährigkeit. Ebenso wirkt eine einstweilige Anordnung nach Eintritt der Volljährigkeit weiter.[96] Dies entspricht dem Sinn und Zweck der einstweiligen Anordnung, für die Dauer des Eheverfahrens die Rechtsbeziehungen in einem summarischen Verfahren schnell und effektiv zu regeln, sodass weitere Regelungen nicht getroffen werden müssen.

Würde die einstweilige Anordnung nun im Tenor auf die Zeit der Minderjährigkeit befristet werden, hätte dies zur Folge, dass ab dem Eintritt der Volljährigkeit ein regelungsloser Zustand vorläge und somit das Kind zusätzlich – verfahrensökonomisch ungünstig – eine Hauptsacheklage (evtl. mit einem Antrag nach § 644 ZPO) erheben müsste, um einen Vollstreckungstitel zu erlangen.

Auch der **Ehegattenunterhalt** ist in aller Regel **unbefristet**[97] zuzusprechen (es sei denn, die Antragstellung selbst enthält eine zeitliche Einschränkung). Daran ändert der Umstand nichts, dass mit Rechtskraft der Scheidung ein Streitgegenstandswechsel[98] eintritt. Somit ist es nicht gerechtfertigt, die einstweilige Anordnung in ihrer Wirkungsdauer auf den Zeitraum der Trennung der Eheleute (also bis zur Rechtskraft der Scheidung) zu beschränken.[99]

33

> *Hinweis*
> Wird jedoch vom Antragsteller ein Unterhaltsanspruch nach §§ 1569 ff. BGB nicht dargelegt und hinreichend glaubhaft gemacht, ist eine solche Befristung vorzunehmen.[100] Entsprechendes gilt, wenn der Antragsgegner Tatsachen glaubhaft macht, die einen nachehelichen Unterhaltsanspruch in Wegfall bringen.[101]

Erst recht ist die einstweilige Anordnung auf die Rechtskraft der Scheidung zu befristen, wenn feststeht, dass Unterhalt nach §§ 1569 ff. BGB nicht geschuldet wird, so bei Vorliegen eines Unterhaltsverzichts nach § 1585c BGB.[102]

Der **Beginn der Wirkungsdauer** der einstweiligen Anordnung wegen Ehegattenunterhalts wird aus denselben Gründen wie bei Kindesunterhalt auf einen späteren Zeitpunkt als die Antragstellung befristet.[103]

34

---

94 BGH FamRZ 1984, 682.
95 § 1606 Abs. 3 S. 2 BGB findet keine Anwendung mehr; zur Berechnung vgl. *Wohlfahrt*, Band 2 § 321 f.
96 BGH FamRZ 1984, 682.
97 Zur abweichenden Rechtslage bei der einstweiligen Verfügung siehe § 2 Rn 418.
98 BGH FamRZ 1980, 1099.
99 *Gießler/Soyka*, Rn 555; MK (ZPO) – *Finger*, § 620 Rn 38.
100 *Musielak* – *Borth*, § 620 Rn 69; *Gießler/Soyka*, Rn 555.
101 MK (ZPO) – *Finger*, § 620 Rn 66; *Gießler/Soyka*, Rn 555.
102 *Musielak* – *Borth*, § 620 Rn 69.
103 S.o. § 2 Rn 29.

35 Ausnahmsweise kommt auch eine Unterhaltsregelung **nur für die Zeit nach Rechtskraft der Scheidung** in Betracht, wenn hierfür ein Regelungsbedürfnis besteht. Ein solches wird teilweise bejaht, wenn der Unterhaltsschuldner bis kurz vor dem Scheidungstermin anstandslos Unterhalt gezahlt und zugesagt hat, diese Zahlungen nach der Scheidung fortzusetzen, entgegen dieser Zusage jedoch plötzlich keinerlei Leistungen mehr erbringt.[104] Ebenso kann durch eine derartige einstweilige Anordnung verhindert werden, dass ein regelungsloser Zustand nach Rechtskraft der Scheidung deshalb eintritt, weil eine bereits erlassene einstweilige Anordnung wegen einer rechtskräftigen Trennungsunterhaltsklage außer Kraft getreten ist.[105] In beiden Fällen wird jedoch zu überprüfen sein, ob nicht das Regelungsbedürfnis für eine einstweilige Anordnung fehlt, weil der Unterhalt im Wege der Verbundentscheidung als Folgesache tituliert werden kann.[106]

36 Die Ausführungen zum Ehegattenunterhalt sind auf einstweilige Anordnungen, kraft derer Unterhaltsleistungen nach dem **Lebenspartnerschaftsgesetz** für die nachpartnerschaftliche Zeit (§ 16 LPartG) vorläufig geregelt werden, nach erfolgter Angleichung der Regelungen an das nacheheliche Unterhaltsrecht[107] entsprechend zu übertragen.

Zu den Auswirkungen während der Zeit des Verfahrensablaufes geleisteter Zahlungen (insbesondere der Sozialhilfeträger), die einen gesetzlichen Forderungsübergang bewirken, vgl. § 2 Rn 71.

III. Das Verhältnis der einstweiligen Anordnung nach §§ 620 Nr. 4, 6, 661 Abs. 2 ZPO zu Hauptsacheverfahren und zu anderen Mitteln des einstweiligen Rechtsschutzes[108]

37 Ein Konkurrenzverhältnis zwischen verschiedenen Mitteln einstweiligen Rechtsschutzes bzw. zu Hauptsacheverfahren kann nur dort entstehen, wo die **Rechtsschutzbegehren** insoweit **identisch** sind, als sie jeweils auf die Leistung bzw. vorläufige Leistung von Unterhalt oder auf dessen Sicherung bezogen sind. Sind diese unterschiedlich – also einerseits (vorläufige) Leistung durch einstweilige Anordnung und andererseits Sicherung künftigen Unterhalts durch Arrest –, wird die Zulässigkeit des einstweiligen Anordnungsverfahrens nicht beeinflusst.

---

104 *Zöller – Philippi*, § 620 Rn 58.
105 ... und diese einstweilige Anordnung auch nicht nach Rechtskraft der Scheidung wieder wirksam werden kann – vgl. MK (ZPO) – *Finger*, § 620f Rn 20 und unten § 2 Rn 226.
106 MK (ZPO) – *Finger*, § 620 Rn 38.
107 *Palandt – Brudermüller*, § 16 LPartG Rn 1.
108 *Bernreuther*, FamRZ 1999, 69 ff.

1. Das Verhältnis einstweiliger Anordnungen zu Hauptsacheverfahren

a) Vor Rechtshängigkeit des Hauptsacheverfahrens

Es ist grds. nicht zulässig, einen Antragsteller einer einstweiligen Anordnung nach § 620 ZPO mit dem Hinweis auf die Möglichkeit der Erlangung eines (in ZPO-Sachen materiell) rechtskräftigen Titels auf ein Hauptsacheverfahren zu verweisen. Einstweilige Anordnungen und Hauptsacheverfahren verfolgen unterschiedliche Ziele. Mit ersterer sollen während der Dauer des Eheverfahrens bzw. der Lebenspartnerschaftssache i.S.v. § 661 Abs. 1 Nr. 1 bis 3 ZPO Rechtsfrieden geschaffen und weitere gerichtliche Auseinandersetzungen vermieden werden.[109] Deshalb muss es möglich sein, sich mit einer einstweiligen Anordnung zufrieden zu geben.

38

Umgekehrt steht es trotz der Möglichkeit, eine einstweilige Anordnung zu erlangen, genauso frei, ein Hauptsacheverfahren zu betreiben, da dieses eine weitergehende Bindungswirkung hat (in ZPO-Sachen materielle Rechtskraft) und andere Rechtsmittel ergriffen werden können.[110] Das Rechtsschutzbedürfnis für die Hauptsacheentscheidung kann somit nicht abgelehnt werden, selbst wenn ein Beschluss im Anordnungsverfahren schon ergangen ist. Auch die Abänderungsmöglichkeit nach § 620b ZPO ändert hieran nichts.[111]

Davon zu trennen ist die Frage, ob ein **Prozesskostenhilfegesuch** für eine Hauptsacheklage erfolgreich sein kann oder mit dem Hinweis auf vorliegende Mutwilligkeit (§ 114 ZPO) abzulehnen ist, wenn ein Anordnungsverfahren betrieben wird oder werden kann.

39

Nach weit verbreiteter und m.E. zutreffender Ansicht setzt sich die freie Wahlmöglichkeit zwischen einstweiliger Anordnung und Hauptsacheklage auch in diesem Bereich fort. Mutwilliges Vorgehen kann nicht angenommen werden.[112] Teilweise wird jedoch auch verlangt, dass der Antragsteller ein Interesse an einer Hauptsacheentscheidung darzulegen hat, wenn PKH bewilligt werden soll.[113] Ein solches Interesse kann sich danach aus dem Verhalten des Unterhaltsschuldners ergeben, aufgrund dessen anzunehmen ist, dass er sich mit einer Titulierung durch einstweilige Anordnung nicht zufrieden geben wird.[114]

Ist eine einstweilige Anordnung bereits ergangen, wird dagegen anders zu entscheiden sein, wenn der Unterhaltsgläubiger lediglich für die Zeit bis zur Scheidung einen Hauptsachetitel erwirken will, kraft dessen derselbe Unterhaltsbetrag, wie in der einstweilen Anordnung

40

---

109 BVerfG FamRZ 1980, 872.
110 *Zöller – Philippi,* § 620 Rn 11; MK (ZPO) – *Finger,* § 620 Rn 12; BGH FamRZ 1980, 131; OLG Hamburg FamRZ 1988, 523; OLG Zweibrücken FamRZ 1988, 86.
111 OLG Saarbrücken FamRZ 1986, 277; KG FamRZ 1978, 718; OLG Bremen NJW 1978, 2103; a.A. jedoch OLG Frankfurt FamRZ 1979, 730; KG FamRZ 1983, 620.
112 *Zöller – Philippi,* § 620 Rn 14 mit Hinweis auf KG FamRZ 1987, 840; OLG Koblenz FamRZ 1988, 1182; OLG Hamburg FamRZ 1990, 642; OLG Saarbrücken FamRZ 1989, 530; ebenso ferner OLG Hamburg FamRZ 1990, 181; OLG Stuttgart FamRZ 1992, 1195; *Rahm/Künkel/Niepmann,* VI Rn 5.
113 OLG Hamm FamRZ 1983, 1150.
114 KG FamRZ 1987, 840.

§2 Einstweiliger Rechtsschutz auf Gewährung von Unterhalt

enthalten, zugesprochen werden soll.[115] Befürchtet der Unterhaltsgläubiger eine spätere Rückforderungsklage, genügt der Schutz des § 818 Abs. 3 BGB.[116]

41 Weiter wird ein Unterhaltsschuldner, der eine **negative Feststellungsklage** erheben will, um die Wirkung des § 620f Abs. 1 S. 1 Alt. 1 ZPO herbeizuführen, auf das einfachere Abänderungsverfahren nach § 620b ZPO verwiesen, wenn er mit diesem dasselbe Ergebnis erreichen kann.[117] Dem wird jedoch auch mit der Argumentation widersprochen, dass der Unterhaltsschuldner mit der Klageerhebung regelmäßig eine endgültige Erledigung des Streitstoffes in einem echten Beweisverfahren erstrebt und erlangt.[118]

42 Ist die später erhobene Hauptsacheklage eine **Folgesache**, kann die Gewährung von PKH für die Folgesache nicht wegen vorliegender Mutwilligkeit der Klageerhebung versagt werden, da diese Vorgehensweise – zunächst Antrag auf Erlass einer einstweiligen Anordnung und sodann Folgesacheantrag – vom Gesetz vorgesehen ist.[119]

b) Nach Rechtshängigkeit des Hauptsacheverfahrens

43 Die Rechtshängigkeit eines Hauptsacheverfahrens auf Unterhalt schließt den Antrag auf Erlass einer einstweiligen Anordnung in der deckungsgleichen Familiensache ebenfalls nicht grundsätzlich aus. Für Verbundentscheidungen, die erst mit oder nach Rechtskraft der Ehesache bzw. Lebenspartnerschaftssache wirksam/rechtskräftig werden können (§ 629d ZPO), liegt dies auf der Hand. Hier muss das Ziel, während der Dauer des Hauptsacheverfahrens Rechtsfrieden zu schaffen, verwirklicht werden können.[120]

Ist ein isoliertes Hauptsacheverfahren in ZPO-Sachen rechtshängig, besteht jedoch ebenfalls die Möglichkeit, vorläufigen Rechtsschutz nach § 620 ZPO zu erlangen.[121]

Auch umgekehrt verhindert die Anhängigkeit eines Verfahrens nach § 620 ZPO nicht die Möglichkeit, eine Hauptsacheregelung mit höherer Bestandskraft (materieller Rechtskraft) zu erwirken.[122]

c) Nach Rechtskraft der Hauptsacheentscheidung

44 Eine rechtskräftige Hauptsacheentscheidung verhindert den späteren (oder auch gleichzeitigen) Erlass einer einstweiligen Anordnung nach § 620 ZPO, die denselben Regelungsbereich beträfe. Entsprechendes gilt für anderweitige Regelungen, denen die Wirkung des

---

115 *Rahm/Künkel/Niepmann*, VI Rn 5.1.
116 OLG Hamm FamRZ 1980, 708; OLG Frankfurt/Main FamRZ 1982, 1223; OLG Koblenz FamRZ 1988, 1182; *Zöller – Philippi*, § 620 Rn 16 – noch weiter differenzierend, ob der Unterhalt beigetrieben werden kann.
117 OLG Düsseldorf JurBüro 1988, 747; *Zöller – Philippi*, § 620 Rn 16.
118 *Johannsen/Henrich/Thalmann*, § 114 ZPO Rn 25c.
119 OLG Hamburg FamRZ 1990, 181; OLG Düsseldorf FamRZ 1990, 421; OLG Schleswig JurBüro 1991, 1229; *Zöller – Philippi*, § 620 Rn 15.
120 *Musielak – Borth*, § 620 Rn 11 und *Bernreuther*, FamRZ 1999, 69 weisen darauf hin, dass hier ein Konkurrenzverhältnis gar nicht besteht.
121 Zum Verhältnis des § 620 ZPO zu § 644 ZPO vgl. auch § 2 Rn 46 ff.
122 Zur Begründung siehe soeben § 2 Rn 38; zum Wahlrecht zwischen einstweiliger Anordnung und Hauptsache vgl. BGH NJW 1982, 2361; KG FamRZ 1990, 183.

§ 620f Abs. 1 S. 1 Alt. 1 ZPO zukommt, also beispielsweise für Unterhaltsvergleiche i.S.v. § 794 Abs. 1 Nr. 1 ZPO.[123] Das Verfahrenshindernis der **anderweitigen Hauptsacheregelung** greift. Eine erlassene einstweilige Anordnung würde wegen § 620f ZPO sofort wieder außer Kraft treten.[124]

Unterhaltsurteile müssen in **Rechtskraft** erwachsen sein;[125] in der Zeit zwischen Entscheidung und Eintritt der Rechtskraft ist jedoch regelmäßig von einem fehlenden Regelungsbedürfnis für eine einstweilige Anordnung auszugehen.[126]

Eine **Abänderung** der getroffenen Hauptsacheregelung durch einstweilige Anordnung kommt nicht in Betracht.[127] Hierzu ist der Weg über eine Abänderungsklage nach § 323 ZPO mit der Möglichkeit des dafür vorgesehenen vorläufigen Rechtsschutzes[128] zu beschreiten. Die Durchbrechung der Rechtskraft eines Urteils kann nicht aufgrund des summarischen Verfahrens nach § 620 ZPO zugelassen werden.[129] Wird jedoch (isoliert) das Hauptsacheverfahren nach § 323 ZPO betrieben und eine Erhöhung des im Urteil zugesprochenen Unterhalts begehrt, ist der überschießende Betrag einer einstweiligen Anordnung nach **§ 644 ZPO** zugänglich.[130] Dies bedeutet, dass sodann zwei Titel existent sind (das Urteil und die einstweilige Anordnung).

45

2. Das Verhältnis einstweiliger Anordnungen zu anderen Mitteln des einstweiligen Rechtsschutzes

a) Vor Anhängigkeit anderer summarischer Verfahren

Der Anwendungsbereich der einstweiligen Anordnung nach §§ 620 Nr. 4, 6, 661 Abs. 2 ZPO überschneidet sich mit demjenigen des § 644 ZPO. Wenn eine Ehesache oder Lebenspartnerschaftssache anhängig ist und im selben Zeitraum eine isolierte Unterhaltsklage für Kindesunterhalt oder Ehegattentrennungsunterhalt bzw. für Unterhalt bei Getrenntleben der Lebenspartner erhoben wird (oder umgekehrt), kann ein Vorgehen sowohl nach § 620 ZPO als auch nach § 644 ZPO in Erwägung gezogen werden.

46

---

123 Im Übrigen vgl. § 2 Rn 202.
124 *Gießler/Soyka*, Rn 125.
125 Ansonsten kommt ihnen die Wirkung nach § 620f ZPO nicht zu; vgl. BGH FamRZ 2000, 751 und § 2 Rn 209 ff.
126 § 2 Rn 59.
127 MK (ZPO) – *Finger*, § 620 Rn 46; *Gießler/Soyka*, Rn 125; *Zöller – Philippi*, § 620 Rn 19; OLG Karlsruhe FamRZ 2004, 1044 (zu Sorgerechtsregelungen).
128 Hier greift § 769 ZPO analog; *Zöller – Vollkommer*, § 323 Rn 39 mit zahlreichen Nachweisen.
129 OLG Hamm FamRZ 1988, 411; 1982, 409; 1980, 608; OLG Zweibrücken FamRZ 1980, 69; *Bernreuther*, FamRZ 1999, 69.
130 Nicht nach § 620 ZPO, sondern nach § 644 ZPO, siehe *Zöller – Philippi*, § 620 Rn 18, 20; MK (ZPO) – *Finger*, § 620 Rn 46; anders wohl *Stein/Jonas/Schlosser*, § 620 Rn 6 und *Baumbach/Lauterbach-Albers*, § 620 Rn 16, die § 620 ZPO anwenden wollen; vgl. auch OLG Celle FamRZ 1997, 182, das eine Unterhaltserhöhung (jedoch durch einstweilige Verfügung) ablehnt.

§ 2 Einstweiliger Rechtsschutz auf Gewährung von Unterhalt

Es stellt sich für den Antragsteller sodann die Frage, ob er frei wählen kann, welches Mittel des einstweiligen Rechtsschutzes nunmehr ergriffen wird.

> *Hinweis*
> Nach teilweise vertretener Auffassung schließt bereits die Möglichkeit des Erlasses einer einstweiligen Anordnung nach § 620 Nr. 4, 6 ZPO einen Antrag nach § 644 ZPO aus.[131] Ab Anhängigkeit eines Eheverfahrens bzw. einer Lebenspartnerschaftssache oder eines entsprechenden PKH-Antrages geht danach § 620 ZPO vor.

47 Folgt man der abweichenden (m.E. zutreffenden) Auffassung,[132] die ein **Wahlrecht** zwischen den beiden (nach dieser Auffassung gleichrangigen) Mitteln des einstweiligen Rechtsschutzes annimmt, wird jedoch die **Gewährung von PKH** für ein später eingeleitetes weiteres Verfahren bezüglich Ehegatten- bzw. nachpartnerschaftlichen Unterhalts wegen Mutwilligkeit zu versagen sein. Denn wenn während der Zeit des Getrenntlebens (aber nach Anhängigkeit eines Ehe- bzw. Lebenspartnerschaftsverfahrens) lediglich ein Antrag nach § 644 ZPO gestellt und Unterhalt zuerkannt wird, wirkt dieser Titel nicht über die Rechtskraft der Scheidung hinaus.[133] Möchte der Unterhaltsgläubiger nun für diesen Zeitraum nach Scheidung bzw. Aufhebung der Lebenspartnerschaft (gemäß § 644 ZPO in einem dann isoliert geführten Verfahren oder ausnahmsweise gemäß § 620 Nr. 6 ZPO)[134] eine weitere einstweilige Anordnung erwirken, wird sich der Gläubiger vorhalten lassen müssen, er hätte sogleich nach § 620 Nr. 6 ZPO vorgehen können und damit einen Unterhaltstitel in Händen gehalten, dessen Wirksamkeit über den Eintritt der Rechtskraft in der Scheidungs- bzw. Lebenspartnerschaftssache hinausreicht. Er habe sich jedoch zunächst mit § 644 ZPO und folglich mit einem in der Wirkungsdauer beschränkten Titel begnügt. Eine sich anschließende zusätzliche einstweilige Anordnung nach §§ 644 oder 620 ZPO sei damit mutwillig.[135]

48 § 620 ZPO geht ab dem Zeitpunkt der Anhängigkeit einer Ehesache (oder eines entsprechenden PKH-Antrages) einer **Leistungsverfügung** auf Unterhalt vor. Sobald somit die Möglichkeit besteht, eine einstweilige Anordnung nach § 620 Nr. 4, 6 ZPO zu erwirken, scheidet ein Antrag auf einstweilige Verfügung aus Gründen der Subsidiarität aus.[136]

---

131 Vgl. zur Begründung § 2 Rn 277 ff.
132 *Musielak – Borth*, § 620 Rn 17; *Rahm/Künkel/Niepmann*, VI Rn 60; *van Els*, Rn 390; *Zöller – Philippi*, § 620 Rn 32 f.
133 Bei Kindesunterhalt besteht diese Problematik nicht, da durch die rechtskräftige Scheidung ein Streitgegenstandswechsel nicht eintritt.
134 Vgl. hierzu § 2 Rn 35.
135 Ebenso wurde Mutwilligkeit bejaht für eine später isoliert geltend gemachte Klage, die als Folgesache hätte eingereicht werden können; vgl. *Finke/Garbe*, § 4 Rn 8 mit Hinweis auf OLG Hamm FamRZ 1992, 452; OLG Stuttgart FamRZ 1992, 196; OLG Düsseldorf FamRZ 1994, 312; 1994, 635; OLG Köln FamRZ 1994, 314; dagegen mittlerweile jedoch BGH FamRZ 2005, 786; 2005, 788.
136 OLG Naumburg FamRZ 2004, 1045; *Musielak – Borth*, § 620 Rn 16; *Gießler/Soyka*, Rn 376; zu anderen Begründungsweisen vgl. § 2 Rn 51 mit Fußnote.

b) Nach Anhängigkeit anderer summarischer Verfahren

Sind summarische Verfahren auf Leistung von Unterhalt bereits anhängig, wenn ein Antrag in einer Ehesache/Lebenspartnerschaftssache eingereicht und somit eine Antragstellung nach §§ 620 Nr. 4, 6, 661 Abs. 2 ZPO ermöglicht wird, muss die Frage beantwortet werden, was mit diesen bereits anhängigen Verfahren zu geschehen hat. Werden sie zu Ende gebracht oder müssen sie in ein Anordnungsverfahren (auf Antrag oder von Amts wegen) übergeleitet werden?

49

In ZPO-Sachen verhindert die **Anhängigkeit eines summarischen Verfahrens** regelmäßig ein weiteres Eilverfahren,[137] wenn dasselbe Rechtsschutzziel betroffen ist und gegenständliche Identität sowie Parteiidentität bestehen. Problemlos anzunehmen ist dies, wenn eine einstweilige Anordnung nach § 620 Nr. 6 ZPO bereits beantragt ist und nun von derselben Partei ein weiterer Antrag nach § 620 Nr. 6 ZPO zum selben Unterhaltstatbestand eingereicht wird.

50

Umstritten gestaltet sich die Rechtslage jedoch, wenn unterschiedliche Mittel des einstweiligen Rechtsschutzes der Gewährleistung von Unterhalt für denselben Zeitraum und in gleicher Höhe dienen und eines hiervon bereits ergriffen wurde.

aa) Das Verhältnis der Leistungsverfügung zur einstweiligen Anordnung nach § 620 Nr. 4, 6 ZPO

Die **Leistungsverfügung** ist gegenüber der einstweiligen Anordnung nach § 620 ZPO subsidiär.[138] Dies bewirkt m.E., dass ein einstweiliges Verfügungsverfahren nicht mehr weiterbetrieben werden darf, sobald eine Ehesache rechtshängig wird,[139] wenn zu diesem Zeitpunkt im Verfügungsverfahren eine Entscheidung noch nicht getroffen worden ist. Das einstweilige Verfügungsverfahren ist **auf Antrag** (nach Hinweis gemäß § 139 ZPO) in das Verfahren zum Erlass einer einstweiligen Anordnung überzuleiten. Wird ein solcher Antrag nicht gestellt, erfolgt eine Abweisung als unzulässig.[140]

51

Zu diesem Problemkreis werden zahlreiche verschiedene Auffassungen[141] vertreten, die hier angesichts der schwindenden Bedeutung der einstweiligen Verfügung[142] nur kurz skizziert werden sollen.

52

---

137 *Gießler/Soyka*, Rn 41.
138 Nach anderer Auffassung sei § 620 spezieller als §§ 935, 940 ZPO – so BGH FamRZ 1979, 472; OLG Düsseldorf FamRZ 1987, 497; OLG Hamm FamRZ 2001, 358; nach anderer Ansicht soll das Rechtsschutzbedürfnis für den Erlass einer einstweiligen Verfügung fehlen – OLG Hamm NJW 1978, 2516; vgl. auch § 2 Rn 423.
139 Anhängigkeit und bloßer PKH-Antrag genügen jedoch nicht, da bei dem hier maßgeblichen zeitlichen Ablauf (zunächst ist Verfügungsverfahren anhängig, anschließend Scheidungsverfahren) eine Entscheidungskonzentration nach § 621 Abs. 3 ZPO erst nach Rechtshängigkeit eintritt; *Gießler* (3. Auflage), Rn 382.
140 *Musielak – Borth*, § 620 Rn 20 mit m.E. überzeugender Begründung und Hinweis auf abweichende Auffassung; OLG Frankfurt FamRZ 1981, 188; OLG Düsseldorf FamRZ 1985, 298.
141 Vgl. zu anderen Auffassungen die Hinweise bei MK (ZPO) – *Finger*, § 620 Rn 58; *Musielak – Borth*, § 620 Rn 19; *Rahm/Künkel/Niepmann*, VI Rn 61; und insbesondere die umfassende Darstellung von *Bölling*, S. 58 f.
142 Hierzu siehe § 2 Rn 405.

§ 2 Einstweiliger Rechtsschutz auf Gewährung von Unterhalt

- Das Verfügungsverfahren wird fortgesetzt und ohne jegliche Beeinflussung durch Anhängigkeit der Ehesache zu Ende geführt.[143]
- Das Verfügungsverfahren wird unzulässig. Ein Übergang in das Anordnungsverfahren ist ausgeschlossen. Die Erledigung des Verfügungsantrages wird festgestellt oder es erfolgt Abweisung des Antrags.[144]
- Das Verfügungsverfahren wird fortgesetzt, soweit es um Leistungen/Regelungen für die Vergangenheit geht. Im Übrigen wird die Erledigung festgestellt oder auf Antrag in das Anordnungsverfahren übergeleitet.[145]
- Es besteht eine Wahlmöglichkeit, das Verfügungsverfahren fortzubetreiben oder zu beantragen, in das Anordnungsverfahren überzugehen.[146]

Zur Umdeutung eines Verfügungsantrages in einen Anordnungsantrag vgl. § 5 Rn 99.

bb) Das Verhältnis des § 644 ZPO zu § 620 Nr. 4, 6 ZPO

53 Ein bereits anhängiges Verfahren auf Erlass einer einstweiligen Anordnung nach § 644 ZPO hindert ein Verfahren nach § 620 ZPO, wenn die erstrebten Rechtsfolgen gegenstandsgleich sind.[147] Zwischen diesen beiden Mitteln des einstweiligen Rechtsschutzes besteht Gleichrang. Somit kann – anders als bei der einstweiligen Verfügung – das Anordnungsverfahren nach § 644 ZPO zu Ende gebracht werden. Ein **gleichzeitiges Verfahren** nach § 620 ZPO kann nicht betrieben werden.

Auch Vertreter der Ansicht, nach der § 620 ZPO Vorrang haben soll, sind der Auffassung, dass ein bereits anhängiges Verfahren nach § 644 ZPO eine spätere einstweilige Anordnung nach § 620 ZPO ausschließt.[148]

54 Bei Ehegattenunterhalt und Unterhalt eingetragener Lebenspartner jedoch ist zu beachten, dass eine einstweilige Anordnung nach § 620 Nr. 6 ZPO (i.V.m. § 661 Abs. 2 ZPO) trotz Anhängigkeit einer einstweiligen Anordnung nach § 644 ZPO zulässig sein kann, soweit sich diese auf nacheheliche bzw. nachpartnerschaftlichen Unterhalt bezieht,[149] die einstweilige Anordnung nach § 644 ZPO dagegen Trennungsunterhalt betrifft.

Zur Überleitung eines Verfahrens nach § 644 ZPO in ein solches nach § 620 Nr. 4, 6 ZPO vgl. § 4 Rn 15. Die dortigen Ausführungen gelten bei Unterhalt entsprechend.

Zur Abänderung einer einstweiligen Anordnung nach § 644 durch eine solche nach § 620 Nr. 4 oder 6 ZPO vgl. § 2 Rn 56.

---

143 *Bernreuther*, FamRZ 1999, 71.
144 *Bölling*, S. 58 f.
145 Vgl. *Johannsen/Henrich/Sedemund-Treiber*, vor §§ 620–620g Rn 8.
146 OLG Düsseldorf FamRZ 1987, 497.
147 *Musielak – Borth*, § 620 Rn 17.
148 Vgl. *Bernreuther*, FamRZ 1999, 71 (in konsequenter Fortsetzung der Auffassung, nach der auch ein einstweiliges Verfügungsverfahren zu Ende gebracht werden kann, wenn nachträglich die Ehesache anhängig wird).
149 § 2 Rn 35.

c) Nach Vollstreckbarkeit der Regelungen anderer summarischer Verfahren

Sobald in einem summarischen Verfahren eine vollstreckbare Regelung getroffen ist, scheidet ein Verfahren auf Erlass einer weiteren einstweiligen Anordnung gleichen Inhalts aus. Dies lässt sich mit einer den Entscheidungen zukommenden **eingeschränkten materiellen Rechtskraft**[150] oder dem **fehlenden Regelungsbedürfnis**[151] begründen.

Eine **Abänderung**[152] der einstweiligen Anordnung nach § 644 durch eine solche nach § 620 ZPO ist möglich,[153] solange nicht eine rechtskräftige Hauptsacheentscheidung vorliegt.[154] Die Abänderungsentscheidung wirkt dann konsequenterweise auch bei Ehegattenunterhalt über die Rechtskraft der Scheidung und bei Unterhalt eingetragener Lebenspartner über die Aufhebung der Lebenspartnerschaft hinaus.[155]

Umgekehrt ist auch denkbar, dass eine einstweilige Anordnung nach § 620 ZPO nach Anhängigkeit eines isolierten Hauptsacheverfahrens durch § 644 ZPO abgeändert wird, etwa wenn die Ehesache rechtskräftig entschieden ist und somit eine Abänderung der einstweiligen Anordnung nach § 620b ZPO ausscheidet.[156]

Der Sonderfall, dass eine **einstweilige Verfügung** über Ehegatten- oder Kindesunterhalt bei Einreichung des Scheidungsantrages bereits vorliegt, hat an Bedeutung verloren. Deshalb soll hier der Hinweis genügen, dass eine einstweilige Anordnung ebenso ausscheidet, soweit und solange die einstweilige Verfügung den Unterhalt regelt. Über die zeitliche oder betragsmäßige Beschränkung hinausgehende Ansprüche können dagegen geltend gemacht werden.[157]

55

56

57

IV. Regelungsbedürfnis

1. Allgemeines

Fehlt ein berechtigtes Interesse des Klägers, zur Erlangung des begehrten Rechtsschutzes ein Zivilgericht in Anspruch zu nehmen, wird eine Klage als unzulässig abgewiesen.[158]

Bei einer einstweiligen Anordnung wird nicht lediglich ein allgemeines Rechtsschutzbedürfnis gefordert, sondern geprüft, ob ein **Regelungsbedürfnis** besteht, das als **spezifisches Bedürfnis nach einer Eilentscheidung**[159] qualifiziert werden kann. Der Antragstel-

58

---

150 *Gießler/Soyka*, Rn 127.
151 Zum Regelungsbedürfnis vgl. § 2 Rn 58.
152 Bezüglich der Abänderbarkeit der einstweiligen Anordnung nach § 620b ZPO ist auf § 2 Rn 137 ff. zu verweisen.
153 *Musielak – Borth,* § 620 Rn 18.
154 Dann ist die einstweilige Anordnung nicht mehr abänderbar, sondern gemäß § 620f Abs. 1 S. 1 Alt. 1 ZPO außer Kraft getreten.
155 Vgl. § 2 Rn 228.
156 Vgl. hierzu § 2 Rn 142; OLG Düsseldorf FamRZ 2001, 1229.
157 *Musielak – Borth,* § 620 Rn 21.
158 *Thomas/Putzo – Reichold,* Vorbem § 253 Rn 26.
159 *Rahm/Künkel/Niepmann,* VI Rn 13

ler kann sich dementsprechend nicht nach seinem Belieben mit einer nur vorläufigen Entscheidung ohne materielle Rechtskraftwirkung »begnügen«, wenn er hierfür keinen sachlich gerechtfertigten Grund darstellen kann. Fehlt ein solcher, ist der Antrag zurückzuweisen.[160]

Das Regelungsbedürfnis ist allgemein zu bejahen, wenn die Regelung bei Berücksichtigung der vernünftigen Belange der Beteiligten den Umständen nach notwendig ist und ein **Bedürfnis nach sofortigem Tätigwerden** besteht, das ein Abwarten bis zur endgültigen Entscheidung nicht zulässt.[161]

Hinweis
Diese allgemeine Definition muss an den jeweils vorliegenden Umständen ausgerichtet strenger oder weniger streng ausgelegt und angewandt werden. Ob ein Regelungsbedürfnis besteht, ist immer eine Sache des Einzelfalls.[162]

59 Das Regelungsbedürfnis **fehlt**, wenn
- eine einvernehmliche Regelung zwischen den Beteiligten getroffen worden ist.
Wird beispielsweise Unterhalt bereits seit längerer Zeit auf freiwilliger Basis und nach Absprache der Eheleute geleistet, ist kein Raum für eine einstweilige Anordnung. Eine Ausnahme ist jedoch dann anzuerkennen, wenn die begründete Befürchtung besteht, der Unterhaltsschuldner werde zukünftig keine Zahlungen mehr leisten.[163]
- die begehrte Rechtsfolge bereits herbeigeführt ist.
Eine einstweilige Anordnung auf Prozesskostenvorschuss ist überflüssig, wenn dieser bereits geleistet ist.
- eine andere vollstreckbare Urkunde vorliegt (so z.B. eine Jugendamtsurkunde über den Kindesunterhalt).
- eine anderweitige gerichtliche Entscheidung über das erstrebte Regelungsziel bereits vorliegt.
Wenn im isolierten Verfahren[164] ein Beschluss nach § 644 ZPO erwirkt wurde, ist eine einstweilige Anordnung nach § 620 Nr. 4, 6 ZPO unzulässig, soweit derselbe Regelungszeitraum betroffen ist.
Bei einem für vorläufig vollstreckbar erklärten Unterhaltsurteil ist das Regelungsbedürfnis wegen der einfacheren und billigeren Möglichkeit zur Antragstellung nach § 718 ZPO i.V.m. §§ 711 S. 3, 710 ZPO (Erwirkung eines ohne Sicherheitsleistung vorläufig vollstreckbaren Titels) in aller Regel abzulehnen.[165]

---

160 Nach MK (ZPO) – *Finger*, § 620 Rn 8 als unbegründet, da das Regelungsbedürfnis dem Verfügungsgrund der einstweiligen Verfügung entsprechen soll.
161 *Rahm/Künkel/Niepmann*, VI Rn 13.
162 *Wohlfahrt*, Band 1 § 1 Rn 433; *Gießler/Soyka*, Rn 122.
163 *Gießler/Soyka*, Rn 543 mit Hinweis auf AG Stuttgart FamRZ 1998, 1125.
164 *Rahm/Künkel/Niepmann*, VI Rn 14.
165 *Gießler/Soyka*, Rn 543.

- das Hauptverfahren auf Scheidung nicht weiterbetrieben wird.
- der Antrag auf Scheidung (oder der entsprechende PKH-Antrag) offensichtlich unbegründet ist.[166]

2. Regelungsbedürfnis bei der einstweiligen Anordnung nach §§ 620 Nr. 4, 6, 661 Abs. 2 ZPO

Bei Unterhaltsanordnungen aus § 620 Nr. 4 und Nr. 6 ZPO ist es nicht erforderlich, dass deren Erlass zur Beseitigung einer Notlage[167] geboten ist. Das Regelungsbedürfnis liegt auch dann vor, wenn der Antragsteller über eigene Einkünfte verfügt, freiwillige Leistungen Dritter oder Sozialhilfeleistungen[168] erhält oder Aufstockungsunterhalt begehrt.[169] Auch wenn der Notunterhalt gesichert ist, scheitert somit der einstweilige Rechtsschutz nicht.[170]

60

Das Regelungsbedürfnis **entfällt** dagegen bei **freiwillig** und **rechtzeitig erbrachter Leistung**, wenn zu erwarten ist, dass der Unterhaltsschuldner auch weiterhin die Zahlungen erbringen wird,[171] anders wenn der Unterhaltsschuldner angekündigt hat, künftig keinen Unterhalt mehr zu zahlen.[172]

61

> Hinweis
> Zur Möglichkeit des Unterhaltsschuldners, ein **Angebot auf darlehensweise Gewährung** des Unterhaltes abzugeben, vgl. § 2 Rn 252.

62

Wird der geschuldete Unterhalt nur teilweise und nicht in voller Höhe gezahlt, besteht ein Interesse an der **Titulierung des gesamten Unterhaltsbetrages**, um spätere ergänzende Titulierungen zu vermeiden.[173]

63

Wenn ein Unterhaltstitel existiert, der eine vorläufige Vollstreckbarkeit[174] ermöglicht,[175] ist das Regelungsbedürfnis in der vollstreckungsfähigen Höhe wiederum abzulehnen. Darüber hinausgehende Unterhaltsansprüche können dagegen mit Hilfe einer einstweiligen Anordnung tituliert werden.[176]

64

Kein Regelungsbedürfnis ist anzunehmen für (positive oder negative) **Feststellungsanträge** im Verfahren der einstweiligen Anordnung. Derartige Ziele sind mit der (negativen)

65

---

166 Vgl. oben § 2 Rn 8.
167 Vgl. zum Unterschied bei der einstweiligen Verfügung § 2 Rn 433.
168 Bei Bezug von Sozialhilfe ist jedoch evtl. § 94 SGB XII zu beachten – vgl. unten § 2 Rn 71 (Entsprechendes gilt für § 7 UVG und § 37 BAföG, § 95 SGB VIII, § 33 SGB II).
169 *Gießler/Soyka*, Rn 543 m.w.N.
170 *Musielak – Borth*, § 620 Rn 40 mit Hinweis auf a.A. OLG Zweibrücken FamRZ 1981, 65 (LS).
171 *Musielak – Borth*, § 620 Rn 54; MK (ZPO) – *Finger*, § 620 Rn 40.
172 AG Stuttgart FamRZ 1998, 1125.
173 MK (ZPO) – *Finger*, § 620 Rn 40; *Musielak – Borth*, § 620 Rn 54.
174 Ohne oder auch gegen Sicherheitsleistung – vgl. oben § 2 Rn 59.
175 Nach *Gießler/Soyka*, Rn 577 selbst dann, wenn ein Unterhaltsurteil (etwa fehlerhaft) nicht für vorläufig vollstreckbar erklärt worden ist.
176 *Gießler/Soyka*, Rn 578.

Feststellungsklage zu verfolgen. Die einstweilige Anordnung ist eben kein Mittel der Rechtsverteidigung.[177]

66 Auch kann vom Unterhaltsschuldner **nicht Rückzahlung** von grundlos gezahltem Unterhalt begehrt werden;[178] ebenso scheiden Leistungsansprüche des Unterhaltsberechtigten für die **Vergangenheit** aus.[179]

Abgelehnt wird das Regelungsbedürfnis ferner, wenn feststeht, dass der Antragsteller nach Titulierung im Anordnungsverfahren nicht zahlen wird und dass auch keine Vollstreckungsmöglichkeiten bestehen.[180]

V. Weitere Zulässigkeitsvoraussetzungen

67 Ebenso wie im normalen zivilprozessualen Klageverfahren sind im Verfahren auf Erlass einer einstweiligen Anordnung die allgemeinen Zulässigkeitsvoraussetzungen zu prüfen.[181] Soweit es sich hierbei um Fragen der Prozess- und Parteifähigkeit sowie der deutschen Gerichtsbarkeit nach §§ 18 bis 20 GVG handelt, wird auf die einschlägige Kommentarliteratur verwiesen. Probleme der Vertretungsbefugnis und/oder der Prozessstandschaft werden im Rahmen der Antragsbefugnis erörtert. Das Rechtsschutzbedürfnis ist – bei Anlass – unter dem Gliederungspunkt Regelungsbedürfnis angesprochen. Welches Gericht für die Sachbehandlung zuständig ist, erfährt eine Darstellung im Zusammenhang mit der Bearbeitung der Antragstellung.

VI. Antragstellung

1. Erfordernis der Antragstellung und Art des Antrags

68 Nachdem § 620 S. 2 ZPO a.F. ersatzlos gestrichen wurde,[182] ist mittlerweile **stets eine Antragstellung** erforderlich.[183] Eine einstweilige Anordnung, die von Amts wegen ergehen könnte, ist nicht vorgesehen.

69 Da der Antrag das Verfahren einleitet und den Verfahrensgegenstand festlegt,[184] muss er zumindest deutlich machen, welches Ziel erreicht werden soll.

---

177 MK (ZPO) – *Finger*, § 620 Rn 36 mit Hinweis auf AG Ludwigshafen und OLG Zweibrücken in FamRZ 1983, 939; *Zöller – Philippi*, § 620 Rn 56.
178 *Zöller – Philippi*, § 620 Rn 56.
179 Vgl. oben § 2 Rn 28; *Rahm/Künkel/Niepmann*, VI Rn 62.
180 OLG Hamm FamRZ 1986, 919; KG FamRZ 1987, 840; *Zöller – Philippi*, § 620 Rn 56.
181 Vgl. hierzu *Thomas/Putzo-Reichold*, Vorbem § 253 Rn 15 ff.
182 Danach konnte eine einstweilige Anordnung zur elterlichen Sorge auch von Amts wegen erlassen werden.
183 *Musielak – Borth*, § 620 Rn 33; *Zöller – Philippi*, § 620 Rn 3; MK (ZPO) – *Finger*, Rn 4a.
184 *Zöller – Philippi*, § 620 Rn 3; *Gießler/Soyka*, Rn 104.

Einstweiliger Rechtsschutz auf Gewährung von Unterhalt §2

In den Anordnungsverfahren, die auf Zahlung von Unterhaltsleistungen (und Prozesskostenvorschuss) gerichtet sind, wird von der ganz h.M. ein bezifferter Zahlungsantrag – ein **Sachantrag** – gefordert.[185]

> *Hinweis*
> Die erforderliche Bestimmtheit dieses Antrages unterscheidet sich nicht von einem Hauptsacheantrag. Somit ist bei **Antragstellung für verschiedene Personen** (Ehegatte und Kind) exakt darzustellen, welcher Betrag auf welchen Unterhaltsberechtigten entfällt.

Bei fehlender **Angabe des Leistungsbeginns** hat das Gericht regelmäßig davon auszugehen, dass Unterhalt ab Anhängigkeit[186] verlangt wird, da grds. rückwirkend Unterhalt nicht begehrt werden kann.[187] Ergibt sich aus der Sachdarstellung, dass ein anderer Zeitpunkt maßgeblich sein soll, ist dieser zugrunde zu legen.

Eine **Befristung** ist bei Antragstellung nur zu erwägen, wenn hinreichend gewiss ist, dass Unterhalt nur bis zu einem bestimmten Zeitpunkt geschuldet wird.[188]

Bei **Kindesunterhalt** ist nach entsprechender Antragstellung eine Titulierung nach § 1612a Abs. 1 BGB möglich.[189]

70

Umstritten ist, wie der Antragsteller vorzugehen hat, wenn im Zeitraum zwischen Antragstellung und Erlass des Beschlusses **öffentliche Leistungen** erbracht wurden, die bewirken, dass der ursprünglich dem Antragsteller zustehende Unterhaltsanspruch in Höhe dieser Leistungen auf den Träger der Sozialhilfe übergegangen ist (§ 94 SGB XII, § 7 Abs. 1 UVG).[190]

71

Einerseits wird die Ansicht vertreten, dass – trotz der im Hauptsacheverfahren geltenden Regelung des § 265 Abs. 2 ZPO – der Antrag auf Zahlung an den Hilfeleistenden nicht umgestellt werden könne, sondern in Höhe der erbrachten Leistungen[191] für erledigt erklärt werden müsse, da für den Hilfeleistenden ein Eilbedürfnis nicht anzunehmen sei.[192]

Vorzugswürdig erscheint mir die Lösung, wonach eine **Antragsumstellung an den Hilfeträger** befürwortet wird.[193]

---

185 Statt vieler *Zöller – Philippi,* § 620 Rn 3; a.A. *Johannsen/Henrich/Sedemund-Treiber,* § 620a Rn 3.
186 Zur insoweit erforderlichen Darlegung für Unterhalt im Zeitraum zwischen Anhängigkeit und Zustellung des Antrages vgl. § 2 Rn 29.
187 Vgl. § 2 Rn 28; im Ausnahmefall ist der für die Vergangenheit begehrte Unterhalt konkret und gesondert zu beziffern.
188 Vgl. § 2 Rn 31.
189 Vgl. hierzu allgemein *Palandt – Diederichsen,* § 1612a Rn 8 ff.
190 Dieselbe Fragestellung ergibt sich bei einem Übergang nach sonstigen Normen wie § 1607 BGB, § 37 Abs. 1 BAföG, § 95 SGB VIII, § 33 SGB II.
191 Also in der Regel bis Ende des Monats, in dem die mündliche Verhandlung über Beschlussfassung oder schriftliche Beschlussfassung selbst erfolgt.
192 *Gießler/Soyka,* Rn 537.
193 *van Els,* Rn 354; *Göppinger/Wax/van Els,* Rn 1725 ff., 1760; *Baumbach/Lauterbach/Albers/Hartmann,* § 620 Rn 15 m.w.N.

§ 2 Einstweiliger Rechtsschutz auf Gewährung von Unterhalt

Zuzustimmen ist im Übrigen der Empfehlung,[194] eine Rückabtretung (§ 94 Abs. 5 SGB XII) vorzunehmen, um die Schwierigkeiten in der Darstellung der Anspruchshöhe und der daraus folgenden Antragstellung[195] zu vermeiden.

2. Antragsbefugnis, Vertretungsregelung

72 Die Antragsberechtigung steht ausschließlich den **Ehegatten** bzw. den **eingetragenen Lebenspartnern** zu.

Bei einer einstweiligen Anordnung auf **Kindesunterhalt** ist der Elternteil, der berechtigt ist, das Kind zu vertreten, auch befugt, den Antrag nach § 620 Nr. 4 ZPO zu stellen.

Wurde einem Elternteil die elterliche Sorge insgesamt, die Personensorge oder auch nur die Befugnis zur Vertretung des Kindes als Teil der Personensorge[196] bereits übertragen, kann der insoweit Sorgeberechtigte die Antragstellung vornehmen.

Ohne derartige Regelung ist auf § 1629 Abs. 2 S. 2 BGB abzustellen, wonach demjenigen, der das Kind in Obhut hat, das Vertretungsrecht zusteht.[197]

Eine Ausnahme von den vorbenannten Grundsätzen wird dann anerkannt, wenn ein Elternteil, der (derzeit) nicht vertretungsberechtigt ist, gleichzeitig mit dem Antrag auf Übertragung der elterlichen Sorge nach § 620 Nr. 1 ZPO (oder einem entsprechenden Antrag auf Abänderung nach § 620b ZPO) einen Antrag nach § 620 Nr. 4 ZPO stellt.[198]

73 Prozessual ist zusätzlich § 1629 Abs. 3 S. 1 BGB zu berücksichtigen. Es liegt ein Fall **gesetzlicher Prozessstandschaft** vor. Dies bewirkt, dass Parteien des Anordnungsverfahrens ausschließlich die Ehegatten sind, die »Leistung an sich für das Kind«[199] verlangen.

74 Eine bestehende **Beistandschaft** nach §§ 1712 Abs. 1 Nr. 2, 1714 BGB ändert am Vertretungsrecht nichts (§ 1716 BGB). Hat der Beistand jedoch seinerseits bereits Kindesunter-

---

194 So *van Els,* Rn 354.
195 Bei fehlender Rückabtretung kann ggf. zur Darstellung, in welcher Höhe ein Anspruch auf das Sozialamt übergegangen und demzufolge der Antrag auf Leistung an das Sozialamt umzustellen und in welcher Höhe eine Antragstellung zur Leistung an den Unterhaltsberechtigten selbst vorzunehmen ist, eine sozialhilferechtliche Vergleichsberechnung erforderlich werden. Vgl. zu dieser Vergleichsberechnung *Wohlfahrt,* Band 2 § 6 Rn 187 ff. m.w.N.; *Finke,* § 10 Rn 6.
196 Das Vertretungsrecht in Unterhaltssachen ist Bestandteil des Personensorgerechts; vgl. *Palandt – Diederichsen,* § 1626 Rn 17.
197 Zur Problematik der Vertretung im Falle eines sogenannten »Wechsel-« oder »Pendelmodells« vgl. BGH FamRZ 2006, 1015: Es ist die Bestellung eines Pflegers oder die Herbeiführung einer Entscheidung nach § 1628 BGB erforderlich.
198 So *Gießler* (3. Auflage), Rn 566 mit dem Hinweis auf die abweichende Auffassung des OLG Zweibrücken FamRZ 1982, 1094. *Gießler* ist m.E. darin zustimmen, dass bei einer derartigen Antragstellung eine unzulässige Bedingung nicht vorliegt, da der Antrag nach § 620 Nr. 4 ZPO abhängig ist von einem innerprozessualen Ereignis (Erfolg des Antrages nach § 620 Nr. 1 ZPO); zur innerprozessualen Bedingung vgl. *Schellhammer,* Zivilprozess, Rn 1247; *Thomas/Putzo,* Einl III Rn 14.
199 Zur Antragstellung vgl. die Muster bei *Börger/Bosch/Heuschmid,* § 4 Rn 158; *Crückeberg,* § 9 Rn 67; zur Kritik und zu hiervon abweichend vorgeschlagener Formulierung des Antrages vgl. *Zöller – Philippi,* § 620 Rn 49: Der Antragsgegner wird verpflichtet, »an das Kind« monatlich … EUR zu zahlen.

halt in einem (isolierten) Rechtsstreit anhängig gemacht, schließt dies die weitere Vertretung des Kindes durch einen Elternteil aus. Der Beistand jedoch kann den Unterhalt nicht im Verfahren nach § 620 ZPO geltend machen. Die Ausübung der Beistandschaft bewirkt vielmehr, dass das Kind, das am Eheverfahren nicht zu beteiligen ist, im isolierten Verfahren selbst Partei wird.

Zur erforderlichen Antragsumstellung bei Wegfall der materiellen Berechtigung aufgrund gesetzlichen Forderungsübergangs vgl. § 2 Rn 71.

3. Form des Antrags/Anwaltszwang

Der Antrag ist **schriftlich** einzureichen, kann jedoch auch **zu Protokoll der Geschäftsstelle** des im Verfahren zuständigen oder eines beliebigen Amtsgerichts erklärt werden (§ 620a Abs. 2 S. 2 ZPO).   75

Anwaltlicher Vertretung bedarf es somit bei der verfahrenseinleitenden Antragstellung nicht (§ 78 Abs. 5 ZPO), obwohl diese nach § 78 Abs. 2 ZPO für Ehesachen und Folgesachen[200] bereits in erster Instanz angeordnet ist.

Dies gilt ebenso bei einer Antragstellung in zweiter Instanz (vgl. § 620 a Abs. 4 ZPO).

Anders verhält es sich mit der Vertretung in einer anberaumten mündlichen Verhandlung. Dort ist anwaltliche Vertretung grds. erforderlich.[201]

Umstritten ist, ob die schriftliche **Erwiderung des Antragsgegners** vom Anwaltszwang befreit ist oder nicht.[202]

4. Inhalt der Antragsschrift/darzustellende Voraussetzungen[203]

Nicht nur der Antrag selbst muss hinreichend bestimmt sein. In der Antragsschrift sind auch sämtliche **Tatsachen** darzustellen, die den Antrag rechtfertigen. Es herrscht der sogenannte **Beibringungsgrundsatz**.[204]   76

Die darzustellenden Voraussetzungen[205] beziehen sich auf: 77
- die allgemeinen Verfahrensvoraussetzungen[206]
- Partei-, Prozessfähigkeit

---

200 Expressis verbis ist die einstweilige Anordnung nach § 620 ZPO in § 78 Abs. 2 ZPO nicht angesprochen. Jedoch wird sie als Teil des Eheverfahrens behandelt.
201 Vgl. unten § 2 Rn 101.
202 Bejahend *Zöller – Philippi*, § 620a Rn 9a; *Gießler/Soyka*, Rn 109; a.A. *Bergerfurth/Rogner*, Rn 104.
203 Muster bei *Börger/Bosch/Heuschmid*, § 4 Rn 151, 158; *Crückeberg*, § 9 Rn 67; Antrag auf Abweisung der erstrebten einstweiligen Anordnung: *Garbe*, § 4 Rn 46, 55.
204 *Rahm/Künkel/Niepmann*, VI Rn 17; zum Beibringungsgrundsatz allgemein *Zöller – Greger*, vor § 128 Rn 10 ff., vor § 284 Rn 1.
205 Zur Behauptungs- und Glaubhaftmachungslast vgl. § 1 Rn 32 ff.
206 Weitergehend zu Prozessvoraussetzungen vgl. *Thomas/Putzo – Reichold*, Vorbem § 253 Rn 15 ff.

§ 2 Einstweiliger Rechtsschutz auf Gewährung von Unterhalt

- Zuständigkeit des angerufenen Gerichts
- gesetzliche Vertretung
- Prozessführungsbefugnis
- bei Kindesunterhalt die die Prozessstandschaft begründenden Umstände
- Regelungsbedürfnis
- das Fehlen von Verfahrenshindernissen
- anderweitige Rechtshängigkeit/Rechtskraft eines summarischen Verfahrens
- entgegenstehende Rechtskraft einer Hauptsacheentscheidung
- die besondere Verfahrensvoraussetzung zur Anhängigkeit der Ehesache bzw. der Lebenspartnerschaftssache (insoweit jedoch gerichtsbekannt)
- die materiellen Voraussetzungen des Unterhaltsanspruchs
- bei Kindesunterhalt die Tatsachen zum verwandtschaftlichen Verhältnis, ferner zu Bedarf[207] und Bedürftigkeit
- bei Ehegattenunterhalt die Tatsache der Eheschließung (jedoch bereits in der Ehesache selbst dargestellt oder bei gleichzeitiger Einreichung des Scheidungsantrages im Hauptsacheverfahren darzustellen) sowie die tatsächlichen Voraussetzungen zu Bedarf und Bedürftigkeit des Antragstellers
- bei Unterhalt eingetragener Lebenspartner die Tatsache der formwirksamen Begründung der Lebenspartnerschaft sowie die tatsächlichen Voraussetzungen zu Bedarf und Bedürftigkeit des Antragstellers

Besonderheiten:
- bei Kindesunterhalt hier ausschließlich bezogen auf ein minderjähriges Kind[208]
- bei Ehegattenunterhalt (Unterhalt eingetragener Lebenspartner) auch die Voraussetzungen für nachehelichen (nachpartnerschaftlicher) Unterhalt, wenn Unterhalt auch für diesen Zeitraum begehrt wird[209]
- Tatsachen zur Leistungsfähigkeit, wenn eine Beschlussfassung ohne Anhörung des Gegners erfolgen soll[210]
- bei Antrag auf Erlass der einstweiligen Anordnung ohne rechtliches Gehör des Gegners auch das Fehlen naheliegender Einwendungen.[211]

---

207 Zur erleichterten Darlegungs- und Beweislast bei Geltendmachung des Regelbetrags bzw. des Mindestunterhalts vgl. § 2 Rn 412.
208 Vgl. § 2 Rn 13.
209 Vgl. § 2 Rn 33; dies wird sich häufig mit der Glaubhaftmachung zum Trennungsunterhalt decken (z.B. bei Unterhalt wegen Betreuung gemeinsamer Kinder), aber nicht notwendigerweise.
210 Vgl. § 1 Rn 35.
211 *Zöller – Philippi,* § 620a Rn 21 mit Hinweis auf OLG Frankfurt FamRZ 1989, 87; dies lehnt sich erneut an die Rechtslage bei der einstweiligen Verfügung an, vgl. dazu *Thomas/Putzo – Reichold,* Vorbem § 916 Rn 9 m.w.N.

5. Glaubhaftmachung

Der Antragsteller **soll** gemäß § 620a Abs. 2 S. 3 ZPO sämtliche Voraussetzungen der einstweiligen Anordnung bei Antragstellung glaubhaft[212] machen. Dies erleichtert im Bereich des einstweiligen Rechtsschutzes die Beweisführung. Jedoch darf die Regelung als Soll-Vorschrift nicht so verstanden werden, dass eine fehlende Glaubhaftmachung keine Auswirkungen zeigen würde.

78

Soll Unterhalt zugesprochen werden, müssen bis zum **Zeitpunkt der Entscheidung** sämtliche die einstweilige Anordnung begründenden Umstände **glaubhaft gemacht** sein. Ist dies nicht der Fall, bleibt der Antrag auf Erlass der einstweiligen Anordnung ohne Erfolg. Dies beruht auf den in zivilprozessualen Verfahren (und somit auch hier) geltenden Grundsätzen zur Beweislast[213] und auf der Vergleichbarkeit mit der Situation im Verfahren der einstweiligen Verfügung. Dort **sind** Anspruch und Arrestgrund nach § 920 Abs. 2 ZPO glaubhaft zu machen.

79

Hinweis

80

Da hier zivilprozessuale Regelungen anzuwenden sind, greift **§ 138 Abs. 3 ZPO**. Soweit dem Gegner in einer mündlichen Verhandlung rechtliches Gehör[214] gewährt worden ist und er substantiierten Vortrag nicht bestreitet, sind die entsprechenden Tatsachen als zugestanden zu behandeln. Einer Glaubhaftmachung bedarf es dann nicht.

6. Zuständiges Gericht

Das zuständige Gericht wird durch § 620a Abs. 4 ZPO bestimmt. Sobald und solange eine Ehesache bzw. Lebenspartnerschaftssache nach § 661 Abs. 1 Nr. 1 bis 3 ZPO in erster Instanz anhängig ist, ist ein Antrag auf Erlass einer einstweiligen Anordnung bei diesem Gericht zu stellen. Die Zuständigkeit für das Verfahren nach §§ 620 ff. ZPO leitet sich aus der bloßen **Anhängigkeit des Eheverfahrens**[215] bzw. **Lebenspartnerschaftsverfahrens** ab. Das Gericht prüft grundsätzlich nicht erneut, ob es für dieses Hauptsacheverfahren selbst auch zuständig ist, sondern begnügt sich mit der Feststellung, dass dieses betrieben wird. Nur im Ausnahmefall, nämlich wenn feststeht, dass das Hauptverfahren zur Ehesache bzw. Lebenspartnerschaftssache beim unzuständigen Gericht erhoben ist,

81

---

212 Zu den dabei zu beachtenden Grundsätzen siehe oben § 1 Rn 24 ff.
213 *Gießler/Soyka*, Rn 62 m.w.N.; *Zöller – Vollkommer*, vor § 916 Rn 6a zu Arrest und einstweiliger Verfügung; vgl. auch § 1 Rn 35.
214 Zuzustimmen ist *Gießler/Soyka*, Rn 62 und *Baumbach/Lauterbach/Hartmann*, § 138 Rn 41, wonach § 138 Abs. 3 ZPO nur bei durchgeführter mündlicher Verhandlung greift. Das bloße Schweigen auf die Zustellung der Antragsschrift kann nicht die gleiche Folge nach sich ziehen, da im einstweiligen Anordnungsverfahren nicht dieselben Erklärungspflichten wie im normalen zivilprozessualen Erkenntnisverfahren bestehen. *Zöller – Philippi*, § 620a Rn 21 dagegen lässt die Wirkung des § 138 Abs. 3 bereits eintreten, wenn rechtliches Gehör (also auch schriftlich) gewährt wurde.
215 MK (ZPO) – *Finger*, § 620a Rn 14; *Zöller – Philippi*, § 620a Rn 10.

wird der Antrag auf Erlass einer einstweiligen Anordnung nach § 620 ZPO mit der Erwägung abgelehnt,[216] dass der Antrag (bei diesem Gericht) offensichtlich keine Aussicht auf Erfolg hat.

82 Wird die Ehesache/Lebenspartnerschaftssache an ein anderes Gericht **verwiesen**, folgt das Anordnungsverfahren dem Hauptsacheverfahren nach.[217]

Ebenso ist eine **Verweisung des Anordnungsverfahrens** selbst in entsprechender Anwendung von § 281 ZPO (auf Antrag) denkbar, auch vom Amtsgericht an das Oberlandesgericht und umgekehrt, wenn das jeweils angerufene Gericht sich für unzuständig hält.[218]

Die Verweisung ist **bindend**, auch wenn sie unrichtig ist.[219]

Im Falle eines Zuständigkeitsstreites zwischen verschiedenen Gerichten erfolgt ggf. eine Zuständigkeitsbestimmung nach § 36 Abs. 1 Nr. 5, 6 ZPO.[220]

83 Ein **PKH-Verfahren** in erster Instanz begründet dieselbe Zuständigkeit.

Ist das PKH-Verfahren in die Beschwerde gelangt, so ist umstritten,[221] ob nunmehr der Antrag an das OLG zu richten ist oder weiterhin an das erstinstanzliche Gericht. Gründe der Praktikabilität sprechen dafür, die Zuständigkeit des OLG anzunehmen. Denn ansonsten müssten die bereits beim OLG befindlichen Akten an das Amtsgericht zurückgesandt werden, wenn über eine nunmehr anhängige einstweilige Anordnung zu entscheiden wäre.[222]

84 Solange die Ehesache **nicht in zweiter Instanz anhängig** ist, bleibt das Amtsgericht trotz erfolgter Verkündung eines Urteils in der Ehesache für die Antragstellung und spätere Entscheidung über die einstweilige Anordnung zuständig. Wird somit eine einstweilige Anordnung zu einem Zeitpunkt beantragt, in dem eine Anfechtung des Urteils noch möglich (aber noch nicht vorgenommen) ist, hat das erstinstanzliche Familiengericht über diese auch dann zu entscheiden, wenn anschließend Berufung oder Beschwerde eingelegt wird. Die Zuständigkeit bleibt erhalten, da § 261 Abs. 3 Nr. 2 ZPO sinngemäß gilt.[223]

85 Das Amtsgericht bleibt auch dann zuständig, wenn ein Rechtsmittel eingelegt ist, ohne dass jedoch erkennbar wäre, ob die Ehesache mit allen Folgesachen oder nur der Scheidungsausspruch oder welche Folgesache tatsächlich angefochten sein soll.[224]

---

216 *Zöller – Philippi*, § 620a Rn 10 i.V.m. § 620 Rn 2.
217 OLG Hamburg FamRZ 1983, 612, 614; MK (ZPO) – *Finger*, § 620a Rn 14.
218 BGH NJW 1979, 2519 = FamRZ 1979, 1004; OLG Frankfurt FamRZ 1992, 579 f.; *Zöller – Philippi*, § 620a Rn 17; MK (ZPO) – *Finger*, § 620a Rn 14; *Gießler/Soyka*, Rn 118; a.A. BayObLG FamRZ 1979, 939 und 1042; OLG Düsseldorf FamRZ 1979, 154.
219 *Zöller – Philippi*, § 620a Rn 17.
220 Hierzu vgl. *Thomas/Putzo – Hüßtege*, § 36 Rn 5 bis 8.
221 Für Zuständigkeit des AG: *Johannsen/Henrich/Sedemund-Treiber*, § 620a Rn 5; *Rahm/Künkel/Niepmann*, VI Rn 15; für Zuständigkeit des OLG: *Gießler/Soyka*, Rn 110.
222 Außerdem läge in der Tat eine Erfolglosigkeit des Antrages vielfach auf der Hand, da das erstinstanzliche Gericht den Antrag auf Erlass einer einstweiligen Anordnung wegen offensichtlicher Unbegründetheit des PKH-Gesuches zurückweisen wird, vgl. *Gießler/Soyka*, Rn 110 in Fn 41.
223 BGH FamRZ 1980, 444; *Zöller – Philippi*, § 620a Rn 12.
224 OLG Frankfurt FamRZ 1992, 579; *Rahm/Künkel/Niepmann*, VI Rn 15; *Zöller – Philippi*, § 620a Rn 11.

Einstweiliger Rechtsschutz auf Gewährung von Unterhalt §2

Ab dem Zeitpunkt der **Anhängigkeit der Ehesache/Lebenspartnerschaftssache in der Berufungsinstanz**[225] wird die Zuständigkeit für nunmehr gestellte Anträge auf das OLG verlagert (§ 620a Abs. 4 S. 1 ZPO). 86

Ist eine **Folgesache isoliert** (ohne die Ehesache) angefochten, gelangt nur diese Folgesache in die zweite Instanz. Wird nun ein einstweiliges Anordnungsverfahren anhängig und entsprechen sich Gegenstand der Folgesache und des Anordnungsverfahrens, ist das OLG zuständig zur Verhandlung und Entscheidung.[226] Entsprechen sich Gegenstand des Hauptsacheverfahrens und des Anordnungsverfahrens **nicht**, bleibt es bei der Zuständigkeit des Amtsgerichts.[227] 87

Die Gegenstände entsprechen sich, wenn in der Folgesache dieselbe Rechtsmaterie betroffen ist. Diese Voraussetzung ist auch dann erfüllt, wenn die Folgesache nachehelichen Ehegattenunterhalt beinhaltet, die einstweilige Anordnung jedoch – wie regelmäßig – bereits eine Titulierung von Trennungsunterhalt bewirken soll. Dasselbe gilt bei nachpartnerschaftlichem Unterhalt i.S.v. § 16 LPartG und einer einstweiligen Anordnung zum Unterhalt bei Getrenntleben nach § 12 LPartG. 88

Problematisch ist der umgekehrte Fall, dass nämlich ein Eheverfahren in der zweiten Instanz anhängig ist, während die Anhängigkeit der Folgesache wegen § 628 ZPO oder auch einer isolierten Familiensache mit »entsprechendem Gegenstand« noch in erster Instanz vorliegt. Aufgrund des in § 620a Abs. 4 S. 2 ZPO zum Ausdruck kommenden Rechtsgedankens, dass das Gericht mit der größeren Sachnähe zur Entscheidung berufen sein soll, wird das Amtsgericht zuständig sein.[228] 89

Sobald die Anhängigkeit der Ehesache/Lebenspartnerschaftssache in **dritter Instanz** begründet ist, verlagert sich die Zuständigkeit für den Erlass einstweiliger Anordnungen wieder auf das Amtsgericht zurück.[229] 90

Wenn jedoch eine Folgesache (oder auch eine isolierte Hauptsache) beim OLG noch anhängig ist und eine Anordnung mit entsprechendem Gegenstand beantragt werden soll, ist dafür das OLG zuständig (§ 620 Abs. 4 S. 2 ZPO direkt bzw. analog). Dieselbe Zuständigkeit greift, wenn die Folgesache bereits in die dritte Instanz gelangt ist (§ 620a Abs. 4 S. 2 ZPO).[230]

---

225 Maßgeblich ist somit der Eingang der Berufungsschrift bei dem zuständigen OLG (§ 519 Abs. 1 ZPO).
226 Die Zuständigkeit des OLG ist auch dann zubejahen, wenn das Eheverfahren bereits rechtskräftig entschieden ist; *Zöller – Philippi,* § 620a Rn 13. Eine andere Frage ist, ob dieser Antrag beim OLG wird Erfolg haben können; dies ist abzulehnen. A.A. OLG Hamm FamRZ 1987, 1278, das annimmt, dass auch nach Rechtskraft der Scheidung eine entsprechende einstweilige Anordnung erlassen werden kann, wenn eine Folgesache in zweiter Instanz anhängig ist.
227 Auch hier ist wiederum zu beachten, dass für eine Entscheidung über die einstweilige Anordnung Rechtskraft der Ehesache noch nicht eingetreten sein darf. Vgl. insoweit § 2 Rn 5.
228 OLG Köln FamRZ 1990, 768; OLG Karlsruhe FamRZ 1998, 1380; MK (ZPO) – *Finger,* Rn 17; *Gießler/Soyka,* Rn 116; a.A. *Musielak – Borth,* § 620a, 14; *Zöller – Philippi,* § 620a Rn 14.
229 MK (ZPO) – *Finger,* § 620a Rn 15; BGH FamRZ 1980, 444.
230 *Gießler/Soyka,* Rn 117.

7. Internationale Zuständigkeit

91 Die internationale Zuständigkeit des deutschen Gerichts für ein Eheverfahren zieht dessen internationale Zuständigkeit auch für das Verfahren nach §§ 620 ff. ZPO nach sich (Annexkompetenz).[231] Selbst bei bestehenden Zweifeln an der internationalen Zuständigkeit für die Ehesache bleibt die internationale Zuständigkeit für das Verfahren auf Erlass einer einstweiligen Anordnung bestehen, wenn die Ehesache anhängig ist.[232]

VII. Ablauf des Verfahrens

1. Beteiligte

92 Ebenso wie die Antragsberechtigung ist die Beteiligtenstellung im Verfahren nach §§ 620 ff., 661 Abs. 2 ZPO beschränkt auf die **Ehegatten** bzw. **die Partner einer eingetragenen Lebenspartnerschaft**. Eine Beteiligung Dritter scheidet aus.

Ein Vormund oder Pfleger für das Kind kann demzufolge Unterhalt im Wege des § 620 Nr. 4 ZPO nicht geltend machen.[233]

2. Mündliche Verhandlung

93 Nach §§ 620a Abs. 1, 128 Abs. 4 ZPO steht es dem Gericht kraft ausdrücklicher gesetzlicher Regelung grundsätzlich frei, eine Entscheidung ohne vorherige **mündliche Verhandlung** zu treffen.

Zweckmäßig ist eine solche Verhandlung sicherlich vielfach,[234] da im Falle einer Antragstellung nach § 620b Abs. 2 ZPO eine erneute Beschlussfassung nach mündlicher Verhandlung zwingend vorgenommen werden muss.

94 Die mündliche Verhandlung ist grds. **nicht öffentlich**, da die einstweilige Anordnung Teil der Ehesache bzw. der Lebenspartnerschaftssache ist (§ 170 GVG).

Ausnahmen gelten nur dann, wenn ausschließlich über die unterhaltsrechtlichen einstweiligen Anordnungen des § 620 Nr. 4, 6 (und auch Nr. 10) ZPO verhandelt wird (§ 170 S. 2 GVG i.V.m. § 23b Abs. 1 S. 2 Nr. 5, 6 GVG).[235]

95 Für den Fall der Durchführung der mündlichen Verhandlung ist die **Ladungsfrist** nach § 217 ZPO einzuhalten, jedoch wegen des Charakters des einstweiligen Rechtsschutzes nicht die Einlassungsfrist nach § 274 Abs. 3 ZPO.[236]

---

231 *Rahm/Künkel/Niepmann*, VI Rn 8; MK (ZPO) – *Finger*, § 620 Rn 11; *Musielak – Borth*, § 620 Rn 9, 10.
232 *Gießler/Soyka*, Rn 120 m.w.N.; weitergehend vgl. § 14 Rn 3 ff.
233 MK (ZPO) – *Finger*, § 620a Rn 2; vgl. § 2 Rn 13 f.
234 Anders wenn die Entscheidung sehr dringlich ist.
235 MK (ZPO) – *Finger*, § 620 Rn 22; *Gießler/Soyka*, Rn 132.
236 OLG Düsseldorf FamRZ 1994, 973; MK (ZPO) – *Finger*, § 620a Rn 23; *Zöller – Philippi*, § 620a Rn 24.

Erscheint der Antragstellervertreter[237] nicht in der angeordneten mündlichen Verhandlung, wird eine solche nicht durchgeführt und eine Beschlussfassung nicht vorgenommen.[238] Ist der Antragsgegner säumig, wird einseitig streitig verhandelt. Eine Säumnisentscheidung kommt nur in Hauptsacheverfahren in Betracht.[239]

96

3. Rechtliches Gehör

Die Frage, ob mündlich verhandelt wird, ist nicht zu verwechseln mit der Forderung nach **Gewährung rechtlichen Gehörs**. Dieser kann auch im schriftlichen Weg entsprochen werden. Art. 103 Abs. 1 GG, der den Anspruch auf rechtliches Gehör statuiert, ist Rechnung zu tragen.[240] Nur in eiligen Fällen kann die Gewährung rechtlichen Gehörs unterbleiben; ebenso, wenn der Antragsgegner durch die Anordnung überrascht werden soll.[241] Wurde eine vorherige Anhörung des Antragsgegners ausnahmsweise nicht vorgenommen, ist sie nachzuholen.

97

4. Die Wahlmöglichkeiten des Gerichts zur Verfahrensgestaltung

Das Gericht hat entsprechend den Ausführungen in den vorigen Abschnitten **verschiedene Möglichkeiten**[242] der Verfahrensgestaltung.

98

Es kann sofort nach Antragseingang ein **Termin zur mündlichen Verhandlung** anberaumt werden. Das Gericht kann auch zunächst eine schriftliche Stellungnahme des Antragsgegners anfordern und erst im Anschluss daran eine Terminbestimmung vornehmen. Dem Antragsgegner kann ebenso im Rahmen des schriftlichen Verfahrens Gelegenheit zur Stellungnahme eingeräumt werden, um sodann ohne mündliche Verhandlung zu entscheiden. Hier ist jedoch zu beachten, dass mit einem Antrag nach § 620b Abs. 2 ZPO eine mündliche Verhandlung erzwungen werden kann, somit diese Verfahrensweise nicht empfehlenswert ist, wenn zu erwarten ist, dass sich der Antragsteller oder der Antragsgegner[243] mit der zu treffenden Entscheidung nicht einverstanden erklären und demzufolge einen Antrag auf mündliche Verhandlung stellen wird.

---

237 Nach *Zöller – Philippi*, § 620a Rn 24 gilt dies auch, wenn nur der Antragsteller nicht erscheint; möglicherweise ist dies jedoch nur bezogen auf den Ausnahmefall der zulässigen Verhandlung ohne anwaltliche Vertretung.
238 Nach *Musielak – Borth*, § 620a Rn 19 a.E. kann auf Antrag des Antragsgegners eine abweisende Entscheidung ergehen.
239 *Zöller – Philippi*, § 620a Rn 24; MK (ZPO) – *Finger*, § 620a Rn 32.
240 Vgl. BVerfG in FamRZ 1994, 223 bei vorläufiger Sorgerechtsregelung.
241 *Rahm/Künkel/Niepmann*, VI Rn 20; *Gießler/Soyka*, Rn 19; MK (ZPO) – *Finger*, § 620a Rn 22.
242 MK (ZPO) – *Finger*, § 620a Rn 22; *Rahm/Künkel/Niepmann*, VI Rn 20 f.; *Musielak – Borth*, § 620a Rn 19; *Gießler/Soyka*, Rn 129, 131.
243 Beide sind antragsberechtigt, soweit der Antrag nur auf eine Abänderung der ergangenen Entscheidung abzielt.

99 Es ist auch eine **Entscheidung ohne mündliche Verhandlung** und ohne vorherige Anhörung des Antragsgegners (ohne Zustellung des Antrags) denkbar. Da jedoch der Anspruch auf rechtliches Gehör verfassungsrechtlich manifestiert ist,[244] kommt diese Vorgehensweise nur in Betracht, wenn

- der Antrag auf Erlass der einstweiligen Anordnung **ohne Erfolg** bleibt.

Ein Verstoß gegen das Prinzip der Gewährung rechtlichen Gehörs liegt nicht vor, da ein Eingriff in Rechtspositionen des Antragsgegners ausscheidet. Dagegen ist dem Antragsteller Gelegenheit zur Behebung evtl. Mängel des Antrages einzuräumen. Auch dies ist Ausdruck des Art. 103 Abs. 1 GG.

- **besondere Dringlichkeit** für den Erlass spricht.

In diesem Fall ist in Erwägung zu ziehen, ob den Interessen des Antragstellers bei Berücksichtigung der Interessen des Antragsgegners nicht durch eine zeitlich befristete[245] oder nur eingeschränkte Regelung Rechnung getragen und somit die Entscheidung über die weitergehende Antragxstellung bis zur mündlichen Verhandlung aufgeschoben werden kann.

- eine **Überraschung des Gegners** durch die Entscheidung (insbesondere durch deren Vollstreckung) bewirkt werden soll.

Dies kommt beispielsweise dann in Betracht, wenn bei vorheriger Anhörung zu erwarten ist, dass der Antragsgegner Geldbeträge oder herauszugebende Gegenstände beiseite schafft.

Auch hier ist zu bedenken, ob der zu fassende Beschluss nur in beschränktem Umfang erlassen werden sollte (siehe soeben).

100 Es ist auch eine **Kombination** der bislang dargestellten Vorgehensweisen denkbar,[246] so etwa der sofortige Erlass einer einstweiligen Anordnung zum Notunterhalt – zeitlich beschränkt bis zum Termin – ohne vorherige Anhörung des Gegners, verbunden mit der Verfügung der Zustellung der Antragsschrift an den Antragsgegner mit der Einräumung einer Frist zur Stellungnahme zum Antrag und zum bereits erlassenen Beschluss, zusätzlich verbunden mit einer Anberaumung eines Termins zur mündlichen Verhandlung.

5. Anwaltszwang

101 Während die Antragstellung selbst (auch bei einer Zuständigkeit des OLG)[247] gemäß § 620a Abs. 2 S. 2 ZPO i.V.m. § 78 Abs. 5 ZPO vom Anwaltszwang befreit ist, gilt diese Befreiung

---

244 S.o. § 2 Rn 97.
245 Z.B. bis zur Entscheidung nach mündlicher Verhandlung.
246 Aber sicherlich nicht häufig angezeigt.
247 *Musielak – Borth*, § 620a Rn 6.

nach h.M. nicht für eine **mündliche Verhandlung**.[248] Das Anordnungsverfahren ist Teil der Ehesache und fällt somit unter § 78 Abs. 2 ZPO.

Allerdings ist hier noch weiter zu beachten:
- Erklärungen und Gegendarstellungen können schriftlich abgegeben werden, solange das Stadium des schriftlichen Verfahrens noch nicht überschritten ist.[249]
- Anträge auf Aufhebung oder Änderungen im schriftlichen Verfahren (§ 620b Abs. 1 S. 1 ZPO) unterliegen ebenfalls nicht dem Anwaltszwang.[250]
- Ist für die Ehesache lediglich ein PKH-Antrag gestellt, die Ehesache selbst aber noch nicht anhängig, bedarf es keiner anwaltlichen Vertretung im Anordnungsverfahren insgesamt, auch nicht für den Abschluss eines Prozessvergleichs.[251]
- Der Antrag auf Durchführung der mündlichen Verhandlung nach § 620b Abs. 2 ZPO unterliegt dagegen dem Anwaltszwang.[252]

6. Beweisaufnahme

Lediglich in § 620a Abs. 2 S. 3 ZPO findet sich eine Hinweis über den Umfang der Sachaufklärung und Beweisaufnahme. Danach soll der Antragsteller die Voraussetzungen für die Anordnung **glaubhaft** machen.

102

Wegen des engen Zusammenhangs mit dem Antrag auf Erlass einer einstweiligen Anordnung ist die Glaubhaftmachung bereits dargestellt unter § 2 Rn 78 ff. ferner in § 1 Rn 24 ff.

In den ZPO-Verfahren wegen Ehegatten- oder Kindesunterhalt besteht eine Amtsermittlungspflicht nicht. Es gilt der **Beibringungsgrundsatz**.[253] Der Antragsteller hat die maßgeblichen Umstände bis zum Zeitpunkt der Beschlussfassung glaubhaft zu machen. Jedoch greift auch die Regelung des § 138 Abs. 3 ZPO, sodass nicht bestrittene Tatsachen jedenfalls nach durchgeführter mündlicher Verhandlung als zugestanden gelten.

103

Eine Beweisaufnahme orientiert sich an § 294 Abs. 2 ZPO; grundsätzlich werden nur präsente Beweismittel berücksichtigt. Diese sind von der jeweiligen Partei zu stellen.[254]

---

248 OLG Düsseldorf FamRZ 1992, 1198; 1978, 709; OLG Frankfurt FamRZ 1977, 799; *Zöller – Philippi*, § 620a Rn 9; a.A. MK (ZPO) – *Finger*, § 620a Rn 11 mit Hinweis auf OLG Hamm FamRZ 1985, 1146 – danach sei das Anordnungsverfahren insgesamt einschließlich des Beschwerdeverfahrens nicht dem Anwaltszwang unterworfen; eine Ansicht, die nur schwer mit dem klaren Wortlaut des § 620a Abs. 2 S. 2 ZPO in Einklang zu bringen ist, wenn auch der Erwägung zugestimmt werden muss, dass die nach h.M. bestehende Rechtslage nicht immer praktikabel ist.
249 *Zöller – Philippi*, § 620a Rn 9a mit Hinweis auf § 571 Abs. 4 ZPO; ebenso *Gießler/Soyka*, Rn 109; a.A. *Bergerfurth/Rogner*, Rn 104.
250 OLG Frankfurt FamRZ 1977, 799; *Rahm/Künkel/Niepmann*, VI Rn 18.
251 MK (ZPO) – *Finger*, § 620a Rn 9; *Zöller – Philippi*, § 620a Rn 9a; a.A. *Johannsen/Henrich/Sedemund-Treiber*, § 620a Rn 11; a.A. für den Fall der einstweiligen Anordnung zum Sorgerecht: *Jost*, NJW 1980, 327, 329.
252 *Zöller – Philippi*, § 620a Rn 9a mit Hinweis auf OLG Düsseldorf FamRZ 1978, 709; 1992, 1198; a.A. MK (ZPO) – *Finger*, § 620a Rn 11; *Baumbach/Lauterbach/Albers/Hartmann*, § 620b Rn 8.
253 Vgl. § 1 Rn 35.
254 BGH NJW 58, 712; vgl. im Einzelnen und zu Ausnahmen *Zöller – Greger*, § 294 Rn 3.

7. Beendigung durch Vergleich

104 Eine Beendigung des Anordnungsverfahrens durch Vergleich ist in den ZPO-Verfahren möglich. Hier steht den Beteiligten die **Dispositionsbefugnis** über die Regelungsmaterie in vollem Umfang zu.[255]
Der Abschluss des Vergleiches unterliegt dem **Anwaltszwang**. Eine Ausnahme gilt für den Fall, dass das einstweilige Anordnungsverfahren von den Beteiligten selbst und ohne anwaltliche Vertretung geführt werden kann.[256]

105 Bei der Ausformulierung des Vergleichs sollte von allen Beteiligten unbedingt darauf geachtet werden, dass unmissverständlich dargestellt wird, ob sich die **Vereinbarung** nur auf eine **vorläufige Regelung** beschränken und damit lediglich das einstweilige Anordnungsverfahren beendet sein soll oder ob eine **endgültige Streitbeilegung** beabsichtigt ist. Wird dies nicht deutlich, ist der Vergleich auszulegen und meist davon auszugehen, dass die im Rahmen des Anordnungsverfahrens getroffene Vereinbarung allein der vorläufigen Regelung dient.[257] Ein Zweifelssatz mit einer Vermutungswirkung soll aber nach teilweise vertretener Auffassung nicht greifen.[258]

106 *Hinweis*
Gewichtige Auswirkungen zeigen sich in der Folge, wenn der Vergleich keinen Bestand mehr haben soll. Hat er lediglich das einstweilige Anordnungsverfahren beendet, so ist er abänderbar mit Hilfe des § 620b ZPO[259] und tritt nach § 620f ZPO außer Kraft.
Hat er dagegen eine über die Beendigung des Anordnungsverfahrens hinausgehende Wirkung, ist nach § 323 Abs. 1, 4 ZPO die Abänderungsklage zu erheben.[260]

107 Besteht Streit über die Wirksamkeit des Vergleichs und hat dieser sich wiederum beschränkt auf die Beendigung des Anordnungsverfahrens, so ist der Streit auszutragen im Verfahren nach §§ 620 ff. ZPO. Hatte er weitergehende Wirkung, scheidet diese Möglichkeit aus. Es ist ein Hauptsacheverfahren anhängig zu machen, also Klage zu erheben auf Leistung, auf negative Feststellung oder auch auf Abwehr der Zwangsvollstreckung.[261]
Angesichts dieser Beispiele lässt sich m.E. die Bedeutung einer klaren Regelung ohne weiteres erschließen.

---

255 Selbstverständlich kann diese Befugnis nicht über §§ 1614, 1361 Abs. 4 S. 4, 1360a Abs. 3 BGB hinweghelfen.
256 Vgl. § 2 Rn 101.
257 BGH FamRZ 1983, 892; 1991, 1175; OLG Hamburg FamRZ 1982, 412; *Gießler/Soyka*, Rn 135.
258 OLG Köln FamRZ 1983, 1122; a.A. Zöller – Philippi, § 620f Rn 10 und *Rahm/Künkel/Niepmann*, VI Rn 25.
259 BGH FamRZ 1983, 892; 1991, 1175; AG Cottbus FamRZ 2002, 182.
260 *Gießler/Soyka*, Rn 135; *Rahm/Künkel/Niepmann*, VI Rn 25.
261 OLG Hamm FamRZ 1991, 582; *Gießler/Soyka*, Rn 135; allgemein *Schellhammer*, Zivilprozess, Rn 703.

8. Die Entscheidung im Verfahren der einstweiligen Anordnung nach §§ 620 Nr. 4, 6, 661 Abs. 2 ZPO

a) Förmlichkeiten der Entscheidung

Die gerichtliche Entscheidung ergeht gemäß § 620a Abs. 1 ZPO stets als **Beschluss**. Eine Versäumnisentscheidung scheidet aus.[262]

108

Eine Aussetzung des Verfahrens kommt wegen des Wesens und Zweckes des Anordnungsverfahrens grundsätzlich nicht in Betracht.[263]

Zur **Begründungspflicht** vgl. § 2 Rn 115 ff.

Der in **mündlicher Verhandlung** gefasste Beschluss ist zu **verkünden** (§ 329 Abs. 1 ZPO).[264] Die Verkündung erfolgt nicht öffentlich, da § 173 GVG sich ausschließlich auf Urteile bezieht. Unterbleibt diese Verkündung, so ist der Beschluss dennoch wirksam, wenn er zugestellt wird.[265]

109

Bei einer **schriftlich** erlassenen einstweiligen Anordnung genügt eine **formlose Mitteilung** nach § 329 Abs. 2 S. 1 ZPO. Eine **Zustellung von Amts wegen** ist jedoch veranlasst, wenn die Entscheidung einen vollstreckbaren Inhalt hat (§ 329 Abs. 3 ZPO),[266] also Unterhalt zugesprochen wurde.

b) Prüfungsumfang des Gerichts/Bindung an Parteianträge

Das Gericht prüft, ob die für einen Erlass der begehrten einstweiligen Anordnung erforderlichen **allgemeinen und besonderen Zulässigkeitsvoraussetzungen** vorliegen.

110

Zwar erfolgt diese **Prüfung von Amts wegen**, jedoch ändert dies nichts daran, dass die tatsächlichen Umstände, die die Zulässigkeit der einstweiligen Anordnung (insbesondere das Regelungsbedürfnis) betreffen, vom Antragsteller beigebracht werden müssen.[267]

Für die **Begründetheit** des Antrages ist zu hinterfragen, ob die Tatsachen, die dargelegt sind, den behaupteten Anspruch auf Unterhaltszahlungen rechtfertigen. Insoweit bedarf es eines schlüssigen Sachvortrags zu Grund und Höhe des Unterhaltsanspruchs. Bedarf, Bedürftigkeit und gegebenenfalls auch Leistungsfähigkeit bzw. naheliegende Einwendungen sind davon betroffen.[268]

111

Eine Ermittlung von Amts wegen wird hier (erst recht) nicht vorgenommen.

Die maßgeblichen Tatsachen bedürfen jedoch nicht eines Beweises in dem Sinne, dass das Gericht von der Wahrheit der Tatsachenbehauptung überzeugt sein müsste. Es genügt

---

262 S.o. § 2 Rn 96.
263 OLG Frankfurt FamRZ 1985, 409; *Zöller – Philippi*, § 620a Rn 24.
264 *Zöller – Philippi*, § 620a Rn 31.
265 OLG Bremen FamRZ 1981, 1031; *Rahm/Künkel/Niepmann*, VI Rn 26; *Gießler/Soyka*, Rn 143.
266 *Musielak – Borth*, § 620a Rn 23; die weiteren Möglichkeiten des § 329 Abs. 3 ZPO greifen hier nicht.
267 Zu zivilprozessualen Hauptsacheverfahren vgl. *Thomas/Putzo – Reichold*, Vorbem § 253 Rn 12; zur einstweiligen Anordnung *Gießler/Soyka*, Rn 62, 106.
268 Vgl. § 1 Rn 35.

§ 2 Einstweiliger Rechtsschutz auf Gewährung von Unterhalt

112 **Glaubhaftmachung.** Eine solche ist entbehrlich, wenn Tatsachen als zugestanden gelten, da sie unbestritten vorgebracht wurden (§ 138 Abs. 3 ZPO).[269]
In den ZPO-Verfahren des § 620 Nr. 4 und 6, § 661 Abs. 2 ZPO ist das Gericht **an die Parteianträge gebunden.** § 308 ZPO greift. Somit kann nicht ein höherer Betrag als beantragt zugesprochen werden.

Ein **Anerkenntnis** nach § 307 ZPO ist möglich.[270]

c) Inhalt des Beschlusses
aa) Unterhaltsanordnung

113 Sind die Voraussetzungen für den Erlass der einstweiligen Anordnung insgesamt glaubhaft gemacht, ist eine solche zu erlassen. Trotz des Wortlautes des § 620 ZPO (»kann«) hat der Antragsteller in diesem Fall einen **Anspruch** auf eine positive Entscheidung.[271]

Das Gericht spricht den glaubhaft gemachten Unterhalt zu.

Zur Höhe des Unterhaltes und denkbaren Befristungen bei sich abzeichnenden Änderungen vgl. § 2 Rn 31 ff. und bei Erlass ohne vorherige Anhörung des Gegners vgl. § 2 Rn 22.

114 Da der summarische Charakter des Verfahrens und dessen Sinn zu berücksichtigen sind, sind die im Anordnungsverfahren erreichbaren Ziele nicht identisch mit denjenigen, die in einem Hauptsacheverfahren verfolgt werden können.

Vgl. zu den zulässigen Anordnungsinhalten § 2 Rn 12 ff.

Fehlt nur eine Voraussetzung, scheidet der Erlass einer einstweiligen Anordnung aus.

bb) Begründung der Entscheidung

115 Eine **Begründungspflicht** besteht nach der ausdrücklichen Regelung des **§ 620d S. 2 ZPO** nur dann, wenn der Beschluss aufgrund eines Abänderungsantrages erlassen wird oder das Gericht ursprünglich eine Entscheidung ohne mündliche Verhandlung getroffen hat und nunmehr aufgrund entsprechender Antragstellung nach mündlicher Verhandlung erneut entscheidet.[272]

Über diese gesetzliche Regelung hinaus sind Entscheidungen **aufgrund mündlicher Verhandlungen** stets zu begründen,[273] insbesondere wenn sie mit der sofortigen Beschwerde anfechtbar sind.[274] Für Beschlüsse, die in einem **ausländischen Staat vollstreckt** werden sollen, ergibt sich dieses Erfordernis aus entsprechender Anwendung des § 922 Abs. 1 S. 2 ZPO.[275]

---

269 Vgl. § 1 Rn 35 und § 2 Rn 80.
270 *Musielak – Borth,* § 620a Rn 17; *Zöller – Philippi,* § 620a Rn 30a.
271 Statt vieler *Zöller – Philippi,* § 620 Rn 4.
272 Der zusätzliche Fall der Entscheidung über eine sofortige Beschwerde ist hier ohne Bedeutung; ob im Falle einer so genannten greifbaren Gesetzeswidrigkeit eine sofortige Beschwerde noch statthaft ist vgl. § 2 Rn 171 ff.
273 *Rahm/Künkel/Niepmann,* VI Rn 26; *Gießler/Soyka,* Rn 145.
274 OLG Celle FamRZ 1978, 54; OLG Schleswig SchlHA 1980, 79; OLG Köln NJW-RR 1991, 1280.
275 Vgl. hierzu *Gießler,* FamRZ 1999, 695.

Teilweise wird eine noch weitergehende Begründungspflicht auch für nicht anfechtbare Entscheidungen[276] angenommen. Gestützt wird diese Ansicht auf den **rechtsstaatlichen Grundsatz**, dass eine Partei, in deren Rechtspositionen eingegriffen oder deren Antrag abgelehnt wird, Anspruch auf eine Begründung hat, um ihre Rechte wahrnehmen oder verteidigen zu können.[277]

116

Zweckmäßig[278] ist eine solche Begründung in allen Fällen, zumal eine Abänderung nach § 620b ZPO stets beantragt werden kann und ggf. auch eine Gehörsrüge nach § 321a ZPO in Betracht kommt.[279]

Der Inhalt der Begründung kann sich auf eine **Darstellung der maßgebenden Erwägungen** beschränken. Eine Bezugnahme auf die Antragsschrift oder auf die Erstentscheidung (bei einem Beschluss nach § 620b Abs. 1 S. 1 ZPO) kann genügen.[280]

117

Als nicht ausreichend erachtet wird die bloße Bezugnahme auf einen beigefügten Computerausdruck, aus dem sich die Unterhaltsberechnung ergeben soll.

Fehlt die **erforderliche** Begründung, dürfte auf Gehörsrüge das Verfahren fortzusetzen und eine erneute Entscheidung zu treffen sein.

118

Andererseits wurde jedoch zur Zeit der Anerkennung der sofortigen Beschwerde bei greifbarer Gesetzeswidrigkeit auch die Ansicht vertreten, dass **alleine das Fehlen einer Begründung** bei einer Erstentscheidung nach § 620 Nr. 4 oder Nr. 6 ZPO, die ohne mündliche Verhandlung ergeht, eine solche **greifbare Gesetzeswidrigkeit nicht** bewirken könne, die eine außerordentliche Beschwerde ermöglicht hätte.[281] Denn die einstweilige Anordnung musste eben kraft Gesetzes nicht zwingend begründet werden.

Eine fehlende Begründung kann jederzeit nachgeholt werden (§ 319 ZPO analog).[282]

119

cc) Kosten

Obwohl das einstweilige Anordnungsverfahren besondere anwaltliche Gebührentatbestände[283] auslöst, ergeht **im Beschluss** grundsätzlich **keine Kostenentscheidung**.[284]

120

---

276 A.A. MK (ZPO) – *Finger*, § 620d Rn 5.
277 *Zöller – Philippi*, § 620d Rn 4 mit Hinweis auf BVerfGE 6, 32, 44; OLG Hamm FamRZ 1993, 719; OLG Köln FamRZ 1991, 1212; *Rahm/Künkel/Niepmann*, VI Rn 26. Diese aus dem Rechtsstaatsprinzip hergeleitete Forderung wird jedoch durch das BVerfG bei nicht mehr mit ordentlichen Rechtsmitteln anfechtbaren Entscheidungen relativiert für Fälle, in denen von dem eindeutigen Wortlaut einer Norm abgewichen werden soll. Vgl. BVerfG NJW 1997, 1693; 1990, 566; 1987, 1619.
278 *Musielak – Borth*, § 620a Rn 23; *Rahm/Künkel/Niepmann*, VI Rn 26; *Gießler/Soyka*, Rn 145.
279 Hierzu § 2 Rn 172 ff.
280 MK (ZPO) – *Finger*, § 620d Rn 6; *Rahm/Künkel/Niepmann*, VI Rn 26.
281 OLG Zweibrücken FamRZ 1998, 1379; a.A. OLG Hamm FamRZ 1993, 719 bei bloßer Bezugnahme auf Computerausdruck; OLG Celle FamRZ 1978, 54; OLG Düsseldorf FamRZ 1978, 56; OLG Düsseldorf FamRZ 1998, 764 zu äußerst knapper, nicht nachvollziehbarer Begründung.
282 *Gießler/Soyka*, Rn 145.
283 Vgl. § 18 Nr. 1 RVG.
284 Vielfach wird tenoriert: »Die Kostenentscheidung folgt der Hauptsache (§ 620g ZPO)«.

§ 2 Einstweiliger Rechtsschutz auf Gewährung von Unterhalt

In der **Kostenentscheidung zur Hauptsache** wird die Verteilung der Kosten einheitlich vorgenommen. Regelmäßig kommt dort eine Aufhebung nach § 93a Abs. 1 S. 1 ZPO in Betracht. Ein gesonderter Ausspruch über die Kosten des Hauptverfahrens und/oder die Kosten des Anordnungsverfahrens[285] erfolgt nicht.[286]

Wenn in der Hauptsache eine Kostenquotelung in Betracht kommt, weil gemäß § 93a Abs. 1 S. 2 Nr. 2 ZPO ein Ehegatte in einer ZPO-Folgesache unterliegt, bleibt es für die Kosten der einstweiligen Anordnung bei der an der Grundregel orientierten Kostenaufhebung. Hier ist somit ein **gesonderter Ausspruch** über die Kosten der Hauptsache und die Kosten des Anordnungsverfahrens veranlasst.[287]

Die Kostenquotelung nach § 93a Abs. 1 S. 2 Nr. 1 ZPO wegen unverhältnismäßiger Beeinträchtigung der Lebensverhältnisse eines Ehegatten (starkes finanzielles Gefälle) dagegen umfasst auch die einstweilige Anordnung.[288]

121 Bei einer **Rücknahme** des Scheidungsantrages oder des Antrages zur Aufhebung der Lebenspartnerschaft sind die Kosten des Anordnungsverfahrens in der Kostenentscheidung nach § 269 Abs. 3 S. 2, 3, Abs. 4 ZPO beinhaltet; § 96 ZPO kann jedoch Berücksichtigung finden.[289]

122 Eine **Ausnahme** vom Grundsatz des § 620g ZPO sieht dessen Halbsatz 2 vor, der auf § 96 ZPO verweist. Danach können Kosten des Anordnungsverfahrens in anderer Weise als die Kosten der Ehesache geregelt werden, also (evtl. auch zu einer bestimmten Quote) dem Antragsteller auferlegt werden, dessen Antrag unzulässig oder unbegründet war.

Maßgeblich ist hier nicht ausschließlich die zuletzt festgestellte **Erfolgsquote**, sondern es ist darauf abzustellen, ob der Antragsteller den Misserfolg seines Antrages hätte voraussehen können. Er wird die Kosten somit insbesondere dann zu tragen haben, wenn die begehrte Anordnung offensichtlich unzulässig oder unbegründet war.[290]

In einem solchen Fall ist – im Urteil der Ehesache – eine **Kostentrennung** vorzunehmen.

123 § 620g ZPO ist nach h.M.[291] als spezielle Regelung auch in folgenden Fällen anzuwenden, mit der Folge, dass eine Kostenentscheidung unterbleibt:

---

285 *Zöller – Philippi*, § 620g Rn 2 empfiehlt die ausdrückliche Tenorierung, um den Eindruck zu vermeiden, dass sie im Urteil übergangen worden sei.
286 MK (ZPO) – *Finger*, § 620g Rn 2.
287 Dies selbstverständlich ausschließlich in der Kostenentscheidung des Hauptsacheverfahrens.
288 *Musielak – Borth*, § 620g Rn 2; MK (ZPO) – *Finger*, § 620g Rn 4.
289 *Zöller – Philippi*, § 620g Rn 3.
290 OLG Hamm MDR 1981, 411; FamRZ 1986, 919; *Zöller – Philippi*, § 620g Rn 4; *Rahm/Künkel/Niepmann*, VI Rn 27; MK (ZPO) – *Finger*, § 620g Rn 6.
291 *Musielak – Borth*, § 620g Rn 5; *Zöller – Philippi*, § 620g Rn 6; *Rahm/Künkel/Niepmann*, VI Rn 27; MK (ZPO) – *Finger*, § 620g Rn 7, 8, 11.

Einstweiliger Rechtsschutz auf Gewährung von Unterhalt §2

- Der Antrag auf Erlass der einstweiligen Anordnung wird zurückgenommen.[292] Der einsichtige Antragsteller soll nicht schlechter stehen als er bei Zurückweisung seines Antrages stünde.
- Das Anordnungsverfahren wird übereinstimmend für erledigt erklärt.[293]
- Das Anordnungsverfahren wird durch Vergleich erledigt.[294] § 620g ZPO verweist eben (nur auf § 96 ZPO und) nicht auf § 98 ZPO. Wird im Vergleich eine abweichende Regelung getroffen, ist diese in die Kostenentscheidung des Urteils zu übernehmen.

Wird – fehlerhaft – eine Kostenentscheidung in der einstweiligen Anordnung erlassen, ist diese dennoch **unanfechtbar**.[295]

124

Ausnahmsweise wird eine Kostenentscheidung erlassen, wenn im Hauptsacheverfahren eine solche unterbleibt oder diese das Anordnungsverfahren nicht mitumfassen konnte:

125

- Das Eheverfahren wurde nur anhängig, aber nie rechtshängig.
- Zum Eheverfahren war lediglich ein Prozesskostenhilfeverfahren anhängig. Grds. ist für die Kostenentscheidung sodann § 93a ZPO analog (Kostenaufhebung) maßgeblich, es sei denn § 96 ZPO greift.[296]
- Der Beschluss im Anordnungsverfahren erging erst nach Urteilserlass im Eheverfahren. Auch hier ist auf § 93a ZPO abzustellen, es sei denn, die Voraussetzungen des § 96 ZPO liegen vor.[297]
- Eine sofortige Beschwerde[298] gegen eine einstweilige Anordnung bleibt erfolglos. Hier ist § 97 ZPO anzuwenden.[299]
- Eine sofortige Beschwerde gegen eine einstweilige Anordnung wird zurückgenommen. § 516 Abs. 3 ZPO (§ 515 Abs. 3 ZPO a.F.) findet entsprechende Anwendung.[300]

Wird eine solche gebotene Kostenentscheidung nicht erlassen, ist die weitere Vorgehensweise umstritten.

126

---

292 OLG Frankfurt FamRZ 1980, 387 Nr. 224; OLG Düsseldorf FamRZ 1994, 1187.
293 OLG Karlsruhe FamRZ 2002, 965; OLG Düsseldorf NJW 1973, 1937; OLG Frankfurt FamRZ 1984, 720; a.A. OLG Karlsruhe Justiz 81, 480.
294 OLG Stuttgart MDR 1987, 63; KG MDR 1975, 763; a.A. OLG Karlsruhe MDR 1982, 1025; OLG Hamm NJW 1975, 741, die § 98 ZPO zur Anwendung bringen.
295 OLG Brandenburg FamRZ 2002, 964; OLG Karlsruhe FamRZ 2002, 965; OLG Frankfurt FamRZ 1980, 387 Nr. 225; MK (ZPO) – *Finger*, § 620g Rn 14; *Zöller – Philippi*, § 620g Rn 7.
296 OLG Hamm FamRZ 1981, 189; AG Schwandorf FamRZ 1992, 336; MK (ZPO) – *Finger*, § 620g Rn 4.
297 OLG Hamburg MDR 1976, 586; OLG Düsseldorf FamRZ 1981, 295; OLG Frankfurt/Main FamRZ 1990, 539; MK (ZPO) – *Finger*, § 620g Rn 5.
298 Nach OLG Bamberg FamRZ 1997, 1227 sind im Beschwerdeverfahren die allgemeinen Vorschriften anzuwenden, nicht § 620g ZPO.
299 OLG Düsseldorf FamRZ 1980, 1047; OLG Frankfurt/Main FamRZ 1984, 720; OLG Karlsruhe FamRZ 1988, 855; *Gießler/Soyka*, Rn 236 mit Hinweis auf A.: *Stein/Jonas/Schlosser*, § 620g Rn 3 – § 96 ZPO finde Anwendung. Bei teilweiser Erfolglosigkeit soll hinsichtlich des erfolglosen Teils § 97 ZPO gelten und im Übrigen § 620g ZPO: OLG Karlsruhe FamRZ 1988, 855; lediglich auf § 620g abstellend OLG Frankfurt FamRZ 1984, 720.
300 OLG Bamberg FamRZ 1997, 1227; OLG Frankfurt FamRZ 1984, 720; *Zöller – Philippi*, § 620g Rn 9 mit Hinweis auf BayObLG FamRZ 1995, 184.

§ 2 Einstweiliger Rechtsschutz auf Gewährung von Unterhalt

Das Ergänzungsverfahren soll in entsprechender Anwendung des § 321 ZPO (ohne Beachtung der Frist nach § 321 Abs. 2 ZPO) betrieben werden können[301] und bei ablehnender Entscheidung des Gerichts die sofortige Beschwerde zulässig sein.[302] Nach anderer Ansicht ist eine sofortige Beschwerde gegen die Entscheidung selbst wegen unterlassener Kostenentscheidung zulässig.[303]

dd) Vorläufige Vollstreckbarkeit

127 Einstweilige Anordnungen nach § 620 Nr. 4, Nr. 6 ZPO sind aus sich heraus vollstreckbar. Somit ist eine ausdrückliche Erklärung der Vollstreckbarkeit entbehrlich.

VIII. Vollstreckung

1. Allgemeine Voraussetzungen der Zwangsvollstreckung

128 Einstweilige Anordnungen nach § 620 Nr. 4, 6 (und auch Nr. 10) ZPO sind gemäß § 794 Abs. 1 Nr. 3a ZPO nach ZPO-Regeln zu vollstrecken. Dies gilt ebenso für einstweilige Anordnungen, die bei Anhängigkeit eines Verfahrens auf Aufhebung einer eingetragenen Lebenspartnerschaft erlassen worden sind (§ 661 Abs. 2 ZPO). Als allgemeine Vollstreckungsvoraussetzung ist gemäß §§ 750, 795 ZPO die **Zustellung** der als Beschluss erlassenen einstweiligen Anordnung zu bewirken.[304]

129 Nach weit verbreiteter Ansicht ist die Erteilung einer **Vollstreckungsklausel** erforderlich.[305] Um dem Zweck des einstweiligen Rechtsschutzes gerecht zu werden, eine Regelung schnell (und auch durchsetzbar) zu verschaffen, ist m.E. die dem widersprechende Auffassung vorzugswürdig, die auf eine Vollstreckungsklausel verzichtet und sich hierbei auf eine analoge Anwendung des § 929 Abs. 1 ZPO stützt.[306]

2. Verfahrensfragen

130 Die Vollstreckung der einstweiligen Anordnungen nach §§ 620 Nr. 4, Nr. 6, 661 Abs. 2 ZPO ist – wie in zivilprozessualen Verfahren üblich – durch den Inhaber des Titels selbst zu bewirken.

---

301 Zöller – Philippi, § 620g Rn 11; MK (ZPO) – Finger, § 620g Rn 14; Gießler/Soyka, Rn 237; a.A. OLG Hamm FamRZ 1981, 189.
302 Zöller – Philippi, § 620g Rn 11; a.A. Gießler/Soyka: keine Beschwerde gegen die Ergänzungsentscheidung zulässig; OLG Zweibrücken FamRZ 1983, 621; wiederum anders (Beschwerde also zulässig), wenn eine unzulässige Ergänzung vorgenommen wurde: OLG Zweibrücken FamRZ 1997, 1163.
303 Thomas/Putzo – Hüßtege, § 620g Rn 5; OLG Hamm FamRZ 1981, 189.
304 Zustellung von Amts wegen genügt; vgl. § 750 Abs. 1 S. 2 ZPO und Thomas/Putzo, § 750 Rn 11.
305 OLG Zweibrücken FamRZ 1984, 716; Gießler/Soyka, Rn 250; AG Maulbronn FamRZ 1991, 355.
306 MK (ZPO) – Finger, § 620 Rn 44; Zöller – Philippi, § 620a Rn 33; Rahm/Künkel/Niepmann, VI Rn 29; Musielak – Borth, § 620 Rn 58.

Bei **Kindesunterhalt** hat, solange die Voraussetzungen des § 1629 Abs. 3 S. 1 BGB vorliegen, der Elternteil zu vollstrecken, dem die **Prozessstandschaft** zusteht. Dem Kind selbst kommt in diesem Zeitraum nicht die Befugnis zu, Unterhaltsansprüche in eigenem Namen geltend zu machen.[307]

131

> *Beachte*
> Erlischt die Prozessführungsbefugnis, bedeutet dies nicht notwendigerweise, dass der ursprüngliche Prozessstandschafter nicht weiter vollstrecken dürfte. Es ist danach zu differenzieren,[308] ob gleichzeitig die Vertretungsbefugnis verloren geht (etwa durch Volljährigkeit des Kindes oder durch eine Veränderung der Obhutsverhältnisse). Ist dies der Fall, kann der Unterhaltsschuldner Vollstreckungsgegenklage[309] erheben. Bleiben dagegen die Vertretungsverhältnisse unverändert, besteht hierfür kein Rechtsschutzbedürfnis.[310]

3. Aussetzung der Vollziehung/Einstellung der Zwangsvollstreckung

Die Vollziehung der einstweiligen Anordnung kann bei Anhängigkeit eines Abänderungsantrages oder Erhebung einer sofortigen Beschwerde ausgesetzt werden (§ 620e ZPO).

132

Ebenso ist es möglich, im Zusammenhang mit einer Hauptsacheklage (negative Feststellungsklage, Leistungs-/Rückforderungsklage, Vollstreckungsabwehrklage) einen Antrag auf einstweilige Einstellung der Zwangsvollstreckung nach § 769 ZPO analog[311] zu stellen.

Da diese Vorgehensweisen im Zusammenhang mit den jeweiligen Rechtsbehelfen bzw. Klagen stehen, werden sie auch jeweils dort erörtert – vgl. § 2 Rn 176 ff. und § 2 Rn 189, 192 ff.

IX. Rechtsbehelfe

Einstweilige Anordnungen, die in einem lediglich summarischen Verfahren ergehen, erwachsen nicht in (unbeschränkte) materielle Rechtskraft.[312] Sie stellen jedoch eine Vollstreckungsgrundlage für erhebliche Eingriffe in verschiedene Rechtspositionen der Beteiligten dar. Deshalb ist es angezeigt, eine erleichterte Abänderung der erlassenen Entscheidung zuzulassen.

133

---

307 *Zöller – Philippi*, § 620a Rn 33a; *Musielak – Borth*, § 620 Rn 59; MK (ZPO) – *Finger*, § 620 Rn 64.
308 *Gießler/Soyka*, Rn 562 – 564.
309 OLG Frankfurt FamRZ 1983, 1268 lässt die Erinnerung nach § 766 ZPO zu; vgl. auch *Gießler/Soyka*, Rn 564 – die Vollstreckungsklausel darf nicht mehr erteilt werden.
310 Vgl. hierzu eingehend *Zöller – Philippi*, § 620a Rn 33a, 33b jeweils m.w.N.
311 A.A. §§ 707, 719 ZPO – vgl. § 2 Rn 192.
312 Vgl. § 1 Rn 19 ff.

§ 2 Einstweiliger Rechtsschutz auf Gewährung von Unterhalt

Hinweis
Welche Rechtsbehelfe gegen Entscheidungen im einstweiligen Anordnungsverfahren zu ergreifen sind, hängt davon ab, welches **Ziel** mit dem Rechtsbehelf verfolgt werden soll und welchen **Inhalt der ergangene Beschluss** (Ablehnung oder Stattgabe) hat. Ferner ist das **Verhältnis** der möglichen Vorgehensweisen im Anordnungsverfahren selbst und zu anderen Rechtsbehelfen zu beachten.[313]

134 Soll die **einstweilige Anordnung** als solche geändert werden, kommen generell folgende Maßnahmen in Betracht:
- Abänderungs-/Aufhebungsantrag nach § 620b Abs. 1 ZPO
- Antrag aufgrund mündlicher Verhandlung erneut zu beschließen (§ 620b Abs. 2 ZPO)
- sofortige Beschwerde nach § 620c ZPO.

Die entsprechenden Anträge können jeweils mit einem Antrag auf Aussetzung der Vollziehung nach § 620e ZPO verbunden werden.[314]

135 **Zwischen- und Nebenentscheidungen** im Anordnungsverfahren sind mit der sofortigen Beschwerde angreifbar.[315]

136 Nicht die einstweilige Anordnung selbst wird unmittelbar angegriffen, wenn eine negative Feststellungs- oder Leistungsklage bzw. eine Vollstreckungsabwehrklage eingereicht wird. In diesen Fällen kann jedoch die **Wirksamkeit** (§ 620f ZPO) des Beschlusses bzw. dessen **Vollstreckbarkeit** (§§ 767, 794 Abs. 1 Nr. 3a, 795 ZPO) beseitigt werden.

1. Erneute Beschlussfassung aufgrund mündlicher Verhandlung (§ 620b Abs. 2 ZPO)

a) Voraussetzungen

137 Der im Anordnungsverfahren zu fassende Beschluss kann **ohne vorherige mündliche Verhandlung** erlassen werden. Ebenso ist es möglich, eine Abänderungs- oder Aufhebungsentscheidung nach § 620b Abs. 1 ZPO ohne mündliche Verhandlung zu treffen.

In beiden Fällen[316] kann anschließend ein Antrag nach **§ 620b Abs. 2 ZPO** gestellt werden mit der Konsequenz, dass das Gericht einen Termin zur mündlichen Verhandlung anzube-

---

313 Hierzu vgl. § 2 Rn 160 ff.
314 Vgl. § 2 Rn 176 ff.
315 Vgl. § 2 Rn 184 ff.
316 OLG Karlsruhe FamRZ 1989, 642 ist der Auffassung, dass eine Entscheidung nach § 620b Abs. 2 ZPO ausscheidet, wenn ein Beschluss nach § 620b Abs. 1 ZPO ergangen ist, der die Abänderung eines zuvor aufgrund mündlicher Verhandlung erlassenen Beschlusses ablehnt. Nach m.E. zutreffender Ansicht lässt sich dies mit dem Gesetzeswortlaut und dem Zweck des § 620b Abs. 2 ZPO nicht in Einklang bringen; so *Gießler/Soyka*, Rn 150 Fn 135; *Rahm/Künkel/Niepmann*, VI Rn 53.

raumen hat, um sodann erneut zu beschließen.[317] Unerheblich ist, ob mit dem Beschluss dem ursprünglichen Anordnungsantrag stattgegeben oder dieser abgelehnt wurde. Das Verfahren dient dazu, die ohne mündliche Verhandlung ergangene Entscheidung in rechtlicher und tatsächlicher Hinsicht zu überprüfen,[318] wobei den Beteiligten die Möglichkeit eingeräumt werden soll, den eigenen Standpunkt in mündlicher Verhandlung vorzutragen.[319] Für das Vorliegen einer mündlichen Verhandlung genügt einseitiges mündliches Verhandeln.[320]

aa) Entscheidung ohne mündliche Verhandlung

Eine Entscheidung ohne mündliche Verhandlung liegt vor, wenn **138**
- eine solche überhaupt nicht stattgefunden hat oder
- eine solche zwar stattgefunden hat, die Entscheidung aber nicht aufgrund dieser Verhandlung ergangen ist, also nachträgliches schriftliches Vorbringen der Beteiligten oder auch nachträgliche eigene Ermittlungen des Gerichts berücksichtigt wurden.[321] Eine Ausnahme hiervon (also liegt doch eine Entscheidung aufgrund mündlicher Verhandlung vor) ist dann anzuerkennen, wenn die Beteiligten damit einverstanden waren, dass die nachträglichen Stellungnahmen in der Entscheidung berücksichtigt werden,[322] oder wenn ein nachgelassener Schriftsatz eingereicht wird.[323]

Nach teilweise vertretener (hier nicht geteilter) Auffassung soll ohne mündliche Verhandlung auch entschieden worden sein, wenn
- eine solche zwar stattgefunden hat, aber nicht ordnungsgemäß[324] durchgeführt wurde.

bb) Abänderungsantrag und Begründung

Das Verfahren nach § 620b Abs. 2 ZPO kommt nur nach entsprechender **Antragstellung** in **139**
Gang. Diese unterliegt stets dem **Anwaltszwang**.[325] § 620a Abs. 2 S. 2 ZPO greift hier nicht.

---

317 Falls das Gericht trotz eines entsprechenden Antrages erneut ohne Durchführung einer mündlichen Verhandlung entscheidet, soll dieser Beschluss nach OLG Koblenz FamRZ 1993, 1100 mit der einfachen Beschwerde (nunmehr sofortige Beschwerde) nach § 567 Abs. 1 ZPO angreifbar sein. Zu recht ablehnend *Gießler/Soyka*, Rn 157 Fn 151. Es ist vielmehr ein erneuter Antrag auf Entscheidung nach mündlicher Verhandlung zu stellen. Hierzu und zum Streit, ob die sofortige Beschwerde statthaft ist, vgl. unten § 2 Rn 173 und 174.
318 *Gießler/Soyka*, Rn 149.
319 *Zöller – Philippi*, § 620b Rn 1.
320 OLG München OLGR 2004, 382.
321 OLG Karlsruhe FamRZ 1994, 1186; 1989, 521; OLG Zweibrücken FamRZ 1984, 916; OLG Bamberg FamRZ 1981, 294; OLG Stuttgart Justiz 81, 55; *Gießler/Soyka*, Rn 151; *Rahm/Künkel/Niepmann*, VI Rn 33; a.A. OLG Hamburg FamRZ 1986, 182; *Zöller – Philippi*, § 620c Rn 8 m.w.N.
322 *Rahm/Künkel/Niepmann*, VI Rn 33; MK (ZPO) – *Finger*, § 620c Rn 7.
323 *Gießler/Soyka*, Rn 151.
324 Beispiel: Die Ladung erfolgte nicht ordnungsgemäß und deshalb wurde die Verhandlung ohne den bestellten anwaltlichen Vertreter durchgeführt – so OLG Düsseldorf FamRZ 1992, 1198; zu Recht a.A. *Zöller – Philippi*, § 620c Rn 8 a.E. mit Hinweis auf OLG Dresden FamRZ 2002, 1498.
325 OLG Zweibrücken FamRZ 1980, 386; OLG Düsseldorf FamRZ 1978, 709; *Rahm/Künkel/Niepmann*, VI Rn 33.1; *Zöller – Philippi*, § 620b Rn 15; a.A. *Baumbach/Lauterbach/Albers/Hartmann*, § 620b Rn 8.

§ 2 Einstweiliger Rechtsschutz auf Gewährung von Unterhalt

140 Inhaltlich muss mit dem Antrag eine **anders lautende Entscheidung** als die bereits ergangene begehrt werden. Ansonsten ist das Rechtsschutzbedürfnis abzusprechen. Es ist kein Grund ersichtlich, weshalb ein Antragsteller ein legitimes Interesse haben sollte, nach mündlicher Verhandlung dasselbe wie im Ausgangsbeschluss zugesprochen zu bekommen.[326]

Ob eine **Beschwer** als eigene Zulässigkeitsvoraussetzung vorliegen muss, ist umstritten.[327] Tatsächlich dürfte dieser Streit jedoch kaum praktische Bedeutung haben, da in den Fällen einer fehlenden Beschwer das Rechtsschutzbedürfnis ebenfalls regelmäßig abzulehnen sein wird[328] und somit die Antragstellung unzulässig ist.

141 Gemäß § 620d S. 1 Hs. 1 ZPO ist eine **Begründung des Antrages** erforderlich. Fehlt eine solche, ist der Antrag als unzulässig zu verwerfen.[329] Jedoch ist ausreichend, dass die Begründung bis zur mündlichen Verhandlung nachgeholt wird. Inhaltlich kann sich diese auf **neue Tatsachen und Beweismittel** (Mittel der Glaubhaftmachung) beziehen.[330]

Eine Verwerfung als unzulässig hat jedoch keine erheblichen Auswirkungen, da der Antrag nach § 620b Abs. 2 ZPO nicht einem Fristlauf unterliegt und somit jederzeit wiederholt (mit ordnungsgemäßer Begründung) gestellt werden kann. § 16 Nr. 6 RVG spricht dafür, dass in einem solchen Fall keine zusätzlichen Kosten anfallen.[331]

cc) Zeitliche Beschränkung

142 Eine **Frist** besteht für die Antragstellung zwar nicht. Selbst wenn die einstweilige Anordnung bereits einige Jahre alt ist, kann der Antrag nicht wegen Rechtsmissbrauchs zurückgewiesen werden, wenn der Beschluss noch in Kraft ist.[332] Jedoch ist zu beachten, dass eine erneute Beschlussfassung nach mündlicher Verhandlung ausscheidet, wenn die Ehesache **rechtskräftig** abgeschlossen ist.[333] Eine Ausnahme gilt hier ebenso wie beim Erstantrag, wenn die **Antragstellung** nach § 620b Abs. 2 ZPO vor Eintritt der Rechtskraft der Scheidung erfolgt ist.[334]

143 Eine weitere Ausnahme ist in Erwägung zu ziehen, wenn eine **Folgesache Unterhalt** (nach Abtrennung gemäß § 628 ZPO oder nach isolierter Berufung gegen die Unterhaltsentscheidung) noch anhängig ist. In einem solchen Fall sollte innerhalb dieses Verfahrens ein Antrag auf erneute Beschlussfassung über die einstweilige Anordnung aufgrund mündlicher Ver-

---

326 MK (ZPO) – *Finger*, § 620b Rn 15; *Rahm/Künkel/Niepmann*, VI Rn 33.1.
327 Bejahend *Gießler/Soyka*, Rn 152; *Zöller – Philippi*, § 620b Rn 15; dagegen ablehnend MK (ZPO) – *Finger*, § 620b Rn 15; *Baumbach/Lauterbach/Albers/Hartmann*, § 620b Rn 5.
328 *Rahm/Künkel/Niepmann*, VI Rn 33.1.
329 *Thomas/Putzo – Hüßtege*, § 620d Rn 1; *Zöller – Philippi*, § 620d Rn 1; *Musielak – Borth*, § 620d Rn 2.
330 *Gießler/Soyka*, Rn 153.
331 Vgl. auch § 18 Nr. 1 b) RVG und OLG München NJW-RR 2006, 357 (Streitwerterhöhung, wenn zunächst ein Antrag auf Erlass einer einstweiligen Anordnung nach § 620 ZPO und später ein Abänderungsantrag gestellt wird – der entschiedene Fall deckt sich nicht mit vorliegendem Sachverhalt).
332 OLG Köln FamRZ 2006, 1402.
333 *Gießler/Soyka*, Rn 153; *Rahm/Künkel/Niepmann*, VI Rn 33.1.
334 § 2 Rn 6.

handlung zugelassen werden.³³⁵ Ansonsten würde der Unterhaltsgläubiger, der eine Folgesache Unterhalt anhängig gemacht hat (aber ggf. auch der Schuldner, der sich gegen eine derartige Folgesache zur Wehr setzt), demjenigen Gläubiger gegenüber (bzw. dem Schuldner gegenüber) benachteiligt, der die Unterhaltsklage erst nach Eintritt der Rechtskraft der Scheidung erhoben hat (bzw. sich gegen eine solche zur Wehr setzt). Im letztgenannten Fall nämlich könnte der Unterhaltsgläubiger (und auch der Schuldner) eine Abänderung der erlassenen einstweiligen Anordnung mit Hilfe des § 644 ZPO erwirken.³³⁶

dd) Zuständiges Gericht

Die **Zuständigkeit des Gerichts** folgt gemäß § 620b Abs. 3 S. 1 ZPO derjenigen für einen erstmalig gestellten Antrag auf Erlass einer einstweiligen Anordnung.³³⁷ Wenn die Ehesache beim OLG anhängig ist, ist dieses auch für die mündliche Verhandlung und Entscheidung zuständig. Dies gilt ebenso, wenn die einstweilige Anordnung oder die Abänderungsentscheidung vom erstinstanzlichen Familiengericht stammt (§ 620b Abs. 3 S. 2 ZPO).

144

b) Verhältnis zu weiteren Rechtsbehelfen des Anordnungsverfahrens und zu Hauptsacheklagen

Der Rechtsbehelfsführer ist in der Wahl seiner Rechtsbehelfe frei. Er kann somit den Antrag nach § 620b Abs. 2 oder Abs. 1 ZPO stellen. Die sofortige Beschwerde nach § 620c ZPO scheidet vorliegend aus (vgl. § 620c S. 2 ZPO und § 2 Rn 171 ff.).
Die Beteiligten des Eheverfahrens bzw. der Partnerschaftssache nach § 661 Abs. 1 Nr. 1 oder Nr. 2 ZPO können ebenso ein Hauptsacheverfahren betreiben, um die Wirkung des § 620f ZPO herbeizuführen. Es ist zulässig, die Leistungsklage, negative Feststellungsklage oder auch Rückforderungsklage anstelle oder zusätzlich zu dem Antrag nach § 620b Abs. 2 ZPO zu erheben. Dies obliegt ebenso dem Belieben der Parteien.³³⁸
Im Übrigen vgl. § 2 Rn 160 ff.

145

c) Ablauf des Verfahrens und Entscheidung
aa) Der Verfahrensablauf

Die zulässige Antragstellung nach § 620b Abs. 2 ZPO bewirkt, dass zwingend eine **mündliche Verhandlung** durchzuführen ist.³³⁹ Für diese Verhandlung ist gemäß § 78 Abs. 2 Nr. 1 ZPO **anwaltliche Vertretung** erforderlich.

146

---

335 *Gießler/Soyka,* Rn 153.
336 Die Anerkennung der Zulässigkeit einer solchen Abänderung ist jedoch Grundvoraussetzung für die vorliegende Argumentation. Vgl. auch § 2 Rn 158.
337 Vgl. hierzu § 2 Rn 81.
338 BGH FamRZ 1979, 473; 1984, 767; 1985, 51; 1987, 682.
339 Zur Frage, wie gegen eine dennoch im schriftlichen Verfahren erlassene Anordnung vorzugehen ist, vgl. § 2 Rn 137 mit Hinweis in Fn

§ 2 Einstweiliger Rechtsschutz auf Gewährung von Unterhalt

Ein unzulässiger Antrag (z.B. ohne Begründung) dagegen kann ohne mündliche Verhandlung verworfen werden.[340]

147 Im Laufe des Verfahrens kommt eine **Aussetzung der Vollziehung** der erlassenen einstweiligen Anordnung nach § 620e ZPO **von Amts wegen** in Betracht.[341] Dennoch sollte eine entsprechende Antragstellung stets in Erwägung gezogen werden.

bb) Die Entscheidung

148 Die Entscheidung ergeht durch zu begründenden **Beschluss** (§ 620d S. 2 ZPO). Eine Bindung an die Erstentscheidung besteht nicht. Bei der Beschlussfassung sind die bis zum Schluss der mündlichen Verhandlung vorgetragenen Tatsachen zu berücksichtigen. Wird danach eingereichter schriftsätzlicher Vortrag in die Entscheidungsfindung einbezogen, führt dies zum Vorliegen einer Entscheidung ohne mündliche Verhandlung mit der Konsequenz, dass gegen diesen Beschluss erneut ein Antrag auf Entscheidung nach § 620b Abs. 2 ZPO gestellt werden kann.[342]

Sind die Beteiligten im Termin zur mündlichen Verhandlung säumig, kommt hier wie beim ursprünglichen Anordnungsverfahren eine Säumnisentscheidung nicht in Betracht.[343]

149 Die **Entscheidung** kann je nach Ergebnis der zum Schluss der mündlichen Verhandlung vorliegenden Sach- und Rechtslage lauten auf:
- Verwerfung des Antrages als unzulässig
- Änderung oder Aufhebung der einstweiligen Anordnung
- Erlass der einstweiligen Anordnung (Ausgangsentscheidung hatte Antrag verworfen oder zurückgewiesen)
- Bestätigung der bereits erlassenen einstweiligen Anordnung (Zurückweisung des Antrags)

Eine Kostenentscheidung wird nicht erlassen (§ 620g ZPO).

d) Rechtsbehelfe gegen die erneute Beschlussfassung

150 Der aufgrund mündlicher Verhandlung neu gefasste Beschluss kann mit unterschiedlichen Rechtsbehelfen angegriffen werden.

Wenn nach mündlicher Verhandlung eine Entscheidung getroffen wurde, kommt ein **Antrag auf Aufhebung oder Abänderung** nach § 620b Abs. 1 ZPO in Betracht.[344]

Die nach früherer Rechtslage im Ausnahmefall zulässige **sofortige Beschwerde** wird künftig voraussichtlich nicht mehr bzw. nur noch sehr eingeschränkt in Erwägung zu ziehen sein (vgl. § 2 Rn 171 ff.).

---

340 MK (ZPO) – *Finger*, § 620b Rn 20; *Gießler/Soyka*, Rn 157.
341 Vgl. § 2 Rn 176 ff.
342 A.A. OLG Koblenz FamRZ 1993, 1100 (einfache Beschwerde – nach damaliger Rechtslage); vgl. § 2 Rn 138.
343 Siehe § 2 Rn 108.
344 § 2 Rn 151.

Ein **Hauptsacheverfahren** kann betrieben werden, um die Wirkung des § 620f Abs. 1 S. 1 ZPO herbeizuführen (Außer-Kraft-Treten der einstweiligen Anordnung).[345] Als begleitende vorläufige Maßnahme ist die vorläufige Einstellung der Zwangsvollstreckung zulässig (§ 769 ZPO).[346]

Beachte
Eine auf einstweilige Einstellung der Zwangsvollstreckung gerichtete Antragstellung sollte stets in Erwägung gezogen werden.

2. Abänderung oder Aufhebung des Beschlusses (§ 620b Abs. 1 ZPO)

§ 620b Abs. 1 ZPO wird dem Umstand gerecht, dass einstweilige Anordnungen sehr weitgehende Auswirkungen haben können, aber nur eingeschränkt mit der sofortigen Beschwerde nach § 620c ZPO anfechtbar sind. Dem soll durch eine ebenfalls weitreichende **Abänderungs- bzw. Aufhebungsmöglichkeit** Rechnung getragen werden. Insbesondere greift diese bei einer Veränderung der Verhältnisse durch nachträglich entstandene Einwendungen oder Einreden.

151

Abgeändert oder aufgehoben werden können sowohl **stattgebende** als auch **abweisende** Ausgangsentscheidungen. Diese Beschlüsse können wiederum solche sein, die selbst bereits eine Abänderung nach § 620b Abs. 1 oder Abs. 2 ZPO bewirkt haben.[347]

a) Voraussetzungen
aa) Abänderbare Titel

Nach § 620b Abs. 1 ZPO sind abänderbar:
- einstweilige Anordnungen, die aufgrund mündlicher Verhandlung ergangen sind.
- einstweilige Anordnungen, die ohne mündliche Verhandlung ergangen sind.[348]
- im Anordnungsverfahren abgeschlossene Vergleiche, soweit diese nur vorläufige Regelungen beinhalten.[349]
- weitere Vollstreckungstitel, die inhaltlich einer einstweiligen Anordnung gleichzusetzen sind, also nur vorläufige und keine endgültigen Regelungen beinhalten: vollstreckbare Urkunden (Jugendamtsurkunden oder notarielle Urkunden) und in anderen Verfahren

152

---

345 § 2 Rn 187 ff.
346 § 2 Rn 189.
347 *Johannsen/Henrich/Sedemund-Treiber*, § 620b Rn 3; *Gießler/Soyka*, Rn 161.
348 Nach *Zöller – Philippi*, § 620b Rn 2a schließt die Möglichkeit des § 620b Abs. 2 ZPO den Abänderungsantrag nach § 620b Abs. 1 ZPO aus; so auch *Rahm/Künkel/Niepmann*, VI Rn 36; wie hier *Gießler/Soyka*, Rn 162, 173; MK (ZPO) – *Finger*, § 620b Rn 15.
349 Zur Abänderbarkeit von Vergleichen, die endgültigen Charakter haben vgl. § 2 Rn 106.

(nicht im Anordnungsverfahren) abgeschlossene Prozessvergleiche[350] (also auch in Arrest- oder einstweiligen Verfügungsverfahren).

153 Nicht abänderbar nach § 620b Abs. 1 ZPO sind demnach
- Titel, die eine Hauptsacheregelung beinhalten (Urteile, Vergleiche, vollstreckbare Urkunden mit endgültigem Charakter)[351]
- einstweilige Verfügungen oder Arrestentscheidungen.[352]

bb) Abänderungsantrag und Begründung

154 Nach § 620b Abs. 1 S. 1 ZPO erfordert das Abänderungsverfahren grundsätzlich einen **Antrag**. Er ist zwar **schriftlich** zu stellen, kann jedoch auch gemäß § 620a Abs. 2 S. 2 ZPO zu Protokoll der Geschäftsstelle erklärt werden.[353] Der Antrag ist gemäß § 620d S. 1 Hs. 1 ZPO zu begründen.

Anwaltszwang besteht bei der Antragstellung selbst nicht;[354] bei der evtl. folgenden mündlichen Verhandlung greift § 78 Abs. 2 ZPO.

155 Eine Abänderung oder Aufhebung erfordert schon begrifflich, dass eine anders lautende Entscheidung erstrebt wird. In ZPO-Sachen muss ein **Sachantrag** vorliegen.[355] Ebenso ist nach wohl h.m. eine **Beschwer** darzutun.[356]

Da hier ZPO-Sachen betroffen sind und somit eine **Glaubhaftmachung** erforderlich[357] ist, müssen die entsprechenden Mittel der Glaubhaftmachung vorgelegt werden.

156 *Beachte*
Ein Abänderungsantrag kann grds. mit allen erdenklichen Umständen, die eine abweichende Entscheidung rechtfertigen, begründet werden. So ist es auch zulässig, rechtsvernichtende und rechtshemmende Einwendungen, die im Rahmen einer Vollstre-

---

350 *Schwab/Maurer/Borth*, I Rn 946; *Gießler/Soyka*, Rn 164; *Rahm/Künkel/Niepmann*, VI Rn 36; a.A. *Zöller – Philippi*, § 620b Rn 2b; MK (ZPO) – *Finger*, § 620b Rn 2; *Musielak – Borth*, § 620b Rn 3. Lehnt man bei diesen Titeln eine Anwendbarkeit des § 620b Abs. 1 ZPO ab, führt dies notwendigerweise zur Erhebung einer Hauptsacheklage (Leistungsklage, negative Feststellungsklage), wenn sich ein Beteiligter mit der Regelung nicht mehr einverstanden erklärt. Eine Abänderungsklage nach § 323 Abs. 4 ZPO scheidet aus, da Titel mit nur vorläufigem Regelungsinhalt dem Anwendungsbereich des § 323 ZPO nicht unterfallen. Vgl. *Rahm/Künkel/Niepmann*, VI Rn 36.
351 Es ist an die Abänderungsklage nach § 323 Abs. 1, 4 ZPO sowie § 17 HausrVO sowie an die negative Feststellungsklage, Leistungsklage und an § 767 ZPO zu denken.
352 Hier sind also nicht Vergleiche angesprochen (siehe soeben), die zur Abwendung eines Verfahrens auf Erlass einer einstweiligen Anordnung geschlossen wurden. Bei einstweiliger Verfügung und Arrest erfolgt eine Aufhebung /Abänderung nach §§ 926, 927 ZPO.
353 *Rahm/Künkel/Niepmann*, VI Rn 36.1.
354 *Zöller – Philippi*, § 620a Rn 7; *Rahm/Künkel/Niepmann*, VI Rn 36.1; anders bei einer Antragstellung nach § 620b Abs. 2 ZPO; vgl. § 2 Rn 139.
355 *Schwab/Maurer/Borth*, I Rn 947; in den FGG-Bereichen, in denen ein Verfahrensantrag ausreicht, ist zu verlangen, dass die Begründung erkennen lässt, welche Änderung begehrt wird.
356 *Musielak – Borth*, § 620b Rn 5; *Gießler/Soyka*, Rn 165; *Schwab/Maurer/Borth*, I Rn 947 mit Hinweis auf a.A.; vgl. zu § 620b Abs. 2 und Beschwer auch § 2 Rn 140.
357 § 1 Rn 24 ff.

ckungsabwehrklage nach § 767 ZPO geltend gemacht werden können, vorzutragen.[358] Beispielsweise kann die Erfüllung der Unterhaltspflicht die (teilweise) Abänderung des Beschlusses rechtfertigen.

Die erforderliche Darlegung einer Änderung bedeutet nicht, dass notwendigerweise behauptet werden müsste, die tatsächlichen oder rechtlichen Verhältnisse hätten sich seit dem Erlass des angegriffenen Beschlusses geändert. Es ist folgende Unterscheidung zu treffen:

157

- Wurde der **Beschluss ohne mündliche Verhandlung** erlassen, können alle denkbaren Umstände wie eine andere Beweiswürdigung, eine andere rechtliche Auffassung, ergänzender Tatsachenvortrag etc. eine Abänderung bewirken. Das Gericht ist nicht einmal gehindert, bei gleich bleibender Sachlage in der Abänderungsentscheidung die früher vertretene Auffassung aufzugeben und nun abweichend zu entscheiden.[359] Dies hat selbstverständlich Auswirkungen auf die dem Antragsteller abverlangte Begründung, die sich somit auf all diese Umstände stützen kann.
- Ist die abzuändernde Entscheidung dagegen **aufgrund mündlicher Verhandlung** erlassen, so hat der Antragsteller **neue Tatsachen oder Beweismittel** vorzubringen.[360] Alternativ hierzu genügen neue rechtliche Gesichtspunkte[361] oder ein Verweis auf abweichende Entscheidungen oder Gesetzesänderungen.[362] Teilweise wird auch als ausreichend angesehen, dass dargetan wird, es lägen schwerwiegende Verfahrensmängel vor, die eine Wiederaufnahme des Verfahrens rechtfertigen würden.[363] [364]

Neu in dem hier maßgeblichen Sinn sind auch nachträglich bekannt gewordene und damit dem Beschluss nicht zugrunde gelegte Tatsachen und Beweismittel. Es ist also auch in diesem Fall nicht unbedingt erforderlich, dass sich nach ursprünglicher Beschlussfassung die Tatsachen geändert hätten.

Die Einschränkung auf neue Tatsachen oder Beweismittel ist darin begründet, dass einem nach mündlicher Verhandlung ergangenen Beschluss wegen § 620c ZPO **formelle Rechtskraft** – und m.E. auch eingeschränkte materielle Rechtskraft[365] – zukommt. Somit kann eine uneingeschränkte Abänderbarkeit, die die Wirkung des § 620c ZPO aushebeln würde, nicht angenommen werden.

Fehlt eine solche **Begründung**, ist der Antrag mangels Rechtsschutzbedürfnis als unzulässig abzuweisen.[366]

---

358 *Zöller – Philippi*, § 620b Rn 4.
359 MK (ZPO) – *Finger*, § 620b Rn 4; *Schwab/Maurer/Borth*, I Rn 949; *Gießler/Soyka*, Rn 162.
360 MK (ZPO) – *Finger*, § 620b Rn 5; *Gießler/Soyka*, Rn 163; *Schwab/Maurer/Borth*, I Rn 949.
361 *Rahm/Künkel/Niepmann*, VI Rn 36; MK (ZPO) – *Finger*, § 620b Rn 5.
362 *Schwab/Maurer/Borth*, I Rn 949 mit Hinweis auf OLG Köln FamRZ 1987, 957.
363 *Gießler/Soyka*, Rn 163.
364 MK (ZPO) – *Finger*, § 620b Rn 5 kommt deshalb zu dem Ergebnis, dass praktisch eine uneingeschränkte Abänderbarkeit anzunehmen ist.
365 § 1 Rn 19 ff.; *Gießler/Soyka*, Rn 163.
366 *Musielak – Borth*, § 620b Rn 6; *Zöller – Philippi*, § 620b Rn 2; *Schwab/Maurer/Borth*, I Rn 949; MK (ZPO) – *Finger*, § 620b Rn 5.

Zum erforderlichen Vorbringen bei erstrebter Abänderung eines Vergleichs siehe § 2 Rn 169.

cc) Zeitliche Beschränkung

158 Ein Abänderungsantrag nach § 620b Abs. 1 ZPO kann **jederzeit und unbefristet** gestellt werden. Jedoch ist auch hier zu beachten, dass nach rechtskräftigem Abschluss der Ehesache ein Abänderung nicht mehr verlangt werden kann.

Dies gilt nach vielfach vertretener Auffassung selbst dann, wenn eine kongruente Scheidungsfolgesache noch **rechtshängig** ist.[367] Wenn jedoch der Ansicht gefolgt wird, dass eine einstweilige Anordnung nach § 620 ZPO durch eine einstweilige Anordnung nach § 644 ZPO abgeändert werden kann,[368] dann sollte dies auch möglich sein, wenn die Folgesache abgetrennt oder isoliert angefochten worden ist. Denn es ist nicht einzusehen, dass eine Abänderung der im Rahmen des Scheidungsverfahrens erlassenen einstweiligen Anordnung nach § 620 Nr. 4, 6 ZPO dann zulässig ist, wenn erst nach Rechtskraft der Scheidung eine isolierte Unterhaltsklage erhoben wird und somit § 644 ZPO greift, eine solche Vorgehensweise aber ausgeschlossen[369] wird, wenn Unterhalt bereits als Folgesache anhängig gemacht worden ist.

159 Eine Abänderbarkeit nach Rechtskraft der Scheidung ist jedenfalls dann anzunehmen, wenn der **Antrag** auf Abänderung oder Aufhebung vor rechtskräftiger Entscheidung in der Ehesache gestellt wird.[370]

dd) Zuständiges Gericht

159a Zur Frage der Zuständigkeit des Gerichts wird auf § 2 Rn 144 verwiesen.

b) Verhältnis des Abänderungsantrages zu weiteren Rechtsbehelfen des Anordnungsverfahrens und zu Hauptsacheklagen

aa) Verhältnis zu weiteren Rechtsbehelfen des Anordnungsverfahrens

160 Nach Erlass einer einstweiligen Anordnung besteht nach hier vertretener Auffassung grds. ein **Wahlrecht** zwischen den einzelnen Rechtsbehelfen des § 620b ZPO, wenn die Voraussetzungen für den jeweiligen Rechtsbehelf im Übrigen vorliegen. Anders kann jedoch zu entscheiden sein, wenn bereits ein bestimmter Rechtsbehelf ergriffen wurde.

161 Somit kann eine vorliegende einstweilige Anordnungsentscheidung (unerheblich, ob den Antrag ablehnend oder diesem stattgebend), die **ohne mündliche Verhandlung** ergangen ist,

---

367 *Rahm/Künkel/Niepmann*, VI Rn 37; zum Erstantrag nach § 620a: *Zöller – Philippi*, § 620a Rn 3a; OLG Hamburg FamRZ 1987, 725; OLG Frankfurt FamRZ 1987, 1171 und 1279; 1990, 539; OLG Karlsruhe FamRZ 1992, 1454; a.A. OLG Hamm FamRZ 1987, 1278; MK (ZPO) – *Finger*, § 620a Rn 5.
368 Vgl. § 2 Rn 56.
369 Ausgeschlossen ist eine weitere Leistungsklage (unter gleichzeitiger Antragstellung nach § 644 ZPO) aufgrund der Rechtshängigkeit der Folgesache.
370 Vgl. § 2 Rn 6.

mit einem Abänderungsantrag nach § 620b Abs. 1 ZPO oder einem Antrag auf erneute Entscheidung nach mündlicher Verhandlung nach § 620b Abs. 2 ZPO angegriffen werden.[371]
Ist jedoch bereits ein **Antrag nach § 620b Abs. 2 ZPO anhängig**, scheidet ein weiterer Antrag auf Abänderung nach § 620b Abs. 1 ZPO aus. Denn es erfolgt bereits eine umfassende[372] Überprüfung der Sach- und Rechtslage. Daneben ist ein weiteres Verfahren nicht erforderlich.[373]

Erging die Ausgangsentscheidung **aufgrund mündlicher Verhandlung**, kann der Rechtsbehelfsführer einen **Abänderungsantrag** nach § 620b Abs. 1 ZPO stellen. Eine sofortige Beschwerde nach § 620c ZPO bei greifbarer Gesetzeswidrigkeit wird voraussichtlich nicht mehr statthaft sein.[374] Ein Konkurrenzverhältnis scheidet also insofern aus.

162

Eine Gehörsrüge nach § 321a ZPO kommt erst dann in Betracht, wenn die angegriffene Entscheidung nicht mehr mit einem Rechtsbehelf abgeändert werden kann. Dies bedeutet m.E., dass ein Konkurrenzverhältnis zwischen § 620b Abs. 1 ZPO und § 321a ZPO ebenfalls ausscheidet, da § 620b Abs.1 ZPO als Rechtsbehelf in diesem Sinne anzusehen ist.[375]

bb) Verhältnis des Abänderungsverfahrens zu Hauptsacheklagen

Ein Hauptsacheverfahren (**Leistungsklage, negative Feststellungsklage, Rückforderungsklage** als Leistungsklage) kann von den Beteiligten betrieben werden, um die Wirkung des § 620f ZPO[376] herbeizuführen. Ob dieses anstelle der Rechtsbehelfe des Anordnungsverfahrens oder zusätzlich zu diesen in Gang gebracht wird, steht den Beteiligten des Eheverfahrens frei.[377]

163

Darüber hinaus kann der Leistungsverpflichtete eine **Vollstreckungsgegenklage** erheben, wenn eine erlassene Leistungsanordnung als solche nicht beseitigt oder geändert werden soll, sondern lediglich rechtsvernichtende oder rechtshemmende Einwendungen vorzubringen sind.[378] Dass dieser Sachvortrag auch eine Abänderung oder Aufhebung der einstweiligen Anordnung (zumindest zeitweise) rechtfertigen kann,[379] ändert an dieser Wahlmöglichkeit nichts.[380]

---

371 *Schwab/Maurer*, I Rn 942; MK (ZPO) – *Finger*, § 620b Rn 4, 15; *Gießler/Soyka*, Rn 169; a.A. *Zöller – Philippi*, § 620b Rn 2a; *Rahm/Künkel/Niepmann*, VI Rn 36 – danach soll die Möglichkeit des § 620b Abs. 2 ZPO einen Antrag nach § 620b Abs. 1 ZPO mangels Rechtsschutzbedürfnisses ausschließen.
372 Zum Umfang der Überprüfung siehe § 2 Rn 141.
373 *Gießler/Soyka*, Rn 167; *Zöller – Philippi*, § 620b Rn 2a a.E. begründet dies zutreffend damit, dass das ursprüngliche Anordnungsverfahren noch nicht abgeschlossen ist. MK (ZPO) – *Finger*, § 620b Rn 15 lässt eine Verbindung der beiden Anträge zu.
374 Vgl. § 2 Rn 171 ff.
375 So auch *Gießler/Soyka*, Rn 201.
376 Vgl. § 2 Rn 187 ff.
377 BGH FamRZ 1979, 473; 1980, 131; 1985, 51; 1987, 356; *Gießler/Soyka*, Rn 156, 169 m.w.N.
378 BGH FamRZ 1985, 51; 1985, 802; OLG Hamburg FamRZ 1996, 810; OLG Zweibrücken FamRZ 1997, 1227.
379 Vgl. § 2 Rn 195.
380 *Gießler/Soyka*, Rn 169; a.A. *Johannsen/Henrich/Sedemund-Treiber*, § 620b Rn 20: Es soll für die Vollstreckungsgegenklage regelmäßig das Rechtsschutzbedürfnis fehlen. Mutwilligkeit im Sinne von § 114 ZPO wird von OLG Hamm FamRZ 1987, 961 angenommen, solange ein Antrag nach § 620b gestellt werden kann.

§ 2 Einstweiliger Rechtsschutz auf Gewährung von Unterhalt

Gegebenenfalls ist an zusätzliche vollstreckungsrechtlich maßgebliche Rechtsbehelfe zu denken. So bewirkt ein erfolgreicher Antrag nach § 769 ZPO (analog) eine einstweilige Einstellung der Zwangsvollstreckung aus der einstweiligen Anordnung. Ist ein entsprechender Antrag gestellt, soll damit in aller Regel das Rechtsschutzinteresse nicht nur an einer Aussetzung der Vollziehung nach § 620e ZPO fehlen, sondern auch an einer Abänderungsentscheidung nach § 620b Abs. 1 ZPO.[381]

c) Ablauf des Verfahrens und Entscheidung
aa) Der Verfahrensablauf

164 Das Gericht ist wie beim Erstantrag auch beim Abänderungsantrag in der Entscheidung über die Durchführung einer **mündlichen Verhandlung frei**. Ergeht der Beschluss erneut im schriftlichen Weg, besteht weiterhin die Möglichkeit der Beteiligten, einen Antrag nach § 620b Abs. 2 ZPO zu stellen.[382]

Wegen des Verfahrensablaufes im Einzelnen wird auf § 2 Rn 92 ff. verwiesen. Die dortigen Ausführungen gelten entsprechend.

Hinweis
Der Antragsteller sollte beachten, dass bis zum Erlass der Entscheidung über den Abänderungs-/Aufhebungsantrag eine **Aussetzung der Vollziehung** nach § 620e ZPO in Betracht kommt, und eine entsprechende Antragstellung erwägen, auch wenn das Gericht von Amts wegen entscheiden kann.

bb) Die Entscheidung

165 Die Entscheidung ergeht als **Beschluss**, der gemäß § 620d S. 2 ZPO zu begründen ist. Sie bezieht sich auf die Anträge, die im **Abänderungsverfahren** gestellt wurden, nicht auf die Anträge aus dem ursprünglichen Anordnungsverfahren.[383] Somit kann beispielsweise ein Unterhaltsbetrag, der im Rahmen einer einstweiligen Anordnung tituliert wurde, wegen § 308 ZPO nicht erhöht werden, wenn nur der Unterhaltsschuldner Abänderung des ihn belastenden Beschlusses begehrt und der Unterhaltsgläubiger sich mit dem in der einstweiligen Anordnung festgesetzten Unterhalt begnügt, obwohl er ursprünglich einen (erheblich) höheren Unterhaltsbetrag beantragt hatte.

166 Der Richter ist bei der erneuten Beschlussfassung an die Ausgangsentscheidung nicht gebunden. Die tatsächlichen und rechtlichen Grundlagen können neu gewürdigt und bewertet werden.

167 Die **Abänderungs-/Aufhebungsentscheidung** kann lauten auf
- Aufhebung des ursprünglich erlassenen Beschlusses
- Abänderung der Ausgangsentscheidung

---

381 *Gießler/Soyka*, Rn 156 und 169.
382 *Rahm/Künkel/Niepmann*, VI Rn 38.
383 *Musielak – Borth*, § 620b Rn 7.

§ 2 Einstweiliger Rechtsschutz auf Gewährung von Unterhalt

Es ist auch eine rückwirkende Abänderung[384] einer einstweiligen Anordnung denkbar. Jedoch muss hier eine Differenzierung vorgenommen werden:
Wenn die einstweilige Anordnung Unterhalt (auch Prozesskostenvorschuss) betrifft, ist eine **rückwirkende Herabsetzung** des zu leistenden Betrages in der Abänderungsentscheidung **möglich,** soweit dieser noch nicht gezahlt worden ist.[385] Der frühest mögliche Zeitpunkt, auf den abgeändert werden kann, wird beim Vorbringen neuer Umstände bestimmt durch deren Inhalt. Maßgeblich ist, ab wann danach eine Veränderung gerechtfertigt ist.
Ist die Leistung bereits erbracht, fehlt das Rechtsschutzbedürfnis für eine rückwirkende Reduzierung des Titels.[386] Der Unterhaltsschuldner kann die Rückforderungsklage nach § 812 Abs. 1 S. 1 Alt. 1 BGB (oder evtl. Schadensersatzklage) erheben, ohne zuvor die einstweilige Anordnung (rückwirkend) beseitigt zu haben. Diese stellt keinen Rechtsgrund für die Leistung dar.[387]
Eine Rückforderung von Unterhalt durch einstweilige Anordnung ist dagegen nicht möglich. Hierfür fehlt das Rechtsschutzbedürfnis.[388]
Jedoch ist es möglich, eine rückwirkende Änderung damit zu begründen, dass der Unterhalt (unabhängig von der einstweiligen Anordnung) bereits geleistet worden ist.[389]
Soll der Unterhalt mit dem Abänderungsantrag **erhöht**[390] werden und wurde im ursprünglichen Beschluss dem Antrag **voll entsprochen,** fehlt die erforderliche Beschwer für einen Abänderungsantrag. Weiterer Unterhalt ist in einem Abänderungsverfahren unter Darlegung von Abänderungsgründen[391] geltend zu machen, und zwar frühestens ab Anhängigkeit dieses neuen Antrags.[392]
Wurde dem Antrag **nicht insgesamt stattgegeben** und soll mit dem Abänderungsbegehren maximal der früher bereits beantragte Unterhaltsbetrag tituliert werden, ist die beim Erlass der angegriffenen Anordnung bestehende Zeitschranke zu berücksichtigen. Eine rückwirkende Abänderung ist lediglich auf den damaligen Zeitpunkt der Anhängigkeit

---

384 Die »neuen« Umstände müssen ja nicht nach Erlass des abzuändernden Beschlusses eingetreten sein; vgl. § 2 Rn 157.
385 *Schwab/Maurer/Borth,* I Rn 951; *Zöller – Philippi,* § 620b Rn 3; *Musielak – Borth,* § 620b Rn 4; MK (ZPO) – *Finger,* § 620b Rn 10.
386 *Schwab/Maurer/Borth,* I Rn 951; *Gießler/Soyka,* Rn 174; *Zöller – Philippi,* § 620b Rn 3; einschränkend *Johannsen/Henrich/Sedemund-Treiber,* § 620b Rn 9, wonach eine rückwirkende Herabsetzung zuzulassen sei, wenn bereits im vorangegangenen Verfahren dem Unterhalt in der dann festgesetzten Höhe widersprochen worden war.
387 BGH FamRZ 1985, 767; 1991, 1175.
388 *Musielak – Borth,* § 620b Rn 4; *Zöller – Philippi* § 620b Rn 3.
389 MK (ZPO) – *Finger,* § 620b Rn 11; zur Vollstreckungsabwehrklage vgl. § 2 Rn 194.
390 Nach *Zöller – Philippi* ist eine rückwirkende Erhöhung gänzlich ausgeschlossen. *Schwab/Maurer/Borth,* I Rn 951 mit Hinweis auf OLG Stuttgart NJW 1981, 2476 lässt eine rückwirkende Erhöhung ab Stellung des Ausgangsantrages zu, wenn die Abänderung unverzüglich betrieben wird und wenn die Ausgangsentscheidung ohne mündliche Verhandlung erlassen wurde. Ist die Entscheidung nach mündlicher Verhandlung ergangen, fehle in der Regel das erforderliche Rechtsschutzbedürfnis.
391 Vgl. § 2 Rn 157.
392 *Gießler/Soyka,* Rn 173.

des Antrages möglich.[393] Darüber hinaus muss berücksichtigt werden, ob das materielle Recht Einschränkungen gebietet (z.B. § 1613 Abs. 1 BGB)[394] oder solche angebracht sind, weil die »neuen« Umstände erst ab einem bestimmten Zeitpunkt greifen.
- Zurückweisung des Abänderungsantrages (z.b. bei fehlender Glaubhaftmachung der behaupteten neuen Tatsachen)
- Verwerfung des Abänderungsantrages als unzulässig (etwa bei fehlendem Rechtsschutzbedürfnis).

168 Grds. folgen die Kosten des Abänderungsverfahrens gemäß § 620g Hs. 1 ZPO der Kostenentscheidung in der Ehesache. Da § 96 ZPO entsprechend gilt, können die Kosten eines erfolglosen Änderungsantrages dem jeweiligen Antragsteller gesondert auferlegt werden.

d) Besonderheiten bei der Abänderung von Vergleichen

169 Ein in einem Anordnungsverfahren geschlossener Unterhaltsvergleich kann ggf. nach § 620b Abs. 1 ZPO abgeändert werden, wenn nicht die Vereinbarung eine endgültige Regelung zum Inhalt hatte.[395] In einem solchen Fall kommt lediglich die Abänderungsklage nach § 323 ZPO in Betracht.

Hinweis

Sollte der Vergleich jedoch nur eine **einstweilige Regelung** des Unterhalts bewirken, ist eine Abänderung nach § 620b Abs. 1 BGB möglich, soweit sich die bei Vergleichsschluss maßgeblichen Umstände (die Vergleichsgrundlagen) **wesentlich**[396] **geändert** haben. Ist eine solches Ausmaß nicht festzustellen, muss der Vergleich weiter Bestand haben, da die Parteien eine einstweilige Bindung herbeiführen[397] und somit nicht bei jeder noch so geringen Änderung einen neuen Streit zulassen wollten. Die Abänderung folgt schließlich den Grundsätzen über den Wegfall der Geschäftsgrundlage.

e) Rechtsbehelfe gegen Entscheidungen nach § 620b Abs. 1 ZPO

170 Entscheidungen nach § 620b Abs. 1 ZPO können stets mit einem **erneuten Antrag auf Abänderung oder Aufhebung** beseitigt bzw. geändert werden. Hierbei ist jedoch zu beachten, dass auch für diesen neuen Antrag die Einschränkungen zum Rechtsschutzbedürfnis, zur zeitlichen Eingrenzung und zum Verhältnis zu anderen Rechtsbehelfen, wie oben § 2 Rn 154 ff. dargestellt, gelten.

---

393 *Rahm/Künkel/Niepmann*, VI Rn 39; *Gießler/Soyka*, Rn 173; *Musielak – Borth*, § 620b Rn 4.
394 MK (ZPO) – *Finger*, § 620b Rn 10.
395 Vgl. § 2 Rn 105 f.
396 OLG Hamburg FamRZ 1982, 412; OLG Hamm FamRZ 1982, 409; 1991, 582; OLG Köln FamRZ 1983, 622; *Zöller – Philippi*, § 620b Rn 5; *Gießler/Soyka*, Rn 164.
397 *Zöller – Philippi*, § 620b Rn 5; MK (ZPO) – *Finger*, § 620b Rn 7; *Gießler/Soyka*, Rn 164.

Darüber hinaus ist es möglich, einen **Antrag nach § 620b Abs. 2 ZPO** (Entscheidung aufgrund mündlicher Verhandlung) zu stellen, falls die Abänderungsentscheidung ohne mündliche Verhandlung ergangen ist.[398]
Ebenso wie bei einer Erstentscheidung besteht die Möglichkeit, ein **Hauptsacheverfahren** zu betreiben, um das Außer-Kraft-Treten der einstweiligen Anordnung nach § 620f Abs. 1 S. 1 ZPO zu erwirken.[399] Dabei ist wiederum einstweiliger Rechtsschutz nach § 769 ZPO analog in Erwägung zu ziehen.[400]

3. Sofortige Beschwerde (§ 620c ZPO)

Die einstweilige Anordnung verfolgt unter anderem den Zweck, für die Dauer des Eheverfahrens Rechtsfrieden einkehren zu lassen.[401] Diese Zielrichtung würde verfehlt, wenn einstweilige Anordnungen nicht nur einer recht weitgehenden Abänderungsmöglichkeit unterworfen, sondern auch umfassend anfechtbar wären. Deshalb bestimmt § 620c S. 2 ZPO, dass gegen Entscheidungen nach §§ 620, 620b ZPO nur in den ausdrücklich benannten Fällen eine sofortige Beschwerde statthaft ist. Soweit Unterhaltsregelungen betroffen sind, können einstweilige Anordnungen somit grundsätzlich nicht angefochten werden.

Eine Ausnahme wurde nach der Rechtsprechung dann zugelassen, wenn die getroffene Entscheidung **greifbar gesetzeswidrig** war. Eine solche Gesetzeswidrigkeit wurde angenommen, wenn die einstweilige Anordnung in dieser Art, mit diesem Inhalt oder von diesem Gericht nicht erlassen werden durfte. Die Entscheidung musste jeder gesetzlichen Grundlage entbehren und inhaltlich dem Gesetz fremd, also mit der geltenden Rechtsordnung schlechthin unvereinbar sein.[402]

Nunmehr wird eine solche Verfahrensweise zunehmend abgelehnt und stattdessen eine Anwendung der Neuregelung[403] des § 321a ZPO oder eine Gegenvorstellung befürwortet.[404]

Teilweise wird danach differenziert, ob ein Verstoß gegen rechtliches Gehör im eigentlichen Sinne vorliegt (dann § 321a ZPO) oder sonstige Umstände eine greifbare Gesetzeswidrig-

171

---

398 § 2 Rn 137 ff.
399 § 2 Rn 187 ff.
400 § 2 Rn 189.
401 *Rahm/Künkel/Niepmann*, VI Rn 4.
402 BGH FamRZ 1989, 265; 1987, 928; 1986, 150; *Zöller – Philippi*, § 620c Rn 12; MK (ZPO) – *Finger*, § 620c Rn 10; *Rahm/Künkel/Niepmann*, VI Rn 45; *Gießler/Soyka*, Rn 180 f. jeweils mit weiteren Nachweisen.
403 BGBl I 2004, 3220; neugefasst durch Bek. v. 5.12.2005, BGBl I, 3202.
404 Vgl. BGH FamRZ 2006, 695 (kein außerordentliches Rechtsmittel zum BGH bei greifbarer Gesetzeswidrigkeit – Gegenvorstellung ist ggf. zu erheben); OLG Zweibrücken FamRZ 2006, 555; OLG Köln FamRZ 2005, 405: eine weite Auslegung des § 321a ZPO ist angezeigt; KG FamRZ 2005, 918; zu § 321a ZPO a.F. *Lipp*, NJW 2002, 1700 unter Bezugnahme auf BGH NJW 2002, 1577; OLG Celle NJW 2002, 3715; *Gießler/Soyka*, Rn 200 ff.; *Müller*, NJW 2002, 2743, 2746.

§2 Einstweiliger Rechtsschutz auf Gewährung von Unterhalt

keit begründen[405] bzw. ein Verstoß gegen andere Verfahrensgrundrechte[406] gegeben ist (dann sofortige Beschwerde als außerordentlicher Rechtsbehelf). Folgt man dieser differenzierenden Auffassung, bleibt noch ein Restanwendungsbereich der sofortigen Beschwerde wegen greifbarer Gesetzeswidrigkeit bestehen. § 321a ZPO greift danach nur bei einem Verstoß gegen rechtliches Gehör. Verstöße gegen andere Verfahrensgrundrechte und greifbare Gesetzeswidrigkeit aus sonstigen Gründen wären nach § 620c ZPO analog zu rügen.[407]

Der **Verfahrensablauf** und die **Entscheidungsfindung** nach Erhebung einer sofortigen Beschwerde wegen greifbarer Gesetzeswidrigkeit wären in einem solchen Fall an den Regeln für das Beschwerdeverfahren bei einer ausdrücklich für statthaft erklärten Anfechtbarkeit nach § 620c ZPO auszurichten. Deshalb begnüge ich mich hier mit einer Verweisung auf § 3 Rn 104 ff.

Andererseits jedoch wird in allen Fällen greifbarer Gesetzeswidrigkeit die ausschließliche Anwendbarkeit des § 321a ZPO befürwortet.[408] Hierzu vgl. sofort § 2 Rn 172 ff.

4. Gehörsrüge (§ 321a ZPO)

a) Anwendungsbereich

172 Nach im Vordringen befindlicher Auffassung tritt an die Stelle der bisher im Ausnahmefall statthaften sofortigen Beschwerde wegen greifbarer Gesetzwidrigkeit generell die Gehörsrüge nach § 321a ZPO.[409]

Schließt man sich dem an,[410] sind die durch die Rechtsprechung früher auf der Grundlage des § 620c ZPO analog behandelten Fälle nunmehr dem Anwendungsbereich der Gehörsrüge zuzuordnen.

---

405 So *Thomas/Putzo – Hüßtege*, § 620c Rn 9.
406 *Bloching/Kettinger*, NJW 2005, 860; Beispiele für »andere Verfahrensgrundrechtsverletzungen«: Verstoß gegen das Willkürverbot – so *Thomas/Putzo – Reichold*, § 321a Rn 18; vgl. aber auch *Baumbach/Lauterbach/Albers/ Hartmann*, § 321a Rn 36 – dort wird der Besetzungsfehler des Gerichts als Verstoß gegen rechtliches Gehör qualifiziert; zur Gesamtproblematik vgl. auch *Keidel/Meyer – Holz*, Nachtrag zur 15. Auflage, § 29a FGG Rn 26 ff.
407 Dagegen wiederum *Rensen*, MDR 2005, 181, 182, der ebenfalls differenziert zwischen einem Verstoß gegen das rechtliche Gehör (dann § 321a ZPO) und einem Verstoß gegen sonstige Verfahrensgrundrechte (dann nur Verfassungsbeschwerde); *Thomas/Putzo – Reichold*, § 321a Rn 18 befürwortet bei Verletzung anderer Verfahrensgrundrechte eine entsprechende Anwendung des § 321a ZPO als fristgebundene Gegenvorstellung anstelle der außerordentlichen Beschwerde; offen gelassen von OLG Zweibrücken FamRZ 2006, 555 zu § 29a FGG. Durch das OLG München FamRZ 2006, 281 wurde trotz der Neuregelung des § 29a FGG die Statthaftigkeit einer außerordentlichen weiteren Beschwerde bei greifbarer Gesetzeswidrigkeit bejaht.
408 OLG Köln FamRZ 2005, 2075, wonach die Tatbestandsvoraussetzungen »Verletzung des rechtlichen Gehörs« weit zu fassen sind – angesichts der bestehenden Abgrenzungsprobleme zwischen einem Verstoß gegen rechtliches Gehör und einem Verstoß gegen andere Verfahrensgrundrechte eine sicherlich praktikable Lösung; BVerfG NJW 2004, 3551 bejaht eine Verletzung des Art. 103 Abs. 1 GG auch bei offenkundiger Unrichtigkeit der Rechtsanwendung; vgl. auch *Gießler/Soyka*, Rn 200 ff.; *Zuck*, NJW 2005, 3753 zur Frage, wann ein Verstoß gegen ZPO-Vorschriften zugleich den Grundsatz rechtlichen Gehörs verletzt.
409 Hierzu vgl. soeben § 2 Rn 171.
410 Zu abweichenden Auffassungen vgl. soeben bei § 2 Rn 171.

Einstweiliger Rechtsschutz auf Gewährung von Unterhalt § 2

Von den durch die Rechtsprechung bereits entschiedenen Fällen sind die folgenden bei einstweiligen Anordnungen zum Unterhalt bedeutsam, aber keinesfalls widerspruchsfrei.
Greifbare Gesetzeswidrigkeit wurde **bejaht** in folgenden Fällen:
- mangelhafte, nicht nachvollziehbare Begründung;[411] so bei Bezugnahme auf einen nicht unterschriebenen Computerauszug als ausschließliche Begründung einer Unterhaltsanordnung[412]
- gänzlich unterlassene Begründung einer Unterhaltsanordnung[413]
- Unklarheit der Rechtsgrundlage[414]
- Fehlen jeglicher gesetzlicher Grundlage[415]
- unterlassener Gebrauch der Abänderungsmöglichkeit nach § 620b ZPO[416]
- Änderung eines Hauptsachevergleichs durch einstweilige Anordnung[417]
- Erlass einer einstweiligen Anordnung auf Auskunft[418]
- Erlass einer einstweiligen Anordnung zum Unterhalt ohne Antrag und nach Rechtskraft der Scheidung[419]
- Erlass einer einstweiligen Anordnung zum Unterhalt nach Ablehnung eines PKH-Antrages[420]
- Ablehnung einer Unterhaltsanordnung bei fehlerhafter Annahme der Unzuständigkeit des Familiengerichts[421]
- Unterlassung einer Sachentscheidung wegen fehlerhafter Ablehnung des Rechtsschutzbedürfnisses[422]
- Erlass einer einstweiligen Anordnung auf Prozesskostenvorschuss für abgetrennte Folgesache nach Eintritt der Rechtskraft der Scheidung.[423]

Abgelehnt wurde das Vorliegen einer greifbaren Gesetzeswidrigkeit in folgenden Entscheidungen:
- Abänderung eines im einstweiligen Anordnungsverfahren ergangenen Vergleichs[424]
- Erlass einer Unterhaltsregelung für den Fall der Scheidung.[425]

---

411 OLG Düsseldorf FamRZ 1998, 764; OLG Hamm FamRZ 1993, 719; a.A. OLG Zweibrücken FamRZ 1998, 1379; vgl. hierzu *Gießler/Soyka*, FamRZ 1999, 695.
412 OLG Hamm FamRZ 1993, 719; hierzu vgl. aber auch § 2 Rn 174 (gegenteilige Entscheidung).
413 Vgl. OLG Düsseldorf FamRZ 1998, 764 zu äußerst knapper, nicht nachvollziehbarer Begründung; hierzu vgl. aber auch § 2 Rn 174 (gegenteilige Entscheidung).
414 OLG Hamm FamRZ 1992, 1455.
415 OLG Brandenburg NJW-RR 2004, 4.
416 OLG Zweibrücken FamRZ 1997, 1167; hierzu vgl. aber auch § 2 Rn 174 (gegenteilige Entscheidung).
417 OLG Hamm FamRZ 1980, 608; OLG Zweibrücken FamRZ 1980, 69; hierzu vgl. aber auch § 2 Rn 174 (gegenteilige Entscheidung).
418 OLG Stuttgart FamRZ 1980, 1138; OLG Düsseldorf FamRZ 1983, 54; a.A. OLG Hamm FamRZ 1983, 515.
419 OLG Frankfurt/Main FamRZ 1979, 320; a.A. OLG Zweibrücken FamRZ 1986, 1120.
420 OLG Hamm FamRZ 1982, 721.
421 OLG Hamburg FamRZ 1979, 528.
422 OLG Zweibrücken FamRZ 1986, 1229; abl. Anm. *Braeuer*, FamRZ 1987, 300.
423 OLG Zweibrücken FamRZ 2001, 637.
424 OLG Hamm FamRZ 1982, 409.
425 OLG Karlsruhe FamRZ 1980, 1139.

§ 2 Einstweiliger Rechtsschutz auf Gewährung von Unterhalt

- Erlass einer einstweiligen Anordnung auf Auskunftserteilung [426]
- Änderung einer einstweiligen Anordnung ohne Antragstellung durch einen Rechtsanwalt [427]
- Nichtbeachtung von Verfahrens- und Formvorschriften [428]
- Verletzung des Anspruchs auf rechtliches Gehör [429]
- unterlassener Umdeutung eines Antrages auf Erlass einer einstweiligen Anordnung in einen Antrag auf Erlass einer einstweiligen Verfügung [430]
- fehlender Begründung der Entscheidung zum Unterhalt [431]
- fehlerhafter Kostenentscheidung [432]
- Verweigerung der Durchführung einer mündlichen Verhandlung trotz ordnungsgemäßer Antragstellung nach § 620b Abs. 2 ZPO [433]
- Erlass einer einstweiligen Anordnung auf Prozesskostenvorschuss für abgetrennte Folgesache nach Eintritt der Rechtskraft der Scheidung. [434]

Der **Verfahrensablauf** und die **Entscheidungsfindung** nach Erhebung einer sofortigen Beschwerde wegen greifbarer Gesetzeswidrigkeit folgt sodann denselben Regeln wie das Beschwerdeverfahren bei einer ausdrücklich für statthaft erklärten Anfechtbarkeit nach § 620c ZPO. Insoweit wird verwiesen auf § 3 Rn 104 ff.

b) Verfahrensfragen

173 Eine Gehörsrüge nach § 321a ZPO kommt nur in Betracht, wenn gegen die angegriffene Entscheidung mit einem Rechtsmittel oder Rechtsbehelf nicht mehr vorgegangen werden kann. Solange somit eine Abänderung des Beschlusses nach § 620b Abs. 1 ZPO möglich ist,[435] scheidet eine Gehörsrüge aus. Sie ist als **subsidiärer Rechtsbehelf** ausgestaltet, wie sich dem eindeutigen Wortlaut der Regelung entnehmen lässt. § 321a Abs. 1 S. 2 ZPO, wonach gegen eine der Endentscheidung vorausgehende Entscheidung die Rüge nicht statt-

---

426 OLG Hamm FamRZ 1983, 515; a.A. OLG Düsseldorf FamRZ 1983, 514; OLG Stuttgart FamRZ 1980, 1138; s.o. § 2 Rn 173.
427 OLG Zweibrücken FamRZ 1980, 386.
428 OLG Hamm FamRZ 1982, 1094.
429 BGH FamRZ 1989, 265; 1995, 478 und 1137; BVerfGE 60, 96; 73, 322 lassen hier Gegenvorstellungen zu.
430 OLG Frankfurt/Main FamRZ 1985, 193.
431 OLG Zweibrücken FamRZ 1998, 1379; a.A. OLG Hamm FamRZ 1993, 719; OLG Düsseldorf FamRZ 1998, 764.
432 OLG Karlsruhe FamRZ 1997, 1416.
433 OLG Düsseldorf FamRZ 1992, 1198; vgl. aber auch § 2 Rn 137 mit Fußnote.
434 OLG Zweibrücken FamRZ 2001, 637.
435 Hierzu vgl. § 2 Rn 151 ff.

findet, greift im Falle einer einstweiligen Anordnung nicht. Hierdurch werden lediglich (andere) Zwischenentscheidungen angesprochen.[436]

Der Antrag ist **schriftlich** (§ 321a Abs. 2 S. 4 ZPO) oder zu Protokoll der Geschäftsstelle bei dem Gericht einzureichen, dessen Entscheidung angegriffen werden soll. Die Antragstellung unterliegt nicht dem Anwaltszwang, da auch der Antrag zum Erlass einer einstweiligen Anordnung hiervon befreit ist (§§ 620a Abs. 2 S. 2, 78 Abs. 5 ZPO).[437] Nur im Falle einer (wohl nur ausnahmsweise angeordneten) mündlichen Verhandlung bedarf der Rügende anwaltlicher Vertretung.

Es ist eine **Notfrist von zwei Wochen** einzuhalten, die ab dem Zeitpunkt der Kenntnis von der Verletzung des rechtlichen Gehörs (bzw. auch der anderen Rügegründe) zu laufen beginnt, regelmäßig also ab Zustellung des nach § 620c S. 2 ZPO nicht anfechtbaren Beschlusses. Im Falle einer formlos mitgeteilten Entscheidung greift § 321a Abs. 2 S. 3 ZPO, wonach diese als mit dem dritten Tage nach Aufgabe zur Post bekannt gegeben gilt. Regelmäßig wird mit dieser Bekanntgabe die Kenntnisnahme von den Rügegründen einhergehen, wobei zuzugeben ist, dass Kenntniserlangung und Zugang des Beschlusses nicht stets zeitgleich vorliegen müssen.[438] Jedenfalls wird anzunehmen sein, dass die Darlegungs- und Beweislast dafür, dass die Kenntnis nicht schon mit dem Zugang der Entscheidungsgründe erlangt wurde, bei demjenigen liegt, der die Gehörsrüge erhebt.[439] Er hat nämlich den Zeitpunkt der Kenntniserlangung glaubhaft zu machen (§ 321a Abs. 2 S. 1 Halbs. 2 ZPO).

Welchen **Inhaltserfordernissen** die Antragsschrift zu entsprechen hat, ergibt sich aus § 321a Abs. 2 S. 5 ZPO. Danach hat der Antragsteller darzustellen:

- die Bezeichnung des eAO-Verfahrens, dessen Fortsetzung begehrt wird,
- die Darlegung der Verletzung rechtlichen Gehörs oder einer anderen greifbaren Gesetzwidrigkeit und der Entscheidungserheblichkeit dieser Verletzung.

---

436 A.A. OLG Brandenburg, B. v. 6.3.2006, 4 WF 2/06, wonach gegen die einstweilige Anordnung als Zwischenentscheidung weder nach den Regeln der ZPO noch des FGG eine Gehörs- bzw. Anhörungsrüge vorgesehen sein soll. Vgl. aber auch BT-Drs. 15/3706, 14 (gleichlautende Begründung in BT-Drs. 15/3966, 5), wo der Gesetzgeber ausdrücklich darauf hinweist, dass der Gesetzentwurf nicht zwischen Hauptsacheverfahren und Verfahren des vorläufigen Rechtsschutzes unterscheidet, wenn auch einstweilige Anordnungen nicht ausdrücklich benannt werden. Der Gesetzgeber führt weiter aus, dass nach der Plenarentscheidung des BVerfG die Anhörungsrüge für Verfahren des vorläufigen Rechtsschutzes jedenfalls dann zugelassen werden muss, wenn bei einer erst im Hauptsacheverfahren stattfindenden Korrektur unzumutbare Nachteile drohen. Auch dies spricht dafür, die Anhörungsrüge bei einstweiligen Anordnungen als statthaft anzusehen. Die Begründung zur Abänderung des ursprünglich vorgesehenen Gesetzestextes des § 321a Abs. 1 S. 2 ZPO ändert hieran m.E. nichts (vgl. BT-Drs. 15/3966, 6). A.A. wohl auch *Baumbach/Lauterbach/Albers/Hartmann*, § 321a Rn 20; wie hier *Hk-ZPO/Saenger*, § 321a Rn 4; vgl. auch *Keidel/Meyer – Holz*, Nachtrag zur 15. Auflage, § 29a FGG Rn 8.
437 *Gieler/Soyka*, Rn 206; vgl. auch *Thomas/Putzo – Reichold*, § 321a Rn 5: »im Fall des § 78 von einem RA ... zu unterschreiben«; *Baumbach/Lauterbach/Albers/Hartmann*, § 321a Rn 20: soweit das Verfahren keinem Anwaltszwang unterlag, ist auch die Erklärung zu Protokoll der Geschäftsstelle zulässig.
438 Hierzu *Rensen*, MDR 2005, 181, 183.
439 *Rensen*, MDR 2005, 181, 183.

§ 2 Einstweiliger Rechtsschutz auf Gewährung von Unterhalt

Beachte
Da im Gegenvorstellungsverfahren eine einstweilige Einstellung der Zwangsvollstreckung möglich ist, darf der nach § 707 Abs. 1 S. 1 ZPO erforderliche Einstellungsantrag nicht vergessen werden.

Der Entscheidungserheblichkeit der behaupteten Verletzungshandlung wird in der Praxis bei Erhebung einer Gehörsrüge häufig nicht hinreichend Beachtung geschenkt. Es ist beispielsweise nicht ausreichend, lediglich darauf hinzuweisen, aufgrund welcher Umstände das Gericht gegen das Gebot rechtlichen Gehörs verstoßen haben soll, sondern darüber hinaus ist erforderlich, dass die Entscheidung anders ausgefallen wäre, wenn rechtliches Gehör gewährt worden wäre.[440] Dies erfordert im Falle eines unterlassenen Hinweises des Gerichts zur fehlenden Schlüssigkeit des Sachvortrags, dass der Rügende darstellt, was er im Falle eines Hinweises vorgetragen hätte. Dieser Vortrag hätte sodann geeignet sein müssen, die Entscheidung in seinem Sinne zu beeinflussen.

c) Ablauf des Verfahrens und Entscheidung

174 Das Verfahren wird durch das Familiengericht meist ohne mündliche Verhandlung betrieben. Dem Antragsgegner ist jedoch, falls erforderlich, rechtliches Gehör zu gewähren (§ 321 a Abs. 3 ZPO).

Ist die Rüge nicht statthaft oder nicht form- und fristgerecht erhoben, wird sie als unzulässig verworfen. Dies geschieht auch, wenn die Begründung die Entscheidungserheblichkeit des gerügten Verstoßes nicht herausstellt. Wird die Gehörsrüge als unbegründet angesehen, ist sie durch das Gericht zurückzuweisen (§ 321 a Abs. 4 S. 2–4 ZPO).

Bei erfolgreicher Rüge dagegen wird das Verfahren fortgeführt und mit einer neuen Entscheidung in der Sache abgeschlossen (§ 321 a Abs. 5 ZPO).

5. Untätigkeitsbeschwerde

175 Es liegt auf der Hand, dass Verfahren des einstweiligen Rechtsschutzes beschleunigt zu betreiben sind, weil ihr Zweck darin besteht, einen bis zur Entscheidung in der Hauptsache ansonsten bestehenden regelungslosen Zustand zu beseitigen, da eine Regelung den Umständen nach erforderlich ist. Gerade in den (in diesem Kapitel nicht maßgeblichen) sorgerechtlichen Angelegenheiten ist es angezeigt, zügig eine vorläufige Entscheidung herbeizuführen. Wird das Umgangsrecht für einen längeren Zeitraum nicht ausgeübt, kann dies erhebliche negative Auswirkungen auf das Wohl des Kindes haben; eine Entfremdung zwischen Kind und Elternteil droht.

Aufgrund dessen ist mittlerweile in der Rechtsprechung anerkannt, dass eine Untätigkeitsbeschwerde erhoben werden kann, wenn eine Verfahrensverzögerung einer Verfahrensein-

---

440 BVerfGE 13, 132, 144.

Einstweiliger Rechtsschutz auf Gewährung von Unterhalt §2

stellung gleichkommt oder ein nennenswerter Rechtsverlust droht (wie die soeben angesprochene Entfremdung Kind – Elternteil).[441] Teilweise wird diese Untätigkeitsbeschwerde auf eine entsprechende Anwendung von § 567 Abs. 1 Nr. 2 ZPO,[442] teilweise in FGG-Angelegenheiten auf § 19 FGG[443] gestützt. Ziel einer derartigen Untätigkeitsbeschwerde – hierauf sollte die Antragstellung ausgerichtet sein – ist die Anweisung des untergeordneten Gerichts durch das Beschwerdegericht, dem Verfahren beschleunigt seinen Fortgang zu geben.[444] Nach überwiegender Auffassung ist es dagegen grundsätzlich nicht zulässig, dass das Rechtsmittelgericht das untergeordnete Gericht zu bestimmten Handlungen anweist.[445]

6. Aussetzung der Vollziehung nach § 620e ZPO

a) Voraussetzungen und Verfahrensfragen

Die Rechtsbehelfe des § 620b ZPO bewirken nicht, dass die Vollstreckung einer erlassenen 176 einstweiligen Anordnung unzulässig wird. Deshalb bestimmt § 620e ZPO, dass das Gericht deren Vollziehung aussetzen kann, wenn

- ein Antrag auf Aufhebung oder Abänderung nach § 620b Abs. 1 S. 1 ZPO gestellt ist oder
- eine Abänderung nach § 620b Abs. 1 S. 2 ZPO von Amts wegen in Betracht kommt oder
- eine einstweilige Anordnung ohne mündliche Verhandlung ergangen ist und nach entsprechender Antragstellung aufgrund mündlicher Verhandlung erneut zu beschließen ist (§ 620b Abs. 2 ZPO) oder
- eine zulässige sofortige Beschwerde nach § 620c ZPO eingelegt wurde (vorliegend zukünftig also voraussichtlich nicht denkbar).[446]

Die Aussetzung der Vollziehung kann **auf Antrag** oder aber auch **von Amts wegen** ausgesprochen werden. 177

Inhalt der Entscheidung nach § 620e ZPO kann nicht nur die (teilweise) Aussetzung der Vollziehung als solche sein. Darüber hinaus kommen auch Anordnungen anderen Inhalts entsprechend § 570 Abs. 3 ZPO, § 24 Abs. 3 FGG in Betracht.[447] Es ist dem Gericht dem-

---

441 BVerfG FamRZ 2001, 753; 2004, 689; OLG Dresden FamRZ 2000, 1422; OLG Köln FamRZ 2002, 1125; OLG Frankfurt EzFamR aktuell 2002, 62; OLG Bamberg FamRZ 2003, 1310; OLG Karlsruhe FamRZ 2004, 53; KG FamRZ 2005, 729; OLG Naumburg FamRZ 2006, 967; OLGR 2006, 408; *Schneider*, MDR 2005, 430.
442 OLG Dresden FamRZ 2000, 1422; OLG Karlsruhe FamRZ 2004, 53; KG FamRZ 2005, 729; OLG Naumburg FamRZ 2006, 967.
443 OLG Köln FamRZ 2002, 1125; OLG Bamberg FamRZ 2003, 1310.
444 Statt vieler OLG Naumburg FamRZ 2006, 967 mit Hinweis auf BVerfG FamRZ 2005, 173.
445 So jedoch OLG Naumburg FamRZ 2005, 732.
446 Vgl. § 2 Rn 171 ff.
447 MK (ZPO) – *Finger*, § 620e Rn 3; Zöller – *Philippi*, § 620e Rn 3; *Musielak – Borth*, § 620e Rn 2; a.A. *Thomas/ Putzo – Hüßtege*, § 620e Rn 5; *Johannsen/Henrich/Sedemund-Treiber*, § 620e Rn 3, die nur die Anordnung der Aussetzung der Vollziehung bzw. Einstellung der Zwangsvollstreckung zulassen wollen.

§2 Einstweiliger Rechtsschutz auf Gewährung von Unterhalt

zufolge beispielsweise möglich, eine einstweilige Einstellung der Zwangsvollstreckung der Unterhaltsanordnung gegen Sicherheitsleistung zu beschließen.

178 Ob eine Aussetzung erfolgt, unterliegt dem **Ermessen** des Gerichts. Es ist abzuwägen, mit welcher Wahrscheinlichkeit eine Abänderung des angefochtenen oder von Amts wegen überprüften Beschlusses erfolgen wird und welche Auswirkungen die getroffene und eventuell abzuändernde Regelung für die Beteiligten hat bzw. welche Folgen eine Aussetzung für denjenigen hat, der den Beschluss in Händen hält.[448]

179 Die **Zuständigkeit** für das Verfahren nach § 620e ZPO lässt sich dem Wortlaut der Regelung entnehmen. Sie liegt bei dem Gericht, das die abändernde Entscheidung nach § 620b ZPO (oder die hier nicht statthafte Beschwerdeentscheidung nach § 620c ZPO) zu erlassen hat.[449]

Im Falle des § 620b ZPO kommt somit das erstinstanzliche Familiengericht oder auch das OLG in Betracht.[450]

180 Der Beschluss nach § 620e ZPO ist **nicht anfechtbar**, und zwar unabhängig davon, ob eine Aussetzung der Vollziehung angeordnet oder eine dementsprechende Antragstellung abgelehnt wird. Der anordnende Beschluss stellt keine Entscheidung im Zwangsvollstreckungsverfahren dar. Die sofortige Beschwerde nach § 793 ZPO scheidet demzufolge aus. Auch § 567 Abs. 1 ZPO kommt nicht in Betracht.[451] Der einen Antrag zurückweisende Beschluss unterfällt nicht § 567 ZPO, da ein solcher Antrag lediglich als Anregung zu einer Ermessensentscheidung des Gerichts zu qualifizieren ist. Somit liegt ein »das Verfahren betreffende Gesuch« im Sinne des § 567 Abs. 1 ZPO nicht vor.[452]

181 Eine Entscheidung nach § 620e ZPO tritt außer Kraft, sobald eine Entscheidung nach § 620b ZPO ergeht.[453]

b) Verhältnis der Aussetzung der Vollziehung nach § 620e ZPO zur einstweiligen Einstellung der Zwangsvollstreckung bei anhängigem Hauptsacheverfahren

182 Ist ein Hauptsacheverfahren über den Unterhalt (negative Feststellungsklage, Leistungsklage, Rückforderungsklage) anhängig, kommt eine einstweilige Einstellung der Zwangsvollstreckung nach § 769 ZPO (analog) in Betracht.[454] Dasselbe gilt bei Erhebung einer Zwangsvollstreckungsgegenklage.[455]

---

448 MK (ZPO) – *Finger,* § 620e Rn 4; *Rahm/Künkel/Niepmann,* VI Rn 30.
449 MK (ZPO) – *Finger,* § 620e Rn 3; *Musielak – Borth,* § 620e Rn 2.
450 Hierzu vgl. § 2 Rn 144.
451 OLG Hamburg FamRZ 1989, 298; 1990, 423; OLG Hamm FamRZ 1980, 174; OLG Köln FamRZ 1983, 622; KG FamRZ 1981, 65; MK (ZPO) – *Finger,* § 620e Rn 4.
452 OLG Hamburg FamRZ 1990, 423; *Zöller – Philippi,* § 620e Rn 4 m.w.N.
453 *Zöller – Philippi,* § 620e Rn 3; MK (ZPO) – *Finger,* § 620e Rn 4.
454 Vgl. § 2 Rn 189.
455 Vgl. § 2 Rn 194.

Einstweiliger Rechtsschutz auf Gewährung von Unterhalt § 2

Folgt man der Auffassung, dass mit denselben Erwägungen auch eine Antragstellung nach § 620b Abs. 1 oder Abs. 2 ZPO und somit auch auf einstweilige Aussetzung der Vollziehung nach § 620e ZPO zulässig ist,[456] stellt sich die Frage, in welchem Verhältnis die jeweiligen Vorgehensweisen zueinander stehen.

Nach h.M. besteht ein **Wahlrecht**. Der Antragsteller kann bei gleichzeitiger Anhängigkeit einer Ehesache/Lebenspartnerschaftssache nach § 661 Abs. 1 Nr. 1 bis 3 ZPO und einer negativen Feststellungsklage (bzw. Leistungsklage oder Vollstreckungsabwehrklage) sowohl nach §§ 620b, 620e ZPO vorgehen, als auch die einstweilige Einstellung nach § 769 ZPO analog betreiben.[457] Er ist nicht auf die Abänderungsmöglichkeit nach § 620b ZPO und Aussetzung der Vollziehung nach § 620e ZPO beschränkt,[458] da die Einstellung der Zwangsvollstreckung von den Erfolgsaussichten der Hauptsacheklage abhängig ist[459] und diese sich im Klageverfahren besser beurteilen lässt.

Wenn bereits eine **einstweilige Einstellung** der Zwangsvollstreckung im Hauptsacheverfahren nach § 769 ZPO analog (oder nach §§ 707, 719 ZPO) erfolgt ist, nimmt diese jedoch einem Verfahren auf Aussetzung nach § 620e ZPO das **Rechtsschutzbedürfnis**. Denn eine zusätzliche Entscheidung nach § 620e ZPO hätte keine weitergehende Wirkung. Mit der (rechtskräftigen[460]) Hauptsacheentscheidung wird die einstweilige Anordnung nach § 620f Abs. 1 S. 1 ZPO schließlich wirkungslos.

183

M.E. muss dies auch im umgekehrten Fall gelten. Eine Aussetzung der Vollziehung nach § 620e ZPO hindert den Erlass einer weiteren vorläufigen Einstellung der Zwangsvollstreckung nach § 769 ZPO (analog). Der Antragsteller hat, solange der Beschluss nach § 620e ZPO wirkt – und dies ist beispielsweise bis zum Erlass der Abänderungsentscheidung[461] nach § 620b Abs. 1 ZPO (oder einer Abänderung des Beschlusses nach § 620e ZPO selbst) anzunehmen – kein legitimes Interesse an einer weiteren (zusätzlichen) Einstellung der Zwangsvollstreckung. Würde diese dennoch ausgesprochen werden, könnte sie sich nur auf den mit dem Abänderungsantrag angegriffenen Ausgangsbeschluss nach § 620 ZPO beziehen (und insoweit greift doch bereits § 620e ZPO) und nicht auf einen noch gar nicht bekannten Abänderungsbeschluss nach § 620b ZPO. Nach dessen Erlass mag ggf. im Hauptsacheverfahren ein erneuter Antrag auf einstweilige Einstellung der Zwangsvollstreckung nach § 769 ZPO (analog) gestellt werden.

---

456 Vgl. § 2 Rn 156.
457 Gegen eine analoge Anwendung des § 769 ZPO *Gießler/Soyka*, Rn 252.
458 *Zöller – Philippi*, § 620f Rn 15a mit Hinweis auf OLG Stuttgart FamRZ 1992, 203; OLG Frankfurt/Main FamRZ 1984, 717; KG FamRZ 1985, 951; OLG Koblenz FamRZ 1985, 1272. Vgl. auch OLG Schleswig FamRZ 1986, 184. Für eine solche Beschränkung jedoch OLG Köln FamRZ 2004, 39; OLG Hamm FamRZ 1998, 1379. MK (ZPO) – *Finger*, § 620 Rn 51 vertritt dagegen die Auffassung, dass § 769 ZPO Vorrang hat, um parallele Verfahren mit demselben Verfahrensziel zu vermeiden – diesen Vorrang stellt auch *Rahm/Künkel/ Niepmann*, VI Rn 31 a.E. dar.
459 Vgl. *Thomas/Putzo*, § 769 Rn 8
460 Vgl. § 2 Rn 210 ff.
461 In diesem Zeitpunkt tritt der Beschluss nach § 620e ZPO außer Kraft, vgl. *Zöller – Philippi*, § 620e Rn 3; MK (ZPO) – *Finger*, § 620e Rn 4; *Thomas/Putzo – Hüßtege*, § 620e Rn 4.

7. Weitere anfechtbare Entscheidungen im Anordnungsverfahren (Zwischen- und Nebenentscheidungen)

184 § 620c S. 2 ZPO bezieht sich auf die einstweilige Anordnung als Endentscheidung des Anordnungsverfahrens.[462] **Zwischen- und Nebenentscheidungen** sind von dieser Norm nicht erfasst und können demzufolge nach § 567 ZPO n.f. mit der sofortigen Beschwerde anfechtbar sein. Die Einschränkung des § 620c ZPO gilt nicht (jedenfalls nicht unmittelbar).

In welchen Fällen eine Anfechtbarkeit tatsächlich anzunehmen ist, war bereits nach alter Rechtslage (danach war die einfache Beschwerde statthaft) teilweise umstritten und lässt sich nicht allgemeingültig darstellen. Die von der Rechtsprechung entschiedenen Fälle sind auch nach der Neufassung des § 567 ZPO nicht überholt, da die Voraussetzungen insoweit gleich geblieben sind. Es musste und muss sich um eine »mündliche Verhandlung nicht erfordernde Entscheidung handeln, durch die ein das Verfahren betreffendes Gesuch zurückgewiesen worden ist«, wenn nicht im Gesetz eine ausdrückliche Bestimmung enthalten ist.

185 Mit der sofortigen Beschwerde **anfechtbar**[463] sind Entscheidungen
- gegen die Aussetzung des Anordnungsverfahrens[464]
- gegen die Streitwertfestsetzung[465]
- im Rahmen des Kostenfestsetzungsverfahrens einschließlich der Festsetzung der Vergütung des beigeordneten Anwalts und des Kostenansatzes[466]
- in denen PKH-Gewährung wegen fehlender Mittellosigkeit versagt wird[467]
- in denen PKH-Gewährung wegen fehlender Erfolgsaussicht versagt wird nur dann, wenn die Entscheidung selbst nach § 620c ZPO anfechtbar ist[468]
- Berichtigungsbeschlüsse, wenn diese eine den Beschwerdeführer belastende Entscheidung beinhalten, die nach § 620c ZPO anfechtbar wäre.[469]

Die Verfahrensvorschriften, die bei Anfechtbarkeit der Zwischen-/Nebenentscheidungen anzuwenden sind, richten sich nicht nach § 620c ZPO, sondern nach den maßgeblichen, teilweise speziellen Regelungen (also z.B. nach §§ 127, 567 ZPO, § 11 RVG).

---

462 Zöller – Philippi, § 620c Rn 14.
463 Vgl. Zöller – Philippi, § 620c Rn 13; MK (ZPO) – Finger, § 620c Rn 14 f.; Rahm/Künkel/Niepmann, VI Rn 45.1; Gießler/Soyka, Rn 183.
464 OLG Frankfurt/Main FamRZ 1985, 409; a.A. Baumbach/Lauterbach/Albers/Hartmann, § 620c Rn 4.
465 OLG Naumburg FamRZ 2004, 478; 2004, 1045; KG FamRZ 1980, 1141; a.A. OLG Hamburg FamRZ 1980, 906; OLG Köln FamRZ 1986, 695.
466 OLG Düsseldorf JurBüro 1981, 727; die Beschränkungen der §§ 567 Abs. 2 ZPO, § 11 Abs. 2 S. 3 RVG, § 104 Abs. 3 S. 1 ZPO, § 66 Abs. 2 S. 1 GKG sind jedoch zu beachten.
467 OLG Frankfurt/Main FamRZ 1986, 926; OLG Schleswig SchlHA 82, 71; a.A. OLG Hamburg FamRZ 1988, 309 mit der Argumentation, dass der Rechtsmittelzug im PKH-Verfahren nicht weiter gehen könne als im Hauptsacheverfahren; OLG Zweibrücken FamRZ 1985, 301; OLG Koblenz FamRZ 1988, 416.
468 Vgl. § 2 Rn 186.
469 So MK (ZPO) – Finger, § 620c Rn 14 Fn 76; ohne diese Einschränkung OLG Schleswig SchlHA 80, 115.

Nicht anfechtbar sind derartige Zwischen-/Nebenentscheidungen mit der Argumentation, 186
dass
- eine Androhung von Zwangsgeld beinhaltet ist[470]
- PKH versagt wird wegen mangelnder Erfolgsaussicht [471]
- der Erlass einer Sachentscheidung bis zum Eingang eines Gutachtens abgelehnt wird[472]
- eine selbstständige Kostenentscheidung ausgesprochen wird.[473]

8. Hauptsacheklagen

Eine Leistungsklage des Unterhaltsgläubigers sowie eine negative Feststellungsklage oder 187
Leistungsrückforderungsklage des Unterhaltsschuldners bewirken, dass die einstweilige
Anordnung **außer Kraft** tritt (§ 620f Abs. 1 S. 1 ZPO), sobald das entsprechende Hauptsacheverfahren rechtskräftig entschieden ist.[474] Eine erfolgreiche Vollstreckungsgegenklage
führt diese Wirkung nicht herbei, sondern beschränkt sich auf die **Beseitigung der Vollstreckbarkeit** des Titels.[475]
Mit diesen Hauptsacheklagen kann jeweils ein Antrag auf einstweilige Einstellung der
Zwangsvollstreckung verbunden werden.

a) Leistungsklage, Rückforderungsklage, negative Feststellungsklage

Der Unterhaltsschuldner, der im Rahmen einer einstweiligen Anordnung zur Leistung von 188
Unterhalt verpflichtet wurde, hat vielfach ein Interesse daran, die einstweilige Anordnung
nicht nur mit Hilfe eines Abänderungsantrages nach § 620b ZPO zu beseitigen, sondern
erstrebt eine rechtskräftige Entscheidung, die die Wirkung des § 620f Abs. 1 S. 1 Alt. 1
ZPO herbeiführt. Er wird **negative Feststellungsklage** erheben. Das Feststellungsinteresse
im Sinne von § 256 ZPO ist zu bejahen.[476]

> *Beachte*
> Gegebenenfalls möchte er den geleisteten Unterhalt zurückerhalten. Dies wird mit Hilfe
> einer Abänderungsentscheidung nach § 620b ZPO nicht gelingen. Auch scheidet eine
> negative Feststellungsklage wegen fehlenden Feststellungsinteresses aus, soweit der

---

470 OLG Karlsruhe FamRZ 1999, 242; OLG Saarbrücken FamRZ 1996, 1226; a.A. Zöller – Philippi, § 620c Rn 14; OLG Stuttgart FamRZ 1999, 1094.
471 Vgl. BGH FamRZ 2005, 790; OLG Hamm FamRZ 2006, 352; OLG Düsseldorf FamRZ 1991, 1325 Nr. 704; OLG Frankfurt/Main FamRZ 1996, 946; OLG Karlsruhe FamRZ 1983, 1253; OLG Köln FamRZ 1980, 1142; OLG Hamm FamRZ 1980, 386.
472 OLG Frankfurt/Main FamRZ 1989, 765.
473 OLG Köln FuR 2006, 324; OLG Düsseldorf FamRZ 1994, 1187; OLG Frankfurt FamRZ 1980, 387; a.A. OLG Hamm MDR 1981, 411.
474 Im Einzelnen siehe § 2 Rn 210 ff.
475 *Thomas/Putzo*, § 767 Rn 1.
476 Vgl. BGH FamRZ 1983, 355; 1984, 767; 1989, 850; Zöller – Philippi, § 620 Rn 13.

§ 2 Einstweiliger Rechtsschutz auf Gewährung von Unterhalt

Unterhaltsschuldner die in der einstweiligen Anordnung festgesetzten Leistungen bereits erbracht hat.[477] Der Schuldner muss eine **Leistungsrückforderungsklage** erheben.

189 Bei diesen Fallkonstellationen kann der Unterhaltsschuldner nach h.M.[478] einen Antrag auf **einstweilige Einstellung der Zwangsvollstreckung nach § 769 ZPO (analog)** stellen.[479] Eine Anordnung von Amts wegen scheidet jedoch – anders als bei § 620e ZPO – aus.

190 *Hinweis*

Auch eine **Leistungsklage des Unterhaltsberechtigten**, der beispielsweise mehr Unterhalt begehrt als in der einstweiligen Anordnung zuerkannt, ermöglicht eine vorläufige Einstellung der Zwangsvollstreckung, wenn der Unterhaltsschuldner Klageabweisung beantragt.[480] Es ist nicht erforderlich, dass dieser seinerseits negative Feststellungsklage erhebt, zumal hierfür das Feststellungsinteresse nach § 256 Abs. 1 ZPO fehlt.[481] In diesem Fall wird also durch die Klage des Unterhaltsgläubigers eine Rechtsschutzmöglichkeit für den Unterhaltsschuldner eröffnet. Dies ist jedoch konsequent, da mit einer etwaigen Abweisung der Leistungsklage als unbegründet auch festgestellt wird, dass ein Unterhaltsanspruch in der abgewiesenen Höhe nicht besteht.[482]

191 Um zu verhindern, dass ein Antragsteller die Einstellung der Zwangsvollstreckung erwirkt, das Hauptsacheverfahren dann jedoch nicht betreibt, ist zu fordern, dass das Hauptsacheverfahren auf negative Feststellung **rechtshängig** ist oder, wenn es **nur anhängig** sein sollte, bereits die Prozessgebühr eingezahlt ist oder die Voraussetzungen für eine PKH-Bewilligung[483] oder für einen erfolgreichen Antrag nach § 14 Nr. 3 GKG vorliegen.[484]

Eine weitere Möglichkeit ist die Aufnahme einer **Bedingung oder Befristung** in den die Einstellung aussprechenden Beschluss, die bewirkt, dass die Einstellung der Zwangsvoll-

---

477 OLG Hamburg FamRZ 1998, 294; bezüglich der noch nicht erbrachten Unterhaltsleistungen bleibt das Feststellungsinteresse bestehen.
478 Dagegen *Gießker/Soyka*, Rn 252.
479 MK (ZPO) – *Finger*, § 620 Rn 51; *Zöller – Philippi*, § 620f Rn 15; BGH FamRZ 1983, 355; OLG Koblenz FamRZ 1985, 1272; OLG Hamburg FamRZ 1989, 888; OLG Frankfurt/Main FamRZ 1990, 767; zur abweichenden Auffassung (§§ 707, 719 ZPO analog) vgl. sofort. Entsprechendes gilt beim Hauptsacheverfahren, wenn der Schuldner im Wege der Abänderungsklage eine Reduzierung des im angreifbaren Unterhaltstitel (Urteil oder § 323 Abs. 4 ZPO) festgelegten Unterhaltsbetrages erstrebt. Vgl. *Thomas/Putzo – Hüßtege*, § 323 Rn 37
480 OLG Düsseldorf FamRZ 1997, 824; OLG Frankfurt/Main FamRZ 1990, 767; a.A. KG FamRZ 1985, 951.
481 *Thomas/Putzo – Reichold*, § 256 Rn 18, 19; OLG Düsseldorf FamRZ 1997, 824; OLG Brandenburg FamRZ 1999, 1210; a.A. OLG Düsseldorf FamRZ 1993, 816.
482 In Rechtskraft erwächst nicht nur der entschiedene Streitgegenstand, sondern auch das »kontradiktorische« Gegenteil; vgl. *Schellhammer*, Zivilprozess, Rn 875.
483 Ein bloßer PKH-Antrag genügt also nicht für eine Einstellung der Zwangsvollstreckung durch das Prozessgericht; vgl. aber zur möglichen Bedingung sofort. Vgl. auch OLG Frankfurt/Main FamRZ 1982, 724; MDR 1999, 828; OLG Karlsruhe FamRZ 1984, 186; OLG Hamburg FamRZ 1984, 922; OLG Köln FamRZ 1987, 963; OLG Schleswig FamRZ 1990, 303; WM 1992, 263; *Zöller – Herget*, § 769 Rn 4 mit Hinweis auf abweichende Auffassungen in der Literatur.
484 OLG Köln FamRZ 1987, 963; OLG Hamburg FamRZ 1990, 431 Nr. 236.

| Einstweiliger Rechtsschutz auf Gewährung von Unterhalt | § 2 |

streckung wieder in Wegfall kommt, wenn nicht der Antragsteller binnen einer bestimmten Frist in der Hauptsache Klage erhebt.[485]

Streit[486] herrscht um die Herleitung dieser Möglichkeit einstweiliger Einstellung der Zwangsvollstreckung. Die wohl h.M. wendet **§ 769 ZPO analog**[487] an, während nach anderer Auffassung **§§ 707, 719 ZPO**[488] entsprechend heranzuziehen sind.[489]   **192**

Praktische Auswirkungen hat dieser Streit wegen der Regelung in § 707 Abs. 2 S. 2 ZPO, wonach eine **Anfechtung des Beschlusses** ausscheidet. Da jedoch nach wohl weit überwiegender Auffassung auch bei Anwendung des § 769 ZPO analog eine Anfechtung nicht zuzulassen ist,[490] relativiert sich die Bedeutung der unterschiedlichen Ansätze.

Es darf jedoch nicht übersehen werden, dass ebenso vertreten wird, die Entscheidung nach § 769 ZPO analog sei nach § 793 ZPO stets anfechtbar.

Dem Gebot effektiven Rechtsschutzes ist hinreichend Rechnung getragen durch eine jederzeitige Abänderbarkeit[491] der Entscheidung nach § 769 ZPO.

Die Entscheidung nach § 769 ZPO (bzw. § 769 ZPO analog oder §§ 707, 719 ZPO analog) kann folgenden Inhalt haben: **193**
- (teilweise) Einstellung der Zwangsvollstreckung ohne oder gegen Sicherheitsleistung
- Fortsetzung der Zwangsvollstreckung nur gegen Sicherheitsleistung
- Aufhebung von Zwangsvollstreckungsmaßnahmen ohne oder gegen Sicherheitsleistung.

Sie kann **ohne mündliche Verhandlung** getroffen werden[492] und ist nach h.M. zu begründen.[493]

b) Vollstreckungsabwehrklage (§§ 767, 795 ZPO)

Da eine einstweilige Anordnung nach § 794 Abs. 1 Nr. 3a ZPO einen geeigneten Zwangsvollstreckungstitel darstellt, ist es erforderlich, dass bei Vorliegen **rechtsvernichtender und rechtshemmender Einwendungen** diese Vollstreckbarkeit beeinflusst werden kann.   **194**

Als prozessuales Mittel steht insoweit die Vollstreckungsabwehrklage zur Verfügung.[494]

---

485 OLG Schleswig FamRZ 1990, 303; KG FamRZ 1990, 85; 1990, 86.
486 Vgl. hierzu *Zöller – Philippi*, § 620f Rn 15a; MK (ZPO) – *Finger*, § 620 Rn 51.
487 OLG Düsseldorf FamRZ 1993, 816; 1980, 1046; OLG Stuttgart FamRZ 1992, 203; OLG Hamburg FamRZ 1990, 1379; 1980, 904; OLG Hamm FamRZ 1987, 499.
488 OLG Frankfurt/Main FamRZ 1990, 767; OLG Hamburg FamRZ 1989, 888; OLG Koblenz FamRZ 1985, 1272.
489 BGH FamRZ 1983, 355 lässt dies offen.
490 OLG NJW 2004, 2274; OLG Naumburg NJW-RR 1998, 366; OLG Bamberg FamRZ 1997, 1341; OLG Zweibrücken FamRZ 1997, 1227; OLG Dresden FamRZ 1997, 509; OLG Rostock FamRZ 1996, 356; OLG Köln FamRZ 1995, 1003; OLG Düsseldorf FamRZ 1993, 816; OLG München NJW-RR 1991, 63; a.A. – jedenfalls vor Erlass der Entscheidung des BGH – OLG Köln NJW-RR 1992, 632; OLG Stuttgart FamRZ 1992, 203; OLG Frankfurt/Main MDR 1997, 194; OLG Hamburg FamRZ 1990, 431 Nr. 237 – Anfechtbarkeit nach § 567 Abs. 1 ZPO a.F. bejaht bei erfolgter Ablehnung des Antrags.
491 Vgl. *Thomas/Putzo*, § 769 Rn 20.
492 § 769 Abs. 3 ZPO in direkter oder analoger Anwendung bzw. § 707 Abs. 2 ZPO analog.
493 OLG Stuttgart FamRZ 1999, 108.
494 BGH FamRZ 1983, 355; 1985, 812; OLG Hamburg FamRZ 1996, 810; *Gießler/Soyka*, Rn 256; *Zöller – Philippi*, § 620 Rn 17.

§ 2 Einstweiliger Rechtsschutz auf Gewährung von Unterhalt

195 Auch wenn die entsprechenden Einwände in einem Abänderungsverfahren nach § 620b ZPO vorgebracht werden können, ist dadurch die Vollstreckungsabwehrklage nicht ausgeschlossen. Es fehlt nicht das für die Klageerhebung erforderliche **Rechtsschutzinteresse**.[495] Der Schuldner hat es in der Hand, die einstweilige Anordnung als solche anzugreifen oder eben nur deren Vollstreckbarkeit.[496] Ihm steht insoweit ein Wahlrecht zu. Geht er mit der Vollstreckungsgegenklage vor, kann der Antragsteller jedoch nur erreichen, dass die einstweilige Anordnung nicht mehr vollstreckbar ist.[497] Der Bestand der einstweiligen Anordnung wird dadurch nicht berührt.

196 *Hinweis*
Eine hiervon zu unterscheidende Frage ist, ob für eine Vollstreckungsabwehrklage Prozesskostenhilfe gewährt wird, wenn eine andere Vorgehensweise möglich wäre. So wird eine Vollstreckungsabwehrklage als mutwillig im Sinne des § 114 ZPO qualifiziert, wenn ein Antrag nach § 620b ZPO gestellt werden könnte.[498] Diese Annahme erscheint mir nicht korrekt angesichts der Rechtskraftwirkung, die der Vollstreckungsabwehrklage zukommt, einer Abänderungsentscheidung nach § 620b ZPO jedoch nicht.[499]

197 Das **Rechtsschutzbedürfnis** für eine Vollstreckungsabwehrklage ist jedoch abzulehnen, soweit die einstweilige Anordnung bereits abgeändert ist.[500] Entsprechendes gilt, sobald die einstweilige Anordnung gem. § 620f Abs. 1 S. 1 ZPO außer Kraft tritt. Als einfacherer und billigerer Rechtsbehelf steht dann das Verfahren nach § 620f Abs. 1 S. 2 ZPO zur Verfügung.[501]

198 Die Regelung der §§ 767 Abs. 2 ZPO i. V. m. § 795 ZPO ist zu berücksichtigen, sodass **Einwendungen** nur zulässig sind, soweit sie **nach einer mündlichen Verhandlung** entstanden sind. Bei Fehlen einer solchen mündlichen Verhandlung ist auf den Zeitpunkt des Erlasses der einstweiligen Anordnung abzustellen.[502]
Regelmäßig kommen die auch im Übrigen bei § 767 ZPO eine wesentliche Rolle spielenden Einwendungen der Erfüllung, Stundung, Abtretung des Anspruchs etc. in Betracht.[503]

---

495 OLG Hamburg FamRZ 1996, 810; OLG Saarbrücken FamRZ 1980, 385; *Gießler/Soyka*, Rn 257; Zöller – Philippi, § 620 Rn 17 jeweils m.w.N.
496 BGH FamRZ 1983, 355; OLG Zweibrücken FamRZ 1997, 1227.
497 BGH FamRZ 1984, 878.
498 OLG Hamm FamRZ 1987, 916; OLG Oldenburg NdsRpfl 1981, 253.
499 Vgl. hierzu auch KG FamRZ 1989, 417.
500 Vgl. BGH FamRZ 1984, 470 zum fehlenden Rechtsschutzinteresse, wenn eine Zwangsvollstreckung aus dem Titel nicht mehr droht.
501 OLG Düsseldorf FamRZ 1991, 721; OLG Köln FamRZ 1999, 1000.
502 BGH FamRZ 1985, 51; OLG Hamburg FamRZ 1996, 810.
503 Zu weiteren möglichen Einwendungen vgl. *Zöller – Herget*, § 767 Rn 12.

Beachte

Als Besonderheit ist hier zu beachten, dass die **Rechtskraft der Scheidung** bzw. der **Aufhebung der eingetragenen Partnerschaft** selbst eine maßgebliche Einwendung nicht begründen kann. Denn die einstweilige Anordnung ist darauf angelegt, über die Rechtskraft der Scheidung hinaus Wirkung zu entfalten.[504]

Die **Zuständigkeit** zur Bearbeitung und Entscheidung über die Vollstreckungsabwehrklage liegt bei dem Familiengericht, das die einstweilige Anordnung erlassen hat (§§ 767 Abs. 1, 795, 802 ZPO).[505]

X. Das Außer-Kraft-Treten der einstweiligen Anordnung

Wann eine einstweilige Anordnung außer Kraft tritt, wird durch § 620f Abs. 1 S. 1 ZPO bestimmt. Danach tritt diese Wirkung ein, wenn

- eine anderweitige Regelung Wirksamkeit erlangt oder
- der Antrag bzw. die Klage in der Ehesache zurückgenommen oder rechtskräftig abgewiesen ist oder
- das Eheverfahren nach § 619 ZPO als erledigt anzusehen ist.

Auch ein zwischen den Parteien abgeschlossener **Vergleich**, der lediglich eine vorläufige Regelung zum Inhalt hat, verliert unter den soeben benannten Voraussetzungen nach § 620f ZPO seine Wirksamkeit.[506]

1. Wirksamwerden einer anderweitigen Regelung

Eine einstweilige Anordnung nach § 620 ZPO tritt nicht bei jeglicher Art der Beendigung der Ehesache außer Kraft, obwohl sie als verfahrensunselbstständiges Mittel des einstweiligen Rechtsschutzes zunächst eines Hauptsacheverfahrens (hier der Ehesache) bedarf.[507] Im Falle der Scheidung der Ehe[508] wirkt die einstweilige Anordnung weiter, bis eine **Hauptsacheregelung** wirksam wird, die sich inhaltlich und zeitlich mit der Regelung der einstweiligen Anordnung deckt.[509]

---

504 Siehe § 2 Rn 201.
505 Zuständig ist immer das erstinstanzliche Gericht; unabhängig davon, ob die einstweilige Anordnung vom OLG erlassen worden ist; vgl. den Wortlaut des § 767 Abs. 1 ZPO.
506 OLG Frankfurt/Main FamRZ 1983, 202; BGH FamRZ 1983, 892; 1991, 1175; *Zöller – Philippi*, § 620f Rn 10; *Rahm/Künkel/Niepmann*, VI Rn 47.
507 Vgl. § 2 Rn 4.
508 Zur Abweisung des Scheidungsantrages vgl. § 2 Rn 234.
509 BGH FamRZ 1984, 769; 1985, 51.

§ 2 Einstweiliger Rechtsschutz auf Gewährung von Unterhalt

a) Anderweitige Regelungen

202 Als anderweitige Regelung, die die Wirkung des § 620f Abs. 1 S. 1 Alt. 1 ZPO entfaltet, kommt zunächst ein **Urteil** als gerichtliche Entscheidung in Betracht. Es muss sich jedoch um ein **Sachurteil** handeln. Ein bloßes **Prozessurteil**, das eine Klage als unzulässig abweist, genügt nicht, da mit einem solchen zum Bestand eines Anspruchs keine Aussage getroffen wird.[510]

Auch weitere gerichtliche Entscheidungen, die im einstweiligen Anordnungsverfahren selbst ergehen, stellen anderweitige Regelungen im Sinne des § 620f Abs. 1 S. 1 ZPO dar, so Entscheidungen aufgrund mündlicher Verhandlung oder Abänderungs- bzw. Beschwerdeentscheidungen (§§ 620b, 620c ZPO).

Ein **Vergleich**, mit dem der Streit endgültig beigelegt werden soll, kann eine einstweilige Anordnung ebenfalls außer Kraft setzen.[511] Hierfür ist nicht erforderlich, dass die vertraglichen Vereinbarungen einen Vollstreckungstitel darstellen.[512] Maßgeblich ist lediglich, dass die Abrede eine anderweitige Regelung als in der einstweiligen Anordnung enthalten trifft und den Vergleichspartnern die Dispositionsbefugnis über die Regelungsmaterie zusteht.[513]

b) Wirksamkeit der anderweitigen Regelung

203 Die anderweitige Regelung, die die einstweilige Anordnung außer Kraft setzt, muss **Wirksamkeit** erlangt haben. Wann diese Folge eintritt, ist nach einer differenzierten Betrachtungsweise festzustellen.

Da **vertragliche Abreden** mit ihrem Abschluss wirksam werden, tritt die einstweilige Anordnung bereits in diesem Zeitpunkt außer Kraft, sofern die Vereinbarung nicht befristet oder bedingt geschlossen ist.

Bei einem **Hauptsacheurteil** ist zu unterschieden, ob dieses im Verbund zusammen mit dem Ausspruch der Scheidung erlassen wurde oder eine isolierte Hauptsacheentscheidung vorliegt.

Eine Entscheidung **im Verbund** wird nämlich gem. § 629d ZPO frühestens mit Eintritt der Rechtskraft des Scheidungsausspruchs wirksam. Falls die maßgebliche Folgesache isoliert angefochten wird und der Scheidungsausspruch bereits rechtskräftig ist, kommt es darauf an, wann diese Folgesache Wirksamkeit erlangt.

Dasselbe gilt bei einer **isoliert** getroffenen Hauptsacheentscheidung.

> *Beachte*
> In den hier maßgeblichen ZPO-Sachen Kindes- und Ehegattenunterhalt ist auf den Eintritt der **Rechtskraft**[514] abzustellen.

---

510 OLG München FamRZ 1987, 610; *Zöller – Philippi*, § 620f Rn 12; *Gießler/Soyka*, Rn 559.
511 *Rahm/Künkel/Niepmann*, VI Rn 51; *Schwab/Maurer/Borth*, I Rn 970.
512 MK (ZPO) – *Finger*, § 620f Rn 24; OLG Hamburg FamRZ 1985, 624.
513 Vgl. weiter § 2 Rn 220.
514 Im Einzelnen vgl. § 2 Rn 210 ff.; zu FGG-Angelegenheiten siehe § 3 Rn 122 ff.

c) Deckungsgleichheit (Kongruenz) der Regelungsbereiche

Aufgrund einer anderweitigen Regelung tritt die Wirksamkeit der einstweiligen Anordnung nur insoweit außer Kraft, als derselbe Verfahrensgegenstand betroffen ist und der Regelungsumfang[515] der Hauptsacheentscheidung sich mit demjenigen der einstweiligen Anordnung deckt (Kongruenz).[516] 204

Zum einen ist hierbei zu beachten, ob die Hauptsacheentscheidung **inhaltlich** mit der einstweiligen Anordnung kongruent ist. Darüber hinaus ist maßgeblich, ob **zeitliche** Deckungsgleichheit anzunehmen ist.

Da mit einem **Prozessurteil** materielle Fragestellungen nicht entschieden werden, fehlt somit die inhaltliche Kongruenz. Ein nur Zulässigkeitsfragen betreffendes Urteil kann die Wirksamkeit der einstweiligen Anordnung nicht beeinflussen.[517] 205

Auch ein dem Antrag zur Ehesache selbst stattgebendes Urteil betrifft eine andere Regelungsmaterie, als in einer einstweiligen Anordnung angeordnet werden kann.[518] Deshalb behalten einstweilige Anordnungen ihre Wirksamkeit in aller Regel[519] über den Zeitpunkt der Rechtskraft des Scheidungsurteils hinaus.

d) Anderweitige Regelungen bei Kindesunterhalt

Die anderweitige Regelung im Sinne dieser Norm kann sich aus einem **Hauptsacheurteil** ergeben. Dabei ist es ohne Bedeutung, ob dieses aufgrund einer Leistungsklage oder einer negativen Feststellungsklage ergangen ist. 206

Ist die **Leistungsklage** erfolgreich, so ersetzt das Urteil die einstweilige Anordnung, soweit die Verurteilung reicht. Bei einer teilweise erfolgenden Klageabweisung wird darüber hinaus festgestellt, dass ein Unterhaltsanspruch (teilweise) nicht besteht; also tritt auch insoweit die einstweilige Anordnung außer Kraft. Erst recht gilt dies bei einer Klageabweisung insgesamt.

Beispiel
In einer einstweiligen Anordnung wird der Unterhaltsschuldner zur Leistung von Kindesunterhalt in Höhe von monatlich 250 EUR verpflichtet. Sodann wird ein Leistungsurteil erlassen in Höhe von monatlich 175 EUR. Im Übrigen wird die Klage abgewiesen. Der Klageantrag lautete auf einen monatlichen Betrag von 310 EUR. In Höhe des zugesprochenen Betrages von 175 EUR ersetzt das stattgebende Urteil die einstweilige Anordnung. Auch bezüglich des darüber hinausgehenden Betrages von weiteren 75 EUR tritt die einstweilige Anordnung wegen der erfolgten Klageabweisung außer Kraft.

---
515 Dieser umfasst auch die klageabweisenden Teilbereiche.
516 Zu den Einzelheiten vgl. § 2 Rn 206–208, 220, 223, 224, 225.
517 *Zöller – Philippi*, § 620f Rn 12; *Gießler/Soyka*, Rn 559.
518 Zu § 620 Nr. 5 ZPO und einer Hauptsacheklage zum Getrenntleben vgl. § 7 Rn 34.
519 Zur Ausnahme der Befristung vgl. § 2 Rn 31, 33.

§2 Einstweiliger Rechtsschutz auf Gewährung von Unterhalt

207 Wird eine **negative Feststellungsklage** des Unterhaltsschuldners eingereicht, bewirkt das stattgebende Urteil ebenfalls, dass die einstweilige Anordnung außer Kraft tritt. Im Falle der (teilweise) erfolgenden Abweisung dieser Klage (gegen einen bezifferten Unterhaltsanspruch) wird gleichzeitig festgestellt, dass ein Unterhaltsanspruch in bestimmter Höhe besteht.[520] Hierdurch kann jedoch eine einstweilige Anordnung nicht ersetzt werden, da aus einem klageabweisenden Urteil nicht vollstreckt werden kann. Es handelt sich nicht um eine anderweitige Regelung im Sinne des § 620f Abs. 1 S. 1 ZPO. Die einstweilige Anordnung wirkt somit als Unterhaltstitel fort.

Beispiel

In einer einstweiligen Anordnung wird der Unterhaltsschuldner zur Leistung von Kindesunterhalt in Höhe von monatlich 250 EUR ab dem 1.2.2006 verpflichtet. Sodann wird auf Klage des Unterhaltsschuldners,[521] mit der er Feststellung begehrt, dass er ab dem 1.2.2006 keinen Unterhalt schuldet, ein negatives Feststellungsurteil mit folgendem Tenor erlassen: »Es wird festgestellt, dass der Kläger dem Beklagten seit dem 1.3.2006 nicht mehr als 150 EUR monatlich Unterhalt schuldet. Im Übrigen wird die Klage abgewiesen.«

Die einstweilige Anordnung tritt außer Kraft, soweit ab dem 1.3.2006 ein Betrag von mehr als 150 EUR zugesprochen worden ist. Für Februar 2006 kann der Unterhaltsgläubiger den vollen Betrag von 250 EUR und ab dem 1.3.2006 bis zum Betrag von 150 EUR monatlich weiter aus der einstweiligen Anordnung vollstrecken. Die im Urteil enthaltene (kontradiktorische) Feststellung, dass 150 EUR monatlich ab 1.3.2006 und der Betrag von 250 EUR für Februar geschuldet werden, lässt eine Vollstreckung insoweit nicht zu.

208 Die Wirkung des § 620f ZPO tritt auch ein, wenn aufgrund einer **Bereicherungsklage des Unterhaltsschuldners**, der mit Hilfe der einstweiligen Anordnung auf Leistung in Anspruch genommen worden ist, ein dem Antrag stattgebendes Urteil erlassen wird. Soweit die Bereicherungsklage erfolgreich ist, entfällt die Wirkung der einstweiligen Anordnung. Bei einer teilweise erfolgenden Klageabweisung bleibt die einstweilige Anordnung in dem Umfang wirksam, in dem der aufgrund des Beschlusses festgesetzte zu leistende Unterhalt vom Rückforderungsurteil nicht betroffen ist.[522]

Beispiel

In einer einstweiligen Anordnung wird der Unterhaltsschuldner zur Leistung von Kindesunterhalt in Höhe monatlich 250 EUR verpflichtet. Sodann wird auf Klage des Unterhaltsschuldners, in der er beantragt, den Unterhaltsgläubiger zur Rückzahlung des

---

520 Vgl. hierzu *Schellhammer*, Zivilprozess, Rn 191, 853: »Richtet sich die negative Feststellungsklage gegen einen bezifferten Zahlungsanspruch, so stellt je nach der Klageabweisung den Anspruch nach Grund und Höhe fest, ...«.
521 Muster bei *Börger/Bosch/Heuschmid,* § 3 Rn 492.
522 Vgl. hierzu BGH FamRZ 1984, 767; 1985, 368; OLG Hamburg FamRZ 1998, 294; OLG Hamm FamRZ 1997, 431.

Einstweiliger Rechtsschutz auf Gewährung von Unterhalt §2

monatlich tatsächlich gezahlten Betrages von 250 EUR zu verurteilen,[523] ein Rückzahlungsbetrag von monatlich 50 EUR zugesprochen. In Höhe von 50 EUR (monatlich) verliert die einstweilige Anordnung ihre Wirksamkeit. In Höhe von 200 EUR monatlich hat sie weiterhin Bestand.

Bezüglich des Zeitpunktes des **Eintritts der Wirksamkeit** eines Unterhaltsurteils ist die Rechtsprechung umstritten. Einigkeit besteht insoweit, als jedenfalls mit Eintritt der **formellen** Rechtskraft des Urteils die Wirkung des § 620f Abs. 1 S. 1 ZPO greift. Für den Fall, dass es sich um eine Folgesache handelt, ist hierfür nach § 629d ZPO zusätzlich erforderlich, dass der Scheidungsausspruch rechtskräftig ist.

209

Soweit die formelle Rechtskraft des Unterhaltsurteils jedoch noch nicht eingetreten ist, sind die Voraussetzungen des Wirksamwerdens im Sinne des § 620f Abs. 1 ZPO nach wie vor streitig. Während die höchstrichterliche Rechtsprechung[524] für ein **negatives Feststellungsurteil** und ein die Leistungsklage abweisendes Sachurteil bereits vor längerer Zeit festgestellt hat, dass eine Unterhaltsanordnung erst mit Eintritt der Rechtskraft des Urteils außer Kraft tritt, ist dies für die positive Verurteilung zur Zahlung von Unterhaltsleistungen erst später im selben Sinne entschieden worden.[525] Jedoch existiert auch von der BGH-Entscheidung ausdrücklich abweichende Rechtsprechung.[526] Somit ist anzunehmen, dass die verschiedenen Auffassungen[527] in der Praxis weiterhin eine Rolle spielen werden. Deshalb sollen diese kurz skizziert werden:

210

■ Wirksamkeit einer anderweitigen Regelung tritt ein, wenn ein Urteil für vorläufig vollstreckbar erklärt wird, selbst wenn die Vollstreckung von einer Sicherheitsleistung abhängt oder durch eine solche abgewendet werden kann.[528] Begründet wird dies u.a. damit, dass das im ordentlichen Klageverfahren erlangte Urteil höhere Gewähr dafür bietet, ein streitiges Rechtsverhältnis umfassend und zutreffend zu regeln. Der Schutz des Schuldners vor ungerechtfertigter Inanspruchnahme gebiete ein Außer-Kraft-Treten der einstweiligen Anordnung, da der Gläubiger seine Interessen mit Hilfe der Anordnungen nach §§ 710, 711 ZPO verfolgen könne.

211

Außerdem sei hierdurch gewährleistet, dass der Gefahr der Doppelvollstreckung[529] (einerseits aus dem für vorläufig vollstreckbar erklärten Urteil und andererseits aus der einstweiligen Anordnung) wirksam begegnet werden könne.

---

523 Für die zukünftigen Beträge wäre im Übrigen eine negative Feststellungsklage zu erheben, da insoweit eine Leistung noch nicht erfolgt ist.
524 BGH FamRZ 1991, 180.
525 BGH FamRZ 2000, 751; im Anschluss OLG Karlsruhe FamRZ 2004, 1045; OLG Rostock FamRZ 2004, 127; OLG Frankfurt/Main EzFamR aktuell 2002, 157.
526 OLG Zweibrücken FamRZ 2001, 359; Anm. *van Els,* FamRZ 2001, 500.
527 Zum Streitstand im Einzelnen vgl. OLG Zweibrücken FamRZ 2001, 359.
528 OLG Hamm FamRZ 1984, 718; 1999, 29; OLG Zweibrücken FamRZ 2001, 359 – ausdrücklich gegen BGH FamRZ 2000, 750.
529 Vgl. die Ausgangsentscheidung zu OLG Zweibrücken FamRZ 2001, 359; der erstinstanzliche Richter tenorierte zusätzlich zur Leistungsverpflichtung sinngemäß: »falls nicht die Vollstreckung aufgrund des vorläufig vollstreckbaren Urteils erfolgt«.

§ 2 Einstweiliger Rechtsschutz auf Gewährung von Unterhalt

212 ■ Ein Urteil erlangt die Wirkung des § 620f Abs. 1 S. 1 Alt. 1 ZPO nur dann, wenn die vorläufige Vollstreckbarkeit keinerlei Einschränkungen unterworfen ist, also das Urteil ohne Sicherheitsleistung und ohne Abwendungsbefugnis vorläufig vollstreckbar ist.[530] Hierbei wird darauf hingewiesen, dass ein nur gegen Sicherheitsleistung oder mit Abwendungsbefugnis für vorläufig vollstreckbar erklärtes Urteil nicht dieselben Wirkungen zeigt wie die einstweilige Anordnung. Außerdem würde der ganz oder teilweise obsiegende Kläger schlechter stehen als bei Klageabweisung,[531] bei der sein Titel aus der einstweiligen Anordnung bis zur Rechtskraft wirksam bleibt.[532]

213 ■ Die einstweilige Anordnung tritt außer Kraft, wenn ein nur bedingt vorläufig vollstreckbares Urteil vorliegt, soweit dieses geringeren Unterhalt als die einstweilige Anordnung oder gar keinen Unterhalt zuspricht; wird ein gleich hoher oder höherer Unterhaltsbetrag zuerkannt, greift § 620f Abs. 1 S. 1 ZPO nur dann, wenn das Urteil ohne Sicherheitsleistung und ohne Abwendungsbefugnis vorläufig vollstreckbar ist.[533]

214 Der **BGH**[534] begründet seine Auffassung, nach der die Wirkung des § 620f Abs. 1 S. 1 Alt. 1 ZPO **erst ab dem Zeitpunkt der Rechtskraft** greift, wie folgt:
■ Eine einheitliche Handhabung und Rechtssicherheit gebieten das Abstellen auf den Eintritt der Rechtskraft. Ansonsten käme es bei einem klageabweisenden Urteil oder einem negativen Feststellungsurteil auf diesen Zeitpunkt an, während bei einem Leistungsurteil ein früherer maßgeblich wäre.
■ Der Zweck des § 620 ZPO, einen regelungslosen Zustand zu vermeiden, kann ansonsten nicht erreicht werden. Ein solcher tritt nämlich ein, wenn das für vorläufig vollstreckbar erklärte Urteil vom Rechtsmittelgericht aufgehoben und an die Vorinstanz zurückverwiesen oder die vorläufige Vollstreckbarkeit in der Rechtsmittelinstanz nach §§ 707, 719, 718 ZPO beseitigt wird. Würde die einstweilige Anordnung durch den Erlass eines nur für vorläufig vollstreckbar erklärten Urteils außer Kraft treten, könnte der Unterhaltsgläubiger eine solche auch nicht mehr beantragen, wenn das Scheidungsverfahren mittlerweile rechtskräftig abgeschlossen ist.
■ Würde der Unterhaltsgläubiger in einem solchen Fall (nach Rechtskraft der Scheidung) eine einstweilige Verfügung auf Notunterhalt erwirken, hätte er in der Zwangsvollstreckung Rangnachteile zu befürchten.
■ Die Parallelvorschrift des § 641e ZPO stellt ebenfalls auf den Eintritt der Rechtskraft ab. Der in § 620f ZPO verwendete Begriff der Wirksamkeit rechtfertigt keine andere Handhabung, da mit der Verwendung dieser Formulierung dem Umstand Rechnung getragen

---

530 OLG Hamm FamRZ 1980, 708; OLG Frankfurt FamRZ 1982, 410; OLG Stuttgart FamRZ 2001, 359; MK (ZPO) – *Finger*, § 620f Rn 17.
531 OLG Stuttgart FamRZ 2001, 359.
532 Hierzu vgl. § 2 Rn 210.
533 OLG Karlsruhe FamRZ 1982, 1221; OLG Hamburg FamRZ 1984, 719; OLG Düsseldorf FamRZ 1996, 745.
534 BGH FamRZ 2000, 751; zustimmend *Zöller – Philippi*, § 620f Rn 21; auch *Musielak – Borth,* § 620f Rn 12; ablehnend OLG Zweibrücken FamRZ 2001, 359 mit eingehender Begründung.

werden soll, dass durch § 620 ZPO auch FGG-Angelegenheiten geregelt werden können und die entsprechenden Hauptsacheverfahren bereits mit der Bekanntgabe an den Betroffenen Wirksamkeit erlangen.

Die m.E. vorzugswürdige Auffassung des BGH birgt – worauf auch vielfach hingewiesen wird[535] – die Gefahr in sich, dass ein Gläubiger sowohl aus der einstweiligen Anordnung als auch aus dem für vorläufig vollstreckbar erklärten Unterhaltsurteil vollstreckt (**Doppelvollstreckung**).

215

Tipp
Dem wird man dadurch begegnen müssen, dass dem Unterhaltsschuldner die Vollstreckungsgegenklage nach § 767 ZPO jedenfalls mit dem Einwand des Rechtsmissbrauchs zusteht, wenn eine zweite Vollstreckung für denselben Unterhaltszeitraum und -betrag erfolgen soll. Hierbei können Maßnahmen des einstweiligen Rechtsschutzes nach § 769 ZPO ergriffen werden.

Der **Unterhaltsgläubiger**, dem nach Erlass des für vorläufig vollstreckbar erklärten Urteils zwei Vollstreckungstitel zur Verfügung stehen, wird vielfach eher die Vollstreckung aus der einstweiligen Anordnung wählen, da in diesem Fall nicht die einen Schadensersatzanspruch begründende Norm des § 717 Abs. 2 ZPO greift.[536]

216

Tipp
Um zu verhindern, dass die einstweilige Anordnung im Zeitraum zwischen Erlass des Urteils und Eintritt der Rechtskraft eine Vollstreckung wegen eines höheren Unterhaltsbetrages ermöglicht als im Urteil tituliert, sollte der **Unterhaltsschuldner** im Rahmen des Hauptsacheverfahrens rechtzeitig an Anträge zum einstweiligen Rechtsschutz nach § 769 ZPO denken.

Als weitere gerichtliche Entscheidung, die eine einstweilige Anordnung außer Kraft setzt, kommt der **Festsetzungsbeschluss im vereinfachten Verfahren** (§ 649 ZPO) in Betracht. Dieser Beschluss stellt nach § 794 Abs. 1 Nr. 2a ZPO einen Vollstreckungstitel dar, der, soweit der festgesetzte Unterhalt reicht, der einstweiligen Anordnung die Wirksamkeit nimmt.

217

Dagegen kann mit einer **Abänderungsklage**, die gegen die einstweilige Anordnung selbst gerichtet wäre, die Wirkung des § 620f ZPO **nicht** herbeigeführt werden. Denn eine einstweilige Anordnung kann mit der Abänderungsklage nach § 323 ZPO überhaupt nicht angegriffen werden. § 323 Abs. 1 und 4 ZPO bestimmen den Anwendungsbereich der Abänderungsklage; die einstweilige Anordnung ist davon nicht erfasst.[537]

218

---

535 Vgl. OLG Zweibrücken FamRZ 2001, 359; *van Els,* FamRZ 2001, 500.
536 Hierzu vgl. § 2 Rn 247.
537 Dies ist auch sachgerecht. Eine analoge Anwendung des § 323 Abs. 4 ZPO kommt nicht in Betracht, da mit Hilfe des § 323 eine Durchbrechung der Rechtskraft erfolgen soll, die einstweilige Anordnung jedoch der (materiellen) Rechtskraft nicht fähig ist. Vgl. hierzu BGH FamRZ 1983, 355; 83, 892; Zöller – *Vollkommer,* § 323 Rn 2 m.w.N.

§2 Einstweiliger Rechtsschutz auf Gewährung von Unterhalt

219 Auch scheiden Abänderungsbegehren im **vereinfachten Verfahren** nach §§ 654, 655 ZPO aus. Für § 654 ZPO ergibt sich dies aus dem Wortlaut des Abs. 1, der auf die einstweilige Anordnung nicht Bezug nimmt. Bei § 655 ZPO findet sich eine dementsprechende ausdrückliche Regelung nicht. Dennoch greift diese Vorschrift während der Anhängigkeit der Ehesache nicht ein, da die Abänderung nach § 620b ZPO in diesem Zeitraum als speziellere Regelung vorgeht und im Übrigen (nach Beendigung der Ehesache) § 655 ZPO deshalb ausscheidet, weil dort nur Unterhaltstitel angesprochen sind, die im Wege der Abänderungsklage abänderbar sind.

Zur **Vollstreckungsgegenklage** vgl. oben § 2 Rn 194 ff.

220 Kommt zwischen den Ehegatten eine **Vereinbarung** zustande, wonach kein bzw. ein im Vergleich zur Regelung der einstweiligen Anordnung geringerer Unterhaltsbetrag geschuldet wird, tritt die Wirksamkeit der einstweiligen Anordnung jedenfalls hinsichtlich des die Vereinbarung übersteigenden Betrages außer Kraft. Nicht erforderlich ist die Vollstreckungsfähigkeit dieses Vergleichs.

Die Vereinbarung kann jedoch auch beinhalten, dass die einstweilige Anordnung als Vollstreckungsgrundlage insgesamt entfällt, obwohl im Vergleich ein zu zahlender Unterhaltsbetrag vereinbart wird.[538] Regelmäßig wird dies jedoch nicht dem (mutmaßlichen) Parteiwillen entsprechen, sodass eine derartige Annahme nur bei ausdrücklicher Vereinbarung in Betracht kommen dürfte.

Wird dagegen vereinbart, dass der zu leistende Unterhaltsbetrag den in der einstweiligen Anordnung ausgewiesenen Betrag übersteigt, bleibt die einstweilige Anordnung als Titel wirksam, wenn die vertragliche Abrede der Ehegatten selbst nicht als Vollstreckungstitel gemäß § 794 Abs. 1 Nr. 1 oder Nr. 5 ZPO ausgestaltet ist.[539]

> *Beispiel*
> In einer einstweiligen Anordnung wird eine Unterhaltsleistung von monatlich 250 EUR ab dem 1.3.2006 festgesetzt.
> 1) Die Eltern vereinbaren privatschriftlich wirksam, dass der Schuldner ab dem 1.5.2006 nur noch 200 EUR zu leisten hat. In diesem Fall bleibt die Wirksamkeit der einstweiligen Anordnung ab dem 1.5.2006 bis zur Höhe von 200 EUR monatlich bestehen. In Höhe der weiteren 50 EUR tritt sie außer Kraft.
> 2) Die Eltern vereinbaren privatschriftlich wirksam, dass der Schuldner ab dem 1.5.2006 einen Betrag von 350 EUR zu leisten hat. Die einstweilige Anordnung bleibt in voller Höhe wirksam. Für den überschießenden Betrag von weiteren 100 EUR existiert jedoch kein Vollstreckungstitel.

221 Entsprechendes gilt, wenn der Unterhaltsschuldner eine **vollstreckbare Urkunde beim Jugendamt** errichtet (§ 60 SGB VIII). Soweit der in der Urkunde vollstreckbar festgesetzte

---
538 So MK (ZPO) – *Finger*, § 620f Rn 24.
539 MK (ZPO) – *Finger*, § 620f Rn 24; *Gießler/Soyka*, Rn 559.

Unterhalt reicht, tritt die Wirksamkeit der einstweiligen Anordnung außer Kraft. Ist in der einstweiligen Anordnung weitergehender Unterhalt tituliert, bleibt diese insoweit geeigneter Vollstreckungstitel; § 620f Abs. 1 S. 1 ZPO greift nicht.[540]

Obwohl § 620 Nr. 4 ZPO ausdrücklich und ausschließlich die Unterhaltspflicht gegenüber einem minderjährigen Kind anspricht, tritt die einstweilige Anordnung mit **Vollendung des 18. Lebensjahres** nicht von sich aus außer Kraft.[541] Ist der Beschluss somit inhaltlich nicht befristet,[542] wirkt er über den Eintritt der Volljährigkeit hinaus, bis eine anderweitige Regelung im Sinne des § 620f ZPO wirksam wird.

222

Bei der Beantwortung der Frage, inwieweit die einstweilige Anordnung außer Kraft tritt, ist zu beachten, welchen **Zeitraum** das Urteil umfasst (**zeitliche Kongruenz** zwischen einstweiliger Anordnung und Hauptsacheurteil).

223

So ist es beispielsweise durchaus denkbar, dass mit Hilfe einer einstweiligen Anordnung Unterhaltsbeträge, die das Jahr 2005 betreffen, vollstreckt werden können, wenn eine negative Feststellungsklage insgesamt erfolgreich war, sich inhaltlich jedoch lediglich auf Unterhaltsansprüche ab dem Jahr 2006 bezog. Dasselbe gilt, wenn die Klage zwar den gesamten Zeitraum ab dem Eintritt der Wirksamkeit der einstweiligen Anordnung abgedeckt hat, jedoch in zeitlicher Hinsicht nur teilweise erfolgreich war.[543]

Inhaltliche Deckungsgleichheit erfordert, dass in der anderweitigen Regelung dieselbe Art Unterhalt betroffen ist. Die einstweilige Anordnung tritt nur dann außer Kraft, wenn sich diese und auch die spätere Regelung auf jeweils Elementar- oder Vorsorgeunterhalt bzw. Sonderbedarf beziehen.

224

e) Anderweitige Regelungen bei Ehegattenunterhalt

Zunächst ist auf die Darstellungen zum Kindesunterhalt zu verweisen; vgl. § 2 Rn 206 ff. Die dortigen Ausführungen gelten hier entsprechend.

225

Bei Ehegattenunterhalt gilt es weiter zu beachten, dass der Unterhalt während der Zeit des **Getrenntlebens** und **nachehelicher Unterhalt** sich zwar grundlegend unterscheiden; es sind verschiedene Streitgegenstände angesprochen.[544] Dennoch **wirkt** eine einstweilige Anordnung, die während der Zeit des Getrenntlebens erlassen wird, anders als ein Hauptsacheurteil **nach rechtskräftigem Ausspruch der Scheidung** weiter.[545]

---

540 *Gießler/Soyka*, Rn 559.
541 Siehe § 2 Rn 32.
542 Hierzu siehe § 2 Rn 31.
543 Vgl. das Beispiel § 2 Rn 207.
544 Vgl. BGH FamRZ 1980, 1099.
545 BGH FamRZ 1981, 242; OLG Köln FamRZ 1997, 1093.

§ 2 Einstweiliger Rechtsschutz auf Gewährung von Unterhalt

> *Beachte*
> Dies bedeutet, dass eine Vollstreckungsabwehrklage gegen eine einstweilige Anordnung nach § 620 Nr. 6 ZPO erfolglos bleibt, wenn sie damit begründet wird, dass mittlerweile die Scheidung rechtskräftig ausgesprochen ist.[546]

226 Weiter stellt sich die Frage, ob eine einstweilige Anordnung, die eine Vollstreckung während der Zeit des Getrenntlebens und auch nach Rechtskraft der Scheidung ermöglicht, insgesamt außer Kraft tritt, wenn aufgrund einer **negativen Feststellungsklage** des Unterhaltsschuldners zum **Getrenntlebensunterhalt** rechtskräftig festgestellt wird, dass er keinen Unterhalt schuldet.

> *Beachte*
> Teilweise wird vertreten, dass diese Wirkung nur für die Zeit bis zur Scheidungsrechtskraft eintritt und **nach Rechtskraft der Scheidung** die einstweilige Anordnung wieder vollstreckbar ist.[547] Folgt man dem, muss der Unterhaltsschuldner in Erwägung ziehen, im Rahmen des Verbundverfahrens eine weitere negative Feststellungsklage zu erheben, um nach erfolgter Scheidung nicht plötzlich erneut der Vollstreckung aus der einstweiligen Anordnung ausgesetzt zu sein.

Mir erscheint die abweichende Auffassung[548] vorzugswürdig, nach der die einstweilige Anordnung durch ein rechtskräftiges Hauptsacheurteil endgültig außer Kraft gesetzt wird. Das Urteil, dem nicht nur ein summarisches Beweisverfahren zugrunde liegt, bietet eher Gewähr für eine der wahren Rechtslage entsprechende Lösung des Unterhaltsstreits und hat höhere Bestandskraft. Dass die einstweilige Anordnung die Rechtslage nach Rechtskraft der Scheidung korrekter beurteilt als während der Zeit des Getrenntlebens, ist nicht anzunehmen. Schutzlos ist der Unterhaltsgläubiger nicht, da er den nachehelichen Unterhalt als Folgesache geltend machen kann.

Dies muss auch dann gelten, wenn der Trennungsunterhalt aufgrund eines Leistungsurteils zugesprochen wurde (in derselben Höhe wie in der einstweiligen Anordnung oder auch nur teilweise bei Abweisung der Klage im Übrigen). Die einstweilige Anordnung tritt insgesamt und endgültig außer Kraft.[549]

---

546 BGH FamRZ 1983, 355; 1985, 51; OLG Köln FamRZ 1997, 1093.
547 OLG Karlsruhe FamRZ 1988, 855; *Gießler/Soyka*, Rn 559; *Schwab/Maurer/Borth*, I Rn 974.
548 *Zöller – Philippi*, § 620f Rn 17; MK (ZPO) – *Finger*, § 620f Rn 20; *Musielak – Borth*, § 620f Rn 7.
549 *Zöller – Philippi*, § 620f Rn 17; MK (ZPO) – *Finger*, § 620f Rn 20; hiervon geht wohl auch der BGH FamRZ 2000, 751 aus, wenn ausgeführt wird, die einstweilige Anordnung nach § 620 Nr. 6 ZPO trete erst bei Eintritt der Rechtskraft eines Leistungsurteils außer Kraft. Würde man diese Wirkung bereits an ein nur für vorläufig vollstreckbares Urteil knüpfen und würde dieses Urteil in der Rechtsmittelinstanz aufgehoben und zurückverwiesen, könnte eine einstweilige Anordnung nicht mehr erwirkt werden, wenn das Scheidungsverfahren bereits rechtskräftig abgeschlossen ist. Dem Unterhaltsgläubiger bliebe nur die auf Notunterhalt gerichtete einstweilige Verfügung. Diese Argumentation ginge ins Leere, wenn die einstweilige Anordnung nach Rechtskraft der Scheidung wieder in Kraft träte. Vgl. jedoch a.A. OLG Karlsruhe FamRZ 1988, 855.

f) Anderweitige Regelungen bei Unterhalt eingetragener Lebenspartner

Vgl. die Darstellungen zum Ehegattenunterhalt. Die dortigen Ausführungen gelten hier entsprechend. **227**

2. Das Außer-Kraft-Treten der einstweiligen Anordnung in sonstigen Fällen

Nicht jede Art der Erledigung der Ehesache/Lebenspartnerschaftssache führt dazu, dass die einstweilige Anordnung außer Kraft tritt. Im Gegenteil wirkt die einstweilige Anordnung über die Rechtskraft des Ausspruchs der Ehescheidung hinaus fort. Hierdurch soll ein regelungsloser Zustand vermieden werden, der die Parteien veranlassen könnte, weitere Maßnahmen des vorläufigen Rechtsschutzes zu ergreifen.[550] Außer Kraft tritt eine einstweilige Anordnung in Abhängigkeit von der Ehesache nur dann, wenn die Durchführung des Verfahrens endgültig nicht mehr in Betracht kommt, also etwa der Scheidungsantrag zurückgenommen oder rechtskräftig abgewiesen wird. Auch tritt diese Folge ein, wenn das Eheverfahren nach § 619 ZPO in der Hauptsache als erledigt anzusehen ist. Entsprechendes gilt für eine Lebenspartnerschaftssache nach § 661 Abs. 1 Nr. 1 bis 3 ZPO. **228**

a) Rücknahme des Hauptsacheantrages

Bei einer Rücknahme des Antrages auf Scheidung bzw. Eheaufhebung, der Klage in sonstigen Ehesachen oder eines Antrages zu einer Lebenspartnerschaftssache nach § 661 Abs. 1 Nr. 1 bis 3 ZPO wird die einstweilige Anordnung in dem Zeitpunkt unwirksam, in dem die Rücknahme des Scheidungsantrages etc. wirksam wird. Somit ist, falls zur Scheidung bereits mündlich verhandelt wurde, auf die Erklärung der Zustimmung des Antragsgegners gegenüber dem Gericht abzustellen (§§ 608, 269 Abs. 1 ZPO).[551] **229**

Nach wohl herrschender Meinung tritt eine einstweilige Anordnung auch dann außer Kraft, wenn einer Partei vorbehalten bleibt, die **Folgesache**, die der einstweiligen Anordnung inhaltlich entspricht, als selbstständige Familiensache fortzuführen (§ 626 Abs. 2 ZPO).[552]

Die einstweilige Anordnung tritt nur mit Wirkung für die Zukunft außer Kraft. Bis zu diesem Zeitpunkt bereits fällige Ansprüche sind der Vollstreckung zugänglich.[553] **230**

Wird die **Ehesache/Lebenspartnerschaftssache nur anhängig**, nicht rechtshängig und wird diese zurückgenommen, tritt ebenfalls die Wirkung des § 620f Abs. 1 S. 1 ZPO ein. Dem gleichzustellen ist die **Rücknahme eines PKH-Antrages**, wenn nur der PKH-Antrag, die Hauptsache aber nicht anhängig war.[554] Dagegen bleibt die einstweilige Anordnung wirksam, **231**

---

[550] Rahm/Künkel/Niepmann, VI Rn 47; Scholz-Maurer, Rn 966.
[551] OLG Frankfurt/Main FamRZ 1982, 809; Gießler/Soyka, Rn 208.
[552] OLG Karlsruhe FamRZ 1986, 1120; Zöller – Philippi, § 620f Rn 7; MK (ZPO) – Finger, § 620f Rn 4; kritisch gegenüber der herrschenden Meinung Rahm/Künkel/Niepmann, VI Rn 48.
[553] Zöller – Philippi, § 620f Rn 4; MK (ZPO) – Finger, § 620f Rn 10.
[554] Zur Zulässigkeit des Erlasses einer einstweiligen Anordnung in diesem Verfahrensstadium vgl. § 2 Rn 4 und 8 ff. sowie § 620a Abs. 2 S. 1 ZPO.

wenn zusammen mit dem PKH-Gesuch eine Ehesache/Lebenspartnerschaftssache anhängig gemacht, der PKH-Antrag sodann jedoch zurückgenommen wird, nicht aber der Antrag wegen der Hauptsache. Dann ist die einstweilige Anordnung abhängig von der Ehesache/Lebenspartnerschaftssache und bleibt in Kraft.[555] Der Antragsgegner ist dadurch auch nicht schutzlos gestellt, da er gemäß § 620b ZPO die Aufhebung der Anordnung beantragen kann mit der Argumentation, der Antragsteller betreibe das Hauptsacheverfahren nicht weiter.[556]

Dasselbe Recht muss dem Antragsgegner m.E. zustehen, wenn ein isoliert eingereichter **PKH-Antrag erfolgreich** ist, das Hauptsacheverfahren jedoch nicht anhängig gemacht wird.

232   Wird der (isoliert eingereichte) **PKH-Antrag** nicht zurückgenommen, sondern durch das erstinstanzliche Familiengericht abgewiesen, bleibt die einstweilige Anordnung jedenfalls so lange in Kraft, solange der Antragsteller gegen die ablehnende PKH-Entscheidung sofortige Beschwerde einlegen kann.[557] Dies kann dem Antragsgegner angesichts der mittlerweile einzuhaltenden Notfrist von einem Monat (§ 127 Abs. 3 S. 3 ZPO n.F.) zugemutet werden.

233   Betreibt der Antragsteller jedoch das **Beschwerdeverfahren erfolglos oder läuft die Beschwerdefrist ab**, so tritt die einstweilige Anordnung außer Kraft, da mit der Zurückweisung der Beschwerde die Anhängigkeit des PKH-Verfahrens endet[558] und dieses mit Ablauf der Frist nicht mehr erfolgreich betrieben werden kann. Die Wirkung des § 620f ZPO tritt nur dann nicht ein, wenn der Antragsteller mittlerweile die Ehesache/Lebenspartnerschaftssache selbst anhängig gemacht hat.

b) Abweisung des Hauptsacheantrages in der Ehesache

234   § 620f Abs. 1 S. 1 ZPO erfasst auch den Fall, dass die Ehesache/Lebenspartnerschaftssache **rechtskräftig abgewiesen** wird.

Sollte einem Ehegatten/eingetragenen Lebenspartner nach Ablauf der Rechtsmittelfrist **Wiedereinsetzung** in den vorigen Stand gewährt werden, lebt die Wirkung der einstweiligen Anordnung wieder auf.[559]

Die einstweilige Anordnung tritt bei Abweisung des Antrages in der Ehesache/Lebenspartnerschaftssache nach wohl herrschender Ansicht auch dann außer Kraft, wenn einem Ehepartner/Lebenspartner vorbehalten wird, gem. § 629 Abs. 3 S. 2 ZPO eine **Folgesache als selbstständiges Verfahren** fortzuführen.[560]

---

555 *Zöller – Philippi*, § 620f Rn 9 bis 9b; *Gießler/Soyka*, Rn 212.
556 *Zöller – Philippi*, § 620f Rn 9b m.w.N.
557 *Gießler/Soyka*, Rn 99; *Zöller – Philippi*, § 620f Rn 9a; a.A. OLG Stuttgart FamRZ 1984, 720 (bei elterlicher Sorge); MK (ZPO) – *Finger*, § 620f Rn 7; jeweils noch zur alten Rechtslage, wonach gegen eine ablehnende PKH-Entscheidung eine unbefristete Beschwerde statthafter Rechtsbehelf war.
558 *Zöller – Philippi*, § 620f Rn 9a; vgl. auch OLG Stuttgart FamRZ 2005, 1187 (zu § 644 ZPO).
559 *Zöller – Philippi*, § 620f Rn 6; *Gießler/Soyka*, Rn 209; *Rahm/Künkel/Niepmann*, VI Rn 48.1.
560 *Rahm/Künkel/Niepmann*, VI Rn 48.1; *Zöller – Philippi*, § 620f Rn 7; *Johannsen/Henrich/Sedemund-Treiber*, § 620f Rn 3; a.A. *Gießler/Soyka*, Rn 210; MK (ZPO) – *Finger*, § 620f Rn 6.

c) Erledigung des Rechtsstreits in sonstiger Weise

Im Falle des **Todes einer Partei** (§ 619 ZPO) oder auch bei **übereinstimmender Erledigungserklärung**[561] sowie bei gerichtlicher **Feststellung der Erledigung** (bei einseitiger Erledigungserklärung)[562] tritt die Rechtsfolge des § 620f Abs. 1 S. 1 ZPO ein.

235

Anders jedoch ist die Rechtslage, wenn die Ehesache/Lebenspartnerschaftssache zwar anhängig ist, aber nicht in angemessener Zeit weiterbetrieben wird.[563] Hier steht es dem Antragsgegner frei, einen Abänderungsantrag nach § 620b ZPO zu stellen und dabei darauf zu verweisen, dass der Antragsteller die einstweilige Anordnung verfahrensmissbräuchlich ausnütze, da er das Hauptverfahren nicht vorantreibt.[564]

236

3. Feststellung des Außer-Kraft-Tretens

Die Wirkung des § 620f Abs. 1 S. 1 ZPO tritt kraft Gesetzes ein. Somit hat der gerichtliche Ausspruch, dass die einstweilige Anordnung außer Kraft getreten ist, lediglich deklaratorische Bedeutung.[565] Jedoch kann eine **Einstellung oder Aufhebung der Zwangsvollstreckung** aus der einstweiligen Anordnung gem. §§ 775 Nr. 1, 776, 795, 794 Abs. 1 Nr. 3a ZPO erwirkt werden, wenn ein solcher Beschluss vorgelegt wird.[566]

237

Das Beschlussverfahren kann nach hier vertretener Auffassung in allen Fällen betrieben werden, die nach § 620f Abs. 1 S. 1 ZPO zum Außer-Kraft-Treten der einstweiligen Anordnung führen können.[567]

a) Konkurrierende Rechtsbehelfe

Es besteht eine Wahlmöglichkeit zwischen einer **Leistungsrückforderungsklage** nach § 812 BGB wegen rechtsgrundlos erbrachter Leistungen und der Antragstellung nach § 620f Abs. 1 S. 2 ZPO.[568]

238

Eine **Vollstreckungsabwehrklage** des Unterhaltsschuldners nach § 767 ZPO wird mangels Rechtsschutzinteresses unzulässig sein, da mit Hilfe des Beschlussverfahrens nach § 620f Abs. 1 S. 2 ZPO ein Nachweis erbracht werden kann, der zur Einstellung der Vollstreckung führt (§ 775 Nr. 1 ZPO), und dieses Verfahren einfacher und kostengünstiger durchzuführen

---

561 Vgl. hierzu *Zöller – Philippi*, § 617 Rn 5; OLG Hamm FamRZ 2003, 1307 zu § 644 ZPO.
562 *Gießler/Soyka*, Rn 211.
563 So aber *Bergerfurth/Rogner*, Rn 221 (nach Versagung der Prozesskostenhilfe); dagegen *Gießler/Soyka*, Rn 211.
564 *Zöller – Philippi*, § 620f Rn 9a, 9b; *Gießler/Soyka*, Rn 211; vgl. auch § 2 Rn 156.
565 *Schwab/Maurer/Borth*, I Rn 975, 981.
566 *Zöller – Philippi*, § 620f Rn 30.
567 Somit ist das Beschlussverfahren auch durchführbar, wenn eine einstweilige Anordnung im Beschwerdeverfahren nach Abänderungsantrag nach § 620b ZPO aufgehoben worden sein soll. Wie hier OLG München FamRZ 1987, 610; *Zöller – Philippi*, § 620f Rn 12; a.A. *Gießler/Soyka*, Rn 217. Dasselbe gilt bei einem Streit darüber, ob eine Vereinbarung zwischen den Parteien wirksam ist, wenn aufgrund dieser die einstweilige Anordnung aufgehoben worden sein soll. Wie hier *Zöller – Philippi*, § 620f Rn 28; OLG Zweibrücken FamRZ 1985, 1150; a.A. *Gießler/Soyka*, Rn 217.
568 *Gießler/Soyka*, Rn 218.

ist.[569] Etwas anderes soll dann gelten, wenn die Wirksamkeit eines außergerichtlichen Vergleichs im Streit ist. Hier soll nach teilweise vertretener Auffassung ein Wahlrecht zwischen einer Klage nach § 767 ZPO und einem Vorgehen nach § 620f Abs. 1 S. 2 ZPO bestehen.[570] Ein Antrag auf **Abänderung der einstweiligen Anordnung nach § 620b Abs. 1 ZPO** mit dem Argument, die einstweilige Anordnung sei außer Kraft getreten, wird erfolglos bleiben, da für diesen Fall das Beschlussverfahren nach § 620f Abs. 1 S. 2 ZPO die speziellere Vorgehensweise darstellt.[571]

b) Ablauf des Verfahrens

239 Das Beschlussverfahren nach § 620f Abs. 1 S. 2 ZPO kommt nur **auf Antrag** in Gang. Dieser kann zu Protokoll der Geschäftsstelle erklärt werden (§ 620a Abs. 2 S. 2 ZPO analog).[572] Somit ist eine Antragstellung ohne anwaltliche Vertretung möglich (§ 78 Abs. 5 ZPO).

240 Die Durchführung einer **mündlichen Verhandlung** ist nicht erforderlich. Angezeigt ist eine solche jedoch dann, wenn die Eheleute sich über das Außer-Kraft-Treten des Beschlusses streiten und dieses nicht anhand der Aktenlage festgestellt werden kann wie im Falle eines außergerichtlichen Vergleiches.[573] Wenn eine mündliche Verhandlung durchgeführt wird, bedarf es **anwaltlicher Vertretung**.[574]

241 **Antragsbefugt** sind beide Ehegatten. Da eine Beschwer nicht erforderlich ist,[575] bleibt ohne Bedeutung, wer im Rahmen der erlassenen einstweiligen Anordnung ursprünglich Antragsteller war.

Im einstweiligen Anordnungsverfahren nicht beteiligungsfähige Dritte sind auch nicht antragsberechtigt. Etwas anderes kann gelten, wenn die einstweilige Anordnung einen unzulässigen Rechtseingriff in die Rechte Dritter bewirkt hat.[576]

242 Nach § 620f Abs. 2 ZPO ist für die Entscheidung stets das Gericht zuständig, das die einstweilige Anordnung erlassen hat. Unerheblich ist, ob dieses Gericht noch mit der Ehesache befasst ist. Die Zuständigkeit liegt dementsprechend beim OLG, wenn die einstweilige Anordnung wegen § 620a Abs. 4 S. 1, 2 ZPO erst in zweiter Instanz erging. Nicht dagegen

---

569 OLG Zweibrücken FamRZ 1985, 1150; OLG Düsseldorf FamRZ 1991, 721.
570 So MK (ZPO) – *Finger*, § 620f Rn 34.
571 MK (ZPO) – *Finger*, § 620f Rn 35; *Gießler/Soyka*, Rn 219.
572 *Zöller – Philippi*, § 620f Rn 28; *Schwab/Maurer/Borth*, I Rn 975.
573 *Schwab/Maurer/Borth*, I Rn 975; MK (ZPO) – *Finger*, § 620f Rn 30.
574 *Schwab/Maurer/Borth*, I Rn 975; MK (ZPO) – *Finger*, § 620f Rn 30; *Zöller – Philippi*, § 620f Rn 28.
575 *Schwab/Maurer/Borth*, I Rn 975.
576 *Gießler*, 3. Auflage Rn 223; Beispiel: das Jugendamt wird angewiesen, irgendwelche Handlungen vorzunehmen, obwohl dies gesetzlich nicht vorgesehen ist.

ist das OLG zuständig, wenn es als Beschwerdegericht (§ 620c ZPO)[577] oder im Rahmen eines Aufhebungs- bzw. Abänderungsverfahrens[578] gemäß §§ 620b Abs. 3 S. 1, 620a Abs. 4 S. 1, 2 ZPO entschieden hat.

Mangels spezieller Regelungen richtet sich der weitere **Verfahrensablauf** nach den allgemeinen Vorschriften des einstweiligen Anordnungsverfahrens. Es ist eine Glaubhaftmachung vorzunehmen, die beispielsweise das Wirksamwerden einer anderweitigen Regelung belegt; entbehrlich ist dies bei Aktenkundigkeit der maßgeblichen Umstände. Im Einzelfall kommt auch die Durchführung einer Beweisaufnahme in Betracht.[579]

243

Vor der endgültigen Beschlussfassung ist eine einstweilige Einstellung der Zwangsvollstreckung möglich (§ 769 ZPO analog).[580]

c) Beschlussfassung/Rechtsbehelf

Die Entscheidung ergeht durch **Beschluss**, der einer Begründung bedarf.[581] Dieser Begründungszwang beruht auf der Anfechtbarkeit des Beschlusses mit der sofortigen Beschwerde (§ 620f Abs. 1 S. 3 ZPO).

244

Inhaltlich muss der Beschluss darstellen, ab welchem Zeitpunkt und in welchem Umfang die einstweilige Anordnung außer Kraft getreten ist.[582]

Vollstreckungsrechtliche Fragen sind nicht anzusprechen. Diese Entscheidungen bleiben dem Vollstreckungsverfahren vorbehalten. Feststellungen zur Frage, ob bzw. in welchem Umfang sich das Außer-Kraft-Treten auf Vollstreckungsmaßnahmen auswirkt, die auf der maßgeblichen einstweiligen Anordnung beruhen, sind verfehlt.[583]

Nur im Ausnahmefall ist eine **Kostenentscheidung** veranlasst. Gerichtsgebühren und Anwaltsgebühren fallen in aller Regel nicht an.[584]

245

Außer bei einer Beschlussfassung durch das OLG (vgl. § 567 Abs. 1 ZPO) ist die Entscheidung mit der **sofortigen Beschwerde** nach § 620f Abs. 1 S. 3 ZPO anfechtbar. Der Beschwerdeführer muss eine Beschwer dartun. Im hier maßgeblichen Bereich der ZPO-Verfahren ist insoweit an die so genannte formelle Beschwer anzuknüpfen.[585]

246

---

577 MK (ZPO) – *Finger,* § 620f Rn 29; a.A. wohl *Schwab/Maurer/Borth,* I Rn 975.
578 OLG Zweibrücken FamRZ 2001, 359.
579 So etwa wenn ein außergerichtlicher Vergleich im Streit ist; MK (ZPO) – *Finger,* § 620f Rn 30.
580 *Schwab/Maurer/Borth,* I Rn 985; vgl. auch MK (ZPO) – *Finger,* § 620f Rn 30.
581 *Rahm/Künkel/Niepmann,* VI Rn 52; *Gießler/Soyka,* Rn 226; MK (ZPO) – *Finger,* § 620f Rn 31.
582 OLG Hamburg FamRZ 1985, 624; OLG Karlsruhe FamRZ 1988, 855.
583 OLG Frankfurt/Main FamRZ 1989, 766; OLG Düsseldorf FamRZ 1991, 721.
584 Vgl. *Zöller – Philippi,* § 620f Rn 32.
585 *Gießler/Soyka,* Rn 227 mit Fußnote 313.

4. Ausgleichsansprüche bei Außer-Kraft-Treten einer einstweiligen Anordnung

a) Schadensersatz nach §§ 717 Abs. 2, 945, 641g ZPO analog?

247 Tritt eine einstweilige Anordnung außer Kraft, so ist hieran **kein ausdrücklicher Schadensersatzanspruch** geknüpft. Eine Regelung, die Entsprechendes vorsähe, existiert nicht. Darüber hinaus sind die Normen (§§ 717 Abs. 2, 945, 641g ZPO), die Schadensersatzleistungen bei Aufhebung oder Änderung eines vorläufig vollstreckbaren Titels, eines angeordneten Arrestes oder einer einstweiligen Verfügung sowie bei Erlass einer einstweiligen Anordnung nach § 641d ZPO vorsehen, nicht entsprechend anwendbar.[586] Eine planwidrige Regelungslücke als Voraussetzung für eine analoge Anwendung scheidet aus, da der Ausschluss der Haftung vom Gesetzgeber gewollt ist.[587]

Die Regelung in § 641g ZPO ist mit derjenigen nach § 620 ZPO nicht vergleichbar, denn die Feststellung im Vaterschaftsfeststellungsprozess, dass der aufgrund einer einstweiligen Anordnung nach § 641d ZPO in Anspruch Genommene nicht der Vater ist, beinhaltet weiter die Feststellung, dass eine Unterhaltsbeziehung schon dem Grunde nach nicht existiert. Anders ausgestaltet ist der Ehegattenunterhalt (ebenso der Kindesunterhalt und der Unterhalt eingetragener Lebenspartner), der nach § 620 ZPO im Wege einer einstweiligen Anordnung vorläufig geregelt wird. Er beruht auf persönlicher Beziehung bzw. nachwirkender ehelicher/lebenspartnerschaftlicher Solidarität; das »Alles-oder-Nichts-Prinzip« des § 641d ZPO greift hier nicht.[588]

b) Rückforderung wegen ungerechtfertigter Bereicherung

248 Der aufgrund der einstweiligen Anordnung nach § 620 ZPO auf Unterhalt in Anspruch Genommene kann jedoch eine Bereicherungsklage nach §§ 812 ff. BGB erheben und mit dieser die geleisteten Zahlungen zurückfordern. Diese Klageerhebung ist nicht davon abhängig, dass zuvor die einstweilige Anordnung im Wege der Abänderung nach § 620b Abs. 1 ZPO beseitigt wird, sondern umgekehrt ist Konsequenz einer erfolgreichen Leistungsklage das Außer-Kraft-Treten der einstweiligen Anordnung.[589]

Mit **Rechtshängigkeit der Leistungsrückforderungsklage** tritt die **verschärfte Haftung** nach § 818 Abs. 4 BGB ein,[590] so dass sich der ungerechtfertigt Bereicherte ab diesem Zeitpunkt nicht mehr auf den Einwand der Entreicherung berufen kann.

---

586 BGH FamRZ 2000, 751; FamRZ 1984, 767; Zöller – Philippi, § 620f Rn 25 m.w.N.
587 BGH FamRZ 1984, 767 zu §§ 717 Abs. 2, 945 ZPO.
588 BGH FamRZ 2000, 751.
589 Vgl. oben § 2 Rn 206; s. weiter BGH FamRZ 1984, 767; 1998, 951.
590 BGH FamRZ 1985, 368; 1986, 793; 1998, 951, 953 (auch § 323 ZPO vermag bei Abänderung eines Urteils Bösgläubigkeit nicht zu begründen); 2000, 751, 753.

Einstweiliger Rechtsschutz auf Gewährung von Unterhalt §2

Die **negative Feststellungsklage** dagegen, die ebenfalls das Außer-Kraft-Treten nach § 620f Abs. 1 ZPO bewirkt, kann nach höchstrichterlicher Rechtsprechung die verschärfte Haftung aus § 818 Abs. 4 BGB nicht auslösen.[591]

249

Tipp
Angesichts dieser Rechtsprechung ist dem aufgrund der einstweiligen Anordnung Zahlungspflichtigen zu raten,[592] dass er, im Falle der Erhebung einer negativen Feststellungsklage[593] eine einstweilige Einstellung der Zwangsvollstreckung nach § 769 ZPO erwirkt[594] oder, falls diese nicht beschlossen wird,[595] sogleich die Leistungsrückforderungsklage einreicht, die im Übrigen mit der negativen Feststellungsklage verbunden werden kann.[596]

Vor dem Zeitpunkt der Zustellung der Rückforderungsklage ist auch eine verschärfte Haftung nach **§ 819 Abs. 1 BGB** in aller Regel abzulehnen. Der Berechtigte vertraut auf den Titel und ist nicht bösgläubig; zumindest ist eine solche Einlassung meist nicht widerlegbar.[597] Bösgläubigkeit in diesem Sinne erfordert positive Kenntnis von der Rechtsgrundlosigkeit der Unterhaltsleistungen. Diese Kenntnis muss sich sowohl auf die maßgeblichen **Tatsachen** als auch auf das **Fehlen des rechtlichen Grundes** beziehen.[598]

250

---

591 BGH FamRZ 1985, 368; 1986, 793; 1992, 1152; 2000, 751, 753; nach *Zöller – Philippi,* § 620f Rn 26; *Schwab,* FamRZ 1994, 1567, 1571 und *Kohler,* FamRZ 1988, 1005 soll § 820 Abs. 1 S. 2 BGB sinngemäß anwendbar sein, sodass sich hieraus eine verschärfte Haftung des Unterhaltsempfängers ergibt und es auf die vom BGH entschiedene Frage, dass eine negative Feststellungsklage eine Haftungsverschärfung nach § 818 Abs. 4 BGB nicht begründen kann, nicht mehr ankommen soll. Gegen eine solche Anwendbarkeit des § 820 Abs. 1 BGB spricht sich jedoch der BGH aus – vgl. BGH FamRZ 1998, 951, 951 (abgelehnt für Vergleich, der in aller Regel gesetzlichen Unterhaltsanspruch nur ausgestaltet) und FamRZ 2000, 751, 753 (abgelehnt für einstweilige Anordnung).
592 Vgl. auch § 2 Rn 252.
593 Diese ist nur zulässig bezüglich noch nicht erbrachter Unterhaltsleistungen; vgl. OLG Hamburg FamRZ 1998, 294; OLG Düsseldorf FamRZ 1997, 824; OLG Frankfurt/Main FamRZ 1991, 1210; *Zöller – Philippi,* § 620f Rn 13 und 16b.
594 Vgl. BGH FamRZ 1983, 355.
595 Und falls der Gläubiger weiterhin vollstreckt bzw. aufgrund der bestehenden einstweiligen Anordnung Unterhaltszahlungen ohne Vollstreckung erbracht werden.
596 Negative Feststellung für die Vergangenheit, soweit Leistungen noch nicht erbracht sind, und Leistungsrückforderung, soweit Leistungen erbracht sind. Da eine verschärfte Haftung wegen der bereits gezahlten Beträge in aller Regel jedoch erst ab der Zustellung dieses Leistungsantrages eintritt, sollte aus Gründen des Prozessrisikos in Erwägung gezogen werden, ob die Rückforderung sich nicht auf die aktuell zu leistenden und die soeben erst geleisteten Beträge beschränken sollte, da im Übrigen mit dem meist nicht widerlegbaren Einwand der Entreicherung zu rechnen ist. Dem Umstand, dass während des laufenden Prozesses weiter Zahlungen geleistet werden, bezüglich derer ebenfalls der Einwand der Entreicherung ausgeräumt werden soll, kann durch eine entsprechende Antragstellung Rechnung getragen werden. Beispiel: »Der Beklagte wird verurteilt, den monatlich seit dem ... gezahlten Unterhalt in Höhe von jeweils 400 EUR zurückzuzahlen.« – siehe *Gerhardt,* in: Handbuch des Fachanwalts Familienrecht, 6. Kapitel Rn 567. Im Rahmen der Sachdarstellung sollte darauf verwiesen werden, dass sich dies auch auf die laufenden Unterhaltsbeträge bezieht. Zusätzlich ist spätestens im letzten Termin der mündlichen Verhandlung für den zukünftigen Zeitraum ein negativer Feststellungsantrag zu stellen.
597 So auch MK (ZPO) – *Finger,* § 620 Rn 55.
598 BGH FamRZ 1992, 1152, 1155; 1998, 951, 952.

§ 2 Einstweiliger Rechtsschutz auf Gewährung von Unterhalt

c) Schadensersatz nach §§ 823, 826 BGB

251 Der durch die einstweilige Anordnung zur Erbringung von Leistungen Verpflichtete kann eingetretene Nachteile auch nach deliktsrechtlichen Vorschriften ersetzt verlangen. Wer durch **bewusst falsche Angaben** einen Unterhaltstitel erwirkt, hat gemäß § 823 Abs. 2 BGB, § 263 StGB Schadensersatz zu leisten.

Wegen vorsätzlicher sittenwidriger Schädigung nach § 826 BGB kann darüber hinaus ein Schadensersatzanspruch entstehen, wenn die Annahme gerechtfertigt ist, dass der nach dem vorliegenden Titel Unterhaltsberechtigte diesen **Vollstreckungstitel**, der inhaltlich materiell unrichtig ist bzw. unrichtig geworden ist, in **vorsätzlicher sittenwidriger Weise ausnutzt**.[599]

d) Angebot zur Darlehensgewährung

252 *Tipp*

Um zu verhindern, dass eine einstweilige Anordnung überhaupt erlassen wird und einem später folgenden Rückzahlungsverlangen der Einwand der Entreicherung erfolgreich entgegengesetzt werden kann, hat der Unterhaltsschuldner die Möglichkeit, dem Unterhaltsgläubiger ein **Darlehen anzubieten** und dies mit der Abrede zu verbinden, dass **auf Rückzahlung des Darlehensbetrages verzichtet** wird, wenn im Rahmen der Unterhaltsklage festgestellt wird, dass Unterhalt in der darlehensweise gewährten Höhe geschuldet wird.[600] Die Gewährung des Darlehens oder auch dessen Ablehnung durch den Unterhaltsgläubiger bewirken, dass das Bedürfnis für eine Regelung im einstweiligen Rechtsschutz entfällt.

XI. Sonderfragen zur Gewährung von Prozesskostenhilfe

253 *Beachte*

Im Verfahren der einstweiligen Anordnung nach § 620 ZPO ist Prozesskostenhilfe **gesondert zu beantragen** und zu bewilligen.[601] Eine automatische Erstreckung der Prozesskostenhilfe ist nur für die Folgesache Versorgungsausgleich (§ 624 Abs. 2 ZPO) und für den Abschluss eines in § 48 Abs. 3 RVG angesprochenen Vertrags vorgesehen. Da die Prozesskostenhilfe für jede einstweilige Anordnung eigens beantragt werden muss, genügt es nicht, wenn mit Einreichung des Scheidungsantrages ein (vorsorglicher) Antrag auf Gewährung von Prozesskostenhilfe für alle zukünftigen Anordnungsverfahren gestellt wird.[602]

---

[599] Vgl. hierzu allgemein *Palandt – Thomas,* § 826 Rn 52 bis 58 mit Hinweisen auf die Rechtsprechung; BGH FamRZ 1986, 794 zur sittenwidrigen Schädigung wegen unterlassener Offenbarung einer Erwerbstätigkeit; OLG Koblenz FamRZ 1987, 1156 zur unterlassenen Offenbarung eheähnlichen Zusammenlebens; vgl. OLG Bamberg NJW-RR 1994, 454 zur Rückführung von Darlehensverbindlichkeiten, die als einkommensmindernd berücksichtigt wurden; OLG Hamm FamRZ 1996, 809.
[600] BGH FamRZ 1983, 574; 1989, 718; 1992, 1152.
[601] OLG Düsseldorf FamRZ 1982, 1096; OLG Bamberg FamRZ 1986, 701; OLG Karlsruhe FamRZ 1985, 1274; 1993, 216; *Zöller – Philippi,* § 114 Rn 48.
[602] OLG Karlsruhe FamRZ 1993, 216.

Einstweiliger Rechtsschutz auf Gewährung von Unterhalt §2

Die Bewilligung der Prozesskostenhilfe ist an die **Erfolgsaussicht** des gestellten Antrages geknüpft, die im jeweiligen einstweiligen Anordnungsverfahren gesondert geprüft werden muss (§ 114 ZPO).

Ist Prozesskostenhilfe bewilligt, so erstreckt sich diese auch auf Anträge nach § 620b Abs. 1, Abs. 2 ZPO, soweit derselbe Verfahrensgegenstand betroffen ist.[603] Weiterhin umfasst die Bewilligung der Prozesskostenhilfe für das Anordnungsverfahren auch Verfahren über die Aussetzung der Vollziehung nach § 620e ZPO sowie Beschlussverfahren nach § 620f Abs. 1 S. 2 ZPO (Feststellung des Außer-Kraft-Tretens der einstweiligen Anordnung). Es ist jedoch jeweils zu beachten, dass ein erneuter PKH-Antrag zu stellen ist, wenn mit diesen Verfahren nicht dieselbe Instanz befasst ist.[604]   254

Hinweis
Umstritten ist, ob sich die PKH-Bewilligung auch auf einen so genannten **Interimsvergleich** bezieht, der ausschließlich die Erledigung des Anordnungsverfahrens zum Ziel hat.[605] Angesichts der unklaren und umstrittenen Rechtslage ist es für den anwaltlichen Vertreter angezeigt, auf eine gerichtliche Klärung hinzuwirken und ggf. einen gesonderten Antrag auf Gewährung von Prozesskostenhilfe auch für den Abschluss eines Interimsvergleichs zu stellen.

Nach § 119 ZPO umfasst die gewährte Prozesskostenhilfe nicht das sofortige Beschwerdeverfahren des § 620c ZPO.

Ausnahmsweise kommt auch eine rückwirkende Bewilligung von Prozesskostenhilfe in Betracht. Die Gewährung kann sich jedoch frühestens auf den Zeitpunkt beziehen, zu dem der erforderliche Antrag mit sämtlichen Erklärungen und Unterlagen vorlag.[606] Im Zweifel ist eine stillschweigende Rückwirkung der Prozesskostenhilfegewährung auf den Zeitpunkt anzunehmen, zu dem Prozesskostenhilfe frühestens hätte bewilligt werden können.[607]   255

Da zwar der Antrag auf Erlass einer einstweiligen Anordnung nach § 620a Abs. 2 S. 2 ZPO ohne anwaltliche Vertretung gestellt werden kann, das einstweilige Anordnungsverfahren als solches jedoch dem Anwaltszwang unterliegt,[608] ist regelmäßig die **Beiordnung eines Prozessbevollmächtigten** nach § 121 Abs. 1 ZPO vorzunehmen.[609]   256

Bei der Prüfung der Ausnahmevorschrift des § 115 Abs. 3 ZPO, nach der Prozesskostenhilfe nicht gewährt wird, wenn Kosten entstehen, die vier vom Antragsteller aufzubringende Monatsraten nicht übersteigen, ist darauf abzustellen, ob sämtliche Kosten (das heißt Kos-   257

---

603 OLG Hamm MDR 1983, 847.
604 *Zöller – Philippi*, § 114 Rn 48.
605 Bejahend *Gießler/Soyka*, Rn 243; vgl. dagegen OLG Karlsruhe JurBüro 1990, 231.
606 BGH NJW 1985, 921; OLG Karlsruhe FamRZ 1987, 1166.
607 Vgl. BGH NJW-RR 1998, 642 (gewichtige Gründe sprechen dafür, dass eine derartige stillschweigende Rückwirkung des Bewilligungsbeschlusses angenommen werden kann); zu weiteren Einzelfragen der rückwirkenden Bewilligung von Prozesskostenhilfe vgl. *Zöller – Philippi*, § 119 Rn 44 bis 47.
608 § 2 Rn 101.
609 *Gießler/Soyka*, Rn 243; *Bergerfurth/Rogner*, Rn 217 m.w.N.

ten des Scheidungsverfahrens inklusive der Folgesachen und zuzüglich der Kosten des Anordnungsverfahrens) den Betrag der vier Monatsraten nicht übersteigen.[610]

C. Die einstweilige Anordnung nach § 644 ZPO

I. Gesetzesgrundlagen

258 Die einstweilige Anordnung nach § 644 ZPO wurde durch das Kindesunterhaltsgesetzes vom 6.4.1998[611] geschaffen, um Lücken im Unterhaltsverfahrensrecht zu schließen. Nach der bis zum 1.7.1998[612] geltenden Rechtslage war eine einstweilige Anordnung im Unterhaltsbereich wegen der ausschließlichen Geltung des § 620 Nr. 4, 6 ZPO beschränkt auf die Zeit ab Anhängigkeit der Ehesache (§ 620a Abs. 2 S. 1 ZPO).[613] Nunmehr kann eine einstweilige Anordnung auch außerhalb dieses Zeitraumes erwirkt werden. Außerdem wurde mit Hilfe des § 644 ZPO eine Erweiterung in sachlicher und persönlicher Hinsicht herbeigeführt, da diese Regelung sich nicht nur auf Ehegattenunterhalt und den Unterhalt für minderjährige eheliche Kinder bezieht.

§ 661 Abs. 2 ZPO hat einen weiteren Anwendungsbereich der einstweiligen Anordnung auf Unterhalt eröffnet. Denn dieser nimmt Bezug auf § 621 Abs. 1 Nr. 5 ZPO und somit auf die Vorschriften zur gesetzlichen Unterhaltspflicht der Ehegatten. Demzufolge greift § 644 ZPO auch bei unterhaltsrechtlichen Streitigkeiten eingetragener Lebenspartner.

Die vormals neben § 620 ZPO ausschließlich zur Verfügung stehende einstweilige Verfügung ist als Mittel zur vorläufigen Erlangung von Unterhaltsleistungen für die Praxis weitgehend irrelevant.[614]

II. Anhängigkeit des Hauptsacheverfahrens

1. Anhängigkeit des Bezugsverfahrens

259 Die einstweilige Anordnung nach § 644 ZPO stellt ein verfahrensunselbstständiges Mittel des vorläufigen Rechtsschutzes dar.[615] Somit setzt ein Antrag nach § 644 ZPO voraus, dass ein Hauptverfahren **schon anhängig** ist bzw. der Hauptsacheantrag zusammen mit dem Antrag auf Erlass einer einstweiligen Anordnung eingereicht wird. Ferner muss das Hauptverfahren **noch anhängig** sein.

---

610 *Zöller – Philippi,* § 119 Rn 12; *Gießler/Soyka,* Rn 243.
611 BGBl I 1998, 666.
612 Zeitpunkt des In-Kraft-Tretens des Kindesunterhaltsgesetzes.
613 Vgl. § 2 Rn 4 ff.
614 Vgl. § 2 Rn 405.
615 Zum Begriff s.o. § 1 Rn 4.

Einstweiliger Rechtsschutz auf Gewährung von Unterhalt § 2

Ein Antrag auf Bewilligung von **Prozesskostenhilfe** für ein Unterhaltsverfahren genügt ebenso (§ 644 S. 1 ZPO).

Ist das Hauptsacheverfahren wegen **Klagerücknahme** oder wegen **rechtskräftiger Entscheidung** in der Hauptsache nicht mehr anhängig, dürfen auch einstweilige Anordnungen nicht mehr erlassen werden, da diese gemäß § 620f Abs. 1 S. 1 ZPO, auf den § 644 S. 2 ZPO Bezug nimmt, im Zeitpunkt der Wirksamkeit der Klagerücknahme bzw. des Eintritts der Rechtskraft des Unterhaltsurteils sofort wieder außer Kraft treten.[616] Unerheblich ist, ob der Antrag auf einstweilige Anordnung bereits gestellt worden ist, bevor die Anhängigkeit der Hauptsache geendet hat.

260

Zur Abhängigkeit der einstweiligen Anordnung von einem isolierten PKH-Antrag vgl. § 2 Rn 8 f.; die dortigen Ausführungen gelten hier entsprechend.

2. Das Hauptsacheverfahren als Klageverfahren

Als Hauptsacheverfahren muss ein Klageverfahren (oder ein hierauf gerichteter PKH-Antrag) anhängig sein. Somit scheidet das vereinfachte Verfahren nach §§ 645 ff. ZPO als geeignetes Hauptverfahren aus. Ist ein solches Verfahren anhängig, kann im Einzelfall das Rechtsschutzbedürfnis für eine einstweilige Verfügung bestehen.[617]

261

3. Denkbare Klagearten im Hauptsacheverfahren

§ 644 ZPO nimmt Bezug auf Hauptsacheverfahren wegen Verwandtenunterhalt, Ehegattenunterhalt und auf Unterhaltsansprüche nach §§ 1615l, 1615m BGB. Sind derartige Klagen anhängig, kann das Gericht den Unterhalt auf Antrag durch einstweilige Anordnung regeln. Bei Lebenspartnern gilt dasselbe für Klagen auf Unterhalt bei Getrenntleben und bezüglich nachpartnerschaftlichen Unterhalts (§§ 12, 16 LPartG).

262

§ 644 ZPO ist seinem Wortlaut nach sehr weit gefasst. Bei entsprechend extensiver Auslegung wäre es beispielsweise möglich, im Falle jeglicher Klageart (Leistungs-, negative Feststellungs-, Rückforderungsklagen) den Unterhalt per einstweiliger Anordnung regeln zu lassen. Eine Klage auf Rückzahlung überzahlten Unterhalts könnte somit verbunden werden mit einem Antrag auf einstweilige Anordnung nach § 644 ZPO (auf vorläufige Rückzahlung von Unterhaltsleistungen). Es wäre sogar möglich, dass der Beklagte einer Leistungsrückforderungsklage den Unterhalt durch einstweilige Anordnung regeln ließe, er also eine Klage des (vermeintlichen) Unterhaltsschuldners zum Anlass (als »Sprungbrett«) nehmen könnte, mit Hilfe einer einstweiligen Anordnung einen Titel über zukünftig zu leistenden Unterhalt zu erlangen, obwohl er selbst eine Hauptsacheklage nicht anhängig gemacht

263

616 *Zöller – Philippi,* § 644 Rn 5.
617 Vgl. § 2 Rn 429.

113

§ 2 Einstweiliger Rechtsschutz auf Gewährung von Unterhalt

hat. Wörtlich jedenfalls ist § 644 ZPO eine Einschränkung, nach der nur derjenige, der die Klage erhebt, einen Antrag stellen könnte, nicht zu entnehmen.

Schließlich könnte eine derart weite Auslegung des § 644 ZPO noch dazu führen, dass sich bei einer Abänderungsklage des Unterhaltsschuldners, der sich um eine Reduzierung des titulierten Unterhaltsanspruches bemüht, eine vorläufige Einstellung der Zwangsvollstreckung auf § 644 ZPO (und nicht auf § 769 ZPO analog)[618] stützen ließe. Auch dies könnte eine Regelung des Unterhalts im Sinne des § 644 S. 1 ZPO bedeuten.

Die soeben angesprochenen Problemfälle sind jedoch gerade im gegenteiligen Sinn zu lösen. Zweck der Neuschaffung des § 644 ZPO war, die einstweilige Verfügung auf Unterhalt zu ersetzen.[619] Dies bedeutet zum einen, dass mit Hilfe der einstweiligen Anordnung nach § 644 ZPO lediglich die **Zahlung von Unterhalt** begehrt werden kann, und zwar von demjenigen, der die Hauptsacheklage als Kläger (oder auch als Widerkläger) betreibt. Ferner hat sich die einstweilige Anordnung ebenso wie die einstweilige Verfügung inhaltlich am Hauptsacheanspruch zu orientieren. Zu fordern ist – wie noch anzusprechen sein wird[620] – **Deckungsgleichheit** von Anordnungsgegenstand und Hauptsachegegenstand.

Hieraus resultiert, dass nicht jede Klageart, die einen Unterhaltsanspruch zum Gegenstand hat, geeignet ist, den Erlass einer einstweiligen Anordnung zu ermöglichen.

264 Bei Berücksichtigung der soeben dargestellten Grundsätze sind folgende **Klagen als Hauptsacheverfahren des § 644 ZPO** denkbar:
- Leistungsklage des Unterhaltsgläubigers
- Leistungswiderklage
- Stufenklage gem. § 254 ZPO
- Abänderungsklage des Unterhaltsberechtigten auf Unterhaltserhöhung (§§ 323, 654 ZPO – auch bei § 654 ZPO handelt es sich um eine **Klage** im Sinne des § 644 ZPO)[621]
- Wiederaufnahmeklage auf Unterhaltszahlung oder -erhöhung (§§ 578 ff. ZPO)
- Klage auf Vollstreckbarerklärung eines ausländischen Urteils (§ 722 ZPO)
- Klage auf Erteilung der Vollstreckungsklausel (§ 731 ZPO).

Als geeignete Klagearten **scheiden aus**:

265
- Feststellungsklagen zum Bestehen bzw. Nichtbestehen einer Unterhaltspflicht
 Eine (positive) Feststellungsklage[622] kommt als mögliche Klageart nicht in Betracht, da eine einstweilige Anordnung nach § 644 ZPO auf Leistung gerichtet sein muss und somit die notwendige Deckungsgleichheit fehlt.

---

618 Vgl. § 2 Rn 192.
619 BT-Drucks. 13/7338, 36.
620 Vgl. § 2 Rn 270.
621 Vgl. § 2 Rn 276.
622 Einer solchen Klage fehlt im Übrigen in aller Regel das notwendige Feststellungsinteresse (Subsidiarität gegenüber einer Leistungsklage) – vgl. *Thomas/Putzo – Reichold*, § 256 Rn 18.

Ist eine negative Feststellungsklage erhoben, ist das Ziel des Klägers ebenfalls nicht der Erhalt von Unterhaltsleistungen.
Auf folgende **besondere Fallkonstellation** ist hier jedoch hinzuweisen:
Will ein Schuldner negative Feststellungsklage erheben, weil eine einstweilige Anordnung nach § 644 oder § 620 ZPO (ggf. i.V.m. § 661 Abs. 2 ZPO) existiert, gegen die er sich zur Wehr setzen will, muss unterschieden werden.

- Handelt es sich um eine einstweilige Anordnung nach § 644 ZPO, wird ein Hauptsacheverfahren des Unterhaltsgläubigers anhängig sein. Dieses nimmt der negativen Feststellungsklage das Rechtsschutzbedürfnis. Es besteht die Möglichkeit, eine Abänderung oder Aufhebung der einstweiligen Anordnung nach §§ 620b, 644 S.2 ZPO im bereits anhängigen Verfahren zu betreiben.
- Ist das Hauptsacheverfahren auf Unterhalt dagegen bereits rechtskräftig entschieden, so ist die einstweilige Anordnung außer Kraft getreten.[623] Das Urteil selbst kann mit Hilfe der einstweiligen Anordnung nicht abgeändert werden.[624]
- Ist ein Hauptsacheverfahren auf Unterhalt jedoch nie anhängig geworden, weil ausschließlich ein PKH-Antrag gestellt und nach Erlass der einstweiligen Anordnung eine Hauptsacheklage nicht eingereicht wurde, hat der Antragsgegner die Möglichkeit, nach §§ 644 S. 2, 620b ZPO die Aufhebung des Beschlusses im noch offenen Ausgangsverfahren zu erwirken.
- Ebenso ist es zulässig, im Rahmen einer anhängig gemachten negativen Feststellungsklage[625] einen solchen Abänderungsantrag zu stellen.[626]
- Handelt es sich um eine **einstweilige Anordnung nach § 620 ZPO**, gegen die sich der Unterhaltsschuldner zur Wehr setzt, kann er zwar nicht vorläufig feststellen lassen, dass er keinen Unterhalt (mehr) schuldet; Ziel der einstweiligen Anordnung ist eben die **Gewährung** von Unterhaltsleistungen. Soweit die Ehesache noch anhängig ist, ist es möglich, im Rahmen dieses Eheverfahrens eine **Abänderung** der einstweiligen Anordnung zu betreiben. Wenn die Ehe jedoch mittlerweile rechtskräftig geschieden ist, scheidet eine solche Vorgehensweise aus. Folgt man der Auffassung, dass in diesem Fall eine Abänderung der nach § 620 Nr. 4, 6 ZPO erlassenen einstweiligen Anordnung in einem folgenden isolierten Unterhaltsverfahren möglich ist,[627] muss dies auch für eine negative Feststellungsklage gelten. Es ist nicht einzusehen, dass der Unterhaltsgläubiger eine Abänderung zu seinen Gunsten soll erwirken können, während dem Unterhaltsschuldner die entsprechende Möglichkeit nicht zusteht.

---

623 Vgl. § 2 Rn 315.
624 Vgl. § 2 Rn 276.
625 Dieser kann das Feststellungsinteresse nicht abgesprochen werden.
626 Zur Zulässigkeit der Abänderung der einstweiligen Anordnung nach § 644 ZPO im Falle der späteren Anhängigkeit einer Ehesache (Abänderung durch § 620b ZPO unmittelbar) vgl. § 2 Rn 56.
627 Vgl. § 2 Rn 56.

Schließt man sich dieser Ansicht nicht an, stellt man den Kläger der negativen Feststellungsklage jedoch nicht schutzlos. Ihm bleibt jedenfalls die Möglichkeit, die einstweilige Einstellung der Zwangsvollstreckung aus der einstweiligen Anordnung nach § 769 ZPO analog zu erwirken.[628]
- Anträge im vereinfachten Verfahren zur Festsetzung von Unterhalt minderjähriger Kinder (§§ 645 ff. ZPO)[629]
  § 644 ZPO bezieht sich auf Klagen. Der Antrag auf Unterhaltsfestsetzung im vereinfachten Verfahren erfüllt diese Voraussetzungen nicht.
- Vaterschaftsfeststellungsklagen nach § 640 Abs. 2 Nr. 1 ZPO
  Mit einer derartigen Klage kann zwar eine Unterhaltsklage auf Zahlung des Regelbetrags verbunden sein (§§ 653, 640c Abs. 1 S. 3 ZPO). Zum einstweiligen Rechtsschutz greift jedoch die Sonderregelung des § 641d ZPO.[630] Eine einstweilige Anordnung nach § 644 ZPO kommt erst in Betracht, wenn die Vaterschaft gerichtlich festgestellt ist (§ 1600d Abs. 4 BGB).
- Abänderungsklage auf Unterhaltsreduzierung
  Der Kläger kann in diesem Fall gem. § 769 ZPO analog eine einstweilige Einstellung der Zwangsvollstreckung aus dem abzuändernden Titel erwirken. Mit Hilfe des § 644 ZPO kann er nicht in einen bestehenden Hauptsachetitel eingreifen,[631] sodass eine (vorläufige) Abänderung des Titels auf Unterhalt ausscheidet.

III. Inhalte der einstweiligen Anordnung

1. Persönlicher Anwendungsbereich

266 Aus den bei § 644 ZPO benannten Verfahrensgegenständen des erforderlichen Hauptsacheverfahrens lässt sich der persönliche Anwendungsbereich der einstweiligen Anordnung unschwer herleiten. Eine solche kann nicht nur bezüglich **Ehegattenunterhalt** und Unterhalt für minderjährige gemeinschaftliche Kinder erlassen werden. Es ist der gesamte **Verwandtenunterhalt** regelbar, also auch Unterhaltsansprüche volljähriger Kinder, nichtehelicher Kinder, der Enkel, der Eltern oder Großeltern gegen ihre Kinder oder Enkel etc. Ebenso ist gemäß § 1615l BGB der Unterhalt der Mutter oder auch des Vaters eines **nichtehelichen Kindes** gegen den jeweils anderen Elternteil regelbar.

Mit Hilfe der Verweisung in § 661 Abs. 2 LPartG wird schließlich auch der Unterhaltsanspruch eingetragener Lebenspartner in den Anwendungsbereich des § 644 ZPO einbezogen.

---

628 Vgl. § 2 Rn 189.
629 Siehe bereits § 2 Rn 261.
630 Vgl. § 2 Rn 319 ff.
631 Vgl. § 2 Rn 276.

2. Sachlicher Anwendungsbereich

a) Unterhaltshöhe, Unterhaltsart

Soweit sich nicht durch die gemäß §§ 644, 621 Nr. 4, 5, 11 ZPO in Bezug genommenen materiellen Normen selbst spezielle Regelungen[632] ergeben, können **alle Unterhaltsarten** (Elementarunterhalt, Mehrbedarf, Sonderbedarf, Bar- oder Naturalunterhalt) in Anspruch genommen werden.

267

Mit Hilfe einer einstweiligen Anordnung nach § 644 ZPO kann der **volle** Unterhalt ohne betragsmäßige oder zeitliche Begrenzung begehrt werden.[633] Eine Beschränkung der Höhe nach ist nicht gerechtfertigt.[634]

> *Beachte*
> Zu beachten sind allerdings die sich aus dem Charakter des summarischen Verfahrens ergebenden Einschränkungen.[635] Wird lediglich Unterhalt in Höhe des Regelbetrags geltend gemacht, bedarf es nicht der Darlegung der Leistungsfähigkeit des Antragsgegners.[636]

Die hiervon abweichende Rechtsprechung, die den Unterhaltsbetrag generell auf die Notbedarfssätze begrenzen möchte, steht nicht in Einklang mit Sinn und Zweck der Regelung des § 644 ZPO.[637]

Die Regelungsbereiche der Hauptsacheklagen betreffen im Einzelnen:
- Ehegatten- und Verwandtenunterhalt mit allen Arten von Unterhalt wie Elementarunterhalt, Vorsorgeunterhalt, Sonderbedarf, Mehrbedarf, Bar- oder Naturalunterhalt, Krankenversicherungsunterhalt etc.
- Unterhalt der Lebenspartner nach §§ 12 und 16 LPartG
- Unterhalt der Mutter eines nichtehelichen Kindes für die Dauer von sechs Wochen vor und acht Wochen nach der Geburt (§ 1615 l Abs. 1 S. 1 BGB)
- Unterhalt wegen Krankheit oder Schwangerschaft der Mutter nach § 1615 l Abs. 2 S. 1 BGB
- Unterhalt der Mutter oder des Vaters wegen Betreuung des nichtehelichen Kindes (§ 1615l Abs. 2 S. 2[638] bzw. Abs. 4 S. 1 BGB)

268

---

632 Vgl. hierzu § 1612 Abs. 2 BGB: der Anwendungsbereich ist bezüglich Naturalunterhalt durch das materielle Recht auf den benannten Personenkreis beschränkt.
633 OLG Naumburg FamRZ 2004, 478; OLG Zweibrücken FamRZ 1999, 662; AG Bergisch-Gladbach FamRZ 1999, 659; *Musielak – Borth*, § 644 Rn 1; *Zöller – Philippi*, § 644 Rn 7.
634 A.A. AG Pforzheim FamRZ 2004, 1653; AG Marburg FamRZ 1999, 660; AG Groß-Gerau FamRZ 1999, 661 – vgl. § 2 Rn 20.
635 Vgl. § 2 Rn 21 ff. und 28 ff. sowie § 2 Rn 269.
636 Vgl. hierzu § 2 Rn 445.
637 Die Nachteile der bis vor In-Kraft-Treten des § 644 ZPO maßgeblichen einstweiligen Verfügung (Beschränkung auf den Notbedarf; Befristung auf in der Regel sechs Monate) sollten doch gerade beseitigt werden – vgl. BT-Drucks. 13/7338, 36.
638 Vgl. KG Kind-Prax 2005, 182 zur Bemessung des Bedarfs nach dem notwendigen Eigenbedarf entsprechend der Werte der Düsseldorfer Tabelle im Falle des Erlasses einer einstweiligen Anordnung (trotz Vorlage des Verfahrens an das BVerfG).

§2 Einstweiliger Rechtsschutz auf Gewährung von Unterhalt

- Kosten, die infolge Schwangerschaft oder Entbindung entstehen nach § 1615 l Abs. 1 S. 2 BGB
- Beerdigungskosten für die Mutter (§ 1615m BGB).

b) Zeitliche Beschränkung der einstweiligen Anordnung

269 Mit Hilfe einer einstweiligen Anordnung nach § 644 ZPO kann der Unterhalt grundsätzlich ohne zeitliche Begrenzung begehrt werden.[639]

Entsprechend dem Sinn und Zweck der einstweiligen Anordnung, die Zeit zwischen Verfahrensbeginn und endgültiger Regelung der Hauptsache zu überbrücken, sind jedoch Unterhaltsrückstände grds. nicht zuzusprechen.[640] Zu einer ausnahmsweise vorzunehmenden Befristung vgl. § 2 Rn 31 ff.

3. Deckungsgleichheit zwischen Anordnungsverfahren und Hauptsacheverfahren

270 Anders als bei der einstweiligen Anordnung nach § 620 ZPO ist der Verfahrensgegenstand der einstweiligen Anordnung nach § 644 ZPO inhaltlich abzustellen auf das Hauptsacheverfahren. Es muss **Deckungsgleichheit (Kongruenz)** bestehen.[641]

Dies kann bei der einstweiligen Anordnung nach § 620 ZPO nicht gefordert werden; dort stellt die Ehesache das Hauptsacheverfahren dar. Hier jedoch muss eine entsprechende Unterhaltsklage anhängig sein, innerhalb derer als verfahrensunselbständiges Mittel des einstweiligen Rechtsschutzes § 644 ZPO zur Verfügung gestellt ist.

271 *Beachte*

Demzufolge muss die mit Hilfe der einstweiligen Anordnung erstrebte Regelung (zumindest auch) Gegenstand des Hauptsacheverfahrens sein. Ist die Klage beispielsweise ausschließlich auf Kindesunterhalt bezogen, kann die einstweilige Anordnung nicht Ehegattenunterhalt zusprechen – anders selbstverständlich, wenn Ehegatten- und Kindesunterhalt eingeklagt sind. Bei einer Hauptsacheklage auf Ehegattenunterhalt für die Zeit des Getrenntlebens darf im Wege der einstweiligen Anordnung nicht Unterhalt für die Zeit nach Rechtskraft der Scheidung tituliert werden. Es handelt sich insoweit um unterschiedliche Streitgegenstände.[642]

---

639 OLG Zweibrücken FamRZ 1999, 662; AG Bergisch-Gladbach FamRZ 1999, 659; *Musielak – Borth*, § 644 Rn 1; *Zöller – Philippi*, § 644 Rn 7.
640 Zur Ausnahme bei rückständigem Unterhaltsbedarf, der sich in der Gegenwart noch auswirkt, vgl. § 2 Rn 28 f.; *Zöller – Philippi*, § 644 Rn 7.
641 *Zöller – Philippi*, § 644 Rn 1; MK (ZPO) – *Finger*, § 644 Rn 2; *Gießler/Soyka*, Rn 538.
642 *Zöller – Philippi*, § 644 Rn 9a mit Hinweis auf BGH FamRZ 1981, 242.

| Einstweiliger Rechtsschutz auf Gewährung von Unterhalt | §2 |

Das Erfordernis der Deckungsgleichheit geht jedoch weiter. Die **Unterhaltsarten** wie Elementarunterhalt, Sonderbedarf, Mehrbedarf, Vorsorgeunterhalt etc. sind zu beachten.[643] Eine einstweilige Anordnung kann nur erlassen werden, wenn die mit ihr begehrte Art der Unterhaltsleistung (auch) Gegenstand des Hauptsacheverfahrens ist.[644]
Ebenso ist der Erlass der einstweiligen Anordnung sowohl der **Höhe** nach als auch **zeitlich** durch den Hauptsacheantrag begrenzt.[645]

Beispiel 272
Wird mit einer Leistungsklage laufender Elementarunterhalt für einen begrenzten Zeitraum (Mai bis Juli 2006) in Höhe von monatlich 250 EUR begehrt (etwa als Kindesunterhalt nach Beendigung der Schulausbildung bis zum Beginn der Aufnahme einer Berufsausbildung mit bedarfsdeckender Vergütung), ist ein Antrag auf Erlass einer einstweiligen Anordnung ebenfalls nur für diesen Zeitraum, nur bis maximal monatlich 250 EUR und ausschließlich bezogen auf Elementarunterhalt erfolgversprechend. Soll die einstweilige Anordnung bereits ab März 2006 Unterhalt titulieren, fehlt es an der erforderlichen Kongruenz. Dasselbe gilt bei Geltendmachung von Sonderbedarf oder eines Unterhaltsbetrags von 300 EUR für Juni 2006. Im letztgenannten Fall ist der Antrag unzulässig, soweit er 250 EUR übersteigt.

4. Inhaltlich auszuscheidende Hauptsacheklagen

Nicht geeignet als Hauptsacheverfahren im Sinne von § 644 ZPO sind: 273
- Klagen auf rückständigen Unterhalt
  Eine einstweilige Anordnung ermöglicht eine Unterhaltstitulierung frühestens ab dem Zeitpunkt der Antragstellung.[646]
- Klagen auf Schadensersatz wegen Nichterfüllung der Unterhaltspflicht, Rückzahlung überzahlten Unterhalts, auf familienrechtlichen Ausgleich von erbrachten Unterhaltszahlungen, Kindergeldausgleich, Kapitalabfindung
  Hier handelt es sich nicht um Klagen zur Durchsetzung von Unterhaltsansprüchen zur vorläufigen Befriedigung des anfallenden Bedarfes.
- Isolierte Klagen auf Auskunft zum Zwecke der Geltendmachung von Unterhalt
  Der Auskunftsanspruch der Hauptsacheklage stellt nur einen Hilfsanspruch dar und ist somit nach h.M. durch einstweilige Anordnung nicht regelbar.[647] Es fehlt an einer geeig-

---

643 *Gießler/Soyka*, Rn 538.
644 Das Hauptsacheverfahren darf selbstverständlich ein »Mehr« an Unterhaltsarten beinhalten als das einstweilige Anordnungsverfahren, ein »Weniger« dagegen nicht.
645 Auch hier darf das Hauptsacheverfahren über den Anordnungsantrag wieder hinausgehen; gegebenenfalls ist eine im einstweiligen Anordnungsverfahren eingeschränkte Antragstellung sogar angezeigt, wenn etwa der gesamte Unterhaltsanspruch nicht glaubhaft dargestellt werden kann.
646 Vgl. § 2 Rn 28 f. – auch zu der Ausnahme, dass sich rückständiger Unterhaltsbedarf in der Gegenwart noch auswirkt.
647 Siehe § 2 Rn 26.

neten deckungsgleichen Hauptsacheklage für die einstweilige Anordnung; hierfür wäre eine Leistungsklage oder eine Stufenklage mit unbeziffertem Leistungsantrag erforderlich.[648]

- Klagen auf Prozesskostenvorschuss
Diesbezüglich gelten im unterhaltsrechtlichen Bereich die Sonderregelungen der §§ 127a und 620 Nr. 10 ZPO.[649]

- Klagen auf Zahlung vertraglich geschuldeten Unterhaltes oder auf Zahlung einer Leibrente nach § 759 BGB
Hier greift § 644 ZPO schon deshalb nicht, weil es sich nicht um Familiensachen, sondern um durch das allgemeine Zivilgericht zu entscheidende Rechtsstreitigkeiten handelt.[650]
Als Mittel des einstweiligen Rechtsschutzes ist nur die einstweilige Verfügung[651] zulässig.

IV. Verhältnis zu anderen Mitteln einstweiligen Rechtsschutzes und zu Hauptsacheregelungen

274 Ein Konkurrenzverhältnis kann nur dort bestehen, wo Deckungsgleichheit besteht bezogen auf die zu regelnden oder bereits geregelten Unterhaltsansprüche.

1. Das Verhältnis einstweiliger Anordnungen nach § 644 ZPO zu Hauptsacheverfahren

a) Vor und nach Rechtshängigkeit des Hauptsacheverfahrens

275 Die einstweilige Anordnung nach § 644 ZPO ist nur zulässig, wenn ein **deckungsgleiches Hauptsacheverfahren** (oder ein entsprechender PKH-Antrag) anhängig ist. Deshalb stellt sich hier das Problem des Verhältnisses der einstweiligen Anordnung zu Hauptsacheverfahren in ganz anderer Weise als bei § 620 ZPO.[652] Ist ein Hauptsacheverfahren bereits anhängig, dann muss die einstweilige Anordnung, mit der deckungsgleicher Unterhalt erstrebt werden soll, in diesem Verfahren beantragt werden. Ist ein solches Hauptsacheverfahren noch nicht anhängig und wird es auch nicht gleichzeitig mit dem Antrag nach § 644 ZPO anhängig gemacht, so ist der Antrag auf Erlass einer einstweiligen Anordnung unzulässig (es sei denn, es liegt ein entsprechender PKH-Antrag vor).

---

648 OLG Hamm FamRZ 2000, 362; *Zöller – Philippi*, § 644 Rn 1; *Gießler/Soyka*, Rn 510, 535.
649 Vgl. zu sonstigen Regelungsmaterien § 621f ZPO.
650 *Zöller – Philippi*, § 621 Rn 46a; *Gießler/Soyka*, Rn 510, 535.
651 Vgl. § 2 Rn 405.
652 Hierzu vgl. oben § 2 Rn 4.

Wenn jedoch die anhängige Unterhaltsklage eine **Verbundsache** darstellt (§ 623 Abs. 1 S. 1 ZPO, § 661 Abs. 2 ZPO), so kommt § 644 ZPO nicht zur Anwendung, der nur bei isolierten Hauptsacheklagen greift. Stattdessen ist § 620 Nr. 4 oder Nr. 6 ZPO maßgeblich.[653]

b) Nach Rechtskraft der Hauptsacheentscheidung

Eine **rechtskräftige Hauptsacheentscheidung** (oder auch ein gerichtlich protokollierter Unterhaltsvergleich nach § 794 Abs. 1 Nr. 1 ZPO) hindert den späteren Erlass einer einstweiligen Anordnung nach § 644 ZPO, soweit diese denselben Regelungsbereich betrifft.[654] Es liegt das Verfahrenshindernis der anderweitigen Hauptsacheregelung vor. Eine Abänderung der rechtskräftigen Hauptsacheentscheidung durch die einstweilige Anordnung scheidet ebenso aus.[655] Möglich ist dagegen, eine Abänderungsklage nach § 323 ZPO zu erheben, mit der eine Erhöhung[656] des titulierten Unterhaltes begehrt wird, und im Rahmen dieser Abänderungsklage eine einstweilige Anordnung nach § 644 ZPO zu beantragen, mit deren Hilfe der Unterhaltsbetrag im einstweiligen Anordnungsverfahren zugesprochen werden kann, der von dem angegriffenen Unterhaltstitel nicht erfasst wird (**überschießender Betrag**).[657]

276

2. Das Verhältnis der einstweiligen Anordnung nach § 644 ZPO zu anderen Mitteln des einstweiligen Rechtsschutzes

a) Vor Anhängigkeit anderer summarischer Verfahren

aa) Das Verhältnis der Regelung des § 644 ZPO zu § 620 ZPO

Soweit sich die Anwendungsbereiche des § 644 und des § 620 Nr. 4, 6 ZPO überschneiden, besteht nach hier vertretener Auffassung ein **Wahlrecht**. Der Antragsteller kann sich frei entscheiden, ob er eine einstweilige Anordnung im Rahmen eines isolierten Unterhaltsverfahrens oder im Rahmen der Ehesache beantragt.[658]
Eine derartige Überschneidung kommt in Betracht, wenn eine Ehesache und gleichzeitig außerhalb des Scheidungsverbundes für die Zeit des Getrenntlebens eine Unterhaltsklage wegen Ehegatten- oder Kindesunterhalt anhängig ist bzw. anhängig gemacht werden soll und somit einstweilige Anordnungen in beiden Verfahren denkbar sind.
Nach weit verbreiteter anderer Auffassung jedoch geht § 620 ZPO in einem solchen Fall vor.[659]

277

278

---

653 Zum Verhältnis der einstweiligen Anordnung nach § 644 ZPO zu § 620 ZPO vgl. im Übrigen § 2 Rn 277.
654 Vgl. oben § 2 Rn 44.
655 Vgl. § 2 Rn 45.
656 Bei einem Herabsetzungsantrag hilft § 769 ZPO weiter.
657 *Zöller – Philippi*, § 620 Rn 20; MK (ZPO) – *Finger*, § 620 Rn 46; *Johannsen/Henrich/Sedemund-Treiber*, § 620 Rn 24, 25; *Gießler/Soyka*, Rn 125 mit Hinweis auf OLG Karlsruhe FamRZ 2004, 1044.
658 *Musielak – Borth*, § 620 Rn 17; *Rahm/Künkel/Niepmann*, VI Rn 60; *van Els*, Rn 390; *Zöller – Philippi*, § 620 Rn 32 f.; *Gießler/Soyka*, Rn 515.
659 *Bernreuther*, FamRZ 1999, 69, 71; *Johannsen/Henrich/Sedemund-Treiber*, § 644 Rn 6.

Die Gründe, die für die Ablehnung eines Wahlrechtes zwischen § 620 und § 644 ZPO angeführt werden, lauten wie folgt:

- Die einstweilige Anordnung nach § 644 ZPO ersetzt die einstweilige Verfügung, sollte jedoch das Verhältnis zu der einstweiligen Anordnung gem. § 620 ZPO nicht verändern.[660]
- § 620 Nr. 4, Nr. 6 ZPO hat insoweit einen engeren Anwendungsbereich, als Ehegattenunterhalt und Unterhalt minderjähriger, ehelicher Kinder geregelt werden kann und nicht der darüber hinausgehende Verwandtenunterhalt und ebensowenig Unterhalt nach §§ 1615 l, 1615m BGB.[661]
- Eine Vorgehensweise nach § 620 ZPO hat den Vorteil, dass sich wechselseitig beeinflussende Umstände wie die Sorgerechtsentscheidung und der Minderjährigenunterhalt besser und widerspruchsfrei in einem einheitlichen Verfahren beurteilt werden können.
- Bei mehreren Anordnungsgegenständen nach § 620 ZPO fallen Kosten nur einmal aus den zusammengerechneten Werten an.[662]
- Eine einstweilige Anordnung auf Leistung von Ehegattenunterhalt nach § 620 Nr. 6 hat Wirkung über die Rechtskraft der Scheidung oder Aufhebung der Lebenspartnerschaft hinaus, während ein aufgrund von § 644 ZPO im Rahmen eines isolierten Hauptsacheverfahrens erlassener Beschluss wegen Getrenntlebensunterhalt diesen Zeitraum nicht erfasst.[663]

279 Folgt man dieser Auffassung, ist im Falle der Antragstellung nach § 644 ZPO durch das Gericht an eine Umdeutung in einen Antrag auf Erlass einer Unterhaltsanordnung nach § 620 Nr. 4, Nr. 6 ZPO zu denken.[664]

280 Der **Gleichrang** der beiden denkbaren einstweiligen Anordnungen ist jedoch m.E. durch die angeführten Umstände nicht auszuschließen. Auch wenn die einstweilige Anordnung nach § 644 ZPO an die Stelle der einstweiligen Verfügung getreten ist, ist nicht ersichtlich, dass der Gesetzgeber beabsichtigt hätte, das durch die Rechtsprechung herausgearbeitete Subsidiaritätsverhältnis[665] der einstweiligen Verfügung zur einstweiligen Anordnung nach § 620 ZPO auf das Verhältnis des § 644 ZPO zu § 620 ZPO zu übertragen.

Dass § 620 Nr. 4, Nr. 6 ZPO einen engeren Anwendungsbereich aufweist, beruht auf dem Umstand, dass im Rahmen des Eheverfahrens /der Lebenspartnerschaftssache grds. nur die im Zusammenhang mit dieser Hauptsache stehenden Streitigkeiten geregelt werden sollen. Dies bewirkt aber nicht, dass ab Anhängigkeit der Ehesache Unterhaltsregelungen im einstweiligen Rechtsschutz ausschließlich im Rahmen des Eheverfahrens abgewickelt werden könnten.

---

660 So *Bernreuther*, FamRZ 1999, 71.
661 Hinweis bei *Gießler/Soyka*, Rn 515.
662 Vgl. § 18 Nr. 1 b) RVG.
663 Vgl. oben § 2 Rn 271. Bei Kindesunterhalt wirkt auch die einstweilige Anordnung nach § 644 S. 1 ZPO weiter, da durch die rechtskräftige Scheidung ein Streitgegenstandswechsel nicht eintritt.
664 Vgl. § 2 Rn 53 f.
665 Vgl. § 2 Rn 51.

Einstweiliger Rechtsschutz auf Gewährung von Unterhalt §2

Wer für das Kind Minderjährigenunterhalt begehren darf, bestimmt sich nach den Obhutsverhältnissen (vgl. § 1629 Abs. 2 S. 2 BGB). Diese lassen sich in einem Verfahren nach § 644 ZPO ebenso beurteilen wie in einem Verfahren nach § 620 Nr. 4 ZPO. Die evtl. erhöhten Kosten, die bei einer Vorgehensweise nach § 644 ZPO entstehen, können im Prozesskostenhilfeverfahren unter dem Aspekt der Mutwilligkeit[666] beachtet werden. Dies gilt ebenso, wenn der Antragsteller nach Rechtskraft der Scheidung eine weitere einstweilige Anordnung begehrt, da der im Rahmen des § 644 ZPO während der Zeit des Getrenntlebens erwirkte Beschluss bei Ehegattenunterhalt und Unterhalt für Lebenspartner über die Scheidung bzw. Aufhebung der Lebenspartnerschaft nicht hinauswirkt.

Der Vorteil des Wahlrechtes besteht darin, dass im isolierten Hauptsacheverfahren auf Unterhalt und in der einstweiligen Anordnung nach § 644 ZPO derselbe materielle Anspruch betroffen und somit derselbe Tatsachenvortrag maßgeblich ist. Der Sachvortrag muss nicht doppelt gehalten werden.[667] Die Beurteilungsgrundlagen werden sich weitgehend decken. Sollten sich während des Verfahrens Änderungen in der Beweissituation einstellen, kann hierauf im Abänderungsverfahren nach §§ 644 S. 2, 620b ZPO unmittelbar reagiert werden.[668]

281

Gründe der **Prozessökonomie** lassen sich somit nicht nur für die Annahme anführen, § 620 ZPO sei vorrangig, sondern auch für das hier vertretene Wahlrecht.[669]

bb) Das Verhältnis des § 644 ZPO zu § 641d ZPO

Eine Konkurrenz mit der einstweiligen Anordnung nach § 641d ZPO bei Anhängigkeit einer Vaterschaftsfeststellungsklage kommt nicht in Betracht, da § 644 ZPO erst ergriffen werden kann, wenn die Vaterschaft gerichtlich festgestellt ist (§ 1600d Abs. 4 BGB) oder eine wirksame Anerkennung der Vaterschaft vorliegt (§§ 1592 Nr. 2, 1594, 1599 Abs. 2 BGB).

282

Zum Sonderfall, dass der Beschluss nach § 641d ZPO in diesem Zeitpunkt noch nicht gefasst ist, dieser aber rechtzeitig beantragt war, vgl. § 2 Rn 344 f.

---

666 Zur Frage der Mutwilligkeit vgl. auch § 2 Rn 39.
667 Eine »Ersparnis« bezüglich des zu haltenden Sachvortrages tritt selbstverständlich nicht ein, wenn eine isolierte Unterhaltsklage und eine Klage im Verbund anhängig gemacht werden.
668 Zuzugeben ist, dass durch eine entsprechende Reaktion im Verfahren nach § 620 ZPO eine wesentliche Verzögerung auch nicht einträte.
669 *Musielak – Borth*, § 620 Rn 17 a. E.; nach *Schwab/Maurer/Borth*, I Rn 887 hat § 644 ZPO aus diesem Grund der Verwertbarkeit von in der Hauptsache gewonnenen Erkenntnissen bei kongruenten Regelungsgegenständen Vorrang vor § 620 Nr. 4 und 6 ZPO.

§ 2 Einstweiliger Rechtsschutz auf Gewährung von Unterhalt

cc) Das Verhältnis des § 644 ZPO zur Leistungsverfügung

283 *Hinweis*
Einer **Leistungsverfügung** geht die einstweilige Anordnung nach § 644 ZPO ab dem Zeitpunkt vor, ab dem die Möglichkeit besteht, eine solche einstweilige Anordnung zu erwirken. Dieser Vorrang der einstweiligen Anordnung bewirkt demzufolge, dass eine einstweilige Verfügung bereits dann ausscheidet, wenn ein Unterhaltsprozess noch nicht anhängig ist, aber zumutbarerweise anhängig gemacht werden kann.[670]

Die **Zumutbarkeit der Klageerhebung** ist regelmäßig anzunehmen. Will der Antragsteller somit eine Leistungsverfügung erwirken, hat er darzulegen, weshalb die Hauptsacheklage (oder das entsprechende PKH-Gesuch) ausnahmsweise noch nicht anhängig gemacht werden kann.[671]

Zu Ausnahmefällen vgl. § 2 Rn 427 ff.

dd) Das Verhältnis des § 644 ZPO zu § 1615o BGB

284 Vgl. § 2 Rn 504.

b) Nach Anhängigkeit anderer summarischer Verfahren

285 Die **Anhängigkeit** eines anderen summarischen Verfahrens hindert regelmäßig ein weiteres Eilverfahren, wenn dasselbe Rechtsschutzziel betroffen ist und gegenständliche Identität sowie Parteiidentität bestehen. Ist somit ein Anordnungsverfahren nach § 620 Nr. 4 oder Nr. 6 ZPO anhängig, kann derselbe Unterhaltsanspruch nicht im einstweiligen Rechtsschutz nach § 644 ZPO verfolgt werden.

Zum Verhältnis zur **Leistungsverfügung** kann auf die Darstellung in § 2 Rn 425 ff. verwiesen werden.

Eine Konkurrenz zur einstweiligen Anordnung nach § **641d ZPO** besteht nicht,[672] da eine Unterhaltsklage, die Voraussetzung für eine einstweilige Anordnung nach § 644 ZPO ist, erst nach rechtskräftiger Feststellung der Vaterschaft anhängig gemacht werden kann (§ 1600d Abs. 4 BGB).

Zum Verhältnis zu § **1615o BGB** vgl. § 2 Rn 504.

c) Nach Vollstreckbarkeit anderer summarischer Verfahren

286 Ist in einem summarischen Verfahren eine vollstreckbare Regelung getroffen, scheidet ein weiteres Verfahren auf Erlass einer einstweiligen Anordnung gleichen Inhalts aus.[673]

---

670 OLG Naumburg FamRZ 2004, 1045; OLG Nürnberg FamRZ 1999, 30; OLG Köln FamRZ 1999, 661; OLG Koblenz FamRZ 2000, 362; *Bernreuther*, FamRZ 1999, 72; *Zöller – Philippi*, § 644 Rn 3; *Thomas/Putzo – Hüßtege*, § 644 Rn 2; a.A. OLG Karlsruhe FamRZ 2000, 106 – vor Anhängigkeit der Hauptsache soll die einstweilige Verfügung zulässig sein.
671 OLG Nürnberg FamRZ 1999, 30.
672 Vgl. soeben § 2 Rn 282.
673 Vgl. § 2 Rn 55.

Begründet wird dies mit einer eingeschränkten materiellen Rechtskraft, die der summarischen Entscheidung zukommt, oder mit dem fehlenden Regelungsbedürfnis.
Eine Abänderung einer einstweiligen Anordnung nach § 620 Nr. 4, Nr. 6 ZPO durch eine einstweilige Anordnung nach § 644 ZPO ist möglich, wenn die Anordnung nach § 620 ZPO selbst wegen rechtskräftigen Abschlusses des Eheverfahrens oder der Lebenspartnerschaftssache nicht mehr abänderbar ist.[674]

V. Regelungsbedürfnis

Das Regelungsbedürfnis ist bei § 644 ZPO ebenso zu beurteilen wie bei § 620 Nr. 4, Nr. 6 ZPO. Somit kann auf die dortigen Darstellungen verwiesen werden.[675]

287

VI. Weitere Zulässigkeitsvoraussetzungen

Vgl. § 2 Rn 67.

288

VII. Antragstellung

1. Erfordernis der Antragstellung und Art des Antrages

Eine einstweilige Anordnung nach § 644 ZPO ergeht ausschließlich auf Antrag. Der Antrag muss hinreichend **bestimmt** sein, sodass eine konkrete Bezifferung erforderlich ist.
Bezüglich der Bestimmtheit des Sachantrages im Übrigen vgl. § 2 Rn 69 ff.; die dortigen Ausführungen gelten hier entsprechend.

289

2. Antragsbefugnis/Vertretungsregelung

Zur Antragstellung berechtigt sind die Parteien des Hauptverfahrens.

290

Bei einer Hauptsacheklage wegen **Kindesunterhalts** (und dementsprechend auch bei Beantragung der einstweiligen Anordnung) ist zur Bestimmung der maßgeblichen Partei die Regelung der **gesetzlichen Prozessstandschaft** aus § 1629 Abs. 3 S. 1 BGB zu beachten. Während der Zeit des Getrenntlebens der Eltern eines ehelichen, minderjährigen Kindes oder der Anhängigkeit einer Ehesache zwischen den Eltern kommt somit eine Antragstellung nur im Namen des Elternteils in Betracht, bei dem sich das Kind in Obhut befindet.

291

---

674 Vgl. § 2 Rn 56.
675 Vgl. § 2 Rn 58 ff.

§2 Einstweiliger Rechtsschutz auf Gewährung von Unterhalt

Liegen die Voraussetzungen des § 1629 Abs. 3 S. 1 BGB nicht vor, muss das Kind selbst als Kläger auftreten.

Die **Vertretungsbefugnis** ergibt sich aus der Entscheidung über die elterliche Sorge oder, wenn eine solche gerichtliche Entscheidung nicht vorliegt, aus § 1629 Abs. 2 S. 2 BGB. Danach ist maßgeblich, wer das Kind in Obhut hat.[676]

Das bloße Bestehen einer **Beistandschaft** für das Kind nach §§ 1712 Abs. 1 Nr. 2, 1714 BGB beeinflusst das Sorgerecht noch nicht. Erst wenn der Beistand Kindesunterhalt gerichtlich geltend macht, wird das Vertretungsrecht des Elternteiles ausgeschlossen. Das Kind, vertreten durch den Beistand, muss das Verfahren betreiben – einschließlich des Anordnungsverfahrens nach § 644 ZPO.

Zur Antragstellung bei gesetzlichem Forderungsübergang nach § 94 SBG XII, § 7 Abs. 1 UVG vgl. § 2 Rn 71.

3. Form des Antrages/Anwaltszwang

292 Gemäß §§ 644 S. 2, 620a Abs. 2 S. 2 ZPO ist die Antragstellung **schriftlich** oder **zu Protokoll der Geschäftsstelle** eines beliebigen Amtsgerichts vorzunehmen.

In erster Instanz unterliegt weder die Antragstellung noch die Durchführung des weiteren Verfahrens dem Anwaltszwang (vgl. § 78 Abs. 2 ZPO). Vor Gerichten höherer Instanz bleibt die Antragstellung selbst gem. § 78 Abs. 5 ZPO ebenfalls vom Anwaltszwang befreit, nicht jedoch die Durchführung einer mündlichen Verhandlung.[677]

4. Inhalt der Antragsschrift/darzustellende Voraussetzungen

293 Wie bei der einstweiligen Anordnung nach § 620 Nr. 4, Nr. 6 ZPO erfordert auch die Antragsschrift des § 644 ZPO die Darstellung **sämtlicher Tatsachen**, die den Antrag rechtfertigen.

Die maßgeblichen Tatsachen betreffen:
- die allgemeinen Verfahrensvoraussetzungen[678]
- Partei-, Prozessfähigkeit
- Zuständigkeit des angerufenen Gerichts
- gesetzliche Vertretung
- Prozessführungsbefugnis
- (bei Kindesunterhalt die die Prozessstandschaft begründenden Umstände)

---

676 Zur Problematik der Vertretung im Falle eines sogenannten »Wechsel-« oder »Pendelmodells« vgl. BGH FamRZ 2006, 1015: es ist die Bestellung eines Pflegers oder die Herbeiführung einer Entscheidung nach § 1628 BGB erforderlich.
677 Vgl. § 2 Rn 300.
678 Weitergehend zu Prozessvoraussetzungen vgl. *Thomas/Putzo*, Vorbem § 253 Rn 15 ff.

- Regelungsbedürfnis
- das Fehlen von Verfahrenshindernissen
- anderweitige Rechtshängigkeit/Rechtskraft eines summarischen Verfahrens
- entgegenstehende Rechtskraft einer Hauptsacheentscheidung
- die besondere Verfahrensvoraussetzung der Anhängigkeit der Hauptsacheklage oder des entsprechenden PKH-Antrages (insoweit jedoch gerichtsbekannt)
- die materiellen Voraussetzungen des Unterhaltsanspruchs
- Bei Verwandtenunterhalt die Tatsachen zum verwandtschaftlichen Verhältnis, ferner zu Bedarf und Bedürftigkeit
- Bei Kindesunterhalt ist hier die Antragstellung nicht beschränkt auf ein minderjähriges Kind. Es ist demzufolge bei Unterhalt für ein volljähriges Kind die anteilige Haftung beider Elternteile zu bedenken und dementsprechend darzulegen, wie sich die Haftungsanteile errechnen (Einkommen beider maßgeblich).[679]
- Bei Ehegattenunterhalt die Tatsache der Eheschließung, ggf. auch der Scheidung sowie die tatsächlichen Voraussetzungen zum Bedarf und der Bedürftigkeit des Antragstellers Entsprechendes gilt bei Lebenspartnern.
- Bei Unterhalt nach § 1615l BGB Ausführungen zum Bedarf und der Bedürftigkeit der Mutter; der Bedarf orientiert sich an der Lebensstellung der Frau.[680] Ausführungen zur Vaterschaft und zu weiteren besonderen Voraussetzungen zum außerordentlichen Unterhalt nach § 1615l Abs. 2 BGB oder zu Schwangerschaft- und Entbindungskosten[681]
- bei Antrag auf Erlass der einstweiligen Anordnung ohne rechtliches Gehör des Gegners auch das Fehlen naheliegender Einwendungen;[682] insbesondere Tatsachen zur Leistungsfähigkeit.[683]

5. Glaubhaftmachung

Das Erfordernis der Glaubhaftmachung sämtlicher dem Antragsteller günstiger Umstände ergibt sich aus §§ 644 S. 2, 620a Abs. 2 S. 3 ZPO.[684]

Wegen der geringeren Erfordernisse bei der Geltendmachung des Unterhalts in Höhe des Regelbetrags nach der RegelbetragsVO vgl. § 2 Rn 267.

294

---

679 Vgl. *Palandt – Diederichsen,* § 1606 Rn 15; *Finke* § 6 Rn 112 ff.; *Wohlfahrt,* Band 2 § 1 Rn 321 f.
680 Vgl. *Palandt – Diederichsen,* § 1615l Rn 15; *Wohlfahrt,* Band 2 § 4 Rn 8 f.
681 *Palandt – Diederichsen,* § 1615l Rn 5 ff.
682 *Zöller – Philippi,* § 620a Rn 21 mit Hinweis auf OLG Frankfurt FamRZ 1989, 87; dies lehnt sich erneut an die Rechtslage bei der einstweiligen Verfügung an – vgl. dazu *Thomas/Putzo – Reichold,* Vorbem § 916 Rn 9 m.w.N.
683 Vgl. § 1 Rn 35.
684 Im Übrigen vgl. oben § 2 Rn 78 ff.

6. Zuständiges Gericht

295 Solange das Hauptsacheverfahren auf Unterhalt bzw. das entsprechende PKH-Verfahren beim erstinstanzlichen Familiengericht anhängig ist, hat dieses auch den Antrag auf einstweilige Anordnung nach § 644 ZPO zu verhandeln und zu verbescheiden (§§ 644 S. 2, 620a Abs. 4 S. 1 ZPO).

Sobald die Unterhaltssache in die Berufungsinstanz gelangt (dortige Anhängigkeit ist maßgeblich), wird die Zuständigkeit für nunmehr gestellte Anträge auf das OLG verlagert.

In der Zwischenzeit, nämlich nach Urteilserlass bis zur Einlegung der Berufung oder der Einreichung eines PKH-Antrages zur Durchführung der Berufung, bleibt die Zuständigkeit beim Ausgangsgericht erhalten.[685]

Ist die Unterhaltsklage bereits in der Revisionsinstanz anhängig, hat das OLG die Entscheidung über den Erlass der einstweiligen Anordnung zu treffen (§§ 644 S. 2, 620a Abs. 4 S. 2 ZPO).

7. Internationale Zuständigkeit

295a Vgl. hierzu § 14 Rn 15.

VIII. Ablauf des Verfahrens

1. Beteiligte

296 Die Beteiligtenstellung leitet sich von der Parteistellung des Hauptsacheverfahrens ab. Somit kommen als Beteiligte sämtliche Unterhaltsgläubiger und Unterhaltsschuldner in Betracht, deren Rechtsverhältnis nach den Vorschriften zum Ehegattenunterhalt, zum Verwandtenunterhalt oder nach §§ 1615l, 1615m BGB bzw. §§ 12, 16 LPartG zu beurteilen ist.

2. Mündliche Verhandlung

297 Diesbezüglich kann auf oben § 2 Rn 93 ff. verwiesen werden.

Abweichend ist jedoch festzustellen, dass die mündliche Verhandlung im Verfahren der einstweiligen Anordnung nach § 644 ZPO grundsätzlich öffentlich ist. Die Einschränkung des § 170 GVG wie bei der einstweiligen Anordnung nach § 620 ZPO greift hier nicht.

---

[685] Zöller – Philippi, § 644 Rn 10, der zutreffend darauf hinweist, dass eine derartige Vorgehensweise durch den Kläger, dessen Unterhaltsklage in erster Instanz abgewiesen worden ist, aller Voraussicht nach keinen Erfolg haben wird.

3. Rechtliches Gehör

Vgl. oben § 2 Rn 97. 298

4. Die Wahlmöglichkeiten des Gerichts zur Verfahrensgestaltung

Vgl. oben § 2 Rn 98 ff. Die dortigen Ausführungen gelten hier entsprechend. 299

5. Anwaltszwang

Wie das Hauptsacheverfahren auf Unterhalt selbst ist auch die mündliche Verhandlung nach §§ 644 S. 2, 620a Abs. 1 ZPO i.V.m. § 78 Abs. 2 ZPO in erster Instanz vom Anwaltszwang befreit. Im Verfahren vor dem OLG greift dagegen der Anwaltszwang. Eine Ausnahme besteht jedoch für die Antragstellung.[686] 300

6. Beweisaufnahme

Vgl. oben § 2 Rn 102 f. Die dortigen Ausführungen gelten hier entsprechend. 301

7. Beendigung durch Vergleich

Vgl. oben § 2 Rn 104 ff. Die dortigen Ausführungen gelten hier entsprechend. 302

8. Die Entscheidung nach § 644 ZPO

a) Förmlichkeiten der Entscheidung

Vgl. oben § 2 Rn 108 f. Die dortigen Ausführungen gelten hier entsprechend. 303

b) Prüfungsumfang des Gerichts/Bindung an Parteianträge

Das Gericht prüft **von Amts wegen**, ob sämtliche Zulässigkeitsvoraussetzungen und die den materiellen Anspruch ergebenden Tatsachen glaubhaft gemacht sind.[687] An die Parteianträge ist das Gericht gemäß **§ 308 ZPO** gebunden. Somit kann ein **höherer** Unterhaltsbetrag als beantragt nicht zugesprochen werden. Ebenso ist der durch die Antragstellung vorgegebene **zeitliche Rahmen** zu beachten. Auch die **Art des Unterhalts** wird durch den Antragsteller bestimmt. Begehrt dieser etwa ausschließlich laufende Unterhaltsleistung als Elementarunterhalt, scheidet eine Titulierung von Sonderbedarf aus.[688] 304

---

686 Siehe oben § 2 Rn 292.
687 Vgl. näher oben § 2 Rn 110 f.
688 Vgl. oben § 2 Rn 112.

§ 2 Einstweiliger Rechtsschutz auf Gewährung von Unterhalt

c) Inhalt des Beschlusses
aa) Unterhaltsanordnung

305 Der Erlass der einstweiligen Anordnung nach § 644 ZPO ist bei Vorliegen der maßgeblichen Voraussetzungen **zwingend**. Ein Ermessen des Gerichts besteht wie bei einer einstweiligen Anordnung nach § 620 ZPO trotz des Wortlautes der Norm (»kann«) nicht.[689]

306 Weder der **Höhe** nach noch **zeitlich** ist die einstweilige Anordnung nach § 644 ZPO beschränkt auf den Notbedarfsunterhalt. § 644 ZPO sollte diese Mängel des einstweiligen Verfügungsverfahrens gerade beseitigen.[690]

> *Hinweis*
> Unterhalt ist somit zuzusprechen, soweit der Anspruch glaubhaft gemacht ist. Zeitlich wird Unterhalt regelmäßig erst ab Antragstellung zuzusprechen sein. Ausnahmsweise kommt eine Zuerkennung von Rückständen in Betracht, wenn sich dieser rückständige Bedarf noch in der Gegenwart auswirkt.[691]

Jedoch sind nicht alle in einem Hauptsacheverfahren zum Unterhalt erreichbaren Ziele auch im Wege der einstweiligen Anordnung nach § 644 ZPO erfolgreich zu erlangen. Die einstweilige Anordnung des § 644 ZPO soll es ermöglichen, dass tatsächlich Unterhaltsleistungen erbracht werden. Somit sind beispielsweise Anträge, die auf Auskunft gerichtet sind, m.E. von vornherein unzulässig.[692]

bb) Begründung der Entscheidung

307 Vgl. oben § 2 Rn 115 ff. Die dortigen Ausführungen gelten hier entsprechend.

cc) Kosten

308 § 644 S. 2 ZPO verweist auf § 620g ZPO. Demzufolge scheidet eine isolierte Kostenentscheidung zur einstweiligen Anordnung grundsätzlich aus.

Bei der im Urteil zu treffenden Kostenentscheidung zur Hauptsache, die die Kosten der einstweiligen Anordnung mitumfasst, ist § 96 ZPO in Betracht zu ziehen (§§ 644 S. 2, 620g S. 2 ZPO). Fallen der Erfolg in der Hauptsache und in der einstweiligen Anordnung erheblich auseinander, sind dementsprechend die Kosten des Anordnungsverfahrens und des Hauptsacheverfahrens getrennt zu ermitteln und getrennt zu verbescheiden.[693] Die jeweilige Erfolgsquote ist festzustellen, um das Ausmaß des jeweiligen Obsiegens und Unterliegens zu ermitteln. Hieran ist schließlich die Kostenentscheidung zur Hauptsache und zur einstweiligen Anordnung zu orientieren.

---

689 a.A. wohl *Thomas/Putzo – Hüßtege*, § 644 Rn 3; vgl. zu § 620 § 2 Rn 113.
690 Vgl. § 2 Rn 267.
691 So bei Mietrückständen; vgl. *Zöller – Philippi*, § 620 Rn 57 m.w.N. und § 2 Rn 28.
692 Vgl. zu den denkbaren Regelungsinhalten § 2 Rn 266 ff.
693 § 96 ZPO enthält eine Ausnahme zum Grundsatz der Einheitlichkeit der Kostenentscheidung; vgl. *Zöller – Herget*, § 96 Rn 1.

Bei der Ermittlung der Kostenquote darf jedoch nicht ausschließlich der Erfolg in der einstweiligen Anordnung maßgeblich sein, sondern es ist (wie bei einer einstweiligen Anordnung nach § 620 ZPO) ebenfalls zu berücksichtigen, ob der Antragsteller den Misserfolg seines Antrages hätte voraussehen können, insbesondere die begehrte Anordnung offensichtlich unzulässig oder unbegründet war.[694]

Nur im Ausnahmefall,[695] wenn aus prozessualen Gründen eine Hauptsacheentscheidung nicht (mehr) ergehen kann, ist der Erlass einer isolierten Kostenentscheidung erforderlich.[696] Diese ist jedoch nicht angreifbar, da auch die einstweilige Anordnung selbst mit der sofortigen Beschwerde nicht anfechtbar ist.[697]

IX. Vollstreckung

Vgl. § 2 Rn 128 ff. – die dortigen Ausführungen gelten entsprechend.   309

X. Rechtsbehelfe

Eine einstweilige Anordnung nach § 644 ZPO, die noch nicht außer Kraft getreten ist, kann   310
je nach Zielrichtung des Antragstellers und je nach Verfahrensstadium mit unterschiedlichen Rechtsbehelfen angegriffen werden.

Es kann ein **Antrag auf erneute Beschlussfassung** aufgrund **mündlicher Verhandlung** nach §§ 644 S. 2, 620b Abs. 2 ZPO gestellt werden. Diesbezüglich kann auf oben § 2 Rn 137 ff. verwiesen werden. Ergänzend ist allerdings anzumerken, dass die Antragstellung nach § 620b Abs. 2 ZPO (anders als bei einer einstweiligen Anordnung nach § 620 ZPO)[698] ebensowenig dem Anwaltszwang unterliegt wie die mündliche Verhandlung erster Instanz.

Ferner kann eine **Änderung oder Aufhebung des Beschlusses** nach §§ 644 S. 2, 620b   311
Abs. 1 beantragt werden. Diesbezüglich kann auf oben § 2 Rn 151 ff. verwiesen werden; die dortigen Ausführungen gelten hier entsprechend.

Die sofortige Beschwerde des **§ 620c ZPO** scheidet hier aus (§§ 644 S. 2, 620c S. 2 ZPO),   312
da deren Anwendungsbereich eingeschränkt ist und Unterhaltsansprüche danach unanfechtbar sein sollen.[699]

---

694 Vgl. oben § 2 Rn 122; Zöller – Philippi, § 644 Rn 10 mit Hinweis auf § 620g Rn 4.
695 Vgl. zur einstweiligen Anordnung nach § 620 ZPO die Ausführungen unter § 2 Rn 125.
696 OLG Naumburg FuR 2005, 467.
697 Vgl. § 2 Rn 312.
698 Vgl. § 2 Rn 139.
699 Der durch OLG Naumburg (3. FamS = 14. ZS) in FamRZ 2004, 1510, 1511 angedeuteten, später jedoch nicht aufrecht gehaltenen (vgl. OLG Naumburg OLGR 2006, 666) abweichenden Auffassung vermag ich mich nicht anzuschließen. Ebenso widerspricht dieser Ansicht BGH FamRZ 2005, 790; wie hier auch OLG Naumburg (2. FamS) OLGR 2005, 865.

§ 2 Einstweiliger Rechtsschutz auf Gewährung von Unterhalt

Zu Fällen greifbarer Gesetzeswidrigkeit und zur Gehörsrüge vgl. oben § 2 Rn 171 ff.

313 Mit Hilfe der **Vollstreckungsabwehrklage** können rechtsvernichtende und rechtshemmende Einwendungen vorgebracht werden, die die Vollstreckbarkeit der einstweiligen Anordnung beseitigen.
Diesbezüglich vgl. oben § 2 Rn 194 ff.

314 Eine **Hauptsacheklage**, die die Wirkung des § 620f Abs. 1 S. 1 ZPO nach sich ziehen könnte, ist bereits anhängig. Als Rechtsbehelf des Antragsgegners der einstweiligen Anordnung scheidet die negative Feststellungsklage somit aus, da das für eine Feststellungsklage erforderliche Feststellungsinteresse fehlt.

Ist die einstweilige Anordnung jedoch lediglich aufgrund eines PKH-Antrages ergangen (§§ 644 S. 2, 620a Abs. 2 ZPO) und eine Leistungsklage noch nicht eingereicht, kann der Antragsgegner eine negative Feststellungsklage erheben, um eine Hauptsacheentscheidung zum Unterhaltsanspruch zu erzwingen. Wird sodann doch noch die Leistungsklage eingereicht, wird die Feststellungsklage unzulässig.[700]

Zur Anfechtbarkeit von Zwischen- und Nebenentscheidungen vgl. oben § 2 Rn 184 ff.

XI. Außer-Kraft-Treten der einstweiligen Anordnung nach § 644 ZPO

314a Aufgrund der Verweisung in § 644 S. 2 ZPO greift bezüglich des Außer-Kraft-Tretens der einstweiligen Anordnung die Regelung des § 620f Abs. 1 ZPO entsprechend.

1. Wirksamwerden einer anderweitigen Regelung

315 Wird die **Hauptsacheklage rechtskräftig** entschieden, so tritt die einstweilige Anordnung außer Kraft – unabhängig davon, ob die Entscheidung auf Klageabweisung lautet oder die Klage (teilweise) erfolgreich ist. Maßgeblicher Zeitpunkt des Außer-Kraft-Tretens ist in allen Fällen die Rechtskraft der Entscheidung. Soweit es sich um ein für den Kläger erfolgreiches Urteil handelt, sind die zur einstweiligen Anordnung nach § 620 ZPO dargestellten Umstände hier entsprechend zu berücksichtigen.[701]

Ist die Hauptsacheklage abgewiesen, aber noch nicht in Rechtskraft erwachsen, so kann der Beklagte, der aufgrund der einstweiligen Anordnung zu Unterhaltsleistungen verpflichtet ist, einen Abänderungsantrag nach § 620b Abs. 1 ZPO stellen. Ebenso ist eine einstweilige Einstellung der Zwangsvollstreckung nach § 769 ZPO analog zulässig.[702]

---

[700] Das Feststellungsinteresse entfällt, sobald die positive Leistungsklage nicht mehr einseitig zurückgenommen werden kann, also ab Antragstellung im Termin – vgl. *Thomas/Putzo*, § 256 Rn 19 mit Hinweis auf BGH NJW 1999, 2516.
[701] Vgl. oben § 2 Rn 210 ff.
[702] OLG Hamburg FamRZ 1996, 745; OLG Düsseldorf FamRZ 1996, 745.

Als weitere anderweitige Regelung kommt – wie bei der einstweiligen Anordnung nach § 620 ZPO – auch ein **Vergleich** in Betracht, mit dessen Hilfe der Streit endgültig beigelegt oder auch nur vorläufig geregelt werden soll.[703]

2. Das Außer-Kraft-Treten der einstweiligen Anordnung in sonstigen Fällen

Die einstweilige Anordnung nach § 644 ZPO tritt auch dann außer Kraft, wenn die Hauptsacheklage **zurückgenommen**[704] oder übereinstimmend für **erledigt erklärt**[705] wird (§§ 644 S. 2, 620f Abs. 1 S. 1 2. Alt. ZPO). Diese Wirkung tritt auch ein bei einer rechtskräftigen Abweisung der Klage als unzulässig sowie bei Abschluss eines Vergleiches, der ausschließlich verfahrensbeendende Wirkung zeigt.[706] Dasselbe soll gelten, wenn die Beschwerdefrist des § 127 Abs. 3 S. 3 ZPO abgelaufen ist und es wegen einer Zurückweisung des Prozesskostenhilfegesuchs nicht zu einem Hauptsacheverfahren kommt.[707]

316

Eine Klageabweisung durch Sachurteil und ein Vergleichsschluss mit materieller Wirkung ziehen ein Außer-Kraft-Treten aufgrund einer Hauptsacheregelung nach sich.[708]

3. Die einstweilige Anordnung bezüglich Trennungsunterhalt eines Ehegatten in Abhängigkeit von der Rechtskraft der Scheidung

Die einstweilige Anordnung nach § 644 ZPO, aufgrund derer der Antragstellerseite Ehegattenunterhalt für die Zeit des Getrenntlebens zugesprochen wurde, tritt mit Rechtskraft der Scheidung nicht von sich aus außer Kraft.

317

Der aus der einstweiligen Anordnung Verpflichtete muss ein Abänderungsverfahren nach § 620b ZPO betreiben oder sich mit der Vollstreckungsabwehrklage zur Wehr setzen. Diese wird erfolgreich sein, da der titulierte Anspruch die Trennungszeit betrifft und sich nicht auf die Zeit nach Rechtskraft der Scheidung erstrecken kann.[709]

Anders als bei der einstweiligen Anordnung nach § 620 ZPO, die als Hauptsacheverfahren lediglich eine Ehesache fordert, ist die einstweilige Anordnung nach § 644 ZPO ein verfahrensunselbstständiges Mittel, die abhängig ist vom Hauptsacheverfahren Unterhalt, das sich ausschließlich auf Ehegattentrennungsunterhalt bezog.

Dem Kläger des Hauptsacheverfahrens auf Ehegattenunterhalt bleibt es unbenommen, nach Rechtskraft der Scheidung das noch laufende Trennungsunterhaltsverfahren mit Hilfe einer

---

703 Hierzu vgl. oben § 2 Rn 202.
704 OLG Brandenburg FamRZ 2005, 1919.
705 OLG Hamm FamRZ 2003, 1307.
706 *Blaese*, MDR 1998, 1004: bei jeder Beendigung des Hauptsacheverfahrens ohne positive Sachentscheidung.
707 OLG Stuttgart FamRZ 2005, 1187; Anm. *Garbe*, FamRZ 2005, 135.
708 Vgl. § 2 Rn 202.
709 Vgl. OLG Frankfurt FuR 2006, 427; *Musielak – Borth*, § 644 Rn 3; *Zöller – Philippi*, § 644 Rn 12b.

§2 Einstweiliger Rechtsschutz auf Gewährung von Unterhalt

nachträglichen objektiven Klagehäufung zu erweitern um den Anspruch auf nachehelichen Unterhalt. Nach einer derartigen Erweiterung wäre es möglich, auch eine einstweilige Anordnung zu erwirken, die sich auf die Unterhaltstatbestände der §§ 1569ff. BGB bezieht. Entsprechend gelten diese Erwägungen bezüglich einer einstweiligen Anordnung auf Unterhalt getrennt lebender Lebenspartner.

4. Feststellung des Außer-Kraft-Tretens

318 Die Ausführungen von § 2 Rn 237 ff. gelten hier entsprechend.

XII. Sonderfragen zur Prozesskostenhilfe

318a Vgl. § 2 Rn 253 ff. Die Ausführungen gelten hier entsprechend.

D. Die einstweilige Anordnung nach § 641d ZPO

319 Die einstweilige Anordnung nach § 641d ZPO[710] ist als verfahrensunselbstständiges Mittel des vorläufigen Rechtsschutzes ausgestaltet und dient der Gewährleistung von **Unterhaltszahlungen** für ein nichteheliches Kind und dessen Mutter gegen den (mutmaßlichen) Vater. Darüber hinaus kann auch eine **Sicherung** des Unterhalts erreicht werden.

In vielen Bereichen ist sie der einstweiligen Anordnung nach § 620 ZPO nachgebildet, weist jedoch auch Unterschiede im Verfahrensablauf[711] und bei der Frage der Schadensersatzleistungen nach festgestellter ungerechtfertigter Vollziehung[712] auf.

I. Anhängigkeit eines Hauptsacheverfahrens auf Feststellung des Bestehens der Vaterschaft

1. Anhängigkeit des Bezugsverfahrens

320 Die Klage auf Feststellung der Vaterschaft muss im Zeitpunkt der Antragstellung schon anhängig sein oder gleichzeitig[713] anhängig gemacht werden (§ 641d Abs. 2 S. 1 ZPO). Ein Antrag auf Bewilligung von **PKH** für eine derartige Klage steht dem gleich (§ 641d Abs.1 S.1 ZPO). Anders als bei der einstweiligen Verfügung nach § 1615o BGB ist die Antragstellung nach § 641d ZPO vor der Geburt des Kindes nicht möglich.[714]

---

710 Ein Muster ist dargestellt bei *Wohlfahrt*, Band 1 § 7 Rn 124 und bei *Börger/Bosch/Heuschmid*, § 4 Rn 202, 203.
711 Vgl. § 2 Rn 372 (obligatorische mündliche Verhandlung).
712 Vgl. § 2 Rn 400.
713 *Zöller – Philippi*, § 641d Rn 6.
714 *Zöller – Philippi*, § 641d Rn 2.

Einstweiliger Rechtsschutz auf Gewährung von Unterhalt §2

Die einstweilige Anordnung kann nur solange beantragt werden, wie die Vaterschaftsfeststellungsklage noch anhängig ist. Nach wirksam erfolgter Klagerücknahme, Erledigung der Hauptsache und Eintritt der Rechtskraft des Urteils in der Hauptsache ist eine Antragstellung unzulässig.[715] 321

Lag im Zeitpunkt der **Klagerücknahme** ein Antrag bereits vor, darf eine Entscheidung zur einstweiligen Anordnung nicht mehr ergehen. Dasselbe gilt bei erfolgter **Klageabweisung**. Denn in diesen Fällen tritt die einstweilige Anordnung gemäß § 641f ZPO außer Kraft. Es wäre sinnlos, eine einstweilige Anordnung zu erlassen, die sofort wirkungslos würde. Bezüglich der Klageabweisung ist besonders hervorzuheben, dass bereits die Entscheidung selbst[716] und nicht erst der Eintritt der Rechtskraft zur Unwirksamkeit der einstweiligen Anordnung führt. Dies bewirkt, dass ein Unterhalt zusprechender Beschluss bei vor Urteilserlass erfolgter Antragstellung nicht mehr ergehen darf[717] und eine Antragstellung nach Urteilsausspruch nicht mehr zulässig ist.

Ausnahmsweise jedoch kann dem klageabweisenden erstinstanzlichen Urteil eine Antragstellung nachfolgen. Denn nach Einlegung der Berufung ist es möglich, eine einstweilige Anordnung beim dann zuständigen OLG zu beantragen.[718] Nicht zulässig jedoch ist ein Vorgehen nach § 641d ZPO in der Zeit zwischen Klageabweisung und Anhängigkeit des Rechtsmittelverfahrens.

Lautet das Urteil auf **Feststellung der Vaterschaft**, kann eine Antragstellung noch bis zum Eintritt der Rechtskraft in der Hauptsache vorgenommen werden.[719] Den zu erlassenden Beschluss fällt sodann das erstinstanzliche Familiengericht. 322

Ab Eintritt der Rechtskraft des der Klage stattgebenden Urteils ist ein Vorgehen nach § 644 ZPO möglich.[720]

War das Anordnungsverfahren bereits anhängig, als die Vaterschaftsfeststellung rechtskräftig wurde, und lag in diesem Zeitpunkt ein Beschluss nach § 641d ZPO noch nicht vor, ist der Erlass einer einstweiligen Anordnung nach dieser Norm weiterhin zulässig.

2. Geeignete Hauptsacheverfahren

Entsprechend dem eindeutigen Wortlaut des § 641d Abs. 1 ZPO ist Voraussetzung für den Erlass der einstweiligen Anordnung die Anhängigkeit eines **Rechtsstreits** auf **Feststellung des Bestehens der Vaterschaft** nach § 1600d BGB. 323

Ob die Vaterschaftsfeststellungsklage gemäß § 1600e Abs. 1 BGB von der Mutter, dem Kind oder auch vom Vater selbst erhoben worden ist, bleibt ohne Bedeutung.

---

715 *Zöller – Philippi*, § 641d Rn 6.
716 Vgl. Wortlaut des § 641f ZPO und § 2 Rn 395.
717 Die Zuständigkeit des Amtsgerichts bleibt allerdings erhalten.
718 Vgl. *Zöller – Philippi*, § 641d Rn 7 und zur Zuständigkeit unten § 2 Rn 370.
719 Vgl. *Zöller – Philippi*, § 641d Rn 6 und 7.
720 Zur Konkurrenz zwischen § 641d ZPO und § 644 ZPO in diesen Fällen vgl. § 2 Rn 344 f.

135

§ 2 Einstweiliger Rechtsschutz auf Gewährung von Unterhalt

Im letztgenannten Fall jedoch wird eine einstweilige Anordnung nach § 641d ZPO in der Praxis in aller Regel nicht in Betracht kommen, da vom Vater eine Feststellungsklage nur erhoben wird, wenn das Kind und/oder die Mutter die nach § 1595 BGB für eine wirksame Vaterschaftsanerkennung erforderlichen Zustimmungen nicht erteilt haben. Mit dem Antrag auf Erlass einer einstweiligen Anordnung bei vom Vater angestrebter Feststellungsklage würden sich die Beklagten in Widerspruch setzen zu ihrem vorherigen Verhalten, da der Antrag auf Erlass der einstweiligen Anordnung nur dann erfolgreich sein kann, wenn die Vaterschaft glaubhaft gemacht ist. Einerseits würden sie somit eine wirksame Vaterschaftsanerkennung dadurch verhindern, dass sie demjenigen, der sich als Vater der Verantwortung stellen möchte, die erforderlichen Mitwirkungshandlungen versagen. Andererseits müssten sie im Anordnungsverfahren vortragen und glaubhaft machen, derselbe Mann sei der Vater des Kindes.

Denkbar ist jedoch der Erlass einer einstweiligen Anordnung bei vom Vater erhobener Feststellungsklage nach § 1600d BGB, wenn die Zustimmung der Mutter nach § 1595 BGB vorliegt, die des Kindes[721] jedoch nicht. Ein widersprüchliches Verhalten der Mutter ist in diesem Fall nicht anzunehmen.

Nicht erforderlich ist, dass im Vaterschaftsprozess ein Antrag auf Verurteilung des Vaters zu Unterhaltszahlungen (nach § 653 ZPO) gestellt ist.[722]

324 Bei einer **Vaterschaftsfeststellungswiderklage**[723] ist der Erlass einer einstweiligen Anordnung nach § 641d ZPO ebenso möglich.

Auch kann eine einstweilige Anordnung nach § 641d ZPO in einem **Wiederaufnahmeverfahren** gemäß § 641i ZPO erlassen werden.[724]

325 **Nicht geeignet**, die Zulässigkeit einer einstweiligen Anordnung nach § 641d ZPO zu bewirken, sind folgende Hauptsacheverfahren:
- **Negative Vaterschaftsfeststellungsklage**[725] **des (behaupteten) Vaters**[726]
Eine analoge Anwendung des § 641d ZPO kommt nicht in Betracht.[727]
In einem solchen Fall ist eine positive Feststellungswiderklage des Kindes oder der Mutter zu erwägen, wenn der Erlass einer einstweiligen Anordnung erstrebt wird.[728]

---

721 § 1595 Abs. 2 BGB; es könnte der Mutter das Sorgerecht entzogen und auf einen Vormund übertragen sein, der die Zustimmung für das Kind verweigert. Vgl. *Wohlfahrt*, Band 1 § 7 Rn 20.
722 *Zöller – Philippi*, § 641d Rn 16 mit Hinweis auf § 641e Abs. 2 ZPO in der Fassung bis zum 1.7.1998.
723 Eine solche kann (§ 640c Abs. 1 S. 2 ZPO) gegen eine negative Feststellungsklage des mutmaßlichen Vaters erhoben werden.
724 *Gießler*, 3. Auflage, Rn 262.
725 Zum Wesen derartiger negativer Feststellungsklagen vgl. *Zöller – Philippi*, § 641h Rn 1; zum erforderlichen Rechtsschutzbedürfnis vgl. *Zöller – Philippi*, § 640 Rn 13: bei nachhaltigem Behaupten des Kindes oder des gesetzlichen Vertreters ist das Rechtsschutzbedürfnis gegeben.
726 *Baumbach/Lauterbach/Albers*, § 641d Rn 1; *Zöller – Philippi*, § 641d Rn 4 m.w.N.
727 A.A. MK (ZPO) – *Coester-Waltjen*, § 641d Rn 2; *Stein/Jonas/Schlosser*, § 641d Rn 4, die eine entsprechende Anwendung des § 641d ZPO für diesen Fall befürworten.
728 *Zöller/Philippi*, § 641d Rn 4.

- **Klage auf Feststellung der (Un-)Wirksamkeit eines Vaterschaftsanerkenntnisses**[729]
Im Falle der Klageerhebung durch den (mutmaßlichen) Vater, der die Feststellung der Unwirksamkeit der Vaterschaftsanerkennung betreibt, könnte wiederum eine Vaterschaftsfeststellungswiderklage[730] erhoben werden. In einem solchen Fall wäre zwar der Anwendungsbereich der einstweiligen Anordnung nach § 641d ZPO eröffnet. Jedoch wird durch die vorliegende Anerkennung der Vaterschaft die Möglichkeit eingeräumt, einstweiligen Rechtsschutzes mit Hilfe des vorrangigen § 644 ZPO zu erlangen, sodass § 641d ZPO ausscheidet. § 644 ZPO erfordert aber die Erhebung einer Hauptsacheklage auf Kindesunterhalt.[731] Im Prozess zur Feststellung der (Un-)Wirksamkeit der Vaterschaftsanerkennung selbst gewährt § 644 ZPO keine Möglichkeit des vorläufigen Rechtsschutzes.
- **Vaterschaftsanfechtungsklage**[732]
Wenn eine solche Klage durch den Mann erhoben wird, dessen Vaterschaft nach § 1592 Nr. 1 oder Nr. 2 BGB besteht, fehlt ein Bedürfnis für eine analoge Anwendung des § 641d ZPO, da einstweiliger Rechtsschutz nach §§ 620 oder 644 ZPO erlangt werden kann.
Anders als bei der soeben benannten Klage auf Feststellung der Unwirksamkeit der Anerkennung der Vaterschaft, scheidet bei der Anfechtungsklage auch eine Widerklage auf Feststellung des Bestehens der Vaterschaft aus, da diese bereits kraft Gesetzes feststeht.[733] Somit kommt auch eine einstweilige Anordnung nach § 641d ZPO (mit Hilfe einer Widerklage) nicht in Betracht. Der Beklagte kann einstweiligen Rechtsschutz nach §§ 620, 644 ZPO erlangen.[734] Soweit es um die Sicherung von Unterhaltsansprüchen geht, wäre der Arrest[735] in Erwägung zu ziehen.

---

729 *Zöller – Philippi*, § 641d Rn 4; a.A. MK (ZPO) – *Coester-Waltjen*, § 641d Rn 3; *Stein/Jonas/Schlosser*, § 641d Rn 3.
730 Zu deren Zulässigkeit vgl. *Zöller – Philippi*, § 640 Rn 18.
731 Hierzu vgl. oben § 2 Rn 259 ff.
732 *Zöller – Philippi*, § 641d Rn 4.
733 Für die Feststellungsklage besteht kein Feststellungsinteresse, da bereits gesetzlich feststeht, was festgestellt werden soll. Der wesentliche Unterschied zum Fall der Klage auf Feststellung der Unwirksamkeit des Vaterschaftsanerkenntnisses (und Feststellungswiderklage) ist darin zu sehen, dass bei dieser Klage eine Unwirksamkeit des Anerkenntnisses zwar festgestellt werden kann, aber mit Hilfe der Widerklage die Feststellung der Vaterschaft letztlich doch erfolgen kann. Dies steht nicht im Widerspruch zur Klage. Im Falle erhobener Anfechtungsklage und einer Widerklage auf Feststellung des Bestehens der Vaterschaft können nicht beide Klagen erfolgreich sein.
734 *Zöller – Philippi*, § 641d Rn 4.
735 Vgl. § 13.

§ 2 Einstweiliger Rechtsschutz auf Gewährung von Unterhalt

II. Inhalt der einstweiligen Anordnung nach § 641d ZPO

1. Persönlicher Anwendungsbereich

326 Mit Hilfe der einstweiligen Anordnung nach § 641d ZPO kann Unterhalt für das **nichteheliche Kind** und/oder für dessen **Mutter** verlangt werden.

Eine Gleichstellung des **Vaters** des nichtehelichen Kindes, der dieses Kind betreut und die Klage auf Feststellung der Vaterschaft betreibt (§§ 1600d Abs. 1, 1600e Abs. 1 BGB),[736] wurde bei § 641d ZPO nicht herbeigeführt. Er ist in dieser Norm ausdrücklich nicht benannt und kann somit seinen Unterhaltsanspruch nach § 1615l Abs. 2 S. 2, Abs. 4 BGB im einstweiligen Rechtsschutz des § 641d ZPO nicht realisieren. Er ist auf eine einstweilige Verfügung als Leistungsverfügung (nach §§ 935, 940 ZPO analog) zu verweisen.[737]

2. Sachlicher Anwendungsbereich
a) Einstweilige Anordnung zur Leistung von Unterhalt
aa) Unterhaltshöhe, Unterhaltsart
(1) Elementarunterhalt

327 Materiell ist der **Kindesunterhalt** ausgerichtet an §§ 1601 ff. BGB.

Im Übrigen beschränkt sich der Anwendungsbereich des § 641d ZPO auf den **Unterhalt der Mutter eines nichtehelichen Kindes** aus § 1615l Abs. 1, 2 BGB. Er umfasst keinen Betreuungsunterhalt nach § 1570 BGB.[738]

§ 641d ZPO greift auch dann ein, wenn ein Kind, das von dem früheren Ehegatten stammt, erst nach der Scheidung geboren wird. Denn in einem solchen Fall bedarf es nach geltender Rechtslage zur Klärung der Verwandtschaftsverhältnisse stets der Vaterschaftsfeststellungsklage, wenn nicht die Anerkennung der Vaterschaft erklärt wird. Das Kind gilt nicht kraft Gesetzes als Abkömmling des geschiedenen Ehegatten. Im Rahmen der Feststellungsklage kann die einstweilige Anordnung nach § 641d ZPO beantragt werden.

Beachte
Die Mutter des Kindes hat gegen den Vater jedoch keinen Anspruch aus § 1570 BGB wegen des nachehelich geborenen Kindes.[739] Soweit ihr ein derartiger Anspruch aus § 1570 BGB wegen weiterer (während oder vor der Ehe geborener) gemeinsamer Kin-

---

736 Eine m.E. in der Praxis ohnehin nur selten vorkommende Situation.
737 *Büdenbender*, FamRZ 1998, 138 auch zur Ablehnung einstweiligen Rechtsschutzes des Vaters des nichtehelichen Kindes nach § 1615o BGB; a.A. *Palandt – Diederichsen*, § 1615l Rn 25.
738 *Wohlfahrt*, Band 1 § 1 Rn 402.
739 BGH NJW 1998, 1065 – die Entscheidung betraf einen Fall zur Rechtslage vor dem 1.7.1998. Deshalb war maßgeblich, dass das Kind außerhalb der Frist der Ehelichkeitsvermutung geboren war. In der Entscheidung finden sich zahlreiche Hinweise auf abweichende Auffassungen.

der zusteht, ist der danach maßgebliche Ehegattenunterhalt gesondert geltend zu machen. Als Maßnahme des vorläufigen Rechtsschutzes dient insoweit § 644 ZPO.

Der **Höhe** nach ist der laufende Unterhalt nicht auf den Notbedarf beschränkt, sondern auszurichten an dem tatsächlich materiell geschuldeten Betrag.[740] Der Antragsteller muss also glaubhaft machen,[741] in entsprechendem Umfang bedürftig zu sein.

328

Diese Bedürftigkeit wird durch **Sozialhilfeleistungen** nach dem BSHG oder UVG oder auch durch **freiwillige Leistungen Dritter** (Verwandter) nicht beeinträchtigt. Auch das Regelungsbedürfnis für eine einstweilige Anordnung entfällt nicht durch derartige Zuwendungen Dritter. Jedoch sind solche Leistungen bei der Frage zu berücksichtigen, ob Zahlung oder nur Sicherheitsleistung anzuordnen ist.[742]

Beachte

329

Soll der Antragsgegner zur **Zahlung** verpflichtet werden, muss glaubhaft gemacht werden, dass die Mutter oder das Kind auf die Zahlungen des in Anspruch Genommenen angewiesen ist. Wird der Unterhalt (vorläufig) durch Verwandte bestritten, kommt nur die Anordnung einer Sicherheitsleistung in Betracht.[743] Sozialhilfeleistungen dagegen hindern die Verpflichtung zur Leistung von Geldzahlungen nicht.[744]

(2) Sonderbedarf

Mit Hilfe der einstweiligen Anordnung nach § 641d ZPO kann nicht nur laufender Unterhalt begehrt werden, sondern auch **Sonderbedarf**, da dieser materiell sowohl beim Kindesunterhalt[745] als auch beim Unterhalt nach § 1615l Abs. 1 und 2 BGB[746] geschuldet wird.

330

(3) Prozesskostenvorschuss

Umstritten ist, ob auch die Leistung eines Prozesskostenvorschusses erlangt werden kann.[747] Soweit der **Prozesskostenvorschuss** als Sonderbedarf qualifiziert wird,[748] liegt dieser Schluss nahe. Doch auch wenn der Anspruch auf Kostenvorschuss lediglich aus einer unterhaltsrechtlichen Beziehung hergeleitet wird, in der die besondere Verantwortung des Verpflichteten für den Berechtigten wie bei verheirateten Ehegatten zum Ausdruck kommt, kann m.E. zu Recht angenommen werden, dass dieser Anspruch auf Prozesskostenvor-

331

---

740 A.A. *Büttner,* FamRZ 2000, 781 (785): nur Mindestbedarf der Mutter.
741 Zur Glaubhaftmachung vgl. § 1 Rn 24 ff.
742 Vgl. hierzu das Erfordernis der Notwendigkeit der einstweiligen Anordnung in § 641d Abs. 2 S. 3 ZPO und unten § 2 Rn 349 ff.
743 *Wohlfahrt,* Band 1 § 1 Rn 408; *Thomas/Putzo – Hüßtege,* § 641d Rn 7, 8.
744 *Zöller – Philippi,* § 641d Rn 11 m.w.N.
745 § 1613 Abs. 2 BGB.
746 *Palandt – Diederichsen,* § 1615l Rn 13 mit Hinweis auf §§ 1615l Abs. 3 S. 4, 1613 Abs. 2 Nr. 2 BGB.
747 Bejahend *Zöller – Philippi,* § 641d Rn 12b – ausdrücklich nur bezüglich des Kindes; *Thomas/Putzo – Hüßtege,* § 641d Rn 11; OLG Düsseldorf FamRZ 1995, 1426; *Gießler/Soyka,* Rn 683; a.A. OLG Koblenz FamRZ 1998, 761; 1999, 241; *Stein/Jonas/Schlosser,* § 641d Rn 15.
748 Vgl. BGHZ 103, 160; dort hat der BGH die Aufwendungen des Kindes für den Ehelichkeitsanfechtungsprozess dem Sonderbedarf zugerechnet; *Zöller – Philippi,* § 641d Rn 12b.

schuss im Anwendungsbereich des § 641d ZPO besteht. Gegenüber dem **Kind** besteht sicherlich die geforderte »qualifizierte« unterhaltsrechtliche Beziehung. Doch auch die **Mutter** eines nichtehelichen Kindes kann auf eine unterhaltsrechtliche Beziehung zum Vater des Kindes verweisen, die (jedenfalls in der nach § 1615l Abs. 1 BGB angesprochenen Zeit)[749] eine gesteigerte Verantwortlichkeit beinhaltet.[750] Unerheblich ist in diesem Zusammenhang m.E. die Regelung des § 1600d Abs. 4 BGB, da § 641d ZPO eben eine Ausnahme von dieser Sperrvorschrift darstellt.[751]

332 *Hinweis*

Wer sich der hier vertretenen Ansicht nicht anschließt und »mangels qualifizierter unterhaltsrechtlicher Beziehung der Mutter zum Vater des Kindes« einen Anspruch der Mutter auf Prozesskostenvorschuss ablehnt, einen solchen des Kindes jedoch bejaht, wird die prozesstaktische Erwägung anzustellen haben, ob nicht anstelle einer Klage der Mutter auf Feststellung der Vaterschaft eine solche des Kindes[752] erhoben werden sollte, um den Anspruch des Kindes auf Kostenvorschuss im Verfahren nach § 641d ZPO realisieren zu können.

333 Der Anspruch auf Prozesskostenvorschuss umfasst:[753]
- die Kosten für den Kindschaftsprozess
- die Kosten für die einstweilige Anordnung nach § 641d ZPO
- die Kosten für einen verbundenen Unterhaltsprozess (§ 653 ZPO)

Sehr weit gehend wird auch vertreten, dass selbst Kosten für weitere Rechtsstreitigkeiten in persönlichen Angelegenheiten gegen beliebige Dritte erfasst sind.[754] Dies lässt sich bei Qualifizierung des Anspruchs auf Prozesskostenvorschuss als Sonderbedarf durchaus begründen und auch mit dem Wortlaut des § 641d ZPO in Einklang bringen, der anders als die Regelungen in §§ 127a, 620 Nr. 10, 621f ZPO nicht Bezug nimmt auf einen Vorschuss für »diesen« Prozess, sondern bewirkt, dass das Kind »seinen« und die Mutter »ihren« Unterhalt erhalten kann.

Zur Frage, bis wann eine Antragstellung möglich ist, vgl. § 2 Rn 567 ff.

bb) Zeitliche Beschränkung der einstweiligen Anordnung auf Leistung von Unterhalt

334 Unterhaltszahlungen können frühestens **ab Antragseingang** begehrt werden.[755] Somit ist es unerheblich, ob rückständiger Unterhalt (nach § 7 UVG, § 94 SGB XII oder § 1607 Abs. 3 BGB) auf einen Dritten übergegangen ist, da mit Hilfe der einstweiligen

---

749 Hierauf verweist auch *Greßmann*, Neues Kindschaftsrecht, Rn 522 in anderem Zusammenhang.
750 *Gießler/Soyka*, Rn 683, stellt zur Begründung auf die Rangverhältnisse ab: § 1615l Abs. 3 S. 3 BGB.
751 *Palandt – Diederichsen*, § 1600d Rn 19.
752 Vgl. § 1600e Abs. 1 BGB.
753 Vgl. eingehender § 2 Rn 564 f.
754 *Gießler*, 3. Auflage, Rn 742.
755 OLG Düsseldorf FamRZ 1994, 840; *Zöller – Philippi*, § 641d Rn 11, 18 m.w.N.

Anordnung nach § 641d ZPO Leistungen für diesen Zeitraum ohnehin grundsätzlich nicht zugesprochen werden können.[756]

Zur Frage der Antragsumstellung, wenn während des laufenden Verfahrens Leistungen erbracht werden, die zu einem gesetzlichen Forderungsübergang führen, vgl. § 2 Rn 358.

b) Einstweilige Anordnung zur Sicherung des Unterhaltes

Anstelle der Anordnung regelmäßiger Unterhaltszahlungen kommt auch die Festsetzung einer **Sicherheitsleistung** für den Unterhalt in Betracht (§ 641d Abs. 1 S. 2 BGB). Voraussetzung ist, dass die Erfüllung der Unterhaltsansprüche, die bis zum Schluss des Vaterschaftsfeststellungsverfahrens aufgelaufen sind, gefährdet ist, also die Befürchtung besteht, der Unterhaltsschuldner werde die zu diesem Zeitpunkt sich ergebenden Unterhaltsrückstände nicht begleichen können.[757] Eine konkrete Gefahr ist nicht erforderlich. In aller Regel ist die Notwendigkeit der Anordnung[758] der Sicherheitsleistung gegeben, wenn der mutmaßliche Vater nicht freiwillig zahlt bzw. von sich aus in geeigneter Form Sicherheit leistet.[759]

335

Da das Hauptsacheverfahren erfahrungsgemäß einige Zeit in Anspruch nimmt und die Rückstände bis zu dessen Erledigung einen hohen Betrag ausmachen können, scheidet die Anordnung einer Sicherheitsleistung nicht alleine deshalb aus, weil der Unterhaltsschuldner in geordneten wirtschaftlichen Verhältnissen lebt und/oder einen festen Arbeitsplatz vorweisen kann.[760]

Insbesondere wenn **Dritte (freiwillige) Leistungen** erbringen und den Unterhaltsbedarf decken, ist an eine solche Sicherheitsleistung zu denken. Ferner wird diese angeordnet werden können, wenn die Voraussetzungen für eine Leistungsanordnung nicht hinreichend glaubhaft gemacht werden konnten, z.B. die Umstände, die die Vaterschaftsvermutung des § 1600d Abs. 2 BGB auslösen. Würde der mutmaßliche Vater Zahlungen erbringen müssen, könnte sein berechtigtes Interesse auf Rückzahlung des zu Unrecht geleisteten Unterhalts trotz eines Anspruchs nach § 641g ZPO letztlich ausfallen, wenn sich im Vaterschaftsfeststellungsverfahren die Vaterschaft nicht nachweisen lässt.[761] Andererseits muss auch dem Schutz des Kindes und der Mutter Rechnung getragen werden. Eine (völlige) Abweisung des Antrages auf Erlass einer einstweiligen Anordnung wäre nicht gerechtfertigt, wenn ein gewisses Maß der Glaubhaftmachung[762] doch erreicht ist. Dann ist es m.E. angezeigt, Sicherheitsleistung für den etwaigen Unterhaltsanspruch anzuordnen.

336

---

756 Zu Ausnahmen wegen Unterhalts für die Vergangenheit vgl. § 2 Rn 28.
757 *Wohlfahrt*, Band 1 § 1 Rn 407; *Zöller – Philippi*, § 641d Rn 12; OLG Düsseldorf FamRZ 1994, 840; NJW-RR 1993, 1289; OLG Koblenz FamRZ 1975, 230; OLG Köln FamRZ 1974, 263; zur Bemessung der Höhe der Sicherheitsleistung vgl. § 2 Rn 337.
758 Nach § 641d Abs. 3 S. 3 ZPO ist insoweit Glaubhaftmachung erforderlich.
759 *Thomas/Putzo – Hüßtege*, § 641d Rn 8 mit Hinweis auf *Büdenbender*, FamRZ 1981, 323, der eine konkrete Gefahr der Anspruchsverwirklichung fordert.
760 *Wohlfahrt*, Band 1 § 1 Rn 407; OLG Frankfurt/Main FamRZ 1971, 380; OLG Koblenz FamRZ 1975, 52; *Zöller – Philippi*, § 641d Rn 12 m.w.N.
761 *Zöller – Philippi*, § 641d Rn 11.
762 Hierzu vgl. § 1 Rn 28 ff.

§2	Einstweiliger Rechtsschutz auf Gewährung von Unterhalt

337 Die zu erbringende Sicherheitsleistung soll – wie bereits dargestellt – verhindern, dass (weitere) Unterhaltsrückstände auflaufen, die nach dem Abschluss eines Hauptsacheverfahrens auf Unterhalt vom potenziellen Unterhaltsschuldner nicht gezahlt werden können. Dementsprechend ist die Höhe der Sicherheit nicht daran zu orientieren, welche Rückstände bislang bestehen.[763] Vielmehr ist sie nach dem voraussichtlich im Zeitraum zwischen der Antragstellung der einstweiligen Anordnung und der Erlangung eines anderen Vollstreckungstitels zu zahlenden Unterhaltsbetrag zu bemessen.

Die Art der Sicherheitsleistung wird gemäß § 108 ZPO nach freiem Ermessen durch das Gericht bestimmt.[764] Wenn Sicherheit durch Zahlung eines Geldbetrages zu erbringen ist, wird regelmäßig eine Einzahlung auf ein zugunsten des Kindes oder des Jugendamtes einzurichtendes Sperrkonto anzuordnen sein.[765] Auch kommt eine den in Anspruch Genommenen regelmäßig weniger belastende Bankbürgschaft in Betracht.[766]

338 Teilweise wird vertreten, dass eine Sicherungsanordnung auch den Arrest ersetzen kann,[767] soweit die Sicherung der Vollstreckung künftig fällig werdender Unterhaltsraten (über den Zeitraum bis zur Erlangung eines anderen Unterhaltstitels hinaus) gefährdet erscheint. Danach soll Sicherheit für den voraussichtlich bis zum 18. Lebensjahr des Kindes geschuldeten Unterhalt erlangt werden können.

III. Das Verhältnis der einstweiligen Anordnung nach § 641d ZPO zu anderen Mitteln einstweiligen Rechtsschutzes und zu Hauptsacheregelungen

1. Das Verhältnis der einstweiligen Anordnung zu Hauptsacheverfahren

339 Die zur einstweiligen Anordnung nach § 620 ZPO dargestellte Problematik,[768] nach der zur selben Zeit Unterhaltsansprüche in einem isolierten Hauptsacheverfahren sowie im einstweiligen Rechtsschutz verfolgbar sind, tritt hier nicht auf. Denn § 1600d Abs. 4 BGB bewirkt, dass die Rechtswirkungen der Vaterschaft erst vom Zeitpunkt ihrer rechtskräftigen Feststellung an geltend gemacht werden können.[769] **Hauptsacheklagen auf Unterhalt** sind somit in diesem Verfahrensstadium, in dem die Vaterschaft erst festgestellt werden soll, **ausgeschlossen**.

---

763 Zöller – Philippi, § 641d Rn 12a; OLG Düsseldorf FamRZ 1994, 840; a.A. Stein/Jonas – Schlosser, § 641d Rn 20; MK (ZPO) – Coester-Waltjen, § 641d Rn 21.
764 Zöller – Philippi, § 641d Rn 18; a.A. OLG Koblenz FamRZ 1973, 382; OLG Stuttgart Justiz 1975, 436.
765 Zöller – Philippi, § 641d Rn 18 m.w.N.
766 OLG Stuttgart Justiz 1975, 436.
767 So Gießler, 3. Auflage, Rn 699.
768 Vgl. oben § 2 Rn 46.
769 Entsprechendes gilt nach § 1594 Abs. 1 BGB ab dem Zeitpunkt der Wirksamkeit der Anerkennung der Vaterschaft.

Die nach § 653 ZPO bestehende Ausnahme, nach der mit einer Klage des Kindes auf Feststellung des Bestehens der Vaterschaft ein Antrag auf Unterhalt in Höhe des Regelbetrages nach der Regelbetragsverordnung verbunden werden kann,[770] hat keinen Einfluss auf die Zulässigkeit der einstweiligen Anordnung nach § 641d ZPO. Mit deren Hilfe kann Unterhalt zu einem früheren Zeitpunkt vollstreckbar tituliert werden als nach § 653 ZPO. Denn nach § 653 Abs. 2 ZPO wird die Verurteilung zur Zahlung von Regelunterhalt nicht vor Rechtskraft des die Vaterschaft feststellenden Urteils wirksam. Ferner ist die einstweilige Anordnung der Höhe nach nicht auf den Regelbetrag beschränkt.[771]

340

2. Das Verhältnis der einstweiligen Anordnung nach § 641d ZPO zu anderen Mitteln des einstweiligen Rechtsschutzes

a) Vor wirksamer Anerkennung/rechtskräftiger Feststellung der Vaterschaft

Wegen der Regelungen der §§ 1600d Abs. 4, 1594 Abs. 1 BGB können sich Konkurrenzprobleme zwischen den verschiedenen Möglichkeiten einstweiligen Rechtsschutzes nur beschränkt ergeben.

341

So setzt eine einstweilige Anordnung nach § 644 ZPO die Feststellung der Vaterschaft voraus. Eine derartige einstweilige Anordnung scheidet folglich während des Laufes des Vaterschaftsfeststellungsverfahrens aus, während dieses Verfahren gerade Voraussetzung für den Erlass einer einstweiligen Anordnung nach § 641d ZPO ist.[772]

Entsprechendes gilt für das Verhältnis der Sicherungsanordnung nach § 641d ZPO zu **Arrest** (§ 916 ZPO) und **Sicherungsverfügung** (§ 940 ZPO). Mangels durchsetzbaren Anspruchs kann vor Anerkennung oder Feststellung der Vaterschaft ein Arrest zur Sicherung eines Unterhaltsanspruches nicht erwirkt werden. Es kommt lediglich die Sicherungsanordnung nach § 641d ZPO in Betracht.[773]

Ebenso scheidet eine Überschneidung der Anwendungsbereiche des § 641d ZPO einerseits und des **§ 620 ZPO** andererseits aus. Denn § 620 Nr. 4, Nr. 6 ZPO betrifft den Unterhalt für ein eheliches Kind oder den Ehegatten, während § 641d ZPO den Unterhalt eines nichtehelichen Kindes oder der Mutter des nichtehelichen Kindes betrifft. Schließlich lehnt sich diese einstweilige Anordnung an ein gerichtliches Vaterschaftsfeststellungsverfahren nach § 1600d BGB an, das nur in Betracht kommt, wenn nicht schon die Vaterschaft nach § 1592 Nr. 1 BGB anzunehmen ist.[774]

342

---

770 Grds. besteht ein Verbindungsverbot nach § 640c ZPO.
771 Vgl. § 2 Rn 331.
772 *Zöller – Philippi*, § 641d Rn 2, 3; *Bernreuther*, FamRZ 1999, 73.
773 Vgl. auch zum Verhältnis zum Arrest § 13 Rn 26.
774 *Bernreuther*, FamRZ 1999, 73.

§ 2 Einstweiliger Rechtsschutz auf Gewährung von Unterhalt

Komplizierter gestaltet sich das Verhältnis zwischen § 641d einerseits und § 1615o BGB[775] andererseits.

Die einstweilige Verfügung nach § 1615o BGB kann sowohl im Falle des Abs. 1 als auch im Falle des Abs. 2 bereits vor der Geburt des Kindes beantragt und erlassen werden.[776] § 641d ZPO erfordert dagegen ein Vaterschaftsfeststellungsverfahren (oder einen entsprechenden Antrag auf PKH-Bewilligung); vor der Geburt des Kindes kommt § 641d ZPO dagegen nicht in Betracht.[777]

> *Hinweis*
> **Ab Anhängigkeit eines Vaterschaftsfeststellungsverfahrens** (nach Geburt) stellt § 641d ZPO lex specialis im Verhältnis zu § 1615o BGB dar.[778] Der Erlass einer einstweiligen Verfügung nach § 1615o BGB scheidet ab diesem Zeitpunkt aus.[779] Ein anhängiges, aber noch nicht verbeschiedenes Verfügungsverfahren gemäß § 1615o BGB ist nach Anhängigkeit eines Kindschaftsprozesses auf Antrag[780] in ein einstweiliges Anordnungsverfahren nach § 641d ZPO überzuleiten.[781]

343 Ist die einstweilige Verfügung aus § 1615o BGB bereits **rechtskräftig erlassen**, so scheidet eine einstweilige Anordnung über denselben Verfahrensgegenstand aus.[782] In einem solchen Fall kommt eine einstweilige Anordnung nach § 641d ZPO erst für die Zeit nach Ablauf der Dreimonatsfrist des § 1615o Abs. 1 BGB bzw. der Frist des § 1615o Abs. 2 BGB in Verbindung mit § 1615l Abs. 1 BGB (acht Wochen nach der Geburt) in Betracht.[783]

Dies gilt entsprechend, wenn der Erlass einer einstweiligen Verfügung **rechtskräftig abgelehnt** worden ist. Eine einstweilige Anordnung nach § 641d ZPO kann für den betreffenden Zeitraum nicht erfolgreich beantragt werden. Hiervon kann dann eine Ausnahme gemacht werden, wenn neue Tatsachen vorgetragen bzw. neue Mittel der Glaubhaftmachung beigebracht werden.[784]

b) Nach wirksamer Anerkennung/rechtskräftiger Feststellung der nichtehelichen Vaterschaft

344 Die Antragstellung nach § 641d ZPO erst in einem Zeitpunkt vorzunehmen, in dem der Vaterschaftsfeststellungsklage rechtskräftig stattgegeben wurde, ist unzulässig.[785]

---

775 Zu § 1615o BGB vgl. § 2 Rn 504.
776 Anders verhält sich die Rechtslage bei § 641d ZPO.
777 *Zöller – Philippi*, § 641d Rn 2; *Bernreuther*, FamRZ 1999, 73.
778 *Zöller – Philippi*, § 641d Rn 3; *Bernreuther*, FamRZ 1999, 73; für eine Wahlmöglichkeit sprechen sich aus *Damrau*, FamRZ 1970, 294; *Thomas/Putzo – Hüßtege*, § 641d Rn 3.
779 *Zöller – Philippi*, § 641d Rn 3.
780 Vgl. auch § 2 Rn 51 f. zur Frage, ob eine Überleitung von Amts wegen vorzunehmen ist.
781 *Gießler/Soyka*, Rn 665 mit Hinweis auf abweichende Auffassung.
782 *Zöller – Philippi*, § 641d Rn 3; *Bernreuther*, FamRZ 1999, 73.
783 Anders natürlich, wenn die einstweilige Verfügung bereits durch die Antragstellung zeitlich näher begrenzt war, wovon in der Regel jedoch nicht auszugehen sein wird.
784 *Zöller – Philippi*, § 641d Rn 3 mit Hinweis auf *Stein/Jonas – Grunsky*, vor § 916 Rn 14 f.
785 Vgl. oben § 2 Rn 322; im Falle der Klageabweisung gilt dasselbe – vgl. § 2 Rn 320.

Einstweiliger Rechtsschutz auf Gewährung von Unterhalt § 2

Falls jedoch eine rechtzeitige Antragstellung erfolgt, die Entscheidung über die einstweilige Anordnung aber noch nicht erlassen ist, muss eine Beschlussfassung nachfolgen, selbst wenn mittlerweile die Vaterschaft rechtskräftig festgestellt wurde.[786]
In einem solchen Fall kann es zur **Konkurrenz** zwischen der einstweiligen Anordnung nach § 641d ZPO und derjenigen nach § 644 ZPO sowie zwischen der Sicherungsanordnung nach § 641d ZPO und der Anordnung eines Arrestes wegen des mittlerweile aufgelaufenen Unterhaltsrückstandes kommen.

Soweit die **Leistung** von Unterhalt betroffen ist, wird es zulässig sein, das Verfahren der einstweiligen Anordnung nach § 641d ZPO (trotz zwischenzeitlich eingetretener Rechtskraft im Vaterschaftsfeststellungsverfahren) fortzusetzen und abzuschließen. Eine Überleitung in ein Verfahren nach § 644 ZPO ist nicht sachgerecht.[787] Ebensowenig ist eine Erledigterklärung sinnvoll. 345

Die beiden letztgenannten Verfahrensweisen würden zu einer Erhöhung der Kosten führen, da eine Erledigterklärung die bereits entstandenen Kosten des § 641d ZPO nicht beseitigen kann und nach erfolgter übereinstimmender Erledigterklärung noch immer kein Unterhaltstitel vorläge. Die Überleitung des einstweiligen Anordnungsverfahrens in ein Verfahren nach § 644 ZPO würde ein Hauptsacheverfahren erforderlich machen mit der entsprechenden Kostenfolge.

Mit Hilfe des § 641d ZPO kann eine **Sicherung** von Unterhaltsbeträgen für den Zeitraum bis zur voraussichtlichen Erlangung eines anderen Vollstreckungstitels (als § 641d ZPO) erwirkt werden.[788] 346

Wird nun der Vaterschaftsfeststellungsklage rechtskräftig stattgegeben, kann ab diesem Zeitpunkt sowohl für die zukünftigen als auch die bisher aufgelaufenen Unterhaltsleistungen ein **Arrest** erwirkt werden.[789] In einem solchen Fall darf ein noch nicht erledigtes, aber rechtzeitig in Gang gebrachtes Verfahren nach § 641d ZPO auf Sicherung der nach dieser Norm sicherbaren Unterhaltsansprüche zu Ende gebracht werden.[790]

Ist eine einstweilige Anordnung nach § 641d ZPO auf Leistung bzw. Sicherung bereits erlassen, scheidet bezüglich deckungsgleichen Unterhaltes eine einstweilige Anordnung nach § 644 ZPO auf Leistung bzw. ein Arrest auf Sicherung aus. Es fehlt das erforderliche Regelungsbedürfnis bzw. der Arrestgrund.[791] 347

---

786 Vgl. § 2 Rn 322; *Bernreuther,* FamRZ 1999, 73.
787 *Bernreuther,* FamRZ 1999, 73.
788 Vgl. § 2 Rn 337.
789 Die Sperrwirkung des § 1600d Abs. 4 BGB greift nicht mehr für rückständigen Unterhalt – vgl. *Palandt – Diederichsen,* § 1600d Rn 18.
790 *Bernreuther,* FamRZ 1999, 73.
791 *Bernreuther,* FamRZ 1999, 73.

IV. Regelungsbedürfnis (§ 641d Abs. 2 S. 3 ZPO)

348 Anders als bei den sonstigen einstweiligen Anordnungen erfährt das Regelungsbedürfnis im Rahmen der einstweiligen Anordnung nach § 641d ZPO eine gesetzlich normierte Ausprägung. Denn in § 641d Abs. 2 S. 3 ZPO ist angeordnet, dass nicht nur der Anspruch, sondern auch die **Notwendigkeit einer einstweiligen Anordnung** glaubhaft zu machen sind. Dieses Erfordernis der Notwendigkeit kann Einfluss darauf haben, ob eine einstweilige Anordnung überhaupt erlassen wird oder statt einer beantragten Anordnung auf Zahlung von Unterhalt nur eine solche auf **Leistung von Sicherheit** in Betracht kommt.[792]

349 Die Notwendigkeit einer einstweiligen Anordnung auf **Zahlung von Unterhalt** ist dann anzunehmen, wenn die Mutter oder das Kind ohne derartige Leistungen Not leiden müssten, weil der Beklagte trotz Aufforderung freiwillige Leistungen nicht erbringt.[793] Anders als bei Hauptsacheklagen auf Unterhalt, bei denen das bloße Titulierungsinteresse regelmäßig genügt, um das allgemeine Rechtsschutzbedürfnis für die Klage zu bejahen, ist dies hier nicht ausreichend. Wird der geforderte (und auch in der Höhe glaubhaft gemachte) Unterhalt jedoch nur teilweise gezahlt, besteht ein Bedürfnis für eine einstweilige Anordnung über den gesamten Unterhaltsbetrag und nicht nur über den nicht erbrachten Anteil.[794]

350 Eine **Notwendigkeit** zum Erlass einer einstweiligen Anordnung auf Unterhalts**zahlung** besteht dann **nicht**, wenn Mutter und Kind sich aus eigenem Einkommen und Vermögen unterhalten können,[795] aber auch, wenn durch Dritte (Verwandte, aber auch durch die Mutter, soweit der Kindesunterhalt betroffen ist) freiwillige Leistungen gewährt werden und deshalb der angemessene Unterhalt der Berechtigten nicht gefährdet wird.[796] Es entfällt in diesem Fall nicht das Bedürfnis für eine einstweilige Anordnung insgesamt, sondern es kommt lediglich eine solche auf **Sicherheitsleistung** in Betracht.

351 Hier sollte m.E. jedoch noch zusätzlich beachtet werden, dass es nicht gerechtfertigt ist, auch für die Zeit nach Erlass des Beschlusses bloße Sicherheitsleistung anzuordnen. Denn es steht in diesem Zeitpunkt nicht fest, dass Leistungen Dritter auch weiterhin in gleichem Maße erbracht werden wie bisher. Während des laufenden Verfahrens sich ändernde Umstände (Einstellung der Leistungsgewährung durch Dritte) wären doch ebenso zu berücksichtigen. Im Übrigen liegt es auch im Interesse jedenfalls des unterhaltsberechtigten Kindes, den Verwandten weitere Leistungen zu ersparen.[797]

352 Die Gewährung von **Sozialhilfeleistungen** dagegen hindert die Verpflichtung zur Leistung von Geldzahlungen nicht.[798]

---

792 Dies wurde bereits oben § 2 Rn 328 angesprochen.
793 *Zöller – Philippi*, § 641d Rn 11.
794 *Zöller – Philippi*, § 641d Rn 16.
795 OLG Koblenz FamRZ 2006, 1137 m.w.N.
796 *Thomas/Putzo – Hüßtege*, § 641d Rn 7; OLG Koblenz FamRZ 1975, 230; *Büdenbender*, FamRZ 1981, 322; *Zöller – Philippi*, § 641 Rn 11; *Wohlfahrt*, Bd. 1 § 1 Rn 401; a.A. MK (ZPO) – *Coester-Waltjen*, § 641d Rn 17.
797 *Zöller – Philippi*, § 641d Rn 16 mit Hinweis auf diverse Rechtsprechung.

Einstweiliger Rechtsschutz auf Gewährung von Unterhalt §2

Für eine einstweilige Anordnung auf **Prozesskostenvorschuss** ist das Erfordernis der Notwendigkeit zu bejahen, wenn die Leistung vom Vorschusspflichtigen trotz Anforderung nicht erbracht wird.[799]   **353**

Das für eine **Sicherungsanordnung** erforderliche Regelungsbedürfnis liegt vor, wenn die Erfüllung der Unterhaltsansprüche, die bis zum Schluss des Vaterschaftsfeststellungsverfahrens voraussichtlich aufgelaufen sein werden, gefährdet ist, somit die Befürchtung besteht, der Unterhaltsschuldner werde die zu diesem Zeitpunkt sich ergebenden Unterhaltsrückstände nicht begleichen können.   **354**

V. Weitere Zulässigkeitsvoraussetzungen

Vgl. § 2 Rn 67.   **354a**

VI. Antragstellung

1. Erfordernis der Antragstellung und Art des Antrags

Eine einstweilige Anordnung nach § 641d ZPO wird ausschließlich **auf Antrag** erlassen. Dieser ist als Sachantrag zu qualifizieren.   **355**

Der Antrag muss dementsprechend hinreichend bestimmt sein. Dies bedeutet, dass der Antragsteller angeben muss, ob er Zahlung oder lediglich Sicherheitsleistung begehrt.

Bei der **Leistungsanordnung** muss darüber hinaus der geforderte Betrag bestimmt angegeben werden.[800] Es kommt auch eine Antragstellung im Sinne des § 1612a BGB (vom Hundertsatz des jeweiligen Regelbetrages) in Betracht. Teilweise wird es auch für zulässig gehalten, den Betrag in das Ermessen des Gerichts zu stellen.[801]

Aus den weiteren Darlegungen zur Antragstellung muss zu entnehmen sein, welche Unterhaltsart geltend gemacht wird (Elementarunterhalt, Sonderbedarf oder auch Prozesskostenvorschuss).

2. Antragsbefugnis

Die Antragsberechtigung lässt sich aus dem Wortlaut des § 641d Abs. 1 S. 1 ZPO ableiten. Danach ist sowohl **das Kind** bezüglich des Kindesunterhaltes als auch **die Mutter** wegen   **356**

---

798 *Zöller – Philippi*, § 641d Rn 11 m.w.N.
799 § 2 Rn 573.
800 *Zöller – Philippi*, § 641d Rn 8.
801 *Thomas/Putzo – Hüßtege*, § 641d Rn 4; *Stein/Jonas/Schlosser*, § 641d Rn 16; MK (ZPO) – *Coester-Waltjen*, § 641d Rn 12; *Zöller – Philippi*, § 641d Rn 8 mit Hinweisen auf abweichende Auffassungen.

147

ihres Unterhaltes zur Antragstellung befugt. Nicht maßgeblich ist, welche dieser beiden Personen Partei der Vaterschaftsfeststellungsklage ist.[802]

Der (mutmaßliche) Vater des Kindes dagegen hat nicht die Möglichkeit, nach § 641d ZPO eine einstweilige Anordnung zu erwirken.[803]

357 Soweit Kindesunterhalt begehrt wird, ist der Antrag durch den **gesetzlichen Vertreter**, also in der Regel durch die Mutter (§ 1626a Abs. 2 BGB), zu stellen. Im Falle des Eintritts der Beistandschaft des Jugendamts zur Feststellung der Vaterschaft und der Geltendmachung von Unterhalt ist das Jugendamt berechtigt, die Antragstellung vorzunehmen und das weitere Verfahren zu betreiben.[804] Macht das Jugendamt von dieser Berechtigung Gebrauch, scheidet damit die Vetretungsmacht der Mutter im Prozess aus (§ 53a ZPO).

358 Werden während des laufenden Verfahrens der einstweiligen Anordnung Leistungen von Dritten oder von einem Sozialhilfeträger erbracht, die zu einem **gesetzlichen Übergang der Forderung** in der Höhe der geleisteten Zahlungen führen (§ 7 UVG, § 94 SBG XII, § 1607 Abs. 3 BGB), so hat der Antragsteller nach m.e. vorzugswürdiger Auffassung den Antrag entsprechend § 265 ZPO umzustellen, soweit die cessio legis greift, und Leistung an den Dritten zu verlangen.[805]

Nach anderer Auffassung scheidet eine Anwendung des § 265 ZPO aus, da für den neuen Gläubiger kein Eilbedürfnis besteht.[806]

Eine Antragsumstellung ist erst recht nicht erforderlich, wenn mit Hilfe des § 641d ZPO eine **Sicherung** der Unterhaltsleistungen begehrt wird.[807]

359 *Beachte*

Hier sei zusammenfassend darauf hingewiesen, dass Leistungen, die von dritter Seite (Verwandte, Sozialhilfeträger) erbracht wurden und aller Voraussicht nach auch weiterhin erbracht werden, mehrfach Bedeutung haben:

Zunächst ist zu hinterfragen, ob überhaupt eine einstweilige Anordnung und mit welchem Inhalt sie erlangt werden kann: bei Sozialhilfe ist (zunächst) eine Antragstellung auf Leistung zulässig – vgl. § 2 Rn 328 und 352. Wird Unterhalt von Verwandten gewährt, kann ggf. nur Sicherheitsleistung beantragt werden – vgl. § 2 Rn 350.

Werden während des Verfahrens weiterhin Sozialhilfeleistungen erbracht, ist nach hier vertretener Auffassung eine Antragsumstellung vorzunehmen – vgl. § 2 Rn 358. Dasselbe gilt im Falle eines zulässigen Leistungsantrages trotz Unterhaltsgewährung durch Verwandte

---

802 *Thomas/Putzo – Hüßtege*, § 641d Rn 2, 4; zur Frage der Beteiligtenstellung, wenn der Antragsteller nicht Partei des Hauptverfahrens ist, vgl. § 2 Rn 371.
803 Vgl. § 2 Rn 326.
804 Vgl. §§ 1712 Nr. 1, 2, 1713, 1714, 1716, 1793, 1915 BGB.
805 Vgl. § 2 Rn 71; OLG Düsseldorf FamRZ 1994, 840 zur Anordnung einer Sicherheitsleistung; OLG Hamm FamRZ 1980, 456 (zur Rechtslage nach §§ 90, 91 BSHG und der Frage der Mutwilligkeit gemäß § 114 ZPO); wohl auch *Zöller – Philippi*, § 641d Rn 17.
806 OLG Karlsruhe FamRZ 1979, 709.
807 OLG Düsseldorf FamRZ 1994, 840; *Zöller – Philippi*, § 641d Rn 12.

Einstweiliger Rechtsschutz auf Gewährung von Unterhalt §2

(Gefährdung des eigenen angemessenen Bedarfs) und erfolgtem Forderungsübergang (§ 1607 Abs. 3).
War die Antragstellung auf Sicherheitsleistung gerichtet, ergibt sich nicht das Erfordernis einer Änderung – vgl. § 2 Rn 358.

3. Form des Antrags/Anwaltszwang

Der Antrag ist **schriftlich** einzureichen, kann jedoch auch **zu Protokoll der Geschäftsstelle** des für den Vaterschaftsfeststellungsprozess zuständigen Gerichts oder jedes sonstigen Amtsgerichts erklärt werden (§§ 641d Abs. 2 S. 2, 129a Abs. 1 ZPO). 360

Soll der Antrag erst nach Anhängigkeit der Berufung im Hauptsacheprozess gestellt werden, so ist er beim dann zuständigen OLG einzureichen.

Anwaltlicher Vertretung bedarf es in erster Instanz weder für die Antragstellung noch für ein sich anschließendes Verfahren (§ 78 Abs. 2 ZPO). Die Verhandlung vor dem Oberlandesgericht unterliegt dem Anwaltszwang. Der Antrag selbst dagegen kann dort ohne anwaltliche Vertretung eingereicht werden (§§ 78 Abs. 5, 641d Abs. 2 S. 2 ZPO).[808]

4. Inhalt der Antragsschrift/darzustellende Voraussetzungen

Zur erforderlichen Bestimmtheit des Antrages vgl. § 2 Rn 355. 361

In Verfahren des einstweiligen Rechtsschutzes zur Leistung oder Sicherung von Unterhalt sind grundsätzlich sämtliche Voraussetzungen darzustellen (und glaubhaft zu machen), die den Erlass der begehrten Entscheidung rechtfertigen. Es herrscht in diesen zivilprozessual ausgerichteten Verfahren der sogenannte Beibringungsgrundsatz.[809]

Besonderheiten treten jedoch bei der einstweiligen Anordnung nach § 641d ZPO insoweit auf, als diese als Hauptsacheverfahren eine Vaterschaftsfeststellungsklage voraussetzt und somit einen Rechtsstreit, der gemäß §§ 640 Abs. 1, 616 Abs. 1 ZPO dem **Untersuchungsgrundsatz** folgt. Die Umstände, die in der Hauptsacheklage von Amts wegen aufzuklären sind, müssen für die einstweilige Anordnung in derselben Weise festgestellt werden. Von Amts wegen sind demzufolge die Tatsachen zur Vaterschaft zu ermitteln und einer Beweiserhebung zuzuführen.[810]

Bezüglich der sonstigen Tatsachen bleibt es beim **Beibringungsgrundsatz**.[811]

---

808 *Zöller – Philippi*, § 641d Rn 8.
809 Vgl. § 1 Rn 35.
810 OLG Düsseldorf FamRZ 1995, 142; *Bergerfurth*, FamRZ 1970, 363.
811 OLG Stuttgart Justiz 1975, 271; *Zöller – Philippi*, § 641d Rn 14; a.A. *Stein/Jonas/Schlosser*, § 641d Rn 18.

§ 2 Einstweiliger Rechtsschutz auf Gewährung von Unterhalt

Dennoch sollten selbstverständlich die Umstände zur Vaterschaft – soweit bekannt – von Antragstellerseite aus vorgetragen werden, um dem Gericht zügige und erfolgversprechende (weitere) Ermittlungen zu ermöglichen.

362 In die Antragsschrift sind demzufolge Ausführungen zu folgenden Voraussetzungen der einstweiligen Anordnung aufzunehmen:

- die allgemeinen Verfahrensvoraussetzungen[812]
- Partei-, Prozessfähigkeit
- Zuständigkeit des angerufenen Gerichts
- gesetzliche Vertretung
- Regelungsbedürfnis – hier jedoch besonders Notwendigkeit der einstweiligen Anordnung maßgeblich
- das Fehlen von Verfahrenshindernissen
- anderweitige Rechtshängigkeit/Rechtskraft eines summarischen Verfahrens
- entgegenstehende Rechtskraft einer Hauptsacheentscheidung
  Eine solche Hauptsacheentscheidung kommt hier nicht in Betracht, da die Vaterschaft gerade erst festgestellt werden soll und vor einer der Feststellungsklage stattgebenden rechtskräftigen Entscheidung die Sperrwirkung des § 1600d Abs. 4 BGB greift.
- die besonderen Verfahrensvoraussetzungen
- zur Anhängigkeit der Vaterschaftsfeststellungsklage (Hinweis auf das Aktenzeichen des zuständigen Gerichts genügt)
- zur Notwendigkeit der einstweiligen Anordnung gemäß § 641d Abs. 2 S. 3 ZPO
  Hier sind ggf. auch die Tatsachen darzustellen, die für eine Leistungsanordnung und gegen eine bloße Sicherung des Unterhaltes sprechen.
- die materiellen Voraussetzungen des Unterhaltsanspruchs
- Sowohl bei Kindesunterhalt als auch bei Unterhalt für die Mutter des Kindes bietet sich eine umfassende Darstellung zur Vaterschaft des Antragsgegners an, obwohl hier der Untersuchungsgrundsatz greift (§§ 640 Abs. 1, 616 Abs. 1 ZPO).[813]
- tatsächliche Voraussetzung zum Bedarf und der Bedürftigkeit des Antragstellers
- Tatsachen zur Leistungsfähigkeit, wenn eine Beschlussfassung ohne Anhörung des Gegners erfolgen soll[814]
- bei Antrag auf Erlass der einstweiligen Anordnung ohne rechtliches Gehör des Gegners auch das Fehlen naheliegender Einwendungen.[815]

---

812 Weitergehend zu Prozessvoraussetzungen vgl. *Thomas/Putzo – Reichold*, Vorbem § 253 Rn 15 ff.
813 *Zöller – Philippi*, § 640 Rn 30: zur Schlüssigkeit der Abstammungsklage selbst genügt die Behauptung, dass das klagende Kind vom Beklagten abstammt.
814 Vgl. § 1 Rn 35.
815 § 1 Rn 35.

5. Glaubhaftmachung/Begründung

Soweit die tatsächlichen Voraussetzungen der einstweiligen Anordnung dem **Beibringungsgrundsatz** unterliegen,[816] sind diese gemäß § 641d Abs. 2 S. 3 ZPO vom Antragsteller auch **glaubhaft** zu machen.

363

Dabei ist hinsichtlich der erforderlichen Intensität der Glaubhaftmachung von dem allgemeinen Grundsatz[817] auszugehen, wonach die Dringlichkeit des Bedarfes der Anspruchsteller mit dem zu erwartenden Nachteil des Anspruchsgegners in Relation zu setzen sind. Das heißt, dass bei dringendem Bedarf des (angeblich) Unterhaltsberechtigten und geringen zu erwartenden Nachteilen des in Anspruch Genommenen der erforderliche Wahrscheinlichkeitsgrad niedriger ist als im umgekehrten Fall. Auch kann der Grad der Glaubhaftmachung während des Laufes des Verfahrens variieren; so können zu Beginn des Hauptsacheverfahrens Glaubhaftmachungsmittel von geringerer Zuverlässigkeit genügen.[818]

a) Materielle Voraussetzungen mit Ausnahme der Vaterschaft

Der Anspruchsteller muss den unterhaltsrechtlichen **Bedarf** glaubhaft machen.

364

> *Tipp*
> Wenn jedoch mit der einstweiligen Anordnung lediglich Kindesunterhalt in Höhe des Regelbetrags (§ 1612a Abs. 1 BGB) beantragt wird, erübrigt sich insoweit eine Glaubhaftmachung, obwohl das Gesetz einen Mindestbedarf derzeit nicht kennt.[819]

Beansprucht das Kind jedoch einen höheren Unterhaltsbetrag oder Sonderbedarf, so hat die Glaubhaftmachung sich auch auf den konkreten Bedarf zu beziehen.

Auch die bestehende **Bedürftigkeit**, das bedeutet die mangelnde Fähigkeit, den Bedarf aus eigenem Einkommen oder Vermögen zu bestreiten, ist glaubhaft zu machen. Jedoch wird hierzu in aller Regel eine eidesstattliche Versicherung genügen, dass ein Einkommen bzw. zumutbar einsetzbares Vermögen nicht vorhanden ist.
Freiwillige Leistungen Dritter oder die Gewährung von Sozialhilfe lassen die Bedürftigkeit nicht entfallen.[820]

365

Soll eine einstweilige Anordnung **ohne vorherige Anhörung** des Antragsgegners ergehen, so sind naheliegende Zweifel an der Vermutungswirkung des § 1600d Abs. 2 BGB sowie naheliegende den Bedarf oder die Bedürftigkeit negativ beeinflussende Umstände durch den Antragsteller zu widerlegen.[821]

366

---

816 Siehe oben § 2 Rn 361.
817 Vgl. oben § 1 Rn 30 f.
818 *Zöller – Philippi*, § 641d Rn 9.
819 Vgl. § 2 Rn 411 f. und die dort dargestellten gesetzgeberischen Aktivitäten zur Regelung eines Mindestbedarfs.
820 Vgl. § 2 Rn 359.
821 § 1 Rn 35.

b) Voraussetzungen der Vaterschaft

367 Auch wenn bezüglich der Feststellungen zur Vaterschaft der Amtsermittlungsgrundsatz greift,[822] ist doch zu beachten, dass für den Antragsteller nicht nur die Frage der Beweisführung (Beibringungsgrundsatz oder Amtsermittlung) als solche eine Bedeutung hat. Ebenso gewichtig ist die so genannte Beweislast im engeren Sinne,[823] die darüber befindet, zu wessen Lasten es denn geht, wenn nach Auffassung des Gerichts im Zeitpunkt der Entscheidung die erforderlichen Tatsachen zur Vaterschaft nicht hinreichend glaubhaft sind.

368 Bezogen auf die Vaterschaftsfeststellung gilt Folgendes:[824]

Soll der Unterhaltsanspruch der Mutter oder derjenige des Kindes mit Hilfe des § 641d ZPO einstweilen geregelt werden, bedarf es vor allem der **Glaubhaftmachung der Vaterschaft**.

Wenn im Vaterschaftsfeststellungsverfahren bereits Blutgruppen-Gutachten oder die Ergebnisse einer DNA-Analyse[825] vorliegen, können diese selbstverständlich im Rahmen der einstweiligen Anordnung verwertet werden.[826] Kommen die vorliegenden Gutachten zu einem Ergebnis, bei dem die Vaterschaft des Beklagten bereits als bewiesen zu erachten ist,[827] so sind die Voraussetzungen für die Glaubhaftmachung erfüllt. Treffen die vorliegenden Gutachten die Aussage, dass die Vaterschaft höchstwahrscheinlich[828] oder sehr wahrscheinlich[829] ist, genügt dies ebenfalls für die hier erforderliche Glaubhaftmachung. Der in Anspruch genommene Mann kann sich gegen den drohenden Erlass einer einstweiligen Anordnung in einem solchen Fall jedoch dadurch zur Wehr setzen, dass er seinerseits Umstände glaubhaft macht, die schwerwiegende Zweifel an der Vaterschaft begründen (z.B. Mehrverkehr in der Empfängniszeit).

369 Meist werden derartige Beweisergebnisse bei Antragstellung jedoch noch nicht vorliegen. In diesen Fällen (und auch dann, wenn eingeholte Gutachten eine Wahrscheinlichkeit ergeben haben, die unterhalb der oben angegebenen Schwelle liegt – einfache Vaterschaftswahrscheinlichkeit) wird von Antragstellerseite auf die **Vaterschaftsvermutung** des § 1600d Abs. 2 BGB zurückzugreifen sein.[830]

---

822 *Zöller – Philippi*, § 641d Rn 14, 9.
823 Vgl. *Schellhammer*, Rn 372 zur Abgrenzung der Beweisführungslast von der Beweislast im engeren Sinne.
824 Eingehender hierzu vgl. *Zöller – Philippi*, § 641d Rn 9a und *Palandt – Diederichsen*, § 1600d Rn 11 ff.
825 Hierzu vgl. *Wohlfahrt*, Bd. 1 § 7 Rn 80 ff.; *Palandt – Diederichsen*, Einführung vor § 1591 Rn 11.
826 OLG Düsseldorf FamRZ 1995, 142.
827 So bei Blutgruppen-Gutachten mit serostatistischen Zusatzberechnungen, die eine Vaterschaftswahrscheinlichkeit von 99,8 % ergeben, es sei denn dagegen sprechende Umstände wie Mehrverkehr sind glaubhaft gemacht. Derartige den Vaterschaftsnachweis entkräftende Umstände hindern jedoch nicht grundsätzlich, dass der Vaterschaft für den Erlass einer einstweiligen Anordnung nach § 641d ZPO aus anderen Gründen doch hinreichend glaubhaft gemacht ist.
828 Serostatistische Wahrscheinlichkeit von 99 bis 99,7 %.
829 Serostatistische Wahrscheinlichkeit von 95 bis 98,9 %.
830 OLG Düsseldorf NJW-RR 1993, 1289; FamRZ 1994, 840.

Danach wird im Verfahren auf gerichtliche Feststellung der Vaterschaft als Vater vermutet, wer der Mutter während der Empfängniszeit (Zeit von dem 300. bis zu dem 181. Tag vor der Geburt des Kindes) beigewohnt hat. Die Vermutungswirkung entfällt, wenn schwerwiegende Zweifel an der Vaterschaft bestehen.

Somit ist für den Erlass einer einstweiligen Anordnung erforderlich, dass der Geschlechtsverkehr des Antragsgegners mit der Mutter in der gesetzlichen Empfängniszeit glaubhaft gemacht wird. Macht der Antragsgegner seinerseits Mehrverkehr glaubhaft, entstehen damit schwerwiegende Zweifel an der Vaterschaft. In einem solchen Fall obliegt es dann wieder der antragstellenden Mutter bzw. dem Kind, die bestehenden Zweifel zu entkräften. Diesem Erfordernis müssen die Anspruchsteller dagegen wiederum nicht nachkommen, wenn aufgrund weiterer Umstände unwahrscheinlich ist (wie beispielsweise wegen der Zeit des angegebenen Mehrverkehrs oder wegen eines Blutgruppengutachtens, das die Vaterschaft des weiteren Mannes als unwahrscheinlich darstellt), dass das Kind von dem angegebenen weiteren Mann abstammt.[831]

Sollte den Anspruchstellern die erforderliche Glaubhaftmachung nicht hinreichend gelingen, ist seitens des Gerichts zu erwägen, ob nicht an Stelle einer Zahlungsanordnung eine solche auf Sicherheitsleistung ergeht.[832]

6. Zuständiges Gericht

Das zuständige Gericht wird durch § 641d Abs. 2 S. 5 ZPO bestimmt.   370

Sobald und solange ein Vaterschaftsfeststellungsverfahren in erster Instanz anhängig ist, ist der Antrag auf Erlass einer einstweiligen Anordnung bei diesem Gericht zu stellen. Diese Zuständigkeit bleibt nach Erlass des Urteils erhalten bis zur Einlegung der Berufung. Ab Anhängigkeit der Berufung geht die Zuständigkeit auf das OLG über. War im Zeitpunkt der Antragstellung das Amtsgericht zuständig, so hat es über den Anordnungsantrag zu entscheiden, selbst wenn später Berufung eingelegt wird.

Ab Anhängigkeit des Hauptsacheverfahrens in der **Revisionsinstanz** ist wiederum die Zuständigkeit des erstinstanzlichen Familiengerichtes begründet.[833]

Bezüglich der **internationalen Zuständigkeit** vgl. § 14 Rn 15 f.

---

831 *Zöller – Philippi*, § 641d Rn 9a; *Damrau*, FamRZ 1970, 293.
832 *Zöller – Philippi*, § 641d Rn 9a m.w.N.
833 Zu alledem vgl. *Zöller – Philippi*, § 641d Rn 7.

VII. Ablauf des Verfahrens

1. Beteiligte

371   Auf **Antragsgegnerseite** tritt als Beteiligter der (mutmaßliche) Vater des Kindes auf. Entsprechend der Antragsbefugnis können auf **Antragstellerseite** sowohl das **Kind** als auch die **Mutter** Beteiligte sein.

Die Antragsberechtigung ist jedoch nicht von der Parteistellung im Hauptsacheprozess (Vaterschaftsfeststellungsklage) abhängig. Das Anordnungsverfahren kann sowohl vom Kind als auch von der Mutter betrieben werden. Wird die Antragstellung im einstweiligen Anordnungsverfahren von der nicht als Partei am Hauptsacheverfahren beteiligten Mutter (bzw. von dem nicht beteiligten Kind) vorgenommen, ist ein Beitritt der antragstellenden Person zumindest mit Wirkung für das Anordnungsverfahren erforderlich.[834] Ebenso kann ein Beitritt als weitere Hauptpartei erfolgen.[835]

Tritt das Kind im Anordnungsverfahren als Antragsteller auf, so bedarf es hier ebenso wie im Hauptsacheverfahren der Vertretung durch eine vertretungsbefugte Person, regelmäßig also durch die Mutter (§ 1626a Abs. 2 BGB).

Zur Vertretung durch das Jugendamt im Falle einer Beistandschaft vgl. oben § 2 Rn 357.

2. Mündliche Verhandlung

372   Anders als bei den einstweiligen Anordnungen nach §§ 620, 644 ZPO ist hier die Durchführung einer mündlichen Verhandlung **obligatorisch** (§ 641d Abs. 2 S. 4 ZPO). Da das Anordnungsverfahren Teil des Kindschaftsprozesses ist, folgt es den Verfahrensregeln des § 640 Abs. 1 ZPO; die mündliche Verhandlung ist somit **nicht öffentlich** (§ 170 GVG).

373   Eine **Säumnisentscheidung** kommt in einstweiligen Anordnungsverfahren nicht in Betracht.[836] Ebenso wie bei § 620 ZPO ist eine mündliche Verhandlung nicht durchzuführen und eine Beschlussfassung nicht vorzunehmen, wenn der Antragsteller nicht erscheint. Ist dagegen der Antragsgegner säumig, kommt eine einseitige streitige Verhandlung in Betracht.

3. Anwaltszwang

374   Nur für die mündliche Verhandlung in der Berufungsinstanz besteht Anwaltszwang (§ 78 Abs. 2 ZPO).

---

834 *Gießler/Soyka*, Rn 663.
835 Ob ein Beitritt als Nebenintervenient nach § 66 ZPO möglich ist, ist umstritten; bejahend OLG Karlsruhe FamRZ 1998, 485; a.A. OLG Hamm FamRZ 1994, 386.
836 Vgl. oben § 2 Rn 108.

4. Beweisaufnahme/Parteimaxime

Entsprechend dem summarischen Charakter eines einstweiligen Anordnungsverfahrens ist eine förmliche Beweisaufnahme nicht angezeigt. Der Umfang der Sachaufklärung wird wesentlich bestimmt durch den Umstand, dass der Antragsteller den Anspruch und die Notwendigkeit einer einstweiligen Anordnung **glaubhaft** zu machen hat. Jedoch folgt die einstweilige Anordnung nach § 641d ZPO den Verfahrensregeln des § 640 Abs. 1 ZPO.[837] Somit greift eine entsprechende Anwendung des § 616 Abs. 1 ZPO, die bewirkt, dass das Gericht zur Beweiserhebung berufen ist, soweit die Vaterschaft als solche betroffen ist. Es gilt der **Amtsermittlungsgrundsatz**.[838] Soweit jedoch die Vermögens- und Einkommensverhältnisse der Beteiligten von Bedeutung sind (Bedarf und Bedürftigkeit), gilt uneingeschränkt der **Beibringungsgrundsatz**.[839]

375

5. Beendigung durch Vergleich

Auch wenn im einstweiligen Anordnungsverfahren nach § 641d ZPO teilweise der Amtsermittlungsgrundsatz gilt,[840] ist eine Verfahrensbeendigung durch **Vergleich** möglich. Die Parteien sind befugt, über den Streitgegenstand zu verfügen.[841]

376

Auch hier sollte bei der Formulierung des Vergleichs unbedingt darauf geachtet werden, dass klargestellt wird, ob der Vergleich nur zur Erledigung des Anordnungsverfahrens abgeschlossen wird oder eine endgültige Streitbeilegung beabsichtigt ist. Soll der Vergleich nur der Erledigung des einstweiligen Anordnungsverfahrens dienen, so tritt er in gleicher Weise außer Kraft wie eine solche.[842]

> *Tipp*
> Sicherlich ist es sinnvoll, im Vergleich zu regeln, welche Folgen sich ergeben, wenn im Hauptsacheverfahren eine Feststellung der Vaterschaft nicht erfolgt.

6. Entscheidung/Beschluss

a) Förmlichkeiten der Entscheidung

Die gerichtliche Entscheidung ergeht gem. § 641d Abs. 2 S. 4 ZPO stets als **Beschluss**. Eine Versäumnisentscheidung scheidet aus.

377

---

837 *Zöller – Philippi*, § 641d Rn 14; *Damrau*, FamRZ 1970, 293; *Bergerfurth*, FamRZ 1970, 363.
838 OLG Stuttgart Justiz 1974, 16; OLG Düsseldorf FamRZ 1995, 1425; *Bergerfurth*, FamRZ 1970, 363.
839 *Zöller – Philippi*, § 641d Rn 14 m.w.N.; a.A. *Stein/Jonas – Schlosser*, § 641d Rn 18.
840 Vgl. soeben § 2 Rn 375.
841 *Zöller – Philippi*, § 641d Rn 15.
842 Hierzu vgl. § 2 Rn 392.

Der Beschluss ist gem. § 329 Abs. 1 S. 1 ZPO zu verkünden und mit einer Begründung zu versehen.[843]

b) Inhalt des Beschlusses
aa) Regelungsumfang und Bindung an Parteianträge

378 Bei der Beschlussfassung ist zu prüfen, inwieweit die Antragsvoraussetzungen glaubhaft vorliegen.

Durch die Antragstellung wird eine Bindung nach **§ 308 Abs. 1 ZPO** bewirkt. Dies bedeutet, dass nicht mehr Unterhalt zugesprochen werden darf als beantragt. Ebenso darf eine Anordnung nicht auf Zahlung lauten, wenn die Antragstellung sich nur auf Sicherheitsleistung bezogen hat.[844] Da die Sicherheitsleistung gegenüber dem Zahlungsanspruch kein Aliud sondern ein Minus darstellt, ist der umgekehrte Fall sehr wohl denkbar, dass nämlich Sicherheitsleistung zugesprochen wird, obwohl ein Zahlungsantrag gestellt war.

Der früheste Zeitpunkt, auf den sich die Leistungsanordnung beziehen kann, ist der **Antragseingang.**[845]

Die Art einer angeordneten Sicherheitsleistung wird durch das Gericht bestimmt und unterliegt nicht einem Wahlrecht des Antragsgegners nach §§ 232 ff. BGB.[846]

bb) Kosten

379 Das Anordnungsverfahren löst besondere Gebührentatbestände aus.[847] Dennoch ergeht in aller Regel eine Kostenentscheidung nicht, da die Kosten des Verfahrens der einstweiligen Anordnung als Teil der Kosten der Hauptsache gelten.

Im Rahmen der Kostenentscheidung des Hauptsacheverfahrens ist gemäß § 641d Abs. 4 Hs. 2 ZPO die Regelung des § 96 ZPO zu berücksichtigen, sodass dem im Vaterschaftsfeststellungsprozess obsiegenden Kläger die Kosten eines von vornherein erfolglosen Antrages auf Erlass einer einstweiligen Anordnung aufzuerlegen sind.

Liegt ein Fall der Nebenintervention (Mutter tritt dem klagenden Kind bei) vor und hat der Nebenintervenient eine einstweilige Anordnung beantragt, sind die hierdurch entstehenden Kosten solche der Nebenintervention. Auch dann ist eine gesonderte Kostenentscheidung nicht erforderlich.[848]

---

843 *Zöller – Philippi,* § 641d Rn 16.
844 *Zöller – Philippi,* § 641d Rn 18; KG FamRZ 1971, 454; OLG Celle FamRZ 1971, 197; OLG Hamm FamRZ 1971, 456.
845 *Zöller – Philippi,* § 641d Rn 18 m.w.N.; vgl. auch § 2 Rn 337.
846 KG FamRZ 1976, 98; *Stein/Jonas – Schlosser,* § 641d Rn 21; a.A. OLG Koblenz FamRZ 1973, 382; OLG Stuttgart Justiz 1975, 436.
847 Vgl. § 18 Nr. 1 e) RVG und KV-GKG Nr. 1423.
848 *Zöller – Philippi,* § 641d Rn 18a.

VIII. Vollstreckung

Die einstweilige Anordnung nach § 641d ZPO ist mit der sofortigen Beschwerde anfechtbar (vgl. § 641d Abs. 3 ZPO). Somit stellt sie einen **Vollstreckungstitel** im Sinne des § 794 Abs. 1 Nr. 3 ZPO dar. Einer ausdrücklichen Titulierung der Vollstreckbarkeit bedarf es nicht. Eine Aussetzung der Vollziehung der einstweiligen Anordnung kommt nach § 570 Abs. 2, Abs. 3 ZPO in Betracht.

380

IX. Rechtsbehelfe

Bei einer einstweiligen Anordnung nach § 641d ZPO findet sich eine ausdrückliche Regelung zu statthaften Rechtsbehelfen nur in Abs. 3 S. 1 dieser Vorschrift. Danach kann die einstweilige Anordnung mit der sofortigen Beschwerde angegriffen werden. Ob darüber hinaus eine Abänderung der getroffenen Entscheidung zulässig ist, ist gesetzlich nicht geregelt.

381

1. Abänderung oder Aufhebung des Beschlusses

Obwohl eine der Regelung des § 620b Abs. 1 ZPO entsprechende Norm nicht existiert, die es ermöglicht, eine einmal erlassene einstweilige Anordnung abzuändern oder aufzuheben, war vor der Änderung des § 641d Abs. 3 S. 1 ZPO anerkannt, dass dieser Rechtsbehelf in Betracht kam und die erlassene Anordnung auf Antrag nach erneuter mündlicher Verhandlung (analog § 641d Abs. 2 S. 4 ZPO) jederzeit abgeändert werden konnte.[849] Dies war konsequent, da die vom erstinstanzlichen Familiengericht erlassene einstweilige Anordnung weder in formelle noch in materielle Rechtskraft erwuchs. Denn als Rechtsmittel gegen eine einstweilige Anordnung war die unbefristete Beschwerde statthaft (§ 641d Abs. 3 S. 1 ZPO a.F.).

382

M.E. wird durch die Anpassung des § 641d Abs. 3 S. 1 ZPO n.F. an das in der gesamten ZPO geltende Rechtsbehelfssystem keine Änderung bezüglich der Abänderbarkeit bewirkt.[850] Denn nach wie vor besteht sehr wohl die Möglichkeit, dass sich während des Laufes des Vaterschaftsfeststellungsverfahrens – aber nach Ablauf der Frist für die Einlegung der sofortigen Beschwerde – erhebliche Änderungen in der Beweislage ergeben. Es besteht somit auch weiterhin ein Bedürfnis, hierauf angemessen reagieren zu können.

383

Ob eine Abänderung bzw. Aufhebung der erstinstanzlichen Entscheidung auch **rückwirkend** möglich ist und **welche Voraussetzungen** hierfür vorliegen müssen, wird nicht einheitlich beurteilt.[851] Angesichts der bestehenden (eingeschränkten) materiellen Rechtskraft,

384

---

849 *Zöller – Philippi*, § 641d Rn 19.
850 So auch *Thomas/Putzo – Hüßtege*, § 641d Rn 14 und *Zöller – Philippi*, § 641d Rn 19.
851 *Zöller – Philippi*, § 641d Rn 19 sieht als frühestmöglichen Zeitpunkt denjenigen der Anhängigkeit des Abänderungsantrages an, wobei veränderte Verhältnisse als Voraussetzung gefordert werden; a.A. *Thomas/Putzo – Hüßtege*, § 641d Rn 14.

§ 2 Einstweiliger Rechtsschutz auf Gewährung von Unterhalt

die einer erstinstanzlichen Entscheidung zukommt,[852] neige ich zu der Auffassung, eine rückwirkende Abänderung zwar zuzulassen, dies jedoch nur unter denselben Voraussetzungen wie bei einer Abänderung nach § 620b Abs. 1 ZPO nach durchgeführter mündlicher Verhandlung. Denn nach § 641d ZPO ist stets aufgrund mündlicher Verhandlung zu entscheiden und der sodann ergehende Beschluss mit der sofortigen Beschwerde anfechtbar. Es muss dementsprechend verhindert werden, dass die eingeschränkte Anfechtbarkeit durch eine zu umfassende Abänderungsmöglichkeit leerläuft.

Hinweis
Somit ist eine Abänderung nur gerechtfertigt, wenn **neue Tatsachen oder Beweismittel** vorgetragen werden. Hierzu zählen auch solche, die bei Beschlussfassung zwar bereits existent, aber nicht bekannt waren und deshalb der Entscheidung nicht zugrunde lagen. Gerade hier liegt es m.E. auf der Hand, dass dies zu akzeptieren ist. Denn entweder war der in Anspruch genommene schon immer Vater oder er war es nicht. Soweit es sich bei den Abänderungsgründen um Tatsachen handelt, die den Beweis für die Vaterschaft betreffen, oder um Beweismittel selbst, sollte darauf abgestellt werden, ob der die Abänderung Begehrende im Zeitpunkt der Entscheidung Kenntnis davon hatte.

Eine **rückwirkende** Abänderungsmöglichkeit ist deshalb vorzugswürdig, weil es nicht einzusehen ist, weshalb ein vermeintlich Unterhaltsberechtigter aus einer einstweiligen Anordnung (zwar nur wegen der seit Beschlussfassung aufgelaufenen Rückstände) soll weiter vollstrecken können, wenn sich nunmehr eine andere Beurteilung der Wahrscheinlichkeit der Vaterschaft ergibt.

Dem vermeintlichen Unterhaltsgläubiger schadet die rückwirkende Abänderung des Beschlusses nicht, wenn er bereits vollstreckt hat. § 641g ZPO greift in diesem Fall nicht. Da somit die rückwirkende Abänderung dem vermeintlichen Unterhaltsschuldner auch nichts nützt, ist daran zu denken, dass insoweit das Rechtsschutzbedürfnis für eine Abänderung fehlt.

385 Ist die einstweilige Anordnung nach § 641d ZPO vom OLG erlassen oder liegt eine auf sofortige Beschwerde ergangene zweitinstanzliche Entscheidung vor, tritt formelle Rechtskraft ein, wenn nicht das Beschwerdegericht die Rechtsbeschwerde im Beschluss zugelassen hat (§ 574 Abs. 1 Nr. 2 ZPO).

Hieraus folgt, dass die Entscheidung des Oberlandesgerichts ebenso eine eingeschränkte materielle Rechtskraft hat, wodurch eine Abänderung nur dann gerechtfertigt ist, wenn **neue Tatsachen oder Beweismittel** vorgebracht werden.

---

852 Vgl. § 1 Rn 19 ff.

Einstweiliger Rechtsschutz auf Gewährung von Unterhalt § 2

Eine Abänderung eines sogenannten **Interimsvergleichs**[853] kommt unter Berücksichtigung der soeben dargestellten Grundsätze ebenfalls in Betracht.[854]
Die **Zuständigkeit** zur Abänderung ergibt sich aus einer entsprechenden Anwendung des § 641d Abs. 2 S. 5 ZPO. Maßgeblich ist demzufolge, welches Gericht zum Zeitpunkt der Antragstellung mit dem Hauptverfahren befasst ist. Zu Einzelheiten vgl. oben § 2 Rn 370.
Zum möglichen **Inhalt der Entscheidung** vgl. die Ausführungen zur einstweiligen Anordnung nach § 620b Abs. 1 ZPO (§ 2 Rn 149), die sinngemäß zu übertragen sind.

386

2. Sofortige Beschwerde

Eine einstweilige Anordnung des erstinstanzlichen Familiengerichts kann gem. § 641d Abs. 3 S. 1 ZPO mit der **sofortigen Beschwerde** angegriffen werden. Dieses Rechtsmittel ist sowohl bei einer stattgebenden als auch bei einer zurückweisenden Entscheidung statthaft. Wurde die einstweilige Anordnung durch das OLG erlassen, ist der Beschluss unanfechtbar.

387

Die Beschwerde ist binnen einer **Notfrist von zwei Wochen** beim erstinstanzlichen Familiengericht oder beim zuständigen OLG einzulegen (§ 569 Abs. 1 S. 1 ZPO). Sobald in der Hauptsache eine Berufung anhängig ist, muss die Beschwerde zwingend beim OLG eingelegt werden (§ 641d Abs. 3 S. 2 ZPO). Es ist die Einreichung einer **Beschwerdeschrift** erforderlich; eine Erklärung zu Protokoll der Geschäftsstelle ist zulässig (§§ 569 Abs. 3 Nr. 1, 78 Abs. 2 ZPO).

Die **Einlegung** der sofortigen Beschwerde unterliegt **nicht** dem **Anwaltszwang** (§§ 569 Abs. 3 Nr. 1, 78 Abs. 5 ZPO). Wird über die Beschwerde eine (freigestellte – vgl. §§ 572 Abs. 4, 128 Abs. 4 ZPO) mündliche Verhandlung durchgeführt, müssen sich die Parteien anwaltlich vertreten lassen (§ 78 Abs. 1 S. 2, Abs. 3 ZPO). Wegen § 571 Abs. 4 ZPO ist ein Anwalt nunmehr bereits dann vor dem OLG vertretungsbefugt, wenn er nur bei **einem** Amts- oder Landgericht zugelassen ist.

Die sofortige Beschwerde eröffnet dem erstinstanzlichen Familiengericht nach neuer Rechtslage die Möglichkeit, im Rahmen des **Abhilfeverfahrens** (§ 572 Abs. 1 S. 1 HS. 1 ZPO) die einstweilige Anordnung (teilweise) abzuändern. Macht das Ausgangsgericht hiervon nicht Gebrauch, ist die Beschwerde dem Oberlandesgericht vorzulegen.

Die Entscheidung des Oberlandesgerichts über die sofortige Beschwerde ist schließlich nicht anfechtbar, es sei denn im Beschluss wird die Rechtsbeschwerde zugelassen (§ 574 Abs. 1 Nr. 2 ZPO).

---

853 Ein Vergleich, mit dessen Hilfe das einstweilige Anordnungsverfahren erledigt wurde; zum Begriff vgl. § 2 Rn 389.
854 OLG Zweibrücken FamRZ 1975, 104; *Zöller – Philippi*, § 641d Rn 19.

§2 Einstweiliger Rechtsschutz auf Gewährung von Unterhalt

Nach Einlegung der Beschwerde kommt eine Aussetzung der Vollziehung der einstweiligen Anordnung durch das erstinstanzliche Familiengericht sowie durch das Oberlandesgericht in Betracht (§ 570 Abs. 2, Abs. 3 ZPO).

3. Konkurrenz der unterschiedlichen Rechtsbehelfe

388 M.E. ist während des Laufes der Frist für die Einlegung der sofortigen Beschwerde diese zu ergreifen. Ein Wahlrecht wie zwischen dem Rechtsbehelf des Abänderungsantrages und der sofortigen Beschwerde bei einer einstweiligen Anordnung nach § 620 ZPO greift hier nicht, da der Rechtsbehelf der Abänderung nicht ausdrücklich geregelt ist und nur im Wege einer Analogie zum Zuge kommt. Solange die sofortige Beschwerde eingelegt werden kann, besteht kein Bedürfnis für eine analoge Anwendung, zumal im Beschwerdeverfahren eine umfassende Überprüfung der Sach- und Rechtslage erfolgt und neue Tatsachen und Beweismittel vorgetragen werden können (§ 571 Abs. 2 S. 1 ZPO).

Vertritt man hierzu eine andere Auffassung, sollte ein Abänderungsantrag jedenfalls ab dem Zeitpunkt nicht mehr zulässigerweise eingelegt werden, in dem eine sofortige Beschwerde anhängig gemacht ist. Es besteht dann kein Bedürfnis mehr für ein Abänderungsverfahren.[855]

X. Das Außer-Kraft-Treten der einstweiligen Anordnung

389 Den Regelungen der §§ 641e, 641f ZPO ist zu entnehmen, unter welchen Umständen die einstweilige Anordnung nach § 641d ZPO unwirksam wird. Diese Normen unterscheiden nach einem Außer-Kraft-Treten in Abhängigkeit von einem Unterhaltstitel bzw. in Abhängigkeit vom Vaterschaftsfeststellungsprozess als Hauptsacheverfahren.

Wurde das einstweilige Anordnungsverfahren mit Hilfe eines Vergleichs beendet, der nicht eine Hauptsacheregelung beinhaltet und sich somit nur auf das Anordnungsverfahren selbst bezieht (Interimsvergleich), so tritt dieser entsprechend folgender Darstellung ebenfalls außer Kraft.

1. Außer-Kraft-Treten wegen eines anderen Schuldtitels des Unterhaltsgläubigers (§ 641e ZPO)

390 Eine einstweilige Anordnung nach § 641d ZPO lehnt sich als unselbstständiges Mittel des einstweiligen Rechtsschutzes nicht an eine kongruente Hauptsache, sondern an ein Vaterschaftsfeststellungsverfahren an. Somit tritt die einstweilige Anordnung auch nicht außer Kraft, wenn im Kindschaftsprozess die nichteheliche Vaterschaft des Mannes rechtskräftig

---

855 Vgl. zur ähnlich gelagerten Problematik bei § 620b und § 620c ZPO oben § 2 Rn 162.

festgestellt wird. Es ist vielmehr ein **Schuldtitel über Unterhalt** erforderlich, der nicht nur vorläufig vollstreckbar ist. In § 641e ZPO ist ausdrücklich angeordnet, dass ein nur vorläufig vollstreckbarer Titel nicht genügt.

Erlangt ein Kind oder die Mutter, an die aufgrund der einstweiligen Anordnung Unterhalt zu leisten war, einen derartigen Titel, so tritt die einstweilige Anordnung kraft Gesetzes außer Kraft.

Als geeignete Schuldtitel kommen in Betracht:
- rechtskräftiges Urteil über beziffertes Unterhalt
- rechtskräftiges Urteil als dynamisierter Schuldtitel (Angabe des Prozentsatzes des Regelbetrags nach der Regelbetragsverordnung unter Berücksichtigung des anzurechnenden Kindergeldes nach §§ 1612a, 1612b BGB)
- vollstreckbare Urkunde gem. § 794 Abs. 1 Nr. 1, Nr. 5 ZPO
- vollstreckbare Urkunde des Jugendamtes (§ 60 SGB VIII)
- Beschluss im vereinfachten Verfahren nach §§ 645 ff. ZPO, sobald Rechtskraft eingetreten ist.

Soweit die einstweilige Anordnung die Leistung von **Prozesskostenvorschuss** beinhaltet, scheiden das vereinfachte Verfahren und die Titulierung nach der Regelbetragsverordnung im Urteil als geeignete Titel aus, da durch diese ein Prozesskostenvorschuss nicht zugesprochen werden kann.

391

Hinweis
Wird ein **Vergleich** abgeschlossen oder eine **vollstreckbare Urkunde** errichtet, aufgrund derer ein geringerer Betrag tituliert wird als in der einstweiligen Anordnung zugesprochen, kann der Umfang des Außer-Kraft-Tretens des Beschlusses Probleme aufwerfen. Die Wirkung des § 641e ZPO tritt nur in Höhe des Teilbetrages ein, wenn der überschießende Betrag mit Vergleichsabschluss oder Errichtung der vollstreckbaren Urkunde nicht miterledigt werden sollte, etwa wenn über diesen noch der Rechtsstreit anhängig bleibt. In Höhe dieses überschießenden Betrages bleibt die Wirkung der einstweiligen Anordnung erhalten.[856] War jedoch beabsichtigt, mit Hilfe der Vereinbarung den gesamten Anspruch zu erledigen, tritt die einstweilige Anordnung insgesamt außer Kraft. Auf eine Klarstellung sollte bei Vergleichsabschluss hingewirkt werden.

392

2. Außer-Kraft-Treten der einstweiligen Anordnung auf Betreiben des Unterhaltsschuldners

§ 641e ZPO ist inhaltlich anders konzipiert als § 620f Abs. 1 S. 1 ZPO, wonach die einstweilige Anordnung des Eheverfahrens beim Wirksamwerden jeglicher anderweitigen Rege-

393

---

856 *Zöller – Philippi*, § 641e Rn 3.

lung außer Kraft tritt. Denn § 641e ZPO führt diese Wirkung nach dem **Wortlaut** der Norm nur dann herbei, wenn **derjenige** einen Schuldtitel erlangt, der die einstweilige Anordnung erwirkt hat.

Dies könnte nun dazu führen, dass der jeweilige Unterhaltsgläubiger, zu dessen Gunsten ein Beschluss nach § 641d ZPO erlassen worden ist, ein Verfahren zur Erlangung eines anderen Schuldtitels (auch nach rechtskräftiger Feststellung der Vaterschaft) nicht betreibt, wenn er befürchten müsste, dass im Hauptsacheverfahren ein geringerer Betrag tituliert wird als in der einstweiligen Anordnung. Dem ist dadurch Rechnung zu tragen, dass der unterhaltsverpflichtete Vater gegen das Kind oder gegen die Mutter, zu deren Gunsten die einstweilige Anordnung erlassen ist, **negative Feststellungsklage** erheben darf mit dem Antrag, dass festgestellt wird, dass er keinen oder nur geringeren Unterhalt als in der einstweiligen Anordnung tituliert schuldet.[857] Mit Eintritt der Rechtskraft des Urteils in dieser Sache tritt über den Wortlaut des § 641e ZPO hinaus die einstweilige Anordnung ebenfalls außer Kraft (§§ 620f Abs. 1 S. 1, 641e ZPO analog).

Mit einer negativen Feststellungsklage kann der Antrag verbunden werden, die Zwangsvollstreckung aus der einstweiligen Anordnung nach **§ 769 ZPO analog**[858] einzustellen.

394 Der Unterhaltsschuldner ist ebenfalls befugt, eine **Leistungsklage** zu erheben, um Rückzahlungsansprüche wegen zuviel gezahlten Unterhalts zu realisieren (§ 812 BGB).

3. Das Außer-Kraft-Treten der einstweiligen Anordnung in sonstigen Fällen

395 Nach § 641f ZPO tritt die einstweilige Anordnung auch dann außer Kraft, wenn die Vaterschaftsfeststellungsklage zurückgenommen wird oder ein Urteil ergeht, das diese Klage abweist.

Im Falle der Abweisung der Vaterschaftsfeststellungsklage braucht Rechtskraft nicht eingetreten zu sein. Dies beruht darauf, dass bereits die Existenz des Urteils zeigt, dass der Anspruch auf Unterhalt nicht mehr glaubhaft ist.[859] Ist die einstweilige Anordnung aus diesem Grund außer Kraft getreten, bleibt die Möglichkeit bestehen, dass das nach § 641d Abs. 2 S. 5 ZPO nunmehr zuständige OLG eine neue einstweilige Anordnung erlässt, wenn das Hauptsacheurteil mit der Berufung angefochten ist und die Voraussetzungen der einstweiligen Anordnung glaubhaft gemacht sind.[860]

396 Die Wirkung des § 641f ZPO greift dagegen nicht ein, wenn im Kindschaftsprozess die nichteheliche Vaterschaft des Mannes rechtskräftig positiv festgestellt wird.[861] Die einst-

---

857 *Zöller – Philippi*, § 641e Rn 5.
858 *Zöller – Philippi*, § 641e Rn 5.
859 *Büdenbender*, S. 129; *Zöller – Philippi*, § 641f Rn 1.
860 *Zöller – Philippi*, § 641f Rn 1.
861 *Zöller – Philippi*, § 641e Rn 1.

weilige Anordnung wirkt weiter. Dasselbe gilt, wenn der Beklagte ein **Vaterschaftsanerkenntnis** abgibt und die Parteien sodann den Rechtsstreit für erledigt erklären.

Der Klagerücknahme steht ein **Versäumnisurteil** gegen den Kläger gleich, aufgrund dessen die Feststellungsklage als zurückgenommen gilt (§§ 640 Abs. 1, 632 Abs. 4 ZPO). In diesem Fall ist jedoch die Einspruchsmöglichkeit nach § 342 ZPO zu berücksichtigen, sodass für die Wirkung des § 641f ZPO Eintritt der Rechtskraft zu fordern ist.[862]

397

Wird der Rechtsstreit durch den **Tod einer Partei** gem. §§ 640 Abs. 1, 619 ZPO erledigt, so tritt die einstweilige Anordnung in analoger Anwendung des § 641f 1. Alt. ZPO ebenfalls außer Kraft. Eine Ausnahme gilt jedoch dann, wenn die Unterhaltsanordnung zu Gunsten der Mutter ergangen ist und der Vater verstirbt. Denn in diesem Fall geht die Unterhaltsverpflichtung des Vaters auf dessen Erben über (§ 1615l Abs. 3 S. 5 BGB). Anders verhält sich die Rechtslage beim Kindesunterhalt; dort erlischt der Unterhaltsanspruch mit dem Tod des Kindes oder des Vaters (§ 1615 BGB).[863]

398

4. Feststellung des Außer-Kraft-Tretens

Eine dem § 620f Abs. 1 S. 2 ZPO entsprechende Regelung existiert nicht, deshalb wird eine analoge Anwendung dieser Norm befürwortet.[864] Vgl. § 2 Rn 237. Die dortigen Ausführungen gelten hier entsprechend.

399

5. Schadensersatzanspruch bei Außer-Kraft-Treten der einstweiligen Anordnung (§ 641g ZPO)

Wird die Klage auf Feststellung des Bestehens der Vaterschaft zurückgenommen oder rechtskräftig abgewiesen, entsteht ein Schadensersatzanspruch des Mannes, gegen den die einstweilige Anordnung erwirkt wurde. Dieser **verschuldensunabhängige Schadensersatzanspruch** wurde den Regelungen der §§ 717 Abs. 2, 945 ZPO nachgebildet. Er ist im Wege einer gesonderten Klage geltend zu machen.

400

Zu ersetzen ist der Schaden, der durch die **Vollziehung** der einstweiligen Anordnung entstanden ist. Ebenso umfasst er die auf die einstweilige Anordnung hin erfolgten freiwilligen Zahlungen des (mutmaßlichen) Vaters. Darüber hinaus ist der durch erbrachte Sicherheitsleistungen entstandene Schaden ersatzfähig.[865]

Eine **analoge Anwendung** der Norm kommt in Betracht, wenn der Rechtsstreit durch Tod des Kindes oder des Mannes gem. §§ 640 Abs. 1 S. 1, 619 ZPO erledigt ist und das Famili-

401

---

862 *Zöller – Philippi*, § 641f Rn 1.
863 *Zöller – Philippi*, § 641f Rn 1.
864 *Zöller – Philippi*, § 641e Rn 4.
865 *Zöller – Philippi*, § 641g Rn 1.

§2 Einstweiliger Rechtsschutz auf Gewährung von Unterhalt

engericht einen (weiteren) Antrag auf Vaterschaftsfeststellung (vgl. § 1600e Abs. 2 BGB) rechtskräftig abweist oder der entsprechende Antrag zurückgenommen wird.[866] Unanwendbar ist § 641g ZPO, wenn die einstweilige Anordnung nach § 641e ZPO außer Kraft tritt, weil ein anderer Schuldtitel über Unterhalt geschaffen wurde. In einem solchen Fall muss der in Anspruch genommene Schuldner sich mit § 812 BGB begnügen, falls er eine Unterhaltsrückforderung geltend machen möchte, etwa weil er zu hohe Leistungen erbracht hat.

402 *Beachte*
Da es sich bei § 641g ZPO um einen verschuldensunabhängigen Schadensersatzanspruch handelt, scheidet der Einwand der Entreicherung, der bei einer Rückforderungsklage nach § 812 BGB erhoben werden kann, aus.

403 Der Ersatzanspruch ist nicht subsidiär gegenüber dem Anspruch des unberechtigterweise als Vater in Anspruch genommenen Mannes gegen den tatsächlichen Vater aus § 1607 Abs. 3 S. 2 BGB.[867] Ersatzleistungen, die der tatsächliche Vater erbracht hat, verringern jedoch den Schadensersatzanspruch gegen das Kind. Darüber hinaus hat der Schadensersatzberechtigte den Anspruch aus § 1607 Abs. 3 S. 2 BGB gegen den tatsächlichen Vater an das Kind abzutreten (§ 255 BGB), wenn er vom Kind Schadensersatzleistungen erhält.

XI. Sonderfragen zur Gewährung von Prozesskostenhilfe

404 Hier gilt wie in den einstweiligen Anordnungsverfahren nach §§ 620, 644 ZPO, dass sich eine Prozesskostenhilfebewilligung für das Hauptverfahren (Feststellung der Vaterschaft) nicht auf das Verfahren der einstweiligen Anordnung nach § 641d ZPO erstreckt.[868] Es ist eine **gesonderte Antragstellung** erforderlich.

E. Die Leistungsverfügung auf Zahlung von Unterhalt

405 Die einstweilige Verfügung ist ausdrücklich gesetzlich geregelt als so genannte Sicherungs- (§ 935 ZPO) und Regelungsverfügung (§ 940 ZPO). Die Leistungsverfügung, mit deren Hilfe im einstweiligen Rechtsschutz eine Titulierung vorläufiger Unterhaltszahlungen erreicht werden kann, findet nur in § 1615o BGB eine gesetzliche Normierung.
Die dogmatische Herleitung der Leistungsverfügung ist nach wie vor umstritten,[869] kann jedoch angesichts ihrer allgemeinen Anerkennung im unterhaltsrechtlichen Bereich letzt-

---

866 *Zöller – Philippi*, § 641g Rn 2.
867 *Zöller – Philippi*, § 641g Rn 1; a.A. *Stein/Jonas – Schlosser*, § 641g Rn 3. Subsidiarität scheidet meines Erachtens schon deshalb aus, weil diese nicht davon abhängen kann, ob die Feststellung der Vaterschaft, die nach § 1600d Abs. 4 BGB Voraussetzung für die Geltendmachung des Anspruches aus § 1607 Abs. 3 BGB ist, bereits erfolgt ist oder nicht.
868 Vgl. § 48 Abs. 3, Abs. 4 Nr. 2 RVG, § 624 Abs. 2 ZPO.
869 Vgl. hierzu *Zöller – Vollkommer*, § 940 Rn 1.

Einstweiliger Rechtsschutz auf Gewährung von Unterhalt §2

lich offen bleiben. Nach der Rechtsprechung ist die Leistungsverfügung, die entgegen dem sonstigen Charakter der einstweiligen Verfügung zu einer vorläufigen Befriedigung des Antragstellers führt, immer dann zuzulassen, wenn der Antragsteller zur Abwendung wesentlicher Nachteile, insbesondere einer dringlichen Notlage auf die vorläufige Befriedigung angewiesen ist und ein rechtzeitiges Erwirken eines Titels im ordentlichen Verfahren (wegen dessen Dauer) nicht möglich ist.[870]

Die Leistungsverfügung auf Unterhalt hat ganz erheblich an Bedeutung verloren, seit mit Hilfe des § 644 ZPO[871] Unterhaltsleistungen im Rahmen einer einstweiligen Anordnung vorläufig zugesprochen werden können. Da der Anwendungsbereich des § 644 ZPO sehr umfassend ist, darüber hinaus das Rechtsschutzbedürfnis für eine Leistungsverfügung auf Unterhalt ab dem Zeitpunkt der Möglichkeit einer Klageerhebung entfällt, bleibt für die Leistungsverfügung nur noch ein sehr eingeschränkter Anwendungsbereich. Sie kommt in Betracht bei vertraglichen Unterhaltsansprüchen, bei denen § 644 ZPO nicht greift, sowie bei bestehender Unzumutbarkeit der Erhebung einer Hauptsacheklage, bei der § 644 ZPO statthaft wäre.[872] Ferner steht § 1615o BGB als gesetzlich geregelte Leistungsverfügung für den Vater eines nichtehelichen Kindes nicht zur Verfügung. Somit kann auch in diesem Fall eine einstweilige Verfügung nach §§ 935, 940 ZPO analog in Erwägung gezogen werden.[873]

I. Bezug zu einem Hauptsacheverfahren auf Unterhalt

Bei der Leistungsverfügung nach § 935, 940 ZPO (analog) handelt es sich um ein typisches – verfahrensselbstständiges – Mittel des vorläufigen Rechtsschutzes. Das Verfahren der einstweiligen Verfügung hängt somit nicht von einem Hauptsacheverfahren auf Unterhalt (oder einem entsprechenden PKH-Antrag) ab. Dies wirkt sich in allen Verfahrensstadien aus. So erfolgt eine Antragstellung isoliert. Der Erlass ist nicht abhängig von der Durchführung eines Hauptsacheverfahrens. Die Abänderbarkeit der einstweiligen Verfügung folgt gesonderten Regelungen.[874] Auch ist im Rahmen des einstweiligen Verfügungsverfahrens eine Kostenentscheidung zu treffen, was bei den verfahrensunselbstständigen Mitteln der einstweiligen Anordnung in aller Regel nicht der Fall ist (vgl. § 620g ZPO).

406

Gem. §§ 926, 936 ZPO hat das Gericht auf Antrag eine Frist zu setzen, innerhalb derer die Partei, die die einstweilige Verfügung erwirkt hat, eine Hauptsacheklage auf Unterhalt zu erheben hat.[875]

---

870 Thomas/Putzo – Reichold, § 940 Rn 6; Zöller – Vollkommer, § 940 Rn 1, 6.
871 In Kraft getreten durch das Kindesunterhaltsgesetz am 1.7.1998.
872 Im Einzelnen vgl. unten § 2 Rn 427 bis 429.
873 Vgl. § 2 Rn 502.
874 Vgl. § 2 Rn 484 ff.
875 Im Einzelnen vgl. § 2 Rn 486 ff.

§ 2 Einstweiliger Rechtsschutz auf Gewährung von Unterhalt

II. Inhalt der Leistungsverfügung auf Unterhalt

406a Zum korrekten Verständnis der folgenden Ausführungen sollte immer bedacht werden, welch eingeschränkten Anwendungsbereich die einstweilige Verfügung hat.[876]

1. Persönlicher Anwendungsbereich

407 Mit Hilfe der einstweiligen Verfügung können (die weiteren Voraussetzungen für den Erlass einer Leistungsverfügung unberücksichtigt gelassen) dieselben Personen Unterhaltsansprüche geltend machen wie bei einer einstweiligen Anordnung nach § 644 ZPO. Die einstweilige Verfügung ist somit denkbar bei Unterhaltsansprüchen zwischen **Ehegatten**, zwischen **Lebenspartnern**, bei **Verwandtenunterhalt** sowie Unterhalt nach § 1615l BGB. Insbesondere ist hierbei an § 1615l Abs. 4 BGB zu denken. Der **Vater des nichtehelichen Kindes**, der das Kind betreut und von dem wegen der Pflege oder Erziehung des Kindes eine Erwerbstätigkeit nicht erwartet werden kann, kann sich nicht auf die einstweilige Verfügung nach § 1615o BGB stützen.[877] Er ist auf die Leistungsverfügung nach §§ 935, 940 ZPO analog angewiesen und zu verweisen.

Darüber hinaus ist bei rein vertraglich vereinbartem Unterhalt[878] der Personenkreis erweitert um die **Vertragsparteien**. Dies gilt insbesondere für Partner einer nichtehelichen Lebensgemeinschaft, die sich zu einer Unterhaltsvereinbarung entschließen konnten.

2. Sachlicher Anwendungsbereich

a) Unterhaltsart

408 Mit Hilfe der einstweiligen Verfügung kann ein Titel erlangt werden, der sich auf den laufenden **Elementarunterhalt** bezieht. Im Einzelfall kann jedoch (bei entsprechender Dringlichkeit) auch Unterhalt zugesprochen werden, der nicht diesem Bereich zuzuordnen ist, so etwa bei der Gewährung eines **Prozesskostenvorschusses**. Dies wird nicht dadurch ausgeschlossen, dass die einstweilige Verfügung nach ganz h.M. nur zur (vorläufigen) Befriedigung des Notbedarfs beantragt werden kann. Die einstweilige Verfügung kann sich auch auf **Sonderbedarf** beziehen, z.B. wenn sich solcher aus einer dringenden ärztlichen Behandlung ergibt.[879]

409 Wie bei Erlass einstweiliger Anordnungen nach §§ 620, 644 ZPO ist auch bei der einstweiligen Verfügung nicht jeglicher dem Unterhaltsrecht zuzuordnender Anspruch titulierbar.

---

876 Vgl. § 2 Rn 427 ff.
877 Vgl. § 2 Rn 502.
878 Hierbei handelt es sich nicht um eine Familiensache; vgl. *Thomas/Putzo – Hüßtege*, § 621 Rn 29.
879 *Börger/Bosch/Heuschmid*, § 4 Rn 116.

Einstweiliger Rechtsschutz auf Gewährung von Unterhalt § 2

Der Anwendungsbereich der Leistungsverfügung umfasst **nicht**:
- Anspruch auf Auskunftserteilung[880]
- Anspruch auf Zustimmung zum begrenzten Realsplitting
- Anspruch auf Mitwirkung bei der Abgabe einer gemeinschaftlichen Steuererklärung
- familienrechtliche Ausgleichsansprüche

b) Begrenzung der Unterhaltsleistungen (Unterhaltshöhe, zeitliche Beschränkung)

Da die Leistungsverfügung auf Unterhalt nur ausnahmsweise beantragt werden kann und sie dazu dient, eine bestehende Notlage zu beseitigen, ist der Unterhaltsanspruch zu begrenzen. Nach herrschender Meinung in Rechtsprechung und Literatur wird nur der **Notunterhalt** zuerkannt.[881] Die Leistungsverfügung soll eben nur der vorübergehenden Notlage begegnen und nicht eine Hauptsacheentscheidung insgesamt vorwegnehmen.

410

aa) Unterhaltsbetrag

Der konkrete Betrag, den der Notunterhalt ausmacht, wird unterschiedlich bemessen. Bei **minderjährigen Kindern** wird teilweise auf den **Regelbetrag**[882] nach der Regelbetrag-Verordnung zurückgegriffen, obwohl ein Mindestbedarf, wie noch in § 1610 Abs. 3 BGB a.F. vorgesehen, derzeit nicht statuiert ist.[883] Nach anderer Auffassung wird der Notunterhaltsbetrag minderjähriger Kinder bestimmt auf der Grundlage des zu ermittelnden **Existenzminimums**,[884] das nicht deckungsgleich ist mit dem Unterhaltsbetrag nach der Regelbetragsverordnung, sondern sich bemessen soll an **Einkommensstufe 6 der Düsseldorfer Tabelle**, die 135 % des Regelbetrags entspricht.[885] Auf das nach dem Sozialhilfebedarf zu ermittelnde Existenzminimum stellt ein Teil der Rechtsprechung ab und verweist darauf, dass dieser Mindestunterhalt der Tabellengruppe entnommen werden kann, die betragsmäßig diesem Existenzminimum nahe kommt, also – altersabhängig – der Gruppe 4 bis 5.[886]

411

---

880 OLG Hamm NJW-RR 1992, 640; a.A. *van Els,* FamRZ 1995, 650.
881 OLG Köln FamRZ 1983, 410; OLG Saarbrücken FamRZ 1985, 1150; OLG Karlsruhe FamRZ 1995, 1424 f.; OLG Köln FamRZ 1995, 824; *Zöller – Vollkommer,* § 940 Rn 8, Stichwort »Unterhaltsrecht«; *Rahm/Künkel/ Niepmann,* VI Rn 96.
882 Dieser Regelbetrag wird übertragen in Einkommensstufe 1 der Düsseldorfer Tabelle.
883 Auf diesen Regelbetrag stellen ab: OLG München FamRZ 1999, 884; KG FamRZ 1999, 405; 2000, 1174; OLG Bremen OLG-Report 1999, 194; OLG Zweibrücken FamRZ 2000, 308; OLG Koblenz FamRZ 2000, 313; OLG Karlsruhe FamRZ 2000, 1432.
884 Vgl. hierzu bereits *Luthin,* FamRZ 2000, 309 f. und die Zusammenfassung der verschiedenen Ansichten zum Mindestbedarf des minderjährigen unverheirateten Kindes von *Krause,* FamRZ 2001, 266; *Luthin,* FamRZ 2001, 334; *Lambert;* FamRZ 2001, 266; *Wohlfahrt,* FF 2001, 2.
885 OLG Hamburg FamRZ 2000, 1431; OLG Stuttgart FamRZ 2000, 376; so auch *Krause,* FamRZ 2001, 266, 267 a.E.; OLG München FamRZ 2002, 52.
886 OLG Zweibrücken FamRZ 2000, 765.

§2 Einstweiliger Rechtsschutz auf Gewährung von Unterhalt

412   *Hinweis*
Mittlerweile hat der BGH[887] m.E. überzeugend argumentiert, dass der Gesetzgeber weder bei der Schaffung des KindUG[888] noch bei späteren Gesetzesänderungen[889] einen Mindestbedarf gesetzlich statuiert hat. Dennoch erkannt er an, dass **bis zur Höhe des Regelbetrages** nach der Regelbetragsverordnung (vgl. § 1612a Abs. 1 BGB) eine Beweiserleichterung insoweit besteht, als eine Darlegung der Höhe des Bedarfs nicht erforderlich ist. Denn der Gesetzgeber wollte durch die Abschaffung des § 1610 Abs. 3 BGB a.F. nicht zu Lasten des Kindes die bis dahin bestehende Beweiserleichterung beseitigen.

Nach Inkrafttreten des Gesetzes zur Änderung des Unterhaltsrechts (wohl 1.7.2007) wird in § 1612a Abs. 1 S. 2, 3 BGB voraussichtlich wiederum der **Mindestunterhalt** normiert sein. Dieser beläuft sich altersabhängig auf 87 %, 100 % bzw. 117 % eines zwölften Teils des jeweiligen Kinderfreibetrages nach § 32 Abs. 6 S. 1 EStG. Wird dieser Mindestunterhalt geltend gemacht, greifen die angesprochenen Beweiserleichterungen erst recht.

Nicht übersehen werden darf bei dieser Lösung die Regelung des § 1612b Abs. 5 BGB in der aktuellen Fassung.[890] Danach ist der hälftige Kindergeldbetrag nicht bzw. nur sehr eingeschränkt abzugsfähig.

413   Bei **volljährigen Kindern** wird wohl die 4. Altersstufe der Einkommensgruppe 1 der Düsseldorfer Tabelle heranzuziehen sein,[891] obwohl die Festlegung eines Mindestunterhalts nach § 1612a BGB n.F. nur für minderjährige Kinder erfolgen wird. Bei Studierenden dürfte dasselbe gelten, da in den jeweiligen Tabellenbeträgen[892] nicht nur der Notbedarf, sondern der Gesamtunterhaltsbedarf enthalten ist.[893]

414   Bei einer Orientierung des Notunterhaltes an den Sätzen der Regelbetrag-Verordnung (alt) kommt eine Differenzierung je nach dem **Aufenthaltsort der Kinder** in Betracht.[894]

Aus demselben Grund (die Annahme eines geringeren Bedarfes also auch eines geringeren Notbedarfes) ist der Notunterhalt bei im Ausland lebenden Kindern unter Umständen geringer zu bemessen.[895]

---

887 BGH FamRZ 2002,536; dies gilt auch bei einem kraft Gesetzes übergegangenen Anspruch – BGH NJW 2003, 969.
888 BGBl 1998 I, 666.
889 Einfügung des § 1612b Abs. 5 BGB durch das Gesetz zur Ächtung der Gewalt in der Erziehung und zur Änderung des Kindesunterhaltsrechts; BGBl 2000 I, 1479.
890 Änderung der gesetzlichen Regelung mit Wirkung zum 1.1.2001; vgl. hierzu *Wohlfahrt*, FF 2001, 2.
891 Wenn man auf die oben benannten exakten Beträge des sozialhilferechtlichen Existenzminimums abstellt, ist die Differenz zwischen der 2. und 3. Altersstufe zu errechnen und dem Betrag der 3. Altersstufe zuzuschlagen; vgl. OLG Köln FamRZ 1995, 824.
892 Nach der Düsseldorfer Tabelle Stand 1.7.2005 beläuft sich dieser Betrag auf 640 EUR; vgl. auch die Vorstufen nach der Berliner Tabelle.
893 OLG Düsseldorf FamRZ 1986, 78 Nr. 45.
894 Vgl. die unterschiedlichen Beträge entsprechend der Vorstufen nach der Berliner Tabelle.
895 Die gegebenenfalls vorzunehmende Kürzung kann sich orientieren an der vom Bundesfinanzministerium herausgegebenen Ländergruppeneinteilung zur Ermittlung der Unterstützungshöchstbeträge wegen außergewöhnlicher Belastungen; abgedruckt bei *Heiß/Henrich*, 31.14 – 16; eine Kürzung um 1/4 bis 3/4 wird vorgeschlagen.

Bei **Ehegattenunterhalt, Unterhalt der Lebenspartner, Verwandtenunterhalt und** **415**
Unterhalt nach § 1615l (Abs. 4) BGB wird der Betrag des Notunterhaltes mit dem des notwendigen Eigenbedarfes gleichgesetzt[896] oder es erfolgt eine Anlehnung an die Sozialhilfesätze.[897] Gegen die Festlegung eines Mindestbedarfs in dieser Weise spricht sich jedoch der BGH[898] aus; es ist bei einer Unterhaltsberechnung stets der individuelle Bedarf nach den individuellen Lebensverhältnissen zu bestimmen. Lediglich im Mangelfall wird als Einsatzbetrag für den Ehegattenunterhalt ein Mindestbedarf in Höhe des Existenzminimums anerkannt. Dieser Betrag entspricht dem soeben angesprochenen notwendigen Selbstbehalt gegenüber Minderjährigen.[899]

Sollte mit Hilfe der einstweiligen Verfügung **Sonderbedarf** geltend gemacht werden, so ist **416** dieser konkret darzustellen. Es ist nur das zur Beseitigung der Notlage unbedingt Notwendige zuzusprechen.

bb) Begrenzung durch Bedarf/anderweitige Sicherstellung des Notbedarfes

Der nach den soeben dargestellten Grundsätzen ermittelte **Notbedarf** stellt den **Maximal-** **417**
betrag dessen dar, was im Wege der einstweiligen Verfügung zugesprochen werden kann. Ist somit der nach einer normalen Unterhaltsberechnung geschuldete Betrag geringer, kann im Wege der einstweiligen Verfügung nicht ein darüber hinausgehender Betrag festgesetzt werden. Die einstweilige Verfügung soll der Beseitigung einer Notlage dienen, indem in einem summarischen Verfahren ein Titel geschaffen werden kann. Sie kann jedoch nicht bewirken, dass mehr Unterhalt zugesprochen wird als materiell geschuldet.[900]

Darüber hinaus kann der zuzusprechende Betrag eine **Kürzung** erfahren, wenn der Notbedarf in anderer Weise gesichert ist. Dies ist zum einen dann der Fall, wenn und soweit der Berechtigte über **eigene Einkünfte** verfügt, deren Anrechnung auf den Notbedarf zumutbar[901] ist. Außerdem ist zu berücksichtigen, dass der Notunterhalt, soweit er am notwendigen Eigenbedarf (Selbstbehalt) orientiert wird, sich aus verschiedenen Teilbeträgen zusammensetzt.[902] Sind die für bestimmte Zwecke vorgesehenen Teilbeträge entbehrlich, etwa weil der

---

896 Nach Düsseldorfer Tabelle Stand 1.7.2005: 770 EUR bei nichterwerbstätigem und 890 EUR bei erwerbstätigem Unterhaltsberechtigten; vgl. OLG Hamburg FamRZ 1981, 160; OLG Köln FamRZ 1986, 919; OLG Karlsruhe FamRZ 1995, 1424.
897 OLG Hamm FamRZ 1992, 582; vgl. *Heiß/Born*, 25. Kap Rn 222.
898 Vgl. BGH FamRZ 1997, 806; 1995, 346; siehe auch BGH FamRZ 2006, 683 und FamRZ 2006, 765.
899 Nach Düsseldorfer Tabelle Stand 1.7.2005: 770 EUR bei nichterwerbstätigem und 890 EUR bei erwerbstätigem Unterhaltsberechtigten.
900 KG FamRZ 1998, 688.
901 Handelt es sich dagegen um Einkünfte aus einer unzumutbaren Tätigkeit, bleibt die Anrechnung völlig oder teilweise außer Betracht. Hierzu sind die Grundsätze des § 1577 Abs. 2 BGB heranzuziehen; vgl. *Palandt – Brudermüller*, § 1577 Rn 21 ff.
902 Vgl. etwa die SüdL Nr. 21.2: Danach sind 360 EUR für Unterkunft und Heizung (Warmmiete) enthalten.

§ 2 Einstweiliger Rechtsschutz auf Gewährung von Unterhalt

Wohnbedarf (teilweise) anderweitig gedeckt ist wie durch Wohnen im eigenen Haus oder durch Vorliegen eines besonders günstigen Mietverhältnisses, so ist der Notbedarf entsprechend zu kürzen.[903]

cc) Zeitliche Begrenzung

418 In **zeitlicher** Hinsicht sind zweierlei Einschränkungen vorzunehmen. Zum einen sind die Mittel einstweiligen Rechtsschutzes in aller Regel **nicht** geeignet, **Unterhaltsrückstände** zu begleichen.[904] Erst recht muss dies bei der einstweiligen Verfügung auf Leistung von Unterhalt gelten, von der zur Beseitigung einer Notlage Gebrauch gemacht wird. Eine Notlage in der Vergangenheit kann nicht mehr beseitigt werden.

Dies führt dazu, dass mit Hilfe einer einstweiligen Verfügung eine Titulierung von Unterhaltsansprüchen aus der Vergangenheit nicht bewirkt werden, sondern sich diese grundsätzlich frühestens auf den **Zeitpunkt der Antragstellung** (Eingang des Antrages bei Gericht) beziehen kann.[905]

Unterhalt für die Vergangenheit kann **ausnahmsweise** dann mit der einstweiligen Verfügung beansprucht werden, wenn sich die Maßnahmen, die zur Behebung der Notlage in der Vergangenheit notwendigerweise ergriffen wurden, in der Gegenwart noch finanziell auswirken. Dies ist etwa der Fall, wenn der Unterhaltsberechtigte zur Deckung des notwendigen Bedarfs (Mietkosten) einen Kredit aufnehmen musste, der noch nicht vollständig abgezahlt ist.[906]

Soll **Unterhalt ab Antragseingang** bei Gericht zugesprochen werden, ist selbstverständlich Voraussetzung, dass hierfür die materiellen Grundlagen geschaffen sind, also rückständiger[907] Unterhalt etwa wegen Verzuges gefordert werden kann.[908]

419 Vielfach wird in der Rechtsprechung vertreten, dass die einstweilige Verfügung Unterhalt erst ab dem Zeitpunkt des Erlasses der Entscheidung zusprechen könne.[909] Zuzugeben ist den Vertretern dieser Ansicht, dass auch bei Urteilserlass eine rückwirkende Notlage (ab Antragstellung) nicht mehr beseitigt werden kann. Jedoch darf nicht unberücksichtigt bleiben, dass die Verfahrensdauer von Antragstellerseite in aller Regel nicht wesentlich beeinflussbar ist. Der Unterhaltsberechtigte kann effektiven Rechtsschutz nicht erlangen, wenn die Verzögerung zu seinen Lasten geht.[910] Somit ist es gerechtfertigt, Notunterhalt grund-

---

903 OLG Zweibrücken FamRZ 1985, 928; vgl. jedoch auch OLG Karlsruhe FamRZ 1995, 1424, wonach der Notbedarf zu bemessen ist ohne Rücksicht auf die im Einzelfall gezahlte Miete (im konkreten Fall höher als der für Wohnbedarf vorgesehene Betrag) und BGH FamRZ 2006, 1664 zu notwendigem Selbstbehalt und Wohnkosten.
904 Zu § 620 ZPO vgl. § 2 Rn 28.
905 Vgl. *Rahm/Künkel/Niepmann,* VI Rn 95.
906 OLG Düsseldorf FamRZ 1987, 611; *Rahm/Künkel/Niepmann,* VI Rn 95.
907 Rückständig in diesem Sinne bezieht sich auf Unterhaltsansprüche ab Anhängigkeit des Antrages bis zur Entscheidung.
908 Vgl. § 1613 Abs. 1 BGB, der gem. §§ 1361 Abs. 4 S. 4, 1360a Abs. 3 BGB auf Ehegattentrennungsunterhalt entsprechend anwendbar ist, sowie § 1585b Abs. 2 BGB.
909 OLG Hamm FamRZ 1988, 527; OLG Zweibrücken FamRZ 1986, 76; OLG Köln FamRZ 1986, 919; OLG Celle FamRZ 1983, 622; NJW-RR 1996, 257; OLG Düsseldorf FamRZ 1987, 1059.
910 Vgl. OLG Karlsruhe FamRZ 1989, 80; OLG Düsseldorf FamRZ 1993, 962; *Gottwald,* FamRZ 1988, 529.

sätzlich ab Antragseingang bei Gericht zu gewähren.[911] Dies gilt auch dann, wenn der Antrag auf Erlass einer einstweiligen Verfügung zunächst in erster Instanz abgewiesen wurde und der Gläubiger erst im Berufungsverfahren obsiegt hat.[912]
Anderes ist nur dann anzunehmen, wenn die Verfahrensverzögerung auf Umständen beruht, die der Antragsteller selbst zu vertreten hat. Fehlt es an einer schlüssigen Darstellung des Unterhaltsanspruches oder an der erforderlichen Glaubhaftmachung, wird der Notunterhalt erst ab dem Zeitpunkt zugesprochen werden können, ab dem die Mängel behoben waren.[913]

Hinweis 420
Einstweilige Verfügungen auf Unterhalt werden auch **in die Zukunft zeitlich beschränkt**. Sie dürfen nur für einen befristeten Zeitraum erlassen werden, da ihr Zweck ist, eine Notlage bis zur Erlangung eines Titels in der Hauptsache zu beseitigen.[914]

Im Allgemeinen wird die Dauer der einstweiligen Verfügung begrenzt auf **sechs Monate**.[915] Teilweise wird wegen der erfahrungsgemäß länger andauernden familiengerichtlichen Prozesse auch ein anderer Zeitraum vorgeschlagen.[916]

Ist diese Frist abgelaufen, wird eine **zweite einstweilige Verfügung** auf Unterhalt nur dann erlassen, wenn mittlerweile die Hauptsacheklage erhoben wurde, eine Hauptsacheentscheidung ohne Verschulden des Unterhaltsberechtigten jedoch noch nicht ergangen ist.[917]

Unterlässt der Unterhaltsberechtigte die Erhebung einer Hauptsacheklage, so hat der Unterhaltsverpflichtete die Möglichkeit, nach **§ 926 ZPO** das Abänderungsverfahren zu betreiben.[918] 421

III. Das Verhältnis der Leistungsverfügung zu anderen Mitteln einstweiligen Rechtsschutzes und zu Hauptsacheverfahren

1. Das Verhältnis der Leistungsverfügung zu Hauptsacheverfahren

Soweit der Anwendungsbereich der Leistungsverfügung eröffnet ist,[919] ist diese als **verfahrensselbstständiges Mittel** des vorläufigen Rechtsschutzes nicht abhängig von einem Hauptsacheverfahren. 422

---

911 So OLG Düsseldorf FamRZ 1985, 298; 1987, 1507; 1993, 962; OLG Köln FamRZ 1983, 410, 413; KG FamRZ 1987, 842; OLG Hamm FamRZ 1987, 1188; OLG Karlsruhe FamRZ 1989, 80; OLG Celle NJW 1990, 3280.
912 OLG Karlsruhe FamRZ 1989, 90.
913 OLG Düsseldorf FamRZ 1980, 363, 365.
914 *Zöller – Vollkommer*, § 940 Rn 8 Stichwort Unterhaltsrecht c) cc); *Rahm/Künkel/Niepmann*, VI Rn 95.
915 OLG Düsseldorf FamRZ 1987, 1058; 1992, 80; OLG Hamm FamRZ 1987, 1188; OLG Zweibrücken FamRZ 1986, 921; OLG Köln FamRZ 1980, 390; 1983, 410, 413, 414.
916 OLG Köln FamRZ 1998, 1384, 1385.
917 OLG Zweibrücken FamRZ 1986, 921; OLG Düsseldorf FamRZ 1991, 365; 1992, 80; OLG Frankfurt/M. FamRZ 1990, 540; OLG Düsseldorf NJW-RR 1992, 199; *Zöller – Vollkommer*, § 940 Rn 6.
918 Vgl. § 2 Rn 484.
919 Vgl. § 2 Rn 405 und § 2 Rn 427–429.

§ 2 Einstweiliger Rechtsschutz auf Gewährung von Unterhalt

Wenn die Voraussetzungen für den Erlass einer einstweiligen Verfügung vorliegen (insbesondere ein Verfügungsgrund anzunehmen ist), ist es nicht möglich, den Antragsteller auf ein Hauptsacheverfahren zu verweisen, damit dieser dort einen rechtskräftigen Titel erwirke. Eine existente **Hauptsacheentscheidung** über Unterhalt jedoch schließt den Erlass einer einstweiligen Verfügung weitgehend aus.

Wenn in dem maßgeblichen Hauptsacheurteil Unterhalt zugesprochen wurde, die Entscheidung jedoch bislang nur vorläufig vollstreckbar ist, entfällt der erforderliche Verfügungsgrund.[920]

Ist das Urteil dagegen bereits **rechtskräftig**, greift das Verfahrenshindernis der anderweitigen Hauptsacheregelung. Der Unterhaltsberechtigte muss eine **Abänderungsklage** erheben, um die Rechtskraft des Urteils zu durchbrechen, wenn er mehr Unterhalt begehrt als bereits tituliert.[921] Eine isoliert erhobene einstweilige Verfügung ist ausgeschlossen. Ab Anhängigkeit der Klage nach § 323 ZPO ist der Erlass einer einstweiligen Anordnung nach § 644 ZPO möglich. Somit ist der Erlass der einstweiligen Verfügung aus Gründen der Subsidiarität[922] unzulässig. Außerhalb des Anwendungsbereichs des § 644 ZPO (etwa bei rein vertraglichen Unterhaltsansprüchen) jedoch ist in einem solchen Fall der **Erlass einer einstweiligen Verfügung** in Erwägung zu ziehen,[923] soweit Notunterhalt begehrt wird.

2. Das Verhältnis der Leistungsverfügung zu anderen Mitteln des einstweiligen Rechtsschutzes

a) Das Verhältnis zur einstweiligen Anordnung nach § 620 ZPO

423 Sobald und solange eine einstweilige Anordnung nach § 620 ZPO erwirkt werden kann (also bereits ab Anhängigkeit der Ehesache oder eines entsprechenden PKH-Antrages), scheidet eine zulässige Antragstellung auf Erlass einer einstweiligen Verfügung auf Unterhalt aus. Dies gilt selbstverständlich nur, soweit eine einstweilige Anordnung nach §§ 620 Nr. 4, Nr. 6, Nr. 10, 661 Abs. 2 i.V.m. 620 Nr. 6, Nr. 10 ZPO die beantragten Unterhaltsleistungen betrifft, also bei Unterhalt für das minderjährige Kind, Ehegattenunterhalt, Unterhalt nach dem LPartG sowie bei einem auf Prozesskostenvorschuss für die Ehe- und Folgesachen bzw. für die Lebenspartnerschafts- und Folgesachen gerichteten Antrag. Die wohl

---

920 Vgl. § 2 Rn 439.
921 Zur Problematik, ob eine Abänderungsklage oder eine Leistungsklage zu erheben ist, wenn der rechtskräftige Titel keinen Unterhalt zuspricht, vgl. BGH FamRZ 1982, 479 ff.; 1987, 616; 1990, 863 (Leistungsklage, wenn frühere Unterhaltsklage abgewiesen wurde – a.A. Zöller – Vollkommer, § 323 Rn 22 m.w.N.: Abänderungsklage) und BGH NJW 1985, 1346 (Abänderungsklage, wenn ein Leistungstitel vorlag, der bereits durch Abänderungsklage auf Null reduziert wurde).
922 Vgl. § 2 Rn 51 mit Hinweisen in der Fußnote.
923 So noch zur Rechtslage vor In-Kraft-Treten des § 644 ZPO zur einstweiligen Verfügung bei gesetzlichen Unterhaltsansprüchen OLG Zweibrücken FamRZ 1980, 69; OLG Hamm FamRZ 1982, 409; dagegen OLG Celle FamRZ 1997, 182, das die Zulässigkeit einer einstweiligen Verfügung auch bei Anhängigkeit einer Abänderungsklage abgelehnt hat.

Einstweiliger Rechtsschutz auf Gewährung von Unterhalt §2

herrschende Meinung begründet dies damit, dass die §§ 620 ff. ZPO **Sonderregelungen** gegenüber den Normen der §§ 935 ff. ZPO darstellen.[924] Es wird darauf verwiesen, dass die einstweilige Verfügung gegenüber der einstweiligen Anordnung **subsidiär** ist. Andererseits wird auch darauf abgestellt, dass es für die einstweilige Verfügung am **Rechtsschutzbedürfnis** fehle, sobald der Erlass einer einstweiligen Anordnung zulässig sei.

Beachte
Gemeinsam ist den jeweiligen Ansichten das Ergebnis, nämlich dass eine einstweilige Verfügung unzulässig ist, soweit der zeitliche und sachliche Anwendungsbereich der einstweiligen Anordnung reicht.[925]

War das Verfahren auf Erlass einer einstweiligen Leistungsverfügung bereits in dem Zeitpunkt anhängig, in dem der Antrag zur Ehesache **rechtshängig** wird, ist das weitere Schicksal der einstweiligen Verfügung heftig umstritten. 424

Nach hier vertretener Auffassung ist das Verfügungsverfahren auf Antrag in ein Verfahren zum Erlass einer einstweiligen Anordnung nach § 620 ZPO überzuleiten und ohne entsprechende Antragstellung als unzulässig abzuweisen.[926]

b) Das Verhältnis zur einstweiligen Anordnung nach § 644 ZPO

Ist eine Ehesache noch nicht anhängig, ist das Konkurrenzverhältnis zwischen der Leistungsverfügung und der einstweiligen Anordnung nach § 644 ZPO zu lösen. Es besteht insoweit keine Wahlmöglichkeit. Auch hier wird die einstweilige Verfügung durch die einstweilige Anordnung verdrängt.[927] Ist eine Hauptsacheklage auf Leistung von Unterhalt bereits anhängig (oder ein entsprechendes PKH-Verfahren), so ist das Verfahren auf Erlass einer einstweiligen Verfügung unzulässig; zur Begründung werden dieselben Argumente wie bei der Beurteilung des Verhältnisses der einstweiligen Verfügung zu § 620 ZPO gewählt. 425

Beachte 426
Doch auch wenn eine kongruente Unterhaltsklage **noch nicht anhängig** ist, kommt eine einstweilige Verfügung grundsätzlich nicht in Betracht, da hierfür das Rechtsschutzbedürfnis fehlt.[928] Zu Recht wird dies damit begründet, dass es dem Antragsteller zugemutet werden kann, die Hauptsache (zumindest einen entsprechenden PKH-Antrag) anhängig zu machen und den Antrag auf Erlass einer einstweiligen Anordnung zu stellen.[929]

---

924 *Thomas/Putzo – Hüßtege,* § 620 Rn 6; BGH FamRZ 1979, 472; OLG Düsseldorf FamRZ 1987, 497; OLG Karlsruhe FamRZ 1989, 523.
925 Vgl. auch *Bernreuther,* FamRZ 1999, 70.
926 Vgl. § 2 Rn 51 f.
927 OLG Nürnberg FamRZ 1999, 30; OLG Köln FamRZ 1999, 661.
928 OLG Nürnberg FamRZ 1999, 30; OLG Köln FamRZ 1999, 661; OLG Zweibrücken FamRZ 1999, 662; OLG Düsseldorf FamRZ 1999, 1215; *Bernreuther,* FamRZ 1999, 72; *Gießler/Soyka,* Rn 515; a.A. OLG Karlsruhe FamRZ 2000, 106, wonach eine einstweilige Verfügung nur ausgeschlossen sein soll, wenn ein Hauptsacheverfahren bereits anhängig ist.
929 *Bernreuther,* FamRZ 1999, 72 mit Hinweis auf die bereits vor dem In-Kraft-Treten des § 644 ZPO ergangene Rechtsprechung zum Verhältnis einstweilige Verfügung – einstweilige Anordnung gem. § 127a ZPO wegen eines Prozesskostenvorschusses für ein isoliertes Unterhaltsverfahren.

§ 2 Einstweiliger Rechtsschutz auf Gewährung von Unterhalt

Das **Rechtsschutzbedürfnis** für eine einstweilige Verfügung entfällt, da die einstweilige Anordnung dem Antragsteller wesentliche Vorteile bringt, nämlich:

- Die einstweilige Anordnung ist nicht auf den Notbedarf beschränkt und kann nach hier vertretener Auffassung [930] den gesamten Unterhaltsbedarf umfassen. Sie ist zeitlich nicht eingeschränkt auf die bei der einstweiligen Verfügung regelmäßig anzuordnende Befristung auf sechs Monate.
- Die einstweilige Anordnung ist einfacher zu erlangen als die einstweilige Verfügung, da eine Notlage nicht dargelegt werden muss. Sie kann ohne mündliche Verhandlung erlassen werden (§§ 644 S. 2, 620a Abs. 1 ZPO), während bei der einstweiligen Verfügung § 937 Abs. 2 ZPO greift, wonach in aller Regel eine mündliche Verhandlung durchzuführen ist.
- Sie ist gem. §§ 644 S. 2, 620c S. 2 ZPO nicht anfechtbar, sondern als Rechtsbehelfe stehen der Abänderungsantrag und der Antrag auf mündliche Verhandlung nach §§ 644 S. 2, 620b Abs. 1, Abs. 2 ZPO zur Verfügung. Zu den möglichen Rechtsbehelfen bei der einstweiligen Verfügung vgl. § 2 Rn 483 ff.

Dies kann natürlich auch für den Antragsteller einen Nachteil darstellen, wenn er mit der einstweiligen Anordnung nicht durchdringt.

- Die einstweilige Anordnung ist wegen der soeben angesprochenen fehlenden Anfechtbarkeit und wegen der Möglichkeit des Erlasses ohne mündliche Verhandlung in aller Regel schneller zu erlangen.

427 Dies bewirkt, dass die **einstweilige Verfügung** nur noch ausnahmsweise zulässig ist. Außerhalb des Anwendungsbereichs der einstweiligen Anordnung des § 644 ZPO bleibt ein Rechtsschutzbedürfnis für die einstweilige Verfügung bestehen, so etwa bei **rein vertraglichen Unterhaltsansprüchen** zwischen Partnern einer nichtehelichen Lebensgemeinschaft. Dies gilt zwar grds. auch bei Ehegatten, Lebenspartnern, Kindern und weiteren Personen, denen kraft Gesetzes ein Unterhaltsanspruch zusteht. Jedoch geht die Rechtsprechung bei Unterhaltsvergleichen davon aus, dass vertragliche Vereinbarungen bei bestehenden gesetzlichen Unterhaltsansprüchen keine rein vertraglichen Regelungen sind, sondern sich grds. auf die gesetzliche Grundlage stützen.[931]

428 *Beachte*

Soweit der **Anwendungsbereich des § 644 ZPO greift**, ist die einstweilige Verfügung **nur** dann **zulässig**, wenn eine Klageerhebung noch nicht zumutbar ist bzw. umgekehrt ein legitimes Interesse daran besteht, von einer Hauptsacheklage zumindest derzeit abzusehen.

Eine derartige Ausnahme wird beispielsweise dann angenommen, wenn ein einkommensloser 18 Jahre alter Sohn seine Ausbildung beendet hat, für eine Übergangszeit von nur drei

---

930 Vgl. § 2 Rn 20.
931 Vgl. § 2 Rn 451.

Monaten Unterhalt benötigt, da er erst nach Ablauf dieses Zeitraumes die bereits vertraglich vereinbarte Arbeitsstelle antritt. Dann soll es ihm nicht verwehrt sein, sich für diese kurze Zeit mit Notunterhalt zufrieden zu geben.[932]

M.E. kann jedoch allein der nur kurze Zeitraum, auf den sich das Unterhaltsbegehren bezieht, die Unzumutbarkeit der Klageerhebung nicht bewirken; ansonsten müsste es auch möglich sein, jeglichen Sonderbedarf, der nur einmalig anfällt, im Wege der Leistungsverfügung vorläufig regeln zu lassen.

Teilweise wird das Rechtsschutzbedürfnis für eine einstweilige Verfügung auch dann ausnahmsweise bejaht, wenn eine Unterhaltsklage »untunlich erscheint«.[933] Als Beispiel hierfür wird angeführt, dass sich die Parteien in aussichtsreichen Vergleichsverhandlungen befinden und eine Unterhaltsklage sich aller Voraussicht nach erübrigt.[934]

Hinweis 429

Eine Ausnahme vom Vorrang der einstweiligen Anordnung muss m.E. jedenfalls dann anerkannt werden, wenn ein **vereinfachtes Verfahren** über den Unterhalt Minderjähriger nach §§ 645 ff. ZPO eingeleitet ist. Da § 644 ZPO hier nicht greift,[935] ist eine einstweilige Verfügung nach wie vor zulässig. Würde man den Unterhaltsgläubiger auch in einem solchen Fall darauf verweisen, eine einstweilige Anordnung nach § 644 ZPO zu beantragen und hierzu das Hauptsacheverfahren einzuleiten, würde dies sogleich die Unzulässigkeit des vereinfachten Verfahrens nach § 645 Abs. 2 ZPO nach sich ziehen. Es muss dem Unterhaltsgläubiger jedoch möglich sein, das zur Verfügung gestellte Verfahren nach §§ 645 ff. ZPO effektiv zu betreiben. Einstweiligen Rechtsschutz kann er in einem solchen Fall nur über die einstweilige Verfügung erlangen.[936]

Weitergehend soll nach teilweise vertretener Ansicht[937] ein Verfügungsverfahren ebenfalls noch durchgeführt werden können, solange weder eine Klage bezogen auf den Unterhalt minderjähriger Kinder noch ein vereinfachtes Verfahren im Sinne von § 645 ZPO anhängig gemacht sind, da ansonsten dem Kind das Wahlrecht genommen würde, den Unterhalt im Klagewege zu fordern oder das vereinfachte Verfahren zu betreiben. M.E. kann dies nur

---

932 Beispiel nach *van Els,* Rn 393.
933 *Gießler/Soyka,* Rn 506 mit Hinweis auf OLG Nürnberg FamRZ 1999, 30; OLG Köln FamRZ 1999, 661; OLG Düsseldorf FamRZ 1999, 1215, 1216.
934 M.E. stellt sich dann jedoch die Frage, weshalb nicht innerhalb dieser aussichtsreichen Vergleichsverhandlungen eine Vereinbarung zur vorläufigen Leistung von Unterhalt möglich sein soll. Weiteres Beispiel nach *Gießler/Soyka:* Der Unterhaltsschuldner ist z. Zt. ohne Verschulden außerstande, Auskunft über seine Einkommens- und Vermögensverhältnisse zu erteilen; er befindet sich somit nicht mit der Auskunftserteilung und möglicherweise der Unterhaltszahlung nicht in Verzug. Weder eine Unterhaltsklage noch eine Stufenklage können demzufolge mit hinreichender Aussicht auf Erfolg erhoben werden.
935 Vgl. oben § 2 Rn 265.
936 Vgl. auch OLG München FamRZ 2000, 1580: eine Leistungsverfügung ist neben dem vereinfachten Verfahren in der Regel (aber eben nicht generell) unzulässig.
937 *Zöller – Philippi,* § 644 Rn 4; ohne eine derartige Ausnahme jedoch OLG Nürnberg FamRZ 1999, 30; OLG Köln FamRZ 1999, 661; OLG Koblenz FamRZ 2000, 362.

dann gelten, wenn der Antragsteller glaubhaft darlegt, dass das vereinfachte Verfahren unverzüglich betrieben werden wird.

430 Ist ein einstweiliges Verfügungsverfahren trotz der soeben dargestellten Einschränkungen zunächst zulässigerweise anhängig und wird im Anschluss hieran ein Hauptsacheverfahren rechtshängig, gelten die oben erörterten Grundsätze zur **Überleitung des Verfahrens** in das Anordnungsverfahren entsprechend.[938]

431 Sollte der Unterhalt vorläufig **durch eine einstweilige Verfügung** bereits **geregelt** sein, schließt dies eine später zu erlassende einstweilige Anordnung für den identischen Unterhaltszeitraum mit identischer Unterhaltshöhe aus.[939]

c) **Das Verhältnis zu einstweiligen Anordnungen nach §§ 641d, 127a, 621f ZPO, § 1615o BGB**

432 Die soeben zu § 644 ZPO und dem Verhältnis zur einstweiligen Verfügung dargestellten Grundsätze gelten entsprechend, solange und soweit die Normen der §§ 127a, 621f, 641d ZPO dasselbe Regelungsziel erreichen können.

§ 1615o BGB stellt die speziellere Norm dar, greift jedoch nicht für Unterhaltsansprüche des Vaters des nichtehelichen Kindes gegen die Mutter. Diese unterliegen dem Anwendungsbereich der einstweiligen Verfügung.[940]

IV. Verfügungsgrund

433 Der Erlass einer einstweiligen Verfügung auf Leistung setzt voraus, dass ein Verfügungsgrund glaubhaft gemacht ist, d.h. der **Gläubiger auf die sofortige Erfüllung dringend angewiesen** ist.[941] Der Antragsteller muss sich in einer akuten Notlage befinden, in der ihm die Mittel zur Bestreitung des notwendigen Lebensbedarfes fehlen und die anders als durch den Erlass der einstweiligen Verfügung nicht in zumutbarer Weise beseitigt werden kann.[942] An das Vorliegen eines Verfügungsgrundes sind strenge Anforderungen zu stellen.[943]

434 Somit fehlt der Verfügungsgrund, wenn der Unterhaltsberechtigte über die zur Deckung des Lebensbedarfes erforderlichen Mittel selbst verfügt. Dem ist der Fall gleichzusetzen, dass sich der Unterhaltsberechtigte die zur Lebensführung notwendigen Mittel in zumutbarer Weise hätte verschaffen können, dem jedoch nicht nachgekommen ist. Trotz einer weitgehend bestehenden Einigkeit diesbezüglich bleibt im Einzelnen vielfach streitig, ob die Voraussetzungen des Verfügungsgrundes erfüllt sind.

---

938 Vgl. § 2 Rn 51.
939 *Rahm/Künkel/Niepmann*, VI Rn 61.
940 § 2 Rn 502.
941 OLG Düsseldorf FamRZ 1979, 75; NJW-RR 1996, 1124.
942 *Rahm/Künkel/Niepmann*, VI Rn 92; *Zöller – Vollkommer*, § 940 Rn 6.
943 OLG Celle FamRZ 1994, 386; OLG Hamm NJW-RR 1986, 943; OLG Köln FamRZ 1983, 410; OLG Schleswig FamRZ 1986, 697; *Zöller – Vollkommer*, § 940 Rn 8 Stichwort Unterhaltsrecht c.

Einstweiliger Rechtsschutz auf Gewährung von Unterhalt § 2

Es gilt Folgendes:
- **Eigene Einkünfte** des Unterhaltsberechtigten lassen den Verfügungsgrund entfallen. Handelt es sich um Einkünfte aus unzumutbarer Tätigkeit, ist jedoch zu prüfen, ob die unzumutbare Arbeitsleistung nur deshalb erbracht wird, weil der Unterhaltsverpflichtete die ihm obliegenden Leistungen nicht vornimmt. In einem solchen Fall bleiben die Einkünfte (ganz oder zumindest teilweise)[944] unberücksichtigt.   **435**

- Eine Notlage ist auch abzulehnen, wenn Einkünfte der folgenden Art[945] erzielt werden bzw. in zumutbarer Weise erlangt werden können: **436**
  - Arbeitslosengeld[946]
  - Erziehungsgeld[947]
  - Leistungen nach dem BAföG (§ 36)[948]

  Hierbei ist unerheblich, ob die Leistungen darlehensweise gewährt werden.
  - Sozialversicherungsrente[949]

- Umstritten ist die Lösung bei Gewährung von **Sozialhilfe**. Werden derartige Leistungen bezogen, wird nach weit verbreiteter Auffassung hierdurch die Notlage beseitigt; der Verfügungsgrund entfällt.[950]   **437**

M.E. ist bei Bezug von Sozialhilfe wegen des gesetzlichen Forderungsübergangs nach § 94 SGB XII und wegen des Charakters der Sozialhilfe als subsidiäre staatliche Hilfeleistung zu differenzieren.

Unterhaltsansprüche **vor Antragstellung** sind gem. § 94 SGB XII kraft Gesetzes auf den Sozialhilfeträger übergegangen. Bis zum Ablauf des Monats, für den diese Leistungen erbracht sind, scheidet eine Antragstellung somit aus.

Für die Zeit **nach Erlass** der einstweiligen Verfügung bleibt wegen des Nachrangs der Sozialhilfe nicht nur der materiell rechtliche Anspruch bestehen, sondern es existiert auch ein Verfügungsgrund. Die nach dem Zeitpunkt der Entscheidung bestehende Notlage (der Unterhaltsschuldner zahlt freiwillig keinen Unterhalt) kann in zumutbarer Weise nur durch den Erlass der einstweiligen Verfügung beseitigt werden. Auf die Gewährung von Sozialhilfe braucht sich der Unterhaltsberechtigte nicht verweisen zu

---

944 Vgl. § 1577 Abs. 2 BGB zur Anrechnung bei der Frage der Bedürftigkeit.
945 *Zöller – Vollkommer*, § 940 Rn 8 Stichwort Unterhaltsrecht c.
946 *Musielak/Huber*, § 940 Rn 15 mit Hinweis auf OLG Frankfurt FamRZ 1987, 1164; zu ALG II vgl. § 2 Rn 437 – Sozialhilfe.
947 OLG Düsseldorf NJW-RR 1994, 198 = FamRZ 1994, 387; FamRZ 1993, 962; OLG Hamm FamRZ 1992, 582; a.A. OLG Köln FamRZ 1996, 1431.
948 OLG Düsseldorf FamRZ 1986, 78; OLG Schleswig FamRZ 1991, 977.
949 OLG Bamberg FamRZ 1984, 388.
950 OLG Oldenburg FamRZ 1991, 1075; OLG Düsseldorf FamRZ 1992, 1321; 1994, 387; OLG Nürnberg FamRZ 1995, 184; OLG Celle NJW-RR 1991, 137; OLG Karlsruhe FamRZ 1996, 1432; OLG Frankfurt/Main FamRZ 1997, 1090; KG FamRZ 1998, 690; vgl. auch OLG Hamburg FamRZ 1988, 1181; OLG Bamberg FamRZ 1995, 624.

§ 2 Einstweiliger Rechtsschutz auf Gewährung von Unterhalt

lassen. Es greift das Prinzip des Nachrangs der Sozialhilfe.[951] Dies gilt selbst dann, wenn die gezahlte Sozialhilfe höher ist als der zuzusprechende Notunterhalt.[952] Für den Zeitraum **zwischen Antragstellung und Erlass** der einstweiligen Verfügung besteht das Problem, dass die Leistung des Sozialhilfeträgers ebenfalls zum gesetzlichen Forderungsübergang geführt haben kann und sodann der Antragsteller nicht mehr berechtigt ist, die Forderung materiell geltend zu machen. Hierzu wird m.e. zutreffend vertreten, dass gem. § 265 Abs. 2 ZPO eine Antragsumstellung auf Leistung an den Sozialhilfeträger vorzunehmen ist.[953] Ansonsten käme nur eine Verurteilung ab Erlass der einstweiligen Verfügung in Betracht.[954]

Das bloße Bestehen eines Anspruchs auf Sozialhilfe oder die bloße Antragstellung auf eine derartige Bewilligung sind nach herrschender Meinung jedenfalls nicht geeignet, den Verfügungsgrund zu beseitigen, wenn über den Antrag noch nicht entschieden ist.[955]

438
- Zumutbar verwertbares Aktivvermögen, das den sogenannten Schonbetrag übersteigt, ist einzusetzen.[956]
- Das Zusammenleben mit einem Lebensgefährten, mit dem eine Unterhaltsgemeinschaft geführt wird, lässt den Verfügungsgrund (evtl. teilweise) entfallen, da – soweit die Unterhaltsgemeinschaft besteht – eine Notlage abzulehnen ist.[957]
- Freiwillige Leistungen Dritter, die aus Gefälligkeit zur Überbrückung der Notlage erbracht werden, beseitigen den Verfügungsgrund nicht.[958]

439
- Hat sich der Unterhaltsberechtigte nicht zügig und rechtzeitig um eine Titulierung des Unterhaltsanspruches bemüht, wird aufgrund des Ausnahmecharakters der Leistungsverfügung das Vorliegen eines Verfügungsgrundes vielfach abgelehnt.[959] Aus diesem Grund scheidet auch eine zweite einstweilige Verfügung nach Ablauf der sechs Monate aus, wenn eine Hauptsacheklage nicht rechtzeitig eingereicht oder nur verzögert betrieben wird.[960]

---

951 *Rahm/Künkel/Niepmann*, VI Rn 92; *Zöller – Vollkommer*, § 940 Rn 8 Stichwort »Unterhalt« c) aa); OLG Frankfurt/Main FamRZ 1987, 1164; OLG Koblenz FamRZ 1988, 189; OLG Stuttgart FamRZ 1988, 305; OLG Köln FamRZ 1992, 75; FamRZ 1996, 1431.
952 OLG Koblenz FamRZ 1998, 246.
953 *Rahm/Künkel/Niepmann*, VI Rn 92.
954 Vgl. auch zur selben Problematik bei § 620 ZPO § 2 Rn 71.
955 OLG Koblenz FamRZ 1988, 1073; OLG Düsseldorf FamRZ 1992, 1321; 1994, 387; OLG Nürnberg FamRZ 1995, 184; OLG Hamburg FamRZ 1988, 1182; a.A. OLG Hamm FamRZ 1988, 855, 856; *Thran*, FamRZ 1993, 1395, 1401.
956 OLG Karlsruhe FamRZ 1996, 1431; OLG Köln FamRZ 1996, 1430.
957 BGH FamRZ 1987, 1011, 1013; 1989, 487; OLG Köln FamRZ 1996, 1430.
958 OLG Köln FamRZ 1983, 410, 414; OLG Düsseldorf FamRZ 1993, 962, 963 zur Wohnungsgewährung; a.A. OLG Koblenz FamRZ 1987, 726.
959 So für den Fall, dass der Unterhalt im Scheidungsverbund nicht geltend gemacht wurde OLG Frankfurt/M. FamRZ 1990, 540; OLG Düsseldorf FamRZ 1989, 881; OLG Stuttgart FamRZ 1989, 189; OLG Koblenz FamRZ 1988, 189; OLG Hamm FamRZ 1985, 411; a.A. OLG Hamm FamRZ 1988, 529; OLG Hamburg FamRZ 1988, 1181; OLG Koblenz FamRZ 1988, 1181; für den Fall einer zu späten Klageerhebung trotz Nichterfüllung des Unterhaltsanspruches OLG Düsseldorf FamRZ 1988, 636; OLG Hamm FamRZ 1988, 855.
960 OLG Düsseldorf FamRZ 1992, 83; OLG Frankfurt/M. FamRZ 1990, 540.

Eine Notlage fehlt auch dann, wenn der Unterhaltsgläubiger die Zwangsvollstreckung aus einem für vorläufig vollstreckbaren Urteil betreiben kann. Dies gilt auch, wenn die Vollstreckung durch den Schuldner gegen Sicherheitsleistung abwendbar ist. Jedoch muss sich der Berechtigte nicht darauf verweisen lassen, dass er Unterhaltsansprüche gegen Dritte erst gerichtlich geltend machen müsse.

V. Weitere Zulässigkeitsvoraussetzungen

Der Erlass einer einstweiligen Verfügung erfordert das Vorliegen der allgemeinen Prozessvoraussetzungen wie der Prozess- und Parteifähigkeit.[961]

440

VI. Antragstellung

1. Erfordernis und Art der Antragstellung

Die Leistungsverfügung bedarf der Stellung eines **Sachantrages**. Dieser muss eine bestimmte geforderte Unterhaltshöhe enthalten (§ 253 Abs. 2 Nr. 2 ZPO).

441

2. Antragsbefugnis/Vertretungsregelung

Antragsbefugt ist der jeweilige **Anspruchsinhaber**. Zur gesetzlichen Vertretung des Kindes und zum Fall gesetzlicher Prozessstandschaft vgl. oben § 2 Rn 291. Die dortigen Ausführungen gelten hier entsprechend.

442

3. Form des Antrags/Anwaltszwang

Die Antragstellung ist **schriftlich** vorzunehmen, kann jedoch ebenso **zu Protokoll der Geschäftsstelle** des zuständigen Familiengerichts oder jeden Amtsgerichts erklärt werden (§§ 920 Abs. 1, Abs. 3, 936, 129a Abs. 1 ZPO).
Sie unterliegt **nicht** dem **Anwaltszwang** (§ 78 Abs. 2 ZPO). Wegen der Möglichkeit der Erklärung zu Protokoll der Geschäftsstelle ändert sich hieran auch dann nichts, wenn der Antrag vor dem Oberlandesgericht als Gericht der Hauptsache gestellt wird.
Unterschiede ergeben sich jedoch bezüglich einer mündlichen Verhandlung erster bzw. zweiter Instanz. Während eine solche vor dem Familiengericht ohne anwaltliche Vertretung durchgeführt werden kann, besteht bei der mündlichen Verhandlung vor dem Oberlandesgericht Anwaltszwang (§ 78 Abs. 1 S. 2, Abs. 3 ZPO).

443

---

961 Insoweit wird verwiesen auf *Thomas/Putzo – Reichold*, § 935 Rn 1 mit Hinweis auf Vorbem § 253 Rn 15 ff.

4. Inhalt der Antragsschrift/darzustellende Voraussetzungen

444 Der Antrag muss hinreichend **bestimmt** sein im Sinne von § 253 Abs. 2 Nr. 2 ZPO. Es ist anzugeben, in welcher **Höhe** der monatliche Unterhalt gefordert wird. In zeitlicher Hinsicht ist zwar nicht zwingend erforderlich, dass der Beginn der Unterhaltszahlungen exakt angegeben wird, da rückständiger Unterhalt mit Hilfe einer Leistungsverfügung ohnehin nicht begehrt werden kann und somit eine Auslegung durch das Gericht ergeben wird, dass sich die Antragstellung auf den frühestmöglichen Zeitpunkt bezieht.[962]

> *Hinweis*
> Jedoch sollte unbedingt die Angabe der **zeitlichen Befristung auf sechs Monate** berücksichtigt werden,[963] da ohne eine derartige Begrenzung die einstweilige Verfügung auf laufenden Unterhalt nicht in voller beantragter Höhe erlassen werden kann und dementsprechend teilweise abgewiesen werden muss. Dies führt zu einer Kostenquotelung, die eine erhebliche Belastung des Unterhaltsberechtigten bewirkt.

Eine Antragstellung auf den jeweiligen Regelbetrag nach der Regelbetragsverordnung gemäß § 1612a BGB scheidet m.E. angesichts der beschränkten Laufzeit der einstweiligen Verfügung aus.[964]

445 Die **Behauptungslast**[965] folgt grds. den allgemeinen zivilprozessualen Regeln. Somit hat der Antragsteller alle ihm günstigen Tatsachen darzustellen. Einwendungen dagegen muss der Antragsgegner vorbringen.[966]

Ausnahmen werden dann gemacht, wenn eine einstweilige Verfügung **ohne vorheriges rechtliches Gehör** erlassen werden soll. In einem solchen Fall hat der Verfügungskläger auch diejenigen Behauptungen aufzustellen (und glaubhaft zu machen), aus denen sich das Fehlen einer naheliegenden Einwendung ergibt.[967]

Zugunsten des **minderjährigen Kindes** wird bezüglich der grundsätzlich erforderlichen Darstellung (und des Nachweises) des den Unterhaltsanspruch bestimmenden Einkommens des Unterhaltsverpflichteten eine weitere Ausnahme zugelassen. Trotz der Aufhebung des § 1610 Abs. 3 BGB a.F., wonach von einem Mindestbedarf eines minderjährigen Kindes, das im Haushalt eines Elternteiles aufgenommen war, in Höhe des Regelbedarfes[968] ausgegangen werden konnte, wird auch nach Abschaffung dieser Norm in der Rechtsprechung weiter angenommen, dass ein minderjähriges Kind, das lediglich den Regelbetrag (§ 1612a Abs. 1 BGB) geltend macht, ausschließlich das Verwandtschaftsverhältnis zum Unterhalts-

---

962 Vgl. § 2 Rn 418 f.
963 Ein Muster zur Antragstellung findet sich bei *Börger/Bosch/Heuschmid,* § 4 Rn 130.
964 Vgl. oben § 2 Rn 420.
965 Hierzu vgl. § 1 Rn 35.
966 *Thomas/Putzo – Reichold,* Vorbem § 916 Rn 9; a.A. *Hirtz,* NJW 1986, 110 – danach soll die Behauptungs- und Beweislast stets und ausschließlich dem Antragsteller zukommen.
967 *Thomas/Putzo – Reichold,* Vorbem § 916 Rn 9.
968 Dieser wurde bestimmt nach der sogenannten Regelunterhaltsverordnung – § 1615f Abs. 2 BGB a.F.

Einstweiliger Rechtsschutz auf Gewährung von Unterhalt §2

pflichtigen, die Trennung bzw. Scheidung der Eltern, sein eigenes Alter und seine Bedürftigkeit darstellen muss. Ausführungen zum Einkommen des Antragsgegners, das maßgeblich ist für die Bedarfsbestimmung und auch für dessen Leistungsfähigkeit, sind entbehrlich. Erst recht gilt dies nach Inkrafttreten des Gesetzes zur Änderung des Unterhaltsrechts.[969]

Da mit der einstweiligen Verfügung nur der Notunterhalt begehrt werden kann, greift diese Erleichterung auch im Verfügungsverfahren. Jedoch gilt auch hier, dass für den Fall der Entscheidung über den Antrag auf Erlass einer Leistungsverfügung **ohne Anhörung** des Antragsgegners eine umfassendere Darstellungspflicht besteht.[970] Deshalb ist es angezeigt, auch die Einkommensverhältnisse des Unterhaltspflichtigen in die Antragsschrift aufzunehmen. Dies gilt jedenfalls dann, wenn der Antrag im einseitigen Beschlussverfahren erlassen werden soll.

Somit sind tatsächliche Ausführungen veranlasst hinsichtlich folgender Umstände: **446**
- die allgemeinen Verfahrensvoraussetzungen wie Partei- und Prozessfähigkeit, Zuständigkeit des Gerichts, Vertretungsregelungen, bei Kindesunterhalt ggf. Prozessstandschaft
- das Rechtsschutzbedürfnis, soweit eine Leistungsverfügung ausnahmsweise zulässig sein soll
- das Fehlen von Verfahrenshindernissen
- anderweitige Rechtshängigkeit/Rechtskraft eines summarischen Verfahrens
- entgegenstehende Rechtskraft einer Hauptsacheentscheidung
- Verfügungsgrund
- Verfügungsanspruch
- dem Grunde nach
Tatsachen zum verwandtschaftlichen Verhältnis, zur Eheschließung, zur ggf. maßgeblichen vertraglichen Regelung etc.
- der Höhe nach
Ausführungen zum Notbedarf und zur Bedürftigkeit
Bei Kindesunterhalt sind die Ausführungen zur erleichterten Darstellung bezüglich des Regelbetrags zu beachten.[971]
- das Fehlen naheliegender Einwendungen,[972] soweit ein Erlass der einstweiligen Verfügung ohne Anhörung des Gegners in Erwägung zu ziehen sein soll.

---

969 Vgl. § 2 Rn 411 f.
970 Vgl. § 1 Rn 35.
971 § 2 Rn 445.
972 § 1 Rn 35.

5. Glaubhaftmachung

447 Die Anspruchsvoraussetzungen sind gem. §§ 936, 920 Abs. 2, 294 ZPO **glaubhaft** zu machen. Dieses Erfordernis bezieht sich auf alle dem Antragsteller günstigen Umstände und im Falle einer Entscheidung ohne vorherige Anhörung des Antragsgegners auch auf alle nahe liegenden Einwendungen.

Nach § 921 S. 1 ZPO[973] kann die Leistungsverfügung auch dann erlassen werden, wenn der Verfügungsanspruch oder der Verfügungsgrund nicht hinreichend glaubhaft gemacht ist, also nicht mit einer überwiegenden Wahrscheinlichkeit von deren Vorliegen ausgegangen werden kann, jedoch Anhaltspunkte gegeben sind, die mit geringerer Wahrscheinlichkeit annehmen lassen, dass die Voraussetzungen erfüllt sind.[974] Der Mangel unzureichender Glaubhaftmachung ist in einem solchen Fall durch die **Leistung einer Sicherheit** ausgleichbar. Wegen der bestehenden Notlage auf Seiten des Antragstellers wird sich diese Vorgehensweise eher auf Ausnahmefälle beschränken.[975]

Mängel bezüglich eines schlüssigen Sachvortrages können durch Sicherheitsleistung nicht ausgeglichen werden.[976]

6. Zuständiges Gericht

448 Das für den Erlass der einstweiligen Verfügung auf Leistung von Unterhalt zuständige Gericht bestimmt sich nach den §§ 937 Abs. 1, 943 Abs. 1 ZPO.

Darüber hinaus kommt im Ausnahmefall eine Zuständigkeit des Amtsgerichts der belegenen Sache gemäß § 942 Abs. 1 ZPO in Betracht.

449 a) Ist demnach ein **Hauptsacheverfahren** auf Unterhalt **anhängig**, ist die einstweilige Verfügung auch bei dem Gericht zu beantragen, bei dem das Hauptsacheverfahren anhängig ist.[977] Unerheblich bleibt in diesem Zusammenhang, ob die Zuständigkeit für die Erledigung der Hauptsache auch tatsächlich diesem Gericht zukommt.[978]

---

973 Zur Anwendbarkeit des § 921 Abs. 2 ZPO im Rahmen der Leistungsverfügung vgl. *Thomas/Putzo*, § 936 Rn 2.
974 Vgl. § 1 Rn 28 ff.
975 Zur Anordnung einer Sicherheitsleistung vgl. auch § 2 Rn 470.
976 *Thomas/Putzo – Reichold*, § 921 Rn 3; *Zöller – Vollkommer*, § 921 Rn 2.
977 Zu bedenken ist in einem solchen Fall jedoch auch das Verhältnis zur einstweiligen Anordnung nach § 644 ZPO (und auch zu § 620 ZPO). Die bloße Möglichkeit der Antragstellung auf Erlass einer solchen einstweiligen Anordnung schließt ein Verfügungsverfahren auf Notunterhalt aus. Letztlich kann eine einstweilige Verfügung also vom Gericht des (anhängigen) Hauptsacheverfahrens nur erlassen werden, wenn dieses kein Klageverfahren ist, also ein vereinfachtes Verfahren auf Unterhalt, oder der Anwendungsbereich des § 644 ZPO nicht eröffnet ist, weil es sich um einen ausschließlich vertraglichen Unterhaltsanspruch handelt. Ansonsten ist die einstweilige Verfügung subsidiär – gerade wenn eine Hauptsacheklage bereits erhoben ist; vgl. § 2 Rn 425 ff.
978 *Thomas/Putzo – Reichold*, § 919 Rn 3, § 943 Rn 1.

Ist das Hauptsacheverfahren bereits in die Berufungsinstanz gelangt, so ist das Oberlandesgericht für den Erlass der einstweiligen Verfügung zuständig.[979]

b) Ist ein **Hauptsacheverfahren** dagegen **nicht anhängig**, ist darauf abzustellen, bei welchem Gericht die entsprechende Hauptsache erstinstanzlich anhängig zu machen wäre. Somit ist die sachliche, örtliche (und internationale) Zuständigkeit und die Abgrenzung der allgemeinen Zivilabteilung des Amtsgerichts zur Familienabteilung detailliert zu prüfen.

450

Die **sachliche** Zuständigkeit des Amtsgerichts für die einstweilige Verfügung ergibt sich aus § 23a Nr. 2 GVG (durch Ehe oder Verwandtschaft begründete gesetzliche Unterhaltspflicht), § 23a Nr. 3 GVG (Ansprüche nach §§ 1615l, 1615m BGB), § 23a Nr. 6 GVG i.V.m. § 661 Abs. 1 Nr. 4 ZPO (gesetzlicher Unterhalt bei Lebenspartnerschaften). Soweit für familienrechtliche Ansprüche in einem Hauptsacheverfahren das Familiengericht zuständig wäre (also für die in § 23b Abs. 1 S. 2 Nr. 5, 6, 13, 15 GVG angesprochenen gesetzlichen Unterhaltsansprüche), gilt dies auch für das Verfügungsverfahren.[980]

Werden **ausschließlich vertragliche Unterhaltsansprüche** geltend gemacht, ist die einstweilige Verfügung jedoch bei der Allgemeinabteilung des Zivilgerichtes (Amtsgericht oder Landgericht je nach Streitwert – §§ 23 Nr. 1, 71 Abs. 1 GVG) anhängig zu machen.[981] Dies gilt dann nicht, wenn die Vereinbarung der Ausgestaltung eines gesetzlichen Unterhaltsanspruchs dient, wovon in aller Regel auszugehen ist.[982] In einem solchen Fall ist die Zuständigkeit des Familiengerichts wiederum begründet.

451

Die **örtliche Zuständigkeit** richtet sich bei einer familienrechtlichen Unterhaltssache nach § 621 Abs. 2 ZPO.

452

Ist eine **Ehesache anhängig**, wird bezüglich Ehegattenunterhalt und Unterhalt des ehelichen Kindes[983] (auch nach Volljährigkeit)[984] gegen die Eltern nach § 621 Abs. 2 S. 1 ZPO eine Zuständigkeitskonzentration bei dem Gericht der Ehesache herbeigeführt. Nach Anhängigkeit der Ehesache gestellte Anträge auf Erlass einer einstweiligen Verfügung auf Notunterhalt sind somit bei diesem Gericht anzubringen,[985] jedoch wegen des Vorrangs des § 620 ZPO unzulässig. Verfahren auf Erlass einer einstweiligen Verfügung, die bereits anhängig waren, als die Ehesache rechtshängig wurde, sind gem. § 621 Abs. 3 ZPO zwingend an das Gericht der Ehesache zu verweisen.

---

979 Diese Zuständigkeit greift ab Einlegung der Berufung und reicht bis zur Rechtskraft des Berufungsurteils oder bis zu dem Zeitpunkt, in dem Revision eingelegt wird; vgl. *Thomas/Putzo – Reichold*, § 943 Rn 1; *Zöller – Vollkommer*, § 919 Rn 6.
980 *Zöller – Philippi*, § 621 Rn 14.
981 *Zöller – Philippi*, § 621 Rn 46a mit Hinweis auf div. Rechtsprechung.
982 BGH FamRZ 1997, 545; OLG Bamberg FamRZ 1999, 1278; *Zöller – Philippi*, § 621 Rn 6, 46a.
983 Eine Ausnahme gilt bei vereinfachten Verfahren über den Unterhalt minderjähriger Kinder – §§ 642 Abs. 2 S. 2, 621 Abs. 2 S. 1 Nr. 4 ZPO; *Zöller – Philippi*, § 621 Rn 85a.
984 *Zöller – Philippi*, § 621 Rn 85.
985 Zur Ausnahme nach § 942 Abs. 1 ZPO vgl. § 2 Rn 448.

§ 2 Einstweiliger Rechtsschutz auf Gewährung von Unterhalt

Dort ist sodann zu überprüfen, ob eine Überleitung in ein einstweiliges Anordnungsverfahren vorzunehmen ist.[986]

453 Entsprechendes gilt für die Leistungsverfügung, die von einem **Lebenspartner** gegen den anderen während der Anhängigkeit eines Verfahrens auf Aufhebung der Lebenspartnerschaft (§ 661 Abs. 1 Nr. 1 ZPO) oder in den Fällen des § 661 Abs. 1 Nr. 2, 3 ZPO beantragt wird. § 661 Abs. 2 ZPO bewirkt in einem solchen Fall für den gesetzlichen Unterhaltsanspruch aus §§ 5, 12, 16 LPartG[987] eine analoge Anwendung der für die durch Ehe begründete gesetzliche Unterhaltspflicht (§ 621 Abs. 1 Nr. 5 ZPO) geltenden Vorschriften und somit auch des § 621 Abs. 2 S. 1 ZPO. Demzufolge wird hier dieselbe Entscheidungskonzentration wie bei Anhängigkeit einer Ehesache herbeigeführt.[988]

454 Bei sonstigen Unterhaltsansprüchen wie Verwandtenunterhalt nicht gemeinschaftlicher Kinder, Verwandtenunterhalt sonstiger Abkömmlinge, Unterhalt Verwandter der aufsteigenden Linie, rein vertraglichem Unterhalt bestimmen die allgemeinen Vorschriften, welches Gericht örtlich zuständig ist. Bei Ehegattenunterhalt sowie bei Unterhalt eines gemeinschaftlichen Kindes der Ehegatten gilt dasselbe, solange eine Ehesache noch nicht anhängig ist (§ 621 Abs. 2 S. 2 ZPO).

455 In diesem Fall ergibt sich bei Geltendmachung von Unterhalt für ein **minderjähriges Kind** gemäß § 642 Abs. 1 ZPO eine **ausschließliche Zuständigkeit**[989] des Gerichtes, in dessen Bezirk das Kind oder der Elternteil, der es gesetzlich vertritt, seinen allgemeinen Gerichtsstand, also seinen Wohnsitz begründet hat.

Begehrt ein **Ehegatte** klageweise vom anderen Ehegatten Unterhalt (unerheblich ist, für welchen Zeitraum) oder soll ein Anspruch nach **§ 1615l BGB** bei Gericht anhängig gemacht werden, kommt zusätzlich zu §§ 12 ff. ZPO der Wahlgerichtsstand nach § 642 Abs. 3 ZPO in Betracht, falls bereits ein Verfahren[990] über Kindesunterhalt im ersten Rechtszug anhängig ist.

456 Im Übrigen ist abzustellen auf die allgemeinen Regelungen der §§ 12 ff. ZPO.

Somit kann die Klage erhoben (hier die einstweilige Verfügung beantragt) werden:
- nach §§ 12, 13 ZPO am Wohnsitz des Unterhaltsschuldners
- nach § 15 ZPO am letzten Wohnsitz des Schuldners, wenn dieser das Recht der Exterritorialität genießt oder im öffentlichen Dienst im Ausland beschäftigt ist
- nach § 16 ZPO am Aufenthaltsort im Inland oder, wenn ein solcher nicht bekannt ist, am letzten Wohnsitz, falls der Schuldner überhaupt keinen Wohnsitz innehat[991]

---

986 Vgl. § 2 Rn 51.
987 Lebenspartnerschaftssache nach § 661 Abs. 1 Nr. 4 ZPO.
988 *Thomas/Putzo – Hüßtege*, § 661 Rn 12.
989 Zur Ausnahme bei § 942 Abs. 1 ZPO vgl. § 2 Rn 448.
990 Eine Klage ist nicht erforderlich; es genügt auch ein vereinfachtes Verfahren nach §§ 645 ff. ZPO – *Zöller – Philippi*, § 642 Rn 10.
991 *Thomas/Putzo*, § 16 Rn 1: weder im Inland noch im Ausland.

Einstweiliger Rechtsschutz auf Gewährung von Unterhalt §2

- nach § 20 ZPO am Ort, an dem sich der Unterhaltsschuldner länger aufhält, ohne dort einen Wohnsitz zu begründen[992]
- nach § 23 ZPO am Ort, an dem sich Vermögen des Schuldners, der im Inland keinen Wohnsitz hat, befindet[993]
- nach § 23a ZPO am Ort des Wohnsitzes des Berechtigten, wenn der Unterhaltsschuldner im Inland keinen Gerichtsstand[994] hat
- nach Art. 5 Nr. 2 EuGVVO[995] am Ort des Wohnsitzes oder des gewöhnlichen Aufenthalts des Unterhaltsberechtigten im Inland
- nach § 35a ZPO bei einem Unterhaltsverlangen eines Kindes gegen beide Elternteile

c) Gemäß § 942 Abs. 1 ZPO wird eine weitere Zuständigkeit bei dem Amtsgericht der belegenen Sache begründet, wenn ein dringender Fall vorliegt,[996] das heißt der Antragsteller bei Anrufung des ansonsten zuständigen Gerichts einen nicht hinnehmbaren Rechtsverlust erleiden würde, der auf die hierdurch bewirkte zeitliche Verzögerung zurückzuführen wäre.[997] 457

Bei der einstweiligen Verfügung auf Notunterhalt ist insoweit auf den Wohnsitz des Unterhaltspflichtigen abzustellen, da § 23 S. 2 ZPO analoge Anwendung findet.[998]

Diese Zuständigkeitsregelung greift auch dann, wenn aufgrund anderer Vorschriften beim Gericht der Hauptsache eine (andere)[999] ausschließliche Zuständigkeit begründet ist.[1000]

7. Internationale Zuständigkeit

Zur internationalen Zuständigkeit vgl. § 14 Rn 15 ff. 457a

VII. Ablauf des Verfahrens

Die einstweilige Verfügung folgt als verfahrensselbstständiges Mittel des vorläufigen Rechtsschutzes eigenen Verfahrensregeln, die in §§ 936 ff., 919 ff. ZPO geregelt sind. 458

---

992 In Abgrenzung zu § 16 ZPO hat der Schuldner hier einen Wohnsitz inne, hält sich aber dort für einen längeren Zeitraum nicht auf – *Zöller – Vollkommer*, § 20 Rn 2.
993 Gefordert wird nach h.M. ein hinreichender Inlandsbezug des Rechtsstreits – vgl. *Zöller – Vollkommer*, § 23 Rn 1, 13. Dieser wird zu bejahen sein (vgl. die Beispiele bei *Zöller – Vollkommer*, § 23 Rn 13), zumal eine Notzuständigkeit als schutzwürdiges Interesse des Klägers genügt.
994 Also auch nicht nach § 23 ZPO – vgl. *Thomas/Putzo*, § 23a Rn 3; auch Art. 5 Nr. 2 EuGVVO geht vor – vgl. *Thomas/Putzo*, § 23a Rn 1.
995 Zur internationalen Zuständigkeit vgl. auch § 14 Rn 15 ff.
996 Dass ein solcher gegeben ist, ist glaubhaft zu machen; *Zöller – Vollkommer*, § 942 Rn 1.
997 *Zöller – Vollkommer*, § 942 Rn 1; *Thomas/Putzo – Reichold*, § 942 Rn 2.
998 *Thomas/Putzo – Reichold*, § 942 Rn 2; *Gießler/Soyka*, Rn 365.
999 Siehe § 802 ZPO: »...die in diesem Buche...«.
1000 *Gießler/Soyka*, Rn 365 mit Hinweis auf OLG Frankfurt/Main FamRZ 1988, 184, das die Zuständigkeit des Gerichts der belegenen Sache nach § 919 ZPO auch im Falle der Anhängigkeit einer Ehesache bei einem anderen Gericht bejaht.

Soweit diese speziellen Regelungen nicht greifen, gelten dieselben Vorschriften wie für einen Hauptsacheprozess, sodass beispielsweise die Kostenentscheidung nach §§ 91 ff. ZPO zu treffen ist.[1001]

1. Parteien

459 Als Antragsteller und Antragsgegner treten im einstweiligen Verfügungsverfahren der Unterhaltsberechtigte und der Unterhaltsverpflichtete auf.
Soweit Kindesunterhalt betroffen ist, ist die Regelung des § 1629 Abs. 3 S. 1 BGB zu beachten, die unter den dort genannten Voraussetzungen eine gesetzliche Prozessstandschaft anordnet. Antragsteller und somit Partei ist in diesem Fall der Prozessstandschafter und nicht das Kind. Liegen die Voraussetzungen des § 1629 Abs. 3 S. 1 BGB dagegen nicht vor, tritt als Partei das Kind selbst auf, gesetzlich vertreten durch den Vertretungsberechtigten (§ 1629 Abs. 2 S. 2 BGB oder Träger der alleinigen elterlichen Sorge).

2. Mündliche Verhandlung

460 Anders als beim Arrest ist im Verfahren der einstweiligen Verfügung eine Entscheidung ohne mündliche Verhandlung nur dann zulässig, wenn ein dringender Fall vorliegt oder der Antrag auf Erlass einer einstweiligen Verfügung zurückzuweisen ist (§ 937 Abs. 2 ZPO).

Ein **dringender Fall** im Sinne dieser Regelung ist anzunehmen, wenn eine besondere Eilbedürftigkeit der Regelung anzunehmen ist, die über die Dringlichkeit hinausgeht, die die Annahme eines Verfügungsgrundes rechtfertigt.[1002] Diese Voraussetzung ist erfüllt, wenn die einstweilige Verfügung ihren Zweck nur bei einer Überraschung des Gegners erreichen (Überraschungseffekt)[1003] oder aus sonstigen Gründen eine innerhalb kürzester Frist anberaumte mündliche Verhandlung nicht abgewartet werden kann,[1004] also beispielsweise zur Bestreitung des Lebensunterhaltes keinerlei eigene Einkünfte oder Zuwendungen Dritter[1005] zur Verfügung stehen.

461 Bei einer **Zurückweisung des Antrages** nach § 937 Abs. 2 ZPO als unzulässig oder unbegründet kommt es auf die Frage der Dringlichkeit der Entscheidung nicht an. Die Entscheidung des Gerichts, auf eine mündliche Verhandlung zu verzichten, ist an dem Zweck der Neuschaffung dieser Regelung auszurichten, nämlich dem Antragsteller durch möglichst frühe Entscheidung Gelegenheit zu geben, das Rechtsmittelgericht anzurufen oder den

---

1001 Anders bei den verfahrensunselbstständigen Mitteln des vorläufigen Rechtsschutzes; vgl. § 620g ZPO.
1002 *Thomas/Putzo*, § 937 Rn 2; *Zöller – Vollkommer*, § 937 Rn 2.
1003 OLG Karlsruhe NJW-RR 1987, 1206.
1004 *Zöller – Vollkommer*, § 937 Rn 2; *Stein/Jonas – Grunsky*, § 937 Rn 5.
1005 Sozialhilfeleistungen, freiwillige Zuwendungen Dritter – vgl. oben § 2 Rn 434 ff. auch zur Frage, ob bei derartigen Zuwendungen der Verfügungsgrund entfällt.

Antrag gegebenenfalls verbessert zu wiederholen.[1006] So wird es bei einer Zurückweisung des Antrages aus Rechtsgründen angezeigt sein, ohne mündliche Verhandlung zu entscheiden, um dem Antragsteller eine möglichst frühe Einlegung des Rechtsmittels zu ermöglichen.[1007] Jedoch ist eine Entscheidung nach mündlicher Verhandlung stets zulässig und im Zweifelsfall auch geboten, insbesondere wenn Antragsmängel zu beheben,[1008] Sachvortrag oder Beweismittel zu ergänzen sind[1009] oder Aussicht auf eine gütliche Einigung besteht.[1010]

Das Gericht hat darüber hinaus zu berücksichtigen, dass eine einstweilige Verfügung über Unterhalt[1011] im Bereich der Vertragsstaaten der **EuGVVO** nur vollstreckbar ist, wenn die einstweilige Verfügung aufgrund mündlicher Verhandlung – jedenfalls nach Gewährung rechtlichen Gehörs – erlassen ist.[1012] Ist eine derartige Vollstreckung beabsichtigt, sollte das Gericht demzufolge einen Termin zur mündlichen Verhandlung bestimmen. 462

3. Rechtliches Gehör

Das verfassungsrechtliche Postulat aus **Art. 103 Abs. 1 GG**, dem Antragsgegner rechtliches Gehör zu gewähren, kann auf zweierlei Weise umgesetzt werden. 463

Zum einen ist es möglich, die Parteien in mündlicher Verhandlung anzuhören.

Für den Fall, dass von einer solchen abgesehen wird,[1013] erfolgt eine Zustellung der Antragsschrift an den Antragsgegner von Amts wegen. Diesem wird eine Frist zur Erklärung gesetzt.[1014] Nach Ablauf dieser Frist wird schriftlich entschieden oder in das mündliche Verfahren übergegangen.

Im Einzelfall kann eine Entscheidung wegen Gefährdung des Zwecks der einstweiligen Verfügung sogar völlig ohne vorherige Anhörung des Antragsgegners[1015] erlassen werden. In diesem Fall sind jedoch an die Glaubhaftmachung durch den Antragsteller erhöhte Anforderungen zu stellen. Diese muss sich auch auf die Tatsachen beziehen, die nahe liegende Einwendungen und Einreden betreffen und widerlegen sollen,[1016] und darüber hinaus die Voraussetzungen für die besondere Dringlichkeit umfassen.

1006 Vgl. BT-Drucks. 11/3621, 52; KG NJW-RR 1992, 1194 = MDR 1991, 1195.
1007 Vgl. *Hansens,* NJW 1991, 955.
1008 KG NJW-RR 1992, 1194.
1009 *Zöller – Vollkommer,* § 937 Rn 2a.
1010 Vgl. *Hansens,* NJW 1991, 955.
1011 Hierauf ist die EUGVVO anzuwenden, vgl. *Thomas/Putzo,* Art. 1 EuGVVO Rn 2 und Art. 5 Nr. 2 EuGVVO.
1012 *Thomas/Putzo – Hüßtege,* Art. 32 EuGVVO Rn 4; *Zöller – Vollkommer,* § 921 Rn 1; EuGH NJW 1980, 2016; BGH ZIP 1999, 483; *Gießler/Soyka,* Rn 383.
1013 Vgl. soeben § 2 Rn 460.
1014 Eine analoge Anwendung der §§ 275 Abs. 1, 276 Abs. 1 ZPO kommt in Betracht.
1015 Zum Arrest vgl. BVerfGE 9, 89, 98; *Zöller – Vollkommer,* § 921 Rn 1.
1016 *Thomas/Putzo – Reichold,* Vorbemerkung zu § 916 Rn 9; *Zöller – Vollkommer,* § 922 Rn 5; *Gießler/Soyka,* Rn 62.

4. Anwaltszwang

464 Anwaltliche Vertretung benötigen die Parteien nur im Rahmen der mündlichen Verhandlung vor dem Oberlandesgericht (§ 78 Abs. 1 S. 2, Abs. 3 ZPO).[1017]

5. Beweisaufnahme

465 Die Beweisaufnahme beschränkt sich gem. § 294 Abs. 2 ZPO auf präsente Beweismittel. Die Durchführung der Beweisaufnahme folgt den normalen zivilprozessualen Regeln unter Berücksichtigung der Besonderheit des summarischen Verfahrens. Die Erstellung eines Gutachtens zur Frage der Einkommensverhältnisse (etwa bei Freiberuflern) kommt somit in aller Regel nicht in Betracht.
Ferner ist es vielfach nicht möglich, ein Beweismittel wegen Verspätung gem. § 296 ZPO zurückzuweisen, da jede Partei damit rechnen muss, dass in der mündlichen Verhandlung neue Tatsachen vorgebracht bzw. Beweismittel präsentiert werden.

6. Beendigung durch Vergleich

466 Das einstweilige Verfügungsverfahren kann durch Abschluss eines Vergleiches beendet werden, da Unterhaltsregelungen der Disposition der Parteien unterliegen.

7. Entscheidung

a) Förmlichkeiten der Entscheidung

467 Die Entscheidung über den Antrag auf Erlass einer einstweiligen Verfügung ergeht als Beschluss, wenn eine mündliche Verhandlung nicht durchgeführt wurde, ansonsten durch Urteil (§§ 922 Abs. 1 S. 1, 936 ZPO).
Wird ein **Urteil** gefällt, ist dieses gem. § 313 ZPO zu **begründen**.[1018]
Ist die Entscheidung dagegen im Beschlusswege ergangen, bedarf es einer Begründung gem. §§ 922 Abs. 1 S. 2, 936 ZPO nur dann, wenn eine Vollstreckung im Ausland erfolgen soll.[1019] Um dem Beschwerdegericht die Möglichkeit der Nachprüfung zu geben, ist darüber hinaus die Darstellung von Gründen erforderlich, wenn eine Zurückweisung des Antrages erfolgt.[1020]
Im Übrigen ist eine Begründung entbehrlich.[1021]

1017 Zur Antragstellung vgl. § 2 Rn 443.
1018 *Schellhammer*, Zivilprozess, 8. Aufl., Rn 1971 am Ende.
1019 Vgl. jedoch oben § 4 Rn 462, wonach eine Vollstreckung im Ausland bei einer Entscheidung durch Beschluss vielfach nicht möglich ist.
1020 *Zöller – Vollkommer*, § 922 Rn 10; *Thomas/Putzo – Reichold*, § 922 Rn 3; MK (ZPO) – *Heinze*, § 922 Rn 4.
1021 A.A. *Nägele*, NJW 1993, 1045; dagegen *Herr*, NJW 1993, 2287; vgl. auch *Lippold*, NJW 1994, 1110, der die Begründungspflicht auf Art. 6 EMRK stützt.

Da die normalen zivilprozessualen Normen Geltung haben, ist im Falle einer mündlichen Verhandlung bei Säumnis einer Partei durch Versäumnisurteil zu entscheiden.[1022] Ebenso kommt der Erlass eines Anerkenntnisurteils in Betracht.

468

b) Inhalt der Entscheidung
aa) Regelungsumfang und Bindung an Parteianträge

Auch wenn § 938 Abs. 1 ZPO für die einstweilige Verfügung allgemein bestimmt, dass das Gericht nach freiem Ermessen bestimmen kann, welche Anordnung zur Erreichung des Zwecks erforderlich ist, wird bei der Leistungsverfügung nur ein sinnvolles Ergebnis denkbar sein, nämlich die Leistung selbst.

469

Innerhalb der Antragstellung ist das Gericht gem. **§ 308 ZPO** gebunden; es kann nicht mehr zusprechen als beantragt. Darüber hinaus ist das Wesen der Leistungsverfügung zu beachten, sodass lediglich der **Notunterhalt**[1023] zugesprochen werden kann.

Zur zeitlichen Eingrenzung vgl. § 2 Rn 418 ff.

Über den Ausspruch der Leistung hinaus sind auch weitere Anordnungen möglich wie die **Anordnung einer Sicherheitsleistung durch den Antragsteller** gem. §§ 921 S. 2, 936 ZPO,[1024] wenn auch nur in sehr eingeschränktem Umfang sinnvoll. Die Hinterlegung von Geld wird sicherlich gänzlich ausscheiden, da es ansonsten bereits am Verfügungsgrund fehlt. Gegebenenfalls käme jedoch Sicherheitsleistung durch Hinterlegung sonstiger Vermögenswerte in Betracht, deren Verwertung derzeit nicht möglich oder nicht zumutbar ist.

470

Eine bloße **Sicherheitsleistung durch den Antragsgegner** anstelle der Leistung von Unterhalt scheidet (wie eine spätere Aufhebung der einstweiligen Verfügung gegen Sicherheitsleistung gemäß § 939 ZPO) aus. Hierdurch würde dem Bedürfnis des Antragstellers nicht Rechnung getragen.[1025]

Zu Gunsten des Unterhaltsverpflichteten ist § 926 ZPO entsprechend anwendbar.[1026] Dies bedeutet, dass auf entsprechenden Antrag das Gericht eine Frist bestimmen kann, innerhalb derer vom Antragsteller die Hauptsacheklage erhoben werden muss (§§ 936, 926 ZPO).[1027]

471

Erlässt das Amtsgericht der belegenen Sache (§ 942 Abs. 1 ZPO) die beantragte einstweilige Verfügung, ist zu beachten, dass **von Amts wegen** eine Frist zu bestimmen ist, innerhalb derer der Verfügungskläger einen Antrag auf Durchführung des sogenannten **Rechtfertigungsverfahrens** bei dem Gericht der Hauptsache zu stellen hat.[1028]

472

1022 Zöller – Vollkommer, § 922 Rn 1 mit Hinweis auf LG Ravensburg NJW 1987, 139.
1023 Vgl. oben § 2 Rn 410 ff.
1024 Zöller – Vollkommer, § 936 Rn 2; Thomas/Putzo – Reichold, § 936 Rn 4.
1025 Thomas/Putzo – Reichold, § 939 Rn 2.
1026 Zöller – Vollkommer, § 936 Rn 2.
1027 Kommt der Antragsteller dieser Anordnung nicht nach, ist auf Antrag die Aufhebung des Arrestes auszusprechen (§ 926 Abs. 2 ZPO) – vgl. § 2 Rn 484.
1028 Die Durchführung des Rechtfertigungsverfahrens folgt den Regeln des Widerspruchsverfahrens – Thomas/Putzo – Reichold, § 942 Rn 9; Zöller – Vollkommer, § 942 Rn 7.

bb) Kostenentscheidung und vorläufige Vollstreckbarkeit

473 Da es sich bei dem einstweiligen Verfügungsverfahren um ein verfahrensselbstständiges Mittel des vorläufigen Rechtsschutzes handelt, kann die Kostenentscheidung nicht der Hauptsache vorbehalten bleiben wie bei § 620g ZPO. Die Entscheidung muss eine Kostenentscheidung enthalten. Einschlägig sind die §§ 91 ff., § 269 Abs. 3 S. 2, 3 ZPO bei Antragsrücknahme und auch § 93d ZPO.[1029]

474 Eine erlassene einstweilige Verfügung ist sofort vollstreckbar, ohne dass dies einer Entscheidung bedürfte.[1030] Somit ist weder im Tenor des Beschlusses noch im Tenor des Urteils ein Ausspruch über die vorläufige Vollstreckbarkeit erforderlich.

Dies gilt ebenso, wenn ein Beschluss ergeht, kraft dessen der Erlass der einstweiligen Verfügung zurückgewiesen wird.[1031] Auch der Kostenausspruch ist insoweit der vorläufigen Vollstreckung zugänglich, ohne dass dies ausdrücklich im Tenor angeordnet sein müsste.[1032]

Wird dagegen der Antrag auf Erlass einer einstweiligen Verfügung durch ein **Urteil zurückgewiesen**, ist § 708 Nr. 6 ZPO zu beachten und dieses Urteil für vorläufig vollstreckbar zu erklären.

c) Verkündung/Mitteilung der Entscheidung

475 aa) Soweit die Verfahrenserledigung durch Urteil erfolgt, gelten die normalen zivilprozessualen Vorschriften. Dies bedeutet, dass das Urteil nach § 311 ZPO verkündet wird. Die Zustellung erfolgt sodann gem. § 317 Abs. 1 S. 1 ZPO an beide Parteien von Amts wegen.

bb) Besonderheiten bestimmt § 922 Abs. 2, Abs. 3 ZPO für den Fall der Erledigung des Verfügungsverfahrens durch Beschluss.

Der erlassene Beschluss wird nicht verkündet. Ist der **Antrag (teilweise) erfolgreich**, wird der Beschluss gem. §§ 922 Abs. 2, 936, 329 Abs. 2 S. 2, 929 Abs. 2, 166 Abs. 2 ZPO dem Gläubiger in Ausfertigung zugestellt.[1033] Der Antragsteller seinerseits hat dem Schuldner eine beglaubigte Abschrift des Beschlusses im Parteibetrieb durch Vermittlung des Gerichtsvollziehers (§§ 191 ff. ZPO) zuzustellen. Sollten bereits zuvor Vollziehungsmaßnahmen getroffen worden sein, ist § 929 Abs. 3 S. 2 ZPO zu beachten, wonach die Zustellung an den Schuldner innerhalb einer Woche nach Vollziehung zu erfolgen hat.[1034]

Wurde der Antrag auf Erlass einer einstweiligen Verfügung zurückgewiesen, ist eine Zustellung nach §§ 922 Abs. 3, 329 Abs. 3, 567, 569 ZPO veranlasst.[1035] Gem. §§ 936, 922

1029 OLG Düsseldorf FamRZ 1992, 961 Nr. 526; KG WRP 1988, 240.
1030 *Zöller – Vollkommer*, § 929 Rn 1.
1031 Vgl. § 794 Abs. 1 Nr. 3 ZPO.
1032 *Thomas/Putzo – Reichold*, § 922 Rn 5.
1033 OLG Koblenz WRP 1981, 286; *Bischof*, NJW 1980, 2236; *Zöller – Vollkommer*, § 922 Rn 11.
1034 Vgl. zu § 929 Abs. 3 ZPO § 2 Rn 478.
1035 *Zöller – Vollkommer*, § 922 Rn 12.

Abs. 3 ZPO wird dieser Beschluss dem Gegner grundsätzlich nicht mitgeteilt. Eine Ausnahme besteht dann, wenn er zuvor gehört worden ist.[1036]

VIII. Die Vollziehung der Leistungsverfügung

Die Durchsetzung des in der einstweiligen Verfügung enthaltenen Leistungsbefehls erfolgt im Rahmen des sogenannten Vollziehungsverfahrens. Gemäß §§ 928, 936 ZPO gelten die Regeln über die Zwangsvollstreckung aus vollstreckbaren Leistungsurteilen. Jedoch sind einige Sondervorschriften zu beachten.   476

1. Vollstreckungsklausel

Einer **Vollstreckungsklausel** bedarf es gemäß §§ 929 Abs. 1, 936 ZPO nicht. Ausnahmen von dieser Vollstreckungserleichterung greifen nur dann, wenn die Zwangsvollstreckung von einem oder gegen einen Rechtsnachfolger (§ 727 ZPO) betrieben oder in einem ausländischen Vertragsstaat nach dem AVAG bzw. bestimmter zweiseitiger zwischenstaatlicher Vereinbarungen durchgeführt werden soll.[1037]   477

2. Vollstreckung vor Zustellung der Leistungsverfügung

Eine Vollstreckung ist bereits **vor Zustellung der Leistungsverfügung** an den Antragsgegner zulässig (§§ 929 Abs. 3 S. 1 ZPO, 936 ZPO).[1038] Wirkungslos wird die Vollziehung jedoch, wenn nicht innerhalb einer Frist von einer Woche nach Vollziehung diese Zustellung der einstweiligen Verfügung nachgeholt wird. Die erforderlichen Zustellungen sind grundsätzlich im Parteibetrieb vorzunehmen; fristwahrend jedoch wirkt auch eine solche von Amts wegen,[1039] die jedoch nur in Betracht kommen wird, wenn durch Urteil entschieden wurde (§§ 317 Abs. 1 S. 1, 166 Abs. 2 ZPO). Ein Beschluss wird gemäß §§ 936, 922 Abs. 2, 329 Abs. 2 S. 2 ZPO nur dem Antragsteller zugestellt.   478

1036 *Zöller – Vollkommer,* § 922 Rn 1; *Bischof,* NJW 1980, 2236.
1037 *Thomas/Putzo – Reichold,* § 929 Rn 1.
1038 Bei einer Forderungspfändung und Überweisung sind selbstverständlich weitere Zustellungen nicht entbehrlich (vgl. § 829 Abs. 2 und 3 ZPO); zur Vorgehensweise bei Pfändung einer Forderung aufgrund einstweiliger Verfügung siehe *Zöller – Vollkommer,* § 928 Rn 8.
1039 OLG Hamm FamRZ 1994, 1479; OLG Oldenburg FamRZ 1989, 879; vgl. auch BGH NJW 1990, 122 und NJW 1993, 1076 zu Unterlassungsverfügungen.

§ 2 Einstweiliger Rechtsschutz auf Gewährung von Unterhalt

3. Vollziehungsfrist nach § 929 Abs. 2 ZPO

479 Darüber hinaus ist die **Monatsfrist des § 929 Abs. 2 ZPO** zu beachten, da nach heute wohl ganz herrschender Ansicht[1040] die Anwendbarkeit des § 929 Abs. 2 ZPO auf Leistungsverfügungen bezüglich Unterhaltes zu bejahen ist.

Zur Berechnung der Vollziehungsfrist vgl. § 12 Rn 60. Die dortigen Ausführungen gelten hier entsprechend.

480 Welche Handlungen vom Arrestgläubiger zur **Wahrung der Vollziehungsfrist** des § 929 Abs. 2 ZPO vorzunehmen sind, ist heftig umstritten.[1041] Gewahrt ist die Monatsfrist nach hier vertretener Auffassung jedenfalls dann, wenn die **Zustellung des Urteils oder Beschlusses im Parteibetrieb**[1042] erfolgt und die Vollstreckung dadurch eingeleitet ist, dass der Gläubiger beim zuständigen Vollstreckungsorgan die **Vornahme konkreter Vollstreckungshandlungen beantragt**[1043] hat.

Ob es darüber hinaus bei der hier maßgeblichen Leistungsverfügung als ausreichend angesehen werden kann, dass ausschließlich die Zustellung der einstweiligen Verfügung fristgerecht erfolgt ist, wenn sich nur die Zwangsvollstreckung in zeitlichem Zusammenhang der Titelzustellung anschließt, erscheint sehr fraglich.[1044]

481 Weiterhin umstritten sind die Folgen, die sich ergeben, wenn die erforderliche Vollziehung nicht fristgerecht eingeleitet ist.

§ 929 Abs. 2 ZPO bewirkt (bei Arrestanordnungen und) bei Erlass einer einstweiligen Verfügung im Allgemeinen, dass die Vollziehung der Entscheidung innerhalb der Frist von einem Monat erfolgen muss, wenn sie nicht unstatthaft werden soll. Besonderheiten ergeben sich bei einer Leistungsverfügung auf Unterhalt deshalb, weil diese eben **regelmäßig wiederkehrende Leistungen** beinhaltet, die nur nach und nach vollstreckt werden können. Wenn nun die Vollziehung innerhalb der Monatsfrist ab Verkündung bzw. Zustellung der einstweiligen Verfügung an den Antragsteller nicht erfolgt ist, wird einerseits die Ansicht vertreten, die Versäumung der Vollziehungsfrist bewirke, dass ausschließlich die im Zeitpunkt der Verkündung bzw. Zustellung der einstweiligen Verfügung bereits fälligen Unterhaltsbeträge nicht mehr einer Vollziehung zugänglich sind. Bezüglich der weiteren, erst später fällig werdenden Raten beginne die Vollziehungsfrist erst mit der jeweiligen Fälligkeit der einzelnen Teilforderungen.[1045]

Dagegen ist nach anderer Ansicht die **Vollziehung insgesamt ausgeschlossen**, wenn die Monatsfrist versäumt wurde oder bei erst nach Ablauf dieser Frist fällig werdenden Unter-

---
[1040] Vgl. *Thomas/Putzo – Reichold*, § 936 Rn 14; *Zöller – Vollkommer*, § 929 Rn 19 m.w.N.
[1041] Vgl. *Zöller – Vollkommer*, § 929 Rn 12 ff., 19.
[1042] Zur Fristwahrung bei Zustellung von Amts wegen vgl. soeben § 2 Rn 478.
[1043] Vgl. § 12 Rn 63 zur selben Rechtslage beim Arrest.
[1044] Ablehnend auch *Gießler/Soyka*, Rn 488 m.w.N.; vgl. auch *Zöller – Vollkommer*, § 929 Rn 19 m.w.N.
[1045] OLG Koblenz FamRZ 1991, 589; OLG Bamberg FamRZ 1985, 510; OLG Schleswig FamRZ 1981, 456; vgl. auch OLG Köln FamRZ 1992, 75, 77; *Zöller – Vollkommer*, § 929 Rn 19.

haltsraten mit der Vollziehung auch nur einer fälligen Leistung länger als ein Monat zugewartet wurde. Aus der Leistungsverfügung kann somit auch bezüglich (weiterer) erst künftig fällig werdender Leistungen nicht mehr vollstreckt werden, wenn die Vollziehungsfrist bezüglich einer beliebigen Teilleistung nicht eingehalten wurde.[1046] Begründet wird dies mit einer ansonsten bestehenden unzulässigen Begünstigung des Gläubigers wiederkehrender Leistungen gegenüber dem Gläubiger einer Einmalleistung oder einer Dauerleistung (auf Unterlassen), der die Vollziehungsfrist einzuhalten hat. Außerdem entstünden Abgrenzungsprobleme durch Aufspaltung der einstweiligen Verfügung in einen teilweise unwirksamen und teilweise noch wirksamen, vollziehbaren Teil der einstweiligen Verfügung.[1047]

Meines Erachtens entspricht jedoch die zunächst genannte (für den Gläubiger tatsächlich günstigere) Ansicht eher der **Interessenlage**.[1048] Eine unzulässige Benachteiligung des Schuldners wiederkehrender Leistungen im Vergleich mit einem Schuldner von Einmalleistungen oder Dauerleistungen (auf Unterlassen) kann darin nicht gesehen werden, da der Schuldner der Leistungsverfügung auf Unterhalt mit einer Vollziehung später fällig werdender Raten ohnehin erst nach diesem Fälligkeitszeitpunkt rechnet. Vertreter der Auffassung, die bei Versäumung der Vollziehungsfrist auch nur einer fälligen Teilleistung stets zur gänzlichen Unwirksamkeit der einstweiligen Verfügung führt, müssen bei erfolgter freiwilliger Teilleistung durch den Schuldner und darauf beruhender unterlassener Vollziehung der bereits fälligen Leistungen innerhalb der Monatsfrist[1049] entweder zu dem unbilligen Ergebnis kommen, auch die später fällig werdenden Monatsraten könnten nicht mehr vollstreckt werden, oder den Ablauf der Frist des § 929 Abs. 2 ZPO in diesem Fall ablehnen,[1050] um dem Schuldner nicht die Möglichkeit einzuräumen, durch vorübergehende freiwillig erbrachte Teilleistungen die weitere Vollziehung unmöglich zu machen.

Der **Ablauf der Vollziehungsfrist** bewirkt nicht, dass der Gläubiger vom Erlass einer einstweiligen Verfügung nunmehr kategorisch ausgeschlossen wäre. Vielmehr ist es möglich, erneut den Erlass einer einstweiligen Verfügung auf Notunterhalt zu beantragen, wenn die Voraussetzungen im Übrigen noch vorliegen, insbesondere ein Verfügungsgrund glaubhaft gemacht ist.[1051]

Nach herrschender Ansicht ist diese Antragstellung in einem neuen Verfahren vorzunehmen, so dass hierfür das Gericht der Hauptsache gem. § 937 Abs. 1 ZPO zuständig ist.[1052]

1046 OLG Hamm FamRZ 1997, 1496; 1991, 583; 1983, 1254; OLG Hamburg FamRZ 1988, 521; OLG Köln FamRZ 1985, 508; 1985, 1063; 1985, 1065; OLG Brandenburg FamRZ 1997, 624; OLG Koblenz FamRZ 1988, 190; OLG Frankfurt/Main FamRZ 1979, 537; OLG Oldenburg FamRZ 1983, 1256; OLG Celle FamRZ 1984, 1248; offen gelassen von OLG Karlsruhe FamRZ 1992, 581.
1047 Vgl. OLG Köln FamRZ 1985, 1062.
1048 Vgl. *Zöller – Vollkommer,* § 929 Rn 19.
1049 Vgl. OLG Köln FamRZ 1985, 508.
1050 So auch *Gießler/Soyka,* Rn 488, der der Parteizustellung der einstweiligen Verfügung innerhalb der Frist in einem solchen Fall Vollziehungsersatzfunktion zukommen lässt.
1051 *Zöller – Vollkommer,* § 929 Rn 23.
1052 Befindet sich die Hauptsache in der Berufung, ist § 943 Abs. 1 ZPO zu beachten.

§ 2 Einstweiliger Rechtsschutz auf Gewährung von Unterhalt

Nicht dagegen kann der Antrag auf Erlass einer neuen einstweiligen Verfügung im Verfügungsverfahren selbst (im Widerspruchsverfahren oder in der Berufungsinstanz) gestellt werden.[1053]

IX. Rechtsbehelfe

1. Sofortige Beschwerde/Widerspruch/Berufung

483 War der Antrag auf Erlass der einstweiligen Verfügung erfolgreich, kann der unterlegene Antragsgegner gemäß §§ 924, 936 ZPO **Widerspruch** erheben, wenn die Entscheidung ohne vorherige mündliche Verhandlung und somit in der Form eines Beschlusses getroffen wurde (§§ 924 Abs. 1, 922 Abs. 1 ZPO).[1054] Wurde dem Antrag dagegen nicht stattgegeben, ist eine **sofortige Beschwerde** der Antragstellerseite gemäß § 567 Abs. 1 Nr. 2 ZPO der zulässige Rechtsbehelf.

Wurde nach mündlicher Verhandlung durch **Urteil** entschieden, steht beiden Parteien das Rechtsmittel der **Berufung** zur Verfügung.

2. Antrag auf Aufhebung/Abänderung der einstweiligen Verfügung

a) Aufhebung wegen Versäumung der Klagefrist nach §§ 936, 926 Abs. 2 ZPO

484 Hat der Antragsgegner eine Anordnung erwirkt, kraft derer dem Verfügungskläger aufgegeben wurde, innerhalb einer bestimmten **Frist** die **Hauptsacheklage zu erheben**, und kommt der Verfügungskläger dieser Anordnung nicht nach, ist auf Antrag durch Urteil die Aufhebung des Arrestes auszusprechen.

Zum Aufhebungsverfahren vgl. § 12 Rn 93 ff. Die dortigen Ausführungen gelten hier entsprechend.

b) Aufhebung/Abänderung wegen veränderter Umstände (§§ 936, 927 ZPO)

485 Eine einstweilige Verfügung auf Notunterhalt wird in einem Verfahren erlassen, in dem an den Nachweis der erforderlichen Tatsachen geringere Anforderungen gestellt werden als in einem normalen Klageverfahren. Dementsprechend kommt ihnen auch ein nur geringerer Schutz vor Abänderungen zu. Bei **Vorliegen veränderter Umstände** ist eine Aufhebung oder Abänderung nach § 927 ZPO möglich. Derart strenge Voraussetzungen wie bei § 323 ZPO müssen hierfür nicht erfüllt sein. Selbst Tatsachen oder Beweismittel, die bereits bei

---

[1053] Vgl. die Hinweise bei *Zöller – Vollkommer*, § 929 Rn 23 zur herrschenden Meinung und zur abweichenden Auffassung.
[1054] Dies gilt auch dann, wenn die einstweilige Verfügung nach § 942 Abs. 1 ZPO erlassen wurde. Nach *Thomas/Putzo – Reichold*, § 936 Rn 6 und § 942 Rn 5 dagegen ist in einem solchen Fall ausschließlich das Rechtfertigungsverfahren zu betreiben. Anders dagegen die h.M. OLG Hamm OLGZ 1989, 338; *Zöller – Vollkommer*, § 942 Rn 4.

Erlass der einstweiligen Verfügung existent waren, können Berücksichtigung finden, wenn diese dem Schuldner erst nachträglich bekannt geworden sind.[1055]

Die **Abänderungsgründe** können sich sowohl auf den Verfügungsanspruch als auch den Verfügungsgrund beziehen.[1056]

Will der Verfügungsschuldner nicht die Verfügung als solche angreifen, sondern nur deren Vollstreckbarkeit beseitigen, steht ihm die **Vollstreckungsgegenklage nach § 767 ZPO** zur Verfügung.[1057]

Soweit eine Antragstellung nach § 927 Abs. 1 ZPO beabsichtigt ist (Aufhebung nach Erbieten einer Sicherheitsleistung), muss beachtet werden, dass gemäß § 939 ZPO besondere Umstände vorliegen müssen, die eine Aufhebung der einstweiligen Verfügung rechtfertigen. Gerade bei einer Leistungsverfügung auf Notunterhalt ist eine solche Maßnahme kaum denkbar,[1058] da der Gläubiger von einer Sicherheitsleistung »nicht leben kann«.[1059]

Vgl. ferner § 12 Rn 121 ff. Die dortigen Ausführungen gelten hier entsprechend.

c) Aufhebung wegen Versäumung der Klagefrist nach § 942 Abs. 3 ZPO

Wurde eine einstweilige Verfügung nach § 942 Abs. 1 ZPO[1060] erlassen und hierbei dem Arrestgläubiger eine Frist gesetzt, innerhalb derer er das sogenannte Rechtfertigungsverfahren einzuleiten hat, kann das Aufhebungsverfahren nach § 942 Abs. 3 ZPO durchgeführt werden, wenn der Arrestgläubiger dieser Anordnung nicht nachkommt.

486

aa) Zulässigkeit des Aufhebungsverfahrens

Eine Aufhebung der einstweiligen Verfügung setzt eine entsprechende schriftliche Antragstellung voraus. Dieser **Antrag** unterliegt, da er beim Amtsgericht zu stellen ist, nicht dem Anwaltszwang.

487

Zulässig ist der Aufhebungsantrag, solange die einstweilige Verfügung besteht. Liegt mittlerweile ein wirksamer Verzicht auf die Vollstreckung aus der einstweiligen Verfügung vor, wird der Antrag als unzulässig abzuweisen sein.[1061]

Statthaft ist der Aufhebungsantrag ausschließlich dann, wenn die Aufhebung wegen der Versäumung der Frist zur Durchführung des Rechtfertigungsverfahrens betrieben wird.[1062]

1055 *Zöller – Vollkommer*, § 927 Rn 4; *Thomas/Putzo – Reichold*, § 927 Rn 12.
1056 Vgl. § 12 Rn 127.
1057 *Thomas/Putzo*, § 936 Rn 15; *Zöller – Vollkommer*, § 927 Rn 15.
1058 *Thomas/Putzo*, § 939 Rn 2.
1059 *Zöller – Vollkommer*, § 939 Rn 1.
1060 § 942 Abs. 2 ZPO kommt hier nicht in Betracht.
1061 Vgl. zur entsprechenden Rechtslage im Aufhebungsverfahren nach § 926 Abs. 2 ZPO § 12 Rn 93 ff.
1062 *Gießler/Soyka*, Rn 463.

§ 2 Einstweiliger Rechtsschutz auf Gewährung von Unterhalt

Die **Zuständigkeit** für das Aufhebungsverfahren liegt ausschließlich bei dem Amtsgericht, das die einstweilige Verfügung erlassen hat.[1063]

bb) Verhältnis zu anderweitigen Rechtsbehelfen des Arrestverfahrens

488 Der Arrestschuldner kann frei wählen, ob er das Aufhebungsverfahren nach § 942 Abs. 3 ZPO betreibt oder einen anderen Rechtsbehelf bevorzugt. Insbesondere ist die Einlegung eines Widerspruchs[1064] möglich,[1065] ohne dass zuvor der Ablauf der nach § 942 Abs. 1 ZPO gesetzten Frist erforderlich wäre.

Ist jedoch ein Widerspruchsverfahren vom Arrestschuldner in Gang gebracht worden, scheidet die nachfolgende Aufhebung der einstweiligen Verfügung nach § 942 Abs. 3 ZPO aus.[1066]

Auch nach (erfolglos) durchgeführtem Verfahren nach § 942 Abs. 3 ZPO kann der Arrestschuldner weitere Rechtsbehelfe ergreifen, da der in diesem Verfahren maßgebliche Aufhebungsgrund in keinem der sonstigen Verfahren überprüft wird und somit eine Beschränkung des Prüfungsumfangs nicht in Betracht kommt.

cc) Verfahrensablauf

489 Nach § 942 Abs. 4, 128 Abs. 4 ZPO ist die Durchführung einer **mündlichen Verhandlung** freigestellt. Jedoch ist eine Anhörung des Antragsgegners vorzunehmen.[1067]

Anwaltszwang besteht nicht.

dd) Entscheidung

490 Über den Antrag nach § 942 Abs. 3 ZPO wird durch **Beschluss** entschieden (§ 942 Abs. 4 ZPO n.F.). Eine Säumnisentscheidung kann nicht erlassen werden.[1068]

Dem Aufhebungsantrag wird stattgegeben, wenn die Zulässigkeitsvoraussetzungen vorliegen und der Arrestgläubiger der Anordnung der Durchführung des Rechtfertigungsverfahrens nicht nachgekommen ist.

491 Da es sich bei der in der einstweiligen Verfügung angeordneten Frist nicht um eine Ausschlussfrist handelt, kann der Verfügungsgläubiger den Antrag zur Durchführung des Rechtfertigungsverfahrens nachholen, solange eine Aufhebung der einstweiligen Verfü-

---

1063 *Thomas/Putzo – Reichold*, § 942 Rn 6; für sonstige Rechtsbehelfe ist das Amtsgericht der belegenen Sache dagegen nicht zuständig, *Zöller – Vollkommer*, § 942 Rn 4.
1064 OLG Hamm OLGZ 1989, 338; *Zöller – Vollkommer*, § 942 Rn 4; *Stein/Jonas – Grunsky*, § 942 Rn 7; a.A. *Thomas/Putzo – Reichold*, § 936 Rn 6.
1065 Die Zuständigkeit liegt dann jedoch bei dem Gericht der Hauptsache – OLG Hamm OLGZ 1989, 340. Ein fälschlicherweise bei dem Amtsgericht der belegenen Sache eingelegter Widerspruch ist auf Antrag gemäß § 281 ZPO zu verweisen, *Zöller – Vollkommer*, § 942 Rn 4. Zum Aufhebungsantrag nach § 926 Abs. 2 ZPO vgl. *Zöller – Vollkommer*, § 942 Rn 5 und OLG Schleswig NJW-RR 1997, 829.
1066 Vgl. § 2 Rn 491 (sogleich).
1067 *Zöller – Vollkommer*, § 942 Rn 5; *Thomas/Putzo – Reichold*, § 942 Rn 6.
1068 *Gießler/Soyka*, Rn 466.

gung noch nicht erfolgt ist.[1069] Auch ein durch den Antragsgegner eingeleitetes Widerspruchsverfahren, in dem notwendigerweise mündlich zu verhandeln ist (§ 924 Abs. 2 S. 2 ZPO), hindert den Erlass eines Aufhebungsbeschlusses.[1070]
Für die **Kostenentscheidung** sind die Regelungen der §§ 91 ff. ZPO maßgeblich.

492

ee) Rechtsbehelfe

Gegen die Zurückweisung des Antrages auf Aufhebung der einstweiligen Verfügung kann der Arrestschuldner seit der Neuregelung des § 567 Abs. 1 ZPO[1071] mit der **sofortigen Beschwerde** vorgehen. Derselbe Rechtsbehelf steht dem Arrestgläubiger gegen den Aufhebungsbeschluss in entsprechender Anwendung der §§ 934 Abs. 4, 936 ZPO zu. Er kann ebenfalls sofortige Beschwerde einlegen. Dies gilt auch dann, wenn (fälschlicherweise) durch Urteil entschieden wurde.[1072]

493

X. Außer-Kraft-Treten

Die einstweilige Verfügung tritt nicht von sich aus außer Kraft, wenn in einem Hauptsacheverfahren der deckungsgleiche materielle Unterhaltsanspruch rechtskräftig aberkannt[1073] oder zugesprochen[1074] wird. Es ist stets eine Aufhebung der einstweiligen Verfügung nach § 927 ZPO erforderlich. Das rechtskräftige Urteil stellt einen solchen Abänderungsgrund dar.

494

XI. Schadensersatz

Wer eine einstweilige Verfügung auf Notunterhalt erwirkt, läuft stets Gefahr, einem Schadensersatzprozess nach § 945 ZPO ausgesetzt zu werden. Diese Norm statuiert einen **verschuldensunabhängigen Anspruch** auf Ersatz des aus der Vollziehung einer einstweiligen Verfügung entstandenen Schadens,[1075] nicht dagegen des aus der Anordnung der Maßnahme resultierenden Schadens.

495

1069 OLG Hamm MDR 1965, 305; *Zöller – Vollkommer*, § 942 Rn 5; bei angeordneter mündlicher Verhandlung zum Aufhebungsantrag ist darauf abzustellen, ob der Antrag auf Durchführung des Rechtfertigungsverfahrens vor dem Schluss der mündlichen Verhandlung gestellt wird – *Thomas/Putzo – Reichold*, § 942 Rn 6.
1070 *Gießler/Soyka*, Rn 467; nach *Thomas/Putzo – Reichold*, § 936 Rn 6 soll ein Widerspruchsverfahren bei § 942 ZPO unzulässig sein.
1071 BGBl. I 2001, 1902.
1072 *Zöller – Vollkommer*, § 942 Rn 6.
1073 BGH NJW 1993, 2687; *Zöller – Vollkommer*, § 927 Rn 4, 5; a.A. *Gießler/Soyka*, Rn 372 in Fußnote 42.
1074 Vgl. *Gießler/Soyka*, Rn 88; zu rechtskräftig werdendem Unterlassungsurteil, das deckungsgleich ist mit dem Inhalt der einstweiligen Verfügung auch *Zöller – Vollkommer*, § 927 Rn 6 mit Hinweis auf OLG Hamburg OLGZ 1988, 322 und OLG Düsseldorf MDR 1990, 732.
1075 Zum Vollzugsschaden im Einzelnen vgl. § 12 Rn 155 ff.

Voraussetzung des Schadensersatzanspruchs ist, dass
- die Anordnung der einstweiligen Verfügung von Anfang an ungerechtfertigt war oder
- die angeordnete einstweilige Verfügung aufgrund des § 926 Abs. 2 oder des § 942 Abs. 3 ZPO aufgehoben wird.

496

Hinweis

Nicht anwendbar ist § 945 ZPO, wenn im einstweiligen Verfügungsverfahren ein Interimsvergleich geschlossen und sodann vollstreckt wurde.[1076] Auch greift diese Anspruchsgrundlage nicht, wenn Unterhalt im Rahmen einstweiliger Anordnungen nach §§ 620 Nr. 4, 6, 644 ZPO[1077] zugesprochen wurde. Dasselbe gilt für einstweilige Anordnungen, die im Rahmen einer Lebenspartnerschaftssache erlassen wurden (§ 661 Abs. 2 i.V.m. §§ 620 Nr. 4, 6 oder 644 ZPO).

Im Übrigen vgl. § 12 Rn 140 ff. Die dortigen Ausführungen gelten hier entsprechend.

XII. Zusatzfragen zur Prozesskostenhilfe

497 Für das einstweilige Verfügungsverfahren auf Leistung von Notunterhalt kann Prozesskostenhilfe in Anspruch genommen werden. Es wird nicht möglich sein, den Antragsteller auf die Geltendmachung eines **Prozesskostenvorschusses** zu verweisen, da dies zu einer unzumutbaren Verzögerung des Verfügungsverfahrens führen würde.[1078]

Aus demselbem Grund scheidet die Verweigerung von Prozesskostenhilfe mit dem Argument, der Antragsteller müsse sein Vermögen einsetzen, aus.[1079] Die Anordnung einer Ratenzahlung kommt dann in Betracht, wenn mit hinreichender Gewissheit vorauszusehen ist, dass dem Antragsteller im PKH-Verfahren ein durchsetzbarer Kostenerstattungsanspruch gegen den Antragsgegner zustehen wird; ebenso wenn einsetzbares Vermögen vorhanden ist.[1080] Der Bezug von **Sozialhilfe** beinhaltet nicht einen Anspruch auf Prozesskostenübernahme; insoweit gehen die §§ 114 ff. ZPO vor.[1081]

1076 *Thomas/Putzo – Reichold*, § 945 Rn 6; *Zöller – Vollkommer*, § 945 Rn 5; a.A. OLG Frankfurt/Main FamRZ 1988, 88; *Gießler/Soyka*, Rn 495.
1077 BGH NJW 2000, 742; 1985, 1074.
1078 OLG Düsseldorf FamRZ 1982, 513.
1079 Selbstverständlich wird die beantragte Prozesskostenhilfe versagt, wenn die Vermögensverwertung zumutbar ist und deshalb der Notunterhaltsanspruch dem Grunde nach entfällt. Dies beruht jedoch nicht auf § 115 ZPO, sondern auf der mangelnden Erfolgsaussicht nach § 114 ZPO.
1080 *Wax*, FamRZ 1985, 13.
1081 OLG Stuttgart FamRZ 1994, 384; *Zöller – Philippi*, § 115 Rn 66 m.w.N.

Einstweiliger Rechtsschutz auf Gewährung von Unterhalt § 2

Werden dem Antragsteller laufende Sozialhilfeleistungen gewährt, kann ihm weder die Erfolgsaussicht für das einstweilige Verfügungsverfahren abgesprochen werden (mangels Vorliegens eines Verfügungsgrundes),[1082] noch kann die Prozesskostenhilfe wegen bestehender Mutwilligkeit verweigert werden.[1083]

F. Die einstweilige Verfügung nach § 1615o BGB

Die einstweilige Verfügung als Leistungsverfügung auf vorläufige Gewährung von Unterhalt ist gesetzlich nicht normiert. Eine Ausnahme hierzu stellt § 1615o BGB dar. Durch die im materiellen Recht angesiedelte Regelung wird dem **nichtehelichen Kind** die Möglichkeit eingeräumt, für einen begrenzten Zeitraum (die ersten drei Monate nach der Geburt) Unterhalt zu erlangen, wobei die **Antragstellung bereits vor der Geburt** des Kindes möglich ist. Es ist nicht erforderlich, dass die Vaterschaft bereits rechtskräftig festgestellt oder wirksam anerkannt ist.

498

Auch die **Mutter des nichtehelichen Kindes** kann mit Hilfe der einstweiligen Verfügung für insgesamt 14 Wochen (sechs Wochen vor und acht Wochen nach der Geburt) vorläufige Unterhaltszahlungen durchsetzen. Die Antragstellung kann ebenfalls bereits vor der Geburt des Kindes vorgenommen werden.

In beiden Fällen ist die Glaubhaftmachung eines Verfügungsgrundes entbehrlich (§ 1615o Abs. 3 BGB).

Mit Hilfe der Regelung des § 1615o BGB soll ein **umfassender Schutz** des nichtehelichen Kindes und der Mutter bewirkt werden, die Unterhaltsansprüche im vorläufigen Rechtsschutz durchsetzen und/oder sichern können, wobei das Kind selbst noch nicht geboren sein muss. Eine Anwendung des § 641d ZPO kommt in diesem frühen Stadium noch nicht in Betracht.[1084] Die Sperrwirkung der §§ 1600d Abs. 4, 1594 Abs. 1 BGB würde nach der Geburt ein sofortiges Vorgehen nach § 644 ZPO verhindern, wenn nicht die Vaterschaft wirksam anerkannt bzw. rechtskräftig festgestellt ist. Um einen gewissen Zeitraum bis zur Erhebung einer erforderlichen Vaterschaftsfeststellungsklage überbrücken zu können, ermöglicht die einstweilige Verfügung des § 1615o BGB die Anordnung der Zahlung des Unterhaltes für das Kind und für die Mutter. Nach Ablauf der Frist von acht Wochen (bzw. drei Monate bei Kindesunterhalt) sollte es der Mutter bzw. dem Kind möglich sein, Vaterschaftsfeststellungsklage zu erheben und damit eine einstweilige Anordnung nach § 641d ZPO zu beantragen. Nach wirksamer Anerkennung der Vaterschaft oder rechtskräftiger Feststellung durch das Gericht schließt sich die Möglichkeit des § 644 ZPO[1085] an. Somit ist umfassender Rechtsschutz gewährleistet.

1082 Vgl. oben § 2 Rn 437.
1083 Zum Ausnahmefall eines nur noch ganz kurzen Regelungszeitraums ablehnend OLG Bamberg FamRZ 1995, 623; vgl. ferner (weitergehend) OLG Saarbrücken FamRZ 1994, 636.
1084 *Zöller – Philippi,* § 641d Rn 2.
1085 Diese Möglichkeit besteht aber jeweils erst nach der Geburt des Kindes.

§ 2 Einstweiliger Rechtsschutz auf Gewährung von Unterhalt

I. Bezug zu einem Hauptsacheverfahren auf Unterhalt

499 Die einstweilige Verfügung nach § 1615o BGB stellt ein **verfahrensselbstständiges Mittel des vorläufigen Rechtsschutzes** dar. Somit ist die Antragstellung nicht davon abhängig, dass ein Hauptsacheverfahren auf Unterhalt (oder ein entsprechender PKH-Antrag) anhängig ist.

Da jedoch die verfahrensrechtlichen Vorschriften der (allgemeinen) einstweiligen Verfügung der §§ 926, 936 ff. ZPO entsprechend anwendbar sind,[1086] kann das Gericht auf Antrag eine Frist setzen, innerhalb derer die Partei, die die einstweilige Verfügung erwirkt hat, eine Hauptsacheklage auf Unterhalt zu erheben hat. Wegen der Wirkung der Regelungen der §§ 1600d Abs. 4, 1594 Abs. 1 BGB ist hierfür jedoch erforderlich, dass die Vaterschaft bereits wirksam anerkannt oder die Feststellungsklage nach § 1600d BGB rechtskräftig entschieden ist.[1087] Liegen diese Voraussetzungen nicht vor, wird es nicht möglich sein, eine gerichtliche Anordnung mit dem Inhalt zu erlangen, dass eine Vaterschaftsfeststellungsklage innerhalb einer bestimmten Frist zu erheben ist.[1088]

II. Inhalt der einstweiligen Verfügung nach § 1615o BGB

1. Unterhaltsleistungen

a) Unterhalt für das Kind

500 Mit Hilfe der einstweiligen Verfügung des § 1615o Abs. 1 BGB kann ein Titel erwirkt werden, aufgrund dessen der (mutmaßliche) Vater **für die ersten drei Monate** »den ... dem Kinde zu gewährenden Unterhalt« zu zahlen hat. Dies bedeutet, dass der Unterhalt betragsmäßig nicht auf den Notbedarf beschränkt ist,[1089] wenn auch in der Praxis meist nur der Regelbedarf beansprucht wird.[1090] Es ist der volle Bedarf zugrunde zu legen. Ebenso kommt die Gewährung von Sonder- oder Mehrbedarf in Betracht.[1091]

Beschränkt sich das Kind jedoch auf den **Regelbetrag** nach der RegelbetragsVO bzw. nach Inkrafttreten des Unterhaltsrechtsänderungsgesetzes auf den Mindestbedarf, muss der konkrete Bedarf nicht gesondert glaubhaft gemacht werden.[1092]

1086 *Wohlfahrt*, Band 1 § 1 Rn 397.
1087 *Thomas/Putzo*, § 936 Rn 6; a.A. *Holzhauer*, FamRZ 1982, 109.
1088 A.A. *Gießler/Soyka*, Rn 632; *Soergel – Häberle*, § 1615o Rn 9; *Stein/Jonas – Grunsky*, § 936 Rn 5 (22. Auflage 2002).
1089 *Gießler/Soyka*, Rn 627; *Soergel – Häberle*, § 1615o Rn 4; *Palandt – Diederichsen*, § 1615o Rn 2: Antrag ist regelmäßig auf den Regelbetrag der Regelbetragsverordnung zu richten; *Wohlfahrt*, Band 1, § 1 Rn 392: grds. kann der Regelbedarf zugesprochen werden.
1090 Dies ist wegen des beschränkten Zeitraumes, für den Unterhalt im Wege der einstweiligen Verfügung (vorläufig) beansprucht werden kann, sicherlich vielfach sinnvoll, insbesondere, wenn die Glaubhaftmachung eines höheren Bedarfes den Erlass der Entscheidung erheblich verzögern würde.
1091 *Gießler/Soyka*, Rn 627 f.; *Soergel – Häberle*, § 1615o Rn 4; *Palandt – Diederichsen*, § 1615o Rn 2; *Wohlfahrt*, Band 1, § 1 Rn 399.
1092 Vgl. hierzu Rn 411 f. und 445.

Einstweiliger Rechtsschutz auf Gewährung von Unterhalt §2

Wird die Entscheidung bereits vor der Geburt des Kindes erlassen, ist § 1615o Abs. 1 S. 2 BGB zu beachten, wonach Hinterlegung des Geldbetrages angeordnet werden kann.[1093]

b) Unterhalt für die Mutter

§ 1615o Abs. 2 BGB bezieht sich inhaltlich auf § 1615l Abs. 1 BGB. Somit kann die Mutter des nichtehelichen Kindes per einstweiliger Verfügung den (voraussichtlich zu leistenden) Unterhalt für die Zeit von **sechs Wochen vor und acht Wochen nach der Geburt** des Kindes verlangen. Auch hier ist der Anspruch nicht auf den Notbedarf begrenzt,[1094] sondern umfasst **Elementarunterhalt**, aber auch **Sonder- und Mehrbedarf**.[1095] Da sich die Bedarfsbestimmung[1096] hier an den Lebensverhältnissen der Mutter orientiert, ist insoweit stets eine Glaubhaftmachung der bestimmenden Umstände erforderlich (anders als bei Geltendmachung von Kindesunterhalt in Höhe des Regelbetrags). Außerdem kann die einstweilige Verfügung auch **Entbindungs-** und **Schwangerschaftskosten**, die außerhalb des 14-Wochenzeitraumes entstehen,[1097] beinhalten (vgl. § 1615 l Abs. 1 S. 2 BGB). Anstelle der Anordnung der Leistung von Unterhaltszahlungen kommt auch eine **Hinterlegung** eines angemessenen Betrages in Betracht (§ 1615o Abs. 2 Hs. 2 BGB). Hier ist anders als beim Kindesunterhalt eine Anordnung der Hinterlegung schon nach dem Gesetzeswortlaut nicht auf den Zeitraum vor der Geburt des Kindes beschränkt.

501

c) Unterhalt für den Vater – analoge Anwendung des § 1615o BGB?

§ 1615l Abs. 4 BGB gewährt dem **Vater des nichtehelichen Kindes** einen Unterhaltsanspruch gegen die Mutter, wenn er das Kind betreut und wegen der Pflege oder Erziehung des Kindes eine Erwerbstätigkeit von ihm nicht erwartet werden kann. Dieser Anspruch bezieht sich jedoch dem Wortlaut nach lediglich auf § 1615l Abs. 2 S. 2 BGB und damit auf Unterhalt, der sich an die Frist von acht Wochen nach der Geburt des Kindes anschließt. Jedoch wird vielfach zu Recht vertreten, dass dem Vater bereits unmittelbar nach der Geburt ein Unterhaltsanspruch zustehen muss, wenn er das Kind in diesem Zeitraum tatsächlich betreut.[1098] Folgt man dieser Ansicht, liegt die Frage der Anwendbarkeit des § 1615o Abs. 2 BGB für Unterhaltsansprüche des Vaters gegen die Mutter nahe. Der Wortlaut der Norm gewährt ausschließlich der Mutter die Möglichkeit, gegen den Vater eine einstweilige Verfügung zu beantragen.

502

1093 Zur Tenorierung bei einer Leistungsanordnung vgl. § 2 Rn 513; zur Beschränkung der Anordnung der Hinterlegung auf diesen Zeitraum vgl. *Staudinger – Engler*, § 1615o Rn 15.
1094 *Gießler/Soyka*, Rn 661.
1095 Zu Sonderbedarf vgl. *Palandt – Diederichsen*, § 1615l Rn 13; *Gießler/Soyka*, Rn 660.
1096 Zur Bedarfsbestimmung vgl. *Wohlfahrt*, Band 2, § 4 Rn 8 ff.; *Finke*, § 8 Rn 3.
1097 Innerhalb dieses Zeitraumes entstehende Kosten sind von § 1615l Abs. 1 S. 1 BGB als Sonderbedarf erfasst. Voraussetzung für den Ersatzanspruch ist jedoch, dass die Kosten nicht von einem Sozialversicherungsträger oder dem Arbeitgeber getragen werden. Vgl. hierzu und weitergehend *Palandt – Diederichsen*, § 1615l Rn 5 f. Zur etwaigen Überleitung der Ansprüche vgl. *Palandt – Diederichsen*, Einf vor § 1601 Rn 37 f.
1098 *Palandt – Diederichsen*, § 1615l Rn 25 begründet dies mit der Anwendbarkeit des § 1615l Abs. 2 S. 3 BGB; *Büdenbender*, FamRZ 1998, 133 stellt auf Art. 3 GG ab; so auch *Wohlfahrt*, Band 2, § 4 Rn 32.

§2 Einstweiliger Rechtsschutz auf Gewährung von Unterhalt

> *Beachte*
> Eine darüber hinausgehende **analoge Anwendung** zugunsten des Vaters kommt nicht in Betracht, da diese Regelung der besonderen Lage der Mutter nach der Geburt des Kindes Rechnung tragen soll.[1099] Der Vater ist auf die Leistungsverfügung nach §§ 935, 940 ZPO analog zu verweisen.[1100] Für den Anspruch nach § 1615 l Abs. 2 S. 2 Abs. 4 BGB jedoch steht ihm § 644 ZPO als Mittel des einstweiligen Rechtsschutzes zur Verfügung.[1101]

2. Hinterlegung des Unterhaltes

502a Hierzu vgl. § 2 Rn 501 und § 2 Rn 527.

III. Verhältnis zu anderen Mitteln einstweiligen Rechtsschutzes und zu Hauptsacheverfahren

1. Das Verhältnis der einstweiligen Verfügung nach § 1615o BGB zu Hauptsacheverfahren

503 Die einstweilige Verfügung stellt ein **verfahrensselbstständiges Mittel** des vorläufigen Rechtsschutzes dar und ist nicht abhängig von einem Hauptsacheverfahren. Wegen der jeweils unterschiedlichen Ziele des einstweiligen Rechtsschutzes und der Hauptsacheklage ist es auch nicht möglich, einen Antragsteller auf ein solches Verfahren zu verweisen, damit dieser dort einen rechtskräftigen Titel erwirke.

Sollte tatsächlich in dem Zeitraum, in dem die einstweilige Verfügung des § 1615o BGB erwirkt werden kann,[1102] eine Hauptsacheregelung bereits geschaffen worden sein, schließt dies den Erlass einer einstweiligen Verfügung zum selben Regelungsbereich aus. Es greift das Verfahrenshindernis der anderweitigen Hauptsacheregelung.[1103] Dies dürfte angesichts des eingeschränkten zeitlichen Anwendungsbereiches des § 1615o BGB in der Praxis zwar nicht gänzlich ausgeschlossen sein, aber kaum vorkommen. Denkbar wäre jedoch die Schaffung eines vollstreckbaren Titels nach § 794 Abs. 1 Nr. 5 ZPO bereits vor der Geburt

---

1099 *Palandt – Diederichsen*, § 1615o Rn 4; *Greßmann*, Neues Kindschaftsrecht, Rn 522; vgl. hierzu die Kritik von *Büdenbender*, ZZP 110, 48 und FamRZ 1998, 138.
1100 *Wohlfahrt*, Band 2, § 4 Rn 34.
1101 Vgl. § 2 Rn 266.
1102 Hierzu vgl. § 2 Rn 501; die einstweilige Verfügung müsste jedenfalls innerhalb der drei Monate für Kindesunterhalt bzw. acht Wochen für Unterhalt nach § 1615l Abs. 1 S. 1 BGB beantragt worden sein. Wird der Antrag erst später gestellt, ist dieser unzulässig. Wird dagegen innerhalb des Zeitraumes bereits eine Hauptsacheklage wirksam erhoben, vgl. § 2 Rn 505. Bei Ansprüchen nach § 1615l Abs. 1 S. 2 BGB ist auch ein weiterer Zeitraum denkbar.
1103 Allgemein hierzu *Gießler/Soyka*, Rn 125.

des Kindes; in einem solchen Fall ist das Regelungsbedürfnis für eine Maßnahme des einstweiligen Rechtsschutzes abzulehnen.
Zur Frage, wie zu verfahren ist, wenn ein Hauptsacheverfahren auf Unterhalt nach § 1615l Abs. 1 BGB oder nach § 1601 BGB sowie eine Vaterschaftsfeststellungsklage anhängig sind, vgl. sofort.

2. Das Verhältnis der einstweiligen Verfügung nach § 1615o BGB zu anderen Mitteln des einstweiligen Rechtsschutzes

Vor der Geburt des Kindes kommt ein Vorgehen ausschließlich nach § 1615o BGB in Betracht. Eine einstweilige Anordnung nach § 641d ZPO[1104] scheidet ebenso aus wie eine einstweilige Anordnung auf Unterhalt nach § 644 ZPO.[1105] Dass die Vaterschaft unter Umständen in diesem Zeitpunkt bereits anerkannt worden ist, ändert hieran nichts, sondern stellt nur einen Umstand dar, der den Erlass der einstweiligen Verfügung gerade ermöglicht.[1106]

Nach der Geburt des Kindes besteht die Möglichkeit der Erhebung der Vaterschaftsfeststellungsklage. Diese Klageerhebung wiederum eröffnet den Anwendungsbereich der einstweiligen Anordnung nach § 641d ZPO. Ab deren Anhängigkeit (bzw. Einreichung eines entsprechenden PKH-Antrages) ist die einstweilige Verfügung aus Gründen der Subsidiarität ausgeschlossen. § 641d ZPO ist gegenüber § 1615o BGB **lex specialis**.[1107] Ein bereits laufendes Verfahren zum Erlass einer einstweiligen Verfügung ist auf Antrag in ein einstweiliges Anordnungsverfahren überzuleiten;[1108] ohne eine entsprechende Antragstellung erfolgt eine Abweisung als unzulässig. Die bloße Möglichkeit der Erhebung der Vaterschaftsfeststellungsklage[1109] kann dagegen nicht bewirken, dass eine einstweilige Verfügung nach § 1615o BGB unzulässig wird. Ansonsten wäre nach der Geburt des Kindes regelmäßig diese einstweilige Verfügung nicht mehr zu erlangen, was deren Anwendungsbereich in vom Gesetzgeber sicherlich nicht gewollter Weise einschränken würde.

Ab dem Zeitpunkt der **Wirksamkeit der Anerkennung der Vaterschaft** (nach Geburt des Kindes) oder der **Rechtskraft der Vaterschaftsfeststellungsklage** entfällt die Sperrwirkung der §§ 1594 Abs. 1 und 1600 Abs. 4 BGB. Somit kann eine Unterhaltsklage nach § 1615l Abs. 1 BGB oder §§ 1601 ff. BGB erhoben und mit dieser eine Antragstellung nach § 644 ZPO verbunden werden.

1104 *Zöller – Philippi*, § 641d Rn 2; vgl. § 2 Rn 320.
1105 § 2 Rn 341.
1106 Vgl. Wortlaut des § 1615o BGB.
1107 *Zöller – Philippi*, § 641d Rn 3; *Bernreuther*, FamRZ 1999, 73; a.A. *Thomas/Putzo – Hüßtege*, § 641d Rn 3 – danach soll eine Wahlmöglichkeit bestehen.
1108 Vgl. § 2 Rn 342; a.A. *Bernreuther*, FamRZ 1999, 73, der eine Fortsetzung des Verfahrens zulässt.
1109 So aber verhindert die bloße Möglichkeit und Zumutbarkeit der Klageerhebung auf Unterhalt den Erlass einer gesetzlich nicht geregelten Leistungsverfügung auf Notunterhalt – vgl. § 2 Rn 426.

§ 2 Einstweiliger Rechtsschutz auf Gewährung von Unterhalt

> *Beachte*
> Bereits die **Möglichkeit der Klageerhebung auf Unterhalt** (hier also anders als soeben dargestellt zur Möglichkeit, die Vaterschaftsfeststellungsklage zu erheben) bewirkt den Wegfall des Rechtsschutzbedürfnisses für eine einstweilige Verfügung nach § 1615o BGB,[1110] soweit mit dieser Leistungen für die Zeit nach der Geburt des Kindes beantragt werden.[1111]

Ist im Zeitpunkt des Eintritts der Wirksamkeit der Anerkennung der Vaterschaft oder der Rechtskraft des Urteils ein Verfahren zum Erlass einer einstweiligen Verfügung anhängig, ist dieses auf Antrag in das Anordnungsverfahren nach § 644 ZPO überzuleiten.[1112]

506　Mit einem **Arrest** zur **Sicherung der Unterhaltszahlungen** kann § 1615o BGB, der ebenfalls eine Sicherung durch Hinterlegung von Unterhalt für den maßgeblichen Zeitraum ermöglicht, in Konkurrenz treten, wenn entweder nach der Geburt des Kindes die Vaterschaft wirksam anerkannt oder bei fehlender Anerkennung diese rechtskräftig festgestellt ist.[1113]

Im Falle **wirksamer Anerkennung** ist wegen der Privilegierung durch § 1615o Abs. 3 BGB[1114] von einem Vorrang des § 1615o BGB gegenüber dem Arrest auszugehen.[1115]

§ 641d ZPO kommt nach Anerkennung der Vaterschaft nicht mehr in Betracht.

507　Ab Anhängigkeit eines Verfahrens auf Feststellung der Vaterschaft ist der einstweilige Rechtsschutz nach § 641d ZPO auch bezüglich der Sicherung von Unterhaltsleistungen spezieller als § 1615o BGB.

508　Liegt eine rechtskräftige Entscheidung auf Leistung von Unterhalt nach § 1615o BGB vor, hindert diese für den maßgeblichen Zeitraum sowohl den Erlass einer einstweiligen Anordnung nach § 641d ZPO[1116] als auch nach § 644 ZPO.

Dies gilt entsprechend für die Anordnung eines späteren Arrestes. Dieser kann sich nur noch auf die Sicherung bislang nicht erfasster Unterhaltszeiträume beziehen.

IV. Verfügungsgrund/Regelungsbedürfnis

509　Die Leistungsverfügung nach §§ 935, 940 ZPO analog erfordert das in allen summarischen Verfahren grundsätzlich zu prüfende Eil- oder Regelungsbedürfnis (den Verfügungsgrund).[1117] Es findet sich bei § 1615o Abs. 3 BGB jedoch insofern eine **Privilegierung**, als

---

[1110] *Bernreuther*, FamRZ 1999, 73 und 72: die Vorteile der §§ 620b und 620c ZPO bewirken dies.
[1111] Soweit Leistungen vor der Geburt betroffen sind (vgl. § 1615l Abs. 1 S. 1 BGB: sechs Wochen vor der Geburt), bleibt das Rechtsschutzbedürfnis erhalten, falls die Antragstellung rechtzeitig erfolgt ist.
[1112] § 2 Rn 51.
[1113] Ansonsten scheidet ein Arrest aus; vgl. *Bernreuther*, FamRZ 1999, 73.
[1114] Vgl. § 2 Rn 509.
[1115] *Bernreuther*, FamRZ 1999, 73.
[1116] § 2 Rn 347.
[1117] Vgl. §§ 917, 935, 940 ZPO.

eine Gefährdung des Anspruchs **nicht glaubhaft gemacht werden** muss. Diese Begünstigung der Antragsteller bezieht sich nicht lediglich auf die erforderliche Glaubhaftmachung als Beweiserleichterung, sondern bewirkt m.E. darüber hinaus, dass ein Verfügungsgrund nicht einmal vorgetragen werden muss.[1118] Es soll eben der Mutter und/oder dem Kind die Möglichkeit eingeräumt werden, den Unterhalt für diese Übergangszeit in erleichterter Form geltend zu machen. Um dies zu erreichen, ist davon auszugehen, dass im maßgeblichen Zeitraum eine besondere Dringlichkeit vorliegt.[1119]

Steht dagegen fest, dass ein Verfügungsrund ausnahmsweise fehlt, weil (z.B. durch Errichtung einer vollstreckbaren Urkunde)[1120] sichergestellt ist, dass der Unterhalt geleistet wird, scheidet der Erlass der einstweiligen Verfügung aus.

V. Weitere Zulässigkeitsvoraussetzungen

Vgl. § 2 Rn 440.   509a

VI. Antragstellung

1. Erfordernis und Art der Antragstellung

Die einstweilige Verfügung nach § 1615o BGB wird nur auf bestimmten **Sachantrag** hin erlassen.   510

2. Antragsbefugnis

Antragsbefugt ist die **Mutter** für die Unterhaltsansprüche aus § 1615l Abs. 1 BGB bzw. das **Kind** für seinen Unterhalt nach §§ 1601 ff. BGB.   511

Die gesetzliche Vertretung für das Kind wird in aller Regel der Mutter zustehen. Es kommt jedoch auch eine Geltendmachung des Unterhalts des Kindes durch einen für die Leibesfrucht bestellten Pfleger[1121] oder durch das Jugendamt als Beistand[1122] oder als Vormund[1123]

[1118] Sachdienlich wird es dennoch sein, in der Antragsschrift darzustellen, dass Dringlichkeit anzunehmen ist.
[1119] Der Verfügungsgrund wird nach *Gießler/Soyka*, Rn 624 und *Büdenbender*, FamRZ 1983, 307 unwiderleglich vermutet.
[1120] *Gießler/Soyka*, Rn 623.
[1121] §§ 1615o Abs. 1 S. 2, 1912 BGB – etwa bei Minderjährigkeit und damit einhergehender beschränkter Geschäftsfähigkeit der Mutter.
[1122] Vgl. §§ 1712 Abs. 1 Nr. 2, 1713 Abs. 2 S.1, 1714 S. 2 BGB: die Beistandschaft kann bereits vor der Geburt des Kindes eintreten.
[1123] Nach Geburt des Kindes: §§ 1773 Abs. 1, 1791a BGB bei Minderjährigkeit des Kindes (§ 1673 Abs. 2), Ruhen der elterlichen Sorge (§§ 1673 Abs. 1, 1674 BGB) oder Entzug der elterlichen Sorge nach § 1666 BGB.

in Betracht. Vor Geburt des Kindes handeln die Vertreter im Namen des noch nicht geborenen Kindes und nicht in Prozessstandschaft für das Kind.[1124]
Soweit Unterhalt der Mutter begehrt wird und diese selbst noch minderjährig ist, muss die Antragstellung vom gesetzlichen Vertreter der Mutter (Eltern oder Vormund) bewirkt werden.

3. Form/Anwaltszwang

512　Für das Verfahren sind die Vorschriften der einstweiligen Verfügung nach §§ 935 ff. ZPO und damit über § 936 ZPO auch weitgehend die Regelungen zum Arrest entsprechend anzuwenden. Somit ist die Antragstellung schriftlich vorzunehmen, kann jedoch zu **Protokoll der Geschäftsstelle** des zuständigen Familiengerichtes oder jeden Amtsgerichtes erklärt werden (§§ 920 Abs. 1, 3, 129a Abs. 1 ZPO).
Die Antragstellung unterliegt **nicht dem Anwaltszwang** (§ 78 Abs. 2 ZPO).

4. Inhalt

513　Der Antrag muss hinreichend **bestimmt** sein i.S.v. § 253 Abs. 2 Nr. 2 ZPO. Sowohl in zeitlicher Hinsicht als auch der Höhe nach muss die begehrte Leistung konkret angegeben werden. In aller Regel[1125] wird eine Antragstellung nach § 1612a Abs. 1 BGB (auf einen bestimmten Prozentsatz des Regelbetrags nach der Regelbetragsverordnung) ausscheiden, da die Laufzeit der einstweiligen Verfügung beschränkt ist.
Auch muss deutlich werden, ob Leistung oder nur Hinterlegung erstrebt wird.

5. Glaubhaftmachung

514　Die Anspruchsvoraussetzungen sind gemäß §§ 936, 920 Abs. 2, 294 ZPO **glaubhaft** zu machen. Dies gilt wegen **§ 1615o Abs. 3 BGB** nicht hinsichtlich einer Gefährdung des Anspruchs.
Glaubhaft zu machen sind folgende Voraussetzungen:
- die Verfahrensvoraussetzungen wie die Vertretungsbefugnis und die Umstände, aus denen sich die Zuständigkeit des Gerichts ergibt
- die Voraussetzungen des Unterhaltsanspruches
- dem Grunde nach: die nichteheliche Abstammung des Kindes

1124 *Gießler/Soyka*, Rn 617 m.w.N.
1125 Nach *Gießler/Soyka*, Rn 618 kommt eine solche Antragstellung generell nicht in Betracht. Ein entsprechender Antrag soll aber ausgelegt werden können als bestimmter Zahlungsantrag in Höhe des maßgeblichen Regelbetrages.

§ 2 Einstweiliger Rechtsschutz auf Gewährung von Unterhalt

Im Falle des wirksamen Anerkenntnisses[1126] der Vaterschaft ist dies selbstverständlich entbehrlich (vgl. Wortlaut des § 1615o Abs. 1 BGB). Das Erfordernis der Glaubhaftmachung bezieht sich hier auf die Voraussetzungen der Vaterschaftsvermutung des § 1600d Abs. 2 BGB, also die Beiwohnung während der Empfängniszeit, die Schwangerschaft und den mutmaßlichen Tag der Geburt. Im Falle der Entscheidung ohne vorherige Anhörung des Antragsgegners müssen auch nahe liegende Umstände, die Zweifel an der Vaterschaft begründen können, ausgeräumt werden[1127].

- der Höhe nach

Bedarf und Bedürftigkeit der Anspruchsteller sind glaubhaft zu machen. Bezüglich des Unterhaltes für die Mutter gilt dies uneingeschränkt.[1128] Soweit Kindesunterhalt beansprucht wird, ist eine Glaubhaftmachung (jedenfalls dann) nicht erforderlich, wenn lediglich der Regelbetrag nach der Regelbetragsverordnung zugesprochen werden soll.[1129]

Dass in dieser Höhe ein Bedarf besteht und die Leistungsfähigkeit des in Anspruch genommenen (mutmaßlichen) Vaters gewahrt wird, ist regelmäßig anzunehmen. Darüber hinausgehender Elementarunterhalt[1130] des Kindes, Sonderbedarf, Mehrbedarf, Kosten infolge der Entbindung oder Schwangerschaft sind konkret darzulegen und glaubhaft zu machen.

Die (fehlende) Leistungsfähigkeit des Antragsgegners hat dagegen nach den allgemeinen Grundsätzen der Beweislastverteilung dieser selbst darzustellen.[1131] Eine Ausnahme kann nur dann eingreifen, wenn sich aus den Darstellungen zum Bedarf des Kindes, der sich an den Einkommensverhältnissen des Antragsgegners orientiert,[1132] ergibt, dass dessen Leistungsfähigkeit eingeschränkt ist, oder wenn ohne Anhörung des Kindesvaters entschieden werden soll.[1133]

1126 Zu den Voraussetzungen der Wirksamkeit des Anerkenntnisses vgl. *Wohlfahrt,* Band 1, § 7 Rn 15 ff. Das Anerkenntnis kann schon vor der Geburt des Kindes erklärt werden (§ 1594 Abs. 4 BGB).
1127 Bei unstreitigem Abstammen des Kindes vom auf Unterhalt in Anspruch genommenen Vater bleibt es ohne Bedeutung, wenn das Kind nach § 1592 Nr. 1 ZPO nach dem Gesetz als Kind des (ehemaligen) Ehemannes gilt und diese Vaterschaft noch nicht angefochten ist – OLG Düsseldorf FamRZ 1995, 690; OLG Zweibrücken FamRZ 1998, 554.
1128 Deren Lebensverhältnisse sind maßgeblich – vgl. oben § 2 Rn 501 und *Wohlfahrt,* Band 2, § 4 Rn 8 ff.; *Finke,* § 8 Rn 3.
1129 Hierzu vgl. § 2 Rn 500.
1130 Gegenüber dem Notunterhalt erhöhter Elementarunterhalt bedarf der Darlegung der Einkommensverhältnisse des (mutmaßlichen) Vaters. Dies bewirkt, dass im Rahmen der einstweiligen Verfügung meist nur der Notbedarf beansprucht wird, da die erforderlichen Kenntnisse fehlen und ein vor dem Leistungsbegehren geltend gemachter Auskunftsanspruch eine erhebliche Verfahrensverzögerung mit sich brächte.
1131 Vgl. *Wohlfahrt,* Band 2, § 1 Rn 191.
1132 *Palandt – Diederichsen,* § 1610 Rn 2 f.
1133 § 1 Rn 35.

§2 Einstweiliger Rechtsschutz auf Gewährung von Unterhalt

515 Der Antragsgegner kann seinerseits durch entsprechende **(Gegen-)Glaubhaftmachung** bewirken, dass die von der Antragstellerseite vorgebrachten (und glaubhaft gemachten) Umstände entkräftet werden. So steht es ihm zu, auf Tatsachen zu verweisen, die schwerwiegende Zweifel an der Vaterschaft[1134] begründen. Ebenso ist der Einwand mangelnder Leistungsfähigkeit oder sonstiger Gegebenheiten denkbar, die zu einer niedrigeren Unterhaltszahlung führen können.

Eine Glaubhaftmachung des Gegenteils des Vorliegens eines Verfügungsgrundes soll angesichts der Regelung in § 1615o Abs. 3 BGB[1135] jedoch nicht möglich sein.

Gelingt diese Gegenglaubhaftmachung, ist es wieder Sache der Antragstellerseite, die zugunsten des (mutmaßlichen) Vaters sprechenden Umstände zu entkräften.

6. Zuständiges Gericht

516 Die **sachliche Zuständigkeit**[1136] des Familiengerichts ergibt sich aus § 23a Nr. 3 GVG.

517 Die Regelung der **örtlichen Zuständigkeit** für die einstweilige Verfügung nach § 1615o BGB findet sich – etwas versteckt – in § 640a Abs. 1 S. 5 ZPO. Danach sind die Vorschriften des § 640a Abs. 1 S. 1 bis S. 4 ZPO entsprechend anzuwenden.

Somit begründet der Wohnsitz des Kindes im Inland – bei Fehlen eines solchen der gewöhnliche Aufenthaltsort – eine ausschließliche Zuständigkeit. Begehrt die Mutter den Unterhalt nach § 1615l Abs. 1 BGB, ist daneben eine Zuständigkeit am inländischen Wohnsitz der Mutter – bei Fehlen eines solchen am gewöhnlichen Aufenthaltsort der Mutter – eröffnet. Der Fall, dass die Mutter (als gesetzliche Vertreterin) den Unterhalt des Kindes geltend macht, das Kind jedoch im Inland weder Wohnsitz noch gewöhnlichen Aufenthalt hat, ist gesetzlich nicht geregelt; er wird durch eine analoge Anwendung des § 640a Abs. 1 S. 1 ZPO zu lösen sein.

Haben sowohl die Mutter als auch das Kind im Inland weder einen Wohnsitz noch einen gewöhnlichen Aufenthalt, dann ist der inländische Wohnsitz – bei Fehlen eines solchen der gewöhnliche Aufenthaltsort – des Mannes maßgeblich. Fehlt auch ein solcher, liegt die ausschließliche Zuständigkeit beim AG Schöneberg in Berlin.[1137]

1134 Zum häufig vorgebrachten Umstand des sogenannten Mehrverkehrs vgl. *Wohlfahrt,* Band 1, § 7 Rn 40, 41.
1135 Nach *Gießler/Soyka,* Rn 624 und *Büdenbender,* FamRZ 1983, 307 beinhaltet diese Norm eine unwiderlegliche Vermutung.
1136 § 23b Nr. 5 bzw. 13 GVG betrifft nach wohl h.M. nicht die sachliche Zuständigkeit, sondern beinhaltet eine gesetzlich angeordnete Regelung der Geschäftsverteilung – *Thomas/Putzo,* § 23b GVG Rn 2, 5.
1137 Vorausgesetzt die internationale Zuständigkeit nach § 640a Abs. 2 ZPO greift – hierzu vgl. sofort.

7. Internationale Zuständigkeit

Die internationale Zuständigkeit ergibt sich aus § 640a Abs. 2 ZPO und ist immer dann anzunehmen, wenn zumindest eine Partei die deutsche Staatsangehörigkeit oder ihren gewöhnlichen Aufenthalt im Inland hat.[1138]
Im Übrigen vgl. § 14 Rn 15 ff; der dort dargestellte Vorrang staatsvertraglicher Regelungen greift auch bezüglich § 1615o BGB.[1139]

518

VII. Ablauf des Verfahrens

Das Verfahren folgt den für einstweilige Verfügungen geltenden zivilprozessualen Regeln.

518a

1. Parteien

Als Parteien können am Verfahren das Kind, die Mutter und der mutmaßliche Vater beteiligt sein. Zur Vertretung des Kindes vgl. § 2 Rn 459.

519

2. Mündliche Verhandlung

Vgl. § 2 Rn 460 ff.

519a

3. Rechtliches Gehör

Vgl. § 2 Rn 463.

519b

4. Anwaltszwang

Die Parteien benötigen anwaltliche Vertretung nur im Rahmen der mündlichen Verhandlung vor dem OLG (§ 78 Abs. 1 S. 2, Abs. 3 ZPO).[1140]

519c

5. Beweisaufnahme

Entsprechend den geltenden zivilprozessualen Regeln ist eine Beweisaufnahme durchzuführen. Diese ist jedoch gemäß § 294 Abs. 2 ZPO beschränkt auf präsente Beweismittel. Somit scheidet die Einholung eines Gutachtens zur Feststellung der Vaterschaft regelmäßig aus.

520

1138 *Gießler/Soyka*, Rn 621.
1139 *Zöller – Geimer*, § 640a Rn 8 mit Hinweis auf BGH NJW 1985, 554, der die Frage des Vorrangs staatsvertraglicher Regelungen offen ließ; derselbe § 606a Rn 21.
1140 Zur Antragstellung vgl. § 2 Rn 512.

6. Beendigung durch Vergleich

521 Da Unterhaltsregelungen der Disposition der Parteien unterliegen, kommt eine Prozessbeendigung durch Abschluss eines Vergleichs in Betracht.

7. Entscheidung

a) Förmlichkeiten der Entscheidung
522 Vgl. § 2 Rn 467 f.

b) Inhalt der einstweiligen Verfügung
aa) Regelungsumfang und Bindung an Parteianträge
523 Es handelt sich vorliegend um ein zivilprozessualen Regeln unterliegendes Unterhaltsverfahren. Somit kann gemäß § 308 ZPO nicht mehr zugesprochen werden als beantragt. Es besteht eine **Bindung an die Parteianträge**. Bezüglich der den Anspruch begründenden Tatsachen herrscht der Beibringungsgrundsatz.

(1) Kindesunterhalt nach § 1615o Abs. 1 BGB
524 Wird der Antrag während der ersten drei Lebensmonate des Kindes gestellt, kann der nach der Geburt und vor der Antragstellung angefallene Unterhalt nach weitgehend vertretener Auffassung noch als rückständiger Unterhalt beantragt werden.[1141] M.E. ist jedoch wie in anderen Fällen einstweiligen Rechtsschutzes auch **rückständiger Unterhalt** erst ab Antragstellung zuzusprechen.[1142] Wegen der Unterhaltsrückstände vor Antragstellung muss auf das Hauptsacheverfahren verwiesen werden.

Die Entscheidung kann auch noch nach Ablauf der drei Monate erlassen werden.[1143] Wird jedoch die Antragstellung erst nach Ablauf dieses Zeitraumes bewirkt, ist eine Geltendmachung im Wege der einstweiligen Verfügung ausgeschlossen.[1144]

Bei einer einstweiligen Verfügung, die vor der Geburt des Kindes erlassen wird und Zahlung (nicht Hinterlegung) anordnet, ist in den Tenor aufzunehmen, dass der Unterhaltsbetrag monatlich auszuzahlen ist, die erste Rate sofort nach der Geburt des Kindes, die zweite bzw. dritte Rate jeweils für die Folgemonate im Voraus (entsprechend § 1612 Abs. 3 S. 1 BGB). Sonderbedarf wird in aller Regel mit der Geburt benötigt und ist demzufolge unmittelbar danach zu leisten, im Ausnahmefall jedoch auch erst mit dem späteren Anfall.[1145]

1141 *Soergel – Häberle*, § 1615o Rn 5; *Gießler/Soyka*, Rn 659.
1142 *Palandt – Diederichsen*, § 1615o Rn 1; vgl. auch *Gießler/Soyka*, Rn 659 und 705, wonach bei Kindesunterhalt rückständiger Unterhalt verlangt werden kann, während dies bei Ehegattenunterhalt abgelehnt wird.
1143 Zum Verhältnis zu § 641d ZPO nach Anhängigkeit einer Vaterschaftsfeststellungsklage vgl. § 2 Rn 504.
1144 *Palandt – Diederichsen*, § 1615o Rn 1; AG Charlottenburg FamRZ 1983, 305; *Büdenbender*, FamRZ 1983 308.
1145 *Gießler/Soyka*, Rn 675.

Bei Erlass der einstweiligen Verfügung nach der Geburt sind die Unterhaltsrückstände sofort zur Zahlung fällig, bezüglich der zukünftigen Leistungen (innerhalb der drei Monate) ist monatliche Zahlung im Voraus zu titulieren.[1146]
§ 1615o Abs. 1 S. 2 BGB ermöglicht es ausdrücklich, anstelle einer beantragten Zahlung des Unterhaltes **Hinterlegung**[1147] des erforderlichen Betrages anzuordnen, wenn die einstweilige Verfügung bereits vor der Geburt des Kindes erlassen wird. § 1615o Abs. 3 BGB bestimmt hierfür, dass eine Gefährdung des Anspruchs nicht glaubhaft gemacht werden muss. Das Gericht kann eine (angemessene) Frist zur Hinterlegung festsetzen oder sofortige Hinterlegung anordnen.

525

Das Hinterlegungsverfahren selbst richtet sich nach der Hinterlegungsordnung.

(2) Unterhalt der Mutter nach § 1615o Abs. 2 BGB

Zugesprochen werden kann der Unterhalt erst **ab dem Zeitpunkt der Antragstellung**.[1148] Wie beim Kindesunterhalt[1149] ist es jedoch möglich, Rückstände ab Antragstellung bis zum Erlass zu titulieren. Nach Ablauf der Frist von acht Wochen nach Geburt des Kindes scheidet eine Antragstellung wegen Unterhalt der Mutter aus. Wurde der Antrag vor Ablauf der Frist anhängig, ist dieser nachträglich zu verbescheiden.[1150]

526

Eine **Hinterlegung** des Betrages wird durch § 1615o Abs. 2 Hs. 2 BGB ausdrücklich ermöglicht. Insbesondere kommt diese in Betracht, wenn die Antragstellung bereits vor der Geburt des Kindes bewirkt wurde und sich auf erst mit oder nach der Geburt fällige Beträge (wie Unterhalt für acht Wochen nach der Geburt oder Entbindungskosten) bezieht. Hierauf beschränkt ist die Anordnung der Hinterlegung eines Geldbetrages jedoch nicht. Es wäre auch daran zu denken, Hinterlegung eines Geldbetrages statt Zahlung anzuordnen, wenn es nicht gelingt, die Tatsachen hinreichend glaubhaft zu machen, die die Vaterschaftsvermutung begründen, aber dennoch eine gewisse Wahrscheinlichkeit für deren Vorliegen gegeben ist.

527

Zum Schutz der Mutter dagegen ist an eine Hinterlegung wegen künftiger Ansprüche zu denken, wenn deren spätere Vollstreckung gefährdet erscheint.

(3) Kosten

Die Kostenentscheidung richtet sich nach den Regelungen der §§ 91, 92, 269 Abs. 3 S. 2 ZPO.

527a

1146 *Gießler/Soyka*, Rn 676.
1147 Dies ist im Übrigen bei sonstigen zivilprozessualen Klagen als ein Weniger gegenüber dem Leistungsantrag ebenfalls möglich – vgl. *Thomas/Putzo – Reichold*, § 308 Rn 3.
1148 *Gießler/Soyka*, Rn 705.
1149 Siehe soeben.
1150 Vgl. hierzu § 2 Rn 419.

VIII. Vollziehung

527b Vgl. § 2 Rn 476 ff.

IX. Rechtsbehelfe

1. Sofortige Beschwerde, Widerspruch, Berufung

528 Der **Widerspruch** des **Antragsgegners** nach §§ 924, 936 ZPO ist statthaft, wenn der Erlass der einstweiligen Verfügung per Beschluss erfolgt ist, also eine mündliche Verhandlung nicht stattgefunden hat (§§ 924 Abs. 1, 922 Abs. 1 S. 1 ZPO). Bei Zurückweisung des Antrages auf Erlass einer einstweiligen Verfügung ohne mündliche Verhandlung kommt eine **sofortige Beschwerde** des antragstellenden Kindes oder der Mutter nach § 567 Abs. 1 Nr. 2 ZPO in Betracht.[1151]

Im Falle der Entscheidung durch **Urteil** ist die **Berufung** das statthafte Rechtsmittel für beide Parteien.[1152]

2. Antrag auf Aufhebung/Abänderung der einstweiligen Verfügung

a) Aufhebung wegen Versäumung der Klagefrist nach §§ 936, 926 Abs. 2 ZPO

529 Solange die Vaterschaft noch nicht anerkannt oder gerichtlich festgestellt ist, kann eine Frist zur Klageerhebung nach § 926 Abs. 1 ZPO nicht gesetzt werden, da Hauptsache in diesem Sinne die Unterhaltsklage ist, die wegen der Sperrwirkung der §§ 1600d Abs. 4, 1594 Abs. 1 BGB nicht erfolgreich erhoben werden kann.[1153] Nach teilweise vertretener Auffassung jedoch wird als mögliche Hauptsacheklage, zu deren Erhebung eine Frist gesetzt werden kann, auch eine Vaterschaftsfeststellungsklage anerkannt,[1154] deren Erfolg Voraussetzung für die Unterhaltsklage ist.

530 Nach erfolgreicher Vaterschaftsklage bzw. wirksamer Anerkennung der Vaterschaft ist die Anordnung, innerhalb einer bestimmten Frist Hauptsacheklage auf Unterhaltsleistung zu erheben, sicherlich zulässig, wenn auch aufgrund des zeitlichen Ablaufes eher die Ausnahme.

Hat der Antragsgegner eine solche Anordnung erwirkt und kommt der Verfügungskläger dieser Anordnung nicht nach, ist auf Antrag durch Urteil die Aufhebung des Arrestes auszusprechen.

Zum Aufhebungsverfahren vgl. § 2 Rn 93 ff. Die dortigen Ausführungen gelten hier entsprechend.

1151 *Thomas/Putzo – Reichold*, § 922 Rn 7, § 936 Rn 6.
1152 *Thomas/Putzo – Reichold*, § 922 Rn 6, § 936 Rn 6.
1153 *Thomas/Putzo – Reichold*, § 936 Rn 6; *Göppinger*, FamRZ 1975, 196; a.A. *Holzhauer*, FamRZ 1982, 110.
1154 *Gießler/Soyka*, Rn 632; *Stein/Jonas – Grunsky*, § 936 Rn 5 (22. Auflage 2002); *Soergel – Häberle*, § 1615o Rn 9.

b) Aufhebung/Abänderung wegen veränderter Umstände (§§ 936, 927 ZPO)

Eine Aufhebung oder Abänderung[1155] der einstweiligen Verfügung gemäß §§ 927, 936 ZPO ist grundsätzlich zwar denkbar, wird aber in aller Regel aufgrund des beschränkten Zeitraums, den die einstweilige Verfügung des § 1615o BGB umfasst, in der Praxis nur selten in Betracht kommen. Eine Änderung der Umstände muss geltend gemacht werden, bevor die Vollstreckung der einstweiligen Verfügung erledigt ist. Im Einzelfall könnte ein Ergebnis eines Vaterschaftsgutachtens, das im Rahmen des Vaterschaftsfeststellungsverfahrens eingeholt wurde, zu einer Aufhebung der einstweiligen Verfügung führen, wenn das Gutachten zu dem Ergebnis kommt, der Verfügungsbeklagte scheide als Vater aus.[1156]

531

Der Abänderungsantrag wird nicht durch die Möglichkeit der Einlegung eines Widerspruchs oder einer Berufung unzulässig. Sind diese Rechtsbehelfe, die auch auf veränderte Umstände gestützt werden können, jedoch anhängig gemacht, ist das Abänderungs- bzw. Aufhebungsverfahren unzulässig.[1157]

Im Übrigen vgl. § 2 Rn 485 und § 12 Rn 121 ff. Die dortigen Ausführungen gelten hier entsprechend.

532

Jedoch ist zu beachten, dass die strengen Voraussetzungen, die § 939 ZPO an eine Sicherheitsleistung stellt, hier nicht in gleicher Weise greifen können, soweit § 1615o BGB selbst die Möglichkeit einräumt, Hinterlegung eines Geldbetrages anzuordnen.

X. Außer-Kraft-Treten der einstweiligen Verfügung des § 1615o BGB

Umstritten ist, ob die einstweilige Verfügung außer Kraft tritt, wenn das Urteil im Hauptsacheverfahren in Rechtskraft erwachsen ist.[1158] Nach der wohl h.M. führt weder eine rechtskräftige Entscheidung noch ein Vergleich im Hauptsacheverfahren diese Wirkung herbei. Die einstweilige Verfügung ist dann vielmehr aufgrund eines Antrages nach § 927 ZPO aufzuheben.[1159]

533

XI. Schadensersatz

Wenn die Anordnung der einstweiligen Verfügung von Anfang an ungerechtfertigt war oder eine Aufhebung der einstweiligen Verfügung nach § 926 Abs. 2 ZPO vorgenommen wurde, greift eine verschuldensunabhängige Schadensersatzpflicht der Mutter oder des Kindes ein (§ 945 ZPO). Der Schaden des Anspruchstellers muss aus der Vollziehung und nicht nur aus

534

1155 *Thomas/Putzo – Reichold*, § 927 Rn 6 zu den möglichen Anordnungen im Urteil.
1156 *Gießler/Soyka*, Rn 632.
1157 Vgl. hierzu *Thomas/Putzo – Reichold*, § 927 Rn 16 m.w.N. und § 12 Rn 80.
1158 Vgl. § 2 Rn 494.
1159 *Gießler/Soyka*, Rn 88; vgl. aber auch bei Rn 456 mit Fußnote 172; *Zöller – Vollkommer*, § 927 Rn 4 m.w.N.; *Stein/Jonas – Grunsky*, § 927 Rn 6 (22. Auflage 2002).

der Anordnung der einstweiligen Verfügung resultieren.[1160] Ein Schaden des als (mutmaßlicher) Vater in Anspruch genommenen Mannes liegt nicht vor, wenn der Unterhaltsanspruch des Kindes gemäß § 1607 Abs. 3 S. 2 BGB auf ihn übergegangen ist, es sei denn, dieser Anspruch ließe sich nicht durchsetzen.[1161]

G. Die einstweilige Anordnung/einstweilige Verfügung auf Prozesskostenvorschuss

I. Allgemeines

1. Formelle Grundlagen

535 Die Gewährung eines Prozesskostenvorschusses wird im Bereich des einstweiligen Rechtsschutzes durch verschiedene Regelungen bewirkt. Es finden sich Normen wie §§ 127a, 620 Nr. 10, 621f ZPO, die ausdrücklich auf Prozesskostenvorschuss Bezug nehmen. Andererseits jedoch wird auch § 641d ZPO als geeignetes Mittel zur Erlangung von Prozesskostenvorschuss angesehen,[1162] obwohl dieser dort nicht expressis verbis benannt ist. Schließlich kommt auch der Erlass einer **einstweiligen Verfügung** in Betracht.[1163]

2. Materielle Grundlagen

536 Wegen der Besonderheiten, die der materielle Anspruch auf Prozesskostenvorschuss beinhaltet, bietet es sich an, zunächst dessen Voraussetzungen allgemein darzustellen. So erscheint es sinnvoll, herauszuarbeiten, wer denn generell anspruchsberechtigt sein kann und welche Voraussetzungen hierfür erfüllt sein müssen, um anschließend bei der Darstellung der jeweiligen Mittel des einstweiligen Rechtsschutzes hierauf Bezug zu nehmen und auf im Einzelnen bestehende Besonderheiten hinzuweisen.

a) Anspruchsberechtigter und -verpflichteter Personenkreis

537 Eine ausdrückliche Regelung zur Prozesskostenvorschusspflicht findet sich in § 1360a Abs. 4 BGB, der für Ehegatten während des Zusammenlebens unmittelbar gilt. Nach § 1361 Abs. 4 S. 4 BGB ist diese Norm bei **getrennt lebenden Ehegatten** entsprechend

---

[1160] Vgl. § 2 Rn 495 f.; *Thomas/Putzo – Reichold,* § 945 Rn 15 weist darauf hin, dass die Kosten, die dem Verfügungskläger im Verfahren entstanden sind und vom Verfügungsbeklagten zu erstatten waren, als Schadensersatz geltend gemacht werden können, während die Kosten des Verfügungsbeklagten nicht durch die Vollziehung entstanden sind und somit nicht nach § 945 ZPO beansprucht werden können. Diesbezüglich ist ein Antrag im Verfahren nach § 927 ZPO zu stellen – *Thomas/Putzo – Reichold,* § 927 Rn 8.
[1161] *Soergel – Häberle,* § 1615o Rn 11; *Gießler/Soyka,* Rn 633.
[1162] § 2 Rn 331.
[1163] Vgl. § 2 Rn 608.

Einstweiliger Rechtsschutz auf Gewährung von Unterhalt §2

anzuwenden.[1164] Sind die Eheleute **geschieden**, scheidet dagegen ein Prozesskostenvorschussanspruch aus.[1165] Die Regelungen über nachehelichen Unterhalt enthalten keine dem § 1360a Abs. 4 BGB entsprechende Regelung. Eine analoge Anwendung dieser Norm kommt nach der Rechtsprechung nicht in Betracht, da der eheliche und nacheheliche Unterhalt sich wesentlich unterscheiden. Dies verhindert allerdings nicht, dass Prozesskostenvorschuss vom jetzigen Ehepartner für eine Rechtsstreitigkeit begehrt wird, die gegen einen früheren Ehepartner geführt wird.[1166]

Da der Prozesskostenvorschuss Teil des Trennungsunterhalts ist und sich dieser Anspruch auch auf die im Verbundverfahren geltend gemachten Folgesachen bezieht, bleibt der Anspruch bezüglich **abgetrennter Folgesachen**, die nach Rechtskraft der Scheidung weiterverfolgt werden, bestehen, bis diese selbst rechtskräftig entschieden sind.[1167] Nicht möglich ist es jedoch, Prozesskostenvorschuss zu begehren für Streitigkeiten, die erst nach Rechtskraft der Scheidung rechtshängig gemacht werden, aber als Folgesachen hätten anhängig gemacht werden können.

Nach der Schaffung des LPartG[1168] sind die soeben dargestellten Grundsätze auf **eingetragene Lebenspartnerschaften** zu übertragen. Der Gesetzgeber hat mit dem LPartG Regelungen getroffen, die während der Zeit des Zusammenlebens, des Getrenntlebens und auch nach der Aufhebung der Lebenspartnerschaft zu Unterhaltsansprüchen der eingetragenen Lebenspartner führen, die denjenigen der Ehegatten nachgebildet sind. Insbesondere wird in § 5 des LPartG[1169] auf § 1360a BGB verwiesen und ist in § 12 S. 2 LPartG[1170] die Vorschrift des § 1361 Abs. 4 BGB für entsprechend anwendbar erklärt, die wiederum zu einer entsprechenden Anwendung des § 1360a Abs. 4 BGB führt. Somit greift die einzige ausdrückliche Regelung zum Anspruch auf Prozesskostenvorschuss bei eingetragenen Lebenspartnern ebenfalls. Sowohl während der Zeit, in der die Lebenspartner zusammenleben, als auch in der Trennungszeit besteht ein Anspruch auf Kostenvorschuss dem Grunde nach.

538

1164 Ein Prozesskostenvorschussanspruch besteht auch bei Vorliegen einer Scheinehe; OLG Stuttgart FamRZ 1997, 1410.
1165 *Palandt – Brudermüller*, § 1360a Rn 10 mit Hinweis auf BGHZ 89, 33; BGH FamRZ 1990, 280; OLG Zweibrücken FamRZ 2000, 757; vgl. aber auch OLG Hamm FamRZ 1971, 651: Prozesskostenvorschuss bejaht für eine Restitutionsklage gegen das Scheidungsurteil.
1166 OLG Düsseldorf FamRZ 1975, 102; OLG Frankfurt FamRZ 1983, 588; OLG Koblenz FamRZ 1986, 466; OLG Hamm FamRZ 1989, 277; a.A. OLG Düsseldorf FamRZ 1984, 388.
1167 Also auch noch in zweiter Instanz; hierzu vgl. OLG Nürnberg FamRZ 1990, 421; vgl. ferner OLG Zweibrücken FamRZ 2001, 637 (keine greifbare Gesetzeswidrigkeit, wenn im Wege der einstweiligen Anordnung nach Rechtskraft der Scheidung Prozesskostenvorschuss zuerkannt); MK (ZPO) – *Finger*, § 620 Rn 92 Fn 350; *Gießler/Soyka*, Rn 671; *Palandt – Brudermüller*, § 1360a Rn 10.
1168 Gesetz zur Beendigung der Diskriminierung gleichgeschlechtlicher Gemeinschaften: Lebenspartnerschaften (in Art. 1: Lebenspartnerschaftsgesetz – LPartG), BGBl 2001 I, 266, in Kraft seit 1.8.2001 (vgl. Art. 5 LPartG).
1169 Verpflichtung zum Lebenspartnerschaftsunterhalt.
1170 Unterhalt bei Getrenntleben.

§ 2 Einstweiliger Rechtsschutz auf Gewährung von Unterhalt

Nach Aufhebung der Lebenspartnerschaft jedoch scheidet ein Prozesskostenvorschussanspruch wie bei geschiedenen Ehegatten aus.

539 Anders ist die Rechtslage bei **nichtehelichen Lebensgemeinschaften**,[1171] bei denen eine gesetzliche Unterhaltspflicht nicht begründet wird und eine analoge Anwendung des § 1360a Abs. 4 BGB ebenfalls nicht in Betracht kommt. Hier scheidet eine Prozesskostenvorschusspflicht generell aus. Dasselbe gilt bei **gleichgeschlechtlichen Partnerschaften**, die nicht zu einer eingetragenen Lebensgemeinschaft im Sinne des § 1 LPartG geführt haben.

540 Im Bereich des **Verwandtenunterhaltes** findet sich keine dem § 1360a Abs. 4 BGB entsprechende Regelung. Dennoch wird allgemein eine Prozesskostenvorschusspflicht der Eltern gegenüber dem minderjährigen unverheirateten Kind angenommen, die aus dem allgemeinen Unterhaltsanspruch hergeleitet wird. Die dogmatische Begründung ist unterschiedlich. Die wohl herrschende Auffassung befürwortet eine analoge Anwendung des § 1360a Abs. 4 BGB.[1172] Andererseits wird jedoch auch auf § 1610 Abs. 2 BGB[1173] oder auch auf § 1613 Abs. 2 BGB[1174] abgestellt.

Die Herleitung des Prozesskostenvorschussanspruchs aus § 1360a Abs. 4 BGB analog lässt sich damit rechtfertigen, dass die unterhaltsrechtliche Beziehung der Kinder zu ihren Eltern mit derjenigen von Ehegatten zueinander (solange diese noch nicht geschieden sind) verglichen werden kann. Es besteht eine besondere Verantwortung der Eltern für die unterhaltsbedürftigen minderjährigen unverheirateten Kinder.[1175]

Zum Sonderproblem der Kostenvorschusspflicht des Kindes gegen den Scheinvater im Vaterschaftsanfechtungsverfahren vgl. § 2 Rn 558.

541 Bei **volljährigen Kindern** dagegen sollte eine Prozesskostenvorschusspflicht nach wohl herrschender Meinung nicht bestehen.[1176] Mit dem Eintritt der Volljährigkeit sei die besondere Verantwortung für den Unterhaltsbedürftigen und die besonders enge Verbundenheit, die eine analoge Anwendung des § 1360a Abs. 4 BGB rechtfertige, nicht mehr gegeben. Nach **§ 1603 Abs. 2 S. 2 BGB** privilegierte Kinder wurden demgegenüber minderjährigen

---

1171 Also bei nicht verheirateten Partnern verschiedenen Geschlechts, die eine auf Dauer angelegte Verantwortungs- und Einstehgemeinschaft ohne eine daneben bestehende weitere Lebensgemeinschaft gleicher Art begründet haben – BVerfG FamRZ 1993, 164; *Palandt – Brudermüller,* Einl v § 1297 Rn 11.
1172 BGH FamRZ 1984, 148, OLG Hamm FamRZ 1995, 1008; OLG Hamburg FamRZ 1990, 1141; OLG Karlsruhe FamRZ 1989, 534; OLG Düsseldorf FamRZ 1992, 1320; OLG Köln FamRZ 1984, 1256; vgl. aber auch *Palandt – Diederichsen,* § 1610 Rn 13.
1173 OLG Düsseldorf FamRZ 1990, 420, das §§ 1610 und 1360a Abs. 4 BGB nebeneinander anwendet.
1174 OLG Stuttgart FamRZ 1988, 207, das zusätzlich eine analoge Anwendung des §§ 1360a, 1361 BGB befürwortet.
1175 BGH FamRZ 1984, 148.
1176 OLG Düsseldorf FamRZ 1992, 1320; 1986, 698; OLG Frankfurt/Main FamRZ 1986, 926; OLG Stuttgart FamRZ 1988, 759; OLG Hamburg FamRZ 1995, 1008; 1990, 1141; OLG Hamm FamRZ 1996, 1021; a.A. OLG Hamm NJW-RR 1998, 1376; *Duderstadt,* FamRZ 1995, 1309 – jeweils einen beschränkten Anspruch auf Prozesskostenvorschuss bejahend.

§ 2 Einstweiliger Rechtsschutz auf Gewährung von Unterhalt

Kindern teilweise gleichgestellt. Somit erstreckte sich die erweiterte Unterhaltspflicht auch auf diesen Personenkreis, dem somit ein Prozesskostenvorschussanspruch gegen die Eltern zugestanden wurde.[1177]

Der BGH hat sich nunmehr jedoch der Auffassung angeschlossen, dass Eltern in entsprechender Anwendung des § 1360a Abs. 4 BGB auch ihren volljährigen Kindern Prozesskostenvorschuss zu leisten haben, wenn die Kinder wegen der Fortdauer der Ausbildung noch keine eigene Lebensstellung begründet haben.[1178] Eine Beschränkung des Anspruchs auf privilegierte Volljährige im Sinne des § 1603 Abs. 2 S. 2 BGB wurde ausdrücklich abgelehnt mit der Erwägung, dass sich die Regelung nicht auf den Bedarf des Unterhaltsberechtigten bezieht, sondern dessen Leistungsfähigkeit anspricht.

Eine Vorschusspflicht sollte auch gegenüber volljährigen Kindern bejaht werden, die aufgrund einer Behinderung eine solche Lebensstellung nicht erlangt haben (und auch nicht erlangen können).[1179]

Verheiratete Kinder haben m.E. auch bei Berücksichtigung der soeben angesprochenen höchstrichterlichen Rechtsprechung gegen ihre Eltern regelmäßig keinen Vorschussanspruch mehr. Dies ist grundsätzlich unabhängig davon, ob sie minderjährig oder volljährig sind, und beruht darauf, dass die für eine analoge Anwendung des § 1360a Abs. 4 BGB erforderliche enge unterhaltsrechtliche Beziehung nicht mehr gegeben ist.[1180] Im Gesetz kommt dies dadurch zum Ausdruck, dass nach § 1608 Abs. 1 BGB primär der Ehegatte für den Unterhalt (und damit auch den Prozesskostenvorschuss) haftet und die Ersatzhaftung der Eltern nicht den Vorschriften der §§ 1603 Abs. 2, 1612 Abs. 2 BGB unterliegt. Im Einzelfall mag eine andere Lösung denkbar sein, wenn sich etwa wie bei einem volljährigen Kind (vgl. soeben) von Anfang an abgezeichnet hat, dass die Eheschließung nicht zu einer selbstständigen Lebensstellung führen konnte. 542

Eine **Prozesskostenvorschusspflicht** in umgekehrter Richtung, nämlich **der Kinder gegenüber den Eltern**, wird in der Literatur und Rechtsprechung keineswegs einheitlich gehandhabt.[1181] Die Vertreter, die den Vorschussanspruch aus einer analogen Anwendung des § 1360a Abs. 4 BGB herleiten, werden nach hier vertretener Auffassung kaum zu einem Kostenvorschussanspruch gelangen können, denn dass die unterhaltsrechtliche Beziehung der Kinder zu ihren Eltern ebenfalls Ausdruck einer besonderen Verantwortung des Verpflichteten für den Berechtigten sei, kann nicht angenommen werden.[1182] 543

Dagegen wird jedoch auch die Auffassung vertreten, dass Kinder ihren Eltern gegenüber vorschusspflichtig seien.

1177 *Gießler/Soyka*, Rn 730; OLG Hamm NJW 1999, 798.
1178 BGH FamRZ 2005, 883.
1179 OLG Köln FamRZ 1994, 1409; *Gießler/Soyka*, Rn 680.
1180 *Gießler/Soyka*, Rn 679; OLG Düsseldorf FamRZ 1992, 1320; a.A. OLG Köln FamRZ 1986, 1031.
1181 Vgl. die unterschiedlichen Auffassungen – dargestellt bei *Zöller – Philippi*, § 115 Rn 67d.
1182 So OLG München FamRZ 1993, 821; *Zöller – Philippi*, § 115 Rn 67d; *Palandt – Diederichsen*, § 1610 Rn 13.

§ 2 Einstweiliger Rechtsschutz auf Gewährung von Unterhalt

544 Mit derselben Begründung wäre ein Prozesskostenvorschussanspruch der **Enkelkinder** gegenüber ihren Großeltern und entfernteren Verwandten abzulehnen.[1183] Dennoch wird eine Vorschusspflicht der Großeltern gegenüber minderjährigen Enkelkindern bejaht, falls die Eltern wegen §§ 1606 Abs. 2, 1607 BGB nicht in Anspruch genommen werden können.[1184]

Großeltern (und entferntere Verwandte) haben keinen Anspruch gegen ihre Enkelkinder.

545 Der **Mutter eines nichtehelichen Kindes** wird teilweise wegen ihrer Unterhaltsansprüche gegen den Vater (§ 1615l BGB) ein Prozesskostenvorschussanspruch zuerkannt.[1185] Nimmt man – wie hier vertreten – an, dass das (ihr gegenüber nachrangige – § 1615l Abs. 3 S. 3 BGB[1186]) volljährige Kind ebenfalls einen Anspruch auf Prozesskostenvorschuss geltend machen kann, wenn es noch keine eigene Lebensstellung erworben hat, sollte dieser Anspruch der vorrangigen[1187] Mutter erst recht zustehen.[1188]

b) Der Rechtsstreit über eine persönliche Angelegenheit

546 Prozesskostenvorschuss ist für die Führung eines Rechtsstreits zu leisten, der eine persönliche Angelegenheit betrifft. Für diesen Begriff der persönlichen Angelegenheit lässt sich eine allgemeingültige Definition nicht finden. Es wird darauf abgestellt, ob eine genügend enge Verbindung des Rechtsstreits zur Person des Anspruchstellers und zu dessen persönlichen Bedürfnissen besteht.[1189]

Handelt es sich beispielsweise um Streitigkeiten zwischen Ehegatten, die ihre Wurzel in der ehelichen Lebensgemeinschaft haben, ist eine persönliche Angelegenheit anzunehmen.[1190] Jedoch greift die Prozesskostenvorschusspflicht nicht nur für derartige Rechtsstreitigkeiten der Eheleute oder der Lebenspartner untereinander oder auch der Kinder gegen ihre Eltern usw., sondern auch dann, wenn **Verfahren gegen Dritte** geführt werden. Es können vermögensrechtliche oder auch **nichtvermögensrechtliche Streitigkeiten** betroffen sein. Nicht ausreichend, aber auch nicht erforderlich ist, dass der Ausgang des Rechtsstreits lebenswichtig ist oder die Existenzgrundlage des Anspruchstellers berührt.[1191] Mit Hilfe der Darstellung von Fallgruppen kann eine nähere Eingrenzung des Begriffs der persönlichen Angelegenheit versucht werden.

547 Bereits hier sei jedoch darauf hingewiesen, dass der Anwendungsbereich der persönlichen Angelegenheiten nicht gleichzusetzen ist mit dem Regelungsbereich der jeweiligen einst-

---

1183 *Zöller – Philippi*, § 115 Rn 67d m.w.N.
1184 OLG Koblenz FamRZ 1997, 681; 1998, 760; OLG Hamm FamRZ 2000, 255; OLG Köln FamRZ 2000, 757; *Gießler/Soyka*, Rn 682.
1185 *Gießler/Soyka*, Rn 683.
1186 Der Nachrang bleibt nach § 1609 Nr. 4 BGB in der voraussichtlich ab dem 1.7.2007 geltenden Fassung erhalten; vgl. aber auch § 1609 Nr. 1 BGB n.F. für privilegierte Volljährige.
1187 Hieraus lässt sich die erforderliche unterhaltsrechtliche besondere Beziehung ableiten.
1188 OLG München FamRZ 2002, 1219.
1189 BGH NJW 1964, 1129; OLG Hamm FamRZ 1989, 277; OLG Koblenz FamRZ 1986, 466.
1190 BGHZ 31, 384.
1191 *Schwab/Borth*, IV Rn 69; *Palandt – Brudermüller*, § 1360a Rn 14.

Einstweiliger Rechtsschutz auf Gewährung von Unterhalt §2

weiligen Anordnungen. Das heißt, nicht jede einstweilige Anordnung bzw. einstweilige Verfügung ermöglicht die Realisierung eines Prozesskostenvorschusses für alle denkbaren persönlichen Angelegenheiten. Es ist vielmehr jeweils zu überprüfen, ob das gewählte Mittel des vorläufigen Rechtsschutzes überhaupt geeignet ist, eine Leistungspflicht für die Kosten des Rechtsstreits der maßgeblichen persönlichen Angelegenheit zu tituieren. Es ist also beispielsweise zu überprüfen, auf welche Art persönlicher Angelegenheiten sich § 127a ZPO bezieht (Prozesskostenvorschuss »für **diesen** Rechtsstreit«).

Als persönliche Angelegenheiten sind anzuerkennen:[1192]   **548**
- »Ehesachen«[1193]
- sämtliche Familiensachen des § 621 Abs. 1 ZPO; unerheblich ist hierbei, ob die Klage gegen den anderen Ehegatten oder den früheren Ehegatten gerichtet ist.[1194] Seit dem In-Kraft-Treten des Gewaltschutzgesetzes zählen auch die von einer verletzten Person in Gang gebrachten familienrechtlichen[1195] Verfahren nach §§ 1 und 2 GewSchG hierzu (§ 621 Abs. 1 Nr. 10 ZPO).
- Lebenspartnerschaftssachen; sämtliche Verfahrensgegenstände des § 661 Abs. 1 ZPO sind geprägt durch eine genügend enge Verbindung des Rechtsstreits zur Person eines Lebenspartners und entsprechen Familiensachen des § 621 ZPO bzw. Ehesachen
- Anfechtung der Ehelichkeit oder Vaterschaftsfeststellung[1196]
- Verfahren, die Persönlichkeitsrechte eines Ehegatten (Ehre, Freiheit, Leben, Körper, Gesundheit) und hieraus resultierende Schadensersatzansprüche betreffen[1197]
- Verfahren zum Schutz des räumlich gegenständlichen Bereichs der Ehe[1198]
- Verfahren nach §§ 1 und 2 GewSchG, die nicht dem Familiengericht zugewiesen sind; die erforderliche hinreichend enge Verbindung des Rechtsstreits ist m.E. sowohl zur Person des Verletzten als auch zur Person des (mutmaßlichen) Schädigers gegeben. Bei dem Geschädigten liegt dies angesichts des zu verhindernden weiteren Eingriffs in die schutzwürdige Persönlichkeitssphäre auf der Hand. Auf Seiten des Schädigers ist dies deshalb anzunehmen, weil bei erfolgreichem Vorgehen des Verletzten ein (zwar dann gerechtfertigter) Eingriff in die Freiheitssphäre bewirkt wird.
- Betreuungs-, Vormundschafts-, Pflegschaftsverfahren[1199]

1192 Weitere Beispiele bei *Zöller – Philippi*, § 115 Rn 68; *Palandt – Brudermüller*, § 1360a Rn 14.
1193 OLG Stuttgart FamRZ 1997, 1410.
1194 Zum Unterhalt: *Soergel – Lange*, § 1360a Rn 18; wegen Zustimmung zum steuerlichen Realsplitting: OLG Hamm FamRZ 1989, 277; zum Zugewinnausgleich gegen den anderen Ehegatten: BGHZ 31, 386; zum Zugewinnausgleich gegen den früheren Ehegatten: OLG Frankfurt/Main FamRZ 1983, 588; OLG Koblenz FamRZ 1986, 466; a.A. OLG Düsseldorf FamRZ 1984, 388. Soweit hier Rechtsstreitigkeiten mit dem früheren Ehegatten angesprochen sind, darf dies nicht damit verwechselt werden, dass gegen diesen kein Anspruch auf Prozesskostenvorschuss besteht.
1195 Zu nicht familienrechtlichen Verfahren nach dem GewSchG vgl. sofort.
1196 OLG Hamburg FamRZ 1996, 224; OLG Karlsruhe FamRZ 1996, 872.
1197 OLG Köln FamRZ 1994, 1404; OLG Braunschweig NJW 1958, 1728; *Schwab/Borth*, IV Rn 71.
1198 OLG Frankfurt FamRZ 1982, 606.
1199 *Palandt – Brudermüller*, § 1360a Rn 14.

§ 2 Einstweiliger Rechtsschutz auf Gewährung von Unterhalt

- Kündigungsschutzverfahren,[1200] nicht jedoch Streitigkeiten wegen des Lohnes[1201]
- Strafsachen (vgl. § 1360a Abs. 4 S. 2 BGB); also nunmehr auch Strafverfahren nach § 4 GewSchG
- Sozialgerichtsverfahren auf Zahlung von Rente oder Sozialhilfe[1202]
- verwaltungsrechtliche Streitigkeiten wegen Führerscheinentzug und Ausweisung[1203]

549 Als persönliche Angelegenheiten scheiden dagegen solche aus, die einem allgemeinen wirtschaftlichen Interesse eines Ehegatten dienen, mögen diese auch existenzieller Natur sein.[1204]

Deshalb ist ein Prozesskostenvorschuss abzulehnen, soweit sich die Rechtsstreitigkeit bezieht auf:[1205]

- die Geltendmachung von oder Verteidigung gegenüber schuldrechtlichen,[1206] sachenrechtlichen oder erbrechtlichen Ansprüchen[1207]
- gesellschaftsrechtliche Ansprüche[1208]
- Ansprüche gegen den früheren Ehegatten wegen einer Mithaftung mit diesem gegenüber Dritten[1209]
- Aufwendungsersatzansprüche gegenüber früheren Ehegatten[1210]

c) Bedürftigkeit, Leistungsfähigkeit, Billigkeit
aa) Bedürftigkeit des Antragstellers

550 Der Anspruchsteller muss bedürftig, d.h. außerstande sein, die Kosten des Rechtsstreits selbst zu tragen. Bei der Beurteilung dieser Frage werden **Billigkeitserwägungen** angestellt.[1211]

Bedürftigkeit wird nicht erst dann bejaht, wenn der Unterhaltsberechtigte einen Anspruch auf Prozesskostenhilfe hätte.[1212] Es wird vielmehr darauf abgestellt, ob der eigene angemessene Unterhalt gefährdet würde, wenn der den Kostenvorschuss Begehrende die Prozesskosten aus seinen laufenden Einkünften zu tragen hätte.[1213]

1200 OLG Düsseldorf AnwBl 1984, 162; a.A. LAG Hamm MDR 1982, 436; *Schwab/Borth*, IV Rn 39.
1201 LAG Berlin MDR 1982, 436; a.A. MK (BGB) – *Wacke*, § 1360a Rn 28.
1202 LSG Celle FamRZ 1984, 794; BSG NJW 1970, 352; OVG Münster FamRZ 1983, 1188.
1203 *Palandt – Brudermüller*, § 1360a Rn 14.
1204 *Schwab/Borth*, IV Rn 72; *Gießler/Soyka*, Rn 675.
1205 Weitere Beispiele bei *Zöller – Philippi*, § 115 Rn 70; *Palandt – Brudermüller*, § 1360a Rn 14.
1206 LG Bremen FamRZ 1992, 983 in Bezug auf einen Mietrechtsstreit.
1207 OLG Köln NJW-RR 1989, 967 zu erbrechtlichen Ansprüchen; *Gießler/Soyka*, Rn 675.
1208 BGHZ 41, 112 zur Geltendmachung des gesellschaftsrechtlichen Auseinandersetzungsguthabens gegenüber Dritten.
1209 OLG Düsseldorf FamRZ 1984, 388.
1210 OLG Nürnberg FamRZ 1986, 697.
1211 *Palandt – Brudermüller*, § 1360a Rn 11, 16.
1212 *Palandt – Brudermüller*, § 1360a Rn 11.
1213 OLG Hamburg NJW 1960, 1768; *Gießler/Soyka*, Rn 672.

Einstweiliger Rechtsschutz auf Gewährung von Unterhalt §2

Darüber hinaus ist zu berücksichtigen, ob er nicht gegebenenfalls den **Stamm seines Vermögens** verwerten muss, um die Kosten der Prozessführung zu tragen. Auch dies entscheidet sich letztlich nach Billigkeitsgesichtspunkten.[1214] Es wird auf § 1577 Abs. 3 BGB abzustellen sein, wonach eine Verwertung des Stamms des Vermögens nicht in Betracht kommt, wenn diese unwirtschaftlich oder unter Berücksichtigung der beiderseitigen wirtschaftlichen Verhältnisse unbillig wäre. Somit kann der Anspruchsteller in aller Regel darauf verwiesen werden, zunächst das eigene Vermögen einzusetzen, sofern dieses leicht verwertbar ist, es sich nicht lediglich um eine angemessene Rücklage für Not- und Krankheitsfälle (Notgroschen) handelt[1215] und auch nicht die Vermögenslage des auf Prozesskostenvorschuss in Anspruch Genommenen erheblich günstiger ist.[1216]

Verfügt der Anspruchsgegner jedoch nicht über erheblich höhere Einkünfte und auch nicht über ein erheblich höheres Vermögen als der Vorschussberechtigte, wird dieser auf den notwendigen Unterhalt verwiesen werden können. Ebenso wird es ihm zumutbar sein, den eigenen Vermögensstamm zu verwerten.

Bei der Zumutbarkeit der Vermögensverwertung ist – jedenfalls soweit der Anspruch zwischen Ehegatten und eingetragenen Lebenspartnern geltend gemacht wird – darauf abzustellen, ob die Eheleute bzw. Lebenspartner noch zusammen oder bereits getrennt leben, und im Falle der Trennung, wie lange diese schon andauert. Nach längerer Trennungszeit ist es dem Unterhaltsberechtigten eher zuzumuten, auch Vermögen zu verwerten, das dem Zusammenleben gedient hat (wie etwa das Familienheim).[1217]

Bei der Geltendmachung von **Kindesunterhalt** und damit einhergehender Antragstellung auf Leistung eines Prozesskostenvorschusses nach § 127a ZPO sind nach höchstrichterlicher Rechtsprechung die wirtschaftlichen Verhältnisse des Prozessstandschafters (§ 1629 Abs. 3 S. 1 BGB) maßgeblich.[1218] Der BGH stellt auf die Parteirolle ab und betont den Gleichlauf der materiellen Kostenerstattungs- und Prozesskostenvorschusspflicht. Ebenso verweist er auf den Sinn und Zweck der Regelung des § 1629 Abs. 3 S. 1 BGB, das minderjährige Kind aus dem Streit herauszuhalten.

Ein **minderjähriges unverheiratetes Kind**, das Prozesskostenvorschuss beansprucht, kann gem. § 1602 Abs. 2 BGB nicht darauf verwiesen werden, den Vermögensstamm zu verwerten.[1219]

551

1214 Vgl. BGH FamRZ 1985, 360.
1215 OLG Frankfurt/Main FamRZ 1986, 485.
1216 *Gießler/Soyka,* Rn 672.
1217 *Gießler/Soyka,* Rn 672.
1218 BGH FamRZ 2005, 1164 mit Nachweisen auf die umstrittene obergerichtliche Rechtsprechung; ferner BGH FamRZ 2006, 32.
1219 *Gießler/Soyka,* Rn 678.

bb) Leistungsfähigkeit des Antragsgegners

552 Auf Seiten des Vorschusspflichtigen ist zu überprüfen, ob dessen **Leistungsfähigkeit** gewahrt wird. Eine Vorschusspflicht trifft nur denjenigen, dessen eigener **angemessener Selbstbehalt** nicht gefährdet wird.[1220] Gegenüber minderjährigen Kindern gilt dies nicht in gleicher Weise. Als unterste Grenze ist der notwendige Selbstbehalt in Ansatz zu bringen.[1221]

Bei der Errechnung des angemessenen Selbstbehaltes sind vom laufenden Einkommen Unterhaltsverbindlichkeiten und sonstige (berücksichtigungswürdige) Verbindlichkeiten abzuziehen.[1222] Im Falle einer Prozessführung der Ehegatten gegeneinander können im Rahmen der Leistungsfähigkeit des Vorschusspflichtigen die von ihm aufzubringenden Prozesskosten Berücksichtigung finden.[1223]

553 Prozesskostenvorschuss muss derjenige nicht leisten, der seinerseits einen Anspruch auf **Prozesskostenhilfe** ohne Ratenzahlung hätte. Wäre ihm dagegen bei eigener Prozessführung Prozesskostenhilfe gegen Ratenzahlung zu gewähren, entfällt der Prozesskostenvorschussanspruch nicht von vornherein wegen mangelnder Leistungsfähigkeit. Vielmehr wird dann ein Anspruch auf Prozesskostenvorschuss in Höhe dieser Raten bestehen. Im Falle eines Prozesskostenhilfe-Antrages des Anspruchstellers sind die Raten als Vermögen im Sinne des § 115 ZPO anzusehen, so dass dem Antragsteller in dem von ihm geführten Prozess entsprechende Ratenzahlungen aufzuerlegen sind.[1224]

554 Auch dann, wenn die zu leistende Vorschusszahlung einen recht hohen Betrag ausmacht, ist daran zu denken, **Prozesskostenvorschuss nur gegen Ratenzahlung** anzuordnen.[1225] Bei Anordnung der Ratenzahlung ist zu prüfen, ob der angemessene Selbstbehalt bei einer Einmalzahlung nicht gewährleistet wäre.

555 Die **Verwertung des Vermögensstamms** durch den in Anspruch Genommenen kommt regelmäßig nicht in Betracht. Eine Ausnahme besteht dann, wenn das Vermögen besonders umfangreich und leicht verwertbar ist.[1226]

Schließlich ist noch zu berücksichtigen, dass der den Prozesskostenvorschuss Leistende durch die Zahlung nicht letztlich weniger an monatlichen Einkünften zur Verfügung hat als der Anspruchsteller. In einem solchen Fall ist an eine Kürzung des Vorschussbetrages zu denken.[1227]

1220 KG FamRZ 1985, 1067; OLG Koblenz FamRZ 1986, 2284; OLG Köln FamRZ 1999, 792.
1221 OLG Köln FamRZ 1999, 792.
1222 *Gießler/Soyka*, Rn 673 mit Hinweis auf die abweichende Auffassung bei *Palandt – Diederichsen* (jetzt *Brudermüller*, § 1360a Rn 12).
1223 OLG Köln FamRZ 1984, 723; 1988, 1300.
1224 BGH FamRZ 2004, 1633 mit zahlreichen Nachweisen zur Rechtsprechung.
1225 *Palandt – Brudermüller*, § 1360a Rn 12; OLG Nürnberg FamRZ 1996, 875; OLG Zweibrücken FamRZ 1997, 757; a.A. OLG Hamm FamRZ 1986, 1013; OLG Karlsruhe FamRZ 1992, 77.
1226 OLG Zweibrücken FamRZ 1999, 1149; OLG Köln FamRZ 1995, 941.
1227 *Gießler/Soyka*, Rn 673.

cc) Erfolgsaussicht der Rechtsverfolgung

Da sich die Prozesskostenvorschusspflicht nach Billigkeitserwägungen richtet, ist zu fordern, dass die beabsichtigte Rechtsverfolgung **hinreichende Aussicht auf Erfolg** bietet und **nicht mutwillig** ist. Bei der Prüfung der Erfolgsaussicht sind dieselben Maßstäbe anzulegen wie bei der Erfolgsaussicht im Sinne des § 114 ZPO.[1228]

556

Die Billigkeitsabwägung kann auch dann zur Ablehnung eines Kostenvorschussanspruchs führen, wenn beim Ehegattenunterhalt die Voraussetzungen der **Verwirkung** nach § 1579 Nr. 2 bis 7 BGB, ebenso beim Unterhalt eingetragener Lebenspartner, bzw. beim Kindesunterhalt nach § 1611 BGB erfüllt sind.[1229]

557

Problematisch ist die Billigkeit auch dann, wenn ein Kind ein **Vaterschaftsanfechtungsverfahren** gegen den Scheinvater führt, damit die Vaterschaft verneint, gleichzeitig aber einen Prozesskostenvorschussanspruch geltend macht. Dennoch wird in diesen Fällen die Vorschusspflicht des Scheinvaters teilweise bejaht.[1230] Es wird jedoch auch vorgeschlagen, jedenfalls dann, wenn die Anfechtung aller Voraussicht nach begründet ist, den Anspruch zu versagen.[1231]

558

II. Die einstweilige Anordnung auf Prozesskostenvorschuss nach § 127a ZPO

§ 127a ZPO ermöglicht es, im Rahmen einer Unterhaltsrechtsstreitigkeit auf Antrag einer Partei im einstweiligen Rechtsschutz eine Verpflichtung zur Leistung eines Prozesskostenvorschusses für **diesen** Rechtsstreit anzuordnen. In verfahrensmäßiger Hinsicht ist § 127a ZPO an die einstweilige Anordnung nach § 620 ZPO angelehnt (vgl. die Verweisung in Abs. 2 S. 2 auf die §§ 620a bis 620g ZPO).

559

1. Anhängigkeit des Unterhaltsrechtsstreits

Die einstweilige Anordnung nach § 127a ZPO stellt ein **verfahrensunselbstständiges Mittel** des vorläufigen Rechtsschutzes dar. Somit setzt ein Antrag auf Erlass einer derartigen Anordnung voraus, dass ein Hauptsacheverfahren anhängig ist. Eine Antragstellung auf Bewilligung von Prozesskostenhilfe für dieses Hauptsacheverfahren steht dem gleich (§ 620a Abs. 2 S. 1 i.V.m. § 127a Abs. 2 S. 2 ZPO).

560

1228 *Schwab/Borth*, IV Rn 76; *Wendl/Scholz*, § 6 Rn 29; *Palandt – Brudermüller*, § 1360 Rn 15; *Gießler/Soyka*, Rn 676.
1229 *Schwab/Borth*, IV Rn 81; *Gießler/Soyka*, Rn 676.
1230 OLG Karlsruhe FamRZ 1996, 872.
1231 *Wendl/Scholz*, § 6 Rn 30.

§ 2 Einstweiliger Rechtsschutz auf Gewährung von Unterhalt

> *Beachte*
> Wegen des Verhältnisses von Prozesskostenhilfe zu Prozesskostenvorschuss[1232] wird meines Erachtens zu Recht vertreten, dass neben einem Prozesskostenvorschussverfahren nur ein bedingtes (hilfsweises) PKH-Verfahren in Betracht kommt.[1233] Zu weit dürfte die Auffassung gehen, wonach ein Prozesskostenvorschussantrag gestellt werden kann, selbst ohne Anhängigkeit eines Hauptsacheverfahrens und ohne Abhängigkeit eines PKH-Verfahrens.[1234] Dies steht in eindeutigem Widerspruch zum Wortlaut des § 620a Abs. 2 S. 2 ZPO sowie zur Qualifizierung der einstweiligen Anordnung nach § 127a ZPO als unselbstständiges Mittel des vorläufigen Rechtsschutzes.

2. Art der Unterhaltsstreitigkeit als Hauptsacheverfahren

561 § 127a ZPO bezieht sich auf **Unterhaltssachen jeglicher Art**, also auf Ehegattenunterhalt (hier beschränkt auf Familien- und Trennungsunterhalt),[1235] auf Unterhalt zwischen eingetragenen Lebenspartnern (hier beschränkt auf Lebenspartnerschafts- und Trennungsunterhalt),[1236] auf Verwandtenunterhalt und Unterhalt nach §§ 1615l, 1615m BGB. Unerheblich ist, ob Natural- oder Barunterhalt, Elementarunterhalt oder Sonderbedarf/Mehrbedarf geltend gemacht wird, ob es sich um Haupt- oder Nebenansprüche[1237] handelt oder in welcher Form die Unterhaltssache geltend gemacht ist, z.B. als Leistungsklage, Stufenklage, Abänderungsklage oder negative Feststellungsklage, in Verfahren nach §§ 645 ff. ZPO, 655 ZPO, als Vollstreckungsabwehrklage oder Leistungsrückforderungsklage,[1238] aber auch als Arrest zur Sicherung einer Unterhaltsforderung oder als einstweilige Verfügung auf Zahlung von Unterhalt.[1239]

562 § 127a ZPO ermöglicht auch den Erlass einer einstweiligen Anordnung im Rahmen eines Rechtsstreits wegen ausschließlich **vertraglich vereinbarten Unterhalts**.[1240] Hierbei handelt es sich jedoch nicht um eine Familiensache; dieser Rechtsstreit ist vor dem allgemeinen Zivilgericht auszutragen.

1232 Soweit ein Anspruch auf Kostenvorschuss realisierbar ist, wird dieser dem Vermögen i.S.v. § 115 ZPO zugerechnet, so dass ein Prozesskostenhilfegesuch erfolglos bleibt; *Thomas/Putzo – Reichold*, § 114 Rn 10, § 115 Rn 19.
1233 *Gießler/Soyka*, Rn 699.
1234 So jedoch *Johannsen/Henrich/Sedemund-Treiber*, § 127a Rn 5.
1235 Nachehelicher Unterhalt begründet keinen Anspruch auf Prozesskostenvorschuss – vgl. § 2 Rn 537.
1236 Nachpartnerschaftlicher Unterhalt begründet keinen Anspruch auf Prozesskostenvorschuss – vgl. § 2 Rn 538.
1237 Z.B. auf Auskunft – OLG Zweibrücken FamRZ 1998, 490.
1238 *Gießler/Soyka*, Rn 692; *Johannsen/Henrich/Sedemund-Treiber*, § 127a Rn 2.
1239 *Zöller – Philippi*, § 621f Rn 4; *Musielak – Borth*, § 127a Rn 3.
1240 Vgl. *Zöller – Philippi*, § 621f Rn 4; *Gießler/Soyka*, Rn 692.

3. Inhalt der einstweiligen Anordnung auf Prozesskostenvorschuss

a) Persönlicher Wirkungsbereich

Beachte 563

§ 127a ZPO ermöglicht ausschließlich die Regelung eines Prozesskostenvorschusses zwischen den Parteien des Unterhaltsprozesses. Somit können mit Hilfe dieser Norm ggf. gegen Dritte bestehende Ansprüche nicht realisiert werden. Insofern ist eine einstweilige Verfügung in Erwägung zu ziehen.[1241]

b) Umfang des Anspruchs auf Prozesskostenvorschuss

Die einstweilige Anordnung nach § 127a ZPO kann Prozesskostenvorschuss nur bezogen auf die Unterhaltssache, die als Hauptsache anhängig ist oder gemacht werden soll, beinhalten. Außerdem kann der Anspruch auch geltend gemacht werden für eine **einstweilige Anordnung nach § 644 ZPO** und auch für die **einstweilige Anordnung nach § 127a ZPO** selbst.[1242] 564

Der Anspruch auf Leistung eines Prozesskostenvorschusses umfasst **die notwendigen gerichtlichen und außergerichtlichen Kosten**, die zur sachdienlichen Prozessführung des Unterhaltsprozesses erforderlich sind und dem Vorschussberechtigten voraussichtlich entstehen werden.[1243] 565

Für den vorliegenden Fall einer zivilrechtlichen Unterhaltsstreitigkeit bedeutet dies, dass **drei Verfahrensgebühren** (§ 12 Abs. 1 GKG, KV-GKG Nr. 1210) beansprucht werden können. Ebenso kommt der Auslagenvorschuss für Zeugen oder Sachverständige in Betracht, wenn eine entsprechende Beweisanordnung ergangen ist.[1244] Darüber hinaus fallen an **Anwaltskosten** voraussichtlich 2,5 Gebühren an (Nr. 3100, 3104 VV). Außerdem sind die Auslagenpauschale und die Umsatzsteuer ansetzbar (Nr. 7002, 7008 VV).[1245] Auch sonstige Kosten wie Reisekosten sind vorschusspflichtig.[1246] Dazu kommen noch die anwaltlichen Gebühren (§ 18 Nr. 1 a) RVG), die durch die einstweilige Anordnung gem. § 127a ZPO voraussichtlich entstehen werden.

Erforderlichenfalls (§ 91 Abs. 2 S. 3 ZPO) können auch die Kosten für einen **Verkehrsanwalt** beansprucht werden.[1247]

1241 *Zöller – Philippi*, § 621f Rn 6
1242 *Palandt – Brudermüller*, § 1360a Rn 17; OLG Frankfurt/Main FamRZ 1979, 732; es ist also auch ein Kostenvorschuss zu leisten für die einstweilige Anordnung auf Kostenvorschuss.
1243 *Zöller – Philippi*, § 621f Rn 13.
1244 OLG Frankfurt/Main FamRZ 1982, 714.
1245 *Zöller – Philippi*, § 621f Rn 13.
1246 *Soergel-Lange*, § 1360a Rn 27.
1247 *Gießler/Soyka*, Rn 687.

§ 2 Einstweiliger Rechtsschutz auf Gewährung von Unterhalt

Die Kosten einer dem Rechtsstreit vorausgehenden Rechtsberatung werden dagegen nicht vom Prozesskostenvorschussanspruch umfasst.[1248]

566 Soweit sich der Hauptsacherechtsstreit auf **Kindesunterhalt** bezieht, ist bei der Errechnung des Anspruchs auf Prozesskostenvorschuss zu beachten, dass die Eltern für diesen Anspruch nach ihren Erwerbs- und Vermögensverhältnissen gem. § 1606 Abs. 3 S. 1 BGB **anteilig** haften. Da der Prozesskostenvorschuss nicht vom Elementarunterhalt umfasst wird,[1249] ist § 1606 Abs. 3 S. 2 BGB unanwendbar. Somit sind beide Elternteile auch dann anteilig in Anspruch zu nehmen, wenn ein minderjähriges unverheiratetes Kind von einem Elternteil alleine betreut wird,[1250] obwohl dieser bei der Geltendmachung von Elementarunterhalt darauf verweisen kann, nicht barunterhaltspflichtig zu sein. Eine Ausnahme von dieser anteiligen Haftung bei Elementarunterhalt ist dann zu machen, wenn der betreuende Elternteil über ein erheblich höheres Einkommen verfügt[1251] und auch wenn der an sich Barunterhaltspflichtige nicht leistungsfähig[1252] ist. Erst recht haftet der Betreuende unter diesen Voraussetzungen im Falle der Inanspruchnahme auf Zahlung eines Prozesskostenvorschusses.[1253]

c) Zeitliche Begrenzung des Prozesskostenvorschusses

567 *Beachte*

Bereits aus dem Begriff des Prozesskostenvorschusses ergibt sich, dass dieser Anspruch nicht für die Vergangenheit geltend gemacht werden kann. Da der Anspruch als Vorschussleistung konzipiert ist, fallen diejenigen Kosten aus, die bereits beglichen sind.

Der Anspruch scheidet jedoch grundsätzlich ebenso aus, wenn der Rechtsstreit oder die betreffende Instanz bereits abgeschlossen ist, die Kosten aber noch offen sind. Eine Ausnahme greift dann, wenn der Verpflichtete rechtzeitig in **Verzug** gesetzt war.[1254]

Nach Abschluss der Instanz kann der Kostenvorschuss seine Funktion, eine sachgerechte Prozessführung zu ermöglichen, nicht mehr erfüllen.

568 Ist eine einstweilige Anordnung vor der Beendigung der Instanz beantragt worden, besteht trotz mittlerweile erfolgtem Abschluss des Verfahrens die Möglichkeit, den Prozesskostenvorschuss noch zuzusprechen[1255] und zu vollstrecken.[1256] Die mögliche Zwangsvollstre-

---

1248 *Palandt – Brudermüller*, § 1360a Rn 17; OLG München FamRZ 1990, 312; a.A. *Kleinwegener*, FamRZ 1992, 755; vgl. auch *Schwab/Borth*, IV Rn 83.
1249 So jedenfalls herrschende Meinung; vgl. die Sonderstellung in § 1360a Abs. 4 BGB.
1250 *Wendl/Scholz*, § 2 Rn 289, § 6 Rn 13, 25.
1251 *Palandt – Diederichsen*, § 1606 Rn 18; BGH FamRZ 1998, 286.
1252 *Palandt – Diederichsen*, § 1606 Rn 19.
1253 OLG München FamRZ 1991, 347; OLG Karlsruhe FamRZ 1996, 1100; OLG Düsseldorf FamRZ 1985, 198.
1254 OLG Karlsruhe NJW-RR 1999, 268; OLG Bamberg FamRZ 1986, 484; KG FamRZ 1987, 956; OLG Düsseldorf FamRZ 1981, 295; a.a. *Schwab/Borth*, IV Rn 86.
1255 OLG Bamberg FamRZ 1986, 484; OLG Köln FamRZ 1991, 842.
1256 BGH FamRZ 1985, 802.

ckung wird auch nicht durch die (den Vorschusspflichtigen evtl. begünstigende) Kostenentscheidung beeinflusst.[1257]

Wird der Anspruch auf Kostenvorschuss noch während des Prozesses geltend gemacht, besteht eine Vorschusspflicht auch für Gebühren, die im Zeitpunkt der Antragstellung schon entstanden waren, da der Anwalt die den Gebührenanfall auslösende Tätigkeit bereits vorgenommen hatte, deren **Fälligkeit** nach § 8 RVG aber wegen fehlender Beendigung der Angelegenheit noch nicht eingetreten war.[1258]

Vgl. zu abgetrennten Folgesachen auch § 2 Rn 537.

Eine verspätete Geltendmachung eines Prozesskostenvorschusses kann auch nicht mehr dadurch aufgefangen werden, dass die entstandenen Prozesskosten als Sonderbedarf beansprucht werden.[1259]

4. Verhältnis zu anderen Mitteln einstweiligen Rechtsschutzes und zu Hauptsacheregelungen

a) Das Verhältnis einstweiliger Anordnungen nach § 127a ZPO zu Hauptsacheverfahren

In familienrechtlichen Streitigkeiten wird erfahrungsgemäß der Anspruch auf Prozesskostenvorschuss in einem Hauptsacheverfahren nur sehr selten verfolgt. Im Allgemeinen wird eine über die Leistung eines Prozesskostenvorschusses bestehende Streitigkeit im einstweiligen Anordnungsverfahren erledigt.

569

Falls jedoch ein **Hauptsacheverfahren** auf Leistung eines Prozesskostenvorschusses tatsächlich anhängig sein sollte, hindert das nicht die vorläufige Geltendmachung des Anspruchs im einstweiligen Rechtsschutz.[1260] Gerade im hier angesprochenen Bereich liegt die Dringlichkeit auf der Hand. Sollte eine rechtskräftige Hauptsacheentscheidung dagegen bereits existieren, scheidet der spätere Erlass einer einstweiligen Anordnung nach § 127a ZPO aus.[1261]

Bei Vorliegen einer einstweiligen Anordnung nach § 127a ZPO ist das **Rechtsschutzinteresse für eine Hauptsacheklage** des Prozesskostenvorschussberechtigten jedenfalls dann anzunehmen, wenn dieser einen höheren Prozesskostenvorschuss begehrt, als in der einstweiligen Anordnung zuerkannt.

570

1257 BGH FamRZ 1985, 802.
1258 BGH FamRZ 1985, 802; *Palandt – Brudermüller,* § 1360a Rn 16.
1259 OLG Nürnberg FamRZ 1998, 489.
1260 Einstweiliger Rechtsschutz für den Unterhaltsrechtsstreit muss im Rahmen dieses Verfahrens begehrt werden – vgl. § 127a: »... für diesen Rechtsstreit ...«. Sollte im Rahmen einer Hauptsacheklage auf Prozesskostenvorschuss mit Hilfe des § 127a ZPO einstweilen ein Anspruch auf Prozesskostenvorschuss tituliert werden, kann sich dieser wiederum nur auf den Rechtsstreit wegen des Prozesskostenvorschusses beziehen, nicht jedoch wegen einer Unterhaltssache.
1261 Vgl. oben § 2 Rn 276.

§ 2 Einstweiliger Rechtsschutz auf Gewährung von Unterhalt

Das Rechtsschutzinteresse fehlt dagegen regelmäßig, wenn im Verfahren nach § 127a ZPO dem Antrag des Vorschussgläubigers voll entsprochen wurde. Denn – anders als bei monatlichen Unterhaltszahlungen – hat die Rechtskraft eines ebenfalls erfolgreichen Hauptsacheurteils keine für den Gläubiger weitergehenden günstigen Auswirkungen als die einstweilige Anordnung (anders bei laufenden Unterhaltszahlungen und der unterschiedlichen Abänderbarkeit nach § 323 ZPO bzw. § 620b ZPO).

Einer **negativen Feststellungsklage des Vorschusspflichtigen** kann dagegen das Rechtsschutzinteresse nicht abgesprochen werden.[1262] Der Vorschusspflichtige kann mit dieser Klage gerade die Wirkung der §§ 127a Abs. 2 S. 2, 620f Abs. 1 S. 1 Alt. 1 ZPO herbeiführen. Ebenso ist eine **Rückforderungsklage**[1263] zulässig, die dieselbe Folge (Außer-Kraft-Treten der einstweiligen Anordnung) nach sich zieht.

b) Das Verhältnis der einstweiligen Anordnung nach § 127a ZPO zu anderen Mitteln des einstweiligen Rechtsschutzes

571 Die einstweilige Anordnung nach § 127a ZPO kann mit anderen Mitteln des einstweiligen Rechtsschutzes, die zur Gewährung eines Prozesskostenvorschusses führen, weitgehend nicht in Konkurrenz treten.

§ 620 Nr. 10 ZPO betrifft insoweit einen anderen Regelungsbereich, als danach Prozesskostenvorschuss für die Ehesache und für die im Scheidungsverbund anhängigen oder noch anhängig zu machenden Folgesachen (und die einstweiligen Anordnungen nach § 620 ZPO) begehrt werden kann. § 127a ZPO gewährt dagegen Prozesskostenvorschuss für den Hauptsacherechtsstreit Unterhalt, der keine Verbundsache sein kann. Soweit Trennungsunterhalt betroffen ist, scheidet der Entscheidungsverbund gem. § 623 Abs. 2 S. 1 ZPO aus, da gerade keine Entscheidung für den Fall der Scheidung begehrt wird. Eine isolierte Rechtsstreitigkeit auf Zahlung von nachehelichem Unterhalt (außerhalb des Verbundes) bereits während der Trennungszeit[1264] wäre als solche nicht zulässig, da die Entscheidung von einem anderen Verfahren (nämlich dem Scheidungsverfahren) und demzufolge von einem so genannten außerprozessualen Ereignis abhängig wäre.

Eine einstweilige Anordnung nach **§ 621f ZPO** bezieht sich auf andere Regelungsmaterien als Unterhalt.

Mit **§ 641d ZPO**, der nach weit vertretener Auffassung auch Kostenvorschussleistungen zusprechen kann, besteht deshalb kein Konkurrenzverhältnis, weil hiernach Prozesskosten-

---

1262 OLG Zweibrücken FamRZ 1980, 1041; OLG Frankfurt/Main FamRZ 1981, 65; OLG Düsseldorf FamRZ 1981, 295, 296; KG FamRZ 1988, 167.
1263 § 2 Rn 622 ff.
1264 Nach Scheidung wird ein Anspruch auf Prozesskostenvorschuss abgelehnt – vgl. § 2 Rn 537.

Einstweiliger Rechtsschutz auf Gewährung von Unterhalt §2

vorschuss für die Kindschaftssache und evtl. auch für andere Rechtsstreitigkeiten des Kindes mit Dritten gewährt werden kann.[1265] Dies betrifft wiederum andere Regelungsbereiche als § 127a ZPO.

Soweit die einstweilige Anordnung nach § 641d ZPO auch geeignet sein soll, einen Kostenvorschuss für den mit der Kindschaftssache verbundenen Unterhaltsprozess auf Zahlung des Regelbetrages (§ 653 ZPO) vorläufig zu regeln,[1266] scheidet eine Konkurrenz mit § 127a ZPO ebenfalls aus. Denn solange die Vaterschaft noch nicht rechtskräftig festgestellt oder wirksam anerkannt ist, greift die Sperrwirkung der §§ 1594 Abs. 1, 1600d Abs. 4 BGB. Eine Ausnahme hiervon kann für Unterhaltsleistungen und die Gewährung von Prozesskostenvorschuss bei § 127a ZPO nicht akzeptiert werden, anders jedoch in den vom Gesetz selbst vorgesehenen Fällen (der §§ 641d ZPO und 1615o BGB). Dem Interesse des Leistungspflichtigen wird hier durch die verschuldensunabhängigen Schadensersatzansprüche aus §§ 641g bzw. 945 ZPO Rechnung getragen.

Einstweiliger Rechtsschutz in Form einer **Leistungsverfügung** scheidet solange aus, wie der Anwendungsbereich für ein gesetzlich ausdrücklich angeordnetes Mittel des vorläufigen Rechtsschutzes eröffnet ist. Die Leistungsverfügung ist somit im Anwendungsbereich des § 127a ZPO subsidiär.[1267] **572**

5. Regelungsbedürfnis

Das Regelungsbedürfnis ist stets anzunehmen, wenn der auf Leistung eines Prozesskostenvorschusses in Anspruch Genommene keine Zahlungen erbringt. Ein schutzwürdiges Bedürfnis für die Erlangung eines Titels, kraft dessen Prozesskostenvorschuss zugesprochen wird, liegt angesichts des Zwecks dieses Anspruchs, nämlich dem Anspruchsteller eine sachdienliche Prozessführung zu ermöglichen, auf der Hand. **573**

6. Weitere Zulässigkeitsvoraussetzungen

Vgl. § 2 Rn 67. **573a**

7. Antragstellung

Eine einstweilige Anordnung nach § 127a ZPO ergeht ausschließlich auf Antrag. Dieser kann **schriftlich** oder **zu Protokoll der Geschäftsstelle** des für den Unterhaltsrechtsstreit **574**

1265 Vgl. § 2 Rn 333.
1266 § 2 Rn 333.
1267 Vgl. *Thomas/Putzo – Reichold*, § 940 Rn 9; § 127a Rn 1.

§ 2 Einstweiliger Rechtsschutz auf Gewährung von Unterhalt

zuständigen oder eines jeden anderen Amtsgerichts gestellt werden (§§ 127a Abs. 2 S. 2, 620a Abs. 2 S. 2 ZPO).

Anwaltszwang besteht nicht für die Antragstellung selbst und die Verhandlung erster Instanz. Vor Gerichten höherer Instanz bedarf es bei Durchführung einer mündlichen Verhandlung anwaltlicher Vertretung (§ 78 Abs. 1 S. 2, Abs. 3 ZPO).

a) Antragsbefugnis

575 Zur Antragstellung berechtigt sind die **Parteien** des Hauptverfahrens. Auch die Beklagtenseite kann einen Antrag nach § 127a ZPO stellen, was sich aus dem Wortlaut der Vorschrift selbst schon ergibt.

Zur gesetzlichen Prozessstandschaft nach § 1629 Abs. 3 S. 1 BGB vgl. § 2 Rn 291.

b) Erforderliche Darstellungen und Glaubhaftmachung

576 Der Antrag muss hinreichend **bestimmt** sein. Hierfür ist eine **konkrete Bezifferung** erforderlich. Aus den weiteren Darlegungen muss sich ergeben, dass der Prozesskostenvorschuss beansprucht wird für das Hauptsacheverfahren auf Unterhalt (und ggf. für die einstweiligen Anordnungen nach §§ 644 und 127a ZPO).

Sämtliche dem Antragsteller günstigen Umstände sind von diesem darzustellen und gemäß §§ 127a Abs. 2 S. 2, 620a Abs. 2 S. 3 ZPO glaubhaft zu machen.

Dies bezieht sich sowohl auf die Verfahrensvoraussetzungen als auch auf die materiellen Voraussetzungen eines Prozesskostenvorschussanspruchs.[1268]

c) Zuständiges Gericht

577 Solange das Hauptsacheverfahren auf Unterhalt (bzw. PKH-Antrag) beim erstinstanzlichen Familiengericht anhängig ist, ist dessen Zuständigkeit für die Entscheidung über den Prozesskostenvorschuss im einstweiligen Anordnungsverfahren begründet (§§ 127 Abs. 2 S. 2, 620a Abs. 4 S. 1 ZPO).

Kostenvorschuss für ein zweitinstanzliches oder drittinstanzliches Hauptsacheverfahren kann ausschließlich beim **Oberlandesgericht** beantragt werden. Unerheblich ist, ob das OLG bereits mit der Hauptsache befasst ist oder diese erst anhängig gemacht werden soll (§§ 127a Abs. 2 S. 2, 620a Abs. 4 S. 3 ZPO).

Wird nach Urteilserlass erster Instanz und vor Einlegung der Berufung ein Antrag auf Gewährung von Prozesskostenvorschuss für die erstinstanzliche Entscheidung gestellt, wird wie bei § 644 ZPO[1269] die Zuständigkeit des erstinstanzlichen Gerichts erhalten bleiben;

1268 Vgl. zu den materiellen Voraussetzungen soeben § 2 Rn 536 ff. und die hier entsprechend anwendbare Aufstellung zu § 644 ZPO § 2 Rn 293.
1269 Vgl. § 2 Rn 295.

Einstweiliger Rechtsschutz auf Gewährung von Unterhalt §2

erfolgreich kann ein derartiger Antrag jedoch nicht sein, da aus materiellen Gründen ein Kostenvorschuss nicht mehr beansprucht werden kann.[1270]

In den Fällen, in denen das Hauptsacheverfahren **keine familienrechtliche Streitigkeit** betrifft (bei der Geltendmachung von ausschließlich vertraglich vereinbartem Unterhalt), ist die allgemeine Zivilabteilung des Amtsgerichts oder des Landgerichts für den Erlass der einstweiligen Anordnung nach § 127a ZPO zuständig. 578

8. Ablauf des Verfahrens

Insoweit kann auf die Darstellung zu § 644 ZPO, oben § 2 Rn 296 ff. Bezug genommen werden. 579

Ergänzend ist auf Folgendes hinzuweisen.

Die dem Antrag stattgebende Entscheidung nach § 127a ZPO bewirkt in aller Regel, dass der **Prozesskostenvorschuss insgesamt** zu zahlen ist. Es ist zwar denkbar, dass der Vorschusspflichtige nur teilweise zur Vorschusszahlung in der Lage ist oder auch der Vorschussberechtigte nur teilweise die Kosten des Prozesses nicht aus eigenen Mitteln bestreiten kann. In der Praxis wird dies aber nur sehr selten in der Weise umgesetzt, dass sich die Kostentragungspflicht des in Anspruch Genommenen auch nur auf einen Teil der notwendigen Kosten bezieht.

Dagegen wurde von der Möglichkeit, dem Vorschusspflichtigen zum Erhalt seiner Leistungsfähigkeit lediglich **Ratenzahlung** aufzugeben, bereits in der Vergangenheit häufiger Gebrauch gemacht.[1271] Dies wird sich nach der vorliegenden Rechtsprechung des BGH[1272] voraussichtlich zukünftig noch verstärken.

> *Beachte*
> In einem solchen Fall ist jedoch zu bedenken, dass dem Berechtigten damit unter Umständen die Möglichkeit genommen wird, die nach § 12 Abs. 1 S. 1 GKG geforderten drei Gerichtsgebühren einzuzahlen. Dann ist dem Anspruchsteller auf Antrag Prozesskostenhilfe für das Hauptverfahren zu bewilligen mit der **Maßgabe**, dass die vom Vorschusspflichtigen gezahlten **Vorschussleistungen an die Staatskasse abzuführen sind**.[1273]

1270 Vgl. oben § 2 Rn 567.
1271 OLG Köln FamRZ 1988, 1300; MDR 1995, 209; OLG Nürnberg FamRZ 1996, 875; vgl. OLG Hamm FamRZ 1986, 1013 und OLG Düsseldorf FamRZ 1995, 680, wonach die Anordnung einer Ratenzahlung dem Sinn des Prozesskostenvorschusses widersprechen soll. Vgl. ferner oben § 2 Rn 554.
1272 Vgl. § 2 Rn 553.
1273 *Gießler/Soyka*, Rn 715; OLG München FamRZ 1987, 303; OLG Köln FamRZ 1995, 680 Nr. 407; OLG Zweibrücken FamRZ 1982, 74; teilweise wird es auch für zulässig gehalten, anzuordnen, dass die Zahlung des Prozesskostenvorschusses an die Staatskasse zu leisten ist: OLG Köln FamRZ 1988, 1300. Prozesskostenhilfe soll nach OLG Frankfurt/Main FamRZ 1985, 826 jedoch ausnahmsweise dann nicht zu gewähren sein, wenn der Vorschusspflichtige vier oder weniger Monatsraten zu leisten hat (§ 115 Abs. 3 ZPO analog).

9. Vollstreckung

580 Vgl. § 2 Rn 128 ff. Die dortigen Ausführungen gelten hier entsprechend. Die Beendigung des Verfahrens, für das Prozesskostenvorschuss zu leisten war, hindert die (weitere) Vollstreckung aus der einstweiligen Anordnung nicht. Unerheblich ist auch, wie die Kostenentscheidung des Unterhaltsprozesses lautet.[1274]

Besteht jedoch ein Anspruch auf Rückzahlung des geleisteten Kostenvorschusses, wird die weitere Zwangsvollstreckung unzulässig; eine **Vollstreckungsabwehrklage** gemäß § 767 ZPO wäre statthaft und erfolgreich. Die Klageerhebung kann mit einem Antrag auf einstweilige Einstellung der Zwangsvollstreckung nach **§ 769 ZPO** verbunden werden.

Eine einstweilige Einstellung der Zwangsvollstreckung nach § 769 ZPO analog kommt auch bei Erhebung einer negativen Feststellungsklage und einer Rückforderungsklage in Betracht.[1275]

581 Der Anspruch auf Prozesskostenvorschuss unterliegt wegen dessen »treuhandartiger Zweckbindung«[1276] nicht der Pfändung (§ 851 Abs. 1 ZPO); eine **Aufrechnung** gegen diesen Anspruch ist demzufolge ebensowenig zulässig (§ 394 BGB).[1277]

Für den Gläubiger greift aber das Vollstreckungsprivileg des **§ 850d ZPO** nicht.[1278]

10. Rechtsbehelfe

582 Gem. § 127a Abs. 2 S. 1 ZPO ist die Entscheidung über den Antrag auf Erlass einer einstweiligen Anordnung zum Prozesskostenvorschuss **unanfechtbar**.[1279] Eine Ausnahme kommt nunmehr wohl auch in den Fällen greifbarer Gesetzeswidrigkeit nicht mehr in Betracht.[1280]

Aufgrund der Verweisung in § 127a Abs. 2 S. 2 ZPO ist es jedoch möglich, einen **Antrag auf Abänderung oder Aufhebung** der einstweiligen Anordnung sowie auf **erneute Beschlussfassung** nach erfolgter mündlicher Verhandlung zu stellen (§ 620b Abs. 1, Abs. 2 ZPO). Diese Vorgehensweise wird auch nicht dadurch gehindert, dass die Unterhaltssache mittlerweile in die Berufungsinstanz gelangt ist.[1281] In einem solchen Fall muss die neuerliche Entscheidung gemäß §§ 127a Abs. 2 S. 2, 620b Abs. 3 ZPO durch das OLG erlassen werden.

1274 BGH FamRZ 1985, 802.
1275 Vgl. § 2 Rn 584.
1276 *Palandt – Brudermüller*, § 1360a Rn 18.
1277 BGHZ 94, 316.
1278 *Palandt – Brudermüller*, § 1360a Rn 18; *Gießler/Soyka*, Rn 725 jeweils m.w.N.
1279 Diese Regelung ist inhaltlich gleichbedeutend mit § 620c S. 2 ZPO.
1280 Vgl. oben § 2 Rn 172 ff.
1281 OLG Karlsruhe FamRZ 2000, 431.

Sobald das Hauptsacheverfahren aber rechtskräftig entschieden ist, kann eine wirksame Antragstellung auf Abänderung oder Neuentscheidung nicht mehr vorgenommen werden. Ein vor Eintritt der Rechtskraft noch rechtzeitig gestellter Antrag jedoch ist noch zu verbescheiden.[1282]

Als besonderer **Abänderungsgrund** muss bei einem Prozesskostenvorschuss anordnenden Beschluss nach § 127a ZPO anerkannt werden, dass das Hauptsacheverfahren auf Unterhalt nicht gehörig betrieben wird. Dies gilt insbesondere, wenn die einstweilige Anordnung nur aufgrund eines eingereichten PKH-Antrages erlassen wurde.

583

Der Vorschusspflichtige kann sich gegen eine erlassene einstweilige Anordnung nach § 127a ZPO auch dadurch zur Wehr setzen, dass er auf eine anderweitige Regelung hinwirkt, aufgrund derer der Beschluss außer Kraft tritt.

11. Außer-Kraft-Treten der einstweiligen Anordnung nach § 127a ZPO

Das Außer-Kraft-Treten der einstweiligen Anordnung bestimmt sich nach §§ 127a Abs. 2 S. 2, 620f Abs. 1 ZPO. Bei der Auslegung der dort benannten Alternativen sind die Besonderheiten des Wesens des Prozesskostenvorschusses zu berücksichtigen.

583a

a) Wirksamwerden einer anderweitigen Regelung

Anders als bei § 644 ZPO bezieht sich die einstweilige Anordnung inhaltlich nicht auf denselben Regelungsgegenstand wie das Hauptsacheverfahren. Bei § 644 ZPO besteht insoweit Deckungsgleichheit, während nach § 127a ZPO ein Prozesskostenvorschuss für das Unterhaltsverfahren auf laufenden Elementarunterhalt, auf Sonder- oder Mehrbedarf erlangt werden kann. Damit beinhaltet § 127a ZPO einen anderen materiellen Gegenstand als das Hauptsacheverfahren.

584

Die anderweitige Regelung muss jedoch eine solche sein, die materiell die unterhaltsrechtliche Prozesskostenvorschusspflicht umfasst.

Dies bedeutet zunächst, dass die im Hauptsacheverfahren getroffene Kostenentscheidung keinen Einfluss auf die Wirksamkeit der einstweiligen Anordnung nach § 127a ZPO hat. Auch wenn im Rahmen dieser Kostenentscheidung das Ausmaß des Obsiegens und Unterliegens nach §§ 91, 92 ZPO die letztlich festzusetzende von Kläger- und Beklagtenseite zu tragende Quote beeinflusst, handelt es sich doch nur um eine Entscheidung, die sich an den verfahrensrechtlichen Kostenvorschriften ausrichtet. Es handelt sich nicht um eine Hauptsacheentscheidung, die sich mit der materiell-rechtlich zu beurteilenden Frage des Anspruchs auf Zahlung eines Prozesskostenvorschusses befasst, bei dem nur die Erfolgsaussicht[1283] zu

---

[1282] Vgl. § 2 Rn 158 f; a.A. OLG Bamberg FamRZ 1986, 484; KG FamRZ 1987, 956; OLG Köln FamRZ 1991, 842, wonach ein Schadensersatzanspruch entsteht, der Kostenvorschussanspruch jedoch nicht mehr durchsetzbar ist.
[1283] Vgl. § 2 Rn 556.

§2 Einstweiliger Rechtsschutz auf Gewährung von Unterhalt

beurteilen ist und nicht der letztlich im Unterhaltsverfahren festgestellte Erfolg. Die Kostenentscheidung setzt somit die Vorschussanordnung nicht außer Kraft.[1284, 1285]

Als anderweitige Regelung im Sinne des § 620f Abs. 1 S. 1 Alt. 1 ZPO kommt dagegen ein **Hauptsacheurteil** in Betracht, aufgrund dessen der Vorschusspflichtige rechtskräftig[1286] zur Zahlung eines Prozesskostenvorschusses verurteilt worden ist. Dieselbe Wirkung tritt ein, wenn eine **negative Feststellungsklage** des Vorschusspflichtigen, die auch als Widerklage im Hauptsacheverfahren auf Unterhalt erhoben werden kann,[1287] rechtskräftig wird. Dasselbe gilt für eine erfolgreiche **Leistungsrückforderungsklage**[1288] desjenigen, dem durch einstweilige Anordnung die Prozesskostenvorschusszahlung auferlegt worden ist.

In den beiden letztgenannten Fällen kann die jeweilige Hauptsacheklage mit einem Antrag auf einstweilige Einstellung der Zwangsvollstreckung nach § 769 ZPO analog verbunden werden.[1289]

Als weitere anderweitige Regelung kommt (wie auch bei § 620 ZPO und § 644 ZPO) ein Abschluss eines Vergleichs in Betracht, der die einstweilige Anordnung außer Kraft setzt.[1290]

b) Das Außer-Kraft-Treten der einstweiligen Anordnung in sonstigen Fällen

585 Wird im Hauptsacheverfahren auf Unterhalt die Klage zurückgenommen, abgewiesen oder übereinstimmend für erledigt erklärt, so tritt die einstweilige Anordnung auf Prozesskostenvorschuss nach §§ 127a Abs. 2 S. 2, 620f Abs. 1 S. 1 Alt. 2 ZPO außer Kraft. Hier muss jedoch die Besonderheit beachtet werden, dass der Prozesskostenvorschuss eine spätere Prozessführung ermöglichen soll und diese bis zu dem maßgeblichen Ereignis doch durchgeführt wurde. Somit kann die einstweilige Anordnung ihre Wirkung nur **ex nunc** verlieren. Die bis zum Zeitpunkt des Außer-Kraft-Tretens entstandenen Kosten sind in der einstweiligen Anordnung nach wie vor wirksam tituliert. Diese können vollstreckt werden. Darüber hinausgehende Kosten (nach Außer-Kraft-Treten der einstweiligen Anordnung entstandene) können einer Vollstreckung nicht mehr zugeführt werden.[1291]

1284 BGH FamRZ 1985, 802.
1285 Um zu vermeiden, dass der Vorschusspflichtige, der im Hauptsacheverfahren dazu verurteilt worden ist, die Kosten zu tragen, diese doppelt zahlt, ist im Kostenfestsetzungsverfahren der Vorschuss auf die zu erstattenden Kosten anzurechnen, wenn die Vorschusszahlung unstreitig ist oder die Zahlung offensichtlich unbegründet bestritten wird; vgl. *Zöller – Philippi*, § 621f Rn 19 mit zahlreichen Nachweisen auf die Rechtsprechung.
1286 Vgl. § 2 Rn 210.
1287 OLG Frankfurt/Main, Urteil vom 14.1.1993 – 3 UF 196/92 – zitiert nach *Gießler/Soyka*, Rn 721 Fußnote 133.
1288 Hierzu vgl. § 2 Rn 208.
1289 Nach a.A. greifen die §§ 707, 719 ZPO; so *Gießler/Soyka*, Rn 721.
1290 Vgl. § 2 Rn 202.
1291 *Gießler/Soyka*, Rn 724; MK(ZPO) – *Finger*, § 621f Rn 13.

c) Feststellung des Außer-Kraft-Tretens

§ 620f Abs. 1 S. 2 ZPO gilt hier entsprechend (§ 127a Abs. 2 S. 2 ZPO). Somit kann festgestellt werden, dass und gegebenenfalls inwieweit die einstweilige Anordnung außer Kraft getreten ist. Dies ist insbesondere dann von Bedeutung, wenn die einstweilige Anordnung nur teilweise (ex nunc) ihre Wirksamkeit verliert.[1292]

586

12. Rückzahlung des Prozesskostenvorschusses

Unter welchen Voraussetzungen ein Prozesskostenvorschuss zurückzuzahlen ist, ist gesetzlich nicht geregelt. Der Rückzahlungsanspruch wird als **familienrechtlicher Anspruch eigener Art** angesehen, der sich aus unterhaltsrechtlichen Vorschriften herleitet. Die dem Familien- und Trennungsunterhalt zugrunde liegenden Rechtsgedanken und der Vorschusscharakter der Leistung sind zu berücksichtigen.[1293] Die Rechtsnatur des Rückzahlungsanspruches bewirkt, dass die §§ 814, 818 und auch § 1360b BGB nicht anwendbar sind.[1294]

587

Hinweis
Ein Anspruch auf Rückzahlung des Prozesskostenvorschusses besteht nur dann, wenn sich die **wirtschaftlichen Verhältnisse** des Empfängers, z.B. nach Durchführung eines Zugewinnausgleichsverfahrens, wesentlich gebessert[1295] haben oder die Rückzahlung aus anderen Gründen der Billigkeit entspricht.[1296]

Hieraus resultiert, dass eine Verurteilung des Empfängers der Vorschussleistungen zur **Kostentragung im Unterhaltsprozess** allein nicht geeignet ist, die Rückzahlungspflicht auszulösen.[1297]

Jedoch kann ein Billigkeitsgrund, der eine Rückzahlungsverpflichtung bewirkt, auch dann vorliegen, wenn sich nachträglich herausstellt, dass die Voraussetzungen für den Prozesskostenvorschuss nicht gegeben waren.[1298] Dass der Empfänger bei Erlass der einstweiligen Anordnung bzw. bei Erhalt der Vorschussleistungen gutgläubig war, hindert eine Rückzahlungsverpflichtung allerdings nicht.[1299]

1292 Hierzu vgl. soeben § 2 Rn 585.
1293 BGH FamRZ 1971, 360; 1985, 802; 1990, 491.
1294 BGH FamRZ 1990, 491.
1295 *Palandt – Brudermüller*, § 1360a Rn 20; OLG Saarbrücken NJW-RR 1987, 522; OLG Hamm FamRZ 1992, 672.
1296 BGH FamRZ 1971, 360; FamRZ 1985, 802; 1990, 491; m. Anm. *Olzen*, JR 1991, 27.
1297 BGH FamRZ 1985, 802.
1298 BGH FamRZ 1990, 491; OLG Frankfurt FamRZ 1993, 1465; *Zöller – Philippi*, § 621f Rn 19; *Palandt – Brudermüller*, § 1360a Rn 20.
1299 BGH FamRZ 1990, 491.

13. Die Gewährung von Prozesskostenhilfe

588 Ein bestehender Prozesskostenvorschussanspruch ist im Rahmen eines PKH-Verfahrens zu berücksichtigen. Ein Anspruch auf Prozesskostenvorschuss wird dem Vermögen zugerechnet.[1300] Somit scheidet die Gewährung von Prozesskostenhilfe aus, soweit Prozesskostenvorschuss erlangt werden kann. Voraussetzung für diese Subsidiarität ist jedoch, dass der Anspruch auf Prozesskostenvorschuss auch zeitnah durchsetzbar ist.[1301]
In diesem Zusammenhang muss noch weiter differenziert werden.

589 Soweit es um das **einstweilige Anordnungsverfahren** auf Gewährung von Prozesskostenvorschuss selbst geht und der Antragsteller nicht über hinreichende Mittel zur Bestreitung dieses Verfahrens verfügt, ist ihm Prozesskostenhilfe für das einstweilige Anordnungsverfahren zu gewähren. Gegebenenfalls ist hierbei Ratenzahlung anzuordnen bzw. Prozesskostenhilfe zu bewilligen mit der Maßgabe, dass die vom Vorschusspflichtigen gezahlten Vorschussleistungen an die Staatskasse abzuführen sind.[1302]

590 Soweit Prozesskostenhilfe begehrt wird für das **Hauptverfahren** auf Unterhalt, ist ebenfalls die Subsidiarität der Prozesskostenhilfe gegenüber dem Prozesskostenvorschuss zu beachten. Jedoch gilt es hier weiter zu berücksichtigen, dass die einstweilige Anordnung auf Prozesskostenvorschuss bereits beantragt werden kann, sobald ein Antrag auf Gewährung von Prozesskostenhilfe für das Hauptsacheverfahren anhängig ist (§§ 127a Abs. 2 S. 2, 620a Abs. 2 S. 1 ZPO). Besteht nun ein (voraussichtlich durchsetzbarer) Anspruch auf Prozesskostenvorschuss, so darf dieser nicht die Möglichkeit zu besagter Antragstellung von Prozesskostenhilfe nehmen. Ansonsten würde eine durch Gesetz eingeräumte Vorgehensweise (Einreichen eines Antrages auf PKH, um einen Kostenvorschuss zu erlangen) verhindert. Der Unterhaltsberechtigte wäre darauf verwiesen, das Hauptsacheverfahren auf Unterhalt anhängig zu machen, um anschließend den Prozesskostenvorschuss nach § 127a ZPO beantragen zu können. Folglich wären die entsprechenden, vom Prozesskostenvorschussanspruch umfassten Kosten bereits begründet. Wäre der im Wege der einstweiligen Anordnung titulierte Anspruch sodann nicht vollstreckbar oder würde der Prozesskostenvorschussantrag abgewiesen werden, hätte der Unterhaltsberechtigte die bereits begründeten Kosten zu tragen und könnte weiterhin die Vorschussleistungen für das Hauptverfahren (§ 12 Abs. 1 GKG) mangels Leistungsfähigkeit nicht erbringen. Deshalb wird teilweise (m.E. nicht überzeugend) vorgeschlagen, dass man beim Kostenvorschuss sowohl auf Anhängigkeit eines Prozesskostenhilfeverfahrens als auch eines Hauptsacheverfahrens auf Unterhalt verzichten soll.[1303] M.E. wird man es eher genügen lassen müssen, dass der Prozesskostenhilfeantrag

---

1300 *Thomas/Putzo – Reichold,* § 115 Rn 19; *Palandt – Brudermüller,* § 1360a Rn 8; OLG München FamRZ 1994, 1126; OLG Düsseldorf FamRZ 1990, 420; OLG Köln FamRZ 1985, 967.
1301 *Thomas/Putzo – Reichold,* § 115 Rn 19; *Palandt – Brudermüller,* § 1360a Rn 8.
1302 *Gießler/Soyka,* Rn 711, 715.
1303 *Johannsen/Henrich/Sedemund-Treiber,* § 127a Rn 5.

neben dem Antrag nach § 127a ZPO bedingt gestellt wird und dies als Zulässigkeitsvoraussetzung für ein Prozesskostenvorschussanordnungsverfahren genügt.[1304]

III. Die einstweilige Anordnung auf Prozesskostenvorschuss nach § 621f ZPO

1. Anhängigkeit einer Familiensache des § 621 Abs. 1 Nr. 1 bis 3, 6 bis 9, 13 ZPO

Sobald eine Familiensache gemäß § 621 Abs. 1 Nr. 1 bis 3, 6 bis 9, 13 ZPO anhängig ist oder ein hierauf gerichtetes Prozesskostenhilfeverfahren, kann kraft der gesetzlichen Regelung des § 621f ZPO für diesen Rechtsstreit eine einstweilige Anordnung zur Leistung eines Kostenvorschusses erlangt werden.

591

Hier gilt (ebenso wie bei § 127a ZPO), dass sich der Prozesskostenvorschuss ausschließlich auf das betriebene **Hauptverfahren** (und auf im Rahmen dieses Verfahrens ggf. ergehende **einstweilige Anordnungen** nach §§ 621g ZPO, 64b Abs. 3 FGG sowie nach § 621f ZPO selbst)[1305] bezieht.

Das Hauptsacheverfahren muss als isolierte Familiensache geführt werden. Sollte einer der maßgeblichen Regelungsbereiche im Rahmen des Scheidungsverbundes anhängig sein, wäre eine einstweilige Anordnung auf Leistung eines Prozesskostenvorschusses nach § 620 Nr. 10 ZPO zu beantragen.[1306] Unerheblich ist, ob das isolierte Hauptsacheverfahren während eines Scheidungsprozesses betrieben wird; es muss nur (zulässigerweise) als selbstständiges Verfahren geführt werden.[1307] Als **Verfahrensarten**, innerhalb derer die einstweilige Anordnung beantragt werden kann, kommen neben den Erstverfahren auch Abänderungsbegehren (vgl. etwa § 1696 BGB), Wiederaufnahme- oder auch Vollstreckungsverfahren in Betracht.[1308]

2. Die maßgeblichen Familiensachen und deren mögliche Anspruchsteller sowie Anspruchsgegner

Die einstweilige Anordnung nach § 621f ZPO kann nur gegen eine am Hauptsacheverfahren beteiligte Partei erlassen werden und sich nicht gegen Dritte richten.[1309] Soll von diesen

592

1304 *Gießler/Soyka*, Rn 699; vgl. § 2 Rn 560.
1305 Vgl. § 2 Rn 564 f.
1306 Zum Verhältnis des § 621f ZPO zu § 620 Nr. 10 ZPO vgl. § 2 Rn 603.
1307 *Zöller – Philippi*, § 621f Rn 2.
1308 *Gießler/Soyka*, Rn 700.
1309 *Zöller – Philippi*, § 621f Rn 6; a.A. *Thomas/Putzo – Hüßtege*, § 621f Rn 4.

Personen ein Prozesskostenvorschuss begehrt werden, muss der Erlass einer einstweiligen Verfügung beantragt werden.
Im Übrigen ergeben sich Besonderheiten bei den jeweiligen Regelungsmaterien.

a) Elterliche Sorge nach § 621 Abs. 1 Nr. 1 ZPO

593 Als maßgebliche Verfahren kommen solche nach §§ 1671, 1672, 1696, aber auch § 1666 BGB in Betracht, unabhängig davon, ob es sich um eine Übertragung der elterlichen Sorge insgesamt oder nur in Teilbereichen handelt.

Zu beachten ist jedoch, dass § 621f ZPO nur dann den Erlass einer einstweiligen Anordnung zulässt, wenn zwischen den am Verfahren Beteiligten ein entsprechender Kostenvorschussanspruch materiell-rechtlich besteht. Dies bedeutet, dass § 621f ZPO letztlich nicht erfolgreich wird ergriffen werden können, wenn zwischen geschiedenen Ehegatten ein Sorgerechtsverfahren nach Rechtskraft der Scheidung betrieben wird.[1310]

Darüber hinaus kann im Hauptsacheverfahren als Beteiligter ausschließlich ein Dritter auftreten (z.B. das Jugendamt, dem die elterliche Sorge für ein Kind nach § 1666 BGB übertragen worden war[1311] und »gegen« das nun ein Abänderungsantrag nach § 1696 Abs. 2 BGB gerichtet ist). In diesen Fällen scheidet ein Kostenvorschussanspruch gegen das Jugendamt als anderen Verfahrensbeteiligten aus. Soll dennoch für den maßgeblichen Rechtsstreit ein Anspruch gegen **Nichtverfahrensbeteiligte**[1312] realisiert werden, wäre eine einstweilige Verfügung zu beantragen.[1313] Sind jedoch neben dem Jugendamt weitere Beteiligte existent (etwa im vom Jugendamt gegen beide Elternteile betriebenen Verfahren nach § 1666 BGB auf Entzug der elterlichen Sorge), kann ein Elternteil gegen den anderen den Prozesskostenvorschuss nach § 621f BGB geltend machen, selbst wenn er dem anderen Elternteil nicht in der Rolle eines Antragsgegners gegenübersteht.

594 Bei einem Verfahren nach **§ 1672 BGB** ist der Erlass einer einstweiligen Anordnung nach § 621f ZPO möglich, da nach hier vertretener Auffassung § 1615l BGB einen materiellen Anspruch auf Kostenvorschuss beinhaltet.[1314]

b) Regelung des Umgangs mit einem Kind (§ 621 Abs. 1 Nr. 2 ZPO)

595 Da zwischen geschiedenen Ehegatten eine Kostenvorschusspflicht nicht mehr besteht, kommt § 621f ZPO als geeignetes Mittel des einstweiligen Rechtsschutzes nur in Betracht, wenn es um eine **Umgangsregelung eines Elternteils** mit dem Kind zu einem Zeitpunkt geht, in dem die Ehe noch nicht rechtskräftig geschieden ist.

1310 Vgl. § 2 Rn 537.
1311 Es lebt nur noch ein Sorgeberechtigter.
1312 Etwa gegen die Eltern des Antragstellers nach § 1696 Abs. 2 BGB.
1313 *Zöller – Philippi*, § 621f Rn 6; *Gießler/Soyka*, Rn 702; a.A. *Thomas/Putzo – Hüßtege*, § 621f Rn 4.
1314 Vgl. § 2 Rn 545.

Darüber hinaus ist denkbar, dass ein Kind im von ihm selbst betriebenen Verfahren gegen einen Elternteil, der das Umgangsrecht verweigert, eine einstweilige Anordnung nach § 621f ZPO beantragt.[1315] Sollten weitere Personen ein Umgangsrechtsverfahren anhängig machen (vgl. § 1685 BGB), scheidet eine einstweilige Anordnung aus, da es am materiellrechtlichen Anspruch fehlt.

Zum fehlenden Prozesskostenvorschussanspruch der **Großeltern** gegenüber einem Elternteil (dem Kind der Großeltern) wegen eines evtl. Umgangsrechts mit dem Enkelkind vgl. § 2 Rn 544.

c) Kindesherausgabe (§ 621 Abs. 1 Nr. 3 ZPO)

Einstweiliger Rechtsschutz nach § 621f ZPO wird lediglich zwischen (nicht rechtskräftig geschiedenen) Ehegatten gewährt. Das Hauptsacheverfahren stützt sich materiell auf § 1632 Abs. 1, Abs. 3 BGB bzw. das Haager Kindesentführungsgesetz.[1316]

596

d) Regelung zum Versorgungsausgleich (§ 621 Nr. 6 ZPO)

Zu denken ist hier an den **Auskunftsanspruch des § 1587e Abs. 1 BGB**, für den ein Rechtsschutzinteresse unabhängig von den Auskunftsmöglichkeiten des Familiengerichts besteht,[1317] und an den Anspruch auf schuldrechtlichen Versorgungsausgleich nach § 1587f BGB. Insoweit können die für einstweiligen Rechtsschutz erforderlichen Hauptsacheverfahren zwischen den Ehegatten betrieben werden. Im Rahmen eines Verfahrens wegen schuldrechtlichen Versorgungsausgleichs ist jedoch wiederum zu beachten, dass ein Prozesskostenvorschussanspruch zwischen geschiedenen Ehegatten nicht besteht.[1318]

597

e) Regelung der Rechtsverhältnisse an Ehewohnung und Hausrat (§ 621 Abs. 1 Nr. 7 ZPO)

Hier ist zu beachten, dass sich die Antragstellung auf **Hausrats- oder Ehewohnungszuweisung während des Getrenntlebens** beziehen muss, da für Folgesachen § 620 Nr. 10 ZPO greift und eine einstweilige Anordnung nach § 621f ZPO für ein isoliertes Verfahren nach Rechtskraft der Scheidung nicht mehr in Betracht kommt.[1319]

598

Diese Ausführungen gelten entsprechend, soweit sich Lebenspartner um die gemeinsame Wohnung oder den Hausrat streiten (§§ 661 Abs. 1 Nr. 5, 661 Abs. 2 ZPO).[1320]

1315 Zur Frage, ob das Kind selbst einen einklagbaren Anspruch gegen die Eltern auf Umgang mit einem Elternteil hat, vgl. *Oelkers,* § 2 Rn 5 bis 11; *Wohlfahrt,* Bd. 1, § 4 Rn 21, 22 – m.E. bejahen beide zutreffend die (eher theoretische) Möglichkeit der Einklagbarkeit des Umgangsrechts; vgl. auch OLG Köln FamRZ 2001, 1023; OLG Celle MDR 2001, 395; OLG Brandenburg NJW 2004, 3786.
1316 Hierzu vgl. § 14 Rn 26 ff.
1317 *Palandt – Brudermüller,* § 1587e Rn 1.
1318 § 2 Rn 537.
1319 Es fehlt am materiellen Anspruch; vgl. soeben.
1320 *Thomas/Putzo – Hüßtege,* § 661 Rn 19.

§ 2 Einstweiliger Rechtsschutz auf Gewährung von Unterhalt

f) Verfahren wegen güterrechtlicher Ansprüche (§ 621 Abs. 1 Nr. 8 ZPO)

599 Da nach rechtskräftiger Scheidung ein Kostenvorschuss nicht mehr beansprucht werden kann und die im Rahmen des Verbundes geltend gemachte Zugewinnausgleichsforderung nach § 620 Nr. 10 ZPO einer einstweiligen Anordnung auf Prozesskostenvorschuss zugänglich ist, ist der Anwendungsbereich erheblich eingeschränkt. Eine geeignete Rechtsstreitigkeit als Hauptsache ist etwa der **vorzeitige Zugewinnausgleich nach § 1385 BGB** oder auch ein Streit über die Auseinandersetzung des Zugewinns bei Auflösung der Zugewinngemeinschaft kraft Ehevertrages. Soweit sich güterrechtliche Ansprüche gegen Dritte[1321] richten, besteht gegen diese kein im Hauptsacheverfahren realisierbarer Anspruch auf Prozesskostenvorschuss und ist gegen einen Vorschussverpflichteten wiederum die einstweilige Verfügung als Mittel des vorläufigen Rechtsschutzes zu ergreifen.[1322]

g) Verfahren auf Stundung der Zugewinnausgleichsforderung oder Übertragung bestimmter Vermögensgegenstände (§§ 1382, 1383 BGB, § 621 Abs. 1 Nr. 9 ZPO)

600 Einstweiliger Rechtsschutz kommt auch hier nur während der Zeit des Getrenntlebens der Eheleute in einem isolierten Verfahren in Betracht. Soweit die Hauptsache nach § 621 Abs. 1 Nr. 9 ZPO als Folgesache im Verbundverfahren anhängig ist, greift § 620 Nr. 10 ZPO.

h) Maßnahmen nach §§ 1 und 2 des Gewaltschutzgesetzes bei gemeinsamer Haushaltsführung (§ 621 Abs. 1 Nr. 13 ZPO)

601 Im Rahmen der Neuschaffung des GewSchG[1323] war es veranlasst, den einstweiligen Rechtsschutz bezüglich der Durchsetzung eines Prozesskostenvorschusses ausdrücklich zu regeln, soweit die Hauptsacheverfahren sich auf Ansprüche nach §§ 1 und 2 GewSchG gründen. Bereits nach bis zum In-Kraft-Treten des GewSchG geltender Rechtslage wurde es nach (umstrittener) Auffassung als zulässig angesehen, etwa im Falle rechtswidriger Angriffe auf die körperliche Unversehrtheit so genannte Belästigungsverbote zu erlassen, zu deren Realisierung materiell auch ein Anspruch auf Prozesskostenvorschuss zuerkannt wurde. Einstweiliger Rechtsschutz konnte insoweit nach § 620 Nr. 9 ZPO a.F. bzw. nach § 621f Abs. 1 ZPO a.F. i.V.m. § 621 Abs. 1 Nr. 7 ZPO oder auch mit Hilfe einer einstweiligen Verfügung gewährt werden.

Nunmehr findet sich in § 621f Abs. 1 ZPO (n.F.) der **ausdrückliche Hinweis** auf § 621 Abs. 1 Nr. 13 ZPO. Demzufolge ist kraft gesetzlicher Regelung bei Anhängigkeit isolierter Verfahren nach §§ 1, 2 GewSchG die prozessuale Möglichkeit eingeräumt, einen Anspruch auf Prozesskostenvorschuss mit dem benannten Mittel des einstweiligen Rechtsschutzes vorläufig durchzusetzen.

1321 Siehe z.B. die aus §§ 1368, 1428 BGB resultierenden Revokationsansprüche – vgl. § 10 Rn 6.
1322 Vgl. unten § 2 Rn 608.
1323 BGBl 2001 I, 3513.

Voraussetzung ist jedoch, dass die am Hauptsacheverfahren Beteiligten einen **auf Dauer angelegten gemeinsamen Haushalt** führen oder innerhalb von sechs Monaten vor Antragstellung geführt haben.[1324]

3. Das Verhältnis der einstweiligen Anordnung nach § 621f ZPO zu anderen Mitteln des einstweiligen Rechtsschutzes und zu Hauptsacheregelungen

a) Das Verhältnis zu Hauptsacheregelungen

Vgl. § 2 Rn 569 f. Die dortigen Ausführungen gelten hier entsprechend. **602**

b) Das Verhältnis der einstweiligen Anordnung nach § 621f zu anderen Mitteln einstweiligen Rechtsschutzes

Vgl. § 2 Rn 571. **603**

Hervorzuheben ist das Verhältnis des § 621f ZPO zu § 620 Nr. 10 ZPO. Die einstweilige Anordnung, die im Rahmen der Ehesache ergeht, ist geeignet, einen Kostenvorschuss für die Ehesache, die einstweiligen Anordnungen nach § 620 ZPO und die Folgesachen anzuordnen. § 621f ZPO dagegen kommt in Betracht, soweit die dort benannten Familiensachen als **isolierte** Rechtsstreitigkeiten geführt werden, für die Hauptsache selbst, für einstweilige Anordnungen nach §§ 644, 621g ZPO, § 64 Abs. 3 FGG sowie für die einstweilige Anordnung nach § 621f ZPO. Selbst wenn mittlerweile eine Ehesache anhängig ist, ist somit beispielsweise Prozesskostenvorschuss für ein isoliertes Hauptsacheverfahren Hausrat und für eine einstweilige Anordnung gemäß § 621g ZPO nach § 621f ZPO zu entscheiden.

Wird dagegen im Rahmen der Ehesache eine Folgesache Hausrat, aber auch ein Anordnungsverfahren zum Hausrat nach § 620 Nr. 7 ZPO betrieben und soll hierfür ein Kostenvorschuss geleistet werden, wäre die einstweilige Anordnung nach § 620 Nr. 10 ZPO einschlägig.

4. Regelungsbedürfnis, Antragstellung, Ablauf des Verfahrens, Vollstreckung

Hierzu siehe § 2 Rn 573 ff. Die dortigen Ausführungen gelten hier entsprechend. **604**

5. Rechtsbehelfe

§ 621f Abs. 2 S.1 ZPO bestimmt, dass die Entscheidung zum Erlass einer einstweiligen **605** Anordnung unanfechtbar ist. Im Übrigen wird eine entsprechende Anwendung der §§ 620a bis 620g ZPO angeordnet.

1324 Zu den Voraussetzungen vgl. § 6 Rn 93.

Somit kann auf § 2 Rn 582 f. verwiesen werden. Die dortigen Ausführungen gelten entsprechend.

Auch die einstweilige Anordnung nach § 621f ZPO kann mit einer Hauptsacheklage, einer negativen Feststellungsklage oder Rückforderungsklage »angegriffen« werden, da bei Eintritt der Rechtskraft dieser Klagen eine anderweitige Hauptsacheregelung vorliegt und die einstweilige Anordnung außer Kraft tritt (§§ 621f Abs. 2 S. 1, 620f Abs. 1 S. 1 Alt. 1 ZPO).

Soweit das zu bevorschussende Hauptsacheverfahren eine FGG-Sache betrifft, kann jedoch eine etwaige negative Feststellungsklage oder Rückforderungsklage nicht im Wege der Widerklage mit diesem Hauptsacheverfahren verbunden werden. Denn § 33 ZPO lässt eine Widerklage nur zu, wenn diese derselben Prozessart folgt wie die Klage.[1325] Bei FGG-Angelegenheiten wird eine zivilprozessuale Klage nicht eingereicht. Das FGG-Verfahren betrifft eine andere Prozessart als das ZPO-Verfahren.

IV. Die einstweilige Anordnung nach § 620 Nr. 10 ZPO

606   Ab Anhängigkeit einer Ehesache oder eines hierauf gerichteten PKH-Antrages kann eine einstweilige Anordnung nach § 620 Nr. 10 ZPO erlassen werden.

Diese umfasst die Gewährung eines Prozesskostenvorschusses für die Ehesache, die Folgesachen und auch für die einstweilige Anordnung nach § 620 ZPO[1326] (einschließlich derjenigen nach § 620 Nr. 10 ZPO)[1327].

Wirkung entfalten kann der Beschluss ausschließlich zwischen den Ehegatten.

Die vorliegenden Ausführungen gelten entsprechend, wenn **Lebenspartner** ein Verfahren nach § 661 Abs. 1 Nr. 1 bis 3 ZPO betreiben (§ 661 Abs. 2 ZPO)[1328].

Wegen des Verfahrensablaufes und der Rechtsbehelfe wird verwiesen auf § 2 Rn 92 ff. Die dortigen Ausführungen gelten hier entsprechend.

Das Verhältnis zu sonstigen Maßnahmen einstweiligen Rechtsschutzes ist dargestellt bei § 2 Rn 603.

V. Die einstweilige Anordnung nach § 641d ZPO

607   Insoweit wird auf oben § 2 Rn 319 ff. verwiesen.

1325 *Thomas/Putzo – Hüßtege*, § 33 Rn 27.
1326 BGH FamRZ 1981, 759; *Zöller – Philippi*, § 620 Rn 81.
1327 Also kann Kostenvorschuss verlangt werden für die einstweilige Anordnung auf Kostenvorschuss.
1328 *Wohlfahrt*, Band 1, § 1 Rn 8.

VI. Die einstweilige Verfügung auf Zahlung eines Prozesskostenvorschusses

Soweit mit Hilfe einer einstweiligen Anordnung die Leistung eines Prozesskostenvorschusses erlangt werden kann, ist der Erlass einer Leistungsverfügung subsidiär.[1329] Es sind jedoch Fallkonstellationen denkbar, bei denen mit Hilfe einer ausdrücklich gesetzlich geregelten einstweiligen Anordnung ein Prozesskostenvorschuss im summarischen Verfahren nicht zu erlangen ist.

608

Eine Unterscheidung, ob eine familienrechtliche oder eine nicht familienrechtliche Streitigkeit als Hauptsacheverfahren vorliegt, für das ein Prozesskostenvorschuss verlangt wird, ist nicht generell geeignet, zu entscheiden, ob die einstweilige Verfügung oder eine einstweilige Anordnung zu beantragen ist. Denn zum einen gewährt § 127a ZPO auch für Nichtfamiliensachen (z.b. für ausschließlich vertraglich vereinbarten Unterhalt) die Möglichkeit, im Wege der einstweiligen Anordnung vorzugehen. Zum anderen sind familienrechtliche Streitigkeiten denkbar, bei denen zwar ein Prozesskostenvorschussanspruch besteht, dieser aber nicht mit im Gesetz ausdrücklich zur Verfügung gestellten einstweiligen Anordnungen geltend gemacht werden kann, sondern auf die einstweilige Verfügung zurückgegriffen werden muss. Es ist somit vielmehr zu prüfen, ob eine **einstweilige Anordnung** als Mittel des einstweiligen Rechtsschutzes zur Verfügung steht. Ist dies nicht der Fall, ist der Anwendungsbereich der einstweiligen Verfügung eröffnet. Dies entspricht dem Wesen der Subsidiarität.

609

Die einstweilige Verfügung kommt dementsprechend zur vorläufigen Finanzierung der meisten[1330] Nichtfamiliensachen (z.B. Strafverfahren eines Ehegatten – vgl. § 1360a Abs. 4 S. 2 BGB; Arbeitsgerichtsverfahren wegen Kündigung;[1331] Sozialgerichtsverfahren wegen Rentenzahlung)[1332] zur Anwendung.

Familiensachen, für die ein Prozesskostenvorschuss im Wege der einstweiligen Verfügung erlangt werden kann, sind vor allem solche Streitigkeiten, bei denen sich der Prozessgegner oder weitere Beteiligte im Hauptsacheverfahren nicht mit dem Anspruchsgegner des Prozesskostenvorschusses decken.[1333] Dies ist beispielsweise dann der Fall, wenn ein Verfahren nach § 1666 BGB geführt wird und der Elternteil, dem die elterliche Sorge (teilweise) entzogen werden soll, einen Anspruch gegen seinen Ehegatten geltend macht, der nicht Elternteil des Kindes ist. Dann wäre eine einstweilige Verfügung gegen den Vorschusspflichtigen zu beantragen.

610

1329 *Zöller – Philippi,* § 621f Rn 2; OLG Düsseldorf FamRZ 1999, 1215; hierzu und zur abweichenden Auffassung vgl. auch § 2 Rn 615.
1330 Aber eben nicht bei allen – vgl. § 127a ZPO.
1331 § 2 Rn 548.
1332 § 2 Rn 548.
1333 Vgl. oben § 2 Rn 563 und § 2 Rn 592.

§ 2 Einstweiliger Rechtsschutz auf Gewährung von Unterhalt

611 **Anwendungsbeispiele** der einstweiligen Verfügung auf Prozesskostenvorschuss:
- Anspruch des Vaters des nichtehelichen Kindes gegen die Mutter nach § 1615l Abs. 4 BGB[1334]
- Anspruch wegen beabsichtigter Prozessführung in einem Verwaltungs- oder Arbeitsgerichtsprozess oder einem drohenden Strafprozess
Besteht ein materieller Anspruch auf Prozesskostenvorschuss, kann dieser nur in einem gesonderten Verfahren geltend gemacht werden. Würde der Anspruchsteller einen Hauptsacheprozess tatsächlich anstreben, um den Anspruch zu realisieren, so könnte dort zwar (ebenfalls) ein Kostenvorschuss im einstweiligen Rechtsschutz geltend gemacht werden, dieser bezöge sich jedoch gemäß § 127a ZPO[1335] nur auf diesen Hauptsacheprozess und nicht auf den Verwaltungsgerichtsprozess etc. Allerdings könnte man bei strenger Anwendung des Grundsatzes, wonach eine einstweilige Verfügung grundsätzlich nicht in Betracht kommt, sobald eine einstweilige Anordnung erwirkt werden kann,[1336] zu dem Ergebnis gelangen, eine einstweilige Verfügung komme vorliegend nicht in Betracht. Denn es sei dem Anspruchsteller zuzumuten, eine Hauptsacheklage auf Gewährung von Prozesskostenvorschuss gegen den nicht am Prozess beteiligten Verpflichteten zumindest anhängig zu machen (oder einen Prozesskostenhilfe-Antrag einzureichen) und sogleich einen Antrag nach § 644 ZPO[1337] auf einstweilige Gewährung des als Hauptsache geltend gemachten Anspruchs zu stellen; eine Vorgehensweise, die m.E. noch nicht praktiziert wurde und wegen des besonderen Charakters des Prozesskostenvorschusses m.E. auch nicht praktiziert werden sollte.[1338]
- Anspruch gegen eine nicht am Unterhaltsprozess beteiligte Person
Mit Hilfe des § 127a ZPO kann nur gegen den am Unterhaltsprozess Beteiligten vorgegangen werden. Dessen Einkommensverhältnisse können sehr wohl derart gestaltet sein, dass er trotz bestehender Unterhaltsverpflichtung nicht zur Leistung eines Prozesskostenvorschusses verpflichtet ist. Existiert dann eine weitere Person, die leistungsfähig ist in diesem Sinne, kann gegen diese zur Leistung eines Vorschusses für den Unterhaltsprozess nur die einstweilige Verfügung als Mittel des einstweiligen Rechtsschutzes ergriffen werden.
- Anspruch gegen eine nicht an einem Hauptsacheverfahren i.S.v. § 621f ZPO beteiligte Person
Als Beispiel kann ein nach rechtskräftiger Scheidung geführter Prozess wegen Zugewinnausgleich angeführt werden. Gegen den geschiedenen Ehegatten besteht kein Anspruch mehr. Hat der Zugewinnausgleichsberechtigte erneut geheiratet, kann ein Pro-

---

[1334] § 2 Rn 502.
[1335] Vorausgesetzt wird, dass der Prozesskostenvorschussanspruch dem Unterhaltsrecht entspringt.
[1336] Vgl. § 2 Rn 426.
[1337] § 644 ZPO erfasst jegliche Art von Unterhalt, auch Sonderbedarf etc. – vgl. § 2 Rn 267; der Anspruch auf Prozesskostenvorschuss entspringt dem Unterhaltsrecht.
[1338] Vgl. § 2 Rn 570; eine Kostenersparnis träte bei einer solchen Vorgehensweise – jedenfalls bei Durchführung des Hauptsacheverfahrens – gewiss nicht ein.

zesskostenvorschussanspruch gegen den neuen Ehegatten bestehen. Dieser ist nur im Wege der einstweiligen Verfügung vorläufig realisierbar.

■ Anspruch gegen Vorschussverpflichteten wegen sogenannter Revokationsansprüche
Diese Ansprüche (§§ 1368, 1428 BGB) richten sich gegen Dritte, gegen die ein Prozesskostenvorschuss nicht geltend gemacht werden kann. Gegen den Vorschussverpflichteten kann nur eine einstweilige Verfügung erlassen werden. Würde ein Hauptsacheprozess angestrebt, ergäbe sich dieselbe rechtliche Situation wie bei obigem Beispiel zum Arbeitsgerichtsprozess.

1. Abhängigkeit vom Hauptsacheverfahren

Die Leistungsverfügung stellt ein **verfahrensselbstständiges Mittel** des vorläufigen Rechtsschutzes dar. Ein entsprechender Antrag ist somit nicht davon abhängig, dass ein Hauptsacheverfahren auf Leistung eines Prozesskostenvorschusses anhängig ist. Wegen der Möglichkeit der Anordnung einer Frist zur Erhebung einer Hauptsacheklage vgl. § 2 Rn 471.

612

2. Inhalt der einstweiligen Verfügung

Ebenso wie die gesetzlich geregelten einstweiligen Anordnungen zur Erlangung eines Prozesskostenvorschusses ist die einstweilige Verfügung geeignet, die zur Durchführung des Rechtsstreits notwendigen **Gerichts- und Anwaltskosten** sowie gegebenenfalls auch **Kosten der Partei**[1339] zuzusprechen.

Der Höhe nach weist diese Leistungsverfügung somit gegenüber der einstweiligen Anordnung keine Unterschiede auf. Die »Notlage«, die hier beseitigt werden soll, besteht gerade in der fehlenden Möglichkeit, die erforderlichen Prozesskosten zu bestreiten.

Bei eingeschränkter Leistungsfähigkeit des Verpflichteten ist auch hier an die Anordnung einer **Ratenzahlung** zu denken.[1340]

613

3. Verhältnis der einstweiligen Verfügung zu anderen Mitteln einstweiligen Rechtsschutzes und zu Hauptsacheverfahren

a) Das Verhältnis der einstweiligen Verfügung zu Hauptsacheverfahren

Das Vorliegen einer Hauptsacheregelung hindert den Erlass einer einstweiligen Verfügung zum selben Regelungsbereich, da ein Verfahrenshindernis besteht.[1341]

614

1339 Vgl. § 2 Rn 565.
1340 Vgl. § 2 Rn 554.
1341 § 2 Rn 422.

§ 2 Einstweiliger Rechtsschutz auf Gewährung von Unterhalt

Liegt eine derartige Hauptsacheentscheidung jedoch nicht vor, kann der Antragsteller wegen der jeweils unterschiedlichen Ziele des einstweiligen Rechtsschutzes und der Hauptsacheverfahren nicht auf Letztere verwiesen werden.

b) Das Verhältnis der einstweiligen Verfügung zu anderen Mitteln des einstweiligen Rechtsschutzes

615 Die einstweilige Verfügung ist gegenüber einer einstweiligen Anordnung **subsidiär**.[1342] Dies bedeutet, dass eine einstweilige Verfügung nicht mehr erwirkt werden kann, wenn ein Hauptsacheverfahren anhängig ist, in dem eine einstweilige Anordnung beantragt werden könnte, die denselben Regelungsinhalt wie die einstweilige Verfügung hat.

Darüber hinausgehend ist jedoch der Erlass einer einstweiligen Verfügung auf Prozesskostenvorschuss bereits unzulässig, wenn ein Hauptsacheverfahren **anhängig gemacht werden kann**, mit dessen Hilfe die entsprechende einstweilige Anordnung begehrt werden könnte. Es fehlt das für die einstweilige Verfügung erforderliche Rechtsschutzbedürfnis.[1343]

4. Verfügungsgrund

616 Ein Verfügungsgrund besteht nur dann, wenn der Antragsteller die notwendigen Mittel für die Prozessführung aus seinen eigenen Einkünften oder seinem verwertbaren Vermögen nicht bestreiten kann, ohne seinen **notwendigen Selbstbehalt** anzutasten.[1344] Hier werden somit strengere Voraussetzungen als bei einer einstweiligen Anordnung auf Prozesskostenvorschuss aufgestellt, bei der es auf den angemessenen Selbstbehalt ankommt.[1345] Dies beruht darauf, dass die Leistungsverfügung nur dann in Betracht zu ziehen ist, wenn es um die Beseitigung einer Notlage geht.

Eine mögliche Gewährung von **Prozesskostenhilfe** lässt den Verfügungsgrund jedoch angesichts der Subsidiarität der Prozesskostenhilfe nicht entfallen.

1342 Vgl. § 2 Rn 572 und Rn 606.
1343 *Zöller – Philippi*, § 620 Rn 30; § 641f Rn 2; MK (ZPO) – *Finger*, § 620 Rn 93; § 621f Rn 16; OLG Oldenburg FamRZ 1978, 526; OLG Düsseldorf FamRZ 1999, 1215; OLG Hamm NJW 1978, 2515; a.A. OLG Düsseldorf FamRZ 1978, 526; OLG Karlsruhe FamRZ 1981, 982; *Knops*, NJW 1993, 1237, 1242 – die allesamt darauf abstellen, dass es dem Vorschussgläubiger nicht zuzumuten sei, das Hauptsacheverfahren anhängig zu machen, bevor die Kostenfrage geregelt ist. Dem muss entgegengehalten werden, dass das Hauptsacheverfahren nur anhängig (nicht rechtshängig) gemacht zu werden braucht bzw. es sogar genügt, dass ein entsprechender PKH-Antrag eingereicht wird.
1344 *Gießler/Soyka*, Rn 760.
1345 Vgl. § 2 Rn 550.

5. Antragstellung

a) Inhalt

Der Antrag muss **schriftlich** oder zu **Protokoll der Geschäftsstelle** gestellt werden und hinreichend **bestimmt** sein im Sinne von § 253 Abs. 2 Nr. 2 ZPO. Somit ist ein konkret bezifferter Betrag anzugeben. **617**

Anwaltszwang besteht nur in der mündlichen Verhandlung vor dem Oberlandesgericht.[1346]

b) Darlegungslast und Glaubhaftmachung

Die Anspruchsvoraussetzungen sind gem. §§ 936, 920 Abs. 2, 294 ZPO glaubhaft zu machen. **618**

Dieses Erfordernis bezieht sich auf:
- die Verfahrensvoraussetzungen wie die Vertretungsbefugnisse, die Umstände, aus denen sich die Zuständigkeit des Gerichts ergibt, den Verfügungsgrund
- die materiellen Voraussetzungen des Anspruchs auf Leistung von Prozesskostenvorschuss
- die Umstände, die die Höhe des Prozesskostenvorschussanspruchs bedingen.

c) Zuständiges Gericht

Die Zuständigkeit des Gerichts ist in §§ 937 Abs. 1, 943 Abs. 1 ZPO geregelt. Somit ist auf das **Gericht der Hauptsache** abzustellen, d.h. auf das Gericht, bei dem die Klage auf Zahlung eines Prozesskostenvorschusses einzureichen wäre.[1347] **619**

Für die hier maßgeblichen familienrechtlichen Streitigkeiten ist das **Familiengericht ausschließlich** zuständig (§ 621 Abs. 1 Nr. 4, Nr. 5, Nr. 11 ZPO).

Da der Anspruch auf Leistung eines Prozesskostenvorschusses sich aus dem Unterhaltsrecht herleitet,[1348] ist bezüglich der örtlichen Zuständigkeit auf unterhaltsrechtliche Regelungen abzustellen (z.B. auf § 642 Abs. 1 ZPO). Im Falle der Anhängigkeit einer Ehesache ist die ausschließliche örtliche Zuständigkeit des Gerichts der Ehesache nach § 621 Abs. 2 S. 1 ZPO zu beachten, soweit der Prozesskostenvorschuss zwischen den Ehegatten oder von einem der Ehegatten an das gemeinsame Kind geleistet werden soll.[1349]

1346 Vgl. § 2 Rn 574.
1347 *Gießler/Soyka*, Rn 728; a.A. *Soergel-Häberle*, § 1610 Rn 13; *Soergel-Lange*, § 1360a Rn 29, die auf die Zuständigkeit des Verfahrens abstellen, für das der Prozesskostenvorschuss begehrt wird.
1348 Vgl. oben § 2 Rn 537 ff.
1349 *Gießler/Soyka*, Rn 728.

6. Ablauf des Verfahrens

620 Vgl. § 2 Rn 458 ff.

Ergänzend ist darauf hinzuweisen, dass regelmäßig eine mündliche Verhandlung durchzuführen ist und ein dringender Fall, der es ermöglicht, von einer solchen abzusehen (§ 937 Abs. 2 ZPO) in aller Regel nur dann angenommen werden kann, wenn das Verfahren, für das der Prozesskostenvorschuss begehrt wird, selbst eilbedürftig ist.[1350]

7. Beendigung des Verfahrens durch Vergleich, Entscheidung, Rechtsbehelfe

621 Hierzu vgl. § 2 Rn 466 ff. Die dortigen Ausführungen gelten hier entsprechend.

8. Rückzahlung des Prozesskostenvorschusses

622 War die Anordnung der einstweiligen Verfügung von Anfang an ungerechtfertigt, etwa weil die glaubhaft gemachten Einkommensverhältnisse den tatsächlichen Verhältnissen nicht entsprechen, oder erfolgt eine Aufhebung der einstweiligen Verfügung nach § 926 Abs. 2 ZPO, greift auch hier eine verschuldensunabhängige Schadensersatzpflicht desjenigen ein, der die einstweilige Verfügung erwirkt hat (§ 945 ZPO). Hieran ändert auch der Umstand nichts, dass ein geleisteter Prozesskostenvorschuss grundsätzlich nur dann zurückzuzahlen ist, wenn sich die wirtschaftlichen Verhältnisse wesentlich geändert haben.[1351] Denn eine solche Einschränkung ist nur dann gerechtfertigt, wenn die in der einstweiligen Verfügung zugrunde gelegten Umstände sich nicht nachträglich als falsch herausgestellt haben.[1352]

623 Darüber hinaus ist der Vorschussempfänger dann rückerstattungspflichtig, wenn er im Hauptsacheverfahren, für das er den Prozesskostenvorschuss erlangt hat, gegen den Dritten obsiegt.[1353] In diesem Fall steht ihm ein Kostenerstattungsanspruch gegen den Dritten zu. Würde er diesen realisieren und zusätzlich den Kostenvorschuss behalten dürfen, hätte er die entsprechenden Kosten doppelt vereinnahmt.

Anderes muss selbstverständlich gelten, wenn der gegen den Dritten geführte Prozess nicht zu einem Kostenerstattungsanspruch führt, da er FGG-Regeln folgt und § 13a FGG Anwendung findet. Dies kann z.B. der Fall sein, wenn ein Ehegatte gegen den anderen Ehegatten einen Prozesskostenvorschuss erfolgreich geltend macht für einen Rechtsstreit, den der Vor-

---

1350 Wie z.B. ein Verfügungsverfahren gegen Dritte oder gegen den Ehegatten zum Schutz des räumlich-gegenständlichen Bereichs der Ehe.
1351 Vgl. oben § 2 Rn 587.
1352 Vgl. *Palandt – Brudermüller,* § 1360a Rn 20: »ein zu Recht bezahlter Prozesskostenvorschuss ist nur dann zurückzuzahlen ...«.
1353 *Palandt – Brudermüller,* § 1360a Rn 20.

schussberechtigte mit einem früheren Ehegatten über das Umgangsrecht eines aus dieser früheren Ehe stammenden Kindes.

9. Prozesskostenhilfe

Für das einstweilige Verfügungsverfahren auf Leistung eines Prozesskostenvorschusses kann Prozesskostenhilfe in Anspruch genommen werden, wenn die Voraussetzungen der §§ 114 ff. ZPO im Übrigen erfüllt sind. 624

§3 Einstweiliger Rechtsschutz zu elterlicher Sorge, Umgangsrecht, Herausgabe des Kindes

A. Allgemeines

Im Bereich des einstweiligen Rechtsschutzes zur elterlichen Sorge, zum Umgangsrecht und zur Herausgabe des Kindes haben sich mit Wirkung zum 1.1.2002 wesentliche Änderungen ergeben. Im Rahmen des Gesetzes zur Verbesserung des zivilgerichtlichen Schutzes bei Gewalttaten und Nachstellungen sowie zur Erleichterung der Überlassung der Ehewohnung bei Trennung (**Gewaltschutzgesetz**)[1] hat der Gesetzgeber nunmehr eine ausdrückliche Regelung in § 621g ZPO statuiert, die eine Erfassung des einstweiligen Rechtsschutzes im familienrechtlichen FGG-Bereich erleichtert: Die bis dahin bestehenden Unterschiede im gesamten Verfahrensablauf, die sich aus der Anwendung der einstweiligen Anordnung nach § 620 ZPO einerseits und der vorläufigen Anordnung nach dem FGG bei isolierten Verfahren andererseits ergaben, wurden weitgehend beseitigt. Denn § 621g S. 2 ZPO nimmt Bezug auf die §§ 620a–620g ZPO, die entsprechend anwendbar sind.

1

Dennoch bestehen weiterhin Abgrenzungsfragen, die zu lösen sind, um das konkret zu wählende **Mittel des einstweiligen Rechtsschutzes** bestimmen zu können.

So ist danach zu unterscheiden, in welchem Verhältnis die Beteiligten zueinander stehen (Eltern, Großeltern, nichteheliche Lebensgefährten, eingetragene Lebenspartner), ob es sich um eheliche oder nichteheliche Kinder handelt und ob eine Ehesache bereits anhängig ist oder nicht.

Trotz der Neuschaffung des § 621g ZPO bleibt die vorläufige Anordnung weiterhin maßgebliches Mittel für vorläufige Maßnahmen, die **von Amts wegen** erlassen werden,[2] so dass nach wie vor eine Kenntnis der rechtlichen Grundlagen dieses Rechtsinstituts und des Verfahrensablaufs erforderlich ist.

Zur schnellen Orientierung dient wiederum die folgende **Übersicht**, mit der ein Überblick über die zu treffende Wahl des maßgeblichen Mittels des einstweiligen Rechtsschutzes verschafft werden soll. Detailfragen müssen den Textausführungen entnommen werden.

2

---

1 BGBl 2001 I, 3513.
2 Vgl. § 3 Rn 193 ff.; str.

§ 3 Elterliche Sorge, Umgangsrecht, Herausgabeanspruch

Übersicht über die Maßnahmen einstweiligen Rechtsschutzes zu elterlicher Sorge, Umgangsrecht, Herausgabe des Kindes

Streit der Ehegatten über elterliche Sorge bei gemeinschaftlichem Kind; ebenso Lebenspartner nach Stiefkindadoption	bei Anhängigkeit einer Ehesache/Lebenspartnerschaftssache (§ 661 Abs. 1 Nr. 1–3 ZPO) § 3 Rn 6	§ 620 Nr. 1–3 ZPO wahlweise (str.) § 621g ZPO	zum Streit vgl. § 3 Rn 32
	ohne Anhängigkeit einer Ehesache/Lebenspartnerschaftssache § 3 Rn 137	§ 621g ZPO	
elterliche Sorge im Übrigen	§ 3 Rn 137	§ 621g ZPO	
Streit der Ehegatten über Umgangsrecht mit gemeinschaftlichem Kind; ebenso Lebenspartner nach Stiefkindadoption	bei Anhängigkeit einer Ehesache/Lebenspartnerschaftssache (§ 661 Abs. 1 Nr. 1–3 ZPO) § 3 Rn 19	§ 620 Nr. 1–3 ZPO wahlweise (str.) § 621g ZPO	zum Streit vgl. § 3 Rn 32
	ohne Anhängigkeit einer Ehesache/Lebenspartnerschaftssache § 3 Rn 147 ff	§ 621g ZPO	
Umgangsrecht im Übrigen	§ 3 Rn 147 ff	§ 621g ZPO	
Streit der Ehegatten über Herausgabe bei gemeinschaftlichem Kind; ebenso Lebenspartner nach Stiefkindadoption	bei Anhängigkeit einer Ehesache/Lebenspartnerschaftssache (§ 661 Abs. 1 Nr. 1–3 ZPO) § 3 Rn 24	§ 620 Nr. 1–3 ZPO wahlweise (str.) § 621g ZPO	zum Streit vgl. § 3 Rn 32
	ohne Anhängigkeit einer Ehesache/Lebenspartnerschaftssache § 3 Rn 153 ff	§ 621g ZPO	
Herausgabe nach dem HkiEntÜ	§ 14 Rn 26 ff	§ 15 IntFamRVG, § 621g ZPO	
Herausgabe im Übrigen	§ 3 Rn 153 ff	§ 621g ZPO	
Eingriffe von Amts wegen	§ 3 Rn 193 ff	vorläufige Anordnung (str.)	zum Streit vgl. § 3 Rn 195

B. Die einstweilige Anordnung zu elterlicher Sorge, Umgangsrecht und Herausgabe des Kindes nach § 620 Nr. 1, 2, 3 ZPO

I. Anhängigkeit der Ehesache

Die einstweilige Anordnung nach § 620 ZPO ist als **verfahrensunselbstständiges Mittel**[3] des vorläufigen Rechtsschutzes konzipiert und somit gemäß § 620a Abs. 2 S. 1 ZPO erst ab **Anhängigkeit einer Ehesache**[4] zulässig. Ebenso ist ausreichend, dass ein Antrag auf Bewilligung von Prozesskostenhilfe für das Eheverfahren gestellt ist.

Wegen der Einzelheiten vgl. § 2 Rn 4 ff.

Zur Frage, ob während der Anhängigkeit der Ehesache ein Wahlrecht zwischen einem Antrag nach § 620 Nr. 1 bis 3 ZPO oder nach § 621g ZPO n. F. besteht, ist auf § 2 Rn 277 ff. und auf § 3 Rn 32 f. zu verweisen.

Eine Anwendung der §§ 620 Nr. 1 bis 3 ZPO kommt bei Aufhebung einer **eingetragenen Lebenspartnerschaft** nur eingeschränkt in Betracht. Die Regelung des § 661 Abs. 2 ZPO bewirkt eine entsprechende Anwendung der Verfahrensnormen des Eherechts, wenn die zu regelnden Lebenspartnerschaftssachen und Familiensachen gleich geartet sind.[5] Diese Voraussetzungen sind erfüllt, wenn ein Lebenspartner eine sogenannte Stiefkindadoption erwirkt, also das Kind des Lebenspartners adoptiert hat, und demzufolge als Elternteil des Kindes anzusehen ist (§ 9 Abs. 7 LPartG, § 1754 Abs. 1, 3 BGB). Eine gemeinsame Adoption eines Kindes Dritter durch eingetragene Lebenspartner ist dagegen nach wie vor nicht vorgesehen.

II. Inhalte der einstweiligen Anordnungen nach § 620 Nr. 1 bis 3 ZPO

Wie bei den sonstigen Regelungsbereichen des § 620 ZPO auch, lassen sich bei elterlicher Sorge, Umgangsrecht und Kindesherausgabe die danach zu treffenden Regelungen durch den jeweiligen Wortlaut der Norm eingrenzen. Es sind jedoch darüber hinaus Einschränkungen zu beachten, die sich aus dem Wesen einstweiligen Rechtsschutzes ergeben.

---

3 Zum Begriff s.o. § 1 Rn 4.
4 Der Begriff der Ehesache ist in § 606 Abs. 1 BGB definiert.
5 BT-Drucks. 14/3751, 58.

§ 3 Elterliche Sorge, Umgangsrecht, Herausgabeanspruch

1. Die einstweilige Anordnung nach § 620 Nr. 1 ZPO (elterliche Sorge für ein gemeinschaftliches Kind)

a) Der persönliche Wirkungsbereich

6

Hinweis

Die einstweilige Anordnung zur elterlichen Sorge für ein gemeinschaftliches Kind nach § 620 Nr. 1 ZPO bezieht sich ausschließlich auf die materielle Regelung des § 1671 BGB.

§ 1672 BGB, wonach die elterliche Sorge für ein nichteheliches Kind, die durch die Mutter alleine ausgeübt wird, auf den Vater des Kindes übertragen werden kann, wird nicht erfasst. Ebenso wenig greift § 620 Nr. 1 ZPO bei elterlicher Sorge für ein nichteheliches Kind, für das eine gemeinsame Sorgeerklärung abgegeben wurde, wenn nicht beide Elternteile am Scheidungsverfahren beteiligt sind,[6] also die elterliche Sorge für ein nicht aus der Ehe stammendes Kind betroffen ist. Dies ergibt sich zwar nicht aus dem Wortlaut des § 620 Nr. 1 ZPO allein, lässt sich jedoch dem Gesamtzusammenhang unschwer entnehmen; § 620 ZPO soll eine vorläufige Regelung zwischen **Eheleuten** bewirken, deren Eheverfahren anhängig ist. Eltern nichtehelicher Kinder, die ein Eheverfahren nicht betreiben können, sind auf das isolierte Verfahren in Verbindung mit einer einstweiligen Anordnung nach § 621g ZPO angewiesen.[7]

Im Falle der späteren Heirat der Eltern (nach der Geburt des zunächst nichtehelichen Kindes – § 1626a Abs. 2 Nr. 2 BGB) ist bei Anhängigkeit einer die beiden Elternteile (nunmehr Eheleute) betreffenden Ehesache § 620 Nr. 1 ZPO dagegen fraglos anwendbar.

Nach erfolgter Stiefkindadoption ist eine Anwendbarkeit des § 620 Nr. 1 ZPO bei Lebenspartnern zu bejahen; vgl. § 3 Rn 4.

b) Regelungsinhalt

7
Die materielle Regelung des § 1671 BGB[8] selbst bestimmt mittlerweile, dass bei Trennung der Eltern die elterliche Sorge insgesamt oder Teilbereiche hiervon auf einen Elternteil übertragen werden können. Dementsprechend sind Regelungen etwa zum Aufenthaltsbestimmungsrecht[9] oder zur Vermögenssorge[10] möglich.

---

6 Es ist durchaus rechtlich zulässig, dass die gemeinsame Sorgeerklärung von Personen abgegeben wird, die mit jeweils anderen Personen verheiratet sind; vgl. *Greßmann*, Neues Kindschaftsrecht, Rn 183.
7 S.u. § 3 Rn 137.
8 Anders war die Regelung in § 1672 BGB in der bis zum 30.6.1998 geltenden Fassung getroffen. Danach war nur die Übertragung der elterlichen Sorge insgesamt möglich; im Bereich des § 620 ZPO wurde dennoch nach herrschender Auffassung eine Regelung von Teilbereichen der elterlichen Sorge als zulässig erachtet. Vgl. statt vieler: *Zöller – Philippi*, 20. Auflage, § 620, 43.
9 Vgl. nur OLG Nürnberg MDR 1999, 399.
10 So schon nach § 1671 Abs. 4 S. 2 BGB a.F.

Einer Forderung des BVerfG[11] folgend ist es sogar notwendig, dass das Gericht überprüft, 8
ob nicht eine **mildere Maßnahme** als die Übertragung der gesamten elterlichen Sorge zur
Wahrung des Kindeswohls ausreicht, um eine endgültige Sorgeregelung durch die einstweilige Anordnung nicht vorwegzunehmen.

Eine vollständige Übertragung elterlicher Sorge scheidet somit regelmäßig aus. Denn mit der einstweiligen Anordnung zum Sorgerecht wird eine Weichenstellung vorgenommen, die denjenigen erheblich begünstigt, der die elterliche Sorge oder wesentliche Teile hiervon zur alleinigen Ausübung einstweilen übertragen bekommt. Das im Rahmen einer sich anschließenden Hauptsacheentscheidung (erneut) zu berücksichtigende Kontinuitätsprinzip[12] spricht zugunsten desjenigen, der aufgrund der einstweiligen Anordnung die elterliche Sorge bereits für einen gewissen Zeitraum ausgeübt hat. Die einstweilige Anordnung soll jedoch nur vorläufigen Rechtsschutz gewähren und nicht eine Hauptsacheentscheidung vorwegnehmen. Das Verfahren hat summarischen Charakter. Folglich muss die **Übertragung der gesamten elterlichen Sorge** auf **Ausnahmefälle** beschränkt bleiben und kommt beispielsweise dann in Betracht, wenn ein Elternteil zur Ausübung der elterlichen Sorge völlig ungeeignet ist und/oder sich bereits im Verfahren zum Erlass einer einstweiligen Anordnung hinreichend deutlich abzeichnet, wem die elterliche Sorge im Hauptsacheverfahren (gänzlich) übertragen werden wird.[13]

Wenn schon eine Hauptsacheregelung zur elterlichen Sorge nach § 1671 BGB sich am 9
Prinzip des geringstmöglichen Eingriffs[14] in das durch Art. 6 Abs. 2 GG eingeräumte Grundrecht zu orientieren hat, muss dies erst recht für eine einstweilige Anordnung gelten, die in einem nur summarischen Verfahren erlassen wird, im Ergebnis aber (zumindest für einen vorübergehenden Zeitraum) dieselben Auswirkungen hat wie eine Hauptsacheentscheidung und eine eventuell folgende Hauptsacheentscheidung durch das zu berücksichtigende Kontinuitätsprinzip auch erheblich beeinflusst.

Bei lediglich teilweise erfolgter Übertragung der elterlichen Sorge auf einen Elternteil verbleibt es im Übrigen bei der gemeinsamen Sorge.

c) Teilregelungen

Es ist bei gegenläufiger Antragstellung auch möglich, **Teilbereiche der elterlichen Sorge** 10
dem einen Elternteil, weitere Teilbereiche dem anderen Elternteil[15] zu übertragen und den Rest bei beiden Elternteilen gemeinsam zu belassen. Nach meiner Einschätzung wird eine solche »Aufsplitterung« der elterlichen Sorge nur in Ausnahmefällen sinnvoll sein. Eine zu

---

11 BVerfG FamRZ 1994, 223, 224.
12 Hierzu vgl. *Palandt – Diederichsen*, § 1671 Rn 22.
13 *Gießler/Soyka*, Rn 1054
14 OLG Hamm FamRZ 1999, 393.
15 *Palandt – Diederichsen*, § 1671 Rn 6.

§3 Elterliche Sorge, Umgangsrecht, Herausgabeanspruch

intensiv vorgenommene Übertragung von Einzelteilen elterlicher Sorge (auf verschiedene Elternteile) trägt die Gefahr der fehlenden Klarheit in sich.

11 Als mögliche Teilregelungen kommen völlig unterschiedliche in Betracht. Die folgende Darstellung darf keineswegs als erschöpfende, sondern lediglich als beispielhafte Aufzählung verstanden werden, da die denkbaren Teilbereiche elterlicher Sorge aufgrund der Vielgestaltigkeit der unterschiedlichen Lebensverhältnisse keineswegs abschließend bezeichnet werden können.

Denkbare **Teilregelungen**[16] können betreffen:
- Personensorge
- Vermögenssorge

Teile der Personen-/Vermögenssorge:
- Aufenthaltsbestimmungsrecht
- Sorgerecht mit Ausnahme des Aufenthaltsbestimmungsrechts, das bei beiden gemeinsam verbleibt[17]
- Schulausbildung
- Berufsausbildung
- Gesundheitsfürsorge
- Sorgerecht mit Ausnahme der medizinischen Betreuung; insoweit bleibt es bei gemeinsamer Sorge[18]
- Religionsausübung
- Befugnis zur Bestimmung des Umgangs mit Dritten
- Verwaltung bestimmter Vermögensmassen

12 Auch ist der Erlass von **Einzelanordnungen** – etwa nach § 1628 BGB[19] – im Rahmen einer Entscheidung nach § 620 Nr. 1 ZPO möglich,[20] selbst wenn im Falle eines isolierten Verfahrens die funktionelle Zuständigkeit beim Rechtspfleger läge.[21] Derartige Einzelanordnungen unterscheiden sich von Teilregelungen nach § 1671 BGB dadurch, dass erstere solche sind, die auf konkrete Meinungsunterschiede zwischen den Eltern, die situativ (zu einem Einzelproblem) auftreten, reagieren, während Teilregelungen nach § 1671 BGB dauerhaft wirken sollen.[22]

---

16 *Gießler/Soyka*, Rn 1056 f.; MK (ZPO) – *Finger*, § 620 Rn 15; *Rahm/Künkel/Niepmann*, VI Rn 56; *Palandt – Diederichsen*, § 1671 Rn 4, 5.
17 OLG Hamm FamRZ 1999, 393; die alleinige Sorgeberechtigung des einen Elternteils ließ befürchten, dass dieser das schulpflichtige Kind ins Ausland verbringt.
18 OLG Saarbrücken FamRZ 1996, 561.
19 Vgl. OLG Karlsruhe FamRZ 2005, 1187 (Befugnis, die Ausstellung eines Kinderausweises zu erwirken) zu § 621g ZPO; mit Anmerkung *van Els*, FamRZ 2005, 2076.
20 *van Els*, Rn 112.
21 § 3 Nr. 2a RPflG
22 Vgl. hierzu und zu abweichenden Auffassungen *Palandt – Diederichsen*, § 1628 Rn 2; OLG Zweibrücken FamRZ 2001, 186.

Elterliche Sorge, Umgangsrecht, Herausgabeanspruch §3

Beispielsweise wäre eine Entscheidung über das Aufenthaltsbestimmungsrecht eines Elternteils zur Herbeiführung der Trennung unter Mitnahme der Kinder nach § 1628 BGB, die dauerhafte Regelung des Aufenthaltsbestimmungsrecht dagegen nach § 1671 BGB zu treffen. Entsprechendes gilt etwa für die Durchführung einer ganz bestimmten Operation (§ 1628 BGB) bzw. für die gesamte medizinische Versorgung (§ 1671 BGB).
Auch eine solche Regelung in Einzelfällen kann nach § 620 Nr. 1 ZPO nur zwischen den Eheleuten getroffen werden. Dritte – wie Pflegepersonen – sind davon nicht berührt.[23]

d) Das Umgangsrecht als »dienende« Maßnahme

Wird im Rahmen einer einstweiligen Anordnung eine Sorgerechtsregelung (es genügen auch Teilregelungen wie zum Aufenthaltsbestimmungsrecht) erlassen, besteht die Gefahr, dass eine Entfremdung zwischen dem Kind und dem Elternteil eintritt, dem die elterliche Sorge entzogen wird. Um dies zu verhindern und die endgültige Sorgeregelung offen zu halten, wird es als zulässig erachtet, dass das Gericht in einem solchen Fall auf Antrag (nach § 620 Nr. 2 ZPO), aber auch **von Amts wegen** eine Umgangsregelung trifft, die als solche Bestandteil der Sorgerechtsanordnung ist.[24]

13

Die Kindesherausgabe dagegen wird nicht als derartige dienende Maßnahme anerkannt.[25]

e) Maßnahmen nach § 1666 BGB: Anordnung einer Vormundschaft oder Pflegschaft

Umstritten ist die Frage, ob im Rahmen des § 620 Nr. 1 ZPO eine Übertragung der elterlichen Sorge auf einen Vormund, eine Übertragung von Teilen der elterlichen Sorge auf einen Pfleger oder sonstige Maßnahmen nach § 1666 BGB in Betracht kommen.

14

Hinweis
Weitgehend[26] wird vertreten, dass das Familiengericht im Rahmen der einstweiligen Anordnung nach § 620 Nr. 1 ZPO bei Gefährdung des Kindeswohls Maßnahmen nach §§ 1666, 1666a BGB ergreifen kann, jedenfalls wenn das Verfahren nach § 620 Nr. 1 ZPO überhaupt durch einen Antrag auf Übertragung der elterlichen Sorge eingeleitet worden ist. Das Gericht kann somit entsprechend der materiellen Regelung in §§ 1671 Abs. 3, 1666, 1666a BGB die für das Kindeswohl erforderlichen Schutzmaßnahmen einstweilen regeln und folglich auch die **Anordnung einer Vormundschaft oder Pflegschaft** aussprechen.

---

23 *Gießler/Soyka*, Rn 1057.
24 OLG Zweibrücken FamRZ 1996, 234; OLG Frankfurt/Main FamRZ 1992, 579; OLG Karlsruhe FamRZ 1992, 978.
25 OLG Hamm FamRZ 1992, 337; OLG Zweibrücken FamRZ 1997, 693; 1999, 106; OLG München FamRZ 1996, 1022; a. A. *Gießler/Soyka*, Rn 1072; *Rahm/Künkel/Niepmann*, VI Rn 83.
26 *Musielak – Borth*, § 620 Rn 40; MK (ZPO) – *Finger*, § 620 Rn 17 unter der Voraussetzung, dass ein Antrag eines Elternteiles vorliegt.

§ 3 Elterliche Sorge, Umgangsrecht, Herausgabeanspruch

Die Auswahl des Vormunds bzw. des Pflegers (§ 1697 BGB) kann sodann ebenfalls durch das Familiengericht erfolgen. Begründet wird dies mit der weiteren Gesetzesänderung in § 613 Abs. 1 S. 2 ZPO und der Regelung des § 620b Abs. 1 S. 2 ZPO unter Berücksichtigung des Willens des Gesetzgebers.[27]

§ 613 Abs. 1 S. 2 ZPO bewirkt, dass eine Anhörung der Eltern zur elterlichen Sorge durch den Familienrichter zu erfolgen hat, um das Kindeswohl zu wahren, selbst wenn ein Hauptsacheantrag zur elterlichen Sorge nicht gestellt wurde. Diese Norm weist dem Familienrichter nicht ausschließlich eine »beratende« Funktion zu,[28] sondern soll auch eine Entscheidungsmöglichkeit darüber einräumen, ob bei entsprechenden Hinweisen zur Wahrung des Kindeswohls ein Verfahren von Amts wegen (m.E. gemeint: Hauptsacheverfahren) einzuleiten ist.[29]

15 Die (m.E. zutreffende) ablehnende Auffassung[30] stützt sich auf die Änderung des § 620 ZPO durch das KindRG.[31] Nach § 620 S. 2 ZPO a.F. war der Erlass einer einstweiligen Anordnung zur elterlichen Sorge auch ohne entsprechende Antragstellung möglich. Nach der Neufassung und Streichung dieser Regelung ist stets ein **Antrag** erforderlich, was mit der Regelung in § 1671 BGB korrespondiert.

§ 1671 BGB sieht vor, dass der Antragsteller eine Übertragung der elterlichen Sorge auf sich begehrt. § 1671 Abs. 5 BGB a.F., der nach § 1672 BGB a.F. auch für die Zeit des Getrenntlebens (also für die Zeit, in der einstweilige Anordnungen nach § 620 ZPO bereits greifen) Anwendung fand und eine Übertragung elterlicher Sorge auf einen Vormund oder Pfleger ausdrücklich vorsah, wurde ebenfalls gestrichen.

Eine Übertragung der elterlichen Sorge auf einen Vormund (oder Pfleger) in der Form einer einstweiligen Anordnung scheidet demzufolge aus, selbst wenn das Wohl des Kindes oder sein Vermögen gefährdet wären. Es ist ein **Hauptsacheverfahren** nach §§ 1666, 1666a BGB einzuleiten; dies kann **von Amts wegen** geschehen. Wegen § 623 Abs. 3 S. 1 ZPO wird dieses Verfahren zur Folgesache. Da von Dringlichkeit auszugehen ist, wäre eine Abtrennung nach § 623 Abs. 3 S. 2 ZPO zu erwägen. Im abgetrennten (isolierten) Verfahren ist der **Erlass einer vorläufigen Anordnung**[32] – ebenfalls von Amts wegen – möglich.[33]

---

27 *Musielak – Borth*, § 620 Rn 40.
28 Vgl. *Greßmann*, Rn 462 mit Hinweis auf BT-Drucks. 13/4899, 160.
29 *Greßmann*, Rn 464.
30 *Gießler/Soyka*, Rn 1054 f.; vgl. auch OLG Brandenburg FamRZ 2001, 1230.
31 Gesetz zur Reform des Kindschaftsrechts (Kindschaftsrechtsreformgesetz), BGBl I 1997, 2942.
32 § 3 Rn 193 ff; nach a.A. ist eine einstweilige Anordnung nach § 621g ZPO von Amts wegen zu erlassen.
33 Dies ist m.E. der systematisch korrekte Weg. Besonders zeitraubend ist dies im Übrigen nicht. Es wird eine richterliche Verfügung erforderlich und eine weitere Beschlussfassung zur vorläufigen Anordnung, die andernfalls inhaltlich im Rahmen des § 620 Nr. 1 ZPO vorzunehmen wäre. Wer den Weg über § 620 Nr. 1 ZPO bevorzugt, bewirkt, dass in einem ganz wesentlichen Bereich (Eingriff in das Elternrecht nach § 1666 BGB) eine vorläufige Maßnahme greift, bezüglich derer ein Hauptsacheverfahren nicht anhängig ist. Zumindest sollte dann in Erwägung gezogen werden, auch eine Folgesache nach § 623 Abs. 3 ZPO einzuleiten, um nicht nach erfolgter Scheidung eine vorläufige Anordnung ohne entsprechendes Hauptsacheverfahren wirken zu lassen.

Für zu weit gehend halte ich jedenfalls die Auffassung, die eine einstweilige Anordnung zur 16
elterlichen Sorge bei Gefährdung des Kindeswohls überhaupt ohne jegliche Antragstellung
durch einen Ehegatten zulässt.[34] Dem widerspricht m.E. der klare Wortlaut des § 620 ZPO.
Erfährt der Richter somit beispielsweise im Rahmen der Anhörung nach § 613 Abs. 1 S. 2
ZPO von der Dringlichkeit eines Vorgehens von Amts wegen, ohne dass ein Verfahren nach
§ 620 Nr. 1 ZPO anhängig ist, hat er ein Hauptsacheverfahren einzuleiten, dieses abzutrennen und den Erlass einer vorläufigen Anordnung zu erwägen.[35]

Praxishinweis 17
Aus anwaltlicher Sicht mag dieser Streit zunächst bedeutungslos erscheinen, da die
Frage des Tätigwerdens des Gerichts von Amts wegen sicherlich nicht im Vordergrund
anwaltlicher Beratung stehen wird. Jedoch kann dieser unterschiedlichen Vorgehensweise durchaus Bedeutung zukommen, da das Rechtsbehelfssystem der einstweiligen
Anordnung anders ausgestaltet ist als dasjenige der vorläufigen Anordnung.

f) Pflegschaft zur Durchsetzung des Umgangsrechts

Soweit man sich der Auffassung anschließt, dass im Rahmen des § 620 Nr. 1 ZPO die 18
Anordnung einer Pflegschaft gänzlich ausscheidet, muss dies auch für den Fall gelten, in
dem eine solche der Durchsetzung eines bestehenden Umgangsrechts dienen soll.

Hält man dagegen diese Norm für geeignet Pflegschaften anzuordnen, muss ggf. geprüft
werden, ob im Einzelfall eine derartige Maßnahme in Betracht kommt.

Lässt sich ein Elternteil mit sonstigen Mitteln nicht dazu bewegen, den Umgang des Kindes
mit dem umgangsberechtigten anderen Elternteil zuzulassen, wird nach vielfach vertretener
Auffassung dem Gericht die Möglichkeit eingeräumt, das **Aufenthaltsbestimmungsrecht**
zur **Sicherung des Umgangs** auf einen dritte Person zu übertragen.[36] Da eine solche Maßnahme einen Eingriff in die elterliche Sorge darstellt, kommt er nur unter den strengen Voraussetzungen der §§ 1666, 1666a BGB in Betracht. Die Anordnung der Pflegschaft hat zu
unterbleiben, wenn sie nicht geeignet ist, das Umgangsrecht zu gewährleisten. Bei beharrlicher Weigerung des Elternteils, den Umgang mit dem Kind zu dulden, scheidet sie aus, da
dann letztlich auch nur die Zwangsmaßnahmen nach § 33 FGG ergriffen werden können,[37]
die ohne Anordnung einer Pflegschaft ebenso einzusetzen wären. Die Anordnung der Pfleg-

---

34 Wie hier *Musielak – Borth,* § 620 Rn 33; MK (ZPO) – *Finger,* § 620 Rn 17; anders jedoch *Rahm/Künkel/Niepmann,* VI Rn 16, der unter Hinweis auf BT-Drucks. 13/4899, 119 in den Fällen der Kindeswohlgefährdung ein amtswegiges Tätigwerden nach wie vor für zulässig erachtet und eine völlige Entziehung der elterlichen Sorge im Wege einstweiliger Anordnung (a.a.O. VI Rn 56) sowie eine Bestimmung der Person des Vormunds oder Pflegers durch das Familiengericht selbst nach § 1697 BGB für möglich hält.
35 *Wohlfahrt,* Band 1 § 1 Rn 430.
36 OLG Hamm FamRZ 1992, 466; OLG Frankfurt/Main NJW 2000, 368; *Wohlfahrt,* Band 1 § 4 Rn 15, § 3 Rn 257; kritisch zu einer solchen Vorgehensweise auch *Finke,* FF 2001, 115, 118.
37 *Wohlfahrt,* Band 1 § 4 Rn 15.

schaft ist nur dann eine geeignete Maßnahme, wenn zu erwarten ist, dass sie zur Durchsetzung des Umgangsrechts zumindest beitragen kann.[38]
Jedenfalls im einstweiligen Anordnungsverfahren sollte m.E. von einer solchen Maßnahme abgesehen werden, da die erforderlichen Voraussetzungen in diesem summarischen Verfahren nur schwer darstellbar sind.

2. Die einstweilige Anordnung nach § 620 Nr. 2 ZPO (Umgang eines Elternteils mit dem Kind)

a) Der persönliche Wirkungsbereich

19 *Beachte*
Durch das KindRG wurde das Umgangsrecht umfassend reformiert und der Personenkreis der Umgangsberechtigten erheblich erweitert. Im Rahmen der einstweiligen Anordnung nach § 620 ZPO bleibt dies ohne Bedeutung, da hier ausschließlich die Eltern eines gemeinsamen Kindes zur Antragstellung befugt sind,[39] wozu auch die Lebenspartner nach erfolgter Stiefkindadoption gehören (§ 9 Abs. 7 LPartG, § 1754 Abs. 1, 3 BGB).

Weder kann das Kind selbst das ihm eingeräumte subjektive Recht auf Umgang mit jedem Elternteil nach § 620 Nr. 2 ZPO durchsetzen, noch steht diese Möglichkeit den Umgangsberechtigten aus § 1685 BGB zu. Auch dem sogenannten »Stiefvater« oder der »Stiefmutter« ist eine solche Vorgehensweise verwehrt.[40] In all diesen Fällen ist im vorläufigen Rechtsschutz auf das FGG-Verfahren mit der Möglichkeit des Erlasses einstweiliger Anordnungen nach § 621g ZPO zu verweisen.

20 Darüber hinaus ist es nicht zulässig, den Umgang eines Elternteils mit einem **gemeinschaftlichen** Kind nach § 620 Nr. 2 ZPO zu regeln, wenn dieses unter **Vormundschaft** oder **Pflegschaft** steht oder bei Pflegeeltern untergebracht ist. Dies beruht auf dem Umstand, dass Dritte am Verfahren nicht beteiligt werden können.[41]

b) Regelungsinhalt

21 Als **materielle Rechtsgrundlage** ist bei § 620 Nr. 2 ZPO die Regelung des **§ 1684 BGB** maßgeblich. Das dort angesprochene Umgangsrecht kann sehr unterschiedlich gestaltet sein und von einer Einzelbefugnis bis zu einer allumfassenden Regelung der Umgangszeiten, des Ortes, an dem der Umgang durchgeführt werden darf, und aller weiteren Modalitäten reichen. Sämtliche Regelungen, die in einem Hauptsacheverfahren getroffen werden

---

38 *Oelkers*, § 2 Rn 50, 51; vgl. auch OLG Dresden FamRZ 2002, 1588; OLG Frankfurt FamRZ 2002, 1585.
39 *Gießler/Soyka*, Rn 1088; MK (ZPO) – *Finger*, § 620 Rn 26.
40 Weiter ist die Regelung bezüglich der Verbundentscheidung in der Folgesache Umgang – vgl. § 623 Abs. 2 S. 1 Nr. 2 ZPO.
41 *Gießler/Soyka*, Rn 1088.

Elterliche Sorge, Umgangsrecht, Herausgabeanspruch §3

können, sind auch bei einer einstweiligen Anordnung nach § 620 Nr. 2 ZPO denkbar. Dementsprechend ist auch die Einschränkung des Umgangsrechts und (in einem Extremfall) selbst dessen Ausschluss[42] möglich.

Der Inhalt der Umgangsregelung wird maßgebend bestimmt durch das in der konkreten Situation zu beachtende **Kindeswohl**.[43]

Darüber hinaus ist der Grundsatz der Verhältnismäßigkeit zu beachten. Die Regelungen müssen sich auf das Notwendige beschränken; insbesondere wenn den Eltern das Sorgerecht gemeinsam zusteht, ist das Umgangsrecht in möglichst geringem Umfang einzuschränken.[44]

c) Verschiedene Regelungsbereiche

In aller Regel wird die Umgangsanordnung zum Inhalt[45] haben müssen, in welchen zeitlichen Abständen und für welche Dauer das Umgangsrecht ausgeübt werden darf. Wenn darüber hinaus Streitigkeiten zwischen den Elternteilen über den Ort des Umgangsrechts bestehen,[46] können auch entsprechende Anträge gestellt und Regelungen getroffen werden. Häufig sind auch Anordnungen zum Abholen des Kindes und zum Zurückbringen[47] veranlasst. § 1684 Abs. 3 S. 1 BGB lässt Weisungen zum Umgang mit Dritten[48] zu.

22

Weitere Modalitäten des Umgangs und Einzelanordnungen sind denkbar wie:
- Anordnung, dem Kind eine bestimmte Nahrung (Allergie) oder Medikamente zu verabreichen
- Verbot, das Kind außer Landes zu verbringen;[49] Hinterlegen des Reisepasses[50]
- Anordnung, dass der Umgang nur durchgeführt wird bei Anwesenheit eines mitwirkungsbereiten Dritten[51]
- Gebot, Telefongespräche des Kindes mit dem Umgangsberechtigten zu ermöglichen,[52] Geschenke für das Kind entgegenzunehmen[53]

---

42 *Thomas/Putzo*, § 620 Rn 16; *Musielak – Borth*, § 620 Rn 45; MK (ZPO) – *Finger*, § 620 Rn 27; a.A. *Gießler/Soyka*, Rn 1092; selbstverständlich ist die Intensität des Eingriffs in das Elternrecht zu berücksichtigen, so dass regelmäßig nur eine »Aussetzung« des Umgangs genügen dürfte.
43 *Palandt – Diederichsen*, § 1684 Rn 21 ff.
44 *Johannsen/Henrich/Jaeger*, § 1684 Rn 34.
45 Im Einzelnen vgl. *Palandt – Diederichsen*, § 1684 Rn 15 ff.
46 Beispiel: zunächst nur innerhalb der Wohnung des sorgeberechtigten Elternteils; nur im Inland oder in einem bestimmten Bereich (bei begründeter Gefahr der Entführung).
47 Beispiel: nur durch den umgangsberechtigten Elternteil, nicht durch dessen neuen Lebensgefährten.
48 Beispiel: bei einem noch sehr jungen Kind und noch nicht lange andauernder Trennung das Verbot, den neuen Lebensgefährten mit dem Kind in Kontakt treten zu lassen; vgl. OLG Nürnberg FamRZ 1998, 976.
49 OLG Karlsruhe FamRZ 1996, 424; OLG München FamRZ 1993, 94.
50 OLG München FamRZ 1998, 976; a.A. OLG Karlsruhe FamRZ 1996, 424, das die Anordnung für unzulässig hält; ebenso OLG Brandenburg NJW 2003, 978.
51 Vgl. § 1684 Abs. 4 S. 3 BGB; im Einzelnen *Palandt – Diederichsen*, § 1684 Rn 28, 29.
52 OLG München FamRZ 1998, 976, 977.
53 *Johannsen/Henrich/Jaeger*, § 1684 Rn 9.

| §3 | Elterliche Sorge, Umgangsrecht, Herausgabeanspruch |

23 Eine **Beschränkung** oder sogar ein **Ausschluss des Umgangsrechts** (§ 1684 Abs. 1 S. 1 BGB) stellt einen sehr schwerwiegenden Eingriff in das Elternrecht dar und ist somit nur unter besonderen Umständen[54] möglich. In aller Regel wird es im summarischen Verfahren genügen, den Umgang für eine bestimmte Zeit auszusetzen.[55]
Auch kommt ein so genannter begleiteter (beschützter) Umgang in Betracht (§ 1684 Abs. 4 S. 3 BGB).
Zum Umgangsrecht als »dienender« Maßnahme im Bereich der elterlichen Sorge vgl. § 2 Rn 13.
Zur Anordnung einer Pflegschaft zur Durchsetzung des Umgangsrechts vgl. § 2 Rn 18.

3. Die einstweilige Anordnung nach § 620 Nr. 3 ZPO

a) Der persönliche Wirkungsbereich

24 Der Anwendungsbereich des § 620 Nr. 3 ZPO ist gegenüber der materiellen Norm des § 1632 Abs. 1 BGB eingeschränkt. Danach kann der personensorgeberechtigte Elternteil die Herausgabe des Kindes von jedem verlangen, der es den Eltern oder einem Elternteil vorenthält. § 620 Nr. 3 ZPO dagegen ermöglicht lediglich eine Anordnung, die gegen den anderen Elternteil gerichtet ist – nicht gegen Dritte – zur Herausgabe an den antragstellenden Elternteil – nicht an Dritte.
Weitere Herausgabeverlangen, die nicht von § 620 Nr. 3 ZPO erfasst werden, sind in einem gesonderten FGG-Verfahren mit Hilfe einer einstweiligen Anordnung nach § 621g ZPO geltend zu machen.

b) Regelungsinhalt

25 Der **Antragsteller** nach § 620 Nr. 3 ZPO muss das **Sorgerecht** innehaben (§ 1632 Abs. 1 BGB), unabhängig ob es aufgrund einer Hauptsacheentscheidung oder ebenfalls im vorläufigen Rechtsschutz eingeräumt wurde. Ebenso ist es ausreichend, wenn ihm das **Aufenthaltsbestimmungsrecht**[56] als wesentlicher Teilaspekt der elterlichen Sorge übertragen wurde.
Der andere Elternteil darf als Antragsgegner gerade **nicht Inhaber der elterlichen Sorge** bzw. des **Aufenthaltsbestimmungsrechts** sein. Das herauszugebende Kind muss sich in der **Obhut** des Antragsgegners befinden, wobei jedoch unerheblich ist, ob er diese selbst ausübt oder ausüben lässt.[57]

26 Das Vorenthalten des Kindes muss **widerrechtlich** geschehen.[58]

---

54 Zu den Einzelheiten vgl. *Palandt – Diederichsen*, § 1684 Rn 21 ff.
55 *Gießler/Soyka*, Rn 1092 hält den Ausschluss für gänzlich unzulässig.
56 *Palandt – Diederichsen*, § 1632 Rn 3, § 1631 Rn 8.
57 *Gießler/Soyka*, Rn 1105.
58 *Palandt – Diederichsen*, § 1632 Rn 5.

Elterliche Sorge, Umgangsrecht, Herausgabeanspruch §3

Probleme bereiten vielfach die Fälle, in denen ein Elternteil bei Trennung **vollendete Tatsachen** dadurch schafft, dass er das gemeinsame Kind gegen den Willen des anderen Elternteils mit sich nimmt. Wenn in einem solchen Fall die Eltern noch gemeinsam Inhaber der elterlichen Sorge sind und auch eine Übertragung des Aufenthaltsbestimmungsrechts[59] nicht erfolgt ist, wird teilweise vertreten, dass der zurückbleibende Elternteil in Analogie zum HKiEntÜ[60] unter dem Vorbehalt der Kindeswohlgefährdung[61] einen Anspruch auf Rückführung des Kindes hat.[62]   27

Im Übrigen ist weiter zu erwägen, ob es bei der bloßen Antragstellung auf Rückführung des Kindes bleiben soll oder nicht vielmehr ein Sorgerechtsantrag (bzw. eine Übertragung des Aufenthaltsbestimmungsrechts) nach § 620 Nr. 1 ZPO in Betracht kommt.

Mittlerweile wird durch Teile der Rechtsprechung auch ein Antrag auf Mitteilung des Aufenthaltsortes des Kindes als zulässig erachtet.[63]

Da das Kindeswohl in allen Bereichen elterlicher Sorge, des Umgangsrechts und auch bei der Herausgabe des Kindes zu berücksichtigen ist, kann der Herausgabeanspruch abzulehnen sein, wenn diesem das **Kindeswohl entgegensteht**,[64] wenn er zur Unzeit realisiert werden soll (etwa das Kind krank ist)[65] oder das Herausgabeverlangen gar rechtsmissbräuchlich[66] ist und somit gegen § 1666 BGB verstößt.   28

Nicht erfasst von § 620 Nr. 3 ZPO wird der Herausgabeanspruch zur Durchsetzung des Umgangsrechts. Dieser stellt einen Teil der Vollstreckung der umgangsrechtlichen Regelung dar.[67]   29

III. Das Verhältnis der einstweiligen Anordnungen nach § 620 Nr. 1–3 ZPO zu Hauptsacheverfahren und zu anderen Mitteln des einstweiligen Rechtsschutzes[68]

1. Das Verhältnis einstweiliger Anordnungen zu Hauptsacheverfahren

a) Vor Rechtshängigkeit des Hauptsacheverfahrens[69]

Auch im Sorgerechtsbereich hat der Antragsteller nach h.M. die **Wahl**, ob er einstweiligen Rechtsschutz mit Hilfe der einstweiligen Anordnung nach § 620 ZPO begehrt oder den   30

---

59 Etwa nach § 1628.
60 Abgedruckt und kommentiert bei *Palandt – Heldrich,* Anh zu EGBGB 24 Rn 59 ff.
61 Also ist ein strenger Prüfungsmaßstab anzulegen.
62 *Gutdeutsch/Rieck,* FamRZ 1998, 1488.
63 OLG Hamm FamRZ 1999, 936.
64 *Palandt – Diederichsen,* § 1632 Rn 6.
65 OLG Hamm FamRZ 1991, 102; OLG Düsseldorf FamRZ 1981, 601.
66 *Palandt – Diederichsen,* § 1632 Rn 6 mit Hinweis auf BayObLG FamRZ 1990, 1379.
67 MK (ZPO) – *Finger,* § 620 Rn 32.
68 *Bernreuther,* FamRZ 1999, 69, 70.
69 Vgl. § 2 Rn 38.

Erlass einer Hauptsacheregelung beantragt. Angesichts der unterschiedlichen Regelungsziele der einstweiligen Anordnung und des Hauptsacheverfahrens (Herbeiführen von Rechtsfrieden während der Dauer des Eheverfahrens durch Erwirken einer vorläufigen Regelung einerseits und Schaffung eines Titels mit erhöhter Bestandskraft andererseits) steht es ihm frei, sich mit einstweiligem Rechtsschutz zu begnügen oder eben ein isoliertes Hauptsacheverfahren zu betreiben. Wenn das Gesetz mehrere prozessuale Möglichkeiten der Rechtsverfolgung zur Verfügung stellt, muss es dem Rechtsuchenden zustehen, aus diesen auszuwählen.[70]

Auch nebeneinander können diese Verfahren geführt werden.[71] Selbst wenn eine einstweilige Anordnung bereits erlassen ist, kann der Antragsteller grds. anschließend noch das selbstständige Hauptverfahren durchführen.[72] Im hier maßgeblichen Sorgerechtsbereich wird jedoch teilweise eine Einschränkung gemacht und danach differenziert, wer denn die Hauptsacheregelung erstrebt. Ist dies der Ehegatte, der eine einstweilige Anordnung zum Sorge- oder Umgangsrechtsbereich erlangt hat, wird das Rechtsschutzinteresse für eine nachfolgende Entscheidung in einem isolierten Verfahren abgesprochen, wenn die dort erstrebte Regelung mit derjenigen der einstweiligen Anordnung inhaltsgleich ist.[73]

31 Zur Frage, ob die Gewährung von **Prozesskostenhilfe** eingeschränkt ist auf die Maßnahme des einstweiligen Rechtsschutzes vgl. § 2 Rn 39.

M.E. kann mutwilliges Vorgehen auch im Sorgerechtsbereich nicht damit begründet werden, dass dem Antragsteller mit der Maßnahme des einstweiligen Rechtsschutzes eine schnellere und kostengünstigere Entscheidung zur Verfügung steht. Hat ein Ehegatte jedoch bereits eine einstweilige Anordnung erwirkt, wird PKH nicht gewährt werden können, wenn er dieselbe Regelung in einem Hauptsacheverfahren erstrebt.[74]

b) Nach Rechtshängigkeit des Hauptsacheverfahrens

32 Während die Zulässigkeit von Unterhaltsanordnungen nach nahezu einhelliger Auffassung durch ein rechtshängiges Hauptsacheverfahren nicht beeinflusst wird,[75] ist das Verhältnis des § 620 Nr. 1–3 ZPO zu den entsprechenden isolierten Familiensachen bzw. den sodann möglichen Maßnahmen einstweiligen Rechtsschutzes umstritten.

Hier wurde vor In-Kraft-Treten des § 621g ZPO argumentiert, dass zwar grds. ein Wahlrecht zwischen dem Antrag auf einstweilige Anordnung und dem Hauptsacheverfahren in

---

70 BGH FamRZ 1990, 183; zur elterlichen Sorge BGH NJW 1982, 2561; zum Umgangsrecht BGH FamRZ 1980, 131; *Bernreuther*, FamRZ 1999, 69.
71 *Musielak – Borth*, § 620 Rn 13.
72 *Schwab/Maurer/Borth*, I Rn 870.
73 *Finke/Garbe*, § 4 Rn 242; vgl. auch OLG Hamm FamRZ 1997, 183.
74 *Finke/Garbe*, § 4 Rn 243 f.
75 Vgl. § 2 Rn 43.

einer isolierten Streitigkeit bestehe, die mögliche[76] vorläufige (jetzt einstweilige) Anordnung schließe jedoch den Erlass einer einstweiligen Anordnung nach § 620 ZPO aus, da die vorläufige Anordnung ein **inhaltsgleiches** Hauptsacheverfahren voraussetze, somit sachnäher entschieden werde und außerdem stets (auch bei Ablehnung und bei allen familienrechtlichen Materien) mit Rechtsbehelfen angreifbar und gebührenfrei war.[77]
Umgekehrt wurde auch vertreten, die einstweilige Anordnung gehe der vorläufigen Anordnung vor.[78] Soweit dies darauf gestützt wurde, dass eine gesetzliche Regelung (§ 620 ZPO) das von der Rechtsprechung wegen einer Regelungslücke geschaffene Institut (der vorläufigen Anordnung) verdränge,[79] ist die Argumentation durch die Neuschaffung des § 621g ZPO überholt.

Die h.M.[80] jedoch ließ die (mögliche) vorläufige Anordnung (jetzt einstweilige Anordnung) und die einstweilige Anordnung nach § 620 ZPO wahlweise **nebeneinander** zu, solange nicht bereits eines der beiden Eilverfahren anhängig gemacht worden war. Dies galt gleichermaßen für elterliche Sorge, Umgangsrecht, Kindesherausgabe (wie auch für Ehewohnung und Hausrat).[81] Also hinderte die Anhängigkeit eines isolierten Hauptsacheverfahrens (mit der Möglichkeit, eine vorläufige Anordnung zu beantragen) den Erlass einer einstweiligen Anordnung nach § 620 ZPO in gleicher Sache nicht.

Hinweis
Angesichts der gesetzlichen Normierung des § 621g ZPO und der Anpassung dieses Mittels einstweiligen Rechtsschutzes sowohl im Verfahrensablauf[82] als auch im Rechtsbehelfssystem und auch bezüglich der Kosten,[83] ist m.E. jedenfalls nunmehr ein **Wahlrecht** anzunehmen.[84]
Eine Ausnahme gilt dann, wenn das Hauptsacheverfahren entscheidungsreif ist.[85] In einem solchen Fall fehlt das Regelungsbedürfnis für eine einstweilige Anordnung nach § 620 ZPO.[86]

33

---

76 Also genügte nach dieser Auffassung die Rechtshängigkeit des Hauptsacheverfahrens, wodurch die Möglichkeit eröffnet war, eine vorläufige (jetzt einstweilige) Anordnung zu beantragen; zur Situation bei Anhängigkeit der einstweiligen Anordnung vgl. sogleich.
77 MK (ZPO) – *Finger*, § 620 Rn 23; OLG Bamberg JurBüro 1987, 1043; OLG Düsseldorf FamRZ 1991, 358; *Maurer*, FamRZ 1991, 886, 888.
78 OLG Bremen FamRZ 1982, 1033; OLG Zweibrücken FamRZ 1984, 405; AG Montabaur FamRZ 1990, 893; dagegen mit gewichtigen Argumenten *Bernreuther*, FamRZ 1999, 69, 70.
79 *Bernreuther*, FamRZ 1999, 69, 70.
80 MK (ZPO) – *Finger*, § 620 Rn 23 (zum Sorgerecht) und 78 (Hausrat, Ehewohnung); *Rahm/Künkel/Niepmann*, VI Rn 54, 54.1, 70; jeweils mit weiteren Nachweisen, z.B. auch OLG Hamm FamRZ 1988, 864; KG FamRZ 1981, 83; OLG Hamburg FamRZ 1982, 722; OLG Bamberg FamRZ 1983, 82; OLG Frankfurt/Main FamRZ 1983, 91; OLG Karlsruhe FamRZ 1988, 1186; OLG Zweibrücken FamRZ 1996, 234; OLG Celle OLGR 1995, 283.
81 Siehe *Rahm/Künkel/Niepmann*, VI Rn 54, 54.1, 70; MK (ZPO) – *Finger*, § 620 Rn 23 und 78
82 Vgl. § 621g S. 2 ZPO.
83 Vgl. § 18 Nr. 1 b, d RVG.
84 Vgl. aber auch die abweichende Auffassung zu § 620 Nr. 4, 6 ZPO: § 2 Rn 277 ff.; wie hier *Gießler/Soyka*, Rn 1036
85 OLG Hamburg FamRZ 1996, 1294.
86 § 3 Rn 39 ff.

§ 3 Elterliche Sorge, Umgangsrecht, Herausgabeanspruch

c) Nach Wirksamkeit der Hauptsacheentscheidung

34 Eine Hauptsacheentscheidung steht dem späteren Erlass einer einstweiligen Anordnung nach § 620 ZPO, die denselben Regelungsbereich betreffen soll, entgegen. Es greift das Verfahrenshindernis der anderweitigen Hauptsacheregelung.

Im Bereich elterliche Sorge, Umgangsrecht, Kindesherausgabe[87] genügt die Wirksamkeit der Entscheidung, die mit Bekanntgabe eintritt; formelle Rechtskraft ist nicht zu fordern (vgl. § 16 Abs. 1 FGG).

35 Eine **Abänderung** der Hauptsacheentscheidung durch einstweilige Anordnung nach § 620 ZPO kommt ebenso wenig in Betracht.[88] Hierzu wäre es erforderlich, ein neues Hauptsacheverfahren – ein Abänderungsverfahren nach § 1696 BGB – anzustrengen. Hierdurch ergäbe sich die Möglichkeit, eine einstweilige Anordnung zu erlassen, die den ursprünglich gefassten Beschluss inhaltlich ändert.[89]

2. Das Verhältnis einstweiliger Anordnungen zu anderen Mitteln des einstweiligen Rechtsschutzes

a) Vor Anhängigkeit anderer summarischer Verfahren

36 Wie soeben bereits angesprochen besteht nach h.M. vor der jeweiligen Anhängigkeit[90] ein **Wahlrecht** zwischen der einstweiligen Anordnung nach § 620 Nr. 1 bis 3 ZPO und derjenigen nach § 621g ZPO, soweit sich deren Anwendungsbereiche überschneiden.

b) Nach Anhängigkeit anderer summarischer Verfahren

37 Ist eine einstweilige Anordnung nach § 621g ZPO bereits anhängig, schließt dies bei Deckungsgleichheit der angestrebten Regelungen eine weitere Antragstellung nach § 620 Nr. 1–3 ZPO aus.[91] Auch in den Sorgerechtsangelegenheiten (elterliche Sorge, Umgangsrecht, Kindesherausgabe) besteht kein **Rechtsschutzbedürfnis** für eine weitere Maßnahme einstweiligen Rechtsschutzes im Rahmen der Ehesache, wenn innerhalb eines isolierten Verfahrens eine einstweilige Anordnung bereits anhängig gemacht wurde.[92] Dagegen wird es als zulässig anzusehen sein, dass eine bereits erlassene einstweilige Anordnung nach § 621g ZPO durch eine solche nach § 620 ZPO abgeändert wird und umgekehrt.

---

87 OLG Bamberg FamRZ 1999, 666; OLG Hamburg FamRZ 1988, 635.
88 OLG Karlsruhe FamRZ 2004, 1044.
89 *Zöller – Philippi*, § 620 Rn 18; OLG Hamm FamRZ 1990, 896; 88, 411; 1982, 409; OLG Hamm FamRZ 1988, 635; OLG München FamRZ 1978, 54; KG FamRZ 1985, 722.
90 Im Bereich des einstweiligen Rechtsschutzes wird Rechtshängigkeit des Antrages bereits mit dessen Einreichung bei Gericht angenommen, da das Gericht ohne gegnerische Anhörung entscheiden kann; vgl. § 1 Rn 13.
91 Zu abweichenden Auffassungen (Vorrang des § 620 ZPO) vgl. *Bernreuther*, FamRZ 1999, 69, 70 – allerdings zur alten Rechtslage vor Schaffung des § 621g ZPO.
92 *Zöller – Philippi*, § 620 Rn 33; a.A. für den umgekehrten Fall *Gießler/Soyka*, Rn 1036.

c) Nach Wirksamkeit der Regelungen anderer summarischer Verfahren

Sobald in einem summarischen Verfahren eine wirksame Regelung getroffen ist, scheidet ein Verfahren auf Erlass einer weiteren einstweiligen Anordnung gleichen Inhalts aus. Eine Abänderung der einstweiligen Anordnung nach § 621g ZPO durch eine solche nach § 620 Nr. 1–3 ZPO (und umgekehrt) ist dagegen zulässig.[93]

38

Wegen des unterschiedlichen Prüfungsinhaltes sollte m.E. die Abänderung einer (nach wie vor erforderlichen und statthaften) **vorläufigen Anordnung**[94] durch eine einstweilige Anordnung nicht zulässig sein, umgekehrt jedoch die von Amts wegen zu erlassende vorläufige Anordnung durchaus die einstweilige Anordnung abändern können.

IV. Regelungsbedürfnis

1. Allgemeines

Vgl. § 2 Rn 58. Die dortigen Ausführungen gelten hier entsprechend.

38a

2. Regelungsbedürfnis bei Anordnungen zur elterlichen Sorge

Das Regelungsbedürfnis der einstweiligen Anordnung nach § 620 Nr. 1 ZPO unterliegt denselben Voraussetzungen wie im Falle einer einstweiligen Anordnung nach § 621g ZPO bzw. der vor dem 1.1.2002 maßgeblichen vorläufigen Anordnung.[95]

39

Bei Sorgerechtsregelungen wird – wegen des damit regelmäßig verbundenen (erheblichen) Eingriffs in das Grundrecht aus Art. 6 Abs. 2 GG – somit eine einstweilige Anordnung nur statthaft sein, wenn ein **dringendes** Bedürfnis für ein sofortiges Einschreiten besteht.[96] Das Wohl des Kindes darf den Aufschub der Regelung bis zur endgültigen Entscheidung nicht gestatten.[97]

Geringfügige Meinungsverschiedenheiten der Eltern über Erziehungsfragen begründen keinen Regelungsbedarf.[98]

Die in der Rechtsprechung entschiedenen Fälle[99] sind meist als Einzelfälle zu betrachten und nicht verallgemeinerungsfähig. Außerdem ist zu berücksichtigen, dass zahlreiche Ent-

---

93 *Zöller – Philippi*, § 620 Rn 33.
94 Zur vorläufigen Anordnung vgl. § 3 Rn 193 ff.
95 *Gießler/Soyka*, Rn 1042, 1054; *Wohlfahrt*, Band 1 § 1 Rn 432; a.A. OLG Karlsruhe FamRZ 1997, 44; 1990, 304; OLG Brandenburg FamRZ 1998, 1248; *Oelkers*, 1. Auflage, § 4 Rn 21 – danach ist bei einer einstweiligen Anordnung nach § 620 ZPO ein einfaches Regelungsbedürfnis ausreichend, während ein gerichtlicher Eingriff im Wege einer vorläufigen Anordnung dringend geboten sein muss.
96 BayObLG FamRZ 1995, 502; 1992, 90; OLG Düsseldorf FamRZ 1994, 1541; KG FamRZ 1994, 119, 121; *Wohlfahrt*, Band 1 § 1 Rn 432; *Zöller – Philippi*, § 620 Rn 5.
97 *Zöller – Philippi*, § 620 Rn 38; *Gießler/Soyka*, Rn 1042, 1054.
98 OLG Karlsruhe FamRZ 1987, 78; *Musielak – Borth*, § 620 Rn 44.
99 Weitere Beispiele bei *Zöller – Philippi*, § 620 Rn 39.

scheidungen noch unter der Gesetzeslage vor dem 1.7.1998 ergangen sind und somit Änderungen durch das KindRG noch nicht Rechnung tragen konnten.[100]

40 Das Regelungsbedürfnis wurde beispielsweise **bejaht**, wenn Eltern
- sich das Sorgerecht gegenseitig streitig machen[101]
- sich die Kinder gegenseitig wegnehmen[102]
- sich in wesentlichen Angelegenheiten nicht mehr einigen können.[103]

41 Das Regelungsbedürfnis wurde **verneint**, wenn
- mit der Sorgerechtsänderung lediglich ein Aufenthaltswechsel des Kindes[104] oder eine größere Einflussnahme[105] auf das Kind erstrebt wird.

Das Regelungsbedürfnis hat auch Auswirkungen auf den Inhalt der vom Gericht zu erlassenden Anordnung. Die elterliche Sorge als solche wird im Regelfall nicht übertragen werden, sondern die Entscheidung wird sich in aller Regel auf Teilbereiche der elterlichen Sorge wie das **Aufenthaltsbestimmungsrecht** beschränken.[106] Für eine gänzliche Übertragung fehlt – von Ausnahmefällen abgesehen – das Regelungsbedürfnis.[107]

3. Regelungsbedürfnis bei umgangsrechtlichen Anordnungen

42 Hier dürfen nicht so strenge Maßstäbe angelegt werden wie bei der Übertragung elterlicher Sorge nach § 620 Nr. 1 ZPO. Schließlich geht es primär nicht um einen Eingriff in ein Elternrecht (Art. 6 Abs. 2 GG), sondern gerade um die Gewährung einer elterlichen Befugnis, die im Sinne des Kindeswohles auszuüben ist.[108]

Umgangsrechtliche Anordnungen sind zu erlassen, wenn **ernsthafte Meinungsverschiedenheiten** über die Ausgestaltung des Umgangsrechts vorherrschen, wenn sich die Eltern also nicht darüber einigen können, in welcher Häufigkeit, Dauer und Art (persönlicher Umgang, telefonische oder briefliche Kontakte) das Umgangsrecht ausgeübt werden soll.[109]

Wenn dagegen eine gewisse **Bagatellgrenze**[110] nicht überschritten ist oder sogar eine gerichtlich protokollierte und vollstreckbare[111] **Einigung** der Eltern vorliegt,[112] kann das Regelungsbedürfnis abgelehnt werden.

---

100 Vgl. hierzu auch MK (ZPO) – *Finger*, § 620 Rn 18.
101 OLG Jena FamRZ 1997, 573; OLG Stuttgart FamRZ 1982, 1235.
102 OLG Zweibrücken FamRZ 1983, 1162.
103 KG FamRZ 1984, 1143.
104 OLG Karlsruhe FamRZ 1984, 91.
105 OLG Karlsruhe FamRZ 1987, 78.
106 Vgl. oben § 3 Rn 11.
107 *Rahm/Künkel/Niepmann*, VI Rn 56 bezeichnet dies als Regelungsbefugnis (aus Sicht des Gerichts).
108 Vgl. auch die Formulierung in § 1684 Abs. 1 Hs. 2 BGB: »jeder Elternteil ist verpflichtet und berechtigt«.
109 *Gießler/Soyka*, Rn 1085; MK (ZPO) – *Finger*, § 620 Rn 26.
110 OLG Karlsruhe FamRZ 1987, 870.
111 Vgl. hierzu § 3 Rn 60; eine vollstreckbare Einigung liegt auch vor im Falle der protokollierten Vereinbarung nach § 52a Abs. 4 S. 3 FGG.
112 OLG Koblenz FamRZ 1999, 325; OLG Zweibrücken FamRZ 1997, 217.

4. Anordnung der Herausgabe des Kindes

Das Regelungsbedürfnis wird in aller Regel zu bejahen sein, wenn eine freiwillige Herausgabe nicht zu erwarten ist.[113]   43

V. Weitere Zulässigkeitsvoraussetzungen

Vgl. § 2 Rn 67.   43a

VI. Antragstellung

1. Erfordernis der Antragstellung und Art des Antrags

Nach § 620 S. 2 ZPO a.F.[114] war es möglich, einstweilige Anordnungen zur elterlichen   44
Sorge ohne Antrag zu erlassen. Nachdem diese Regelung ersatzlos gestrichen wurde, ist davon auszugehen, dass (auch) in sämtlichen FGG-Angelegenheiten stets eine Antragstellung erforderlich ist.[115]
Zur Vorgehensweise bei einem von Amts wegen einzuleitenden Verfahren nach § 1666 BGB vgl. § 3 Rn 223.

Bei Sorge- und Umgangsrechtsangelegenheiten beschränkt sich der Antrag darauf, das Verfahren einzuleiten und den Verfahrensgegenstand festzulegen.[116] Dementsprechend genügt   45
hier, dass deutlich wird, dass ein Verfahrensantrag als solcher vorliegt, also beispielsweise eine Regelung des Umgangs mit einem gemeinsamen Kind begehrt wird. Nicht erforderlich ist die Darlegung, in welchem konkreten Zeitraum dieser Umgang stattfinden soll.[117]
In FGG-Angelegenheiten wird der Antrag als **Verfahrensantrag** qualifiziert.[118]

2. Antragsbefugnis

Die Antragsberechtigung steht ausschließlich den **Ehegatten** bzw. **Lebenspartnern** zu.[119]   46
§ 620 ZPO soll im Rahmen einer Ehesache/Lebenspartnerschaftssache nach § 661 Abs. 1 Nr. 1 bis 3 ZPO einstweiligen Rechtsschutz zwischen den Eheleuten/Lebenspartnern

---

113 *Musielak – Borth*, § 620 Rn 48.
114 Mit Wirkung zum 1.7.1998 geändert durch das KindRG.
115 *Musielak – Borth*, § 620 Rn 33; *Zöller – Philippi*, § 620 Rn 3; MK (ZPO) – *Finger*, § 620 Rn 4a; *Gießler/ Soyka*, Rn 1037; zur Ausnahme beim Umgang zwischen Elternteil und Kind als dienende Anordnung vgl. § 3 Rn 13 und § 3 Rn 199.
116 *Zöller – Philippi*, § 620 Rn 3; *Gießler/Soyka*, Rn 104.
117 Dies ändert nichts daran, dass eine konkrete Antragstellung meist zweckmäßig ist.
118 *Finke/Garbe*, § 4 Rn 16
119 *Zöller – Philippi*, § 620 Rn 3.

gewährleisten. Somit ist beispielsweise eine Umgangsregelung, die ein Kind gegen einen Elternteil durchsetzen möchte, nicht durch § 620 Nr. 2 ZPO zu erlangen.

3. Form des Antrags/Anwaltszwang

47 Vgl. § 2 Rn 75. Die dortigen Ausführungen gelten hier entsprechend.

4. Inhalt der Antragsschrift/darzustellende Voraussetzungen[120]

48 Bei den Sorgerechtsangelegenheiten i.S.v. § 620 Nr. 1 bis 3 ZPO handelt es sich um Regelungsmaterien, die FGG-Regeln folgen (vgl. § 621a Abs. 1 S. 1 ZPO). Somit greift das **Amtsermittlungsprinzip** des § 12 FGG.[121] Hieraus folgt, dass der Antragsteller grds. eine Sachdarstellung nicht vorzunehmen braucht. Es herrscht gerade nicht der zivilprozessuale Beibringungsgrundsatz.

Dies ändert aber nichts daran, dass es sehr wohl sachdienlich ist, umfassenden Sachvortrag zu halten, um das Gericht über die maßgeblichen Umstände in Kenntnis zu setzen und beispielsweise davon zu überzeugen, dass eine Entscheidung erforderlich ist.[122]

In der Praxis hat die Amtsaufklärungspflicht insoweit Bedeutung, als das Gericht nicht auf die benannten und präsenten Darlegungen und Beweismittel beschränkt ist, sondern gegebenenfalls von sich aus weitere Ermittlungen (mit Hilfe des Jugendamtes etc.) anstellt.

49 Eine sachdienliche Darstellung sollte sich beziehen auf:
- die allgemeinen Verfahrensvoraussetzungen[123]
- Partei-, Prozessfähigkeit
- Zuständigkeit des angerufenen Gerichts
- Regelungsbedürfnis
- das Fehlen von Verfahrenshindernissen
- anderweitige Rechtshängigkeit/Rechtskraft eines summarischen Verfahrens
- entgegenstehende Rechtskraft einer Hauptsacheentscheidung
- die besondere Verfahrensvoraussetzung zur Anhängigkeit der Ehesache – insoweit aber aktenkundig
- die materiellen Voraussetzungen der begehrten Folge
- zum Sorgerecht[124]

---

120 Muster bei *Börger/Bosch/Heuschmid*, § 4 Rn 243 und 244; *Crückeberg*, § 9 Rn 61–63; Antrag auf Abweisung der erstrebten einstweiligen Anordnung: *Garbe* § 4 Rn 20, 26, 35.
121 *Zöller – Philippi*, § 620a Rn 29; OLG München FamRZ 1979, 317; OLG Düsseldorf FamRZ 1994, 973; *Gießler/Soyka*, Rn 106.
122 Zum Regelungsbedürfnis ist MK (ZPO) – *Finger*, § 620a Rn 27 der Auffassung, dass Glaubhaftmachung erforderlich sei (damit ist auch eine Darlegungslast verbunden); a.A. *Gießler/Soyka*, Rn 106.
123 Zu Prozessvoraussetzungen vgl. *Thomas/Putzo-Reichold*, Vorbem § 253 Rn 15 ff.
124 *Palandt – Diederichsen*, § 1671 Rn 8 ff; 12 ff.

- zum Umgangsrecht[125]
- zur Herausgabe des Kindes[126]
- bei Antrag auf Erlass der einstweiligen Anordnung ohne rechtliches Gehör des Gegners auch die Umstände, die eine solche Entscheidung ohne Anhörung rechtfertigen.

5. Glaubhaftmachung

Im Zusammenhang mit dem Erfordernis einer Glaubhaftmachung zeigt das hier geltende **Amtsermittlungsprinzip** des § 12 FGG maßgebliche Auswirkungen. Zwar soll der Antragsteller gemäß § 620a Abs. 2 S. 3 ZPO sämtliche Voraussetzungen der einstweiligen Anordnung bei Antragstellung **glaubhaft** machen. Dies gilt jedoch nicht im Bereich der FGG-Angelegenheiten elterliche Sorge, Umgangsrecht, Herausgabe des Kindes. Eine Glaubhaftmachung durch den Antragsteller ist nicht erforderlich.[127]

50

Beachte
Dies ändert jedoch nichts daran, dass die maßgeblichen Tatsachen im Zeitpunkt der Entscheidung für das Gericht glaubhaft sein müssen. Deshalb ist es selbstverständlich sinnvoll, dass auch in den Fällen, in denen eine Glaubhaftmachung nicht gefordert wird, eine solche vom Rechtsuchenden vorgenommen wird.

Denn dem Antragsgegner ist es selbstverständlich zuzugestehen, ihm günstige Tatsachen vorzutragen und diese mit den Mitteln der Glaubhaftmachung zu bekräftigen. Es besteht dann die Gefahr, dass sich das Gericht dem glaubhaft gemachten Gegenvortrag eher anschließen wird als dem nicht glaubhaft gemachten Sachvortrag[128] des Antragstellers, zumal es sich mit einer vorläufigen Klärung des Sachverhalts begnügen darf.[129]

6. Zuständiges Gericht

Vgl. § 2 Rn 81 ff. Die dortigen Ausführungen gelten hier entsprechend.

50a

---

125 *Palandt – Diederichsen,* § 1684 Rn 14 ff.
126 *Palandt – Diederichsen,* § 1632 Rn 3ff.
127 *Zöller – Philippi,* § 620a Rn 29; *Rahm/Künkel/Niepmann,* VI Rn 17.1; OLG München FamRZ 1979, 317; OLG Düsseldorf FamRZ 1994, 973; *Gießler/Soyka,* Rn 106; vgl. auch MK (ZPO) – *Finger,* § 620a Rn 27, der eine Glaubhaftmachung der Umstände, die das Regelungsbedürfnis begründen, fordert; dagegen *Gießler/Soyka,* Rn 106 mit Fußnote 34.
128 Zur so genannten »Gegenglaubhaftmachung« vgl. *Gießler/Soyka,* Rn 63 sowie *Musielak – Borth,* § 620a Rn 22.
129 OLG Düsseldorf FamRZ 1995, 182; BayObLG FamRZ 1999, 318; OLG München JurBüro 1985, 79; *Zöller – Philippi,* § 620a Rn 29 a.E.

VII. Ablauf des Verfahrens

1. Beteiligte

51 Die Beteiligtenstellung beschränkt sich im Verfahren nach §§ 620 ff. ZPO auf die **Ehegatten** bzw. **Lebenspartner**. Eine Beteiligung Dritter scheidet aus, auch wenn diesen ein Recht auf Anhörung zukommt. Jugendamt, Kinder, Vermieter und auch sonstige Dritte sind dementsprechend am Anordnungsverfahren nicht beteiligt.[130]

2. Mündliche Verhandlung

52 Vgl. § 2 Rn 93 ff. Die dortigen Ausführungen gelten hier entsprechend.

Klarstellend wird darauf hingewiesen, dass die mündliche Verhandlung als Teil der Ehesache stets nichtöffentlich ist (§ 170 GVG). Eine Ausnahme kommt auch dann nicht in Betracht, wenn ausschließlich über die einstweiligen Anordnungen nach § 620 Nr. 1 bis 3 ZPO verhandelt wird.[131]

Eine Säumnisentscheidung scheidet bei FGG-Angelegenheiten generell aus.

3. Rechtliches Gehör

53 Dem Antragsgegner ist vor der Beschlussfassung in mündlicher Verhandlung oder auch auf schriftlichem Weg rechtliches Gehör zu gewähren (Art. 103 Abs. 1 GG). In Eilfällen kann hiervon abgesehen werden. Dann ist jedoch die unterlassene Anhörung nachträglich vorzunehmen.[132]

54 Der **anzuhörende Personenkreis** beschränkt sich nicht auf die Beteiligten des Anordnungsverfahrens. Auch Dritte können in die Anhörungspflicht durch das Gericht einbezogen sein.

§ 620a Abs. 3 S. 1 ZPO ordnet dementsprechend die grundsätzliche Anhörung des Kindes und des Jugendamtes an, wenn Anträge nach § 620 Nr. 1 bis 3 ZPO gestellt sind.

Zudem greifen die inhaltlich weitgehend identischen Regelungen der §§ 50b und 49a Abs. 1 Nr. 6, 8, 9 FGG i.V.m. § 50 Abs. 1 KJHG (SGB VIII). § 50b FGG bestimmt darüber hinaus, dass das Kind grundsätzlich **persönlich** anzuhören ist.

Auch den Regelungen der §§ 50a, 50c, 50 FGG ist Beachtung zu schenken, sodass eine Anhörung der Eltern, aber auch eine solche von Pflegepersonen und eines evtl. bestellten

---

130 OLG Karlsruhe FamRZ 1991, 969; OLG Hamm FamRZ 1987, 1277; 1975, 418; MK (ZPO) – *Finger*, § 620a Rn 2, 30; *Gießler/Soyka*, Rn 128; *Zöller – Philippi*, § 620a Rn 22 mit zahlreichen Nachweisen; a.A. *Schwab/Maurer/Borth*, I Rn 87 ff. bezüglich Jugendamt und Kind.
131 Vgl. zur Ausnahme bei unterhaltsrechtlichen Anordnungen § 2 Rn 94.
132 Vgl. § 2 Rn 97.

Verfahrenspflegers (und entsprechend § 12 FGG sogar sonstiger Personen)[133] in Betracht kommt.
§ 620a Abs. 3 S. 2 ZPO verpflichtet ausdrücklich zur nachträglichen Anhörung des Kindes und des Jugendamtes, wenn eine solche wegen besonderer Eilbedürftigkeit unterblieben ist.

4. Die Wahlmöglichkeiten des Gerichts zur Verfahrensgestaltung

Vgl. § 2 Rn 98. Die dortigen Ausführungen gelten hier entsprechend. 55
Wegen der besonderen Bedeutung, die den Entscheidungen nach § 620 Nr. 1 bis 3 ZPO zukommt, und wegen der meist positiven Wirkung, die von einer von den Beteiligten getroffenen Vereinbarung ausgeht, sollte von einer mündlichen Verhandlung in aller Regel nicht abgesehen werden.

5. Anwaltszwang

Vgl. § 2 Rn 101. 56
Zu beachten ist, dass im Verfahren eine anwaltliche Vertretung zwar erforderlich ist, jedoch wegen des geltenden Amtsermittlungsprinzips die Sachdarstellung des Antragstellers, der ohnehin angehört werden muss, vom Gericht zur Kenntnis zu nehmen und in die Entscheidungsfindung einzubeziehen ist.

6. Beweisaufnahme

Da bei FGG-Angelegenheiten das **Amtsermittlungsprinzip** nach § 12 FGG greift, hat das 57 Gericht grds. von sich aus die Beweisaufnahme auf alle maßgeblichen Aspekte zu erstrecken. Soweit jedoch einstweiliger Rechtsschutz betroffen ist, ergibt sich bereits aus der Dringlichkeit der Entscheidungen insoweit eine Einschränkung, als die Beweisaufnahme nicht auf zeitraubende Ermittlungen ausgedehnt werden kann. Deshalb scheiden Sachverständigengutachten (beispielsweise zur Erziehungsfähigkeit eines Elternteils) als geeignete Beweismittel in aller Regel aus.[134] Andererseits steht im Vordergrund jeder Entscheidung das Kindeswohl (§ 1697a BGB). Somit kann es im Einzelfall durchaus angezeigt sein, auch eine längere Beweisaufnahme durchzuführen, um zu verhindern, dass wegen zeitlichen Drucks eine dem Kindeswohl abträgliche Entscheidung getroffen wird, die in ihren Auswirkungen nicht oder nur schwer rückgängig zu machen ist.[135]

---

133 Dies gilt aber angesichts des summarischen Charakters des Anordnungsverfahrens nur in Ausnahmefällen.
134 *Zöller – Philippi*, § 620a Rn 29 mit Hinweis auf OLG München FamRZ 1978, 54; OLG Düsseldorf FamRZ 1995, 182.
135 MK (ZPO) – *Finger*, § 620a Rn 27.

§ 3 Elterliche Sorge, Umgangsrecht, Herausgabeanspruch

Aus dem Umstand, dass eine einstweilige Anordnung erlassen werden kann, wenn die erforderlichen Tatsachen glaubhaft gemacht sind, ergibt sich weiter, dass die maßgeblichen Umstände **nicht abschließend aufgeklärt** sein müssen.[136] Hierdurch wird ersichtlich, dass es im Interesse eines jeden Antragstellers liegt, die entscheidungserheblichen Tatsachen von sich aus umfassend glaubhaft zu machen, obwohl hierfür eine Verpflichtung nicht besteht.

7. Beendigung durch Vergleich

58 In den FGG-Verfahren Sorgerecht, Umgangsrecht und Kindesherausgabe ist es den Beteiligten verwehrt, bindende und das Verfahren beendende Vergleiche abzuschließen. Es fehlt die hierfür erforderliche **Dispositionsbefugnis**.

Demzufolge ist eine zwischen den Eltern im Verfahren getroffene Vereinbarung für das Gericht nicht bindend, sondern auf **Kindeswohlbelange** zu überprüfen. Dies gilt auch bei einem von den Eltern abgeschlossenen Vergleich[137] zur elterlichen Sorge, obwohl den Eltern durch die Neufassung des § 1671 BGB gegenüber dem Gericht eine gestärkte Position eingeräumt wurde.[138]

59 Ein elterlicher Vergleich hat alleine keine verfahrensbeendende und rechtsgestaltende Wirkung.[139] Hierzu bedarf es einer gerichtlichen Entscheidung.

60 Bezüglich des **Umgangsrechts** wird vertreten, dass eine Vereinbarung **Bindungswirkung zwischen den Beteiligten**, zumindest in Teilbereichen,[140] entfaltet.[141] Dies ändert aber nichts daran, dass dem abgeschlossenen Vergleich alleine keine prozessbeendende Wirkung zukommt. Ebensowenig ist er der Vollstreckung nach § 33 FGG fähig.

> *Hinweis*
> Sollen diese Ziele erreicht werden, ist ein den Vergleich billigender Beschluss des Gerichts herbeizuführen.[142] Bei der Beschlussfassung hat das Gericht zu überprüfen, ob das Kindeswohl nicht beeinträchtigt wird, da die Eltern über das Umgangsrecht nur unter dieser Einschränkung disponieren können.[143]

---

136 OLG München JurBüro 1985, 79.
137 Zum Prüfungsumfang des Gerichts bei Zustimmung des Antragsgegners nach § 1671 Abs. 2 Nr. 1 BGB vgl. § 3 Rn 64. Die dortige Argumentation gilt hier entsprechend, da die Zustimmung des Antragsgegners auch in einen Vergleich Eingang gefunden haben kann.
138 Stärkung der Eigenverantwortung durch die Regelung in § 1671 Abs. 2 Nr. 1 BGB; vgl. *Greßmann*, Rn 3.
139 *Finke/Garbe*, § 4 Rn 20 f.
140 So z.B. zum Holen und Bringen des Kindes; vgl. OLG Zweibrücken FamRZ 1998, 1465.
141 *Palandt – Diederichsen*, § 1684 Rn 38 mit Hinweis auf diverse Rechtsprechung.
142 OLG Karlsruhe FamRZ 1999, 325; OLG Zweibrücken FamRZ 1997, 217; *Palandt – Diederichsen*, § 1684 Rn 38; *Finke/Garbe*, § 4 Rn 21.
143 *Wohlfahrt*, Band 1 § 4 Rn 7.

Elterliche Sorge, Umgangsrecht, Herausgabeanspruch §3

8. Die Entscheidung im Verfahren der einstweiligen Anordnungen nach § 620 Nr. 1 bis 3 ZPO

a) Förmlichkeiten der Entscheidung

Vgl. § 2 Rn 108 f. Die dortigen Ausführungen gelten hier entsprechend. 61

b) Prüfungsumfang des Gerichts/Bindung an Parteianträge

aa) Allgemeines

Die Prüfung der für den Erlass der begehrten einstweiligen Anordnung erforderlichen all- 62
gemeinen und besonderen Zulässigkeitsvoraussetzungen erfolgt **von Amts wegen**. Dasselbe gilt für die materiellen Voraussetzungen der zu treffenden Entscheidung.
Da hier § 12 FGG greift, sind die maßgeblichen Umstände vom Gericht selbst zu ermitteln.
Zum Erlass der beantragten Entscheidung bedarf es nicht einer vollen Überzeugung des Gerichts vom Vorliegen der entscheidungserheblichen Umstände. Es genügt, wenn diese hinreichend **glaubhaft** sind.

In FGG-Streitigkeiten sind die Anträge als **Verfahrensanträge**[144] zu qualifizieren; eine 63
Bindung des Gerichts besteht somit grundsätzlich nicht. Im Rahmen des bezeichneten Verfahrensgegenstandes kann das Gericht anders entscheiden als beantragt[145] und sogar über die Anträge hinausgehen.[146] Es kann somit das **Umgangsrecht** völlig anders regeln als vom Antragsteller begehrt.

Nicht zulässig ist es jedoch, im Beschluss über einen vom Antrag nicht betroffenen **Verfahrensgegenstand** zu entscheiden, also eine Umgangsregelung zu treffen, wenn sich die begehrte einstweilige Anordnung auf das Sorgerecht bezieht.[147]

bb) Prüfungsumfang bei elterlicher Sorge

(1) Prüfungsumfang bei Zustimmung des Antragsgegners

Das Familiengericht hat durch das materielle Recht vorgegebene Beschränkungen zu 64
beachten. Somit darf es auch im einstweiligen Anordnungsverfahren die **elterliche Sorge** grds. nicht dem Antragsgegner zuweisen, der einen Antrag auf Übertragung des Sorgerechts nicht gestellt hat.[148]

Stimmt der Antragsgegner dem Antrag auf Übertragung (von Teilbereichen) der elterlichen Sorge zu, beschränkt sich die gerichtliche Überprüfung in einem Hauptsacheverfahren auf die Übereinstimmung mit dem Willen des Kindes (falls 14 Jahre alt) und darauf, ob nicht

---

144 Vgl. OLG Bamberg FamRZ 1999, 938 zu Hauptsacheantrag in Sorgerechtsverfahren.
145 *Gießler/Soyka*, Rn 11; *Musielak – Borth*, § 620a Rn 17; *Rahm/Künkel/Niepmann*, VI Rn 24.
146 *Zöller – Philippi*, § 620a Rn 30a m.w.N. auf diverse Rechtsprechung.
147 Zu so genannten »dienenden« Anordnungen vgl. § 3 Rn 13 und § 3 Rn 199.
148 Nach § 1671 Abs. 1 BGB kann die elterliche Sorge nur auf den Antragsteller übertragen werden; Ausnahme: §§ 1671 Abs. 3, 1666 BGB. Siehe auch OLG Karlsruhe FamRZ 1999, 801; dort wird die Entscheidung maßgeblich auf § 1666 BGB gestützt und nicht auf § 1671 Abs. 2 BGB, wie der Leitsatz verstanden werden kann

nach § 1671 Abs. 3 BGB, der den nur unter strengen Voraussetzungen vorliegenden Fall des § 1666 BGB anspricht, eine andere Regelung in Betracht zu ziehen ist.

Im Anordnungsverfahren, in dem vorläufig Rechtsschutz gewährt werden soll, ist es m.E. fraglich, ob überhaupt ein Regelungsbedürfnis besteht, wenn sich die Eltern doch über die zukünftige rechtliche Situation einig sind.

Darüber hinaus sollten im einstweiligen Rechtsschutz – soweit möglich – nicht endgültige Tatsachen geschaffen werden, die später nur schwer revidierbar sind. Deshalb kommt hier in aller Regel nur die Übertragung von Teilbereichen elterlicher Sorge in Betracht. Dies muss auch im Fall der Zustimmung des Antragsgegners zur Übertragung der gesamten elterlichen Sorge gelten.

(2) Prüfungsumfang bei fehlender Zustimmung des Antragsgegners oder Widerspruch des Kindes

65 Stimmt der Antragsgegner nicht zu oder widerspricht das über 14 Jahre alte Kind der Übertragung der elterlichen Sorge auf den Antragsteller, so sind die Voraussetzungen des § 1671 Abs. 2 Nr. 2 zu prüfen. Es ist darauf abzustellen, ob die Aufhebung der gemeinsamen Sorge und die Übertragung auf den Antragsteller dem Kindeswohl am besten entspricht (§ 1697a BGB).

66 Als maßgebliche **Beurteilungskriterien** für die Aufhebung der gemeinsamen Sorge[149] sind heranzuziehen:
- Kooperationsbereitschaft
- Kooperationsfähigkeit.

Ob die Übertragung elterlicher Sorge auf den Antragsteller dem Kindeswohl am besten entspricht, richtet sich nach den in der Rechtsprechung bereits zur früheren Rechtslage herausgearbeiteten Kriterien:[150]
- Kontinuitätsprinzip
- Förderungsprinzip
- Bindungen des Kindes (vor allem an Eltern und Geschwister)
- Wille des Kindes.

(3) Einzelanordnungen vor dem Getrenntleben

67 Voraussetzung des § 1671 BGB ist das Getrenntleben der Eltern. Leben diese also noch in häuslicher Gemeinschaft,[151] ist im Rahmen einer einstweiligen Anordnung jedenfalls der Erlass von Einzelanordnungen (z.B. nach § 1628 BGB) zulässig. Teilweise wird gegen den Wortlaut des § 1671 BGB auch eine Entscheidung zur elterlichen Sorge für zulässig erach-

---
149 *Palandt – Diederichsen*, § 1671 Rn 18.
150 *Palandt – Diederichsen*, § 1671 Rn 21 ff.
151 Ein solcher Fall ist denkbar bei einem Antrag auf Scheidung der Ehe nach § 1565 Abs. 2 BGB oder bei einer Eheaufhebungsklage als Ehesache i.S.d. §§ 620a Abs. 2 S. 1, 606 Abs. 1 S. 1 ZPO.

tet, um zu verhindern, dass ein Elternteil die Kinder zunächst eigenmächtig vom anderen Elternteil wegnehmen muss, um die Voraussetzungen des § 1671 BGB zu schaffen.[152] M.E. ist eine eigenmächtige Wegnahme jedoch nicht erforderlich. Denn es kann ein Antrag auf Erlass einer Einzelanordnung[153] (§ 1628 BGB – Antrag auf Übertragung des Aufenthaltsbestimmungsrechts zur Herbeiführung des Getrenntlebens unter Mitnahme der Kinder) gestellt werden. Diese Anordnung ist für den angesprochenen Fall ausreichend und nicht so weitgehend wie die Antragstellung zum generellen Aufenthaltsbestimmungsrecht als Bestandteil elterlicher Sorge.[154] Sie wird demselben formellen Ablauf folgen und dieselbe zeitliche Dauer in Anspruch nehmen.

Zuzugeben ist jedoch, dass die Übertragung des Aufenthaltsbestimmungsrechts in weitem Umfang für den Antragsteller den Vorteil bringt, auch nach Auszug aus der gemeinsamen Wohnung Streit über den weiteren Aufenthalt der Kinder zu vermeiden.

Große Bedeutung wird diese unterschiedliche Sichtweise in der Praxis kaum haben, da erfahrungsgemäß die Trennung der Eltern unter eigenmächtiger (meist rechtswidriger) Mitnahme der Kinder eingeleitet wird.

cc) Prüfungsumfang beim Umgangsrecht

Hier ist das Kindeswohl (§ 1697a BGB) das maßgebliche Prüfungskriterium. Dabei ist die konkrete Lebenssituation des Kindes zu berücksichtigen. Das Gesetz geht davon aus, dass in der Regel der Umgang des Kindes mit beiden Eltern dem Kindeswohl dient (§ 1626 Abs. 3 BGB). 68

An diesen doch sehr weit gefassten Vorgaben ist die jeweilige Entscheidung zum »ob«, zur Art und zum Ausmaß des Umgangs zu orientieren.[155]

c) Inhalt des Beschlusses

Das Gericht hat in der Entscheidung konkret auszuführen, ob die elterliche Sorge übertragen wird, ob dies Teilbereiche oder die gesamte Sorge betrifft. Umgangsbefugnisse sind möglichst exakt darzustellen, um späteren Streit über die Auslegung des Beschlusses zu vermeiden und eine Vollstreckung zu ermöglichen.[156] 69

Zur Frage der Begründungspflicht vgl. § 2 Rn 115 ff.

Eine Kostenentscheidung ergeht grds. nicht.

Im Übrigen vgl. § 2 Rn 120 ff. Die dortigen Ausführungen gelten hier jeweils entsprechend.

---

152 So *Musielak – Borth*, § 620 Rn 42.
153 Zur Einzelanordnung im isolierten Verfahren vgl. unten § 3 Rn 139.
154 Vgl. § 3 Rn 12.
155 Weiter führend vgl. *Palandt – Diederichsen*, § 1684 Rn 14 ff.; *Finke/Garbe*, § 4 Rn 133 ff.; *Wohlfahrt*, Band 1 § 4 Rn 8.
156 Hierzu vgl. § 3 Rn 73.

Anordnungen zum Umgangsrecht und zur Herausgabe des Kindes werden mit Bekanntgabe wirksam. Ein Ausspruch über eine Vollstreckungsbefugnis ist dem hier maßgeblichen Regelungsbereich fremd. Vgl. zur Vollstreckung sogleich.

VIII. Vollstreckung

1. Allgemeine Voraussetzungen der Zwangsvollstreckung

70 Einstweilige Anordnungen zur **elterlichen Sorge** sind rechtsgestaltender Natur und dementsprechend **nicht vollstreckbar**.[157] Sie werden wie die Entscheidungen zum Umgangsrecht und zur Herausgabe des Kindes wirksam mit ihrer Bekanntmachung (§ 16 Abs. 1 FGG).[158] Dies gilt entsprechend für Regelungen von Teilbereichen elterlicher Sorge wie der Übertragung des Aufenthaltsbestimmungsrechts. Zur effektiven Durchsetzung derartiger Anordnungen kann es sinnvoll sein, den Antrag zum Sorgerecht mit einem Antrag auf Herausgabe des Kindes zu verbinden.

71 **Umgangsrecht** und **Kindesherausgabe** werden dagegen vollstreckt nach § 33 FGG.[159]

Soweit das Umgangsrecht betroffen ist, kann auf Antrag eines Elternteils anstelle der Zwangsvollstreckung auf Antrag das Vermittlungsverfahren nach § 52a FGG durchgeführt werden.

72 *Beachte*

§ 33 FGG setzt eine **Verfügung**[160] des Gerichts voraus. Dies bewirkt, dass eine bloße Parteivereinbarung der Vollstreckung nicht zugänglich ist. Es muss ein gerichtlicher Beschluss vorliegen, der das Umgangsrecht oder die Herausgabe regelt. Bei Vorliegen eines Vergleichs der Beteiligten ist erforderlich, dass sich das Gericht diese Vereinbarung zu Eigen macht.[161] Möchte einer der Beteiligten eine Vollstreckungsgrundlage schaffen, sollte er auf diese Maßnahme des Gerichts hinwirken.

Im umgangsrechtlichen Bereich genügt auch der im Vermittlungsverfahren nach § 52a Abs. 4 S. 3 FGG abgeschlossene, eine gerichtliche Entscheidung ersetzende Vergleich der Beteiligten.

73 Eine Vollstreckung erfordert, dass die angeordneten **Gebote** oder **Verbote** inhaltlich **hinreichend bestimmt** sind. Es muss beispielsweise feststehen, zu welchen Zeiten und an wel-

---

157 *Zöller – Philippi*, § 620a Rn 34.
158 Vgl. § 621a ZPO, der den Anwendungsbereich des § 16 Abs. 1 FGG bestehen lässt.
159 Dass eine Vollstreckung nach ZPO-Regeln ausscheidet, wird durch § 794 Abs. 1 Nr. 3 Hs. 2 ZPO verdeutlicht, der Entscheidungen nach § 620 Nr. 1 und 3 ZPO, die beschwerdefähig sind, vom Anwendungsbereich des § 794 Nr. 3 Halbs. 1 ZPO ausnimmt. Dass § 620 Nr. 2 ZPO dort nicht benannt ist, liegt daran, dass eine Regelung zum Umgangsrecht mit der (sofortigen) Beschwerde nicht angreifbar ist und somit nicht veranlasst war, auch diesen Regelungsbereich anzusprechen.
160 Diese Terminologie des FGG umfasst auch Beschlüsse.
161 OLG München FamRZ 1999, 522; OLG Düsseldorf FamRZ 1998, 861; OLG Hamm FamRZ 1999, 1004; OLG Düsseldorf FamRZ 1998, 838.

chem Ort der Umgangsberechtigte das Kind abzuholen berechtigt und für welchen Zeitraum ihm das Kind zu überlassen ist.[162]

Auf die Erfüllung dieser Voraussetzungen kann der Antragsteller mit einer präzisen Antragstellung[163] hinwirken, wenn auch das Gericht an diese nicht gebunden ist.[164] Bei einem Vergleichsschluss gilt es erst recht, präzise zu formulieren, da das Gericht in der Entscheidung, in der es sich die Vereinbarung zu Eigen macht, etwaige Mängel wohl nicht beseitigen wird.

Als **Vollstreckungsmaßnahmen** kommen nach § 33 FGG in Betracht[165]
- Festsetzung von Zwangsgeld
- Anordnung von Zwangshaft, wenn es um die Herausgabe einer Person geht
- Ermächtigung zur Anwendung von Gewalt, es sei denn, die Gewalt soll gegen das Kind zur Ausübung des Umgangsrechts ausgeübt werden.

2. Zuständiges Gericht, Verfahrensfragen

Die Vollstreckung der einstweiligen Anordnungen nach § 620 Nr. 1 bis 3 ZPO ist durch das **Familiengericht** zu bewirken.[166] Solange die Ehesache anhängig ist, ergibt sich die Zuständigkeit aus § 621 Abs. 2 S. 1 ZPO; somit ist das erstinstanzliche Familiengericht der Ehesache anzurufen.

Bei fehlender Anhängigkeit richtet sich die Zuständigkeit nach den §§ 36, 43, 64 Abs. 3 S. 2 FGG, also nach dem Wohnsitz des Kindes, hilfsweise nach dessen Aufenthalt.[167]

Die nach §§ 50a, 50b FGG vorgeschriebenen **Anhörungen** sind auch im Vollstreckungsverfahren durchzuführen.[168] Dabei oder auch im Übrigen erkennbar gewordene Umstände, die sich gegen den Fortbestand der durchzusetzenden Regelung selbst richten, sind grundsätzlich unbeachtlich. Jedoch muss der Richter überprüfen, ob die getroffene Regelung noch gerechtfertigt ist.[169]

74

75

---

162 OLG Bamberg FamRZ 1998, 306; 95, 428; OLG Frankfurt FamRZ 1996, 876; vgl. aber auch die Kritik an überzogenen Anforderungen im Hinblick auf die erforderliche Bestimmtheit bei *Finke/Garbe*, § 4 Rn 173 mit Hinweis auf die unterschiedliche Rechtsprechung.
163 Beispiele für derartige Anträge sind zu finden bei *Börger/Bosch/Heuschmid*, § 4 Rn 260 und 261.
164 Vgl. § 3 Rn 63.
165 Weiter zum Verfahrensablauf vgl. *Oelkers*, § 2 Rn 281 ff.; § 4 Rn 29 ff; § 6 Rn 34 ff.
166 *Oelkers*, § 6 Rn 36 mit Hinweis auf OLG Köln FamRZ 2002, 979; vgl. auch BayObLG Rpfleger 1991, 13 und OLG Hamburg FamRZ 1994, 1128.
167 BGH FamRZ 1988, 1256; 90, 35; zur bestehenden Wahlmöglichkeit bei einem Doppelwohnsitz vgl. BGH FamRZ 1992, 794; 1992, 664.
168 KG FamRZ 1997, 109; zur Anhörung des Antragsgegners OLG Hamm FamRZ 1998, 307; zur Anhörung von Kind und Eltern BayObLG FamRZ 1996, 878.
169 OLG Celle FamRZ 1999, 173; OLG Zweibrücken FamRZ 1999, 173; OLG Hamburg FamRZ 1996, 1093; OLG Düsseldorf FamRZ 1993, 1349.

3. Rechtsbehelfe gegen Vollstreckungsmaßnahmen

76 *Beachte*

Vollstreckungsmaßnahmen sind mit der **Beschwerde nach § 19 FGG** angreifbar.[170] Dabei ist zu beachten, dass bereits die Androhung eines Zwangsmittels die erforderliche Beschwer enthält und die Beschwerde somit statthaft ist.[171] Teilweise wird die Auffassung vertreten, dass wegen der Unanfechtbarkeit einer Umgangsregelung nach § 620 ZPO (vgl. § 620c S. 2 ZPO) auch die Zwangsgeldandrohung selbst unanfechtbar sein soll.[172]

Die Beschwerde gegen Vollstreckungsmaßnahmen ist vom Anwaltszwang befreit, auch wenn der zu vollstreckende Beschluss nach § 620 ZPO erlassen wurde.[173]

4. Aussetzung der Vollziehung

77 Die bei Anhängigkeit eines Abänderungsantrages oder Erhebung einer sofortigen Beschwerde zulässige Aussetzung der Vollziehung einer einstweiligen Anordnung (**§ 620e ZPO**) kommt nicht nur bei einer Entscheidung zum Umgangsrecht oder zur Herausgabe eines Kindes in Betracht, sondern auch bei der nicht vollstreckbaren Regelung der elterlichen Sorge, sodass mit der Entscheidung nach § 620e ZPO die Gestaltungswirkung, die dem Beschluss nach § 620 Nr. 1 ZPO zukam, wieder entfällt, also der Zustand vor Erlass der einstweiligen Anordnung hergestellt wird.[174]

Im Übrigen vgl. § 2 Rn 176–181. Die dortigen Ausführungen gelten hier entsprechend.

IX. Rechtsbehelfe

78 Einstweilige Anordnungen nach § 620 Nr. 1 bis 3 ZPO unterliegen den allgemeinen Rechtsbehelfen des Anordnungsverfahrens und können mit einem **Antrag auf Aufhebung/Abänderung** des Beschlusses (§ 620b Abs. 1 ZPO) und ebenso auf **erneute Beschlussfassung** nach mündlicher Verhandlung (§ 620b Abs. 2 ZPO) angegriffen werden.

Beachte

Als Besonderheit ist hier jedoch zu beachten, dass nach § 620b Abs. 1 S. 1 ZPO eine Anordnung zur elterlichen Sorge für ein gemeinschaftliches Kind stets, eine solche zum Umgangsrecht mit einem gemeinsamen Kind und eine solche zur Herausgabe des Kindes (§ 620 Nr. 2, 3 ZPO) dann **von Amts wegen** aufgehoben oder geändert werden können, wenn diese ohne vorherige Anhörung des Jugendamtes erlassen worden sind.

---

170 BGH FamRZ 1983,1008, 1012; OLG Hamm NJW-RR 1996, 324.
171 OLG Frankfurt/Main FamRZ 1996, 876; OLG Hamm FamRZ 1996, 363 = NJW-RR 1996, 324.
172 OLG Naumburg FamRB 2004, 117; OLG Karlsruhe FamRZ 1999, 242; 1996, 1226.
173 OLG Hamm FamRZ 1984, 183 zur Anfechtung einer Zwangsgeldfestsetzung (Versorgungsausgleich).
174 MK (ZPO) – *Finger*, § 620e Rn 1.

Darüber hinaus kann unter gewissen Voraussetzungen **sofortige Beschwerde** nach § 620c ZPO eingelegt werden.

Hauptsacheverfahren, die die Wirksamkeit der einstweiligen Anordnung nach § 620f ZPO beeinflussen, werden durch Gestaltungsanträge zur elterlichen Sorge eingeleitet bzw. durch solche auf Regelung des Umgangs mit dem gemeinsamen Kind oder auf Anordnung der Herausgabe des Kindes an den anderen Elternteil.

Zwischen- und Nebenentscheidungen im Anordnungsverfahren sind mit der sofortigen Beschwerde angreifbar.[175]

1. Erneute Beschlussfassung aufgrund mündlicher Verhandlung (§ 620b Abs. 2 ZPO)

Vgl. § 2 Rn 137 ff. Die dortigen Ausführungen gelten hier entsprechend, soweit sie nicht ausschließlich auf Unterhaltsanordnungen bezogen sind. 79

Ausdrücklich hervorgehoben sei Folgendes:

Auch bei FGG-Angelegenheiten ist erforderlich, dass der Antragsteller mit dem Antrag nach § 620b Abs. 2 ZPO eine anders lautende Entscheidung begehrt.[176] Ansonsten fehlt das für einen Abänderungsantrag erforderliche Rechtsschutzbedürfnis. 80

Die nach § 620d S. 1 Hs. 1 ZPO erforderliche **Begründung des Antrages** ist in FGG-Angelegenheiten, in denen zur Verfahrenseinleitung ein Verfahrensantrag ausreicht, bereits dann hinreichend, wenn ersichtlich wird, welche Abänderung erstrebt wird.[177]

In der **Wahl** der Rechtsbehelfe ist der Antragsteller frei. Er kann wählen zwischen den spezifisch anordnungsrechtlichen Rechtsbehelfen (§§ 620b, 620c ZPO), soweit die jeweils erforderlichen Voraussetzungen erfüllt sind, und auch Hauptsacheverfahren zur elterlichen Sorge, zum Umgangsrecht oder zur Herausgabe des Kindes betreiben, um die Wirkung des § 620f ZPO herbeizuführen. 81

Eine rückwirkende Abänderung des erlassenen Beschlusses scheidet nach erneuter Entscheidung aufgrund mündlicher Verhandlung in den hier maßgeblichen FGG-Angelegenheiten aus.[178] 82

---

175 Vgl. § 3 Rn 120 und § 2 Rn 184 ff.
176 Vgl. § 2 Rn 140.
177 *Schwab/Maurer/Borth*, I Rn 947.
178 *Johannsen/Henrich/Sedemund-Treiber*, § 620b Rn 9; *Zöller – Philippi*, § 620b Rn 3; *Gießler/Soyka*, Rn 172 – jeweils zu § 620b Abs. 1 ZPO. Dies muss jedoch ebenso bei erneuter Beschlussfassung nach mündlicher Verhandlung gelten.

2. Abänderung oder Aufhebung des Beschlusses (§ 620b Abs. 1 ZPO)

83 Vgl. § 2 Rn 151 ff. Die dortigen Ausführungen gelten hier entsprechend, soweit sie nicht ausschließlich auf Unterhaltsanordnungen bezogen sind.
Folgende Besonderheiten sind zu betonen:
Eine Abänderung der einstweiligen Anordnung gemäß § 620b Abs. 1 S. 2 ZPO kann ohne Antragstellung erfolgen, wenn

- eine einstweilige Anordnung erlassen worden ist, die die elterliche Sorge betrifft
- eine Anordnung zum Umgangsrecht oder zur Kindesherausgabe erlassen wurde und hierbei die vorherige Anhörung des Jugendamtes unterblieben ist.

Wurde dagegen ein Antrag zur elterlichen Sorge, zum Umgangsrecht oder zur Kindesherausgabe **abgelehnt**, kommt eine erneute Entscheidung von Amts wegen nicht in Betracht; eine Antragstellung ist erforderlich.[179]

84 Mit der Abänderungsmöglichkeit nach § 620b Abs. 1 S. 2 ZPO soll bewirkt werden, dass im Rahmen des summarischen Verfahrens eine der tatsächlichen Rechtslage möglichst nahe kommende Entscheidung gefunden wird.[180] Geänderte Verhältnisse können ebenso berücksichtigt werden wie bei der Ausgangsentscheidung zugrunde gelegte Umstände, die tatsächlich nicht der Realität entsprechen.[181]

Wie bei einem Antrag nach § 620b Abs. 2 ZPO muss auch hier eine anders lautende Entscheidung begehrt werden. Ansonsten fehlt das für einen Abänderungsantrag erforderliche Rechtsschutzbedürfnis.

Die nach § 620d S. 1 Hs. 1 ZPO vorzunehmende **Begründung des Antrages** ist bereits dann hinreichend, wenn ersichtlich wird, welche Abänderung erstrebt wird.[182]

85 In der Wahl der Rechtsbehelfe ist der Antragsteller frei. Er kann entweder die spezifisch anordnungsrechtlichen Rechtsbehelfe (§§ 620b, 620c ZPO) ergreifen oder auch Hauptsacheverfahren zur elterlichen Sorge, zum Umgangsrecht oder zur Herausgabe des Kindes betreiben, um die Wirkung des § 620f ZPO herbeizuführen.

86 Eine **rückwirkende Abänderung** des erlassenen Beschlusses scheidet im Rahmen einer Abänderungsentscheidung nach § 620b Abs. 1 ZPO in den hier maßgeblichen FGG-Angelegenheiten aus.[183]

---

179 *Schwab/Maurer/Borth*, I Rn 948; *Musielak – Borth*, § 620b Rn 5; MK (ZPO) – *Finger*, § 620b Rn 3.
180 *Musielak – Borth*, § 620b Rn 5; MK (ZPO) – *Finger*, § 620b Rn 3.
181 *Schwab/Maurer/Borth*, I Rn 948.
182 *Schwab/Maurer/Borth*, I Rn 947.
183 *Johannsen/Henrich/Sedemund-Treiber*, § 620b Rn 9; *Zöller – Philippi*, § 620b Rn 3; *Gießler/Soyka*, Rn 172.

3. Sofortige Beschwerde (§ 620c ZPO)

Der Zweck der einstweiligen Anordnung, während der Dauer des Eheverfahrens Rechtsfrieden einkehren zu lassen,[184] erfordert, dass die getroffene Entscheidung über die recht weit gehende Abänderungsmöglichkeit hinaus nicht auch noch einer umfassenden Anfechtbarkeit unterworfen ist. Demzufolge bestimmt § 620c S. 2 ZPO, dass die Entscheidungen nach §§ 620, 620b ZPO grundsätzlich unanfechtbar sind. Eine Ausnahme wird im hier maßgeblichen Bereich nur dann zugelassen, wenn eine Entscheidung aufgrund mündlicher Verhandlung ergangen ist und

- die elterliche Sorge für ein gemeinschaftliches Kind geregelt oder
- die Herausgabe eines Kindes an den anderen Elternteil angeordnet wurde.

Bis zum Inkrafttreten des § 321a ZPO wurde die Statthaftigkeit auch bejaht bei so genannter **greifbarer Gesetzeswidrigkeit**.[185]

Das **Umgangsrecht** ist ein neben dem Sorgerecht bestehendes Elternrecht,[186] das durch den Gesetzgeber bewusst unabhängig von der elterlichen Sorge geregelt wurde (vgl. § 620 Nr. 1 und Nr. 2 ZPO).[187] Somit ist eine Umgangsregelung nach § 620 Nr. 2 ZPO auch nicht dem Anwendungsbereich des § 620c ZPO unterworfen.[188]

a) Voraussetzungen im Einzelnen
aa) Entscheidung auf Grund mündlicher Verhandlung

Der angegriffene Beschluss muss **aufgrund mündlicher Verhandlung** des erstinstanzlichen Gerichts ergangen sein. Eine Entscheidung des OLG ist nicht anfechtbar, auch wenn dieses die einstweilige Anordnung (erstmals) erlässt.

Unerheblich ist, ob die mündliche Verhandlung im Rahmen einer Erstentscheidung, einer Abänderungsentscheidung oder aufgrund eines Antrages nach § 620b Abs. 2 ZPO durchgeführt worden ist.

Wird trotz eines Antrages nach § 620b Abs. 2 ZPO (gesetzwidrig) nicht mündlich verhandelt, scheidet eine Anfechtbarkeit nach § 620c ZPO aus.[189]

Wenn zwar zunächst mündlich verhandelt, anschließend jedoch erneutes **schriftsätzliches Vorbringen** der Entscheidung zugrunde gelegt wird, gilt dies ebenso. Es ist ein weiterer Antrag nach § 620b Abs. 2 ZPO zu stellen.[190] Nach schließlich erfolgter Entscheidung auf-

87

88

89

---
184 *Rahm/Künkel/Niepmann*, VI Rn 4.
185 Hierzu vgl. § 3 Rn 100.
186 BGH FamRZ 1984, 778.
187 *Schwab/Maurer/Borth*, I Rn 948; *Musielak – Borth*, § 620b Rn 5; MK (ZPO) – *Finger*, § 620b Rn 3.
188 Zur Frage, ob eine einstweilige Anordnung zum Umgangsrecht nach § 621g ZPO mit der sofortigen Beschwerde angreifbar ist, siehe § 3 Rn 186.
189 OLG Koblenz FamRZ 1993, 1100 vertritt die Auffassung, dass dieser Beschluss nach § 567 Abs. 1 ZPO mit der einfachen Beschwerde (nach damaliger Rechtslage) angreifbar sei.
190 Wird der Antrag auf mündliche Verhandlung abgelehnt, ist gegen diesen Beschluss die sofortige Beschwerde statthaft; vgl. *Gießler/Soyka*, Rn 157 Fn 151

grund mündlicher Verhandlung ist die Statthaftigkeit der sofortigen Beschwerde gegeben.[191]

Weiteres schriftsätzliches Vorbringen schadet jedoch nicht, wenn es sich um einen **nachgelassenen Schriftsatz** handelt (i.S.v. § 283 ZPO) oder die Beteiligten damit **einverstanden** waren, dass die nachträglichen Stellungnahmen in der Entscheidung berücksichtigt werden.[192]

90 Hat das Gericht aufgrund **weiterer Ermittlungen** (wie z.b. bei Einholung einer gutachterlichen Stellungnahme)[193] entschieden, die im Anschluss an eine mündliche Verhandlung durchgeführt worden sind, gilt das soeben Ausgeführte entsprechend. Wenn die Beteiligten ihr Einverständnis mit der Verwertung erklärt haben, ergeht die Entscheidung aufgrund mündlicher Verhandlung und ist mit der sofortigen Beschwerde anfechtbar.[194]

Problematisch erscheint mir, danach zu unterscheiden, ob die weiteren Ermittlungen im unmittelbaren Anschluss an die mündliche Verhandlung aufgenommen wurden und diese die in der Verhandlung gewonnenen Erkenntnisse lediglich bestätigen.[195] Dies führt zu Abgrenzungsfragen, die die Zulässigkeit einer sofortigen Beschwerde nicht beeinflussen sollten.

91 Ohne Bedeutung ist, ob zweiseitig oder nur einseitig streitig verhandelt worden ist, weil lediglich eine Partei an der Verhandlung teilgenommen hat.[196] Selbst eine Verhandlung mit den Beteiligten allein ohne die erforderliche anwaltliche Vertretung[197] ändert nichts daran, dass die aufgrund dieser Verhandlung getroffene Entscheidung nach § 620c ZPO anfechtbar ist.[198]

92 Teilweise wird das Vorliegen einer Entscheidung aufgrund mündlicher Verhandlung auch dann abgelehnt, wenn seit der Durchführung der Verhandlung mehrere Monate vergangen sind und nunmehr veränderte Umstände vorliegen.[199]

93 In all diesen Fällen, in denen die Entscheidung nicht aufgrund mündlicher Verhandlung ergangen ist, fehlt es an einer Zulässigkeitsvoraussetzung für die sofortige Beschwerde nach § 620c ZPO.

---

191 MK (ZPO) – *Finger,* § 620c Rn 7; *Musielak – Borth,* § 620c Rn 6.
192 MK (ZPO) – *Finger,* § 620c Rn 7; *Gießler/Soyka,* Rn 151
193 Wenn auch eine solche im Rahmen des einstweiligen Rechtsschutzes regelmäßig nicht zu erholen ist; vgl. § 3 Rn 57.
194 MK (ZPO) – *Finger,* § 620c Rn 7; OLG Hamburg FamRZ 1986, 182; vgl. auch *Zöller – Philippi,* § 620c Rn 8 – ohne die Einschränkung des erforderlichen Einverständnisses wird von einer Anfechtbarkeit nach § 620c ZPO ausgegangen.
195 So jedoch *Schwab/Maurer/Borth,* I Rn 955 mit Hinweis auf OLG Hamburg FamRZ 1986, 182 f.
196 *Musielak – Borth,* § 620c Rn 6; *Zöller – Philippi,* § 620c Rn 7.
197 Hierzu vgl. § 2 Rn 101.
198 *Zöller – Philippi,* § 620c Rn 8; *Musielak – Borth,* § 620c Rn 6; a.A. OLG Düsseldorf FamRZ 1992, 1198.
199 OLG Karlsruhe FamRZ 1989, 521.

Eine dementsprechend unzulässige Beschwerde ist ggf. **umzudeuten** in einen Antrag, aufgrund mündlicher Verhandlung erneut zu entscheiden.[200]

bb) Inhalt der angreifbaren Entscheidungen

(1) Positive Entscheidungen

Die sofortige Beschwerde ist – wie sich dem Wortlaut unschwer entnehmen lässt – beschränkt auf einstweilige Anordnungen, die eine Sorgerechtsregelung beinhalten oder die Herausgabe eines Kindes anordnen. 94
Nicht angreifbar sind Beschlüsse, die den Erlass entsprechender Regelungen ablehnen.[201]
Bei Entscheidungen aufgrund eines **Antrages nach § 620b Abs. 2 ZPO** ist anzunehmen, dass eine Anordnung im Sinne der benannten Regelungsbereiche erfolgt ist, wenn der Beschluss erstmalig eine positive Regelung trifft oder eine entsprechende Ausgangsentscheidung, die ohne mündliche Verhandlung erlassen wurde, bestätigt. Dasselbe gilt, wenn die Entscheidung die elterliche Sorge in Abweichung zur Erstentscheidung nunmehr gerade dem anderen Elternteil zuweist. 95

> *Hinweis*
> Dagegen kommt § 620c ZPO nicht in Betracht, wenn die aufgrund mündlicher Verhandlung gefasste Entscheidung einen ursprünglich erlassenen Beschluss aufhebt und somit wieder der vor der Ausgangsentscheidung bestehende (regelungslose) Zustand herrscht.[202]

Allerdings soll bei Aufhebung des Ausgangsbeschlusses, der eine Regelung zur elterlichen Sorge beinhaltet, eine Anfechtbarkeit möglich sein, da auch hier in ein Sorgerechtsverhältnis eingegriffen wird. Diese Aufhebung hat jedoch dieselbe Wirkung wie eine entsprechende Abänderung des Ausgangsbeschlusses nach § 620b Abs. 2 ZPO und stellt ebenfalls den vor Erlass der Ausgangsentscheidung bestehenden regelungslosen Zustand wieder her. Die unterschiedliche Behandlung der beiden Fälle (einerseits Entscheidung nach § 620b Abs. 2 ZPO – andererseits Abänderungsantrag nach § 620b Abs. 1 ZPO, der sich auf eine aufgrund mündlicher Verhandlung erlassene einstweilige Anordnung bezieht) ist nicht gerechtfertigt.[203] 96

---

200 OLG Stuttgart NJW 1978, 279; OLG Hamm FamRZ 1979, 61; 1980, 67; *Johannsen/Henrich/Sedemund-Treiber*, § 620c Rn 3; *Gießler/Soyka*, Rn 182; als zweifelhaft bezeichnet *Schwab/Maurer*, I Rn 955 Fn 30 diese Ansicht im Hinblick darauf, dass diese Beschwerde stets von einem Rechtsanwalt eingelegt wurde.
201 *Zöller – Philippi*, § 620c Rn 3; *Schwab/Maurer/Borth*, I Rn 956; *Rahm/Künkel/Niepmann*, VI Rn 42, 43; *Gießler/Soyka*, Rn 183; OLG Naumburg FamRZ 2003, 548 zu § 621g ZPO; OLG Hamm FamRZ 2005, 814; a.A. wohl OLG Zweibrücken FamRZ 2005, 745, ohne dies jedoch ausdrücklich anzusprechen.
202 OLG Köln FamRZ 1983, 732; *Zöller – Philippi*, § 620c Rn 9; *Gießler/Soyka*, Rn 183; a.A. OLG Karlsruhe FamRZ 1979, 840; vgl. auch *Zöller – Philippi*, § 620c Rn 11, wo für eine Entscheidung im Abänderungsverfahren die Auffassung des OLG Karlsruhe FamRZ 1979, 840 vertreten wird.
203 *Rahm/Künkel/Niepmann*, VI Rn 42

§ 3 Elterliche Sorge, Umgangsrecht, Herausgabeanspruch

97 *Hinweis*

Wird eine einstweilige Anordnung mit anfechtbarem Inhalt aufgrund mündlicher Verhandlung erlassen, aber nicht angefochten und sodann ein **Abänderungsantrag** gestellt, dieser jedoch abgelehnt, ist Unanfechtbarkeit der Entscheidung anzunehmen, obwohl dieser Antrag inhaltlich eine Bestätigung der positiven Entscheidung darstellt. Ansonsten könnte ein Anfechtungsberechtigter durch Abänderungsanträge Beschwerdemöglichkeiten schaffen, die nach Ablauf der Anfechtungsfrist aus § 620c ZPO gegen die abzuändernde Entscheidung nicht mehr bestehen.[204] Ob die Abänderungsentscheidung mit einer zwischenzeitlich eingetretenen wesentlichen Veränderung der Verhältnisse begründet wird, bleibt ohne Bedeutung.[205, 206]

(2) Elterliche Sorge

98 Die sofortige Beschwerde setzt voraus, dass die elterliche Sorge **insgesamt** oder auch nur in **Teilbereichen** geregelt ist.[207]

Eine Begrenzung der Anfechtbarkeit auf (Teil-)Regelungen, die den **Kernbereich** der elterlichen Sorge betreffen (hierzu zählt insbesondere das Aufenthaltsbestimmungsrecht), wird zunehmend abgelehnt.[208]

(3) Kindesherausgabe

99 Eine Anfechtung kommt nur in Betracht, wenn die **Herausgabe an den Sorgeberechtigten** angeordnet wird. Soll die Herausgabe der Durchführung des Umgangsrechtes dienen, ist die Anordnung gemäß § 620c S. 2 ZPO unanfechtbar.[209] Eine derartige Anordnung dient der Vollstreckung der Umgangsregelung und ist mit den dafür vorgesehenen Rechtsbehelfen anzugreifen.[210] Nicht anfechtbar ist auch eine einstweilige Anordnung, kraft derer das Kind bei den Pflegeeltern zu verbleiben hat.[211]

---

204 OLG Hamburg FamRZ 1993, 1337; OLG Hamm FamRZ 1988, 1194; 1980, 1141; OLG Bremen FamRZ 1981, 1091; MK (ZPO) – *Finger*, § 620c Rn 9 m.w.N.
205 OLG Hamburg FamRZ 1993, 1337; a.A. OLG Düsseldorf FamRZ 1985, 300.
206 Zum Ausnahmefall, dass ein solcher ablehnender Beschluss die Anordnung der Herausgabe eines Kindes enthält, wird vertreten, dass nicht nur gegen diese Herausgabeanordnung, sondern auch gegen die Zurückweisung des Abänderungsantrages bezüglich elterlicher Sorge (diese war dem Antragsgegner zugewiesen) eine sofortige Beschwerde zulässig ist. So *Rahm/Künkel/Niepmann*, VI Rn 42 mit Hinweis auf OLG Hamburg FamRZ 1993, 1337; vgl. ferner *Zöller – Philippi*, § 620c Rn 11.
207 OLG Köln FamRZ 1979, 320; OLG Bamberg FamRZ 1983, 82; OLG Düsseldorf FamRZ 1985, 300; OLG Karlsruhe FamRZ 1998, 501; *Gießler/Soyka* Rn 183; MK (ZPO) – *Finger*, § 620c Rn 3; *Rahm/Künkel/Niepmann*, VI Rn 42; *Zöller – Philippi*, § 620c Rn 4; *Musielak – Borth*, § 620c Rn 4.
208 MK (ZPO) – *Finger*, § 620c Rn 3; *Zöller – Philippi*, § 620c Rn 4; *Gießler/Soyka* Rn 1060; a.A. *Johannsen/Henrich/Sedemund-Treiber*, § 620c Rn 2; *Musielak – Borth*, § 620c Rn 3 mit Hinweis auf OLG Hamm FamRZ 1979, 320 und OLG Düsseldorf FamRZ 1985, 300: Sofortige Beschwerde ist ausgeschlossen, wenn nur Randbereiche der elterlichen Sorge betroffen sind wie z.B. die Frage, ob einem minderjährigen Kind für einen Ferienaufenthalt im Ausland ein Reisepass ausgestellt werden soll.
209 OLG Hamburg FamRZ 1987, 497; MK (ZPO) – *Finger*, § 620c Rn 5; *Rahm/Künkel/Niepmann*, VI Rn 43; *Musielak – Borth*, § 620c Rn 4.
210 Vgl. § 3 Rn 76.
211 OLG Hamm FamRZ 2005, 814.

Ist der Beschluss, der auf Herausgabe des Kindes lautet, bereits vollzogen oder das Kind freiwillig herausgegeben worden, hindert dies die Anfechtbarkeit nicht.[212] Der Antrag muss in der Beschwerde auf Rückführung des Kindes gerichtet sein.[213]

cc) Greifbare Gesetzeswidrigkeit

Neben den ausdrücklich angeordneten Beschwerdemöglichkeiten gewährte die Rechtsprechung ausnahmsweise eine sofortige Beschwerde, wenn die getroffene Entscheidung greifbar gesetzeswidrig war. Greifbare Gesetzeswidrigkeit wurde angenommen, wenn die einstweilige Anordnung in dieser Art, mit diesem Inhalt oder von diesem Gericht nicht erlassen werden durfte. Die Entscheidung musste jeder gesetzlichen Grundlage entbehren und inhaltlich dem Gesetz fremd sein.

100

Nunmehr wird eine solche Verfahrensweise zunehmend abgelehnt und stattdessen eine Anwendung der Neuregelung[214] des § 321a FGG (bzw. in isolierten FGG-Angelegenheiten des § 29a ZPO) oder auch die Erhebung einer nicht geregelten Gegenvorstellung befürwortet.[215] Hierzu vgl. näher § 2 Rn 171.

dd) Gehörsrüge

Nach im Vordringen befindlicher Auffassung[216] tritt an die Stelle der bisher im Ausnahmefall statthaften sofortigen Beschwerde wegen greifbarer Gesetzeswidrigkeit die Gehörsrüge nach § 321a ZPO (bzw. in isolierten FGG-Angelegenheiten nach § 29a FGG).[217] Danach sind die durch die Rechtsprechung zu § 620c ZPO herausgearbeiteten Fälle nunmehr dem Anwendungsbereich der Gehörsrüge zuzuordnen.

101

Teilweise[218] lassen sich die im Zusammenhang mit unterhaltsrechtlichen Anordnungen bereits dargestellten Fälle[219] auf einstweilige Anordnungen im FGG-Bereich sinngemäß übertragen und werden deswegen hier mit erwähnt. Darüber hinaus existiert auch speziell auf den Sorgerechtsbereich bezogene Rechtsprechung. Somit lässt sich auf folgende (vielfach umstrittene) Entscheidungen hinweisen.

---

212 OLG Bamberg FamRZ 1983, 82; OLG Düsseldorf FamRZ 1980, 728; *Gießler/Soyka,* Rn 1115 mit Hinweis auf a.A. OLG Oldenburg FamRZ 1978, 437.
213 MK (ZPO) – *Finger,* § 620c Rn 5; *Musielak – Borth,* § 620c Rn 4.
214 BGBl 2004 I, 3220; neugefasst durch Bek. v. 5.12.2005, BGBl I, 3202.
215 Vgl. BGH FamRZ 2006, 695 (kein außerordentliches Rechtsmittel zum BGH bei greifbarer Gesetzeswidrigkeit – Gegenvorstellung ist ggf. zu erheben); OLG Zweibrücken FamRZ 2006, 555; OLG Köln FamRZ 2005, 2075: eine weite Auslegung des § 321a ZPO ist angezeigt; KG FamRZ 2005, 918; vgl. zu § 321a ZPO a.F. *Lipp,* NJW 2002, 1700 unter Bezugnahme auf BGH NJW 2002, 1577; OLG Celle NJW 2002, 3715; *Gießler/Soyka,* Rn 200 ff.; *Müller,* NJW 2002, 2743, 2746.
216 Vgl. soeben § 3 Rn 100.
217 Vorliegend ist auf § 321a ZPO abzustellen, da die einstweilige Anordnung nach § 620 ZPO dem Eheverfahren zugehört. Letztlich bleibt es aber weitgehend bedeutungslos, welche der beiden Normen man für anwendbar hält, da diese Regelungen im Wesentlichen gleich konzipiert sind; vgl. aber auch beispielsweise § 29a Abs. 2 S. 5 FGG.
218 Soweit nicht spezifische Besonderheiten unterhaltsrechtlicher Regelungen betroffen sind wie bei der Frage, ob eine einstweilige Anordnung auf Auskunft erlassen werden darf.
219 Vgl. § 2 Rn 172.

§3 Elterliche Sorge, Umgangsrecht, Herausgabeanspruch

Greifbare Gesetzeswidrigkeit wurde angenommen bei:[220]
- mangelhafter, nicht nachvollziehbarer Begründung[221]
- Unklarheit der Rechtsgrundlage[222]
- unterlassenem Gebrauch der Abänderungsmöglichkeit nach § 620b ZPO[223]
- Übertragung der Ausführung von Anordnungen zum Umgangsrecht auf das Jugendamt (obwohl das geltende Recht eine solche nicht kennt)[224]
- Ablehnung einer (Unterhalts-)Anordnung bei fehlerhafter Annahme der Unzuständigkeit des Familiengerichts[225]
- Erlass einer einstweiligen Anordnung nach Rechtskraft der Scheidung[226]
- Ablehnung einer Sachentscheidung wegen fehlerhafter Ablehnung des Rechtsschutzbedürfnisses.[227]

Abgelehnt wurde das Vorliegen einer greifbaren Gesetzeswidrigkeit in folgenden Entscheidungen:
- Änderung einer einstweiligen Anordnung ohne Antragstellung durch einen Rechtsanwalt[228]
- Nichtbeachtung von Verfahrens- und Formvorschriften[229]
- unzutreffende Annahme der Zuständigkeit nach dem MSA[230]
- Verletzung des Anspruchs auf rechtliches Gehör[231]
- fehlende Begründung der Entscheidung zum Umgang[232]
- fehlerhafte Kostenentscheidung[233]
- Verweigerung der Durchführung einer mündlichen Verhandlung trotz ordnungsgemäßer Antragstellung nach § 620b Abs. 2 ZPO.[234]

Zum Verfahrensablauf wird verwiesen auf § 2 Rn 173 f.; die dortigen Erwägungen gelten hier entsprechend.[235]

---

220 OLG Hamm FamRZ 2005, 532; vgl. auch *Gießler/Soyka*, Rn 202 ff.; MK (ZPO) – *Finger*, § 620c Rn 11 f.; *Rahm/Künkel/Niepmann*, VI Rn 45.
221 OLG Düsseldorf FamRZ 1998, 764; OLG Hamm FamRZ 1993, 719; a.A. OLG Zweibrücken FamRZ 1998, 1379; vgl. hierzu *Gießler*, FamRZ 1999, 695.
222 OLG Hamm FamRZ 1992, 1455.
223 OLG Zweibrücken FamRZ 1997, 1167.
224 OLG Karlsruhe FamRZ 1991, 969; dabei wurde das Jugendamt selbst als beschwerdeberechtigt angesehen, obwohl es am einstweiligen Anordnungsverfahren nicht beteiligt ist.
225 OLG Hamburg FamRZ 1979, 528.
226 OLG Hamm FamRZ 1985, 85; vgl. dagegen auch OLG Zweibrücken FamRZ 2001, 637.
227 OLG Zweibrücken FamRZ 1986, 1229; abl. Anm. *Braeuer*, FamRZ 1987, 300.
228 OLG Zweibrücken FamRZ 1980, 386.
229 OLG Hamm FamRZ 1982, 1094.
230 OLG Bamberg FamRZ 1997, 1412.
231 BGH FamRZ 1989, 265; 1995, 478 und 1137; BVerfGE 60, 96; 73, 322 ließen hier Gegenvorstellungen zu.
232 OLG Brandenburg NZ 1994, 159.
233 OLG Karlsruhe FamRZ 1997, 1416.
234 OLG Düsseldorf FamRZ 1992, 1198.
235 Vgl. auch *Keidel/Meyer-Holz*, Nachtrag zur 15. Auflage, § 29a FGG Rn 5 ff.

ee) Grundsatz der Meistbegünstigung

Wenn das Familiengericht fehlerhaft durch Urteil anstatt durch Beschluss entscheidet, ist nach dem Grundsatz der Meistbegünstigung (auch) die Berufung statthaft. Dies soll selbst dann gelten, wenn bei korrekter Entscheidung die erlassene einstweilige Anordnung nicht anfechtbar gewesen wäre.[236] 102

Ist eine einstweilige Anordnung nach § 620 ZPO erlassen worden, obwohl eine einstweilige Anordnung im isolierten Verfahren nach § 621g ZPO die korrekte Entscheidungsform dargestellt hätte, kann der Antragsteller nach demselben Grundsatz die sofortige Beschwerde im isolierten Verfahren einlegen.[237]

ff) Untätigkeitsbeschwerde

Vgl. § 2 Rn 175. Die dortigen Erwägungen gelten hier entsprechend. 103

b) Verfahrensablauf und Entscheidung

aa) Form und Frist; Anwaltszwang

Die sofortige Beschwerde (auch die sofortige Beschwerde wegen greifbarer Gesetzeswidrigkeit, soweit sie noch Anerkennung findet[238])[239] ist durch Einreichung einer Beschwerdeschrift[240] zu erheben. Diese kann nicht zu Protokoll der Geschäftsstelle erklärt werden; eine § 620a Abs. 2 S. 2 ZPO entsprechende Regelung existiert nicht. 104

§ 569 Abs. 3 Nr. 1 ZPO greift nicht, da das Verfahren nach §§ 620 ff. ZPO als Teil der Ehesache grds. dem Anwaltszwang unterliegt.[241]

Die Beschwerdeschrift muss nach § 569 Abs. 1 S. 1 ZPO beim erstinstanzlichen Familiengericht, dessen Entscheidung angefochten wird, oder bei dem zuständigen OLG binnen einer Notfrist[242] von zwei Wochen seit Zustellung **durch einen Anwalt**[243] eingelegt werden. Hierbei kamen in der Vergangenheit nicht selten Fehler vor, da die Einlegung der 105

---

236 *Zöller – Philippi*, § 620c Rn 14; MK (ZPO) – *Finger*, § 620c Rn 19 jeweils mit Hinweis auf OLG Zweibrücken NJW-RR 1992, 904; die Anwendung des Meistbegünstigungsgrundsatzes auch bei Unanfechtbarkeit der korrekten Entscheidungsform ist bedenklich – vgl. hierzu die abweichende Auffassung bei *Schellhammer*, Zivilprozess Rn 960 mit zahlreichen Nachweisen auf die Rechtsprechung in Fn 7.
237 OLG Frankfurt/Main FamRZ 1994, 177; im konkreten Fall handelte es sich um eine einstweilige Anordnung, die aufgrund eines Antrages des Jugendamtes zur Entscheidung kam. Das Jugendamt ist im Anordnungsverfahren innerhalb des Eheverfahrens jedoch nicht beteiligt, also auch nicht antragsberechtigt, so auch nicht beschwerdeberechtigt.
238 Vgl. § 3 Rn 100 und § 2 Rn 171.
239 Sämtliche Verfahrensvoraussetzungen der sofortigen Beschwerde gelten für die außerordentliche sofortige Beschwerde entsprechend.
240 OLG Koblenz FamRZ 1999, 1214.
241 So zu § 569 Abs. 2 S. 2 a.F.: OLG Karlsruhe FamRZ 1981, 379; OLG Zweibrücken FamRZ 1981, 186; OLG Celle FamRZ 1982, 321; OLG Frankfurt FamRZ 1983, 516; BGH FamRZ 1982, 788 (obiter dictum); OLG Koblenz FamRZ 1999, 1214; *Gießler/Soyka*, Rn 187; *Zöller – Philippi*, § 620c Rn 17; a.A. OLG Hamm FamRZ 1985, 1146; OLG Zweibrücken FamRZ 1998, 1031; MK (ZPO) – *Finger*, § 620c Rn 20.
242 Eine Notfrist ist nicht abänderbar; vgl. *Thomas/Putzo – Hüßtege*, § 224 Rn 2. Die Gewährung von Wiedereinsetzung dagegen ist gemäß § 233 ZPO möglich.
243 OLG Frankfurt FamRZ 1983, 516; *Musielak – Borth*, § 620c Rn 8; a.A. OLG Hamm FamRZ 1985, 1146.

§ 3 Elterliche Sorge, Umgangsrecht, Herausgabeanspruch

Beschwerde beim Familiengericht erster Instanz durch einen Anwalt vorgenommen werden musste, der bei einem Amts- oder Landgericht[244] zugelassen ist,[245] während die beim OLG eingelegte Beschwerde nur dann wirksam erhoben war, wenn ein bei diesem OLG zugelassener Anwalt gehandelt hat.[246]

106   *Beachte*
Diese Problematik ist seit dem 1.1.2002 dadurch erheblich entschärft, dass nach § 571 Abs. 4 S. 1 ZPO im Beschwerdeverfahren nunmehr **jeder bei einem Amts- oder Landgericht zugelassene Anwalt** auftreten darf.

107   Die sofortige Beschwerde ist gemäß § 620d S. 1 ZPO innerhalb der Beschwerdefrist[247] zu begründen. Diese Gründe können sich gemäß § 571 Abs. 2 ZPO auf neue Tatsachen und Beweismittel stützen. Eine konkrete Antragstellung ist nicht erforderlich. Jedoch muss sich aus der Beschwerde ergeben, inwieweit eine abändernde Entscheidung begehrt wird und sich der Antragsteller beschwert fühlt[248] (vgl. auch § 569 Abs. 2 S. 2 ZPO n.F.).

Nach rechtskräftigem Abschluss des Hauptsacheverfahrens (hier also der Ehesache) ist die Einlegung einer Beschwerde nicht mehr zulässig. Eine rechtzeitig eingelegte sofortige Beschwerde ist jedoch noch zu verbescheiden.[249]

bb) Beschwerdeberechtigung; Beschwer; Anschlussbeschwerde

108   Die Beschwerdeberechtigung kommt **ausschließlich** den **Ehegatten** bzw. **Lebenspartnern** (nach erfolgter Stiefkindadoption) zu.[250] Hergeleitet wird dies aus dem summarischen Charakter des Anordnungsverfahrens, das eine Drittbeteiligung ausschließt.[251]
Nicht beschwerdeberechtigt sind somit das Jugendamt,[252] das Kind (auch wenn es das 14. Lebensjahr vollendet hat),[253] der Vormund des Kindes[254] oder auch der Verfahrenspfleger für das Kind.[255] Eine Ausnahme hiervon ist dann anzuerkennen, wenn in deren Rechte in unzulässiger Weise eingegriffen wird.[256]

---

244 Nach § 78 Abs. 2 Nr. 1 ZPO a.F. war erforderlich, dass der Anwalt bei dem maßgeblichen Amtsgericht oder dem übergeordneten Landgericht zugelassen war.
245 OLG Koblenz FamRZ 1999, 1214; OLG Celle FamRZ 1990, 656; OLG Frankfurt/Main FamRZ 1983, 516.
246 OLG Koblenz FamRZ 1999, 1214.
247 Also kann auch diese Begründungsfrist nicht verlängert werden.
248 *Gießler/Soyka*, Rn 190.
249 *Zöller – Philippi*, § 620c Rn 18; a.A. MK (ZPO) – *Finger*, § 620c Rn 16, der die Auffassung vertritt, die sofortige Beschwerde könne auch noch nach rechtskräftigem Abschluss des Scheidungsausspruchs eingelegt werden; ebenso a.A. OLG Zweibrücken FamRZ 1977, 261.
250 MK (ZPO) – *Finger*, § 620c Rn 18; *Zöller – Philippi*, § 620c Rn 15; *Rahm/Künkel – Niepmann*, VI Rn 46; *Gießler/Soyka*, Rn 185.
251 *Musielak – Borth*, § 620c Rn 7; *Zöller – Philippi*, § 620c Rn 15.
252 KG FamRZ 1979, 740; OLG Karlsruhe FamRZ 1991, 969; FamRZ 2004, 656; a.A. *Schwab/Maurer/Borth*, I Rn 963 und zu § 621g ZPO OLG Karlsruhe FamRZ 2005, 120.
253 *Zöller – Philippi*, § 620c Rn 15; a.A. *Schwab/Maurer/Borth*, I Rn 963.
254 A.A. OLG Hamm DAVorm 1985, 508.
255 *Gießler/Soyka*, Rn 185; anders OLG Brandenburg FamRZ 2003, 1405 zu § 621e ZPO .
256 Wenn also dem Jugendamt eine Verpflichtung auferlegt wird, die das Gesetz nicht vorsieht (Mitwirkung beim Umgang): OLG Karlsruhe FamRZ 1991, 969; bei Auferlegung von Kosten: OLG Frankfurt/Main FamRZ 1994, 177; zu greifbarer Gesetzeswidrigkeit vgl. § 3 Rn 100 und § 2 Rn 171.

Die erforderliche **Beschwerde** ist bei Erlass einer einstweiligen Anordnung auf Seiten des Antragsgegners stets anzunehmen. Beim Antragsteller dagegen ist erforderlich, dass die Entscheidung dem gestellten Antrag nicht voll entspricht,[257] also das Gericht beispielsweise bei Vorliegen eines Antrages auf Übertragung der elterlichen Sorge insgesamt dem Antragsteller lediglich das Aufenthaltsbestimmungsrecht zuweist.

109

Die Beschwer entfällt nicht durch den bereits erfolgten Vollzug der einstweiligen Anordnung.[258] Sobald diese jedoch gemäß § 620f ZPO außer Kraft tritt,[259] scheidet eine Anfechtung aus.

Die Möglichkeit, eine **Anschlussbeschwerde** zu erheben, ist abhängig von der jeweiligen Regelungsmaterie. Da in Sorgerechtsangelegenheiten, bei denen das Wohl des Kindes für die Entscheidung ausschlaggebend ist, das Verschlechterungsverbot nicht greift,[260] fehlt das Rechtsschutzbedürfnis[261] für eine derartige Anschlussbeschwerde.

110

cc) Verfahren

Das sofortige Beschwerdeverfahren nach §§ 567 ff. ZPO hat durch die Neufassung dieser Regelungen erhebliche Änderungen erfahren.

111

Es wird nun nicht mehr ausschließlich beim OLG betrieben. Das Amtsgericht darf der Beschwerde abhelfen (§ 572 Abs. 1 Hs. 1 ZPO). Geschieht dies nicht, ist die Beschwerde unverzüglich an das OLG weiterzureichen.

Wegen dieser **Abhilfemöglichkeit** durch das Ausgangsgericht ist m.E. nicht einzusehen, dass nur das Oberlandesgericht befugt sein soll, eine **Aussetzung der Vollziehung** der einstweiligen Anordnung anzuordnen.[262] Dem widerspricht auch nicht der Wortlaut des § 620e ZPO, wonach »das Gericht« die Vollziehung aussetzen darf. Bis zum Erlass der (Nicht-)Abhilfeentscheidung ist das Amtsgericht zuständig.

112

Ob das OLG eine mündliche Verhandlung durchführt, liegt in seinem Ermessen (§§ 572 Abs. 4, 128 Abs. 4 ZPO). Eine solche wird jedenfalls angezeigt sein, wenn eine erneute Anhörung der Kinder oder der Eltern bei Sorgerechtsstreitigkeiten zur Entscheidungsfindung beitragen kann.[263]

113

---

257 *Zöller – Philippi*, § 620c Rn 16; *Musielak – Borth*, § 620c Rn 7; MK (ZPO) – *Finger*, § 620c Rn 18; *Gießler/Soyka*, Rn 186.
258 OLG Karlsruhe FamRZ 1999, 1087; OLG Bamberg FamRZ 1983, 82; OLG Düsseldorf FamRZ 1980, 728.
259 Vgl. hierzu § 3 Rn 121 ff.
260 Somit kann beispielsweise auch bei Beschwerde des Antragstellers wegen einer Übertragung lediglich des Aufenthaltsbestimmungsrechtes auf den Antragsteller (bei ursprünglicher Antragstellung auf vollständige Übertragung der elterlichen Sorge) letztlich auch eine Abweisung des ursprünglichen Antrages in Betracht kommen. Zur Nichtanwendung des Verschlechterungsverbotes vgl. OLG Celle FamRZ 1996, 364.
261 *Zöller – Philippi*, § 620c Rn 19.
262 So aber *Baumbach/Lauterbach/Albers/Hartmann*, § 620c Rn 2; wohl auch *Thomas/Putzo – Hüßtege*, § 620 e Rn 3.
263 Vgl. auch *Schwab/Maurer/Borth*, I Rn 964, 471 m.w.N., der eine mündliche Verhandlung in FGG-Angelegenheiten nur in Ausnahmefällen für entbehrlich erachtet; anders MK (ZPO) – *Finger*, § 620c Rn 21: Erneute Anhörung der Eltern und Kinder ist entbehrlich.

§3 Elterliche Sorge, Umgangsrecht, Herausgabeanspruch

114 Das Beschwerdeverfahren ist erledigt, wenn die einstweilige Anordnung gemäß § 620f Abs. 1 ZPO während anhängiger Beschwerde außer Kraft tritt.

Dagegen ist eine Verfahrenserledigung durch Vergleich im Beschwerdeverfahren (wie im Ausgangsverfahren) nur möglich, soweit die Beteiligten über den Streitgegenstand disponieren können, also im Bereich der ZPO-Verfahren[264] oder der streitigen FGG-Angelegenheiten (Ehewohnung, Hausrat),[265] nicht jedoch in den Fällen der Nr. 1 bis 3[266] des § 620 ZPO.

Eine Rücknahme der Beschwerde durch den Beschwerdeführer ist bis zum Erlass der Beschwerdeentscheidung ohne Zustimmung des Antragsgegners jederzeit möglich und beendet das Rechtsmittelverfahren.[267]

dd) Entscheidung

115 Die Entscheidung im Beschwerdeverfahren wird durch zu begründenden Beschluss getroffen (§ 620d S. 2 ZPO).

Inhaltlich hat sie sich auf den **angegriffenen Regelungsbereich** zu beschränken. Es kommt somit nicht in Betracht, im Beschwerdeverfahren zum Sorgerecht eine Umgangsregelung zu treffen, es sei denn es handelt sich um eine die Hauptsacheregelung zum Sorgerecht vorbereitende Maßnahme.[268]

Das Gericht ist in FGG-Angelegenheiten jedoch nicht an die Anträge der Beteiligten gebunden.[269] Auch greift das **Verbot der Schlechterstellung** des Beschwerdeführers in diesen Bereichen nicht.[270]

116 Die Entscheidung kann je nach Sach- und Rechtslage lauten auf:
- Verwerfung der Beschwerde als unzulässig
- Zurückweisung der Beschwerde als unbegründet
- Änderung oder Aufhebung des angefochtenen Beschlusses, soweit die Beschwerde begründet ist.

Soweit eine Abänderung in Betracht kommt, ist das OLG bezüglich des Regelungsinhaltes frei. Auf die Aufhebung der angegriffenen einstweiligen Anordnung ist das Beschwerdegericht nicht beschränkt und kann seinerseits Anordnungen treffen, die als Erstentscheidung nicht anfechtbar sind.[271]

---

264 Hier selbstverständlich nur denkbar im Falle der Anerkennung der Statthaftigkeit einer sofortigen Beschwerde wegen greifbarer Gesetzeswidrigkeit.
265 Bezüglich Hausrat ebenfalls nur denkbar bei einer sofortigen Beschwerde wegen greifbarer Gesetzeswidrigkeit.
266 Vgl. § 3 Rn 59, 60.
267 OLG Frankfurt/Main FamRZ 1996, 420; *Zöller – Philippi,* § 620c Rn 20; *Gießler/Soyka,* Rn 188.
268 Vgl. § 3 Rn 13.
269 *Zöller – Philippi,* § 620c Rn 22a.
270 OLG Karlsruhe NJW-RR 1992, 709; *Zöller – Philippi,* § 620c Rn 22a.
271 MK (ZPO) – *Finger,* § 620c Rn 22.

■ Zurückweisung der Sache an das Familiengericht (evtl. unter Aufhebung der einstweiligen Anordnung), wenn im erstinstanzlichen Verfahren schwer wiegende Verfahrensmängel vorgekommen sind oder weitere Sachaufklärung erforderlich ist. Wegen der Dringlichkeit der begehrten Regelung ist von dieser Möglichkeit möglichst Abstand zu nehmen.[272]

Eine Kostenentscheidung ist bei einer (auch nur teilweise)[273] erfolgreichen Beschwerde grundsätzlich nicht veranlasst (§ 620g S. 1 ZPO).[274]

117

Eine Ausnahme kommt dann in Betracht, wenn die Beschwerdeentscheidung erst im Anschluss an die Hauptsacheentscheidung ergeht und somit dort die Kosten der Beschwerde noch gar nicht berücksichtigt werden konnten.[275] Bei dieser gesonderten Kostenentscheidung im Beschluss findet § 93a ZPO Anwendung.

Bei einer erfolglosen Beschwerde ist § 97 ZPO einschlägig, der gegenüber § 620g ZPO vorrangig ist.[276] Auch in diesem Fall ist eine Kostenentscheidung im Anordnungsverfahren selbst zu erlassen,[277] die sich auf die Kosten des Beschwerdeverfahrens bezieht.

Eine Rücknahme der Beschwerde führt zur Kostentragungspflicht des Antragstellers (analog § 516 Abs. 3 ZPO), die durch das OLG festgestellt wird.[278]

Wird das Beschwerdeverfahren für erledigt erklärt, gilt dagegen wiederum § 620g ZPO.[279] Eine gesonderte Kostenentscheidung ergeht nicht.

4. Rechtsbehelfe

Eine **Rechtsbeschwerde** gegen die Entscheidung des Oberlandesgerichts ist nur statthaft, wenn das Beschwerdegericht diese im Beschluss zugelassen hat (§ 574 Abs. 1 Nr. 2 ZPO). Jedoch werden die Beteiligten hierdurch nicht daran gehindert, einen Abänderungsantrag nach § 620b Abs. 1 ZPO zu stellen. Ebenso ist es möglich, dass die Beteiligten die entspre-

118

---

272 *Schwab/Maurer/Borth,* I Rn 965; MK (ZPO) – *Finger,* § 620c Rn 23; *Musielak – Borth,* § 620c Rn 9; *Gießler/Soyka,* Rn 195.
273 *Schwab/Maurer/Borth,* I Rn 933 mit Hinweis auf OLG Frankfurt FamRZ 1984, 720; a.A. *Gießler/Soyka,* Rn 236 mit Hinweis auf OLG Karlsruhe FamRZ 1988, 855; MK (ZPO) – *Finger,* § 620g Rn 9.
274 Nach OLG Bamberg FamRZ 1997, 1227 ist im Beschwerdeverfahren § 620g ZPO nicht anzuwenden, sondern auf die allgemeinen Vorschriften zurückzugreifen.
275 *Zöller – Philippi,* § 620g Rn 7 mit Hinweis auf OLG Frankfurt/Main FamRZ 1990, 540.
276 OLG Düsseldorf FamRZ 1980, 1047; OLG Frankfurt/Main FamRZ 1984, 720; OLG Karlsruhe FamRZ 1988, 855; *Schwab/Maurer/Borth,* I Rn 934; *Gießler/Soyka,* Rn 236 mit Hinweis auf a.A.: *Stein/Jonas – Schlosser,* § 620g Rn 3 – § 96 ZPO finde Anwendung.
277 *Schwab/Maurer/Borth,* I Rn 934.
278 OLG Frankfurt/Main FamRZ 1984, 720; *Zöller – Philippi,* § 620g Rn 9 mit Hinweis auf BayObLG FamRZ 1995, 184; *Gießler/Soyka,* Rn 236.
279 *Zöller – Philippi,* § 620g Rn 9; OLG Frankfurt/Main FamRZ 1984, 1243; 85, 823; OLG Jena FamRZ 1996, 880; a.A. OLG Bamberg FamRZ 1996, 884; OLG Düsseldorf FamRZ 1980, 1047: Es soll in zweiter Instanz § 91a ZPO greifen; so auch OLG Karlsruhe Justiz 1981, 480; OLG Brandenburg NJW-RR 1996, 771; MK (ZPO) – *Finger,* § 620g Rn 10.

chenden Hauptsacheverfahren betreiben, um die Wirkung des § 620f Abs. 1 S. 1 ZPO herbeizuführen.

5. Aussetzung der Vollziehung nach § 620e ZPO

119 Eine Aussetzung der Vollziehung der einstweiligen Anordnung ist im FGG-Bereich nicht beschränkt auf die einer Vollstreckung zugängliche Anordnung zum Umgangsrecht oder zur Herausgabe des Kindes. Auch die Vollziehung einer Entscheidung zur elterlichen Sorge kann nach § 620e ZPO ausgesetzt werden; dies hat zur Folge, dass die Gestaltungswirkung, die dem Beschluss nach § 620 Nr. 1 ZPO zukommt, entfällt und somit wieder der Zustand vor Erlass der einstweiligen Anordnung hergestellt ist.[280]
Wie bereits dargestellt (§ 3 Rn 112) ist m.E. nunmehr auch das Amtsgericht befugt, die Aussetzung der Vollziehung auszusprechen und die Beschwerde nach Nichtabhilfe im Übrigen zur Sache dem Oberlandesgericht vorzulegen.
Vgl. auch § 2 Rn 176 ff. Die dortigen Ausführungen gelten hier entsprechend.

6. Weitere anfechtbare Entscheidungen im Anordnungsverfahren (Zwischen- und Nebenentscheidungen)

120 Vgl. § 2 Rn 184 ff. Die dortigen Ausführungen gelten hier entsprechend.

Hinweis
Ergänzend ist darauf hinzuweisen, dass in den FGG-Angelegenheiten elterliche Sorge, Umgangsrecht, Herausgabe des Kindes heftiger Streit darüber besteht, ob die **Bestellung eines Verfahrenspflegers**[281] für das Kind nach § 50 FGG der Anfechtung nach § 19 FGG unterliegt.

Einerseits wird mit Hinweis auf einen Eingriff in das Sorgerecht, der durch die Bestellung des Verfahrenspflegers geschieht, die Anfechtungsmöglichkeit bejaht.[282]
Dagegen wird jedoch eingewandt, dass die Eltern durch die Pflegerbestellung ihre Vertretungsbefugnis nicht verlieren würden.[283] Die Pflegerbestellung sei eine verfahrensleitende Verfügung, die ein Anfechtungsrecht nicht gewähre. Auch bestehe kein Anfechtungsbedürfnis, da ein Rechtsmittelgericht ansonsten ebenso wenig in die Verfahrensgestaltung eingreifen könne.[284] Mir erscheint die Argumentation als überzeugend, die darauf abstellt, dass

---
280 MK (ZPO) – *Finger*, § 620e Rn 2.
281 Diese Bestellung kann bereits im Stadium der einstweilige Anordnung nach § 620 ZPO geschehen, obwohl das Kind (und dementsprechend ebenso der Verfahrenspfleger) nicht formell beteiligt ist; vgl. hierzu *van Els*, Rn 151, 154.
282 OLG Hamm FamRZ 1999, 41; OLG München FamRZ 1999, 667; OLG Rostock ZfJ 1999, 307; OLG Karlsruhe FF 2000, 99; OLG Köln FamRZ 2000, 487; KG FamRZ 2003, 392; *Motzer*, FamRZ 1999, 1101, 1106.
283 OLG Brandenburg FF 2000, 99.
284 OLG Düsseldorf FamRZ 2000, 249; OLG Celle FGPrax 1999, 180; *Keidel/Engelhardt*, § 50 Rn 47.

zwar ein Eingriff in Elternrechte vorliegt, dieser sich aber nicht als so gewichtig darstellt, dass bei Berücksichtigung der Interessen des Kindes, die mit der Pflegerbestellung verfolgt werden, eine Anfechtung zulässig sei.[285] Eine Anfechtungsmöglichkeit würde darüber hinaus eine Verfahrensverzögerung bewirken, die dem Wohl des Kindes abträglich wäre.

X. Das Außer-Kraft-Treten der einstweiligen Anordnung

Eine einstweilige Anordnung nach § 620 Nr. 1–3 ZPO tritt gemäß § 620 f Abs. 1 S. 1 ZPO außer Kraft, wenn   **121**
- eine anderweitige Regelung Wirksamkeit erlangt oder
- der Antrag bzw. die Klage in der Ehesache zurückgenommen oder rechtskräftig abgewiesen ist oder
- das Eheverfahren nach § 619 ZPO als erledigt anzusehen ist.

Soweit sich diese Folge an die Antragsrücknahme in der Ehesache, die rechtskräftige Klageabweisung oder Erledigung des Eheverfahrens nach § 619 ZPO knüpft, wird auf § 2 Rn 228 ff. verwiesen.

1. Wirksamwerden einer anderweitigen Regelung

a) Wirksamwerden der Regelung

Anders als bei Hauptsacheentscheidungen in ZPO-Sachen tritt Wirksamkeit einer anderweitigen Regelung nicht erst mit Rechtskraft ein. Denn in den hier maßgeblichen FGG-Angelegenheiten ist auf § 16 Abs. 1 FGG abzustellen, wonach die Entscheidungen bereits mit **Bekanntmachung** Wirksamkeit erlangen.   **122**
Diese Bekanntmachung folgt den Regelungen der §§ 621a Abs. 1 S. 2, 329 ZPO, da § 16 Abs. 2, 3 FGG unanwendbar ist.[286] Es ist somit auf die **Zustellung** an die Beteiligten abzustellen. Wird die Entscheidung jedoch in Gegenwart der Eltern verkündet, ist sie diesen gegenüber bereits mit dieser **Verkündung** wirksam.[287]
Eine **Anfechtung** der Hauptsacheentscheidung ändert an deren Wirksamkeit nichts. Selbst wenn das OLG nach eingelegter Beschwerde gemäß § 24 Abs. 3 Hs. 2 FGG die Vollziehung der Hauptsacheentscheidung aussetzt, bleibt es dabei, dass die Wirksamkeit der einstweiligen Anordnung beseitigt ist.[288] Die einstweilige Anordnung lebt nicht wieder auf. Es kann

---

285 OLG Naumburg FamRZ 2001, 170 mit Hinweis auf die Rechtsprechung aus voriger Fn; vgl. auch OLG Hamm FamRZ 2003, 881; OLG Zweibrücken FamRZ 2004, 1591; KG FamRZ 2004, 1591; OLG München OLGReport 2004, 368.
286 OLG Bamberg FamRZ 1999, 938; KG FamRZ 1983, 1161; *Zöller – Philippi*, § 621a Rn 23–23b.
287 OLG Hamburg FamRZ 1985, 94; *Zöller – Philippi*, § 621a Rn 22.
288 MK (ZPO) – *Finger*, § 620f Rn 12; *Zöller – Philippi*, § 620f Rn 20; *Gießler/Soyka*, Rn 1064.

§3 Elterliche Sorge, Umgangsrecht, Herausgabeanspruch

jedoch eine neue einstweilige Anordnung des Beschwerdegerichts gem. § 24 Abs. 3 Hs. 1 FGG herbeigeführt werden.

123 *Beachte*

Handelt es sich bei der anderweitigen Regelung um eine **Hauptsacheentscheidung im Verbund**, greift die Wirksamkeit gem. § 629d ZPO nicht vor der Rechtskraft des Scheidungsurteils. Wird der Scheidungsausspruch selbst rechtskräftig, die Folgesache elterliche Sorge jedoch mit der Beschwerde angefochten, liegt eine anderweitige Regelung vor, die mit ihrer Bekanntgabe Wirksamkeit erlangt (vgl. § 621a Abs. 1 ZPO, § 16 Abs. 1 FGG).

124 Eine bereits während der Trennungszeit ergangene gerichtliche Hauptsacheregelung wird durch eine erfolgte Scheidung nicht beeinflusst und wirkt auch in der Zeit nach Rechtskraft der Scheidung weiter. Hieraus folgt, dass die einstweilige Anordnung nach ausgesprochener Scheidung nicht wieder auflebt.[289] Auch wenn die Hauptsacheentscheidung ausdrücklich auf die Trennungszeit beschränkt ist, ändert sich hieran nichts. Eine einmal außer Kraft getretene einstweilige Anordnung kann durch die Scheidung nicht wieder Wirksamkeit erlangen.[290]

b) Anderweitige Regelung in Angelegenheiten der elterlichen Sorge

125 Da nach § 620 Nr. 1 ZPO erlassene einstweilige Anordnungen sich meist auf Teilbereiche der elterlichen Sorge beziehen und auch Hauptsacheentscheidungen vielfach nicht die gesamte Sorge umfassen, ist zu prüfen, ob die Endentscheidung inhaltlich die einstweilige Anordnung mit umfasst, insoweit also **Deckungsgleichheit** vorliegt. Nur in einem solchen Fall tritt die einstweilige Anordnung außer Kraft.

Eine Vereinbarung der Eltern ist nicht geeignet, eine anderweitige Regelung im Sinne des § 620f ZPO darzustellen. Denn den Eltern fehlt die Dispositionsbefugnis über den Regelungsbereich der elterlichen Sorge. Eine abändernde Entscheidung liegt in einem solchen Fall erst dann vor, wenn das Gericht die elterliche Vereinbarung bestätigt.[291]

c) Anderweitige Regelung zum Umgangsrecht

126 Da auch hier eine Kongruenz der Regelungsgegenstände zu fordern ist und § 620 Nr. 2 ZPO nur den Umgang eines Elternteils mit dem Kind betrifft, können anderweitige Regelungen nur solche sein, die ebenso den **Umgang eines Elternteils (bzw. Lebenspartners** nach erfolgter Stiefkindadoption) mit dem gemeinsamen Kind betreffen. Das Umgangsrecht nach § 1685 BGB kommt dagegen nicht in Betracht.

127 Eine einstweilige Anordnung zum Umgangsrecht tritt auch dann außer Kraft, wenn die elterliche Sorge demjenigen, dem das Umgangsrecht eingeräumt wurde, übertragen wird.

---

289 Vgl. *Schwab – Maurer/Borth*, I Rn 974.
290 Vgl. § 2 Rn 226.
291 *Gießler/Soyka*, Rn 1065 a.E.

Elterliche Sorge, Umgangsrecht, Herausgabeanspruch §3

Mit Wirksamkeit dieser Entscheidung liegt eine anderweitige Hauptsacheregelung im Sinne von § 620f Abs. 1 S. 1 Alt. 1 ZPO vor.

Angesichts der fehlenden Dispositionsbefugnis der Eltern bei FGG-Sachen erscheint es fraglich, einer **Einigung der Eltern** über den Umgang die Wirkung einer anderweitigen Hauptsacheregelung beizumessen.[292] Meines Erachtens kann dem nur gefolgt werden, wenn die elterliche Vereinbarung einer gerichtlichen Billigung unterzogen wurde und somit doch eine gerichtliche Entscheidung vorliegt oder wenn ein Fall des § 52a Abs. 4 S. 3 FGG gegeben ist, also ein Vergleich protokolliert wird, dessen Umgangsregelung an die Stelle einer bisherigen gerichtlichen Verfügung tritt.[293]

128

d) Anderweitige Regelung zur Kindesherausgabe

Die erforderliche Deckungsgleichheit zwischen Hauptsacheregelung und einstweiliger Anordnung liegt nur dann vor, wenn auch die Hauptsacheregelung die Herausgabe des gemeinsamen Kindes von einem Elternteil an den anderen anordnet.

129

Eine in einer einstweiligen Anordnung getroffene Herausgabeanordnung wird unwirksam, wenn der nach der einstweiligen Anordnung zur Herausgabe verpflichtete Elternteil in einem Hauptsacheverfahren das Sorgerecht oder zumindest die Personensorge bzw. das Aufenthaltsbestimmungsrecht erhält. Denn der Herausgabeanspruch setzt auf Seiten des Anspruchstellers zwingend die Personensorge oder das Aufenthaltsbestimmungsrecht voraus und entfällt somit, wenn eine dem widersprechende Regelung getroffen wird.[294]

2. Feststellung der Unwirksamkeit

Der Beschluss nach § 620f Abs. 1 S. 2 ZPO hat lediglich deklaratorische Wirkung. Die einstweilige Anordnung tritt bereits kraft Gesetzes außer Kraft.

130

XI. Sonderfragen zu Prozesskostenhilfe

Vgl. § 2 Rn 253.

131

---

292 So jedoch *Gießler/Soyka*, Rn 1096 mit Hinweis auf OLG Karlsruhe FamRZ 2002, 1712.
293 Anders *Zöller – Philippi*, § 620f Rn 11, § 621 Rn 23; *Gießler/Soyka*, Rn 1096; vgl. hierzu auch OLG Karlsruhe FamRZ 2002, 1712; OLG Köln FamRZ 1998, 961; *Büttner*, FamRZ 1998, 590; dagegen OLG München FamRZ 1999, 522.
294 *Gießler/Soyka*, Rn 1116.

§3 Elterliche Sorge, Umgangsrecht, Herausgabeanspruch

C. Die einstweilige Anordnung zu elterlicher Sorge, Umgangsrecht und Herausgabe des Kindes im Rahmen isolierter Hauptsacheverfahren (§ 621g ZPO)

132 Außerhalb des Anwendungsbereiches des § 620 ZPO waren die FGG-Angelegenheiten elterliche Sorge, Umgangsrecht und Herausgabe eines Kindes lange Zeit nicht ausdrücklich und umfassend geregelt. Da jedoch auch hier ein Bedürfnis bestand, in dringlichen Fällen bereits vor einer Hauptsacheentscheidung Eilmaßnahmen zu erlassen, bildete die Rechtsprechung die vorläufige Anordnung als Mittel des vorläufigen Rechtsschutzes heraus. Schließlich wurde davon ausgegangen, dass sie kraft Gewohnheitsrechts in allen selbstständigen familiengerichtlichen Verfahren der freiwilligen Gerichtsbarkeit zulässig ist.[295]

Nach und nach erließ der Gesetzgeber Einzelvorschriften, in denen vorläufige Anordnungen (dort als »einstweilige Anordnungen« bezeichnet) als zulässige Maßnahmen des einstweiligen Rechtsschutzes expressis verbis statuiert waren.

Beispielsweise auf Folgende sei hingewiesen:
- §§ 49 Abs. 4, 49a Abs. 3 FGG: einstweilige Anordnungen in bestimmten Familiensachen vor Anhörung des Jugendamtes
- § 52 Abs. 3 FGG: einstweilige Anordnungen im Falle der Aussetzung eines die Person eines Kindes betreffenden Verfahrens
- § 50 d FGG: einstweilige Anordnung zur Regelung der Herausgabe der zum persönlichen Gebrauch des Kindes bestimmten Sachen, wenn die Herausgabe des Kindes selbst angeordnet wird.

Über diese wenigen Regelungen hinaus waren vorläufige Anordnungen zur elterlichen Sorge, zum Umgangsrecht und zur Kindesherausgabe immer dann zulässig, wenn ein dringendes Bedürfnis bestand, zum Schutze des Kindes unverzüglich einzuschreiten, und ein Abwarten bis zur endgültigen Entscheidung den erforderlichen Schutz des Kindes nicht gewährleisten konnte.[296]

133 Mit Wirkung zum 1.1.2002 ist das Gesetz zur Verbesserung des zivilgerichtlichen Schutzes bei Gewalttaten und Nachstellungen sowie zur Erleichterung der Überlassung der Ehewohnung bei Trennung (**Gewaltschutzgesetz**)[297] in Kraft getreten, das eine recht umfassende Regelung des einstweiligen Rechtsschutzes im familienrechtlichen Bereich herbeiführte. So bestimmt **§ 621g ZPO**, dass das Gericht in den Verfahren des § 621 Abs. 1 Nr. 1 bis 3 ZPO **auf Antrag** Regelungen im Wege der einstweiligen Anordnung treffen kann.[298] Der

---

295 *Rahm/Künkel/Niepmann*, VI Rn 81; BGH FamRZ 1978, 886; BayObLG NJW 1992, 1971.
296 BayObLG FamRZ 1999, 178; 85, 100; OLG Hamm FamRZ 1988, 199; OLG Köln FamRZ 1999, 181; *Keidel/ Kahl*, § 19 Rn 30; BGH FamRZ 1978, 886.
297 BGBl 2001 I, 3513.
298 Vgl. auch § 64b Abs. 3 FGG zum einstweiligen Rechtsschutz in Verfahren nach §§ 1 und 2 GewSchG.

Verfahrensablauf richtet sich gemäß § 621g S. 2 ZPO nach den Bestimmungen der §§ 620a bis 620g ZPO.

Da mit Hilfe dieser Norm ein gesetzlicher Rahmen für in der Rechtsprechung bereits anerkannte Entscheidungsmöglichkeiten geschaffen werden sollte,[299] ohne dass dies dazu führen kann und darf, dass bislang gleichermaßen anerkannte Anwendungsbereiche der vorläufigen Anordnung beseitigt werden, und da trotz dieser nunmehr geltenden Gesetzeslage weiterhin in zahlreichen Fällen ein Bedürfnis besteht, zum Schutze eines Kindes unverzüglich **von Amts wegen** einzuschreiten (§ 1666 BGB), kann m.E. auch künftig auf die vorläufige Anordnung nicht verzichtet werden.[300] Denn § 621g ZPO hilft hier nicht weiter; schließlich setzt diese Regelung eine Antragstellung zwingend voraus.[301]

I. Anhängigkeit eines Hauptsacheverfahrens

Die einstweilige Anordnung nach § 621g ZPO ist kraft gesetzlicher Verweisung auf § 620a Abs. 2 S. 1 ZPO als verfahrensunselbstständiges Mittel des vorläufigen Rechtsschutzes ausgestaltet. Dies bedeutet, dass deren Erlass nur zulässig ist, wenn ein **deckungsgleiches Hauptsacheverfahren** anhängig gemacht ist oder gleichzeitig mit dem Anordnungsantrag anhängig gemacht wird. Nach Eintritt der Wirksamkeit der Endentscheidung kann eine einstweilige Anordnung nicht mehr erlassen werden.

134

Vgl. hierzu im Übrigen § 2 Rn 4 ff.

II. Inhalte der einstweiligen Anordnungen zu elterlicher Sorge, Umgangsrecht und Kindesherausgabe nach §§ 621g, 621 Abs. 1 Nr. 1–3 ZPO

1. Deckungsgleichheit zwischen einstweiliger Anordnung und Hauptsacheverfahren

Der Verfahrensgegenstand der einstweiligen Anordnung muss mit demjenigen des Hauptsacheverfahrens **kongruent** sein.[302] Somit ist eine einstweilige Anordnung zur elterlichen Sorge nicht in einem Hauptsacheverfahren auf Umgangsrecht statthaft. Ebenso wenig kann bei Anhängigkeit eines Hauptsache-

135

---

299 BT-Drucks. 14/5429, 34.
300 Zum Streit, ob für die vorläufige Anordnung noch ein Anwendungsbereich besteht vgl. § 3 Rn 194–196.
301 A.A. OLG Dresden FamRZ 2003, 1306; OLG Frankfurt NJW-RR 2003, 1517; OLG Hamm (4. FamS) B. v. 22.11.2004, 4 WF 272/04; OLG Zweibrücken FamRZ 2006, 872; wie hier OLG Hamm (2. FamS) FamRZ 2004, 1046; OLG Jena FamRZ 2006, 280; OLG Köln FF 2003, 141; auch *van Els*, FamRZ 2003, 965; *Dose*, Rn 192g, 193.
302 *Rahm/Künkel/Niepmann*, VI Rn 83; OLG Stuttgart FamRZ 1998, 1128.

verfahrens zur Regelung der elterlichen Sorge eine Umgangsregelung,[303] wie etwa eine Ferienregelung, durch einstweilige Anordnung erlassen werden. Eine **Ausnahme** gilt dann, wenn es sich bei der Umgangsregelung um eine so genannte dienende Maßnahme handelt, mit deren Hilfe die Hauptsacheentscheidung zum Sorgerecht offen gehalten werden soll.[304]

136 Die erstrebte einstweilige Anordnung muss nicht denselben Regelungsumfang enthalten wie die beantragte Hauptsacheregelung. Im Gegenteil wird dieser meist lediglich einen Teilbereich der Hauptsacheregelung abdecken. Die Entscheidung nach § 621g ZPO soll schließlich nicht die Hauptsacheentscheidung vorwegnehmen, sondern nur einen vorübergehenden Zeitraum überbrücken. Bei der durch das Gericht zu treffenden Auswahl der konkreten Anordnung ist zu überprüfen, mit welcher Maßnahme dem Regelungsbedürfnis am besten Rechnung getragen wird. Gleichzeitig ist jedoch zu berücksichtigen, dass auch (Grund-)Rechte des Antragsgegners betroffen sind. Bei einem Eingriff in solche ist der Grundsatz der Verhältnismäßigkeit zu beachten. Dies bedeutet, die Intensität eines Eingriffs ist möglichst gering zu halten.[305]

Deshalb ist in aller Regel nicht zu erwarten, dass im Wege einer einstweiligen Anordnung die Übertragung der elterlichen Sorge insgesamt vorgenommen wird, da der zu beseitigenden Gefahr für das Kindeswohl mit der Übertragung des Aufenthaltsbestimmungsrechtes hinreichend begegnet werden kann.

Im Einzelfall jedoch kann die einstweilige Anordnung inhaltlich die beantragte Hauptsacheentscheidung erreichen.[306]

2. Die einstweilige Anordnung zur elterlichen Sorge

a) Der persönliche Wirkungsbereich

137 Anders als bei der einstweiligen Anordnung nach § 620 Nr. 1 ZPO ist der Anwendungsbereich der einstweiligen Anordnung in einem isolierten Verfahren nicht auf eine Regelung **zwischen Ehegatten/Lebenspartnern** (nach erfolgter Stiefkindadoption) und auch nicht auf eine solche bezüglich **ehelicher Kinder** nach § 1671 BGB beschränkt. Auch wenn ein Verfahren nach § 1672 BGB anhängig ist und danach die elterliche Sorge für ein nichteheliches Kind, die durch die Mutter alleine ausgeübt wird, auf den Vater übertragen werden soll, ist der Erlass einer einstweiligen Anordnung möglich.

Schließlich verweist § 621g ZPO auf das Verfahren nach § 621 Abs. 1 Nr. 1 ZPO insgesamt und somit auf Familiensachen, die die elterliche Sorge für ein Kind betreffen, soweit nach den Vorschriften des Bürgerlichen Gesetzbuches hierfür das Familiengericht zuständig ist.

---

303 OLG Stuttgart FamRZ 2005, 1273.
304 OLG Zweibrücken FamRZ 1996, 234; vgl. auch § 3 Rn 13 und § 3 Rn 199.
305 BVerfG FamRZ 1994, 223, 224.
306 *Keidel/Kahl,* § 19 Rn 31.

Zur Eingrenzung des Anwendungsbereichs des § 621g S. 1 ZPO bei von Amts wegen vorzunehmenden Tätigkeiten vgl. § 3 Rn 206.

Zwischen **eingetragenen Lebenspartnern** ist der Anwendungsbereich der einstweiligen Anordnung beschränkt. Lebenspartner i.S.v. § 1 LPartG können eine gemeinsame elterliche Sorge für ein Kind nur nach erfolgter Stiefkindadoption ausüben. Darüber hinaus wurde durch § 9 LPartG dem eingetragenen Lebenspartner, der nicht Elternteil des Kindes ist, ein sogenanntes »**kleines Sorgerecht**«[307] eingeräumt. Voraussetzung hierfür ist, dass dem anderen Lebenspartner das alleinige Sorgerecht zusteht (§ 9 Abs. 1 LPartG) und die eingetragenen Lebenspartner nicht dauernd getrennt leben (§ 9 Abs. 4 LPartG). In einem solchen Fall hat der Lebenspartner, der nicht Elternteil ist, im Einvernehmen mit dem sorgeberechtigten Elternteil die Befugnis zur Mitentscheidung in Angelegenheiten des täglichen Lebens des Kindes. Nach § 9 Abs. 3 LPartG kann das Familiengericht diese Befugnis zur Mitentscheidung einschränken oder ausschließen, wenn es zum Wohl des Kindes erforderlich ist. Im Rahmen eines solchen gerichtlichen Verfahrens ist der Erlass einstweiliger Anordnungen nach § 621g S. 1 ZPO (i.V.m. § 621 Abs. 1 Nr. 1 ZPO) denkbar.[308]

138

b) Regelungsinhalt

aa) Sorgerechtsverfahren zwischen den Elternteilen/Lebenspartnern (nach Stiefkindadoption)

In Abhängigkeit vom Hauptsacheverfahren (Deckungsgleichheit)[309] kann sich die Regelung der einstweiligen Anordnung auf die elterliche Sorge insgesamt oder auf Teilbereiche beziehen.

139

Zu denkbaren Teilregelungen, wenn Verfahren nach §§ 1671, 1672 BGB anhängig sind, vgl. § 3 Rn 11.

Eine einstweilige Anordnung nach § 621g ZPO kommt auch im Rahmen eines **Abänderungsverfahrens nach § 1696 BGB** in Betracht – und ebenso bei sorgerechtlichen Verfahren nach §§ 1678 Abs. 2, 1680 Abs. 2, 1681 Abs. 2 BGB (Ruhen der elterlichen Sorge der allein sorgeberechtigten Mutter nach § 1626a Abs. 2 BGB, Tod eines Elternteils, für Tod erklärter Elternteil).

140

Ferner können inhaltlich beschränkte Hauptsacheverfahren zur Regelung bestimmter sorgerechtlicher Einzelangelegenheiten[310] den Anwendungsbereich des § 621g ZPO eröffnen. Insbesondere isolierte Verfahren nach § 1628 BGB (Übertragung des Entscheidungsrechts

---

307 BT-Drucks. 14/3751, 39.
308 Vgl. § 3 Rn 143.
309 Vgl. § 3 Rn 141.
310 Zu beachten ist hierbei § 3 Nr. 2a RpflG, der die funktionelle Zuständigkeit zur Entscheidung in Einzelangelegenheiten aus dem Bereich elterlicher Sorge auf den Rechtspfleger verlagert.

auf einen Elternteil bei Meinungsverschiedenheit in einer einzelnen Angelegenheit)[311], § 1630 Abs. 3 BGB (Übertragung einzelner Angelegenheiten der elterlichen Sorge auf eine Pflegeperson) sowie § 1687 Abs. 2 BGB (Einschränkung der Befugnisse der Elternteile bei getrennt lebenden Eltern) sind hierfür geeignet.[312]

141 Gerade bei derart eingeschränkten Regelungsmaterien des Hauptsacheverfahrens ist die von der einstweiligen Anordnung zu fordernde **Deckungsgleichheit**[313] zu beachten. Die einstweilige Anordnung darf in ihrem Regelungsgehalt nicht über den Verfahrensgegenstand des Hauptsacheverfahrens hinausgehen.

Diese Begrenzung bewirkt, dass beispielsweise bei einem Hauptsacheantrag nach § 1628 BGB auf Übertragung des Aufenthaltsbestimmungsrecht auf einen Elternteil für eine situative Begebenheit nicht das weiterreichende (dauerhafte) Aufenthaltsbestimmungsrecht als Teil der elterlichen Sorge im Wege der einstweiligen Anordnung geregelt werden darf.

Umgekehrt kann jedoch bei einem Hauptsacheverfahren zur Übertragung der elterlichen Sorge insgesamt eine einstweilige Anordnung nach § 1628 BGB, die sich auf das Aufenthaltsbestimmungsrecht in einer Einzelangelegenheit bezieht, sowie eine Entscheidung bezogen auf das generelle Aufenthaltsbestimmungsrecht erlassen werden.

142 Zur Problematik, ob mit Hilfe einer einstweiligen Anordnung eine Übertragung der elterlichen Sorge auf einen Vormund oder eine Übertragung von Teilen der elterlichen Sorge auf einen Pfleger vorgenommen werden kann, wenn das Hauptsacheverfahren nach § 1671 BGB auf Antrag eines Elternteils in Gang gekommen ist, vgl. § 3 Rn 202.

bb) So genanntes »kleines Sorgerecht« bei Stiefeltern bzw. Lebenspartnern

143 Bereits vor dem In-Kraft-Treten des LPartG waren die Regelungen zum »kleinen Sorgerecht« nicht zuletzt wegen fehlender Klarheit heftiger Kritik ausgesetzt.[314]

Unter Berücksichtigung der im Gesetzgebungsverfahren deutlich gewordenen Intention des Gesetzgebers ist m.E. von folgenden Vorgaben auszugehen.

Dem eingetragenen Lebenspartner, der nicht Elternteil ist, und dem Stiefelternteil wird in Angelegenheiten des täglichen Lebens des Kindes ein gegen Dritte (im Außenverhältnis) wirkendes **Vertretungsrecht** eingeräumt.[315] Dieses ist beschränkt durch § 9 Abs. 1 S. 1 LPartG bzw. § 1687 Abs. 1 S. 2 BGB jeweils i.V.m. § 1629 Abs. 2 S. 1 BGB, sodass eine

---

311 Vgl. OLG Karlsruhe FamRZ 2005, 1187 (Ausstellung eines Kinderausweises); Anm. *van Els*, FamRZ 2005, 2076.
312 Zu weiteren Einzelangelegenheiten aus dem Sorgerechtsbereich vgl. *Künkel*, FamRZ 1998, 877; *Keidel/Engelhardt*, § 43 Rn 6; *Gießler/Soyka*, Rn 1056, 1073.
313 Vgl. OLG Karlsruhe FamRZ 1992, 978; OLG Hamm FamRZ 1992, 337; OLG Zweibrücken FamRZ 1989, 1108.
314 *Schwab*, FamRZ 385, 394.
315 *Palandt – Brudermüller* § 1687b Rn 1; § 9 LPartG Rn 3; vgl. den Hinweis von *Schwab*, FamRZ 2001, 385, 394 f. auf den Umstand, dass der eingetragene Lebenspartner damit weiter gehende Befugnisse hat als der nicht sorgeberechtigte andere Elternteil.

Vertretung dann ausscheidet, wenn nach § 1795 BGB auch ein Vormund von derselben ausgeschlossen ist.[316]

Probleme treten deshalb auf, weil die eingeräumte Befugnis zur Mitentscheidung in Angelegenheiten des täglichen Lebens im Einvernehmen mit dem sorgeberechtigten Elternteil auszuüben ist. Hierbei wird nicht deutlich gemacht, ob denn der Sorgeberechtigte dieses **Einvernehmen** frei erteilen und auch widerrufen kann. Eine derartige Auslegung des Gesetzes ist m.e. abzulehnen, weil eine solche Berechtigung in Widerspruch stünde zu der in § 9 Abs. 3 LPartG bzw. § 1687b Abs. 3 BGB eingeräumten Möglichkeit, die Befugnisse nach § 9 Abs. 1 LPartG (§ 1687b Abs. 1 BGB) einzuschränken oder auszuschließen, wenn dies zum Wohl des Kindes erforderlich ist. Eine derartige gerichtliche Vorgehensweise wäre sinnlos, wenn der Sorgeberechtigte sein Einvernehmen jederzeit und ohne sachlich gerechtfertigten Grund zurücknehmen könnte. Auch wäre ein Widerspruch festzustellen zum gesetzgeberischen Willen, dem Stiefelternteil bzw. dem Lebenspartner, der regelmäßig Aufgaben der Pflege und Erziehung eines in der ehelichen Lebensgemeinschaft/Lebenspartnerschaft lebenden Kindes übernimmt, durch die Einräumung der Beteiligung an der elterlichen Sorge rechtliche Anerkennung und Absicherung zukommen zu lassen.[317] Jedoch sollen die Befugnisse **nicht unbeschränkt** eingeräumt werden, sondern durch das Familiengericht eingeschränkt werden können, wenn etwa fortwährende Streitigkeiten der Ehegatten/Lebenspartner über Angelegenheiten des Kindes zu Belastungen führen, die dem Wohl des Kindes zum Nachteil gereichen.[318]

Hinweis **144**

Praktische Probleme können dadurch auftreten, dass eine Mitentscheidungsbefugnis, die Wirkung gegen Dritte (im Außenverhältnis) hat, die Befugnis des Sorgeberechtigten insoweit einschränkt.[319] Wenn nun in »Angelegenheiten des täglichen Lebens«[320] eine Entscheidung ansteht, kann der Sorgeberechtigte diese alleine nicht wirksam treffen. Er hat sich mit dem Ehegatten/Lebenspartner abzustimmen. Ansonsten könnte beispielsweise ein behandelnder Arzt, der eine routinemäßige[321] Heilbehandlung vornehmen soll,[322] berechtigterweise darauf verweisen, dass die Zustimmung des anderen Ehegatten/Lebenspartners zu dieser Heilmaßnahme vorzulegen ist.[323]

---

316 Gerade § 9 Abs. 1 S. 2 LPartG beweist, dass das Recht im Außenverhältnis wirken soll.
317 BT-Drucks. 14/3751, 39; vgl. die Kritik hierzu von *Schwab*, FamRZ 2001, 385, 394 f.
318 BT-Drucks. 14/3751, 39.
319 Nach *Schwab*, FamRZ 2001, 385, 394 ist diese Frage durch das LPartG nicht klar gelöst; die gewollte Verrechtlichung spricht m.e. für die oben dargestellte Auffassung.
320 Bewusst wird die Terminologie des § 1687 Abs. 1 S. 2 und 3 BGB gewählt – vgl. BT-Drucks. 14/3751, 39. Somit kann auf die dort maßgebliche Abgrenzung zu Angelegenheiten von erheblicher Bedeutung abgestellt werden.
321 Bei einer Notbehandlung ist das alleinige Vertretungsrecht des Elternteils nicht eingeschränkt (im Verhältnis der Eltern zueinander greift § 1629 Abs. 1 S. 4 BGB) – für den nicht sorgeberechtigten Lebenspartner gilt § 9 Abs. 2 LPartG.
322 Beispiel nach *Schwab*, FamRZ 2001, 394 f.
323 Dieses Beispiel und die unterschiedliche Situation getrennt lebender Ehegatten, die gemeinsame Verantwortung für das Kind tragen, mit derjenigen eingetragener Lebenspartner veranlasst mich, bei der Feststellung von *Schwab*, FamRZ 2001, 385, 395, die »Notwendigkeit gesetzlich abgesicherter Befugnisse zur Mitentscheidung des Lebenspartners bei bestehender häuslicher Gemeinschaft« sei nicht zu erkennen, zuzustimmen.

145 Kommt es im Zusammenhang mit der Mitentscheidung in Angelegenheiten des täglichen Lebens des Kindes zu erheblichen Streitigkeiten, die sich negativ auf das Kindeswohl auswirken, kann das Familiengericht die in § 9 Abs. 3 LPartG bzw. § 1687b Abs. 3 BGB angesprochenen Maßnahmen ergreifen und die **Befugnisse des eingetragenen Lebenspartners/ Stiefelternteils einschränken**. Begleitend hierzu können durch einstweilige Anordnungen nach § 621g ZPO vorläufige Beschränkungen angeordnet werden.

146 Darüber hinaus wurde eine ausdrückliche Erweiterung des § 1682 BGB vorgenommen, die bewirkt, dass eine so genannte **Verbleibensanordnung**[324] getroffen werden kann, wenn ein Kind längere Zeit im Haushalt mit einem Elternteil und dessen Ehegatten/Lebenspartner gelebt hat. In einem solchen Fall kann das Familiengericht anordnen, dass das Kind bei dem Ehegatten/Lebenspartner eines etwa verstorbenen Elternteils verbleibt, wenn die Wegnahme das Kindeswohl gefährden würde. Eine derartige Entscheidung bewirkt einen Eingriff in den Herausgabeanspruch des anderen Elternteils. Folge einer Verbleibensanordnung nach § 1682 ist gemäß § 1688 Abs. 4 BGB, dass derjenige, bei dem sich das Kind aufhält, die Befugnis hat, in **Angelegenheiten des täglichen Lebens** des Kindes zu entscheiden und den Inhaber der elterlichen Sorge (der andere Elternteil – vgl. § 1680 Abs. 1, 2 BGB) insoweit zu vertreten.[325] Diese Berechtigung kann nur das Familiengericht einschränken oder ausschließen. Auf Antrag können in diesem Zusammenhang einstweilige Anordnungen nach § 621g S. 1 ZPO erlassen werden. Entscheidet das Gericht von Amts wegen, ist die vorläufige Anordnung[326] das maßgebliche Mittel des einstweiligen Rechtsschutzes.

3. Die einstweilige Anordnung zum Umgangsrecht

a) Der persönliche Wirkungsbereich

147 Im Vergleich mit der einstweiligen Anordnung nach § 620 Nr. 2 ZPO ist der Anwendungsbereich der einstweiligen Anordnung nach § 621g S. 1 ZPO zu Umgangsregelungen erheblich erweitert.

148 So kann nicht nur in einem isolierten Verfahren über das **Umgangsrecht eines Elternteils** mit dem gemeinschaftlichen Kind eine einstweilige Anordnung erlassen werden, wobei es unerheblich ist, ob es sich um ein eheliches oder nichteheliches Kind handelt. Aufgrund der Neufassung des § 1684 Abs. 1 Hs. 1 BGB wird man künftig auch von einem eigenen einklagbaren **Umgangsrecht des Kindes** mit jedem Elternteil auszugehen haben.[327]

---

324 Zu weiteren Verbleibensanordnungen vgl. § 1632 Abs. 4 BGB.
325 *Palandt – Diederichsen*, § 1688 Rn 15 mit Hinweis auf BT-Drucks. 13/4899, 108; a.A. *Schwab*, FamRZ 2001, 385, 395, der das Vertretungsrecht nur dann annimmt, wenn von »Familienpflege« gesprochen werden könnte.
326 Vgl. hierzu § 3 Rn 193 ff.
327 *Wohlfahrt*, Bd. 1 § 4 Rn 21; OLG Köln FamRZ 2001, 1023.

Nach § 1685 BGB haben sowohl **Großeltern** als auch **Geschwister** ein Recht auf Umgang mit dem Kind. Darüber hinaus kann nach einer Änderung des § 1685 Abs. 2 BGB nunmehr allen **engen Bezugspersonen** des Kindes ein Umgangsrecht zustehen, wenn diese für das Kind tatsächliche Verantwortung tragen oder getragen haben. In der Regel ist eine derartige sozial-familiäre Beziehung anzunehmen, wenn die maßgebliche Person mit dem Kind längere Zeit in häuslicher Gemeinschaft gelebt hat.[328] Zu diesem Personenkreis können die in § 1685 Abs. 2 BGB a.F. ausdrücklich angesprochenen Stiefeltern des Kindes und Personen, bei denen das Kind längere Zeit in Familienpflege gelebt hat, gehören; ebenso der Lebenspartner oder frühere Lebenspartner des Elternteils und auch dessen nichtehelicher Lebensgefährte. Bezüglich des nichtehelichen Lebensgefährten ist somit ein in der Rechtsprechung bestehender Streit, ob dieser von § 1685 Abs. 2 BGB a.F. erfasst war, obsolet geworden.[329] Im Rahmen derartiger Hauptsacheverfahren kommt der Erlass einer einstweiligen Anordnung nach § 621g ZPO in Betracht.

Weitere Personen sind grundsätzlich nicht umgangsberechtigt. Eine Ausnahme greift nur dann, wenn die Verweigerung des Umgangs mit den in §§ 1684 und 1685 BGB nicht genannten Personen sich als Sorgerechtsmissbrauch im Sinne von § 1666 BGB darstellt.[330] Ein praxisrelevanter Anwendungsfall erscheint mir nach der Novellierung der Regelung des § 1685 Abs. 2 BGB nur schwer denkbar zu sein. Sollte jedoch ein Verfahren nach § 1666 BGB in Betracht kommen und eingeleitet sein, ist (m.E. ausschließlich)[331] der Erlass einer vorläufigen Anordnung statthaft.

b) Regelungsinhalt

Diesbezüglich kann zunächst auf § 3 Rn 21 bis 23 verwiesen werden.

Ferner ist zu beachten, dass das **Umgangsrecht dritter Personen** wie der Großeltern für das Kindeswohl in aller Regel nicht so dringlich ist wie der Umgang mit beiden Elternteilen. Dies wird in § 1626 Abs. 3 BGB dadurch zum Ausdruck gebracht, dass zum Wohl des Kindes in der Regel der Umgang mit beiden Elternteilen gehört, während dies bei anderen Personen nur dann der Fall ist, wenn das Kind zu diesen Bindungen besitzt, deren Aufrechterhaltung für seine Entwicklung förderlich ist.[332]

Das Umgangsrecht nach § 1685 BGB ist demzufolge **schwächer ausgestaltet** als dasjenige nach § 1684 BGB. Im Konkurrenzfall wird es in aller Regel zurücktreten müssen. Eine einstweilige Anordnung wird zugunsten dritter Personen nur erlassen werden können, wenn

---

328 Diese Voraussetzungen sind nicht erfüllt, wenn der biologische Vater des Kindes zu dessen Mutter nur eine vorübergehende Beziehung unterhalten und lediglich sporadische Kontakte zu dem Kind gepflegt hat – OLG Düsseldorf FamRZ 2004, 290.
329 Ablehnend OLG Bamberg FamRZ 1999, 810; OLG Dresden DAV 2000, 76; bejahend OLG Karlsruhe FamRZ 2002, 1210.
330 *Wohlfahrt*, Band 1 § 4 Rn 33.
331 Vgl. § 3 Rn 206.
332 Dritte müssen jedenfalls den Erziehungsvorrang des sorgeberechtigten Elternteils respektieren; vgl. OLG Hamm NJW 2000, 2684.

§ 3 Elterliche Sorge, Umgangsrecht, Herausgabeanspruch

der Umgang mit diesen Personen dringlich erscheint. Dies kann der Fall sein, wenn beispielsweise die Großeltern während des Zusammenlebens der Eheleute die Hauptbezugspersonen für das Kind darstellten, etwa weil beide Elternteile berufstätig waren und somit die Kinder tagsüber ausschließlich von den Großeltern versorgt und betreut wurden.

152 Auch mit **Wirkung gegenüber Dritten** können im Zusammenhang mit der Anordnung des Umgangsrechts familiengerichtliche Regelungen getroffen werden (§ 1684 Abs. 3 S. 1 BGB). Zum einen kommen Maßnahmen in Betracht, die verhindern sollen, dass der Umgang mit dem Kind durch Dritte gestört oder verhindert wird. Befindet sich das Kind beispielsweise bei Pflegeeltern, wird eine umgangsrechtliche Anordnung sich nicht nur gegen den (anderen) Sorgeberechtigten richten, sondern auch die Befugnis enthalten, das Recht gegenüber den Pflegeeltern auszuüben.[333] Zum anderen sind auch Entscheidungen denkbar, aufgrund derer nicht umgangsberechtigten Personen untersagt wird, mit dem Kind in Kontakt zu treten (etwa durch Telefonate, durch Ansprechen auf der Straße etc.), wenn der angebahnte Umgang mit dem Willen der Sorgeberechtigten nicht übereinstimmt. Ebenso kann die Regelung sich auf den Kontakt des Kindes mit weiteren Personen während der Ausübung des Umgangsrechts bei einem Elternteil beziehen.[334]

Dementsprechend getroffene Regelungen des Familiengerichtes sind auch gegenüber dem Dritten selbst mit Zwangsmaßnahmen nach § 33 FGG **durchsetzbar**.[335]

4. Herausgabe des Kindes

a) Der persönliche Wirkungsbereich

153 Im Rahmen eines isolierten Verfahrens auf Herausgabe des Kindes nach § 1632 Abs. 1 BGB kann der personensorgeberechtigte Elternteil die Herausgabe des Kindes **von jedem** verlangen, der es den Eltern oder einem Elternteil widerrechtlich vorenthält und in dessen Obhut sich das Kind befindet. Dementsprechend ist der Anwendungsbereich der im Rahmen eines solchen Hauptsacheverfahrens statthaften einstweiligen Anordnung nach § 621g ZPO im Vergleich mit der einstweiligen Anordnung nach § 620 Nr. 3 ZPO erweitert.[336]

b) Sachlicher Anwendungsbereich; Regelungsumfang

154 Der Antragsteller muss Inhaber des Sorgerechts oder zumindest des Aufenthaltsbestimmungsrechts sein.[337]

---

333 Vgl. *Palandt – Diederichsen*, § 1684 Rn 13.
334 *Palandt – Diederichsen*, § 1684 Rn 13.
335 Vgl. *Palandt – Diederichsen*, § 1684 Rn 33; BayObLG FamRZ 1995, 497.
336 Zu § 620 Nr. 3 ZPO vgl. § 3 Rn 24.
337 Vgl. *Palandt – Diederichsen*, § 1632 Rn 3; OLG Zweibrücken FamRZ 1999, 106; OLG Nürnberg FamRZ 2000, 369.

Steht den Eltern die Sorge noch gemeinsam zu, müssen sie den Herausgabeanspruch auch gemeinsam geltend machen, es sei denn, der andere Elternteil ist zur Mitwirkung nicht bereit oder in der Lage.[338] Bei Gefahr im Verzug greift § 1629 Abs. 1 S. 4 BGB, wonach jeder Elternteil berechtigt ist, die erforderlichen Rechtshandlungen vorzunehmen.[339] Im Falle des Widerspruchs des anderen Elternteils ist der Herausgabeantrag abzuweisen.[340] Zur Einschränkung des Herausgabeanspruchs durch eine sogenannte Verbleibensanordnung vgl. § 3 Rn 146. Im Übrigen vgl. § 3 Rn 25ff.

c) **Kindesherausgabe bei Entführungsfällen ins Ausland oder aus dem Ausland**
Hierzu vgl. § 14 Rn 26 ff.

154a

III. Das Verhältnis einstweiliger Anordnungen nach §§ 621g S. 1, 621 Abs. 1 Nr. 1–3 ZPO zu Hauptsacheverfahren und zu anderen Mitteln des einstweiligen Rechtsschutzes

1. Das Verhältnis einstweiliger Anordnungen zu Hauptsacheverfahren

a) Vor und nach Rechtshängigkeit des Hauptsacheverfahrens

Die einstweilige Anordnung zu elterlicher Sorge, zum Umgangsrecht oder zur Kindesherausgabe nach § 621g ZPO ist nur dann zulässig, wenn ein kongruentes isoliertes Hauptsacheverfahren (oder ein entsprechender PKH-Antrag) anhängig ist.

155

Hinweis
Zu beachten ist in diesem Zusammenhang das Verbundsystem des § 623 Abs. 2 ZPO, das bewirkt, dass die dort benannten Regelungsmaterien[341] zwingend als **Folgesache** zu behandeln sind, wenn nur der entsprechende Antrag (rechtzeitig i.S.v. § 623 Abs. 4 ZPO) während der Anhängigkeit der Ehesache gestellt wird. Es kommt hier eben nicht darauf an, dass ein Antrag für den Fall der Scheidung gestellt wird.[342] Ist ein isoliertes Verfahren bei einem anderen Gericht in dem Zeitpunkt bereits anhängig, in dem die Ehesache rechtshängig wird, muss dieses Verfahren an das Gericht der Ehesache verwiesen und sodann in den Verbund einbezogen werden (§§ 621 Abs. 3, 623 Abs. 5 ZPO). Auch bei dem Gericht der Ehesache bereits vor der Ehesache geführte Verfahren dürfen nicht als isolierte Verfahren weiter geführt werden.[343] In all diesen Fällen schei-

---
338 OLG Celle FamRZ 1970, 201.
339 *Palandt – Diederichsen,* § 1632 Rn 3; § 1629 Rn 17.
340 BayObLG FamRZ 1984, 1144.
341 Diese Regelungsmaterien sind genau zu überprüfen, da sie sich einerseits nicht auf gemeinschaftliche Kinder beschränken (vgl. § 623 Abs. 2 S. 1 Nr. 2 ZPO) und andererseits auch nicht bei gemeinschaftlichen Kindern stets eingreifen (vgl. § 1672 BGB – nicht umfasst von § 623 Abs. 2 S. 1 Nr. 1 ZPO).
342 Vgl. den unterschiedlichen Wortlaut in Abs. 1 und Abs. 2 des § 623 ZPO.
343 OLG Stuttgart FamRZ 2001, 166 f.; Anm. *Maurer,* FamRZ 2001, 1225.

det somit eine einstweilige Anordnung nach § 621g ZPO aus.[344] Hierfür ist zunächst die Folgesache abzutrennen. Einer entsprechenden Antragstellung muss das Gericht nach § 623 Abs. 2 S. 2 ZPO stattgeben, wenn nicht das Rechtsschutzbedürfnis für die Abtrennung abzusprechen ist.[345] Nach Abtrennung ist die ursprüngliche Folgesache als isolierte Familiensache fortzuführen (§ 623 Abs. 2 S. 4 ZPO). Somit ist der Anwendungsbereich der einstweiligen Anordnung nach § 621g ZPO nunmehr eröffnet.

b) Nach Wirksamkeit der Entscheidung im Hauptsacheverfahren

156 Sobald die Hauptsacheentscheidung bekannt gegeben ist und somit gemäß § 16 Abs. 1 FGG Wirksamkeit[346] entfaltet, scheidet der Erlass einer einstweiligen Anordnung, die sofort wieder außer Kraft träte, aus.

Eine Abänderung der Hauptsacheentscheidung durch eine einstweilige Anordnung ist ebenfalls nicht möglich. Ist jedoch ein Abänderungsverfahren nach § 1696 BGB eingeleitet, besteht die Möglichkeit, eine einstweilige Anordnung nach § 621g ZPO zu erlassen, mit deren Hilfe beispielsweise die elterliche Sorge abweichend von der früher bereits getroffenen Hauptsacheentscheidung geregelt wird.[347]

2. Das Verhältnis einstweiliger Anordnungen nach § 621g S. 1 ZPO zu anderen Mitteln des einstweiligen Rechtsschutzes

a) Das Verhältnis zu § 620 Nr. 1 bis 3 ZPO

157 Hierzu vgl. § 3 Rn 36 bis 38.

b) Das Verhältnis zur vorläufigen Anordnung

158 Vgl. die Ausführungen zu § 3 Rn 201, 206, 220.

---

344 Es könnte auf § 620 Nr. 1 bis 3 ZPO zurückgegriffen werden, soweit dessen Anwendungsbereich die Angelegenheit umfasst.
345 OLG Bamberg FamRZ 1999, 1434; OLG München FamRZ 2000, 1291; OLG Köln FamRZ 2002, 1570; *Thomas/Putzo – Hüßtege*, § 623 Rn 20; a.A. OLG Hamm FamRZ 2001, 1299; vgl. auch *Niesem*, FamRZ 2000, 167; *Klinkhammer*, FamRZ 2003, 583; *Klein*, FuR 2004, 295.
346 Zur Frage, wann die Wirksamkeit einer FGG-Entscheidung eintritt, vgl. § 3 Rn 122.
347 Vgl. *Zöller – Philippi*, § 620 Rn 18 mit Hinweisen auf div. Rspr. zur Rechtslage vor In-Kraft-Treten des § 621g ZPO.

IV. Regelungsbedürfnis

1. Allgemeines[348]

Der Erlass einer einstweilige Entscheidung muss notwendig sein, um eine drohende Rechtsgutgefährdung abzuwenden. Ein Zuwarten auf die beantragte Hauptsacheentscheidung darf dieser Gefahr nicht wirksam begegnen können.   159

Dabei ist zu berücksichtigen, dass eine gewisse Wechselwirkung zwischen dem erforderlichen Maß der Dringlichkeit und der Beeinträchtigung geschützter Rechtsgüter durch die erlassene Anordnung besteht. Je intensiver eine einstweilige Anordnung in geschützte Rechtsgüter eingreifen kann, desto erheblicher muss das Bedürfnis an einer vorläufigen Regelung sein.[349]

Beispielsweise fehlt das Regelungsbedürfnis, wenn

- bereits eine einvernehmliche Regelung zwischen den Beteiligten getroffen worden ist. Auch wenn im Rahmen der FGG-Angelegenheiten eine einvernehmliche Regelung das Verfahren nicht beenden kann, wird durch eine solche doch deutlich, dass die Beteiligten eine einstweilige Anordnung nicht mehr benötigen.
- bereits eine inhaltsgleiche Regelung vorliegt.
- Entscheidungsreife in der Hauptsache eingetreten ist, weil mit deren Wirksamkeit die einstweilige Anordnung in den hier maßgeblichen FGG-Angelegenheiten außer Kraft tritt.

2. Regelungsbedürfnis bei den jeweiligen Anordnungsbereichen

a) Elterliche Sorge

Da bei beiden Mitteln des vorläufigen Rechtsschutzes das Kindeswohl im Vordergrund steht, ist eine unterschiedliche Sichtweise bezüglich des Regelungsbedürfnisses bei Erlass einer einstweiligen Anordnung nach § 620 Nr. 1 ZPO einerseits und einer solchen nach § 621g ZPO andererseits nicht angezeigt.[350] Somit kann auf die Darstellungen zu § 3 Rn 39 verwiesen werden.   160

b) Umgangsrecht

Soweit das Umgangsrecht zwischen den **Eltern** bzw. **Lebenspartnern** (nach erfolgter Stiefkindadoption) im Streit ist, vgl. § 2 Rn 42.   161

---

348 Vgl. auch § 2 Rn 58.
349 *Keidel/Kahl,* § 19 Rn 31; *Gießler/Soyka,* Rn 122.
350 A.A. zum Verhältnis der einstweiligen Anordnung nach § 620 Nr. 1 ZPO zur gesetzlich nicht geregelten vorläufigen Anordnung OLG Brandenburg FamRZ 1998, 1248; OLG Karlsruhe FamRZ 1997, 44.

Beachte

Wenn dagegen **Dritte** den Umgang mit dem Kind ausüben möchten, wird das Regelungsbedürfnis erfordern, dass die Dringlichkeit einer einstweiligen Anordnung nach § 621g ZPO besonders intensiv dargelegt wird. Insbesondere wenn Meinungsverschiedenheiten über die Ausgestaltung des Umgangsrechts zwischen diesen Dritten und den Sorgeberechtigten bestehen, ist beim Erlass einer Maßnahme einstweiligen Rechtsschutzes Vorsicht geboten. Ein derart »erzwungenes« Umgangsrecht trägt in besonderem Maße die Gefahr in sich, negative Auswirkungen auf das Kindeswohl zu haben, wenn die Entscheidung von den Sorgeberechtigten nicht akzeptiert wird.

3. Herausgabe des Kindes

162 Wenn eine freiwillige Herausgabe des Kindes nicht zu erwarten ist, ist das Regelungsbedürfnis in aller Regel anzunehmen.[351]

V. Antragstellung

1. Erfordernis der Antragstellung und Art des Antrags

163 Eine einstweilige Anordnung nach § 621g ZPO wird m.e. nach dem ausdrücklichen Wortlaut der Regelung nur auf Antrag erlassen.[352] In FGG-Angelegenheiten sind die Anträge als Verfahrensanträge konzipiert.

2. Antragsbefugnis

164 Der Anwendungsbereich des § 621g ZPO ist gegenüber demjenigen des § 620 Nr. 1 bis 3 ZPO erheblich erweitert. So steht die Antragsbefugnis nicht nur den **Ehegatten/Lebenspartnern** (nach Stiefkindadoption) zu. Gerade im umgangsrechtlichen Bereich wird den in § 1685 BGB erwähnten **Dritten** ein Antragsrecht eingeräumt, zu dessen Verwirklichung auch der einstweilige Rechtsschutz dient.
Aber auch bei sonstigen **Einzelbefugnissen** ist eine Antragstellung durch Dritte denkbar. Die Verbleibensanordnung nach §§ 1632 Abs. 4, 1682 BGB wird durch das Familiengericht von Amts wegen oder auf Antrag der dort benannten Personen (Pflegepersonen, Stiefelternteil, ehemalige Lebenspartner des Elternteils usw.) erlassen. Im Rahmen derartiger Haupt-

---

351 *Musielak – Borth,* § 620 Rn 48 zur einstweiligen Anordnung nach § 620 Nr. 3 ZPO; hier gelten dieselben Maßstäbe.
352 Vgl. OLG Hamm FamRZ 2004, 1046; OLG Jena FamRZ 2006, 280; a.A. OLG Dresden FamRZ 2003, 1306; OLG Frankfurt NJW-RR 2003, 1517; *Gießler,* FamRZ 2004, 1046.

sacheverfahren können von den Antragstellern auch einstweilige Anordnungsverfahren anhängig gemacht werden.

3. Form des Antrags/Anwaltszwang

Der Antrag ist schriftlich zu stellen; eine Erklärung zu Protokoll der Geschäftsstelle ist ebenso möglich (§§ 621g S. 2, 620a Abs. 2 S. 2 ZPO). Anwaltlicher Vertretung bedarf es in erster und zweiter Instanz nicht (§ 78 Abs. 2, 3 ZPO). 165

4. Zuständiges Gericht

Die **Zuständigkeit** des Gerichts folgt den Regelungen der §§ 621g S. 2, 620a Abs. 4 ZPO. Dies bedeutet, dass sie sich an die Anhängigkeit der Hauptsache anlehnt. 166

Ist die Hauptsache noch in erster Instanz anhängig, ist das Familiengericht am Amtsgericht auch für den Erlass der einstweiligen Anordnung nach § 621g ZPO zuständig. Ab dem Zeitpunkt der Anhängigkeit des isolierten Verfahrens in der Berufungsinstanz hat das OLG über nunmehr eingereichte Anträge zu entscheiden. Wie bei der einstweiligen Anordnung nach § 644 ZPO bleibt die Zuständigkeit des Amtsgerichts erhalten, wenn der Antrag nach §§ 621g S. 2, 620a Abs. 2 ZPO vor Anhängigkeit des Rechtsstreits in der zweiten Instanz gestellt worden ist.

Gelangt die Hauptsache in die Rechtsbeschwerdeinstanz, ist weiterhin das OLG zuständig (§§ 621g S. 2, 620a Abs. 4 S. 2 ZPO).

5. Form des Antrags/darzustellende Voraussetzungen/Glaubhaftmachung

Vgl. § 3 Rn 48. Die dortigen Ausführungen gelten hier entsprechend. 167

VI. Ablauf des Verfahrens

1. Beteiligte

Entsprechend der Befugnis zur Antragstellung ist auch der Personenkreis der am Verfahren möglicherweise Beteiligten gegenüber § 620 Nr. 1–3 ZPO erweitert. 168

Während sich im Verfahren nach § 620 ZPO die Beteiligtenstellung auf die Ehegatten/Lebenspartner beschränkt, ist dies bei einer einstweiligen Anordnung nach § 621g ZPO anders zu sehen. Das Anordnungsverfahren nach § 620 ZPO ist Teil des Eheverfahrens und soll deshalb von einer Drittbeteiligung frei gehalten werden. Diese Argumentation kann auf die einstweilige Anordnung nach § 621g ZPO, die im Rahmen eines isolierten Verfahrens mit weitgehend möglicher Drittbeteiligung beantragt wird, nicht übertragen werden. Hier wird man sich eher an die Grundsätze zur vorläufigen Anordnung anzulehnen haben. Die Beteiligteneigenschaft ist ebenso zu beurteilen, wie das FGG-Verfahren diese im Allgemeinen versteht.

169 In FGG-Verfahren wird der Beteiligtenbegriff[353] in verschiedenem Sinne verwendet.

Als **Beteiligter im materiellen Sinn** wird jede Person verstanden, deren Rechte und Pflichten durch die Regelung der Angelegenheit unmittelbar betroffen sein können.

Der Begriff des **Beteiligten im formellen** (verfahrensrechtlichen) **Sinne** wird verwendet für Personen, die von einem im Gesetz verliehenen Antrags- oder Beschwerderecht Gebrauch machen sowie die zur Wahrung ihrer Interessen im Verfahren auftreten oder zu diesem Verfahren hinzugezogen werden.[354] Wer vom Gericht hinzugezogen wird, ist formell auch dann beteiligt, wenn dies zu Unrecht geschehen ist. Nicht als formell Beteiligter ist dagegen derjenige zu qualifizieren, der ein von Amts wegen zu führendes Verfahren, das ihn nicht selbst betrifft, in Gang bringt.[355]

170 Materiell und formell beteiligt sind demnach in allen hier angesprochenen Verfahren die **Eltern** (auch **Lebenspartner** nach Stiefkindadoption).

Das **Kind** ist im Sorgerechtsstreit zwar materiell,[356] jedoch nicht formell beteiligt, es sei denn, es hat das 14. Lebensjahr vollendet und tritt im Rechtsmittelverfahren als Beschwerdeführer auf.[357] Im Umgangsrechtsbereich hat das Kind die Stellung eines materiell Beteiligten und, soweit es das eigene Umgangsrecht aus § 1684 Abs. 1 BGB geltend macht, auch die Stellung eines formell Beteiligten.

Auch dem **Jugendamt** kommt die Stellung eines materiell und formell Beteiligten zu.[358] **Dritte**, denen nach § 1685 BGB ein eigenes Umgangsrecht zusteht, sind ebenfalls formell und materiell beteiligt, soweit sich das Verfahren auf dieses Umgangsrecht bezieht.

Ein **Vormund** bzw. **Pfleger** ist als materiell Beteiligter anzusehen und im Falle des Beitrittes formell beteiligt.[359] **Pflegeeltern** sind grundsätzlich nicht Verfahrensbeteiligte, auch wenn ihre Interessen und Befugnisse durch eine Entscheidung im Sorge- bzw. Umgangsverfahren (mittelbar) beeinflusst werden können.[360] Anders ist dies jedoch zu beurteilen, soweit eine Regelung zu einer Verbleibensanordnung nach § 1632 Abs. 4 BGB getroffen werden soll. Teilweise wird diese Beteiligtenstellung erweitert auf Sachverhalte, die mit der Situation des § 1632 Abs. 4 BGB vergleichbar sind.[361]

---
353 Hierzu vgl. *Finke/Garbe*, § 4 Rn 31 ff.
354 *Bumiller/Winkler*, vor § 13 Rn 3; *Zöller – Philippi*, § 621a Rn 23.
355 BGH FamRZ 2000, 219 f.
356 *Schwab/Maurer/Borth*, I Rn 89.
357 *Schwab/Maurer/Borth*, I Rn 89 f.
358 *Schwab/Maurer/Borth*, I Rn 89, 90; a.A. *Keidel/Kuntze*, § 64 Rn 123.
359 *Schwab/Maurer/Borth*, I Rn 92.
360 BGH FamRZ 2000, 219.
361 Vgl. OLG Hamm FamRZ 1994, 391.

2. Anwaltszwang

Gemäß § 78 Abs. 1 S. 4, Abs. 2, 3 ZPO besteht Anwaltszwang nur für die Rechtsbeschwerde und die Nichtzulassungsbeschwerde[362] vor dem Bundesgerichtshof.

171

3. Wahlmöglichkeiten des Gerichts, Beweisaufnahme, Beendigung durch Vergleich

Vgl. § 2 Rn 98; die dortigen Ausführungen gelten hier entsprechend

172

4. Die Entscheidung nach § 621g ZPO

a) Förmlichkeiten der Entscheidung

Der Antrag auf Erlass einer einstweiligen Anordnung wird gemäß §§ 621g S. 2, 620a Abs. 1 ZPO durch **Beschluss** verbeschieden. Eine Versäumnisentscheidung scheidet ebenso aus wie eine Aussetzung des Verfahrens.[363]

173

Die **Bekanntgabe** der einstweiligen Anordnung erfolgt gem. § 621a Abs. 1 ZPO nach den zivilprozessualen Vorschriften. §§ 16 Abs. 2 und 3 FGG werden durch § 329 ZPO ersetzt. Eine **Zustellung** des Beschlusses ist erforderlich, wenn dieser vollstreckbar[364] oder mit der sofortigen Beschwerde anfechtbar[365] ist (§ 329 Abs. 3 ZPO). Andernfalls ist eine formlose Mitteilung ausreichend (§ 329 Abs. 2 S. 1 ZPO).

Bekanntzugeben ist eine einstweilige Anordnung den Eltern/Lebenspartnern, dem Kind selbst, soweit es über 14 Jahre alt ist (§ 59 Abs. 2 FGG), dem Jugendamt und auch etwaigen Dritten, wie einem Umgang begehrenden Großelternteil sowie einem etwaigen Verfahrenspfleger (§ 50 FGG).

Eine Ausnahme besteht dann, wenn der Antrag auf Erlass einer einstweiligen Anordnung zurückgewiesen wurde, ohne dass weitere Beteiligte angehört worden sind.[366]

b) Prüfungsumfang des Gerichts/Bindung an Parteianträge

Das Gericht prüft **von Amts wegen** sowohl sämtliche Zulässigkeitsvoraussetzungen der beantragten einstweiligen Anordnung als auch die für den Erlass erforderlichen materiellen Voraussetzungen.

174

---

362 Vgl. aber die Übergangsvorschrift des § 26 Nr. 9 EGZPO: Die Bestimmungen über die Nichtzulassungsbeschwerde greifen frühestens ab dem 1.1.2010.
363 Vgl. oben § 2 Rn 108.
364 Also bei Anordnung eines Umgangsrechts oder der Herausgabe des Kindes, nicht bei Ablehnung eines solchen Beschlusses.
365 Also im Falle der Regelung der elterlichen Sorge oder der Anordnung der Herausgabe des Kindes.
366 *Gießler/Soyka*, Rn 144.

§ 3 Elterliche Sorge, Umgangsrecht, Herausgabeanspruch

175 Da die Anträge in FGG-Streitigkeiten der vorliegenden Art als Verfahrensanträge zu qualifizieren sind, besteht eine **Bindungswirkung** des Gerichts an diese grds. nicht. Das Gericht kann somit andere Entscheidungen treffen als inhaltlich beantragt. Jedoch ist zu beachten, dass die einstweilige Anordnung den Regelungsbereich des Hauptsacheverfahrens nicht überschreiten darf. Somit ist es nicht möglich, im Rahmen einer Streitigkeit zur elterlichen Sorge das Umgangsrecht im Wege der einstweiligen Anordnung ebenfalls zu regeln. Eine Ausnahme hiervon ist dann zu machen, wenn das Umgangsrecht einer gerichtlichen Regelung unterzogen wird, um die Hauptsache elterliche Sorge offen zu halten (so genannte dienende Maßnahme).[367]

Diese dienende Maßnahme kann auch ohne entsprechende Antragstellung ergriffen werden; insoweit handelt es sich nach weit verbreiteter Auffassung um eine Sorgerechtsanordnung.[368]

Vgl. hierzu auch § 3 Rn 199.

176 **Bindungswirkung** entfaltet für den entscheidenden Richter jedoch das materielle Recht. Dies bedeutet, dass im Rahmen einer einstweiligen Anordnung eine Entscheidung, aufgrund derer die elterliche Sorge (oder Teile hiervon) auf den Antragsgegner übertragen wird, nicht möglich ist, es sei denn, dieser hat seinerseits einen eigenen Antrag nach § 1671 BGB gestellt. Ist dies nicht der Fall, lässt die materielle Norm eine Übertragung auf den Antragsgegner nicht zu.[369] Eine Ausnahme hiervon greift nur dann, wenn § 1666 BGB ein Tätigwerden des Gerichts von Amts wegen erfordert.[370]

c) Inhalt des Beschlusses
aa) Auswahl der konkreten Maßnahme

177 Sind die Voraussetzungen für den Erlass einer einstweiligen Anordnung hinreichend glaubhaft gemacht, steht dem Gericht zwar ein weites Spektrum möglicher Anordnungen zur Verfügung. Bei **Auswahl der konkreten Maßnahme** ist jedoch der Zweck einer einstweiligen Anordnung zu beachten, nämlich erforderlichenfalls eine dem Kindeswohl entsprechende vorläufige Regelung zu schaffen. Gleichzeitig sind die Belange der weiteren Beteiligten zu beachten. Kann einstweiliger Rechtsschutz durch verschiedene Maßnahmen gewährt werden, ist diejenige zu wählen, die anzuerkennende Rechtspositionen der weiteren Beteiligten (insbesondere Grundrechte aus Art. 6 Abs. 1 bis 3 GG) am wenigsten beeinträchtigt.[371]

---

367 Vgl. OLG Zweibrücken FamRZ 1996, 234; OLG Karlsruhe FamRZ 1992, 978; OLG Frankfurt/Main FamRZ 1992, 579; OLG Bamberg FamRZ 1995, 181.
368 *Gießler/Soyka*, Rn 1083.
369 Nur dem Leitsatz nach anderer Auffassung OLG Karlsruhe FamRZ 1999, 980; der Leitsatz der Redaktion deckt sich nicht mit dem tatsächlichen Inhalt der Entscheidung.
370 Zur Vorgehensweise vgl. § 3 Rn 202.
371 Vgl. BVerfG FamRZ 1994, 223 zur Übertragung des Aufenthaltsbestimmungsrechtes als weniger beeinträchtigende Regelung gegenüber einer Übertragung des Sorgerechts.

Somit wird die einstweilige Anordnung in ihrem Regelungsgehalt im Allgemeinen hinter der erstrebten Hauptsacheentscheidung zurückbleiben, also beispielsweise regelmäßig nicht die elterliche Sorge insgesamt übertragen, sondern eben nur den erforderlichen Teilbereich wie das Aufenthaltsbestimmungsrecht.

Im Einzelfall kann die einstweilige Anordnung jedoch auch den Regelungsumfang des Hauptsacheverfahrens erreichen, wenn das Kindeswohl dies erfordert.

Der **Inhalt** der zu erlassenden einstweiligen Anordnung wird im Wesentlichen durch die **voraussichtliche Entscheidung im Hauptsacheverfahren** bestimmt. 178

Somit ist es erforderlich, dass etwa bei gegenläufigen Anträgen auf Übertragung des Aufenthaltsbestimmungsrechtes eine Prognoseentscheidung getroffen wird, welcher der beiden Elternteile voraussichtlich im Hauptsacheverfahren die elterliche Sorge (oder zumindest die Personensorge bzw. das Aufenthaltsbestimmungsrecht) erhalten wird.

Die sodann ergehende einstweilige Anordnung kann eine Regelung treffen (Übertragung des Aufenthaltsbestimmungsrechtes), zur Sicherung einer späteren Hauptsacheregelung Verbote aussprechen (Verbot, das Kind in ein Auto zu verbringen; Verbot, das Kind ins Ausland mitzunehmen) oder auch Leistungen anordnen (beispielsweise die Herausgabe des Reisepasses).[372] Unerheblich ist, dass das Gesetz derartige Anordnungen ausdrücklich nicht vorsieht. Der Richter ist befugt, weniger oder auch etwas anderes anzuordnen als beantragt.[373]

Es ist auch denkbar, die einstweilige Anordnung zu **befristen** oder unter eine **aufschiebende** bzw. **auflösende Bedingung** zu stellen.[374] 179

bb) Begründung des Beschlusses

Eine Begründungspflicht ist für den Erstbeschluss kraft Gesetzes nicht ausdrücklich vorgesehen. Dennoch ist es jedenfalls zweckmäßig, jede erlassene einstweilige Anordnung mit einer Begründung zu versehen, die sich zumindest auf die tragenden Erwägungen stützt. 180

Darüber hinaus wird teilweise gefordert, dass eine (kurze) Begründung einer einstweiligen Anordnung stets vorzunehmen ist[375] bzw. dies zumindest dann gilt, wenn der Beschluss für die Beteiligten von erheblicher Bedeutung[376] ist oder ein Antrag auf Erlass einer einstweiligen Anordnung zurückgewiesen wird.[377]

---

372 OLG München FamRZ 1998, 976; a.A. OLG Karlsruhe FamRZ 1996, 424.
373 *Gießler/Soyka*, Rn 1050.
374 So etwa die Anordnung eines Umgangsrechts während der Ferienzeit für den Fall, dass der Antragsteller bei seinem Arbeitgeber noch ein erfolgreiches Urlaubsgesuch einbringen kann.
375 OLG München FamRZ 1996, 1022 zur Rechtslage vor In-Kraft-Treten des § 621g ZPO.
376 Problematisch erscheint mir die Abgrenzung von Fällen erheblicher Bedeutung von solchen minderer Bedeutung.
377 *Göppinger*, AcP 169, 531 zur vorläufigen Anordnung.

§3 Elterliche Sorge, Umgangsrecht, Herausgabeanspruch

Vgl. weiter (auch zur Frage, ob der Erlass einer einstweiligen Anordnung ohne Begründung als greifbar gesetzeswidrig zu qualifizieren ist bzw. der Anwendungsbereich des § 321a ZPO oder § 29a FGG eröffnet ist) § 2 Rn 171 bis 174.

181 *Beachte*

Ist eine Maßnahme des einstweiligen Rechtsschutzes in einem Verfahren ergangen, in dem ein Antrag nach § 621g ZPO gestellt, aber auch der Erlass einer vorläufigen Anordnung von Amts wegen möglich war (z.b. beim Umgangsrecht), ist eine Begründung derselben auch erforderlich, um deutlich zu machen, welche Art der Erledigung das Verfahren auf vorläufigen Rechtsschutz denn nun erfahren hat und welcher Rechtsbehelf sich hieran knüpft.[378]

182 Inländische einstweilige Anordnungen können in einem anderen Vertragsstaat der EuEheVO[379] vollstreckt werden. Art. 21 Abs. 1 EuEheVO, wonach die in einem Mitgliedstaat ergangenen Entscheidungen in den anderen Mitgliedstaaten anerkannt werden, greift auch bei einstweiligen Anordnungen.[380] Deshalb ist es angebracht, bei sorgerechtlichen Maßnahmen die Regelungen aus Art. 23 EuEheVO zu beachten; die Begründung sollte beinhalten, dass die erforderlichen Anhörungen (vgl. Art. 23 b) und d) EuEheVO) durchgeführt wurden. Einstweilige Anordnungen zum Umgangsrecht und zur Rückführung eines Kindes gemäß Art. 11 Abs. 8 EuEheVO benötigen zur Vollstreckung im Ausland die in Art. 41 und 42 EuEheVO angesprochenen Bescheinigungen; einer Vollstreckbarerklärung des Beschlusses bedarf es jedoch nicht.

cc) Kosten

183 Das einstweilige Anordnungsverfahren löst keine gerichtlichen Gebührentatbestände aus. Denn es ist mit dem Hauptsacheverfahren untrennbar verbunden.[381]

Gerichtsgebühren fallen somit nicht an (vgl. § 91 S. 2 KostO n.F.). Eine Ausnahme besteht lediglich für das Beschwerdeverfahren, wenn die Voraussetzungen des § 131 KostO vorliegen.

184 Bezüglich **anwaltlicher Gebühren** ist von einem Wert von 500 EUR auszugehen (§ 24 S. 1 RVG), der je nach Schwierigkeit der Rechtslage und Sachumfang höher oder niedriger festgesetzt werden kann. Befürwortet wird teilweise ein regelmäßiger Ansatz von 750 EUR.[382] Die anfallenden Gebühren werden wie bei einer einstweiligen Anordnung nach § 620 ZPO gesondert abgerechnet (§ 18 Nr. 1. d) RVG).

---

378 Vgl. § 3 Rn 201.
379 Verordnung (EG) Nr. 2201/2003 des Rates über die Zuständigkeit und die Anerkennung und Vollstreckung von Entscheidungen in Ehesachen und in Verfahren betreffend die elterliche Verantwortung ... vom 27.11.2003 (ABl L 338 S. 1) – abgedruckt bei *Thomas/Putzo* – *Hüßtege*, EuEheVO.
380 *Staudinger/Spallenberg*, Art. 21 EheGVO Rn 32.
381 Vgl. BT-Drucks. 14/5429, 36.
382 *Gebauer/Schneider*, § 24 Rn 9.

VII. Vollstreckung

Vgl. § 3 Rn 70. Die dortigen Ausführungen gelten hier entsprechend. Ergänzend sei ausdrücklich angemerkt, dass eine Vollstreckungsanordnung auch gegen Dritte in Betracht kommt, soweit sich die einstweilige Anordnung gegen diese richtet.[383]

185

VIII. Rechtsbehelfe

Vgl. § 3 Rn 78 ff. Die dortigen Ausführungen gelten hier entsprechend. Ausdrücklich ist zu betonen, dass ich mich der Auffassung[384] nicht anzuschließen vermag, wonach eine sofortige Beschwerde gegen eine einstweilige Anordnung zum Umgangsrecht nach § 621g ZPO statthaft sein soll. Dass § 621g S. 2 ZPO die Regelung des § 620c ZPO nur entsprechend zur Anwendung bringt, ändert hieran nichts. Die Erwägung, dass der Gesetzgeber mit der Schaffung des § 621g ZPO keine Einschränkung der bis dahin bestehenden Anfechtbarkeit einer Maßnahme des einstweiligen Rechtsschutzes zum Umgangsrecht habe bewirken wollen, überzeugt ebenfalls nicht, war es doch gerade das Ziel des Gesetzgebers, für eine Vereinheitlichung auch im Rechtsbehelfssystem zu sorgen.[385]

186

Beachte
Als Besonderheit des Verfahrens nach § 621g ZPO ist zu beachten, dass das erstinstanzliche Verfahren gemäß § 78 Abs. 2 ZPO nicht dem Anwaltszwang unterliegt. Somit kann die sofortige Beschwerde gemäß § 569 Abs. 3 Nr. 1 ZPO auch durch **Erklärung zu Protokoll der Geschäftsstelle** eingelegt werden.[386] Auch bei Durchführung einer mündlichen Verhandlung ist im Beschwerdeverfahren eine anwaltliche Vertretung entbehrlich (vgl. § 78 Abs. 3 ZPO). Ferner sind das **Jugendamt**,[387] das über 14 Jahre alte **Kind**[388] und auch ein nach § 50 FGG bestellter **Verfahrenspfleger**[389] beschwerdebefugt. Nicht jedoch können **Vereine zur Förderung von Kindesinteressen** und **Pflegeeltern** zulässigerweise Beschwerde einlegen.[390]

---

383 Vgl. § 3 Rn 152.
384 3. Zivilsenat des OLG Naumburg FamRZ 2004, 1510; bestätigt in OLG Naumburg OLGR 2005, 865; dagegen BVerfG FamRZ 2005, 173; FamRZ 2005, 1233; 1. Zivilsenat des OLG Naumburg OLGR 2004, 96; 2. Zivilsenat des OLG Naumburg OLGR 2005, 865; 4. Zivilsenat des OLG Naumburg FamRZ 2006, 1287; nunmehr auch 3. Familiensenat des OLG Naumburg FamRZ 2006, 1046; *Gießler*, FamRZ 2005, 815 (Anmerkung zu FamRZ 2004, 1510).
385 BT-Drs. 14/5429, 23.
386 Zur hiervon abweichenden Rechtslage bei § 620 ZPO vgl. § 3 Rn 104.
387 OLG Karlsruhe FamRZ 2005, 120.
388 OLG Brandenburg FamRZ 2003, 1405: beim Umgangsrecht auch ein Kind, das das 14. Lebensjahr noch nicht erreicht hat (wegen eines eigenen Anspruchs auf Umgang) – zu § 621e ZPO.
389 OLG Brandenburg FamRZ 2003, 261 zur Beschwerdebefugnis bei § 621e ZPO.
390 BGH FamRZ 1988, 54; FamRZ 2000, 219 – jeweils zur Beschwerdeberechtigung bei § 621e ZPO.

§3 Elterliche Sorge, Umgangsrecht, Herausgabeanspruch

Im Falle der Verletzung rechtlichen Gehörs (und wohl auch in allen Fällen greifbarer Gesetzeswidrigkeit) ist eine Gehörsrüge nach § 29a FGG statthaft, wenn nicht ein Rechtsmittel, ein anderer Rechtsbehelf oder eine andere Abänderungsmöglichkeit (etwa nach § 620b Abs. 1 ZPO) gegeben ist. Wegen der Einzelheiten wird verwiesen auf § 3 Rn 100 und 101. Ergänzend ist anzumerken, dass in einem vorliegend maßgeblichen isolierten FGG-Verfahren nach § 29a Abs. 2 S. 5 i.V.m. § 29 Abs. 1 S. 2 und 3 FGG die Anhörungsrüge schriftlich oder zu Protokoll der Geschäftsstelle bei dem Gericht zu erheben ist, dessen Entscheidung angegriffen wurde. Nur wenn sich die Rüge gegen die Entscheidung eines OLG richtet, muss die Rügeschrift von einem Rechtsanwalt unterzeichnet sein.

IX. Das Außer-Kraft-Treten der einstweiligen Anordnung

187 Die einstweilige Anordnung nach § 621g ZPO zu elterlicher Sorge, Umgangsrecht oder Herausgabe des Kindes tritt bei entsprechender Anwendung der Regelung des § 620f Abs. 1 S. 1 ZPO außer Kraft, wenn
- eine anderweitige Regelung Wirksamkeit erlangt
- der Antrag in der Hauptsache zurückgenommen oder rechtskräftig abgewiesen wird
- eine Erledigung des Hauptsacheverfahrens eintritt.

1. Wirksamwerden einer anderweitigen Regelung

188 Die anderweitige Regelung, die Wirksamkeit erlangt, wird in aller Regel die **Entscheidung** über das Hauptsacheverfahren sein, innerhalb dessen die einstweilige Anordnung beantragt wurde. Es könnte jedoch auch etwa ein **gerichtlich gebilligter Vergleich** zum Umgangsrecht, der auch in einem anderen Verfahren abgeschlossen sein kann, diese Wirkung nach sich ziehen.
Im Übrigen vgl. § 3 Rn 122 bis 129. Die dortigen Ausführungen gelten hier entsprechend.

2. Rücknahme des Antrages in der Hauptsache

189 Da in FGG-Angelegenheiten die bloße Rücknahme eines Antrages keine verfahrensbeendende Wirkung hat,[391] wird darauf abzustellen sein, zu welchem Zeitpunkt das Gericht (auch konkludent) feststellt, dass ein Regelungsbedürfnis für eine Entscheidung nicht mehr besteht. Dass dieses Bedürfnis fehlt, wird durch die Antragsrücknahme deutlich.

---

391 *Finke/Garbe*, § 4 Rn 17; a.A. *Gießler/Soyka*, Rn 13; AG Neustadt/Rübenberge FamRZ 2004, 1392 anlässlich eines Verfahrens nach dem GewSchG.

3. Erledigung des Hauptsacheverfahrens

Auch in FGG-Verfahren kann eine Erledigung des Hauptsacheverfahrens eintreten. Der Hauptanwendungsfall ist der Eintritt der Volljährigkeit des Kindes. Ab diesem Zeitpunkt ist ein Verfahren zur elterlichen Sorge ebenso erledigt wie zum Umgangsrecht und zur Herausgabe des Kindes. 190

4. Feststellung der Unwirksamkeit der einstweiligen Anordnung

Vgl. § 3 Rn 130. 191

X. Sonderfragen zur Prozesskostenhilfe

Auch bei einer einstweiligen Anordnung nach § 621g ZPO erstreckt sich eine für das Hauptsacheverfahren bewilligte Prozesskostenhilfe nicht automatisch auf das Anordnungsverfahren. Es ist eine **gesonderte Antragstellung** erforderlich. 192

D. Die vorläufige Anordnung zu elterlicher Sorge, Umgangsrecht und Herausgabe des Kindes

I. Auswirkungen der Regelung des § 621g ZPO

1. Anwendungsbereich der vorläufigen Anordnung

Wie in der Einleitung zur einstweiligen Anordnung nach § 621g ZPO bereits dargestellt, war der Erlass einer vorläufigen Anordnung als Maßnahme des einstweiligen Rechtsschutzes in der Rechtsprechung lange Zeit anerkannt. 193

Vorläufige Anordnungen waren in den Regelungsbereichen der elterlichen Sorge, des Umgangsrechts und der Kindesherausgabe immer dann zulässig, wenn ein **dringendes Bedürfnis** bestand, zum Schutze des Kindes unverzüglich einzuschreiten, und ein Abwarten bis zur endgültigen Entscheidung den erforderlichen Schutz des Kindes nicht gewährleisten konnte.[392]

a) Die vorläufige Anordnung bei Hauptsacheverfahren, die von Amts wegen betrieben werden

Auch nach dem In-Kraft-Treten des § 621g ZPO bleibt der Anwendungsbereich der gesetzlich nicht statuierten vorläufigen Anordnung erhalten, soweit das Kindeswohl ein sofortiges 194

---

[392] BayObLG FamRZ 1999, 178; 85, 100; OLG Hamm FamRZ 1988, 199; OLG Köln FamRZ 1999, 181; *Keidel/Kahl*, § 19 Rn 30; BGH FamRZ 1978, 886.

Einschreiten gebietet. Es ist nicht Sinn des GewSchG, durch die Novellierung des einstweiligen Rechtsschutzes in FGG-Bereichen eine derartige gerichtliche Vorgehensweise insgesamt zu verhindern. Zwar sollte ein gesetzlicher Rahmen für in der Rechtsprechung bereits anerkannte Entscheidungsmöglichkeiten (Tätigwerden des Gerichts im Wege einer vorläufigen Anordnung auf Antrag) geschaffen werden.[393] Dies kann aber nicht zu einem gänzlichen Wegfall der Kompetenz des Gerichts, Entscheidung von Amts wegen zu treffen, führen. Das Bedürfnis für den Erlass vorläufiger Anordnungen bleibt in gewissem Umfang bestehen, obwohl § 621g ZPO nunmehr den Fall regelt, dass einstweilige Anordnungen in FGG-Angelegenheiten auf Antrag erlassen werden können.

195 Ganz deutlich wird dies durch die Vorschrift des § **1666 BGB**, wonach das Familiengericht bei Gefährdung des Kindeswohls im Rahmen eines **von Amts wegen einzuleitenden Hauptsacheverfahrens** die zur Abwendung der Gefahr erforderlichen Maßnahmen zu treffen hat. Gerade hier liegt es auf der Hand, dass nach wie vor eine vorläufige Anordnung zulässig sein muss, um dem Wohl des Kindes Rechnung zu tragen. Die bloße Möglichkeit der Antragstellung nach § 621g S. 1 ZPO genügt nicht. Wird solch ein Antrag nicht gestellt, muss das Gericht aus Gründen des Kindeswohles von sich aus tätig werden.[394]

Dabei kann m.E. das Gericht angesichts des **eindeutigen Wortlauts** des § 621g ZPO (»auf Antrag«) nicht auf diese Regelung zugreifen.[395]

196 Auch bezüglich des Umgangsrechts ist ein Bedarf für den Erlass vorläufiger Anordnungen geblieben. Eine Verfahren zur **Regelung des Umgangs** kann auch nach dem In-Kraft-Treten des KindRG[396] trotz der durch dieses Gesetz bewirkten Stärkung der elterlichen Verantwortung und der elterlichen Rechte gegenüber dem Staat[397] **von Amts wegen** eingeleitet werden.[398] In einem solchen Fall ist es erforderlich, dass vorläufige Anordnungen ohne vorherige Antragstellung erlassen werden.

b) Die vorläufige Anordnung bei Antragsverfahren in Angelegenheiten der freiwilligen Gerichtsbarkeit

197 M.E. bewirkt jedoch die Normierung des § 621g ZPO, dass bei FGG-Hauptsacheverfahren, die ausschließlich auf Antrag in Gang kommen, eine **vorläufige Anordnung** von Amts

---

393 BT-Drucks. 14/5429, 34.
394 Dass ein Bedürfnis für ein Einschreiten von Amts wegen nach wie vor besteht, ist unumstritten; fraglich ist nur, welches das zutreffende Mittel ist.
395 OLG Hamm (2. FamS) FamRZ 2004, 1046; OLG Jena FamRZ 2006, 280; OLG Köln FF 2003, 141; *van Els*, FamRZ 2003, 965; *Dose*, Rn 192g, 193; a.A. OLG Dresden FamRZ 2003, 1306; OLG Frankfurt NJW-RR 2003, 1517; OLG Hamm (4. FamS) B. v. 22.11.2004, 4 WF 272/04; OLG Zweibrücken FamRZ 2006, 872; *Thomas/Putzo – Hüßtege*, § 621 g Rn 1 bezeichnet die Rechtslage als »unklar«; a.A. auch *Zöller – Philippi*, 25. Auflage, § 621 g Rn 3; *Gießler/Soyka*, Rn 261.
396 Gesetz zur Reform des Kindschaftsrechts (Kindschaftsrechtsreformgesetz) vom 16.12.1997; BGBl I, 2942.
397 *Greßmann*, Neues Kindschaftsrecht, Rn 3.
398 *Johannsen/Henrich/Jaeger*, § 1684 Rn 10, 21; *Greßmann*, Neues Kindschaftsrecht, Rn 482; *Finke/Garbe*, § 4 Rn 9 mit Hinweis auf BT-Drucks. 13/4899, 122 *Palandt – Diederichsen*, § 1684 Rn 12; anders *Palandt – Diederichsen* bei § 1684 Rn 20 unter Hinweis auf OLG Naumburg JAmt 2004, 598 = FamRZ 2004, 598.

wegen nicht mehr erlassen werden kann. Es bedarf auch im einstweiligen Rechtsschutz der Antragstellung. Diese Ansicht wurde gegen die h.M. bereits vor dem In-Kraft-Treten des Gewaltschutzgesetzes[399] teilweise vertreten[400] und ist m.e. nunmehr durch den Gesetzgeber bestärkt worden. Diesem war bei Fassung des § 621g ZPO die Rechtsprechung bekannt, nach der vorläufige Anordnungen nach § 13 Abs. 4 HausratsVO a.F. auch von Amts wegen erlassen werden konnten.[401] § 621g ZPO nun soll eine einheitliche Regelung für den Bereich des einstweiligen Rechtsschutzes bewirken, aufgrund derer das »Nebeneinander der vorläufigen Anordnung nach in der Rechtsprechung entwickelten Grundsätzen und entsprechender gesetzlicher Regelungen in Teilbereichen des Familienrechts (§§ 620 ff. ZPO und § 13 Abs. 4 HausratsVO, dessen Regelungsinhalt damit entfallen kann)«[402] beseitigt wird. Dies bedeutet m.E., dass die **einstweilige Anordnung die vorläufige Anordnung ersetzt**. Gelten kann dies jedoch nur dann, wenn die **Hauptsacheverfahren nicht von Amts wegen** betrieben werden (können), da in diesen Verfahren sehr wohl ein Bedürfnis besteht, auch vorläufige Anordnungen von Amts wegen zu erlassen. Es ist nicht zu erwarten, dass Beteiligte in Amtsverfahren einstweilige Anordnung beantragen, insbesondere wenn sich diese auch noch gegen sie selbst richten würden.[403]

Bei den nur auf Antrag einzuleitenden Verfahren dagegen sollte der Auffassung gefolgt werden, dass der Antragsteller auch im einstweiligen Rechtsschutz Herr des Verfahrens ist. Dies wird auch eher der Intention des Gesetzgebers des KindRG[404] gerecht. Denn durch die darin enthaltenen Normierungen, z.B. der Übertragung elterlicher Sorge nach § 1671 BGB nur noch auf Antrag, sollte die elterliche Verantwortung und die elterliche Position gegenüber staatlichen Eingriffen gestärkt werden.[405] Dem wird nicht Rechnung getragen, wenn bei Anhängigkeit entsprechender Hauptsacheverfahren durch den Erlass vorläufiger Anordnungen eine Entscheidung auch von Amts wegen ergehen kann.[406]

198

c) »Dienende« Anordnungen

Bei vorliegender Argumentation ist die Zulässigkeit so genannter »dienender Anordnungen« problematisch. Kraft solcher Anordnungen wird ein Umgangsrecht festgesetzt, um die beantragte Entscheidung zur elterlichen Sorge in einem Antragsverfahren (§ 1671 BGB)

199

---

399 Gesetz zur Verbesserung des zivilgerichtlichen Schutzes bei Gewalttaten und Nachstellungen sowie zur Erleichterung der Überlassung der Ehewohnung bei Trennung – BGBl 2001 I, 3513.
400 *Gießler*, 3. Auflage, Rn 305, 1006.
401 BT-Drucks. 14/5429, 13.
402 BT-Drucks. 14/5429, 23.
403 Fraglich wäre, ob dann überhaupt ein Regelungsbedürfnis vorläge.
404 Gesetz zur Reform des Kindschaftsrechts (Kindschaftsrechtsreformgesetz) vom 16.12.1997; BGBl I, 2942.
405 *Greßmann*, Neues Kindschaftsrecht, Rn 3.
406 Dies überzeugt mich eher als die gegenteilige Ansicht, obwohl im Rahmen des FGG-Verfahrens grds. ein Antrag nur verfahrenseinleitender Natur ist und demzufolge nach Antragstellung die Entscheidung nicht mehr an den Antrag gebunden ist. Vgl. *Finke/Garbe*, § 4 Rn 16. Bei Sorgerechtsanträgen gemäß § 1671 BGB wird im Übrigen mittlerweile zutreffend davon ausgegangen, dass diese als Sachanträge zu qualifizieren sind – *Finke/Garbe*, a.a.O.; *Palandt – Diederichsen*, § 1671 Rn 11 in 59. Auflage (ab 60. Auflage nicht mehr angesprochen).

offen zu halten.[407] Eine hierauf bezogene Antragstellung ist entbehrlich. Bislang war lediglich zu hinterfragen, ob sich diese Maßnahme innerhalb des beantragten Regelungsbereiches hält. Nunmehr ist auch zu erörtern, ob eine ausdrückliche Antragstellung zum Erlass einer dienenden Anordnung erforderlich ist.

Aus Gründen der Praktikabilität und des Kindeswohls neige ich zu der Auffassung,[408] dass solche Maßnahmen auch weiterhin im Wege einstweiligen Rechtsschutzes sollten erlassen werden können, selbst wenn ein entsprechender Antrag nicht gestellt ist. Lässt man eine vorläufige Anordnung nicht zu, bedarf es entweder eines ausdrücklichen Antrages oder es ist vom Gericht zu erwägen, ob nicht ein umgangsrechtliches Hauptsacheverfahren von Amts wegen eingeleitet wird, innerhalb dessen sodann eine vorläufige Anordnung erlassen werden könnte.

200 Vertreter der Auffassung, nach der auch in Antragsverfahren vorläufige (einstweilige) Anordnungen von Amts wegen erlassen werden dürfen, nehmen dies ersichtlich nur in Fällen des § 1666 BGB an, so dass eine Übertragung der elterlichen Sorge auf den Antragsgegner auch durch einstweilige Anordnung nicht in Betracht kommt, wenn dieser nicht seinerseits einen entsprechenden Antrag gestellt hat (vgl. § 1671 BGB), es sei denn, die strengen Voraussetzungen des § 1666 BGB liegen vor.

d) Abgrenzung der vorläufigen Anordnung von der einstweiligen Anordnung durch die Art der Erledigung

201 Eine recht klare **Abgrenzung** der vom Gericht zu wählenden/gewählten **Erledigungsart** und der sich hieran anknüpfenden Rechtsfolgen wie der Statthaftigkeit der Rechtsbehelfe kann bewirkt werden, wenn man folgende Lösung akzeptiert:

- Können Hauptsacheverfahren ausschließlich auf Antrag eingeleitet werden, greift ausschließlich § 621g ZPO als Maßnahme des einstweiligen Rechtsschutzes.
- Handelt es sich um Verfahren, die von Amts wegen betrieben werden, greift die vorläufige Anordnung.
- Sind beide Möglichkeiten gegeben wie im Falle des Umgangsrechts, kommt es darauf an, in welcher konkreten Weise das Gericht vorgegangen ist. Ist ein umgangsrechtliches Verfahren aufgrund einer Antragstellung in Gang gekommen und nach erfolgtem Antrag zum Erlass einer Maßnahme des vorläufigen Rechtsschutzes entschieden worden, handelt es sich um eine Erledigung nach § 621g ZPO. Hat das Gericht das Verfahren von Amts wegen eingeleitet, greifen die Regeln zur vorläufigen Anordnung.

---

407 Vgl. § 3 Rn 13.
408 Mir ist der Widerspruch zu den vorherigen Darstellungen durchaus bewusst, der sich daraus ergibt, dass begleitende Anordnungen als sorgerechtliche Regelungen qualifiziert werden, die demzufolge im Rahmen einer Entscheidung nach § 1671 BGB zu erlassen wäre, also eines Antragsverfahrens, das ausschließlich auf Antrag zu erlassende einstweilige Anordnungen nach § 621g ZPO zulässt.

Elterliche Sorge, Umgangsrecht, Herausgabeanspruch §3

- Zu den Besonderheiten bei einer Maßnahme nach § 1666 BGB vgl. § 3 Rn 206.
- Zu den Problemfällen bei einer Verfahrenseinleitung auf Antrag und Fortsetzung des Verfahrens von Amts wegen vgl. sofort.

Treten im Laufe eines auf Antrag eingeleiteten Verfahrens (§ 1671 BGB) Umstände zu Tage, die ein Einschreiten von Amts wegen (§ 1666 BGB) rechtfertigen, muss inhaltlich ein entsprechendes Hauptsacheverfahren »eingeleitet« werden, auch wenn dies nicht eines förmlichen Aktes bedarf. Hierdurch wird der Erlass vorläufiger Anordnungen ermöglicht. In isolierten Verfahren besteht allerdings die Besonderheit, dass diese Verfahrenseinleitung nicht ein gesondertes Verfahren voraussetzt, sondern das auf Antrag eingeleitete Verfahren fortgesetzt und sodann über eine Maßnahme nach § 1666 BGB entschieden wird.[409] Dies ändert aber nichts daran, dass vor der entsprechenden »Verfahrensänderung«[410] m.E. vorläufige Anordnungen nicht ergehen können.[411] Wenn nun das Gericht die Möglichkeit hat, einerseits auf Antrag eine Entscheidung nach § 621g ZPO (zu § 1671 BGB) und andererseits eine vorläufige Anordnung (zu § 1666 BGB) zu erlassen, muss es (beispielsweise durch Bezeichnung der Maßnahme im Rahmen der Tenorierung) deutlich machen, in welcher Form es entschieden hat.[412] Fehlt eine solche Klarstellung, wird sich häufig aus der Entscheidung selbst ergeben, welches Mittel des einstweiligen Rechtsschutzes ergriffen worden ist, da eine einstweilige Anordnung nach §§ 621g S. 1, 621 Abs. 1 Nr. 1 ZPO, 1671 BGB nur eine Entscheidung im Rahmen der Antragstellung zulässt und die Übertragung der elterlichen Sorge auf andere Personen als den Antragsteller ausscheidet. Lässt sich nicht klären, welcher Art die Entscheidung ist, wird man die für einen Rechtsbehelfsführer günstigere Entscheidungsform annehmen müssen und dies ist die vorläufige Anordnung.

202

Wer die Auffassung vertritt, dass im Rahmen eines Verfahrens nach § 1671 BGB und im Rahmen einer einstweiligen Anordnung ebenso Maßnahmen nach § 1666 BGB ergriffen werden können, ohne dass eine »Verfahrensänderung« bewirkt sein müsste, geht davon aus, dass bei erfolgter Antragstellung eine einstweilige Anordnung nach § 621g ZPO auch von Amts wegen erlassen werden kann und ggf. diese anzufechten ist.

203

e) Zusammenfassung zum Anwendungsbereich der vorläufigen Anordnung

Zusammenfassend ist der Erlass vorläufiger Anordnungen nach hier vertretener Auffassung nur in **von Amts wegen eingeleiteten oder einleitbaren**[413] **Verfahren** möglich.

204

---

409 Vgl. *Palandt – Diederichsen,* § 1671 Rn 19.
410 Aus diesem Grund sollte diese Einleitung eines Verfahrens von Amts wegen auch in der Akte dokumentiert und den Beteiligten mitgeteilt werden.
411 Im Rahmen des § 621g S. 1 ZPO kann m.E. eine Entscheidung, die sich inhaltlich an § 1666 BGB orientiert, nicht erlassen werden – zur Rechtslage bei § 620 Nr. 1 ZPO vgl. § 3 Rn 14–16.
412 Eine derartige Klarstellung fehlte offensichtlich bei den erstinstanzlichen Entscheidungen, über die das OLG Jena FamRZ 2006, 280 und das OLG Hamm FamRZ 2004, 1046 zu befinden hatten.
413 Falls auf Antrag eingeleitet, auch wenn es sich nicht um einen Sachantrag handelt – vgl. §§ 1696, 1684 BGB.

§ 3 Elterliche Sorge, Umgangsrecht, Herausgabeanspruch

Die Hauptanwendungsfälle sind:
- § 1666 BGB
  Bei einer drohenden Kindeswohlgefährdung hat das Gericht die zur Abwendung der Gefahr erforderlichen Maßnahmen zu erlassen.
- § 1684 Abs. 3 BGB
  Die Regelung zum Umgangsrecht bedarf keiner Antragstellung.
- § 1696 BGB
  Abänderungen gerichtlicher Anordnungen können von Amts wegen vorgenommen werden. Insbesondere Maßnahmen nach §§ 1666, 1667 BGB sind aufzuheben, wenn eine Gefahr für das Kindeswohl nicht mehr besteht.

Siehe auch:
- § 52a Abs. 5 S. 2 FGG
  Ist ein gerichtliches Vermittlungsverfahren zum Umgang eines Elternteils mit einem gemeinschaftlichen Kind gescheitert, prüft das Gericht von Amts wegen, ob neben Zwangsmaßnahmen Änderungen der Umgangsregelung oder Maßnahmen in Bezug auf die elterliche Sorge ergriffen werden sollen (§§ 1696, 1666 BGB).
- § 52 Abs. 3 FGG
  Setzt das Gericht ein Verfahren zur Person des Kindes wegen der Inanspruchnahme außergerichtlicher Beratung aus, kann es einstweilige Anordnungen über den Verfahrensgegenstand erlassen.

205 Darüber hinaus bleibt ein **Anwendungsbereich** für die vorläufige (»einstweilige«)[414] Anordnung jedenfalls insoweit bestehen, als in einigen Normen **ausdrücklich** der Erlass derartiger Maßnahmen von Amts wegen angesprochen ist und diese Normen durch das GewSchG keine Änderungen erfahren haben.

Erwähnt sind vorläufige (»einstweilige«) Anordnungen expressis verbis in folgenden Fällen:
- §§ 49 Abs. 4, 49a Abs. 3 FGG: Einstweilige Anordnungen in bestimmten Familiensachen vor Anhörung des Jugendamtes
  Hierbei gilt es zu beachten, dass nach diesen Normen nicht ausdrücklich die Zulässigkeit des Erlasses einer vorläufigen Anordnung von Amts wegen statuiert werden soll, sondern bestimmt wird, dass eine derartige gerichtliche Maßnahme bei Gefahr im Verzug zeitlich vor der ansonsten erforderlichen Anhörung des Jugendamtes erfolgen kann. Die Zulässigkeit einer vorläufigen Anordnung selbst wird vorausgesetzt. In § 49a

---

414 Häufig wird diese Terminologie als ungenau bezeichnet; im FGG-Bereich sei der von der Rechtsprechung geprägte Begriff »vorläufige Anordnung« zu wählen – vgl. *Johannsen/Henrich/Brudermüller*, 3. Auflage, § 1361b Rn 41. Da nunmehr der Gesetzgeber auch die Maßnahme einstweiligen Rechtsschutzes nach § 621g ZPO als einstweilige Anordnung bezeichnet und darüber hinaus auch im Gesetzestext des FGG lediglich »einstweilige« Anordnungen angesprochen werden, schließe ich mich dieser Bezeichnung an und verwende den Begriff »vorläufige Anordnung« nur für von Amts wegen zu erlassende Mittel des einstweiligen Rechtsschutzes, die keine gesetzliche Regelung erfahren haben.

Abs. 1 FGG sind Regelungsbereiche angesprochen, bei denen das Gericht im Hauptsacheverfahren und bei Erlass einer vorläufigen Anordnung von Amts wegen tätig werden kann (vgl. nur § 49a Abs. 1 Nr. 7, 8 FGG), und auch andere, bei denen eine Antragstellung für ein gerichtliches Einschreiten erforderlich ist (§ 49a Abs. 1 Nr. 9 FGG).

- § 52 Abs. 3 FGG: Einstweilige Anordnungen im Falle der Aussetzung eines die Person eines Kindes betreffenden Verfahrens
Hier wird die Zulässigkeit der einstweiligen (vorläufigen) Anordnung selbst angesprochen.
- § 50d FGG:[415] Einstweilige Anordnungen zur Regelung der Herausgabe der zum persönlichen Gebrauch des Kindes bestimmten Sachen, wenn die Herausgabe des Kindes selbst angeordnet wird.

Auch in diesem Fall bestimmt die Regelung selbst, dass der Erlass einer einstweiligen Anordnung, die sogar inhaltlich dem Familienrecht fremde materielle Ansprüche betrifft, von Amts wegen zulässig ist.

2. Einschränkung des Anwendungsbereichs des § 621g ZPO

In umgekehrter Richtung stellt sich die Frage, ob der Anwendungsbereich des § 621g S. 1 i.V.m. § 621 Abs. 1 Nr. 1 ZPO nicht einer Einschränkung bedarf. In der »klassischen« Fürsorgeangelegenheit des **§ 1666 BGB**, in der der Gesetzgeber dem Gericht eine Eingriffsbefugnis vorbehalten hat, sollte der **Erlass einer einstweiligen Anordnung ausscheiden** und ausschließlich die Zulässigkeit einer vorläufigen Anordnung anzunehmen sein.
Begründet werden könnte dies mit dem Argument, dass hier eine Antragstellung lediglich den Charakter einer Anregung hat, während bei § 1671 BGB ein Sachantrag erforderlich ist.[416] Eine solche Argumentation allein vermag jedoch nicht zu überzeugen. § 621g S. 1 ZPO fordert lediglich, dass beispielsweise ein Verfahren nach § 621 Abs. 1 Nr. 1 ZPO anhängig ist und hierzu gehört grds. auch ein von Amts wegen eingeleitetes Verfahren wegen Kindeswohlgefährdung nach § 1666 BGB.[417] Eine generelle Beschränkung des Anwendungsbereichs des § 621g ZPO auf Fälle, in denen eine (Sach-)Antragstellung vorausgesetzt wird, würde auch nicht in Einklang stehen mit der Bezugnahme auf § 621 Abs. 1 Nr. 2 ZPO. Umgangsrechtliche Verfahren nämlich sind allesamt solche, die als Hauptsacheverfahren von Amts wegen betrieben werden können (§§ 1684 Abs. 3, 1685 Abs. 3 BGB). Somit würde zum Umgangsrecht in keinem Fall eine einstweilige Anordnung ergehen können.

Auch ist es nicht möglich, anzunehmen, dass jedes von einer sorgeberechtigten Person auf Antrag eingeleitete Verfahren sich ausnahmslos nach § 1671 BGB und nicht nach § 1666

---
415 Vgl. § 9 Rn 44.
416 Vgl. § 3 Rn 198.
417 *Thomas/Putzo*, § 621 Rn 23; *Zöller – Philippi*, § 621 Rn 33d.

BGB richtet. Denn es sind Situationen denkbar, in denen beispielsweise eine Mutter den Antrag stellt, die elterliche Sorge wegen sexuellen Missbrauchs des Kindes durch den Vater nicht auf sie (die Mutter), sondern auf eine dritte Person – etwa eine nahe Angehörige der Mutter – zu übertragen und konkrete Maßnahmen des einstweiligen Rechtsschutzes zu erlassen, da sie selbst befürchtet, das Kind vor weiteren Übergriffen (aus welchem Grund auch immer) nicht hinreichend schützen zu können. Diese Antragstellung ist von vornherein nicht von § 1671 BGB gedeckt.[418] Ein Antrag jedoch liegt vor, wenn er auch nur die »Qualität« einer Anregung hat.

Ebenso ist es möglich, dass ein Verfahren nach § 1666 BGB eingeleitet ist und ein Beteiligter ausdrücklich den Erlass einer einstweiligen Anordnung beantragt, weil er der Ansicht ist, das Gericht sollte zügig eingreifen. Ließe man in derartigen Fällen eine einstweilige Anordnung nach §§ 621g S. 1, 621 Abs. 1 Nr. 1 ZPO, 1666 BGB zu, müsste das Gericht wegen der (möglicherweise)[419] unterschiedlichen Anfechtbarkeit nun darstellen, ob es aufgrund des Antrages eine einstweilige Anordnung erlassen hat oder ohnehin den Beschluss erlassen hätte, also von Amts wegen tätig wurde. Da bei § 1666 BGB das Gericht doch stets von Amts wegen einzuschreiten hat, sollte davon ausgegangen werden, dass hier auch das Mittel des einstweiligen Rechtsschutzes ergriffen wurde, das bei einer solchen Vorgehensweise das zutreffende ist, nämlich die vorläufige Anordnung.[420]

208 Bei einer Regelung des **Umgangsrechts** dagegen sollte es bei der oben dargestellten Abgrenzung bleiben.[421] Denn durch § 1684 Abs. 3 BGB ist dem Gericht zwar die Möglichkeit eingeräumt, von Amts wegen vorzugehen, jedoch ist dessen Verpflichtung zum Tätigwerden nicht gleichermaßen ausgeprägt, da nicht in jedem Falle unterbleibender Ausübung des Umgangs eine Kindeswohlgefährdung im Sinne des § 1666 BGB anzunehmen ist.

II. Anhängigkeit eines Hauptsacheverfahrens

209 Die gesetzlich nicht geregelte vorläufige Anordnung ist als **verfahrensunselbstständiges Mittel** des vorläufigen Rechtsschutzes zu qualifizieren. Somit ist der Erlass einer vorläufigen Anordnung grds. nur zulässig, wenn ein deckungsgleiches Hauptsacheverfahren anhängig ist.[422]

---

418 Auch nicht von § 1671 Abs. 3 BGB, der m.E. nur besagt, dass einem Antrag nach Abs. 1 nicht stattzugeben ist, wenn aufgrund anderer Vorschriften (also nach § 1666 BGB) die elterliche Sorge abweichend geregelt werden muss.
419 Hierzu vgl. § 3 Rn 186 (sofortige Beschwerde bei § 621g ZPO) und § 3 Rn 253 (unbefristete Beschwerde nach § 19 FGG bei vorläufiger Anordnung).
420 Diese Problematik lässt sich jedoch auch dadurch beseitigen, dass die von Amts wegen zu erlassende vorläufige Anordnung nunmehr im Rechtsbehelfssystem der einstweiligen Anordnung angepasst wird; vgl. hierzu § 3 Rn 248.
421 Vgl. § 3 Rn 201.
422 OLG Hamm FamRZ 1992, 337; OLG Zweibrücken FamRZ 1999, 106; OLG Bamberg FamRZ 1995, 181; OLG München FamRZ 1996, 1022; *Wohlfahrt*, Bd. 1 § 1 Rn 429; *Rahm/Künkel/Niepmann*, VI Rn 82.

Das Erfordernis bloßer Anhängigkeit des Hauptsacheverfahrens bewirkt, dass die Zustellung einer Antragsschrift an die Beteiligten noch nicht erfolgt sein muss. In Amtsverfahren ist eine etwaige Antragstellung ohnehin entbehrlich und nur als »Anregung« an das Gericht aufzufassen.[423]

In den hier angesprochenen Regelungsbereichen ist jedoch häufig Eile geboten; zudem ist als oberstes Gebot das Kindeswohl zu beachten (§ 1697a BGB). Deshalb wurde vielfach eine **Antragstellung** in ohnehin von Amts wegen zu betreibenden Verfahren (§ 1666 BGB), die sich ausschließlich auf den Erlass einer vorläufigen Anordnung[424] bezog, in der Weise ausgelegt, dass sie verbunden sei mit einem Antrag auf Einleitung des Hauptsacheverfahrens.[425] Teilweise wurde der Erlass einer **vorläufigen Anordnung** (in besonders dringlichen Fällen) zudem ohne Hauptsacheverfahren für zulässig gehalten.[426]

210

Wird eine vorläufige Anordnung von Amts wegen erlassen, muss jedenfalls ein Hauptsacheverfahren alsbald eingeleitet werden, falls dieses noch nicht anhängig ist.[427]

III. Inhalte der vorläufigen Anordnungen zu elterlicher Sorge, Umgangsrecht und Herausgabe des Kindes

1. Deckungsgleichheit zwischen vorläufiger Anordnung und Hauptsacheverfahren

Der Verfahrensgegenstand der vorläufigen Anordnung muss sich mit demjenigen des Hauptsacheverfahrens decken.[428] Eine Ausnahme besteht dann, wenn die einstweilige Anordnung **kraft gesetzlicher Regelung** einen anderen Gegenstand als das Hauptsacheverfahren betrifft (vgl. § 50d FGG).[429]

211

Eine weitere Ausnahme ist zuzulassen, wenn eine dienende Maßnahme zu ergreifen ist. Hierzu und zur erforderlichen Kongruenz im Übrigen vgl. § 3 Rn 135. Die dortigen Ausführungen gelten hier entsprechend.

---

423 Vgl. *Palandt – Diederichsen,* § 1684 Rn 12 zum Umgangsrecht mit Hinweis auf OLG Zweibrücken FamRZ 1993, 728.
424 Vor In-Kraft-Treten des § 621g ZPO.
425 BGH NJW 1983, 47; OLG Karlsruhe NJW 1978, 2100; OLG Braunschweig FamRZ 1980, 568; OLG Frankfurt/Main FamRZ 1994, 177.
426 OLG Bamberg FamRZ 1995, 181; OLG Naumburg FamRZ 2001, 770 (bei Verdacht des sexuellen Missbrauchs).
427 *Keidel/Kahl,* § 19 Rn 30; OLG Naumburg FamRZ 2001, 770.
428 *Rahm/Künkel/Niepmann,* VI Rn 83; OLG Stuttgart FamRZ 1998, 1128.
429 Vgl. § 9 Rn 44 ff.

§3 Elterliche Sorge, Umgangsrecht, Herausgabeanspruch

2. Die vorläufige Anordnung zur elterlichen Sorge

212 Da vorläufige Anordnungen m.E. nicht in Betracht kommen, wenn die elterliche Sorgeregelung in der Hauptsache eine Antragstellung voraussetzt,[430] scheiden solche bei den auf Antrag einzuleitenden Verfahren wie der Übertragung der elterlichen Sorge nach §§ 1671, 1672 BGB aus. Entsprechend der Intention des Gesetzgebers, die elterliche Verantwortung durch das KindRG zu stärken, ist es im Hauptsacheverfahren nicht möglich, sorgerechtliche Befugnisse auf den Antragsgegner, der seinerseits einen Antrag zur elterlichen Sorge nicht gestellt hat, zu übertragen. Dies muss auch im Rahmen einer vorläufigen Anordnung Beachtung finden.[431]

Allerdings ist es zulässig, ein Umgangsrecht einzuräumen, wenn dieses eine so genannte »dienende Maßnahme« darstellt.[432]

213 § 1666 BGB dagegen ermöglicht eine Entscheidung des Gerichts zur elterlichen Sorge von Amts wegen, wenn ansonsten das Kindeswohl gefährdet wäre. Jedenfalls im Rahmen eines derartigen Hauptsacheverfahrens ist der Erlass einer vorläufigen Anordnung zulässig. Inhaltlich können alle Maßnahmen ergriffen werden, die erforderlich sind, um die Gefährdung des Kindeswohles zu beseitigen.[433] Bei einer Trennung des Kindes von der Familie und einem Entzug der elterlichen Sorge insgesamt, sind die sich aus § 1666a BGB ergebenden Beschränkungen zu beachten.

> *Hinweis*
> Besondere Bedeutung erlangt § 1666 BGB nach dem Willen des Gesetzgebers[434] in Fällen von **Gewaltanwendung gegenüber einem Kind**. Wenn ein Elternteil oder ein Dritter (z. B. der neue Partner des sorgeberechtigten Elternteils) das unter elterlicher Sorge stehende Kind misshandelt, greifen die Maßnahmen des GewSchG nicht bzw. nicht stets. Im Verhältnis zwischen Elternteil und Kind wird dies durch § 3 GewSchG ausdrücklich festgestellt. Gegenüber dem Dritten kommen Maßnahmen nach § 2 GewSchG nicht in Betracht, wenn das Kind (wie meist) mit dem Dritten keinen auf Dauer angelegten gemeinsamen Haushalt[435] i.S.d. GewSchG führt. Dies ist nach Auffassung des Gesetzgebers selbst dann der Fall, wenn der sorgeberechtigte Elternteil mit diesem Dritten als Partner zusammenlebt.[436]

---

430 Vgl. § 3 Rn 197.
431 Das materielle Recht ist auch im vorläufigen Rechtsschutz zu beachten; vgl. § 1 Rn 9.
432 Vgl. § 3 Rn 13.
433 Näher vgl. *Palandt – Diederichsen,* § 1666 Rn 51 ff.
434 Gesetz zur weiteren Verbesserung von Kinderrechten (Kinderrechteverbesserungsgesetz – KindRVerbG) vom 9.4.2002, BGBl 2002 I, 1239; hierzu vgl. *Janzen,* FamRZ 2002, 785.
435 Zum Begriff vgl. § 6 Rn 94.
436 BT-Drucks. 14/8131, 8; vgl. dagegen aber auch *Palandt – Brudermüller,* § 2 GewSchG Rn 2 a.E., der in den Schutzbereich auch Partner einbezieht sowie Geschwister und auch andere durch die Generationenbeziehung verbundene Personen; AG Hamburg-Barmbek FamRZ 2004, 437 zu volljährigen Kindern und Eltern.

Im Fall einer Misshandlung des Kindes durch einen Elternteil oder durch Dritte kann dem Täter die **Nutzung der vom Kind mitbewohnten Wohnung** oder auch einer anderen (etwa in der Nachbarschaft gelegenen) Wohnung untersagt werden (§ 1666a Abs. 1 S. 3 BGB). Auch weitere, die Wegweisung des Täters begleitende Maßnahmen wie Verbote,

- sich der Familienwohnung bis auf eine bestimmte Entfernung zu nähern
- sich dem Kind zu nähern
- bestimmte Orte aufzusuchen, an denen sich das Kind regelmäßig aufhält
- Kontakt zum Kind aufzunehmen (auch durch E-Mail, Telefon etc.)
- können angeordnet werden. Grundlage hierfür ist § 1666 BGB.

Nicht übersehen werden sollte jedoch, dass § 1 GewSchG im Verhältnis von Kindern zu Dritten durchaus greift.[437] Führen (bzw. führten) diese allerdings mit dem Verletzer keinen auf Dauer angelegten gemeinsamen Haushalt, so ist die Zuständigkeit des Familiengerichts nicht eröffnet und der Antragsteller auf die einstweilige Verfügung als Maßnahme einstweiligen Rechtsschutzes angewiesen.[438]

Auch ein **Abänderungsverfahren nach § 1696 BGB** kann von Amts wegen betrieben werden und ist geeignet, den Erlass vorläufiger Anordnungen zu ermöglichen. Dasselbe gilt für Verfahren, bei denen eine Übertragung der elterlichen Sorge aufgrund der Regelungen in §§ 1678 Abs. 2, 1680 Abs. 2, 1681 Abs. 2 BGB zu prüfen ist.

214

Weiterhin kann eine vorläufige Anordnung in einem Hauptsacheverfahren zur Regelung von **Teilbereichen der elterlichen Sorge** erlassen werden. Beispielsweise sei auf die Einschränkung der Befugnisse eines Elternteils bei getrennt lebenden Eltern nach § 1687 Abs. 1 S. 2 oder 4, Abs. 2 BGB hingewiesen.

215

Auch in diesem Bereich sorgerechtlicher Teilbefugnisse stellt sich die Frage, ob vorläufige Anordnungen von Amts wegen erlassen werden können, wenn das Verfahren ausschließlich auf Antrag betrieben werden kann. Wer sich der hier vertretenen Auffassung anzuschließen vermag, wird eine vorläufige Anordnung bei Verfahren nach § 1628 BGB (Übertragung des Entscheidungsrechts auf einen Elternteil bei Meinungsverschiedenheit in einer einzelnen Angelegenheit) sowie nach § 1630 Abs. 3 BGB (Übertragung einzelner Angelegenheiten der elterlichen Sorge auf eine Pflegeperson) für unzulässig halten.

3. Die vorläufige Anordnung zum Umgangsrecht

Da das Umgangsrecht nicht nur auf Antrag, sondern auch von Amts wegen geregelt werden kann,[439] ist der Erlass einer vorläufigen Anordnung statthaft.

216

---
437 Vgl. § 6 Rn 95.
438 Vgl. § 6 Rn 140.
439 *Palandt – Diederichsen*, § 1684 Rn 12; § 1685 Rn 2; vgl. ferner § 3 Rn 196.

§3 Elterliche Sorge, Umgangsrecht, Herausgabeanspruch

Als Umgangsberechtigte kommen alle ausdrücklich in §§ 1684, 1685 BGB benannten Personen in Betracht.

Falls das Umgangsrecht erforderlich ist, um einer Gefährdung des Kindeswohls i.S.v. § 1666 BGB wirksam zu begegnen, kann auch weiteren Personen ein Umgangsrecht eingeräumt werden.

Zum Regelungsinhalt vgl. § 3 Rn 21 und § 3 Rn 151.

4. Die vorläufige Anordnung im Zusammenhang mit der Kindesherausgabe

217 Die Herausgabe des Kindes wird nach § 1632 Abs. 3 BGB ausschließlich auf Antrag eines Elternteils angeordnet. Demzufolge scheidet m.E. auch der Erlass einer vorläufigen Anordnung von Amts wegen aus.[440]

Aus Anlass eines Verfahrens zur Herausgabe eines Kindes kann jedoch eine so genannte **Verbleibensanordnung** nach § 1632 Abs. 4 BGB oder § 1682 BGB von Amts wegen erlassen werden.[441]

IV. Verhältnis der vorläufigen Anordnung zu Hauptsacheverfahren und zu anderen Mitteln des einstweiligen Rechtsschutzes

1. Das Verhältnis der vorläufigen Anordnung zu Hauptsacheverfahren

218 Eine vorläufige Anordnung ist als **verfahrensunselbstständiges Mittel** des vorläufigen Rechtsschutzes eng gebunden an das Hauptsacheverfahren. Ist ein solches Verfahren nicht anhängig, scheidet auch der Erlass einer vorläufigen Anordnung aus. Zu den Ausnahmen vgl. § 3 Rn 199 f.

219 Liegt eine rechtskräftige Hauptsacheentscheidung vor, kommt eine vorläufige Anordnung zum selben Regelungsbereich nicht mehr in Betracht. Die Hauptsacheregelung kann durch ein solches Mittel einstweiligen Rechtsschutzes auch nicht abgeändert werden. Anderes gilt jedoch dann, wenn ein Abänderungsverfahren nach § 1696 BGB eingeleitet ist. Innerhalb dieses Verfahrens ergibt sich die Möglichkeit, eine vorläufige Anordnung zu erlassen, mit deren Hilfe der ursprünglich gefasste Beschluss inhaltlich geändert oder außer Kraft gesetzt wird.[442]

---

440 Vgl. § 3 Rn 197.
441 Zur Verbleibensanordnung siehe auch § 3 Rn 146.
442 *Zöller – Philippi*, § 620 Rn 18 zur einstweiligen Anordnung; OLG Hamm FamRZ 1990, 896; OLG Hamburg FamRZ 1988, 635; OLG München FamRZ 1978, 54; KG FamRZ 1985, 722.

2. Das Verhältnis der vorläufigen Anordnung zu anderen Mitteln des einstweiligen Rechtsschutzes

Ein Konkurrenzverhältnis der vorläufigen Anordnung zu anderen Mitteln des einstweiligen Rechtsschutzes scheidet aus, soweit sich die jeweiligen Anwendungsbereiche nicht überschneiden. 220

Da eine vorläufige Anordnung nach hier vertretener Auffassung nicht in Betracht kommt, wenn das deckungsgleiche Hauptsacheverfahren **nur auf Antrag** betrieben werden kann wie im Falle der Übertragung elterlicher Sorge nach §§ 1671, 1672 BGB (aber auch bei sorgerechtlichen Teilregelungen wie nach § 1628 BGB), ist eine Konkurrenz zwischen vorläufiger und einstweiliger Anordnung nicht möglich.

Da weiterhin im Rahmen eines Verfahrens nach § 1671 BGB eine Entscheidung nach § 1666 BGB nur getroffen werden kann, wenn eine entsprechende »Erweiterung« des Verfahrens vorgenommen worden ist, kommt es auch hier nicht zu einer echten Konkurrenz. Es ist lediglich durch das Gericht darzustellen, ob es eine einstweilige Anordnung auf Antrag erlassen und materiell an § 1671 BGB orientiert hat oder ob nach »Verfahrenserweiterung« von Amts wegen eine vorläufige Anordnung mit dem Prüfungsmaßstab des § 1666 BGB getroffen wurde.[443]

Ist ein Hauptsacheverfahren nach § 1666 BGB anhängig und in diesem Zusammenhang eine vorläufige Maßnahme erwirkt, handelt es sich m.E. stets (auch bei erfolgter Antragstellung auf Erlass einer einstweiligen Anordnung) um eine vorläufige Anordnung. 221

Bei umgangsrechtlichen Streitigkeiten dagegen muss das Gericht darstellen, ob es aufgrund des Antrages oder von Amts wegen tätig geworden ist.[444]

V. Regelungsbedürfnis

Nach hier vertretener Auffassung ist das Regelungsbedürfnis bei Erlass einer einstweiligen Anordnung nach § 620 ZPO (und auch nach § 621g ZPO) in derselben Weise zu prüfen wie bei einer vorläufigen Anordnung. 222

Deshalb kann auf die oben bei § 3 Rn 39 ff. vorgenommene Darstellung Bezug genommen werden.

---

443 Vgl. § 3 Rn 202.
444 Vgl. § 3 Rn 198.

VI. Antragstellung

1. Anwendungsbereich eines Antrages auf Erlass einer vorläufigen Anordnung

223 Die vorläufige Anordnung wird im Rahmen der Regelungsbereiche des § 621 Abs. 1 Nr. 1 und 2[445] ZPO m.E. **ausschließlich von Amts wegen** erlassen. Auch in den Fällen, in denen eine gerichtliche Tätigkeit im Hauptsacheverfahren ohne entsprechende Antragstellung entfaltet werden kann, ist die Stellung eines Antrages durch einen Beteiligten jedoch nicht ausgeschlossen. Ebenso ist es durchaus üblich, in von Amts wegen einzuleitenden bzw. einleitbaren Verfahren (insbesondere beim Umgangsrecht) bei Bedarf auch einen Antrag zum einstweiligen Rechtsschutz einzureichen. Ein solcher bewirkt jedoch nicht den Erlass einer vorläufigen Anordnung, sondern einer Entscheidung nach § 621g ZPO.

2. Inhalt und Form eines FGG-Antrages

224 Soweit ein Antrag auf Erlass einer vorläufigen Anordnung überhaupt in Betracht kommt, handelt es sich um einen **Verfahrensantrag**. Er kann **schriftlich** oder auch zu Protokoll der Geschäftsstelle jedes beliebigen Amtsgerichts gestellt werden.[446] Einer **anwaltlichen Vertretung** bedarf es gem. § 78 Abs. 2 ZPO nicht.

Wird die Ansicht vertreten, dass bei vorläufigen Anordnungen eine Antragstellung auf Erlass vorläufiger Anordnungen generell möglich ist, ist dieser formlos zu bewirken.

VII. Zuständiges Gericht

225 Die Zuständigkeit für den Erlass einer vorläufigen Anordnung leitet sich von der Zuständigkeit für das Hauptsacheverfahren ab.

226 Während der **Anhängigkeit einer Ehesache** liegt die ausschließliche Zuständigkeit in den Fällen des § 621 Abs. 2 Hs. 2 Nr. 1 bis 3 ZPO bei dem Gericht der Ehesache. Ist ein Verfahren bei einem anderen Gericht eingeleitet worden und wird sodann eine Ehesache rechtshängig, so ist dieses Verfahren an das Gericht der Ehesache abzugeben.

Bei der Prüfung der Zuständigkeitskonzentration nach § 621 Abs. 2 S. 1 ZPO ist eine exakte Erfassung des Anwendungsbereichs der Norm angezeigt, da beispielsweise die Zuständigkeit des Gerichts der Ehesache begründet ist, soweit die Streitigkeit das Umgangsrecht eines Stiefelternteils mit einem Kind des anderen Ehegatten (§ 1685 Abs. 2

---

[445] Bei § 621 Abs. 1 Nr. 3 ZPO scheidet nach hier vertretener Auffassung der Erlass einer vorläufigen Anordnung generell aus.
[446] Hierzu werden die §§ 496, 621a, 620a Abs. 2 S. 2 ZPO entsprechend herangezogen; vgl. *Gießler/Soyka*, Rn 308.

BGB), mit dem eine häusliche Gemeinschaft bestand, betrifft. Nach den allgemeinen Vorschriften richtet sich die Zuständigkeit jedoch dann, wenn der andere leibliche Elternteil (z.b. der frühere Ehegatte) sein Umgangsrecht mit demselben Kind nach § 1684 BGB geltend machen will.[447]

Ist eine **Ehesache nicht anhängig**, sind gem. § 621 Abs. 2 S. 2 ZPO die allgemeinen Vorschriften maßgeblich, also gelten die §§ 43 Abs. 1, 36, 64 Abs. 3 S. 2 FGG. Dies bewirkt, dass der **Wohnsitz**, hilfsweise der **gewöhnliche Aufenthalt** des Kindes die örtliche Zuständigkeit bestimmt.

Leben die Eltern getrennt, kommt ein Doppelwohnsitz des Kindes in Betracht (§§ 7, 11 BGB).[448] Dies hat zur Folge, dass der Antragsteller wählen kann, bei welchem Wohnsitzgericht er den Antrag stellt. In einem solchen Fall der Doppelzuständigkeit ist jedoch eine Abgabe nach § 46 FGG in Erwägung zu ziehen, sodass das Verfahren letztlich bei dem Gericht geführt wird, in dessen Bezirk sich das Kind tatsächlich aufhält.

Steht das Kind unter **Vormundschaft** oder **Pflegschaft**, richtet sich die örtliche Zuständigkeit nach dem Gericht, bei dem diese Vormundschaft oder Pflegschaft anhängig ist (§§ 43 Abs. 2, 64 Abs. 3. S. 2 FGG).

Sobald die Hauptsache in die **zweite Instanz** gelangt ist, wird die Zuständigkeit für nunmehr gestellte Anträge auf das Oberlandesgericht verlagert.[449]

Zur internationalen Zuständigkeit vgl. § 14 Rn 4 ff.

VIII. Ablauf des Verfahrens

1. Beteiligte

Vgl. § 3 Rn 168 ff.

2. Mündliche Verhandlung

Eine vorläufige Anordnung kann **ohne Durchführung einer mündlichen Verhandlung** erlassen werden; eine Norm, die eine solche vorschreiben würde, existiert nicht. Angesichts der Anhörungspflichten der §§ 49a ff. FGG (Anhörung der Eltern, des Kindes, des Jugendamtes etc.) erscheint es aber zweckmäßig, einen Termin anzuberaumen, wenn nicht die Dringlichkeit die mündliche Verhandlung verbietet.

---

447 Im Einzelnen vgl. *Wohlfahrt*, Bd. 1 § 1 Rn 134 ff., 243.
448 BGH FamRZ 1995, 1224; OLG Düsseldorf FamRZ 1999, 669; *Ewers*, FamRZ 1999, 79.
449 *Gießler*, 3. Auflage, Rn 314.

3. Rechtliches Gehör

230 Den Beteiligten ist grundsätzlich rechtliches Gehör zu gewähren. Als Ausdruck dieses verfassungsrechtlichen Postulates wurden die §§ 49a ff. FGG geschaffen, die dem Familienrichter umfassende Anhörungspflichten auferlegen, denen auch im vorläufigen Anordnungsverfahren nachzukommen ist.[450] Danach sind die Eltern, das Jugendamt, Pflegepersonen und das Kind – dieses persönlich – anzuhören.

Aus dem Amtsermittlungsprinzip des § 12 FGG folgt, dass auch weitere Personen angehört werden können, was jedoch wegen des summarischen Charakters des Anordnungsverfahrens nur im Ausnahmefall in Betracht kommt.

In eiligen Fällen kann die Gewährung rechtlichen Gehörs unterbleiben. Diese Voraussetzungen sind erfüllt, wenn der Antragsgegner durch die Anordnung überrascht werden soll[451] oder wenn die vorherige Anhörung den Zweck oder die Vollziehung der vorläufigen Anordnung aus anderen Gründen wesentlich erschweren oder vereiteln würde. Ist die erforderliche vorherige Anhörung wegen **Gefahr im Verzug** ausnahmsweise nicht durchgeführt worden, ist sie unverzüglich nachzuholen (§§ 49 Abs. 4, 49a Abs. 2, 50a Abs. 3, 50b Abs. 3 FGG).

4. Anwaltszwang

231 Wie die Antragstellung selbst, ist auch die Durchführung des Verfahrens zum Erlass einer vorläufigen Anordnung sowohl in erster als auch in zweiter Instanz vom Anwaltszwang befreit (§ 78 Abs. 2, 3 ZPO).

5. Beweisaufnahme

232 Die Beweisaufnahme ist im Rahmen des Verfahrens zum Erlass einer vorläufigen Anordnung von zwei Elementen geprägt, nämlich einerseits von **§ 12 FGG** – der Amtsermittlungspflicht – und andererseits von dem Umstand, dass die für den Erlass einer vorläufigen Anordnung maßgeblichen Tatsachen lediglich **glaubhaft** gemacht sein müssen.

Dies bedeutet, dass das Gericht grundsätzlich selbst die entscheidungserheblichen Tatsachen ermitteln und für deren Glaubhaftmachung sorgen muss, bis Ermittlungsmöglichkeiten nicht mehr ersichtlich sind.[452] Da jedoch der Erlass der vorläufigen Anordnung eilbedürftig ist und sich das Gericht deshalb auch mit einer vorläufigen Klärung des Sachverhalts begnügen darf,[453] ist es gleichwohl sinnvoll, dass ein Beteiligter, dessen Interessen durch den Ausgang

---
450 BVerfG FamRZ 1994, 223; BayObLG FamRZ 1999, 318; OLG Frankfurt/Main FamRZ 1999, 247.
451 Vgl. OLG Zweibrücken FamRZ 1984, 931 zum Fall drohender Kindesentführung.
452 BVerfG FamRZ 1994, 223.
453 BayObLG FamRZ 1999, 318; OLG Düsseldorf FamRZ 1995, 182.

des Verfahrens berührt werden, dafür Sorge trägt, dass das Gericht die entscheidungserheblichen Tatsachen erfährt, und auch Mittel der Glaubhaftmachung vorlegt.

6. Beendigung durch Vergleich

Vgl. hierzu oben § 3 Rn 58 ff. 233

7. Entscheidung/Beschluss

a) Förmlichkeiten der Entscheidung

Die vorläufige Anordnung wird durch **Beschluss** erlassen. Eine Versäumnisentscheidung 234
scheidet aus; dem FGG-Verfahren ist eine Säumnisentscheidung fremd.

Eine **Begründungspflicht** ist kraft Gesetzes nicht vorgesehen. Dennoch wird teilweise gefordert, dass eine vorläufige Anordnung (kurz) zu begründen ist[454] Dies soll zumindest dann gelten, wenn der Beschluss für die Beteiligten erhebliche Bedeutung[455] hat oder ein Antrag auf Erlass einer vorläufigen Anordnung zurückgewiesen wird.[456] Sicherlich ist es zumindest zweckmäßig, jede erlassene vorläufige Anordnung mit einer Begründung zu versehen, die sich auf die tragenden Erwägungen stützt.

Ist eine vorläufige Anordnung von Amts wegen in einem Verfahren erlassen worden, in dem 235
auch eine einstweilige Anordnung zur selben Regelungsmaterie anhängig war, ist eine Begründung auch erforderlich, um deutlich zu machen, welche **Art der Erledigung** das Verfahren auf vorläufigen Rechtsschutz denn nun erfahren hat; schließlich kann dies Konsequenzen für den zu wählenden Rechtsbehelf nach sich ziehen.

Hierzu vgl. auch § 3 Rn 181.

Inländische einstweilige Anordnungen können in einem anderen Vertragsstaat der 236
EuEheVO[457] vollstreckt werden. Art. 21 Abs. 1 EuEheVO, wonach die in einem Mitgliedstaat ergangenen Entscheidungen in den anderen Mitgliedstaaten anerkannt werden, greift auch bei einstweiligen Anordnungen.[458] Deshalb ist es angebracht, bei sorgerechtlichen Maßnahmen die Regelungen aus Art. 23 EuEheVO zu beachten; die Begründung sollte beinhalten, dass die erforderlichen Anhörungen (vgl. Art. 23 b) und d) EuEheVO) durchgeführt wurden. Einstweilige Anordnungen zum Umgangsrecht und zur Rückführung eines Kindes gemäß Art. 11 Abs. 8 EuEheVO benötigen zur Vollstreckung im Ausland die in Art. 41

---

454 OLG München FamRZ 1996, 1022.
455 Problematisch erscheint mir die Abgrenzung von Fällen erheblicher Bedeutung von solchen minderer Bedeutung.
456 *Göppinger,* AcP 169, 531.
457 Verordnung (EG) Nr. 2201/2003 des Rates über die Zuständigkeit und die Anerkennung und Vollstreckung von Entscheidungen in Ehesachen und in Verfahren betreffend die elterliche Verantwortung ... vom 27.11.2003 (ABl L 338 S. 1) – abgedruckt bei *Thomas/Putzo-Hüßtege,* EuEheVO.
458 *Staudinger/Spallenberg,* Art. 21 EheGVO Rn 32.

§ 3 Elterliche Sorge, Umgangsrecht, Herausgabeanspruch

und 42 EuEheVO angesprochenen Bescheinigungen; einer Vollstreckbarerklärung des Beschlusses bedarf es jedoch nicht.

237 Die **Bekanntgabe** der vorläufigen Anordnung erfolgt gem. § 621a Abs. 1 ZPO nach den zivilprozessualen Vorschriften. §§ 16 Abs. 2 und 3 FGG werden durch § 329 ZPO ersetzt. Eine Zustellung des Beschlusses ist erforderlich, wenn dieser vollstreckbar[459] ist (§ 329 Abs. 3 ZPO). Dies ist bei Anordnung eines Umgangsrechtes anzunehmen, nicht jedoch, wenn ein derartiger Erlass (etwa auf Antrag, soweit ein solcher für zulässig gehalten wird) abgelehnt wird. In einem solchen Fall ist eine formlose Mitteilung ausreichend (§ 329 Abs. 2 S. 1 ZPO).

Mit der Bekanntgabe wird die vorläufige Anordnung nach § 16 Abs. 1 FGG (§ 621a Abs. 1 ZPO) wirksam und damit im Falle der Vollstreckbarkeit nach § 33 FGG vollstreckbar.

238 Der Beschluss ist den Eltern, dem Kind selbst, soweit es über 14 Jahre alt ist (§ 59 Abs. 2 FGG), dem Jugendamt und auch etwaigen Dritten, wie einem Umgang begehrenden Großelternteil, sowie einem etwaigen Verfahrenspfleger (§ 50 FGG) bekannt zu geben.

Eine Ausnahme besteht dann, wenn der Antrag auf Erlass einer vorläufigen Anordnung zurückgewiesen wurde, ohne dass weitere Beteiligte angehört worden wären.[460]

b) Inhalt des Beschlusses
aa) Regelungsumfang

239 Die vorläufige Anordnung darf den Regelungsbereich des Hauptsacheverfahrens nicht überschreiten. Demzufolge ist es nicht möglich, im Rahmen einer Streitigkeit zur elterlichen Sorge das Umgangsrecht im Wege der vorläufigen Anordnung ebenfalls einstweilen zu regeln. Eine Ausnahme hiervon ist dann zu machen, wenn das Umgangsrecht einer gerichtlichen Regelung unterzogen wird, um die Hauptsache elterliche Sorge offen zu halten (so genannte dienende Maßnahme).[461]

Diese dienende Maßnahme kann auch ohne entsprechende Antragstellung ergriffen werden; insoweit handelt es sich nach weit verbreiteter Auffassung um eine Sorgerechtsanordnung.[462]

240 Wer eine vorläufige Anordnung auch weiterhin auf Antrag zulassen will, muss hierbei beachten, dass dieser als reiner Verfahrensantrag nicht geeignet ist, Bindungswirkung zu entfalten. Somit ist das Gericht befugt, im Rahmen des Gegenstands des Hauptsacheverfahrens eine andere Entscheidung zu treffen, als vom Antragsteller begehrt wird.[463]

---

459 Die vorläufige Anordnung ist nicht mit der sofortigen Beschwerde oder der befristeten Erinnerung anfechtbar; vgl. § 3 Rn 253.
460 *Gießler/Soyka*, Rn 144 zur einstweiligen Anordnung.
461 Vgl. OLG Zweibrücken FamRZ 1996, 234; OLG Karlsruhe FamRZ 1992, 978; OLG Frankfurt/Main FamRZ 1992, 579; OLG Bamberg FamRZ 1995, 181 zur Rechtslage vor dem In-Kraft-Treten des § 621g ZPO; siehe § 3 Rn 13 und § 3 Rn 199.
462 § 3 Rn 13.
463 Zur selben rechtlichen Lage bei § 620 ZPO vgl. § 3 Rn 14.

Zur Auswahl der konkreten Maßnahme des vorläufigen Rechtsschutzes vgl. § 3 Rn 177. Die dortigen Ausführungen gelten hier entsprechend.

bb) Kosten

Das vorläufige Anordnungsverfahren löst keine gerichtlichen Gebührentatbestände aus. Gerichtsgebühren fallen nicht an, da die vorläufige Anordnung untrennbar mit der Hauptsache verbunden ist.[464] Im Beschwerdeverfahren (§ 131 KostO) jedoch können unter den dort genannten Voraussetzungen Gebühren entstehen. 241

§ 18 Nr. 2 RVG bestimmt nunmehr, dass vorläufige Anordnungen in Verfahren der freiwilligen Gerichtsbarkeit als besondere Angelegenheiten anzusehen sind. Anwaltsgebühren fallen somit entgegen der früher geltenden Rechtslage[465] an. Für die Wertbestimmung sollte m.E. auf § 24 S. 2 RVG entsprechend abgestellt werden. 242

Nach herrschender Meinung wird eine Kostenentscheidung im Rahmen der vorläufigen Anordnung nicht getroffen. Die Kosten folgen der Hauptsache.[466] 243

IX. Vollstreckung

Zur Vollstreckung wird verwiesen auf § 3 Rn 70 ff. und auf § 3 Rn 185. 244

X. Rechtsbehelfe

Eine vorläufige Anordnung erwächst nicht in materielle Rechtskraft. Es ist möglich, gem. § 18 Abs. 1 FGG eine Abänderung der vorläufigen Anordnung zu beantragen. Ebenso ist die Beschwerde nach § 19 Abs. 1 FGG statthaft. 245

Diese beiden Rechtsbehelfe stehen dem Antragsteller **nach seiner Wahl** zur Verfügung.

> *Beachte*
> Aufgrund der Neuregelung einstweiligen Rechtsschutzes durch § 621g ZPO und der hieraus resultierenden Abänderbarkeit einer auf Antrag erlassenen einstweiligen Anordnung nach § 620b Abs. 1 ZPO und der eingeschränkten Anfechtbarkeit der Sorgerechtsanordnungen nach § 620c ZPO ist zu hinterfragen, ob die bei einer vorläufigen Anordnung im Allgemeinen maßgeblichen Rechtsbehelfe nicht eingeschränkt werden müssen. Denn §§ 18 Abs. 1 und 19 FGG gewähren den Beteiligten im Vergleich mit den Regelungen der §§ 620b, 620c ZPO einen erheblich umfassenderen Rechtsschutz. Es 246

---

464 Für einstweilige Anordnungen vgl. die Regelung in § 91 Abs. 2 KostO.
465 Vgl. OLG Karlsruhe FamRZ 1994, 917; OLG Köln FamRZ 1995, 562; a.A. OLG Hamm FamRZ 1992, 711; OLG Zweibrücken RPfl 1996, 42; OLG Düsseldorf FamRZ 1992, 1329; OLG Brandenburg FamRZ 2000, 968; OLG München RPfl 1995, 383.
466 OLG Karlsruhe FamRZ 1998, 568; *Göppinger*, AcP 169, 532; a.A. BayObLG FamRZ 1994, 978. Wird dennoch eine Kostenentscheidung erlassen, soll diese nach OLG Frankfurt/Main FamRZ 1994, 177 analog § 20a Abs. 2 FGG anfechtbar sein.

kann jedoch geschehen, dass bei derselben Regelungsmaterie in isolierten Verfahren eine Maßnahme ergriffen werden kann, bei der die Rechtsbehelfe den Regeln der §§ 620b, 620c ZPO oder auch der §§ 18, 19 FGG folgen – je nach Art der Entscheidung (auf Antrag oder von Amts wegen); insbesondere gilt dies für umgangsrechtliche Verfahren.[467]

247 Wenn nun bei einer gerichtlichen Entscheidung von Amts wegen beispielsweise eine Rechtsbehelfsfrist nicht greift, da eine solche der Regelung des § 19 FGG fremd ist, hat der Betroffene hier weiter gehende Rechte als bei einer Entscheidung auf Antrag, bei der gemäß § 620c S. 1 ZPO die sofortige Beschwerde einzulegen ist. Deren Anwendungsbereich erfährt auch noch insoweit eine Beschränkung, als eine Regelung zur elterlichen Sorge ergehen muss. Sie scheidet also aus, wenn der diesbezügliche Antrag abgelehnt wird oder von der Maßnahme einstweiligen Rechtsschutzes das Umgangsrecht betroffen ist.

248 *Diskussion*

Deshalb könnte man die Auffassung vertreten, dass §§ 18, 19 FGG in der Weise einschränkend angewendet werden müssen, dass ein **Gleichlauf mit den Rechtsbehelfen aus §§ 620b, 620c ZPO** erreicht wird. Bereits lange vor dem In-Kraft-Treten des § 621g ZPO wurde teilweise argumentiert, dass eine Anfechtbarkeit nach § 19 FGG nur dann für zulässig zu erachten sei, wenn eine vorläufige Anordnung zum Sorgerecht (wie bei § 620c S. 1 ZPO) aufgrund mündlicher Verhandlung ergangen ist. Zunächst müsse ggf. ein Antrag auf Durchführung einer mündlichen Verhandlung (entsprechend § 620b Abs. 2 ZPO) gestellt werden, wenn der Beschluss ohne eine solche erlassen worden ist.[468]

249 M.E. ist es jedoch gerechtfertigt, die Abänderungsmöglichkeit einer vorläufigen Anordnung nach § 18 FGG und deren unbefristete Anfechtbarkeit nach § 19 FGG nicht einzuschränken. Das Gericht ist von Amts wegen tätig geworden und hat das staatliche Wächteramt ausgeübt. Obwohl im Sorgerechtsbereich stets das Kindeswohl zu beachten ist und das Amtsermittlungsprinzip greift, stellt sich diese Situation anders dar als eine solche, bei der Eltern (oder Umgangsberechtigte und -verpflichtete) als Beteiligte mit unterschiedlichen Rechtspositionen und Interessen auftreten. Der im Sorgerechtsbereich durch das KindRG gestärkten Position der elterlichen Eigenverantwortung sollte ein umfassender Rechtsschutz entsprechen, was beispielsweise durch die Anfechtbarkeit umgangsrechtlicher vorläufiger Anordnungen gewährleistet wird – eine analoge Anwendung des § 620c ZPO würde dies verhindern.

---

467 Erst recht ist dieser Problemfall zu lösen, wenn man die Auffassung vertritt, dass trotz der Regelung des § 621g ZPO im Rahmen isolierter FGG-Regelungsbereiche stets vorläufige Anordnungen erlassen werden können – vgl. § 3 Rn 201.
468 OLG Bamberg FamRZ 1990, 645; dagegen jedoch die ganz h.M. – vgl. *Gießler*, 3. Auflage, Rn 332; *van Els*, Rn 201 – auch eine analoge Anwendbarkeit des § 620c ZPO wurde abgelehnt.

Elterliche Sorge, Umgangsrecht, Herausgabeanspruch **§ 3**

1. Abänderung der vorläufigen Anordnung nach § 18 Abs. 1 FGG

Eine vorläufige Anordnung kann durch das Gericht, das sie erlassen hat, gem. § 18 Abs. 1 FGG abgeändert werden. Eine Einschränkung nach § 18 Abs. 2 FGG greift nicht, da die vorläufige Anordnung weder der sofortigen Beschwerde noch der befristeten Beschwerde[469] unterliegt.

250

Die Abänderung bedarf grundsätzlich keines Antrages und kann somit jederzeit auch **von Amts wegen** erfolgen. Der in § 18 Abs. 1 Hs. 2 FGG genannte Fall, nach dem eine Antragstellung erforderlich ist, wenn eine Entscheidung nur auf Antrag erlassen werden kann und der Antrag zurückgewiesen worden ist, bleibt ohne Bedeutung, da eine vorläufige Anordnung nach hier vertretener Auffassung ohnehin nur von Amts wegen erlassen werden kann.[470]

Für eine **Änderung** nach § 18 Abs. 1 FGG ist nicht erforderlich, dass sich neue Tatsachen ergeben haben. Vielmehr genügt es, wenn sich nachträglich herausstellt, dass die vorläufige Anordnung in der konkreten Weise ungerechtfertigt erlassen wurde. Diese Bewertung kann auf einer anderen rechtlichen Beurteilung, einer anderen Würdigung des Sachverhaltes, aber auch auf dem Bekanntwerden von Tatsachen beruhen, die bei Erlass der Entscheidung schon vorlagen, dem Gericht aber nicht bekannt waren.[471] Dem Gericht ist es somit möglich, eine aufgrund der Dringlichkeit unter Zeitdruck erlassene Entscheidung zu revidieren, wenn sich diese nachträglich als falsch herausstellen sollte. Jedoch wird in einem solchen Fall stets eingehend zu prüfen sein, ob die Abänderung der einmal getroffenen Entscheidung dem Kindeswohl nicht widerspricht. Dies kann etwa dann der Fall sein, wenn sich nach Abänderung der Entscheidung ein erneuter Wechsel der Hauptbezugsperson für das Kind ergäbe.[472]

251

Das Ausgangsgericht kann seine Entscheidung auch dann noch von Amts wegen abändern, wenn die vorläufige Anordnung mit dem Rechtsbehelf der Beschwerde angegriffen worden und das Verfahren bereits in der Beschwerdeinstanz anhängig ist.[473]

252

Sobald jedoch das Beschwerdegericht eine sachliche Entscheidung[474] getroffen hat, tritt beschränkte materielle Rechtskraft ein. Dies bedeutet, dass das erstinstanzliche Gericht zu einer Abänderung der vorläufigen Anordnung nur noch dann befugt ist, wenn sich die tatsächlichen Verhältnisse geändert haben.[475] Hierfür ist ausreichend, dass nachträglich Tatsa-

---

469 § 621e ZPO betrifft nur Endentscheidungen, zu denen eine vorläufige Anordnung als Zwischenentscheidung nicht zu rechnen ist; zur Statthaftigkeit der einfachen Beschwerde vgl. § 3 Rn 253.
470 Vgl. § 3 Rn 201; selbst wenn eine diesbezügliche Antragstellung bei § 1666 vorliegt, wird die vorläufige Anordnung von Amts wegen erlassen – vgl. Rn § 3 Rn 207.
471 *Bumiller/Winkler*, Freiwillige Gerichtsbarkeit § 18 Rn 1.
472 Vgl. das Kontinuitätsprinzip; *Palandt – Diederichsen*, § 1671 Rn 22.
473 *Keidel/Schmidt*, § 18 Rn 23.
474 Dies ist nicht zu verwechseln mit einer Beschwerdeentscheidung in der Hauptsache. Denn dann läge bereits eine Hauptsacheentscheidung vor, bei deren Wirksamkeit die vorläufige Anordnung außer Kraft tritt.
475 BayObLG FamRZ 1997, 625.

339

chen bekannt und glaubhaft gemacht werden, die dem Gericht bei der Entscheidung noch nicht bekannt waren.[476]

2. Beschwerde

a) Statthaftigkeit der Beschwerde; Beschwerdeberechtigung

253 Gegen eine vorläufige Anordnung ist die **unbefristete Beschwerde** gem. § 19 Abs. 1 FGG statthaft. Die Regelung des § 621e ZPO hindert dies nicht, da es sich bei der vorläufigen Anordnung nicht um eine Endentscheidung handelt.[477]

> *Beachte*
> Eine Einschränkung der Beschwerdemöglichkeit wie bei § 620c ZPO[478] existiert hier nicht. Dies bedeutet, dass auch eine vorläufige Anordnung zum Umgangsrecht anfechtbar ist.

Nach herrschender Meinung setzt die Beschwerde nicht voraus, dass die vorläufige Anordnung aufgrund mündlicher Verhandlung erlassen worden ist.[479] Eine analoge Anwendung des § 620c S. 1 ZPO wird weitgehend abgelehnt.

254 Sobald eine **deckungsgleiche Hauptsacheentscheidung** ergangen ist, tritt die vorläufige Anordnung außer Kraft.[480] Eine Beschwerde wird damit unzulässig.[481]

§ 19 Abs. 1 FGG lässt nur die Beschwerde gegen vorläufige Anordnungen des Gerichts erster Instanz zu. Wird die vorläufige Anordnung somit durch das Oberlandesgericht erlassen, ist sie unanfechtbar.[482]

255 Die **Beschwerdeberechtigung** ergibt sich aus § 20 FGG.[483]

Dementsprechend ist jeder beschwerdebefugt, der durch den Beschluss eine Rechtsbeeinträchtigung erfährt. Zur Einlegung der Beschwerde sind somit die Eltern sowie das betroffene Kind berechtigt, wenn es bereits das 14. Lebensjahr vollendet hat[484] (vgl. § 59 Abs. 1, Abs. 3 S. 1 FGG), darüber hinaus das Jugendamt[485] und auch ein für das Verfahren nach

---

476 *Palandt – Diederichsen*, § 1696 Rn 5 m.w.N. zur entsprechenden Rechtslage bei einer Abänderung nach § 1696 BGB.
477 *Zöller – Philippi*, § 621a Rn 26 mit Hinweis auf BGH FamRZ 1989, 1066; OLG Köln FamRZ 1999, 181.
478 Zur Unanwendbarkeit des § 620c ZPO vgl. BGHZ 72, 169; OLG Rostock FamRZ 1995, 558; vgl. aber auch § 3 Rn 248 zur Frage der evtl. Einschränkung der Rechtsbehelfe der vorläufigen Anordnung.
479 *Gießler*, 3. Auflage, Rn 332; *van Els*, Rn 201; OLG Celle FamRZ 1990, 545;a.A. OLG Bamberg FamRZ 1990, 645.
480 Vgl. § 3 Rn 263.
481 OLG Karlsruhe FamRZ 1998, 568.
482 Zur Unzulässigkeit der weiteren Beschwerde vgl. unten § 3 Rn 261.
483 Zur Beschwerdeberechtigung in Familiensachen vgl. insbesondere *Keidel/Kahl*, § 20 Rn 109 bis 111.
484 OLG Brandenburg FamRZ 2003, 1405: beim Umgangsrecht ist auch ein jüngeres Kind beschwerdeberechtigt (zu § 621e ZPO).
485 Vgl. §§ 57 Abs. 1 Nr. 9, 64 Abs. 3 S. 3 FGG; *Zöller – Philippi*, § 621a Rn 28, 29; OLG Karlsruhe FamRZ 2005, 120.

§ 50 FGG eingesetzter Pfleger.[486] Nicht jedoch können Vereine zur Förderung von Kindesinteressen und Pflegeeltern zulässigerweise Beschwerde einlegen.[487] Im Ausnahmefall kommt Pflegeeltern eine Beschwerdebefugnis zu, nämlich dann, wenn ein Pflegekind aus der Pflegefamilie herausgenommen werden soll und damit das Recht auf eine Verbleibensanordnung verletzt worden sein kann.[488]

b) Verfahren und Entscheidung

Wahlweise kann die Beschwerde gem. § 21 Abs. 1 FGG beim Amtsgericht[489] oder beim Oberlandesgericht[490] eingelegt werden.

256

Die Beschwerde ist **schriftlich** zu erheben oder zu Protokoll der Geschäftsstelle des erstinstanzlichen Familiengerichts oder des zur Entscheidung berufenen Beschwerdegerichts zu erklären (§ 21 Abs. 2 FGG).[491]

Weder die Einlegung der Beschwerde noch die Durchführung des gesamten Beschwerdeverfahrens unterliegt dem **Anwaltszwang** (§ 78 Abs. 2, 3 ZPO).

Eine Beschwerdebegründung ist nicht erforderlich.[492] Neue Tatsachen und Beweismittel (Glaubhaftmachung) können gem. § 23 FGG vorgebracht werden.

Nach Einlegung der Beschwerde hat das erstinstanzliche Gericht über eine **Abhilfe** zu entscheiden (§ 18 Abs. 1 FGG). In diesem Verfahrensabschnitt ist eine evtl. nicht vorgenommene Anhörung der Eltern und des Kindes nachzuholen, ansonsten der Nichtabhilfebeschluss aufzuheben.[493] Unterlässt es das Amtsgericht, überhaupt einen Abhilfebeschluss zu fassen, kann sich das Beschwerdegericht darauf beschränken, den Vorlagebeschluss des Amtsgerichts aufzuheben und die Sache zum Zwecke der Abhilfeprüfung zurück zu verweisen.[494]

257

In den hier maßgeblichen Regelungsbereichen unterliegt die Beschwerdeentscheidung nicht dem Verbot der **reformatio in peius**, da das Kindeswohl den Ausgang des Rechtsstreits entscheidend beeinflusst.[495]

258

---

486 *Keidel/Engelhardt*, § 50 Rn 16; OLG Brandenburg FamRZ 2003, 261 zu § 621e ZPO.
487 BGH FamRZ 1988, 54; FamRZ 2000, 219 – jeweils zu Hauptsacheentscheidungen und der Beschwerdebefugnis bei § 621e ZPO.
488 OLG Köln FamRZ 2000, 635.
489 Im Falle des Erlasses der vorläufigen Anordnung durch das Oberlandesgericht ist eine Beschwerde überhaupt nicht statthaft.
490 § 119 Abs. 1 Nr. 1 lit. a GVG.
491 § 129a Abs. 1 ZPO, wonach Anträge vor der Geschäftsstelle eines jeden Amtsgerichts zu Protokoll abgegeben werden können, gilt streng genommen hier nicht; jedoch erfüllt eine zu Protokoll des Urkundsbeamten der Geschäftsstelle (einer jeglichen Geschäftsstelle) eingelegte Beschwerde die Schriftform, wenn der Beschwerdeführer das Protokoll eigenhändig unterschreibt; vgl. hierzu OLG Düsseldorf RPfl 1978, 30 in anderem Zusammenhang.
492 *Keidel/Kahl*, § 23 Rn 2.
493 OLG Frankfurt/Main FamRZ 1999, 1376.
494 OLG Hamm FamRZ 1993, 1342.
495 *Keidel/Kahl*, § 19 Rn 118 mit zahlreichen Nachweisen zur Rechtsprechung; a.A. *Göppinger*, AcP 169, 538.

Jedoch kommt regelmäßig eine Abänderung einer erstinstanzlich getroffenen vorläufigen Anordnung im Sorgerechtsbereich nicht in Betracht, wenn diese zu einem erneuten Aufenthaltswechsel des Kindes führen würde.[496] Dies widerspräche dem Wohl des Kindes, sodass triftige Gründe für eine derartige Abänderung vorliegen müssen.

259 Das Beschwerdegericht muss den **Regelungsgegenstand** des Hauptsacheverfahrens beachten. Somit ist es nicht möglich, bei einer Beschwerdeentscheidung wegen einer vorläufigen Anordnung, die das Sorgerecht betrifft, ein Umgangsrecht anzuordnen, es sei denn, es handele sich um eine so genannte dienende Maßnahme.[497] Die Beschwerdeentscheidung selbst unterliegt einer Begründungspflicht nach § 25 FGG.

Die **Kostenentscheidung** richtet sich nach § 13a Abs. 1 FGG.

260 Die Beschwerdeentscheidung kann je nach Sach- und Rechtslage lauten auf:
- Verwerfung der Beschwerde als unzulässig
- Zurückweisung der Beschwerde als unbegründet
- Änderung oder Aufhebung des angefochtenen Beschlusses, soweit die Beschwerde begründet ist
- Erlass der begehrten einstweiligen Anordnung
- Zurückweisung der Sache an das Familiengericht (evtl. unter Aufhebung der einstweiligen Anordnung), wenn im erstinstanzlichen Verfahren schwerwiegende Verfahrensmängel vorgekommen sind oder weitere Sachaufklärung erforderlich ist

261 Eine **weitere Beschwerde** ist nicht statthaft. Nach § 133 GVG ist der Bundesgerichtshof nur für Revisionen und Rechtsbeschwerden zuständig; die weitere Beschwerde zählt hierzu nicht.

c) Aussetzung der Vollziehung

262 Sowohl durch das erstinstanzliche Familiengericht als auch durch das Beschwerdegericht kann die Vollziehung der erlassenen vorläufigen Anordnung ausgesetzt werden (§§ 24 Abs. 2, Abs. 3 Hs. 2 FGG).

XI. Außer-Kraft-Treten der vorläufigen Anordnung

263 Sobald im Hauptsacheverfahren eine **wirksame Endentscheidung** vorliegt, tritt die vorläufige Anordnung von sich aus außer Kraft. Eine Feststellung dieser Rechtsfolge wird regelmäßig nicht vorgenommen und ist auch nicht erforderlich.[498] Erfolgt eine solche dennoch, wirkt sie nur **deklaratorisch**.[499] Wirksamkeit erlangt die Hauptsacheentscheidung mit der **Bekanntgabe** an die Beteiligten.[500]

---

496 OLG Köln NJW 1999, 224; OLG Brandenburg NJW-RR 1998, 148.
497 Zur dienenden Maßnahme vgl. § 3 Rn 13.
498 OLG München FamRZ 1999, 1006; OLG Brandenburg FamRZ 1996, 365.
499 OLG Karlsruhe FamRZ 1998, 568.
500 Vgl. hierzu § 3 Rn 122.

Eine **Erledigung** der Hauptsache kommt auch in FGG-Angelegenheiten in Betracht, etwa wenn während eines Sorgerechtsstreits das Kind das 18. Lebensjahr vollendet. Mit Eintritt dieses erledigenden Ereignisses tritt die vorläufige Anordnung außer Kraft. Eine etwaige Feststellung der Erledigung der Hauptsache hat lediglich deklaratorische Wirkung.[501] **264**

Die Feststellung des Außer-Kraft-Tretens der vorläufigen Anordnung kann von Amts wegen vorgenommen werden oder entsprechend § 620f Abs. 1 S. 2 ZPO auf Antrag erfolgen.[502] **265**

In FGG-Angelegenheiten der hier vorliegenden Art unterliegt der Regelungsgegenstand nicht der Dispositionsbefugnis der Beteiligten. Wurde das vorläufige Anordnungsverfahren durch einen (gerichtlich gebilligten) Vergleich beendet, der sich ausschließlich auf das Verfahren einstweiligen Rechtsschutzes bezogen hat, tritt dieser unter denselben Voraussetzungen außer Kraft wie eine erlassene vorläufige Anordnung. **266**

XII. Sonderfragen zur Prozesskostenhilfe

Da nunmehr ein besonderer Gebührenanfall entsteht (§ 18 Nr. 2 RVG), ist es erforderlich, einen Prozesskostenhilfeantrag ausdrücklich auf das vorläufige Anordnungsverfahren zu erstrecken. **267**

---

501 OLG Hamm FamRZ 1992, 1455; BayObLG FamRZ 1991, 846.
502 Diese Feststellung hat aber ebenfalls nur deklaratorische Wirkung; vgl. OLG Karlsruhe FamRZ 1998, 568.

§ 4 Der einstweilige Rechtsschutz zum Hausrat

Nicht nur der Erhalt bzw. die Gewährung von Unterhaltsleistungen stellt sich für getrennt lebende oder geschiedene Ehegatten als elementare Grundlage der künftigen Lebensführung dar. Auch die Verteilung des Hausrates kann insbesondere bei angespannten finanziellen Verhältnissen wesentliche Bedeutung erlangen. Dasselbe gilt für eingetragene Lebenspartner im Sinne des LPartG.

Das In-Kraft-Treten des Gesetzes zur Verbesserung des zivilgerichtlichen Schutzes bei Gewalttaten und Nachstellungen sowie zur Erleichterung der Überlassung der Ehewohnung bei Trennung (**Gewaltschutzgesetz**) zum 1.1.2002 hat den einstweiligen Rechtsschutz zur Zuweisung von Hausrat dadurch beeinflusst, dass § 621g ZPO auf § 621 Abs. 1 Nr. 7 ZPO verweist und die bis dahin maßgebliche Regelung des § 13 Abs. 4 HausratsVO a.F. abgelöst hat.

Als Mittel des einstweiligen Rechtsschutzes kommen somit einstweilige Anordnungen nach § 620 Nr. 7 ZPO sowie nach § 621g ZPO i.V.m. § 621 Abs. 1 Nr. 7 ZPO in Betracht, die gemäß § 661 Abs. 2 ZPO bei Lebenspartnern entsprechende Anwendung finden.

Im Einzelfall ist auch an die einstweilige Verfügung und den Arrest zu denken.

Welche Antragstellung im konkreten Fall vorzunehmen ist, hängt von verschiedenen Faktoren ab.

Es ist zu prüfen, ob eine Herausgabe oder Überlassung des Hausrates zur Benutzung, eine Verhinderung drohender Veräußerungen oder eine Sicherung bereits bestehender (Geld-) Ansprüche erfolgen soll.

Weiter ist danach zu differenzieren, ob gegen den Ehegatten bzw. Lebenspartner oder gegen Dritte vorzugehen ist.

Schließlich ist zu beachten, in welchem Zeitraum die Antragstellung vorgenommen wird.

Dies führt zu folgender **Übersicht**, aus der sich die jeweilige Wahl des maßgeblichen Mittels des einstweiligen Rechtsschutzes ersehen lässt. Detailfragen sind den Textausführungen zu entnehmen.

§ 4 Der einstweilige Rechtsschutz zum Hausrat

Übersicht über die Maßnahmen einstweiligen Rechtsschutzes zum Hausrat

Regelungsziel: Herausgabe, Überlassung, Benutzung des Hausrates			
Antragsgegner: Ehegatte/ Lebenspartner	bei Anhängigkeit einer Ehesache/ LPartSache (§ 661 Abs. 1 Nr. 1–3 LPartG) § 4 Rn 5 ff	§ 620 Nr. 7 ZPO wahlweise (str.) § 621g ZPO	zum Streit vgl. § 4 Rn 12
	bei Anhängigkeit eines Hauptsacheverfahrens (ab Getrenntleben) § 4 Rn 49 ff	§ 621g ZPO	
	vor dem Getrenntleben § 4 Rn 94	einstweilige Verfügung	
Antragsgegner: Dritte	bei Anhängigkeit eines isolierten Hauptsacheverfahrens zum Hausrat	einstweilige Verfügung (str.)	zum Streit vgl. § 4 Rn 55 mit Fn
	im Übrigen § 4 Rn 107	einstweilige Verfügung	
Regelungsziel: Verhinderung von Verfügungen über Hausrat			
Antragsgegner: Ehegatte/ Lebenspartner	bei Anhängigkeit einer Ehesache/ LPartSache (§ 661 Abs. 1 Nr. 1–3 LPartG) § 4 Rn 10	§ 620 Nr. 7 ZPO wahlweise (str.) § 621g ZPO	zum Streit vgl. § 4 Rn 12
	bei Anhängigkeit eines Hauptsacheverfahrens (ab Getrenntleben) § 4 Rn 10 und 57	§ 621g ZPO (str.; a.A.: einstweilige Verfügung)	zum Streit vgl. § 4 Rn 10 mit Fn
	vor dem Getrenntleben § 4 Rn 118	einstweilige Verfügung (str.)	zum Streit vgl. § 4 Rn 116
Antragsgegner: Dritte	bei Anhängigkeit eines isolierten Hauptsacheverfahrens zum Hausrat § 4 Rn 124	einstweilige Verfügung (str.)	zum Streit vgl. § 4 Rn 55 mit Fn
	im Übrigen § 4 Rn 124	einstweilige Verfügung	

A. Die einstweilige Anordnung nach § 620 Nr. 7 ZPO

I. Anhängigkeit einer Ehesache oder einer Lebenspartnerschaftssache nach § 661 Abs. 1 Nr. 1 bis 3 LPartG

1. Anhängigkeit einer Ehesache

Die einstweilige Anordnung nach § 620 Nr. 7 ZPO setzt voraus, dass eine Ehesache **schon und noch anhängig** ist. Außerhalb dieses Zeitraumes ist § 621g ZPO als Mittel des einstweiligen Rechtsschutzes in Erwägung zu ziehen. Wegen der Einzelheiten wird verwiesen auf § 2 Rn 4 ff. 3

Vor Anhängigkeit der Ehesache und nach Eintritt der Rechtskraft des entsprechenden Urteils ist die einstweilige Anordnung nach § 621g ZPO als Mittel des einstweiligen Rechtsschutzes zu wählen, soweit eine Zuweisung von Hausrat erfolgen soll.

2. Anhängigkeit einer Lebenspartnerschaftssache

§ 620 Nr. 7 ZPO ist gemäß **§ 661 Abs. 2 ZPO** entsprechend anzuwenden, wenn eine Lebenspartnerschaftssache im Sinne des § 661 Abs. 1 Nr. 1 bis 3 ZPO anhängig ist, die mit einem Verfahren einer Ehesache im Sinne des § 606 ZPO gleich geartet ist. Vgl. § 2 Rn 11. 4

Da zudem materiell die Normen, die die Hausratszuweisung bei Lebenspartnern betreffen (§§ 13, 19 LPartG), den bei Ehegatten geltenden Vorschriften nachgebildet sind,[1] kann die Darstellung einheitlich vorgenommen und vorwiegend auf Ehegatten bezogen werden. Die Ausführungen gelten für Lebenspartner entsprechend.

II. Inhalte der einstweiligen Anordnung nach § 620 Nr. 7 ZPO

1. Der persönliche Wirkungsbereich

Eine Entscheidung nach § 620 Nr. 7 ZPO entfaltet nur zwischen den **Eheleuten** bzw. **Lebenspartnern** Wirkung, da mit der einstweiligen Anordnung ausschließlich ein Streit dieses Personenkreises über die Nutzung des Hausrats vorläufig geregelt werden soll. 5

---

[1] Vgl. *Palandt – Brudermüller,* § 13 LPartG Rn 1; § 19 LPartG Rn 1.

§ 4   Der einstweilige Rechtsschutz zum Hausrat

2. Sachlicher Anwendungsbereich/Regelungsinhalte

6   Mit Hilfe des § 620 Nr. 7 ZPO kann eine Regelung erwirkt werden, aufgrund derer einem Ehegatten oder Lebenspartner die **Benutzung des Hausrates** gestattet wird. Hierfür spricht bereits der Wortlaut des § 620 Nr. 7 ZPO.

7   Gegenüber Herausgabeansprüchen aus §§ 985 und 1007 BGB und insbesondere auch gegenüber § 861 BGB stellt § 1361a BGB nach h.M. ab dem Zeitpunkt des Getrenntlebens eine **Sonderregelung** dar.[2] Dies bedeutet, dass auf diese Normen nicht mehr zurückgegriffen werden darf, soweit eine Auseinandersetzung um Hausrat betroffen ist. Es folgt hieraus jedoch nicht, dass verbotene Eigenmacht keinerlei Bedeutung mehr hätte, sobald die Ehegatten getrennt leben. Vielmehr wird der denkbare Inhalt einstweiliger Anordnungen insoweit beeinflusst, als auch angeordnet werden kann, dass eigenmächtig entfernter Hausrat zurückzuschaffen ist.[3]

8   *Hinweis*
Nicht in Betracht kommt ein **Eingriff in bestehende Eigentumsverhältnisse**. Materiell orientiert sich die zu erlassende Maßnahme bei Ehegatten an **§ 1361a BGB** bzw. an **§§ 8–10 HausratsVO**,[4] falls die Regelung erst nach Rechtskraft der Scheidung[5] Wirksamkeit erlangen soll. Auch im zuletzt genannten Fall ist lediglich eine Regelung der **Benutzung** des Hausrats zulässig, obwohl §§ 8 Abs. 3 S. 1, 9 Abs. 2 S. 2 HausratsVO im Rahmen einer Hauptsacheentscheidung zur Hausratsauseinandersetzung für die Zeit nach Rechtskraft der Scheidung weiter gehende Eingriffe in das Eigentum zulassen.

Bezüglich der Partner einer eingetragenen Lebenspartnerschaft gelten diese Grundsätze ebenso; die materiellen Vorschriften finden sich in §§ 13 bzw. 19 LPartG.

Im Einzelfall kann auch eine bereits getroffene **Vereinbarung** der Ehegatten/Lebenspartner über die Benutzung des Hausrates Anlass geben, eine einstweilige Anordnung zu beantragen, wenn Streit über deren **Wirksamkeit** oder **Inhalt** (Auslegung) herrscht.[6] Wird dagegen die vertraglich vereinbarte Leistung (beispielsweise die Herausgabe bestimmter Gegenstände) nicht erfüllt, ist eine einstweilige Verfügung (als Leistungsverfügung) in Erwägung zu ziehen.[7]

---

2   BGH FamRZ 1982, 1200; OLG Düsseldorf FamRZ 1987, 483; 1994, 390; OLG Hamm FamRZ 1987, 483; OLG Zweibrücken FamRZ 1987, 1146; OLG Frankfurt/Main FamRZ 1988, 399; OLG Oldenburg FamRZ 1994, 1254; OLG Stuttgart FamRZ 1996, 172; OLG Köln FamRZ 1997, 1276; MK (ZPO) – *Finger*, § 620 Rn 76; *Zöller – Philippi*, § 620 Rn 48a; *Johannsen/Henrich/Sedemund-Treiber*, § 620 Rn 31; *Finke/Garbe*, § 5 Rn 30 ff.; *Klein*, in: *Gerhardt/von Heintschel-Heinegg*, Handbuch des Fachanwalts Familienrecht, 8. Kap. Rn 10 ff.; a.A. OLG Düsseldorf FamRZ 1987, 484; KG FamRZ 1987, 1147; OLG Bamberg FamRZ 1993, 335; OLG Hamburg FamRZ 1980, 250; OLG Frankfurt FamRZ 1981, 184; *Johannsen/Henrich/Brudermüller*, § 1361a Rn 58–65 mit sehr umfassender Darstellung.
3   Vgl. § 4 Rn 10.
4   Im Falle der Fortgeltung des Rechts der DDR ist auf § 39a FGB abzustellen.
5   Hierzu vgl. § 4 Rn 27 ff.
6   OLG Frankfurt/Main FamRZ 1991, 1327 bezüglich einer Ehewohnung und vorläufiger Anordnung; *Johannsen/Henrich/Brudermüller*, § 1 HausratsVO Rn 8; *Dörr*, NJW 1989, 810.
7   Vgl. OLG Karlsruhe FamRZ 2003, 621 (es handelt sich um keine Familiensache); OLG Karlsruhe FamRZ 1996, 36 bezüglich Ehewohnung.

Der einstweilige Rechtsschutz zum Hausrat §4

Beachte 9
Auch wenn der Regelungsinhalt sich auf die Nutzung der Hausratsgegenstände beschränkt, darf doch bei der Antragstellung nicht vergessen werden, dass nicht nur die Nutzung selbst, sondern auch die **Herausgabe**[8] **der Gegenstände** beantragt wird, da ansonsten eine diesbezügliche Zwangsvollstreckung nicht möglich ist.
Eine solche Anordnung ist entbehrlich, wenn lediglich die **Mitbenutzung** bestimmter Hausratsgegenstände bei innerhalb der ehelichen Wohnung getrennt lebenden Ehegatten angestrebt wird. Dann ist der Antrag darauf zu richten, dass der Antragsgegner den Mitgebrauch an den benötigten Gegenständen einräumt und diese jederzeit zugänglich hält.[9]

Nach weit verbreiteter Ansicht können mit einem Antrag auf Erlass einer einstweiligen 10
Anordnung zusätzlich oder anstelle der Nutzungsanordnung folgende Regelungen[10] bewirkt werden:
- Übertragung eines Schadensersatzanspruchs **gegen Dritte**, der aus der Beschädigung eines Hausratsgegenstandes resultiert[11]
- Anordnung der Zahlung eines Geldbetrages zur Abwendung ansonsten bestehender Herausgabepflicht eines Hausratsgegenstandes[12]
- Anordnung gemeinsamer Nutzung beiderseits benötigter Gegenstände (Kühlschrank, Telefon, Fernsehgerät)[13]

auch:
- Anordnung, eigenmächtig entfernte Hausratsgegenstände zurückzuschaffen[14]
- Herausgabe von Gegenständen, die nicht als Hausrat zu qualifizieren sind[15]
- Verbot, Hausrat aus der Ehewohnung zu entfernen[16]
- Verbot, Hausrat, der im Besitz des anderen Ehegatten ist, wieder an sich zu nehmen[17]
- Verbot, über Hausrat zu verfügen[18]

---

8 MK (ZPO) – *Finger*, § 620 Rn 82; als Muster vgl. *Börger/Bosch/Heuschmid*, § 4 Rn 319; *Crückeberg*, § 9 Rn 65.
9 Vgl. *Börger/Bosch/Heuschmid*, § 4 Rn 319.
10 Vgl. auch *Musielak – Borth*, § 620 Rn 81.
11 *Palandt – Brudermüller*, § 1361a Rn 8; nicht Schadensersatzansprüche gegen den Ehegatten wegen Unmöglichkeit der Herausgabe des Hausrats – vgl. BGH FamRZ 1988, 155; OLG Frankfurt/Main FamRZ 1981, 375.
12 *Zöller – Philippi*, § 620 Rn 79 mit Hinweis auf OLG Schleswig FamRZ 1972, 94.
13 MK (ZPO) – *Finger*, § 620 Rn 76.
14 *Zöller – Philippi*, § 620 Rn 79 m.w.N.; *Palandt – Brudermüller*, § 1361a Rn 19; vgl. auch OLG Köln FamRZ 1997, 1276 und den § 4 Rn 7.
15 BGH FamRZ 1982, 1200 – ausdrücklich begründet wird dort die Zuständigkeit des Familiengerichts (OLG – Familiensenat) zur Entscheidung über die Herausgabe weniger Gegenstände, die möglicherweise nicht zum Hausrat gehören, vom Antragsteller aber so qualifiziert wurden. Zur Ausweitung der Entscheidungsbefugnis des Familiengerichts aus Gründen der Prozessökonomie in anderem Zusammenhang vgl. auch *Finke/Garbe*, § 5 Rn 60.
16 *Zöller – Philippi*, § 620 Rn 79; OLG Düsseldorf FamRZ 1979, 154.
17 *Gießler/Soyka*, Rn 766 m.w.N.
18 So *Gießler/Soyka*, Rn 766; a.A. *Johannsen/Henrich/Sedemund-Treiber*, § 620 Rn 29 – es wird lediglich eine einstweilige Verfügung für zulässig erachtet. Vgl. auch § 4 Rn 116 mit Fn und die dort dargestellte weitere Auffassung, die ein Verfügungsverbot in den Fällen der §§ 1365, 1369 BGB generell ablehnt.

§4 Der einstweilige Rechtsschutz zum Hausrat

- Anordnung einer Ausgleichszahlung nach §§ 1361a Abs. 3 S. 2 BGB bzw. §§ 8 Abs. 3 S. 2, 9 Abs. 2 HausratsVO[19]
- Sicherung eines Ausgleichsanspruchs nach §§ 1361a Abs. 3 S. 2 BGB bzw. §§ 8 Abs. 3 S. 2, 9 Abs. 2 HausratsVO[20, 21]

11 Insbesondere bezüglich der zweiten Gruppe zulässiger Anordnungen ist jedoch zu beachten, dass diese nur in Betracht kommen, wenn ein Hausratsverfahren mit dem Ziel der Regelung der Nutzungsverhältnisse am Hausrat betrieben wird oder ein solches offen gehalten werden soll. Ein ausschließlich erstrebtes Veräußerungsverbot kann mit der einstweiligen Anordnung nach § 620 Nr. 7 ZPO nicht erreicht werden. Hierzu ist der Erlass einer Regelungsverfügung zu beantragen.[22] Ebenso ist es nicht möglich, ausschließlich die Rückschaffung des aufgrund verbotener Eigenmacht entfernten Hausrats zu verlangen; dieses Begehren muss im Zusammenhang mit einem Hausratsverfahren stehen.[23]

III. Das Verhältnis der einstweiligen Anordnung nach § 620 Nr. 7 ZPO zu anderen Mitteln einstweiligen Rechtsschutzes und zu Hauptsacheregelungen

1. Das Verhältnis der einstweiligen Anordnung zu Hauptsacheverfahren

12 **Vor Rechtshängigkeit** eines isolierten Hauptsacheverfahrens auf Benutzung des Hausrats (während der Trennungszeit) hat der Antragsteller **die freie Wahl**, ob er ein Hauptsacheverfahren einleitet oder den Erlass einer einstweiligen Anordnung beantragt, die denselben Zeitraum betrifft.

Dasselbe gilt nach h.M. **nach Rechtshängigkeit** eines entsprechenden Hauptsacheantrages mit der Möglichkeit, in dessen Rahmen einstweiligen Rechtsschutz zu erlangen.

Vgl. hierzu § 3 Rn 30 ff.; die dortigen Ausführungen gelten hier entsprechend.

Jedoch greift die Möglichkeit, einstweiligen Rechtsschutz nach § 620 Nr. 7 ZPO zu erlangen, anders als im Sorgerechtsbereich m.E. auch dann noch, wenn das Hauptsacheverfahren

---

19 *Zöller – Philippi*, § 620 Rn 77b; a.A. *Gießler/Soyka*, Rn 766. Meist dürfte wohl das Regelungsbedürfnis fehlen. Jedoch ist auch denkbar, dass ein Ehegatte während der Zeit des Getrenntlebens auf eine sofort zu leistende Ausgleichszahlung angewiesen ist, um sich den nötigsten Hausrat verschaffen zu können – so etwa wenn der andere Ehepartner nahezu den gesamten Hausrat zugewiesen bekommen hat, um dem Wohl der Kinder gerecht zu werden; ob dann allerdings eine Ausgleichszahlung angeordnet wird, erscheint fraglich.
20 OLG Karlsruhe FamRZ 1981, 63 L; während des laufenden Hausratsverfahrens ist jedoch vielfach noch nicht abzusehen, ob ein Ausgleichsanspruch überhaupt und wenn ja in welcher Höhe ein solcher in Betracht kommt.
21 Zum Arrest vgl. § 4 Rn 130.
22 Vgl. § 4 Rn 116 ff.
23 Vgl. zu dieser Problematik insgesamt und zu den hierzu vertretenen unterschiedlichen Ansichten *Johannsen/ Henrich/Brudermüller*, § 1361a Rn 58 ff.; OLG Köln FamRZ 1997, 1276; OLG Karlsruhe NJW-RR 2001, 939.

entscheidungsreif ist.[24] Denn eine Vollstreckung der Hauptsacheentscheidung erfordert nach § 16 Abs. 4 HausratsVO den Eintritt der Rechtskraft.

Nach Eintritt der Rechtskraft im Hauptsacheverfahren ist der Erlass einer einstweiligen Anordnung mit Wirkung für die Trennungszeit ausgeschlossen. Denn eine derartige einstweilige Anordnung würde bei späterem Wirksamwerden einer Hauptsacheregelung nach § 620f Abs. 1 S. 1 ZPO außer Kraft treten. Also muss umgekehrt, wenn eine solche schon vorliegt, eine Durchbrechung der Rechtskraft der Hauptsacheentscheidung ausgeschlossen sein. Es liegt das Verfahrenshindernis der anderweitigen Hauptsacheregelung vor.[25] Diese kann durch die einstweilige Anordnung nicht abgeändert werden.

13

Es sind jedoch **Abänderungen** durch entsprechende neuerliche Hauptsacheverfahren möglich (§ 17 HausrVO). Im Rahmen derartiger Verfahren sind unter Berücksichtigung der eingeschränkten Änderungsmöglichkeiten nach § 17 HausrVO einstweilige Anordnungen nach § 621g ZPO denkbar.[26]

Soll die einstweilige Anordnung nach § 620 Nr. 7 ZPO jedoch **Wirkung erst ab Rechtskraft der Scheidung** erlangen, hindert eine sich auf die Trennungszeit beziehende rechtskräftige Entscheidung den Erlass der einstweiligen Anordnung nicht.[27]

2. Das Verhältnis der einstweiligen Anordnung nach § 620 Nr. 7 ZPO zu anderen Mitteln des einstweiligen Rechtsschutzes

a) Das Verhältnis des § 620 Nr. 7 ZPO zu § 621g ZPO

Vor Anhängigkeit anderer summarischer Verfahren besteht ein **Wahlrecht** zwischen einer einstweiligen Anordnung nach § 620 Nr. 7 ZPO und einer solchen nach § 621g ZPO,[28] die im Rahmen eines isolierten Hauptsacheverfahrens ergehen kann.

14

Ist jedoch bereits eine Vorgehensweise gewählt, verhindert dies wegen anderweitiger Rechtshängigkeit eine Antragstellung im jeweils anderen Verfahren.[29] Sobald somit eine einstweilige Anordnung nach § 620 Nr. 7 ZPO **anhängig**[30] ist, kann ein Antrag nach § 621g ZPO nicht mehr gestellt werden; dasselbe gilt im umgekehrten Fall.

Ist ein einstweiliges Anordnungsverfahren nach § 621g ZPO in dem Zeitpunkt, in dem eine Ehesache rechtshängig wird, bereits anhängig, besteht nach teilweise vertretener Auffas-

15

---

24 a.A. OLG Hamburg FamRZ 1996, 1294 zur damals noch zulässigen einstweiligen Anordnung nach § 13 Abs. 4 HausratsVO a.F. im Rahmen eines Hauptsacheverfahrens auf Zuweisung der Ehewohnung; in einem solchen Fall soll das Regelungsbedürfnis für den Erlass einer einstweiligen Anordnung fehlen.
25 *Gießler/Soyka*, Rn 125.
26 Vgl. § 4 Rn 62.
27 Zur Wirkung ab Rechtskraft vgl. die Darstellung zu Unterhalt § 2 Rn 35.
28 Hierzu vgl. soeben § 4 Rn 12.
29 *Zöller – Philippi*, § 620 Rn 33 zu einstweiligem Rechtsschutz bei elterlicher Sorge.
30 Anhängigkeit genügt, da eine Entscheidung ohne vorherige Anhörung des Antragsgegners und damit vorheriger Zustellung des Antrages erlassen werden kann. Vgl. § 1 Rn 13.

sung die Möglichkeit, dieses Verfahren des einstweiligen Rechtsschutzes in ein Verfahren nach § 620 Nr. 7 ZPO **überzuleiten**.[31] Der Vorteil, der sich aus einer solchen Überleitung ergibt, zeigt sich, nachdem die Anfechtungsmöglichkeiten der beiden einstweiligen Anordnungen nunmehr gleich sind, vor allem darin, dass die einstweilige Anordnung nach § 620 Nr. 7 ZPO erst bei Wirksamwerden einer anderweitigen Regelung außer Kraft tritt, während sich diese Wirkung bei der einstweiligen Anordnung aus § 621g ZPO bereits bei Auflösung der Ehe einstellt.[32]

16 Ebenso bewirkt eine in einem summarischen Verfahren erlassene **wirksame bzw. vollstreckbare Entscheidung**,[33] dass in einem anderen summarischen Verfahren der Erlass einer weiteren einstweiligen Anordnung zum selben Regelungsgegenstand nicht in Betracht kommt. Dies hindert jedoch nicht, dass eine **Abänderung** der einstweiligen Anordnung nach § 621g ZPO durch eine solche nach § 620 Nr. 7 ZPO (und auch umgekehrt) vorgenommen wird.[34]

17 War die einstweilige Anordnung nach § 621g ZPO bezogen auf die Trennungszeit,[35] ist der Erlass einer einstweiligen Anordnung nach § 620 Nr. 7 ZPO, die ausschließlich für die Zeit nach der Rechtskraft der Scheidung Wirkung entfaltet, zulässig, da ein anderer Regelungsgegenstand betroffen ist.[36]

b) Das Verhältnis des § 620 Nr. 7 ZPO zur einstweiligen Verfügung

18 *Beachte*
Der Erlass einer einstweiligen Verfügung zwischen Ehegatten wird unzulässig, sobald eine einstweilige Anordnung nach § 620 Nr. 7 ZPO erwirkt werden kann, also **ab Anhängigkeit einer Ehesache bzw. eines entsprechenden PKH-Antrages**.[37]

Zur Überleitung einer einstweiligen Verfügung in ein Anordnungsverfahren vgl. § 2 Rn 51; die dortigen Ausführungen gelten hier entsprechend.

Die **einstweilige Verfügung ist subsidiär**, soweit Regelungen nach § 620 Nr. 7 ZPO getroffen werden können. Subsidiarität besteht somit auch, wenn ein Verfügungsverbot über Hausrat erlassen oder der von einem Ehegatten verübten verbotenen Eigenmacht bei der Wegschaffung von Hausrat begegnet werden soll.[38]
Da die einstweilige Anordnung nur Wirkung zwischen den Ehegatten entfalten kann, deshalb auch keine Drittbeteiligung in Betracht kommt, muss der Erlass einer einstweiligen

---

31 *Gießler/Soyka*, Rn 742.
32 Siehe *Zöller – Philippi*, § 620 Rn 35.
33 Vgl. § 794 Abs. 1 Nr. 3 lit. a ZPO und § 4 Rn 39.
34 OLG Brandenburg FamRZ 2001, 636 zu § 13 Abs. 4 HausratsVO a.F.; *Zöller – Philippi*, § 620 Rn 35 mit Hinweis auf OLG Köln FamRZ 1994, 632 f.; *Gießler/Soyka*, Rn 742.
35 Diese einstweilige Anordnung tritt mit Rechtskraft der Scheidung außer Kraft; vgl. § 4 Rn 87.
36 *Gießler/Soyka*, Rn 778.
37 MK (ZPO) – *Finger*, § 620 Rn 77 a.E.; vgl. auch *Zöller – Philippi*, § 620 Rn 29; BGH FamRZ 1982, 1200 zum Verhältnis der einstweiligen Verfügung zu § 13 Abs. 4 HausratsVO a.F.
38 Zum Anwendungsbereich der einstweiligen Anordnung vgl. § 4 Rn 10 und 11.

Verfügung anderen Personen gegenüber, um diese etwa zur Herausgabe von Hausrat zu verpflichten, jedoch zulässig bleiben.[39]

Wurde ein Antrag auf Erlass einer einstweiligen Verfügung gestellt, obwohl bereits die einstweilige Anordnung nach § 620 Nr. 7 ZPO statthaft wäre, kommt eine Umdeutung des Verfügungsantrages in einen Anordnungsantrag gemäß § 140 BGB in Betracht.[40]

IV. Regelungsbedürfnis

Zum Regelungsbedürfnis allgemein vgl. oben § 2 Rn 58 f. **19**

Das erforderliche Regelungsbedürfnis liegt vor, wenn die Ehegatten sich nicht über die Nutzung des Hausrates geeinigt haben und der Antragsteller ein **schutzwürdiges Interesse** an der einstweiligen Regelung vorweisen kann.[41]

Liegt eine Einigung vor, ist dennoch eine einstweilige Anordnung zu erlassen, wenn Streit über die Wirksamkeit oder den Inhalt der Vereinbarung herrscht.[42]

Werden Hausratsgegenstände dringend benötigt, liegt das Regelungsbedürfnis auf der Hand. Eine derartige **Notlage** ist jedoch für den Erlass einer einstweiligen Anordnung **nicht** erforderlich.

Abzulehnen ist das Regelungsbedürfnis in aller Regel, wenn der Antragsteller sich bereits anderweitig Hausrat besorgt hat oder solchen nicht benötigt, weil er etwa in der Wohnung eines Dritten lebt.[43]

V. Weitere Zulässigkeitsvoraussetzungen

Vgl. § 2 Rn 67. **20**

VI. Antragstellung

1. Erfordernis der Antragstellung und Art des Antrags

Eine **Antragstellung** ist für ein einstweiliges Anordnungsverfahren nach § 620 Nr. 7 ZPO **21** **stets erforderlich**. Zwar genügt im Rahmen der FGG-Angelegenheiten, also auch bei der Nutzungszuweisung von Hausrat, insoweit ein **Verfahrensantrag**.[44] Es ist jedoch zu beden-

---

39 Hierzu siehe § 4 Rn 107.
40 BGH FamRZ 1982, 1200 zur Umdeutung in einen Antrag nach § 13 Abs. 4 HausratsVO a.F.; dasselbe muss für eine Umdeutung in einen Antrag nach § 620 Nr. 7 ZPO gelten.
41 *Gießler/Soyka*, Rn 763, 775.
42 Vgl. § 4 Rn 8.
43 Vgl. OLG Düsseldorf FamRZ 1995, 561.
44 MK (ZPO) – *Finger*, § 620a Rn 7; *Rahm/Künkel/Niepmann*, VI. 16.1; *Zöller-Philippi*, § 620a Rn 19; OLG Zweibrücken FamRZ 1999, 672.

ken, dass hier der Bereich der so genannten **streitigen FGG-Angelegenheiten** betroffen ist, das heißt FGG-Regeln nicht uneingeschränkt anzuwenden sind. Deshalb wird auch die Auffassung vertreten, dass bei einem Herausgabeverlangen (jedenfalls im Rahmen der Sachdarstellung) die begehrten Hausratsgegenstände **konkret** zu bezeichnen sind.[45]

Selbstverständlich ist eine konkrete Antragstellung nicht nur zulässig sondern in jedem Falle zweckmäßig,[46] zumal häufig nur so dargestellt werden kann, dass der Antragsteller die beanspruchten Hausratsgegenstände zur Haushaltsführung benötigt. Für das Gericht bindend ist der Antrag jedoch nicht.[47]

2. Antragsbefugnis

22 Antragsbefugt sind ausschließlich die **Ehegatten**.

3. Form/Anwaltszwang

23 Die Antragstellung ist schriftlich oder zu Protokoll der Geschäftsstelle eines Amtsgerichts vorzunehmen (§ 620a Abs. 2 S. 2 ZPO) und unterliegt nicht dem Anwaltszwang (§ 78 Abs. 2 ZPO).[48]

4. Sachdarstellung/Glaubhaftmachung

a) Besonderheiten der »streitigen FGG-Angelegenheiten«

24 Auch wenn § 620a Abs. 2 S. 3 ZPO ohne Unterscheidung der jeweiligen Regelungsbereiche anordnet, dass der Antragsteller die Voraussetzungen für die Anordnung glaubhaft machen soll, wird eine Erleichterung dort zugelassen, wo eine solche Glaubhaftmachung im Hauptsacheverfahren wegen des geltenden Amtsermittlungsprinzips (§ 12 FGG) nicht erforderlich ist. Dann scheidet das Erfordernis einer derartigen (wenn auch erleichterten) Beweisführung durch den Antragsteller im Grundsatz aus.

Gleichwohl ist es sinnvoll, dass auch in den Fällen, in denen eine Glaubhaftmachung entbehrlich ist, eine solche vorgenommen wird. Denn es ist selbstverständlich zu erwarten, dass der Antragsgegner versuchen wird, ihm günstige Tatsachen vorzutragen und diese mit den Mitteln der Glaubhaftmachung zu bekräftigen. Es besteht dann die Gefahr, dass sich das Gericht dem glaubhaft gemachten Gegenvortrag eher anschließen wird als dem nicht

---

45 *Musielak – Borth*, § 620a Rn 7 begründet dies mit der erforderlichen Vollstreckbarkeit; a.A. OLG Zweibrücken FamRZ 1999, 672.
46 *Rahm/Künkel/Niepmann*, VI. 16.1.
47 *Rahm/Künkel/Niepmann*, VI Rn 24; *Palandt – Brudermüller*, Anh zu §§ 1361a, 1361b bei § 13 HausrVO Rn 2 mit Hinweisen auf div. Rechtsprechung.
48 Vgl. § 2 Rn 75.

glaubhaft gemachten Sachvortrag des Antragstellers, zumal der Richter sich mit einer vorläufigen Klärung des Sachverhalts begnügen darf.[49]

Beachte
Erst recht angezeigt ist ein detaillierter Sachvortrag bei Streitigkeiten um Hausrat und zur Ehewohnung. Diese werden der **»streitigen« freiwilligen Gerichtsbarkeit** zugeordnet.[50] Hieraus folgt, dass zwar der Amtsermittlungsgrundsatz Geltung beansprucht. Dennoch hat der jeweilige Antragsteller die **Tatsachen**, die den Antrag rechtfertigen sollen, **eingehend darzustellen**[51] und auch **Beweismittel zu benennen**.[52]
Bei besonders dringlicher Entscheidung sollten auch die Umstände dargestellt werden, die diese **Dringlichkeit** begründen.

Es wird teilweise weiter gehend auch die Forderung erhoben, dass nicht nur eine Benennung der Beweismittel erfolgt, sondern im Bereich »streitiger FGG-Sachen« die Anspruchsvoraussetzungen tatsächlich auch **glaubhaft** gemacht werden.[53]

25

Wenn das Gericht der Auffassung ist, dass die angebotenen Beweismittel nicht genügen, ist es zwar gemäß § 12 FGG verpflichtet, auch andere Beweise zu erheben. Jedoch ist es nicht gehalten, eine mangelhafte Mitwirkung des Antragstellers durch von Amts wegen vorzunehmende Ermittlungen auszugleichen.[54]

Das Gericht verstößt nicht gegen seine Aufklärungspflicht, wenn es davon ausgeht, dass jeder Beteiligte die ihm vorteilhaften Umstände selbst darlegt.[55] Aus dem fehlenden Bestreiten eines Beteiligten darf im Rahmen der freien Beweiswürdigung der Schluss auf die Richtigkeit des entsprechenden Vorbringens gezogen werden.[56]

Somit zeigt sich, dass eine detaillierte Sachdarstellung und möglichst weit gehende Glaubhaftmachung im ureigensten Interesse des Antragstellers liegt.

---

49 OLG Düsseldorf FamRZ 1995, 182; BayObLG FamRZ 1999, 318; vgl. auch § 1 Rn 27 ff.
50 Dies zeigt sich beispielsweise durch § 1 HausrVO, wonach eine Einigung der Beteiligten das Gericht bindet, was für den FGG-Bereich untypisch ist.
51 *Gießler/Soyka*, Rn 61, 765; diese Sonderstellung des Streitverfahrens der freiwilligen Gerichtsbarkeit führt unter anderem dazu, dass im Hauptsacheverfahren der Hausratsverteilung vielfach die Vorlage von Listen verlangt wird, aufgrund derer ersichtlich wird, welcher Hausrat (ggf. mit Wertangaben) vorhanden ist, in wessen Eigentum er jeweils steht und wem er jeweils zugewiesen werden soll. Vgl. dagegen jedoch OLG Zweibrücken FamRZ 1999, 672.
52 *Keidel/Schmidt*, § 12 Rn 121; *Rahm/Künkel/Niepmann*, VI 17.1.
53 *Rahm/Künkel/Niepmann*, VI 17.1 verlangt zusätzlich zur Sachdarstellung auch Glaubhaftmachung; MK (ZPO) – *Finger*, § 620a Rn 30 schränkt dies ein: »soweit möglich«; keine Glaubhaftmachung wird verlangt nach *Zöller/Philippi*, § 620a Rn 21.
54 OLG Stuttgart FamRZ 1980, 467.
55 BGH FamRZ 1994, 236; BayObLGZ 59, 269.
56 BayObLG FamRZ 1960, 515; *Keidel/Schmidt*, § 12 Rn 229; *Gießler/Soyka*, Rn 765.

b) Darzustellende Voraussetzungen
aa) Übersicht

26 Eine sachdienliche Darstellung sollte sich beziehen auf:
- die allgemeinen Verfahrensvoraussetzungen
- Partei-, Prozessfähigkeit
- Zuständigkeit des angerufenen Gerichts
- Regelungsbedürfnis
- das Fehlen von Verfahrenshindernissen
- anderweitige Rechtshängigkeit/Rechtskraft eines summarischen Verfahrens
- entgegenstehende Rechtskraft einer Hauptsacheentscheidung
- die besondere Verfahrensvoraussetzung zur Anhängigkeit der Ehesache bzw. Lebenspartnerschaftssache (§ 661 Abs. 1 Nr. 1, 2 LPartG) – insoweit aber aktenkundig
- die materiellen Voraussetzungen für die Zuweisung von Hausrat (hierzu sogleich)
- Hausratseigenschaft
- Eigentumslage
- Billigkeitskriterien
- bei Antrag auf Erlass der einstweiligen Anordnung ohne rechtliches Gehör des Gegners auch die Umstände, die eine solche Entscheidung ohne Anhörung rechtfertigen.

bb) Darzustellende materielle Voraussetzungen

27 Bei den zur Nutzung zuzuweisenden Gegenständen muss es sich um **Hausrat** handeln. Hierzu zählen alle **Gegenstände, die für die Wohnung, Hauswirtschaft und das Zusammenleben bestimmt** sind.[57] Auch Luxusgüter wie teure Teppiche, Bilder etc. können dazu gehören, wenn diese tatsächlich als Hausrat benutzt wurden.[58] Es kommt insoweit auf den Lebenszuschnitt der Ehegatten – deren Vermögens- und Lebensverhältnisse – an.[59]

28 Nicht zum Hausrat zu rechnen sind **Gegenstände des persönlichen Gebrauchs**[60] wie beispielsweise ein Briefmarkenalbum, aber auch der Reisepass eines Ehegatten. Hier ist jedoch zu beachten, dass § 620 Nr. 8 ZPO ausdrücklich den Erlass einer einstweiligen Anordnung zulässt, mit deren Hilfe die Herausgabe oder die Benutzung der zum persönlichen Gebrauch bestimmten Sachen eines Ehegatten oder des Kindes erzwungen werden kann.[61]

Ebenso werden erst **nach der Trennung angeschaffte** Gegenstände, die für die Haushaltsführung benötigt werden, nicht von §§ 1361a, 8 ff. HausratsVO bzw. §§ 13, 19 LPartG

---

57 BGH FamRZ 1984, 146; weiterführend siehe *Zöller – Philippi*, § 620 Rn 77 f.; *Palandt – Brudermüller*, § 1361a Rn 3.
58 Problematisch wird in diesem Zusammenhang möglicherweise das Regelungsbedürfnis sein; vgl. hierzu § 4 Rn 19.
59 BGH FamRZ 1984, 146; 84, 575.
60 *Palandt – Brudermüller*, § 1361a Rn 9.
61 Hierzu vgl. § 9 Rn 4 ff.

erfasst und dementsprechend auch nicht im Rahmen einer einstweiligen Anordnung zugewiesen. Diese Sachen waren nicht für das Zusammenleben der Ehegatten bestimmt.[62]
Die einstweilige Anordnung orientiert sich zwar an den materiellen Voraussetzungen des § 1361a BGB bzw. § 13 LPartG (ggf. auch an §§ 8–10 HausratsVO, § 18 LPartG). Dennoch bleibt die dort getroffene Unterscheidung nach Hausrat im Alleineigentum eines Ehegatten/Lebenspartners, des anderen oder auch beider Ehegatten ohne wesentliche Bedeutung.[63] Denn es ist erforderlich, dass der Antragsteller vorbringt (und glaubhaft macht), dass er die begehrten Gegenstände **für die Haushaltsführung benötigt** und die Überlassung zur Nutzung der **Billigkeit** entspricht. Wer sich lediglich auf sein Eigentum stützt und die Herausgabe von Hausrat verlangt, weil der Antragsgegner diesen nicht benötigt,[64] wird eine einstweilige Anordnung nicht erlangen können.[65]

29

Im Rahmen dieser Billigkeitsabwägung wird sodann insbesondere zu berücksichtigen sein, wer **dringender** auf die Benutzung des Hausrats angewiesen ist, etwa weil er die **gemeinsamen Kinder** zu versorgen hat, und wer sich **Ersatz leichter verschaffen** kann.[66] Dass **Kindeswohlbelange** Berücksichtigung zu finden haben, lässt sich auch aus § 2 HausratsVO ersehen.[67] Zwar gilt diese Regelung unmittelbar nur für eine Entscheidung nach Rechtskraft der Scheidung. Sie bringt jedoch einen bei jeder Hausrats-(und Ehewohnungs-)Zuweisung zu berücksichtigenden Gedanken zum Ausdruck.

30

Auch weitere Umstände wie die **bisher praktizierte Nutzung** durch die Ehegatten oder auch Verschuldensgesichtspunkte der §§ 1361 Abs. 3, 1579 Nr. 2 bis 7 BGB[68] sowie die voraussichtliche Zuweisung des Hausratsgegenstands nach § 8 Abs. 1, 3 HausratsVO/§ 19 S. 1 LPartG nach Rechtskraft der Scheidung sind in die Abwägung mit einzustellen.[69]

5. Zuständiges Gericht

§ 620a Abs. 4 ZPO bestimmt, dass das Gericht der Ehesache für den Erlass der einstweiligen Anordnung zuständig ist.

31

Im Einzelnen vgl. § 2 Rn 81 ff.

Ergänzend ist hier anzuführen, dass im Falle der isolierten Anfechtung der Folgesache Hausrat das OLG auch für den Erlass einer einstweiligen Anordnung nach § 620 Nr. 7 ZPO zum Hausrat zuständig ist, da sich Gegenstand des Hauptsacheverfahrens und der einstwei-

---

62 BGH FamRZ 1984, 147.
63 *Zöller – Philippi*, § 620 Rn 77b weist darauf hin, dass es auf die Eigentumsverhältnisse nicht ankommt.
64 Er stellt also gerade kein eigenes Bedürfnis dar.
65 *Zöller – Philippi*, § 620 Rn 78 mit Hinweis auf KG NJW 1959, 1330; OLG Düsseldorf FamRZ 1995, 561; MK (ZPO) – *Finger*, § 620 Rn 75 a.E. mit Hinweis auf OLG Celle MDR 1958, 851.
66 *Finke/Garbe*, § 5 Rn 76.
67 Hierzu auch KG FamRZ 2003, 1927.
68 *Palandt – Brudermüller*, § 1361a Rn 13; *Johannsen/Henrich/Brudermüller*, § 1361a Rn 30.
69 *Musielak – Borth*, § 620 Rn 81.

ligen Anordnung entsprechen. Dies ist auch dann der Fall, wenn sich (wie regelmäßig) die einstweilige Anordnung inhaltlich auf eine Regelung bezieht, die bereits während der Trennungszeit wirken soll, was bei der (angefochtenen) Folgesache nicht denkbar ist.

6. Internationale Zuständigkeit

31a Vgl. § 14 Rn 3 und 17.

VII. Ablauf des Verfahrens

1. Beteiligte

32 Als Beteiligte kommen im Verfahren nach §§ 620 ff. ZPO ausschließlich die **Ehegatten** bzw. **Lebenspartner** in Betracht. Dritte, die sich etwa im Besitz des Hausrats befinden, können am Verfahren nicht beteiligt und dementsprechend auch nicht zur Herausgabe verpflichtet werden. Gegen diese wird in einem gesonderten Verfahren vorzugehen sein.[70]

2. Mündliche Verhandlung

32a Vgl. § 2 Rn 93 ff. und § 4 Rn 78.

3. Rechtliches Gehör

32b Vgl. § 2 Rn 97.

4. Die Wahlmöglichkeiten des Gerichts zur Verfahrensgestaltung

32c Vgl. § 2 Rn 98 ff.

5. Anwaltszwang

33 Vgl. Rn § 2 Rn 101.
Im Rahmen der mündlichen Verhandlung nach § 620a Abs. 1 ZPO müssen sich die Beteiligten anwaltlich vertreten lassen. Das Anordnungsverfahren unterfällt als Teil der Ehesache der Regelung des § 78 Abs. 2 ZPO.

---

70 Vgl. § 4 Rn 107 ff.

Jedoch sind von den Beteiligten abgegebene Erklärungen und Gegendarstellungen in FGG-Sachen wegen des geltenden Amtsermittlungsprinzips vom Gericht auch dann zu beachten, wenn diese in mündlicher Verhandlung abgegeben werden.

6. Beweisaufnahme

Verfahren über die Verteilung des Hausrates sind den sogenannten »streitigen FGG-Angelegenheiten« zuzurechnen; hieraus resultieren Besonderheiten für die vom Gericht durchzuführende Beweisaufnahme.[71]
Es gilt zwar das **Amtsermittlungsprinizip** (§ 12 FGG), sodass die von § 620a Abs. 2 S. 3 ZPO geforderte Glaubhaftmachung der für den Erlass der einstweiligen Anordnung erforderlichen Voraussetzungen entbehrlich ist. Bei den Regelungsbereichen Ehewohnung und Hausrat jedoch wird der Grundsatz, dass das Gericht von Amts wegen zu ermitteln hat, dadurch eingeschränkt, dass der jeweilige Antragsteller die **Tatsachen**, die den Antrag rechtfertigen sollen, **eingehend darzustellen** und auch **Beweismittel zu benennen** hat. Das Gericht verletzt seine Aufklärungspflicht nicht, wenn es annimmt, dass jeder Beteiligte die ihm vorteilhaften Umstände selbst darlegt.[72] Aus dem fehlenden Bestreiten eines Beteiligten darf im Rahmen der freien Beweiswürdigung der Schluss auf die Richtigkeit des entsprechenden Vorbringens gezogen werden.[73] Das Gericht kann sich mit einer vorläufigen Klärung des Sachverhalts begnügen.[74]
Wie im einstweiligen Rechtsschutz allgemein anerkannt, sind zeitraubende Ermittlungen zu den maßgeblichen Voraussetzungen nicht veranlasst.[75]

34

7. Beendigung durch Vergleich

Während in ZPO-Streitigkeiten der Abschluss eines Vergleiches fraglos in Betracht kommt, ist dies bei FGG-Regelungsbereichen wegen der vielfach fehlenden Dispositionsbefugnis der Beteiligten problematisch.
Bei Hauptsachestreitigkeiten über Hausrat und Ehewohnung jedoch sind Vergleiche gemäß § 13 Abs. 2, 3 HausrVO ausdrücklich vorgesehen. Kommen gütliche Einigungen zustande, so sind diese nach §§ 159 ff. ZPO zu protokollieren.[76] Ein ordnungsgemäß abgeschlossener Vergleich ist Grundlage der Zwangsvollstreckung (§ 16 Abs. 3 HausrVO). Somit hat er in

35

---
71 Vgl. § 4 Rn 24 f.
72 BGH FamRZ 1994, 236; BayObLGZ 59, 269.
73 BayObLG FamRZ 1960, 515; *Keidel/Schmidt*, § 12 Rn 229; *Gießler/Soyka*, Rn 765.
74 OLG Düsseldorf FamRZ 1995, 182; BayObLG FamRZ 1999, 318; *Gießler/Soyka*, Rn 60 zu Sorgerechtsangelegenheiten.
75 Vgl. § 1 Rn 24 ff.
76 *Palandt – Brudermüller*, Anh zu §§ 1361a, 1361b § 13 Rn 5.

diesen Regelungsbereichen prozessbeendende Wirkung. Dies gilt auch für das einstweilige Anordnungsverfahren.

8. Entscheidung/Beschluss

a) Förmlichkeiten der Entscheidung

35a Vgl. § 2 Rn 108f.

b) Prüfungsumfang des Gerichts/Bindung an Parteianträge

36 In den FGG-Streitigkeiten sind die Anträge als **Verfahrensanträge**[77] zu qualifizieren; eine Bindung des Gerichts besteht somit nicht. Im Rahmen des bezeichneten Verfahrensgegenstandes kann das Gericht anders entscheiden als beantragt[78] und sogar über die Anträge hinausgehen.[79] Es kann somit auch anderen Hausrat zuweisen als beantragt.[80]

Das Gericht hat sowohl die Zulässigkeits- als auch die materiellen Voraussetzungen für den Erlass der einstweiligen Anordnung von Amts wegen zu prüfen. Der Prüfungsumfang bezieht sich auf die bei § 4 Rn 26 skizzierten Umstände.

Bezüglich der Kriterien, die bei der Billigkeitsabwägung zu berücksichtigen sind, wird auf § 4 Rn 30 verwiesen.

c) Inhalt des Beschlusses

37 Wenn das Gericht eine einstweilige Anordnung erlässt, kraft derer eine Zuweisung von Hausrat erfolgen soll, ist der Beschluss hinreichend **konkret** zu formulieren,[81] sodass der Gerichtsvollzieher im Rahmen einer evtl. durchzuführenden Vollstreckung die zugewiesenen Gegenstände aussondern und deren Herausgabe erzwingen kann.

Nicht zu vergessen ist die Anordnung der **Herausgabeverpflichtung**. Zum Inhalt vgl. zunächst § 4 Rn 10 und 11.

Zur **Begründungspflicht** vgl. § 2 Rn 115 ff.

38 Eine **Kostenentscheidung** ist grds. entbehrlich; vgl. im Übrigen § 2 Rn 120 ff.

VIII. Vollstreckung

39 Einstweilige Anordnungen nach § 620 Nr. 7 ZPO sind gemäß § 794 Abs. 1 Nr. 3a ZPO nach **ZPO-Regeln** zu vollstrecken. Dies bedeutet, dass die Vollstreckung (anders als bei

---

77 Vgl. OLG Bamberg FamRZ 1999, 938 zu Hauptsacheantrag in Sorgerechtsverfahren.
78 *Musielak – Borth*, § 620a Rn 17; *Rahm/Künkel/Niepmann*, VI Rn 24.
79 *Zöller – Philippi*, § 620a Rn 30a m.w.N. auf diverse Rechtsprechung.
80 Vgl. auch *Finke/Garbe*, § 5 Rn 6: die Zuweisung von völlig anderem Hausrat als begehrt widerspricht danach in aller Regel der Billigkeit.
81 Muster zur Antragstellung bei *Börger/Bosch/Heuschmid*, § 4 Rn 319.

den FGG-Sachen Umgang, Kindesherausgabe)[82] vom Inhaber des Titels selbst zu bewirken ist.

Beachte
Bei der Zuweisung von Hausrat (und auch der Ehewohnung) ist zu beachten, dass eine bloße Nutzungszuweisung dem Titel keinen vollstreckungsfähigen Inhalt auf **Herausgabe** der Gegenstände gibt. Es ist vielmehr erforderlich, dass ausdrücklich zusätzlich zur Zuweisung eine Herausgabeanordnung[83] erlassen wird.

Die angeordnete Herausgabe wird nach § 883 ZPO vollstreckt; bei Verstoß gegen eine bloße Nutzungszuweisung (bei Mitbenutzung durch die Ehegatten) selbst ist § 890 ZPO maßgeblich.

Zu den Vollstreckungsvoraussetzungen im Übrigen vgl. § 2 Rn 128–130.

Zur Aussetzung der Vollziehung der einstweiligen Anordnung vgl. § 2 Rn 132.

IX. Rechtsbehelfe

Als Rechtsbehelfe gegen den Beschluss nach § 620 Nr. 7 ZPO (Hausrat) kommen in Betracht: **40**
- Abänderungs-/Aufhebungsantrag nach § 620b Abs. 1 S. 1 ZPO
- Antrag auf erneute Beschlussfassung nach mündlicher Verhandlung gemäß § 620b Abs. 2 ZPO

Aufgrund der Schaffung des § 321a ZPO (bzw. § 29a FGG in isolierten FGG-Angelegenheiten) ist m.E. eine sofortige Beschwerde wegen greifbarer Gesetzeswidrigkeit nicht mehr statthaft.[84]

Zum Antrag auf erneute Beschlussfassung nach mündlicher Verhandlung (§ 620b Abs. 2 ZPO) vgl. § 2 Rn 137 ff.; die dortigen Ausführungen gelten hier entsprechend.

Ein **Abänderungsantrag** nach § 620b Abs. 1 ZPO ist im vorliegenden (streitigen) FGG-Bereich Hausrat (und Ehewohnung) **nicht** als **Sachantrag** zu qualifizieren. Es muss sich jedoch (zumindest aus der Begründung) erkennen lassen, welche Abänderung begehrt wird.[85] Nach wohl h.M. ist darüber hinaus eine **Beschwer** darzutun.[86]   **41**

Die FGG-Streitigkeiten Hausrat und Ehewohnung sind einer **rückwirkenden Änderung** nicht zugänglich. Eine Ausnahme greift dann, wenn ein Nutzungsentgelt[87] Gegenstand des   **42**

---

82 Vgl. hierzu § 3 Rn 70 ff.
83 *Musielak – Borth,* § 620 Rn 85; *Finke/Garbe,* § 5 Rn 83.
84 Zur Gehörsrüge vgl. § 3 Rn 100, 101.
85 *Schwab/Maurer/Borth,* I Rn 947.
86 *Musielak – Borth,* § 620b Rn 5; *Gießler/Soyka,* Rn 165 mit Hinweis auf abweichende Auffassungen; vgl. zu § 620b Abs. 2 ZPO und Beschwer auch § 2 Rn 140.
87 Zur Zulässigkeit der Anordnung eines Nutzungsentgelts vgl. § 4 Rn 10.

Abänderungsbegehrens ist.[88] Hier sind die zum Unterhalt dargestellten Grundsätze entsprechend zu beachten.[89] Eine rückwirkende Herabsetzung der Höhe des Nutzungsentgelts ist möglich, wenn noch nicht geleistet wurde. Ansonsten fehlt das Rechtsschutzbedürfnis für eine Abänderung des Beschlusses. Eine Erhöhung des festgesetzten Nutzungsentgelts kann vorgenommen werden, wenn die Anordnung hinter dem ursprünglich begehrten Betrag zurückgeblieben ist. Bei vollem Zusprechen fehlt die erforderliche Beschwer.

43 Ein in einem Anordnungsverfahren geschlossener **Vergleich** kann ggf. nach § 620b Abs. 1 ZPO abgeändert werden, wenn nicht der Vergleich eine endgültige Regelung zum Inhalt hatte.[90]

Bezweckte der Vergleich jedoch nur eine einstweilige Regelung, sind Abänderungen möglich unter Berücksichtigung der Vorgaben des § 17 Abs. 1, 2 HausrVO.[91]

X. Außer-Kraft-Treten der einstweiligen Anordnung

44 Wann eine einstweilige Anordnung zum Hausrat außer Kraft tritt, bestimmt sich nach § 620f Abs. 1 S. 1 ZPO. Sie wirkt somit ebenso wie eine einstweilige Anordnung zum Unterhalt über die Rechtskraft der Scheidung hinaus, wenn nicht eine Hauptsacheentscheidung vorliegt, die die Wirksamkeit der einstweiligen Anordnung beseitigt.

Vgl. zum Außer-Kraft-Treten **in Abhängigkeit von der Ehesache/Lebenspartnerschaftssache (§ 661 Abs. 1 Nr. 1 bis 3 LPartG)** und **in sonstigen Fällen** § 2 Rn 228 ff.

45 Zum Außer-Kraft-Treten bei **Wirksamwerden einer anderweitigen Regelung** siehe zunächst § 2 Rn 201 ff.

Ist die anderweitige Regelung, die die einstweilige Anordnung nach § 620 Nr. 7 ZPO außer Kraft setzt, eine Hauptsacheentscheidung, muss danach differenziert werden, ob es sich um eine **isolierte Entscheidung** oder um eine **Folgesache** handelt. Bei letzterer ist zu beachten, dass nach § 629d ZPO Wirksamkeit nicht vor Eintritt der Rechtskraft in der Ehesache angenommen werden kann.

Im Übrigen gilt sowohl für isolierte Hauptsacheregelungen wie entsprechende Folgesachen gleichermaßen, dass gemäß § 16 Abs. 1 S. 1 HausratsVO die Entscheidung selbst **rechtskräftig** geworden sein muss, um die Wirkung des § 620f Abs. 1 S. 1 ZPO auszulösen. Dies stellt eine Besonderheit im Vergleich mit den »normalen« FGG-Sachen elterliche Sorge, Umgangsrecht, Kindesherausgabe dar,[92] bei denen auf § 16 Abs. 1 FGG abzustellen ist.

---

88 MK (ZPO) – *Finger*, § 620b Rn 10 Fn 22; *Gießler/Soyka*, Rn 172.
89 Vgl. § 2 Rn 167.
90 Vgl. § 2 Rn 169.
91 *Gießler/Soyka*, Rn 164 m.w.N.
92 Zu elterlicher Sorge, Umgangsrecht, Kindesherausgabe vgl. § 3 Rn 122.

Auch im Bereich der Hausratsverfahren[93] ist davon auszugehen, dass eine Hauptsacheentscheidung nach § 1361a BGB bzw. § 13 LPartG, die ausschließlich die Zeit des Getrenntlebens betrifft, die Wirksamkeit der einstweiligen Anordnung **insgesamt** außer Kraft setzt und die einstweilige Anordnung somit nach Rechtskraft der Scheidung nicht erneut Wirksamkeit entfaltet.[94]

46

§ 16 Abs. 3 HausrVO regelt eindeutig, dass auch **gerichtliche Vergleiche** die Zwangsvollstreckung ermöglichen. Somit können auch derartige Vollstreckungstitel die Wirkung des § 620f Abs. 1 S. 1 ZPO herbeiführen. Aber auch außergerichtliche Vergleiche zwischen den Eheleuten ziehen diese Rechtsfolge nach sich, da – anders als in sonstigen FGG-Sachen – im Hausratsverfahren der Dispositionsgrundsatz greift.[95]
Zur Feststellung des Außer-Kraft-Tretens vgl. § 2 Rn 237.

47

XI. Prozesskostenhilfe

Vgl. oben § 2 Rn 253.

48

B. Die einstweilige Anordnung nach § 621g ZPO i.V.m. § 621 Nr. 7 ZPO

Entgegen der sonstigen gesetzlichen Lage zum einstweiligen Rechtsschutz in FGG-Angelegenheiten war die Statthaftigkeit einer einstweiligen Anordnung im Anwendungsbereich einer Familiensache nach § 621 Abs. 1 Nr. 7 ZPO, § 23b Abs. 1 S. 2 Nr. 8 GVG (Ehewohnung und Hausrat) gemäß § 13 Abs. 4 HausratsVO a.F.[96] bereits seit langer Zeit ausdrücklich anerkannt.

49

Danach konnte sowohl im Rahmen isolierter Hauptsacheverfahren, die nach Rechtskraft der Scheidung betrieben wurden, als auch bei Verfahren, die während der Zeit des Getrenntlebens anhängig gemacht wurden, der Erlass einer einstweiligen Anordnung beantragt werden. Denn gemäß § 18a HausratsVO sind die vorstehenden Verfahrensvorschriften der HausratsVO – hierzu zählte § 13 Abs. 4 HausratsVO[97] in der damals geltenden Fassung – auf die Verteilung des Hausrats während der Zeit des Getrenntlebens sinngemäß anzuwenden.

---

93 Zum Unterhalt vgl. § 2 Rn 226.
94 MK (ZPO) – *Finger,* § 620f Rn 13; a.A. *Schwab – Maurer/Borth,* I Rn 974.
95 MK (ZPO) – *Finger,* § 620f Rn 26.
96 Mit Wirkung vom 1.1.2002 wurde § 13 Abs. 4 HausratsVO geändert – vgl. Art. 12 und Art. 13 des Gesetzes zur Verbesserung des zivilgerichtlichen Schutzes bei Gewalttaten und Nachstellungen sowie zur Erleichterung der Überlassung der Ehewohnung bei Trennung – BGBl 2001 I, 3513, 3518.
97 *Palandt – Brudermüller,* Anh zu §§ 1361a, 1361b, § 18a HausratsVO Rn 1.

§4 Der einstweilige Rechtsschutz zum Hausrat

Aus Gründen des materiellen Rechts schied eine einstweilige Anordnung nach § 13 Abs. 4 HausratsVO a.f. jedoch aus, solange die Ehegatten noch nicht getrennt lebten.[98] Diese Rechtslage besteht auch nach der Neuschaffung des § 621g ZPO fort. Diese Vorschrift lässt einstweilige Anordnungen zu, wenn ein Verfahren nach § 621 Abs. 1 Nr. 7 ZPO anhängig ist. Hierzu zählt ein Rechtsstreit über den Hausrat während der Zeit des Getrenntlebens (§ 1361a BGB) und nach Scheidung (§§ 8 ff. HausratsVO). In Hausratsstreitigkeiten von Ehegatten, die noch zusammenleben (sich ggf. aber trennen wollen), darf das Familiengericht grds.[99] nicht tätig werden.

I. Anhängigkeit eines Hauptsacheverfahrens

50 *Beachte*
Die einstweilige Anordnung nach § 621g ZPO setzt voraus, dass ein isoliertes deckungsgleiches Verfahren einer Familiensache nach §§ 621 Abs. 1 Nr. 7 ZPO, 23b Abs. 1 S. 2 Nr. 8 GVG (Hausrat bzw. auch Ehewohnung) anhängig ist oder gleichzeitig anhängig gemacht wird. Anders als nach alter Rechtslage zu § 13 Abs. 4 HausratsVO a.f. genügt nunmehr kraft ausdrücklicher Verweisung auf § 620a Abs. 2 S. 1 ZPO auch die bloße Antragstellung auf Gewährung von PKH für ein noch anhängig zu machendes Hausratsverfahren.

51 Bei diesem Hauptsacheverfahren kann es sich um ein Verfahren während der Trennungszeit nach § 1361a BGB oder auch nach Rechtskraft der Scheidung[100] nach §§ 1 f., 8 ff. HausratsVO[101] handeln. Soweit nicht ausdrücklich darauf hingewiesen wird, gelten die folgenden Darstellungen für beide Zeiträume.

Da die materielle Regelung des **§ 1361a BGB** für einen Antrag auf Hausratszuweisung voraussetzt, dass die Ehegatten **bereits getrennt** sind, wird gefolgert, dass eine familiengerichtliche Zuständigkeit **nicht** besteht, wenn die Ehegatten sich zwar um Hausrat streiten, aber **noch zusammenleben**.[102] Folgt man streng dieser Auffassung, sind die Ehegatten in einem solchen Fall stets darauf beschränkt, bei Bedarf den Erlass einer einstweiligen Verfügung zu beantragen.[103] Vorzugswürdig erscheint mir jedoch die Ansicht, die ein Hauptsacheverfahren auf Hausratsüberlassung und damit den Erlass einer deckungsgleichen einstweiligen Anordnung nach § 621g ZPO auch dann zulassen will, wenn **gleichzeitig** ein Verfahren nach § 1361b BGB[104] auf **Überlassung der Ehewohnung** zum Zwecke der Ein-

---

98 *Zöller – Philippi*, § 621 Rn 50; vgl. den Wortlaut des § 1361a Abs. 1 BGB.
99 Zur Ausnahme bei Anhängigkeit eines Verfahrens auf Ehewohnungszuweisung nach § 1361b BGB vgl. sofort § 4 Rn 51.
100 Zur entsprechenden Anwendbarkeit bei einer Eheaufhebung vgl. § 1318 Abs. 4 BGB.
101 Im Falle der Weitergeltung des Rechts der DDR ist § 39a FGB maßgebliche Norm.
102 *Zöller – Philippi*, § 621 Rn 50.
103 Hierzu vgl. § 4 Rn 91 ff.
104 Dort genügt die Absicht, vom Ehepartner getrennt zu leben.

leitung des Getrenntlebens anhängig gemacht wird.[105] Ansonsten wäre ein unpraktikables Vorgehen erforderlich. Es müsste ein Verfahren zur Überlassung der Ehewohnung (ohne Hausrat) vor dem Familiengericht durchgeführt und erst im Anschluss hieran (nach Einleitung des Getrenntlebens) könnte das Hausratsverfahren betrieben werden. Während der Zeit des Zusammenlebens wäre der Antragsteller auf die strengeren Voraussetzungen unterliegende einstweilige Verfügung als Mittel des einstweiligen Rechtsschutzes verwiesen und könnte demzufolge nur unter erschwerten Voraussetzungen die Nutzungszuweisung von Hausrat erlangen.

Das Hauptsacheverfahren (oder PKH-Verfahren) muss schon und **noch** anhängig sein.[106] Dies bedeutet, dass **nach Rechtskraft der Hauptsacheentscheidung** eine einstweilige Anordnung nicht mehr erlassen werden kann. Bis zu diesem Zeitpunkt jedoch ist eine Antragstellung und auch eine Beschlussfassung zulässig, da die Entscheidung zur Hauptsache nicht mit der Bekanntgabe an die Beteiligten wirksam wird (so nach § 16 Abs. 1 FGG für Sorgerechtsangelegenheiten), sondern hierfür der Eintritt der Rechtskraft maßgeblich ist (§ 16 Abs. 1 S. 1 HausratsVO).

52

Außerdem ist zu beachten, dass eine Entscheidung nach **§ 1361a BGB ausscheidet**, sobald die Ehe **rechtskräftig geschieden** ist. Denn dann liegen die materiellen Voraussetzungen dieser Norm nicht mehr vor. Eine Hauptsacheentscheidung kann keine Wirkung mehr entfalten.[107] Dementsprechend kann auch eine einstweilige Anordnung, die sich wegen der erforderlichen Deckungsgleichheit auf die Zeit des Getrenntlebens bezieht, nicht mehr erlassen werden, selbst wenn sie im maßgeblichen Zeitraum beantragt worden ist. Jedoch wird es zuzulassen sein, das Verfahren auf Antrag als ein solches Anordnungsverfahren nach § 621g ZPO im Rahmen eines Hauptsacheverfahrens nach §§ 1 f., 8 ff. HausratsVO fortzuführen.[108]

53

Bei eingetragenen **Lebenspartnern** gelten die Ausführungen gleichermaßen. Gemäß §§ 661 Abs. 2, 661 Abs.1 Nr. 5 ZPO greifen die Verfahrensvorschriften der HausratsVO und des § 621g ZPO entsprechend. Materiell ist auf §§ 13 bzw. 19 LPartG abzustellen.

54

---

105 *Gießler/Soyka,* Rn 754; *Johannsen/Henrich/Brudermüller,* § 1361a Rn 8.
106 Zu dieser zeitlichen Eingrenzung vgl. § 2 Rn 4 ff.
107 *Palandt – Brudermüller,* §§ 1361a Rn 20, 1361b Rn 27; Anh zu §§ 1361a, 1361b § 18a HausratsVO Rn 2; a.A. *Soergel – Heintzmann,* § 18a HausratsVO Rn 6.
108 *Palandt – Brudermüller,* Anh zu §§ 1361a, 1361b § 18a HausratsVO Rn 2 mit Hinweis auf OLG Karlsruhe FamRZ 1988, 1305 (str.); *Johannsen/Henrich/Brudermüller,* § 18a HausratsVO Rn 3.

II. Inhalte der einstweiligen Anordnung nach § 621g ZPO zu Hausratsangelegenheiten

1. Der persönliche Wirkungsbereich

55 Eine Entscheidung nach § 621g ZPO entfaltet nur zwischen den **Eheleuten** bzw. **Lebenspartnern** Wirkung, da mit der einstweiligen Anordnung ausschließlich ein Streit über die Nutzung des Hausrats zwischen diesen Personen vorläufig geregelt werden soll.

Bereits nach der Rechtslage zu § 13 Abs. 4 HausratsVO a.f. richtete sich der Beschluss, in dem eine Herausgabeverpflichtung angeordnet wurde, **nicht gegen Dritte**. Nach m.E. zutreffender Auffassung hatte dies auch dann zu gelten, wenn Dritte den Hausrat **für den zur Herausgabe Verpflichteten** besaßen.[109]

Hieran hat sich durch die Schaffung des § 621g ZPO nichts geändert.

2. Sachlicher Anwendungsbereich/Regelungsinhalte

56 *Beachte*

*Mit Hilfe einer einstweiligen Anordnung nach § 621g ZPO, die **während der Zeit des Getrenntlebens** erlassen wird, kann ausschließlich eine Regelung erwirkt werden, aufgrund derer einem Ehegatten die **Benutzung** des Hausrates (§ 1361a BGB) gestattet wird. Nicht in Betracht kommt ein Eingriff in bestehende Eigentumsverhältnisse.*

Dies gilt **auch** im Falle des Erlasses einer einstweiligen Anordnung nach § 621g ZPO, die erst **nach Rechtskraft der Scheidung** ergeht, obwohl die materiellen Regelungen zur Hauptsache hier eine Veränderung der Eigentumsverhältnisse zulassen (vgl. § 8 Abs. 3 S. 1, § 9 Abs. 1 S. 2 HausratsVO). Denn eine Entscheidung, die die Eigentumsverhältnisse als solche berührt, käme der Vorwegnahme einer Hauptsache im Verfahren des einstweiligen Rechtsschutzes gleich.[110]

57 Wendet man bei der Beurteilung des Regelungsbedürfnisses zum Erlass einer einstweiligen Anordnung nach § 621g ZPO strengere Voraussetzungen an als bei einer Maßnahme nach § 620 Nr. 7 ZPO,[111] wird hier die Herausgabe beschränkt auf **dringend benötigte Hausratsgegenstände**.

Zu den denkbaren Regelungsinhalten vgl. weiter § 4 Rn 9 ff.

---

109 Zöller – Philippi, § 621 Rn 48b, der m.E. zu Recht darauf hinweist, dass Dritte im Hausratsverfahren nicht dazu verurteilt werden können, die Wegnahme von Hausrat durch den Gerichtsvollzieher zu dulden; a.A. OLG Frankfurt/Main FamRZ 1984, 1118.
110 Siehe auch oben § 4 Rn 8 zum selben Ergebnis bei einer ausnahmsweise zulässigen einstweiligen Anordnung nach § 620 ZPO, die sich ausschließlich auf die Zeit nach Rechtskraft der Scheidung bezieht.
111 Vgl. § 4 Rn 67.

Beachte

Trotz Fehlens einer dem § 620 Nr. 8 ZPO entsprechenden Regelung ist es angezeigt, aus Gründen der Prozessökonomie zuzulassen, dass die Herausgabe von **Gegenständen des persönlichen Gebrauchs**[112] im einstweiligen Anordnungsverfahren nach § 621g ZPO zusammen mit der Herausgabe von Hausratsgegenständen angeordnet wird.[113] Aus Gründen der erforderlichen Kongruenz zwischen dem Inhalt der einstweiligen Anordnung und dem Hauptsacheverfahren ist m.E. jedoch erforderlich, dass der Hauptsacheanspruch auf Herausgabe der persönlichen Gegenstände anhängig gemacht ist oder gleichzeitig eingereicht wird.

III. Das Verhältnis der einstweiligen Anordnung nach § 621g ZPO (Hausrat) zu anderen Mitteln des einstweiligen Rechtsschutzes und zu Hauptsacheregelungen

1. Das Verhältnis der einstweiligen Anordnung zu Hauptsacheverfahren

Die einstweilige Anordnung nach § 621g ZPO stellt ein verfahrensunselbstständiges Mittel des einstweiligen Rechtsschutzes dar. Somit ist sie abhängig von einem deckungsgleichen Hauptsacheverfahren (§§ 621g S. 2, 620 a Abs. 1 S. 1 ZPO).

Nach **Eintritt der Rechtskraft** in der Hauptsacheentscheidung jedoch ist der Erlass einer einstweiligen Anordnung ausgeschlossen.[114]

Bloße **Entscheidungsreife** im Hauptsacheverfahren kann m.E. den Erlass einer einstweiligen Anordnung dagegen nicht hindern. Denn die Wirksamkeit bzw. Vollstreckbarkeit der Hauptsacheentscheidung erfordert nach § 16 Abs. 1, 3 HausratsVO den Eintritt der Rechtskraft. Bis dieser Zeitpunkt erreicht ist, kann ein langer Zeitraum vergehen, innerhalb dessen m.E. sehr wohl ein Bedürfnis für eine vorläufige Regelung besteht.[115] Deshalb ist es selbst nach Erlass der Entscheidung im Hauptsacheverfahren bis zum Eintritt der Rechtskraft weiterhin möglich, eine einstweilige Anordnung zu beantragen. Der Antrag ist zu verbescheiden.

Beachtet werden muss ferner, dass eine sich auf die Trennungszeit beziehende rechtskräftige Entscheidung den Erlass der einstweiligen Anordnung, die im Hauptsacheverfahren nach §§ 8–10 HausratsVO (**Wirkung erst nach Rechtskraft der Scheidung**) oder nach § 19 LPartG ergehen soll, nicht verhindert. Hier fehlt es an der insoweit erforderlichen

---

112 *Palandt – Brudermüller,* § 1361a Rn 9.
113 *Finke/Garbe,* § 5 Rn 60; vgl. zu dieser heftig umstrittenen Rechtsfrage auch *Johannsen/Henrich/Brudermüller,* § 1361a Rn 44 mit zahlreichen Nachweisen.
114 Vgl. § 4 Rn 13.
115 A.A. OLG Hamburg FamRZ 1996, 1294 zur Zuweisung der Ehewohnung.

Deckungsgleichheit der bereits entschiedenen Hauptsache mit der beantragten Maßnahme einstweiligen Rechtsschutzes.

62 Die **Abänderung** einer Hauptsacheentscheidung zur Hausratszuweisung durch eine einstweilige Anordnung nach § 621g ZPO kommt nicht in Betracht. Jedoch sind nach Eintritt der Rechtskraft gesonderte Abänderungsverfahren[116] nach § 17 HausrVO denkbar. In deren Rahmen ist der Erlass einer einstweiligen Anordnung zulässig.[117] Werden solche Maßnahmen des einstweiligen Rechtsschutzes ergriffen, sind diese inhaltlich auf **Nutzungsregelungen** zu beschränken. Dies gilt selbst dann, wenn das Abänderungsverfahren eine Hausratszuteilung nach Rechtskraft der Scheidung betrifft und dort eine Eigentumszuweisung möglich ist. Denn auch in diesem Fall kann eine einstweilige Anordnung nach § 621g ZPO nicht rechtsgestaltende Wirkung entfalten.

2. Das Verhältnis der einstweiligen Anordnung nach § 621g ZPO zu anderen Mitteln des einstweiligen Rechtsschutzes

a) Das Verhältnis des § 621g ZPO zu § 620 Nr. 7 ZPO

63 Hierzu vgl. § 4 Rn 14–17.

b) Das Verhältnis des § 621g ZPO zur einstweiligen Verfügung

64 Entsprechend der materiellen Rechtslage, nach der ab dem Zeitpunkt des Getrenntlebens der Ehegatten die §§ 1361a, 1361b BGB[118] zahlreiche sonstige zivilrechtliche Anspruchsgrundlagen (insbesondere §§ 861 ff. BGB) verdrängen,[119] wird auch die einstweilige Verfügung von der **möglichen** einstweiligen Anordnung nach § 621g ZPO verdrängt. Nicht maßgeblich ist, ob ein Hausratsverfahren bereits anhängig ist. Es genügt vielmehr, dass es anhängig gemacht werden **kann**,[120] weil die Ehegatten bzw. Lebenspartner getrennt leben. Wurde ein Antrag auf Erlass einer einstweiligen Verfügung gestellt, obwohl bereits die einstweilige Anordnung nach § 621g ZPO statthaft wäre, kommt eine Umdeutung des Verfügungsantrages in einen Anordnungsantrag (dieser verbunden mit einem Antrag auf Einleitung des entsprechenden Hauptsacheverfahrens auf Nutzungszuweisung von Hausrat nach § 1361a BGB) gemäß § 140 BGB in Betracht.[121]

---

116 Zur entsprechenden Problematik beim Unterhalt vgl. § 2 Rn 86.
117 Auch im Rahmen derartiger einstweiliger Anordnung ist m.E. die eingeschränkte Abänderungsmöglichkeit des § 17 HausratsVO zu beachten; vgl. hierzu bereits oben § 4 Rn 13.
118 Nach der Scheidung gilt dies entsprechend für die Regelungen der HausratsVO, soweit die Zuweisung von Hausrat erwirkt werden soll.
119 Vgl. oben § 4 Rn 7, 11.
120 Zur Abgrenzung einstweilige Verfügung und einstweilige Anordnung nach § 644 ZPO bei Unterhaltsforderungen; vgl. § 2 Rn 283.
121 BGH FamRZ 1982, 1200; OLG Düsseldorf FamRZ 1994, 390; zur grds. Unzulässigkeit der Umdeutung in der Beschwerdeinstanz vgl. unten § 4 Rn 96; *Gießler/Soyka*, Rn 741 m.w.N.

Tritt die Zeit des Getrenntlebens in einem Zeitpunkt ein, in dem ein Verfügungsverfahren zwischen den Ehegatten anhängig ist,[122] wird der Erlass einer einstweiligen Verfügung unzulässig mit der Konsequenz, dass das Verfügungsverfahren (auf Antrag) in ein Anordnungsverfahren überzuleiten ist.[123]   65

Beachte   66
Als Folge der hier vertretenen Auffassung, dass **Dritte** im Hausratsverfahren nach § 1361a BGB nicht Beteiligte sein können,[124] da hier eine bloße Nutzungszuweisung erfolgt, scheidet eine solche Beteiligung auch im Anordnungsverfahren aus. Dies führt dazu, dass gegen Dritte, die im Besitz von Hausratsgegenständen sind, stets eine einstweilige Verfügung beantragt werden muss. Eine Verpflichtung zur Herausgabe kann im Anordnungsverfahren nicht auferlegt werden.

Folgt man jedoch der gegenteiligen Ansicht, nach der eine Drittbeteiligung im Hausratsverfahren während der Zeit des Getrenntlebens möglich ist und ein Dritter somit zur Herausgabe von Hausrat verpflichtet werden kann,[125] wird auch in einem solchen Fall die einstweilige Verfügung (gegen den Dritten) verdrängt von der möglichen einstweiligen Anordnung nach § 621g ZPO.

IV. Regelungsbedürfnis

Zum Regelungsbedürfnis allgemein vgl. oben § 2 Rn 58.

Bei einer einstweiligen Anordnung nach § 13 Abs. 4 HausratsVO a.F. wurden die Voraussetzungen, die an das Vorliegen eines **Regelungsbedürfnisses** zu stellen sind, strenger gesehen als im Falle der einstweiligen Anordnung nach § 620 Nr. 7 ZPO. Es war erforderlich, dass ein **dringendes Bedürfnis** für die (Herausgabe und) Nutzungszuweisung bestand.[126]   67

Hinweis
M.E. sollte sich eine differenzierende Betrachtung des Regelungsbedürfnisses nicht an der Frage ausrichten, ob eine einstweilige Anordnung nach § 620 Nr. 7 ZPO oder eine solche nach § 621g ZPO ergeht. Vielmehr ist darauf abzustellen, mit welcher Wahrscheinlichkeit denn eine endgültige Auflösung der Lebensgemeinschaft zu erwarten ist. Leben die Beteiligten noch nicht lange getrennt, ist eine eher strenge Sichtweise angezeigt, um mit einer zu umfassenden Regelung nicht die Endgültigkeit der Trennung zu besiegeln. Dauert allerdings die Trennungsphase bereits lange Zeit an, wird das Bedürf-

---

122 Hierzu vgl. unten § 4 Rn 96.
123 Vgl. § 2 Rn 51 f.
124 *Palandt – Brudermüller,* Anh zu §§ 1361a, 1361b § 7 Rn 3; OLG Köln FamRZ 1994, 632; a.A. OLG Hamm FamRZ 1991, 466; OLG Koblenz FamRZ 1987, 406.
125 OLG Frankfurt FamRZ 1984, 1118; dagegen *Zöller – Philippi,* § 621a Rn 48b.
126 *Palandt – Brudermüller,* 61. Auflage, Anh zu §§ 1361a, 1361b § 13 Rn 9.

nis für eine Regelung eher anzunehmen sein. Dies führt in der Tat dazu, dass meist bei § 620 Nr. 7 ZPO wegen der Anhängigkeit des Antrages auf Scheidung der Ehe eine weniger strenge Prüfung angezeigt ist als bei § 621g ZPO.

68 Ob das Regelungsbedürfnis zu bejahen ist, hängt unter anderem von der Art des beanspruchten Hausrats ab. Bei **Gegenständen des täglichen Gebrauchs** liegt das Regelungsbedürfnis meist auf der Hand, während dies bei Luxusgegenständen einer besonderen Begründung bedarf und eher nicht anzunehmen ist.

Abzulehnen ist das Regelungsbedürfnis auch in aller Regel, wenn der Antragsteller sich bereits anderweitigen Hausrat besorgt hat oder solchen nicht benötigt, weil er etwa in der Wohnung eines Dritten lebt.[127]

Eine vorliegende **Vereinbarung** über die Verteilung des Hausrats hindert grundsätzlich den Erlass einer einstweiligen Anordnung ebenso.[128]

69 *Hinweis*

Im Falle **verbotener Eigenmacht** tritt jedoch insoweit eine Erleichterung ein, als selbst bei der einstweiligen Verfügung in der Regel ein besonderer Verfügungsgrund[129] nicht vorliegen muss.[130] Erst recht ist dann m.e. bei einer einstweiligen Anordnung nach § 621g ZPO auf die Darstellung eines besonderen Regelungsbedürfnisses zu verzichten.[131]

70 Soll die einstweilige Anordnung erst **nach der Scheidung** erlassen werden, wird das Regelungsbedürfnis vielfach abzulehnen sein,[132] weil der Antragsteller es bislang versäumt hat, eine einstweilige Anordnung nach § 620 Nr. 7 ZPO zu beantragen,[133] und nun schwerlich die Dringlichkeit nach Rechtskraft der Scheidung darzulegen vermag. Anders kann zu entscheiden sein, wenn sich erst in diesem Zeitpunkt eine veränderte Situation einstellt, die die Herausgabe von Hausratsgegenständen erfordert; so beispielsweise bei einem Wechsel des Hauptaufenthaltsorts des Kindes (etwa aufgrund einer Übertragung des Aufenthaltsbestimmungsrechts), worauf sich die bisherige Hauptbezugsperson weigert, benötigte Möbel herauszugeben.

V. Weitere Zulässigkeitsvoraussetzungen

70a Vgl. § 2 Rn 67.

---

127 Vgl. OLG Düsseldorf FamRZ 1995, 561.
128 Näher vgl. oben § 4 Rn 8.
129 Dieser ist eine besondere gesetzliche Ausprägung des Regelungsbedürfnisses.
130 *Palandt – Bassenge*, § 861 Rn 18 mit Hinweis auf OLG Stuttgart NJW-RR 1996, 1516 u.a.
131 Vgl. jedoch zu den Einschränkungen, die sich aus dem Umstand ergeben, dass die §§ 1361a, 1361b BGB im Falle des Getrenntlebens die §§ 861 ff. BGB verdrängen und § 4 Rn 11: Besitzstörungsansprüche können nicht isoliert geltend gemacht werden, sondern nur im Zusammenhang mit einem Hausratsverfahren.
132 Trotz der dann regelmäßig vorliegenden langen Dauer der Trennung – vgl. § 4 Rn 67.
133 *Gießler/Soyka*, Rn 789.

VI. Antragstellung

1. Erfordernis der Antragstellung und Art des Antrags

Ob eine einstweilige Anordnung nach § 13 Abs. 4 HausratsVO a.f. einer Antragstellung bedurfte oder ein entsprechender Beschluss auch von Amts wegen[134] ergehen konnte, war umstritten. Die h.M. ließ eine Beschlussfassung ohne Antrag zu, obwohl es sich im hier maßgeblichen Regelungsbereich um ein »streitiges« FGG-Verfahren handelt.

71

Nach dem eindeutigen Wortlaut des § 621g ZPO kommt in dessen Anwendungsbereich der Erlass einer einstweiligen Anordnung **ausschließlich auf Antrag** in Betracht.

72

Eine andere Frage ist, ob nach wie vor im Bereich Hausrat und Ehewohnung ein Bedürfnis für einstweiligen Rechtsschutz besteht, der von Amts wegen zu gewährleisten ist, und – bejahendenfalls – wie dies zu geschehen hat. Hierzu vgl. § 4 Rn 89 f.

Beachte

73

Der Antrag nach § 621g ZPO ist als **Verfahrensantrag** zu qualifizieren. Es gilt jedoch hier ebenso wie bei einer einstweiligen Anordnung nach § 620 Nr. 7 ZPO, dass bei einem Herausgabeverlangen (jedenfalls im Rahmen der Sachdarstellung) die begehrten Hausratsgegenstände zweckmäßigerweise konkret bezeichnet werden sollten; vielfach wird dies für zwingend erforderlich gehalten.[135]

2. Antragsbefugnis

Antragsbefugt sind die **Ehegatten bzw. Lebenspartner**. Anträge Dritter (im Hauptsacheverfahren kommt eine Beteiligung Dritter in Betracht, zum Ehewohnungsverfahren vgl. ausdrücklich § 7 HausratsVO) werden als Anregungen aufzufassen sein, eine einstweilige Anordnung von Amts wegen zu erlassen, soweit eine solche Vorgehensweise für zulässig gehalten wird.[136]

74

3. Form/Anwaltszwang

Die Antragstellung kann **schriftlich** oder **zu Protokoll der Geschäftsstelle** eines Amtsgerichts vorgenommen werden. Sie unterliegt **nicht** dem **Anwaltszwang**.

75

---

134 *Wohlfahrt*, Band 1 § 1 Rn 425.
135 Hierzu vgl. bereits bei § 620 Nr. 7 oben § 4 Rn 69.
136 Hierzu vgl. § 4 Rn 89.

4. Sachdarstellung/Glaubhaftmachung

75a Vgl. § 4 Rn 76–80. Die dortigen Ausführungen gelten für die einstweilige Anordnung nach § 621g ZPO entsprechend.

5. Zuständiges Gericht

76 Welches Gericht für den Erlass der einstweiligen Anordnung nach § 621g ZPO zuständig ist, richtet sich nach der entsprechend anzuwendenden Regelung des § 620a Abs. 4 ZPO. Somit leitet sich die Zuständigkeit vom Hauptsachegericht ab. Das Gericht, bei dem das Hausratsverfahren anhängig ist, hat über die einstweilige Anordnung zu entscheiden. Dies ist grds. unabhängig davon, ob eine Zuständigkeit in der Hauptsache auch tatsächlich begründet ist.
Im Übrigen vgl. die Darstellungen unter § 3 Rn 166.

6. Internationale Zuständigkeit

76a Vgl. § 14 Rn 17.

VII. Ablauf des Verfahrens

1. Beteiligte

77 Als Beteiligte kommen im Hausratsverfahren während der Zeit des **Getrenntlebens** nach § 1361a BGB **ausschließlich die Ehegatten** bzw. nach § 13 LPartG die **Lebenspartner** in Betracht. Erst recht gilt dies für das einstweilige Anordnungsverfahren.
Dritte, die sich etwa im Besitz des Hausrats befinden, können am Verfahren nicht beteiligt[137] und dementsprechend auch nicht zur Herausgabe verpflichtet werden.[138] Gegen diese wird in einem gesonderten Verfahren vorzugehen sein.
M.E. scheidet eine Beteiligung Dritter – anders als im Hauptsacheverfahren (§ 7 HausratsVO) – auch dann aus, wenn die einstweilige Anordnung nach § 621g ZPO **nach Rechtskraft der Scheidung** erlassen werden soll, da auch in diesem Fall lediglich eine einstweilige Regelung auf Nutzungszuweisung ausgesprochen werden kann.[139]

---

137 *Palandt – Brudermüller,* Anh zu §§ 1361a, 1361b § 7 Rn 3; OLG Köln FamRZ 1994, 632.
138 Anderer Auffassung sind OLG Frankfurt FamRZ 1984, 1118; OLG Hamm FamRZ 1991, 466; OLG Koblenz FamRZ 1987, 406.
139 Vgl. § 4 Rn 8.

2. Mündliche Verhandlung

Gemäß §§ 621g S. 2, 620a, 128 Abs. 4 ZPO kann das Gericht ohne mündliche Verhandlung zur Entscheidungsfindung gelangen. Je nach der Bedeutung, die eine Entscheidung nach § 621g ZPO zum Hausrat für die Beteiligten hat, wird es angezeigt sein, entsprechend der für das Hauptsacheverfahren geltenden Regelung des § 13 Abs. 2 HausratsVO eine mündliche Verhandlung anzuberaumen. Ist es jedoch nicht möglich, eine solche durchzuführen, ohne den Zweck des einstweiligen Rechtsschutzes zu gefährden, muss der Beschluss nach schriftlicher Anhörung oder gar völlig ohne vorherige Anhörung des Antragsgegners erlassen werden.

78

3. Rechtliches Gehör

Vgl. § 2 Rn 97.

78a

4. Die Wahlmöglichkeiten des Gerichts zur Verfahrensgestaltung

Vgl. § 2 Rn 98.

78b

5. Anwaltszwang

Anders als im Anordnungsverfahren nach § 620 Nr. 7 ZPO besteht hier keine Verpflichtung der Beteiligten, sich anwaltlich vertreten zu lassen. Dies gilt ebenfalls für die Beschwerdeinstanz (§ 78 Abs. 3 ZPO).[140]

79

6. Beweisaufnahme

Vgl. § 4 Rn 34.

79a

7. Beendigung durch Vergleich

Vgl. § 4 Rn 35.

79b

---

140 *Palandt – Brudermüller,* Anh zu §§ 1361a, 1361b § 13 Rn 3.

8. Entscheidung/Beschluss

a) Förmlichkeiten der Entscheidung

80 Die Entscheidung zur einstweiligen Anordnung ergeht durch **Beschluss**. Eine Versäumnisentscheidung kommt nicht in Betracht, ebenso wenig eine Aussetzung des Verfahrens.[141]
Die **Bekanntgabe** der einstweiligen Anordnung richtet sich gem. § 621a Abs. 1 ZPO nach § 329 ZPO.
Der Beschluss ist zuzustellen, wenn er vollstreckbaren Inhalt hat (§ 329 Abs. 3 ZPO). Dies ist im Falle einer Anordnung der Herausgabe von Hausratsgegenständen zur Nutzung anzunehmen. Denn anders als die Hauptsacheentscheidung ist die einstweilige Anordnung sogleich vollstreckbar (§ 16 Abs. 3 HausratsVO).
Wird der Erlass der beantragten einstweiligen Anordnungen abgelehnt, genügt die formlose Bekanntgabe (§ 329 Abs. 2 S. 1 ZPO).
Ein aufgrund mündlicher Verhandlung gefasster Beschluss ist zu verkünden (§ 329 Abs. 1 S. 1 ZPO).[142]

b) Prüfungsumfang des Gerichts/Bindung an Parteianträge

81 Der Antrag auf Zuweisung von Hausrat ist als **Verfahrensantrag** zu qualifizieren. Dementsprechend ist das Gericht bei der Entscheidungsfindung nicht an diesen gebunden und kann auch anderen und mehr Hausrat zuweisen als beantragt.[143]
Das Gericht hat die bei § 4 Rn 26 dargestellten Voraussetzungen für den Erlass der einstweiligen Anordnung von Amts wegen zu prüfen.
Zu beachten ist hierbei insbesondere der im Rahmen des Regelungsbedürfnisses ggf. zu beachtende strengere Prüfungsmaßstab.[144]
Bei einer **nach Rechtskraft der Scheidung** zu treffenden einstweiligen Anordnung wird dem Umstand, wer Eigentümer der begehrten Gegenstände ist, größere Bedeutung beigemessen werden müssen als bei einer während der Trennungszeit ergehenden Anordnung. Denn die spätere Eigentumszuweisung fließt in die vorzunehmende Abwägung mit ein. Eine Eigentumsübertragung nach § 9 HausratsVO soll jedoch nur ausnahmsweise[145] vorgenommen werden, sodass eine Zuweisung von Hausrat, der nicht im Eigentum des Antragstellers steht, an diesen nur dann anzuordnen ist, wenn der Antragsteller (besonders) dringlich auf dessen Benutzung angewiesen ist.

---

141 Vgl. oben § 3 Rn 173.
142 *Zöller – Philippi*, § 620a Rn 31.
143 Vgl. § 4 Rn 36.
144 Vgl. § 4 Rn 67 ff.
145 *Palandt – Brudermüller*, Anh zu §§ 1361a, 1361b § 9 Rn 1.

c) Inhalt des Beschlusses

Die zur Nutzung zugewiesenen Gegenstände sind hinreichend konkret zu bezeichnen. Die für die Vollstreckung erforderliche Anordnung der Herausgabeverpflichtung ist zu tenorieren.

Zu weiteren Anordnungsmöglichkeiten vgl. § 4 Rn 9 bis 11.

Eine **Begründungspflicht** ist kraft Gesetzes nicht vorgegeben. Dennoch ist es m.E. angezeigt, den Beschluss mit einer Begründung zu versehen, die die tragenden Erwägungen darstellt, zumal teilweise in der Rechtsprechung angenommen wird, dass eine (kurze) Begründung einer einstweiligen Anordnung stets vorzunehmen ist.[146]

Zur Frage der Begründung vgl. weiter § 2 Rn 115 ff.

Auch bei einer einstweiligen Anordnung nach § 621g ZPO ist eine **Kostenentscheidung** grds.[147] nicht zu erlassen; die Kosten folgen gemäß §§ 621g S. 2, 620g ZPO der Hauptsache.

Ebenso unterbleibt ein Ausspruch über die vorläufige **Vollstreckbarkeit**, da die einstweilige Anordnung aus sich heraus vollstreckbar ist.[148]

VIII. Vollstreckung

Die einstweilige Anordnung des § 621g ZPO ist gemäß § 16 Abs. 3 HausratsVO nach ZPO-Regeln zu vollstrecken. Im Übrigen wird auf § 4 Rn 39 verwiesen.

IX. Rechtsbehelfe

Das In-Kraft-Treten des § 621g ZPO zum 1.1.2002 hat insbesondere im Bereich der maßgeblichen Rechtsbehelfe wesentliche Änderungen bewirkt.

Die einstweilige Anordnung nach **§ 13 Abs. 4 HausratsVO a.F.** war nach h.M. der Abänderung nach § 18 Abs. 1 FGG zugänglich. Ferner war es nach ebenfalls h.M. möglich, ein Beschwerdeverfahren nach § 19 FGG zu betreiben.

Nunmehr verweist § 621g S. 2 ZPO u.a. auf die Regelungen der §§ 620b und 620c ZPO. Demzufolge greifen die bei einer einstweiligen Anordnung nach § 620 Nr. 7 ZPO statthaften Rechtsbehelfe auch bei der einstweiligen Anordnung in einem isolierten Hauptsacheverfahren, sodass auf die Darstellungen § 4 Rn 40 ff. verwiesen werden kann.

---

146 OLG München FamRZ 1996, 1022.
147 Zu Ausnahmen vgl. § 2 Rn 122.
148 Vgl. zum Unterhalt § 2 Rn 127.

§4 Der einstweilige Rechtsschutz zum Hausrat

X. Außer-Kraft-Treten der einstweiligen Anordnung

86 Die einstweilige Anordnung nach § 621g ZPO tritt außer Kraft, wenn das **Hauptsacheverfahren rechtskräftig** entschieden ist, da dieses erst mit Rechtskraft Wirksamkeit erlangt (§ 16 Abs. 1 S. 1 HausratsVO) und ab diesem Zeitpunkt die Vollstreckung aus diesem Titel betrieben werden kann (§ 16 Abs. 3 HausratsVO). Anders als in Sorgerechtsstreitigkeiten genügt hier die bloße Bekanntgabe der Entscheidung somit nicht.[149]

Eine **Rücknahme des Hauptsacheantrages** erledigt im Bereich der Hausratsverfahren (und auch der Verfahren zur Ehewohnung) als Antragsverfahren den Rechtsstreit.[150] Eine solche **Erledigung** kommt auch bei nachträglicher einvernehmlicher Regelung[151] über die Nutzung des Hausrates (oder der Ehewohnung) während der Trennungszeit, über die Auseinandersetzung des Hausrats nach Scheidung oder auch bei Versöhnung und Wiederaufnahme der ehelichen Lebensgemeinschaft[152] in Betracht. In all diesen Fällen verliert eine erlassene einstweilige Anordnung ihre Wirksamkeit.

87 Wurde die einstweilige Anordnung in einem Hauptsacheverfahren nach § 1361a BGB während der Zeit des Getrenntlebens der Ehegatten erlassen, tritt sie außer Kraft, sobald das einem Antrag stattgebende[153] **Scheidungsurteil** rechtskräftig wird. Auch hier ist von einer Erledigung des Hauptsacheverfahrens auszugehen,[154] da die Trennungszeit, für die eine Hauptsacheentscheidung Wirkung entfalten könnte, beendet ist.

Hinweis
Weitgehend wird jedoch vertreten, dass es möglich ist, ein nach § 1361a BGB eingeleitetes Hauptsacheverfahren nach Rechtskraft der Scheidung auf Antrag als ein solches nach §§ 1 ff. HausratsVO weiterzuführen.[155] Konsequent erscheint es dann, die einstweilige Anordnung in dem übergeleiteten Verfahren weiter wirken zu lassen, zumal diese auch in einem Verfahren nach Rechtskraft der Scheidung nur eine Nutzungszuweisung beinhalten kann.

Zur Feststellung des Außer-Kraft-Tretens vgl. § 2 Rn 237.

---

149 Zur Rechtslage bei Sorgerechtsstreitigkeiten vgl. § 3 Rn 122 ff.
150 *Bumiller/Winkler*, Freiwillige Gerichtsbarkeit § 12 Rn 17.
151 Hierzu vgl. § 4 Rn 47.
152 *Gießler*, 3. Auflage, Rn 823.
153 Nicht dagegen bei Antragsabweisung, da in diesem Fall die Voraussetzungen des § 1361a BGB (Getrenntleben) weiter vorliegen.
154 *Palandt – Brudermüller*, Anh zu §§ 1361a, 1361b, § 18a HausratsVO Rn 2.
155 *Palandt – Brudermüller*, Anh zu §§ 1361a, 1361b, § 18a HausratsVO Rn 2 mit Hinweis auf OLG Karlsruhe FamRZ 1988, 1305; *Johannsen/Henrich/Brudermüller*, § 18a HausratsVO Rn 3; *Gießler/Soyka*, Rn 770.

XI. Zusatzfragen zu Prozesskostenhilfe

Da durch das Verfahren auf Erlass einer einstweiligen Anordnung anwaltliche Gebührentatbestände ausgelöst werden (vgl. § 18 Nr. 1 d) RVG), ist auch hier eine gesonderte Antragstellung angezeigt.[156]

88

C. Die vorläufige Anordnung zu Hausratsangelegenheiten

Im Zusammenhang mit dem Erlass des Gesetzes zur Verbesserung des zivilgerichtlichen Schutzes bei Gewalttaten und Nachstellungen sowie zur Erleichterung der Überlassung der Ehewohnung bei Trennung[157] wurde das Schicksal von Amts wegen zu erlassender **vorläufiger Anordnungen** im Bereich von Ehewohnung und Hausrat nicht ausdrücklich geregelt. Anerkannt waren in der Vergangenheit derartige Mittel des einstweiligen Rechtsschutzes, soweit die anhängigen Hauptsacheverfahren die Regelungsmaterie elterliche Sorge, Umgangsrecht, Kindesherausgabe betrafen.[158] Streit herrschte dagegen bei der Frage, ob auch bei echten FGG-Streitigkeiten, die als Hauptsacheverfahren stets eine Antragstellung voraussetzen, eine Maßnahme einstweiligen Rechtsschutzes **von Amts wegen** (also ohne Antrag) ergriffen werden konnte. Die ablehnende Auffassung wurde damit begründet, dass bei diesen Verfahren der Antragsteller Herr des Verfahrens und somit auch vorläufige Sachentscheidungen von seinem Willen abhängig seien. In den Rechtsfürsorgeangelegenheiten dagegen sei es gerechtfertigt, dass das Gericht auch ohne entsprechende Antragstellung tätig werde.[159] Dagegen sah es die h.M. als zulässig an, dass auch zu Ehewohnungs- und Hausratsangelegenheiten vorläufige Anordnungen von Amts wegen erlassen wurden, wenn nur das Hauptsacheverfahren auf Antrag eingeleitet war.[160]

89

Dennoch wurde m.E. durch die Normierung des § 621g ZPO die Auffassung bestätigt, dass eine **vorläufige Anordnung nur** dann in Betracht kommt, wenn ein deckungsgleiches Hauptsacheverfahren **von Amts wegen** eingeleitet werden kann. Denn der Gesetzgeber wollte mit Hilfe der neu geschaffenen Regelung das »Nebeneinander« der verschiedenen Mittel vorläufigen Rechtsschutzes beseitigen.[161]

Wer sich dieser Meinung anschließt, wird zukünftig den Erlass vorläufiger Anordnungen (soweit nicht ausdrücklich geregelt wie bei § 50d FGG) von Amts wegen nur bei den Sorgerechtsangelegenheiten (im weiteren Sinne) für zulässig erachten und dort auch nur in Teilbereichen (Umgangsrecht, § 1666 BGB).

90

---

156 Vgl. § 2 Rn 253.
157 BGBl 2001 I, 3513.
158 Vgl. § 3 Rn 132.
159 *Göppinger,* AcP 169, 521.
160 Vgl. die Hinweise des Gesetzgebers in BT-Drucks. 14/5429, 13.
161 Eingehender vgl. § 3 Rn 193 ff., insbesondere 197 f.

§ 4 Der einstweilige Rechtsschutz zum Hausrat

Jedenfalls spielt der Erlass vorläufiger Anordnungen im Bereich von Hausratsangelegenheiten in der Praxis keine Rolle. Deshalb beschränke ich mich auf einen Hinweis zur Erörterung der vorläufigen Anordnung bei Sorgerechtsangelegenheiten.[162] Die dortigen Ausführungen gelten entsprechend, falls man zu der Auffassung gelangt, eine vorläufige Anordnung sei in Hausratsangelegenheiten statthaft.

D. Die einstweilige Verfügung auf Herausgabe von Hausrat und sonstiger Gegenstände sowie zur Verhinderung der Verfügung über Hausrat

91 Die einstweilige Verfügung kann verschiedenen Regelungszielen dienen. Ihr Anwendungsbereich ist im Zusammenhang mit Streitigkeiten um Hausrat heftig umstritten.
Mit Hilfe einer **Leistungsverfügung** ist nach h.M. die Anordnung der **Herausgabe** von **Hausrat**, aber ggf. auch **sonstiger Gegenstände** wie solcher des persönlichen Gebrauchs zu erlangen.[163] Sie kann **gegen den Ehepartner** oder **gegen Dritte** gerichtet sein.
Unter bestimmten Voraussetzungen kann sie auch **durch das Kind** gegen einen oder gegen beide Elternteile erwirkt werden, wobei die einstweilige Verfügung sich in diesem Fall jedoch nicht auf die Herausgabe von Hausrat, sondern auf persönliche Gegenstände des Kindes bezieht.[164]
Mit Hilfe einer **Regelungsverfügung** nach §§ 935, 940 ZPO kann verhindert werden, dass der Ehegatte oder ggf. auch ein Dritter unbefugt über Hausrat **verfügt**.

I. Bezug zu einem Hauptsacheverfahren

92 Der Erlass einer einstweiligen Verfügung ist nicht abhängig von der Durchführung eines Hauptsacheverfahrens. Es handelt sich um ein verfahrensselbstständiges Mittel des einstweiligen Rechtsschutzes.[165]

---

162 Vgl. § 3 Rn 193 ff.
163 Hierzu vgl. § 9 Rn 78.
164 Vgl. hierzu § 9 Rn 78 und 81.
165 Vgl. § 1 Rn 4.

II. Regelungsziele der einstweiligen Verfügung

1. Die einstweilige Verfügung auf Herausgabe von Hausrat und sonstiger Gegenstände

a) Die einstweilige Verfügung gegen den Ehepartner/Lebenspartner

aa) Soweit die Herausgabe von **Hausrat** erstrebt wird, ist der **Anwendungsbereich** der einstweiligen Verfügung gegen den anderen Ehegatten stark **eingeschränkt**. § 1361a BGB schließt nach h.M. während der Zeit des Getrenntlebens die Anwendbarkeit diverser Normen aus; weder kann ein Herausgabeanspruch auf § 861 BGB (wegen Besitzentziehung), noch auf §§ 985, 1007 BGB gestützt werden.[166] Ebenso gehen die Regelungen der §§ 1 ff. HausratsVO nach Rechtskraft der Scheidung vor.[167]

93

Sobald die Ehegatten bzw. Lebenspartner **getrennt leben** oder eine **Ehesache** (PKH-Antrag genügt) **anhängig** ist, ist demzufolge verfahrensrechtlich ausschließlich auf § 621g i.V.m. §§ 621 Abs. 1 Nr. 7, 620 Nr. 7 ZPO abzustellen. Auch greift eine einstweilige Anordnung, wenn die Ehegatten bzw. Lebenspartner bereits geschieden sind.

94

Eine einstweilige Verfügung bezüglich der Herausgabe oder Rückschaffung von eigenmächtig entferntem Hausrat kommt demzufolge **nur** in Betracht, wenn diese zu einem Zeitpunkt erlassen werden soll, während die **Ehegatten/Lebenspartner noch zusammen leben**.[168]

Ist ein **Vergleich** über die Auseinandersetzung des Hausrates geschlossen worden und ist die **Wirksamkeit** oder **Auslegung dieses Vertrages** im Streit, so ist derselbe Vorrang der einstweiligen Anordnung gegenüber der einstweiligen Verfügung zu beachten. Wenn mit Hilfe des einstweiligen Rechtsschutzes dagegen nur die **Erfüllung** gesichert bzw. vorläufig erlangt werden soll, ist die einstweilige Verfügung (zum allgemeinen Zivilgericht)[169] auch nach Anhängigkeit einer Ehesache statthaft.

95

Beachte
Wird ein Antrag auf Erlass einer einstweiligen Verfügung auf Herausgabe von Hausrat gestellt, während jedoch aus Gründen der Subsidiarität ausschließlich ein einstweiliges Anordnungsverfahren zulässig wäre, ist eine **Umdeutung** des Verfügungsantrages in

96

---

166 Vgl. § 4 Rn 7.
167 *Gießler/Soyka*, Rn 736; OLG Bamberg FamRZ 1997, 378; BGH FamRZ 1984, 575 zu §§ 985, 1007 BGB.
168 Folgt man jedoch einer das Konkurrenzverhältnis der materiellen Normen anders beurteilenden Auffassung (vgl. die Hinweise oben bei § 4 Rn 7), ist der Erlass einer einstweiligen Verfügung zulässig, mit der ein Anspruch auf Herausgabe eigenmächtig entfernten Hausrates durchgesetzt werden soll.
169 BGH FamRZ 1979, 789.

einen Anordnungsantrag in Erwägung zu ziehen.[170] Befindet sich das Verfügungsverfahren bereits in zweiter Instanz, scheidet eine Umdeutung jedoch aus, da dort die Einleitung eines Hauptsacheverfahrens nicht in Betracht kommt.[171]

97 Ist ein Verfügungsverfahren anhängig und trennen sich die Ehegatten erst im Anschluss hieran, wird der Erlass einer einstweiligen Verfügung ab diesem Zeitpunkt unzulässig mit der Folge, dass das Verfügungsverfahren auf Antrag in ein Anordnungsverfahren überzuleiten ist.[172]

98 bb) Der glaubhaft zu machende Verfügungsanspruch kann sich materiell aus §§ 985, 1011 BGB (Mit-/Eigentum), §§ 861 ff. BGB (Besitzentziehung),[173] unerlaubter Handlung (§§ 823 Abs. 1, 823 Abs. 2 BGB i.V.m. Schutzgesetz) und auch aus einem über die Auseinandersetzung des Hausrats geschlossenen Vertrag[174] ergeben.

99 cc) Die Intensität der Darstellungen zum Verfügungsgrund ist ganz wesentlich davon bestimmt, welche der soeben angeführten Anspruchsgrundlagen greift. Liegt ein Fall verbotener Eigenmacht vor, ist es in aller Regel nicht erforderlich, einen besonderen Verfügungsgrund darzutun.[175] In anderen Fällen muss ein Eil- bzw. Regelungsbedürfnis glaubhaft gemacht werden, der Antragsteller somit auf die sofortige Herausgabe des Hausrats zu seinem Lebensbedarf oder dem seiner Kinder dringend angewiesen sein.[176]

100 dd) Diese Unterscheidung wirkt sich auch bei der Frage aus, welchen Inhalt der zu erlangende Beschluss haben wird. Bei verbotener Eigenmacht (Besitzentziehung nach § 861 BGB) wird Einräumung des (Mit-)Besitzes[177] angeordnet werden. Ist auf andere materielle Anspruchsgrundlagen[178] abzustellen, kommt eine Herausgabeverfügung nur in Betracht, wenn die soeben angesprochene Dringlichkeit glaubhaft gemacht ist. Ansonsten wird lediglich eine Verwahrung (durch den Gerichtsvollzieher) oder Hinterlegung der Gegenstände[179] bestimmt werden.[180]

---

170 BGH FamRZ 1982, 1200; OLG Düsseldorf FamRZ 1994, 390; auch dass eine einstweilige Anordnung nach § 621g ZPO nur im Rahmen eines Hauptsacheverfahrens erlassen werden kann, hindert eine solche Umdeutung nicht, da es »jedoch keine Schwierigkeiten« bietet, »den Antrag auf Erlass einer einstweiligen Anordnung mit dem Antrag auf Einleitung eines entsprechenden Hauptsacheverfahrens zu verbinden« – so BGH a.a.O.
171 Vgl. auch *Gießler/Soyka*, Rn 741, der eine solche Umdeutung aber dennoch zulassen will, wenn zwischenzeitlich ein erstinstanzliches Hauptsacheverfahren nach § 1361a BGB anhängig gemacht wurde.
172 Vgl. dieselbe verfahrensrechtliche Folge bei § 2 Rn 51.
173 Bei bloßer Besitzstörung scheidet Besitzschutz gegenüber Mitbesitzern (also gegenüber dem mitbesitzenden Ehegatten) aus: *Palandt – Bassenge*, § 866 Rn 5 mit Hinweis auf BGHZ 29, 377.
174 Hierzu vgl. soeben bei § 4 Rn 93.
175 *Palandt – Bassenge*, § 861 Rn 18; OLG Stuttgart NJW-RR 1996, 1516; vgl. auch OLG Köln MDR 2000, 152.
176 *Zöller – Vollkommer*, § 940 Rn 6.
177 Vgl. *Thomas/Putzo – Reichold*, § 940 Rn 12: Herausgabe einer Sache an den früheren Besitzer bei verbotener Eigenmacht.
178 Beispielsweise sei auf eine Vereinbarung verwiesen.
179 *Thomas/Putzo – Reichold*, § 940 Rn 6.
180 Bei Hausrat käme eine solche Anordnung in Betracht, wenn der Gefahr der Weiterveräußerung des Hausrats begegnet werden soll; vgl. auch § 4 Rn 122.

ee) Die Zuständigkeit für den Erlass der einstweiligen Verfügung liegt in all diesen Fällen nicht bei dem Familiengericht. Es ist vielmehr maßgeblich, welches Gericht das Hauptsacheverfahren zu erledigen hat (§ 937 ZPO).[181]

101

ff) Die einstweilige Verfügung gegen den **Ehepartner/Lebenspartner** auf Herausgabe **sonstiger Gegenstände** scheitert nicht an einem Vorrang der § 1361a BGB, §§ 1 ff. HausratsVO, §§ 13, 19 LPartG. Somit wäre hier eine Leistungsverfügung denkbar, selbst im Zeitraum der Trennung, bei Anhängigkeit eines Eheverfahrens oder nach Scheidung. Jedoch ist zu beachten, dass ab Anhängigkeit der Ehesache die Sonderregelung des § 620 Nr. 8 ZPO[182] eine einstweilige Anordnung zur Herausgabe oder Benutzung der zum persönlichen Gebrauch bestimmten Sachen eines Ehegatten oder eines Kindes[183] ermöglicht. Hier greift somit wiederum der Grundsatz der Spezialität. Der Erlass einer einstweiligen Verfügung kommt ab Anhängigkeit einer Ehesache nicht mehr in Betracht.

102

Handelt es sich dagegen um **sonstige Gegenstände** (nicht Hausrat und auch nicht zum persönlichen Gebrauch bestimmt),[184] bleibt es bei der Möglichkeit, eine einstweilige Verfügung zu erwirken.[185]

Während der Zeit des **Getrenntlebens** ist es **vor Anhängigkeit** einer Ehesache nach hier vertretener Auffassung zwar **möglich**, ein Hauptsacheverfahren nach § 1361a BGB und ein Anordnungsverfahren nach § 621g ZPO zu betreiben und aus Gründen der Verfahrensökonomie und des Sachzusammenhanges im selben Verfahren die Herausgabe von Gegenständen des persönlichen Gebrauchs (und auch sonstiger Gegenstände) zu beantragen. Jedoch führt dies nicht dazu, dass eine einstweilige Verfügung auf Herausgabe persönlicher Gegenstände unzulässig wäre, lediglich weil ein einstweiliges Anordnungsverfahren betrieben werden **kann**. Niemand darf zu einer zusätzlichen Einleitung eines Hausratsverfahrens gezwungen werden, wenn lediglich die Herausgabe persönlicher Gegenstände begehrt wird.

103

Ist ein **Verfahren nach § 621g ZPO** auf Herausgabe von Hausrat bereits **anhängig**, hindert dies m.E. ebenso wenig die Möglichkeit, einen Antrag auf Erlass einer einstweiligen Verfügung auf Herausgabe sonstiger Gegenstände zu stellen.

104

Die aus Gründen der Prozessökonomie zur Verfügung gestellte Vorgehensweise, nach der § 621g ZPO als Maßnahme einstweiligen Rechtsschutzes (ebenso) geeignet ist, ändert hieran nichts, sondern bietet lediglich eine **zusätzliche** Möglichkeit, das erstrebte Ziel zu

---

181 Hierzu vgl. im Einzelnen die Darstellungen zu §§ 12, 13, 32, 35 ZPO (örtliche Zuständigkeit), §§ 23 Nr. 1, 71 Abs. 1 GVG (sachliche Zuständigkeit) in der einschlägigen Kommentarliteratur.
182 Vgl. § 9 Rn 4 ff.
183 Die einstweilige Anordnung wirkt nur im Verhältnis der Ehegatten zueinander. Will somit das Kind selbst die Herausgabe erwirken, ist eine einstweilige Verfügung zu beantragen; vgl. *Zöller – Philippi*, § 620 Rn 80.
184 Beispiele nach *Zöller – Philippi*, § 620 Rn 80: Geld, Sparbücher, Wertpapiere.
185 Gründe der Verfahrensökonomie sprechen m.E. auch bei diesen Gegenständen dafür, eine Regelung im Zusammenhang mit einer einstweiligen Anordnung nach § 620 Nr. 7 ZPO bzw. § 621g ZPO zuzulassen – vgl. § 4 Rn 58.

erreichen. Hier liegt die Konstellation anders als in den Fällen, in denen beispielsweise die gesetzlich nicht ausdrücklich geregelte Leistungsverfügung auf Unterhalt aus Gründen der Subsidiarität hinter eine gesetzlich ausdrücklich vorgesehenen einstweiligen Anordnung auf Unterhalt zurücktritt, und auch anders als im Falle der Anhängigkeit einer Ehesache, bei der kraft Gesetzes eine einstweilige Anordnung nach § 620 Nr. 8 ZPO zu Gegenständen des persönlichen Gebrauchs erlangt werden kann.

Unzulässig ist die Leistungsverfügung wegen anderweitiger Rechtshängigkeit erst ab dem Zeitpunkt, in dem im Anordnungsverfahren nach § 621g ZPO zusätzlich zur Zuweisung von Hausrat auch die Herausgabe der sonstigen Gegenstände begehrt und ein entsprechender **Antrag gestellt** wird.

105
> *Tipp*
> **Sinnvoll** ist es jedoch sicherlich, die Ansprüche auf Herausgabe von Hausrat und sonstiger Gegenstände zusammen in **einem Verfahren** zu verfolgen. Damit kann verhindert werden, dass die Zugehörigkeit der maßgeblichen Gegenstände zum Hausrat in den verschiedenen Verfahren unterschiedlich beurteilt wird.

106 Soweit die jeweilige Rechtsprechung es zulässt, dass zusätzlich zu Hausrat auch weitere Gegenstände mit Hilfe einer einstweiligen Anordnung herausverlangt werden können, besteht außerdem die Gefahr, dass sich das Gericht der soeben dargestellten Ansicht nicht anschließt[186] und eine einstweiligen Verfügung auf Herausgabe der begehrten Gegenstände ab Anhängigkeit eines einstweiligen Anordnungsverfahrens nach § 621g ZPO aus Gründen der Subsidiarität ablehnt bzw. im Falle eines PKH-Antrages wegen des Verfügungsverfahrens die Gewährung von Prozesskostenhilfe mit der Argumentation verweigert, die gewählte Vorgehensweise sei mutwillig.

gg) Zu Verfügungsanspruch, Verfügungsgrund, Inhalt der einstweiligen Verfügung und Zuständigkeit des Gerichts vgl. § 4 Rn 97 bis 100.

b) Die einstweilige Verfügung gegen Dritte

107 aa) Da Dritte nach hier vertretener Auffassung weder im Anordnungsverfahren zu beteiligen sind,[187] noch diesen im Beschluss eine Verpflichtung auferlegt werden kann,[188] ist gegen Dritte, die im Besitz des Hausrates (oder auch sonstiger Gegenstände) sind, stets eine einstweilige Verfügung zu beantragen, wenn die Herausgabe im einstweiligen Rechtsschutz erzwungen werden soll.

In Betracht kommt eine solche Maßnahme insbesondere im Falle der unbefugten Veräußerung des Hausrats durch den Ehegatten an Dritte[189] oder auch bei Besitzentziehung durch verbotene Eigenmacht und bösgläubiger Rechtsnachfolge des Dritten im Sinne von § 858

---

186 Vgl. vorige Randnummer.
187 Vgl. § 4 Rn 77.
188 Vgl. § 4 Rn 55; vgl. auch die Ausnahme bei § 50d FGG § 9 Rn 49.
189 Ein gutgläubiger Erwerb scheidet aus; *Palandt – Brudermüller*, § 1369 Rn 10.

Abs. 2 BGB, selbstverständlich auch bei vom Dritten unmittelbar verübter verbotener Eigenmacht.

Ferner kann mit einer Herausgabeverfügung der Gefahr begegnet werden, dass der im Besitz der Gegenstände befindliche Dritte diese weiterveräußert und somit die Herausgabe nicht mehr möglich sein wird.[190]

bb) Der Verfügungsanspruch kann auch gegen Dritte je nach Sachlage auf die materiellen Bestimmungen der §§ 985, 1011 BGB (Mit-/Eigentum), §§ 861 ff. BGB (Besitzentziehung, Besitzstörung[191]), §§ 823 Abs. 1, 823 Abs. 2 BGB i.V.m. Schutzgesetz (unerlaubte Handlung) gestützt werden.

108

Außerdem sind bei Hausratsgegenständen, die im Eigentum des diese Gegenstände veräußernden Ehegatten stehen,[192] die Regelungen der §§ 1369 Abs. 3, 1368, 812 Abs. 1 S. 1, 985 BGB zu beachten.[193] Danach kann der Ehegatte, der einer Verfügung über Hausratsgegenstände (bei Vorliegen des **gesetzlichen Güterstandes**) nicht zugestimmt hat, die dem Verfügenden zustehenden Rechte, das heißt die Herausgabeansprüche nach § 985 bzw. § 812 Abs. 1 S. 1 BGB,[194] selbst geltend machen.

109

Entsprechendes gilt für das Revokationsrecht aus §§ 1455 Nr. 8, 1450 S. 1, 1453 BGB bei wirksam vereinbarter **Gütergemeinschaft** mit vereinbarter gemeinschaftlicher Verwaltung, wenn eine unwirksame Verfügung über Gesamtgut vorliegt, wozu auch Hausratsgegenstände gehören.[195]

110

cc) Bei verbotener Eigenmacht ist die Darstellung eines Verfügungsgrundes in aller Regel nicht erforderlich.[196] Ansonsten muss ein **Eil- bzw. Regelungsbedürfnis** glaubhaft gemacht werden, wonach der Antragsteller auf die sofortige Herausgabe der Gegenstände an sich dringend angewiesen ist.[197] Ein derartiger Verfügungsgrund wird bei Hausrat eher anzunehmen sein, da diesbezüglich häufig auf der Hand liegt, dass der Antragsteller auf dessen Benutzung und damit auf die Herausgabe angewiesen ist. Bei sonstigen Gegenständen kommt in aller Regel lediglich deren Verwahrung oder Hinterlegung in Betracht.

111

dd) Der Inhalt des zu erlassenden Beschlusses wird auch hier wesentlich vom Regelungsbedürfnis bestimmt. Im Falle verbotener Eigenmacht nach § 861 BGB wird die Herausgabe

112

---

190 Zur einstweiligen Verfügung gegen Dritte zur Verhinderung von Verfügungen über den Hausrat vgl. § 4 Rn 124.
191 Gegenüber Dritten kann eine Besitzstörung ohne weiteres geltend gemacht werden. Jeder Mitbesitzer hat unbeschränkten Besitzschutz; vgl. *Palandt – Bassenge*, § 866 Rn 6.
192 Nach wohl h.M. ist eine analoge Anwendung des § 1369 BGB bei einer Verfügung über Hausratsgegenstände, die im Eigentum des anderen Ehegatten stehen, angezeigt; vgl. *Palandt – Bassenge*, § 1369 Rn 1 mit Hinweisen auf die unterschiedlich vertretenen Ansichten.
193 Zum einstweiligen Rechtsschutz bei güterrechtlichen Verfügungsverboten siehe § 14 Rn 1 und 10.
194 Die Verfügung war wegen § 1368 Abs. 1 BGB unwirksam (im Übrigen ebenso das Verpflichtungsgeschäft).
195 Vgl. allgemein hierzu *Palandt – Brudermüller*, § 1416 Rn 2.
196 *Palandt – Bassenge*, § 861 Rn 18; OLG Stuttgart NJW-RR 1996, 1516; vgl. auch OLG Köln MDR 2000, 152.
197 *Zöller – Vollkommer*, § 940 Rn 6.

§ 4 Der einstweilige Rechtsschutz zum Hausrat

des Gegenstandes an die (Mit-)Besitzer[198] regelmäßig anzuordnen sein. Sind andere materielle Anspruchsgrundlagen maßgeblich, kommt eine Herausgabe nur dann in Betracht, wenn der Verfügungskläger auf die Benutzung der Gegenstände dringend angewiesen ist. Ansonsten ist lediglich die Anordnung der Verwahrung (durch den Gerichtsvollzieher) oder Hinterlegung der Gegenstände[199] angezeigt.

113 ee) Die Zuständigkeit für den Erlass der einstweiligen Verfügung liegt in den hier angesprochenen Fällen nicht beim Familiengericht, sondern es ist zu prüfen, welches Gericht das Hauptsacheverfahren zu erledigen hat (§ 937 ZPO).[200]

Die Anträge sind jedoch dann beim **Familiengericht** zu stellen, wenn ein Revokationsrecht aus §§ 1369 Abs. 3, 1368 BGB oder aus § 1455 Nr. 8 BGB geltend gemacht wird. Bei diesem Anspruch handelt es sich um eine (güterrechtliche) Familiensache.[201] Somit ist für den einstweiligen Rechtsschutz auch das Familiengericht als Gericht der Hauptsache (§ 937 Abs. 1 ZPO) zuständig.

c) Die einstweilige Verfügung des Kindes gegen einen Elternteil

114 Eine einstweilige Anordnung nach § 620 Nr. 8 ZPO wirkt nur im Verhältnis der Ehegatten zueinander.[202] Will somit das Kind selbst die Herausgabe persönlicher oder sonstiger Gegenstände erwirken, ist eine einstweilige Verfügung zu beantragen.[203]

2. Die einstweilige Verfügung zur Verhinderung von Verfügungen über Hausrat

115 Die Herausgabeverfügung ist wegen des erforderlichen Regelungsbedürfnisses und des Gebotes, im Rahmen des einstweiligen Rechtsschutzes die Hauptsacheentscheidung nicht vorwegzunehmen, nicht immer realisierbar und im Übrigen nicht stets Ziel des Anspruchstellers. Soll (lediglich) erreicht werden, dass der Ehepartner keine Verfügungen über Hausratsgegenstände vornimmt, etwa um einen (gutgläubigen)[204] **Erwerb durch Dritte** zu verhindern bzw. zu erschweren, aber auch um die **Verhinderung des tatsächlichen Verlustes** zu bewirken, ist ein Antrag auf Erlass eines Verfügungsverbotes zu stellen.

---

198 *Palandt – Bassenge*, § 866 Rn 6: Der Mitbesitzer kann in aller Regel nur Wiedereinräumung des Mitbesitzes verlangen, es sei denn der andere ursprüngliche Mitbesitzer will diesen Mitbesitz nicht mehr übernehmen.
199 *Thomas/Putzo – Reichold*, § 940 Rn 12.
200 Hierzu vgl. im Einzelnen die Darstellungen zu §§ 12, 13, 32, 35 ZPO, 23 Nr. 1, 71 Abs. 1 GVG in den einschlägigen Kommentaren.
201 *Zöller – Philippi*, § 621 Rn 61 a.E.
202 *Zöller – Philippi*, § 620 Rn 80.
203 Hierzu vgl. § 9 Rn 78.
204 Bei § 1369 BGB scheidet jedoch ein gutgläubiger Erwerb aus; *Palandt – Brudermüller*, § 1369 Rn 10.

Der einstweilige Rechtsschutz zum Hausrat §4

a) Die einstweilige Verfügung gegen den Ehepartner/Lebenspartner zur Verhinderung von Verfügungen über den Hausrat

aa) Der Anwendungsbereich einer einstweiligen Verfügung, die gegen einen Ehegatten erwirkt werden soll, um zu verhindern, dass dieser über Hausrat verfügt, ist umstritten. **116**

Hinweis

M.E. ist der Ansicht zu folgen, die die Zulässigkeit einer solchen einstweiligen Verfügung ablehnt, soweit § 1369 BGB greift.[205] Es besteht **kein Bedürfnis** für eine einstweilige Verfügung, da ein gutgläubiger Erwerb an Hausratsgegenständen, die im (Mit-) Eigentum des Verfügenden stehen, ausscheidet.[206] [207]

Anders ist die Rechtslage bei einem Zweiterwerb, denn in einem solchen Fall ist ein gutgläubiger Erwerb möglich.[208]

Wendet man darüber hinaus § 1369 BGB (vgl. auch § 6 LPartG) analog auch auf Hausratsgegenstände an,[209] die dem nicht verfügenden Ehegatten gehören, gilt dies für alle Gegenstände, die bei Bestehen des **gesetzlichen Güterstandes** der gemeinsamen Haushaltsführung gedient haben. Wer eine entsprechende Anwendung dieser Regelung dagegen ablehnt,[210] wird den Erlass einer einstweiligen Verfügung dann in Erwägung ziehen, wenn bei einer Veräußerung von Hausrat des Verfügungsklägers ein gutgläubiger Erwerb durch Dritte droht.[211]

Im Güterstand der **Gütertrennung** lebenden Ehegatten steht eine einstweilige Verfügung als Mittel des einstweiligen Rechtsschutzes zur Verhinderung von Veräußerungen zu, soweit sie geltend machen, es drohe eine Veräußerung von Hausrat durch den Ehepartner, der diesem nicht oder nicht alleine gehört.[212] **117**

Nach der wohl h.M. dagegen ist der **Erlass eines Verfügungsverbotes** auch im Rahmen des Anwendungsbereiches des § 1369 BGB **zulässig**.[213] Nach dieser Auffassung muss jedoch weiter danach differenziert werden, zu welchem Zeitpunkt die Antragstellung erfolgt. **118**

---

205 MK (BGB) – *Koch*, § 1368 Rn 6; *Staudinger – Thiele*, § 1368 Rn 6, 7.
206 *Palandt – Brudermüller*, § 1369 Rn 10.
207 MK (BGB) – *Koch*, § 1368 Rn 6 und *Staudinger – Thiele*, § 1368 Rn 7 stellen darauf ab, dass §§ 1365 ff. BGB ein in sich geschlossenes Schutzsystem beinhalten, das einen Unterlassungsanspruch nicht vorsieht. Deshalb scheidet auch der Erlass einer einstweiligen Verfügung aus.
208 RGRK – *Finke*, § 1369 Rn 33.
209 Diese analoge Anwendung ist umstritten; vgl. *Palandt – Brudermüller*, § 1369 Rn 1 m.w.N.
210 So *Soergel – Lange*, § 1369 Rn 16.
211 Hierfür ist Voraussetzung, dass § 935 BGB ausscheidet, also der Eigentümer den Besitz an dem Hausratsgegenstand freiwillig aufgegeben hat, was im Falle eines freiwilligen Auszuges aus der Ehewohnung der Fall sein kann. Hierzu vgl. RGRK – *Finke*, § 1368 Rn 4; § 1369 Rn 12 ff.
212 AG Bensheim FamRZ 1997, 185; vgl. *Gießler/Soyka*, Rn 737.
213 *Johannsen/Henrich/Sedemund-Treiber*, § 620 Rn 29; RGRK – *Finke*, § 1365 Rn 49 (wohl auch bezüglich Hausrat nach § 1369 BGB).

§4 Der einstweilige Rechtsschutz zum Hausrat

Denn die einstweilige Verfügung ist gegenüber einer einstweiligen Anordnung nach § 621g ZPO oder § 620 Nr. 7 ZPO **subsidiär**. Dementsprechend scheidet der Erlass einer einstweiligen Verfügung aus, soweit dasselbe Regelungsziel mit den letztgenannten Mitteln des einstweiligen Rechtsschutzes erreicht werden kann.[214] Dies ist der Fall, wenn ein Hauptsacheverfahren auf Hausratszuweisung oder eine Ehesache anhängig ist (PKH-Antrag genügt) und somit eine einstweilige Anordnung beantragt werden kann. Innerhalb dieser Verfahren ist das Verfügungsverbot[215] geltend zu machen.[216]

Hierfür ist jedoch weiter **Voraussetzung**, dass es dem Antragsteller nicht ausschließlich um den Schutz des (Mit-)Eigentums geht, sondern er einen Anspruch auf Hausratsüberlassung geltend macht (so bei einem Verfahren nach § 1361a BGB während der Zeit des Getrenntlebens) oder ihm zumindest ein solcher Anspruch zusteht und er diesen offen halten möchte (so bei § 620 Nr. 7 ZPO). Wird dagegen **ausschließlich** ein **Veräußerungsverbot** zum Eigentumsschutz erstrebt, bleibt nur die einstweilige Verfügung.[217]

119 In konsequenter Fortsetzung dieser Ansicht wird im Fall der **Gütergemeinschaft** eine einstweilige Verfügung für zulässig gehalten, die sich sowohl auf das Miteigentum des Ehegatten, als auch auf § 823 Abs. 2 i.V.m. § 1450 BGB[218] als Schutzgesetz stützt.

120 bb) Der Verfügungsanspruch beruht auf einem vorbeugenden Unterlassungsanspruch, der allgemein aus einer analogen Anwendung der §§ 823, 1004 BGB hergeleitet wird. Er dient der Abwehr eines künftigen rechtswidrigen Eingriffs in geschützte Rechtsgüter[219] wie in das Eigentum.

Auf § 823 Abs. 2 i.V.m. § 1369 BGB[220] kann der Verfügungsanspruch gestützt werden, soweit der von der Veräußerung bedrohte Hausrat im **(Mit-)Eigentum**[221] der im gesetzlichen Güterstand lebenden Ehegatten steht. Als weiteres Schutzgesetz wird § 1450 BGB herangezogen.

121 cc) Als Verfügungsgrund ist vom Antragsteller anzuführen, dass die Gefahr des Eigentumsverlustes wegen drohender Veräußerung und gutgläubigem Erwerb droht bzw., wenn ein

---

214 A.A. *Johannsen/Henrich/Sedemund-Treiber*, § 620 Rn 29 – danach ist stets eine einstweilige Verfügung zu beantragen.
215 Das Verfügungsverbot soll dazu dienen, die Hauptsacheregelung offen zu halten, wenn ein Hauptsacheverfahren nach § 1361a BGB anhängig ist, und wird als ein minus gegenüber der Benutzungsregelung angesehen, um so den Erlass einer einstweiligen Anordnung nach § 620 Nr. 7 ZPO zu rechtfertigen; vgl. *Gießler/Soyka*, Rn 737.
216 A.A. *Johannsen/Henrich/Sedemund-Treiber*, § 620 Rn 29.
217 *Zöller – Philippi*, § 620 Rn 78; AG Bensheim FamRZ 1997, 185.
218 *Gießler*, 3. Auflage, Rn 843.
219 *Palandt – Thomas*, Einf vor § 823 Rn 18 ff.; *Palandt – Bassenge*, § 1004 Rn 31–33.
220 *Soergel – Lange*, § 1368 Rn 3, 8 und RGRK – *Finke*, § 1365 Rn 49; dagegen lehnen *Staudinger – Thiele*, § 1368 Rn 8 und MK (BGB) – *Koch*, § 1368 Rn 6 die Schutzgesetzeigenschaft der §§ 1365, 1369 BGB ab.
221 Bei Miteigentum wird teilweise die Anwendbarkeit des § 1369 BGB insgesamt bejaht, teilweise auch auf § 139 BGB abgestellt, um letztlich jeweils zum selben Ergebnis (Unwirksamkeit der Verfügung insgesamt) zu gelangen; vgl. MK (BGB) – *Koch*, § 1369 Rn 12.

Eigentumserwerb kraft guten Glaubens ausscheidet, des tatsächlichen Verlustes der Sache besteht.

dd) Der Inhalt der einstweiligen Verfügung wird im Wesentlichen durch das Regelungsbedürfnis bestimmt. Somit wird dem Antragsgegner ein Veräußerungsverbot auferlegt. Ist davon auszugehen, dass damit dem Schutzbedürfnis nicht hinreichend Rechnung getragen wird, kommt auch die Anordnung der Verwahrung oder Hinterlegung der Hausratsgegenstände in Betracht.

122

ee) Die Zuständigkeit für den Erlass der einstweiligen Verfügung liegt bei der Zivilabteilung des Amtsgerichts oder Landgerichts, das für die Hauptsachestreitigkeit (vorbeugender Unterlassungsanspruch) zuständig ist,[222] wenn sich der Verfügungsanspruch auf eine Eigentumsverletzung (§ 823 Abs. 1 BGB) stützt. Ist dagegen § 823 Abs. 2 BGB i.V.m. einem güterrechtlichen Schutzgesetz maßgeblich, ist hierfür die Zuständigkeit des Familiengerichts begründet.[223]

123

b) Die einstweilige Verfügung gegen Dritte zur Verhinderung von Verfügungen über den Hausrat[224]

Im Falle der Gefahr der Weiterveräußerung der Hausratsgegenstände durch den Dritten[225] kommt auch nach hier vertretener Auffassung die Anordnung eines **Veräußerungsverbotes**[226] in Betracht. Denn hier existieren keine abschließenden Schutzvorschriften, die vor einem gutgläubigen Erwerb eines weiteren Erwerbers schützen.

124

Eher jedoch wird hier eine **Herausgabe** oder bei Fehlen des insoweit erforderlichen Verfügungsgrundes eine **Verwahrung oder Hinterlegung** der Sache anzuordnen sein.

Zu Verfügungsanspruch, Verfügungsgrund, Zuständigkeit in diesem Fall vgl. oben § 4 Rn 97–100.

III. Ablauf des Verfahrens

Hierzu vgl. § 2 Rn 55 ff. Die dortigen Ausführungen gelten hier sinngemäß.

125

Als Besonderheit sind hier jedoch Folgendes zu beachten:

---

222 Hierzu vgl. im Einzelnen die Darstellungen zu §§ 12, 13, 32, 35 ZPO, §§ 23 Nr. 1, 71 Abs. 1 GVG in den einschlägigen Kommentaren.
223 Siehe oben § 4 Rn 113.
224 Vgl. auch § 10 Rn 22 ff.
225 Der diese Gegenstände etwa vom anderen Ehegatten erworben hat.
226 LG Ravensburg FamRZ 1995, 1585 (dort wurde ein Verbot, ein Schiff aus dem Hafengelände zu verbringen oder auch über das Schiff zu verfügen, angesprochen).

§4 Der einstweilige Rechtsschutz zum Hausrat

1. Parteien

126 Als Parteien kommen in aller Regel die Ehegatten bzw. Lebenspartner in Betracht. In den Fällen jedoch, in denen Dritte zur Herausgabe verpflichtet werden sollen oder diesen gegenüber Veräußerungsverbote angeordnet werden sollen, sind diese auch Parteien des Verfahrens.

2. Entscheidung

127 Nach § 938 Abs. 1 ZPO hat das Gericht nach freiem Ermessen die Anordnung zu erlassen, die zur Erreichung des Zweckes erforderlich ist. Inhaltlich wird diese somit im Wesentlichen vom Regelungsbedürfnis bestimmt.[227]

IV. Vollziehung

128 Die Vollziehung der einstweiligen Verfügung richtet sich gemäß §§ 936, 928 ZPO nach den Vorschriften über die Zwangsvollstreckung nach der ZPO.
Die Herausgabevollstreckung erfolgt dementsprechend nach § 883 ZPO.
Wird ein Veräußerungsverbot erlassen, greift die Regelung des § 890 ZPO.
Im Übrigen vgl. § 2 Rn 72 f.

V. Rechtsbehelfe, Außer-Kraft-Treten, Schadensersatz

129 Hierzu vgl. § 2 Rn 79–92.

E. Der Arrest zur Sicherung von Ansprüchen aus dem Hausratsverfahren

130 Im Zusammenhang mit Hausratsangelegenheiten ist der Erlass eines Arrestes nach § 916 ZPO zur Sicherung folgender Ansprüche denkbar:
- Anspruch auf Schadensersatz wegen Verlust oder Beschädigung des Hausrates
Hier ist nicht die erstrebte Folge, dass ein gegen Dritte bestehender Anspruch auf Schadensersatz im Hausratsverfahren einem Ehegatten zur Geltendmachung zugewiesen[228] wird.
Der Arrest soll die Realisierung eines Schadensersatzanspruches gegen den Ehegatten sichern, der aus einer Beschädigung des Hausrates o.ä. resultiert.

---

227 Im Einzelnen vgl. § 4 Rn 111 f.
228 Hierzu vgl. § 4 Rn 10.

- Ausgleichsanspruch nach §§ 8 Abs. 3 S. 2 oder 9 Abs. 2 S. 2 HausratsVO[229]
- Anspruch auf Herausgabe/Rückgewähr/Überlassung von Hausrat

Die Abgrenzung zur einstweiligen Verfügung, mit deren Hilfe die Anordnung eines Veräußerungsverbotes erlangt werden kann, ist bestimmt durch den jeweiligen Zweck des Arrestes und der einstweiligen Verfügung.

Grundsätzlich schließen sich Arrest und einstweilige Verfügung gegenseitig aus.[230] Die einstweilige Verfügung dient der Sicherung eines Individualanspruchs auf gegenständliche Leistung, während der Arrest die Zwangsvollstreckung wegen einer Geldforderung oder eines Anspruchs sichern soll, der in eine solche übergehen kann. Beispielsweise der Anspruch gegen einen Dritten auf Herausgabe eigenmächtig entfernten Hausrats kann in eine Schadensersatzforderung übergehen (§§ 275, 280 BGB).

Steht im Vordergrund die Sicherung des Individualanspruchs selbst (eine Weiterveräußerung soll verhindert werden), ist somit die einstweilige Verfügung zu wählen. Soll dagegen ein evtl. sich ergebender Schadensersatzanspruch gesichert werden, ist der Arrest zu beantragen.

Ist die Umwandlung des Individualanspruchs in eine Geldforderung noch nicht vollzogen, hat der Gläubiger (ausnahmsweise) ein Wahlrecht, ob er den Individualanspruch oder den Geldanspruch sichern lassen möchte,[231] wenn beide Ansprüche gefährdet sind. In diesem Fall wird auch ein Nebeneinander der beiden Ansprüche zugelassen.[232]

Zum Ablauf des Verfahrens im Übrigen vgl. die Darstellungen zum Arrest unter § 12.

---

229 Zur selben Sicherung im Rahmen einer einstweiligen Anordnung siehe § 4 Rn 10 und OLG Karlsruhe FamRZ 1981, 63.
230 *Thomas/Putzo – Reichold,* Vorbem § 916 Rn 8.
231 *Zöller – Vollkommer,* § 916 Rn 2.
232 *Thomas/Putzo – Reichold,* Vorbem § 916 Rn 8; *Zöller – Vollkommer,* § 916 Rn 2 jeweils mit Hinweis auf OLG Köln JMBl NRW 1984, 9.

§ 5 Der einstweilige Rechtsschutz zur Ehewohnung

Ebenso wie der Gewährung von Unterhaltsleistungen sowie der Nutzungszuweisung von Hausrat kommt der weiteren Verwendung der Ehewohnung im Zeitraum des Getrenntlebens der Eheleute oder auch nach der Scheidung vielfach zentrale Bedeutung zu. Während die HausratsVO eine schnelle, zweckmäßige und einfache **Regelung der Rechtsverhältnisse** an der Wohnung[1] nach Rechtskraft der Scheidung ermöglicht, stellt § 1361b BGB die materielle Grundlage für eine vorläufige **Regelung der bloßen Nutzungsverhältnisse** an der Ehewohnung[2] dar, wenn die Ehegatten getrennt leben oder einer der beiden sich vom Ehegatten zu trennen beabsichtigt.

1

Dasselbe gilt für die Regelungen der §§ 14 und 18 LPartG, nach denen die Partner einer eingetragenen Lebenspartnerschaft die Zuweisung der gemeinsamen Wohnung verlangen können.

§ 1361b BGB und ebenso § 14 LPartG haben durch das Gesetz zur Verbesserung des zivilgerichtlichen Schutzes bei Gewalttaten und Nachstellungen sowie zur Erleichterung der Überlassung der Ehewohnung bei Trennung (**Gewaltschutzgesetz**)[3] mit Wirkung zum 1.1.2002 wesentliche Änderungen erfahren. Die Eingriffsschwelle für die Überlassung der Ehewohnung wurde abgesenkt. Außerdem ist mit Hilfe der §§ 1, 2 GewSchG eine weitere gesetzliche Regelung geschaffen, die es ermöglicht, gerichtliche Anordnungen zur Nutzung einer bislang von mehreren Personen gemeinsam genutzten Wohnung zu erlangen.[4]

In diesem Kapitel soll der einstweilige Rechtsschutz zur Ehewohnungszuweisung nach § 1361b BGB, §§ 1 ff. HausratsVO angesprochen werden. Die Darstellungen zu §§ 1, 2 GewSchG erfolgen gesondert.[5]

Maßnahmen des einstweiligen Rechtsschutzes können vor allem durch eine Antragstellung zum Erlass einer einstweiligen Anordnung nach § 620 Nr. 7 ZPO oder nach § 621g ZPO erwirkt werden. Im Einzelfall kommt auch eine einstweilige Verfügung oder die Anordnung eines Arrestes in Betracht.

2

Welche Antragstellung konkret vorzunehmen ist, hängt davon ab, ob die Ehewohnung zur Benutzung überlassen, ob sie als Lebensmittelpunkt erhalten, ob eine Besitzstörung beseitigt oder ob verhindert werden soll, dass ein Ehegatte über die Ehewohnung verfügt. Maßgeblich ist auch, in welchem Zeitraum die Antragstellung erfolgt.

---

1 *Palandt – Brudermüller,* Anh zu §§ 1361a, 1361b, Einführung Rn 1.
2 *Palandt – Brudermüller,* § 1361b Rn 2.
3 BGBl I 2001, 3513.
4 Zur Abgrenzung (Konkurrenz) der Ehewohnungszuweisung nach §§ 1361b BGB und §§ 1, 2 GewSchG vgl. § 6 Rn 30.
5 Vgl. § 6.

§ 5 Der einstweilige Rechtsschutz zur Ehewohnung

Weiter ist danach zu differenzieren, ob gegen den Ehegatten oder gegen Dritte vorgegangen werden soll.

3 Zur schnelleren Orientierung dient folgende **Übersicht**, aus der sich die jeweilige Wahl des maßgeblichen Mittels des einstweiligen Rechtsschutzes ersehen lässt. Detailfragen sind wie stets den Textausführungen zu entnehmen.

Übersicht über die Maßnahmen einstweiligen Rechtsschutzes zur Ehewohnung/ gemeinsamen Wohnung

Regelungsziel: Überlassung, Nutzungszuweisung		
bei Anhängigkeit einer Ehesache/LPartSache (§ 661 Abs. 1 Nr. 1 – 3 LPartG) § 5 Rn 5 ff	§ 620 Nr. 7 ZPO wahlweise (str.) § 621g ZPO	zum Streit vgl. § 4 Rn 12 und § 5 Rn 19
bei Anhängigkeit eines Hauptsacheverfahrens (bereits bei beabsichtigtem Getrenntleben; nach Scheidung/ Aufhebung der Lebenspartnerschaft) § 5 Rn 89 ff	§ 621g ZPO	
Regelungsziel: Verhinderung der Verfügung		
bei Anhängigkeit einer Ehesache/LPartSache (§ 661 Abs. 1 Nr. 1 – 3 LPartG) § 5 Rn 5 ff	§ 620 Nr. 7 ZPO wahlweise (str.) § 621g ZPO	zum Streit vgl. § 4 Rn 12 und § 5 Rn 19
bei Anhängigkeit eines Hauptsacheverfahrens (bereits bei beabsichtigtem Getrenntleben; nach Scheidung/ Aufhebung der Lebenspartnerschaft) § 5 Rn 89 ff	§ 621g ZPO	
bei Betreiben der Teilungsversteigerung (Miteigentum)	§ 180 ZVG § 5 Rn 134	
Regelungsziel: Beseitigung der Besitzstörung		
bei fehlender Trennungsabsicht	einstweilige Verfügung § 5 Rn 120	
Regelungsziel: Verhinderung weiterer körperlicher Übergriffe		
Vgl. die Übersicht zu § 6		

A. Die einstweilige Anordnung nach § 620 Nr. 7 ZPO

I. Anhängigkeit der Ehesache/Lebenspartnerschaftssache

4 Die einstweilige Anordnung nach § 620 Nr. 7 ZPO setzt voraus, dass eine Ehesache (oder ein entsprechendes PKH-Verfahren) schon und noch anhängig ist.

Vor Anhängigkeit der Ehesache und nach Eintritt der Rechtskraft des entsprechenden Urteils ist die einstweilige Anordnung nach § 621g ZPO als Mittel des einstweiligen Rechtsschutzes zu wählen, soweit eine Nutzungszuweisung der Ehewohnung erfolgen soll.[6] Wegen der Einzelheiten wird verwiesen auf § 2 Rn 4 ff.
§ 620 Nr. 7 ZPO ist entsprechend anzuwenden, wenn eine **Lebenspartnerschaftssache** im Sinne des § 661 Abs. 1 Nr. 1 bis 3 ZPO anhängig ist (§ 661 Abs. 2 ZPO).

II. Inhalte der einstweiligen Anordnung nach § 620 Nr. 7 ZPO

1. Der persönliche Wirkungsbereich der einstweiligen Anordnung nach § 620 Nr. 7 ZPO

Auch soweit die Ehewohnung oder gemeinsame Wohnung der Lebenspartner betroffen ist, entfaltet eine Entscheidung nach § 620 Nr. 7 ZPO nur zwischen den Eheleuten bzw. Lebenspartnern selbst Wirkung. Die einstweilige Anordnung greift dementsprechend in das zum Vermieter der Wohnung bestehende Rechtsverhältnis nicht ein.[7] 5

2. Sachlicher Anwendungsbereich/Regelungsinhalte

§ 620 Nr. 7 ZPO ermöglicht eine Regelung, aufgrund derer einem Ehegatten die vorübergehende **Benutzung der Ehewohnung** (unter völligem oder teilweisem Ausschluss des anderen Ehegatten) gestattet wird. 6

> *Beachte*
> Entsprechend der Rechtslage bei der Zuweisung von Hausrat gilt auch bei der Ehewohnungszuweisung, dass § 1361b BGB[8] gegenüber Ansprüchen aus schuldrechtlichen (possessorischen) oder sachenrechtlichen Normen eine **Sonderregelung** darstellt.[9] Dies bedeutet, dass verübter verbotener Eigenmacht nicht mit den Ansprüchen aus §§ 861 ff. BGB begegnet werden kann, sondern ausschließlich auf § 1361b BGB abzustellen ist.

Im Unterschied zu § 1361a BGB genügt für die Zuweisung der Ehewohnung der Wille eines Ehegatten, getrennt zu leben. Eine tatsächliche Trennung der Eheleute muss noch nicht vorliegen. Im Zusammenhang mit einer einstweiligen Anordnung nach § 620 Nr. 7 ZPO bleibt 7

---

6 Zur einstweiligen Verfügung bei Besitzstörung während die Ehegatten zusammenleben vgl. § 5 Rn 120 ff.
7 *Musielak – Borth,* § 620 Rn 75.
8 An dieser Norm orientiert sich grds. die Entscheidung nach § 620 Nr. 7 ZPO. Soll die einstweilige Anordnung ausschließlich die Zeit nach Rechtskraft der Scheidung betreffen, kommen auch §§ 1 ff. HausratsVO in Betracht.
9 *Palandt – Brudermüller,* § 1361b Rn 18 m.w.N.; OLG Karlsruhe FamRZ 1987, 77; OLG Hamm FamRZ 1996, 1411; vgl. auch *Johannsen/Henrich/Brudermüller,* § 1361b Rn 38 ff. zu den unterschiedlich vertretenen Auffassungen mit zahlreichen Nachweisen. Zum Hausrat vgl. § 4 Rn 7.

§ 5 Der einstweilige Rechtsschutz zur Ehewohnung

dies jedoch in der Praxis regelmäßig ohne Bedeutung, da die Eheleute in dem Zeitpunkt, in dem das Hauptsacheverfahren auf Scheidung eingeleitet wird, bereits getrennt leben.

8 Diese Ausführungen sind entsprechend auf die **eingetragene Lebenspartnerschaft** zu übertragen, da die Vorschriften der §§ 14 und 18 LPartG den Normen des Eherechts nachgebildet sind.

9 Eine Regelung zur Ehewohnung unterliegt nach teilweise vertretener Auffassung dann nicht den Vorschriften der HausratsVO und des § 1361b BGB, wenn sich ein Anspruch auf Neuregelung der Verwaltung und Benutzung aus ergibt, weil einer der Ehegatten aus der **im Miteigentum stehenden Ehewohnung** ausgezogen ist.[10] In diesem Fall ist die Zuständigkeit des Zivilgerichts begründet mit der Konsequenz, dass auch der Erlass einer einstweiligen Anordnung nach § 620 Nr. 7 ZPO ausscheidet.

M.E. zutreffend wird dagegen auch angenommen, dass dieser Vorrang des § 745 Abs. 2 BGB (m.E. zutreffend) nur greift, wenn **ausschließlich** eine **Nutzungsentschädigung** erstrebt wird, der fordernde Ehegatte endgültig aus der Ehewohnung ausgezogen ist und nicht verlangt, dass ihm die Benutzung oder Mitbenutzung wieder eingeräumt wird.[11]

10 Als Maßnahme des einstweiligen Rechtsschutzes kommt die **Zuweisung der Ehewohnung an einen Ehegatten/Lebenspartner allein** oder auch lediglich eine **Aufteilung der Benutzung** der Wohnung in Betracht. Eine derartige Aufteilung der Ehewohnung scheidet aus, wenn die räumlichen Verhältnisse eine solche nicht zulassen.

11 Obwohl auch in § 1361b Abs. 1 BGB/§ 14 LPartG nicht ausdrücklich vorgesehen, ist es m. E. doch zulässig, bestimmte Räume auch für eine gemeinsame (etwa zeitlich gestufte) Nutzung zuzuweisen. Dies lässt sich als minus gegenüber der Gesamtzuweisung[12] aus der Regelung herleiten. Teilweise jedoch wird für eine solche Anordnung auch auf § 2 HausratsVO abgestellt.[13]

Abhängig ist die Wahl der konkreten Anordnung vom jeweiligen Regelungsbedürfnis unter besonderer Berücksichtigung des Verhältnismäßigkeitsgrundsatzes. Hierzu vgl. unten § 5 Rn 26.

---

10 BGH FamRZ 1982, 355; 86, 436; vgl. *Finke/Garbe*, § 5 Rn 54.
11 *Zöller – Philippi*, § 621 Rn 52b m.w.N. (auch auf abweichende Auffassung); KG FamRZ 2000, 304 begründet diesen Vorrang des § 1361b BGB unter Hinweis auf Ausführungen des BGH in FamRZ 1994, 822, der entsprechend einschränkend formuliert; andererseits ist jedoch festzustellen, dass die Darstellungen des BGH in FamRZ 1996, 931 eine solche Beschränkung nicht enthalten und allgemeiner gehalten sind, wenn auch in dieser Entscheidung u.a. Bezug genommen wird auf BGH FamRZ 1994, 822. Vgl. eingehend zur Frage der Benutzungsvergütung für die Ehewohnung und zu den in Konkurrenz tretenden Anspruchsgrundlagen *Erbarth*, NJW 2000, 1379.
12 So *Musielak – Borth*, § 620 Rn 73 bezüglich der Aufteilung der Ehewohnung.
13 *Zöller – Philippi*, § 620 Rn 69.

Der einstweilige Rechtsschutz zur Ehewohnung §5

Tipp 12
Bei einer Aufteilung der Wohnung ist es sinnvoll, in der Antragstellung bereits darzustellen, welche Räume vom Antragsteller zur alleinigen Benutzung begehrt werden und bei welchen Räumen eine **gemeinschaftliche Nutzung** in Erwägung zu ziehen ist. Ggf. wäre noch auszuführen, wie die gemeinsame Nutzung sinnvollerweise aussehen sollte (z.B. wer das Bad zu welcher Zeit benutzen muss, um etwa die Arbeitsstelle rechtzeitig zu erreichen).

Ein **endgültige Wohnungszuweisung**[14] oder ein **Eingriff in bestehende Eigentumsver-** 13
hältnisse oder Mietverhältnisse (Umgestaltung eines Mietverhältnisses,[15] Neubegründung eines solchen und Aufhebung der vertraglichen Bindung des Mieters zum anderen Ehegatten) scheiden aus.[16] Das Rechtsverhältnis zum Vermieter kann nur im Rahmen eines Hauptsacheverfahrens zur Wohnung nach §§ 3 ff. HausratsVO bzw. § 18 LPartG einer Regelung unterzogen werden.

Jedoch soll § 620 Nr. 7 ZPO eine Möglichkeit bieten, eine vom Ehegatten beabsichtigte Verfügung über die Ehewohnung zu verhindern.[17] Dies gilt jedoch nur dann, wenn Zweck dieser Regelung der Erhalt der Wohnung als Lebensmittelpunkt ist und nicht ausschließlich ein Schutz güterrechtlicher Positionen (§ 1365 BGB) bewirkt werden soll.[18]

Tipp 14
Die Antragstellung sollte sich keineswegs auf die Nutzungszuweisung der Ehewohnung beschränken, sondern auch die Verpflichtung des Antragsgegners zur **Räumung** der Wohnung beinhalten, wenn eine gesamte Wohnungszuweisung an einen Ehegatten erfolgt. Ansonsten ist die Durchführung der Zwangsvollstreckung nach § 885 ZPO nicht möglich.[19] Ebenso kann bei einer **Aufteilung** der Ehewohnung die Anordnung der Räumung bestimmter Räume im Einzelfall[20] sinnvoll sein.

Die bloße Anordnung, dass der Antragsgegner die Wohnung zu verlassen hat, ist nach § 888 ZPO zu vollstrecken.[21] Dem Interesse des Antragstellers wird eher die Räumungsverpflichtung entsprechen, weshalb die Antragstellung darauf einzustellen ist.

Hieran ändert sich auch nichts dadurch, dass in der neu geschaffenen Vorschrift des § 64b Abs. 4 FGG für Maßnahmen nach § 2 GewSchG ausdrücklich die Vollstreckung der Rege-

---

14 OLG Hamburg FamRZ 1983, 621.
15 OLG Hamm FamRZ 1985, 706.
16 MK (ZPO) – *Finger,* § 620 Rn 72; AnwK-BGB/*Boden,* § 1361b Rn 1.
17 Hierzu vgl. § 5 Rn 17 »Veräußerungsverbot«.
18 Dann greift die einstweilige Verfügung – vgl. § 5 Rn 130; *Gießler/Soyka,* Rn 891, 916 f.
19 MK (ZPO) – *Finger,* § 620 Rn 82 m.w.N.; *Zöller – Philippi,* § 620 Rn 72; ; AnwK-BGB/*Boden,* § 1361b Rn 39; als Muster vgl. *Börger/Bosch/Heuschmid,* § 4 Rn 343, 341 (es wäre jedoch »sicherheitshalber« nicht nur eine Verpflichtung zum Verlassen der Wohnung, sondern eine ausdrückliche Räumung anzuordnen – vgl. *Gießler/Soyka,* Rn 877); bei *Crückeberg,* § 9 Rn 64 findet sich ein Muster mit Antragstellung zur Räumung.
20 Etwa bei einer Aufteilung der Ehewohnung in der Weise, dass jeder Ehegatte ein bestimmtes Stockwerk benutzen darf.
21 *Zöller – Stöber,* § 885 Rn 2 mit Hinweis auf OLG Köln FamRZ 1983, 1231; AG Gladbeck FamRZ 1992, 589.

§5 Der einstweilige Rechtsschutz zur Ehewohnung

lung des § 885 ZPO unterworfen wird, um diese effektiv zu gestalten und bestehende Auslegungsprobleme zu beseitigen.[22] Die oben angesprochene Tenorierung entspricht eben nicht den Tatbestandsvoraussetzungen des § 885 ZPO.

15 Die einstweilige Anordnung nach § 620 Nr. 7 ZPO ist nicht geeignet, eine Regelung mit **Wirkung gegen Dritte** herbeizuführen.[23] Demzufolge ist es auch nicht möglich, einen Räumungstitel gegen eine Person zu beantragen, die der Ehegatte in die Ehewohnung mit aufgenommen hat. Zum Erfordernis eines derartigen Titels siehe § 5 Rn 72.

16 § 1361b Abs. 3 S. 1 BGB, § 14 Abs. 3 S. 1 LPartG ordnen nunmehr ausdrücklich an, dass für den Fall einer Entscheidung, nach der einem Ehegatten oder Lebenspartner die Wohnung ganz oder zum Teil überlassen wurde, der andere alles zu **unterlassen** hat, was geeignet ist, die Ausübung dieses Nutzungsrechtes zu erschweren oder zu vereiteln. Dies bewirkt, dass entsprechende Regelungen zur Sicherstellung der Nutzung der (Ehe-)Wohnung getroffen werden können.

Zu diesem Zweck sind auch Anordnungen zulässig, die **positive Gebote oder Verpflichtungen** (nicht nur Unterlassungen, wie dem Wortlaut der §§ 1361b Abs. 3 S. 1 BGB, 14 Abs. 3 S. 1 LPartG zu entnehmen ist) enthalten. Ansonsten wäre die Nutzungsregelung nicht bzw. nicht effektiv durchsetzbar. Es ist demzufolge möglich, neben der Anordnung zur Benutzung der (Ehe-)Wohnung und der Räumungspflicht **Regelungen** zu erwirken, die (entsprechend § 15 HausratsVO) der Durchführung der einstweiligen Anordnung dienen.[24] Begründen lässt sich dies, soweit nicht lediglich Unterlassungsgebote ausgesprochen werden, jedenfalls mit einer analogen Anwendung des § 15 HausratsVO,[25] wenn man wegen des Wortlautes der Regelungen der §§ 1361b Abs. 3 S. 1 BGB, 14 Abs. 3 S. 1 LPart. (»...zu unterlassen...«) nicht auf diese selbst abstellt. Dass § 15 HausratsVO geeignete Grundlage für derartige Anordnungen des Gerichts sein soll, entspricht auch dem Willen des Gesetzgebers, der bei Neufassung der angesprochenen Vorschriften darauf hingewiesen hat, dass sich der zur Wohnungsüberlassung verpflichtete Ehegatte auch tatsächlicher Handlungen enthalten muss, die das Benutzungsrecht erschweren oder vereiteln würden, und dass das Gericht entsprechende Anordnungen auf der Grundlage von § 15 HausratsVO zu treffen hat.[26]

17 Als solche Anordnungen kommen (auch ohne ausdrücklich hierauf gerichtete Antragstellung)[27] in Betracht:[28]

---

22 Vgl. BT-Drucks. 14/5429, 36.
23 *Musielak – Borth*, § 620 Rn 75.
24 OLG Köln FamRZ 2003, 319.
25 OLG Karlsruhe FamRZ 1994, 1185; *Zöller – Philippi*, § 620 Rn 74; vgl. auch § 18a HausratsVO, der § 15 HausratsVO für entsprechend anwendbar erklärt.
26 BT-Drucks. 14/5429, 33.
27 OLG Brandenburg FamRZ 2003, 1305; AnwK-BGB/*Boden*, § 15 HausratsVO Rn 5; vgl. auch § 5 Rn 28.
28 Vgl. MK (ZPO) – *Finger*, § 620 Rn 74; *Zöller – Philippi*, § 620 Rn 74; *Gießler/Soyka*, Rn 895, 904.

Der einstweilige Rechtsschutz zur Ehewohnung §5

- Bewilligung einer **Räumungsfrist**[29]
  Auch die nachträgliche Verlängerung[30] der Räumungsfrist ist zulässig.[31]
- Verpflichtung zur Herausgabe der Wohnungsschlüssel[32]
- Berechtigung zum Austausch der Wohnungsschlüssel[33]
- Verpflichtung, angebrachte Schlösser zu entfernen[34]
- Verpflichtung zur Herausgabe des Mietvertrages[35] und sonstiger die Wohnung betreffender Unterlagen
- Verbot, die Wohnung zu betreten[36]
- Verbot, sich der Wohnung auf eine bestimmte Distanz zu nähern[37]
- Anordnung weiterer **Belästigungsverbote**, die im Zusammenhang mit der Zuweisung der Ehewohnung/gemeinsamen Wohnung stehen[38]
  Hierzu zählt beispielsweise das Verbot, den in der Ehewohnung verbliebenen Ehegatten oder Lebenspartner mit Telefonaten zu terrorisieren. Auch die ständige Anwesenheit des Täters in der Nähe der Wohnung kann untersagt werden.[39]

Hinweis
Teilweise wird aus Gründen der Prozessökonomie auch eine Erweiterung des Anwendungsbereiches des § 620 Nr. 7 ZPO um solche Belästigungsverbote befürwortet, die nicht im Zusammenhang mit der Ehewohnung stehen, sondern das Opfer beispielsweise am Arbeitsplatz oder in der Öffentlichkeit erleidet.[40] Voraussetzung ist jedoch, dass diese nicht isoliert geltend gemacht werden. Nur zusätzlich zu sonstigen von § 620 Nr. 7 ZPO erfassten Anordnungen (der Ehewohnungszuweisung) sollen derartige Maßnahmen zulässig sein.

- Zahlung einer **Nutzungsvergütung**[41]
  Hier ist jedoch zu prüfen, ob ein Bedürfnis für eine derartige Regelung im Verfahren des einstweiligen Rechtsschutzes besteht und nicht eine Hauptsacheentscheidung abgewar-

---

29 *Zöller – Philippi*, § 620 Rn 72.
30 OLG Hamburg FamRZ 1992, 1298.
31 Maßgebliche Norm ist § 620b ZPO; § 721 ZPO greift dagegen nicht; vgl. OLG Hamburg FamRZ 1983, 1151; OLG München FamRZ 1998, 1170; OLG Brandenburg FamRZ 2001, 691.
32 OLG Hamm FamRZ 1991, 81; KG FamRZ 1991, 467.
33 OLG Karlsruhe FamRZ 1994, 1185.
34 LG Essen FamRZ 1969, 328.
35 *Gießler/Soyka*, Rn 877.
36 OLG Karlsruhe FamRZ 1994, 1185; OLG Köln FamRZ 2003, 319.
37 OLG Köln FamRZ 2003, 319.
38 Zur Abgrenzung zu Belästigungsverboten nach den GewSchG vgl. § 6 Rn 30 f.
39 Vgl. weitere Beispiele unter § 6 Rn 17.
40 *Finke/Garbe*, § 5 Rn 37.
41 OLG Köln FamRZ 1992, 440; FamRB 2004, 175; OLG Frankfurt/Main FamRZ 1992, 677; OLG Braunschweig FamRZ 1996, 548; *Brudermüller*, FamRZ 1989, 11; zur Bemessung der Höhe der Vergütung vgl. *Palandt – Brudermüller*, § 1361b Rn 29.

§ 5 Der einstweilige Rechtsschutz zur Ehewohnung

tet werden kann. Diese Anordnung soll als isolierte Regelung auch dann erlangt werden können, wenn über die Benutzung der Ehewohnung als solcher kein Streit herrscht.[42]
- Zahlung des **Mietzinses** im Innenverhältnis (Ehegatten zueinander)[43]
- Zahlung von **Umzugskosten** an den zur Räumung Verpflichteten[44]
- Erlass eines **Kündigungsverbotes** gegen den alleinigen Mieter der Wohnung[45]
Eine trotz bestehenden Verbotes ausgesprochene Kündigung erlangt gegenüber dem in der Ehewohnung gebliebenen Ehegatten/Lebenspartner keine rechtliche Wirksamkeit (§§ 135, 136 BGB).[46]
Eine einstweilige Anordnung mit derartigem Inhalt wollte der Gesetzgeber mit der Neufassung des § 1361b BGB gerade ermöglichen bzw. deren Zulässigkeit bestätigen. Das Gericht soll dem Antragsgegner, der alleiniger Mieter der Wohnung ist, die Kündigung untersagen können.[47]
Das Kündigungsverbot kann auch noch nach Abschluss eines zuvor geführten Ehewohnungsverfahrens erlassen werden, wenn ansonsten die Durchführung des erlassenen Beschlusses gefährdet wäre.[48]
Umstritten ist, ob ein solches Verbot isoliert erstrebt werden kann, wenn Einigkeit darüber besteht, wer in der Ehewohnung verbleibt.[49]
- **Begründung eines Mietverhältnisses** mit dem Ehegatten[50]/Lebenspartner
Eine derartige Anordnung kommt dann in Betracht, wenn ein Ehegatte oder Lebenspartner des Schutzes bedarf, weil der andere Partner Alleineigentümer ist und die Wohnung zu veräußern beabsichtigt. Vgl. aber auch sofort zum Veräußerungsverbot.
Auch wenn zunächst ein Anordnungsverfahren auf bloße (Ehe-)Wohnungszuweisung durchgeführt wurde, kann nach dessen Abschluss die Begründung eines Mietverhältnisses mit dem Ehegatten beantragt werden.[51]
Einstweiliger Rechtsschutz kann hierbei sowohl nach § 621g ZPO[52] als auch nach § 620 Nr. 7 ZPO begehrt werden.
Die Begründung eines **Mietverhältnisses mit dem Vermieter** der Wohnung kann nicht angeordnet werden. Ein Eingriff in Rechtsverhältnisse mit Dritten ist nicht zulässig.

---

42 So BGH FamRZ 2006, 930 bereits zu § 1361b BGB a.F. (auch bei freiwilligem Auszug und ohne drohende »schwere« – nunmehr unbillige – Härte); erst recht muss dies bei der derzeit gültigen Regelung des § 1361b BGB gelten; MK (ZPO) – *Finger*, § 620 Rn 74 mit Hinweis auf OLG Schleswig FamRZ 1988, 722; *Gießler/Soyka*, Rn 877; *Finke/Garbe*, § 5 Rn 54.
43 *Soergel – Heintze*, § 18a HausratsVO Rn 2; OLG Naumburg FamRZ 2003, 1748.
44 MK (ZPO) – *Finger*, § 620 Rn 74; RGRK – *Kalthoener*, § 15 HausratsVO Rn 1.
45 OLG Dresden MDR 1996, 1039 = FamRZ 1997, 183; AnwK-BGB/*Boden*, § 1361b Rn 25.
46 *Johannsen/Henrich/Brudermüller*, § 1361b Rn 59.
47 BT-Drucks. 14/5429, 33.
48 *Johannsen/Henrich/Brudermüller*, § 1361b Rn 59; *Fehmel*, HausratsVO § 1 Rn 17.
49 Bejahend *Gießler/Soyka*, Rn 901 mit Hinweis auf abweichende Auffassung von *Haußleiter-Schulz*, 1 Rn 106 und *Wever*, FamRZ 2003, 566.
50 OLG München FamRZ 1995, 1205.
51 *Fehmel*, HausratsVO § 1 Rn 17.
52 OLG Düsseldorf FamRZ 1985, 1153 zu § 13 Abs. 4 HausratsVO a.F.

Auch wenn § 5 Abs. 2 HausratsVO eine derartige Maßnahme ermöglicht,[53] scheidet sie im einstweiligen Anordnungsverfahren, in dem Dritte nach hier vertretener Auffassung nicht beteiligt sind und in deren Rechte nicht eingegriffen wird, aus.
- Die Anordnung eines **Veräußerungsverbotes** soll nach dem Willen des Gesetzgebers zulässig sein. Dies ist deshalb problematisch, weil zwar bezüglich der Ehewohnung Mietverhältnisse rechtsgestaltend begründet und geändert werden können, weder § 1361b BGB noch §§ 1 ff. HausratsVO jedoch einen Eingriff in das Eigentum zulassen.[54] Außerdem kann der Ehegatte durch die einstweilige Begründung eines Mietverhältnisses geschützt werden. Die Regelung des § 566 BGB wirkt sodann dem Erwerber gegenüber.[55]

Der Gesetzgeber hat bei Neufassung des § 1361b Abs. 3 BGB zwar ausdrücklich darauf hingewiesen, dass diese Regelung dem Gericht auch die Möglichkeit einräumen solle, dem Antragsgegner, der Eigentümer der Wohnung ist, die Veräußerung der Wohnung zu untersagen.[56] Jedoch wurde dies gleichzeitig unter den Vorbehalt gestellt, dass ein entsprechendes Rechtsschutzbedürfnis bestehen müsse. Andererseits wurde im Zusammenhang mit der gleich lautenden Regelung in § 2 Abs. 4 GewSchG auch ausgeführt, dass für die Anordnung eines Veräußerungs- und auch Kündigungsverbotes nicht einmal erforderlich sei, dass konkrete Anhaltspunkte für eine solche Veräußerungs- bzw. Kündigungsabsicht vorliegen müssten. Das Verbot sei jedoch auf das Ende der (voraussichtlichen) Nutzungsdauer zu begrenzen.

Wenn man jedoch berücksichtigt, dass § 1361b BGB selbst keinen Eingriff in das Eigentum zulässt und sich der einstweilige Rechtsschutz am materiellen Recht zu orientieren hat, sind einstweilige Anordnungen nur zulässig, soweit sie der Nutzungszuweisung dienlich und zu deren Durchsetzung erforderlich sind. Hierfür ist die soeben dargestellte Begründung eines Mietverhältnisses ausreichend.

Falls ein Verfügungsverbot jedoch ausgesprochen werden soll, um ausschließlich den **Schutz des § 1365 BGB** zu realisieren, ist der Erlass einer einstweiligen Verfügung zu beantragen. Es ist dann eben nicht Ziel des Vorgehens, die Ehewohnung als Lebensmittelpunkt zu sichern.[57]

Insbesondere **bei bloßer Wohnungsaufteilung** sind folgende Anordnungen in Erwägung zu ziehen:
- Art und Zeit der Benutzung der Räume, die von beiden gemeinsam benutzt werden[58]
- Verbot, gewisse Räume zu betreten[59]

---

53 OLG München FamRZ 1996, 302; OLG Köln FamRZ 1994, 632; KG FamRZ 1984, 1242; AG Detmold FamRZ 1997, 380; *Finke/Garbe,* § 5 Rn 70; *Palandt – Brudermüller,* § 5 HausratsVO Rn 5.
54 Ablehnend auch *Palandt – Brudermüller* § 1361b Rn 17 m.w.N.
55 *Gießler/Soyka,* Rn 904
56 BT-Drucks. 14/5429, 33.
57 Vgl. *Gießler/Soyka,* Rn 918 und 923 f.
58 MK (ZPO) *– Finger,* § 620 Rn 74 m.w.N.
59 *Zöller – Philippi,* § 620 Rn 74.

- Gebot, den Zutritt zu bestimmten Räumen zu gestatten[60]
- Anordnungen zur Beheizung und Beleuchtung der Wohnung[61]
- Anordnungen zur Benutzung des Telefons[62]

18   **Nicht** jedoch kann die einstweilige Anordnung beinhalten:
- **Verbot**, einen Dritten in die Wohnung mit aufzunehmen[63]
Soweit darin eine Ehestörung zu sehen ist, kann gegen den Dritten eine einstweilige Verfügung erlassen werden.[64]
- **Ermächtigung** eines Ehegatten (der die Wohnung verlassen will) **zur Kündigung** des gemeinsam eingegangenen Mietverhältnisses[65]
Hierdurch würde das Rechtsverhältnis zum Vermieter umgestaltet werden, was im Rahmen einstweiligen Rechtsschutzes nicht zulässig ist. Es wäre daran zu denken, eine Anordnung zu beantragen, nach der der verbleibende Ehegatte den Mietzins im Innenverhältnis alleine zu tragen hat.[66]

III. Das Verhältnis der einstweiligen Anordnung nach § 620 Nr. 7 ZPO zu anderen Mitteln einstweiligen Rechtsschutzes und zu Hauptsacheregelungen

1. Das Verhältnis der einstweiligen Anordnung zu Hauptsacheverfahren

19   Die **Anhängigkeit oder Rechtshängigkeit** eines isolierten Hauptsacheverfahrens beeinflusst nicht die Zulässigkeit eines Anordnungsverfahrens wegen Ehewohnungszuweisung nach § 620 Nr. 7 ZPO.[67] Hier gelten die zum Hausratsverfahren dargestellten Grundsätze entsprechend – vgl. § 4 Rn 12 f.

Erst **ab Rechtskraft** der Hauptsacheentscheidung nach § 1361b BGB ist der Erlass einer einstweiligen Anordnung mit Wirkung für die Trennungszeit ausgeschlossen (§ 620f Abs. 1 S. 1 Alt. 1 ZPO, § 16 Abs. 1 S. 1 HausratsVO).

Eine einstweilige Anordnung, die im Zeitpunkt der Anhängigkeit der Ehesache erlassen werden soll, deren Wirkung aber erst ab Rechtskraft der Scheidung eintreten soll, bleibt dagegen zulässig.[68]

---

60 *Zöller – Philippi*, § 620 Rn 74.
61 *Zöller – Philippi*, § 620 Rn 74.
62 KG NJW 1971, 1414; *Zöller – Philippi*, § 620 Rn 74 m.w.N.
63 *Zöller – Philippi*, § 620 Rn 74; OLG Köln FamRZ 1995, 1424.
64 Vgl. § 8 Rn 5 und 7.
65 OLG Hamburg FamRZ 1983, 621; MK (ZPO) – *Finger*, § 620 Rn 72.
66 Vgl. soeben § 5 Rn 17 »Mietzins«.
67 Umgekehrt ist ebenso ein Hauptsacheverfahren nach § 1361b BGB zulässig neben einem Verfahren nach § 620 Nr. 7 ZPO – OLG Köln FamRZ 2005, 639.
68 Zu dieser Fallkonstellation vgl. § 2 Rn 35.

2. Das Verhältnis der einstweiligen Anordnung zu anderen Mitteln des einstweiligen Rechtsschutzes

a) Das Verhältnis des § 620 Nr. 7 ZPO zu § 621g ZPO

Solange ein Antrag auf Erlass einer konkreten einstweiligen Anordnung noch nicht gestellt ist, hat der Antragsteller ein **Wahlrecht**. Er kann ungehindert zwischen einer einstweiligen Anordnung nach § 620 Nr. 7 ZPO und einer solchen nach § 621g ZPO, die im Rahmen eines isolierten Hauptsacheverfahrens ergehen kann, wählen.

20

Sobald jedoch ein Anordnungsverfahren nach § 620 Nr. 7 ZPO **anhängig**[69] ist, kann ein Antrag nach § 621g ZPO nicht mehr gestellt werden; ebenso wenig umgekehrt.[70]

Ein einstweiliges Anordnungsverfahren nach § 621g ZPO kann jedoch (entsprechend einer weit verbreiteten Auffassung zu § 13 Abs. 4 HausratsVO a.F.) in ein Verfahren nach § 620 Nr. 7 ZPO **übergeleitet** werden.[71]

Ist in einem der summarischen Verfahren nach § 620 Nr. 7 ZPO oder § 621g ZPO eine **vollstreckbare Entscheidung** erlassen, hindert dies erst recht eine weitere einstweilige Anordnung zum selben Regelungsgegenstand im jeweils anderen summarischen Verfahren.[72] Jedoch kommt eine **Abänderung** der einstweiligen Anordnung nach § 621g ZPO durch eine solche nach § 620 Nr. 7 ZPO (und auch umgekehrt[73]) in Betracht.[74]

Der Erlass einer einstweiligen Anordnung nach § 621g ZPO lässt dagegen ein weiteres Anordnungsverfahren nach § 620 Nr. 7 ZPO zu, wenn die im letztgenannten Verfahren beantragte einstweilige Anordnung ausschließlich für die Zeit nach Rechtskraft der Scheidung Wirkung entfalten soll; in diesem Fall decken sich die Regelungsgegenstände nicht.[75]

b) Das Verhältnis des § 620 Nr. 7 ZPO zu § 620 Nr. 9 ZPO n.F.

Aufgrund des Verhältnisses der materiellen Normen (§ 1361b BGB, § 14 LPartG einerseits und § 2 GewSchG andererseits) ist ein Vorrang des § 620 Nr. 7 ZPO anzunehmen, soweit die Ehewohnung zum Zwecke des Erhalts des Lebensmittelpunktes zugewiesen werden soll.

21

Vgl. eingehender § 6 Rn 52 ff.

---

69 Anhängigkeit genügt, da eine Entscheidung ohne vorherige Anhörung des Antragsgegners und damit ohne vorherige Zustellung des Antrages erlassen werden kann. Vgl. § 1 Rn 13.
70 Zur entsprechenden Rechtslage bei Hausrat vgl. § 4 Rn 14; die dortigen Ausführungen gelten hier entsprechend.
71 Vgl. § 4 Rn 15.
72 Vgl. § 4 Rn 16.
73 MK (ZPO) – *Finger,* § 620 Rn 79 mit Hinweis auf KG FamRZ 1990, 183 zum Verhältnis zu § 13 Abs. 4 HausratsVO a.F.
74 *Zöller – Philippi,* § 620 Rn 35 mit Hinweis auf OLG Köln FamRZ 1994, 632 f. zum Verhältnis zu § 13 Abs. 4 HausratsVO a.F.; OLG Brandenburg FamRZ 2001, 636.
75 Vgl. zur selben Rechtslage bei Hausrat § 4 Rn 17.

§ 5 Der einstweilige Rechtsschutz zur Ehewohnung

c) Das Verhältnis des § 620 Nr. 7 ZPO zu § 620 Nr. 5 ZPO

21a Vgl. § 7 Rn 15.

d) Das Verhältnis des § 620 Nr. 7 ZPO zu § 64b Abs. 3 S. 1 FGG n.F.

22 Auch hier greift aus den soeben angegebenen Gründen vorrangig § 620 Nr. 7 ZPO. Vgl. § 6 Rn 102.

e) Das Verhältnis des § 620 Nr. 7 ZPO zur einstweiligen Verfügung

23 Eine einstweilige Verfügung ist subsidiär gegenüber einer einstweiligen Anordnung nach § 620 Nr. 7 ZPO. Ab **Anhängigkeit einer Ehesache bzw. eines entsprechenden PKH-Antrages** wird der Erlass einer einstweiligen Verfügung somit unzulässig.[76]

Da mit Regelungen nach § 620 Nr. 7 ZPO ebenso der von einem Ehegatten verübten **verbotenen Eigenmacht**[77] begegnet werden kann, greift auch hier die Subsidiarität der einstweiligen Verfügung.

Wer den Anwendungsbereich des § 620 Nr. 7 ZPO (wie hier vertreten) auch auf **Belästigungsverbote** erstreckt, wird das Verfügungsverfahren ab Anhängigkeit einer Ehesache ebenfalls ausschließen, wenn eine Verhinderung derartiger Belästigungen zwischen Ehegatten bewirkt werden soll, jedenfalls soweit diese Belästigungen im Zusammenhang mit der Ehewohnung stehen.[78]

24 Ist ein Antrag auf Erlass einer einstweiligen Verfügung unzulässigerweise gestellt, weil der Anwendungsbereich der einstweiligen Anordnung nach § 620 Nr. 7 ZPO eröffnet ist, kommt eine Umdeutung des Verfügungsantrages in einen Anordnungsantrag gemäß § 140 BGB in Betracht.[79]

25 Da **Dritte** nicht in den Wirkungsbereich der einstweilige Anordnung einbezogen werden können, muss diesen gegenüber der Erlass einer einstweiligen Verfügung zulässig bleiben, soweit nicht das GewSchG und die danach vorgesehenen spezielleren Maßnahmen des einstweiligen Rechtsschutzes Vorrang beanspruchen.

IV. Regelungsbedürfnis

26 Zum Regelungsbedürfnis allgemein vgl. oben § 2 Rn 58 ff.

Im Rahmen einer einstweiligen Anordnung nach § 620 ZPO wird teilweise das Regelungsbedürfnis nicht solch strengen Voraussetzungen unterworfen wie bei einer einstweiligen

---

[76] MK (ZPO) – *Finger*, § 620 Rn 77 a.E.; vgl. auch *Zöller – Philippi*, § 620 Rn 29; BGH FamRZ 1982, 1200 zum Verhältnis der einstweiligen Verfügung zu § 13 Abs. 4 HausratsVO a.F.
[77] *Palandt – Brudermüller*, § 1361b Rn 18.
[78] Vgl. § 5 Rn 17 »Belästigungsverbote«.
[79] BGH FamRZ 1982, 1200 zur Umdeutung in einen Antrag nach § 13 Abs. 4 HausratsVO a.f.; dasselbe muss für eine Umdeutung in einen Antrag nach § 620 Nr. 7 ZPO gelten.

Anordnung in einem isolierten Verfahren.[80] Demnach genügt es, dass ein **Bedürfnis für den Erlass einer Benutzungsregelung** besteht[81] (selbstverständlich unter Berücksichtigung der materiellen Voraussetzungen des § 1361b BGB bzw. § 14 LPartG).[82] Dies ist anzunehmen, wenn einer der beiden Ehegatten die Wohnung benutzen möchte, der andere ihm dies jedoch verweigert. Es fehlt dagegen, wenn ein Ehegatte die Wohnung bereits alleine bewohnt und der andere dorthin nicht zurückzukehren beabsichtigt[83] und ihn auch nicht im Besitz stört.[84]

Bei Getrenntleben innerhalb der Ehewohnung ist das Regelungsbedürfnis anzunehmen, wenn die Alleinbenutzung oder die Mitbenutzung bestimmter Räume im Streit ist.

Liegt eine **Einigung** über die Benutzung der Ehewohnung vor, ist dennoch eine einstweilige Anordnung zu erlassen, wenn Streit über die Wirksamkeit oder den Inhalt der Vereinbarung herrscht.[85]

Für ein Verfahren zur Zuweisung der Ehewohnung an den anderen Ehegatten fehlt das Regelungsbedürfnis.[86]

V. Weitere Zulässigkeitsvoraussetzungen

Vgl. § 2 Rn 67. 27

VI. Antragstellung

1. Erfordernis der Antragstellung und Art des Antrags

Ein einstweiliges Anordnungsverfahren nach § 620 Nr. 7 ZPO setzt stets eine Antragstellung voraus. Auch wenn es nach h.M. nicht erforderlich ist, den Antrag konkret auszuformulieren (bloßer **Verfahrensantrag**),[87] bleibt eine detaillierte Darstellung der Antragsziele[88] jedenfalls zweckmäßig.[89] Sinnvoll ist demzufolge, die gewünschte Aufteilung (oder gesamte Zuweisung) der Ehewohnung bereits in der Antragsschrift selbst deutlich zu machen. Bindungswirkung erlangt ein solcher Antrag für das Gericht jedoch nicht.[90] 28

---

80 Hierzu vgl. § 5 Rn 101.
81 MK (ZPO) – *Finger,* § 620 Rn 73; *Zöller – Philippi,* § 620 Rn 68; *Gießler/Soyka,* Rn 763, 885
82 § 5 Rn 35 f. und *Johannsen/Henrich/Sedemund-Treiber,* § 620 ZPO Rn 28, 28a.
83 OLG Köln FamRZ 1985, 498.
84 MK (ZPO) – *Finger,* § 620 Rn 73.
85 Vgl. zur selben Rechtslage bzgl. Hausrat § 4 Rn 8 und 19.
86 *Zöller – Philippi,* § 620 Rn 68 mit Hinweis auf OLG Hamburg FamRZ 1983, 621; vgl. auch den Wortlaut des § 1361b Abs. 1 S. 1 BGB, der bei einer Hauptsacheentscheidung eine Antragstellung auf Zuweisung an den Ehepartner ebenso nicht vorsieht.
87 MK (ZPO) – *Finger,* § 620a Rn 7; *Zöller – Philippi,* § 620a Rn 19; *Gießler/Soyka,* Rn 772, 756.
88 Antragsmuster bei *Börger/Bosch/Heuschmid,* § 4 Rn 343, 341.
89 Vgl. näher bei der Darstellung zum Hausrat § 4 Rn 24.
90 *Palandt – Brudermüller,* Anh zu §§ 1361a, 1361b bei § 13 HausrVO Rn 2 mit Hinweisen auf div. Rechtsprechung.

§ 5 Der einstweilige Rechtsschutz zur Ehewohnung

2. Antragsbefugnis

29 Antragsbefugt sind ausschließlich die **Ehegatten/Lebenspartner** als am Hauptsacheverfahren Beteiligte.

3. Form/Anwaltszwang

30 Die Antragstellung ist **schriftlich** oder **zu Protokoll der Geschäftsstelle** eines Amtsgerichts (§ 620a Abs. 2 S. 2 ZPO) vorzunehmen und unterliegt nicht dem Anwaltszwang (§ 78 Abs. 5 ZPO).

4. Sachdarstellung/Glaubhaftmachung

a) Besonderheiten der »streitigen FGG-Angelegenheiten«

31 Wie oben zum Bereich der Hausratsangelegenheiten[91] bereits dargestellt, wird trotz der Geltung des Amtsermittlungsprinzips bei so genannten streitigen FGG-Angelegenheiten durch die Rechtsprechung gefordert, dass die Umstände, die das Gericht im Rahmen der durchzuführenden Gesamtabwägung zu berücksichtigen hat, **detailliert** vorzutragen und Beweismittel zu benennen sind.[92] Teilweise wird auch eine Glaubhaftmachung verlangt.

Die durch den Antragsteller vorzunehmende Sachdarstellung muss sich auf alle Voraussetzungen der einstweiligen Anordnung beziehen.

b) Darzustellende Voraussetzungen
aa) Übersicht

32 Eine sachdienliche Darstellung sollte sich beziehen auf:
- die allgemeinen Verfahrensvoraussetzungen[93]
- Partei-, Prozessfähigkeit
- Zuständigkeit des angerufenen Gerichts
- Regelungsbedürfnis
- das Fehlen von Verfahrenshindernissen
- anderweitige Rechtshängigkeit/Rechtskraft eines summarischen Verfahrens
- entgegenstehende Rechtskraft einer Hauptsacheentscheidung
- die besondere Verfahrensvoraussetzung zur Anhängigkeit der Ehesache – insoweit aber aktenkundig
- die materiellen Voraussetzungen für die Zuweisung der Ehewohnung (hierzu sogleich)

---

91 Vgl. § 4 Rn 24 f.
92 *Palandt – Brudermüller*, § 1361b Rn 10 mit Hinweis auf OLG Karlsruhe FamRZ 1991, 1440; OLG Köln FamRZ 1994, 632; OLG Brandenburg FamRZ 1996, 743; vgl. auch OLG Hamm FamRZ 1989, 739.
93 Weiter gehend zu Prozessvoraussetzungen vgl. *Thomas/Putzo – Reichold*, Vorbem § 253 Rn 15 ff.

Der einstweilige Rechtsschutz zur Ehewohnung §5

- Begriff der Ehewohnung
- Eigentumslage
- unbillige Härte nach § 1361b BGB/§ 14 LPartG
  - Voraussetzungen »allgemeiner« unbilliger Härte
  - ggf. vorsätzliche und widerrechtliche Verletzung des Körpers, der Gesundheit oder der Freiheit des Antragstellers
  - ggf. tatsächliche Umstände, aufgrund derer zu widerlegen ist, dass weitere Verletzungen oder Drohungen nicht zu besorgen sind
  - ggf. tatsächliche Umstände zur Unzumutbarkeit des weiteren Zusammenlebens mit dem anderen Ehegatten wegen der Schwere der Tat

  oder
- Voraussetzungen der Billigkeitsentscheidung nach §§ 3 ff. HausratsVO/§ 18 LPartG, falls die einstweilige Anordnung erst nach Rechtskraft der Scheidung wirken soll

  oder
- Voraussetzungen für den vertraglichen Anspruch (Wirksamkeitsvoraussetzungen, Umfang der Vereinbarung)[94]
- bei Antrag auf Erlass der einstweiligen Anordnung ohne rechtliches Gehör des Gegners auch die Umstände, die eine solche Entscheidung ohne Anhörung rechtfertigen.

bb) Darzustellende materielle Voraussetzungen

Stets ist tatsächlich auszuführen, dass und ggf. aufgrund welcher Umstände es sich bei dem von der Antragstellung betroffenen Wohnraum um die **Ehewohnung** bzw. **gemeinsame Wohnung** der Lebenspartner handelt. 33

Da bei der zu treffenden Entscheidung zu berücksichtigen ist (vgl. § 1361b Abs. 1 S. 3 BGB, § 14 Abs. 1 S. 3 LPartG), wer **Eigentümer** der Ehewohnung ist bzw. ob einem Ehegatten/Lebenspartner ein Erbbaurecht, ein Nießbrauch an dem Grundstück, ein Dauerwohnrecht oder ein dingliches Wohnrecht zusteht, sind entsprechende Darlegungen vorzunehmen. Entsprechendes gilt für eine Zuweisung nach Rechtskraft der Scheidung auch, wenn es sich um eine **Dienst- oder Werkwohnung** handelt (§§ 3, 4 HausratsVO, § 18 Abs. 3 LPartG).

Welche materiellen Voraussetzungen im Übrigen darzustellen sind, hängt davon ab, auf welcher Grundlage die einstweilige Anordnung erlassen werden soll (Vorliegen einer unbilligen Härte i.S.v. § 1361b BGB oder Billigkeitsentscheidung nach § 2 HausratsVO).

(1) Begriff der Ehewohnung/gemeinsamen Wohnung

Die Zuweisung kann sich lediglich auf die **Ehewohnung** bzw. gemeinsame Wohnung der Lebenspartner beziehen. Darunter ist jede Räumlichkeit zu verstehen, die von den Ehegat- 34

---

94 Vgl. § 5 Rn 59.

ten/Lebenspartnern während des Zusammenlebens gemeinsam als Unterkunft benutzt wurde. Nebenräume wie Keller, Speicher, Garage etc. gehören dazu, gewerblich genutzte Räume, die sich in der Wohnung befinden, dagegen nicht (so beispielsweise die Anwaltspraxis).[95]
Durch den bloßen Auszug eines Ehegatten verliert die Wohnung den Charakter als Ehewohnung nicht. Erst deren endgültige Aufgabe lässt diese Folge eintreten.[96] Dasselbe gilt für die Wohnung eingetragener Lebenspartner.

(2) Überlassungsanspruch aus §§ 1361b BGB/14 LPartG
Auslegung des unbestimmten Rechtsbegriffs »unbillige Härte«

35 Regelmäßig orientiert sich die einstweilige Anordnung nach § 620 Nr. 7 ZPO an den materiellen Regelung der §§ 1361b Abs. 1, 2 BGB, 14 LPartG.[97] Dies bedeutet, dass die (Ehe-)Wohnung oder ein Teil hiervon einem Ehegatten bzw. Lebenspartner alleine zugewiesen werden kann, wenn dies erforderlich ist, um eine **unbillige Härte** zu vermeiden. Entgegen der früheren Rechtslage wird nunmehr auf den Begriff der **schweren Härte**[98] verzichtet. Mit Hilfe dieser Neuregelung sollte der in der Vergangenheit geäußerten Kritik Rechnung getragen werden, nach der die Schwelle für eine Wohnungszuweisung als zu hoch anzusehen war.[99] Außerdem wollte der Gesetzgeber mit der Neufassung der Norm dem Umstand Rechnung tragen, dass nach dem Ergebnis einer vom Bundesministerium der Justiz und vom Bundesministerium für Familie, Senioren, Frauen und Jugend in Auftrag gegebenen und von der Sozialwissenschaftlichen Forschungsstelle der Otto-Friedrich-Universität Bamberg und dem Staatsinstitut für Familienforschung, Universität Bamberg, durchgeführten Studie der Begriff der schweren Härte von den Familiengerichten sehr unterschiedlich ausgelegt wurde – in Ballungszentren und Städten eher weit und in ländlichen Gebieten eher eng.[100]

36 Nach § 1361b BGB a.F. (auch § 14 LPartG a.F.) war eine Ehewohnungszuweisung nur gerechtfertigt, um eine **schwere Härte** zu vermeiden. Diese Gesetzesformulierung wurde gewählt, um deutlich zu machen, dass die Zuweisung der Ehewohnung an einen der Ehegatten bereits während der Zeit des Getrenntlebens die **Ausnahme** darstellen sollte, da mit dieser Maßnahme ein Eingriff in das aus dem Wesen der Ehe hergeleitete Besitzrecht,[101] das grds. bis zur Scheidung fortbesteht, einhergeht.

---

95 *Palandt – Brudermüller,* § 1361b Rn 6; *Zöller – Philippi,* § 620 Rn 66.
96 BGH FamRZ 1982, 355; OLG Jena NJW-RR 2004, 435; *Zöller – Philippi,* § 620a Rn 66 m.w.N.
97 Zum Ausnahmefall, dass die Vorschriften der HausratsVO Geltung beanspruchen, vgl. § 5 Rn 58.
98 Vgl. § 1361b Abs. 1 BGB i.d.F. bis zum 31.12.2001: »... soweit dies notwendig ist, um eine schwere Härte zu vermeiden.«.
99 Vgl. die Hinweise in BT-Drucks. 14/5429, 14 f.
100 BT-Drucks. 14/5429, 14 f.
101 Das Besitzrecht wird meist aus § 1353 Abs. 1 BGB (Gebot der ehelichen Lebensgemeinschaft) hergeleitet; vgl. BGH FamRZ 1978, 1529.

Eine **schwere Härte** i.S.v. § 1361b BGB a.F. wurde demzufolge durch die Rechtsprechung nur dann angenommen, wenn der Ehegatte, der die Wohnung verlassen sollte, das Wohnen für den anderen Ehegatten und/oder die im gemeinsamen Haushalt aufwachsenden Kinder in **grob rücksichtsloser Weise** durch **erhebliche Belästigungen nahezu unerträglich** machte.[102]

Bejaht wurde dies in folgenden Fällen:
- schwere körperliche Misshandlungen der Familienangehörigen[103]
- schwere Störungen des Familienlebens durch Alkohol-/Drogenmissbrauch[104]
- Terrorisierung der Familie aufgrund einer psychischen Erkrankung[105]
- Verängstigung durch Morddrohungen[106]
- verbotene Eigenmacht gegenüber dem kranken Ehegatten[107]

> *Beachte*
> Demgegenüber ist die **Eingriffsschwelle** für eine Überlassung der Ehewohnung nunmehr abgesenkt, da hierfür lediglich eine **unbillige Härte** vorliegen muss, ohne dass eindeutig definiert worden wäre, was hierunter zu verstehen ist. Auch wurde darauf verzichtet, einen Katalog von Härtefällen zu schaffen, da dieser wegen der Vielgestaltigkeit der Lebensverhältnisse ohnehin keinen Anspruch auf Vollständigkeit hätte erheben können.[108]

37

Die Auslegung des unbestimmten Rechtsbegriffs der unbilligen Härte wird weitestgehend der Rechtsprechung überlassen.

Im Wesentlichen wirkt sich die Herabsetzung der Eingriffsschwelle in der Praxis in den Fällen aus, in denen die bei Gewalttaten betroffenen Rechtsgüter **Körper, Gesundheit und Freiheit** des Schutzes bedürfen.[109] Sind derartige Taten begangen oder angedroht worden (ebenso bei einer Bedrohung des Lebens), ist in der Regel die gesamte Ehewohnung dem verletzten Ehegatten zur alleinigen Benutzung zuzuweisen (§ 1361b Abs. 2 S. 1 BGB).

Ferner ist ausdrücklich geregelt, dass eine Beeinträchtigung des **Wohles** der im Haushalt lebenden **Kinder** eine Ehewohnungszuweisung rechtfertigen kann.[110] Dieser Aspekt wurde bereits bei Geltung des § 1361b BGB a.F. als geeignet angesehen, die hohe Schwelle des Begriffs der »unzumutbaren Härte« herabzusetzen.[111]

38

---

102 *Palandt – Brudermüller,* § 1361b Rn 9 ff. mit zahlreichen Nachweisen auf die Rechtsprechung.
103 OLG Köln FamRZ 1996, 1220.
104 OLG Koblenz FamRZ 1987, 852; OLG Schleswig FamRZ 1991, 1301; OLG Karlsruhe FamRZ 1991, 1440; OLG Celle FamRZ 1992, 676.
105 OLG Hamm FamRZ 1997, 301.
106 OLG Karlsruhe FamRZ 1991, 1440.
107 OLG Hamm FamRZ 1996, 1441.
108 BT-Drucks. 14/5429, 21.
109 Vgl. *Brudermüller,* FF 2000, 156 (158), der vorschlug, die Herabsetzung der Eingriffsschwelle auf diese bei Gewalttaten tangierten Rechtsgüter zu beschränken.
110 OLG Stuttgart FamRZ 2004, 876 (auch wenn die Ehewohnung im Alleineigentum des Antragsgegners steht).
111 Vgl. zur Berücksichtigung des Kindeswohls bei Geltung des § 1361b BGB a.F.: OLG Bamberg FamRZ 1995, 560; 96, 1293; OLG Frankfurt/Main FamRZ 1996, 289; OLG Hamm FamRZ 1993, 1441.

39 Zwar hat der Gesetzgeber den Begriff der **unbilligen Härte** nicht ausschließlich mit Eingriffen in die Rechtsgüter Leib, Leben, Gesundheit oder Freiheit oder mit dem Wohl im Haushalt lebender Kinder verbunden, sodass auch sonstige Umstände eine Ehewohnungszuweisung nach § 1361b BGB bewirken können.[112] Ziel der Neufassung der Vorschrift war jedoch gerade, dass bei erfolgten oder drohenden Gewalttaten der Täter in aller Regel weichen muss.[113]

40 Problematisch bleibt trotz der weniger hohen Hürde für ein gerichtliches Einschreiten, ob im konkreten Fall **psychische Beeinträchtigungen** genügen, um ein gerichtliches Eingreifen zu rechtfertigen. Zwar hat der Gesetzgeber im Zusammenhang mit der Fassung des § 1 GewSchG darauf hingewiesen, dass das Rechtsgut der Gesundheit auch medizinisch feststellbare psychische Gesundheitsschäden umfasst.[114] Gerade unterhalb dieser Schwelle jedoch ist es nach wie vor für den Antragsteller schwierig, eine unbillige Härte zu begründen.[115]

41 Mit der aktuellen Regelung hat sich der Gesetzgeber m.E. dazu entschlossen, dass im Rahmen der vorzunehmenden Abwägung die widerstreitenden Individualinteressen im Vordergrund stehen und das Gemeinschaftsinteresse der Erhaltung der Ehe in den Hintergrund rückt. Dass bei einer erfolgten gewalttätigen Auseinandersetzung die Zuweisung der Ehewohnung versöhnungsfördernd wirken soll,[116] ist nicht Motiv der Änderung der Vorschrift gewesen. Eine derartige Wirkung wird sich tatsächlich auch nur im Ausnahmefall annehmen lassen.

42 *Hinweis*

In Anlehnung an die Definition zur unzumutbaren Härte des § 1361b a.F. wird eine **unbillige Härte** i.S.v. § 1361b BGB n.F. dann angenommen werden können, wenn der Ehegatte, der die Wohnung verlassen soll, das Zusammenwohnen für den anderen Ehegatten und/oder die im gemeinsamen Haushalt aufwachsenden Kinder in **rücksichtsloser Weise** durch **erhebliche Belästigungen unzumutbar** macht, die Zuweisung der Ehewohnung an den anderen Ehegatten erforderlich ist, um die unzumutbaren Beeinträchtigungen zu beseitigen und diese Regelung auch unter Berücksichtigung der Belange des weichenden Ehegatten und dinglicher Berechtigungen an der Ehewohnung dem weichenden Ehegatten zumutbar[117] ist.

Ein Hinausdrängen eines bloß lästigen und ungeliebten Mitbewohners darf durch § 1361b BGB nicht bewirkt werden.[118]

---

112 BT-Drucks. 14/5429, 21 (II. 2.); dort wird auf die Vielgestaltigkeit der Lebensverhältnisse hingewiesen.
113 BT-Drucks. 14/5429, 21 (II. 1.).
114 BT-Drucks. 14/5429, 33.
115 Vgl. auch § 5 Rn 50.
116 Vgl. zur Legitimation staatlicher Intervention durch § 1361b BGB a.F. *Coester*, FamRZ 1993, 249.
117 Diese Zumutbarkeit kann durch gesetzliche Wertungen wie z.B. durch die Regelung in § 1361b Abs. 2 BGB konkretisiert werden.
118 Vgl. OLG Jena FamRZ 2004, 877.

Zuzugeben ist, dass ein derartiger Definitionsversuch vielfach nicht (erheblich) mehr Klarheit bringt, als die gesetzliche Regelung selbst, da sie eine Mehrzahl auslegungsbedürftiger Ausdrücke verwendet, um eine ebenfalls auslegungsbedürftige gesetzliche Regelung auszufüllen.[119] 43
Letztlich läuft die Auslegung des unbestimmten Rechtsbegriffs auf eine **richterliche Billigkeitsabwägung im Einzelfall** hinaus,[120] was m.E. nicht nur als Notlösung zu akzeptieren, sondern zur Herbeiführung von möglichst weit gehender Einzelfallgerechtigkeit geradezu erforderlich ist.
Zweifellos ist eine Ehewohnungszuweisung nach neuer Rechtslage dann zulässig, wenn auch unter Geltung des § 1361b BGB a.F. eine solche Maßnahme gerechtfertigt gewesen wäre.[121]

Abwägung der widerstreitenden Interessen

Bei der vorzunehmenden **Abwägung** ist darauf abzustellen, welche berechtigten Interessen des Antragstellers verletzt werden, wenn eine Ehewohnungszuweisung unterbleibt. Dagegen sind die schutzwürdigen Belange des Antragsgegners, der in der Ehewohnung verbleiben möchte und diese verlassen soll, zu beachten. 44
Insbesondere ist das Wohl der im gemeinsamen Haushalt lebenden Kinder zu berücksichtigen (§ 1361b Abs. 1 S. 2 BGB). Eine Zuweisung der Ehewohnung kann gerechtfertigt sein, wenn das Kindeswohl beeinträchtigt würde, falls die Anordnung unterbliebe – etwa dann, wenn die Eltern massive Streitigkeiten in Gegenwart der Kinder austragen.
Der Antragsteller wird meist das Interesse an **körperlicher** und/oder **seelischer Integrität** anführen, während sich der Antragsgegner darauf berufen kann, die Ehewohnung sei für ihn als **räumlich-gegenständliche** und auch als **soziale Lebensbasis** zu erhalten; er habe ein Recht zum Besitz. Der Bezug zu den Kindern (und auch zum Ehegatten) wird durch das Verlassenmüssen der Wohnung erschwert. Ebenso kann das Interesse an der Nutzung des Eigentums oder sonstiger dinglicher Rechte angeführt werden. 45
In die vorzunehmende Gesamtabwägung sind alle wesentlichen **Umstände des Einzelfalles** einzustellen, die das Verhältnis der Ehegatten zueinander, ihre gegenwärtigen Lebensbedingungen und ihre Beziehungen zur Ehewohnungen betreffen.[122] Zu berücksichtigen ist der **Verhältnismäßigkeitsgrundsatz**, was dazu führen kann, dass eine vollständige Ehewohnungszuweisung nicht in Betracht kommt, weil mit einer bloßen Aufteilung der Ehewohnung die unbillige Härte beseitigt werden kann.[123] 46

---

119 *Coester*, FamRZ 1993, 252 spricht bezüglich der Definition zu § 1361b BGB a.F. davon, dass eine vage Formel durch eine Mehrzahl gleichermaßen aussageschwacher Ausdrücke ausgefüllt wird.
120 *Coester*, a.a.O.
121 *Palandt – Brudermüller*, § 1361b Rn 10.
122 *Palandt – Brudermüller*, § 1361b Rn 14.
123 AnwK-BGB/*Boden*, § 1361b Rn 23; vgl. auch OLG Köln FamRZ 1985, 498; AG Saarbrücken FamRZ 2003, 530 (zum Interesse des Kindes beide Elternteile in unmittelbarer Nähe zu haben).

Auch ist zu beachten, dass die Ehewohnungszuweisung nicht dazu dienen soll, eine Veräußerung der Wohnung oder ein Weitervermieten zu ermöglichen;[124] die einstweilige Anordnung nach § 620 Nr. 7 ZPO bezweckt nur eine Zuweisung zum Bewohnen.
Maßgebliche Prüfungskriterien für das Gericht sind insbesondere folgende:[125]

47 ■ **Art und Intensität der Störungen**
Wurde eine **Verletzung** des Körpers, der Gesundheit oder der Freiheit widerrechtlich und **vorsätzlich** verursacht oder mit einer solchen **gedroht** (ebenso im Falle der Lebensbedrohung), ist kraft ausdrücklicher gesetzlicher Festlegung dem verletzten und antragstellenden Ehegatten regelmäßig die gesamte Ehewohnung zu alleiniger Benutzung zu überlassen. Dies schließt nicht aus, dass im Einzelfall nach erfolgter Interessenabwägung dennoch eine bloße Aufteilung der Ehewohnung vorgenommen wird oder sogar eine solche unterbleibt. Beispielsweise ist denkbar, dass bei günstigen Wohnverhältnissen die Zuweisung einer Wohnetage an den Ehemann und des Restes an die Ehefrau erfolgt, wenn die räumliche Trennung und die Verhinderung weiterer Übergriffe dadurch herbeigeführt wird.

Die Zuweisung verlangt nicht, dass eine schwere körperliche Misshandlung vorgekommen ist; ansonsten würde die vom Gesetzgeber beabsichtigte Herabsetzung der Eingriffsschwelle nicht herbeigeführt werden. Die Zufügung von Rechtsgutsverletzungen geringsten Ausmaßes[126] jedoch sollten nicht geeignet sein, den Regelfall zu begründen. Zumindest ist in einem solchen Fall kritisch zu hinterfragen, ob nicht Wiederholungsgefahr ausgeschlossen werden kann.

48 Ausgeschlossen ist die Ehewohnungszuweisung dann, wenn weitere Verletzungen und widerrechtliche Drohungen nicht zu besorgen sind. Die Beweislast für diesen Ausnahmetatbestand trägt demzufolge der Verletzer.

Wiederum eine Ausnahme von dieser Ausnahme liegt dann vor, wenn dem verletzten Ehegatten wegen der Schwere der Verletzungen nicht zuzumuten ist, weiterhin mit dem Antragsgegner unter einem Dach zusammenzuleben. Dies ist insbesondere – aber selbstverständlich nicht nur – bei sexuellen Übergriffen anzunehmen.

49 § 1361b BGB setzt jedoch nicht zwingend voraus, dass Verletzungen der benannten Rechtsgüter bereits erfolgt sind oder solche drohen. Auch ist nicht zwingend erforderlich, dass die Beeinträchtigungen von dem Ehegatten, der die Wohnung verlassen soll, schuldhaft herbeigeführt wurden.[127] So wurde eine schwere Härte i.S.d. § 1361b Abs. 1 BGB a.F. in einem Fall angenommen, in dem bei einem Ehegatten aufgrund eigener psy-

---

[124] OLG Köln FamRZ 1997, 943; OLG Hamm FamRZ 1998, 1172; OLG Karlsruhe FamRZ 1999, 1087; a.A. OLG Hamburg FamRZ 1992, 1298 für den Ausnahmefall, dass der Eigentümer-Ehegatte zur Tilgung beträchtlicher Schulden die Wohnung verwerten muss, um eine Gefährdung seiner beruflichen Existenz abzuwenden.
[125] Im Einzelnen vgl. die Kommentierung bei *Palandt – Brudermüller*, § 1361b Rn 9–14.
[126] Wie z.B. das einmalige und lediglich kurzfristige Absperren einer Türe, um eine Aussprache zu erzwingen.
[127] Vgl. § 5 Rn 54.

chischer Erkrankung bereits die Tatsache des Zusammenlebens mit dem anderen Ehegatten zu erheblichen gesundheitlichen Beeinträchtigungen geführt hatte.[128] Auch Beeinträchtigungen anderer Art sind geeignet, die erforderlichen Voraussetzungen zu erfüllen, wenn auch der Hauptanwendungsbereich in § 1361b Abs. 1 S. 2 und Abs. 2 BGB angesprochen ist.

Bloße Belästigungen und **Unannehmlichkeiten**, die vielfach bei einer Trennung oder Scheidung vorkommen, genügen dagegen auch nach der Neufassung des § 1361b BGB nicht (jedenfalls nicht, um eine Alleinzuweisung der Ehewohnung zu begründen).[129] Ebenso sind bloße Vermögensinteressen (z.B. eine günstigere Veräußerungsmöglichkeit der Ehewohnung, wenn sie nur durch den antragstellenden Eigentümer bewohnt ist) nicht geeignet, eine unbillige Härte i.S.v. § 1361b BGB zu begründen, da Sinn der Norm ist, die Ehewohnung als (zumindest vorübergehende) Lebensgrundlage zur Verfügung zu stellen.

50

- **Kindeswohl**

Gemäß § 1361b Abs. 1 S. 2 BGB kann es das Kindeswohl alleine oder auch im Zusammenhang mit anderen Aspekten rechtfertigen, eine unbillige Härte anzunehmen. Wer voraussichtlich die Hauptbezugsperson für die Kinder sein wird, kann eher damit rechnen, die Ehewohnung zugewiesen zu erhalten, wenn dadurch den Kindern die gewohnte Umgebung erhalten bleiben kann.[130]

51

- **Zeitdauer der Trennung der Eheleute**

Je länger eine Trennung bereits andauert, desto geringer ist die Bedeutung der Ehewohnung jedenfalls für den Ehepartner, der die Wohnung freiwillig[131] verlassen hat.
Alleine der freiwillige Auszug aus der Ehewohnung und die damit einhergehende Aufgabe des Mitbesitzes an der Ehewohnung hindert nicht, dass der Anspruch auf Wiederherstellung der ehelichen Lebensgemeinschaft und erneute Einräumung des Mitbesitzes durch Aufnahme in die Ehewohnung grds. besteht.[132] Selbst wenn die eheliche Lebensgemeinschaft nicht wiederhergestellt werden soll, verliert der Ehegatte, der die Wohnung freiwillig verlassen hat, dadurch nicht generell den Anspruch aus § 1361 b Abs. 1 BGB. Auch er kann verlangen, dass ihm der andere Ehegatte die Wohnung überlässt, wenn die weiteren Voraussetzungen des § 1361b Abs. 1 BGB erfüllt sind.[133]
Die Eigenschaft als Ehewohnung geht erst durch deren endgültige Aufgabe verloren.[134]

52

---

128 OLG Bamberg NJW-FER 2000, 138 = FamRZ 2000, 1101 (Ls.).
129 OLG Jena FamRZ 2004, 877; OLG Hamburg FamRZ 1993, 190; OLG Brandenburg FamRZ 1996, 743 zu § 1361b BGB a.F.
130 Zur Berücksichtigung des Kindeswohls vgl. OLG Stuttgart FamRZ 2004, 876; OLG Bamberg FamRZ 1995, 560; OLG Köln FamRZ 1992, 322; OLG Frankfurt/Main FamRZ 1996, 289.
131 Hierzu vgl. aber auch oben § 5 Rn 34.
132 OLG Köln FamRZ 1994, 632.
133 OLG Düsseldorf FamRZ 1998, 1171; OLG Hamm FamRZ 1998, 1172; vgl. zur Verschärfung der Voraussetzungen in einem solchen Fall OLG Köln FamRZ 1996, 547.
134 BGH FamRZ 1982, 355; Zöller – Philippi, § 620 Rn 66 m.w.N.

Die Ehewohnungszuweisung kann nach jedenfalls **langer Dauer der Trennung** unter weniger strengen Voraussetzungen erfolgen.[135] Dagegen sind strengere Anforderungen zu erfüllen, wenn ein Ehegatte die Zuweisung der Ehewohnung an sich alleine beantragt, um **die Trennung erst einzuleiten.**[136]

53 Gemäß § 1361b Abs. 4 BGB wird sogar die **unwiderlegliche Vermutung** aufgestellt, dass der Ehegatte, der die Ehewohnung freiwillig verlassen hat, dem anderen Ehegatten das alleinige Nutzungsrecht überlassen hat, es sei denn, er hat diesem gegenüber binnen einer Frist von sechs Monaten seit Auszug eine ernstliche Rückkehrabsicht bekundet.

- **Verschulden/Verursachung**

54 Im Allgemeinen ist nicht maßgeblich, wer die Situation, die die Ehewohnungszuweisung erforderlich macht, verursacht oder verschuldet hat.[137] Fällt jedoch das Verhalten eines Ehepartners derart schwer ins Gewicht, dass es unerträglich erschiene, dieses nicht zu berücksichtigen, kann diesem entscheidende Bedeutung beigemessen werden. So kann beispielsweise die Aufnahme eines neuen Partners in die Ehewohnung[138] maßgeblich berücksichtigt werden. Auch der Entzug der Wohnung durch verbotene Eigenmacht[139] oder das beharrliche Hinwegsetzen über eine verbindlich vereinbarte Regelung der Wohnungsaufteilung[140] kann dazu führen, dass die Ehewohnung dem jeweils anderen Ehegatten zugewiesen wird.

- **Dingliche Rechtspositionen**

55 Dass insoweit eine besondere Berücksichtigung angezeigt ist, ergibt sich bereits aus § 1361b Abs. 1 S. 3 BGB. Derartige Rechtspositionen können eine Herabsetzung der Härteschwelle bewirken, wenn der Eigentümer die Antragstellung vornimmt[141] und umgekehrt eine strengere Sichtweise erfordern, wenn derjenige, der die Wohnung verlassen soll, der dinglich Berechtigte ist.

- **Alter und Gesundheitszustand**[142]

56 Demjenigen, dessen Gesundheitszustand beeinträchtigt ist, wird es weniger zuzumuten sein, sich um neuen Wohnraum zu kümmern, als dem anderen gesunden Ehegatten.

---

135 Vgl. OLG Bamberg FamRZ 1990, 1353; OLG München FamRZ 1996, 730; OLG Köln FamRZ 1996, 547: bei Geltung des § 1361b BGB a.F. (schwere Härte) wurde eine Annäherung an die weniger strengen Voraussetzungen der §§ 1 ff. HausratsVO vorgenommen. Vgl. aber auch *Palandt – Brudermüller,* § 3 HausratsVO Rn 2 – dort wird eine Zuweisung nach § 3 HausratsVO (an den Nichteigentümer) denselben strengen Voraussetzungen unterworfen wie eine Zuweisung nach § 1361b BGB.
136 Zur Einleitung der Trennung innerhalb der Ehewohnung vgl. OLG Zweibrücken FamRZ 1984, 391; OLG Schleswig FamRZ 1991, 82.
137 *Palandt – Brudermüller,* § 1361b Rn 12; vgl. auch § 5 Rn 49 und den dortigen Beispielsfall.
138 OLG Hamm FamRZ 1993, 1442; vgl. ferner OLG Bamberg FamRZ 1995, 560.
139 OLG Hamm FamRZ 1996, 1411.
140 OLG Braunschweig NJW-RR 1996, 578.
141 OLG Köln FamRZ 1994, 632.
142 OLG Jena FamRZ 1997, 559; OLG Koblenz FamRZ 1987, 852.

- **Einkommens- und Vermögensverhältnisse**[143]
Wer die Kosten für eine Ersatzbeschaffung von Wohnraum leichter aufbringen kann, wird eher weichen müssen als der andere Ehegatte.[144]

(3) Überlassungsanspruch aus §§ 3 ff. HausratsVO bzw. §§ 17, 18 LPartG

Soll die einstweilige Anordnung nach § 620 Nr. 7 ZPO ausschließlich für die Zeit **nach Rechtskraft der Scheidung** wirken,[145] ist nicht mehr auf § 1361b BGB, sondern auf die Hausratsverordnung abzustellen. Entsprechendes gilt bei Aufhebung einer eingetragenen Lebenspartnerschaft oder der Feststellung des Bestehens oder Nichtbestehens einer solchen; materiell ist an §§ 17, 18 LPartG anzuknüpfen.

Ist keiner der Ehegatten bzw. Lebenspartner Eigentümer oder steht die Ehewohnung im Miteigentum der beiden, ist auf § 2 HausratsVO/§ 17 LPartG abzustellen und eine »reine« Billigkeitsabwägung vorzunehmen.

Begehrt dagegen der Nichteigentümer die Nutzung, während der (Mit-)Eigentümer weichen soll, orientiert sich der Prüfungsmaßstab für die Zuweisung am mittlerweile gleich formulierten Begriff der unbilligen Härte (§ 3 HausratsVO, §§ 18 Abs. 2, 3 LPartG). Gegebenenfalls sind Besonderheiten des § 4 HausratsVO (Dienst- und Werkwohnung) zu beachten.

(4) Überlassungsanspruch aus Vertrag

Auch eine unter den Ehegatten getroffene **Vereinbarung** über die Benutzung der Ehewohnung kann Grundlage für eine einstweilige Anordnung nach § 620 Nr. 7 ZPO sein. Hierbei ist jedoch erforderlich, dass Streit herrscht über die Wirksamkeit oder den Umfang der Vereinbarung[146] und nicht lediglich die Erfüllung der vereinbarten Regelung verweigert wird.[147]

5. Zuständiges Gericht

Nach § 620a Abs. 4 ZPO ist das Gericht der Ehesache zuständig für den Erlass der einstweiligen Anordnung, sobald und solange eine Ehesache in erster Instanz anhängig ist. Ist das Verfahren in die Berufungsinstanz gelangt, wechselt auch die Zuständigkeit zu diesem Gericht. Näher hierzu vgl. § 2 Rn 81 ff.

---

143 OLG Karlsruhe FamRZ 1981, 1087; KG FamRZ 1988, 182.
144 Nicht zu vergessen ist aber, dass eine Gesamtabwägung vorzunehmen ist.
145 Eine solche Regelung kann sinnvoll sein, wenn eine Hauptsacheregelung nach § 1361b BGB oder § 14 LPartG für die Zeit des Getrenntlebens vorliegt, die im Zeitpunkt der Rechtskraft der Scheidung/Aufhebung der Partnerschaft ihre Wirksamkeit verliert. Zur Fortführung eines Verfahrens nach § 1361b BGB nach Rechtskraft der Scheidung vgl. OLG Naumburg EzFamR aktuell 2003, 136.
146 KG FamRZ 1990, 183; OLG Köln FamRZ 1987, 77 jeweils zur einstweiligen Anordnung nach § 13 Abs. 4 HausratsVO a.F.
147 Dann greift die einstweilige Verfügung; vgl. § 5 Rn 121. OLG Karlsruhe FamRZ 1996, 36; *Ewers*, FamRZ 1999, 76. Die Zuständigkeit für den Erlass der einstweiligen Verfügung liegt bei der allgemeinen Zivilabteilung des Amtsgerichts oder Landgerichts.

§ 5 Der einstweilige Rechtsschutz zur Ehewohnung

Im Falle einer isolierten Anfechtung der Folgesache Ehewohnung (ohne Anfechtung der Ehesache)[148] wird das OLG ebenso für den Erlass einer einstweiligen Anordnung nach § 620 Nr. 7 ZPO zur Regelung der Nutzung der Ehewohnung zuständig (§ 620 Abs. 4 S. 2 ZPO), da sich Gegenstand des Hauptsacheverfahrens und der einstweiligen Anordnung entsprechen. Dies ist auch dann der Fall, wenn (wie regelmäßig) die einstweilige Anordnung bereits während der Trennungszeit wirken soll.

Voraussetzung für den Erlass der einstweiligen Anordnung jedoch ist zusätzlich, dass die Ehesache im Zeitpunkt der Antragstellung noch nicht rechtskräftig entschieden ist, da in einem solchen Fall die Einleitung eines Anordnungsverfahrens unzulässig wird.[149]

Die Darstellungen gelten bei Anhängigkeit einer **Lebenspartnerschaftssache** i.S.d. § 661 Abs. 1 Nr. 1 bis 3 LPartG entsprechend.

61 Zur **internationalen Zuständigkeit** vgl. § 14 Rn 3 und 23.

VII. Ablauf des Verfahrens

1. Beteiligte

62 Auch wenn die (Ehe-)Wohnung betroffen ist, sind Beteiligte des Verfahrens nach § 620 Nr. 7 ZPO ausschließlich die **Ehegatten** bzw. **Lebenspartner.** Daran ändert auch § 7 HausratsVO nichts, der die Beteiligung des Vermieters vorsieht. Denn diese Norm greift nur, wenn die beantragte Entscheidung in einem Hauptsacheverfahren ergeht und nach Eintritt der Rechtskraft wirken soll.[150]

2. Mündliche Verhandlung

62a Vgl. § 2 Rn 93 und § 4 Rn 78.

3. Rechtliches Gehör

63 Vgl. § 2 Rn 97.

Der **Antragsgegner** ist grds. anzuhören.

In Ehewohnungsverfahren ist fraglich, ob der **Vermieter,** wenn er schon nicht Beteiligter im Verfahren ist, so doch wenigstens gehört werden muss. Da mit einer Entscheidung nach § 620 Nr. 7 ZPO nicht in Rechte des Vermieters eingegriffen wird,[151] ist nicht nur seine

---

148 Bei zusätzlicher Anfechtung der Ehesache greift § 620a Abs. 4 S. 1 ZPO.
149 Vgl. hierzu näher § 2 Rn 5 f.
150 *Palandt – Brudermüller,* Anh zu §§ 1361a, 1361b, § 7 HausratsVO Rn 3 zu § 620 ZPO und zu §§ 1361a, 1361b BGB; OLG Hamm FamRZ 1987, 1277: keine Beteiligung des Vermieters im Verfahren nach § 620 Nr. 7 ZPO.
151 Hierzu siehe § 5 Rn 13.

Beteiligtenstellung abzulehnen, sondern seine Anhörung auch nicht generell erforderlich. Ob er angehört wird, ist an der Amtsermittlungspflicht aus § 12 FGG auszurichten. Vielfach wird eine solche Maßnahme zur Sachaufklärung zweckmäßig sein. Vorgeschlagen wird auch, der Vermieter solle angehört werden, wenn er in seinen Rechtspositionen berührt sei.[152]

Eine Anhörung der **Kinder** kann ebenso sinnvoll sein, ohne dass hierdurch eine Beteiligtenstellung begründet würde.

4. Die Wahlmöglichkeiten des Gerichts zur Verfahrensgestaltung

Vgl. § 2 Rn 98.   63a

5. Anwaltszwang

Vgl. § 2 Rn 101.   64

Im Rahmen der mündlichen Verhandlung nach § 620a Abs. 1 ZPO müssen sich die Beteiligten anwaltlich vertreten lassen (§ 78 Abs. 2 ZPO).

Da im FGG-Verfahren das Amtsermittlungsprinzip herrscht, sind dennoch Erklärungen und Gegendarstellungen, die in einer mündlichen Verhandlung abgegeben werden, zu beachten, selbst wenn der betreffende Beteiligte ohne anwaltliche Vertretung erschienen ist. Eine wirksame Antragstellung scheidet jedoch aus.

6. Beweisaufnahme

Vgl. § 4 Rn 34.   65

7. Beendigung durch Vergleich

Vgl. § 4 Rn 35.   65a

8. Entscheidung/Beschluss

a) Förmlichkeiten der Entscheidung

Vgl. § 2 Rn 108 f.   66

---

152 MK (ZPO) – *Finger,* § 620a Rn 30.

b) Prüfungsumfang des Gerichts/Bindung an Parteianträge

67 Da die gestellten Anträge als Verfahrensanträge zu qualifizieren sind und eine Bindung des Gerichts an die Antragstellung nicht besteht, kann das Gericht beispielsweise eine Wohnungsaufteilung anders vornehmen als beantragt.[153]

Nicht nur sämtliche Zulässigkeitsvoraussetzungen sind von Amts wegen zu prüfen, sondern auch die für den Erlass einer einstweiligen Anordnung materiellen Erfordernisse. Da im Bereich der streitigen FGG-Angelegenheiten Ehewohnung und Hausrat das Amtsermittlungsprinzip jedoch eingeschränkt ist, muss sich die Prüfung nur auf die Umstände beziehen, die von den Beteiligten dargetan sind. Eine ergänzende Ermittlung zum Ausgleich mangelhafter Mitwirkung des Antragstellers ist nicht erforderlich.[154]

c) Inhalt des Beschlusses

68 Der Beschluss sollte nicht nur die **Zuweisung der Ehewohnung**, sondern auch ausdrücklich eine **Räumungsanordnung** beinhalten.

Darüber hinaus sind Anordnungen denkbar, die der **Durchführung** der einstweiligen Anordnung dienen.

Hierzu vgl. im Einzelnen § 5 Rn 10–18.

69 Wird eine Räumung der Ehewohnung angeordnet, soll bei Bedarf im Tenor des Beschlusses ergänzend ausgeführt werden, dass die Regelungen des § 885 Abs. 2 bis 4 ZPO nicht anzuwenden sind,[155] also bewegliche Sachen des Räumungsschuldners nicht wegzuschaffen sind.

70 Da die einstweilige Anordnung nur im Verhältnis der Ehegatten zueinander wirkt, ist es nicht möglich, eine Räumungsanordnung gegen eine **dritte Person**[156] auszusprechen, wenn diese von demjenigen Ehegatten in die Wohnung mit aufgenommen worden ist, der die Ehewohnung kraft der einstweiligen Anordnung zu verlassen hat. Gegen Dritte müsste gesondert vorgegangen werden (ggf. mit Hilfe einer einstweiligen Verfügung).

71 Zur Begründung der Entscheidung vgl. § 2 Rn 115 ff.

Eine **Kostenentscheidung** ist grds. entbehrlich; vgl. § 2 Rn 120 ff.

Ein Ausspruch über die **vorläufige Vollstreckbarkeit** ist nicht erforderlich, da die einstweilige Anordnung nach § 620 Nr. 7 ZPO kraft gesetzlicher Anordnung vollstreckbar ist (§ 794 Abs. 1 Nr. 3a ZPO).[157]

---

153 Vgl. die hier entsprechend geltenden Ausführungen von § 4 Rn 36.
154 Vgl. § 4 Rn 25
155 *Zöller – Philippi*, § 620 Rn 72 mit Hinweis auf diverse Rechtsprechung.
156 Zum Erfordernis eines Titels gegen Dritte vgl. § 5 Rn 72.
157 *Gießler/Soyka*, Rn 145 a.E.

VIII. Vollstreckung

Gemäß § 794 Abs. 1 Nr. 3a ZPO folgt die Vollstreckung ZPO-Regeln. Die Zuweisung der (Ehe-)Wohnung alleine erlaubt nicht eine Räumungsvollstreckung. Hierfür ist eine **Räumungsanordnung** erforderlich.[158]

72

> *Tipp*
> Ob ein weiterer Titel auch gegen **Dritte** (neuer Lebensgefährte), die der zur Räumung verpflichtete Ehegatte oder Lebenspartner in die Wohnung mit aufgenommen hat, erforderlich ist, dürfte nach der höchstrichterlichen Rechtsprechung nicht mehr umstritten sein. Der BGH hat dies bei Ehegatten bejaht, die Begründung aber nicht auf diesen Personenkreis beschränkt. Angesichts dieser Rechtsprechung ist es jedenfalls anzuraten, auch einen Titel gegen den Dritten zu erwirken, wobei jedoch zu beachten ist, dass dies nicht im Verfahren nach § 620 Nr. 7 ZPO geschehen kann. Hier erlassene Anordnungen wirken ausschließlich zwischen den Ehegatten.[159]

Die im Beschluss angeordnete **Räumung** der Ehewohnung wird nach § 885 Abs. 1 ZPO vollstreckt.[160] Da zur Durchsetzung der einstweiligen Ehewohnungszuweisung und Räumung das Wegschaffen von Sachen häufig nicht erforderlich ist, greifen regelmäßig die Regelungen des § 885 Abs. 2 bis 4 ZPO nicht.[161]

73

Ist im Beschluss lediglich die Anordnung enthalten, dass der Ehegatte die Wohnung zu verlassen oder auszuziehen habe, erfolgt die Vollstreckung nach § 888 ZPO.[162]

Nach § 885 Abs. 1 S. 3 ZPO kann die Zwangsvollstreckung während der Geltungsdauer der einstweiligen Anordnung **mehrfach vollzogen** werden, ohne dass es einer erneuten Zustellung an den Schuldner bedürfte. Sinn dieser Regelung ist die vereinfachte Wiederholung der Räumung, wenn sich der Ehegatte, der die Wohnung zu verlassen hatte, zu dieser erneut Zutritt verschafft hat.[163]

74

Dem Interesse des Schuldners, der vom anderen Ehegatten wieder in die Wohnung aufgenommen wurde, kann durch eine Abänderung der einstweiligen Anordnung nach § 620b Abs. 1 ZPO und durch eine Aussetzung der (erneuten) Vollziehung des Beschlusses Rechnung getragen werden.

Werden zur Durchführung des Beschlusses weitere Gebote und/oder Verbote angeordnet, erfolgt deren Vollstreckung nach §§ 888, 890 ZPO.

75

---

158 *Zöller – Philippi*, § 620 Rn 72.
159 Vgl. § 5 Rn 5.
160 *Zöller – Stöber*, § 885 Rn 2; *Johannsen/Henrich/Brudermüller*, § 1361b Rn 63.
161 OLG Hamburg FamRZ 1983, 1151; KG FamRZ 1987, 1290; OLG Karlsruhe FamRZ 1994, 1185; *Zöller – Philippi*, § 620 Rn 72; zur deshalb vorgeschlagenen Beschlussfassung vgl. § 5 Rn 69.
162 OLG Köln FamRZ 1983, 1231; AG Gladbeck FamRZ 1992, 589; *Zöller – Stöber*, § 885 Rn 2; hieran ändert m.E. auch die Neufassung des § 885 Abs. 1 S. 3 ZPO nichts, da diese Norm Mängel der Beschlussfassung nicht beseitigen kann; vgl. auch § 5 Rn 14.
163 BT-Drucks. 14/5429, 34 f.

Die Vollstreckungserleichterungen des § 64b Abs. 3 S. 3–6 FGG gelten bei einer Ehewohnungszuweisung (§ 620 Nr. 7 ZPO) unmittelbar weder für diese Anordnung selbst noch für begleitende Belästigungsverbote. Soweit die Maßnahmen des einstweiligen Rechtsschutzes auf Verletzung von Körper, Gesundheit, Freiheit oder Drohungen i.S.v. § 1361b Abs. 2 BGB gründen, sollte angesichts der insoweit mit § 1 Abs. 1, 2 und § 2 GewSchG identischen Voraussetzungen (trotz der unterschiedlichen Zielrichtungen der Regelungen in §§ 1, 2 GewSchG und § 1361b BGB)[164] eine analoge Anwendung in Erwägung gezogen werden. Falls eine solche abgelehnt wird, wäre der Gesetzgeber aufgerufen, diese nicht zu rechtfertigende Ungleichbehandlung zu beseitigen.

Zu den Vollstreckungsvoraussetzungen im Übrigen vgl. § 2 Rn 128 f.

Zur Aussetzung der Vollziehung der einstweiligen Anordnung vgl. § 2 Rn 131.

IX. Rechtsbehelfe

76 Als Rechtsbehelfe gegen den Beschluss nach § 620 Nr. 7 ZPO kommen in Betracht:
- Abänderungs-/Aufhebungsantrag nach § 620b Abs. 1 S. 1 ZPO
- Antrag auf erneute Beschlussfassung nach mündlicher Verhandlung gemäß § 620b Abs. 2 ZPO.
- sofortige Beschwerde nach § 620c ZPO.

Begleitet werden können diese Rechtsbehelfe mit einem Antrag auf Aussetzung der Vollziehung (§ 620e ZPO).[165]

1. Erneute Beschlussfassung aufgrund mündlicher Verhandlung (§ 620b Abs. 2 ZPO)

77 Hierzu vgl. § 2 Rn 137 ff.

2. Abänderung oder Aufhebung des Beschlusses

78 Vgl. zunächst § 2 Rn 151 ff.

Der Abänderungsantrag ist im vorliegenden (streitigen) FGG-Bereich Ehewohnung **nicht** als **Sachantrag** anzusehen. Es muss sich jedoch (zumindest aus der Begründung) erkennen lassen, welche Abänderung begehrt wird.[166] Nach wohl h.M. ist darüber hinaus eine **Beschwer** darzutun.[167]

---

164 Vgl. § 6 Rn 30 f.
165 Hierzu § 5 Rn 86.
166 *Schwab/Maurer/Borth*, I Rn 947.
167 *Musielak – Borth*, § 620b Rn 5; *Gießler/Soyka*, Rn 165; vgl. zu § 620b und Beschwer auch § 2 Rn 140 und 155.

Die FGG-Streitigkeiten Ehewohnung und Hausrat sind einer **rückwirkenden Änderung** nicht zugänglich. Eine Ausnahme greift dann, wenn ein Nutzungsentgelt Gegenstand des Abänderungsbegehrens ist.[168] Hier greifen die zum Unterhalt dargestellten Grundsätze entsprechend.[169]

> *Hinweis*
> Wegen der Neufassung des § 885 Abs. 1 ZPO, der eine wiederholte Vollziehung der Räumungsanordnung ermöglicht, ist die Abänderung der einstweiligen Anordnung zulässig, wenn der Ehegatte, dem die Ehewohnung zugewiesen wurde, den anderen Ehegatten wieder in die Wohnung aufgenommen hat.

Ein in einem Anordnungsverfahren geschlossener **Vergleich** kann nach § 620b Abs. 1 ZPO abgeändert werden, es sei denn der Vergleich hatte eine endgültige Regelung zum Inhalt.[170] Bezweckte die vertragliche Einigung nur eine einstweilige Regelung, sind Abänderungen denkbar. Im Rahmen der Entscheidung nach § 620b Abs. 1 ZPO sind jedoch die Vorgaben des § 17 Abs. 1, 2 HausrVO zu berücksichtigen.[171]

79

3. Die sofortige Beschwerde (§ 620c ZPO)

a) Anwendungsbereich

Der Anwendungsbereich der sofortigen Beschwerde ist bei Ehewohnungsangelegenheiten nach der Neufassung des § 620c ZPO mit Wirkung vom 1.1.2002 nicht mehr beschränkt auf den Fall, dass die Ehewohnung einem Ehegatten ganz zugewiesen wird.

80

> *Hinweis*
> Nunmehr ist nach dem Wortlaut der Regelung **jede Entscheidung** über einen Antrag auf Ehewohnungszuweisung mit der sofortigen Beschwerde angreifbar. Somit kann auch der Antragsteller gegen einen ablehnenden Beschluss mit Hilfe des § 620c ZPO vorgehen. Statthaft ist die sofortige Beschwerde (beider Beteiligter) auch bei einer nur teilweise erfolgenden Zuweisung.[172]

Umstritten ist, ob die Anfechtung **bloßer Nebenbestimmungen** wie der Gewährung oder Versagung einer Räumungsfrist[173] oder der Anordnung einer Ausgleichszahlung für die Überlassung der Wohnung zulässig ist. Die dies ablehnende Auffassung[174] sieht in einer

---

168 MK (ZPO) – *Finger*, § 620b Rn 10 Fnfn 22; *Gießler/Soyka*, Rn 172.
169 Vgl. § 2 Rn 167 und § 4 Rn 167.
170 Vgl. § 2 Rn 169.
171 *Gießler/Soyka*, Rn 164.
172 A.A. bei Aufteilung der Wohnung OLG Naumburg FamRZ 2005, 2074; Zöller – Philippi § 620c Rn 6a; wie hier *Klein*, in *Gerhard/von Heintschel-Heinegg*, 8. Kap. Rn 292 mit Hinweis auf div. Rechtsprechung; bei der beantragten Wiedereinräumung von Mitbesitz handelt es sich nicht um einen Antrag auf Zuweisung der Ehewohnung – OLG Bamberg FuR 2005, 561.
173 Bejahend *Klein*, in *Gerhard/von Heintschel-Heinegg*, 8. Kap. Rn 292 und *Zöller – Philippi*, § 620c Rn 6a.
174 OLG Brandenburg FamRZ 2003, 1305; OLG Hamburg FamRZ 1983, 1151; OLG Bamberg FamRZ 1993, 1338.

§ 5 Der einstweilige Rechtsschutz zur Ehewohnung

derart weit gehenden Zulassung der sofortigen Beschwerde einen Widerspruch zur gesetzgeberischen Systematik, die Anfechtbarkeit der einstweiligen Anordnung nach § 620 ZPO nur in eng begrenzten Ausnahmefällen zuzulassen. Dies vermag mich angesichts des Wortlauts der Regelung nicht zu überzeugen, auch wenn man berücksichtigt, dass im Gesetzgebungsverfahren ausdrücklich lediglich der Fall angesprochen wurde, dass aufgrund der Änderung der Formulierung des § 620c ZPO die Ablehnung des Erlasses einer einstweiligen Anordnung anfechtbar sein wird.[175] Insbesondere scheint mir eine Differenzierung nicht gerechtfertigt, wonach die Gewährung oder Versagung einer Räumungsfrist anfechtbar sein soll, die Anordnung einer Ausgleichszahlung aber nicht.

b) Verfahrensablauf und Entscheidung

80a Vgl. § 3 Rn 104 ff.

Besonderheiten ergeben sich wie folgt.

aa) Beschwerdeberechtigung; Beschwer; Anschlussbeschwerde

81 Die Beschwerdeberechtigung steht wegen des summarischen Charakters des Anordnungsverfahrens ausschließlich den **Ehegatten**[176] bzw. **Lebenspartnern** zu. Eine Drittbeteiligung ist ausgeschlossen.[177]

Nicht beschwerdeberechtigt ist der **Vermieter**.[178] Eine Ausnahme hiervon ist dann anzuerkennen, wenn in dessen Rechte in unzulässiger Weise eingegriffen wird.[179]

82 Die erforderliche **Beschwer** ist bei Erlass einer einstweiligen Anordnung auf Seiten des Antragsgegners stets anzunehmen. Sie entfällt nicht durch den bereits erfolgten Vollzug der einstweiligen Anordnung.[180] Wenn diese jedoch gemäß § 620f ZPO außer Kraft tritt,[181] scheidet eine Anfechtung aus.

83 Die Möglichkeit, eine **Anschlussbeschwerde** zu erheben, ist in § 567 Abs. 3 ZPO geregelt. Bei einer erfolgten (Ehe-)Wohnungszuweisung gilt (anders als bei Sorgerechtsregelungen)[182] das Verschlechterungsverbot.[183] Deshalb kann der Antragsteller, der mit seinem Begehren weitgehend durchgedrungen ist, ein Interesse daran haben, sich einer vom unterlegenen Antragsgegner eingelegten sofortigen Beschwerde anzuschließen, etwa um bei einer nur teilweise erfolgten Zuweisung eine Gesamtzuweisung der Wohnung zu erlangen.

---

175 Hierauf verweist OLG Brandenburg FamRZ 2003, 1305.
176 MK (ZPO) – *Finger*, § 620c Rn 18; *Zöller – Philippi*, § 620c Rn 15; *Rahm/Künkel/Niepmann*, VI Rn 46; *Gießler/Soyka*, Rn 185.
177 *Musielak – Borth*, § 620c Rn 7; *Zöller – Philippi*, § 620c Rn 15.
178 OLG Hamm FamRZ 1987, 1277.
179 Wenn also beispielsweise entgegen der gesetzlich vorgesehenen Möglichkeit im Anordnungsverfahren nach § 620 ZPO in ein Mietverhältnis rechtsgestaltend eingegriffen wird – vgl. MK (ZPO) – *Finger*, § 620c Rn 18.
180 OLG Karlsruhe FamRZ 1999, 1087; OLG Bamberg FamRZ 1983, 82; OLG Düsseldorf FamRZ 1980, 728.
181 Vgl. hierzu § 5 Rn 87.
182 Vgl. *Zöller – Philippi*, § 621e Rn 72; BGH FamRZ 1983, 44.
183 Vgl. *Zöller – Philippi*, § 621e Rn 72 zum Verbot der Schlechterstellung bei Ehewohnungs- und Hausratsverfahren allgemein; BGH FamRZ 1979, 230; a.A. für das Hausratsverfahren OLG Zweibrücken FamRZ 1993, 82 f.

bb) Verfahren

Vgl. § 3 Rn 111 ff.

Eine Verfahrenserledigung durch Vergleich ist im Beschwerdeverfahren möglich, da die Beteiligten im hier maßgeblichen Bereich der streitigen FGG-Angelegenheiten (Ehewohnung, gemeinsame Wohnung der Lebenspartner) über den Streitgegenstand disponieren können.

cc) Entscheidung

Das Gericht ist in FGG-Angelegenheiten nicht an die gestellten Anträge gebunden.[184] Jedoch greift vorliegend das **Verbot der Schlechterstellung** des Beschwerdeführers.[185]

Die Entscheidung kann je nach Sach- und Rechtslage lauten auf:
- Verwerfung der Beschwerde als unzulässig
- Zurückweisung der Beschwerde als unbegründet
- Änderung oder Aufhebung des angefochtenen Beschlusses, soweit die Beschwerde begründet ist
  Das OLG ist frei bezüglich des Regelungsinhaltes und kann beispielsweise auf Beschwerde des Antragsgegners, der sich gegen eine erfolgte Wohnungszuweisung wendet, eine Aufteilung der Wohnung anordnen. Auf die Aufhebung der angegriffenen einstweiligen Anordnung ist das Beschwerdegericht nicht beschränkt.[186]
- Erlass der begehrten einstweiligen Anordnung
- Zurückweisung der Sache an das Familiengericht (evtl. unter Aufhebung der einstweiligen Anordnung), wenn im erstinstanzlichen Verfahren schwerwiegende Verfahrensmängel vorgekommen sind oder weitere Sachaufklärung erforderlich ist
  Wegen der Dringlichkeit der begehrten Regelung ist von dieser Möglichkeit möglichst Abstand zu nehmen.[187]

4. Aussetzung der Vollziehung nach § 620e ZPO

§ 620e ZPO bestimmt, dass das Gericht die Vollziehung einer einstweiligen Anordnung aussetzen kann, wenn die Rechtsbehelfe der §§ 620b oder 620c ZPO ergriffen werden. Dies erfolgt auf Antrag oder von Amts wegen.

---

184 *Zöller – Philippi*, § 620c Rn 22.
185 MK (ZPO) – *Finger*, § 620c Rn 19; *Zöller – Philippi*, § 620c Rn 19; a.A. *Göppinger*, AcP 169, 538 zur Beschwerde gegen vorläufige Anordnungen (allerdings zur Rechtslage vor In-Kraft-Treten des Gesetzes zur Verbesserung des zivilgerichtlichen Schutzes bei Gewalttaten und Nachstellungen sowie zur Erleichterung der Überlassung der Ehewohnung bei Trennung).
186 MK (ZPO) – *Finger*, § 620c Rn 22.
187 *Schwab/Maurer/Borth*, I Rn 965; MK (ZPO) – *Finger*, § 620c Rn 23; *Musielak – Borth*, § 620c Rn 9; *Gießler/Soyka*, Rn 195.

§ 5 Der einstweilige Rechtsschutz zur Ehewohnung

Da Inhalt der Entscheidung nach § 620e ZPO m.E. nicht nur die (teilweise) Aussetzung der Vollziehung als solche sein kann, sondern auch Anordnungen anderen Inhalts entsprechend § 570 Abs. 3 Hs. 1 ZPO, § 24 Abs. 3 FGG in Betracht kommen,[188] ist es möglich, einstweilen die Nutzung der gemeinsamen Wohnung (z.b. Aufteilung der Räume) zu regeln, bis etwa über die sofortige Beschwerde gegen die erfolgte (gesamte) Wohnungszuweisung entschieden wird.

Im Übrigen (auch zur Frage, ob das Amtsgericht die Vollziehung aussetzen darf) vgl. § 3 Rn 112 und 119.

X. Außer-Kraft-Treten der einstweiligen Anordnung

87 Wann die einstweilige Anordnung zur Ehewohnung außer Kraft tritt, ergibt sich aus § 620f Abs. 1 S. 1 ZPO. Sie wirkt über die Rechtskraft der Scheidung hinaus, wenn nicht eine Hauptsacheentscheidung vorliegt, die die Wirksamkeit der einstweiligen Anordnung beseitigt.

Die Hauptsacheentscheidung nach §§ 1361b BGB, 3 ff. HausratsVO, 14, 18 LPartG muss in Rechtskraft erwachsen sein, da erst ab diesem Zeitpunkt deren Vollstreckung betrieben werden kann (§ 16 Abs. 1 S. 1 HausratsVO).

Im Übrigen vgl. § 4 Rn 45 ff. Die dortigen Ausführungen gelten hier entsprechend.

Vgl. zum Außer-Kraft-Treten **in Abhängigkeit von der Ehesache** § 2 Rn 229 ff. und **in sonstigen Fällen** § 2 Rn 235 f.

Zur Feststellung des Außer-Kraft-Tretens vgl. § 2 Rn 237 ff.

XI. Zusatzfragen zur Prozesskostenhilfe

88 Vgl. oben § 2 Rn 253 ff.

Wegen der besonderen Bedeutung, die der Ehewohnungszuweisung im Hinblick auf die weitere Lebensführung und die Manifestation der Trennung der beteiligten Ehegatten zukommt, wird in aller Regel die Beiordnung eines anwaltlichen Vertreters anzuordnen sein (§§ 121 Abs. 2 ZPO, 14 FGG).[189] Ohne wesentliche Berücksichtigung bleibt in diesem Zusammenhang, dass im Bereich der FGG-Verfahren der Amtsermittlungsgrundsatz des § 12 FGG Geltung beansprucht, zumal die Umsetzung dieses Prinzips im Rahmen der streitigen FGG-Angelegenheiten nur in eingeschränkter Weise erfolgt.[190]

---

188 MK (ZPO) – *Finger*, § 620e Rn 3; *Zöller – Philippi*, § 620e Rn 3; a.A. *Thomas/Putzo-Hüßtege*, § 620e Rn 5; *Johannsen/Henrich/Sedemund-Treiber*, § 620e Rn 3, die nur die Anordnung der Aussetzung der Vollziehung bzw. Einstellung der Zwangsvollstreckung zulassen wollen.
189 OLG Hamm FamRZ 1990, 892.
190 Vgl. § 5 Rn 31.

B. Die einstweilige Anordnung nach § 621g S. 1 ZPO i.V.m. § 621 Abs. 1 Nr. 7 ZPO

Einstweilige Anordnungen nach § 621g ZPO, die eine Zuweisung der Ehewohnung oder der gemeinsamen Wohnung bei Lebenspartnern (§§ 661 Abs. 1 Nr. 5, 661 Abs. 2 ZPO) zum Ziel haben, können im Zeitraum des Getrenntlebens und ebenso nach Scheidung bzw. Aufhebung der Lebenspartnerschaft erlassen werden. 89

Ein erheblicher Unterschied zur Hausratsanordnung[191] besteht jedoch insoweit, als hier nicht erforderlich ist, dass die Beteiligten bereits getrennt leben. Denn es genügt sowohl gemäß § 1361b BGB als auch nach § 14 LPartG, dass der Antragsteller eine **Trennungsabsicht** verfolgt. Nur wenn auch diese nicht vorliegt, scheidet ein Anordnungsverfahren auf Zuweisung der Ehewohnung aus und das Verfahren zum Erlass einer einstweiligen Verfügung ist in Erwägung zu ziehen.[192]

I. Anhängigkeit eines Hauptsacheverfahrens

Der Erlass einer einstweiligen Anordnung nach § 621g ZPO ist nur zulässig, wenn ein isoliertes deckungsgleiches Hauptsacheverfahren nach § 621 Abs. 1 Nr. 7 ZPO auf Zuweisung der Ehewohnung oder bei Lebenspartnern einer gemeinsamen Wohnung nach § 661 Abs. 1 Nr. 5 ZPO anhängig ist oder gleichzeitig anhängig gemacht wird. Die Hauptsacheangelegenheit kann sich auf die Trennungszeit beziehen (§ 1361b BGB, § 14 LPartG) oder auch auf die Zeit nach Rechtskraft der Scheidung[193] (§§ 1 f., 3 ff. HausratsVO, §§ 17, 18 LPartG). Im Gegensatz zur Rechtslage vor dem In-Kraft-Treten des § 621g ZPO genügt nunmehr auch ein Antrag auf Gewährung von PKH, um die Zulässigkeit des Anordnungsverfahrens zu bewirken (§§ 621g S. 2, 620a Abs. 2 S. 1 ZPO). 90

Das Hauptsacheverfahren muss schon und noch anhängig sein.[194] Bis zum **Eintritt der Rechtskraft** der Hauptsacheentscheidung sind eine Antragstellung und auch der Erlass einer Entscheidung nach § 621g ZPO zulässig, da die Hauptsacheregelung erst ab dem Zeitpunkt Wirksamkeit erlangt (§ 16 Abs. 1 S. 1 HausratsVO), in dem Rechtskraft eintritt. 91

Eine einstweilige Anordnung, die während der Zeit des Getrenntlebens erlassen werden soll, kommt nicht mehr in Betracht, wenn die **Ehe rechtskräftig geschieden** oder die Lebenspartnerschaft rechtskräftig aufgehoben ist. Auf Antrag ist das Hauptsacheverfahren jedoch nach §§ 1 f., 3 ff. HausratsVO[195] bzw. §§ 17, 18 LPartG und das Anordnungsverfahren im Rahmen dieses geänderten Hauptverfahrens fortzuführen. 92

---

191 Vgl. § 4 Rn 51.
192 Vgl. § 5 Rn 120.
193 Zur entsprechenden Anwendbarkeit bei einer Eheaufhebung vgl. § 1318 Abs. 4 BGB.
194 Zu dieser zeitlichen Eingrenzung bei der einstweiligen Anordnung vgl. § 2 Rn 260.
195 OLG Naumburg EzFamR aktuell 2003, 136; vgl. *Palandt – Brudermüller*, Anh zu §§ 1361a, 1361b § 18a HausratsVO Rn 2 mit Hinweis auf OLG Karlsruhe FamRZ 1988, 1305 (str.).

II. Inhalte der einstweiligen Anordnung nach § 621g ZPO zu Ehewohnung/gemeinsamer Wohnung

1. Der persönliche Wirkungsbereich der einstweiligen Anordnung

93 Eine Entscheidung nach § 621g ZPO entfaltet nur zwischen den **Eheleuten/Lebenspartnern** Wirkung, da mit der einstweiligen Anordnung ausschließlich das Rechtsverhältnis innerhalb dieses Personenkreises, nicht aber dasjenige zum Vermieter geregelt werden kann.[196]

2. Sachlicher Anwendungsbereich/Regelungsinhalte

94 Eine einstweilige Anordnung kann – unabhängig davon, ob sie während der Zeit des Getrenntlebens der Ehegatten erlassen wird oder erst nach Rechtskraft der Scheidung – nur anordnen, wie die **Nutzung** der Ehewohnung vonstatten zu gehen hat; ein Eingriff in die mietrechtlichen Vereinbarungen oder in die Eigentumslage darf grds.[197] nicht erfolgen.[198]

Zum Verhältnis zu possessorischen und dinglichen Ansprüchen und zu den denkbaren Regelungsinhalten im Einzelnen vgl. § 5 Rn 6 ff.

III. Das Verhältnis der einstweiligen Anordnung nach § 621g ZPO zu Hauptsacheregelungen und zu anderen Mitteln des einstweiligen Rechtsschutzes

1. Das Verhältnis der einstweiligen Anordnung zu Hauptsacheverfahren

95 Vgl. die Ausführungen zur Hausratszuweisung, die hier entsprechend gelten, oben § 4 Rn 59 ff.

2. Das Verhältnis der einstweiligen Anordnung zu anderen Mitteln des einstweiligen Rechtsschutzes

a) **Das Verhältnis des § 621g ZPO zu § 620 Nr. 7 ZPO**

96 Vgl. § 5 Rn 20.

b) **Das Verhältnis des § 621g ZPO zu § 64b Abs. 3 S. 1 FGG n.F.**

96a Vgl. § 6 Rn 102.

---

196 *Zöller – Philippi*, § 621g Rn 2, 7.
197 Zu Ausnahmen vgl. § 5 Rn 17 unter den Stichworten »Mietverhältnis« und »Veräußerungsverbot«.
198 Zur selben Rechtslage bei Hausrat und zur Begründung vgl. § 4 Rn 56.

c) Das Verhältnis des § 621g ZPO zur einstweiligen Verfügung

Sobald die Ehegatten getrennt leben, somit § 1361b BGB greift und demzufolge nach h.M. possessorische Ansprüche verdrängt werden,[199] scheidet ein Antrag auf Erlass einer einstweiligen Verfügung aus. Auch wer sich gegen verübte verbotene Eigenmacht zur Wehr setzen möchte, hat ein Anordnungsverfahren nach § 621g ZPO zu betreiben. Im Rahmen dieses Verfahrens ist der Regelungsgehalt des possessorischen Besitzschutzes mit zu berücksichtigen.[200]

97

Da die materielle Regelung des § 1361b BGB jedoch bereits zu einem sehr frühen Zeitpunkt greifen kann, ist weiter zu differenzieren.

98

Begehrt ein Ehepartner vorläufigen Rechtsschutz, weil er getrennt leben möchte, kann dieses Ziel nicht mit Hilfe einer einstweiligen Verfügung realisiert werden. Er muss eine einstweilige Anordnung nach § 621g ZPO beantragen mit dem Inhalt, dass ihm die Ehewohnung zur Nutzung zugewiesen werde.[201] Es kommt nicht darauf an, dass ein Hauptsacheverfahren nach § 1361b BGB bereits anhängig gemacht ist. Vielmehr genügt, dass dieses anhängig gemacht werden **kann** und dieser Zeitpunkt eben erreicht ist, wenn der Ehegatte Trennungsabsicht hegt.

Tipp
Der Antragsteller, der aus der Ehewohnung ausgesperrt wurde, sich jedoch nicht vom anderen Ehepartner zu trennen wünscht, sondern ausschließlich der verbotenen Eigenmacht beggenen und in die Ehewohnung zurückkehren möchte, sich somit einzig auf § 861 BGB stützt, kann die einstweilige Verfügung als Mittel des einstweiligen Rechtsschutzes in Anspruch nehmen.[202]

Ein aus den soeben angeführten Gründen unzulässiger Verfügungsantrag kann in einen Anordnungsantrag (verbunden mit einem Antrag auf Einleitung des entsprechenden Hauptsacheverfahrens auf Nutzungszuweisung der Ehewohnung) **umgedeutet** werden (§ 140 BGB).[203]

99

Wird eine einstweilige Verfügung nachträglich unzulässig (z.B. durch nunmehr vorliegendes Getrenntleben der Ehegatten), ist das Verfügungsverfahren auf Antrag in ein Anordnungsverfahren überzuleiten.[204]

Falls das Begehren zum einstweiligen Rechtsschutz materiell auf eine zwischen den Ehegatten getroffene **Vereinbarung** gestützt ist, kommt auch während der Zeit des Getrenntlebens und nach erfolgter Scheidung eine einstweilige Verfügung ausnahmsweise dann in Betracht,

100

---

199 Vgl. *Johannsen/Henrich/Brudermüller*, § 1361b Rn 38 ff.
200 Zum Hauptsacheverfahren vgl. OLG Karlsruhe NJW-RR 2001, 939 mit Nachweisen zu den unterschiedlichen in der Rechtsprechung vertretenen Ansichten.
201 *Gießler/Soyka*, Rn 860.
202 *Johannsen/Henrich/Brudermüller*, § 1361b Rn 39; *Gießler/Soyka*, Rn 860.
203 BGH FamRZ 1982, 1200; OLG Düsseldorf FamRZ 1994, 390.
204 Vgl. § 2 Rn 51.

§ 5 Der einstweilige Rechtsschutz zur Ehewohnung

wenn die Vereinbarung als solche (in ihrer Wirksamkeit und ihrem Umfang) nicht streitig ist und nur deren Erfüllung verweigert wird.[205]
Gegen **Dritte**, die an einem Ehewohnungsverfahren nicht beteiligt sind, kann nur mit Hilfe einer einstweiligen Verfügung vorgegangen werden.

IV. Regelungsbedürfnis

101 Zum Regelungsbedürfnis allgemein vgl. oben § 2 Rn 58.
Insbesondere bei der Zuweisung der (Ehe-)Wohnung ist m.E. bei der Prüfung der Voraussetzungen des Regelungsbedürfnisses durch das Gericht und somit auch bei der Frage, wie intensiv die in der Antragsschrift vorzunehmenden Darstellungen sich mit diesem Umstand beschäftigen sollten, zu differenzieren.

Das Regelungsbedürfnis für eine einstweilige Anordnung nach § 621g ZPO ist meist strengeren Anforderungen zu unterwerfen als das bei Erlass einer einstweiligen Anordnung nach § 620 Nr. 7 ZPO erforderliche,[206] was darauf beruht, dass in dem Zeitpunkt, in dem § 620 ZPO statthaft ist, regelmäßig vom voraussichtlich endgültigen Scheitern der Ehe bzw. der Lebenspartnerschaft ausgegangen werden kann.

Der Erlass einer einstweiligen Anordnung nach § 621g ZPO jedoch setzt im hier maßgeblichen Bereich nicht einmal ein Getrenntleben voraus, so dass die Annahme, die Beziehung sei endgültig gescheitert, nicht so nahe liegt. Deshalb kann für die Zulässigkeit einer einstweiligen Anordnung nach § 621g ZPO gefordert werden, dass ein **dringendes Bedürfnis** für ein sofortiges Einschreiten besteht und bis zum Erlass einer endgültigen Entscheidung nicht mehr zugewartet werden kann.

Je länger jedoch die Trennungszeit dauert und je stärker sich abzeichnet, dass die Ehe endgültig gescheitert ist, desto mehr nähert sich m.E. der Prüfungsmaßstab demjenigen der einstweiligen Anordnung nach § 620 ZPO an. Somit kann es bei ungewöhnlich lang dauernder Trennungszeit genügen, dass ein bloßes **Bedürfnis** für den Erlass einer Benutzungsregelung besteht.[207] Andererseits ist dann aber auch darzulegen, weshalb gerade jetzt eine Regelung erfolgen soll, da es doch während der bereits länger andauernden Trennungszeit einer solchen nicht bedurfte.

102 *Beachte*
Soll eine (Ehe-)Wohnungszuweisung angeordnet werden, obwohl die Ehegatten/Lebenspartner noch gar nicht getrennt leben, einer der Partner jedoch die entsprechende Absicht hegt, so erschwert eine solche Maßnahme eine Aussöhnung der Beteiligten. In einem solch frühen Stadium der Ehekrise kann eine einstweilige Anordnung nach

---
205 OLG Hamm FamRZ 1982, 911; vgl. zur einstweiligen Verfügung § 5 Rn 47.
206 Vgl. § 4 Rn 67 zu Hausrat.
207 Vgl. § 4 Rn 67.

§ 621g ZPO nur dann erlassen werden, wenn eine **unmittelbar drohende Gefahr** ein sofortiges Einschreiten erfordert, um den Eintritt einer **unbilligen Härte** zu vermeiden. Eine »**besonders schwere Härte**«[208] allerdings muss es nach der Neufassung des § 1361b BGB und nach der Absenkung der dort geregelten Eingriffsschwelle nicht mehr abzuwenden gelten.

Soll die einstweilige Anordnung dagegen erst **nach der Scheidung/Aufhebung der Lebenspartnerschaft** erlassen werden, wird einerseits das Regelungsbedürfnis vielfach abzulehnen sein, weil der Antragsteller es bislang versäumt hat, eine einstweilige Anordnung nach § 620 Nr. 7 ZPO zu beantragen, und nun schwerlich die Dringlichkeit nach Rechtskraft der Scheidung darzulegen vermag. Hat sich jedoch erst nach Rechtskraft der Scheidung eine veränderte Situation eingestellt, ist andererseits zu beachten, dass materiell nunmehr die Normen der HausratsVO und §§ 17, 18 LPartG gelten, die für die Hauptsacheentscheidung nicht solch strenge Voraussetzungen aufstellen wie §§ 1361b BGB, 14 LPartG. Nur wenn § 3 HausratsVO bzw. § 18 LPartG greifen und somit dem Nichteigentümer die Wohnung zugewiesen werden soll, ist das Erfordernis der »unbilligen« Härte zu prüfen. Dies wirkt sich auch im Rahmen des einstweiligen Rechtsschutzes aus.

103

V. Weitere Zulässigkeitsvoraussetzungen

Vgl. § 2 Rn 67.

104

VI. Antragstellung

1. Erfordernis der Antragstellung und Art des Antrags

Eine einstweilige Anordnung nach § 621g ZPO kann kraft ausdrücklicher gesetzlicher Regelung nur auf Antrag erlassen werden. Dieser ist als **Verfahrensantrag** zu qualifizieren.[209] Dennoch ist es sinnvoll, die erstrebte Wohnungszuweisung (Ehewohnung insgesamt; Zuteilung bestimmter Räume zur Alleinbenutzung, anderer zu gemeinsamer Benutzung) konkret darzustellen.

105

Zur Frage, ob eine vorläufige Anordnung **von Amts wegen** zum Regelungsbereich Ehewohnung ergehen kann, vgl. § 3 Rn 197 und § 5 Rn 119.

---

208 So OLG Schleswig FamRZ 1990, 546 zur einstweiligen Anordnung nach § 13 Abs. 4 HausratsVO bei Geltung des § 1361b BGB a.F.; vgl. auch OLG Hamburg FamRZ 1996, 1294.
209 Hierzu vgl. bereits § 5 Rn 28.

2. Antragsbefugnis

106 Antragsbefugt sind **ausschließlich die Ehegatten/Lebenspartner**. Auch wenn im Hauptsacheverfahren nach §§ 3 ff. HausratsVO, §§ 17 f. LPartG Dritte wie beispielsweise der Vermieter Beteiligte des Verfahrens sind (§ 7 HausratsVO), ändert dies nichts daran, dass ihnen ein Antragsrecht im Anordnungsverfahren nicht zusteht.

3. Form/Anwaltszwang

107 Die Antragstellung kann **schriftlich** oder **zu Protokoll der Geschäftsstelle** eines Amtsgerichts vorgenommen werden. Sie unterliegt nicht dem Anwaltszwang (§ 78 Abs. 5 ZPO).[210]

4. Sachdarstellung/Glaubhaftmachung

108 Zu Besonderheiten der streitigen FGG-Angelegenheiten vgl. § 4 Rn 24 ff.

Die erforderlichen Darstellungen beziehen sich auf dieselben Umstände wie bei einer einstweiligen Anordnung nach § 620 Nr. 7 ZPO.[211]

Besonderheiten ergeben sich daraus, dass das erforderliche **Regelungsbedürfnis** im Bereich der einstweiligen Anordnung nach § 621g ZPO unterschiedlich strengen Voraussetzungen unterliegen kann, je nachdem zu welchem Zeitpunkt die einstweilige Anordnung erlassen werden soll. Ferner ist zu beachten, dass auch die **materiellen Normen** – je nach Sachlage, Eigentumsverhältnisse und Erlasszeitpunkt – unterschiedliche Voraussetzungen aufstellen. Dem sollte durch entsprechenden Sachvortrag Rechnung getragen werden.

109 Soll die einstweilige Anordnung während der Zeit des Getrenntlebens erlassen werden, sind die materiellen Voraussetzungen des § 1361b BGB bzw. § 14 LPartG darzustellen.

Wird eine einstweilige Anordnung **nach Rechtskraft der Scheidung/Aufhebung der Lebenspartnerschaft** erlassen, ist zu differenzieren, ob die (Ehe-)Wohnung im (Mit-) Eigentum des Antragsgegners steht (dann greift § 3 HausratsVO bzw. § 18 Abs. 2 LPartG) oder ob der Antragsteller (Mit-)Eigentümer ist bzw. die Wohnung keinem der Ehegatten gehört (dann greift § 2 HausratsVO bzw. § 17 LPartG). Dennoch ist lediglich eine **Nutzungszuweisung** zulässig, da im Rahmen des einstweiligen Rechtsschutzes eine Vorwegnahme der Hauptsache nicht erfolgen darf.

5. Zuständiges Gericht

110 Gemäß §§ 621g S. 2, 620a Abs. 4 ZPO leitet sich die Zuständigkeit des Gerichts für den Erlass der einstweiligen Anordnung von der Anhängigkeit des Hauptsacheverfahrens ab.

---

210 *Thomas/Putzo – Hüßtege*, § 78 Rn 18.
211 § 5 Rn 32 ff.

Grds. bleibt ohne Bedeutung, ob das Gericht, bei dem die Hauptsache anhängig ist, auch tatsächlich für die Entscheidung über das Hauptsacheverfahren zuständig ist. Im Übrigen vgl. § 3 Rn 166. Die dortigen Ausführungen gelten hier entsprechend.

VII. Ablauf des Verfahrens

1. Beteiligte

Während der Zeit des Getrenntlebens kommen im (Ehe-)Wohnungsverfahren nach § 1361b BGB, § 14 LPartG **ausschließlich die Ehegatten/Lebenspartner** als Beteiligte in Betracht. Erst recht gilt dies für das einstweilige Anordnungsverfahren.[212] Dagegen ist im Hauptsacheverfahren nach Rechtskraft der Scheidung gemäß § 7 HausratsVO eine Beteiligung Dritter, insbesondere des Vermieters, ausdrücklich vorgesehen. Dies ändert jedoch nichts daran, dass wegen des Charakters der einstweiligen Anordnung nach § 621g ZPO im Anordnungsverfahren, in dem lediglich eine einstweilige Regelung auf Nutzungszuweisung ausgesprochen werden kann,[213] **Dritte nicht beteiligt** sind.

111

2. Mündliche Verhandlung, rechtliches Gehör, Wahlmöglichkeiten des Gerichts zur Verfahrensgestaltung, Anwaltszwang, Beweisaufnahme, Beendigung durch Vergleich

Vgl. § 4 Rn 78.

112

3. Entscheidung/Beschluss

a) Förmlichkeiten der Entscheidung

Die Entscheidung ergeht als Beschluss (§§ 621g S. 2, 620a Abs. 1 ZPO). Eine Säumnisentscheidung kommt nicht in Betracht.

113

Die Bekanntgabe folgt §§ 621a Abs. 1, 329 Abs. 3 ZPO. Somit ist eine Zustellung vorzunehmen, da die Entscheidung mit der sofortigen Beschwerde nach § 620c ZPO anfechtbar ist.

b) Prüfungsumfang des Gerichts/Bindung an Parteianträge

Da es sich bei dem Antrag auf Zuweisung der Wohnung um einen so genannten Verfahrensantrag handelt, kann das Gericht von der konkreten Antragstellung abweichen, somit beispielsweise eine Aufteilung der Räumlichkeiten anders vornehmen als beantragt.

114

---

212 *Palandt – Brudermüller,* Anh zu §§ 1361a, 1361b § 7 Rn 3.
213 Vgl. § 5 Rn 94.

Die Voraussetzungen für den Erlass der einstweiligen Anordnung sind von Amts wegen zu prüfen.
Hierbei sind die materiellen Vorgaben zu berücksichtigen, die sich insbesondere aus der dinglichen Rechtslage ergeben. Eine Ehewohnungszuweisung nach Rechtskraft der Scheidung kommt an den Antragsteller, der nicht Eigentümer der Wohnung ist, nur ausnahmsweise in Betracht, da § 3 HausratsVO hierfür eine unbillige Härte verlangt. § 18 Abs. 2 LPartG regelt dies gleichermaßen für die eingetragene Lebenspartnerschaft.

c) Inhalt des Beschlusses

115 Zum Inhalt der einstweiligen Anordnung selbst vgl. § 5 Rn 10 ff. und Rn 68.
Eine **Kostenentscheidung** ist grds.[214] nicht zu erlassen. Die Kosten folgen der Hauptsache (§§ 621g S. 2, 620g ZPO).
Ebenso unterbleibt ein Ausspruch über die **vorläufige Vollstreckbarkeit**, da die einstweilige Anordnung aus sich heraus vollstreckbar ist.[215]

VIII. Vollstreckung

116 Die einstweilige Anordnung des § 621g ZPO ist gemäß § 794 Abs. 1 Nr. 3a, ZPO, § 16 Abs. 3 HausratsVO nach ZPO-Regeln zu vollstrecken. Im Übrigen wird auf § 5 Rn 72 ff. verwiesen.
Zu den Vollstreckungsvoraussetzungen im Übrigen vgl. § 2 Rn 128 f.
Zur Aussetzung der Vollziehung der einstweiligen Anordnung vgl. § 2 Rn 131.

IX. Rechtsbehelfe

117 Durch die Neufassung des § 621g ZPO sind nunmehr die Regelungen der §§ 620b, 620c ZPO entsprechend anwendbar. Somit kann auf § 5 Rn 76 ff. verwiesen werden.

X. Außer-Kraft-Treten der einstweiligen Anordnung

118 Vgl. § 4 Rn 86 f.; die dortigen Ausführungen gelten hier entsprechend.
Zur Feststellung des Außer-Kraft-Tretens vgl. § 2 Rn 237, 239 ff.

XI. Zusatzfragen zu Prozesskostenhilfe

118a Vgl. § 4 Rn 88.

---

214 Zu Ausnahmen vgl. § 2 Rn 125.
215 *Gießler/Soyka*, Rn 145.

C. Die vorläufige Anordnung zu Ehewohnungsangelegenheiten/ Zuweisung der gemeinsamen Wohnung bei Lebenspartnern

Die Hauptsacheverfahren zur Zuweisung der Ehewohnung bzw. gemeinsamen Wohnung bei eingetragenen Lebenspartnern werden nur auf Antrag eingeleitet. Demzufolge gilt m.E. auch hier, dass der **Erlass einer vorläufigen Anordnung** nach dem In-Kraft-Treten des § 621g ZPO nicht mehr in Betracht kommt.[216]

119

Auch wenn man eine hiervon abweichende Auffassung vertreten sollte, wird dennoch in der Praxis eine Beschlussfassung von Amts wegen nur die seltene Ausnahme bleiben. Deshalb soll der Hinweis auf die Darstellungen zur vorläufigen Anordnung bei Sorgerechtsangelegenheiten genügen. Die dortigen Ausführungen gelten dann entsprechend.[217]

D. Die einstweilige Verfügung zur Regelung der (Ehe-) Wohnungsangelegenheiten

Solange die Ehegatten die eheliche Lebensgemeinschaft aufrechterhalten, steht die Ehewohnung in ihrem **Mitbesitz**. Dies gilt nicht nur dann, wenn beide Ehegatten die mietvertraglichen Vereinbarungen eingegangen sind oder sogar Miteigentum an der Ehewohnung innehaben. Ist ein Ehegatte Alleineigentümer der Wohnung oder wurde der Mietvertrag nur von einem Ehegatten mit dem Vermieter abgeschlossen, hat dennoch der andere Ehepartner ebenfalls Mitbesitz, der auf der Verpflichtung zur Führung der ehelichen Lebensgemeinschaft gründet.[218]

120

Wird während der Zeit des Zusammenlebens[219] der Mitbesitz von einem Ehegatten gestört, kann der andere Ehegatte mit Hilfe der einstweiligen Verfügung diese Störung beseitigen oder weitere drohende Störungen unterbinden.[220]

Ein weiterer Anwendungsbereich für die einstweilige Verfügung ist dann eröffnet, wenn zwischen den Ehegatten oder Lebenspartnern eine Vereinbarung über die Benutzung der Ehewohnung getroffen wurde und nunmehr ausschließlich deren Erfüllung verweigert wird. Herrscht jedoch Streit über die Wirksamkeit oder den Umfang der Vereinbarung, ist § 620 Nr. 7 ZPO oder § 621g ZPO das zutreffende Mittel einstweiligen Rechtsschutzes.[221]

121

---

216 Vgl. hierzu § 4 Rn 89 f.
217 Vgl. § 3 Rn 193 ff.
218 BGH FamRZ 1978, 496; 86, 436; nach a.A. wird das Besitzrecht aus der Unterhaltspflicht hergeleitet: *Soergel – Lange*, § 1353 Rn 9.
219 Falls der Antragsteller sich zu trennen beabsichtigt, scheidet die einstweilige Verfügung jedoch aus; vgl. § 5 Rn 98.
220 Der bloße (erst recht unfreiwillige) Auszug aus der Ehewohnung ändert nichts an deren Charakter als Ehewohnung – vgl. § 5 Rn 34.
221 Vgl. § 5 Rn 59.

§ 5 Der einstweilige Rechtsschutz zur Ehewohnung

Zur Verhinderung einer güterrechtswidrigen Verfügung über die Ehewohnung (§ 1365 BGB) vgl. § 10 Rn 10 f.

I. Inhalt der einstweiligen Verfügung

122 Der Inhalt des Antrages hängt davon ab, welche Störung es zu beseitigen oder auch künftig zu verhindern gilt. So können **Regelungen zur Benutzung bestimmter Räume** durch die Beteiligten zu bestimmten Zeiten erlassen werden. Begleitend hierzu (oder auch isoliert) kommen Gebote oder Verbote in Betracht, die der Einräumung und Aufrechterhaltung des Mitbesitzes an der Ehewohnung dienen.

Als **Gebote** sind Anordnungen denkbar, nach denen ein Ehegatte den Mitbesitz an der Ehewohnung oder an einzelnen Räumen wieder einzuräumen, die Mitbenutzung der Ehewohnung durch den anderen Ehegatten zu dulden,[222] Räume offen zugänglich zu halten hat etc.

Verbote können sich beziehen auf das Unterlassen bestimmter Handlungen wie z.B. den anderen an der Benutzung der Ehewohnung (oder einzelner Räume) zu hindern, insbesondere Räume gegen den Willen des anderen Ehegatten zu verschließen usw.

II. Das Verhältnis der einstweiligen Verfügung zu einstweiligen Anordnungen nach § 620 Nr. 7 ZPO oder nach § 621g ZPO

123 Soweit der Anwendungsbereich einer einstweiligen Anordnung eröffnet ist, scheidet der Erlass einer einstweiligen Verfügung aus Gründen der **Subsidiarität** aus. Insbesondere ist eine einstweilige Verfügung demzufolge statthaft, wenn ein Ehegatte, der nicht getrennt leben möchte, Einräumung des Besitzes begehrt.
Im Einzelnen vgl. § 5 Rn 23 und § 5 Rn 97 ff.

III. Verfügungsgrund

124 Bei Vorliegen von verbotener Eigenmacht ist die Darstellung eines **Verfügungsgrundes** in aller Regel nicht erforderlich.[223]

Soll dagegen ein Anspruch aus einer vertraglichen Vereinbarung vorläufig realisiert werden, muss ein Eil- bzw. Regelungsbedürfnis glaubhaft gemacht werden, der Antragsteller demzufolge auf die sofortige Überlassung der Wohnung dringend angewiesen sein.[224]

---

222 *Gießler/Soyka,* Rn 860.
223 *Palandt – Bassenge,* § 861 Rn 18; OLG Stuttgart NJW-RR 1996, 1516; vgl. auch OLG Köln MDR 2000, 152.
224 *Zöller – Vollkommer,* § 940 Rn 6.

IV. Antragstellung

1. Erfordernis und Art der Antragstellung

Die einstweilige Verfügung ergeht ausschließlich auf Antrag. Je nach Art und Inhalt der erstrebten einstweiligen Verfügung sind die Bestimmtheitserfordernisse unterschiedlich ausgestaltet. **125**

Bei einer **Leistungsverfügung** ist zwingend ein bestimmter Antrag zu stellen, beispielsweise auf Wiedereinräumung des Mitbesitzes an einem genau bezeichneten Wohnraum und Herausgabe der zugehörigen Schlüssel.

Für eine **Regelungsverfügung** ist zwar ausreichend, dass lediglich deutlich wird, dass eine Benutzungsregelung bezüglich der Ehewohnung (oder auch einzelner Räume) getroffen werden soll, ohne dass eine konkrete Antragstellung notwendig wäre, wer welchen Raum (zu welcher Tageszeit) benutzen darf. Sinnvoll ist eine solche konkretisierte Antragstellung dennoch.[225]

2. Antragsbefugnis

Zur Antragstellung befugt ist der jeweilige Ehegatte/Lebenspartner, der in seinem Besitzrecht gestört wird bzw. dessen vertraglicher Anspruch nicht erfüllt wird. **126**

3. Darzustellende Voraussetzungen/Glaubhaftmachung

Da beide Ehegatten jedenfalls aus der Verpflichtung zur Führung des ehelichen Lebens ein Besitzrecht ableiten, sind die **Besitzstörung** und die **Umstände** darzustellen, aus denen sich ergibt, dass die Eheleute zusammenleben; ebenso dass der Antragsteller nicht das Getrenntleben einzuleiten beabsichtigt.[226] **127**

Leitet sich die Besitzberechtigung aus einem gemeinsam abgeschlossenen Mietvertrag oder aus Miteigentum ab, sind auch diese Umstände darzustellen.[227]

Der entsprechende Tatsachenvortrag ist **glaubhaft** zu machen (§ 920 Abs. 2 ZPO).

Im Sonderfall der Gütergemeinschaft mit gemeinschaftlicher Verwaltung kann sich der Antragsteller auch auf § 1450 Abs. 1 S. 2 BGB (gemeinschaftliche Besitzberechtigung) stützen.

---

225 Vgl. zur Konkretisierung im Antrag Zöller – Vollkommer, § 938 Rn 2.
226 Zur Anwendbarkeit der einstweiligen Anordnung in diesem Fall vgl. § 5 Rn 98.
227 Auch kommen – je nach Fallgestaltung – §§ 823 Abs. 1, 823 Abs. 2 BGB i.V.m. Schutzgesetz in Betracht.

4. Zuständiges Gericht

128 Die **Zuständigkeit** für den Erlass der einstweiligen Verfügung liegt in all diesen Fällen nicht bei dem Familiengericht. Es ist vielmehr maßgeblich, welches allgemeine Zivilgericht das Hauptsacheverfahren zu erledigen hat (§ 937 ZPO).[228]
Nur im Falle der Herleitung der Besitzberechtigung (auch) aus § 1450 Abs. 1 S. 2 BGB ist das Familiengericht zuständig.[229]

V. Weitere Verfahrensfragen

128a Hierzu wird auf § 2 Rn 459 ff. verwiesen. Die dortigen Ausführungen gelten hier entsprechend.

E. Maßnahmen des einstweiligen Rechtsschutzes bei drohender Veräußerung der (Ehe-)Wohnung, drohender Kündigung des Mietverhältnisses durch den Ehegatten/Lebenspartner und drohender Zwangsversteigerung

I. Drohende Veräußerung der (Ehe-)Wohnung

129 Steht die Ehewohnung im Alleineigentum eines Ehegatten[230] und beabsichtigt dieser, die Wohnung zu veräußern, hat der andere Ehegatte die Möglichkeit, nach § 620 Nr. 7 ZPO oder im Rahmen eines Ehewohnungsverfahrens nach § 621g ZPO zu erwirken, dass ein Mietverhältnis zwischen ihm und dem Eigentümer (Ehegatten) begründet wird.[231]
Ebenso kommt nach dem Willen des Gesetzgebers die Anordnung eines Veräußerungsverbotes in Betracht.[232]

130 Der Erlass eines Veräußerungsverbotes ist auch dann zulässig, wenn die Verfügung über die Ehewohnung der Regelung des § 1365 BGB (Verfügung über das Vermögen im Ganzen) unterfällt.[233]
Anders als bei einer Veräußerung von Hausrat nach § 1369 BGB[234] besteht ein Bedürfnis für eine solche Maßnahme.[235] Denn zwar greift § 1365 BGB bereits dann, wenn der Gegen-

---

228 *Ewers*, FamRZ 1999, 76; *Dudermüller*, FuR 1996, 229; OLG Düsseldorf FamRZ 1985, 1061.
229 *Gießler/Soyka*, Rn 867.
230 Bei Vorliegen von Miteigentum können nur beide gemeinsam wirksam verfügen.
231 Vgl. § 5 Rn 17 »Mietverhältnis«.
232 Vgl. § 5 Rn 17 »Veräußerungsverbot«.
233 Zur Vorgehensweise bei einer Vollstreckung durch den Erwerber nach verbotswidriger Verfügung vgl. § 10 Rn 33.
234 Vgl. § 4 Rn 116–118.
235 A.A. MK (BGB) – *Koch*, § 1368 Rn 6 und *Staudinger – Thiele*, § 1368 Rn 9, die §§ 1365 ff. BGB (also auch § 1365 BGB) als in sich geschlossenes Rechtsschutzsystem qualifizieren, das materielle Rechte des übergangenen Ehegatten nicht vorsieht.

stand, über den verfügt wird, nahezu das gesamte Vermögen ausmacht. Die Verfügung ist unwirksam. Dies gilt jedoch nur dann, wenn der Erwerber im Zeitpunkt des schuldrechtlichen Verpflichtungsvertrages weiß oder zumindest die Verhältnisse kennt, aus denen sich ergibt, dass das Rechtsgeschäft über den einen Gegenstand im Wesentlichen das ganze Vermögen erfasst.[236] Bei fehlender Kenntnis erlangt der Erwerbsvorgang Wirksamkeit. Somit besteht die Gefahr eines Rechtsverlustes seitens des Nichteigentümers. Der Schutz des § 1365 BGB, der sowohl den Verlust der wirtschaftlichen Lebensgrundlage als auch die Beeinträchtigung eines etwaigen Zugewinnausgleichs verhindern soll,[237] würde leerlaufen. Somit muss es möglich sein, ein Veräußerungsverbot zu erwirken und dieses in das Grundbuch eintragen zu lassen.[238]

Erreicht werden kann dieses Ziel mit Hilfe der einstweiligen Anordnung nach § 620 Nr. 7 ZPO bzw. § 621g ZPO, wenn der Antragsteller auch das Ziel verfolgt, die Ehewohnung als Lebensgrundlage zu erhalten, also dort zu wohnen. Ist ausschließlich die Sicherung des Zugewinnausgleichs beabsichtigt, muss das Mittel der einstweiligen Verfügung gewählt werden.

131

Vgl. hierzu die gleich lautenden Darstellungen zum Hausrat § 4 Rn 11.

Gemäß § 8 Abs. 2 LPartG gelten die §§ 1365, 1369 BGB bei eingetragenen **Lebenspartnern** und demzufolge auch die Ausführungen von soeben entsprechend.

II. Drohende Kündigung der (Ehe-)Wohnung

Wurde der Mietvertrag von den Ehegatten/Lebenspartnern gemeinsam abgeschlossen, ist eine Kündigung ebenfalls nur durch beide gemeinsam möglich.[239] Will sich ein Ehegatte von dem Mietvertrag lösen, muss er zunächst den anderen Ehepartner auf Zustimmung zur Kündigung verklagen.[240] Insoweit ist ein besonderer Schutz im einstweiligen Anordnungsverfahren zur Erhaltung des Besitzes an der Ehewohnung nicht vonnöten.

132

Ist jedoch einer der Ehegatten **alleiniger Mieter**, kann er rechtlich wirksam alleine die Kündigung erklären. In einem solchen Fall kommt der Erlass einer einstweiligen Anordnung nach § 621g S. 1 ZPO oder nach § 620 Nr. 7 ZPO in Betracht, aufgrund derer dem Mieter verboten wird, das Mietverhältnis zu kündigen.[241]

---

236 *Palandt – Brudermüller,* § 1365 Rn 6, 9, 10 mit zahlreichen Nachweisen auf die Rechtsprechung wie BGH FamRZ 1990, 970; siehe auch BGH FamRZ 1989, 475; NJW 1984, 609.
237 *Palandt – Brudermüller,* § 1365 Rn 1.
238 OLG Celle NJW 1970, 1882.
239 BayObLG FamRZ 1983, 701; OLG Karlsruhe FamRZ 1981, 182.
240 Nach *Gießler/Soyka,* Rn 900 mit Hinweis in Fußnote 95 auf *Haußleiter-Schulz,* 1 RN 80 soll ein klagbarer Anspruch gar nicht bestehen. M.E. ist eher der gegenteiligen Auffassung zu folgen, die eine derartige Klage zulässt; vgl. hierzu und zu Rechtsprechung sowie Literatur zu den unterschiedlich vertretenen Auffassungen *Johannsen/Henrich/Brudermüller,* § 5 HausratsVO Rn 9.
241 Vgl. § 5 Rn 17 Kündigungsverbot.

III. Drohende Zwangsvollstreckung

133 Wird eine **Zwangsvollstreckung durch Gläubiger** des Ehegatten in die in dessen Eigentum stehende Ehewohnung (bzw. das maßgebliche Grundstück) betrieben, hat der andere Ehegatte die Möglichkeit, den Erlass einer einstweiligen Anordnung[242] zu beantragen, kraft derer ein Mietverhältnis mit dem Ehegatten über den betreffenden Wohnraum begründet wird. Dieses Mietverhältnis wirkt nach §§ 57, 183 ZVG gegenüber dem Versteigerungserwerber.

§ 1365 BGB dagegen bewirkt keinen Schutz des Ehegatten/Lebenspartners bei einer Zwangsvollstreckung durch Dritte in einen Gegenstand des Schuldners, der dessen gesamtes Vermögen ausmacht.[243]

134 Sind die Ehegatten **Miteigentümer** der Ehewohnung, kann von jedem der beiden die Zwangsversteigerung zur Aufhebung der Gemeinschaft nach § 180 Abs. 1 ZVG betrieben werden.[244]

In einem solchen Fall hat der andere Ehegatte die Möglichkeit, gemäß § 180 Abs. 3 ZVG die einstweilige Einstellung der Teilungsversteigerung zu beantragen, wenn diese zur Abwehr einer ernsthaften Gefährdung des Wohles eines gemeinschaftlichen Kindes erforderlich ist.

Darüber hinaus ist auch eine einstweilige Einstellung des Verfahrens nach § 180 Abs. 2 ZVG zulässig, wenn eine Abwägung der widerstreitenden Interessen der mehreren Miteigentümer die Maßnahme angemessen erscheinen lässt.[245] Diese Regelung ist auch bei Lebenspartnern anwendbar.

135 Wird der Anspruch zur Aufhebung der Gemeinschaft **missbräuchlich ausgeübt**, kann der andere Ehegatte/Lebenspartner mit der Drittwiderspruchsklage gegen die Teilungsversteigerung vorgehen und in diesem Zusammenhang einen Antrag auf einstweilige Einstellung der Zwangsversteigerung nach §§ 769, 771 Abs. 3 ZPO stellen.[246]

Rechtsmissbrauch ist jedoch nur im Ausnahmefall anzunehmen, wenn die Teilungsversteigerung für den widersprechenden Ehegatten/Lebenspartner zu einem schlechthin unzumutbaren Ergebnis führen würde.[247] Bejaht wurde dies bei einer durch Unfall schwerstbehinderten Ehefrau, die zur Erhaltung eines letzten Rests von Lebensqualität auf die gewohnte Umgebung des Hauses angewiesen war.[248]

---

242 Nach § 620 Nr. 7 ZPO oder nach § 621g ZPO.
243 *Palandt – Brudermüller,* § 1365 Rn 8 m.w.N.
244 Bei Vorliegen einer Vermögensgemeinschaft nach §§ 13 ff. FGB/DDR ist ausschließlich § 39 FGB anzuwenden; vgl. OLG Brandenburg FamRZ 1995, 1429.
245 Zu Einzelheiten und zum Ablauf des Verfahrens vgl. die einschlägige Kommentarliteratur wie z.B. *Stöber,* §180 Anm. 12.
246 OLG Karlsruhe FamRZ 1992, 846.
247 OLG München FamRZ 1989, 980; vgl. auch BGH NJW 1962, 1244.
248 OLG Frankfurt FamRZ 1998, 641.

Leben die Ehegatten im **gesetzlichen Güterstand** und bezieht sich der Antrag auf Teilungsversteigerung auf das gesamte Vermögen des Antragstellers im Sinne des § 1365 BGB, stehen dem anderen Ehegatten dieselben Recht zu wie soeben dargestellt (Drittwiderspruchsklage und Antrag auf einstweilige Einstellung der Zwangsversteigerung nach §§ 771 Abs. 3, 769 ZPO).[249]

136

F. Der Arrest zur Sicherung von Ansprüchen aus dem (Ehe-)Wohnungsverfahren

Im Zusammenhang mit Verfahren auf Zuweisung der Ehewohnung oder der gemeinsamen Wohnung bei Lebenspartnern ist der Erlass eines Arrestes nach § 916 ZPO zur Sicherung folgender Ansprüche denkbar:

137

- Anspruch auf Nutzungsvergütung nach § 1361b Abs. 2 BGB
- Anspruch auf Ausgleichszahlung nach §§ 8 Abs. 3, 9 Abs. 2 HausratsVO.
- Zahlung des Mietzinses im Innenverhältnis
- Zahlung von Umzugskosten

Zum Ablauf des Verfahrens wird auf die Darstellungen zum Arrest unter § 12 verwiesen.

---

249 OLG Köln FamRZ 2001, 437; OLG Frankfurt/Main FamRZ 1999, 524; *Palandt – Brudermüller*, § 1365 Rn 8.

§6 Der einstweilige Rechtsschutz zu Maßnahmen nach dem Gewaltschutzgesetz

Gewalttätige Übergriffe in allen Lebensbereichen stellen die Gesellschaft in zunehmendem Maße vor schwer lösbare Probleme. Gewalt im häuslichen Umfeld ist nach Ansicht von Experten die hierbei am häufigsten vorkommende Form. Darüber hinaus lässt sich eine Zunahme von unzumutbaren Belästigungen feststellen, die sich durch ständiges Nachstellen und Verfolgen und durch einen damit einhergehenden Eingriff in die Privatsphäre der Betroffenen äußern. Um dem wirkungsvoll zu begegnen und einen effektiven zivilgerichtlichen (und auch strafrechtlich sanktionierten) Schutz bei Gewalttaten und unzumutbaren Belästigungen zu ermöglichen, wurde das am 1.1.2002[1] in Kraft getretene **Gewaltschutzgesetz (GewSchG)**[2] mit Zustimmung aller im Bundestag vertretenen Parteien erlassen. Der Gesetzgeber war sich hierbei durchaus bewusst, dass bereits vor dieser Gesetzesnovellierung zivilrechtliche Ansprüche anerkannt waren, die Möglichkeiten boten, gegen die gewalttätigen Übergriffe und Belästigungen vorzugehen. Handlungsbedarf wurde dennoch bejaht, da wegen der fehlenden Kodifizierung eine gewisse Rechtsunsicherheit in der Praxis anwaltlicher Beratung und gerichtlicher Erledigung anhängiger Verfahren festgestellt worden war.[3]

1

Abwehr- und Unterlassungsansprüche sind ebenso Gegenstand des Gesetzes wie ein Anspruch auf Überlassung einer von dem Täter und dem Opfer der Übergriffe gemeinsam genutzten Wohnung. Dies führt zu Abgrenzungsproblemen zur Ehewohnungszuweisung nach § 1361b BGB, §§ 1, 3 ff. HausratsVO sowie §§ 14, 18 LPartG. Das Familiengericht ist für die Anordnung der nach GewSchG zu ergreifenden Maßnahmen dann zuständig, wenn die Beteiligten einen auf Dauer angelegten gemeinsamen Haushalt führen oder innerhalb von sechs Monaten vor der Antragstellung geführt haben. Als Maßnahmen des einstweiligen Rechtsschutzes kommen der Erlass einer einstweiligen Anordnung nach § 620 Nr. 9 ZPO (eine Regelung, die bei eingetragenen Lebenspartnern gemäß § 661 Abs. 2 ZPO entsprechend anzuwenden ist), einer solchen nach § 64b Abs. 3 FGG oder einer einstweiligen Verfügung nach §§ 935, 940 ZPO in Betracht.

2

Welche Maßnahme des einstweiligen Rechtsschutzes im Einzelfall zu wählen ist, hängt davon ab, ob es sich bei Täter und Opfer um Ehegatten, eingetragene Lebenspartner, einen gemeinsamen Haushalt führende (wie nichteheliche Lebensgefährten) oder sonstige beliebige Personen handelt. Insbesondere greifen Sonderregeln bei Misshandlungen von Kin-

---

1 Die Ausnahme bezüglich Art. 8 Gesetz zur Verbesserung des zivilgerichtlichen Schutzes bei Gewalttaten und Nachstellungen sowie zur Erleichterung der Überlassung der Ehewohnung bei Trennung, der erst am 2.1.2002 in Kraft trat, ist hier ohne Bedeutung – vgl. Art. 13 des Gesetzes; BGBl 2001 I, 3513, 3518.
2 Das in Fußnote 1 angesprochene Gesetz enthält in Art. 1 das Gesetz zum zivilrechtlichen Schutz vor Gewalttaten und Nachstellungen (Gewaltschutzgesetz – GewSchG).
3 Zur Problemstellung und Zielsetzung des GewSchG siehe BT-Drucks. 14/5429, 1.

§ 6 Maßnahmen nach dem Gewaltschutzgesetz

dern. Weiter ist danach zu differenzieren, welches **Rechtsgut** Beeinträchtigungen oder entsprechenden Drohungen ausgesetzt war, da das GewSchG nur bei Eingriffen in bestimmte Rechtsgüter bzw. bei bestimmten Vorgehensweisen des Täters greift.

Schließlich ist auch von Bedeutung, ob eine Ehesache oder Lebenspartnerschaftssache im Sinne von § 661 Abs. 1 Nr. 1 bis 3 ZPO bereits anhängig ist.

3 Aus folgender Übersicht lässt sich entnehmen, mit welchem Mittel des einstweiligen Rechtsschutzes sich das verfolgte Ziel erreichen lässt. Detailfragen sind den Textausführungen zu entnehmen.

Übersicht zum einstweiligen Rechtsschutz bei Maßnahmen nach dem GewSchG

Regelungsziel: Zuweisung der Ehewohnung / gemeinsam genutzten Wohnung			
Antragsgegner: Ehegatte/ Lebenspartner	bei Anhängigkeit einer Ehesache/LPartSache (§ 661 Abs. 1 Nr. 1–3 LPartG) § 6 Rn 5	§ 620 Nr. 9 ZPO wahlweise (str.) § 64 b Abs. 3 FGG	Zum Streit bezüglich der Wahlmöglichkeit vgl. § 2 Rn 277. Zur Abgrenzung zu § 620 Nr. 7 ZPO und zu § 621g ZPO vgl. § 6 Rn 30 f, 44 und 52 ff.
	bei Anhängigkeit eines Hauptsacheverfahrens nach dem GewSchG § 6 Rn 92	§ 64b Abs. 3 FGG	
	sechs Monate nach Auflösung des gemeinsamen Haushaltes § 6 Rn 96 und 140	einstweilige Verfügung	
Antragsgegner: sonstige Personen, mit denen ein auf Dauer angelegter gemeinsamer Haushalt geführt wurde	bei Anhängigkeit eines Hauptsacheverfahrens nach dem GewSchG § 6 Rn 92	§ 64b Abs. 3 FGG	
	sechs Monate nach Auflösung des gemeinsamen Haushaltes § 6 Rn 96 und 140	einstweilige Verfügung	

Maßnahmen nach dem Gewaltschutzgesetz § 6

Regelungsziel: Anordnung von Belästigungs-, Kontakt- und Näherungsverboten			
Antragsgegner: Ehegatte/Lebenspartner	bei Anhängigkeit einer Ehesache/LPartSache (§ 661 Abs. 1 Nr. 1–3 LPartG) § 6 Rn 5	§ 620 Nr. 9 ZPO wahlweise (str.) § 64 b Abs. 3 FGG	Zum Streit bezüglich der Wahlmöglichkeit vgl. § 2 Rn 277. Zur Abgrenzung zu § 620 Nr. 7 ZPO und zu § 621g ZPO vgl. § 6 Rn 55.
	bei Anhängigkeit eines Hauptsacheverfahrens nach dem GewSchG § 6 Rn 92		
	sechs Monate nach Auflösung des gemeinsamen Haushaltes § 6 Rn 96 und 144	einstweilige Verfügung	
Antragsgegner: Dritte	Personen, mit denen innerhalb von sechs Monaten vor Antragstellung gemeinsamer Haushalt geführt wurde § 6 Rn 144	§ 64b Abs. 3 FGG	
	andere Personen § 6 Rn 144	einstweilige Verfügung	
Regelungsziel: Anordnung von Belästigungs-, Kontakt- und Näherungsverboten bei Angriffen auf die Ehre und sonstige nicht durch das GewSchG erfasste Übergriffe			
Regelungsziel: Anordnung von Belästigungs-, Kontakt- und Näherungsverboten im Zusammenhang mit einer Zuweisung der Ehewohnung/gemeinsamen Wohnung			
Vgl. jeweils die Übersicht zu § 5			
Regelungsziel: Wegweisung des Verletzers aus der Familienwohnung oder einer sonstigen Wohnung bei Misshandlung eines Kindes			
Antragsgegner: Elternteil	§ 3 Rn 213	vorläufige Anordnung (str.; a.A. § 621g ZPO)	
Antragsgegner: Dritte	Personen, mit denen innerhalb von sechs Monaten vor Antragstellung gemeinsamer Haushalt geführt wurde § 6 Rn 95	vorläufige Anordnung (str.) oder § 64b Abs. 3 FGG	
	ohne gemeinsame Haushaltsführung § 3 Rn 213	vorläufige Anordnung (str.)	

§ 6 Maßnahmen nach dem Gewaltschutzgesetz

Regelungsziel: Anordnung von Belästigungs-, Kontakt- und Näherungsverboten bei Misshandlung eines Kindes		
Antragsgegner: Elternteil	§ 3 Rn 213	vorläufige Anordnung (str.)
Antragsgegner: Dritte	Personen, mit denen innerhalb von sechs Monaten vor Antragstellung gemeinsamer Haushalt geführt wurde § 6 Rn 95	vorläufige Anordnung (str.) oder § 64b Abs. 3 FGG
	andere Personen § 3 Rn 213 und § 6 Rn 140	vorläufige Anordnung (str.) oder einstweilige Verfügung

A. Die einstweilige Anordnung zu Maßnahmen nach §§ 1, 2 GewSchG gemäß § 620 Nr. 9 ZPO

I. Anhängigkeit der Ehesache/Lebenspartnerschaftssache

4   Die einstweilige Anordnung nach § 620 Nr. 9 ZPO setzt voraus, dass eine **Ehesache** (oder ein entsprechendes PKH-Verfahren) schon und noch anhängig ist.

Ebenso ist der Erlass einer einstweiligen Anordnung nach §§ 661 Abs. 2, 620 Nr. 9 ZPO zulässig, sobald und solange eine **Lebenspartnerschaftssache** nach § 661 Abs. 1 Nr. 1 bis 3 ZPO anhängig ist; auch hier genügt ein entsprechender PKH-Antrag.

Wegen der Einzelheiten wird verwiesen auf § 2 Rn 4 ff.

II. Inhalt der einstweiligen Anordnung nach § 620 Nr. 9 ZPO

1. Der persönliche Wirkungsbereich der einstweiligen Anordnung nach § 620 Nr. 9 ZPO

5   Eine Entscheidung nach § 620 Nr. 9 ZPO entfaltet nur zwischen den **Eheleuten** Wirkung. Gleichermaßen ist bei Anhängigkeit einer Lebenspartnerschaftssache der Wirkungsbereich beschränkt auf die beiden **Lebenspartner**.

6   Der Erlass einer einstweiligen Anordnung nach § 620 Nr. 9 ZPO hat zur Voraussetzung, dass die Ehegatten oder Lebenspartner (§ 661 Abs. 2 ZPO) einen **auf Dauer angelegten gemeinsamen Haushalt führen** oder innerhalb von sechs Monaten vor Antragstellung geführt haben.

Maßnahmen nach dem Gewaltschutzgesetz § 6

Hinweis
Dies führt dazu, dass der Anwendungsbereich dieser einstweiligen Anordnung sehr stark eingeschränkt ist. Denn § 620 ZPO setzt eine anhängige Ehesache voraus. Im Falle einer Scheidung ist wegen der grds. einzuhaltenden **Trennungsfrist von einem Jahr** (§ 1565 Abs. 2 BGB) jedoch dieses Hauptsacheverfahren erst zu einem Zeitpunkt anhängig zu machen, in dem die Frist von sechs Monaten bereits abgelaufen ist. Somit kommt § 620 Nr. 9 ZPO nur dann in Betracht, wenn andere Ehesachen (vgl. die Legaldefinition in § 606 Abs. 1 ZPO) als eine Scheidung oder eine so genannte Härtefallscheidung, bei der es dem Antragsteller nicht zuzumuten ist, das Trennungsjahr abzuwarten,[4] anhängig sind.[5] Wird der Scheidungsantrag verfrüht gestellt, nur um die Möglichkeit des Erlasses einer einstweiligen Anordnung zu eröffnen, läuft der Antragsteller Gefahr, dass er auch im Anordnungsverfahren unterliegt, da der Scheidungsantrag offensichtlich erfolglos ist.[6]

Zur weiteren Einschränkung des Anwendungsbereiches der einstweiligen Anordnung nach § 620 Nr. 9 ZPO wegen des Vorrangs einer Entscheidung nach § 1361b BGB vgl. § 6 Rn 30.

Da ein Getrenntleben unter einem Dach möglich ist und der Gesetzgeber wohl davon ausging, dass in einem solchen Fall ein auf Dauer angelegter gemeinsamer Haushalt nicht geführt wird,[7] können auch **innerhalb der Ehewohnung getrennt lebende Ehegatten** sich nach Ablauf der Frist von sechs Monaten nicht mehr an das Familiengericht wenden, um dort eine Regelung nach § 620 Nr. 9 ZPO zu erwirken. Ein Bedürfnis für ein gerichtliches Vorgehen besteht in einem solchen Fall jedoch gleichermaßen, auch wenn zuzugeben ist, dass körperliche Übergriffe und sonstige unzumutbare Belästigungen gerade (aber nicht ausschließlich) in nahem zeitlichen Zusammenhang mit der Einleitung der Trennung drohen.

7

Ehegatten, die nach Ablauf dieser Frist gewalttätigen Übergriffen des anderen Ehepartners ausgesetzt sind, etwa weil die Spannungen, die zunächst ertragbar erschienen, nun zu eskalieren drohen, werden hierdurch zwar nicht rechtlos gestellt, da nach wie vor der Anspruch aus § 1361b BGB realisiert und Anordnungen nach dem GewSchG ausgesprochen werden können. Soweit Maßnahmen nach dem GewSchG ergriffen werden sollten, wäre das entsprechende Verfahren jedoch vor dem allgemeinen Zivilgericht einzuleiten.[8] Als Maßnahme des vorläufigen Rechtsschutzes käme eine einstweilige Verfügung[9] in Betracht.

---

4 Zu den Voraussetzungen vgl. *Palandt – Brudermüller*, § 1565 Rn 6 ff.
5 OLG Hamm FamRZ 2004, 38; *Thomas/Putzo – Hüßtege*, § 620 Rn 25; *Zöller – Philippi*, § 620 Rn 80a; *Palandt– Brudermüller*, GewSchG Einl Rn 6; AnwK-BGB/*Heinke*, vor GewSchG Rn 45; a.A. die m.E. abzulehnende Auffassung AG Biedenkopf FamRZ 2003, 546, wonach ein Redaktionsversehen des Gesetzgebers vorliegen soll.
6 Vgl. § 2 Rn 8.
7 Vgl. BT-Drucks. 14/5429, 20, 22, 30 und § 6 Rn 94.
8 Vgl. die Zuständigkeitsregelung des § 23b Abs. 1 Nr. 8a GVG; hierzu siehe auch OLG Nürnberg FPR 2003, 378 und *Viefhus*, FPR 2005, 32.
9 BT-Drucks. 14/5429, 22.

Die Ehewohnungszuweisung kann mit Hilfe des § 620 Nr. 7 ZPO oder der Regelungen aus § 621g S. 1 i.V.m. § 621 Abs. 1 Nr. 7 ZPO angeordnet werden; zusätzlich ist es nach hier vertretener Auffassung möglich, in diesem Beschluss Belästigungsverbote anzuordnen; vgl. § 5 Rn 17.

2. Sachlicher Anwendungsbereich

a) Maßnahmen nach § 1 GewSchG

8   Maßnahmen nach dem GewSchG erfordern selbstverständlich, dass die in § 1 (bzw. § 2) GewSchG ausdrücklich benannten Voraussetzungen erfüllt sind. Zu beachten ist jedoch, dass § 1 GewSchG nach dem Willen des Gesetzgebers keine Norm des materiellen Rechts darstellt, sondern eine **rein verfahrensrechtliche Bestimmung** enthält. Normadressat ist das Gericht, dem durch die angesprochene Regelung ein Katalog von nicht abschließend aufgezählten Maßnahmen an die Hand gegeben wird.[10] Materiell ist demzufolge auf die zu §§ 823, 1004 BGB analog von der Rechtsprechung herausgearbeiteten Grundsätze abzustellen. Dies bewirkt, dass selbst wenn einer Person eine Verletzung zugefügt worden ist, sich die Prüfung anschließen muss, ob weitere Gewalttaten zu besorgen sind, also Wiederholungsgefahr besteht,[11] obwohl dieses Erfordernis bei § 1 GewSchG (anders als bei § 2 Abs. 3 S. 1 GewSchG) nicht ausdrücklich angesprochen wird. Deutlich wird diese Voraussetzung zum Erlass von Schutzanordnungen nach § 1 GewSchG aber durch das auf der Rechtsfolgenebene des § 1 Abs. 1 GewSchG angesiedelte Merkmal, dass die zur Abwendung weiterer Verletzungen erforderlichen Maßnahmen zu treffen sind.

aa) Voraussetzungen für den Erlass von Schutzanordnungen
(1) Rechtswidrige und vorsätzliche Verletzung von Körper, Gesundheit oder Freiheit nach § 1 Abs. 1 GewSchG

9   Ein gerichtliches Tätigwerden nach § 1 Abs. 1 GewSchG erfordert Verletzungshandlungen, die sich gegen die durch § 823 Abs. 1 BGB geschützten Rechtsgüter **Körper, Gesundheit oder Freiheit**[12] richten.

Eine Verletzung des **allgemeinen Persönlichkeitsrechts**, das von der Rechtsprechung als »sonstiges Recht« im Sinne des § 823 Abs. 1 BGB anerkannt ist, wurde vom Gesetzgeber bewusst nicht in die Regelung aufgenommen, da dieses Recht zahlreiche unterschiedliche Lebenssachverhalte erfasst und im Rahmen der Widerrechtlichkeit der Verletzung eine sehr

---

10 BT-Drucks. 14/5429, 17, 28, 41.
11 Vgl. hierzu § 6 Rn 11.
12 Zur Frage, ob auch ein Aussperren eine solche Freiheitsverletzung darstellen kann vgl. OLG Köln FamRZ 2003, 1281 und *Viefhus*, FPR 2005, 32; ablehnend *Palandt – Brudermüller*, § 1 GewSchG Rn 5; vgl. ebenso OLG Brandenburg FamRZ 2006, 947, wonach das GewSchG auch bei einer kurzzeitigen Entziehung der körperlichen Bewegungsfreiheit anwendbar ist.

differenzierte und umfassende Interessenabwägung erfordert. Dies ließe sich nur »äußerst schwer in eine Rechtsnorm pressen«.[13]

Hinweis
Die Ausübung **psychischer Gewalt** fällt unter § 1 Abs. 1 GewSchG,[14] wenn sie ein solches Ausmaß erreicht, dass sie zu (erheblichen) psychischen **Gesundheitsschäden** führt. Denn der Begriff der Gesundheit i.S.d. § 823 Abs. 1 BGB umfasst auch die psychische Gesundheit.[15]

Hinweis 10
Das GewSchG greift nicht nur, wenn sich die Gewalttaten im **häuslichen Bereich** abgespielt haben. Eine solche Beschränkung enthält auch nicht § 620 Nr. 9 ZPO. Gerade im Zeitraum der Trennung und auch noch nach beantragter Scheidung besteht die Gefahr, dass es zu (ggf. weiteren) gewalttätigen Auseinandersetzungen kommt, die sich nicht räumlich auf die Ehewohnung beschränken müssen.[16] Es sind durchaus Fälle bekannt, in denen auch bei einem zufälligen oder nur von einem der beiden getrennt lebenden Ehegatten geplanten Zusammentreffen in der Öffentlichkeit tätliche Übergriffe begangen wurden. Auch dann besteht für den Verletzten ein Bedürfnis, mit Hilfe des § 620 Nr. 9 ZPO gerichtliche Schutzmaßnahmen zu erwirken.

Da sich der materielle Anspruch aus §§ 823 Abs. 1, 1004 BGB analog herleitet, setzen 11 gerichtliche Maßnahmen nach § 1 Abs. 1 GewSchG eine **Wiederholungsgefahr** voraus. Zwar trägt der Anspruchsteller grds. die Beweislast für alle anspruchsbegründenden Umstände. Jedoch greifen zu Gunsten eines Verletzten ganz erhebliche Beweiserleichterungen. Eine vorausgegangene Verletzung begründet in der Regel eine tatsächliche Vermutung, dass die Gefahr einer Wiederholung der Verletzungshandlung besteht. Es obliegt sodann dem Anspruchsgegner (= Verletzer), diese Vermutungswirkung zu widerlegen. Hierbei sind strenge Anforderungen zu erfüllen.[17]

Beachte
Dies bedeutet letztlich, dass der Geschädigte in aller Regel nicht den Nachweis erbringen muss, dass weitere Verletzungen drohen, sondern umgekehrt ein Unterlassungsanspruch nur dann nicht besteht, wenn weitere Verletzungen nicht zu besorgen sind. Gerade im hier maßgeblichen Bereich des § 620 Nr. 9 ZPO (Einschränkung auf Ehegatten und Lebenspartner) dürfte es dem Täter aufgrund der (jedenfalls ehemals) engen sozialen Bindungen schwer fallen, eine bestehende Wiederholungsgefahr zu widerlegen. Ein solcher Ausnahmefall könnte etwa dann anzunehmen sein, wenn mittlerweile

---

13 BT-Drucks. 14/5429, 18.
14 Zu psychischer Gewalt vgl. auch § 1 Abs. 2 GewSchG – Schutz vor Drohungen und unzumutbaren Belästigungen; vgl. § 6 Rn 16.
15 BT-Drucks. 14/5429, 28 und 19 mit Hinweis auf *Erman – Schiemann*, BGB, 10. Auflage, § 823 Rn 19.
16 Hierauf weist auch der Gesetzgeber ausdrücklich hin: BT-Drucks. 14/5429, 18.
17 BGHZ 140, 1; BayObLG NJW-RR 1987, 463; *Palandt – Bassenge*, § 1004 Rn 32.

§ 6 Maßnahmen nach dem Gewaltschutzgesetz

eine weite räumliche Trennung zwischen den Wohnungen der getrennt lebenden Ehegatten[18] liegt und deshalb ein Aufeinandertreffen und auch ein Nachstellen[19] auszuschließen ist.

12 Die Verletzungshandlungen müssen in **rechtswidriger** Weise vorgenommen worden sein. Bei Vorliegen allgemeiner Rechtfertigungsgründe[20] ist demzufolge ein Einschreiten nach § 1 GewSchG nicht möglich.

13 Gerichtliche Schutzanordnungen nach dem GewSchG kommen nur dann in Betracht, wenn die maßgeblichen Verletzungen **vorsätzlich** zugefügt wurden (Entsprechendes gilt für die in § 1 Abs. 2 GewSchG angesprochenen Handlungen). Dem Gesetzgeber ist zuzustimmen, dass als typisches Merkmal einer Gewalttat, gegen die ein Einschreiten mit den durch das GewSchG angesprochenen Maßnahmen erforderlich wird, die willentliche Schädigung des Opfers zu fordern ist.[21] Fahrlässige Begehungsweisen, insbesondere die im Gesetzgebungsverfahren ausdrücklich angesprochenen Unfälle im Straßenverkehr, genügen nicht.

Vorsatz setzt das Wissen und Wollen der Verletzung von Körper, Gesundheit oder Freiheit voraus. Eine verminderte Schuldfähigkeit wegen Alkoholgenusses vermag den Vorsatz nicht zu beseitigen. Befand sich der Täter bei Begehung der Verletzungshandlung in einem Zustand krankhafter Störung der Geistestätigkeit, der die **freie Willensbestimmung ausschließt**, bleibt es nach § 1 Abs. 3 GewSchG bei der Zulässigkeit gerichtlicher Anordnungen nach dem GewSchG, wenn er sich durch geistige Getränke oder ähnliche Mittel vorübergehend in diesen Zustand versetzt hat. Schuldunfähigkeit aus sonstigen Gründen schließt Maßnahmen nach § 1 GewSchG dagegen aus.[22] Es bleibt jedoch die Möglichkeit bestehen, quasi-negatorische Ansprüche nach §§ 823, 1004 BGB analog geltend zu machen.[23]

(2) Drohungen und Nachstellungen nach § 1 Abs. 2 GewSchG

14 Durch § 1 Abs. 2 GewSchG wird die Regelungsbefugnis des Gerichts erweitert auf Fälle widerrechtlicher Drohungen und bestimmter Arten unzumutbarer Belästigungen.

Widerrechtliche Drohung

§ 1 Abs. 2 S. 1 Nr. 1 GewSchG räumt gerichtliche Anordnungsbefugnisse ein, wenn einer Person mit der Verletzung des **Körpers**, der **Gesundheit**, der **Freiheit** oder auch des **Lebens** gedroht wird. Welche Ursachen zu den Übergriffen geführt haben, ist grundsätzlich ohne Bedeutung.[24]

---

18 Vgl. zu einer solchen räumlichen Trennung und der hieraus folgenden Ablehnung einer Wiederholungsgefahr OLG Saarbrücken NJW-RR 2006, 747 (es handelte sich nicht um Ehegatten, was jedoch für die Frage der Wiederholungsgefahr bedeutungslos ist).
19 Vgl. aber die Möglichkeiten, die moderne Kommunikationsmittel einräumen.
20 Vgl. hierzu *Palandt – Bassenge*, § 823 Rn 27 ff.
21 BT-Drucks. 14/5429, 18.
22 *Löhning*, FPR 2005, 36, 39; AnwK-BGB/*Heinke*, § 1 Rn 11.
23 *Palandt – Brudermüller*, § 1 GewSchG Rn 5.
24 OLG Schleswig NJW-RR 2004, 156.

Rechtsgutsverletzungen müssen hier somit noch nicht geschehen sein, um Schutzanordnungen auszulösen. Voraussetzung ist jedoch, dass die Drohung **ernst** zu nehmen ist, ohne dass dies im Gesetzeswortlaut zum Ausdruck kommt. Dies versteht sich nach Ansicht des Gesetzgebers von selbst.[25]

Eindringen in Wohnung oder befriedetes Besitztum

Das Hausrecht als Ausprägung des allgemeinen Persönlichkeitsrechts soll durch § 1 Abs. 2 S. 1 Nr. 2 a GewSchG geschützt werden. Ein widerrechtliches Eindringen in die **Wohnung** oder das **befriedete Besitztum** als Teil der Intimsphäre bewirkt, dass das Gericht die zur Verhinderung weiterer Eingriffe geeigneten Maßnahmen zu ergreifen hat.

15

Anders als bei § 123 StGB sind Geschäftsräume hier nicht dem Regelungsbereich der Norm unterworfen, da nur der Schutz der Privatsphäre erlangt werden soll und Geschäftsräume dem im Allgemeinen nicht unterfallen.

Da **Ehegatten** und **Lebenspartner berechtigterweise Mitbesitz** an der Ehewohnung bzw. gemeinsamen Wohnung ausüben,[26] kommt ein widerrechtliches Eindringen erst dann in Betracht, wenn einer der Beteiligten freiwillig aus der Wohnung ausgezogen ist.

Unzumutbare Belästigungen

Schließlich sind die unter dem Begriff des »stalking« in jüngerer Vergangenheit durch die Betroffenheit auch in der Öffentlichkeit stehender Persönlichkeiten bekannt gewordenen Eingriffe in die Privatsphäre geeignet, Maßnahmen nach dem GewSchG auszulösen. § 1 Abs. 2 S. 1 Nr. 2 b GewSchG bestimmt dementsprechend, dass auf Antrag gerichtliche Anordnungen zu treffen sind, wenn eine **unzumutbare Belästigung** vorliegt. Diese muss sich darin äußern, dass eine Person einer anderen Person (im Anwendungsbereich des § 620 Nr. 9 ZPO also ein Ehegatte dem anderen – bzw. ein Lebenspartner dem anderen) **wiederholt nachstellt** oder sie **unter Verwendung von Fernkommunikationsmitteln verfolgt**.

16

In beiden Fällen ist, was der gesetzlichen Regelung unschwer entnommen werden kann, erforderlich, dass die Nachstellungen **gegen den Willen** der belästigten Person erfolgen und dies dem Täter gegenüber auch **ausdrücklich erklärt** worden ist. Hieraus folgt, dass eine Schutzanordnung erst mit der zweiten Nachstellung oder Verfolgung im Sinne des § 1 Abs. 2 S. 1 Nr. 2b GewSchG erlassen werden kann.[27]

---

25 Vgl. auch BT-Drucks. 14/5429, 29: »Ein ausdrücklicher gesetzlicher Hinweis auf die Ernstlichkeit der Drohung ist ferner deswegen unterblieben, weil er auch bei § 241 StGB nicht vorgesehen ist.«.
26 Vgl. § 5 Rn 120; *Palandt – Bassenge*, § 854 Rn 13.
27 AnwK-BGB/*Heinke*, § 1 GewSchG Rn 16.

§ 6 Maßnahmen nach dem Gewaltschutzgesetz

17 Als Verhaltensweisen, die sich als erhebliche Belästigungen des Opfers darstellen, wurden im Gesetzgebungsverfahren beispielhaft folgende herausgestellt:[28]
- wiederholte Überwachung und Beobachtung einer Person
- ständige demonstrative Anwesenheit des Täters in der Nähe der Person
- »körperliche« Verfolgung, Annäherung, Kontaktversuche
- Telefonterror
- Hinterlassen von Mitteilungen unter Einsatz von Fernkommunikationsmitteln wie Telefax, Internet oder Mobiltelefon.

18 Das Gesetz schließt die Annahme einer unzumutbaren Belästigung dann aus (§ 1 Abs. 2 S. 2 GewSchG), wenn die Handlung der **Wahrnehmung berechtigter Interessen** dient. Ein solcher Ausnahmefall kann gerade im hier angesprochenen Bereich des § 620 Nr. 9 ZPO in der Kommunikation zwischen Ehegatten zu sehen sein, die der Durchführung des Umgangs eines Ehegatten mit gemeinsamen Kindern dient. Dann muss sich jedoch der Umgangsberechtigte auf diejenige Kontaktaufnahme beschränken, die **erforderlich** ist, um den Umgang mit dem Kind abzusprechen, durchzuführen etc.

bb) Regelungsinhalte der Schutzanordnungen

19 Liegen die Voraussetzungen des § 1 GewSchG vor, hat das Gericht bei Antragstellung des Verletzten auch im Rahmen des einstweiligen Rechtsschutzes nach § 620 Nr. 9 ZPO die **zur Abwendung weiterer Verletzungen erforderlichen Maßnahmen** zu treffen. Auch wenn das Verfahren nach dem Gewaltschutzgesetz, soweit es vor dem Familiengericht zu führen ist, den Grundsätzen des Rechts der freiwilligen Gerichtsbarkeit folgt (§ 621a Abs. 1 S. 1 ZPO), somit das Gericht in der Bestimmung der Schutzmaßnahmen, die zur Erreichung des Zwecks erforderlich sind, frei und nicht an die Anträge der Beteiligten gebunden ist, lohnt es sich dennoch, mögliche Schutzanordnungen näher zu bezeichnen, zumal der Verletzte meist selbst am besten wissen wird, welche Maßnahmen seinem Schutzbedürfnis entsprechen.

Das Gesetz bietet einen **Katalog verschiedener Anordnungsinhalte** an, die lediglich als beispielhafte Aufzählungen zu verstehen sind. So kann das Gericht bestimmen, dass es der Täter zu unterlassen hat,

20
- die **Wohnung der verletzten Person zu betreten**
  Diese Schutzmaßnahme kommt vor allem dann in Betracht, wenn der Täter das Hausrecht des Opfers bereits einmal verletzt hat. Aber auch körperliche Übergriffe können ein solches Betretensverbot rechtfertigen, insbesondere wenn diese durch den Ehegatten in der Wohnung zu einer Zeit vorgenommen wurden, als ihm die Berechtigung zum dortigen Aufenthalt zustand, etwa weil er noch das (Mit-)Besitzrecht an der Ehewohnung ausübte oder die Wohnung mit Einverständnis des anderen Ehegatten betreten

---

28 BT-Drucks. 14/5429, 29.

hatte. Doch selbst wenn Verletzungen von Körper, Gesundheit oder Freiheit nur außerhalb des Wohnraumes des Opfers vorgekommen sind, ist ein solches Betretungsverbot in Erwägung zu ziehen, um hinreichenden Schutz zu gewähren. Soweit die Ehegatten in dem Zeitpunkt, in dem eines der in § 1 Abs. 1 GewSchG angesprochenen Rechtsgüter verletzt wurde, einen gemeinsamen Haushalt geführt haben, greift im Übrigen die Regelung des § 2 Abs. 1 GewSchG. Somit können die dort benannten Folgen durch das Gericht ausgesprochen werden, soweit nicht § 1361b BGB (oder § 14 LPartG) die speziellere Regelung darstellt.[29] Zusätzlich sind die hier maßgeblichen Anordnungen nach § 1 GewSchG denkbar und gegebenenfalls erforderlich.

■ **sich in einem bestimmten Umkreis zur Wohnung aufzuhalten** 21

Wer eine andere Person in deren häuslichem Umfeld verletzt hat, wird in vielen Fällen diesen Ort nicht mehr aufsuchen und sich ihm auch nicht mehr auf eine Entfernung nähern dürfen, die das Opfer (berechtigterweise) als bedrohlich empfinden könnte. Auch »bloße« Nachstellungen können sich sehr belastend auf hiervon betroffene Personen auswirken. So sind aus der familienrichterlichen Praxis Fälle bekannt, in denen sich ein Ehegatte vor der neu bezogenen Wohnung der von ihm getrennt lebenden Ehegattin nahezu häuslich einrichtete, nämlich auf einem unmittelbar vor dieser Wohnung befindlichen Parkplatz einen Campingwagen abstellte, aus dem die getrennt lebende Ehegattin ständig beobachtet werden konnte und unter Einsatz von Videokameras auch tatsächlich beobachtet wurde. In einem anderen Fall ließ sich ein Ehegatte an jedem arbeitsfreien Tag auf dem vor dem neu bezogenen Anwesen vorbeiführenden Gehsteig auf einem Klappstuhl nieder und beobachtete die in einer Entfernung von nur ca. 10 m befindliche Wohnung stundenlang mit einem Fernglas.[30]

> *Beachte*
> Die Anordnungen müssen **konkret** bezeichnen, woran sich der Verletzer zu halten hat. Auszurichten ist der einzuhaltende Abstand an den örtlichen Verhältnissen. Beispielhaft wurde im Gesetzgebungsverfahren eine dichte oder eine weite Bebauung angesprochen.[31]

■ **konkret zu benennende andere Orte aufzusuchen, an denen sich die verletzte Person** 22
regelmäßig aufhält

Im Gesetzgebungsverfahren war zunächst geplant, die Formulierung auf Orte zu beschränken, an denen sich die verletzte Person aufhalten *muss*. Hierdurch sollte zum Ausdruck gebracht werden, dass das Aufsuchen von Orten, an denen sich das Opfer in seiner Freizeit aufhält, dem Täter nur kraft der allgemeinen Regelung in § 1 Abs. 1 S. 1 GewSchG untersagt werden kann, wenn eine umfassende Abwägung der Interessen im

---

29 Vgl. § 6 Rn 30.
30 Die Fälle mögen grotesk erscheinen und evtl. sogar krankhafte Züge der Verletzer offenbaren. Dies ändert nichts an der Betroffenheit der Opfer.
31 BT-Drucks. 14/5429, 29.

§ 6 Maßnahmen nach dem Gewaltschutzgesetz

Einzelfall zu einem Vorrang der Freizeitinteressen komme.[32] Dem ist jedoch der Rechtsausschuss und sodann der Gesetzgeber nicht gefolgt.[33] Stattdessen wurde der Vorschlag des Bundesrates[34] aufgegriffen und durch die nunmehr vorgenommene Wortwahl im Gesetz klar zum Ausdruck gebracht, dass das Gericht zum Schutz des Opfers auch Aufenthaltsverbote für solche Orte aussprechen kann, an denen sich das Opfer in seiner Freizeit regelmäßig aufhält.[35]

Die jeweiligen Orte sind **konkret** zu bezeichnen, um dem Täter exakt vorzugeben, von welcher räumlichen Umgebung er sich (ggf. auch zu welchen Zeiten) fern zu halten hat.

Hier liegt es auf der Hand, dass das Gericht auf entsprechende Mitteilungen des Opfers angewiesen ist, um die Schutzanordnungen gerade auf diejenigen Orte zu beziehen, die für den Verletzten besonders bedeutsam sind.

23 ■ **Verbindung zur verletzten Person**, auch unter Verwendung von **Fernkommunikationsmitteln, aufzunehmen**

Als Fernkommunikationsmittel kommen sowohl das Telefon, Mobiltelefon, Telefax als auch die Verwendung der elektronischen Post (E-Mail) und des Internet in Betracht. Auch weitere in Zukunft möglicherweise noch zu entwickelnde Kommunikationsmittel sind von der Regelung erfasst.

Jegliche Art der Kontaktaufnahme – auch Ansprechen auf der Straße bei zufälligem Zusammentreffen etc. – kann untersagt werden.

24 ■ **Zusammentreffen** mit der verletzten Person **herbeizuführen**

Hierdurch soll vermieden werden, dass sich ein unmittelbarer Kontakt zwischen dem Täter und dem Opfer ergibt. Über diese konkret im Gesetz benannte Anordnung hinaus kann durch das Gericht ebenso bestimmt werden, dass der Täter im Falle des zufälligen Zusammentreffens unverzüglich einen bestimmten Abstand zur geschützten Person einzunehmen hat; diese Anordnung stützt sich inhaltlich auf die »allgemeine« Regelung des § 1 Abs. 1 S. 1 GewSchG.

25 Zu betonen ist, dass die anzuordnenden Maßnahmen sich nicht darauf beschränken müssen, ausschließlich eine Wiederholung bereits konkret vorgenommener Übergriffe im Sinne von § 1 Abs. 1 GewSchG zu verhindern. Dies bedeutet, dass das Verbot, einen bestimmten Ort aufzusuchen, auch dann ausgesprochen werden kann, wenn sich der Täter dort noch nie aufgehalten hat. Weiter ist es ebenso denkbar, dem Täter, der das Opfer bei einem zufälligen Zusammentreffen in der Öffentlichkeit verletzt hat, zu untersagen, sich der Wohnung des Opfers auf eine bestimmte Entfernung zu nähern. Ziel der Schutzanordnungen ist es, weitere oder drohende Verletzungen der durch § 1 GewSchG geschützten Rechtsgüter zu verhindern. Die hierfür **geeigneten** und **erforderlichen** Maßnahmen sind zu ergreifen.

---

32 BT-Drucks. 14/5429, 41.
33 BT-Drucks. 14/7279, 16.
34 BT-Drucks. 14/5429, 38.
35 AnwK-BGB/*Heinke*, § 1 GewSchG Rn 25.

Bei der Auswahl der zu treffenden Schutzanordnungen ist stets auch das **Wohl betroffener Kinder** zu berücksichtigen.[36]

Eine Einschränkung erfahren die Beispielsfälle des § 1 Abs. 1 S. 3 GewSchG durch die **Wahrnehmung berechtigter Interessen**. Dient demzufolge die Kontaktaufnahme etwa der Absprache über ein Umgangsrecht mit einem gemeinsamen Kind oder der tatsächlichen Herbeiführung des Umgangs, kann diese gerechtfertigt sein.[37] Aus Gründen der Rechtsklarheit sollte das Gericht dem Rechnung tragen, indem das Kontaktverbot im Beschluss **ausdrücklich** eingeschränkt wird. Die vom Betroffenen erlaubterweise wahrzunehmenden Interessen sollten **konkret** bezeichnet werden. Auch kann die ausnahmsweise zulässige Kontaktaufnahme nur in einer bestimmten Form gestattet werden, beispielsweise durch telefonische Ankündigung des Erscheinens oder auch über eine dritte, zur Vermittlung bereite Person.[38] Auf eine entsprechende Beschlussfassung des Gerichts kann durch eine umfassende Antragstellung hingewirkt werden.

26

Hinweis

Die Auswahl der vom Gericht festzusetzenden Anordnung muss den **Grundsatz der Verhältnismäßigkeit**[39] beachten, da eine derartige Maßnahme zwar zum einen dem Schutz des Opfers dient, zum anderen aber auch in Rechte und rechtlich geschützte Interessen des Verletzers eingreift. Dies bedeutet, dass die Schutzanordnungen nur so weit gehen dürfen, wie sie zur Abwendung weiterer oder drohender Verletzungen erforderlich sind. Im Zweifel ist es jedoch zulässig, dem Schutzbedürfnis des Opfers den Vorrang einzuräumen.

27

Gesetzlich geregelter Ausdruck des Grundsatzes der Verhältnismäßigkeit ist die in § 1 Abs. 1 S. 2 GewSchG enthaltene Regelung. Danach soll die Anordnung **befristet** werden.[40] Bei der Festsetzung der konkreten Dauer der Belästigungsverbote ist maßgeblich, welcher Zeitraum denn erforderlich erscheint, um der Gefahr der (erneuten) Verletzung von Rechtsgütern des Opfers wirksam zu begegnen. Anders als bei § 2 Abs. 2 S. 2 GewSchG bietet der Gesetzgeber hier weder eine Höchstgrenze noch einen zeitlichen Rahmen als Bezugsgröße an, an dem sich das Gericht orientieren könnte. Es soll bei einer wiederholten Verletzung von Rechtsgütern des Opfers, einer länger andauernden unzumutbaren Belästigung oder auch einer schweren Rechtsgutsverletzung möglich sein, eine längere Dauer der Schutzanordnung zu bestimmen als bei einer nur leichten, einmaligen Verletzung.[41]

28

---

36 Vgl. die ausdrückliche Regelung in § 2 Abs. 6 S. 2 GewSchG; dort kommt jedoch nur zum Ausdruck, was ohnehin im Rahmen der Auslegung der unbestimmten Rechtsbegriffe im GewSchG zu berücksichtigen wäre – so auch der Rechtsausschuss des Deutschen Bundestages – BT-Drucks. 14/7279, 16.
37 Anders natürlich, wenn das Umgangsrecht ausgeschlossen ist.
38 Beispiel nach BT-Drucks. 14/5429, 29.
39 OLG Stuttgart FamRZ 2004, 434.
40 OLG Naumburg ZFE 2005, 35.
41 BT-Drucks. 14/5429, 28.

§ 6 Maßnahmen nach dem Gewaltschutzgesetz

Auch ist zu beachten, dass eine **Verlängerung der Wirkungsdauer** der Schutzmaßnahme möglich ist. Somit ist einerseits dem Schutzbedürfnis des Opfers Rechnung zu tragen, indem die Anordnung eine gewisse Gewähr von Sicherheit bieten muss. Im Zweifel sollte ein eher längerer Fristlauf angeordnet werden. Andererseits ist zu bedenken, dass gerade eine hier anzustellende Prognoseentscheidung stets mit Unwägbarkeiten behaftet ist und das Sicherheitsbedürfnis des Verletzten auch mit Hilfe einer nachträglichen Verlängerung der Maßnahme, die zudem noch wiederholbar ist,[42] befriedigt werden kann. Es muss also nicht von vornherein eine überaus lange Dauer der Schutzmaßnahme angeordnet werden, um jeglichen Zweifel daran auszuräumen, ob dem Opfer auch hinreichend effektiver Schutz zukommt. M.E. sollte sich das Gericht an der Frist des § 2 Abs. 2 S. 2 GewSchG orientieren, nach der selbst bei einem Eingriff in das Eigentumsrecht des Täters eine Befristung der Maßnahme auf (maximal) sechs Monate zulässig ist und deshalb bei einem Belästigungsverbot, also einem regelmäßig erheblich weniger schwer wiegenden Eingriff in Rechtsgüter des Täters, eine Dauer der Maßnahme von ca. **drei bis neun Monaten** anordnen, wenn nicht ein besonders schwerer Fall eines Übergriffs vorliegt. Dies soll nur als **grober Anhalt** verstanden werden, der auch unter der Prämisse zustande gekommen ist, dass sich erfahrungsgemäß gerade in der ersten Trennungsphase eine erhöhte Gefahr für unzumutbare Belästigungen und körperliche Übergriffe zeigt, die mit zunehmender Trennungsdauer abnimmt. Im Einzelfall jedoch kann sich dies ganz anders gestalten und beispielsweise auch (oder erst) nach langer Zeit des Getrenntlebens erstmals eine Gewalttat i.S.d. § 1 Abs. 1 GewSchG ereignen, wenn sich etwa die getrennt lebende Ehegattin einem neuen Lebenspartner zuwendet. Als hinreichend konkrete Befristung gemäß § 1 Abs. 1 S. 2 GewSchG wird es angesehen, wenn die Wirkungsdauer der vorläufigen Maßnahme **bis zur Beendigung des Hauptsacheverfahrens** festgesetzt wird.[43]

b) Überlassung der Ehewohnung nach § 2 GewSchG

29 Die Regelung des § 2 GewSchG ist – anders als § 1 GewSchG – materiell konzipiert; mit dieser Vorschrift wurde ein **Anspruch** auf Wohnungsüberlassung geschaffen. Auch § 1361b BGB ermöglicht eine Zuweisung einer Ehewohnung zur Nutzung. Dasselbe gilt gemäß § 14 LPartG bei eingetragenen Lebenspartnern.

aa) Abgrenzung des § 2 GewSchG von § 1361b BGB, § 14 LPartG

30 Die Anwendungsbereiche des § 2 GewSchG und der § 1361b BGB, § 14 LPartG unterscheiden sich[44] zum einen durch die **Personen**, die dem Regelungsbereich unterfallen. Die letztgenannten Normen sind auf getrennt lebende Ehegatten und Lebenspartner beschränkt, während sich § 2 GewSchG an alle Personen richtet, die einen auf Dauer angelegten gemeinsamen Haushalt führen bzw. geführt haben, also z.B. an nichteheliche Lebenspart-

---

42 Vgl. BT-Drucks. 14/5429, 28.
43 OLG Naumburg FPR 2003, 376.
44 Vgl. hierzu auch § 6 Rn 44 f.

Maßnahmen nach dem Gewaltschutzgesetz § 6

ner, aber auch an Ehegatten. Soweit nun ein Ehegatte die Zuweisung der Ehewohnung zum Zwecke des Getrenntlebens im Hinblick auf eine beabsichtigte Scheidung begehrt, ist § 1361b BGB die **speziellere Norm**.[45] Dies beruht – wie soeben dargestellt – auf dem eingeschränkten Personenkreis, an den sich die Regelung wendet. Außerdem wirkt § 1361b BGB in aller Regel während der gesamten Trennungszeit bis zur Scheidung, während § 2 Abs. 2 GewSchG eine Befristung vorsieht. Da diese Erwägungen auch im Falle des § 14 LPartG, der die Zuweisung einer gemeinsamen Wohnung der Lebenspartner während deren Zeit des Getrenntlebens betrifft, greifen, ist § 14 LPartG in seinem Anwendungsbereich ebenfalls spezieller als § 2 GewSchG.[46]

Die Normen verfolgen auch **unterschiedliche Zielrichtungen**. Während mit Hilfe des § 1361b BGB bewirkt werden soll, dass der Antragsteller bis zur Scheidung seinen Lebensmittelpunkt beibehalten kann, will § 2 GewSchG erreichen, dass ein Opfer von Gewalttaten für einen vorübergehenden Zeitraum (so jedenfalls bei § 2 Abs. 2 GewSchG), in dem es sich etwa um anderen Wohnraum bemühen kann, vor weiteren Übergriffen geschützt wird.

31

Beachte
§ 1361b BGB (und entsprechend auch § 14 LPartG) greift somit nicht, wenn die Wohnungsaufteilung als dauerhafte Lösung, jedoch nicht zum Zwecke der Vorbereitung der Scheidung gedacht ist.[47] Dies gilt auch, wenn sich die Antragstellung gemäß § 1361b Abs. 2 BGB auf eine Verletzung derselben Schutzgüter wie in § 2 GewSchG angesprochen gründet. Eine Regelung nach § 2 GewSchG dagegen kann gerade dann erlassen werden, wenn es einem Antragsteller nicht um den Erhalt des Wohnraumes zur Sicherung des Lebensmittelpunktes geht, sondern nur um die Befriedigung eines Schutzbedürfnisses, auch wenn sein weiteres Ziel der befristeten Überlassung der Ehewohnung die Vorbereitung einer endgültigen Lösung wie Veräußerung, Kündigung der Wohnung oder auch die Aufhebung der Miteigentümergemeinschaft nach §§ 749, 753 Abs. 1 BGB ist.[48]

§ 2 GewSchG dient der Verhinderung (weiterer) Übergriffe. Im (zeitlich begrenzten) Zuweisungszeitraum soll eine endgültige Lösung der Rechtsverhältnisse an der Ehewohnung ermöglicht werden, ohne dass das Gericht in bestehende Rechtsbeziehungen gestaltend oder verändernd (wie bei §§ 3 ff. HausratsVO) eingreifen könnte.[49]

---

45 So sieht auch der Gesetzgeber das Verhältnis der Normen zueinander: BT-Drucks. 14/5429, 21; ebenso *Palandt– Brudermüller*, § 2 GewSchG Rn 2; a.A. AnwK-BGB/*Heinke*, § 2 GewSchG Rn 29, wonach den verletzten Personen je nach gewünschter Rechtsfolge (siehe § 4 GewSchG) die Wahl bleiben soll.
46 Hierauf geht der Gesetzgeber nicht ausdrücklich ein. Jedoch wurde auch in anderem Zusammenhang die Parallele zum LPartG zunächst nicht gezogen, da § 14 LPartG n. F. seine Ausprägung erst durch den Rechtsausschuss erfahren hat.
47 OLG Bamberg FamRZ 1992, 1299; OLG Saarbrücken OLGR 2004, 515: keine Zuweisung zu Veräußerungszwecken; OLG Frankfurt/Main FamRZ 2004, 875: keine Zuweisung zum Zwecke der Vermietung; a.A. *Palandt – Brudermüller*, § 1361b Rn 4; vgl. auch OLG Hamburg FamRZ 1992, 1298: ausnahmsweise kann eine Zuweisung auch erfolgen bei Absicht der Veräußerung.
48 Vgl. § 6 Rn 38.
49 Vgl. BT-Drucks. 14/5429, 20.

§ 6 Maßnahmen nach dem Gewaltschutzgesetz

Anders als § 1361b BGB und § 14 LPartG setzt § 2 GewSchG nicht voraus, dass die Ehegatten/Lebenspartner getrennt leben oder dies beabsichtigen. Eine Wohnungszuweisung nach § 2 GewSchG (nicht dagegen nach § 1361b BGB/§ 14 LPartG) kommt somit auch dann in Betracht, wenn die verletzte Person sich noch nicht darüber im Klaren ist, ob sie das Getrenntleben einleiten möchte.

Zur verfahrensrechtlichen Folge der Spezialität vgl. § 6 Rn 52 ff.

bb) Voraussetzungen und Rechtsfolgen des § 2 GewSchG

31a Bei der Prüfung des § 2 GewSchG gilt es zu unterscheiden, ob eine Verletzung geschützter Rechtsgüter bereits stattgefunden hat oder mit einer solchen nur gedroht wird.

(1) Verletzung des Körpers, der Gesundheit oder der Freiheit (§ 2 Abs. 1 GewSchG)

Voraussetzungen des Anspruchs auf Überlassung der Wohnung

32 Liegt eine rechtswidrige und schuldhafte **Verletzung einer Person an Körper, Gesundheit oder Freiheit** (§ 1 Abs. 1 S. 1 GewSchG) vor, so ist der Anwendungsbereich des § 2 Abs. 1 GewSchG eröffnet. Unerheblich ist, ob der Täter sich im Zeitpunkt der Tat in einem die freie Willensbestimmung ausschließenden Zustand i.S.d. § 1 Abs. 3 GewSchG befunden, er sich also durch alkoholische Getränke oder ähnliche Mittel vorübergehend in diesen Zustand krankhafter Störung der Geistestätigkeit versetzt hat. Bestand Schuldunfähigkeit aus sonstigen Gründen, scheiden Maßnahmen nach § 1 GewSchG jedoch aus.[50]

Der Anspruch auf Überlassung der Wohnung setzt weiter voraus, dass Täter und Opfer **im Zeitpunkt der Tat** einen auf Dauer angelegten gemeinsamen Haushalt[51] geführt haben. Dieses Erfordernis ergibt sich aus der materiellen Regelung des § 2 Abs. 1 GewSchG und geht somit über die zeitliche Schranke des § 620 Nr. 9 ZPO für eine zulässige Antragstellung hinaus. Leben Ehegatten bzw. eingetragene Lebenspartner im Zeitpunkt der Verletzungshandlung bereits getrennt, scheidet demzufolge der Erlass einer einstweiligen Anordnung nach § 620 Nr. 9 ZPO i.V.m. § 2 GewSchG[52] aus.[53] Dies gilt m.E. auch, wenn das Getrenntleben innerhalb der Ehewohnung bzw. bei Lebenspartnern innerhalb der gemeinsamen Wohnung vollzogen wurde.[54]

In einem solchen Fall sind Maßnahmen nach § 620 Nr. 7 ZPO bzw. § 621g S. 1 i.V.m. § 621 Abs. 1 Nr. 7 ZPO in Erwägung zu ziehen, soweit Ziel des Vorgehens die Wohnungsüberlassung zum Zwecke der Scheidung und zur Sicherung des Lebensmittelpunktes ist.

---

50 *Löhning*, FPR 2005, 36, 39.
51 Zum Begriff des auf Dauer angelegten gemeinsamen Haushalts vgl. § 6 Rn 93.
52 Maßnahmen nach § 1 GewSchG kommen dagegen in Betracht.
53 Der Erlass einer einstweiligen Anordnung ist abhängig von der materiellen Rechtslage; vgl. § 1 Rn 9.
54 Vgl. § 6 Rn 94.

Maßnahmen nach dem Gewaltschutzgesetz §6

Hinweis
Weitere Erfordernisse wie etwa das in § 1361b BGB angesprochene Vorliegen einer unbilligen Härte bestehen für einen Anspruch auf Wohnungsüberlassung nach § 2 Abs. 1 GewSchG **nicht**. Auch ist ohne Bedeutung, wer Berechtigter an der Wohnung ist, in wessen Eigentum sie steht oder wer diese gemietet hat. Dies zeigt jedoch auf Rechtsfolgenebene Auswirkungen.[55]

Ausgeschlossen ist dieser Anspruch jedoch unter den in § 2 Abs. 3 GewSchG genannten Voraussetzungen. Durch die Wortwahl des Gesetzgebers wird deutlich gemacht, dass es sich um Ausnahmetatbestände handelt und deshalb der **Antragsgegner** die **Darlegungs- und Beweislast** für deren Vorliegen trägt.[56]

33

Der Ausschluss des Anspruchs ist alternativ anzunehmen,

- wenn **weitere Verletzungen nicht zu besorgen** sind. Es ist davon auszugehen, dass bei bereits erfolgten Eingriffen in die geschützten Rechtsgüter Körper, Gesundheit, Freiheit Wiederholungen drohen. Der Täter muss diese Vermutung widerlegen. Zweifel gehen zu seinen Lasten.[57]

34

Eine Ausnahme (von dieser Ausnahme) greift jedoch dann, wenn es der verletzten Person wegen der Schwere der Tat nicht zuzumuten ist, mit dem Täter weiterhin zusammenzuleben. In einem solchen Fall wird selbst bei dem Ausschluss einer Wiederholungsgefahr eine Zuweisung der Wohnung erfolgen. Diese Unzumutbarkeit wird in Fällen schwerer Körperverletzung oder längerer Freiheitsberaubung anzunehmen sein, erst recht bei einer versuchten Tötung sowie bei Sexualstraftaten.

- wenn die verletzte Person die Überlassung der Wohnung nicht **schriftlich** vom Täter **verlangt** hat. Dies muss innerhalb einer **Frist von drei Monaten** nach der Tat geschehen sein. Diese Einschränkung verfolgt den Zweck, innerhalb eines angemessenen, überschaubaren Zeitraumes Klarheit über die weitere Nutzungsbefugnis herbeizuführen. Dabei steht der verletzten Person genügend Zeit zur Verfügung, sich in Ruhe Gedanken zur weiteren Lebensgestaltung, einschließlich der Frage der Wohnsituation, zu machen. Durch die gewählte Formulierung wollte der Gesetzgeber verdeutlichen, dass das Opfer der Übergriffe in dem Zeitpunkt, in dem es den Anspruch auf Überlassung der Wohnung realisieren möchte, nicht (und schon gar nicht zusammen mit dem Täter) in der maßgeblichen Wohnung leben muss. Somit hindert die Flucht aus der ehemals gemeinsamen Wohnung beispielsweise in ein Frauenhaus die Durchsetzung des Anspruches keineswegs.[58]

35

M.E. ist in einer Antragstellung auf Erlass einer einstweiligen Anordnung auf Zuweisung der Wohnung ein solches schriftliches Überlassungsbegehren zu sehen.[59]

---

55 Vgl. § 2 Abs. 2 GewSchG.
56 *Palandt – Brudermüller*, § 2 GewSchG Rn 17.
57 Vgl. § 6 Rn 11.
58 BT-Drucks. 14/5429, 31.
59 Vgl. auch AnwK-BGB/*Heinke*, § 2 GewSchG Rn 27.

§6 Maßnahmen nach dem Gewaltschutzgesetz

Sollte der Verletzte im Einzelfall in diesem Zeitraum von drei Monaten sein Verlangen wegen bestehender Geschäftsunfähigkeit (Beispiel aus dem Gesetzgebungsverfahren:[60] der Verletzte liegt bewusstlos im Krankenhaus) nicht geltend machen können, wird dessen Schutz mit Hilfe einer analogen Anwendung des § 210 BGB[61] bewirkt.[62] Sollte ein Betreuer bestellt sein (§ 1896 BGB), hat dieser der Aufgabe nachzukommen, die Überlassung der Wohnung vom Antragsgegner zu verlangen.

36
- soweit der Überlassung der Wohnung an die verletzte Person **besonders schwer wiegende Belange** des Täters entgegenstehen.

Der Grundsatz »der Täter muss weichen, das Opfer bleibt« wird dann durchbrochen, wenn dem Verletzer das Verlassen der Wohnung nicht zuzumuten ist. Besonders schwer wiegende Belange müssen vorliegen. Eine Interessenabwägung wird im Regelfall dazu führen, dass es dem Täter durchaus zugemutet werden kann, den Wohnraum zu verlassen und sich anderweitig umzusehen. Nur wenn seine Belange ganz erheblich beeinträchtigt werden, ist eine Ausnahme zu akzeptieren. Dies kann der Fall sein, wenn der Antragsgegner an einer Behinderung oder an einer schweren Erkrankung leidet und er deshalb beispielsweise wegen der baulichen Gegebenheiten auf die maßgebliche Wohnung besonders angewiesen ist. Wenn die Beschaffung von angemessenem Ersatzwohnraum unschwer zu bewerkstelligen ist, wird er dennoch weichen müssen.

Hinweis
Durch die bei § 2 Abs. 3 Nr. 3 GewSchG geänderte Wortwahl (»**soweit**« anstelle von »wenn«) wird deutlich gemacht, dass hier entgegen der Regelfolge aus § 2 Abs. 1 GewSchG auch eine **nur teilweise oder zeitweise Überlassung** der Wohnung in Erwägung zu ziehen ist, wenn die räumlichen Verhältnisse eine Aufteilung zulassen, ohne dass das Schutzbedürfnis des Opfers beeinträchtigt wird. Nur gänzlich unerhebliche Beeinträchtigungen werden hingenommen werden müssen.

Rechtsfolgen des Überlassungsanspruchs

37
§ 2 Abs. 1 GewSchG bestimmt, dass der Anspruch auf eine vollständige **Überlassung** der (ursprünglich) gemeinsam genutzten Wohnung zur **alleinigen Benutzung** gerichtet ist.[63] Eine Ausnahme hiervon, nämlich eine Aufteilung des vorhandenen Wohnraums, kommt nach § 2 Abs. 3 Nr. 3 GewSchG in Betracht.[64]

Ein Eingriff in die Eigentumsverhältnisse an der Wohnung oder in schuldrechtliche Beziehungen wie den Mietvertrag scheidet aus. Eine Umgestaltung oder Neubegründung eines

---

60 BT-Drucks. 14/5429, 38, 41; BT-Drucks. 14/7279, 16.
61 § 206 BGB a.F.
62 *Palandt – Heinrichs*, § 210 Rn 2.
63 *Schumacher*, FamRZ 2001, 953, 955.
64 Vgl. § 6 Rn 36.

§6 Maßnahmen nach dem Gewaltschutzgesetz

Mietverhältnisses ist nicht vorgesehen. § 2 GewSchG dient ausschließlich dem Schutz vor (weiteren) Gewalttaten und will diesen dadurch bewirken, dass dem Opfer die ausschließliche **Nutzung** der Wohnung gestattet wird.

Die **Wirkungsdauer** der Anordnung ist an der Regelung des § 2 Abs. 2 GewSchG zu orientieren. Da mit einer Entscheidung nach § 2 GewSchG in geschützte Rechte eingegriffen wird, darf bei Berücksichtigung des Normzwecks eine Überlassung der Wohnung nur so lange angeordnet werden, wie diese Maßnahme für den Schutz des Opfers vor weiteren Gewalttaten erforderlich ist.

38

Hieraus folgt:

- Stehen dem **Opfer und dem Täter** das Eigentum, das Erbbaurecht, oder der Nießbrauch[65] an dem Grundstück zu, auf dem sich die Wohnung befindet, oder haben die beiden die Wohnung gemeinsam gemietet, ist eine **Befristung** der Wirkungsdauer der Nutzungszuweisung vorzunehmen. Nähere zeitliche Vorgaben existieren hier nicht. Während der Dauer der vorläufigen Nutzung soll eine endgültige Nutzungsregelung unter Mitwirkung der Beteiligten herbeigeführt werden können. Dies bedeutet, dass das Gericht bei der jeweiligen konkreten Festsetzung der Wirkungsdauer der Anordnung auf die Umstände des Einzelfalles flexibel reagieren und somit beispielsweise in Erwägung ziehen soll, welche Kündigungsfristen bei einem Mietvertrag bestehen,[66] ggf. auch wie lange es voraussichtlich dauern wird, bis bei einem gemeinschaftlich abgeschlossenen Mietvertrag der Kündigungswillige die Zustimmung von dem Mitmieter eingeholt haben wird. Unter Umständen muss dieser auf Abgabe der entsprechenden Willenserklärung verklagt werden (§ 894 ZPO).

- Ist **nur der Täter** (alleine oder zusammen mit weiteren Personen), **nicht** jedoch **das Opfer** an der Wohnung berechtigt, muss das Gericht kraft Gesetzes (§ 2 Abs. 2 S. 2 GewSchG) die Überlassung der Wohnung auf **maximal sechs Monate** befristen. Welche Dauer im konkreten Einzelfall angeordnet wird, hängt davon ab, welchen Zeitraum das Opfer voraussichtlich unter Berücksichtigung der Verhältnisse am jeweiligen Wohnungsmarkt benötigen wird, um eine angemessene Ersatzwohnung zu finden. Sollte es innerhalb der vom Gericht festgesetzten Frist nicht gelungen sein, angemessenen Wohnraum zu zumutbaren Bedingungen anzumieten oder zu erwerben, kommt eine **Verlängerung der Frist** um weitere sechs Monate und somit auf insgesamt maximal ein Jahr in Betracht. Voraussetzung hierfür ist jedoch, dass nicht überwiegende Belange des Täters oder des Drittberechtigten wie eine schwere Erkrankung oder bei einem Dritten m.E. auch dringender Eigenbedarf entgegenstehen.

---

65 Dem gleichgestellt sind gemäß § 2 Abs. 2 S. 4 GewSchG das Wohnungseigentum, das Dauerwohnrecht und das dingliche Wohnrecht.
66 *Schumacher*, FamRZ 2001, 953, 956; BT-Drucks. 14/5429, 30, 31.

Über ein Jahr hinausgehend kann die Wohnung nicht nach § 2 GewSchG zugewiesen werden. Hierzu bedarf es anderer Rechtsgrundlagen. Der Gesetzgeber weist insoweit auf die Möglichkeit hin, zur Abwendung einer Gefahr für das Kindeswohl nach § 1666 BGB vorzugehen.[67]

- Wenn dagegen **nur das Opfer** (alleine oder zusammen mit Dritten), **nicht** jedoch der **Täter** die dingliche oder schuldrechtliche Berechtigung innehat, wirkt die Anordnung der Überlassung der Wohnung zur alleinigen Benutzung als »endgültige« Regelung der Benutzungsverhältnisse.[68] Der aus der Wohnung gewiesene Verletzer kann sich auf keinerlei geschützte Rechtsposition (mehr) berufen.

39 Eine weitere Folge der Zuweisung der Ehewohnung ist § 2 Abs. 4 GewSchG zu entnehmen. Danach hat der Täter alles zu **unterlassen**, was geeignet ist, die Ausübung des angeordneten Nutzungsrechtes zu erschweren oder zu vereiteln. Das Unterlassungsgebot bezieht sich sowohl auf tatsächliche Vorgehensweisen als auch auf rechtsgeschäftliche Tätigkeiten.

So ist es nach dem Willen des Gesetzgebers möglich, dem Antragsgegner zu **untersagen**, die dem Opfer zur Nutzung zugewiesene Wohnung **zu veräußern** oder aber auch den von ihm allein geschlossenen Mietvertrag **zu kündigen**.[69] Diese Anordnung soll nach dem Willen des Gesetzgebers nicht einmal davon abhängen, dass konkrete Anhaltspunkte für eine derartige Absicht vorliegen, so dass der Gefahr, dass der Eigentümer der Wohnung diese veräußert bzw. der alleinige Mieter den Mietvertrag kündigt, ohne dies dem nutzungsberechtigten Ehegatten bzw. Lebenspartner mitzuteilen, wirksam begegnet werden kann.[70] Bedenklich ist diese Sichtweise, da mit einer solchen Anordnung massiv in die Rechte des Eigentümers an der Wohnung eingegriffen wird, ohne dass der Antragsgegner Anlass für diese Vorgehensweise gegeben hat.[71]

Wird eine solche Untersagungsanordnung erlassen, hat eine hiergegen verstoßende Kündigung oder Veräußerung relative Unwirksamkeit zur Folge (§ 136 BGB). Dem Vorschlag, die Unwirksamkeit der Veräußerung oder Kündigung ausdrücklich gesetzlich anzuordnen mit der Folge, dass Nichtigkeit im Sinne des § 134 BGB anzunehmen wäre, wenn gegen das Verbot verstoßen wird, wurde durch den Gesetzgeber nicht gefolgt.[72]

---

67 BT-Drucks. 14/5429, 20.
68 BT-Drucks. 14/5429, 30.
69 BT-Drucks. 14/5429, 31, 33; vgl. auch § 5 Rn 17 »Veräußerungsverbot«.
70 BT-Drucks. 14/5429, 41 f.
71 Zum Streit, ob ein Veräußerungsverbot tatsächlich angeordnet werden kann vgl. auch *Palandt – Brudermüller*, § 2 GewSchG Rn 12 mit Hinweis auf § 1361b Rn 17 und die dortigen weiteren Nachweise.
72 BT-Drucks. 14/5429, 42; somit ist eine unter Verstoß gegen das Verbot vorgenommene Kündigung im Verhältnis Mieter – Vermieter wirksam, so dass der Vermieter zwar keinen Anspruch auf den Mietzins, jedoch auf Entschädigung nach § 546a Abs. 1 BGB (vereinbarte Miete oder ortsübliche Vergleichsmiete) erheben kann. Einer Räumungsklage des Vermieters kann der in der Wohnung verbliebene Ehegatte mit § 721 ZPO begegnen und die Einräumung einer Räumungsfrist beantragen.

Maßnahmen nach dem Gewaltschutzgesetz § 6

Tipp 40
Es ist zulässig und vielfach notwendig, zusätzlich zu Anordnungen nach § 2 GewSchG **Belästigungs- oder Kontaktverbote** nach § 1 GewSchG zu beschließen.

Zugunsten des aus der Wohnung verwiesenen Täters kann nach § 2 Abs. 5 GewSchG eine 41 **Nutzungsvergütung** angeordnet werden, wenn dies der Billigkeit entspricht. Dies hängt davon ab, ob dem Verletzer eine dingliche oder schuldrechtliche Berechtigung an der Ehewohnung zusteht und somit etwa in sein Eigentumsrecht eingegriffen wird oder er dem Vermieter gegenüber zu Mietzahlungen verpflichtet bleibt, obwohl er keinen Nutzen mehr aus dem Mietvertrag ziehen kann. Vor der Festsetzung einer derartigen Vergütungspflicht[73] muss in Verfahren des einstweiligen Rechtsschutzes stets überprüft werden, ob insoweit ein Regelungsbedürfnis besteht oder nicht vielmehr die Hauptsacheentscheidung abgewartet werden kann.[74]

(2) Drohung mit der Verletzung des Lebens, des Körpers, der Gesundheit oder der Freiheit (§ 2 Abs. 6 GewSchG)

Voraussetzungen des Anspruchs

Hat ein Ehegatte ernsthafte **Drohungen** i.S.v. § 1 Abs. 2 S. 1 GewSchG[75] ausgesprochen, 42 steht dem Betroffenen ebenso ein Anspruch auf Überlassung der gemeinsam genutzten Wohnung zur alleinigen Benutzung zu. Voraussetzung ist auch in diesem Fall, dass Täter und Opfer im Zeitpunkt der Drohung einen auf Dauer angelegten gemeinsamen Haushalt geführt haben.

Angesichts der gegenüber § 2 Abs. 1 GewSchG mindern Intensität eines Eingriffs in geschützte Rechtspositionen des Opfers ist jedoch darüber hinaus erforderlich, dass beim Opfer ohne die Wohnungszuweisung das Entstehen einer **unbilligen Härte** zu erwarten wäre. Ein maßgeblicher Umstand bei der Auslegung des unbestimmten Rechtsbegriffs »unbillige Härte« stellt die Beeinträchtigung des Wohls von im Haushalt lebenden Kindern dar (ein Kriterium, das im Übrigen bei jeglicher Maßnahme nach dem GewSchG Beachtung zu finden hat).[76]

Zum Begriff der unbilligen Härte vgl. § 5 Rn 35 ff.

Rechtsfolgen des Überlassungsanspruchs

Entsprechend der Verweisung in § 2 Abs. 6 S. 3 GewSchG greifen bei einer Anordnung auf 43 Überlassung der Wohnung dieselben Folgen wie bei einer solchen nach § 2 Abs. 1 GewSchG. Somit kann auf die dortigen Ausführungen verwiesen werden. Vgl. § 6 Rn 37 ff.

---
73 Zur Bemessung der Höhe der Nutzungsvergütung vgl. die Darstellungen bei *Palandt – Brudermüller* § 1361b Rn 22, § 2 GewSchG Rn 13
74 Vgl. § 5 Rn 17 und allgemein zum Regelungsbedürfnis § 2 Rn 58.
75 Hierzu vgl. § 6 Rn 14.
76 BT-Drucks. 14/7279, 16.

3. Zusammenfassung zum Anwendungsbereich des § 620 Nr. 9 ZPO

43a Angesichts der bei einer einstweiligen Anordnung nach § 620 Nr. 9 ZPO in besonderem Maße vorkommenden Überschneidungen mit verschiedenen anderen Mitteln des einstweiligen Rechtsschutzes und der gleichzeitigen Einschränkung des § 620 Nr. 9 ZPO durch die gesetzlich angeordnete zeitliche Vorgabe ist es angezeigt, den Anwendungsbereich ergänzend klar herauszustellen.

a) Anwendungsbereich nach § 620 Nr. 9 ZPO bezüglich Überlassung der Ehewohnung

44 Eine einstweilige Anordnung nach § 620 Nr. 9 ZPO **scheidet aus**, wenn
- die Ehegatten/Lebenspartner für einen Zeitraum von mehr als sechs Monate vor Antragstellung einen auf Dauer angelegten gemeinsamen Haushalt nicht mehr geführt haben (auch innerhalb der Ehewohnung)[77] oder
- die (Ehe-)Wohnungszuweisung während der Zeit des Getrenntlebens der Ehegatten/Lebenspartner zum Zwecke der Vorbereitung der Scheidung und der Sicherung des Lebensmittelpunktes erstrebt wird oder
- die (Ehe-)Wohnungszuweisung nach Rechtskraft einer Scheidung oder Aufhebung einer Lebenspartnerschaft eine endgültige Regelung (nach §§ 3 ff. HausratsVO, §§ 17 f. LPartG) mit Eingriffen in bestehende Rechtsverhältnisse bewirken soll.

45 § 620 Nr. 9 ZPO kommt somit im Rahmen eines Scheidungsverfahrens in Betracht, wenn
- eine sogenannte **Härtefallscheidung** vorliegt, die einen Antrag auf Scheidung der Ehe bereits vor Ablauf des Trennungsjahres – und damit innerhalb der Frist von sechs Monaten – zulässt (§ 1565 Abs. 2 BGB) und
- die **Antragstellung** innerhalb einer Frist von sechs Monaten seit dem Beginn des Getrenntlebens vorgenommen wird und
- die **Tat** im Sinne des § 1 Abs. 1 GewSchG oder Drohung nach § 1 Abs. 2 S. 1 Nr. 1 GewSchG begangen wurde, als die Ehegatten/Lebenspartner noch einen auf Dauer angelegten gemeinsamen Haushalt geführt haben (vgl. § 2 Abs. 1 und Abs. 6 GewSchG) und
- die Überlassung der (Ehe-)Wohnung als **vorübergehende Sicherung** vor weiteren Übergriffen, jedoch nicht zum Zwecke der Vorbereitung der Scheidung oder Aufhebung der Lebenspartnerschaft und nicht zum Zwecke des Erhaltes des Wohnraumes als Sicherung des Lebensmittelpunktes gedacht ist. Im (zeitlich begrenzten) Zuweisungszeitraum soll eine endgültige Lösung der Rechtsverhältnisse an der Wohnung (etwa durch Kündigung oder Veräußerung) ermöglicht werden, ohne dass das Gericht in bestehende Rechtsbeziehungen gestaltend oder verändernd (wie bei §§ 3 ff. HausratsVO, §§ 17 f. LPartG) eingreift.
- Eine bereits bestehende Trennung oder eine Absicht zum Getrenntleben ist nicht erforderlich.

---

[77] Vgl. § 6 Rn 94.

Maßnahmen nach dem Gewaltschutzgesetz §6

b) Anwendungsbereich nach § 620 Nr. 9 ZPO bei Schutzmaßnahmen nach § 1 GewSchG (Belästigungs-, Näherungs- und Kontaktverbote)

Eine einstweilige Anordnung nach § 620 Nr. 9 ZPO **scheidet aus**, wenn 46
- die Ehegatten/Lebenspartner vor Antragstellung seit mehr als sechs Monaten einen auf Dauer angelegten gemeinsamen Haushalt nicht mehr geführt haben oder
- die Belästigungs-, Näherungs- und Kontaktverbote im Zusammenhang mit einer (Ehe-) Wohnungszuweisung während der Zeit des Getrenntlebens nach § 1361b BGB oder § 14 LPartG stehen (str.)[78] oder
- die Belästigungs-, Näherungs- und Kontaktverbote materiell auf andere als die § 1 Abs. 1, Abs. 2 Nr. 1 und 2 lit. a GewSchG angesprochenen Verletzungen der dort genannten Rechtsgüter oder Drohungen oder Nachstellungen/Verfolgungen nach § 1 Abs. 2 Nr. 2 lit. b GewSchG gestützt werden. Insbesondere Verletzungen der Ehre oder des allgemeinen Persönlichkeitsrechts in anderer Ausprägung[79] sind hiervon nicht erfasst.

§ 620 Nr. 9 ZPO kommt somit im Rahmen eines Scheidungsverfahrens/Verfahrens auf Auf- 47
hebung der Lebenspartnerschaft in Betracht, wenn
- eine sogenannte Härtefallscheidung[80] vorliegt, die einen Antrag auf Scheidung der Ehe bereits vor Ablauf des Trennungsjahres – und damit innerhalb der Frist von sechs Monaten – zulässt (§ 1565 Abs. 2 BGB) und
- die **Antragstellung** innerhalb einer Frist von sechs Monaten seit dem Beginn des Getrenntlebens vorgenommen wird und
- die Belästigungs-, Näherungs- und Kontaktverbote auf die in § 1 Abs. 1, Abs. 2 Nr. 1 und 2 lit. a GewSchG angesprochenen Verletzungen der dort genannten Rechtsgüter oder Drohungen oder auf Nachstellungen/Verfolgungen i.S.v. § 1 Abs. 2 Nr. 2 lit. b GewSchG gestützt werden und
- die Belästigungsverbote **nicht** (insoweit str.[81]) der Sicherung der Zuweisung einer (Ehe-) Wohnung nach § 1361b BGB, §§ 3 ff. HausratsVO, §§ 14, 18 LPartG dienen, also isoliert erstrebt werden oder im Zusammenhang mit einer Wohnungsüberlassung nach § 2 GewSchG stehen.

---

78 Vgl. § 6 Rn 55.
79 In § 1 Abs. 2 GewSchG wurden ausschließlich zwei spezielle Eingriffe in Ausprägungen des allgemeinen Persönlichkeitsrechts einer Regelung unterzogen – BT-Drucks. 14/5429, 18 f.
80 Das LPartG sieht in § 15 Abs. 2 Nr. 3 eine Aufhebung der Lebenspartnerschaft aus Härtegründen vor.
81 Vgl. § 6 Rn 55.

III. Das Verhältnis der einstweiligen Anordnung nach § 620 Nr. 9 ZPO zu anderen Mitteln einstweiligen Rechtsschutzes und zu Hauptsacheregelungen

1. Das Verhältnis der einstweiligen Anordnung zu Hauptsacheverfahren

48 Der Antragsteller hat die freie Wahl, ob er ein Anordnungsverfahren nach § 620 Nr. 9 ZPO oder ein Hauptsacheverfahren nach den §§ 1, 2 GewSchG betreibt. Es muss dem Opfer freigestellt sein, sich mit dem Erlass einer einstweiligen Anordnung zu begnügen oder eine Hauptsacheentscheidung, die in materielle Rechtskraft erwachsen kann,[82] zu erstreben.

Zur selben Rechtslage bei der Zuweisung der Ehewohnung nach § 1361b BGB vgl. § 5 Rn 19.

Auch hindert die Anhängigkeit eines isolierten Verfahrens nach §§ 1, 2 GewSchG (und die damit einhergehende Möglichkeit einer Antragstellung auf Erlass einer einstweiligen Anordnung nach § 64b Abs. 3 FGG) nicht, dass das Anordnungsverfahren nach § 620 Nr. 9 ZPO betrieben wird. Erst wenn die Hauptsacheentscheidung **rechtskräftig** ist und somit Wirksamkeit erlangt (§ 64b Abs. 3 S. 1 FGG) oder wenn diese durch gerichtliche Anordnung nach § 64b Abs. 3 S. 2 FGG für **sofort wirksam erklärt** wird, ist der Erlass einer einstweiligen Anordnung nicht mehr zulässig.

49 Auch kann dem Antragsteller, der sich nach Anhängigkeit eines Hauptsacheverfahrens nach §§ 1, 2 GewSchG für das Mittel des einstweiligen Rechtsschutzes nach § 620 Nr. 9 ZPO oder für § 64b Abs. 3 FGG entscheidet, nicht die Gewährung von Prozesskostenhilfe versagt werden, weil eines der beiden Verfahren billiger wäre. Denn gemäß § 18 Nr. 1 lit. b und lit. g RVG werden beide einstweilige Anordnungen durch den anwaltlichen Vertreter gesondert abgerechnet.

50 *Hinweis*

Liegt bereits eine einstweilige Anordnung nach § 620 Nr. 9 ZPO vor, wird sich der Antragsteller, der mit einem nachfolgenden Hauptsacheantrag dasselbe Ziel (aber kraft rechtskräftiger Entscheidung) erreichen möchte, möglicherweise dem Vorwurf ausgesetzt sehen, er handele mutwillig i.S.d. § 114 ZPO, da er mit der einstweiligen Anordnung bereits sein Ziel erreicht habe und eine zusätzliche Hauptsacheentscheidung die bislang ausgeübten Befugnisse nicht mehr beeinflussen kann. M.E. besteht aufgrund der unterschiedlichen Bestandskraft (Abänderungsmöglichkeit nach § 620b Abs. 1 ZPO oder eben nur unter den Voraussetzungen der Regelungen aus § 64b Abs. 2 S. 3 FGG, § 17 Abs. 1 S. 1 HausratsVO) ein legitimes Interesse an einer rechtskräftigen Hauptsacheentscheidung.

---

82 Dann kommt nur eine Abänderung nach § 64b Abs. 2 S. 3 FGG i.V.m. § 17 Abs. 1 S. 1 HausratsVO in Betracht.

2. Das Verhältnis der einstweiligen Anordnung zu anderen Mitteln des einstweiligen Rechtsschutzes

a) Das Verhältnis des § 620 Nr. 9 ZPO zu § 64b Abs. 3 FGG

Vor Anhängigkeit des jeweils anderen summarischen Verfahrens hat der Antragsteller die freie **Wahl**,[83] ob eine einstweilige Anordnung nach § 620 Nr. 9 ZPO oder eine solche nach § 64b Abs. 3 FGG erstrebt wird, obwohl bei letztgenannter die Einleitung eines Kosten auslösenden Hauptsacheverfahrens erforderlich ist, falls dieses nicht ohnehin bereits anhängig ist.

51

Ist jedoch bereits eines der beiden Anordnungsverfahren eingeleitet, verhindert **anderweitige Rechtshängigkeit** eine Antragstellung im jeweils später anhängig gemachten Verfahren.[84]

Eine in einem summarischen Verfahren bereits erlassene **vollstreckbare Entscheidung** verhindert erst recht, dass in einem anderen summarischen Verfahren der Erlass einer weiteren einstweiligen Anordnung zum selben Regelungsgegenstand in Betracht kommt.[85]

Die spätere Abänderung einer einstweiligen Anordnung nach § 620 Nr. 9 ZPO im Rahmen eines Anordnungsverfahrens nach § 64b Abs. 3 FGG ist dagegen möglich.[86]

b) Das Verhältnis des § 620 Nr. 9 ZPO zu § 620 Nr. 7 ZPO und zu § 621g ZPO

Entsprechend dem materiellen Verhältnis des § 1361b BGB zu § 2 GewSchG – § 1361b BGB stellt die speziellere Norm dar, wenn die Zuweisung zum Zwecke des Getrenntlebens erfolgen soll[87] – ist im verfahrensrechtlichen Bereich **§ 620 Nr. 7 ZPO vorrangig**. Dasselbe gilt für §§ 621g S. 1, 621 Abs. 1 Nr. 7 ZPO gegenüber der einstweiligen Anordnung nach § 620 Nr. 9 ZPO. Erstrebt somit ein Antragsteller die Zuweisung der **Ehewohnung** (bzw. der gemeinsamen Wohnung bei Lebenspartnern), ist nicht auf § 620 Nr. 9 ZPO abzustellen, es sei denn der Zweck der Zuweisung ist die Herbeiführung einer Dauerlösung bei formellem Fortbestand der Ehe[88] (ein Fall, der bei § 620 ZPO kaum denkbar ist, da das Anordnungsverfahren eine anhängige Ehesache – meist die Scheidung – voraussetzt), oder mit der Regelung wird nicht der Erhalt des Wohnraums zur Sicherung des Lebensmittelpunktes erstrebt, sondern nur eine befristete Überlassung der Ehewohnung zum Zwecke der Herbeiführung einer endgültigen Lösung wie Veräußerung oder Kündigung der Wohnung.[89]

52

---

83 Vgl. aber auch die abweichende Auffassung zum Verhältnis des § 620 Nr. 4, 6 ZPO zu § 644 – dargestellt in § 2 Rn 277 ff.
84 *Gießler/Soyka*, Rn 124, 742 bei einstweiligem Rechtsschutz zu Hausrat, 865 zu Ehewohnung.
85 Vgl. § 2 Rn 55.
86 Vgl. zur selben Rechtslage bei der einstweilige Anordnung zum Unterhalt § 2 Rn 56.
87 Vgl. § 6 Rn 30.
88 Dann greift § 1361b BGB nicht – vgl. OLG Bamberg FamRZ 1992, 1299 und oben § 6 Rn 31 mit weiteren Nachweisen auch zur abweichenden Auffassung.
89 Vgl. § 6 Rn 31.

§ 6 Maßnahmen nach dem Gewaltschutzgesetz

53 Dies bedeutet, dass sich auch nach dem In-Kraft-Treten des GewSchG eine Ehewohnungszuweisung während der Zeit des Getrenntlebens in aller Regel materiell nach § 1361b BGB und bei Lebenspartnern nach § 14 LPartG richtet, auch wenn die Antragstellung damit begründet wird, dass der andere Ehegatte eine rechtswidrige und vorsätzliche Körper-, Gesundheits- oder Freiheitsverletzung vorgenommen hat (vgl. § 1361b Abs. 2 BGB, § 14 Abs. 2 LPartG, §§ 1 Abs. 1, 2 Abs. 1 GewSchG). Verfahrensrechtlich ist auf § 620 Nr. 7 oder §§ 621g S. 1, 621 Abs. 1 Nr. 7 ZPO abzustellen. Nach hiervon abweichender Auffassung[90] besteht allerdings zugunsten der verletzten Personen je nach gewünschter Rechtsfolge ein Wahlrecht.

54 Dass § 620 Nr. 9 ZPO eine Antragstellung nur zulässt und auch die Zuständigkeit des Familiengerichts nach § 23b Abs. 1 Nr. 8a GVG nur gegeben ist, wenn die Ehegatten nicht bereits sechs Monate getrennt leben, bleibt ohne Bedeutung. Mit der Schaffung des Regelungskomplexes des GewSchG (und somit auch mit Hilfe der Neufassung des § 620 Nr. 9 ZPO) wollte der Gesetzgeber nicht in bereits bestehende Rechte eines Verletzten eingreifen, sondern die Eingriffsbefugnisse auf eine klare gesetzliche Regelung stellen und weitere verfahrensrechtliche Möglichkeiten einräumen.[91] Somit muss § 620 Nr. 7 ZPO nach wie vor uneingeschränkt Geltung haben.

55 *Hinweis*
Auch greift m.E. § 620 Nr. 7 ZPO weiterhin und durch die zeitliche Vorgabe in § 620 Nr. 9 ZPO unbeeinflusst, soweit nicht nur die Ehewohnung zugewiesen werden soll, sondern auch **Belästigungs-, Kontakt- und Näherungsverbote** erstrebt werden, wenn diese im Zusammenhang mit der Zuweisung der Ehewohnung stehen. Denn in einem solchen Fall gründen sich die Anordnungen auf § 15 HausratsVO,[92] eine Regelung, die ebenfalls durch die Neuschaffung des GewSchG keine Änderung erfahren sollte.

Anders ist die Rechtslage, soweit die Anordnung von Schutzmaßnahmen begehrt wird, die in keinem Zusammenhang mit der Ehewohnung stehen[93] oder die zu ergreifen sind, nachdem die Ehewohnung ihren Charakter als solche verloren hat, weil sich die Ehegatten darüber geeinigt haben, wer diese weiterhin nutzen soll.

Nach hiervon abweichender Auffassung[94] können im Zusammenhang mit einer Ehewohnungszuweisung stehende Belästigungsverbote auch auf § 1 GewSchG gestützt werden. Diese Auffassung kann sodann darauf verweisen, dass der Schutz von § 4 GewSchG und § 892a ZPO gewährt wird. Probleme stellen sich jedoch nach dieser Auffassung ein, wenn die Zuweisung einer Ehewohnung begehrt wird, bei der auch begleitende Anordnungen zu

---

90 AnwK-BGB/*Heinke*, § 2 GewSchG Rn 29 m.w.N.
91 Vgl. BT-Drucks. 14/5429, 1 f.; BT-Drucks. 14/7279, 1 f.; § 3 Abs. 2 GewSchG.
92 Vgl. OLG Köln FamRZ 2003, 319 und § 5 Rn 16.
93 Hierzu vgl. § 5 Rn 17 »Belästigungsverbote«.
94 AnwK-BGB/*Heinke*, Vor GewSchG Rn 53 – ausdrücklich zu isolierten Hauptsacheverfahren nach § 1361b BGB, § 14 LPartG.

Belästigungsverboten erstrebt werden, die Ehegatten jedoch bereits länger als sechs Monate getrennt leben. Dann ist nämlich die Zuständigkeit des Familiengerichts nicht mehr eröffnet (vgl. §§ 23a Nr. 7, 23b Abs. 1 S. 2 Nr. 8a GVG). Somit wäre trotz des Zusammenhangs mit der Ehewohnung wegen der weiteren Maßnahmen der Erlass einer einstweiligen Verfügung beim allgemeinen Zivilgericht in Erwägung zu ziehen.[95]

c) Das Verhältnis des § 620 Nr. 9 ZPO zu § 620 Nr. 5 ZPO

Nach hier vertretener Auffassung gewährt auch § 620 Nr. 5 ZPO ein Mittel des einstweiligen Rechtsschutzes, mit dessen Hilfe **Belästigungsverbote** angeordnet werden können. Somit kommt es zu Abgrenzungsproblemen mit der einstweiligen Anordnung nach § 620 Nr. 9 ZPO. Diese sind m.E. in der Weise zu lösen, dass § 620 Nr. 9 ZPO Vorrang hat, soweit der Anwendungsbereich des § 1 GewSchG eröffnet ist. Bei Verletzungen von Körper, Gesundheit oder Freiheit, bei Drohungen mit derartigen Verletzungen (zusätzlich der Verletzung des Lebens), bei Eingriffen in das Hausrecht an der Wohnung oder dem befriedeten Besitztum sowie bestimmten Maßnahmen der Nachstellung oder Verfolgung (vgl. § 1 Abs. 1 und Abs. 2 GewSchG) scheidet demzufolge § 620 Nr. 5 ZPO aus. Bloße Ehrverletzungen dagegen sind nicht von § 1 GewSchG erfasst und können somit dem Anwendungsbereich des § 620 Nr. 5 ZPO unterfallen.

56

Praktische Bedeutung hat diese Abgrenzung bei der Frage der Anfechtbarkeit einer erlassenen einstweiligen Anordnung (vgl. § 620c S. 1 ZPO, der § 620 Nr. 5 ZPO nicht anspricht, Nr. 9 aber sehr wohl) und dann, wenn der für § 620 Nr. 9 ZPO erforderliche Zeitraum von sechs Monaten bereits abgelaufen ist, der bei einem Vorgehen nach § 620 Nr. 5 ZPO keine Bedeutung hat.

Vgl. im Übrigen § 7 Rn 16.

d) Das Verhältnis des § 620 Nr. 9 ZPO zur einstweiligen Verfügung

Der Gesetzgeber hat mit Hilfe der Regelungen aus § 620 Nr. 9 ZPO und § 64b Abs. 3 FGG Mittel des einstweiligen Rechtsschutzes zur Verfügung gestellt, die, soweit ihr Anwendungsbereich greift, den Erlass einstweiliger Verfügungen entbehrlich machen sollen.[96] Sobald eine einstweilige Anordnung erlangt werden kann, also eine Ehesache (oder ein entsprechender PKH-Antrag) anhängig ist und somit eine Antragstellung nach § 620 Nr. 9 ZPO bewirkt werden kann, scheidet das Verfügungsverfahren aus.

57

Der Erlass einer einstweiligen Verfügung ist beschränkt auf die Fälle, in denen die Beteiligten (hier Ehegatten bzw. Lebenspartner) weder im Zeitpunkt der Antragstellung noch innerhalb von sechs Monaten vor der Antragstellung einen gemeinsamen auf Dauer angelegten Haushalt geführt haben.

---

95 AnwK-BGB/*Heinke*, Vor GewSchG Rn 54; vgl. hierzu bereits die Vorauflage in § 6 Rn 56.
96 Vgl. die Darstellungen des Gesetzgebers zu den Mängeln des bis dahin geltenden Verfahrensrechts in BT-Drucks. 14/5429, 13 und 16 und die Lösung durch das GewSchG auf S. 22.

§ 6 Maßnahmen nach dem Gewaltschutzgesetz

IV. Regelungsbedürfnis

58 Zum Regelungsbedürfnis allgemein vgl. oben § 2 Rn 58. Im Rahmen der einstweiligen Anordnung nach § 620 Nr. 9 ZPO liegt angesichts der erlittenen Verletzungen oder Bedrohungen ein Regelungsbedürfnis auf der Hand, zumal für den materiellen Anspruch eine Wiederholungsgefahr bestehen bzw. die Drohung ernst zu nehmen sein muss. Wenn dies der Fall ist, muss auch davon ausgegangen werden, dass bis zur Entscheidung in der Hauptsache nicht zugewartet werden kann.

V. Weitere Zulässigkeitsvoraussetzungen

59 Der Antragsteller hat sämtliche Verfahrensvoraussetzungen darzustellen; bei Bedarf ist auch auf das Fehlen von Verfahrenshindernissen einzugehen.
Vgl. § 2 Rn 67.

VI. Antragstellung[97]

1. Erfordernis der Antragstellung und Art des Antrags

60 Ein einstweiliges Anordnungsverfahren nach § 620 Nr. 9 ZPO setzt eine Antragstellung **zwingend** voraus.
Da sich der Ablauf derjenigen Verfahren nach dem GewSchG, für die das Familiengericht zuständig ist, nach den Grundsätzen des Rechts der freiwilligen Gerichtsbarkeit[98] richtet, ist der Antrag nicht als Sachantrag zu qualifizieren. Erstrebt der Verletzte die Anordnung von Belästigungsverboten, ist es gleichwohl sinnvoll, einen bestimmten Antrag zu stellen, um dem Gericht deutlich zu machen, welches Schutzbedürfnis der Antragsteller selbst sieht. Begehrt das Opfer die Zuweisung der Ehewohnung, gilt dies ebenso.

2. Antragsbefugnis

61 Antragsbefugt sind ausschließlich die **Ehegatten** bzw. die **Partner einer eingetragenen Lebenspartnerschaft**.

---

[97] Ein Muster zu einem Antrag auf Anordnung von Belästigungsverboten ist enthalten in *Börger/Bosch/Heuschmid,* § 4 Rn 364; weiter *Fischer,* MDR 1997, 122.
[98] Siehe §§ 621a Abs. 1, 621 Abs. 1 Nr. 13 ZPO, § 64b FGG für die entsprechenden Hauptsacheverfahren.

3. Form/Anwaltszwang

Die Antragstellung ist **schriftlich** oder **zu Protokoll der Geschäftsstelle** eines Amtsgerichts vorzunehmen (§ 620a Abs. 2 S. 2 ZPO) und unterliegt **nicht** dem **Anwaltszwang** (§ 78 Abs. 5 ZPO).

62

4. Sachdarstellung/Glaubhaftmachung

a) Anzuwendende Verfahrensart

Die dem Familiengericht zugewiesenen Verfahren nach dem GewSchG werden nach den Regeln des Gesetzes zur **freiwilligen Gerichtsbarkeit** erledigt.[99] Begründet wird dies mit dem Umstand, dass die Regelungsmaterie häufig einen persönlichen, äußerst sensiblen Bereich betrifft und daher das Verfahren zum Schutz der Beteiligten so ausgestaltet werden muss, dass weitgehend Vertraulichkeit gewahrt wird.

63

Dies bedeutet, dass das **Amtsermittlungsprinzip** gilt. Dennoch bietet es sich an, die maßgeblichen Umstände vorzutragen und auch glaubhaft zu machen.[100]

b) Darzustellende Voraussetzungen

aa) Übersicht

Eine sachdienliche Darstellung sollte sich beziehen auf:

64

- die allgemeinen Verfahrensvoraussetzungen[101]
- Partei-, Prozessfähigkeit
- Zuständigkeit des angerufenen Gerichts
- Regelungsbedürfnis
- das Fehlen von Verfahrenshindernissen
- anderweitige Rechtshängigkeit/Rechtskraft eines summarischen Verfahrens
- entgegenstehende Rechtskraft einer Hauptsacheentscheidung
- die besondere Verfahrensvoraussetzung der Anhängigkeit der Ehesache (Lebenspartnerschaftssache) – insoweit aber aktenkundig
- die besondere Voraussetzung des Führens eines gemeinsamen Haushalts innerhalb der Frist von sechs Monaten (§ 620 Nr. 9 ZPO)
- die materiellen Voraussetzungen für den Erlass von Belästigungs-, Kontakt- und Näherungsverboten nach § 1 GewSchG
- rechtswidrige und vorsätzliche Verletzung von Körper, Gesundheit oder Freiheit oder
- Bedrohung mit der Verletzung des Lebens, des Körpers, der Gesundheit oder der Freiheit oder

---

99 § 64b FGG; vgl. auch BT-Drucks. 14/5429, 22.
100 Vgl. § 4 Rn 24 f.
101 Weitergehend zu Prozessvoraussetzungen vgl. *Thomas/Putzo – Reichold,* Vorbem § 253 Rn 15 ff.

§ 6 Maßnahmen nach dem Gewaltschutzgesetz

- Eindringen in Wohnung oder befriedetes Besitztum oder
- unzumutbare Belästigung durch wiederholtes Nachstellen oder unter Verwendung von Fernkommunikationsmitteln
  - ausdrückliche Erklärung des entgegenstehenden Willens
  - keine Handlung des Täters zur Wahrnehmung berechtigter Interessen[102]
  und
- Wiederholungsgefahr[103]
- die materiellen Voraussetzungen für die Zuweisung der Wohnung nach § 2 GewSchG
- Tatsachen zur Qualifizierung der Wohnung als Ehewohnung (oder gemeinsame Wohnung bei Lebenspartnern)[104] und
- rechtswidrige und vorsätzliche Verletzung von Körper, Gesundheit oder Freiheit und
- keine Ausschlussgründe[105]
  - Wiederholungsgefahr, es sei denn Schwere der Tat macht das weitere Zusammenleben unzumutbar[106]
  - schriftliches Verlangen der Überlassung der Wohnung binnen einer Frist von drei Monaten[107]
  - entgegenstehende besonders schwerwiegende Belange des Täters
  oder
- Bedrohung mit der Verletzung des Lebens, des Körpers, der Gesundheit oder der Freiheit und
- unbillige Härte
- die weiteren Voraussetzungen, die auf Rechtsfolgenebene für den Erlass bestimmter Schutzanordnungen sprechen (§ 1 Abs. 1 S. 1, S. 3 GewSchG)
- die Umstände, die die Wirkungsdauer der Anordnung beeinflussen (§ 1 Abs. 1 S. 2, § 2 Abs. 2 GewSchG)
- Umstände, die bei erfolgter Wohnungszuweisung den Erlass von Unterlassungsgeboten rechtfertigen, mit deren Hilfe die Ausübung des Nutzungsrechts sicherzustellen ist
- bei Antrag auf Erlass der einstweiligen Anordnung ohne rechtliches Gehör des Gegners auch die Umstände, die eine solche Entscheidung ohne Anhörung rechtfertigen.

---

102 Auch wenn insoweit in ZPO-Verfahren die Darlegungs- und Beweislast, in FGG-Verfahren die Feststellungslast dem Täter obliegt, lohnt sich ein kurzer Hinweis. Dies gilt jedenfalls dann, wenn die einstweilige Anordnung ohne Anhörung des Gegners erlassen werden soll. Vgl. § 1 Rn 35.
103 Auch hier trägt der Antragsgegner letztlich die Feststellungslast. Dennoch ist es für den Antragsteller sinnvoll, jedenfalls zu erwähnen, dass angesichts der vorgenommenen Eingriffe in die geschützten Rechtsgüter Wiederholungsgefahr zu bejahen ist und Umstände nicht ersichtlich sind, die dagegen sprechen könnten, bzw. vorliegende Umstände nicht genügen, die Wiederholungsgefahr auszuschließen.
104 Vgl. § 5 Rn 34.
105 Feststellungslast trägt der Antragsgegner.
106 Zu den Voraussetzungen zur Schwere der Tat und zur Unzumutbarkeit trägt Antragsteller die Feststellungslast.
107 Dieses liegt allerdings m.E. konkludent in der Antragstellung.

bb) Materielle Voraussetzungen

Die materiellen Voraussetzungen sind bereits im Zusammenhang mit dem sachlichen Anwendungsbereich des § 620 Nr. 9 ZPO dargestellt. Vgl. § 6 Rn 8 ff. **65**

c) Glaubhaftmachung

Die darzustellenden Voraussetzungen sollten gemäß § 620a Abs. 2 S. 3 ZPO glaubhaft gemacht werden. Auch wenn hier, soweit das Familiengericht zuständig ist, aufgrund der Sensibilität der im Verfahren anzusprechenden persönlichen Lebensbereiche nach den Grundsätzen des Rechts der freiwilligen Gerichtsbarkeit verhandelt werden soll und somit das **Amtsermittlungsprinzip** greift, ändert dies nichts daran, dass letztlich entscheidend ist, was dem Gericht im Zeitpunkt des Erlasses der Entscheidung glaubhaft erscheint. Zu diesem Entscheidungsprozess kann der Antragsteller durch eine Glaubhaftmachung der vorgetragenen Umstände ganz wesentlich beitragen. **66**

Zudem ist hier ein weiterer Bereich der sogenannten **streitigen FGG-Angelegenheiten** eröffnet, bei denen das Amtsermittlungsprinzip Einschränkungen unterworfen ist.[108] Demzufolge ist m.E. eine Glaubhaftmachung wie im Rahmen der Verfahren nach der HausratsVO erforderlich.[109] Davon geht wohl auch der Gesetzgeber aus, wenn er zu § 64b Abs. 3 FGG beispielhaft Mittel der Glaubhaftmachung aufführt.[110]

5. Zuständiges Gericht

Insoweit wird auf § 2 Rn 81 ff. verwiesen. **66a**

6. Internationale Zuständigkeit

Vgl. § 14 Rn 3 und 17. **66b**

VII. Ablauf des Verfahrens

1. Beteiligte

Als Beteiligte kommen im Verfahren nach §§ 620 ff. ZPO ausschließlich die **Ehegatten** bzw. Partner einer eingetragenen **Lebenspartnerschaft** in Betracht. **67**

---

108 Vgl. § 4 Rn 24.
109 AnwK-BGB/*Heinke*, Vor GewSchG Rn 56; nach *Gießler/Soyka*, Rn 1009 nicht erforderlich.
110 BT-Drucks. 14/5429, 36; vgl. aber auch BT-Drucks. 14/5429, 22 – dort wird § 12 FGG ohne Einschränkung angesprochen.

2. Mündliche Verhandlung

68 Vgl. § 2 Rn 93.

3. Rechtliches Gehör

68a Vgl. § 2 Rn 97.

4. Die Wahlmöglichkeiten des Gerichts zur Verfahrensgestaltung

68b Vgl. § 2 Rn 98 ff.

5. Anwaltszwang

69 Das Anordnungsverfahren nach § 620 Nr. 9 ZPO ist Teil der Ehesache. Somit müssen sich die Beteiligten im Rahmen der mündlichen Verhandlung nach § 620a Abs. 1 ZPO anwaltlich vertreten lassen (§ 78 Abs. 2 ZPO).
Da sich der Verfahrensablauf bei Zuständigkeit des Familiengerichtes nach dem FGG richtet (§ 621a Abs. 1 S. 1 FGG), sind jedoch die von den Beteiligten in einer mündlichen Verhandlung geäußerten Tatsachen, auch wenn die Parteien nicht anwaltlich vertreten sind, wegen des geltenden Amtsermittlungsprinzips bei der Entscheidung zu berücksichtigen.

6. Beweisaufnahme

70 Da streitige FGG-Regeln anzuwenden sind, kann auf die Darstellungen zum Hausrat verwiesen werden: § 4 Rn 34.

7. Beendigung durch Vergleich

71 Obwohl sich der Verfahrensablauf nach FGG-Regeln richtet, ist der Abschluss eines Vergleichs möglich. Die Regelungsmaterie unterliegt der Dispositionsbefugnis der Beteiligten. Davon geht auch das Gesetz aus, wenn in § 64b Abs. 2 S. 4 FGG auf § 13 Abs. 3 HausratsVO und damit auf eine Norm, die die Formvorschriften bei Vergleichsabschlüssen betrifft, verwiesen und in § 64b Abs. 4 FGG festgestellt wird, dass sich die Vollstreckbarkeit aus gerichtlichen Vergleichen nach den Vorschriften der ZPO richtet.

72 Problematisch könnte sich ein Vergleichsabschluss im Hinblick auf die Strafbewehrung zeigen. Nach § 4 GewSchG macht sich strafbar, wer einer bestimmten vollstreckbaren **Anord-**

nung zuwiderhandelt. Den Gesetzesmaterialien[111] lässt sich entnehmen, dass der Gesetzgeber bei der Schaffung des Straftatbestandes an **gerichtliche** Schutzanordnungen als Grundlage angeknüpft hat. Deshalb ist m.E. auch nur eine solche geeignet, eine Bestrafung auszulösen. Dass es – wie im Bereich des Umgangsrechts zum Zwecke der Herbeiführung der Vollstreckbarkeit nach § 33 FGG[112] – für die Erfüllung des Straftatbestandes ausreicht, wenn das Gericht sich den Vergleichsabschluss zu eigen macht, diesen als Entscheidung übernimmt, halte ich für mehr als zweifelhaft. Der Grundsatz der Gesetzesgebundenheit im Strafrecht (Art. 103 Abs. 2 GG) dürfte dem entgegenstehen.[113]

8. Entscheidung/Beschluss

a) Förmlichkeiten der Entscheidung

Der Antrag auf Erlass der einstweiligen Anordnung ist durch Beschluss zu erledigen. **73**

Zur Begründungspflicht vgl. § 2 Rn 115 ff.

b) Prüfungsumfang des Gerichts/Bindung an Parteianträge

Das Gericht prüft von Amts wegen, ob sämtliche Zulässigkeitsvoraussetzungen vorliegen **74** und ob die die Anordnung rechtfertigenden materiellen Umstände glaubhaft (gemacht) sind.

Da eine FGG-Sache betroffen ist, entfaltet der Antrag **keine Bindungswirkung.** Das Gericht hat die Anordnungen im Sinne des § 1 Abs. 1 GewSchG zu erlassen, die zur Abwendung weiterer Verletzungen erforderlich sind. Insoweit besteht trotz der Formulierung des § 620 ZPO als »Kann-Vorschrift« eine Verpflichtung des Gerichts zum Erlass der einstweiligen Anordnung.[114] Die konkrete Auswahl der anzuordnenden Maßnahme folgt jedoch freiem Ermessen;[115] der Grundsatz der Verhältnismäßigkeit ist zu wahren.

Einer stärkeren Einschränkung bezüglich der Auswahl der Anordnung unterliegt das Gericht bei einer Antragstellung nach § 620 Nr. 9 ZPO i.V.m. § 2 GewSchG, da dort eine Ehewohnungszuweisung nur vorgenommen oder eben abgelehnt werden kann. Andere Abweichungen vom Antrag kommen nur insoweit in Betracht, als nach § 2 Abs. 3 Nr. 3 GewSchG das Gericht unter bestimmten Voraussetzungen die Möglichkeit hat, eine Wohnungsaufteilung vorzunehmen, und als die Dauer der Wirkung der Anordnung sowie Maßnahmen nach § 2 Abs. 4 GewSchG betroffen sind. Diesbezüglich besteht ebenfalls keine Bindung an eine etwaige konkrete Antragstellung.

---

111 BT-Drucks. 14/5429, 32.
112 Vgl. § 3 Rn 72.
113 Wie hier AnwK-BGB/*Heinke*, § 4 GewSchG Rn 2.
114 Vgl. § 2 Rn 113.
115 Vgl. auch den Hinweis auf § 938 ZPO, der als Vorbild für die Regelung des § 1 GewSchG diente – BT-Drucks. 14/5429, 18.

c) Inhalt des Beschlusses

75 Der Regelungsinhalt des Beschlusses kann/muss sich beziehen auf
- die Anordnung eines konkret benannten Belästigungs-, Kontakt- und Näherungsverbotes (§ 1 Abs. 1 S. 3 GewSchG)
- die Anordnung eines sonstigen Verbotes oder Gebotes, das zur Abwendung weiterer Verletzungen oder Drohungen erforderlich ist (§ 1 Abs. 1 S. 1 GewSchG)
- wegen der Wahrnehmung berechtigter Interessen zulässige Kontaktaufnahmen (§ 1 Abs. 1 S. 3 a.E. GewSchG)
- die Anordnung der Überlassung der Ehewohnung/gemeinsamen Wohnung (§ 2 Abs. 1 GewSchG)

Tipp
Um Vollstreckungsprobleme von vornherein nicht aufkommen zu lassen, sollte darauf geachtet werden, dass sich der Wortlaut des Beschlusses an dem Gesetzeswortlaut des § 2 GewSchG orientiert und die Pflicht, die Wohnung zu »überlassen«,[116] ausdrücklich beinhaltet (vgl. den Wortlaut des § 885 Abs. 1 ZPO). Die »bloße« Zuweisung der Wohnung zur Nutzung genügt nach weit verbreiteter Ansicht nicht, um eine Räumungsvollstreckung nach § 885 ZPO durchzuführen.[117]
Dasselbe gilt, wenn dem Ehegatten nur aufgegeben wird, die eheliche Wohnung zu verlassen.[118]

- die Anordnung der Befristung der angeordneten Maßnahmen (§ 1 Abs. 1 S. 2, § 2 Abs. 2 GewSchG)
- Anordnungen zu Unterlassungen, die die Ausübung des Nutzungsrechts an der Ehewohnung (gemeinsamen Wohnung) sicherstellen sollen (§ 2 Abs. 4 GewSchG)
- die Anordnung einer Nutzungsvergütung (§ 2 Abs. 5 GewSchG).

Eine **Kostenentscheidung** ist grds. entbehrlich; vgl. § 2 Rn 120.

VIII. Vollstreckung

76 Einstweilige Anordnungen sind gemäß §§ 794 Abs. 1 Nr. 3a, 795 ZPO nach den Vorschriften der ZPO zu vollstrecken.[119] Es greifen die Regelungen der §§ 890, 891, 892a ZPO und insbesondere des § 885 ZPO, wenn eine Verpflichtung zur Überlassung der gemeinsamen Wohnung angeordnet wird.

---

116 Vgl. *Zöller – Stöber*, § 885 Rn 2: Ein Titel, der eine dieser Verpflichtungen ausspricht, ist hinreichend. Völlig problemlos genügt eine Räumungsverpflichtung.
117 Vgl. § 5 Rn 72.
118 *Zöller – Stöber*, § 885 Rn 2.
119 Aufgrund dieser gesetzlichen Anordnung ist hier die Frage des anzuwendenden Verfahrensrechts ohne Bedeutung.

Maßnahmen nach dem Gewaltschutzgesetz § 6

Die Neufassung des § 885 Abs. 1 S. 3 ZPO bewirkt, dass einstweilige Anordnungen während ihrer Wirkungsdauer mehrfach vollzogen werden können und somit eine **wiederholte Zwangsvollstreckung** zulässig ist, wenn der Vollstreckungsschuldner in die Wohnung zurückkehrt. Nicht erforderlich ist hierfür eine erneute Zustellung des Titels an den Schuldner (§ 885 Abs. 1 S. 4 ZPO). Die Zulässigkeit der Zwangsvollstreckung erlischt nicht durch eine zwischenzeitlich erfolgte Wiederaufnahme des Täters in die Wohnung. Dieser muss sich um eine Abänderung der einstweiligen Anordnung bemühen (§ 620b ZPO).[120]

77

Gerichtlich angeordnete **Unterlassungsverpflichtungen** werden nach § 890 ZPO vollstreckt. Deshalb kommt nur die Festsetzung von Ordnungsgeld und nicht von Zwangsgeld in Betracht.[121] Um eine effektive Vollstreckung von Schutzanordnungen zu bewirken, wurde die Regelung des § 892a ZPO neu geschaffen. Danach kann der Gläubiger im Falle der Zuwiderhandlung des Schuldners gegen eine gerichtlich angeordnete Unterlassungsverpflichtung auch die Hilfe des Gerichtsvollziehers und die Anwendung von unmittelbarem Zwang in Anspruch nehmen (§ 758 Abs. 3 ZPO). Zwangsmaßnahmen nach §§ 890, 891 ZPO werden dadurch nicht ausgeschlossen, sondern können daneben betrieben werden (§ 892a S. 3 ZPO). Zu den Vollstreckungsvoraussetzungen im Übrigen vgl. § 2 Rn 128 f.

78

M.E. gelten die Privilegien des § 64b Abs. 3 S. 3–6 FGG[122] auch im Rahmen einer einstweiligen Anordnung nach § 620 Nr. 9 ZPO, obwohl die Vollstreckung der in § 794 ZPO benannten Titel den Regeln der ZPO folgt.[123] Wird diese Auffassung abgelehnt, wäre seitens des Antragstellers zu erwägen, ob nicht auf eine Antragstellung nach § 620 Nr. 9 ZPO verzichtet und stattdessen ein Verfahren nach § 64b Abs. 3 FGG (mit Hauptsacheverfahren) betrieben wird.[124] Zur Aussetzung der Vollziehung der einstweiligen Anordnung vgl. § 2 Rn 132.

79

IX. Rechtsbehelfe

Als Rechtsbehelfe gegen den Beschluss nach § 620a Abs. 1 ZPO kommen in Betracht:
- Abänderungs-/Aufhebungsantrag nach § 620b Abs. 1 S. 1 ZPO
  Als besonderer Umstand, der eine Abänderung einer Überlassungsanordnung bezogen auf die Ehewohnung/gemeinsame Wohnung rechtfertigt, wurde im Gesetzgebungsverfahren ausdrücklich die Wiederaufnahme des Täters in die Wohnung nach Erlass der einstweiligen Anordnung angesprochen.[125]

80

---

120 Vgl. § 6 Rn 80.
121 OLG Frankfurt/Main NJW-RR 2006, 1441.
122 Vgl. § 6 Rn 128.
123 *Thomas/Putzo*, § 794 Rn 43.
124 Voraussetzung ist hierfür jedoch, dass diese Wahl überhaupt zulässig und § 620 Nr. 9 ZPO gegenüber § 64b Abs. 3 FGG nicht vorrangig ist.
125 BT-Drucks. 14/5429, 35; vgl. aber auch KG FamRZ 2006, 49, wonach bei einer Versöhnung der Parteien nach Anordnung einer Maßnahme nach dem GewSchG ein Anspruch auf Herausgabe des Titels besteht; der Verletzte darf den Titel nicht »auf Vorrat« behalten.

- Antrag auf erneute Beschlussfassung nach mündlicher Verhandlung gemäß § 620b Abs. 2 ZPO.
- Der Beschluss ist gemäß § 620c S. 1 ZPO stets anfechtbar. Unerheblich ist, ob dem Antrag nach § 620 Nr. 9 ZPO stattgegeben oder dieser abgelehnt wurde. Denn nach dem ausdrücklichen Wortlaut der Norm ist anders als im Falle einer einstweiligen Anordnung zur elterlichen Sorge nur Voraussetzung, dass über einen Antrag nach den §§ 1 und 2 GewSchG **entschieden** wurde.
Im Übrigen vgl. § 2 Rn 137 ff.
Zur Anfechtbarkeit von Nebenbestimmungen vgl. § 5 Rn 80.

X. Außer-Kraft-Treten der einstweiligen Anordnung

81 Eine einstweilige Anordnung nach § 620 Nr. 9 ZPO tritt außer Kraft, wenn und soweit eine **deckungsgleiche Hauptsacheentscheidung** getroffen wird. Diese muss **Wirksamkeit** erlangt haben (§ 620f Abs. 1 S. 1 Alt. 1 ZPO).

82 Zur Feststellung der **Deckungsgleichheit** ist zu prüfen, ob die einstweilige Anordnung eine Zuweisung der Ehewohnung bzw. der gemeinsamen Wohnung oder Belästigungsverbote zum Inhalt hat.

Ist die **Ehewohnung (bzw. gemeinsame Wohnung)** betroffen, erging die einstweilige Anordnung aus § 620 Nr. 9 ZPO nach Prüfung der materiellen Voraussetzungen des § 2 GewSchG. Unwirksamkeit nach § 620f Abs. 1 S. 1 ZPO tritt ein durch eine nachfolgende (kongruente) Entscheidung nach § 2 GewSchG, aber auch aufgrund einer Entscheidung nach § 1361b BGB (§ 14 LPartG) oder nach §§ 1, 3ff. HausratsVO (§ 18 LPartG), kraft derer die **Zuweisung der Ehewohnung angeordnet** wird. Bei einer Regelung nach der HausratsVO bzw. nach § 18 LPartG,[126] die sogar rechtsgestaltend oder -begründend in bestehende Rechtsverhältnisse eingreift, liegt dies trotz der unterschiedlichen Prüfungsinhalte im Anordnungsverfahren und im Hauptsacheverfahren auf der Hand. Der Regelungsumfang der Hauptsacheentscheidung reicht weiter als derjenige der einstweiligen Anordnung.

83 Dasselbe gilt jedoch auch bei einer **positiven** Entscheidung nach § 1361b BGB (§ 14 LPartG), kraft derer zwar nur eine Überlassung der Ehewohnung (gemeinsamen Wohnung) zur Nutzung angeordnet werden kann. Unerheblich ist insoweit, dass im Rahmen des Anordnungsverfahrens auf die materielle Norm des § 2 GewSchG abgestellt wurde, während sich

---

[126] Wenn eine solche innerhalb der Wirkungsdauer der einstweiligen Anordnung überhaupt zu erlangen ist.

Maßnahmen nach dem Gewaltschutzgesetz § 6

die Hauptsacheentscheidung nach § 1361b BGB (§ 14 LPartG) richtet.[127] Denn trotz der unterschiedlichen Zwecke, die mit den angesprochenen Normen verfolgt werden, »überlagert« m.e. eine Ehewohnungszuweisung nach § 1361b BGB bzw. § 14 LPartG eine einstweilige Anordnung zu § 2 GewSchG. Denn § 1361b BGB (§ 14 LPartG) enthält keine gesetzlich angeordnete zeitliche Befristung, sodass die entsprechende Hauptsacheentscheidung bis zum Eintritt der Rechtskraft der Scheidung bzw. Aufhebung der Lebenspartnerschaft wirkt.

Eine der einstweiligen Anordnung nach § 620 Nr. 9 ZPO nachfolgende Hauptsacheentscheidung gemäß § 2 GewSchG ist problemlos geeignet, die einstweilige Anordnung außer Kraft zu setzen. Dies gilt auch dann, wenn der Antrag auf Überlassung der (Ehe-)Wohnung **abgelehnt** wird, da hierdurch festgestellt ist, dass eine Zuweisung der Wohnung unter Berücksichtigung der bereits im Anordnungsverfahren maßgeblichen Umstände letztlich nicht gerechtfertigt ist und damit die einstweilige Anordnung keinen Bestand mehr haben darf.

84

Hinweis
Anders muss dagegen die Rechtslage sein, wenn ein Antrag auf Ehewohnungszuweisung nach §§ 3 ff. HausratsVO, §§ 17, 18 LPartG rechtskräftig abgewiesen wird. Denn dass das Gericht einem solchen Antrag nicht stattgibt, kann auf ganz unterschiedlichen Erwägungen beruhen, die bei einer Entscheidung nach § 2 GewSchG keine Bedeutung haben. So kann eine rechtsgestaltende Änderung oder Begründung eines Mietverhältnisses nach Scheidung beispielsweise an der Zustimmungsvoraussetzung des § 4 HausratsVO[128] scheitern. Dennoch kann ein Bedürfnis dafür bestehen, dass die Überlassung der Wohnung nach § 620 Nr. 9 ZPO zum Schutze des Antragstellers Bestand hat.

85

Bezieht sich die einstweilige Anordnung auf **Belästigungs-, Näherungs- oder Kontaktverbote** der in § 1 GewSchG genannten Art, muss ebenfalls unterschieden werden. Dienten diese der Durchsetzung einer Entscheidung auf Überlassung der (Ehe-)Wohnung nach § 620 Nr. 9 ZPO i.V.m. § 2 GewSchG, treten sie außer Kraft mit Wirksamkeit einer derartigen Hauptsacheentscheidung nach § 2 GewSchG, auch wenn dort keine inhaltlich gleich gelagerte Anordnung getroffen, sondern deren Erlass abgelehnt wird.

86

Beachte
Beinhaltete dagegen die einstweilige Anordnung sonstige Belästigungsverbote, die ohne Zusammenhang mit einer Wohnungszuweisung[129] ergingen, ist erforderlich, dass

---

127 Dies könnte dann der Fall sein, wenn im Zeitpunkt der Antragstellung eine Ehewohnungszuweisung zum Zwecke der Sicherung des Lebensmittelpunktes noch nicht betrieben, später jedoch wegen veränderter Umstände ein Hauptsacheverfahren nach § 1361b BGB eingeleitet wurde. Denkbar wäre, dass etwa eine Frau wegen massiver Übergriffe in ein Frauenhaus flieht, von dort nur für ganz kurze Zeit in die Ehewohnung zurückkehren möchte, etwa um den Kindern einen sofortigen Schulwechsel zu ersparen, es sich jedoch aus Rücksicht auf deren Belange dann doch anders überlegt und weiterhin in der vormaligen Ehewohnung zu bleiben beabsichtigt. Zur Abgrenzung § 1361b BGB – § 2 GewSchG vgl. § 6 Rn 30 f.
128 Es handelt sich um eine Sollvorschrift, auf die in § 18 Abs. 3 LPartG Bezug genommen wird.
129 Bei einer Wohnungszuweisung richten sich die Belästigungsverbote nach § 15 HausratsVO; vgl. § 5 Rn 17.

das Hauptsacheverfahren gerade auch wegen der Anordnung solcher (isolierter) Belästigungs-, Näherungs- oder Kontaktverbote betrieben wurde. Andernfalls fehlt die notwendige Deckungsgleichheit zwischen Hauptsacheentscheidung und einstweiliger Anordnung. Unerheblich ist, ob dieses isolierte Verfahren nach § 1 GewSchG vor dem Familiengericht oder wegen mittlerweile erfolgten Ablaufs der in § 23b Abs. 1 Nr. 8a GVG festgesetzten Frist von sechs Monaten durch das allgemeine Zivilgericht betrieben wurde.

87 In der Hauptsache muss **Rechtskraft** eingetreten sein. Ab diesem Zeitpunkt liegt Wirksamkeit der Hauptsacheentscheidung vor, die die Vollstreckung ermöglicht (§ 16 Abs. 1 S. 1, 3 HausratsVO, § 64b Abs. 2 FGG). Die Anordnung der **sofortigen Wirksamkeit** nach § 64b Abs. 2 S. 2 FGG dagegen sollte nicht genügen, um die Wirkung des § 620f Abs. 1 S. 1 ZPO herbeizuführen.[130]

Wird nach Erlass der einstweiligen Anordnung ein **Vergleich** geschlossen, setzt dieser die einstweilige Anordnung außer Kraft, sofern er nicht lediglich eine ergänzende Regelung enthält oder er sich inhaltlich gar nicht auf den Bereich der vorläufigen Maßnahme bezieht.[131]

Vgl. zum Außer-Kraft-Treten in Abhängigkeit von der Ehesache bzw. Lebenspartnerschaftssache § 2 Rn 229 ff. und in sonstigen Fällen § 2 Rn 235 f.

Zur Feststellung des Außer-Kraft-Tretens vgl. § 2 Rn 237 ff.

XI. Zusatzfragen zu Prozesskostenhilfe

88 Vgl. oben § 2 Rn 253 ff.

B. Die einstweilige Anordnung nach § 64b Abs. 3 FGG

89 Ein besonderes Anliegen des Gesetzgebers war die Schaffung einstweiligen Rechtsschutzes für Maßnahmen nach dem Gewaltschutzgesetz. Deshalb wurde in § 64b Abs. 3 FGG eine Regelung aufgenommen, die die Zulässigkeit des Erlasses einstweiliger Anordnungen herausstellt. Verfahrensrechtlich lehnt sich diese Maßnahme vorläufigen Rechtsschutzes an die §§ 620a–620g ZPO an. Hierauf beschränkt sich jedoch die Vorschrift keineswegs, sondern sie lässt im Rahmen der Vollziehung der Anordnung eine Vorgehensweise zu, die eine Beschleunigung und damit weitgehend effektiven Rechtsschutz des Opfers gewalttätiger Übergriffe bewirken soll.

---

130 Anders noch in der Vorauflage; ich schließe mich nunmehr der von Keidel/*Weber*, § 64b Rn 28, AnwK-BGB/ *Heinke*, Vor GewSchG Rn 63 und Gießler/*Soyka*, Rn 1022 vertretenen Auffassung an, da hierdurch eine einheitliche Handhabung und Rechtssicherheit bewirkt werden kann.
131 OLG Saarbrücken, B. v. 25.5.2004, 9 WF 57/04 – zitiert nach Juris-Rechtsprechung.

Zu betonen ist, dass § 64b Abs. 3 FGG nur greift, soweit das Familiengericht zur Entscheidungsfindung zuständig ist. Anderenfalls ist einstweiliger Rechtsschutz im Wege der einstweiligen Verfügung zu suchen.[132]

I. Anhängigkeit eines Hauptsacheverfahrens nach §§ 1, 2 GewSchG

Eine einstweilige Anordnung nach § 64b Abs. 3 FGG kann zulässigerweise ab **Anhängigkeit** eines isolierten Hauptsacheverfahrens nach §§ 1 oder 2 GewSchG oder eines hierauf gerichteten PKH-Antrages beantragt werden.

90

Beachte
Es ist erforderlich, dass **Deckungsgleichheit** der Regelungsbereiche des Hauptsacheverfahrens und des Anordnungsverfahrens vorliegt. Dies bedeutet beispielsweise, dass m.E. anlässlich eines Verfahrens auf Ehewohnungszuweisung nach § 1361b BGB nicht Maßnahmen des einstweiligen Rechtsschutzes nach § 64b Abs. 3 FGG, die sich auf § 2 GewSchG beziehen, ergriffen werden können,[133] was jedoch letztlich wegen der Möglichkeit, nach §§ 621g S. 1, 621 Abs. 1 Nr. 7 ZPO vorzugehen, weitgehend[134] ohne Bedeutung bleibt. § 1361b BGB stellt gegenüber § 2 GewSchG die speziellere Regelung dar; dies hat Auswirkungen auf das zu ergreifende Verfahren einstweiligen Rechtsschutzes – vgl. § 6 Rn 52.

Wird eine einstweilige Anordnung in einem Hauptsacheverfahren beantragt, das sich ausschließlich auf § 1 GewSchG[135] bezieht und somit lediglich Belästigungs-, Näherungs- und Kontaktverbote betrifft, scheidet eine vorläufige Wohnungszuweisung nach § 64b Abs. 3 FGG aus. Hier wird im Übrigen regelmäßig die in § 2 GewSchG angesprochene gemeinsame Wohnung fehlen bzw. deren weitere Nutzung bereits einvernehmlich geregelt sein, da ansonsten ein Antrag auf Wohnungszuweisung zu erwarten ist.

91

Wird dagegen umgekehrt ein Hauptsacheverfahren nach § 2 GewSchG eingeleitet, sind einstweilige Regelungen nach § 64b Abs. 3 FGG denkbar, die sich auch auf Belästigungsverbote etc. beziehen und der Durchsetzung bzw. Sicherung der (vorläufigen) Wohnungszuweisung dienen (§ 2 Abs. 4 GewSchG). Darüber hinaus kann im Laufe des Anordnungsverfahrens deutlich werden, dass über die Ehewohnung hinausgehende Schutzanordnungen

---

132 Vgl. § 6 Rn 138 ff.
133 Vgl. § 6 Rn 55.
134 Jedoch nicht völlig ohne Bedeutung – vgl. die Unterschiede bei der Vollstreckung: § 64b Abs. 3 S. 3–6 FGG; eine entsprechende Regelung existiert bei einer einstweiligen Anordnung nach § 621g S. 1 ZPO nicht (jedenfalls nicht ausdrücklich). vgl. § 6 Rn 55.
135 § 1 GewSchG stellt nach dem Willen des Gesetzgebers eine bloß verfahrensrechtliche Norm dar. So auch *Gießler/Soyka*, Rn 987; die materielle Anspruchsgrundlage soll §§ 823, 1004 BGB analog zu entnehmen sein. Angesichts der in § 1 GewSchG enthaltenen detailliert geregelten Voraussetzungen und auch »Negativbestimmungen« (vgl. § 1 Abs. 1 a.E.; Abs. 2 S. 2, Abs. 3 GewSchG) erscheint mir diese Annahme problematisch. Ebenso halte ich für bedenklich, dass sich dann die Strafbarkeit aus § 4 GewSchG an eine lediglich verfahrensrechtliche Bestimmungen enthaltende Norm anlehnen soll.

erforderlich sind. Derartige Regelungen können ebenfalls im Rahmen einer einstweiligen Anordnung nach § 64b Abs. 3 FGG als vorläufige Maßnahmen erlassen werden, zumal die Voraussetzungen des § 2 GewSchG die für § 1 GewSchG bedeutsamen Anspruchsgrundlagen (§§ 823 BGB, 1004 BGB analog) ebenfalls erfüllen.

II. Inhalt der einstweiligen Anordnung nach § 64b Abs. 3 FGG

1. Der persönliche Wirkungsbereich der einstweiligen Anordnung nach § 64b Abs. 3 FGG

92 Entgegen der Rechtslage bei Hauptsacheverfahren nach §§ 1, 2 GewSchG sind einstweilige Anordnungen in ihrem persönlichen Wirkungsbereich dadurch eingeschränkt, dass § 64b Abs. 3 FGG an die familiengerichtliche Zuständigkeit anknüpft. Diese ergibt sich aus §§ 23a Nr. 7, 23b Nr. 8a GVG und setzt voraus, dass die Beteiligten einen auf Dauer angelegten **gemeinsamen Haushalt** führen oder innerhalb der letzten sechs Monate vor Antragstellung[136] geführt haben.

93 Mit dieser gegenüber dem Referentenentwurf geänderten Formulierung (dort war noch der recht vage und sehr weit gefasste Begriff »häusliche Gemeinschaft« verwendet worden) wurde eine Konkretisierung bezüglich des angesprochenen Personenkreises herbeigeführt. Der Begriff wurde der Mietrechtsreform entnommen und soll eine **Lebensgemeinschaft** umschreiben, die **auf Dauer angelegt** ist, keine weiteren Bindungen gleicher Art zulässt und sich dadurch auszeichnet, dass die Beteiligten zueinander eine innere Bindung haben, die ein gegenseitiges Füreinander begründet und über eine reine Wohn- und Wirtschaftsgemeinschaft hinausgeht.[137] Die vorliegende Definition ist identisch mit der vom BVerfG[138] herausgearbeiteten Auslegung des Begriffs der nichtehelichen Lebensgemeinschaft im Sinne einer eheähnlichen Gemeinschaft. Eine Abweichung ergibt sich aus dem Verzicht auf das Vorliegen einer heterosexuellen Beziehung. Der Personenkreis, der sich mit Hilfe einer einstweiligen Anordnung nach § 64b Abs. 3 FGG zur Wehr setzen kann, ist trotz der erfolgten Konkretisierung (beabsichtigterweise) weit gefasst. Es fallen **Ehegatten, eingetragene Lebenspartner** und Beteiligte einer **nichtehelichen Lebensgemeinschaft** darunter, und zwar unabhängig davon, ob es sich bei letzteren um eine homo- oder heterosexuelle Beziehung handelt. Ob geschlechtliche Beziehungen unterhalten werden, ist im Übrigen ohne jegliche Bedeutung. Auch sollen durch diese Begriffsbestimmung Lebensformen erfasst werden, die sich durch das dauerhafte Zusammenleben alter Menschen kennzeichnen und

---

136 Anders als bei § 2 GewSchG wird bei der Zuständigkeitsbestimmung nicht auf den Zeitpunkt der Tat abgestellt.
137 BT-Drucks. 14/5429, 30 zur Definition desselben Begriffs bei § 2 GewSchG.
138 BVerfG NJW 1993, 643, 646.

§ 6 Maßnahmen nach dem Gewaltschutzgesetz

als Alternative zum Alters- und Pflegeheim gewählt werden, wenn sich hierbei das gegenseitige »Füreinander-Einstehen« durch gegenseitige Vollmachtserteilungen dokumentiert.

Hinweis 94
Hervorzuheben ist, dass m.E. **Ehegatten** und **eingetragene Lebenspartner**, die in derselben Wohnung getrennt leben, einen gemeinsamen Haushalt im Sinne des Gewaltschutzgesetzes nicht mehr führen.[139] Sie beabsichtigen ja gerade, ihre Bindung zueinander zu lösen. Weiterhin bestehende unterhaltsrechtliche oder sonstige Verpflichtungen (wie z.B. eine nachwirkende eheliche Treuepflicht) ändern daran nichts. Ihr »Zusammenleben« in der Wohnung findet notgedrungen statt und ist auch nicht mehr auf Dauer angelegt. Demzufolge können sich innerhalb der Wohnung getrennt lebende Ehegatten/Lebenspartner nach Ablauf der Frist von sechs Monaten ebenfalls nicht mehr auf § 64b Abs. 3 FGG berufen, um eine einstweilige Anordnung zu erwirken.

Beachte 95
Kraft ausdrücklicher Regelung in § 3 Abs. 1 GewSchG sind die Vorschriften des GewSchG nicht anwendbar, wenn eine Person in dem Zeitpunkt, in dem sie verletzt oder bedroht wird, unter **elterlicher Sorge, Vormundschaft oder Pflegschaft** steht und die Verletzung oder Bedrohung von den Eltern oder den sonst sorgeberechtigten Personen (Vormund, Pfleger) ausgeht.[140] Dagegen ist der Anwendungsbereich des GewSchG eröffnet, wenn **Dritte** einem Kind körperliche Verletzungen zufügen. Hier kann sich ein gerichtliches Vorgehen auf §§ 1, 2 GewSchG (i.V.m. § 64b Abs. 3 FGG) und ebenso auf § 1666 BGB stützen,[141] wobei im letztgenannten Fall das Gericht von Amts wegen tätig werden und auch eine vorläufige Anordnung erlassen kann. Zu beachten ist jedoch, dass § 2 GewSchG voraussetzt, dass das Kind mit dem Täter einen gemeinsamen Haushalt führt.[142] Weiterhin bleiben die Maßnahmen nach §§ 1 und 2 GewSchG und der Erlass einer einstweiligen Anordnung nach § 64b Abs. 3 FGG zulässig, wenn der umgekehrte Fall vorliegt, d.h. sorgeberechtigte Personen von den unter ihrer elterlichen Sorge stehenden Kindern verletzt werden[143] – eine sicherlich nicht alltägliche, aber auch nicht völlig ausgeschlossene Konstellation.[144]

Personen, die **keinen gemeinsamen Haushalt** führen oder innerhalb von sechs Monaten 96
vor Antragstellung geführt haben, sind auf die einstweilige Verfügung nach §§ 935, 940 ZPO als Mittel des einstweiligen Rechtsschutzes zu verweisen.

---

139 Vgl. BT-Drucks. 14/5429, 20, 22, 30.
140 KG FPR 2004, 267.
141 BT-Drucks. 14/5429, 32; vgl. § 3 Rn 213.
142 Vgl. § 3 Rn 213.
143 *Palandt – Brudermüller*, § 3 GewSchG Rn 3; AnwK-BGB/*Heinke*, § 3 GewSchG Rn 7.
144 Zutreffend nimmt das AG Hamburg-Barmbek an, dass auch volljährige Kinder mit ihren Eltern einen auf Dauer angelegten gemeinsamen Haushalt führen können; FamRZ 2004, 273.

2. Sachlicher Anwendungsbereich

97 Der sachliche Anwendungsbereich der einstweiligen Anordnung nach § 64b Abs. 3 FGG ist eröffnet, wenn eine Person den Körper, die Gesundheit oder Freiheit einer anderen Person verletzt oder mit derartigen Verletzungen (einschließlich des Lebens) gedroht hat. Ferner kann eine einstweilige Anordnung erlassen werden, wenn in die Wohnung oder das befriedete Besitztum einer anderen Person eingedrungen oder diese unzumutbar belästigt worden ist i.S.v. § 1 Abs. 2 Nr. 2 lit. b GewSchG. Die Anordnungen können die Verpflichtung zur Überlassung der Wohnung oder auch konkrete Unterlassungen wie Belästigungsverbote etc. beinhalten.

Wegen der Einzelheiten wird Bezug genommen auf § 6 Rn 19 ff., 37 ff. Die dortigen Ausführungen gelten hier entsprechend.

III. Das Verhältnis der einstweiligen Anordnung nach § 64b Abs. 3 FGG zu anderen Mitteln einstweiligen Rechtsschutzes und zu Hauptsacheregelungen

1. Das Verhältnis der einstweiligen Anordnung zu Hauptsacheverfahren

98 Eine einstweilige Anordnung nach § 64b Abs. 3 FGG kann nur dann erlassen werden, wenn ein **deckungsgleiches Hauptsacheverfahren** nach §§ 1 und 2 GewSchG **anhängig** oder ein entsprechender **PKH-Antrag** eingereicht ist.

Bezieht sich der Hauptsacheantrag ausschließlich auf eine **Wohnungsüberlassung** nach § 2 GewSchG, ist selbstverständlich eine diesem Antrag entsprechende Entscheidung nach § 64b Abs. 3 FGG deckungsgleich und somit zulässig.

Obwohl es sich vorliegend lediglich um einen Verfahrensantrag[145] handelt und obwohl § 1 GewSchG keinen eigenen, von § 2 GewSchG zu unterscheidenden materiellen Anspruch beinhalten soll,[146] wird der Erlass von **Belästigungs-, Kontakt- und Näherungsverboten**, die der Ausübung des Nutzungsrechtes während der Wirkungsdauer der Zuweisung der Wohnung dienen, im einstweiligen Anordnungsverfahren nur in Betracht kommen, wenn ein entsprechender Hauptsacheantrag vorliegt.[147] Dass derartige Anordnungen nach § 2 Abs. 4 GewSchG in Betracht kommen, ändert hieran nichts.

99 Solange die Hauptsacheentscheidung keine Wirksamkeit entfaltet, kann die einstweilige Anordnung erlassen werden. Erst ab Eintritt der **Rechtskraft** im Hauptsacheverfahren ist der Erlass eines Beschlusses nach § 64b Abs. 3 FGG nicht mehr zulässig.

---

145 Vgl. § 6 Rn 107.
146 Vgl. Gießler/*Soyka*, Rn 987.
147 AnwK-BGB/*Heinke*, § 2 Rn 24; anders noch die Vorauflage.

Auch eine rechtskräftige Entscheidung auf Wohnungszuweisung bei Ehegatten (Lebenspartnern) nach **§ 1361b BGB (§ 14 LPartG)** hindert den späteren Erlass dieser widersprechender oder auch die Entscheidung unterstützender einstweiliger Anordnungen nach § 64b Abs. 3 FGG. Sollten die anzuordnenden Belästigungsverbote mit einer Ehewohnungszuweisung im Zusammenhang stehen, gehen m.E. (str.) die Regelungen nach § 1361b BGB, § 15 HausratsVO vor. Der Antragsteller hat einstweiligen Rechtsschutz im dortigen Verfahren zu suchen.[148] Der Erlass späterer Anordnungen zur Sicherung der Zuweisung der Ehewohnung ist zulässig.[149] Die Abänderung der Hauptsacheentscheidung des § 1361b BGB kann durch einstweilige Anordnung nicht erfolgen. Hierfür wäre ein Verfahren nach § 17 HausratsVO zu betreiben mit der dort bestehenden Möglichkeit der Gewährung einstweiligen Rechtsschutzes.

100

Handelt es sich dagegen um Belästigungsverbote, die keinen Zusammenhang mit einer vorherigen Entscheidung nach § 1361b BGB (§ 14 LPartG) aufweisen, wie etwa Kontaktverbote an Orten, an denen sich das Opfer in seiner Freizeit aufhält, bleibt die Möglichkeit bestehen, diese in einem Hauptsacheverfahren nach § 1 GewSchG, § 64b Abs. 1, 2 FGG zu betreiben und vorläufige Maßnahmen nach § 64b Abs. 3 FGG zu beantragen.

2. Das Verhältnis der einstweiligen Anordnung zu anderen Mitteln des einstweiligen Rechtsschutzes

a) Das Verhältnis des § 64b Abs. 3 FGG zu § 620 Nr. 9 ZPO

Vor Anhängigkeit eines Verfahrens nach § 620 Nr. 9 ZPO kann der Antragsteller frei wählen, welches Mittel des einstweiligen Rechtsschutzes ergriffen wird. Hat er jedoch bereits eine Antragstellung vorgenommen, hindert dies die Zulässigkeit eines weiteren Verfahrens mit demselben Ziel.

101

Vgl. § 6 Rn 51.

b) Das Verhältnis des § 64b Abs. 3 FGG zu § 620 Nr. 7 ZPO und zu § 621g ZPO

Da nach hier vertretener Auffassung auch bei Anhängigkeit einer Ehesache ein Wahlrecht zwischen der Antragstellung nach § 620 Nr. 9 ZPO und einer solchen nach § 64b Abs. 3 FGG besteht, ist das entsprechende Verhältnis zu § 620 Nr. 7 ZPO von Bedeutung. § 620 Nr. 7 ZPO (und auch § 621g S. 1 i.V.m. § 621 Abs. 1 Nr. 7 ZPO) ist in der Folge des materiellen Verhältnisses der Regelungen des § 1361b BGB zu § 2 GewSchG vorrangig, soweit der Antragsteller mit der Zuweisung der Wohnung den Erhalt des Lebensmittelpunk-

102

---

148 Vgl. § 6 Rn 55 auch zur abweichenden Auffassung.
149 Vgl. § 5 Rn 17 zur nachträglichen Begründung eines Mietverhältnisses.

§ 6 Maßnahmen nach dem Gewaltschutzgesetz

tes und nicht lediglich die befristete Überlassung der Wohnung zur Sicherung vor weiteren Übergriffen bis zu einer etwaigen anderen Wohnungsaufnahme erstrebt.[150] Auch Belästigungs-, Näherungs- und Kontaktverbote, die im Zusammenhang mit der Ehewohnungszuweisung stehen, sind nach § 620 Nr. 7 ZPO anzuordnen. § 64b Abs. 3 FGG scheidet m.E. (str.) aus.[151]

Im Übrigen vgl. § 6 Rn 52–55. Die dortigen Ausführungen gelten hier entsprechend.

c) Das Verhältnis des § 64b Abs. 3 FGG zu § 620 Nr. 5 ZPO

103 Stehen Verletzungen oder Belästigungen zwischen Ehegatten oder Lebenspartnern nicht im Zusammenhang mit der Ehewohnung, kommt ein Konkurrenzverhältnis zwischen § 64b Abs. 3 FGG und § 620 Nr. 5 ZPO in Betracht.[152] § 64b Abs. 3 FGG ist vorrangig anzuwenden, soweit der **Anwendungsbereich des § 1 GewSchG** eröffnet ist. § 620 Nr. 5 ZPO kommt somit nur sehr eingeschränkt in Betracht, z.B. bei »bloßen« Angriffen auf die Ehre. Im Übrigen vgl. § 6 Rn 56 und § 7 Rn 16 f.

d) Das Verhältnis des § 64b Abs. 3 FGG zur einstweiligen Verfügung

104 Die einstweilige Verfügung ist unzulässig, sobald und solange eine **einstweilige Anordnung** nach § 64b Abs. 3 FGG erwirkt werden kann. Die einstweilige Anordnung ist vorrangig. Führen die Beteiligten (Täter und Opfer) im Zeitpunkt der Antragstellung nach §§ 1, 2 GewSchG einen auf Dauer angelegten gemeinsamen Haushalt oder haben sie einen solchen innerhalb von sechs Monaten vor Antragstellung geführt, ist nach §§ 23a Nr. 7, 23b Abs. 1 Nr. 8a GVG das Amtsgericht – Familiengericht – für das Hauptsacheverfahren zuständig (vgl. § 64b Abs. 1 FGG). Hieran knüpft die Zuständigkeit für das Anordnungsverfahren nach § 64b Abs. 3 FGG an.

> *Beachte*
> Dies bedeutet, dass eine einstweilige Verfügung jedenfalls dann ausscheidet, wenn die Antragstellung zum Hauptsacheverfahren innerhalb dieser Frist vor dem Familiengericht vorgenommen worden ist; auf die rechtzeitige Antragstellung im Anordnungsverfahren selbst kommt es nicht an. Es genügt jedoch auch, dass eine Antragstellung zur Hauptsache bei dem Familiengericht noch bewirkt werden kann, da die Frist von sechs Monaten seit Aufgabe des gemeinsamen Haushaltes noch nicht abgelaufen ist. Also hindert auch das nur mögliche Hauptsacheverfahren mit der sich anschließenden Möglichkeit des Anordnungsverfahrens die Zulässigkeit des Verfügungsverfahrens.

---

150 Vgl. § 6 Rn 30 f.
151 Vgl. § 6 Rn 55 auch zur abweichenden Auffassung.
152 Ein solches scheidet selbstverständlich aus, wenn man die Auffassung vertritt, dass § 620 Nr. 5 ZPO sich ausschließlich auf die Befugnis zum Getrenntleben bezieht – vgl. § 7 Rn 1 und 8.

Die einstweilige Verfügung kommt demzufolge dann in Betracht, wenn die Beteiligten zu keiner Zeit einen auf Dauer angelegten gemeinsamen Haushalt geführt haben oder dies im Zeitpunkt der Antragstellung zum Hauptsacheverfahren nach §§ 1, 2 GewSchG bereits mehr als sechs Monate zurückliegt.

IV. Regelungsbedürfnis

Zum Regelungsbedürfnis allgemein vgl. oben § 2 Rn 58 f. 105

Wie bei § 620 Nr. 9 ZPO liegt auch hier das Regelungsbedürfnis für den Erlass einer einstweiligen Anordnung auf der Hand, da Eingriffe in geschützte Rechtsgüter bereits erfolgt sind oder Drohungen ausgesprochen wurden und damit auch regelmäßig von Wiederholungsgefahr auszugehen ist. Ein Zuwarten auf eine Hauptsacheentscheidung ist nicht zumutbar.

Vgl. § 6 Rn 58.

V. Weitere Zulässigkeitsvoraussetzungen

Bei Erlass der einstweiligen Anordnung müssen sämtliche Verfahrensvoraussetzungen vorliegen; Verfahrenshindernisse dürfen nicht bestehen. 106

Im Einzelnen vgl. § 2 Rn 67.

VI. Antragstellung[153]

1. Erfordernis der Antragstellung und Art des Antrags

Der Erlass einer einstweiligen Anordnung nach § 64b Abs. 3 FGG ist nur bei vorheriger 107 **Antragstellung** zulässig. Der Antrag ist entsprechend der Geltung der FGG-Regeln im Bereich der Verfahren nach dem GewSchG als **Verfahrensantrag** und nicht als Sachantrag zu qualifizieren. Da hier Regelungsbereiche streitiger FGG-Sachen betroffen sind,[154] wird dennoch eine **bestimmte** Antragstellung zu fordern sein. Selbst wer sich dieser Ansicht nicht anzuschließen vermag, wird dennoch gut beraten sein, bereits im Rahmen der Antragstellung darzulegen, mit welcher Anordnung das Gericht dem Schutzbedürfnis der verletzten Person aus deren Sicht entsprechen kann.

---

153 Muster zu einem Antrag auf Anordnung von Belästigungsverboten: *Börger/Bosch/Heuschmid,* § 4 Rn 364 und *Fischer,* MDR 1997, 122.
154 Vgl. § 6 Rn 60.

2. Antragsbefugnis

108 Zur Stellung des Antrages ist ausschließlich die verletzte oder bedrohte Person befugt.

3. Form/Anwaltszwang

109 Eine Antragstellung kann **schriftlich** oder **zu Protokoll der Geschäftsstelle** eines Amtsgerichts erfolgen (§ 64b Abs. 3 S. 2 FGG, § 620a Abs. 2 S. 2 ZPO). Da das Hauptsacheverfahren nicht dem Anwaltszwang unterliegt, kann die Antragstellung zur einstweiligen Anordnung ebenso ohne anwaltliche Vertretung vorgenommen werden (§ 78 Abs. 2 ZPO).

4. Sachdarstellung/Glaubhaftmachung

a) Anzuwendende Verfahrensart/Glaubhaftmachung

110 Gemäß § 621a Abs. 1 S. 1 ZPO sind die Verfahren auf Erlass von Maßnahmen nach §§ 1, 2 GewSchG nach **FGG-Regeln** zu erledigen, wenn die Beteiligten einen auf Dauer angelegten gemeinsamen Haushalt führen oder innerhalb von sechs Monaten vor Antragstellung geführt haben, da dann die Zuständigkeit des Familiengerichts begründet ist.

> *Beachte*
> Somit greift auch das **Amtsermittlungsprinzip** des § 12 FGG. Als Verfahren der so genannten streitigen freiwilligen Gerichtsbarkeit erfordert die Antragstellung eine eingehende Darstellung der Tatsachen, die den Antrag rechtfertigen sollen, und eine Benennung der Beweismittel.[155]

b) Darzustellende Voraussetzungen
aa) Übersicht[156]

111 Eine sachdienliche Darstellung sollte sich beziehen auf:
- die allgemeinen Verfahrensvoraussetzungen[157]
  Zur Darlegung der Zuständigkeit für das (gleichzeitig anhängig gemachte) Hauptsacheverfahren sind gemäß §§ 23a Nr. 7, 23b Nr. 8a GVG Ausführungen zur Dauer des Getrenntlebens bzw. zur Führung eines auf Dauer angelegten gemeinsamen Haushaltes veranlasst.
- das Fehlen von Verfahrenshindernissen
- die besondere Verfahrensvoraussetzung zur Anhängigkeit der Hauptsache nach §§ 1, 2 GewSchG (oder eines entsprechenden Prozesskostenhilfeverfahrens)

---

155 Vgl. § 4 Rn 24 f.
156 Vgl. eingehender die Übersicht § 6 Rn 64.
157 Weitergehend zu Prozessvoraussetzungen vgl. *Thomas/Putzo – Reichold*, Vorbem § 253 Rn 15 ff.

- die Voraussetzungen für den Erlass von Belästigungs-, Kontakt- und Näherungsverboten nach § 1 GewSchG
- die materiellen Voraussetzungen für die Zuweisung der Wohnung nach § 2 GewSchG
- weitere Umstände, die auf Rechtsfolgenebene Bedeutsamkeit erlangen, die Wirkungsdauer der Anordnung oder weitere Unterlassungsgebote beeinflussen
- bei Antrag auf Erlass der einstweiligen Anordnung ohne rechtliches Gehör des Gegners auch die Umstände, die eine solche Entscheidung ohne Anhörung rechtfertigen
- die Voraussetzungen, die eine Vollziehung der einstweiligen Anordnung vor ihrer Zustellung rechtfertigen sollen.

Dies sind vor allem Umstände, die die Gefahr der Eskalation bzw. weiterer Übergriffe begründen, wenn der Antragsgegner von der Beschlussfassung Kenntnis erlangt. Außerdem wird durch eine entsprechende Anordnung die Vollziehung von Schutzmaßnahmen bei Abwesenheit des Antragsgegners ermöglicht.

bb) Materielle Voraussetzungen

Die materiellen Voraussetzungen sind bei § 6 Rn 9 ff., 32 ff. dargestellt.   111a

5. Zuständiges Gericht

§ 64b Abs. 1 FGG regelt die örtliche Zuständigkeit[158] für Hauptsacheverfahren nach §§ 1, 2 GewSchG, die das Familiengericht zu erledigen hat, in Anlehnung an zivilprozessuale Normen, obwohl FGG-Angelegenheiten betroffen sind. So ist kraft Verweisung auf §§ 12–16 ZPO das Familiengericht zuständig, in dessen Bezirk der Antragsgegner seinen **Wohnsitz** oder mangels eines solchen seinen gewöhnlichen Aufenthalt hat bzw. seinen letzten Wohnsitz hatte. Außerdem greift der besondere **Gerichtsstand der unerlaubten Handlung**. § 64b Abs. 1 Hs. 2 FGG begründet schließlich einen Gerichtsstand an dem Familiengericht, in dessen Bezirk sich die (zum Zeitpunkt der Tat) **gemeinsame Wohnung** des Täters und des Opfers befindet. Dies dürfte m.E. nur dann gelten, wenn der Verletzte auch die Überlassung der gemeinsamen Wohnung erstrebt und nicht etwa ausschließlich Belästigungsverbote erlangen möchte, die in keinerlei Zusammenhang mit der Ehewohnung stehen. Dem Wortlaut der Regelung ist dies allerdings nicht zu entnehmen.   112

Zwischen verschiedenen Gerichtsständen hat der Antragsteller die **Wahl** (§ 64b Abs. 1 FGG, § 35 ZPO).

Die Zuständigkeit für den Erlass der **einstweiligen Anordnung** nach § 64b Abs. 3 FGG lehnt sich an die bloße **Anhängigkeit der Hauptsache** an. Bei Erlass der einstweiligen Anordnung wird somit nicht mehr geprüft, ob das Gericht für das Hauptsacheverfahren auch tatsächlich zuständig ist.[159]   113

---

158 Hierzu vgl. *Keidel/Weber*, § 64b Rn 3 und 6 f.
159 Vgl. § 3 Rn 166.

§6 Maßnahmen nach dem Gewaltschutzgesetz

Solange das Verfahren nach §§ 1, 2 GewSchG in erster Instanz anhängig ist, hat das Familiengericht am Amtsgericht über die einstweilige Anordnung zu entscheiden. Ab Anhängigkeit des isolierten Verfahrens beim OLG ist dieses zur Entscheidung berufen (§ 64b Abs. 3 S. 2 FGG, § 620a Abs. 4 ZPO). Dies gilt auch, wenn die Hauptsacheentscheidung mit der Rechtsbeschwerde zum Bundesgerichtshof angegriffen wird.

In der Zeit zwischen erstinstanzlicher Entscheidung und Anhängigkeit in der Berufungsinstanz bleibt die Zuständigkeit beim Amtsgericht erhalten.

Zur Abgrenzung der Zuständigkeit des Familiengerichts vom allgemeinen Zivilgericht vgl. § 6 Rn 104 und § 6 Rn 7. Die Ausführungen gelten hier entsprechend.[160]

6. Internationale Zuständigkeit

113a Vgl. § 14 Rn 17.

VII. Ablauf des Verfahrens

1. Beteiligte

114 Als Beteiligte eines Anordnungsverfahrens nach § 64b Abs. 3 FGG kommen alle Personen in Betracht, die einen auf Dauer angelegten gemeinsamen Haushalt führen oder innerhalb von sechs Monaten vor Antragstellung geführt haben.

2. Mündliche Verhandlung

115 Das Verfahren folgt den Regelungen der §§ 620a Abs. 1, 128 Abs. 4 ZPO (§ 64b Abs. 3 S. 2 FGG). Somit ist eine mündliche Verhandlung nicht zwingend vorgesehen, jedoch vielfach zweckmäßig, zumal nach entsprechender Antragstellung eine mündliche Verhandlung durchzuführen ist (§ 64b Abs. 3 S. 2 FGG, § 620b Abs. 2 ZPO).

3. Rechtliches Gehör

115a Vgl. § 2 Rn 97.

4. Anwaltszwang

116 Wie im Hauptsacheverfahren selbst ist auch im Anordnungsverfahren eine anwaltliche Vertretung nicht erforderlich (§ 78 Abs. 2 ZPO).

---

160 Vgl. ferner *Viefhues*, FPR 2005, 32.

5. Beweisaufnahme

Wegen der grds. Geltung der FGG-Regeln (§ 621a Abs. 1 S. 1 ZPO) greift nach § 12 FGG die **Amtsermittlungspflicht**. In Verfahren der so genannten streitigen FGG-Sachen wird diese jedoch eingeschränkt. Das Gericht darf davon ausgehen, dass jeder Beteiligte die für ihn günstigen Umstände vorträgt und auch Beweismittel benennt.[161] Genügen diese dann nicht für die erforderliche Glaubhaftmachung, muss das Gericht von Amts wegen **weitere Beweise** erheben.

117

Die Beweisaufnahme kann im Wege des Strengbeweises, jedoch unter Ausübung pflichtgemäßen Ermessens durch das Gericht auch im Wege des **Freibeweises** erfolgen.[162] Zur Glaubhaftmachung kann auch der Verletzte zugelassen werden (§ 15 Abs. 2 FGG).

6. Beendigung durch Vergleich

Durch die in § 64b Abs. 2 S. 4 FGG enthaltene Verweisung auf § 13 Abs. 3 HausratsVO wird deutlich, dass in Verfahren nach §§ 1, 2 GewSchG der Abschluss eines Vergleichs zulässig ist. Die Regelungsmaterie unterliegt der Dispositionsbefugnis der Beteiligten. Aus gerichtlich protokollierten Vereinbarungen kann die Vollstreckung betrieben werden (§ 64b Abs. 4 FGG).

118

Zur Problematik der Strafbewehrung vgl. § 6 Rn 72.

7. Entscheidung/Beschluss

a) Förmlichkeiten der Entscheidung

Der Antrag auf Erlass einer einstweiligen Anordnung wird per **Beschluss** verbeschieden. Eine Begründungspflicht ist nicht ausdrücklich vorgesehen. Dennoch sollten die tragenden Erwägungen (kurz) dargelegt werden.

119

Zur Frage der Begründung vgl. weiter § 2 Rn 115 ff.

Ein **aufgrund mündlicher Verhandlung** gefasster Beschluss ist zu **verkünden** (§§ 621a Abs. 1 S. 2, 329 Abs. 1 S. 1 ZPO).[163]
Die Entscheidung über den Antrag auf Erlass einer einstweiligen Anordnung muss gemäß §§ 621a Abs. 1 S. 2, 329 Abs. 3 ZPO **zugestellt** werden. Denn der Beschluss ist nach § 620c S. 1 ZPO mit der sofortigen Beschwerde angreifbar. Unerheblich ist, ob dem Antrag stattgegeben oder dessen Erlass abgelehnt wurde. Im Falle der Anordnung einer Schutzmaßnahme oder der Zuweisung der Wohnung ist die Entscheidung zudem vollstreckbar.

---

161 Vgl. § 4 Rn 25.
162 Hierin sieht der Gesetzgeber einen entscheidenden Vorteil, da sich das Verfahren flexibler gestalten lässt als ein ZPO-Verfahren – BT-Drucks. 14/5429, 22.
163 Zöller – Philippi, § 620a Rn 31 zur einstweilige Anordnung nach § 620 ZPO.

§ 6 Maßnahmen nach dem Gewaltschutzgesetz

b) Prüfungsumfang des Gerichts/Bindung an Parteianträge

120 Das Gericht hat von Amts wegen alle Zulässigkeitsvoraussetzungen zu überprüfen. Aufgrund des in FGG-Verfahren bestehenden **Amtsermittlungsprinzips** (§ 12 FGG) ist das Gericht gehalten, auch von den Beteiligten nicht vorgetragene Umstände zu berücksichtigen. Im Bereich **streitiger FGG-Sachen** erfährt dieser Grundsatz jedoch insoweit eine Einschränkung, als das Gericht davon ausgehen darf, dass jeder Beteiligte die ihm günstigen Umstände selbst darlegt. Das Gericht ist nicht verpflichtet, einen mangelhaften Sachvortrag durch eigene Ermittlungstätigkeit auszugleichen. Ist jedoch die erforderliche Tatsachenschilderung erfolgt, muss eine Beweisaufnahme auch auf andere als die angebotenen Beweismittel erstreckt werden.[164]

Keine Einschränkung des Amtsermittlungsprinzips sollte in Erwägung gezogen werden, wenn die Gefahr besteht, dass die in § 2 Abs. 6 S. 2 GewSchG angesprochene Beeinträchtigung des Wohles im Haushalt lebender Kinder droht. In einem solchen Fall sollte stets eine (ergänzende) Ermittlung der Tatsachen von Amts wegen erfolgen.

Zu den zu prüfenden Voraussetzungen vgl. die Aufstellung § 6 Rn 111.

121 Da das Verfahren FGG-Regeln folgt, besteht eine **Bindung** an den gestellten Antrag nicht. Das Gericht kann somit andere als beantragte Schutzanordnungen erlassen und auch über gestellte Anträge hinausgehen. Trotz der Wortwahl in § 64b Abs. 3 S. 1 FGG, wonach das Gericht eine einstweilige Anordnung erlassen kann, liegt es nicht im freien Belieben des Gerichts, Schutzmaßnahmen zu ergreifen, die Überlassung der Ehewohnung anzuordnen oder den Antrag abzulehnen. Wie im Bereich des § 620 ZPO[165] muss das Gericht tätig werden, wenn die Voraussetzungen für den Erlass einer einstweiligen Anordnung erfüllt sind. Welche Regelungen im Einzelnen ergriffen werden, unterliegt dagegen pflichtgemäßem Ermessen.[166]

c) Inhalt des Beschlusses

122 Erlässt das Gericht einen Beschluss nach § 64b Abs. 3 FGG, ist hierin anzuordnen, welchen **konkreten Inhalt** das Belästigungs-, Näherungs- oder Kontaktverbot hat. Der Antragsgegner muss hinreichend bestimmt wissen, was er zu unterlassen hat.

Nur dann, wenn diesem Bestimmtheitserfordernis Rechnung getragen wird, greift im Übrigen die Strafbarkeit des Täters, der gegen eine Schutzanordnung verstößt (§ 4 GewSchG).[167]

123 Greifen die Voraussetzungen des § 2 GewSchG, wird die Verpflichtung des Antragsgegners ausgesprochen, dem Antragsteller die maßgebliche Wohnung, die ebenfalls hinreichend

---

164 Vgl. § 4 Rn 25.
165 Vgl. § 2 Rn 113.
166 BT-Drucks. 14/5429, 36.
167 Vgl. die Ergänzung des § 4 GewSchG um den Begriff »bestimmten« im Verlaufe des Gesetzgebungsverfahrens – BT-Drucks. 14/5429, 39 und 42.

konkret zu bezeichnen ist, zu überlassen. Ergänzend ist diese Anordnung unter Berücksichtigung der Regelungen in § 2 Abs. 2 GewSchG zu befristen. Wegen weiterer möglicher Anordnungen im Beschluss vgl. § 6 Rn 75.

Insbesondere ist auf § 64b Abs. 3 S. 3 ZPO hinzuweisen, wonach die **Vollziehung** der einstweiligen Anordnung **vor ihrer Zustellung** an den Antragsgegner zulässig sein kann. Voraussetzung ist, dass das Gericht dies anordnet. In Betracht kommt eine solche Maßnahme, wenn ansonsten eine Vollstreckung des Beschlusses wegen Abwesenheit des Antragsgegners nicht möglich wäre oder wenn die Gefahr besteht, dass das Opfer erneuten Übergriffen ausgesetzt würde, wenn der Unterlegene verfrüht von der Entscheidung Kenntnis erlangt.

124

Eine Kostenentscheidung wird nicht getroffen. Ebenso unterbleibt ein Ausspruch über die vorläufige Vollstreckbarkeit. Die einstweilige Anordnung nach § 64b Abs. 3 FGG ist aus sich heraus vollstreckbar (§ 64b Abs. 4 FGG).

125

VIII. Vollstreckung

Gemäß § 64b Abs. 4 FGG wird die einstweilige Anordnung nach den Vorschriften der Zivilprozessordnung vollstreckt. Hierzu vgl. § 6 Rn 76 bis 78.

126

Handelt es sich um die Vollziehung eines Beschlusses, in dem der Antragsgegner verpflichtet wurde, die gemeinsame **(Ehe-)Wohnung** zu **überlassen**, greift die Verweisung auf **§ 885 ZPO**. Durch diese ausdrückliche Bezugnahme hat der Gesetzgeber reagiert auf in der Vergangenheit bestehende unterschiedliche Rechtsansichten zur Zwangsvollstreckung bei einer Ehewohnungszuweisung nach § 1361b BGB. Die Vollstreckung richtet sich nicht nach § 888 ZPO.[168]

Beachte

127

Aufgrund der Neuregelungen in § 885 Abs. 1 S. 3 und 4 ZPO ist nunmehr ein **mehrfacher Vollzug** der einstweiligen Anordnung während der festgesetzten Wirkungsdauer möglich. Hierzu ist eine erneute Zustellung des Titels an den Antragsgegner nicht erforderlich. Dem Antragsteller, der den Erlass einer einstweiligen Anordnung nach § 64b Abs. 3 FGG auf Überlassung der Wohnung erwirkt hat, wird es hierdurch erleichtert, gegen den im Anordnungsverfahren unterlegenen Antragsgegner vorzugehen, wenn dieser nach erfolgter Überlassung und Räumung der Wohnung in diese eigenmächtig zurückkehren sollte.[169] Eine weitere Erleichterung im Vollstreckungsverfahren wird dadurch herbeigeführt, dass der Gerichtsvollzieher den Schuldner (der die Wohnung verlassen muss) nach § 885 Abs. 1 S. 2 ZPO aufzufordern hat, eine zustellungsfähige Anschrift anzugeben oder einen Zustellungsbevollmächtigten zu benennen.

---

168 Vgl. insoweit § 5 Rn 73; siehe auch BT-Drucks. 14/5429, 16 und 36.
169 Zum Fall der einvernehmlichen Rückkehr des Antragsgegners in die gemeinsame Wohnung vgl. § 6 Rn 77.

§ 6 Maßnahmen nach dem Gewaltschutzgesetz

128 *Beachte*
Die allgemeinen Vollstreckungsvoraussetzungen – vgl. § 2 Rn 128 f. – werden weiterhin dadurch modifiziert, dass § 64b Abs. 3 S. 3 FGG es ermöglicht, die **Vollziehung** der Anordnung bereits **vor deren Zustellung** zu bewirken. Damit wird die Vollstreckung auch in Abwesenheit des Antragsgegners zulässig.

Wirksamkeit erlangt eine einstweilige Anordnung, die ohne mündliche Verhandlung erlassen wird, schon im Zeitpunkt der Übergabe an die Geschäftsstelle zum Zwecke der Bekanntmachung. Aus Gründen der Rechtssicherheit und -klarheit ist dieser Zeitpunkt auf der Entscheidung zu vermerken (§ 64b Abs. 3 S. 4, 5 FGG). Darüber hinaus gilt bei einer derartigen einstweiligen Anordnung die Antragstellung als Auftrag an den Gerichtsvollzieher zur Zustellung des Beschlusses und zur Vollziehung. Um zu verhindern, dass der Antragsteller dadurch, dass er die einstweilige Anordnung erwirkt, einer Gefährdung ausgesetzt wird, ist auf Verlangen des Antragstellers die ohne mündliche Verhandlung erlassene einstweilige Anordnung dem Antragsgegner nicht vor deren Vollziehung zuzustellen.[170]

IX. Rechtsbehelfe

129 Ein Entscheidung über den Antrag auf Erlass einer einstweiligen Anordnung nach § 64b Abs. 3 FGG ist kraft der Verweisung in § 64b Abs. 3 S. 2 FGG auf § 620c S. 1 ZPO mit der **sofortigen Beschwerde** anfechtbar; dies gilt unabhängig davon, ob dem Antrag stattgegeben wurde oder dieser erfolglos war.

Darüber hinaus ist eine **Abänderung des Beschlusses** nach § 620b Abs. 1 ZPO sowie ein **Antrag auf erneute Entscheidung** nach Durchführung einer mündlichen Verhandlung statthaft.

Hierzu vgl. die Darstellungen zu § 3 Rn 88–93, 100 ff. Die dortigen Ausführungen gelten vorliegend entsprechend.

X. Außer-Kraft-Treten der einstweiligen Anordnung

130 Die einstweilige Anordnung nach § 64b Abs. 3 FGG tritt außer Kraft, wenn ein mit dem Inhalt der einstweiligen Anordnung **deckungsgleiches Hauptsacheverfahren wirksam** wird (§ 64b Abs. 3 S. 2 FGG i.V.m. § 620f Abs. 1 S. 1 Alt. 1 ZPO).

Im Zusammenhang mit der Prüfung der **Deckungsgleichheit** ist zu differenzieren. Bezieht sich eine einstweilige Anordnung ausschließlich auf **Belästigungsverbote**, die sich entsprechend dem Gegenstand des Hauptsacheverfahrens materiell auf §§ 823, 1004 BGB analog stützen (und weder auf § 2 GewSchG gründen noch im Zusammenhang mit einer

---

[170] BT-Drucks. 14/5429, 36.

Zuweisung der Ehewohnung oder gemeinsamen Wohnung ergehen – § 1361b BGB, §§ 3 ff., 15, 18a HausratsVO, §§ 14, 18 LPartG), muss auch die Hauptsacheentscheidung diese Regelungsmaterie der Anordnung isolierter Belästigungsverbote betreffen. Problemlos ist dies der Fall, wenn durch die Entscheidung das Hauptsacheverfahren beendet wird, innerhalb dessen die einstweilige Anordnung erlassen worden ist.

Anders jedoch kann sich die rechtliche Situation darstellen, wenn verschiedene Verfahren zu Belästigungsverboten geführt haben. So können mit einer Entscheidung zur Zuweisung der Ehewohnung oder gemeinsamen Wohnung nach § 2 GewSchG oder § 1361b BGB, §§ 18a, 15 HausratsVO ebenfalls weitere Anordnungen (Belästigungs-, Kontakt- und Näherungsverbote) verbunden werden. Deckungsgleichheit solcher weiterer Anordnungen mit in einem Verfahren nach § 64b Abs. 3 FGG erlassenen Maßnahmen des Gerichts liegt jedoch nur dann vor, wenn in diesen Hauptsacheverfahren auch der Sachverhalt zu beurteilen war, der im Anordnungsverfahren eine Rolle gespielt hat. Es wäre beispielsweise denkbar,[171] dass eine einstweilige Anordnung zu **Belästigungsverboten** (etwa am **Arbeitsplatz**) ergangen ist, die in keinerlei Zusammenhang mit einer Wohnungszuweisung steht, ein (weiteres) Hauptsacheverfahren nach § 1361b BGB (oder § 2 GewSchG) aufgrund weiterer Vorkommnisse später aber dennoch eingeleitet und dieses zeitlich vor dem Hauptsacheverfahren zur bereits erlassenen einstweiligen Anordnung mit dem zusätzlichen Inhalt von **Belästigungsverboten im Zusammenhang mit der Ehewohnung** wirksam entschieden wird. In einem solchen Fall tritt die einstweilige Anordnung nicht außer Kraft, da sich das nachträglich eingeleitete Hauptsacheverfahren zur Wohnung nicht mit den (isolierten) Belästigungsverboten befasst.

131 Die Wirkung des § 620f Abs. 1 S. 1 ZPO greift auch dann, wenn die **Hauptsacheentscheidung** nach § 64b Abs. 1 FGG dem Antrag nicht stattgibt, sondern der Erlass von Belästigungs- und Kontaktverboten abgelehnt wird. Die im nur summarischen Verfahren zuvor ergangene Entscheidung kann keinen Bestand mehr haben, da sich im Hauptsacheverfahren herausgestellt hat, dass die Anordnung nicht (mehr) gerechtfertigt ist.

Hatte die einstweilige Anordnung andere oder weitere Belästigungsverbote als die Hauptsacheentscheidung zum Inhalt, ändert dies an der Folge des § 620f Abs. 1 S. 1 Alt. 1 ZPO nichts. Es treten alle in der einstweiligen Anordnung benannten Maßnahmen außer Kraft und werden durch etwaige Hauptsacheanordnungen, die sich auf denselben Sachverhalt beziehen, »abgelöst«.

132 Waren **Belästigungs-, Näherungs- und Kontaktverbote** angeordnet, die im Rahmen eines Hauptsacheverfahrens der Sicherstellung oder Durchsetzung der Überlassung der Ehewohnung (gemeinsamen Wohnung) dienten, treten diese mit Wirksamkeit der Hauptsacheentscheidung zur Zuweisung der Ehewohnung außer Kraft, auch wenn dort keine gleichartigen Anordnungen erlassen werden.

---

171 Auch wenn diese Situation vermieden werden und eine Entscheidung insgesamt gefasst werden sollte.

133 Beinhaltet die einstweilige Anordnung selbst bereits die Verpflichtung zur **Überlassung der Ehewohnung** und wird sodann eine (den Antrag ablehnende oder diesem stattgebende) Entscheidung nach § 2 GewSchG wirksam, tritt die einstweilige Anordnung außer Kraft. Dasselbe gilt bei einer zeitlich nachfolgenden Hauptsacheregelung nach § 1361b BGB, §§ 3ff. HausratsVO, §§ 14, 18 LPartG, die somit nicht im Verfahren nach § 2 GewSchG erlassen wurde.

Vgl. weiter § 6 Rn 83–85; die dortigen Darstellungen gelten hier entsprechend.

134 In der Hauptsache muss **Rechtskraft** eingetreten sein, da die Entscheidung nach § 64b Abs. 2 FGG erst ab diesem Zeitpunkt Wirksamkeit erlangt. Die Anordnung der sofortigen Wirksamkeit nach § 64b Abs. 2 S. 2 FGG genügt nicht.[172]

135 Eine **Rücknahme** des Hauptsacheantrages erledigt hier wie bei den Streitigkeiten zu Ehewohnung und Hausrat nach §§ 1361a, 1361b BGB als Antragsverfahren den Rechtsstreit. Die einstweilige Anordnung tritt außer Kraft. Ebenso führt eine **einvernehmliche Regelung**[173] zur Überlassung der Ehewohnung und auch bezüglich zukünftigen Verhaltens, die ein Belästigungs-, Näherungs- und Kontaktverbot bewirkt, zur Wirkungslosigkeit der einstweiligen Anordnung. Dasselbe gilt, wenn die Beteiligten den in der Hauptsache gestellten Antrag auf Wohnungszuweisung übereinstimmend für erledigt erklären.[174] Dies beruht auf dem Umstand, dass streitige FGG-Angelegenheiten betroffen sind und der Regelungsbereich der Dispositionsbefugnis der Beteiligten unterliegt.

XI. Zusatzfragen zu Prozesskostenhilfe

136 Einstweilige Anordnungen nach § 64b Abs. 3 FGG lösen **besondere Gebührentatbestände** aus (§ 18 Nr. 1 g RVG). Der PKH-Antrag für das Hauptsacheverfahren erstreckt sich nicht von sich aus auf das Anordnungsverfahren. Somit ist eine **gesonderte Antragstellung** auf Gewährung von Prozesskostenhilfe für das Verfahren des einstweiligen Rechtsschutzes erforderlich.

C. Die vorläufige Anordnung zu Maßnahmen des Gewaltschutzgesetzes

137 Da die familienrechtlich zu erledigenden Verfahren nach §§ 1, 2 GewSchG sich nach den Verfahrensvorschriften des FGG richten (§ 621a Abs. 1 S. 1 ZPO), ist die Möglichkeit des Erlasses einer vorläufigen Anordnung von Amts wegen zu hinterfragen.

---

172 Vgl. § 6 Rn 87.
173 Hierzu vgl. OLG Saarbrücken, Beschluss vom 25.5.2004, 9 WF 57/04 – zitiert nach Juris-Rechtsprechung.
174 OLG Hamm FamRZ 2006, 50.

Es handelt sich jedoch bei den maßgeblichen Hauptsacheverfahren um solche, die ausschließlich nach erfolgter Antragstellung in Gang kommen. Hieraus folgt, dass die vorläufige Anordnung als Mittel des einstweiligen Rechtsschutzes ausscheidet.[175]

D. Die einstweilige Verfügung zu Maßnahmen nach dem Gewaltschutzgesetz

Der Anwendungsbereich des GewSchG ist recht weit gefasst. Die Zuständigkeit des Familiengerichts jedoch wird beschränkt auf Fallkonstellationen, in denen die Beteiligten einen gemeinsamen Haushalt führen oder innerhalb von sechs Monaten vor Antragstellung geführt haben (§ 23b Abs. 1 Nr. 8a GVG). Im Bereich einstweiligen Rechtsschutzes findet diese Abgrenzung ihre Fortsetzung insoweit, als der Erlass einstweiliger Anordnungen nach § 620 Nr. 9 ZPO, § 64b Abs. 3 FGG dem Familienrichter vorbehalten ist. Bei Zuständigkeit der allgemeinen **Zivilabteilung** des Amts- oder Landgerichtes kommt als Mittel des einstweiligen Rechtsschutzes **nur die einstweilige Verfügung** nach §§ 935, 940 ZPO in Betracht.

138

I. Bezug zu einem Hauptsacheverfahren

Da die einstweilige Verfügung ein verfahrensselbstständiges Mittel des einstweiligen Rechtsschutzes darstellt, bedarf es nicht der Durchführung eines Hauptsacheverfahrens.[176]

139

II. Inhalt der einstweiligen Verfügung

1. Der persönliche Wirkungsbereich der einstweiligen Verfügung

a) Die einstweilige Verfügung auf Zuweisung der gemeinsamen Wohnung nach § 2 GewSchG

Für eine einstweilige Verfügung, kraft derer die Überlassung einer gemeinsamen Wohnung nach § 2 GewSchG vorläufig geregelt wird, ist in der Praxis wegen einer Kumulation verschiedener zu erfüllender Kriterien kaum ein Anwendungsfall denkbar. Denn nach der materiellen Regelung des § 2 Abs. 1 GewSchG wäre einerseits erforderlich, dass Täter und Opfer im Zeitpunkt einer Tat nach § 1 Abs. 1 GewSchG einen **auf Dauer angelegten gemeinsamen Haushalt** geführt haben. Andererseits kommt die einstweilige Verfügung als das zutreffende Mittel des vorläufigen Rechtsschutzes nur dann in Betracht, wenn die Beteiligten mit der Antragstellung zuwarten, bis ein Zeitpunkt erreicht ist, zu dem **sechs Monate seit Auflösung des gemeinsamen Haushaltes** vergangen sind. Denn inner-

140

---
175 Vgl. § 3 Rn 197 und zur selben Problematik bei Hausratsangelegenheiten § 4 Rn 89 f.
176 Vgl. § 1 Rn 4.

halb dieses Zeitraumes besteht die Möglichkeit, ein Hauptsacheverfahren nach § 2 GewSchG vor dem Familiengericht zu führen (§ 23b Abs. 1 Nr. 8a GVG, § 64b Abs. 1 FGG). Hierdurch wird die weitere Möglichkeit eröffnet, eine einstweilige Anordnung nach § 64b Abs. 3 FGG zu beantragen, was zur Unzulässigkeit der einstweiligen Verfügung führt.[177] Somit bleibt für die einstweilige Verfügung zur Überlassung einer gemeinsamen Wohnung nach § 2 GewSchG nur dann ein Anwendungsbereich, wenn zwar **im Zeitpunkt der Tat ein gemeinsamer Haushalt** geführt wurde, dies jedoch bei Antragstellung seit über sechs Monaten nicht mehr der Fall ist. Wer jedoch sechs Monate zuwartet, wird einen Verfügungsgrund regelmäßig nicht mehr darstellen können. Eine Dringlichkeit zur Überlassung der ehemals gemeinsamen Wohnung ist kaum zu bejahen, wenn zwischen Verletzungshandlung und Antragstellung ein derart langer Zeitraum verstrichen ist.

141 Auch wenn **Ehegatten** oder **Lebenspartner** in der vormals gemeinsamen Wohnung getrennt leben und einer der beiden den anderen körperlich misshandelt hat, kann aufgrund derselben Erwägungen nicht mit Hilfe einer einstweiligen Verfügung reagiert werden. Leben Ehegatten unter einem Dach getrennt, lässt es sich (erst recht) nicht begründen, dass zu einem so späten Zeitpunkt eine Eilentscheidung zur Überlassung der Ehewohnung nach § 2 GewSchG erforderlich sein soll, wenn die Verletzung bereits sechs Monate zurückliegt. Werden die körperlichen Übergriffe jedoch erst begangen, wenn die Ehegatten bereits das Getrenntleben innerhalb der Ehewohnung[178] vollzogen haben, greifen die materiellen Voraussetzungen nach § 2 GewSchG nicht.

142 Hierdurch werden die verletzten Personen jedoch nicht rechtlos gestellt. Denn § 2 GewSchG schränkt keineswegs andere materielle Vorschriften ein (vgl. § 3 Abs. 2 GewSchG). So ist es durchaus möglich, mit Hilfe der §§ 823, 1004 BGB analog und der verfahrensrechtlich ausgerichteten Regelung des § 1 GewSchG die zur Abwendung weiterer Verletzungen erforderlichen Maßnahmen zu erlangen. Hierzu gehören insbesondere die in § 1 Abs. 1 S. 3 GewSchG benannten Anordnungen. Welche Form einstweiligen Rechtsschutzes dann greift, wird wiederum durch eine etwaige auf Dauer angelegte gemeinsame Haushaltsführung bestimmt. Liegt diese mehr als sechs Monate zurück, ist das Verfügungsverfahren zu ergreifen, ansonsten die einstweilige Anordnung nach § 64b Abs. 3 FGG in Erwägung zu ziehen.

143 Ehegatten und Lebenspartner haben zudem die Möglichkeit, nach § 1361b BGB bzw. § 14 LPartG[179] die Zuweisung der Ehewohnung zu beantragen. Bei diesen Personen stellt das Getrenntleben (auch in derselben Wohnung) gerade eine[180] der Voraussetzungen für den Anspruch auf Zuweisung der Wohnung dar. Als Mittel des einstweiligen Rechtsschutzes greifen sodann § 620 Nr. 7 ZPO oder § 621g S. 1 i.V.m. § 621 Abs. 1 Nr. 7 ZPO (bei Lebenspartnern i.V.m. § 661 Abs. 2 ZPO).

---

177 Vgl. § 6 Rn 147.
178 Vgl. § 6 Rn 94.
179 Zu den unterschiedlichen Regelungszielen von § 1361b BGB und § 2 GewSchG vgl. § 6 Rn 30 f.
180 Nicht notwendige Voraussetzung, da auch die Trennungsabsicht genügt.

b) Die einstweilige Verfügung bei Maßnahmen nach § 1 GewSchG (Belästigungs-, Näherungs- und Kontaktverbote)

Der persönliche Anwendungsbereich des § 1 GewSchG ist sehr weit gefasst. Danach kann **jede Person**, die Verletzungshandlungen nach § 1 Abs. 1 GewSchG oder Drohungen bzw. sonstige Übergriffe i.S.v. § 1 Abs. 2 GewSchG vornimmt, Anlass zu gerichtlichen Schutzanordnungen geben.[181] Dies kann beispielsweise ein **beliebiger Dritter** sein, der sein Opfer auf der Straße angetroffen hat und dieses körperlich verletzt oder an der Gesundheit beschädigt.[182] Ebenso kommen sehr nahe stehende Personen wie Angehörige als Antragsgegner in Betracht.

144

Soll ein Kontakt- oder Annäherungsverbot gegen ein Kind angeordnet werden, das jünger ist als 14 Jahre, wird das Rechtsschutzbedürfnis an der Erlangung eines Titels abgesprochen, weil Ordnungsmittel nach § 890 ZPO nicht festgesetzt werden können (§ 19 StGB entsprechend).[183]

Hat das Opfer mit dem Täter innerhalb von sechs Monaten vor Antragstellung **einen gemeinsamen auf Dauer angelegten Haushalt** geführt, greift – wie soeben bereits dargestellt – jedoch die Zuständigkeit des Familiengerichts mit der Möglichkeit, einstweilige Anordnungen nach § 64b Abs. 3 FGG bzw. § 620 Nr. 9 ZPO zu erwirken. Die einstweilige Verfügung scheidet aus.[184] In allen anderen Fällen ist die verletzte Person zum Zwecke vorläufigen Rechtsschutzes auf die Hilfe der einstweiligen Verfügung angewiesen.

Auch wenn **Ehegatten** innerhalb der gemeinsamen Ehewohnung getrennt leben,[185] ist die einstweilige Verfügung zu ergreifen, falls nach dem Zeitpunkt der Einleitung des Getrenntlebens bis zur Antragstellung ein Zeitraum von mehr als sechs Monaten vergangen ist.[186]

145

Ein praktisches Bedürfnis für die Anordnung von Schutzmaßnahmen mit Mitteln des einstweiligen Rechtsschutzes ist für solche Fälle durchaus gegeben. Wohl jeder, der eine gewisse Zeit im familienrechtlichen Bereich tätig ist, wird sich daran erinnern können, dass sich Ehegatten zunächst im wohlverstandenen Interesse beider darauf zu einigen vermochten, in der Ehewohnung getrennt zu leben, wobei dies anfangs auch keine erheblichen Probleme mit sich brachte, jedoch zu einem späteren Zeitpunkt (ggf. nach mehr als sechs Monaten) die Situation eskalierte. Dies kann etwa deshalb der Fall sein, weil ein Ehegatte ohne oder gegen den ausdrücklich erklärten Willen des anderen Ehegatten einen neuen Lebensgefährten in die Wohnung mitbringt. Auslösende Umstände sind mannigfach denkbar.

---

181 § 1 GewSchG stellt nach dem Willen des Gesetzgebers ausschließlich eine Verfahrensnorm dar. Materiell ist die Vorgehensweise an §§ 823, 1004 BGB analog zu orientieren; vgl. § 6 Rn 8.
182 Bei singulären Verletzungshandlungen außerhalb des sozialen Nahbereichs werden jedoch über die Anlasstat hinaus bestehende Umstände verlangt, die Grund zu der Annahme geben, dass weitere Übergriffe ernsthaft zu besorgen sind – so OLG Saarbrücken NJW-RR 2006, 747.
183 LG Bonn FamRZ 2006, 1290.
184 Vgl. § 6 Rn 147.
185 Vgl. § 6 Rn 94.
186 Vgl. zur hiervon abweichenden – m.E. nicht zutreffenden – Auffassung § 6 Rn 5.

Dann ist es möglich, eine einstweilige Verfügung zur Verhinderung weiterer Übergriffe zu erwirken.

Beachte
Handelt es sich jedoch um Belästigungsverbote, die im Zusammenhang mit einer Ehewohnungszuweisung stehen, gehen die Regelungen des § 1361b BGB und verfahrensrechtlich § 620 Nr. 7 ZPO bzw. §§ 621g S. 1, 621 Abs. 1 Nr. 7 ZPO vor.[187] Bei Lebenspartnern greifen § 14 LPartG und § 661 Abs. 2 ZPO i.V.m. §§ 620 Nr. 7, 621g S. 1 ZPO. Bei diesen Maßnahmen kommt es auf die Einhaltung einer Frist zur Erhaltung der Zuständigkeit des Familiengerichts nicht an.

2. Sachlicher Anwendungsbereich/Regelungsinhalt

146 Diesbezüglich kann auf § 6 Rn 19 ff. verwiesen werden; die dortigen Ausführungen gelten hier entsprechend.

Sollte im Ausnahmefall auch eine Maßnahme nach § 2 GewSchG angeordnet werden können, greifen die Darstellungen zu § 6 Rn 37 ff. entsprechend.

III. Das Verhältnis der einstweiligen Verfügung zu anderen Mitteln einstweiligen Rechtsschutzes

147 Sobald und solange eine einstweilige Anordnung nach § 620 Nr. 9 ZPO oder § 64b Abs. 3 FGG beantragt werden kann, scheidet das Verfügungsverfahren aus.

Es kommt somit in Betracht, wenn Täter und Opfer zu keinem Zeitpunkt einen gemeinsamen auf Dauer angelegten Haushalt geführt haben oder, falls doch eine solche Haushaltsführung vorlag, diese mittlerweile seit mehr als sechs Monaten aufgegeben ist. Dies gilt auch bei Ehegatten und Lebenspartnern, die Maßnahmen nach dem GewSchG ergreifen möchten.

Im Übrigen vgl. § 6 Rn 57 und 104.

IV. Regelungsbedürfnis/Verfügungsgrund

148 Zwar kommt die Leistungsverfügung vielfach einer Vorwegnahme der Hauptsache nahe. Dies gilt gerade im hier angesprochenen Bereich, wenn Belästigungsverbote angeordnet werden. Dennoch wird bei begangenen **Verletzungen** im Sinne des § 1 Abs. 1 GewSchG meist ein Verfügungsgrund vorliegen. Das Gesetz selbst geht in § 940 ZPO davon aus, dass ein solcher gegeben ist, wenn die Regelung zur Verhinderung drohender Gewalt oder auch erheblicher Nachteile nötig erscheint.[188] Haben Eingriffe in die Rechtsgüter Körper,

---

187 Vgl. § 6 Rn 55 und die dort dargestellte abweichende Auffassung.
188 *Thomas/Putzo – Reichold,* § 940 Rn 5.

Gesundheit oder Freiheit bereits stattgefunden, ist regelmäßig von Wiederholungsgefahr auszugehen[189] und demzufolge auch der Verfügungsgrund zu bejahen. Der Täter hat diese Vermutung zu widerlegen.

Wurde mit der Verletzung des Lebens, des Körpers, der Gesundheit oder der Freiheit gedroht, wird bei anzunehmender Ernstlichkeit der Drohung[190] ebenfalls regelmäßig ein Verfügungsgrund vorliegen. 149

In den sonstigen in § 1 GewSchG benannten Fällen wie unzulässigem Nachstellen und Eindringen in geschützten Wohnraum ist jeweils ein Bereich persönlicher Entfaltung oder gar der Intimsphäre betroffen, sodass einstweiliger Rechtsschutz in aller Regel zur Abwendung wesentlicher Nachteile erforderlich ist. Ein Zuwarten bis zu einer Hauptsacheentscheidung ist nicht zumutbar.

V. Weitere Zulässigkeitsvoraussetzungen

Der Antragsteller hat sämtliche sonstigen Verfahrensvoraussetzungen darzustellen; auch dürfen Verfahrenshindernisse nicht bestehen. 150

Vgl. § 2 Rn 57.

VI. Antragstellung[191]

1. Erfordernis und Art der Antragstellung

Das Verfügungsverfahren ist nach zivilprozessualen Regeln zu führen. Somit muss der Antrag hinreichend **bestimmt** sein. Hierauf weist der Gesetzgeber auch für das Hauptsacheverfahren ausdrücklich hin, indem als Vorbild der Regelungsbefugnis des Gerichts nach § 1 GewSchG die Normierung in § 938 ZPO herausgestellt wird, nach der das Gericht die zur Erreichung des Zwecks erforderlichen Anordnungen nach freiem Ermessen bestimmt und bei der trotz dieses gerichtlichen Ermessens das Erfordernis einer bestimmten Antragstellung aufrechterhalten wird.[192] Zumindest muss das Rechtsschutzziel angegeben sein.[193] Sinnvoll ist eine möglichst exakte Antragstellung schon allein deshalb, weil in dieser Weise dem Gericht dargestellt werden kann, welche Maßnahme nach Auffassung des Antragstellers benötigt wird. 151

---

189 Vgl. § 6 Rn 11.
190 Vgl. § 6 Rn 14.
191 Ein Muster zu einem Antrag auf Anordnung von Belästigungsverboten ist zu finden bei *Börger/Bosch/Heuschmid,* § 4 Rn 364 und *Fischer,* MDR 1997, 122.
192 BT-Drucks. 14/5429, 22 und, 18 mit Hinweis auf *Baumbach/Lauterbach/Hartmann,* § 938 Rn 4; vgl. auch *Zöller – Vollkommer,* § 938 Rn 2, der darauf hinweist, dass bei Unterlassungsverfügungen das erstrebte Verbot möglichst genau bezeichnet sein muss; siehe aber auch OLG Stuttgart NJW-RR 1997, 521: keine allzu strengen Voraussetzungen.
193 *Zöller – Vollkommer,* § 938 Rn 2.

2. Antragsbefugnis

152 Antragsbefugt ist **jede Person**, die durch eine in § 1 Abs. 1, Abs. 2 Nr. 2 GewSchG benannte Handlung in den dort benannten Rechtsgütern verletzt bzw. mit einer Verletzung des Lebens, des Körpers, der Gesundheit oder der Freiheit (§ 1 Abs. 2 Nr. 1 GewSchG) bedroht wurde.

3. Form/Anwaltszwang

153 Die Antragstellung erfolgt **schriftlich** oder **zu Protokoll der Geschäftsstelle** des zuständigen Gerichts oder eines jeden Amtsgerichts. **Anwaltliche Vertretung** ist bei der Antragstellung stets entbehrlich (§§ 920 Abs. 3, 936, 78 Abs. 5 ZPO).

4. Sachdarstellung/Glaubhaftmachung

a) Anzuwendende Verfahrensart

154 Es handelt sich um ein rein zivilprozessuales Verfügungsverfahren. Somit sind die Voraussetzungen für den Erlass der Entscheidung vom Antragsteller darzustellen und glaubhaft zu machen.

Vgl. § 2 Rn 444 ff. und 447 ff.; die dortigen Ausführungen gelten hier entsprechend.

b) Darzustellende materielle Voraussetzungen zum Verfügungsanspruch

155 Allgemeinen zivilprozessualen Grundsätzen entsprechend hat der Antragsteller alle seinen Antrag rechtfertigenden Umstände vorzutragen, also die Verletzungshandlungen im Sinne des § 1 Abs. 1, Abs. 2 Nr. 2 a GewSchG und die unzumutbaren Belästigungen im Sinne des § 1 Abs. 1, Abs. 2 Nr. 2 b GewSchG.

Dagegen trägt der Antragsgegner die Darlegungs- und Beweislast für die Ausschlussgründe wie das Fehlen der Wiederholungsgefahr nach begangenen Verletzungen und für die im Gesetz benannte Wahrnehmung berechtigter Interessen (§ 1 Abs. 2 S. 2 GewSchG) sowie für die in § 2 Abs. 3 GewSchG dargestellten Voraussetzungen.

5. Zuständiges Gericht

156 Die **Zuständigkeit** für den Erlass der einstweiligen Verfügung richtet sich nach der Zuständigkeit des allgemeinen Zivilgerichts, das das **Hauptsacheverfahren** zu erledigen hat (§ 937 ZPO).[194] Somit kann – je nach Streitwert – sowohl das Amtsgericht als auch das Landgericht angerufen werden.

---

194 Hierzu vgl. im Einzelnen die Darstellungen zu §§ 12, 13, 32, 35 ZPO (örtliche Zuständigkeit), §§ 23 Nr. 1, 71 Abs. 1 GVG (sachliche Zuständigkeit) in den einschlägigen Kommentaren.

6. Internationale Zuständigkeit

Vgl. § 14 Rn 17. 156a

VII. Ablauf des Verfahrens

Hierzu vgl. § 2 Rn 459 ff. Die dortigen Ausführungen gelten hier sinngemäß. 157
Zu betonen ist, dass trotz der Regelung in § 938 ZPO eine »gewisse« Bindung des Gerichts an die Antragstellung im Sinne des § 308 ZPO besteht. Das Familiengericht ist zwar befugt, andere als beantragte Anordnungen zu erlassen, jedoch darf nicht ein anderer Anspruch gesichert werden und zur Sicherung nicht mehr zugesprochen werden als beantragt. Bei den hier maßgeblichen Unterlassungsanordnungen (Belästigungs-, Kontakt- und Näherungsverbote) darf m.E. kein allzu strenger Maßstab[195] angelegt werden, um die situationsbezogen erforderliche Reaktionsmöglichkeit des Gerichts nicht allzusehr einzuschränken.

VIII. Vollziehung

Die Vollziehung der einstweiligen Verfügung folgt gemäß §§ 936, 928 ZPO den Regeln über die Zwangsvollstreckung. Soweit Unterlassungen angeordnet sind, greift demzufolge § 890 ZPO. 158

Zur Neufassung des § 892a ZPO vgl. § 6 Rn 78.

Neu geregelt wurde auch § 940a ZPO, wonach nunmehr ausdrücklich die Räumung von Wohnraum durch einstweilige Verfügung nicht nur im Falle verbotener Eigenmacht, sondern auch dann angeordnet werden kann, wenn eine konkrete Gefahr für Leib oder Leben des Antragstellers besteht. Der Gesetzgeber wollte mit der Normierung eine eindeutige gesetzliche Grundlage schaffen, um einstweiligen Rechtsschutz bei Ansprüchen auf Wohnungsüberlassung und Betretensverboten effektiv zu gestalten.[196]

IX. Rechtsbehelfe und Außer-Kraft-Treten

Vgl. § 2 Rn 483 ff. und 494. Die dortigen Ausführungen gelten hier entsprechend. 159

---

195 *Thomas/Putzo – Reichold*, § 938 Rn 2.
196 BT-Drucks. 14/5429, 35.

§ 7 Der einstweilige Rechtsschutz zum Getrenntleben, Belästigungsverbote

Während der Ehezeit sind die **Ehegatten** nach § 1353 Abs. 1 BGB zur Führung der ehelichen Lebensgemeinschaft verpflichtet, es sei denn die Ehe ist gescheitert oder das Verlangen auf Herstellung der ehelichen Lebensgemeinschaft wird rechtsmissbräuchlich ausgeübt.

Ein Ehegatte kann Klage auf **Herstellung des ehelichen Lebens** erheben. Ist die Klage erfolgreich, kann das Urteil dennoch nicht vollstreckbar werden (§ 888 Abs. 3 ZPO). Sollte ein Weigerungsrecht des anderen Ehegatten aus § 1353 Abs. 2 BGB bestehen, wird die Klage abgewiesen. Darüber hinaus besteht sogar die Möglichkeit, dass der Ehegatte, der sich weigert, die eheliche Lebensgemeinschaft aufzunehmen, seinerseits mit Hilfe einer negativen Herstellungsklage feststellen lässt, dass er zum **Getrenntleben berechtigt** ist. Für diese negative Feststellungsklage bedarf es jedoch eines besonderen Feststellungsinteresses, das dann anzunehmen ist, wenn die gerichtliche Feststellung für die **Rechtsstellung** des Klägers von Bedeutung ist.[1] Diese Voraussetzung wird nur in Ausnahmefällen erfüllt sein.[2]

Beiden Klagen kommt in der Praxis nahezu keinerlei Bedeutung zu.[3]

Dennoch sieht § 620 Nr. 5 ZPO vor, dass das Gericht durch einstweilige Anordnung **das Getrenntleben** der Eheleute regeln kann. Schränkt man den Anwendungsbereich dieser Norm auf den Ausspruch der Befugnis zum Getrenntleben ein, bleibt wie bei einer Hauptsacheklage die praktische Anwendung der Norm nahezu bedeutungslos.

Nach hier vertretener Auffassung jedoch umfasst der einstweilige Rechtsschutz zum Getrenntleben mehr als nur das Recht aus § 1353 Abs. 2 BGB selbst, nämlich auch sogenannte **Belästigungsverbote**, was jedoch wegen des Vorrangs anderer Normen[4] nur zu einer unwesentlichen Ausweitung des Anwendungsbereiches führt.

Lebenspartner sind einander nach § 2 LPartG zur Fürsorge und Unterstützung sowie zur 2 gemeinsamen Lebens**gestaltung** verpflichtet. Hieraus wird geschlossen, dass der Gesetzgeber anders als bei Ehegatten eine Pflicht zur häuslichen Gemeinschaft (und zur

---

1 *Palandt – Brudermüller,* Einf v § 1353 Rn 14 mit Hinweis auf KG FamRZ 1988, 81.
2 OLG München FamRZ 1986, 807.
3 *Palandt – Brudermüller,* Einf v § 1353 Rn 12, 13; häufig werden dagegen Klagen erhoben zu sich aus der Verpflichtung zur Führung der ehelichen Lebensgemeinschaft ergebenden weiteren Pflichten wie z.b. der Mitwirkung an einer gemeinsamen steuerlichen Veranlagung (*Palandt – Brudermüller,* § 1353 Rn 12).
4 §§ 620 Nr. 9, Nr. 7, 621g S. 1 ZPO, § 64b Abs. 3 FGG – vgl. § 7 Rn 15 ff.

§ 7 Getrenntleben der Eheleute, Belästigungsverbote

Geschlechtsgemeinschaft) nicht auf die Lebenspartnerschaft erstrecken wollte.[5] Demzufolge kommt eine Feststellung der Berechtigung zum Getrenntleben generell nicht in Betracht. Somit wäre der Anwendungsbereich des § 620 Nr. 5 ZPO bei eingetragenen Lebenspartnern (§ 661 Abs. 2 ZPO) nicht eröffnet, wenn nicht – wie hier vertreten – auch über eine solche bloße Feststellung hinausgehende Anordnungen erlassen werden könnten.

3   Eine Abgrenzung der statthaften Mittel des einstweiligen Rechtsschutzes ist in verstärktem Maße erforderlich, soweit Belästigungsverbote angeordnet werden sollen.

Ehestörungen[6] kann der Ehegatte jedoch mit Hilfe des § 620 Nr. 5 ZPO nicht verhindern. Hierzu ist die einstweilige Verfügung statthaftes Mittel des einstweiligen Rechtsschutzes.

4   Zur schnelleren Orientierung dient folgende **Übersicht**, aus der sich die jeweilige Wahl des maßgeblichen Mittels des einstweiligen Rechtsschutzes ersehen lässt. Detailfragen sind wie stets den Textausführungen zu entnehmen.

Übersicht über die Maßnahmen einstweiligen Rechtsschutzes zum Getrenntleben/ Belästigungsverbote

Regelungsziel: Feststellung der Berechtigung des Getrennlebens		
Antragsgegner: Ehegatte	bei Anhängigkeit einer Ehesache § 7 Rn 5	§ 620 Nr. 5 ZPO
Regelungsziel: Anordnung von Belästigungs-, Kontakt- und Näherungsverboten		
gegen Ehegatte/ Lebenspartner	im Zusammenhang mit (Ehe-)Wohnungszuweisung	bei Anhängigkeit einer Ehesache/Lebenspartnerschaftssache (§ 661 Abs. 1 Nr. 1–3 LPartG)	§ 620 Nr. 7 ZPO § 6 Rn 55 § 5 Rn 16
		bei Anhängigkeit eines isolierten Hauptsacheverfahrens	§ 621g ZPO § 6 Rn 55 § 5 Rn 16 und 94 § 7 Rn 36

---

5 *Dethloff*, NJW 2001, 2598, 2600; vgl. zur Kritik an dieser Regelung *Schwab*, FamRZ 2001, 385, 390; *Palandt – Brudermüller*, § 2 LPartG Rn 2.
6 Hierzu vgl. § 8.

Getrenntleben der Eheleute, Belästigungsverbote § 7

Regelungsziel: Anordnung von Belästigungs-, Kontakt- und Näherungsverboten			
	wegen Eingriff im Sinne des GewSchG und bei Führung eines gemeinsamen Haushalts während der letzten sechs Monate	bei Anhängigkeit einer Ehesache/Lebenspartnerschaftssache (§ 661 Abs. 1 Nr. 1–3 LPartG)	§ 620 Nr. 9 ZPO § 6 Rn 5
		bei Anhängigkeit eines isolierten Hauptsacheverfahrens	§ 64b Abs. 3 FGG § 6 Rn 92
	wegen Eingriff in Ehre und sonstige nicht von GewSchG erfasste Rechtsgüter	bei Anhängigkeit einer Ehesache/Lebenspartnerschaftssache (§ 661 Abs. 1 Nr. 1–3 LPartG)	§ 620 Nr. 5 ZPO § 7 Rn 11
		ohne Anhängigkeit einer Ehesache	einstweilige Verfügung § 7 Rn 39
	ohne Zusammenhang mit Ehewohnung und nach Ablauf der Frist von sechs Monaten seit Führung eines gemeinsamen Haushalts		einstweilige Verfügung § 7 Rn 16 und 39 § 6 Rn 96 und 144
gegen Dritte	wegen Eingriffs im Sinne des GewSchG und bei Führung eines gemeinsamen Haushalts während der letzten sechs Monate		§ 64b Abs. 3 FGG § 6 Rn 144
	im Übrigen		einstweilige Verfügung § 6 Rn 144 § 7 Rn 39

A. Die einstweilige Anordnung nach § 620 Nr. 5 ZPO

I. Anhängigkeit der Ehesache/Lebenspartnerschaftssache

Die einstweilige Anordnung nach § 620 Nr. 5 ZPO setzt voraus, dass eine Ehesache (oder ein entsprechendes PKH-Verfahren) **schon und noch anhängig** ist. 5
Wegen der Einzelheiten wird verwiesen auf § 2 Rnrn 4 ff.
Im Falle einer eingetragenen Lebenspartnerschaft muss eine Lebenspartnerschaftssache i.S.v. § 661 Abs. 1 Nr. 1–3 ZPO (bzw. das entsprechende PKH-Verfahren) anhängig sein.

Soweit **Belästigungsverbote** betroffen sind, ist **vor** Anhängigkeit der Ehesache/Lebens- 6
partnerschaftssache und **nach** Eintritt der Rechtskraft des entsprechenden Urteils die einst-

weilige Verfügung als Mittel des einstweiligen Rechtsschutzes zu wählen. Greifen jedoch die Voraussetzungen des GewSchG, ist auf die nunmehr gesetzlich vorgesehene einstweilige Anordnung nach § 64b Abs. 3 FGG zurückzugreifen.

Ferner kann nach hier vertretener Auffassung im Rahmen eines anhängigen isolierten Ehewohnungszuweisungsverfahrens eine einstweilige Anordnung nach § 621g S. 1 i.V.m. § 621 Abs. 1 Nr. 7 ZPO (Nutzungszuweisung der Ehewohnung) auch Regelungen zu Belästigungsverboten beinhalten.[7] Dies gilt kraft der Verweisung in § 661 Abs. 2 ZPO ebenso bei einer isolierten Wohnungszuweisung nach § 14 bzw. §§ 17, 18 LPartG. Auch dann scheidet eine einstweilige Verfügung aus.

II. Inhalte der einstweiligen Anordnung nach § 620 Nr. 5 ZPO

1. Der persönliche Wirkungsbereich der einstweiligen Anordnung nach § 620 Nr. 5

7   Eine Entscheidung nach § 620 Nr. 5 ZPO entfaltet nur **zwischen den Ehegatten** bzw. **Lebenspartnern** selbst Wirkung. Gegen Dritte können demzufolge Belästigungsverbote im Rahmen einer solchen einstweiligen Anordnung nicht mit Aussicht auf Erfolg beantragt werden; ebenso wenig kann dieses Mittel einstweiligen Rechtsschutzes dazu dienen, ehestörenden Dritten das Betreten der Wohnung zu untersagen.[8]

2. Sachlicher Anwendungsbereich/Regelungsinhalte

8   § 620 Nr. 5 ZPO ermöglicht (bei Annahme des erforderlichen Regelungsbedürfnisses)[9] die **Feststellung**, dass der antragstellende Ehegatte wegen § 1353 Abs. 2 BGB berechtigterweise vom anderen Ehegatten getrennt lebt.

Umstritten ist dagegen, ob darüber hinaus Anordnungen erlassen werden dürfen, die die **Art und Weise des Getrenntlebens** von Ehegatten betreffen und insbesondere zur Vermeidung von Störungen des Getrenntlebens **(Belästigungsverbote)** erforderlich sind.[10]

9   Nach der vor In-Kraft-Treten des GewSchG herrschenden Ansicht, der hier gefolgt werden soll, ist es durchaus möglich, dem Beschluss einen weiter reichenden Inhalt zu geben. Hierfür spricht zum einen der Wortlaut des § 620 Nr. 5 ZPO, der eine **Regelung** des Getrenntlebens zulässt und sich nicht darauf beschränkt, das Getrenntleben nur zu gestatten, wie dies

---

7 Vgl. § 7 Rn 15.
8 Hierzu vgl. § 8 Rn 5 und 7.
9 Zum Regelungsbedürfnis in diesen Fällen vgl. § 7 Rn 19.
10 Gegen eine derartige Ausweitung *Gießler/Soyka*, Rn 985; OLG Düsseldorf FamRZ 1995, 183; OLG Köln FamRZ 1995, 1424; wohl auch *Zöller – Philippi*, § 620 Rn 55.

Getrenntleben der Eheleute, Belästigungsverbote § 7

in § 627 ZPO in der bis 1977 gültigen Fassung[11] formuliert war.[12] Darüber hinaus ist die einstweilige Anordnung nach § 620 Nr. 5 ZPO gemäß § 794 Abs. 1 Nr. 3a ZPO nach den Regeln der ZPO **vollstreckbar**, was sich auf derartige Belästigungsverbote, nicht aber auf die bloße Feststellung der Berechtigung des Getrenntlebens beziehen kann.[13]

Außerdem sprechen Gründe der **Prozessökonomie** und des **Sachzusammenhangs** der zu treffenden Regelungen dafür, dass die Art und Weise des Getrenntlebens und etwaige Belästigungsverbote durch das Familiengericht zu entscheiden sind.[14]

Dass derartige Anordnungen sich an materiellen Anspruchsgrundlagen ausrichten (§§ 823, 1004 BGB analog), die eine familienrichterliche Zuständigkeit nicht begründen, hat demgegenüber keine wesentliche Bedeutung. Auch in anderem Zusammenhang, nämlich bei den gesetzlichen Regelungen nach § 620 Nr. 8 ZPO und § 50d FGG wird dies durchaus hingenommen.

Auch bei **eingetragenen Lebenspartnerschaften** ist es m.E. möglich, mit Hilfe der Regelungen in §§ 661 Abs. 2, 620 Nr. 5 ZPO Anordnungen zu erwirken, die die Art und Weise des Getrenntlebens, aber auch Belästigungsverbote betreffen. **10**

Wegen der hier vertretenen Subsidiarität der einstweiligen Anordnung nach § 620 Nr. 5 ZPO gegenüber Maßnahmen des einstweiligen Rechtsschutzes nach § 620 Nr. 9 ZPO sowie § 64b Abs. 3 FGG[15] ist eine inhaltliche Abgrenzung vorzunehmen. **11**

Maßnahmen nach §§ 1 und 2 des Gewaltschutzgesetzes und demzufolge auch einstweilige Anordnungen nach § 620 Nr. 9 ZPO oder § 64b Abs. 3 FGG kommen dann in Betracht, wenn eine Verletzung des Körpers, der Gesundheit oder der Freiheit einer anderen Person in vorsätzlicher[16] und rechtswidriger Weise verursacht oder mit der Vornahme einer solchen gedroht worden ist. Außerdem rechtfertigen bestimmte Arten der Nachstellung (§ 1 Abs. 2 S. 1 Nr. 2 GewSchG) gerichtliche Reaktionen nach diesen Vorschriften. In solchen Fällen scheidet § 620 Nr. 5 ZPO aus.

---

11 Nach damaligem Recht war ein schuldhafter Verstoß gegen die Verpflichtung zur ehelichen Lebensgemeinschaft als Scheidungsgrund konzipiert; dies hatte die Schaffung des § 627 ZPO in der damals geltenden Fassung zur Folge.
12 MK (ZPO) – *Finger*, § 620 Rn 68; *Zöller* – *Philippi*, § 620 Rn 53.
13 Vgl. § 888 Abs. 3 ZPO für die Klage auf Herstellung der ehelichen Gemeinschaft; soweit der einstweiligen Anordnung nur feststellender Charakter zukommt, ist eine Vollstreckung ebenfalls ausgeschlossen.
14 OLG Karlsruhe FamRZ 1984, 184.
15 Vgl. § 7 Rn 16.
16 Auch bei bestimmten Fällen krankhafter Störung der Geistestätigkeit – § 1 Abs. 3 GewSchG.

> *Beachte*
> Jedoch sind sonstige Eingriffe in geschützte Rechtspositionen denkbar wie z.b. Angriffe auf die **Ehre** oder in das **allgemeine Persönlichkeitsrecht** im Übrigen.[17] Solche sind durch das GewSchG nicht geschützt; einstweilige Anordnungen nach § 620 Nr. 9 ZPO, § 64b Abs. 3 FGG scheiden aus. Der Anwendungsbereich der einstweiligen Anordnung nach § 620 Nr. 5 ZPO ist eröffnet.
> Demzufolge ist es insbesondere **zulässig**, dass im Wege der einstweiligen Anordnung nach § 620 Nr. 5 ZPO Regelungen getroffen werden, die künftige **ehrverletzende Behauptungen untersagen,** die beispielsweise Dritten gegenüber vorgenommen werden[18] und nicht als Nachstellen i.S.v. § 1 Abs. 2 S. 1 Nr. 2 lit. b GewSchG zu werten sind.

12 **Nicht zulässig** sind dagegen Anordnungen, die sich **gegen Dritte** richten oder dem Ehegatten (Lebenspartner) Pflichten auferlegen, die **über die tatsächliche Trennung hinausgehen**, insbesondere den wirtschaftlichen Bereich der Ehe betreffen.[19]

Folgende Maßnahmen sind somit nach § 620 Nr. 5 ZPO **nicht** anzuordnen:
- Verbot, einen anderen Partner in die Ehewohnung mitaufzunehmen[20]
- Verbot, mit einem Dritten zusammenzuleben[21]
- Verbot, im Betrieb des Ehegatten mitzuarbeiten[22]
- Verpflichtung zur Abgabe gemeinsamer Steuererklärungen
- Anordnungen zur Verwaltung gemeinsamer Bankguthaben
- Verpflichtung, vermögensrechtlich bedeutsame Auskünfte zu erteilen.[23]

III. Das Verhältnis des § 620 Nr. 5 ZPO zu anderen Mitteln einstweiligen Rechtsschutzes und zu Hauptsacheregelungen

1. Das Verhältnis des § 620 Nr. 5 ZPO zu Hauptsacheverfahren

13 Die **Anhängigkeit oder Rechtshängigkeit** eines isolierten Hauptsacheverfahrens auf Feststellung der Berechtigung des Getrenntlebens kann die Zulässigkeit eines Anordnungsverfahrens nach § 620 Nr. 5 ZPO nicht beeinflussen. Bei eingetragenen Lebenspartnern kommt ein solches Verfahren wohl von vornherein nicht in Betracht.[24]

---

17 Durch das GewSchG sollte nur ein kleiner spezieller Ausschnitt aus dem Bereich des allgemeinen Persönlichkeitsrechts einer Regelung unterzogen werden – vgl. BT-Drucks. 14/5429, 17.
18 Diese müssen im Zusammenhang mit dem Getrenntleben stehen.
19 *Zöller – Philippi,* § 620 Rn 54; MK (ZPO) – *Finger,* § 620 Rn 68.
20 OLG Köln FamRZ 1995, 1424; a.A. OLG Koblenz FamRZ 1979, 938; MK (ZPO) – *Finger,* § 620 Rn 68; zum Vorgehen bei einer Ehestörung vgl. § 8 Rn 5 ff.
21 *Zöller – Philippi,* § 620 Rn 54; MK (ZPO) – *Finger,* § 620 Rn 68.
22 OLG Celle NdsRPfl 51, 203.
23 *Musielak – Borth,* § 620 Rn 62.
24 Vgl. § 7 Rn 2.

Erst **ab Rechtskraft** der Hauptsacheentscheidung nach § 1353 Abs. 2 BGB ist der Erlass einer einstweiligen Anordnung ausgeschlossen (§ 620 f Abs. 1 S. 1 Alt. 1 ZPO). Entsprechendes gilt für ein Urteil, das Belästigungsverbote der hier maßgeblichen Art ausspricht. 14

Zu beachten ist insbesondere, dass eine einstweilige Anordnung nur dann nicht mehr erlassen werden darf, wenn sich das Hauptsacheurteil und der Antrag nach § 620 Nr. 5 ZPO auf dieselbe Regelungsmaterie beziehen und nicht einerseits das Recht zum Getrenntleben und andererseits Belästigungsverbote betroffen sind.[25]

2. Das Verhältnis der einstweiligen Anordnung zu anderen Mitteln des einstweiligen Rechtsschutzes

a) Das Verhältnis des § 620 Nr. 5 ZPO zu §§ 620 Nr. 7, 620 Nr. 9 ZPO und zu § 64b Abs. 3 FGG

Soweit Überschneidungen mit Regelungen nach § 620 Nr. 7 ZPO[26] denkbar, also z.B. die Art und Weise des Getrenntlebens innerhalb der Ehewohnung (oder der ursprünglich gemeinsamen Wohnung der Lebenspartner) oder dort zu unterlassende Belästigungen betroffen sind, ist § 620 Nr. 7 ZPO m.E. vorrangig.[27] Handelt es sich dagegen ausschließlich um Maßnahmen, die sich auf eine nach Trennung angemietete Wohnung, auf den Arbeitsplatz usw. und damit nicht auf die Ehewohnung beziehen, aber jedenfalls im Zusammenhang mit dem Getrenntleben stehen, wird auf § 620 Nr. 5 ZPO zurückgegriffen werden können. Als Beispiel sollen ehrverletzende Äußerungen gegenüber dem Arbeitgeber benannt werden. 15

Vgl. aber auch zur Einbeziehung von nicht die Ehewohnung betreffenden Belästigungsverboten in eine einstweilige Anordnung nach § 620 Nr. 7 ZPO: § 7 Rn 36 und § 5 Rn 17.

Ebenso verdrängen § 620 Nr. 9 ZPO und § 64b Abs. 3 FGG in ihrem Anwendungsbereich die einstweilige Anordnung nach § 620 Nr. 5 ZPO. Dies gilt m.E. auch dann, wenn die beteiligten Ehegatten oder Lebenspartner innerhalb der letzten sechs Monate vor Antragstellung einen auf Dauer angelegten gemeinsamen Haushalt nicht geführt haben,[28] wenn die sonstigen Voraussetzungen der §§ 1, 2 GewSchG jedoch erfüllt sind. 16

---

25 So auch *Johannsen/Henrich/Sedemund – Treiber,* § 620 Rn 20.
26 *Thomas/Putzo – Hüßtege,* § 620 Rn 23 (mit Hinweis auf OLG Saarbrücken FamRZ 1981, 64) stellt ausschließlich auf § 620 Nr. 7 ZPO ab.
27 So auch *Rahm/Künkel/Niepmann,* VI Rn 68; *Johannsen/Henrich/Sedemund – Treiber,* § 620 Rn 18.
28 Dieselbe Voraussetzung ist bei § 64b Abs. 3 FGG zu beachten, da diese Maßnahme einstweiligen Rechtsschutzes nur in Betracht kommt, wenn das Familiengericht auch zuständig ist – vgl. § 64b Abs. 1 FGG, §§ 23a Nr. 6, 23b Nr. 8a GVG. § 64b Abs. 3 FGG ist jedoch nur an ein Hauptsacheverfahren nach dem GewSchG geknüpft und wird wohl zukünftig den Hauptanwendungsbereich für eine Maßnahme des einstweiligen Rechtsschutzes ausmachen, da in aller Regel bereits innerhalb des Sechsmonatszeitraumes die entsprechende Antragstellung vorgenommen werden wird.

Der Gesetzgeber wollte mit dieser zeitlichen Einschränkung bewirken, dass die Zuständigkeit des Familiengerichts nur für die Fälle begründet wird (vgl. hierzu §§ 23a Nr. 7, 23b Nr. 8a GVG), in denen der soziale Nahbereich[29] betroffen ist.[30] Auch wenn wegen der angesprochenen zeitlichen Vorgabe der Anwendungsbereich des § 620 Nr. 9 ZPO auf die Fälle einer Härtefallscheidung beschränkt wird,[31] ändert dies nichts daran, dass nach dem klaren gesetzgeberischen Willen die allgemeine Zivilabteilung des Amtsgerichts bzw. des Landgerichts zuständig sein soll, wenn der Zeitraum von sechs Monaten abgelaufen ist. Dort ist der Erlass einer einstweiligen Verfügung zu beantragen.[32] Folglich ist ebenso eine einstweilige Anordnung nach § 620 Nr. 5 ZPO nicht mehr zulässig, die dasselbe Ziel wie eine (nun wegen Zeitablaufs nicht mehr zulässige) einstweilige Anordnung nach § 620 Nr. 9 ZPO verfolgen würde.

17 *Beachte*

Dies bedeutet letztlich, dass nach hier vertretener Auffassung beispielsweise Eingriffen in das allgemeine Persönlichkeitsrecht oder Angriffen auf die Ehre durch eine einstweilige Anordnung nach § 620 Nr. 5 ZPO ohne zeitliche Begrenzung begegnet werden kann, während eine einstweilige Anordnung nach § 620 Nr. 9 ZPO[33] bei Verletzungshandlungen, die §§ 1, 2 GewSchG unterfallen und damit meist erheblich massivere, körperlich spürbare Auswirkungen haben, nicht in Betracht kommt, sobald die Ehegatten (Lebenspartner) länger als sechs Monate getrennt leben. Der verletzte oder bedrohte Ehegatte ist auf die einstweilige Verfügung zu verweisen.

b) Das Verhältnis des § 620 Nr. 5 ZPO zur einstweiligen Regelungsverfügung nach § 940 ZPO

18 Eine einstweilige Verfügung ist **subsidiär** gegenüber einer einstweiligen Anordnung; **ab Anhängigkeit einer Ehesache (Lebenspartnerschaftssache) bzw. eines entsprechenden PKH-Antrages** wird der Erlass einer einstweiligen Verfügung bezogen auf Belästigungsverbote, die § 620 Nr. 5 ZPO unterfallen, somit unzulässig.[34]

Zur Umdeutung eines unzulässigerweise gestellten Verfügungsantrages vgl. § 5 Rn 24.

---

29 BT-Drucks. 14/5429, 34 zu §§ 23a, 23b GVG.
30 Weshalb der soziale Nahbereich nicht betroffen sein soll, wenn Ehegatten länger als sechs Monate getrennt leben, will mir nicht einleuchten. M.E. sollte bei Ehegatten (auch bei Lebenspartnern nach dem LPartG) die Zuständigkeit des Familiengerichts stets begründet sein für Maßnahmen nach dem GewSchG. Dies sieht auch der Referentenentwurf zur Änderung des Familienverfahrensrechts vor.
31 § 620 ZPO setzt wegen der Abhängigkeit von der Ehesache grundsätzlich den Ablauf des Trennungsjahres voraus.
32 Vgl. § 7 Rn 38 ff.
33 Und auch nicht nach § 64b Abs. 3 FGG.
34 *Rahm/Künkel/Niepmann*, VI Rn 90.

IV. Regelungsbedürfnis

Zum Regelungsbedürfnis allgemein vgl. oben § 2 Rn 58 f. **19**
Das Regelungsbedürfnis für den Erlass einer einstweiligen Anordnung nach § 620 Nr. 5 ZPO, die lediglich feststellenden Inhalt zum **Recht des Getrenntlebens** haben soll, wird häufig fehlen, da das bloße faktische Getrenntleben Voraussetzung für den Ausspruch der Scheidung der Ehe ist, es auf ein Recht zum Getrenntleben dagegen nicht ankommt. Dementsprechend fehlt für eine solche Hauptsacheklage das Rechtsschutzbedürfnis[35] und für eine einstweilige Anordnung das Regelungsbedürfnis, wenn die Ehegatten bereits getrennt leben.[36]

Bei Lebenspartnern, die nicht der Verpflichtung zur Lebensgemeinschaft im Sinne einer häuslichen Gemeinschaft unterliegen, gilt dies erst recht.

Anders ist die Rechtslage, wenn das Recht zum Getrenntleben **Voraussetzung für die Geltendmachung weiterer Ansprüche** ist wie beispielsweise bei Ehewohnungszuweisungen nach ausländischen Regelungen.[37]

Für **Belästigungsverbote** ist wie in den sonstigen Fällen einstweiliger Anordnungen ausreichend, dass ein **Bedürfnis** für deren Erlass[38] besteht. Dieses liegt auf der Hand, wenn Übergriffe bereits stattgefunden haben und somit regelmäßig von einer Wiederholungsgefahr auszugehen ist.[39] Gelingt es, bei nur angedrohten Übergriffen darzustellen, dass die Gefahr der tatsächlichen Realisierung besteht, ist das Regelungsbedürfnis ebenfalls anzunehmen, da niemand Eingriffe in geschützte Rechtspositionen hinzunehmen verpflichtet ist. Ein Zuwarten auf eine endgültige Regelung wird der bestehenden Gefahr nicht hinreichend begegnen können. **20**

V. Weitere Zulässigkeitsvoraussetzungen

Vgl. § 2 Rn 67. **20a**

---

35 Hierzu vgl. OLG Karlsruhe NJW-RR 1989, 1414.
36 *Zöller – Philippi*, § 620 Rn 53; *Rahm/Künkel/Niepmann*, VI Rn 68; MK (ZPO) – *Finger*, Rn 67, die jeweils von einem fehlenden **Rechtsschutzbedürfnis** ausgehen; dagegen *Gießler/Soyka*, Rn 981, der das Regelungsbedürfnis nur dann verneint, wenn die Ehegatten bereits einverständlich getrennt leben und nicht anzunehmen ist, dass einer von ihnen die Wiederaufnahme der häuslichen Gemeinschaft erstrebt.
37 MK (ZPO) – *Finger*, § 620 Rn 67 mit Hinweis auf *Finger*, FuR 2000, 1.
38 Vgl. zu diesem Kriterium bei Maßnahmen nach dem GewSchG § 6 Rn 58.
39 Vgl. zur Wiederholungsgefahr sogleich § 7 Rn 26.

VI. Antragstellung

1. Erfordernis der Antragstellung und Art des Antrags

21 Ein einstweiliges Anordnungsverfahren nach § 620 Nr. 5 ZPO (i.V.m. § 661 Abs. 2 ZPO) kommt nur auf entsprechende Antragstellung in Gang. Es handelt sich, soweit das Getrenntleben als solches betroffen sein soll, um einen lediglich die Berechtigung des Getrenntlebens feststellenden Antrag.[40]

Bezüglich auszusprechender Belästigungsverbote dagegen werden nicht nur Feststellungen getroffen, sondern die Antragstellung hat sich auf die Anordnung von Verboten auszurichten; die Antragstellung folgt wie die Vollstreckung (§ 794 Abs. 1 Nr. 3a ZPO) ZPO-Regeln.

2. Antragsbefugnis

22 Antragsbefugt sind **ausschließlich** die Ehegatten bzw. Lebenspartner.

3. Form/Anwaltszwang

23 Die Antragstellung ist **schriftlich** oder **zu Protokoll der Geschäftsstelle eines Amtsgerichts** vorzunehmen (§ 620a Abs. 2 S. 2 ZPO) und unterliegt nicht dem Anwaltszwang (§ 78 Abs. 5 ZPO).

4. Sachdarstellung/Glaubhaftmachung

a) Darzustellende Voraussetzungen

aa) Allgemeines

24 Es handelt sich im vorliegenden Fall um ein Verfahren, das ZPO-Regeln folgt. Dies gilt auch für die Feststellung der Berechtigung des Getrenntlebens; insoweit liegt eine Ehesache vor.[41] Auch wenn demzufolge der eingeschränkte Untersuchungsgrundsatz nach § 616 ZPO Anwendung findet, ist es dennoch jedenfalls zweckmäßig, die Umstände darzustellen (und glaubhaft zu machen), die die Antragstellung rechtfertigen sollen.
Soweit Belästigungsverbote betroffen sind, ist dies unerlässlich.

bb) Materielle Voraussetzungen

25 Welche materiellen Voraussetzungen darzustellen sind, hängt davon ab, welchen Inhalt die einstweilige Anordnung haben soll. Handelt es sich um eine solche, aufgrund derer aus-

---

40 *Gießler/Soyka*, Rn 980.
41 *Thomas/Putzo – Hüßtege*, § 606 Vorbem Rn 6.

schließlich festgestellt werden soll, dass der Ehegatte berechtigterweise getrennt lebt, genügt es, die diese Berechtigung begründenden **Voraussetzungen des § 1353 Abs. 2 BGB** darzulegen.

Wird dagegen ein **Belästigungsverbot** erstrebt, leitet sich der materielle Anspruch aus §§ 823, 1004 BGB analog her und fordert, dass ein Eingriff in geschützte Rechtsgüter stattgefunden hat oder zumindest droht.

26

Beachte
Als durch diese Normen geschützte Rechtsgüter kommen die körperliche Unversehrtheit,[42] Gesundheit, Freiheit, Ehre und auch das allgemeine Persönlichkeitsrecht[43] in Betracht. Im Anwendungsbereich des § 620 Nr. 5 ZPO (i.V.m. § 661 Abs. 2 ZPO) scheiden jedoch Verletzungen von Körper, Gesundheit und Freiheit und auch bestimmte Eingriffe in das allgemeine Persönlichkeitsrecht aus.[44]

Somit sind die Umstände darzustellen, aus denen sich die begangenen (oder im Einzelfall auch nur drohenden) **Beleidigungen, Belästigungen oder Eingriffe in das Persönlichkeitsrecht** ergeben. Bei bislang nur drohenden Übergriffen ist zusätzlich anzugeben, aufgrund welcher Umstände[45] die **Gefahr der tatsächlichen Realisierung** besteht. Strenge Anforderungen sind diesbezüglich jedoch nicht zu erfüllen, da es dem Bedrohten nur eingeschränkt möglich ist, die Ernsthaftigkeit ausgesprochener Drohungen zu belegen.

Haben **Eingriffe** in geschützte Rechtsgüter bereits stattgefunden, rechtfertigt allein dieser Umstand die Wiederholungsgefahr. Es besteht eine **tatsächliche Vermutung**, dass weitere Beeinträchtigungen zu befürchten sind.[46] Anders ist die Sachlage nur dann zu beurteilen, wenn das Verhalten des Antragsgegners eine sichere Gewähr dafür bietet, dass weitere Übergriffe nicht stattfinden werden, oder wenn die tatsächliche Entwicklung einen erneuten Eingriff unwahrscheinlich macht.[47] Eine solche Ausnahme ist nur unter strengen Voraussetzungen gerechtfertigt.

Die bestehende tatsächliche Vermutung ist **vom Antragsgegner** zu widerlegen.

b) Glaubhaftmachung

Die Voraussetzungen für den Erlass einer einstweiligen Anordnung, aufgrund derer Belästigungsverbote ausgesprochen werden sollen, sind gemäß § 620a Abs. 2 S. 3 ZPO **glaubhaft** zu machen. **Erleichterungen** greifen insoweit, als bei einer bereits erfolgten Verletzungshandlung eine Wiederholungsgefahr vermutet wird. Dennoch ist anzuraten, bereits

27

---

42 OLG Saarbrücken FamRZ 1981, 64.
43 OLG Karlsruhe FamRZ 1984, 186.
44 Vgl. § 7 Rn 11.
45 Beispielsweise werden ernsthaft ausgesprochene Drohungen nicht nur geeignet sein, eine Anordnung zu erlassen, dass diese Drohungen zukünftig zu unterbleiben haben, sondern auch ein Verbot rechtfertigen, sich der bedrohten Person nicht unter einen bestimmten Abstand zu nähern.
46 BGH NJW 1987, 2225 zum Fall einer Persönlichkeitsverletzung.
47 *Palandt – Thomas,* Einf v § 823 Rn 20.

§7 Getrenntleben der Eheleute, Belästigungsverbote

bei der Antragstellung zu erwartenden Sachvortrag des Antragsgegners zum Ausschluss der Wiederholungsgefahr zu entkräften und die insoweit vorgebrachten Tatsachen glaubhaft zu machen. Insbesondere gilt dies für den Fall, dass die einstweilige Anordnung ohne vorherige Anhörung des Antragsgegners erlassen werden soll.

5. Zuständiges Gericht

27a Vgl. § 2 Rn 81 ff.

6. Internationale Zuständigkeit

27b Vgl. § 14 Rn 17.

VII. Ablauf des Verfahrens

1. Beteiligte

28 Beteiligte des Verfahrens nach § 620 Nr. 5 ZPO sind ausschließlich die Ehegatten bzw. die eingetragenen Lebenspartner.

2. Mündliche Verhandlung

28a Vgl. § 2 Rn 93.

3. Rechtliches Gehör

28b Vgl. § 2 Rn 97.

4. Die Wahlmöglichkeiten des Gerichts zur Verfahrensgestaltung

28c Vgl. § 2 Rn 98 ff.

5. Anwaltszwang

28d Vgl. § 2 Rn 101.

6. Beweisaufnahme

Vgl. § 2 Rn 102. 28e

Betrifft das Verfahren die bloße Feststellung der Berechtigung des Getrenntlebens, ist zu beachten, dass der eingeschränkte Untersuchungsgrundsatz des § 616 ZPO greift.[48]

7. Beendigung durch Vergleich

Einstweilige Anordnungsverfahren zum Erlass von **Belästigungsverboten** sind der Verfahrensbeendigung durch Vergleich zugänglich. 29

8. Entscheidung/Beschluss

a) Förmlichkeiten der Entscheidung

Vgl. § 2 Rn 108 f. 29a

b) Prüfungsumfang des Gerichts/Bindung an Parteianträge

Soweit festgestellt werden soll, dass der Antragsteller berechtigterweise getrennt lebt, ist 30
auch hier der eingeschränkte Untersuchungsgrundsatz zu beachten, der bewirkt, dass das Gericht auch nicht vorgebrachte Umstände berücksichtigen kann (§ 616 ZPO).

Bei Belästigungsverboten sind m.E. wegen der maßgeblichen materiellen Normen (§§ 823, 1004 BGB analog) zivilprozessuale Grundsätze zu beachten, obwohl familienrechtliche Verfahren nach dem GewSchG dem Regelungsbereich des FGG unterworfen sind (§ 621a Abs. 1 S. 1 i.V.m. § 621 Abs. 1 Nr. 13 ZPO). Denn für die hier vorliegenden Belästigungsverbote wurde gerade eine solche Zuweisung nicht vorgenommen.

c) Inhalt des Beschlusses

Der Regelungsinhalt muss sich auf die Feststellung beziehen, dass einer der Ehegatten 31
berechtigterweise getrennt lebt.

Bei der Anordnung von Belästigungsverboten ist darauf zu achten, dass diese hinreichend konkret beschrieben werden.[49]

VIII. Vollstreckung

Die Vollstreckung folgt gemäß § 794 Abs. 1 Nr. 3a ZPO ZPO-Regeln. Bei der Anordnung 32
von Verboten und Geboten sind somit §§ 888, 890 ZPO zu beachten.

---

[48] Vgl. *Thomas/Putzo – Hüßtege*, § 616 Rn 2 ff.
[49] Vgl. Formulierungsbeispiele für Belästigungsverbote bei *Börger/Bosch/Heuschmid*, § 4 Rn 364 und *Fischer*, MDR 1997, 122.

Zu den Vollstreckungsvoraussetzungen im Übrigen vgl. § 2 Rn 128 f.
Zur Aussetzung der Vollziehung der einstweiligen Anordnung vgl. § 2 Rn 132.

IX. Rechtsbehelfe

33 Die einstweilige Anordnung nach § 620 Nr. 5 ZPO ist mit der **sofortigen Beschwerde** grds. nicht angreifbar (§ 620c S. 2 ZPO).
Eine Ausnahme besteht nunmehr wohl auch nicht im Falle **greifbarer Gesetzeswidrigkeit.** Es ist die **Gehörsrüge** nach § 321a ZPO[50] zu erheben.
Es kommen als Rechtsbehelfe lediglich Anträge auf **erneute Entscheidung nach mündlicher Verhandlung** bzw. auf **Abänderung** der einstweiligen Anordnung gemäß § 620b Abs. 1, 2 ZPO in Betracht.
Hierzu vgl. § 2 Rn 137 ff. und 151 ff.

X. Außer-Kraft-Treten der einstweiligen Anordnung

34 Hatte die einstweilige Anordnung lediglich die Feststellung zum Inhalt, dass der Antragsteller zum Getrenntleben berechtigt ist, dann tritt sie aufgrund einer anderweitigen Regelung nach § 620f Abs. 1 S. 1 ZPO außer Kraft, wenn
- die Ehe rechtskräftig aufgelöst ist
- das Hauptsacheverfahren auf Herstellung des ehelichen Lebens rechtskräftig entschieden ist
- das Hauptsacheverfahren auf Feststellung, dass der Antragsteller berechtigterweise getrennt lebt (§ 1353 Abs. 2 BGB), rechtskräftig entschieden ist
- die Ehegatten im Rahmen einer Aussöhnung wieder zusammenleben;[51] dies bewirkt eine zumindest konkludente Vereinbarung zur Herstellung der ehelichen Lebensgemeinschaft.

35 Bezog sich der Beschluss auf **Belästigungsverbote**, gelten diese dagegen in den soeben benannten Fällen über die Rechtskraft der Scheidung bzw. Aufhebung der Lebenspartnerschaft hinaus. Eine die einstweilige Anordnung außer Kraft setzende Hauptsacheentscheidung muss eine solche sein, die sich materiell auf §§ 823, 1004 BGB analog stützt.[52]
Zur **Feststellung des Außer-Kraft-Tretens** vgl. § 2 Rn 237, 239 ff.

---

50 Vgl. § 2 Rn 172.
51 *Gießler/Soyka*, Rn 986.
52 Vgl. MK (ZPO) – *Finger*, § 620 Rn 70.

B. Die einstweilige Anordnung nach § 621g i.V.m. § 621 Abs. 1 Nr. 7 ZPO

Nach hier vertretener Auffassung ist es möglich, im Rahmen einer einstweiligen Anordnung nach § 621g i.V.m. § 621 Abs. 1 Nr. 7 ZPO bei Anhängigkeit eines isolierten Hauptsacheverfahrens nicht nur die **Ehewohnungszuweisung/Zuweisung der gemeinsamen Wohnung der Lebenspartner** als solche, sondern auch **weitere Anordnungen** zu treffen, die zur Durchführung der Entscheidung erforderlich sind. Dies sieht § 15 HausratsVO, der gemäß § 18a HausratsVO auch für die Entscheidung im Zeitraum der Trennung Anwendung findet, bezüglich der Hauptsacheentscheidung ausdrücklich vor.[53] Gleichermaßen muss dies für eine einstweilige Anordnung gelten.[54] 36

Beachte
Als solche zur Durchführung notwendige Maßnahmen kommen **Verbote und Gebote**[55] in Betracht, wozu auch **Belästigungsverbote** gehören können.[56] Derartige Anordnungen haben jedoch der Durchführung/Vollstreckung einer Ehewohnungszuweisung (Zuweisung einer gemeinsamen Wohnung der Lebenspartner) zu dienen. Somit müssen die Belästigungsverbote ebenfalls im Zusammenhang mit einer solchen Wohnung stehen.

Nach teilweise vertretener Ansicht sollte es sogar möglich sein, Belästigungsverbote im Rahmen der einstweiligen Anordnung nach § 621g ZPO i.V.m. § 621 Abs. 1 Nr. 7 ZPO auszusprechen, die über den räumlichen Bereich der Ehewohnung hinausgehen (wie belästigende Telefonanrufe zur Arbeitsstelle, Belästigungen in der Öffentlichkeit etc).[57] Stützen lässt sich dies mit der vom BGH gewählten Argumentation, wonach es aus Gründen der Prozessökonomie und des Sachzusammenhangs[58] gerechtfertigt ist, allgemeine zivilrechtliche Ansprüche im familiengerichtlichen Verfahren mitzuerledigen. Bezüglich des gesamten Verfahrensablaufes wird verwiesen auf die Darstellungen unter § 5 Rn 89–117. 37

---

53 Vgl. auch § 5 Rn 16 und 17 »Belästigungsverbote« sowie § 5 Rn 94.
54 Vgl. zur Anwendung des § 15 HausratsVO bei § 620 Nr. 7 ZPO die Entscheidung des OLG Karlsruhe FamRZ 1994, 1185.
55 *Palandt – Brudermüller,* Anh zu §§ 1361a, 1361b § 15 HausratsVO Rn 3.
56 *Finke/Garbe,* § 5 Rn 37 mit Hinweis auf *Brudermüller,* FamRZ 1987, 114.
57 So *Finke/Garbe,* § 5 Rn 37.
58 BGH FamRZ 1982, 1200 (Annahme der Zuständigkeit des Familiengerichts auch bei Streitigkeiten, die sich aus verbotener Eigenmacht eines Ehegatten ergeben).

C. Die einstweilige Verfügung zum Schutz persönlicher Rechte und Rechtsgüter/Belästigungsverbote

38 M.E. bleibt für die einstweilige Verfügung zum Schutz persönlicher Rechte im familienrichterlichen Tätigkeitsfeld aus Gründen der Subsidiarität nur ein eingeschränkter Anwendungsbereich.

Sobald eine **Ehesache bzw. Lebenspartnerschaftssache anhängig** ist, kann eine einstweilige Anordnung nach § 620 Nr. 7 ZPO erlangt werden. Diese Entscheidung kann m.e. Belästigungsverbote beinhalten, die im Zusammenhang mit der Ehewohnung stehen.[59]

Sind andere Belästigungsverbote auszusprechen, greift § 620 Nr. 9 ZPO. Diese Regelung ist jedoch nicht anwendbar, wenn die Ehegatten/Lebenspartner im Zeitpunkt der Antragstellung bereits länger als sechs Monate keinen gemeinsamen Haushalt mehr führen. In einem solchen Fall greift die einstweilige Verfügung.[60]

Handelt es sich jedoch um Belästigungsverbote, die nicht vom Anwendungsbereich des § 620 Nr. 9 ZPO i.V.m. §§ 1, 2 GewSchG erfasst sind, greift § 620 Nr. 5 ZPO, also insbesondere soweit weitere Ehrverletzungen verhindert werden sollen. Dies schließt den Erlass einer einstweiligen Verfügung aus.[61]

39 Ist eine **Ehesache nicht anhängig**, so können **isolierte Hauptsacheverfahren** nach § 621 Abs. 1 Nr. 7 ZPO bzw. § 64b Abs. 1 FGG anhängig gemacht und der Erlass einstweiliger Anordnungen nach § 621g ZPO bzw. § 64b Abs. 3 FGG beantragt werden. Einstweilige Verfügungen scheiden demzufolge aus.[62]

> *Beachte*
> Eine einstweilige Verfügung kommt nur in Betracht, wenn es gilt, Belästigungen etc. abzuwehren, bezüglich derer mit den soeben genannten Mitteln ein Schutz nicht bewirkt werden kann.

Dies ist der Fall, soweit es nicht um **Belästigungsverbote im Zusammenhang mit der Ehewohnung** geht. Sind solche betroffen, ist der einstweilige Rechtsschutz mit Hilfe des § 621g ZPO zu suchen. Eine Ausnahme ist dann zu machen, wenn Streit über die Nutzung der Ehewohnung als solche gar nicht besteht und deswegen ein entsprechendes Hauptsacheverfahren nicht eingeleitet werden kann.

---

59 Vgl. § 5 Rn 17.
60 Es sei denn, man unterstellt aus Gründen der Prozessökonomie und des Sachzusammenhangs – vgl. § 5 Rn 17 – auch weitere Belästigungsverbote dem Anwendungsbereich des § 620 Nr. 7 ZPO, wenn bereits solche begehrt werden, die Zusammenhang zur Ehewohnung aufweisen.
61 Vgl. § 7 Rn 11.
62 Vgl. zur selben Rechtslage bei Unterhalt § 2 Rn 26 – die bloße Möglichkeit der Klageerhebung genügt in aller Regel.

Weiter ist jedoch zu prüfen, ob die begehrten Maßnahmen nicht mit Hilfe einer einstweiligen Anordnung nach § 64b Abs. 3 FGG erlangt werden können. Ist dies der Fall, scheidet erneut die einstweilige Verfügung aus.

Beachte
Ist jedoch der Anwendungsbereich der §§ 1, 2 GewSchG nicht eröffnet, etwa weil Rechtsgüter verletzt wurden, die dort nicht benannt sind, ist der Erlass einer einstweiligen Verfügung statthaft.

Für den Erlass einer einstweiligen Verfügung ist stets das allgemeine Zivilgericht als das Gericht der Hauptsache (§§ 823, 1004 BGB analog) zuständig. **40**

Zum Verfahrensablauf wird auf § 5 Rn 120 ff. und § 6 Rn 138 ff. verwiesen; die dortigen Ausführungen gelten hier entsprechend.

§ 8 Einstweiliger Rechtsschutz bei Ehestörungen

Gemäß Art. 6 Abs. 1 GG steht die Ehe unter dem besonderen Schutz der staatlichen Ordnung. Dies bedeutet jedoch nicht, dass ein Eingriff in den Bestand der Ehe oder in deren gesamten Wirkungsbereich stets mit rechtlichen Maßnahmen unterbunden werden könnte. Wenn jedoch ein Ehegatte eine neue Lebensgefährtin oder eine Geliebte in die gemeinsame Ehewohnung aufnimmt oder ihr dort den Aufenthalt auch nur vorübergehend gestattet, liegt ein Eingriff in den **räumlich-gegenständlichen** Bereich der Ehe vor, der mit rechtlichen Mitteln abgewehrt werden können muss.

1

Für einen solchen Fall sind in der Rechtsprechung **Abwehr-, Unterlassungs- und Beseitigungsansprüche** seit langem anerkannt,[1] die sich sowohl gegen den Ehegatten als auch gegen den störenden Dritten richten können. Als Anspruchsgrundlagen[2] werden §§ 1004 Abs.1, 823 Abs. 1 analog,[3] 823 Abs. 2 BGB i.V.m. Art. 6 Abs. 1 GG[4] und auch § 1353 BGB[5] (insoweit nur für Ansprüche gegen den Ehegatten) benannt.[6]

> **Beachte**
> Als Mittel des einstweiligen Rechtsschutzes kommt nur die **einstweilige Verfügung** als Leistungsverfügung[7] (gerichtet auf ein Tun oder ein Unterlassen) in Betracht. Der Anwendungsbereich der einstweiligen Anordnung nach § 620 ZPO umfasst Eingriffe in den räumlich-gegenständlichen Bereich der Ehe nicht.[8]

Gehen mit der Ehestörung Belästigungen oder körperliche Übergriffe einher, ist auch insoweit einstweiliger Rechtsschutz zu erlangen – zu den sogenannten Belästigungsverboten vgl. die Darstellungen zu § 6 und § 7.

Als noch nicht abschließend geklärte Rechtsfrage ist die Problematik einzustufen, ob **eingetragene Lebenspartner** sich wie Ehegatten auf einen Schutz des räumlich-gegenständlichen Bereichs der Partnerschaft berufen können.[9]

2

Die Lebenspartnerschaft ist zwar nicht geprägt durch eine Pflicht zur Lebensgemeinschaft im Sinne einer Verpflichtung beider Lebenspartner zur Führung einer häuslichen Gemeinschaft und einer Geschlechtsgemeinschaft.[10] Dies ist herzuleiten aus der in § 2 LPartG enthaltenen Formulierung, wonach die Lebenspartner lediglich zur gemeinsamen Lebens-

---

1 Vgl. BGH NJW 1952, 975; *Palandt – Brudermüller*, Einf v § 1353 Rn 5.
2 Zu den verschiedenen Anspruchsgrundlagen, die nach der Rechtsprechung und Literatur in Betracht kommen vgl. *Riegel*, NJW 1989, 2798 und *Smid*, NJW 1990, 1344; Letzterer stellt auf besitzrechtliche Aspekte ab.
3 *Palandt – Brudermüller*, Einf v § 1353 Rn 5.
4 BGH NJW 1952, 975.
5 Siehe OLG Celle FamRZ 1980, 242.
6 Vgl. ferner *Smid*, NJW 1990, 1344.
7 Muster siehe bei *Börger/Bosch/Heuschmid*, § 4 Rn 292.
8 OLG Köln FamRZ 1995, 1424; *Bernreuther*, FamRZ 1999, 70.
9 *Schwab*, FamRZ 2001, 385, 391 noch vor Inkrafttreten des LPartG.
10 Vgl. *Palandt – Brudermüller*, § 2 LPartG Rn 2

gestaltung (sowie zu gegenseitiger Fürsorge und Unterstützung) verpflichtet sind, während § 1353 Abs. 1 S. 2 BGB bei Ehegatten die Pflicht zur ehelichen Lebens**gemeinschaft** statuiert.[11]

Jedoch ist nicht zu übersehen, dass der Gesetzgeber mittlerweile die Regelungen für die eingetragene Lebenspartnerschaft fast vollständig dem Eherecht angeglichen hat.[12] Darüber hinaus hat das BVerfG bei Überprüfung der Verfassungsgemäßheit des LPartG festgestellt, dass das sogenannte »Abstandsgebot« durch die gesetzliche Regelung der Lebenspartnerschaft nicht verletzt ist.[13]

3   Somit können m.E. auch eingetragene Lebenspartner mit Hilfe einer analogen Anwendung der §§ 1004, 823 Abs. 1 BGB Eingriffe in den räumlich-gegenständlichen Bereich der Partnerschaft abwehren. Sie sind einander nicht nur zu Fürsorge und Unterstützung verpflichtet, sondern darüber hinaus lehnen sich die Rechtsbeziehungen zwischen ihnen gerade auch bezogen auf den räumlichen Bereich der gemeinsamen Wohnung inhaltlich an die Normen an, die bei Ehegatten Geltung beanspruchen (vgl. § 1361b BGB, §§ 1 ff. HausratsVO einerseits und §§ 14, 17, 18 LPartG andererseits). Einem jeden Lebenspartner ist ein derartiger Bereich zur Führung der Lebenspartnerschaft zuzugestehen, wenn sich die Partner zur Führung einer Lebensgemeinschaft und hierbei zur Führung eines gemeinsamen Haushaltes entschlossen haben. Eingriffe störender Dritter in diesen Bereich muss ein Lebenspartner nicht hinnehmen.

Dies bedeutet, dass die folgenden Ausführungen für eingetragene Lebenspartner sinngemäß zu gelten haben.

A. Bezug zu einem Hauptsacheverfahren

4   Die einstweilige Verfügung stellt ein verfahrensselbstständiges Mittel des einstweiligen Rechtsschutzes dar. Die Durchführung eines Hauptsacheverfahrens ist somit entbehrlich.[14]

B. Inhalte der einstweiligen Verfügung

I. Der persönliche Wirkungsbereich der einstweiligen Verfügung

5   Die einstweilige Verfügung ermöglicht ein Vorgehen **gegen den Ehegatten** und auch **gegen den Dritten**, der den räumlich-gegenständlichen Bereich der Ehe stört.[15]

---

11 *Dethloff*, NJW 2001, 2598, 2600.
12 Vgl. *Palandt – Brudermüller*, Einl LPartG Rn 2.
13 BVerfG NJW 2002, 2543.
14 Vgl. § 1 Rn 4.
15 *Palandt – Brudermüller*, Einf v § 1353 Rn 5.

II. Sachlicher Anwendungsbereich/Regelungsinhalte

Die einstweilige Verfügung kann verschiedene Regelungen beinhalten. Die konkrete Anordnung ist davon abhängig, gegen wen sie sich richtet und welcher Art die Störung ist.

Die einstweilige Verfügung **gegenüber dem Ehegatten** kann folgende Inhalte haben:
- Verbot, einem Dritten den Zutritt zur Wohnung zu gestatten, diesem Wohnung zu gewähren bzw. diesen in der Wohnung zu empfangen[16]
- Gebot, den Dritten aus der Wohnung zu entfernen[17]
- Verbot, einen Dritten auf dem Grundstück zu empfangen[18]
- Gebot, den Dritten aus dem Arbeitsverhältnis zu entlassen[19]
- Verbot, den Dritten weiter im Geschäft oder Haushalt der Ehegatten zu beschäftigen[20]
- Verbot, dem Dritten das Betreten der Räume des gemeinsamen Geschäfts zu gestatten[21]

Gegen einen **Dritten** (Ehestörer) sind folgende Regelungen denkbar:
- Verbot, die Ehewohnung zu betreten[22]
- Gebot, die Ehewohnung zu räumen[23] Dies ist gemäß § 940a ZPO davon abhängig, dass der Dritte verbotene Eigenmacht verübt hat. In einem solchen Fall ist eine Räumungsfrist nach § 721 ZPO nicht anzuordnen.[24]
- Verbot, das Grundstück der Ehegatten zu betreten[25]
- Verbot, im Geschäft oder Haushalt der Ehegatten tätig zu werden[26]
- Verbot, die Geschäftsräume des Geschäfts der Ehegatten zu betreten[27]

Zur Durchführung einer sich evtl. anschließenden **Vollstreckung** können zusätzliche Anordnungen in die einstweilige Verfügung aufgenommen werden:
- Bei einer Räumungsanordnung ist die Festsetzung einer Räumungsfrist möglich.[28]
- Im Falle der Anordnung einer unvertretbaren Handlung ist eine Fristbestimmung zur Vornahme der Handlung verbunden mit einer Zwangsgeldandrohung für den Fall erfolglosen Ablaufes der Frist sinnvoll.[29]

---

16 OLG Karlsruhe FamRZ 1980, 139; OLG Köln FamRZ 1985, 498; OLG Schleswig FamRZ 1989, 979.
17 *Gießler/Soyka,* Rn 974.
18 *Gießler/Soyka,* Rn 968 und 974; zum Grundstück als geschützter Bereich vgl. § 8 Rn 16.
19 OLG Köln FamRZ 1984, 267; BGH LM Art. 6 GG Nr. 3.
20 *Gießler/Soyka,* Rn 968 und 974; zum Geschäftsraum als geschützter Bereich vgl. § 8 Rn 15.
21 OLG Köln FamRZ 1984, 267.
22 KG FamRZ 1983, 616; OLG Hamm FamRZ 1981, 477.
23 *Gießler/Soyka,* Rn 974; *Börger/Bosch/Heuschmid,* § 4 Rn 292.
24 *Thomas/Putzo – Reichold,* § 940a Rn 1.
25 OLG Stuttgart FamRZ 1980, 49; OLG Schleswig FamRZ 1989, 979; zum Grundstück als geschützter Bereich vgl. § 8 Rn 16.
26 *Gießler/Soyka,* Rn 974; zum Geschäftsraum als geschützter Bereich vgl. § 8 Rn 15.
27 OLG Köln FamRZ 1984, 267.
28 Auch wenn § 721 ZPO nicht anwendbar ist; vgl. *Thomas/Putzo – Reichold,* § 940a Rn 1.
29 *Gießler/Soyka,* Rn 974.

C. Verhältnis der einstweiligen Verfügung zu anderen Mitteln einstweiligen Rechtsschutzes

9 Ehestörungen sind im Bereich des einstweiligen Rechtsschutzes ausschließlich mit der einstweiligen Verfügung zu beseitigen. Somit kommen Überschneidungen mit anderen Mitteln des einstweiligen Rechtsschutzes nicht in Betracht, wenn die Ehestörung als solche beseitigt werden soll.

Soweit Maßnahmen zu ergreifen sind, um bereits begangenen oder drohenden körperlichen Übergriffen zu begegnen, sind die nach dem GewSchG statthaften Vorgehensweisen[30] zu wählen.

D. Regelungsbedürfnis – Verfügungsgrund

10 Ein Verfügungsgrund nach § 940 ZPO analog ist anzunehmen, wenn der Erlass einer einstweiligen Verfügung erforderlich ist, um drohende wesentliche Nachteile auf Seiten des Antragstellers abzuwenden.

Wesentliche Nachteile sind dann zu befürchten, wenn ohne einstweiligen Rechtsschutz die **Ehe zu scheitern** oder eine bereits bestehende **Zerrüttung** sich zu **verfestigen** droht. Das **Getrenntleben**[31] der Ehegatten hindert somit eine einstweilige Verfügung nicht generell, ebensowenig ein **Scheidungsantrag**[32] des Antragsgegners.

Hat der Antragsteller jedoch das ehestörende Verhalten bereits über einen längeren Zeitraum widerspruchslos hingenommen oder sich ebenfalls vom Ehepartner in Trennungsabsicht gelöst, insbesondere bereits selbst einen Antrag auf Scheidung eingereicht,[33] ist ein Verfügungsgrund abzulehnen. Die einstweilige Verfügung dient schließlich der Aufrechterhaltung der Ehe.

E. Antragstellung

I. Erfordernis der Antragstellung und Art des Antrags

11 Der Erlass einer einstweiligen Verfügung bedarf einer Antragstellung. Es handelt sich vorliegend um eine sogenannte **Leistungsverfügung**, die gerichtet ist auf ein Tun oder ein Unterlassen. Der Antrag muss somit hinreichend **bestimmt** sein und das Regelungsziel[34] konkret beinhalten.[35]

---

30 Vgl. zu Belästigungsverboten § 6 und § 7.
31 OLG Celle NJW 1980, 711.
32 OLG Schleswig FamRZ 1989, 979.
33 BGH FamRZ 1963, 553.
34 Hierzu vgl. § 8 Rn 6.
35 *Thomas/Putzo – Reichold*, § 936 Rn 2, § 920 Rn 1, § 940 Rn 6 ff.

II. Antragsbefugnis

Antragsbefugt ist ausschließlich der Ehegatte,[36] der eine Störung des räumlich-gegenständlichen Bereichs der Ehe durch den anderen Ehegatten oder einen Dritten geltend macht.

12

III. Form/Anwaltszwang

Die Antragstellung erfolgt **schriftlich** oder zu Protokoll der Geschäftsstelle des zuständigen Gerichts oder eines jeden Amtsgerichts. Anwaltliche Vertretung ist bei der Antragstellung entbehrlich (§§ 920 Abs. 1, 3, 936, 78 Abs. 5 ZPO).

13

IV. Sachdarstellung/Glaubhaftmachung

1. Darzustellende materielle Voraussetzungen zum Verfügungsanspruch

Der Antragsteller hat die Voraussetzungen des Abwehr-, Unterlassungs- oder Beseitigungsanspruchs aus §§ 1004, 823 Abs. 1 BGB analog darzustellen. Es sind somit die Tatsachen darzulegen und glaubhaft zu machen, aus denen sich ergibt, dass es sich bei dem zu schützenden Bereich um den **räumlich-gegenständlichen Bereich** der Ehe handelt und dass eine **ehewidrige Störung** dieses geschützten Bereiches droht bzw. bereits erfolgt.

14

Aus der Sachdarstellung muss zu entnehmen sein, dass sich die drohenden Störungen auf die **Ehewohnung** beziehen. Auch das **Grundstück**, auf dem sich die Ehewohnung befindet, kann dem räumlich-gegenständlichen Bereich der Ehe zugehören.[37] Dies ist jedoch dann nicht der Fall, wenn sich die Ehewohnung in einem Mehrfamilienhaus mit jeweils abgeschlossenen Wohnungen befindet.[38]

15

Die **Geschäftsräume** der Ehegatten sind dem maßgeblichen Schutzbereich zuzuordnen, wenn die Führung des Betriebes durch die Ehegatten gemeinsam erfolgt.[39] Unerheblich ist in einem solchen Fall, ob eine räumliche Verbindung zwischen den Geschäftsräumen und der Ehewohnung besteht und ob der antragstellende Ehegatte im Zeitpunkt der Antragstellung tatsächlich im Unternehmen tätig ist.

Eine Störung des räumlich-gegenständlichen Bereichs wird durch den (drohenden) **Aufenthalt des Dritten** innerhalb der Ehewohnung, auf dem Grundstück oder in den Geschäftsräumen bewirkt, auch wenn dieser Aufenthalt nicht dauerhafter Natur ist, sondern nur **besuchsweise** oder nur **zum Wochenende** erfolgt.[40]

16

---

36 Auch ein eingetragener Lebenspartner, wenn man der hier vertretenen Auffassung folgt; vgl. § 8 Rn 2 f.
37 OLG Stuttgart FamRZ 1980, 49.
38 OLG Düsseldorf FamRZ 1991, 705.
39 BGHZ 35, 302; OLG Köln FamRZ 1984, 267; *Palandt – Brudermüller*, Einf v § 1353 Rn 5.
40 OLG Stuttgart FamRZ 1980, 141; KG FamRZ 1983, 616; OLG Köln FamRZ 1980, 139; OLG Hamm FamRZ 1981, 477.

2. Glaubhaftmachung

17 Die Voraussetzungen für den Erlass der einstweiligen Verfügung sind glaubhaft zu machen (§§ 936, 920 Abs. 2 ZPO).
Vgl. im Übrigen § 2 Rn 447.

V. Zuständiges Gericht

18 Die **Zuständigkeit** für den Erlass der einstweiligen Verfügung richtet sich nach §§ 937, 943 ZPO. Das Verfahren ist durch das allgemeine **Zivilgericht**, bei dem das **Hauptsacheverfahren** zu führen ist, zu erledigen, nicht dagegen durch das Familiengericht. Denn der Anspruch gegen den Störer oder auch gegen den Ehegatten aus dem Hauptsacheverfahren (§§ 1004, 823 Abs. 1 BGB analog) ist nicht familienrechtlicher Natur.[41] Maßgeblich zur Abgrenzung der amts- oder landgerichtlichen Zuständigkeit ist somit der Streitwert. Ab einem Wert von über 5.000 EUR ist die einstweilige Verfügung beim Landgericht zu beantragen, ansonsten beim Amtsgericht.

19 Die örtliche Zuständigkeit folgt den Regelungen der §§ 12, 13 ZPO. Demzufolge ist auf den Wohnsitz des in Anspruch genommenen Störers oder Ehegatten abzustellen. Ebenso kommt eine Anwendung des § 32 ZPO, der eine Zuständigkeit für jeden rechtswidrigen Eingriff in eine fremde Rechtssphäre begründet,[42] in Betracht. Folglich kann eine Klage auch dort erhoben werden, wo die Ehestörung vorgenommen wird, was für den Kläger beispielsweise dann vorteilhaft ist, wenn der zu verklagende Störer seinen Wohnsitz außerhalb des Bezirkes hat, in dem der Kläger wohnhaft ist und sich die eheliche Wohnung befindet.

F. Ablauf des Verfahrens

I. Beteiligte

20 Am Verfahren beteiligt sind der klagende Ehegatte[43] und der Dritte als Störer oder auch der andere Ehegatte, wenn sich der Verfügungsantrag gegen diesen richtet.

II. Ablauf des Verfahrens im Übrigen

20a Hierzu vgl. § 2 Rn 460 ff. Die dortigen Ausführungen gelten hier sinngemäß.

---

41 OLG Karlsruhe FamRZ 1980, 139; OLG Hamm FamRZ 1981, 477; OLG Köln FamRZ 1984, 267; OLG Zweibrücken FamRZ 1989, 55; *Thomas/Putzo – Hüßtege*, Vorbem § 606 Rn 9; *Zöller – Philippi*, § 606 Rn 8; a.A. für den Fall der Klage gegen den Ehegatten OLG Celle FamRZ 1980, 242.
42 *Zöller – Vollkommer*, § 32 Rn 4.
43 Ggf. auch ein eingetragener Lebenspartner – vgl. § 8 Rn 2 f.

G. Vollziehung

Die Vollziehung der einstweiligen Verfügung richtet sich gemäß §§ 936, 928 ZPO nach den Vorschriften über die Zwangsvollstreckung.   21

H. Rechtsbehelfe

Vgl. § 2 Rn 483 ff. Die dortigen Ausführungen gelten hier entsprechend.   22
Ergänzend ist darauf hinzuweisen, dass die Aufhebung der einstweiligen Verfügung nach § 927 ZPO nicht alleine deshalb in Betracht kommt, weil der Antragsgegner (der andere Ehegatte) mittlerweile eine Zuweisung der Ehewohnung nach § 1361a BGB, § 18a HausrVO erlangen konnte. Denn diese Nutzungszuweisung ändert nichts daran, dass es sich bei der zugewiesenen Wohnung um die Ehewohnung handelt. Auch in einem solchen Fall ist bei der Aufnahme eines Dritten in diese Wohnung von einer Ehestörung auszugehen. Die eheliche Treuepflicht wirkt grundsätzlich auch noch in der Trennungszeit.[44] Der aus der Ehewohnung verwiesene Ehegatte braucht es nicht zu dulden, dass der andere Ehegatte einen neuen Lebensgefährten in die Ehewohnung aufnimmt.

Je verfestigter jedoch die Zerrüttung ist, desto eher wird es (nachträglich) am Verfügungsgrund fehlen,[45] sodass auf Antrag eine Aufhebung der erlassenen einstweiligen Verfügung nach § 927 ZPO vorzunehmen ist. Dies erst ab dem Zeitpunkt zuzulassen, in dem die Scheidungsvoraussetzungen vorliegen, halte ich für nicht veranlasst,[46] jedenfalls wenn hierfür auch der Ablauf des Trennungsjahres gefordert werden sollte.

I. Außer-Kraft-Treten der einstweiligen Verfügung

Vgl. § 2 Rn 494.   22a

---

44 BGH NJW 1983, 569; FamRZ 1989, 1279 zu unterhaltsrechtlichen Auswirkungen der ehelichen Treuepflicht in der Trennungszeit (§ 1579 BGB).
45 Vgl. § 8 Rn 10.
46 So *Gießler/Soyka*, Rn 976.

§9 Herausgabe und Benutzung zum persönlichen Gebrauch dienender Gegenstände

Zur angemessenen Lebensführung werden nicht nur Hausratsgegenstände, sondern auch und gerade die zum persönlichen Gebrauch bestimmten Sachen benötigt. Die Herausgabepflicht derartiger Gegenstände richtet sich materiell nach §§ 985, 861, 812 BGB. Das jeweilige Hauptsacheverfahren ist zivilprozessualen Regeln unterworfen und grds. vor dem allgemeinen Zivilgericht zu verhandeln; eine familienrechtliche Streitigkeit liegt nicht vor.[1] Jedoch werden auch §§ 1353, 1361a BGB und, soweit es um Sachen der Kinder geht, §§ 1601, 1610 Abs. 2 BGB, als geeignete Rechtsgrundlagen angesehen.[2]

Um in verfahrensökonomischer Weise die vorläufige Herausgabe der dem persönlichen Gebrauch dienenden Gegenstände zu erzwingen, stellt das Gesetz verschiedene Möglichkeiten zur Verfügung, die in den Zuständigkeitsbereich des Familiengerichts fallen.

Als Mittel des einstweiligen Rechtsschutzes kommt die einstweilige Anordnung nach § 620 Nr. 8 ZPO in Betracht, wenn die Herausgabe persönlicher Gegenstände des Kindes oder des Ehegatten erwirkt werden soll. Entsprechend anzuwenden ist diese Regelung gemäß § 661 Abs. 2 ZPO, soweit ein eingetragener Lebenspartner im Zusammenhang mit einer anhängigen Lebenspartnerschaftssache gemäß § 661 Abs. 1 Nr. 1 bis 3 LPartG persönliche Gegenstände herausverlangt. Weiterhin ist an § 50d FGG zu denken; eine Regelung, die den Erlass einer einstweiligen Anordnung[3] ermöglicht, soweit Sachen eines minderjährigen Kindes herausgegeben werden sollen. Schließlich ist auch der Antrag auf Erlass einer einstweiligen Verfügung zu erwägen.

Welche Maßnahme des einstweiligen Rechtsschutzes im Einzelfall zu wählen ist, hängt davon ab, ob es sich um Gegenstände handelt, die dem persönlichen Gebrauch des Kindes oder des Ehegatten bzw. Lebenspartners dienen und in welchem Zeitraum die Antragstellung vorgenommen wird.

Weiter ist danach zu differenzieren, ob gegen den anderen Ehegatten/Lebenspartner oder gegen Dritte vorgegangen werden soll oder ggf. das Kind von den Eltern Herausgabe begehrt.

Dies führt zu folgender **Übersicht**, aus der sich die jeweilige Wahl des maßgeblichen Mittels des einstweiligen Rechtsschutzes ersehen lässt. Detailfragen sind den Textausführungen zu entnehmen.

---

1 MK (ZPO) – *Finger,* § 620 Rn 88.
2 Vgl. nur *Musielak – Borth,* § 620 Rn 87.
3 Auch hier wäre wie bei der einstweiligen Anordnung nach § 621g ZPO zur elterlichen Sorge etc. nach der in der Rechtsprechung weitgehend gewählten Terminologie in FGG-Angelegenheiten der Begriff »vorläufige« Anordnung zu verwenden. Ich schließe mich jedoch der vom Gesetzgeber gewählten Ausdrucksweise an.

§9 Herausgabe und Benutzung zum persönlichen Gebrauch dienender Gegenstände

Übersicht über die Maßnahmen einstweiligen Rechtsschutzes zur Herausgabe persönlicher Gegenstände

Antragsgegner: Ehegatte		
persönliche Gebrauchsgegenstände eines gemeinsamen minderjährigen Kindes (bei Lebenspartnern nach erfolgter Stiefkindadoption)	bei Anhängigkeit einer Ehesache zwischen den Eltern bzw. einer Lebenspartnerschaftssache nach § 661 Abs. 1 Nr. 1–3 ZPO § 9 Rn 7	§ 620 Nr. 8 ZPO
	bei Anhängigkeit eines Verfahrens zum Hausrat § 4 Rn 58	§ 621g ZPO (wahlweise einstweilige Verfügung) § 9 Rn 85
	bei Anhängigkeit eines Verfahrens auf Herausgabe des Kindes § 9 Rn 49	§ 50d FGG
	im Übrigen § 9 Rn 81	einstweilige Verfügung
Antragsgegner: Ehegatte oder Lebenspartner		
persönliche Gebrauchsgegenstände eines nicht gemeinsamen minderjährigen Kindes	bei Anhängigkeit eines Verfahrens zum Hausrat § 4 Rn 58	§ 621g ZPO (wahlweise einstweilige Verfügung) § 9 Rn 85
	bei Anhängigkeit eines Verfahrens auf Herausgabe des Kindes § 9 Rn 49	§ 50d FGG
	im Übrigen § 9 Rn 80	einstweilige Verfügung
persönliche Gebrauchsgegenstände des Ehegatten/Lebenspartners	bei Anhängigkeit einer Ehesache § 9 Rn 9 bzw. einer Lebenspartnerschaftssache nach § 661 Abs. 1 Nr. 1–3 ZPO	§ 620 Nr. 8 ZPO
	bei Anhängigkeit eines Verfahrens zum Hausrat § 4 Rn 58	§ 621g ZPO (wahlweise einstweilige Verfügung) § 9 Rn 85
	im Übrigen § 9 Rn 80	einstweilige Verfügung
Antragsgegner: anderer Elternteil oder beliebige Dritte		
persönliche Gebrauchsgegenstände eines Kindes	bei Anhängigkeit eines Verfahrens auf Herausgabe des Kindes § 9 Rn 49	§ 50d FGG
	im Übrigen § 9 Rn 81	einstweilige Verfügung
Antragsgegner: Elternteil		
persönliche Gebrauchsgegenstände eines Kindes		einstweilige Verfügung § 9 Rn 78 und 82

A. Die einstweilige Anordnung zur Herausgabe persönlicher Gegenstände nach § 620 Nr. 8 ZPO

I. Anhängigkeit der Ehesache

Die einstweilige Anordnung nach § 620 Nr. 8 ZPO setzt voraus, dass eine **Ehesache** (oder ein entsprechendes PKH-Verfahren) **schon und noch anhängig** ist. 4

Wegen der Einzelheiten wird verwiesen auf § 2 Rn 4 ff.

Ebenso ist der Erlass einer einstweiligen Anordnung nach §§ 661 Abs. 2, 620 Nr. 8 ZPO zulässig, sobald und solange die Anhängigkeit einer **Lebenspartnerschaftssache** nach § 661 Abs. 1 Nr. 1 bis 3 LPartG anzunehmen ist; auch hier genügt ein entsprechender PKH-Antrag. 5

II. Inhalt der einstweiligen Anordnung nach § 620 Nr. 8 ZPO

1. Der persönliche Wirkungsbereich der einstweiligen Anordnung nach § 620 Nr. 8 ZPO

Eine Entscheidung nach § 620 Nr. 8 ZPO entfaltet nur zwischen den **Eheleuten** Wirkung. Dies gilt auch dann, wenn die Herausgabe persönlicher Gebrauchsgegenstände der Kinder angeordnet wird. Diese werden durch die einstweilige Anordnung weder berechtigt noch verpflichtet.[4] 6

Wie bei § 620 Nr. 2 ZPO[5] ist auch der Anwendungsbereich der Herausgabeanordnung beschränkt auf persönliche Gebrauchsgegenstände **gemeinsamer Kinder** der beteiligten Ehegatten. Handelt es sich um Sachen eines Kindes, das nur von einem der beiden Ehegatten abstammt, ist die einstweilige Verfügung (ggf. auch § 50d FGG) als zutreffendes Mittel des einstweiligen Rechtsschutzes zu wählen. 7

Fraglich ist, ob die einstweilige Anordnung auch dann mit Aussicht auf Erfolg beantragt werden kann, wenn das **Kind bereits volljährig** ist. Ein Vergleich des Wortlauts des § 620 Nr. 8 ZPO mit demjenigen in Nr. 4 ZPO legt dies nahe;[6] bei Nr. 8 ist dem Gesetzestext eine Einschränkung auf minderjährige Kinder nicht zu entnehmen. 8

---

4 *Zöller – Philippi,* § 620 Rn 80; *Musielak – Borth,* § 620 Rn 86; MK (ZPO) – *Finger,* § 620 Rn 84; a.A. *Schwab/Maurer/Borth,* I Rn 894.
5 Vgl. § 3 Rn 19.
6 MK (ZPO) – *Finger,* § 620 Rn 84; die erlassene einstweilige Anordnung wirkt aber auch nach dieser Auffassung nur im Verhältnis der Ehegatten zueinander; anders bezüglich der Wirksamkeit auch gegenüber dem (minderjährigen) Kind *Schwab/Maurer/Borth,* I Rn 894.

Hinweis

Da jedoch im Zusammenhang mit der Scheidung durch einen Ehegatten keine Ansprüche eines volljährigen Kindes realisiert werden können, sollte dies auch im Rahmen des einstweiligen Rechtsschutzes gelten. Die unterschiedliche Formulierung dürfte als Redaktionsversehen[7] zu qualifizieren sein. Hieraus ergibt sich, dass ein Herausgabeverlangen, das sich auf persönliche Gegenstände volljähriger Kinder bezieht, nicht auf § 620 Nr. 8 ZPO gestützt werden kann, sondern in diesem Fall nur der Erlass einer einstweiligen Verfügung in Betracht kommt.[8]

9 Bei Anhängigkeit einer Lebenspartnerschaftssache ist der Wirkungsbereich ebenfalls beschränkt auf die beiden **Lebenspartner**. In diesem Fall kommt auch die Anordnung der Herausgabe persönlicher Gegenstände eines Kindes in Betracht, wenn die eingetragenen Lebenspartner eine sogenannte Stiefkindadoption vorgenommen haben.

2. Sachlicher Anwendungsbereich/Regelungsinhalt

a) Sachlicher Anwendungsbereich

10 Bei den herauszugebenden Gegenständen muss es sich um Sachen handeln, die **zum persönlichen Gebrauch des Kindes oder des Ehegatten** bestimmt sind. Ohne Bedeutung bleibt bei dieser Einordnung die Eigentumslage.

Abzugrenzen sind diese von Hausratsgegenständen, also von solchen, die für die gemeinsame Wohn- und Hauswirtschaft bestimmt waren.[9] Maßgeblich ist die Zweckbestimmung, die im Einzelfall zu schwierigen Abgrenzungsfragen[10] führen kann.

Auch scheiden Sparbücher oder Geld aus, da es sich insoweit nicht um **Gebrauchs**gegenstände handelt.[11]

11 Als **Gegenstände des persönlichen Gebrauchs des Ehegatten bzw. des Lebenspartners** kommen in Betracht: Kleidung, Schmuck, Ausweise, Versicherungsunterlagen, Krankenscheine, Medikamente, Kosmetika, Münzsammlungen, Gegenstände der Berufsausübung, Gegenstände der Freizeitgestaltung,[12] Bücher, Haustiere,[13] auch Fahrzeuge und Möbel[14] etc.

---

7 *Gießler/Soyka*, Rn 819; im Ergebnis ebenso *Schwab/Maurer/Borth*, I Rn 894, der auf § 1629 Abs. 2 S. 2, Abs. 3 S. 1 BGB abstellt – die Anwendung dieser Regelungen scheidet bei Volljährigkeit des Kindes aus.
8 Hierzu vgl. § 9 Rn 78.
9 Hierzu vgl. § 4 Rn 27.
10 Diese bleiben jedoch zumindest im Bereich der einstweiligen Anordnung wegen § 620 Nr. 7 ZPO ohne praktische Bedeutung.
11 *Zöller – Philippi*, § 620 Rn 80; OLG Hamm FamRZ 1980, 708; *Gießler/Soyka*, Rn 828; MK (ZPO) – *Finger*, § 620 Rn 84; a.A. *Peschel-Gutzeit*, MDR 1984, 890, 892.
12 Hierbei kann es sich je nach Verwendungsart auch um Hausrat handeln.
13 *Zöller – Philippi*, § 620 Nr. 80; a.A. *Peschel-Gutzeit*, MDR 1984, 890, 892.
14 Auch hier kann sich die Abgrenzung zum Hausrat schwierig gestalten.

Persönliche Gebrauchsgegenstände des Kindes können neben den soeben benannten sein: Spielsachen, Schulbücher, sonstige Schulutensilien, Zeugnisse, Fahrzeuge wie Mofa, Moped oder Fahrrad etc.
Das **Kinderzimmer** wird wohl im Allgemeinen zum Hausrat zu zählen sein.[15]

b) Regelungsinhalt

Die einstweilige Anordnung nach § 620 Nr. 8 ZPO beinhaltet eine **Herausgabeverpflichtung**. Eingriffe in das Eigentum werden nicht vorgenommen. Im Einzelfall (etwa wenn der antragstellende Ehegatte im Besitz der Sache ist und der andere Ehegatte lediglich das Recht zum Gebrauch dieses Gegenstandes streitig macht) kann auch eine bloße **Nutzungsgestattung** ausgesprochen werden.

12

III. Das Verhältnis der einstweiligen Anordnung nach § 620 Nr. 8 ZPO zu anderen Mitteln einstweiligen Rechtsschutzes und zu Hauptsacheregelungen

1. Das Verhältnis der einstweiligen Anordnung zu Hauptsacheverfahren

Vor Rechtshängigkeit eines isolierten **Hauptsacheverfahrens auf Herausgabe persönlicher Gegenstände** (etwa aus §§ 985 oder 861 BGB) hat der Antragsteller die freie Wahl, ob er ein Hauptsacheverfahren einleitet oder den Erlass einer einstweiligen Anordnung beantragt, die denselben Zeitraum betrifft.[16]
Dieses Wahlrecht bleibt auch **nach Rechtshängigkeit** eines entsprechenden Hauptsacheantrages erhalten.[17]

13

Ist ein **Hauptsacheverfahren nach § 1361a BGB** anhängig, kann aus prozessökonomischen Gründen **zusätzlich** der Antrag auf Herausgabe persönlicher Gegenstände des Ehegatten und des Kindes gestellt[18] und sodann eine einstweilige Anordnung mit dem Ziel der Herausgabe von Hausrat und der persönlichen Gegenstände nach § 621g ZPO i.V.m. § 621

14

---

15 MK (ZPO) – *Finger*, § 620 Rn 84; RGRK – *Kalthoener*, § 1 HausratsVO Rn 20; a.A. *Gießler/Soyka*, Rn 828, der Kindermöbel grds. als Gegenstände des persönlichen Gebrauchs qualifiziert, was im Rahmen der einstweiligen Anordnung nach § 620 ZPO letztlich keine Bedeutung hat, da die Herausgabe sowohl nach § 620 Nr. 8 als auch Nr. 7 ZPO angeordnet werden kann. Wird jedoch die Herausgabe eines Kinderzimmers begehrt, das für ein nur von einem Ehegatten abstammendes Kind angeschafft wurde, kommt eine einstweilige Anordnung nach § 620 Nr. 7 ZPO in Betracht, wenn die Einrichtungsgegenstände als Hausrat der Eheleute angesehen werden (das auch während deren Zusammenleben gedient). § 620 Nr. 8 ZPO scheidet dagegen aus, da nur die Herausgabe persönlicher Gebrauchsgegenstände gemeinsamer Kinder verlangt werden kann.
16 Vgl. § 4 Rn 12 zum Hausrat.
17 Bei diesen Hauptsacheverfahren ist eine Maßnahme des einstweiligen Rechtsschutzes wie bei der Herausgabe von Hausratsgegenständen zur Nutzung (§ 621g ZPO) nicht vorgesehen. Somit kann insoweit ein Konkurrenzproblem nicht bestehen (vgl. zu dem Streit § 3 Rn 32).
18 Vgl. § 4 Rn 58.

§ 9 Herausgabe und Benutzung zum persönlichen Gebrauch dienender Gegenstände

Abs. 1 Nr. 7 ZPO beantragt[19] werden. Dies bewirkt jedoch nicht, dass eine Antragstellung nach § 620 Nr. 8 ZPO unzulässig wäre. Es ist ein **Wahlrecht** anzunehmen, sodass beide Maßnahmen einstweiligen Rechtsschutzes zulässigerweise ergriffen werden können.

15 Ein Wahlrecht hat ein Antragsteller auch dann, wenn ein **Hauptsacheverfahren auf Kindesherausgabe** anhängig ist und damit die Möglichkeit besteht, nach § 50d FGG eine Herausgabeanordnung bezüglich persönlicher Gegenstände des Kindes zu erwirken.[20] Ein Vorgehen nach § 620 Nr. 8 ZPO bleibt auch in diesem Fall zulässig.

16 Nach **Eintritt der Rechtskraft** eines Hauptsacheverfahrens, das sich auf die Gegenstände zum persönlichen Gebrauch bezieht, ist der Erlass einer einstweiligen Anordnung ausgeschlossen. Das Verfahrenshindernis der anderweitigen Hauptsacheregelung greift.[21]

2. Das Verhältnis der einstweiligen Anordnung zu anderen Mitteln des einstweiligen Rechtsschutzes

a) Das Verhältnis des § 620 Nr. 8 ZPO zu § 50d FGG und zu § 621g ZPO

17 **Vor Anhängigkeit** des jeweils anderen summarischen Verfahrens besteht ein **Wahlrecht** zwischen einer einstweiligen Anordnung nach § 620 Nr. 8 ZPO und einer solchen nach § 50d FGG.

Dasselbe gilt bei einer möglichen Antragstellung nach §§ 621g, 621 Abs. 1 Nr. 7 ZPO, die zusätzlich zur Nutzungszuweisung von Hausrat die Herausgabe persönlicher Gegenstände beinhalten kann.

18 Ist jedoch bereits ein gesetzlich normiertes Anordnungsverfahren eingeleitet, verhindert dies wegen anderweitiger Rechtshängigkeit eine Antragstellung im jeweils anderen Verfahren.[22] Sobald somit eine **einstweilige Anordnung nach § 620 Nr. 8 ZPO anhängig**[23] ist, kann ein Antrag nach § 50d FGG nicht mehr gestellt werden und umgekehrt.

19 Nicht übertragen werden kann dieses Konkurrenzverhältnis m.E. auf den Fall, dass ein einstweiliges Anordnungsverfahrens nach §§ 621g, 621 Abs. 1 Nr. 7 ZPO anhängig ist und in diesem Verfahren eine **zusätzliche** Regelung zur Herausgabe zum persönlichen Gebrauch bestimmter Gegenstände erfolgen **kann**. Diese zusätzliche Antragstellung bezüglich eines anderen Regelungsbereichs ist aus Gründen der Prozessökonomie zwar zu-

---

19 Vgl. sofort den Fall, dass die einstweilige Anordnung nach § 621g ZPO bereits anhängig ist.
20 *Gießler/Soyka*, Rn 821; a.A. MK (ZPO) – *Finger*, § 620 Rn 88: eine einstweilige Anordnung nach § 620 Nr. 8 ZPO soll ausscheiden.
21 *Gießler/Soyka*, Rn 125.
22 *Zöller – Philippi*, § 620 Rn 33 zu einstweiligem Rechtsschutz bei elterlicher Sorge.
23 Anhängigkeit bewirkt im Anordnungsverfahren Rechtshängigkeit, da eine Entscheidung ohne vorherige Anhörung des Antragsgegners und damit ohne vorherige Zustellung des Antrages erlassen werden kann. Vgl. § Rn 13.

zulassen.[24] Anderweitige Rechtshängigkeit bezüglich eines (einstweiligen) Herausgabebegehrens wegen persönlicher Gegenstände tritt dagegen nicht ein, solange eine solche Antragstellung noch nicht vorgenommen ist.

Erst recht bewirkt eine in einem summarischen Verfahren erlassene **vollstreckbare Entscheidung**, dass in einem anderen summarischen Verfahren der Erlass einer weiteren einstweiligen Anordnung zum selben Regelungsgegenstand nicht in Betracht kommt.[25]

b) Das Verhältnis des § 620 Nr. 8 ZPO zur einstweiligen Verfügung

Der Erlass einer einstweiligen Verfügung zwischen Ehegatten bzw. Lebenspartnern wird unzulässig, sobald eine einstweilige Anordnung nach § 620 Nr. 8 ZPO (i.V.m. § 661 Abs. 2 ZPO) erwirkt werden **kann**, also **ab Anhängigkeit einer Ehesache** (Lebenspartnerschaftssache nach § 661 Abs. 1 Nr. 1 bis 3 ZPO) bzw. eines entsprechenden **PKH-Antrages**.[26] Im Zeitraum davor ist der Erlass einer einstweiligen Verfügung möglich.

Wurde ein Antrag auf Erlass einer einstweiligen Verfügung gestellt, obwohl bereits die einstweilige Anordnung nach § 620 Nr. 8 ZPO statthaft wäre, kommt eine Umdeutung des Verfügungsantrages in einen Anordnungsantrag gemäß § 140 BGB in Betracht.[27] Zur Überleitung des Verfügungsverfahrens in ein Anordnungsverfahren vgl. § 2 Rn 52.

Beachte
Die **einstweilige Verfügung ist subsidiär, soweit** Regelungen nach § 620 Nr. 8 ZPO erlassen werden können. Geht man somit davon aus, dass der Anwendungsbereich nicht eröffnet ist, wenn Gegenstände betroffen sind, die zum Gebrauch **volljähriger** Kinder oder zum Gebrauch des Kindes nur eines der beiden Ehegatten oder eines Lebenspartners bestimmt sind, greift diesbezüglich ausschließlich die einstweilige Verfügung.[28]

IV. Regelungsbedürfnis

Zum Regelungsbedürfnis allgemein vgl. oben § 2 Rn 58.

Das für den Erlass einer einstweiligen Anordnung nach § 620 Nr. 8 ZPO erforderliche **Regelungsbedürfnis** liegt vor, wenn der Ehegatte bzw. Lebenspartner oder das Kind im Rahmen seiner Lebensführung auf die zum persönlichen Gebrauch bestimmten Sachen angewiesen ist[29] und der andere Ehegatte/Lebenspartner die freiwillige Herausgabe verwei-

---

24 Vgl. § 4 Rn 58.
25 Vgl. § 1 Rn 19; *Gießler/Soyka*, Rn 821.
26 MK (ZPO) – *Finger*, § 620 Rn 88.
27 BGH FamRZ 1982, 1200 zur Umdeutung in einen Antrag nach § 13 Abs. 4 HausratsVO a.F.; dasselbe muss für eine Umdeutung in einen Antrag nach § 620 Nr. 8 ZPO gelten.
28 Vgl. § 9 Rn 78.
29 *Gießler/Soyka*, Rn 845, 828; OLG Köln FamRZ 1985, 498.

gert. Auf eine besondere Notlage kommt es ebenso wenig an wie auf die bestehenden Eigentumsverhältnisse.[30] Somit können **alle** zum persönlichen Gebrauch bestimmten und benötigten Gegenstände herausverlangt werden, **nicht nur die dringend** benötigten.[31]

V. Weitere Zulässigkeitsvoraussetzungen

25   Der Antragsteller hat sämtliche Verfahrensvoraussetzungen darzustellen; bei Bedarf ist auch auf das Fehlen von Verfahrenshindernissen einzugehen.
Im Einzelnen vgl. § 2 Rn 67.

VI. Antragstellung

1. Erfordernis der Antragstellung und Art des Antrags

26   Ein einstweiliges Anordnungsverfahren nach § 620 Nr. 8 ZPO setzt eine Antragstellung zwingend voraus. Da sich ein Hauptsacheverfahren auf Herausgabe nach zivilprozessualen Regeln richtet und nicht dem FGG unterliegt, ist der Antrag als Sachantrag zu qualifizieren und muss demzufolge hinreichend bestimmt sein.[32] Die herauszugebenden Gegenstände sind bei Antragstellung vollstreckungsfähig zu bezeichnen.

2. Antragsbefugnis

27   Antragsbefugt sind ausschließlich die **Ehegatten** bzw. die **Partner einer eingetragenen Lebenspartnerschaft**.

Soweit die Herausgabe zum persönlichen **Gebrauch des Kindes** dienender Gegenstände betroffen ist, steht die Antragsberechtigung nur dem **Elternteil** zu, dem die **elterliche Sorge** zugewiesen wurde, oder im Falle der gemeinsamen Sorge demjenigen, der das Kind in **Obhut** hat (§ 1629 Abs. 2 S. 2 BGB).[33]

---

30 *Palandt – Diederichsen,* § 1632 Rn 15: die Klärung der Eigentumsverhältnisse bleibt einem Hauptsacheverfahren vorbehalten; *Zöller – Philippi,* § 620 Rn 80.
31 *Gießler/Soyka,* Rn 847.
32 Zum Streit, ob es sich bei § 620 Nr. 8 ZPO um ein zivilprozessuales oder ein FGG-Verfahren handelt, vgl. § 9 Rn 29 und *Musielak – Borth,* § 620 Rn 89.
33 So auch *Schwab/Maurer/Borth,* I Rn 894, der jedoch auch eine Anwendbarkeit des § 1629 Abs. 3 S. 2 BGB annimmt mit der Konsequenz, dass die einstweilige Anordnung auch zugunsten und zum Nachteil des Kindes wirkt.

3. Form/Anwaltszwang

Die Antragstellung ist **schriftlich** oder **zu Protokoll der Geschäftsstelle** eines Amtsgerichts vorzunehmen und unterliegt **nicht** dem **Anwaltszwang** (§§ 620a Abs. 2 S. 2, 78 Abs. 5 ZPO).

28

4. Sachdarstellung/Glaubhaftmachung

a) Anzuwendende Verfahrensart

Problematisch ist hier die Qualifizierung der Verfahrensart, nach der der Herausgabeantrag zu erledigen ist. Wegen des Charakters des jeweiligen Hauptsacheverfahrens als ZPO-Sache wird nach m.E. zutreffender Auffassung auch beim Anordnungsverfahren auf die **Vorschriften der ZPO** abzustellen sein.[34]

29

Nach anderer Auffassung jedoch sind wegen der Ähnlichkeit zum Hausratsverfahren auch hier die FGG-Regeln anzuwenden mit der Konsequenz, dass das Amtsermittlungsprinzip gilt.[35] Wesentliche Unterschiede werden in der Praxis jedoch kaum zu bemerken sein, da die FGG-Vorschriften im Falle einer »streitigen FGG-Sache« in modifizierter Weise zur Anwendung kommen.

Hierzu vgl. § 4 Rn 24.

b) Darzustellende Voraussetzungen
aa) Übersicht

Eine sachdienliche Darstellung sollte sich beziehen auf:

30

- die allgemeinen Verfahrensvoraussetzungen[36]
- Partei-, Prozessfähigkeit
- Zuständigkeit des angerufenen Gerichts
- Regelungsbedürfnis
- das Fehlen von Verfahrenshindernissen
- anderweitige Rechtshängigkeit/Rechtskraft eines summarischen Verfahrens
- entgegenstehende Rechtskraft einer Hauptsacheentscheidung
- die besondere Verfahrensvoraussetzung zur Anhängigkeit der Ehesache (Lebenspartnerschaftssache) – insoweit aber aktenkundig
- die materiellen Voraussetzungen für die Herausgabe der Gegenstände des persönlichen Gebrauchs (hierzu sogleich)
- Tatsachen zur Qualifizierung des Gegenstandes als solcher des persönlichen Gebrauchs

---

34 MK (ZPO) – *Finger,* § 620 Rn 89.
35 *Zöller – Philippi,* § 620a Rn 29; *Johannsen/Henrich/Sedemund-Treiber,* § 620a Rn 14; *Gießler/Soyka,* Rn 780.
36 Weitergehend zu Prozessvoraussetzungen vgl. *Thomas/Putzo – Reichold,* Vorbem § 253 Rn 15 ff.

§ 9 Herausgabe und Benutzung zum persönlichen Gebrauch dienender Gegenstände

- Voraussetzungen der materiellen Anspruchsgrundlage[37]
- bei Antrag auf Erlass der einstweiligen Anordnung ohne rechtliches Gehör des Gegners auch die Umstände, die eine solche Entscheidung ohne Anhörung rechtfertigen.

bb) Materielle Voraussetzungen

31 Als **materielle Anspruchsgrundlagen** kommen bei Herausgabeverlangen bezogen auf **persönliche Gegenstände des Ehegatten** bzw. **Lebenspartners** die Regelungen der §§ 985,[38] 861, 1007 BGB in Betracht. Auch wird der Überlassungsanspruch auf § 1353 BGB, auf § 1361a BGB oder auf die Unterhaltspflicht der Ehegatten gestützt. Eine »Art Leiheverhältnis« zwischen den Ehegatten anzunehmen, dürfte in der Tat einer überholten Auffassung entsprechen.[39]

32 Soweit **persönliche Gegenstände des Kindes** betroffen sind, können ebenfalls §§ 985, 861, 1007 BGB maßgebliche Normen darstellen. Wenn jedoch die Gegenstände nicht im Eigentum und/oder Besitz des Kindes sind, was vielfach der Fall sein wird, wird der Anspruch dem Unterhaltsrecht entnommen (§§ 1601, 1610 Abs. 2 BGB).[40] Der Lebensbedarf umfasst die Gegenstände, die zum persönlichen Gebrauch des Kindes bestimmt sind. Nach anderer Auffassung wird eine erweiternde Auslegung des § 1361a BGB befürwortet.[41] Teilweise wird auch auf § 620 Nr. 8 ZPO selbst als Anspruchsgrundlage abgestellt.[42]

c) Glaubhaftmachung

33 Die darzustellenden Voraussetzungen sind gemäß § 620a Abs. 2 S. 3 ZPO glaubhaft zu machen.
Hierzu vgl. § 2 Rn 78–80.

5. Zuständiges Gericht

33a Insoweit wird auf § 2 Rn 81 ff. verwiesen.

6. Internationale Zuständigkeit

33b Vgl. § 14 Rn 3 ff.

---

37 Vgl. § 9 Rn 31 (folgend).
38 Vgl. auch § 1362 Abs. 2 BGB, wonach eine auch im Verhältnis der Ehegatten zueinander maßgebliche Eigentumsvermutung greift, nach der die zum persönlichen Gebrauch eines Ehegatten bestimmten Gegenstände in dessen Eigentum stehen. Zur entsprechenden Anwendung dieser Norm bei eingetragenen Lebenspartnerschaften siehe § 8 Abs. 1 S. 2 LPartG.
39 So noch BGH NJW 1954, 918; dagegen *Soergel – Lange*, § 1353 Rn 9 Fn 14.
40 *Gießler/Soyka*, Rn 828; MK (ZPO) – *Finger*, § 620 Rn 86.
41 *Johannsen/Henrich/Sedemund-Treiber*, § 620 Rn 33.
42 MK (ZPO) – *Finger*, § 620 Rn 86; *Rahm/Künkel* – *Niepmann*, VI Rn 75; *Zöller* – *Philippi*, § 620 Rn 8; vgl. auch *Peschel-Gutzeit*, MDR 1984, 890.

VII. Ablauf des Verfahrens

1. Beteiligte

Als Beteiligte kommen im Verfahren nach §§ 620 ff. ZPO ausschließlich die **Ehegatten** bzw. Partner einer eingetragenen **Lebenspartnerschaft** in Betracht. Soweit die Auffassung vertreten wird, dass auch Gebrauchsgegenstände volljähriger Kinder von der einstweiligen Anordnung erfasst sein können, ändert dies hieran nichts.[43]

34

2. Mündliche Verhandlung

Vgl. § 2 Rn 93.

35

3. Rechtliches Gehör

Vgl. § 2 Rn 97.

35a

4. Die Wahlmöglichkeiten des Gerichts zur Verfahrensgestaltung

Vgl. § 2 Rn 98 ff.

35b

5. Anwaltszwang

Vgl. Rn § 2 Rn 101.
Im Rahmen der mündlichen Verhandlung nach § 620a Abs. 1 ZPO müssen sich die Beteiligten anwaltlich vertreten lassen. Das Anordnungsverfahren unterfällt als Teil der Ehesache der Regelung des § 78 Abs. 2 ZPO.
Soweit die Auffassung vertreten wird, der Verfahrensablauf richte sich nach dem FGG, muss konsequenterweise die Darstellung zu § 2 Rn 33 gelten.

36

6. Beweisaufnahme

Soweit der hier vertretenen Auffassung gefolgt wird, dass ZPO-Regeln Anwendung finden, gelten die normalen Grundsätze eines zivilprozessualen (Anordnungs-)Verfahrens wie der Beibringungsgrundsatz etc.

37

---

43 MK (ZPO) – *Finger*, § 620 Rn 84.

§ 9 Herausgabe und Benutzung zum persönlichen Gebrauch dienender Gegenstände

Vgl. § 2 Rn 102 f.

Falls FGG-Regeln angewandt werden, kann auf die Darstellungen zum Hausrat verwiesen werden: § 2 Rn 34.

7. Beendigung durch Vergleich

38 Da m.E. ZPO-Regelungen greifen, ist der Abschluss eines Vergleichs problemlos möglich. Doch auch wer den Verfahrensablauf FGG-Regeln unterstellt, kann jedenfalls auf die Ähnlichkeit zum Hausratsverfahren und der dort bestehenden Möglichkeit eines Vergleichsschlusses verweisen.[44]

8. Entscheidung/Beschluss

a) Förmlichkeiten der Entscheidung

39 Der Antrag auf Erlass der einstweiligen Anordnung ist durch Beschluss zu erledigen.

Zur Begründungspflicht vgl. § 2 Rn 115 ff.

b) Prüfungsumfang des Gerichts/Bindung an Parteianträge

40 Das Gericht prüft von Amts wegen sämtliche Zulässigkeitsvoraussetzungen und ob die das Herausgabebegehren rechtfertigenden Umstände glaubhaft gemacht sind.

Da eine ZPO-Sache betroffen ist, entfaltet der Antrag Bindungswirkung. Der Richter darf nicht darüber hinausgehen und auch nichts Anderes zusprechen.[45]

c) Inhalt des Beschlusses

40a Vgl. oben § 9 Rn 10–12.

Zur (grds. entbehrlichen) Kostenentscheidung vgl. § 2 Rn 120 ff.

VIII. Vollstreckung

41 Einstweilige Anordnungen nach § 620 Nr. 8 ZPO sind gemäß § 794 Abs. 1 Nr. 3a ZPO nach ZPO-Regeln zu vollstrecken.[46] Bei Herausgabeverpflichtungen greift § 883 ZPO.

Zu den Vollstreckungsvoraussetzungen im Übrigen vgl. § 2 Rn 128 f.

Zur Aussetzung der Vollziehung der einstweiligen Anordnung vgl. § 2 Rn 132.

---

44 Vgl. § 4 Rn 35.
45 Bei Anwendung der FGG-Regeln vgl. § 4 Rn 36.
46 Aufgrund dieser gesetzlichen Anordnung ist hier die Frage des anzuwendenden Verfahrensrechts ohne Bedeutung.

IX. Rechtsbehelfe

Als Rechtsbehelfe gegen den Beschluss nach § 620a Abs. 1 ZPO kommen in Betracht: 42
- Abänderungs-/Aufhebungsantrag nach § 620b Abs. 1 S. 1 ZPO
- Antrag auf erneute Beschlussfassung nach mündlicher Verhandlung gemäß § 620b Abs. 2 ZPO.

Hierzu vgl. § 2 Rn 137 ff.

Eine sofortige Beschwerde scheidet aus (§ 620c S. 2 ZPO); auch im Falle greifbarer Gesetzeswidrigkeit kommt eine solche wohl nicht mehr in Betracht.[47]

X. Außer-Kraft-Treten der einstweiligen Anordnung

Wann eine einstweilige Anordnung zur Herausgabe von Gegenständen zum persönlichen Gebrauch außer Kraft tritt, bestimmt sich nach § 620f Abs. 1 S. 1 ZPO. Soweit die Herausgabeanordnung im Zeitpunkt der Rechtskraft der Scheidung noch nicht erledigt ist, kann die Vollstreckung auch noch nach diesem Zeitpunkt vorgenommen oder fortgesetzt werden, es sei denn eine Hauptsacheentscheidung liegt vor, die sich inhaltlich auf einen Herausgabeanspruch bezieht. **Wirksamkeit** i.S.v. § 620f Abs. 1 S. 1 ZPO erlangt diese anderweitige Regelung m.E. wie eine Entscheidung zum Unterhalt mit Eintritt der Rechtskraft.[48] 43

Vgl. zum Außer-Kraft-Treten **in Abhängigkeit von der Ehesache** bzw. **Lebenspartnerschaftssache** § 2 Rn 229 ff. und **in sonstigen Fällen** § 2 Rn 235 f.

Zur Feststellung des Außer-Kraft-Tretens vgl. Rn 237 und 239 ff.

XI. Zusatzfragen zu Prozesskostenhilfe

Vgl. oben § 2 Rn 253 ff. 43a

B. Die einstweilige Anordnung[49] nach § 50d FGG

Lange Zeit war § 50d FGG neben § 13 Abs. 4 HausratsVO a.F. insoweit eine Ausnahmevorschrift, als hier ausdrückliche gesetzliche Regelungen zur Statthaftigkeit einer einstweiligen Anordnung im FGG-Bereich zu finden waren. Sonderlich bekannt war diese Norm erfahrungsgemäß nicht. 44

---

47 Vgl. § 2 Rn 171 ff.
48 Vgl. § 2 Rn 209 ff.
49 Da es sich hier um eine FGG-Angelegenheit handelt, wird in der Rechtsprechung weitgehend der Begriff »vorläufige Anordnung« gebraucht. Ich schließe mich wie in den sonstigen Fällen ausdrücklich normierter Mittel des einstweiligen Rechtsschutzes der gesetzlich gewählten Bezeichnung an.

§9 Herausgabe und Benutzung zum persönlichen Gebrauch dienender Gegenstände

Nach § 50d FGG kann der Elternteil, der die Herausgabe eines Kindes verlangt, gleichzeitig im einstweiligen Anordnungsverfahren den Antrag auf Herausgabe der zum persönlichen Gebrauch des Kindes bestimmten Sachen stellen.

I. Anhängigkeit eines Hauptsacheverfahrens auf Herausgabe eines Kindes

45 Die einstweilige Anordnung nach § 50d FGG setzt voraus, dass ein isoliertes Hauptsacheverfahren zur Herausgabe des Kindes nach § 1632 Abs. 1 BGB **anhängig** ist.
Gegen wen sich das Herausgabeverlangen richtet, ist unerheblich. Es kann Herausgabe vom **anderen Ehegatten** oder auch von **beliebigen Dritten** begehrt werden.

46 *Hinweis*
Eine **Deckungsgleichheit** der Regelungsbereiche des Hauptsacheverfahrens und des Anordnungsverfahrens ist gerade **nicht** erforderlich. Anders als in sonstigen Bereichen des einstweiligen Rechtsschutzes im FGG-Bereich dient die einstweilige Anordnung nicht dazu, vorläufig (bis zur Entscheidung in einem kongruenten Hauptsacheverfahren) eine Regelung zu treffen, sondern ermöglicht im Falle der **Anordnung** der Herausgabe des Kindes, **zusätzlich** die Herausgabe der persönlichen Gegenstände zu erwirken. Hieraus folgt, dass die einstweilige Anordnung nur im Zusammenhang mit einer **Entscheidung zur Kindesherausgabe** erlassen werden kann. Dies jedoch muss nicht zwingend eine Hauptsacheentscheidung sein Es genügt insoweit auch eine einstweilige Anordnung, kraft derer die Verpflichtung zur Herausgabe des Kindes ausgesprochen wird.[50]

47 Bevor die Herausgabe des Kindes selbst nicht angeordnet ist, kommt der Erlass einer einstweiligen Anordnung nach § 50d FGG zur Herausgabe der persönlichen Sachen somit nicht in Betracht. Umgekehrt jedoch kann eine solche einstweilige Anordnung noch ergehen, wenn zuvor eine einstweilige Anordnung oder auch eine Hauptsacheentscheidung ergangen ist, nach der das Kind herausgegeben werden muss.[51] Maßgeblich ist m.E. insoweit nur, dass der Anordnungsantrag nach § 50d FGG vor Eintritt der Rechtskraft im Hauptsacheverfahren (auf Herausgabe des Kindes) gestellt ist.

48 Teilweise wird die Anwendbarkeit des § 50d FGG nicht nur bei einem Hauptsacheverfahren auf Kindesherausgabe, sondern auch bei einem solchen zur **elterlichen Sorge** bejaht.[52] Begründet wird dies mit der Erwägung, dass nicht einzusehen sei, weshalb derjenige, der um das Sorgerecht und die Herausgabe des (beim anderen Elternteil sich aufhaltenden) Kin-

---

50 *Johannsen/Henrich/Brudermüller*, § 50d FGG Rn 3 mit Hinweis auf OLG Zweibrücken FamRZ 1983, 1162, 1163; *Gießler/Soyka*, Rn 835; *Bumiller/Winkler*, § 50d Rn 1.
51 *Gießler/Soyka*, Rn 835; *Keidel/Engelhardt*, § 50d Rn 4.
52 *Gießler/Soyka*, Rn 820; wohl auch MK (ZPO) – *Finger*, § 620 Rn 88.

des streite, die Möglichkeit der einstweiligen Anordnung nach § 50d FGG haben solle, dagegen jedoch demjenigen, bei dem sich das Kind schon aufhalte, diese Vorgehensweise verschlossen sei. Einer derart erweiternden Auslegung wird jedoch unter Hinweis auf den eindeutigen Wortlaut des § 50d FGG und wegen der unterschiedlichen Regelungsbereiche von elterlicher Sorge einerseits und Kindesherausgabe andererseits auch widersprochen.[53]

II. Inhalt der einstweiligen Anordnung nach § 50d FGG

1. Der persönliche Wirkungsbereich der einstweiligen Anordnung nach § 50d FGG

Da das Hauptsacheverfahren zur Herausgabe des Kindes sich sowohl gegen den **Ehegatten** als auch gegen **beliebige Dritte** richten kann,[54] gilt dies auch für die einstweilige Anordnung nach § 50d FGG, kraft derer somit auch Dritte zur Herausgabe der zum persönlichen Gebrauch bestimmten Sachen des Kindes verpflichtet werden können.

49

2. Sachlicher Anwendungsbereich/Regelungsinhalt

Mit Hilfe einer einstweiligen Anordnung nach § 50d FGG wird die **Herausgabe** der **zum persönlichen Gebrauch des Kindes bestimmten** Sachen erzwungen. Auch hier erfolgt kein Eingriff in Eigentumsrechte.
Zum Begriff persönlicher Gebrauchsgegenstände vgl. § 9 Rn 10 f.

50

III. Das Verhältnis der einstweiligen Anordnung zu anderen Mitteln einstweiligen Rechtsschutzes und zu Hauptsacheregelungen

1. Das Verhältnis der einstweiligen Anordnung nach § 50d FGG zu Hauptsacheverfahren

Die einstweilige Anordnung nach § 50d FGG benötigt als **verfahrensunselbstständiges Mittel** des einstweiligen Rechtsschutzes ein Hauptsacheverfahren, das jedoch nicht inhaltlich deckungsgleich ist mit dem Anordnungsverfahren.
Bis zum Eintritt der Rechtskraft eines Hauptsacheurteils, in dem die Herausgabeverpflichtung bezogen auf die persönlichen Gegenstände des Kindes ausgesprochen oder abgelehnt wird,[55] ist der Erlass einer einstweiligen Anordnung zulässig. Ein lediglich für vorläufig vollstreckbar erklärtes Urteil hindert den Erlass der einstweiligen Anordnung nicht, da die

51

---

53 So *Börger/Bosch/Heuschmid*, § 4 Rn 326.
54 Vgl. § 9 Rn 45.
55 Oder ein entsprechendes negatives Feststellungsurteil ergeht.

§ 9 Herausgabe und Benutzung zum persönlichen Gebrauch dienender Gegenstände

Wirkung des § 620f Abs. 1 S. 1 ZPO in zivilprozessualen Hauptsacheverfahren die Rechtskraft des Urteils voraussetzt.[56]

52 Ist ein **Hauptsacheverfahren nach § 1361a BGB** anhängig und besteht somit die Möglichkeit, eine Antragstellung nach §§ 621g, 621 Abs. 1 Nr. 7 ZPO auf Herausgabe von Hausrat und aus prozessökonomischen Gründen damit einhergehend auch auf Herausgabe persönlicher Gegenstände des Kindes[57] vorzunehmen, bleibt dennoch die einstweilige Anordnung nach § 50d FGG zulässig.

2. Das Verhältnis der einstweiligen Anordnung zu anderen Mitteln des einstweiligen Rechtsschutzes

a) Das Verhältnis des § 50d FGG zu § 620 Nr. 8 ZPO und zu § 621g ZPO

53 **Vor Anhängigkeit** anderer summarischer Verfahren besteht nach hier vertretener Auffassung ein **Wahlrecht** zwischen einer einstweiligen Anordnung nach § 50d FGG, einer solchen nach § 620 Nr. 8 ZPO oder auch einem Vorgehen nach §§ 621g, 621 Abs. 1 Nr. 7 ZPO.[58]

Ein bereits gestellter Antrag in einer Verfahrensart verhindert jedoch eine Antragstellung im jeweils anderen Verfahren.[59] Sobald somit ein Antrag nach § 620 Nr. 8 ZPO **anhängig**[60] ist, wird eine weitere Antragstellung nach § 50d FGG unzulässig; dasselbe gilt für den umgekehrten Fall. Ist im Rahmen eines Hauptsacheverfahrens zur Nutzung des Hausrats ein Antrag nach §§ 621g, 621 Abs. 1 Nr. 7 ZPO bereits gestellt und somit aus prozessökonomischen Gründen die zusätzliche Antragstellung zur Herausgabe von Gegenständen des persönlichen Gebrauchs als zulässig zu erachten, scheidet ein Antrag nach § 50d FGG weder aus Gründen anderweitiger Rechtshängigkeit noch aus Gründen der Subsidiarität aus. Erst wenn ein zusätzlicher Antrag auf Herausgabe tatsächlich vorliegt, kommt m.E. ein Vorgehen nach § 50d FGG nicht mehr in Betracht.

Zur Möglichkeit der Überleitung eines Verfahrens nach § 50d FGG in ein Anordnungsverfahren nach § 620 Nr. 8 ZPO vgl. § 4 Rn 15.

Zur Abänderung einer erlassenen einstweiligen Anordnung nach § 620 Nr. 8 ZPO durch eine einstweilige Anordnung nach § 50d FGG vgl. § 4 Rn 16.

Die dortigen Ausführungen gelten hier entsprechend.

---

56 Vgl. zum Außer-Kraft-Treten § 9 Rn 76 und zur entsprechenden Rechtslage bei einem ebenfalls nach ZPO-Regeln zu vollstreckenden Unterhaltsurteil § 2 Rn 209 ff.
57 Vgl. § 4 Rn 58.
58 Hierzu vgl. § 9 Rn 17.
59 *Zöller – Philippi*, § 620 Rn 33 zu einstweiligem Rechtsschutz bei elterlicher Sorge; vgl. oben § 9 Rn 18.
60 Anhängigkeit genügt, da eine Entscheidung ohne vorherige Anhörung des Antragsgegners und damit ohne vorherige Zustellung des Antrages erlassen werden kann. Vgl. § 1 Rn 13.

b) Das Verhältnis des § 50d FGG zur einstweiligen Verfügung

Die einstweilige Verfügung ist unzulässig, sobald eine einstweilige Anordnung nach § 50d FGG erwirkt werden kann, also ab Anhängigkeit eines isolierten Verfahrens auf Herausgabe des Kindes. Denn die einstweilige Verfügung ist subsidiär.[61] Zur Umdeutung und Überleitung eines Verfügungsverfahrens in ein Anordnungsverfahren wird auf die entsprechend geltenden Ausführungen in § 2 Rn 51 und § 4 Rn 18 verwiesen.

54

IV. Regelungsbedürfnis

Zum Regelungsbedürfnis allgemein vgl. oben § 2 Rn 58 ff.

55

Bei einer einstweiligen Anordnung nach § 50d FGG werden an die Voraussetzungen des Regelungsbedürfnisses **keine strengen Anforderungen** gestellt.[62] Es genügt, dass der Antragsgegner die zum persönlichen Gebrauch des Kindes bestimmten Sachen nicht freiwillig herausgibt und das Kind auf diese zur persönlichen Lebensführung **angewiesen** ist.[63] Nicht erforderlich ist, dass eine Notlage vorliegt und das Kind auf die Gegenstände dringend angewiesen ist.

Im Falle verbotener Eigenmacht gilt auch hier,[64] dass auf die Darstellung eines besonderen Regelungsbedürfnisses zu verzichten ist.

V. Weitere Zulässigkeitsvoraussetzungen

Der Antragsteller hat sämtliche Verfahrensvoraussetzungen darzustellen; bei Bedarf ist auch auf das Fehlen von Verfahrenshindernissen einzugehen. Vgl. § 2 Rn 67.

56

VI. Antragstellung

1. Erfordernis der Antragstellung und Art des Antrags

Aufgrund des Wortlautes des § 50d FGG ist nach wohl h.M. anzunehmen, dass ein Anordnungsantrag entbehrlich ist.[65] Die einstweilige Anordnung kann von Amts wegen ergehen.[66]

57

---

61 MK (ZPO) – *Finger,* § 620 Rn 88; *Gießler/Soyka,* Rn 817.
62 Anders bei der einstweiligen Verfügung; vgl. § 9 Rn 90.
63 OLG Zweibrücken FamRZ 1983, 1162; *Gießler/Soyka,* Rn 833.
64 Zur einstweiligen Anordnung nach §§ 621g, 621 Abs. 1 Nr. 7 ZPO vgl. § 4 Rn 69.
65 *Johannsen/Henrich/Brudermüller,* § 50d FGG Rn 4; *Bumiller/Winkler,* § 50d Rn 2; *Keidel/Engelhardt,* § 50d Rn 4.
66 A.A. *Gießler/Soyka,* Rn 830.

§ 9 Herausgabe und Benutzung zum persönlichen Gebrauch dienender Gegenstände

Materiell richtet sich die einstweilige Anordnung nach Normen,[67] die es nahelegen, den Antrag als Sachantrag aufzufassen. Dennoch wird das Verfahren der einstweiligen Anordnung nach § 50d FGG als unselbstständiger Teil eines FGG-Verfahrens betrieben.[68] Somit ist der Antrag m.E. als **Verfahrensantrag** zu qualifizieren. Gleichwohl ist erforderlich, dass die herauszugebenden Gegenstände für eine Vollstreckung hinreichend konkret bezeichnet werden.[69]

2. Antragsbefugnis

58   Da nach hier vertretener Auffassung eine einstweilige Anordnung auch ohne Antrag erlassen werden kann, ist eine Antragsbefugnis als echte Verfahrensvoraussetzung nicht zu prüfen. Wird im Verfahren zur Kindesherausgabe ein Antrag auf Herausgabe der persönlichen Gegenstände des Kindes von einem anderen Beteiligten als einem Elternteil gestellt (z.B. vom betroffenen Kind selbst im Rahmen einer durchgeführten Anhörung), ist dieser als **Anregung** zu qualifizieren, von Amts wegen zu entscheiden.

Materiell leitet sich die Berechtigung eines Elternteils, die Herausgabe zu verlangen, aus dem Sorgerecht oder bei gemeinsamer Sorge[70] aus § 1629 Abs. 2 S. 2 BGB her.[71]

3. Form/Anwaltszwang

59   Eine (nicht stets erforderliche) Antragstellung kann **schriftlich** oder **zu Protokoll der Geschäftsstelle** eines Amtsgerichts erfolgen. Sie unterliegt nicht dem Anwaltszwang.

4. Sachdarstellung/Glaubhaftmachung

a) Anzuwendende Verfahrensart/Glaubhaftmachung

60   Anders als bei dem Anordnungsverfahren nach § 620 Nr. 8 ZPO handelt es sich hier um ein nach **FGG-Regeln** zu erledigendes Verfahren.[72] Denn die einstweilige Anordnung nach § 50d FGG stellt ein verfahrensunselbstständiges Mittel des einstweiligen Rechtsschutzes dar und folgt den Verfahrensregeln der Hauptsache (Herausgabe des Kindes). Dies bedeutet, dass letztlich insbesondere das **Amtsermittlungsprinzip** des § 12 FGG Geltung bean-

---

67 Vgl. § 9 Rn 31 f.
68 *Bumiller/Winkler*, § 50d Rn 2; *Gießler/Soyka*, Rn 834; *Keidel/Engelhardt*, § 50d Rn 5.
69 Hier sind die Ausführungen zu den streitigen FGG-Angelegenheiten Hausrat und Ehewohnung entsprechend anzuwenden. Vgl. § 4 Rn 73.
70 Etwa bei lediglich erfolgter Übertragung des Aufenthaltsbestimmungsrechts; dies genügt im Übrigen für ein Vorgehen im Hauptsacheverfahren nach § 1632 BGB – vgl. *Oelkers*, § 4 Rn 2.
71 Hierzu vgl. bei § 620 Nr. 8 ZPO oben § 9 Rn 27.
72 *Keidel/Engelhardt*, § 50d Rn 5; *Gießler/Soyka*, Rn 834; MK (ZPO) – *Finger*, § 620 Rn 89 Fn 344, der auf den Wertungswiderspruch zum Verfahren nach § 620 Nr. 8 ZPO hinweist (Amtsermittlungsprinzip).

Herausgabe und Benutzung zum persönlichen Gebrauch dienender Gegenstände § 9

sprucht. Es handelt sich hier jedoch wie bei Herausgabebegehren zum Hausrat um ein Verfahren der so genannten streitigen freiwilligen Gerichtsbarkeit, sodass eine eingehende Darstellung der Tatsachen, die den Antrag rechtfertigen sollen, und eine Benennung der Beweismittel angezeigt ist.[73]

b) Darzustellende Voraussetzungen

aa) Übersicht[74]

Eine sachdienliche Darstellung sollte sich beziehen auf : 61
- die allgemeinen Verfahrensvoraussetzungen[75]
- das Fehlen von Verfahrenshindernissen
- die besondere Verfahrensvoraussetzung zur Anhängigkeit der Hauptsache auf Herausgabe des Kindes (ggf. auch zur elterlichen Sorge) – insoweit aber aktenkundig
- die materiellen Voraussetzungen für die Herausgabe der Gegenstände des persönlichen Gebrauchs (hierzu sogleich)
- Tatsachen zur Qualifizierung des Gegenstandes als solcher des persönlichen Gebrauchs
- Voraussetzungen der materiellen Anspruchsgrundlage[76]
- die materiellen Voraussetzungen für den Erlass der Hauptsacheentscheidung zur Herausgabe des Kindes
- bei Antrag auf Erlass der einstweiligen Anordnung ohne rechtliches Gehör des Gegners auch die Umstände, die eine solche Entscheidung ohne Anhörung rechtfertigen.

bb) Materielle Voraussetzungen

Zum Begriff der zum persönlichen Gebrauch bestimmten Sachen vgl. § 9 Rn 10. 62
Die materiellen Voraussetzungen des Herausgabeanspruchs können sich aus §§ 985, 861 BGB ergeben. Vielfach jedoch wird auf den Unterhaltsanspruch nach §§ 1361, 1601, 1610 Abs. 2 BGB abzustellen sein.[77]
Zum Herausgabeanspruch bezüglich des Kindes vgl. § 9 Rn 32.

5. Zuständiges Gericht

Zum Erlass der einstweiligen Anordnung nach § 50d FGG ist das Familiengericht zuständig, das mit dem Hauptsacheverfahren auf Herausgabe des Kindes befasst ist.[78] 63

---

73 Vgl. zu den hier entsprechend anzuwendenden Grundsätzen § 4 Rn 24.
74 Vgl. eingehender die Übersicht § 9 Rn 30.
75 Weitergehend zu Prozessvoraussetzungen vgl. *Thomas/Putzo.–.Reichold*, Vorbem § 253 Rn 15 ff.
76 Vgl. § 9 Rn 62 (sofort).
77 Vgl. § 9 Rn 31.
78 *Bumiller/Winkler*, § 50d Rn 2.

§9 Herausgabe und Benutzung zum persönlichen Gebrauch dienender Gegenstände

6. Internationale Zuständigkeit

63a Vgl. § 14 Rn 4 ff.

VII. Ablauf des Verfahrens

1. Beteiligte

64 Als Beteiligte eines Anordnungsverfahrens nach § 50d FGG kommen nicht nur die Ehegatten, sondern auch Dritte in Betracht, gegen die sich das Hauptsacheverfahren richtet.[79]

2. Mündliche Verhandlung

65 Das Verfahren folgt allgemeinen FGG-Regeln.[80] Somit ist eine mündliche Verhandlung nicht zwingend vorgesehen, jedoch vielfach zweckmäßig.

3. Rechtliches Gehör

65a Vgl. § 2 Rn 97.

4. Anwaltszwang

66 Wie im Hauptsacheverfahren selbst ist auch im Anordnungsverfahren anwaltliche Vertretung in erster und zweiter Instanz nicht erforderlich (§ 78 Abs. 2, 3 ZPO).

5. Beweisaufnahme

67 Da das Verfahren nach FGG-Regeln zu erledigen ist, greift auch die Amtsermittlungspflicht des § 12 FGG. Diese ist jedoch ebenso wie in Hausratsverfahren eingeschränkt. Das Gericht darf davon ausgehen, dass jeder Beteiligte die für ihn günstigen Umstände vorträgt und auch Beweismittel benennt.[81] Genügen diese dann nicht für die erforderliche Glaubhaftmachung, muss das Gericht von Amts wegen weitere Beweise erheben.

Hier ist wie in allen Verfahren des einstweiligen Rechtsschutzes maßgeblich, dass eine Beweisaufnahme nicht notwendigerweise den strengen Regeln eines zivilprozessualen Hauptsacheverfahrens folgt, sondern eine Glaubhaftmachung genügen lässt.[82]

---

79 Vgl. § 9 Rn 45.
80 Vgl. § 9 Rn 60.
81 Vgl. § 4 Rn 24.
82 Vgl. § 1 Rn 24.

6. Beendigung durch Vergleich

Die Regelungsmaterie unterliegt der Dispositionsbefugnis der Beteiligten. Somit kommt entsprechend der Regelung im Hausratsverfahren nach §§ 621g, 621 Abs. 1 Nr. 7 ZPO eine Verfahrensbeendigung durch Vergleich in Betracht.[83]

68

7. Entscheidung/Beschluss

a) Förmlichkeiten der Entscheidung

Die Entscheidung zur einstweiligen Anordnung ergeht durch Beschluss. Auch wenn eine Begründungspflicht gesetzlich nicht ausdrücklich angeordnet ist, sollte eine kurze Darlegung der maßgeblichen Erwägungen vorgenommen werden.

69

Zur Frage der Begründung vgl. weiter § 2 Rn 116 ff.

Da die Herausgabeanordnung vollstreckbaren Inhalt hat, muss der Beschluss nach §§ 621a Abs. 1 S. 2, 329 Abs. 3 ZPO zugestellt werden. Wird der Erlass der beantragten einstweiligen Anordnung dagegen abgelehnt, genügt die formlose Bekanntgabe.

70

b) Prüfungsumfang des Gerichts/Bindung an Parteianträge

Da nach hier vertretener Auffassung das Verfahren auch ohne Antrag eingeleitet werden kann und der Verfahrensablauf FGG-Regeln folgt, kommt eine Bindung an den gestellten Antrag streng genommen nicht in Betracht. Jedoch wird es kaum denkbar sein, dass das Gericht andere als die beantragten Gegenstände herauszugeben anordnet.

71

Das Gericht prüft von Amts wegen sämtliche Zulässigkeits- und alle materiellen Voraussetzungen (insoweit genügt Glaubhaftmachung) für den Erlass der einstweiligen Anordnung nach § 50d FGG.

Vgl. § 9 Rn 61.

c) Inhalt des Beschlusses

Im stattgebenden Beschluss wird angeordnet, dass der Antragsgegner verpflichtet ist, die konkret bezeichneten Gegenstände des persönlichen Gebrauchs herauszugeben. Eine Kostenentscheidung wird nicht getroffen, Ebenso unterbleibt ein Ausspruch über die vorläufige Vollstreckbarkeit. Die Ausführungen zur einstweiligen Anordnung nach §§ 621g, 621 Abs. 1 Nr. 7 ZPO zum Hausrat gelten hier entsprechend.[84]

72

---

83 *Gießler/Soyka*, Rn 834.
84 Vgl. § 4 Rn 82.

§ 9 Herausgabe und Benutzung zum persönlichen Gebrauch dienender Gegenstände

> *Hinweis*
> Die einstweilige Anordnung nach § 50d FGG darf **nicht isoliert** erlassen werden, sondern setzt voraus, dass die Herausgabe des Kindes gleichzeitig angeordnet wird oder bereits angeordnet ist.[85]

VIII. Vollstreckung

73 Die einstweilige Anordnung des § 50d FGG wird nach den Vorschriften der Zivilprozessordnung vollstreckt.[86] Dies lässt sich in Anlehnung an die Regelungen zur Herausgabe von Hausrat auch dann rechtfertigen (vgl. § 794 Abs. 1 Nr. 3a ZPO), wenn – wie hier angenommen – der Verfahrensablauf selbst FGG-Regeln folgt.

Zu den Vollstreckungsvoraussetzungen im Übrigen vgl. § 2 Rn 128 f.

IX. Rechtsbehelfe

74 Eine erlassene einstweilige Anordnung nach § 50d FGG ist mit der **einfachen Beschwerde** nach § 19 Abs. 1 FGG anfechtbar; dies gilt auch für den Fall der Zurückweisung eines Antrages.[87]

Außerdem kommt eine Abänderung des Beschlusses nach § 18 Abs. 1 FGG in Betracht.

Diesbezüglich kann auf die sinngemäß zu übertragenden Ausführungen zur Entscheidung zur elterlichen Sorge von Amts wegen verwiesen werden.[88]

75 Das Beschwerdeverfahren wird unzulässig, sobald der Hauptsacheantrag auf Kindesherausgabe rechtskräftig zurückgewiesen oder zurückgenommen wird, da dann die einstweilige Anordnung außer Kraft tritt.

X. Außer-Kraft-Treten der einstweiligen Anordnung

76 Die einstweilige Anordnung nach § 50d FGG tritt außer Kraft, wenn ein **Hauptsacheverfahren auf Herausgabe der persönlichen Gegenstände rechtskräftig** entschieden ist; unerheblich bleibt, ob die Klage erfolgreich war oder abgewiesen wurde (§ 620f Abs. 1 S. 1 Alt. 1 ZPO analog).

---

[85] Dies kann auch im Rahmen einer einstweiligen Anordnung geschehen sein; vgl. § 9 Rn 46.
[86] *Bumiller/Winkler*, § 50d Rn 2; *Gießler/Soyka*, Rn 839; a.A. *Keidel/Engelhardt*, § 50d Rn 6; *Johannsen/Henrich/Brudermüller*, § 50d Rn 5 – Vollstreckung nach § 33 FGG.
[87] *Bumiller/Winkler*, § 50d Rn 3; *Johannsen/Henrich/Brudermüller*, § 50d Rn 5; a.A. *Gießler/Soyka*, Rn 836: unanfechtbar in entsprechender Anwendung des § 620c S. 2 ZPO.
[88] § 3 Rn 245 ff.

In Abhängigkeit vom Hauptsacheverfahren auf **Herausgabe des Kindes** wird die einstweilige Anordnung in entsprechender Anwendung von § 620f Abs. 1 S. 1 Alt. 2 ZPO unwirksam, wenn dieser Antrag rechtskräftig zurückgewiesen ist. 77
Zur Feststellung des Außer-Kraft-Tretens vgl. § 2 Rn 237.

C. Die einstweilige Verfügung auf Herausgabe persönlicher Gegenstände des Ehegatten und/oder des Kindes

Mit Hilfe der einstweiligen Verfügung als Leistungsverfügung kann die Herausgabe persönlicher Gegenstände des Ehegatten bzw. des eingetragenen Lebenspartners und auch des Kindes erwirkt werden. Die einstweilige Verfügung auf Herausgabe persönlicher Gegenstände richtet sich im hier darzustellenden Zusammenhang in aller Regel gegen den anderen Ehegatten/Lebenspartner bzw. gegen den anderen Elternteil. 78

Im Einzelfall kann auch ein Dritter[89] von einer einstweiligen Verfügung betroffen sein, wenn dieser im Besitz der maßgeblichen Gegenstände ist.

Erwirkt werden kann die einstweilige Verfügung unter bestimmten Voraussetzungen auch durch das Kind gegen einen Elternteil (oder gegen beide) – so bei Volljährigkeit des Kindes oder wenn den Eltern die elterliche Sorge entzogen und auf einen Pfleger übertragen wurde.

Da die Möglichkeit besteht, dasselbe Ziel mit anderen Mitteln des einstweiligen Rechtsschutzes zu erlangen, ist es angezeigt, das Konkurrenzverhältnis zu einstweiligen Anordnungen nach §§ 620 Nr. 8, 621g i.V.m. 621 Abs. 1 Nr. 7 ZPO sowie § 50d FGG besonders zu beachten.

I. Bezug zu einem Hauptsacheverfahren

Die einstweilige Verfügung stellt ein verfahrensselbstständiges Mittel des einstweiligen Rechtsschutzes dar. Die Durchführung eines Hauptsacheverfahrens ist somit entbehrlich.[90] 79

II. Inhalt der einstweiligen Verfügung

1. Der persönliche Wirkungsbereich der einstweiligen Verfügung

Die einstweilige Verfügung auf **Herausgabe persönlicher Gegenstände des Ehegatten** betrifft im hier anzusprechenden Bereich ausschließlich die Ehegatten selbst.[91] Dasselbe gilt im Verhältnis eingetragener Lebenspartner zueinander. 80

---
89 Zu Herausgabeverfügungen gegen Dritte in Hausratsverfahren vgl. § 1 Rn 4.
90 Vgl. § 1 Rn 4.
91 Selbstverständlich ist der Erlass einstweiliger Verfügungen gegen beliebige Dritte, die sich etwa durch verbotene Eigenmacht den Besitz an persönlichen Gegenständen eines Ehegatten verschafft haben, zulässig.

§ 9 Herausgabe und Benutzung zum persönlichen Gebrauch dienender Gegenstände

81 Bei einer einstweiligen Verfügung auf **Herausgabe persönlicher Gegenstände des Kindes** sind folgende Besonderheiten zu beachten.
Knüpft man beim Verfügungsanspruch[92] an unterhaltsrechtliche Vorschriften an, muss der Anspruch ggf. im Rahmen **gesetzlicher Prozessstandschaft** nach § 1629 Abs. 3 S. 1 BGB geltend gemacht werden. Als Partei des Verfügungsverfahrens hat somit derjenige aufzutreten, in dessen Obhut sich das Kind befindet.[93] Berechtigt wird demzufolge aus der Entscheidung der Elternteil, der die Entscheidung erwirkt hat.
Liegen die Voraussetzungen dieser Norm nicht vor, z.b. weil die Ehe der Eltern rechtskräftig geschieden ist, muss das **Kind selbst**, gesetzlich vertreten durch den Elternteil, in dessen Obhut sich das Kind befindet, als Partei des Verfügungsverfahrens auftreten (§ 1629 Abs. 2 S. 2 BGB). Das Kind wird somit in diesem Fall durch die Entscheidung unmittelbar selbst berechtigt.

82 Bei einem volljährigen Kind, bei dem nach hier vertretener Auffassung der Erlass einer einstweiligen Anordnung nach § 620 Nr. 8 ZPO generell ausscheidet,[94] ist dieses stets selbst Partei.
Denkbar ist im Einzelfall auch ein Herausgabeverlangen gegen einen oder beide Elternteile durch das Kind, vertreten durch Dritte wie z.b. im Falle des Entzugs der elterlichen Sorge nach § 1666 BGB und erfolgter Übertragung auf einen Vormund.

2. Sachlicher Anwendungsbereich/Regelungsinhalt

83 Es wird ausschließlich eine **Herausgabeanordnung** getroffen. Eine Eigentumsübertragung erfolgt nicht.

III. Das Verhältnis der einstweiligen Verfügung auf Herausgabe persönlicher Gegenstände zu anderen Mitteln einstweiligen Rechtsschutzes

1. Die einstweilige Verfügung auf Herausgabe persönlicher Gegenstände des Ehegatten/Lebenspartners

84 Sobald eine **Ehesache** bzw. eine **Lebenspartnerschaftssache** i.S.v. § 661 Abs. 1 Nr. 1 bis 3 ZPO (oder ein entsprechender PKH-Antrag) **anhängig** ist, kann der Erlass einer einstweiligen Anordnung nach § 620 Nr. 8 ZPO beantragt werden. Ab diesem Zeitpunkt scheidet eine einstweilige Verfügung aus Gründen der Subsidiarität aus.[95]

---

[92] Vgl. § 9 Rn 32.
[93] So auch *Gießler/Soyka*, Rn 826, 536.
[94] Vgl. § 9 Rn 8.
[95] MK (ZPO) – *Finger*, § 620 Rn 88; *Gießler/Soyka*, Rn 817.

§ 9 Herausgabe und Benutzung zum persönlichen Gebrauch dienender Gegenstände

Bei **Anhängigkeit eines Hauptsacheverfahrens** auf Nutzungszuweisung (§ 1361a BGB) oder auf Teilung des Hausrates (§§ 8 ff. HausratsVO) kann in einem zusätzlichen Hauptsacheantrag aus Gründen der Verfahrensökonomie **die Herausgabe von Gegenständen des persönlichen Gebrauchs** begehrt werden.[96] Mit der einstweiligen Anordnung nach § 621g S. 2 i.V.m. § 621 Abs. 1 Nr. 7 ZPO steht dann ein Mittel des einstweiligen Rechtsschutzes zur Verfügung, das eine vorläufige Regelung ermöglicht, und zwar wiederum aus verfahrensökonomischen Gründen auch zu persönlichen Gebrauchsgegenständen.[97]

85

Nicht ausreichend für die Annahme der Subsidiarität der einstweiligen Verfügung ist m.E. jedoch diese bloße zusätzliche **Möglichkeit**, in einem bereits anhängigen Hauptsacheverfahren nach § 1361a BGB (oder §§ 8 ff. HausratsVO) zusätzlich den Hauptsacheantrag auf Gegenstände des persönlichen Gebrauchs zu erweitern.[98] Denn die genannten Gründe der Verfahrensökonomie **ermöglichen** nur eine vereinfachte Vorgehensweise und schaffen keinen Zwang, die Herausgabe dieser Sachen vor dem Familiengericht durchzusetzen.

Hinweis

86

Nach **anderer Auffassung** ist die Anhängigkeit eines Hausratsverfahrens völlig ohne Bedeutung; die Herausgabe persönlicher Gegenstände sei **ausschließlich** im Verfahren der einstweiligen Verfügung zu beantragen.[99]

2. Die einstweilige Verfügung auf Herausgabe persönlicher Gegenstände des Kindes

Hinweis

87

Hier gilt das soeben Dargestellte entsprechend. Jedoch ist zu beachten, dass einstweiliger Rechtsschutz zur Herausgabe von Gegenständen des persönlichen Gebrauchs eines Kindes, das nur von einem der beiden Ehegatten abstammt, nicht im Zusammenhang mit einer einstweiligen Anordnung nach § 620 Nr. 8 ZPO (i.V.m. § 661 Abs. 2 ZPO) erlangt werden kann, da diese Regelung nur auf **gemeinsame Kinder** zugeschnitten ist. Außerdem scheidet § 620 Nr. 8 ZPO bei **volljährigen** Kindern aus. In diesen Fällen ist auf die einstweilige Verfügung zurückzugreifen.

---

96 OLG Düsseldorf FamRZ 1978, 523; *Gießler/Soyka*, Rn 817.
97 *Gießler/Soyka*, Rn 817.
98 So wohl auch *Gießler/Soyka*, Rn 858, der Subsidiarität annimmt, wenn der Gegenstand in einem zwischen den Eltern anhängigen Hausratsverfahren herausverlangt wird. Der dort als Beispiel für einen persönlichen Gegenstand angeführte Schrank des Kinderzimmers unterfällt nach hier vertretener Auffassung jedoch in aller Regel dem Hausrat – vgl. insoweit § 9 Rn 11.
99 OLG Düsseldorf FamRZ 1978, 358; OLG Karlsruhe FamRZ 1979, 609; *Fehmel*, § 18a Rn 36.

§ 9 Herausgabe und Benutzung zum persönlichen Gebrauch dienender Gegenstände

88 Im Gegensatz hierzu ermöglicht auch ein anhängiges Verfahren auf Kindesherausgabe nach § 1632 Abs. 1 BGB den Erlass einer einstweiligen Anordnung nach § 50d FGG[100] und somit scheidet bei Anhängigkeit eines derartigen Hauptsacheverfahrens die einstweilige Verfügung aus Subsidiaritätsgründen gerade aus.

In speziellen Einzelfällen jedoch wird trotz Anhängigkeit eines solchen Verfahrens der Erlass einer einstweiligen Verfügung zulässig sein müssen, nämlich dann, wenn einstweiliger Rechtsschutz auf Herausgabe persönlicher Gegenstände eines Kindes bereits vor der Entscheidung zur Herausgabe des Kindes selbst benötigt wird[101] (obwohl letztere ebenfalls im Rahmen einer einstweiligen Anordnung ergehen könnte). Ein derartiger Ausnahmefall wäre dann denkbar, wenn die Gegenstände des persönlichen Gebrauchs (z.b. Ausweise) dazu dienen sollen, die Lebensverhältnisse des Kindes nach der zu erwartenden Anordnung auf Herausgabe des Kindes vorzubereiten.

3. Überleitung des Verfügungsverfahrens in Anordnungsverfahren

89 Zur Umdeutung eines Antrages auf Erlass einer einstweiligen Verfügung und zur Überleitung eines Verfügungsverfahrens in ein Anordnungsverfahren vgl. § 2 Rn 51 und § 4 Rn 18.

IV. Regelungsbedürfnis/Verfügungsgrund

90 Da die Leistungsverfügung vielfach einer Vorwegnahme der Hauptsache nahe kommt, wird allgemein ein strenger Maßstab bei der Prüfung des erforderlichen Verfügungsgrundes angelegt.[102] Im vorliegenden Fall bedeutet dies, dass von Antragstellerseite darzulegen ist, dass derjenige (der Ehegatte oder das Kind), zu dessen Gunsten die Herausgabeanordnung ergehen soll, auf die begehrten Gegenstände zu seiner Lebensführung **dringend angewiesen** ist.[103] Somit scheidet in aller Regel die Herausgabe von Luxusgegenständen aus.[104] M.E. muss jedoch auch hier die bei verbotener Eigenmacht anzunehmende Erleichterung gelten, dass nämlich in einem solchen Fall das Erfordernis entfällt, einen besonderen Verfügungsgrund darzutun.[105]

---

100 Nach teilweise vertretener Auffassung ist der Erlass der einstweiligen Anordnung nach § 50d FGG auch bei Anhängigkeit eines Sorgerechtsverfahrens zulässig; vgl. § 9 Rn 48.
101 Die einstweilige Anordnung nach § 50d FGG ergeht erst im Zusammenhang mit der Herausgabeentscheidung – vgl. § 9 Rn 72.
102 Vgl. nur *Thomas/Putzo – Reichold*, § 940 Rn 6.
103 Allgemein *Zöller – Vollkommer*, § 940 Rn 6.
104 Vgl. die Beispiele von *Gießler/Soyka*, Rn 828: Reitpferde, echte Orientteppiche des Kinderzimmers.
105 *Palandt – Bassenge*, § 861 Rn 18; OLG Stuttgart NJW-RR 1996, 1516; vgl. auch OLG Köln MDR 2000, 152.

V. Weitere Zulässigkeitsvoraussetzungen

Der Antragsteller hat sämtliche sonstigen Verfahrensvoraussetzungen darzustellen. Auch dürfen Verfahrenshindernisse nicht bestehen, die hier insbesondere bei Anhängigkeit einer Ehesache/Lebenspartnerschaftssache oder eines Hauptsacheverfahrens auf Kindesherausgabe greifen können.

91

VI. Antragstellung

1. Erfordernis und Art der Antragstellung

Die einstweilige Verfügung ergeht ausschließlich auf Sachantrag, der hinreichend **bestimmt** sein muss.[106]

92

2. Antragsbefugnis

Antragsbefugt sind die **Ehegatten** bzw. eingetragenen **Lebenspartner**; bei zum persönlichen Gebrauch des Kindes bestimmten Gegenständen das **Kind** selbst, gesetzlich vertreten durch denjenigen, in dessen Obhut sich das Kind befindet (§ 1629 Abs. 2 S. 2 BGB), oder auch ein Elternteil in gesetzlicher **Prozessstandschaft**.[107]

93

3. Form/Anwaltszwang

Die Antragstellung erfolgt **schriftlich** oder **zu Protokoll der Geschäftsstelle** des zuständigen Gerichts oder eines jeden Amtsgerichts. **Anwaltliche Vertretung** ist bei der Antragstellung entbehrlich (§§ 920 Abs. 1, 3, 936, 78 Abs. 5 ZPO).

94

4. Sachdarstellung/Glaubhaftmachung

a) Anzuwendende Verfahrensart

Es handelt sich um ein rein zivilprozessuales Verfügungsverfahren. Somit sind die Voraussetzungen für den Erlass der Entscheidung vom Antragsteller darzustellen und glaubhaft zu machen.

95

Vgl. § 2 Rn 43; die dortigen Ausführungen gelten hier entsprechend.

---

106 *Thomas/Putzo – Reichold*, § 936 Rn 2, § 920 Rn 1.
107 Vgl. § 9 Rn 81.

§ 9 Herausgabe und Benutzung zum persönlichen Gebrauch dienender Gegenstände

b) Darzustellende materielle Voraussetzungen zum Verfügungsanspruch

96 Darzustellen hat der die Herausgabe begehrende Ehegatte oder Lebenspartner, dass es sich um Gegenstände handelt, die **zu seinem persönlichen Gebrauch bestimmt** sind. Die Eigentumslage bleibt ohne Bedeutung, jedenfalls soweit an unterhaltsrechtliche Anspruchsgrundlagen angeknüpft wird.[108] Der Anspruchsgegner muss die Gegenstände im Besitz haben.

Als Anspruchsgrundlagen (Verfügungsanspruch) kommen §§ 985, 1353, 1361a BGB, insbesondere auch §§ 861, 1007 BGB in Betracht.[109]

Dies gilt entsprechend bei einem Herausgabeverlangen bezüglich der Gebrauchsgegenstände des Kindes. Der Verfügungsanspruch kann aus denselben Anspruchsgrundlagen wie bei Ehegatten hergeleitet werden. Vielfach jedoch wird auf die unterhaltsrechtlichen Normen der §§ 1601, 1610 Abs. 2 BGB abzustellen sein, insbesondere wenn die Gegenstände im Eigentum eines oder beider Elternteile stehen.

Selbstverständlich sind einstweilige Verfügungen auch denkbar, wenn es sich um herauszugebende Gegenstände handelt, die weder dem Hausrat noch dem persönlichen Gebrauch zuzuordnen sind wie Sparbücher, Wertpapiere oder Geld. Gerade Sparbücher der Kinder werden nicht selten von einem der Ehegatten eigenmächtig bei einem Auszug mitgenommen. Daran wird sich ein Streit anknüpfen können, in wessen Eigentum diese Sparbücher und das Guthaben stehen. Auch hier käme eine einstweilige Verfügung in Betracht, die sich etwa auf § 861 BGB stützen kann. Unter Umständen könnte Hinterlegung angeordnet werden.

5. Zuständiges Gericht

97 Die **Zuständigkeit** für den Erlass der einstweiligen Verfügung liegt in all diesen Fällen bei dem Gericht, das das Hauptsacheverfahren zu erledigen hat (§ 937 ZPO). Soweit der materielle Anspruch auf die Regelungen in §§ 985, 861, 823, 1007 BGB gestützt wird, ist die Allgemeinabteilung des Zivilgerichts zuständig.[110] Ebenso wird die Auffassung[111] vertreten, dass das Familiengericht zuständig ist. Konsequent erscheint mir dies, soweit der Herausgabeanspruch aus unterhaltsrechtlichen Anspruchsgrundlagen hergeleitet wird. Soweit jedoch Gegenstände, die nicht zum persönlichen Gebrauch bestimmt sind, herausverlangt werden sollen, greift jedenfalls die allgemeine zivilgerichtliche Zuständigkeit.

---

108 Vgl. § 9 Rn 31 und 32; *Gießler/Soyka*, Rn 828.
109 Vgl. § 9 Rn 31 und 32.
110 *v. Heintschel – Heinegg* in: Handbuch des Fachanwalts Familienrecht, 1. Kapitel Rn 49; BayObLG FamRZ 1982, 399; OLG Düsseldorf FamRZ 1978, 358 (selbst bei so genannten Mischfällen ist für die Herausgabe persönlicher Gegenstände stets das Zivilgericht zuständig); ebenso OLG Karlsruhe FamRZ 1979, 709; OLG Bamberg FamRZ 1997, 378.
111 *Gießler/Soyka*, Rn 822, 826, 744; *Börger/Bosch/Heuschmid*, § 3 Rn 325.

6. Internationale Zuständigkeit

Vgl. § 14 Rn 4 ff. 97a

VII. Ablauf des Verfahrens

Hierzu vgl. § 2 Rn 459 ff. Die dortigen Ausführungen gelten hier sinngemäß. 98

VIII. Vollziehung

Die Vollziehung der einstweiligen Verfügung richtet sich gemäß §§ 936, 928 ZPO nach den Vorschriften über die Zwangsvollstreckung. Somit erfolgt die Vollstreckung der Herausgabepflicht nach § 883 ZPO. 99

IX. Rechtsbehelfe und Außer-Kraft-Treten

Vgl. § 2 Rn 483 ff. 100

§ 10 Der einstweilige Rechtsschutz bei güterrechtlichen Verfügungsverboten

Verschiedene güterrechtliche Regelungen beinhalten Verfügungsbeschränkungen, die bewirken, dass eine von einem Ehegatten alleine vorgenommene Verfügung ohne Zustimmung des anderen Ehegatten keine Wirksamkeit erlangt. 1

So ist im Rahmen des gesetzlichen Güterstandes der **Zugewinngemeinschaft** eine Verfügung über Hausrat nach §§ 1369, 1366 BGB ohne Einwilligung oder nachträgliche Genehmigung des Ehegatten unwirksam. Dasselbe gilt für eine Verfügung über das (nahezu[1]) gesamte Vermögen eines Ehegatten (§§ 1365, 1366 BGB). Ein gutgläubiger Erwerb scheidet aus.[2] Dagegen tritt ein Eigentumsübergang dann ein, wenn der Erwerber seinerseits an eine weitere gutgläubige Person (Zweiterwerb) übereignet.[3]

Nach § 6 S. 2 LPartG gelten die §§ 1365 bis 1370 BGB bei **eingetragenen Lebenspartnern** entsprechend.

Im Güterstand der **Gütergemeinschaft** mit **gemeinschaftlicher Verwaltung** des Gesamtgutes bleibt eine Verfügung über Gesamtgut durch einen Ehegatten/Lebenspartner (§ 7 S. 2 LPartG) allein unwirksam, wenn sie nicht nachträglich vom anderen Ehegatten bzw. Lebenspartner genehmigt wird oder eine vormundschaftsgerichtliche Ersetzung der Zustimmung erfolgt (§§ 1450 Abs. 1, 1452, 1453 Abs. 1, 1366 Abs. 1, 3, 4 BGB). 2

Dieselbe Rechtsfolge ergibt sich im Falle der Gütergemeinschaft mit **vereinbarter Verwaltung** des Gesamtgutes durch einen der Ehegatten nach § 1422 BGB (vgl. § 1427 BGB), wenn dieser verwaltungsberechtigte Ehegatte über das Gesamtgut im Ganzen,[4] über Grundstücke, Schiffe oder Schiffsbauwerke[5] verfügt oder eine Schenkung[6] vornimmt.

Es ist jedoch zu beachten, dass nach § 1412 BGB einem Dritten gegenüber diese Unwirksamkeit nur geltend gemacht werden kann, wenn der Ehevertrag im Güterrechtsregister eingetragen oder dem Dritten bei Vornahme des Rechtsgeschäftes bekannt war.[7] Ein wirksamer Erwerb durch eine weitere Person (Zweiterwerb) ist jedoch auch bei Vorliegen dieser Voraussetzungen, die einen Ersterwerb verhindern, nicht ausgeschlossen.

---

1 Bei einer Verfügung über einen einzelnen Gegenstand ist es ausreichend, dass dieser nahezu das gesamte Vermögen ausmacht. Erforderlich ist in diesem Fall, dass der Erwerber im Zeitpunkt des Abschlusses des schuldrechtlichen Verpflichtungsvertrages weiß oder zumindest die Verhältnisse kennt, aus denen sich ergibt, dass das Rechtsgeschäft über den einen Gegenstand im Wesentlichen das ganze Vermögen erfasst; vgl. hierzu *Palandt – Brudermüller*, § 1365 Rn 4 ff. mit zahlreichen Nachweisen auf die Rechtsprechung.
2 *Palandt – Brudermüller*, § 1365 Rn 14.
3 RGRK – *Finke*, § 1370 Rn 33.
4 § 1423 BGB.
5 § 1424 BGB.
6 § 1425 BGB.
7 Vgl. im Einzelnen *Palandt – Brudermüller*, § 1412 Rn 1, 8–10.

§ 10 Güterrechtliche Verfügungsverbote

3   Trotz einer Eintragung des Güterstandes im Güterrechtsregister ist ein **gutgläubiger (Erst-) Erwerb** eines **Grundstücks** nach § 892 BGB möglich, wenn der verfügende Ehegatte als Alleineigentümer im Grundbuch eingetragen ist. Nur bei positiver Kenntnis des Erwerbers von der bestehenden Gütergemeinschaft scheidet dies aus.[8]
    Für den Fall einer wegen § 892 BGB wirksamen Eigentumsübertragung kann sich ein Bereicherungsanspruch ergeben, wenn auch das zustimmungsbedürftige Verpflichtungsgeschäft unwirksam ist.[9] Dieser Kondiktionsanspruch unterfällt ebenfalls dem Revokationsrecht nach § 1428 BGB.[10]

4   Bei einer **fortgesetzten Errungenschaftsgemeinschaft**[11] nach ehemaligem Recht der DDR greift § 13 FGB,[12] wonach Sachen, Vermögensrechte und Ersparnisse, die von einem oder beiden Ehegatten während der Ehezeit durch Arbeit oder Arbeitseinkünfte erworben wurden, beiden Ehegatten gemeinsam gehören. Für deren Verwaltung gelten die Regelungen der §§ 1450 bis 1470 BGB entsprechend (Art. 234 § 4a Abs. 2 EGBGB). Zum Schutz Dritter findet auch hier § 1412 BGB Anwendung.[13]

5   Außerdem kommen Verfügungsbeschränkungen nach **ausländischem Güterrecht** in Betracht (Art. 15 EGBGB). Wenn einer der Ehegatten seinen gewöhnlichen Aufenthalt im Inland hat, können sich die Ehepartner Dritten gegenüber hierauf jedoch nur dann berufen, wenn der Güterstand im deutschen Güterrechtsregister eingetragen ist oder der Dritte ihn kennt, also positiv weiß, dass ein bestimmter ausländischer Güterstand zur Anwendung kommt[14] (vgl. Art. 16 Abs. 1 EGBGB, der auf § 1412 BGB verweist).

6   Obwohl bei Verstößen gegen die güterrechtlichen Verfügungsverbote ein Revokationsrecht des übergangenen Ehegatten nach § 1368 BGB bzw. §§ 1428, 1455 Nr. 8 BGB besteht, aufgrund dessen dieser die Rechte gegen Dritte (auf Rückgabe etc.) selbst geltend machen kann, wird vielfach die Zulässigkeit einstweiligen Rechtsschutzes bejaht, der bereits der Verhinderung, aber auch der Rückgängigmachung dieser Rechtsgeschäfte und ebenso der Sicherung von Schadensersatz- und Bereicherungsansprüchen dient.[15]

---

8   RGZ 117, 189; *Soergel – Gaul,* § 1422 Rn 14; *Palandt – Brudermüller,* § 1422 Rn 5.
9   *Soergel – Gaul,* § 1422 Rn 14.
10 *Palandt – Brudermüller,* § 1428 Rn 1 ausdrücklich zu § 816 Abs. 1 S. 2 BGB.
11 Eine solche liegt dann vor, wenn ein Ehegatte von seinem Erklärungsrecht nach Art. 234 § 4 Abs. 2 EGBGB Gebrauch gemacht hat, dass für ihn der bisher geltende gesetzliche Güterstand der Errungenschaftsgemeinschaft weiter gelten soll. Eine kurze Kommentierung zu diesem Güterstand findet sich bei *Palandt – Brudermüller,* Art. 234 § 4 Abs. 2 EGBGB Rn 4 ff.; nunmehr eingestellt in Palandt-Archiv, Teil II – www.palandt-beck.de.
12 Gesetzblatt DDR I, 1038 ff.
13 *Gießler/Soyka,* Rn 914 a.E.
14 *Palandt – Heldrich,* Art. 16 EGBGB Rn 2 mit Hinweis auf a.A. *Liessem,* NJW 1989, 500 (fahrlässige Unkenntnis soll genügen) und *Schotten,* DNotZ 1994, 677.
15 *Gießler/Soyka,* Rn 923 ff.; *Börger/Bosch/Heuschmid,* § 4 Rn 345 ff.

Güterrechtliche Verfügungsverbote § 10

Bei der Darstellung der jeweiligen Vorgehensweise ist danach zu differenzieren, welches Regelungsziel erstrebt wird und ob gegen den Ehegatten oder gegen Dritte vorgegangen werden soll.
Zur schnelleren Orientierung dient folgende **Übersicht**, aus der sich die jeweilige Wahl des maßgeblichen Mittels des einstweiligen Rechtsschutzes ersehen lässt. Detailfragen sind wie stets den Textausführungen zu entnehmen.

7

Übersicht über die Maßnahmen einstweiligen Rechtsschutzes im Zusammenhang mit güterrechtlichen Veräußerungsverboten

Regelungsziel: Verhinderung verbotswidriger Verfügungen		
Antragsgegner: Ehegatte/Lebenspartner	Zugewinngemeinschaft	einstweilige Verfügung § 10 Rn 9 ff.
Antragsgegner: Ehegatte	Fortgesetzte Errungenschaftsgemeinschaft	einstweilige Verfügung § 10 Rn 4, 9 ff.
Antragsgegner: Ehegatte/Lebenspartner	Gütergemeinschaft	einstweilige Verfügung § 10 Rn 2, 4, 9 ff.
Antragsgegner: Dritte		einstweilige Verfügung § 10 Rn 23 ff.
Regelungsziel: Verhinderung der Zwangsvollstreckung		
Antragsgegner: Ehegatte/Lebenspartner	Teilungsversteigerung bei Gesamtvermögen	einstweilige Einstellung der Zwangsversteigerung § 10 Rn 20
Antragsgegner: Ehegatte/Lebenspartner	Teilungsversteigerung bei Übernahmerecht nach beendeter Gütergemeinschaft	einstweilige Einstellung der Zwangsversteigerung § 10 Rn 21
Antragsgegner: Dritte	bei Zwangsvollstreckung aus verbotswidrigem Verpflichtungsgeschäft	einstweilige Einstellung der Zwangsvollstreckung § 10 Rn 33
	bei Zwangsvollstreckung gegen den verbotswidrigen Erwerber durch dessen Gläubiger	einstweilige Einstellung der Zwangsvollstreckung § 10 Rn 34
Regelungsziel: Sicherung der Rückgängigmachung verbotswidriger Geschäfte		
Antragsgegner: Dritte		einstweilige Verfügung § 10 Rn 23 ff.
Regelungsziel: Sicherung von Geldforderungen		
Antragsgegner: Ehegatte/Lebenspartner/Dritte		Arrest § 10 Rn 35

559

A. Die einstweilige Verfügung gegen den Ehegatten/ Lebenspartner auf Erlass eines Veräußerungsverbotes

I. Abhängigkeit von Hauptsacheverfahren

8   Als verfahrensselbstständiges Mittel des einstweiligen Rechtsschutzes ist der Erlass einer einstweiligen Verfügung nicht abhängig von der Anhängigkeit eines Hauptsacheverfahrens.

II. Inhalte der einstweiligen Verfügung

1. Der persönliche Wirkungsbereich der einstweiligen Verfügung

9   Die einstweilige Verfügung beinhaltet ein Veräußerungsverbot, das zwischen den Ehegatten/ Lebenspartnern wirkt und eine hiergegen verstoßende Verfügung relativ – also nur gegenüber dem geschützten Ehegatten/Lebenspartner – unwirksam macht (§§ 135, 136 BGB).[16] Ein gutgläubiger Erwerb ist jedoch nicht ausgeschlossen (§§ 135 Abs. 2, 136 BGB).
Ein evtl. zusätzlich bestehendes absolutes Verfügungsverbot wird durch eine erlassene einstweilige Verfügung nicht beeinflusst.

2. Sachlicher Anwendungsbereich/Regelungsinhalt

10 Nach wohl herrschender Auffassung[17] kann mit Hilfe der einstweiligen Verfügung ein **Veräußerungsverbot** erwirkt werden, wenn die Verfügung über einen Gegenstand gegen ein güterrechtliches Verfügungsverbot verstoßen würde.[18]

> *Beachte*
> Leben die Ehegatten/Lebenspartner (§ 6 S. 1 LPartG) im **gesetzlichen Güterstand**, kann damit bereits vorbeugend verhindert werden, dass der andere Ehegatte über einen Hausratsgegenstand (§ 1369 BGB)[19] oder einen Einzelgegenstand verfügt, der das (nahezu) gesamte Vermögen ausmacht (§ 1365 BGB).

11 Ein Veräußerungsverbot, das sich auf **Grundstücke** bezieht, ist im Grundbuch eintragungsfähig.[20] Zu diesem Zwecke kann der Inhalt der einstweiligen Verfügung insoweit erweitert werden, als das Gericht das **Grundbuchamt ersucht**, das auszusprechende Veräußerungsverbot in das Grundbuch **einzutragen** (§ 941 ZPO).[21]

---

16 *Palandt – Heinrichs*, §§ 135, 136 Rn 6–8.
17 RGRK – *Finke*, § 1365 Rn 49; *Gießler/Soyka*, Rn 797 ff., 923 ff.
18 Nach anderer Auffassung scheidet ein vorbeugender Rechtsschutz durch Erlass einer einstweiligen Verfügung aus, da die §§ 1365 ff. BGB ein abschließendes Schutzsystem beinhalten: MK (BGB) – *Koch*, § 1368 Rn 5, 6; *Staudinger – Thiele*, § 1368, 6, 7.
19 Hierzu vgl. oben § 4 Rn 116.
20 OLG Celle NJW 1970, 1882; *Zöller – Vollkommer*, § 938 Rn 13 f.
21 *Börger/Bosch/Heuschmid*, § 4 Rn 345.

Um eine solche Tenorierung sicherzustellen, sollte sich die Antragstellung nicht ausschließlich auf das Veräußerungsverbot selbst beziehen, sondern das Eintragungsersuchen mitumfassen.

> **Beachte** **12**
> Droht die Verfügung des Ehegatten über eine **bewegliche Sache**, die (nahezu) das gesamte Vermögen ausmacht, ist eine Mitteilung des Veräußerungsverbotes an den potenziellen Erwerber angezeigt,[22] um zu verhindern, dass dieser mangels Kenntnis von den Umständen[23] den Gegenstand rechtswirksam erwerben kann.

III. Das Verhältnis der einstweiligen Verfügung zu anderen Mitteln des einstweiligen Rechtsschutzes (§§ 620 Nr. 7, 621g ZPO)

Vgl. § 4 Rn 118. **13**

Soweit mit Hilfe einer einstweiligen Anordnung ein Veräußerungsverbot erwirkt werden kann, ist aus Gründen der Subsidiarität dieses Mittel des einstweiligen Rechtsschutzes zu wählen. Hierfür ist erforderlich, dass es im Zusammenhang mit der Zuweisung von Ehewohnung oder Hausrat steht.

Wegen der unterschiedlichen Zielrichtung der Maßnahmen nach dem GewSchG und der Verhinderung des Veräußerungsverbotes nach §§ 1365, 1369 BGB kommt eine Konkurrenz mit dem in Verfahren nach § 620 Nr. 9 ZPO, § 64b Abs. 3 FGG anordenbaren Veräußerungsverbot nicht in Betracht.[24]

IV. Verfügungsgrund/Regelungsbedürfnis

Der erforderliche Verfügungsgrund ist hinreichend dargetan, wenn die tatsächlichen Umstände erwarten lassen, dass der andere Ehegatte einem Verfügungsverbot zuwider bewegliche Sachen oder Grundstücke zu veräußern beabsichtigt.[25] **14**

---

22 *Gießler/Soyka*, Rn 924; *Börger/Bosch/Heuschmid*, § 4 Rn 346.
23 § 1365 BGB greift nach der h.M. bei dem Erwerb eines Einzelgegenstandes nur dann, wenn der Erwerber positiv weiß oder zumindest die Verhältnisse kennt, aus denen sich ergibt, dass das Rechtsgeschäft über den einen Gegenstand im Wesentlichen das ganze Vermögen erfasst; BGH FamRZ 1969, 322; 1990, 970; *Palandt – Brudermüller*, § 1365 Rn 9 m.w.N.
24 Vgl. § 6 Rn 39 und Rn 57.
25 § 4 Rn 121.

V. Antragstellung

1. Erfordernis der Antragstellung und Art des Antrags, Antragsbefugnis, Form, Anwaltszwang

15 Vgl. § 2 Rn 441 ff.

Soll ein Verfügungsverbot wegen drohender Veräußerung eines Grundstücks erwirkt werden, ist in Erwägung zu ziehen, bereits im Rahmen der Antragstellung auf ein gerichtliches Vorgehen nach § 941 ZPO hinzuwirken. Das Gericht ist befugt, das Grundbuchamt um die Eintragung des Verbotes zu ersuchen.

2. Sachdarstellung/Glaubhaftmachung

16 Vgl. § 2 Rn 445 und 447.

Insbesondere sind die Umstände darzustellen, aus denen sich die Eigenschaft des Grundstücks oder der beweglichen Sache als nahezu gesamtes Vermögen im Sinne des § 1369 BGB ergibt.

Soll sich das Veräußerungsverbot aus § 1365 BGB ableiten, sind die Voraussetzungen, die die Hausratseigenschaft begründen, zu schildern. Entsprechendes gilt für die Tatsachen zur Begründung der Eigenschaft des maßgeblichen Gegenstandes als zum Gesamtgut gehörig.

Ebenso sind Ausführungen zum Verfügungsgrund veranlasst.

3. Zuständiges Gericht

17 Die einstweilige Verfügung zur Verhinderung verbotener Geschäfte bezieht sich auf eine Familiensache nach § 23b Abs. 1 S. 2 Nr. 9 GVG, § 621 Abs. 1 Nr. 8 ZPO. Somit ist die sachliche Zuständigkeit des Familiengerichts begründet.

Bei Anhängigkeit einer Ehesache folgt die örtliche Zuständigkeit gemäß § 621 Abs. 2 S. 1 ZPO derjenigen der Ehesache. Ansonsten sind die allgemeinen Regeln maßgeblich (§§ 621 Abs. 2 S. 2, 12 ff. ZPO).

VI. Ablauf des Verfahrens, Vollstreckung

18 Vgl. § 4 Rn 126 bis 128.

Bei Erlass eines Veräußerungsverbotes bezüglich eines Grundstückes ist ein Eintragungsersuchen an das Grundbuchamt zu richten (§ 13 GBO). Hat das Gericht dieses nach § 941 ZPO vorgenommen, darf die Eintragung bereits vor der Zustellung erfolgen.[26]

---

26 Vgl. *Zöller – Vollkommer*, § 938 Rn 14 mit Hinweis auf abweichende Auffassung.

VII. Rechtsbehelfe

Vgl. § 2 Rn 483 ff.

Ergänzend ist zu erwähnen, dass die Voraussetzungen der §§ 936, 927 ZPO, nach denen eine einstweilige Verfügung bei Vorliegen veränderter Umstände auf Antrag aufgehoben werden kann, erfüllt sind, wenn die zur Verfügung erforderliche Zustimmung des Ehegatten durch das Vormundschaftsgericht ersetzt worden ist (§§ 1365 Abs. 2, 1369 Abs. 2, 1426, 1452 BGB).

B. Maßnahmen des einstweiligen Rechtsschutzes bei beantragter Teilungsversteigerung nach § 180 ZVG[27]

Das güterrechtliche Verfügungsverbot des § 1365 BGB greift auch dann, wenn ein im **gesetzlichen Güterstand** lebender Ehegatte (bzw. Lebenspartner) eine **Teilungsversteigerung** zum Zwecke der Aufhebung der Miteigentümergemeinschaft an einem Grundstück betreibt. Die Antragstellung[28] bedarf der Zustimmung des Ehegatten, falls das Miteigentum an diesem Grundstück das (nahezu) **gesamte Vermögen** des Ehegatten ausmacht. Dies gilt gleichermaßen, wenn die Ehe geschieden, der Zugewinnausgleich aber noch nicht erledigt ist.[29]

Liegt die erforderliche Zustimmung nicht vor und wird sie auch durch das Vormundschaftsgericht nicht ersetzt, hat der andere Ehegatte/Lebenspartner die Möglichkeit, nach § 771 ZPO im Wege der **Drittwiderspruchsklage** die Teilungsversteigerung zu verhindern. Als Maßnahme des vorläufigen Rechtsschutzes kommt eine **einstweilige Einstellung der Zwangsversteigerung** nach §§ 771 Abs. 3, 769 ZPO in Betracht.

Wird eine Teilungsversteigerung bei **beendeter Gütergemeinschaft** über ein zum Gesamtgut gehöriges Grundstück durch einen Ehegatten betrieben, kann der andere Ehegatte/Lebenspartner in derselben Weise vorgehen, wenn ihm ein Übernahmerecht nach § 1477 Abs. 2 BGB an dem Grundstück zusteht.[30]

C. Die einstweilige Verfügung gegen Dritte auf Erlass eines Erwerbs- oder Veräußerungsverbotes

I. Abhängigkeit von Hauptsacheverfahren

Der Erlass der einstweiligen Verfügung ist nicht von einem Hauptsacheverfahren abhängig.

---

27 Vgl. auch § 5 Rn 133 ff.
28 OLG Köln NJW-RR 1989, 325; OLG Düsseldorf FamRZ 1995, 309; OLG Frankfurt/Main FamRZ 1999, 524.
29 BGH FamRZ 1978, 396; LG Lüneburg FamRZ 1996, 1489.
30 *Gießler/Soyka*, Rn 922 mit Hinweis auf OLG Frankfurt – 1 WF 259/87 – in Fn 34.

II. Inhalt der einstweiligen Verfügung

1. Der persönliche Wirkungsbereich der einstweiligen Verfügung

23 Die einstweilige Verfügung wird gegen Dritte erlassen und wirkt nur im Verhältnis zu diesen (relatives Veräußerungsverbot).[31]

2. Sachlicher Anwendungsbereich/Regelungsinhalt

24 Wurde ein Rechtsgeschäft, das gegen güterrechtliche Verfügungsverbote verstößt, bereits vorgenommen, kann der andere Ehegatte/Lebenspartner Maßnahmen des einstweiligen Rechtsschutzes gegen den Verfügenden nicht mehr in effektiver Weise erwirken. Er wird versuchen müssen, gegen den Dritten vorzugehen, um zu verhindern, dass dieser Dritte den Gegenstand an eine weitere Person veräußert und somit ein endgültiger Rechtsverlust eintritt.[32]

Auch der Anspruch gegen den Ehegatten auf Mitwirkung bei einer Rückgängigmachung des Rechtsgeschäfts[33] wird ohne Bedeutung bleiben, da das bestehende Revokationsrecht (§§ 1368, 1428 BGB) die Möglichkeit einräumt, sich unmittelbar an den Dritten zu halten. In diesem Verhältnis ist der einstweilige Rechtsschutz zu suchen.

25 Wurde verbotswidrig nach § 1365 BGB über ein **Grundstück** verfügt, ist ein gutgläubiger Erwerb durch einen Dritten ausgeschlossen.[34] Der übergangene Ehegatte bzw. Lebenspartner hat einen Anspruch auf Grundbuchberichtigung nach § 894 BGB. Dasselbe kann im Falle der Verfügung über ein zum Gesamtgut gehöriges Grundstück gelten.[35]

26 Dies bewirkt, dass das Regelungsziel der einstweiligen Verfügung verschieden sein kann:
- Ist der Dritterwerber bereits im Grundbuch eingetragen, kann mit Hilfe der einstweiligen Verfügung die **Eintragung eines Widerspruchs** gemäß § 899 BGB erwirkt werden.[36]

---

31 Vgl. § 10 Rn 9.
32 Vgl. § 10 Rn 1 und § 4 Rn 116; zur Sicherung eines wegen erfolgter Weiterveräußerung bestehenden Schadensersatzanspruches vgl. § 10 Rn 35.
33 *Soergel – Lange,* § 1368 Rn 8.
34 Bei einer Veräußerung, die das (nahezu) gesamte Vermögen nach § 1365 BGB betrifft, ist jedoch erforderlich, dass der Dritte bei dem Erwerb eines Einzelgegenstandes positiv weiß oder zumindest die Verhältnisse kennt, aus denen sich ergibt, dass das Rechtsgeschäft über den einen Gegenstand im Wesentlichen das ganze Vermögen erfasst; BGH FamRZ 1969, 322; 1990, 970; *Palandt – Brudermüller,* § 1365 Rn 9 m.w.N. Der Rechtsschutz des § 135 Abs. 2 BGB findet jedoch keine Anwendung; vgl. *Palandt – Brudermüller,* § 1365 Rn 14.
35 Zur Möglichkeit des gutgläubigen Erwerbs trotz Eintragung der Gütergemeinschaft im Güterrechtsregister vgl. jedoch § 10 Rn 2.
36 OLG Schleswig FamRZ 1995, 735; *Palandt – Brudermüller,* § 1365 Rn 28; *Börger/Bosch/Heuschmid,* § 4 Rn 349; *Gießler/Soyka,* Rn 928.

- Ist eine Eintragung des Dritten im Grundbuch noch nicht erfolgt, kann ein **Verbot** ausgesprochen werden, einen solchen **Antrag auf Eintragung zu stellen oder aufrechtzuerhalten**.[37]

Soweit sich die Verfügung auf **andere Vermögensgegenstände** (wie Hausrat,[38] bewegliche Sachen, die das nahezu gesamte Vermögen ausmachen) bezieht: 27

- Die einstweilige Verfügung richtet sich auf den **Erlass eines Verfügungsverbotes** gegen den Dritten oder auf **Herausgabe zur Hinterlegung oder zur Verwahrung** (an einen Sequester).[39]

III. Das Verhältnis der einstweiligen Verfügung zu anderen Mitteln des einstweiligen Rechtsschutzes (§§ 620 Nr. 7, 621g ZPO)

Da einstweilige Anordnungen nicht gegen Dritte erlassen werden können, besteht hier kein Konkurrenzverhältnis. 28

IV. Verfügungsgrund/Regelungsbedürfnis

Verfügt der Ersterwerber über den Gegenstand, kommt ein gutgläubiger Erwerb durch einen Zweiterwerber in Betracht.[40] Sobald ein solcher zu befürchten ist, liegt der erforderliche Verfügungsgrund somit vor. 29

Bei **beweglichen Sachen** dürfte wegen deren Umlauffähigkeit vielfach genügen, dass der Ersterwerber sich weigert, den Revokationsanspruch des übergangenen Ehegatten anzuerkennen, es sei denn, es liegen Umstände vor, aufgrund derer sich ausschließen lässt, dass er den Gegenstand weiter veräußert.

Handelt es sich um ein **Grundstück**, genügt es, dass der Erwerber seine Eintragung im Grundbuch betreibt oder bereits eine solche Eintragung erfolgt ist. § 899 Abs. 2 S. 2 BGB erleichtert die Darstellung des Verfügungsgrundes ausdrücklich, wenn der Erwerber bereits im Grundbuch eingetragen ist. Eine Gefährdung des zu sichernden Rechtes muss nicht glaubhaft gemacht werden.

---

37 *Palandt – Bassenge,* § 888 Rn 11; *Zöller – Vollkommer,* § 938 Rn 12, 13; *Börger/Bosch/Heuschmid,* § 4 Rn 349; *Gießler/Soyka,* Rn 928.
38 Bezüglich Hausrat vgl. auch § 4 Rn 115 ff.
39 *Zöller – Vollkommer,* § 938 Rn 12, 13; *Börger/Bosch/Heuschmid,* § 4 Rn 349; *Gießler/Soyka,* Rn 928.
40 Vgl. § 4 Rn 116.

V. Antragstellung

1. Erfordernis der Antragstellung und Art des Antrags, Antragsbefugnis, Form, Anwaltszwang

30 Vgl. § 2 Rn 441 und § 10 Rn 15.

2. Sachdarstellung/Glaubhaftmachung

31 Vgl. § 2 Rn 445 und 447.

Insbesondere ist darauf zu achten, dass die Tatsachen geschildert werden, aus denen sich die Verbotswidrigkeit der Verfügung, also die Voraussetzungen des Revokationsrechtes ergeben.

Es ist demzufolge die Eigenschaft des Grundstücks oder der beweglichen Sache als nahezu gesamtes Vermögen im Sinne des § 1369 BGB oder als Gesamtgut oder auch als Hausrat darzustellen und darauf hinzuweisen, dass die für die Veräußerung erforderliche Zustimmung nicht erteilt wurde.

Ebenso sind Ausführungen zum Verfügungsgrund (drohende Weiterveräußerung) veranlasst.

3. Zuständiges Gericht

31a Vgl. § 10 Rn 17.

VI. Ablauf des Verfahrens, Vollstreckung

32 Vgl. § 4 Rn 126 bis 128.

Beteiligte des Verfahrens sind auf Antragstellerseite der nicht verfügende Ehegatte/Lebenspartner und auf Antragsgegnerseite der Dritte, an den verbotswidrig veräußert wurde.

Zur Vollziehung vgl. auch § 10 Rn 18.

VII. Rechtsbehelfe

32a Vgl. § 2 Rn 483 ff. und § 10 Rn 19.

D. Maßnahmen einstweiligen Rechtsschutzes zur Verhinderung der Vollstreckung[41] aus dem verbotswidrigen Veräußerungsgeschäft

Hat sich ein Ehegatte entgegen einem güterrechtlichen Veräußerungsverbot verpflichtet, eine bewegliche Sache, ein Grundstück oder Wohnungseigentum zu übereignen, liegt es nahe, dass der (möglicherweise gutgläubige) Erwerber versuchen wird, einen Vollstreckungstitel zu erwirken, wenn der Veräußerer nicht freiwillig an der Erfüllung des Rechtsgeschäftes mitwirkt. Bei einer verbotswidrigen Veräußerung kann der übergangene Ehegatte gegen eine sich anschließende **Vollstreckung durch den Dritten** seine Rechte (Revokationsanspruch) im Wege der Drittwiderspruchsklage nach § 771 ZPO geltend machen. Als Maßnahme des einstweiligen Rechtsschutzes kommt die einstweilige Einstellung der Zwangsvollstreckung nach §§ 771 Abs. 3, 769 ZPO in Betracht.
Die Zuständigkeit für dieses Verfahren liegt beim Familiengericht.[42]

33

E. Maßnahmen einstweiligen Rechtsschutzes zur Verhinderung der Vollstreckung[43] gegen den Erwerber

Bei einer Vollstreckung in die dem Erwerber unwirksam veräußerte Sache, kann der übergangene Ehegatte dieselben Rechte geltend machen wie bei einer Vollstreckung durch den Erwerber im soeben dargestellten Fall.
Es ist somit möglich, den Revokationsanspruch im Rahmen einer Drittwiderspruchsklage nach § 771 ZPO zu verfolgen und als Mittel des einstweiligen Rechtsschutzes die einstweilige Einstellung der Zwangsvollstreckung gemäß §§ 771 Abs. 3, 769 ZPO zu beantragen.[44]

34

F. Arrest

Im Zusammenhang mit güterrechtlichen Verfügungsverboten ist die Anordnung eines Arrestes[45] zur Sicherung von Schadensersatzforderungen (z.B. nach §§ 989, 990 BGB) des übergangenen Ehegatten/Lebenspartners gegen den Erwerber denkbar, wenn dieser den verbotswidrig an ihn veräußerten Gegenstand weiterveräußert.
Zur Abgrenzung zur einstweiligen Verfügung zur Verhinderung einer verbotswidrigen Verfügung vgl. § 4 Rn 130.

35

---

41 Zu Schutzmaßnahmen bei einer Zwangsvollstreckung durch Gläubiger des Ehegatten in das Grundstück, auf dem sich die Ehewohnung befindet, oder in das entsprechende Wohnungseigentum vgl. § 4 Rn 133.
42 Vgl. BGH FamRZ 1985, 903; OLG Brandenburg FamRZ 1996, 1015.
43 Zu Schutzmaßnahmen bei einer Zwangsvollstreckung durch Gläubiger des Ehegatten in das Grundstück, auf dem sich die Ehewohnung befindet, oder in das entsprechende Wohnungseigentum vgl. § 4 Rn 133.
44 *Gernhuber*, § 35 VI 2.
45 *Palandt – Brudermüller*, § 1368 Rn 3; *Gießler/Soyka*, Rn 930, 920; *Börger/Bosch/Heuschmid*, § 4 Rn 349.

§ 11 Der schuldrechtliche Versorgungsausgleich

Der schuldrechtliche[1] und der verlängerte schuldrechtliche Versorgungsausgleich[2] bewirken, dass der Ausgleichsberechtigte gegen den Ausgleichsverpflichteten (§ 1587g Abs. 1 S. 1 BGB) bzw. gegen den Träger der auszugleichenden Versorgung (§ 3a Abs. 1 VAHRG), ggf. auch gegen die Erben des Verpflichteten (§ 3a Abs. 5 VAHRG), einen Anspruch auf Zahlung einer Ausgleichsrente hat. Auch kommt unter den Voraussetzungen des § 1587l BGB beim schuldrechtlichen Versorgungsausgleich die Abfindung künftiger Ausgleichsansprüche in Betracht. **1**

Da zumindest die Ansprüche auf Zahlung einer Rente unterhaltsähnlichen Charakter haben, liegt es nahe, dass mit Hilfe von Maßnahmen des einstweiligen Rechtsschutzes vorläufige Zahlungen erwirkt werden können. Dies ist zwar ausdrücklich nur in § 3a Abs. 9 S. 3 VAHRG für den verlängerten schuldrechtlichen Versorgungsausgleich geregelt. Jedoch wird man eine entsprechende Anwendung dieser Vorschrift auf den schuldrechtlichen Versorgungsausgleich annehmen können.[3] Darüber hinaus soll auch der Abfindungsanspruch nach § 1587l BGB nach teilweise vertretener Auffassung gesichert werden können.[4]

A. Die einstweilige Anordnung nach § 3a Abs. 9 S. 3 VAHRG im Falle des verlängerten schuldrechtlichen Versorgungsausgleichs

Im Anwendungsbereich des verlängerten schuldrechtlichen Versorgungsausgleichs hat der Gesetzgeber ausdrücklich geregelt, dass mit Hilfe einer einstweiligen Anordnung die Zahlung der **Ausgleichsrente** an den Berechtigten sowie die an die Witwe oder den Witwer des Verpflichteten zu zahlende Hinterbliebenenversorgung geregelt werden können (§ 3a Abs. 9 S. 3 VAHRG). **2**

Zweck des verlängerten schuldrechtlichen Versorgungsausgleichs ist (in vereinfacht dargestellter Form) die Erhaltung eines Anspruchs auf Rentenzahlung nach dem Tod des zum schuldrechtlichen Versorgungsausgleich ursprünglich verpflichteten früheren Ehegatten.

---

1 Zu den materiellen Voraussetzungen vgl. die Kommentierung bei *Palandt – Brudermüller,* zu § 1587f BGB und zu den folgenden Normen sowie zu § 2 VAHRG – dort bei Anh. zu § 1587b (VAHRG) kommentiert. Ein Hauptanwendungsfall des schuldrechtlichen Versorgungsausgleichs ergibt sich aus § 1587 b Abs. 3 S. 1 Hs. 2 BGB, § 3b Abs. 1 Nr. 2 S. 1 Hs. 2 VAHRG. Er kommt in Betracht, wenn eine Begründung von Rentenanwartschaften nicht mehr möglich ist, weil der Berechtigte bereits die Voraussetzungen für eine Vollrente erfüllt hat.
2 Zu den materiellen Voraussetzungen vgl. die Kommentierung bei *Palandt – Brudermüller,* Anh zu § 1587b (VAHRG) § 3a VAHRG. Mit Hilfe dieser Normen wird der schuldrechtliche Versorgungsausgleich über den Tod des Verpflichteten hinaus verlängert, um zu verhindern, dass der Berechtigte nicht (hinreichend) versorgt ist.
3 Vgl. § 11 Rn 22.
4 Vgl. § 11 Rn 23.

§ 11 Der schuldrechtliche Versorgungsausgleich

Hatte somit zu Lebzeiten ein früherer Ehegatte gegen seinen geschiedenen Ehegatten einen Anspruch auf Rentenzahlung aus dem schuldrechtlichen Versorgungsausgleich, so erlischt dieser nicht mit dem Tod des Verpflichteten, sondern es wird nach § 3a VAHRG ein Anspruch auf (Weiter-) Zahlung der Rente eingeräumt.[5] Um diesen Anspruch effektiv zu gestalten, ist er grundsätzlich nicht gegen die Erben oder Hinterbliebenen gerichtet, sondern gegen den Träger der auszugleichenden Versorgung (§ 3a Abs. 1 S. 1 VAHRG).[6] Nur wenn dieser Versorgungsträger nicht der Jurisdiktion der deutschen Gerichte unterliegt, hat sich der Ausgleichsberechtigte ausnahmsweise an die Witwe oder den Witwer zu halten (§ 3a Abs. 5 S. 1 VAHRG).[7]

I. Anhängigkeit einer Hauptsache

3   Die einstweilige Anordnung nach § 3a Abs. 9 S. 3 VAHRG setzt voraus, dass ein Hauptsacheverfahren auf Zahlung einer Ausgleichsrente zwischen dem Ausgleichsberechtigten und dem Träger der auszugleichenden Versorgung bzw. im Falle einer ausländischen, zwischenstaatlichen oder überstaatlichen und der Witwe oder dem Witwer anhängig ist. Es genügt auch ein entsprechendes PKH-Verfahren (§ 3a Abs. 9 S. 4 Hs. 2 VAHRG, § 620a Abs. 2 S. 1 ZPO).

II. Inhalt der einstweiligen Anordnung – erreichbare Regelungsziele

4   Wird der Erlass der einstweiligen Anordnung durch den Ausgleichsberechtigten beantragt, ist das Regelungsziel, bereits während des laufenden Hauptsacheverfahrens **Versorgungsleistungen** zu erhalten.[8] Die Antragstellung ist inhaltlich somit auf (monatliche) Zahlungen bezogen. Es ist hierbei zu beachten, dass der früheste Zeitpunkt, ab dem die Ausgleichsrente zuerkannt werden kann, derjenige der **Anhängigkeit des Antrages** ist.

5   Jedoch können auch die **Witwe oder der Witwer** des Ausgleichsverpflichteten das Anordnungsverfahren betreiben. In einem solchen Fall ist es trotz des Wortlautes des § 3a Abs. 9 S. 3 VAHRG nur zulässig, dass die Hinterbliebenen eine vorläufige Aufteilung der zu kürzenden Versorgungsbezüge (§ 3a Abs. 4 VAHRG) anstreben. Ein Zahlungsbegehren dagegen ist nicht statthaft.[9]

---

5 *Finke/Garbe – Borth* § 7 Rn 124.
6 *Palandt – Brudermüller*, Anh zu § 1587b (VAHRG) § 3a VAHRG Rn 1.
7 *Palandt – Brudermüller*, Anh zu § 1587b (VAHRG) § 3a VAHRG Rn 27.
8 *Johannsen/Henrich/Hahne*, § 3a VAHRG Rn 38.
9 *Hoppenz*, FamRZ 1987, 425; *Dörr*, FamRZ 1987, 1093; *Gießler/Soyka*, Rn 961; *Palandt – Diederichsen*, § 3a VAHRG Rn 42 (bis 58. Auflage); ohne diese Differenzierung nunmehr *Palandt – Brudermüller*, Anh zu § 1587b (VAHRG) § 3a VAHRG Rn 41.

Eine Sicherung der künftigen und auch der laufenden Ausgleichszahlungen kommt nicht in 6
Betracht; die Arrestvorschriften finden im hier maßgeblichen FGG-Bereich[10] keine Anwendung.

III. Regelungsbedürfnis

Zum Regelungsbedürfnis allgemein vgl. oben § 2 Rn 58. 7
Im vorliegenden Fall genügt, dass ein Bedürfnis für den Erlass der einstweiligen Anordnung besteht. Dies wird davon abhängig sein, ob die sonstigen Einkünfte, Rentenzahlungen etc. eine angemessene Versorgung gewährleisten.

IV. Antragstellung

1. Erfordernis der Antragstellung und Art des Antrags

Ein einstweiliges Anordnungsverfahren (§ 3a Abs. 9 S. 3 VAHRG) kommt nur auf entsprechende Antragstellung in Gang. Es handelt sich, da gemäß § 11 VAHRG die verfahrensrechtlichen Vorschriften über den Versorgungsausgleich anzuwenden sind, um einen Verfahrensantrag, der eine konkrete Bezifferung der begehrten Rentenzahlung nicht voraussetzt.[11] 8

2. Antragsbefugnis

Antragsbefugt ist der Ausgleichsberechtigte, daneben jedoch auch die Witwe oder der Witwer des verstorbenen Ausgleichsverpflichteten (zur inhaltlichen Einschränkung der zulässigen Antragstellung der Hinterbliebenen vgl. § 11 Rn 5). 9

3. Form des Antrags/Anwaltszwang

Die Antragstellung ist schriftlich oder zu Protokoll der Geschäftsstelle eines Amtsgerichts vorzunehmen (§ 3a Abs. 9 S. 4 Hs. 2 VAHRG, § 620a Abs. 2 S. 2 ZPO) und unterliegt nicht dem Anwaltszwang. 10

4. Inhalt der Antragsschrift/darzustellende Voraussetzungen

§ 11 Abs. 1 VAHRG bestimmt, dass die allgemeinen verfahrensrechtlichen Vorschriften über den Versorgungsausgleich entsprechend anwendbar sind. Dies bedeutet, dass die Vor- 11

---

10 *Johannsen/Henrich/Hahne*, § 3a VAHRG Rn 34.
11 *Gießler/Soyka*, Rn 960; zum Hauptsacheantrag vgl. *Johannsen/Henrich/Hahne*, § 3a VAHRG Rn 34.

§ 11 Der schuldrechtliche Versorgungsausgleich

schriften des FGG und damit auch der **Amtsermittlungsgrundsatz** greifen. Demzufolge hat das Gericht die maßgeblichen Umstände selbst zu ermitteln.[12] Dennoch ist es sicherlich sinnvoll, wenn der Antragsteller die Grundlagen, auf die der Anspruch gestützt wird, dartut.[13]

5. Zuständiges Gericht

12 Die Zuständigkeit des Gerichts bestimmt sich nach § 621 Abs. 2 S. 2 ZPO, § 45 Abs. 3 FGG. Maßgeblich ist somit, in welchem Bezirk der überlebende Ehegatte seinen gewöhnlichen Aufenthalt hat oder zuletzt hatte.

V. Ablauf des Verfahrens

1. Beteiligte

13 Beteiligte des Verfahrens nach § 3a Abs. 1 VAHRG sind nicht nur der antragstellende Ausgleichsberechtigte und der in Anspruch genommene Versorgungsträger. § 3a Abs. 9 S. 2 VAHRG erweitert die Beteiligung auf den Witwer bzw. die Witwe.

Ebenso ist der Ausgleichsberechtigte zu beteiligen, soweit ein Verfahren zwischen Hinterbliebenem und Versorgungsträger durchgeführt wird.[14]

2. Mündliche Verhandlung/rechtliches Gehör

14 Die Durchführung einer mündlichen Verhandlung ist nicht erforderlich.
Den Beteiligten ist jedoch rechtliches Gehör zu gewähren.

3. Anwaltszwang

15 Gemäß § 78 Abs. 2, 3 ZPO besteht sowohl im Verfahren vor dem Amtsgericht als auch vor dem OLG kein Anwaltszwang.

4. Beweisaufnahme

16 Es greift der **Amtsermittlungsgrundsatz**. Die in § 11 Abs. 2 VAHRG vorgesehene Möglichkeit, nach der das Familiengericht selbst Auskünfte einholen kann, wird jedoch im Verfahren des einstweiligen Rechtsschutzes meist keine Rolle spielen.

---

12 *Gießler/Soyka*, Rn 960.
13 *Johannsen/Henrich/Hahne*, § 3a VAHRG Rn 34 sieht dies als zwingend an (beim Hauptsacheverfahren).
14 *Johannsen/Henrich/Hahne*, § 3a VAHRG Rn 37.

5. Entscheidung

Die einstweilige Anordnung ist im Beschlussweg zu erlassen (§ 3a Abs. 9 S. 4 Hs. 2 VAHRG, § 620a Abs. 1 ZPO). Dabei ist das Gericht nicht an die Antragstellung gebunden.[15] Zu beachten ist jedoch, dass eine Ausgleichsrente frühestens ab Antragstellung zuerkannt wird. Eine Kostenentscheidung unterbleibt regelmäßig (§ 3a Abs. 9 S. 4 Hs. 2 VAHRG, § 620g ZPO).

17

VI. Vollstreckung

Die Vollstreckung folgt ZPO-Regeln[16] (entsprechend § 794 Abs. 1 Nr. 3a ZPO).

18

VII. Rechtsbehelfe

Die einstweilige Anordnung ist gemäß § 3a Abs. 9 S. 4 Hs. 1 VAHRG nicht anfechtbar. Allerdings kommt eine Abänderung nach § 3a Abs. 9 S. 4 Hs. 2 VAHRG, § 620b ZPO in Betracht.[17]

19

VIII. Außer-Kraft-Treten der einstweiligen Anordnung

Nach § 3a Abs. 9 S. 4 Hs. 2 VAHRG, § 620f Abs. 1 S. 1 ZPO tritt die einstweilige Anordnung außer Kraft, sobald die Hauptsacheentscheidung über die Ausgleichsrente rechtskräftig ist, da erst in diesem Zeitpunkt nach § 53g Abs. 1 FGG[18] deren Vollstreckbarkeit gegeben ist.

20

IX. Zusatzfragen zu Prozesskostenhilfe

Die Vorschriften zur PKH nach §§ 114 ff. ZPO sind gemäß § 14 FGG anwendbar.

21

B. Die einstweilige Anordnung nach § 3a Abs. 9 S. 3 VAHRG analog im Falle des schuldrechtlichen Versorgungsausgleichs nach § 1587f BGB, § 2 VAHRG

Eine ausdrückliche Regelung, nach der der Erlass einer einstweiligen Anordnung statthaft ist, existiert beim »einfachen« schuldrechtlichen Versorgungsausgleich nicht. Dennoch

22

---

15 *Johannsen/Henrich/Hahne*, § 3a VAHRG Rn 34.
16 *Gießler/Soyka*, Rn 965.
17 MK (BGB) – *Glockner*, § 3a VAHRG Rn 45.
18 Zur Anwendbarkeit des § 53g FGG beim verlängerten schuldrechtlichen Versorgungsausgleich siehe *Johannsen/Henrich/Brudermüller*, § 53g FGG Rn 2.

wird es im Hinblick auf die vergleichbare Interessenlage und den unterhaltsähnlichen Charakter des schuldrechtlichen Versorgungsausgleichs als zulässig erachtet, das aus § 3a Abs. 9 S. 3 VAHRG sich ergebende Mittel des einstweiligen Rechtsschutzes auch hier anzuwenden.[19]

Die Darstellungen zu § 3a Abs. 9 S. 3 VAHRG gelten für diesen Fall entsprechend.

C. Der einstweilige Rechtsschutz zur Sicherung des Abfindungsanspruchs aus § 1587l BGB

23 Auch wenn der Abfindungsanspruch nach § 1587l BGB auf Zahlung eines bestimmten Geldbetrages gerichtet ist und die Vollstreckung gemäß § 53g Abs. 3 FGG zivilprozessualen Regeln folgt, handelt es sich bei dem Verfahren zur Sicherung des Abfindungsanspruchs um ein solches, das nach FGG-Regeln zu erledigen ist. Ein Arrest scheidet aus.

Demzufolge wird es befürwortet, im Rahmen einer vorläufigen Anordnung oder auch einer einstweiligen Anordnung in sinngemäßer Anwendung der §§ 620a bis 620g ZPO ein Sicherungsmittel zur Verfügung zu stellen.[20]

Begründet wird dies mit der Regelung des § 3a Abs. 9 S. 4 Hs. 2 VAHRG, der im Falle des verlängerten schuldrechtlichen Versorgungsausgleichs eben diese Vorschriften für entsprechend anwendbar erklärt. Hieraus ließe sich schließen, dass sich diese Regelungen auch für den vorliegenden Fall eignen.

Eine derartige Geeignetheit allein lässt jedoch m.E. eine analoge Anwendbarkeit nicht begründen.

24 Als **Voraussetzung** für die Sicherung des Abfindungsanspruchs (unerheblich ist, ob eine vorläufige Anordnung oder eine einstweilige Anordnung in sinngemäßer Anwendung der §§ 620a bis 620g ZPO statthaftes Mittel sind) werden gefordert:
- Anhängigkeit eines Hauptsacheverfahrens auf Zahlung einer Abfindung
- Regelungsbedürfnis, das zu bejahen ist, wenn ein Verschleudern von Vermögen zu befürchten ist oder sonstige Umstände die Gefahr begründen, dem Anspruchsgegner werde die Zahlung einer Abfindung nicht mehr möglich oder zumutbar im Sinne des § 1587l Abs. 1 BGB sein.

Nach dieser Ansicht können die Hinterlegung eines Geldbetrages oder auch andere Arten der Sicherheitsleistung angeordnet werden.

---

19 *Gießler/Soyka*, Rn 958; umfassend und grundlegend zu diesem Problemkreis *Wick*, FamRZ 2005, 1030 ff.
20 *Gießler/Soyka*, Rn 957.

§ 12 Die Sicherung des Zugewinnausgleichs

Der in §§ 916 ff. ZPO geregelte Arrest dient der Sicherung der Zwangsvollstreckung in das bewegliche oder unbewegliche Vermögen. In Abgrenzung zur einstweiligen Verfügung ist Voraussetzung, dass der Anspruch, der gesichert werden soll, eine Geldforderung beinhaltet oder einen Anspruch, der in eine solche übergehen kann.[1] Mit Hilfe des Arrestes wird also nicht ein Individualanspruch gesichert oder ein Recht bzw. Rechtsverhältnis vorläufig geregelt. In einem solchen Fall ist die einstweilige Verfügung nach § 935 bzw. § 940 ZPO statthaft.[2] Denkbar ist eine solche Regelung zur Verhinderung von Verfügungen über Vermögensgegenstände, die im Zugewinn wertmäßig zu berücksichtigen sind. Die Leistungsverfügung schließlich soll eine vorläufige Befriedigung eines Gläubigers bewirken, also eine vorläufige Zahlung des Ausgleichsbetrages beinhalten.

Jedoch ist der Arrest nicht das einzige Mittel, mit dessen Hilfe sichergestellt werden kann, dass die Forderung aus Zugewinnausgleich wird realisiert werden können. So ist in § 1389 BGB geregelt, dass unter bestimmten Voraussetzungen Sicherheitsleistung für den künftigen Ausgleich des Zugewinns verlangt werden kann. Auch bietet § 1390 Abs. 4 BGB die Möglichkeit, einen solchen Anspruch gegen Dritte geltend zu machen. Denkbar ist ebenso, dass diese Forderungen, die in einem Hauptsacheverfahren geltend zu machen sind, selbst einer Sicherung bedürfen.

Dies führt zu folgender **Übersicht**, aus der sich die jeweilige Wahl des maßgeblichen Mittels des einstweiligen Rechtsschutzes ersehen lässt. Detailfragen sind den Textausführungen zu entnehmen.

Übersicht über die Maßnahmen einstweiligen Rechtsschutzes zur Sicherung des Zugewinnausgleichs

Anspruch auf Ausgleich des Zugewinns	vor Rechtshängigkeit eines Verfahrens auf Auflösung der Ehe/Aufhebung der Lebenspartnerschaft oder auf vorzeitigen Zugewinnausgleich	keine Sicherung § 12 Rn 4
	nach Rechtshängigkeit eines Verfahrens auf Auflösung der Ehe/Aufhebung der Lebenspartnerschaft oder auf vorzeitigen Zugewinnausgleich	Arrest (str.) § 12 Rn 6
	nach Beendigung des Güterstandes	Arrest § 12 Rn 9
Anspruch auf Sicherheitsleistung nach § 1389 BGB	ab Rechtshängigkeit einer Klage auf vorzeitigen Ausgleich oder auf Scheidung/Aufhebung der Ehe bzw. einer Klage auf Aufhebung der Lebenspartnerschaft	Arrest (str.) § 12 Rn 161

---

1 *Thomas/Putzo – Reichold*, Vorbem § 916 Rn 6.
2 *Thomas/Putzo – Reichold*, Vorbem § 916 Rn 7.

§ 12 Die Sicherung des Zugewinnausgleichs

Anspruch auf Leistung der Ausgleichszahlung	nach Beendigung des Güterstandes	einstweilige Verfügung § 12 Rn 162 ff.
Stundung der Ausgleichsforderung/Übertragung von Vermögensgegenständen	ab Anhängigkeit eines Hauptsacheverfahrens	§ 53a FGG § 12 Rn 169 ff.
Ausgleichsanspruch wegen beeinträchtigender Schenkungen	ab Rechtshängigkeit einer Klage auf vorzeitigen Ausgleich oder auf Scheidung/Aufhebung der Ehe bzw. einer Klage auf Aufhebung der Lebenspartnerschaft	Arrest (str.) § 12 Rn 177 und 179
	nach Beendigung des Güterstandes	Arrest/einstweilige Verfügung § 12 Rn 183 f.
güterrechtliche Verfügungsverbote		vgl. die Übersicht zu § 10

A. Der Arrest zur Sicherung des Anspruchs auf Zugewinnausgleich

I. Anwendbarkeit der Arrestvorschriften

3   Es ist heftig umstritten, unter welchen Voraussetzungen die Sicherung eines Anspruchs auf Zugewinnausgleich mit Hilfe der Arrestvorschriften bewirkt werden kann. Insbesondere ist zu hinterfragen, ob nicht hinsichtlich des jeweiligen Zeitraumes, in dem Arrestierung begehrt wird, zu differenzieren ist.

1. Künftige Ausgleichsforderung vor Beendigung des gesetzlichen Güterstandes

4   Die Regelung des § 1378 Abs. 3 S. 1 BGB bestimmt, dass die Zugewinnausgleichsforderung erst mit der **Beendigung des Güterstandes entsteht**. Diese Beendigung tritt ein mit rechtskräftiger Aufhebung der Ehe nach § 1313 BGB bzw. der Lebenspartnerschaft nach § 15 LPartG, mit rechtskräftiger Scheidung gemäß § 1384 BGB, durch rechtskräftiges Urteil auf vorzeitigen Zugewinnausgleich nach § 1388, durch Ehevertrag (§ 1414 BGB) oder durch den Tod eines Ehegatten (§ 1371 BGB).

Anerkannt ist, dass künftige Ansprüche im Allgemeinen jedenfalls dann durch Arrest sicherbar sind, wenn diese mit Hilfe einer Feststellungsklage klagbar sind.[3]

---

[3] Zöller – Vollkommer, § 916 Rn 8; Thomas/Putzo – Reichold, § 916 Rn 5.

Beachte
Bezüglich einer künftigen Forderung auf Ausgleich des Zugewinns scheidet demzufolge eine Sicherung durch Arrest aus, solange die Ehegatten/Lebenspartner weder ein Verfahren auf Auflösung der Ehe bzw. Aufhebung der Lebenspartnerschaft noch auf vorzeitigen Ausgleich des Zugewinns eingeleitet haben.[4]

Für den Zeitraum **nach Rechtshängigkeit** eines solchen Verfahrens (aber vor rechtskräftiger Entscheidung) ist die Rechtsprechung heftig **umstritten**. Nach weit verbreiteter Auffassung kommt auch hier der Erlass eines Arrestes unter anderem deshalb nicht in Betracht, weil der durch § 1389 BGB vom Gesetzgeber speziell gewährte Schutz hinreichend sei.[5] Zudem bestehe vor Beendigung des Güterstandes (vgl. § 1378 Abs. 3 S. 1 BGB) noch nicht einmal ein bedingter Ausgleichsanspruch.[6]

Unter Fortführung des allgemein anerkannten Grundsatzes, dass künftige Ansprüche durch Arrest sicherbar sind, wenn diese Gegenstand zumindest einer Feststellungsklage sein können, wird jedoch auch die **gegenteilige Auffassung** vertreten, nach der ein Arrest zur Sicherung des Zugewinnausgleichs ab dem Zeitpunkt der Rechtshängigkeit eines Scheidungsverfahrens, einer Klage auf Eheauflösung oder auf vorzeitigen Zugewinnausgleich zulässig ist.[7] Hierbei wird m.E. zutreffend darauf hingewiesen, dass in all diesen Fällen eben auch eine Klage auf Zahlung von Zugewinn zulässig, der Anspruch also klagbar ist.[8]

Schließt man sich dieser Auffassung nicht an, kommt ausschließlich ein Vorgehen nach **§ 1389 BGB** in Betracht. Für diesen **materiellen** (im Zeitpunkt der angesprochenen Klageerhebung bereits entstandenen) **Anspruch auf Sicherheitsleistung** für den künftigen Ausgleich des Zugewinns ist einstweiliger Rechtsschutz durch Arrest zu gewähren.[9] Denn letztlich läuft die Sicherung des Anspruchs auf Sicherheitsleistung aus § 1389 BGB auf die Sicherung der künftigen Zugewinnausgleichsforderung hinaus.[10]

Nach wiederum anderer Auffassung ist die einstweilige Verfügung das zutreffende Mittel einstweiligen Rechtsschutzes, da § 1389 BGB einen Individualanspruch beinhaltet und bei

---

4 OLG Karlsruhe FamRZ 1999, 663, *Gießler/Soyka*, Rn 935 m.w.N.; *Crückeberg*, § 9 Rn 33.
5 *Johannsen/Henrich/Jaeger*, § 1389 Rn 1a mit Hinweis auf OLG Celle FamRZ 1984, 1231; OLG Hamburg FamRZ 1988, 964; KG FamRZ 1994, 1478; OLG Köln FamRZ 1988, 1273; OLG Stuttgart FamRZ 1995, 1427; OLG Koblenz FamRZ 1999, 97.
6 *Schwab*, VII Rn 220 m.w.N.
7 OLG Hamm, B. v. 15.2.2006, 8 WF 54/06; OLG Hamburg FamRZ 2003, 238; OLG Düsseldorf FamRZ 1994, 114; OLG Karlsruhe FamRZ 1997, 622; OLG Hamm FamRZ 1997, 181; *Zöller – Vollkommer*, § 916 Rn 8.
8 *Gießler/Soyka*, Rn 936; dagegen wiederum *Johannsen/Henrich/Jaeger*, § 1389 Rn 1a a.E.
9 OLG Celle FamRZ 2004, 625; FamRZ 1996, 1429; OLG Hamm FamRZ 1985, 71; *Zöller – Vollkommer*, § 916 Rn 5 m.w.N.; *Gießler/Soyka*, Rn 937; vgl. auch *Palandt – Brudermüller*, § 1389 Rn 9 zu weiterer Rechtsprechung und Literatur.
10 *Gießler/Soyka*, Rn 937.

§ 12 Die Sicherung des Zugewinnausgleichs

Annahme eines Arrestes die Rechtsstellung des Schuldners beeinträchtigt würde, da man diesem die Möglichkeiten aus § 232 BGB nähme.[11] Darüber hinaus wird auch vertreten, dass sowohl der Arrest als auch die einstweilige Verfügung zulässig[12] oder auch beides unzulässig sei.[13]

8 *Tipp*
Angesichts dieser umstrittenen Rechtslage ist es – für den Fall, dass man sich der Rechtsprechung des angerufenen Gerichts nicht sicher ist – wohl anzuraten, einen **Antrag auf Erlass eines Arrestes** zu stellen, hilfsweise auf Erlass einer einstweiligen Verfügung bzw. umgekehrt.[14]

Ein Wechsel in der Antragstellung vom Arrest zur einstweiligen Verfügung ist als sachdienliche Klageänderung anzusehen.[15]

Bei nach Auffassung des Gerichts nicht zutreffend vorgenommener Antragstellung kommt auch eine Umdeutung eines Verfügungsantrages in einen Arrestantrag in Betracht.[16]

2. Ausgleichsforderung nach Beendigung des Güterstandes

9 Ab dem Zeitpunkt der Beendigung des Güterstandes der Zugewinngemeinschaft ist problemlos die Statthaftigkeit des Arrestes zur Sicherung der nunmehr entstandenen Ausgleichsforderung aus Zugewinn (§ 1378 Abs. 3 S. 1 BGB) gegeben. Ein Anspruch auf Sicherung der künftigen Ausgleichsforderung nach § 1389 BGB besteht sodann nicht mehr, so dass insoweit auch ein Arrest ausscheidet.[17]

3. Anwendbarkeit bei Lebenspartnern

10 Gemäß § 6 S. 1 LPartG leben die **Lebenspartner** nunmehr[18] ebenfalls im Güterstand der Zugewinngemeinschaft, wenn sie nicht eine hiervon abweichende Vereinbarung (§ 7 LPartG) getroffen haben. Es gelten ausdrücklich die Regelungen der § 1363 Abs. 2 und

---

11 AnwK-BGB/*Groß*, § 1389 Rn 11; *Johannsen/Henrich/Jaeger*, § 1389 Rn 11 a.E.; dagegen wiederum *Gießler/Soyka*, Rn 937, der auf §§ 923, 108 ZPO hinweist, also letztlich auf die Möglichkeit, dem Schuldner eine andere Art der Sicherheitsleistung zu gestatten (Lösungssumme).
12 OLG Hamburg JZ 1965, 498.
13 OLG Celle FamRZ 1984, 1231.
14 Muster sind zu finden bei *Börger/Bosch/Heuschmid*, § 4 Rn 352 zu Haupt- und Hilfsantrag bei § 1389 BGB; *Crückeberg*, § 9 Rn 72.
15 OLG Düsseldorf FamRZ 1991, 351 (hier hat das OLG Düsseldorf noch die Auffassung vertreten, eine Sicherung der zukünftigen Ausgleichsforderung durch dinglichen Arrest sei nicht möglich, aufgegeben durch OLG Düsseldorf 1994, 114).
16 *Gießler/Soyka*, Rn 937.
17 OLG Celle FamRZ 2004, 625.
18 Vgl. das Gesetz zur Überarbeitung des Lebenspartnerschaftsrechts vom 15.12.2004; BGBl. I, S. 3396.

§§ 1364 bis 1390 BGB entsprechend. Die Rechtslage unterscheidet sich also nicht mehr von derjenigen der Ehegatten. Somit kann sich die Darstellung auf die unter Eheleuten geltenden Regelungen beschränken und darauf verweisen, dass die Ausführungen bei eingetragenen Lebenspartnern entsprechend gelten.

II. Bezug zu einem Hauptsacheverfahren

Der Arrest stellt ein verfahrensselbstständiges Mittel[19] des einstweiligen Rechtsschutzes dar. Somit ist er nicht abhängig von der Anhängigkeit eines Hauptsacheverfahrens. Es wird ein eigenständiges, in der ZPO eingehend geregeltes summarisches Verfahren zur Sicherung des Gläubigers für einen Anspruch durchgeführt. Da Streitgegenstand dieses Verfahrens lediglich die Zulässigkeit der zwangsweisen Sicherung eines Anspruchs ist, wird der materielle Anspruch selbst nicht rechtshängig.[20]

11

Diese Eigenständigkeit des Arrestverfahrens wird durch die Möglichkeit, nach § 926 ZPO anzuordnen, dass eine Klageerhebung vorzunehmen ist, nicht in Frage gestellt, sondern bestätigt.

III. Inhalt der Arrestanordnung

Mit dem Antrag auf Erlass eines Arrestes kann letztlich bewirkt werden, dass der **dingliche** (§ 917 ZPO) oder der **persönliche** (§ 918 ZPO) **Arrest** angeordnet wird. Letzterer kommt nur subsidiär in Betracht. Voraussetzung ist, dass der Schuldner über pfändbares Vermögen verfügt und ein dinglicher Arrest keine hinreichende Aussicht auf Erfolg verspricht,[21] beispielsweise weil sich der Unterhaltsschuldner der Abgabe der eidesstattlichen Versicherung nach § 807 ZPO entziehen will[22] oder zu befürchten ist, dass er Vermögensstücke beiseite schafft, deren Aufbewahrungsort unbekannt ist.[23]

12

Beide Maßnahmen stellen Mittel zur Sicherung der Zwangsvollstreckung wegen Geldforderungen oder solcher Forderungen dar, die in Geldforderungen übergehen können (§ 916 ZPO). Hieraus resultiert das Erfordernis, dass **Regelungsinhalt** und damit auch **Antragsinhalt** (vgl. § 920 ZPO) die zu sichernde Forderung selbst ist. Diese muss bei Antragstellung

13

---

19 Vgl. § 1 Rn 4.
20 *Thomas/Putzo – Reichold,* Vorbem § 916 Rn 2.
21 *Thomas/Putzo – Reichold,* § 918 Rn 1; *Zöller – Vollkommer,* § 918 Rn 1; *Crückeberg,* § 5 Rn 8; zu weiteren Beispielen vgl. jeweils dort.
22 OLG Bamberg OLGR 2005, 206; OLG München NJW-RR 1988, 382.
23 OLG Karlsruhe FamRZ 1996, 1429; OLG Bamberg OLGR 2005, 206 zur drohenden Verschiebung von Vermögensstücken ins Ausland (USA).

möglichst konkret angegeben werden.[24] Steht der Betrag (aus Sicht des Antragstellers) noch nicht fest, muss es genügen, dass der mutmaßliche Ausgleichsbetrag benannt wird.[25] Ebenso soll die **Sicherungsart** angegeben werden. Unterbleibt dies, ist wegen der Subsidiarität des persönlichen Arrestes im Allgemeinen von einem Antrag auf Erlass eines dinglichen Arrestes auszugehen.[26]

IV. Verhältnis des Arrestes zu anderen Mitteln einstweiligen Rechtsschutzes und zu Hauptsacheregelungen

1. Das Verhältnis des Arrestes zu Hauptsacheverfahren

14 Die **Anhängigkeit** eines Hauptsacheverfahrens hindert den Erlass eines Arrestes nicht. Sinn und Zweck des Arrestes ist es doch gerade, die Vollstreckbarkeit des Anspruchs, die im Hauptsacheverfahren erst noch herbeigeführt werden soll, zu sichern.

15 Ist dagegen das Hauptsacheverfahren bereits **rechtskräftig** entschieden, kommt ein Arrest zur Sicherung des Anspruchs nicht mehr in Betracht.

Im Falle der Abweisung einer Klage auf Zugewinnausgleich ist im Arrestverfahren die rechtskräftig festgestellte Folge zu beachten, dass ein solcher Anspruch nicht besteht. Entsprechendes gilt bei einem negativen Feststellungsurteil.[27]

War die Hauptsacheklage auf Zugewinnausgleich dagegen erfolgreich, besteht nach Eintritt der Rechtskraft kein Sicherungsbedürfnis mehr, da der Gläubiger sich durch sofortige Zwangsvollstreckung befriedigen kann.[28] Dasselbe gilt, wenn das Urteil ohne Sicherheitsleistung vorläufig vollstreckbar ist.

Ist das Leistungsurteil nur gegen Sicherheitsleistung vorläufig vollstreckbar, scheidet ein Arrestverfahren nicht generell aus. Jedoch wird grundsätzlich der Arrestgrund fehlen, da dem Gläubiger die Rechte aus § 720a ZPO (Sicherungsvollstreckung ohne Sicherheitsleistung) sowie nach §§ 710, 711 ZPO zustehen, die es ihm ermöglichen, ohne Sicherheitsleistung zu vollstrecken, wenn er diese zu erbringen nicht imstande ist.[29]

---

24 *Crückeberg,* § 5 Rn 10.
25 OLG Düsseldorf FamRZ 1991, 351 zur Glaubhaftmachung.
26 *Zöller – Vollkommer,* § 920 Rn 3; *Crückeberg,* § 5 Rn 10.
27 Eine Ausnahme ist dann anzuerkennen, wenn sich mittlerweile Änderungen ergeben haben, die den materiellen Anspruch beeinflussen können – siehe § 1386 BGB.
28 *Zöller – Vollkommer,* § 917 Rn 12.
29 *Zöller – Vollkommer,* § 917 Rn 13; *Gießler/Soyka,* Rn 373, 375.

2. Das Verhältnis des Arrestes zu anderen Mitteln des einstweiligen Rechtsschutzes

a) Das Verhältnis des Arrestes zur einstweiligen Anordnung nach § 53a Abs. 3 FGG

Die Regelung des § 53a Abs. 3 FGG ermöglicht es, eine einstweilige Anordnung zu erlassen, mit deren Hilfe eine Sicherung[30] der Ansprüche des Ausgleichsberechtigten erwirkt werden kann, wenn ein Verfahren auf Stundung der Ausgleichsforderung aus Zugewinn nach § 1382 BGB oder ein Verfahren auf Übertragung von Vermögensgegenständen unter Anrechnung auf die Ausgleichsforderung nach § 1383 BGB betrieben wird.   16

Ab Anhängigkeit derartiger Verfahren ist ein Arrestverfahren unzulässig, da dieses ebenso wie ein Verfügungsverfahren **subsidiär** ist gegenüber einem einstweiligen Anordnungsverfahren.[31] Nicht erforderlich ist, dass bereits ein Antrag nach § 53a Abs. 3 FGG gestellt ist; es genügt, dass ein solcher gestellt werden kann.[32]

b) Das Verhältnis des Arrestes zur einstweiligen Verfügung auf Leistung einer Ausgleichszahlung[33]

Die nur ganz ausnahmsweise zulässige Leistungsverfügung verfolgt **andere Ziele** als der Arrest. Mit Hilfe des Arrestes soll die Sicherung des zukünftigen Ausgleichsanspruchs bewirkt werden, mit Hilfe der Leistungsverfügung eine vorläufige Befriedigung des Anspruchs auf Zugewinnausgleich. Somit könnten beide Maßnahmen des einstweiligen Rechtsschutzes nebeneinander bestehen.   17

Jedoch ist zu beachten, dass, soweit eine Leistungsverfügung erlassen wird, der Arrestgrund fehlt.

V. Arrestgrund

Wie allgemein in den summarischen Verfahren des einstweiligen Rechtsschutzes setzt der Erlass der Entscheidung ein **Regelungsbedürfnis** voraus, hier als Arrestgrund bezeichnet. Nach § 917 ZPO erfordert demnach die Anordnung des dinglichen Arrests, dass die Gefahr besteht, dass die Vollstreckung des Urteils[34] vereitelt oder wesentlich erschwert würde, wenn die Verhängung des Arrestes unterbliebe.[35] Der persönliche Arrest aus § 918 ZPO kommt nur im Ausnahmefall[36] in Betracht.   18

---

30 Zu den denkbaren Sicherungsmaßnahmen vgl. § 12 Rn 170 f.
31 *Börger/Bosch/Heuschmid*, § 4 Rn 353.
32 Vgl. zur selben Rechtslage bei der einstweiligen Verfügung oben § 2 Rn 423 und 426.
33 Vgl. § 12 Rn 162–164.
34 Inhalt des erstrebten Urteils ist eine Geldforderung; vgl. zum Arrestanspruch § 916 ZPO.
35 Allgemein hierzu *Thomas/Putzo – Reichold*, § 917 Rn 1.
36 Vgl. § 12 Rn 12.

§ 12 Die Sicherung des Zugewinnausgleichs

Für das Arrestverfahren zur Sicherung des Zugewinnausgleichs ist dementsprechend erforderlich, dass die **Durchsetzung des künftigen Ausgleichsanspruchs gefährdet** erscheint. Auf ein Verschulden des Antragsgegners kommt es nicht an. Maßgeblich ist das objektive Urteil eines verständigen, gewissenhaft prüfenden Menschen.[37]

19 Eine derartige Annahme ist **gerechtfertigt**, wenn der Ausgleichspflichtige
- eine fortgesetzte Vermögensverschleierung durch Erteilung grob falscher Auskunft betrieben hat[38]
- ernsthaft Auswanderungsabsicht bekundet hat[39]
- die Veräußerung von Vermögenswerten zu befürchten ist, wenn hierdurch die Gefahr besteht, dass künftig nicht auf hinreichende Vermögenswerte zugegriffen werden kann; nicht erforderlich ist, dass bereits tatsächlich Veräußerungshandlungen vorgenommen worden sind[40]
- ein Rechtsgeschäfte nach § 1365 BGB vorgenommen worden ist bzw. droht[41]
- schädigende Handlungen nach § 1375 Abs. 2 BGB zu besorgen sind.[42]

20 **Abgelehnt** wird das Vorliegen eines Arrestgrundes,[43] wenn eine ausreichende (gleichwertige) Sicherheit für die spätere Realisierung des Ausgleichsanspruchs besteht, etwa durch dem Zugriff zugänglich verbleibendes Vermögen,[44] durch vom Schuldner gestellte Sicherheiten oder durch bereits existierende uneingeschränkt vollstreckbare Titel (beispielsweise aus § 1389 BGB).

Ebenso wenig sind allein eine allgemein schlechte Vermögenslage des Schuldners oder der drohende Zugriff anderer Gläubiger geeignet, einen Arrestgrund anzunehmen.[45]

Auch fehlt es am Arrestgrund, wenn eine Klage auf Scheidung oder Eheaufhebung oder vorzeitigen Zugewinnausgleich keine hinreichende Erfolgsaussicht hat, da in diesem Fall nicht davon ausgegangen werden kann, dass eine Ausgleichsforderung aus Zugewinn demnächst entstehen wird.[46]

21 Eine **ausdrückliche gesetzliche Regelung**, wann davon auszugehen ist, dass ein hinreichender Arrestgrund vorliegt, trifft § 917 Abs. 2 ZPO. Somit bedarf es im Falle der Notwendigkeit der Vollstreckung des Hauptsacheurteils im Ausland der Darstellung einer kon-

---

37 *Thomas/Putzo – Reichold*, § 917 Rn 1.
38 OLG Frankfurt/Main FamRZ 1996, 749.
39 *Johannsen/Henrich/Jaeger*, § 1389 Rn 6 zur Sicherung nach § 1389 BGB.
40 OLG Karlsruhe FamRZ 1997, 622.
41 OLG Hamm NJW-RR 1992, 1410 zur Frage des Verstoßes gegen die anwaltliche Sorgfaltspflicht, wenn Maßnahmen zur Sicherung des Anspruchs auf Zugewinnausgleich nicht ergriffen werden.
42 *Crückeberg*, § 5 Rn 6.
43 Vielfach wird das Folgende auch dem allgemeinen Rechtsschutzbedürfnis zugeordnet; vgl. *Thomas/Putzo – Reichold*, § 916 Rn 2; *Zöller – Vollkommer*, § 917 Rn 10 ff.
44 OLG Stuttgart FamRZ 1997, 181 zur Sicherung des Unterhalts.
45 BGH NJW 1996, 324; *Gießler/Soyka*, Rn 943; *Zöller – Vollkommer*, § 917 Rn 9 mit Hinweis auf a. A. *Stein/Jonas – Grunsky*, § 917 Rn 1.
46 OLG Karlsruhe FamRZ 1999, 663 zur Frage eines Arrestes bei § 1389 BGB und Klage auf vorzeitigen Zugewinnausgleich ohne hinreichende Erfolgsaussicht.

kreten Gefährdung dieses Anspruches nicht.[47] Unerheblich ist, wo sich der gewöhnliche Aufenthaltsort des Vollstreckungsschuldners befindet und welcher Staatsangehörigkeit er angehört.

Diese Privilegierung entfällt jedoch, wenn die »Gegenseitigkeit« der Vollstreckung verbürgt ist.[48] In einem solchen Fall ist auf die allgemeinen Voraussetzungen des § 917 Abs. 1 ZPO abzustellen.

Umstritten ist nach wie vor, ob § 917 Abs. 2 S. 1 ZPO ausschließlich die Vollstreckung inländischer Urteile im Ausland betrifft oder ob ein besonderer Arrestgrund auch dann angenommen werden kann, wenn Urteile aus Mitgliedstaaten des EuGVVO (auch EuGVÜ)[49] und des Lugano-Übereinkommens außerhalb des Anwendungsbereiches dieser Übereinkommen vollstreckt werden sollen.[50]

Über den Arrestgrund hinaus ist ein **allgemeines Rechtsschutzbedürfnis** bei Erlass eines Arrestes in aller Regel nicht zu prüfen. Teilweise wird jedoch das Fehlen des Rechtsschutzbedürfnisses als besonderer Prüfungspunkt angenommen, etwa wenn der Gläubiger bereits dingliche Sicherheiten besitzt.[51]   22

VI. Weitere Zulässigkeitsvoraussetzungen

Der Erlass eines Arrestes erfordert das Vorliegen der allgemeinen Prozessvoraussetzungen   23
wie der Prozess- und der Parteifähigkeit.
Vgl. § 2 Rn 67.

VII. Antragstellung[52]

1. Erfordernis der Antragstellung und Art des Antrages

Das Arrestverfahren kommt ausschließlich nach Antragstellung in Gang (vgl. § 920 Abs. 1   24
ZPO). Der Erlass eines Arrestes von Amts wegen scheidet aus.

2. Antragsbefugnis

Antragsbefugt ist derjenige Ehegatte, der behauptet, einen Zugewinnausgleichsanspruch   25
geltend machen zu können.

---

47 *Zöller – Vollkommer*, § 917 Rn 16.
48 Zu Einzelheiten vgl. *Zöller – Vollkommer* § 917 Rn 17.
49 Zur Restzuständigkeit des EuGVÜ vgl. *Thomas/Putzo – Hüßtege*, 24. Auflage, Vorbem EuGVVO Rn 2.
50 *Zöller – Vollkommer*, § 917 Rn 16 mit zahlreichen Nachweisen auf die unterschiedlich vertretenen Ansichten.
51 Vgl. *Thomas/Putzo – Reichold*, § 916 Rn 2; *Zöller – Vollkommer*, § 917 Rn 10; s. jedoch auch § 12 Rn 20: m.E. ist dies im Rahmen der Frage zu prüfen, ob ein Arrestgrund vorliegt.
52 Muster: *Börger/Bosch/Heuschmid*, § 4 Rn 352; *Crückeberg*, § 9 Rn 72 – jeweils mit Haupt- und Hilfsantrag.

3. Form des Antrages/Anwaltszwang

26 Der Antrag kann **schriftlich** oder zu **Protokoll der Geschäftsstelle** gestellt werden (§§ 920 Abs. 3, 129a ZPO). Demzufolge ist nach § 78 Abs. 5 ZPO für die Antragstellung selbst eine anwaltliche Vertretung nicht erforderlich.

4. Inhalt der Antragsschrift/darzustellende Voraussetzungen

a) Formale Anforderungen

27 § 920 Abs. 1 ZPO bestimmt, welchen Inhalt dieses Gesuch haben soll.

Danach ist die **Bezeichnung des Arrestanspruches** (unter Angabe des Geldbetrages) und des **Arrestgrundes** vorzunehmen. Die Ausgestaltung als Sollvorschrift ermöglicht jedoch eine Ergänzung des Antrages durch Schriftsatz oder auch in der mündlichen Verhandlung, wenn diese Voraussetzungen nicht eingehalten sind.[53] Bis zum Zeitpunkt der Entscheidung jedenfalls müssen der Arrestanspruch und der Arrestgrund (Ausnahme bei § 921 Abs. 2 ZPO bezüglich der Glaubhaftmachung des Arrestgrundes) dargestellt und glaubhaft gemacht sein.

Die **Art des begehrten Rechtsschutzes** (Arrest oder einstweilige Verfügung) ist anzugeben, da sich Arrest und einstweilige Verfügung grundsätzlich gegenseitig ausschließen.[54] Jedenfalls zweckmäßig ist die Angabe der Arrestart (dinglicher oder persönlicher Arrest).[55] Wird dem entsprochen und lediglich der Erlass eines dinglichen Arrestes beantragt, ist das Gericht gem. § 308 ZPO an diese Antragstellung gebunden. Ein persönlicher Arrest scheidet aus.

28 Darüber hinausgehend ist jedoch ein bestimmter Antrag i.S.d. § 253 Abs. 2 Nr. 2 ZPO, etwa im Hinblick auf die Bezeichnung bestimmter Arrestgegenstände, nicht erforderlich. Es genügt eine Antragstellung auf Anordnung des Arrestes »in das Vermögen des Schuldners«.[56]

Die **Formalerfordernisse** des Arrestgesuches müssen derjenigen einer Klageschrift entsprechen (§ 253 Abs. 2 Nr. 1 ZPO).[57] Die Antragsschrift muss somit neben der Bezeichnung der Parteien, ihrer Vertreter, der ladungsfähigen Anschrift auch das Gericht bezeichnen, an das der Antrag gerichtet ist. Außerdem ist die Antragstellung als solche vorzunehmen und der bestimmende Schriftsatz zu unterschreiben.[58]

---

53 *Zöller – Vollkommer*, § 920 Rn 6.
54 Vgl. *Thomas/Putzo – Reichold*, Vorbem § 916 Rn 8.
55 *Zöller – Vollkommer*, § 920 Rn 3.
56 *Crückeberg*, § 5 Rn 10; *Zöller – Vollkommer*, § 920 Rn 3.
57 OLG Frankfurt/Main NJW 1992, 1178.
58 BGH FamRZ 1988, 382.

b) Übersicht zu den darzustellenden Voraussetzungen

Der Antragsteller hat gemäß § 920 Abs. 1 ZPO sämtliche die Anordnung eines Arrestes rechtfertigenden Umstände darzulegen. Auch die Möglichkeit des § 921 S. 1 ZPO befreit nicht von einer schlüssigen Darlegung des materiellen Anspruchs, der gesichert werden soll. § 921 S. 1 ZPO befreit nur von der Glaubhaftmachung, sofern eine Sicherheitsleistung erfolgt.

29

Somit sind Ausführungen zu folgenden Umständen vorzunehmen:
- die allgemeinen Verfahrensvoraussetzungen wie Partei- und Prozessfähigkeit, Zuständigkeit des Gerichts
- das Fehlen von Verfahrenshindernissen
- anderweitige Rechtshängigkeit/Rechtskraft eines summarischen Verfahrens
- Arrestgrund
- Arrestanspruch
  Es sind auch Ausführungen dazu veranlasst, ob der Anspruch bereits entstanden und der Güterstand bereits beendet ist, da hiervon die Zulässigkeit des Arrestverfahrens abhängig gemacht wird.[59]
  Weiter zum Arrestanspruch vgl. auch § 12 Rn 30 (sogleich).
- das Fehlen naheliegender Einwendungen, soweit ein Erlass des Arrestes ohne Anhörung des Gegners in Erwägung zu ziehen sein soll.

c) Darstellung des Arrestanspruchs

Steht unzweifelhaft fest, dass ein Zugewinnausgleich nicht durchgeführt werden wird, weil ein entsprechender Anspruch nicht existiert (z.B. wegen Überschuldung im Zeitpunkt der Zustellung des Scheidungsantrages), scheidet auch der Erlass eines Arrestes aus. Erkennt man die Möglichkeit der Sicherung des künftigen Anspruchs durch Arrest an, kann jedoch nicht verlangt werden, dass der Ausgleichsanspruch mit Gewissheit (und in bestimmter Höhe) feststeht, zumal dieser im Falle des Zugewinnausgleichs bei Scheidung durch vermögensschädigende Handlungen des Ausgleichspflichtigen im Zeitraum zwischen Zustellung des Scheidungsantrages (Berechnungsstichtag nach § 1384 BGB) und Rechtskraft der Scheidung (Beendigung des Güterstandes) beeinflusst werden kann.[60] Da der Antragsteller zudem keine hinreichend sicheren Kenntnisse über die Vermögensverhältnisse des Antragsgegners hat, dürfen an die Darstellung des zu erwartenden Ausgleichsbetrages keine hohen Anforderungen gestellt werden.[61]

30

---

59 Vgl. § 12 Rn 5 f.
60 BGH FamRZ 1988, 925.
61 Vgl. OLG Düsseldorf FamRZ 1991, 351.

§ 12 Die Sicherung des Zugewinnausgleichs

5. Glaubhaftmachung

31 § 920 Abs. 2 ZPO bestimmt, dass Arrestanspruch und Arrestgrund **glaubhaft**[62] zu machen sind. Jedoch hat der Anspruchsteller (wie bereits festgestellt) in aller Regel keine hinreichenden Kenntnisse über die Vermögenssituation des Antragsgegners. Auch kann er sich im Wege des einstweiligen Rechtsschutzes nicht die erforderlichen Auskünfte einholen. Somit ist bezüglich einer glaubhaft zu machenden künftigen Ausgleichsforderung kein strenger Maßstab anzulegen.[63]

32 *Beachte*
Jedoch ist zu beachten, dass – für den Fall, dass im Beschlussweg und **ohne Anhörung des Antragsgegners** *entschieden werden soll – es nicht ausreicht, wenn der Antragsteller die den Verfügungsanspruch und Verfügungsgrund begründenden Umstände darlegt und glaubhaft macht. In einem solchen Fall müssen darüber hinaus naheliegende Einwendungen und Einreden des Gegners ausgeräumt werden; es greift eine so genannte »volle« Glaubhaftmachungslast.*[64]

33 Kommt der Antragsteller der Forderung nach Glaubhaftmachung im Übrigen nicht hinreichend nach, bewirkt dies nicht, dass generell der Erlass der einstweiligen Anordnung unterbleiben müsste. Denn es ist in einem solchen Fall nach § 921 Abs. 2 ZPO möglich, dass das Gericht die Anordnung des Arrestes abhängig macht von einer erbrachten **Sicherheitsleistung**.[65]

6. Zuständiges Gericht

Die Zuständigkeit des Gerichts ergibt sich aus § 919 ZPO.

34 Somit ist für die Anordnung des Arrestes alternativ zuständig
- das Gericht der Hauptsache
- das Gericht, in dessen Bezirk sich der mit Arrest zu belegende Gegenstand befindet
- das Gericht, in dessen Bezirk sich der Schuldner selbst befindet, wenn ein persönlicher Arrest angeordnet werden soll.

a) Gericht der Hauptsache

35 Hier ist danach zu differenzieren, ob eine Hauptsache bereits anhängig ist oder noch nicht.

---

62 Zur Glaubhaftmachung allgemein vgl. § 1 Rn 24.
63 OLG Düsseldorf FamRZ 1991, 351.
64 Zöller – *Vollkommer*, vor § 916 Rn 6a; *Thomas/Putzo – Reichold*, Vorbem § 916 Rn 9 – jeweils m.w.N.; vgl. oben § 1 Rn 35.
65 Zöller – *Vollkommer*, § 921 Rn 3; *Thomas/Putzo – Reichold*, § 921 Rn 2, 3.

aa) Ein Hauptsacheverfahren ist nicht anhängig

In einem solchen Fall ist jedes Gericht, das für die Hauptsache örtlich und sachlich zuständig wäre, zuständiges Arrestgericht (§§ 943 Abs. 1, 621 Abs. 2 S. 2 ZPO). Soweit ein Hauptsacheverfahren eine Familiensache betrifft, ist auch für das Arrestverfahren das Familiengericht (ausschließlich) zuständig.[66] Bezüglich der örtlichen Zuständigkeit ist regelmäßig auf den Wohnsitz des Antragsgegners (§§ 12, 13 ZPO), bei Fehlen eines solchen auf den Aufenthaltsort im Inland (§ 16 ZPO) abzustellen, hilfsweise auf den letzten Wohnsitz.

Im Falle fehlender Anhängigkeit der Hauptsache hat das Gericht zu prüfen, ob bei ihm das Hauptverfahren zulässigerweise anhängig gemacht werden könnte.[67]

Zu beachten ist jedoch im vorliegenden Fall unbedingt, dass die allgemeinen Vorschriften der §§ 12 ff. ZPO keine Geltung mehr beanspruchen können, sobald eine Ehesache anhängig ist. Gem. § 621 Abs. 2 S. 1 ZPO tritt ab diesem Zeitpunkt eine Entscheidungskonzentration für die dort benannten Familiensachen, also auch für den Anspruch auf Ausgleich des Zugewinns, beim Gericht der Ehesache ein.[68] Gericht der Hauptsache im Sinne des § 919 ZPO ist sodann das Gericht, bei dem die Ehesache anhängig ist.[69] Dies ändert jedoch nichts daran, dass zusätzlich zu dieser Zuständigkeit eine solche (weitere ausschließliche) bei dem Gericht der belegenen Sache besteht.[70]

bb) Nach Anhängigkeit einer Hauptsache

Ab dem Zeitpunkt der Anhängigkeit einer Hauptsache, die sich auf den Verfügungsanspruch bezieht, ist für den Erlass des Arrestes das Gericht zuständig, bei dem diese Hauptsache anhängig ist. Ob dieses Gericht für die Hauptsacheverhandlung tatsächlich zuständig ist, hat keine Bedeutung und wird im Arrestverfahren nicht geprüft.[71] War im Zeitpunkt des Eingangs des Arrestantrages die Zuständigkeit eines Gerichtes begründet, bleibt diese gem. § 261 Abs. 3 Nr. 2 ZPO erhalten, selbst wenn das Gericht später seine Zuständigkeit für die Hauptsache verneint oder auch aufgrund einer erfolgten Verweisung verliert.[72]

---

66 BGH FamRZ 1980, 46; OLG Düsseldorf NJW-RR 1994, 459; *Zöller – Vollkommer,* § 919 Rn 3; *Zöller – Philippi,* § 621 Rn 14.
67 *Zöller – Vollkommer,* § 919 Rn 9.
68 Die sich aus § 621 Abs. 2 S. 1 ZPO ergebende Zuständigkeitskonzentration bewirkt, dass ein Arrestverfahren nach § 621 Abs. 3 S. 1 ZPO an das Gericht der Ehesache zu verweisen ist, falls nachträglich eine Ehesache rechtshängig wird. Hierbei ist jedoch zu beachten, dass das Arrestverfahren noch in erster Instanz anhängig sein muss.
69 OLG Frankfurt/Main FamRZ 1988, 184; *Zöller – Vollkommer,* § 919 Rn 3; *Gießler/Soyka,* Rn 366.
70 Vgl. § 12 Rn 39.
71 *Thomas/Putzo – Reichold,* § 919 Rn 3; *Zöller – Vollkommer,* § 919 Rn 8; *Gießler/Soyka,* Rn 366.
72 LG Frankfurt/Main NJW 1990, 652; *Thomas/Putzo – Reichold,* § 919 Rn 3, *Zöller – Vollkommer,* § 919 Rn 8; *Gießler/Soyka,* Rn 366.

Eine Ausnahme hiervon gilt nach herrschender Meinung insoweit, als das Arrestgericht zu prüfen hat, ob bei ihm die internationale Zuständigkeit begründet und der Zivilrechtsweg eröffnet ist.[73]

38 Ist das Hauptsacheverfahren beim Berufungsgericht anhängig, ist dieses für den Erlass des Arrestbeschlusses zuständig (§ 943 Abs. 1 ZPO). Ab Rechtskraft des Berufungsurteils oder Einlegung der Revision verliert das Berufungsgericht seine Zuständigkeit wieder.[74]

b) Amtsgericht, in dessen Bezirk sich der mit Arrest zu belegende Gegenstand befindet

39 Die Zuständigkeit des Amtsgerichts, in dessen Bezirk sich ein mit Arrest zu belegender Gegenstand befindet, ist selbst dann begründet, wenn eine Ehesache anhängig ist.[75] Das Wahlrecht aus § 919 ZPO wird demnach nicht durch die ausschließliche Zuständigkeit des § 621 Abs. 2 S. 1 ZPO beeinflusst. Es können demzufolge zwei Zuständigkeiten vorliegen, die jedoch weitere ausschließen.[76]

Eine Zuständigkeitsbegründung nach § 919 Alt. 2 ZPO bewirkt nicht, dass ein erlassener Arrest nur in das in dem maßgeblichen Bezirk befindliche Vermögen vollzogen werden könnte. Der Arrest kann sich auf das gesamte Vermögen erstrecken, selbst wenn sich solches außerhalb des Amtsgerichtsbezirks befindet.[77]

c) Internationale Zuständigkeit[78]

40 Die internationale Zuständigkeit wird aus der örtlichen Zuständigkeit hergeleitet.[79]

Ein Vorrang der EuGVVO existiert bei güterrechtlichen Streitigkeiten nicht (vgl. Art. 1 Abs. 2 lit.a EuGVVO).

VIII. Ablauf des Verfahrens

1. Parteien

41 Als Parteien des Arrestverfahrens treten die Ehegatten/Lebenspartner als Gläubiger bzw. Schuldner des Zugewinnausgleichsanspruchs, der durch den Arrest gesichert werden soll, auf.

---

73 OLG Koblenz ZIP 1991, 1098; kritisch hierzu *Otte*, ZIP 1991, 1048.
74 *Thomas/Putzo – Reichold*, § 943 Rn 2; *Zöller – Vollkommer*, § 919 Rn 5, 6.
75 OLG Frankfurt/Main FamRZ 1988, 184; *Gießler/Soyka*, Rn 364; zweifelnd wohl *Thomas/Putzo – Reichold*, § 919 Rn 5.
76 *Zöller – Philippi*, § 621 Rn 88a.
77 *Zöller – Vollkommer*, § 919 Rn 10.
78 Vgl. auch § 14 Rn 18.
79 BGHZ 94, 156.

2. Mündliche Verhandlung

Nach §§ 922 Abs. 1, 128 Abs. 4 ZPO ist es dem Gericht freigestellt, ob es über den Arrestantrag nach mündlicher Verhandlung entscheidet. Die Anordnung oder Ablehnung der Durchführung einer mündlichen Verhandlung ist nicht mit einem Rechtsmittel angreifbar.[80] Es sollte jedoch eine mündliche Verhandlung durchgeführt werden, wenn der Arrest nach dem EuGVVO (auch EuGVÜ, soweit anwendbar) oder dem Lugano-Abkommen im Ausland vollstreckt werden soll. Denn Beschlussarreste werden im Geltungsbereich dieser Abkommen nicht anerkannt, wenn rechtliches Gehör nicht gewährt wurde.[81]

Wird eine mündliche Verhandlung anberaumt, erfolgt mit der Zustellung des Arrestantrages eine Terminfestsetzung. Die Ladungsfrist des § 217 ZPO ist einzuhalten.[82]

Jedoch greift die Einlassungsfrist des § 274 Abs. 3 ZPO (zwei Wochen) nicht, da dies mit dem Zweck des summarischen Verfahrens als Eilverfahren nicht vereinbar wäre.[83]

Hinweis
Vorbereitende Anordnungen nach § 273 ZPO können vom Gericht getroffen werden, sind jedoch daraufhin zu überprüfen, ob sie dem Charakter des summarischen Verfahrens gerecht werden. Aufgrund dessen scheidet eine Ladung von Zeugen oder Sachverständigen regelmäßig aus.[84] Kommt es einer Partei somit auf eine Zeugenvernehmung an, wären diese Zeugen von der jeweiligen Partei als präsente Zeugen zum Termin mitzubringen und sodann als **präsente Zeugen** zu vernehmen (§ 294 Abs. 2 ZPO).[85]

Von der Durchführung einer mündlichen Verhandlung wird in aller Regel abgesehen, wenn eine Anhörung des Antragsgegners deswegen überflüssig wäre, weil dem Arrestantrag (wegen Unzulässigkeit oder Unbegründetheit) zweifellos nicht stattzugeben ist.

3. Rechtliches Gehör

Wird auf die Anberaumung einer mündlichen Verhandlung verzichtet, bedeutet dies nicht, dass der Arrest ohne jegliche Anhörung des Gegners erlassen werden könnte. Art. 103 Abs. 1 GG gewährt auch im summarischen Verfahren jedem Beteiligten einen Anspruch auf

---

80 *Thomas/Putzo – Reichold*, 23. Auflage, § 921 Rn 1 zu § 921 Abs. 1 a.F.
81 *Zöller – Vollkommer*, § 921 Rn 1 mit Hinweis auf EuGH NJW 1980, 2016; *Thomas/Putzo – Hüßtege*, Art. 32 EuGVVO Rn 4; *Gießler/Soyka*, Rn 383.
82 *Thomas/Putzo – Hüßtege*, § 217 Rn 1.
83 *Zöller – Greger*, § 274 Rn 5.
84 *Zöller – Greger*, § 294 Rn 3.
85 *Thomas/Putzo – Reichold*, § 294 Rn 2. Ausnahmsweise wird eine Zeugenladung dann für erforderlich gehalten, wenn glaubhaft gemacht ist, dass es der Partei nicht möglich ist, den Zeugen zum Termin mitzubringen und wegen der Kürze der Zeit bis zum Verhandlungstermin eine eidesstattliche Versicherung nicht beizubringen ist; so *Gießler*, 3. Auflage, Rn 32.

Einräumung rechtlichen Gehörs.[86] Jedenfalls ist eine schriftliche Anhörung durchzuführen und dem Antragsgegner eine Frist zu setzen ist, innerhalb derer er sich zu erklären hat. Hiervon kann nur dann eine Ausnahme zugelassen werden, wenn die vorherige Anhörung des Antragsgegners den Zweck des Arrestes gefährden würde.[87]

4. Anwaltszwang

46 Während für die Antragstellung selbst und auch eine schriftliche Stellungnahme zu dieser eine anwaltliche Vertretung nicht erforderlich ist, müssen sich die Parteien im Rahmen der Arrestverfahren wegen güterrechtlicher Ansprüche, also des Zugewinnausgleichs, gem. § 78 Abs. 2 ZPO durch einen Anwalt vertreten lassen. Dies gilt sowohl für die Verfahren erster Instanz als auch für die mündliche Verhandlung vor dem Oberlandesgericht.

5. Beweisaufnahme

47 Die Durchführung der mündlichen Verhandlung folgt den allgemeinen Regeln der §§ 128 ff. ZPO; der summarische Charakter des Verfahrens ist jedoch zu beachten. Gem. § 294 Abs. 2 ZPO ist die Beweisaufnahme beschränkt auf präsente Beweismittel. Da das Verfahren den normalen zivilprozessualen Regeln unter Berücksichtigung der Besonderheiten des Eilverfahrens folgt, kommt eine Gutachtenerstellung etwa zur Frage eines bestimmten Vermögenswertes, der maßgebliche Bedeutung für die Frage des Zugewinnausgleichsanspruchs hat, nicht in Betracht.

6. Beendigung durch Vergleich

48 Der Anspruch auf Ausgleich des Zugewinns unterliegt der Dispositionsbefugnis der Parteien. Somit ist es möglich, das ZPO-Regeln folgende Arrestverfahren durch Abschluss eines Vergleiches zu beenden. Für die Tragweite des Vergleiches ist zu prüfen, ob dieser als so genannter Interimsvergleich[88] nur das Arrestverfahren beenden sollte oder darüber hinaus eine Hauptsacheregelung beinhaltet.

---

86 *Thomas/Putzo – Reichold,* Einl I Rn 10; *Zöller – Vollkommer,* § 921 Rn 1.
87 *Zöller – Vollkommer,* § 922 Rn 1.
88 Vgl. § 2 Rn 389.

7. Entscheidung

a) Förmlichkeiten der Entscheidung

Vgl. § 2 Rn 467 f.

48a

b) Prüfungsumfang

Im Rahmen der Entscheidungsfindung prüft das zuständige Gericht die allgemeinen und sodann die besonderen Zulässigkeitsvoraussetzungen des Arrestverfahrens. Hierzu zählt die Behauptung eines Arrestanspruches und eines Arrestgrundes.[89]

49

Im Rahmen der Begründetheit ist sodann zu überprüfen, ob Arrestanspruch und Arrestgrund schlüssig vorgetragen und glaubhaft gemacht sind.

Ist dies der Fall, wird der Arrest erlassen werden.

Wird dagegen der erforderliche Grad der Glaubhaftmachung nicht erreicht, führt dies nicht notwendigerweise zur Zurückweisung des Arrestgesuches. Das Gericht kann dennoch gem. § 921 S. 1 ZPO den Arrest anordnen, wenn wegen der dem Antragsgegner drohenden Nachteile Sicherheit geleistet ist. Der Mangel fehlender Schlüssigkeit in der Darstellung des Arrestanspruches oder des Arrestgrundes kann durch diese Regelung jedoch nicht beseitigt werden.[90]

50

Dagegen ist die Erleichterung des § 921 S. 1 ZPO auch anwendbar, soweit es um die Glaubhaftmachung der Prozessvoraussetzungen geht.[91]

Die Möglichkeit der Sicherheitsleistung nach § 921 S. 1 ZPO bewirkt jedoch nicht, dass das Gericht von der Beurteilung der Glaubhaftmachung völlig befreit wäre. Mit Hilfe dieser Regelung soll nur ermöglicht werden, dass das Gericht sich mit einem geringeren Grad an Wahrscheinlichkeit begnügt. Ist davon auszugehen, dass Arrestanspruch, Arrestgrund oder Zulässigkeitsvoraussetzungen fehlen, kann auch eine Sicherheitsleistung nicht weiterhelfen.[92] Es wird in einem solchen Fall jedoch eine leichte Wahrscheinlichkeit für den Erlass eines Arrestes genügen.[93]

c) Inhalt der Arrestentscheidung

aa) Bindung an die Antragstellung

Obwohl im Bereich des einstweiligen Rechtsschutzes gerade auch bei Erlass eines Arrestes bzw. einer einstweiligen Verfügung (vgl. § 938 ZPO) das Gericht bestimmte Entscheidungen nach freiem Ermessen treffen darf, ist dennoch der im zivilprozessualen Verfahren allgemein geltende § 308 ZPO zu beachten.

51

---

89 *Thomas/Putzo – Reichold*, § 916 Rn 2.
90 *Zöller – Vollkommer*, § 921 Rn 2; *Thomas/Putzo – Reichold*, § 921 Rn 3; OLG Frankfurt/Main RPfleger 1995, 468.
91 *Zöller – Vollkommer*, § 921 Rn 2.
92 *Zöller – Vollkommer*, § 921 Rn 2.
93 *Gießler/Soyka*, Rn 391 m.w.N.

Dies bedeutet, dass die Entscheidung sich innerhalb des Rahmens bewegen muss, der durch die Antragstellung vorgegeben ist. Somit ist es nicht zulässig, anstelle einer beantragten einstweiligen Verfügung einen Arrest zu erlassen.[94] Insbesondere scheidet bei beantragtem dinglichen Arrest die Anordnung eines persönlichen Arrests aus.[95] Dem Ermessen des Gerichtes unterliegt es jedoch, ob Sicherheitsleistung und ggf. welche angeordnet wird (vgl. § 921 Abs. 2 S. 1, 2 ZPO).

bb) Regelungsumfang

52 Die Entscheidung muss neben der **Anordnung des Arrestes**[96] selbst die **Art des Arrestes** (dinglich oder persönlich) und die **zu sichernde Forderung** dem Grund und der Höhe nach angeben.[97] Im Falle einer noch nicht feststehenden künftigen Ausgleichsforderung genügt die Darstellung des mutmaßlichen Betrages.[98] Ferner ist im Arrestbefehl die **Lösungssumme** nach § 923 ZPO[99] festzustellen.

Die den Arrest anordnende Entscheidung kann/muss darüber hinaus enthalten:

53
- Festsetzung einer Kostenpauschale zur Sicherung der Kosten des Hauptprozesses, auf die sich der angeordnete Arrest ebenso bezieht.[100]
- die Anordnung einer vom Gläubiger zu erbringenden Sicherheitsleistung (§ 921 Abs. 2 ZPO)
- die Anordnung der Erhebung der Hauptsacheklage nach § 926 ZPO, falls eine Antragstellung des Schuldners
- die Anordnung einer Forderungspfändung nach § 930 Abs. 1 S. 3 ZPO[101]
- die Anordnung der Pfändung eines Schiffes gem. § 931 Abs. 3 ZPO[102]
- den Erlass eines Haftbefehls im Falle des persönlichen Arrests gem. § 933, 909 ZPO[103]

54 Da das Arrestverfahren ein verfahrenselbstständiges Mittel des einstweiligen Rechtsschutzes ist, ist auch der Erlass einer **Kostenentscheidung** erforderlich. Diese folgt den Regelungen der §§ 91 ff. ZPO.[104] Auch ist § 269 Abs. 3 S. 2, 3 ZPO anwendbar.[105]

---

[94] Eine Ausnahme besteht, wenn eine Umdeutung in Betracht kommt; *Stein/Jonas – Grunsky,* vor § 916 Rn 54.
[95] *Zöller – Vollkommer,* § 920 Rn 3.
[96] Muster allgemein bei *Crückeberg,* § 5 Rn 17, 18; zum Zugewinn und § 1389 BGB *Crückeberg,* § 9 Rn 72; *Börger/Bosch/Heuschmid,* § 4 Rn 352.
[97] *Thomas/Putzo – Reichold,* § 922 Rn 4.
[98] *Gießler/Soyka,* Rn 945; vgl. auch OLG Düsseldorf FamRZ 1991, 351 zu den insoweit entsprechend verringerten Anordnungen an die Darlegung und Glaubhaftmachung durch den Antragsteller.
[99] Hierzu vgl. § 12 Rn 69.
[100] *Zöller – Vollkommer,* § 922 Rn 2; nach a.A. werden von der Kostenpauschale auch die Kosten des Arrestverfahrens umfasst – *Baumbach/Lauterbach/Hartmann,* § 922 Rn 8.
[101] *Zöller – Vollkommer,* § 930 Rn 3.
[102] *Zöller – Vollkommer,* § 931 Rn 1.
[103] *Zöller – Vollkommer,* § 933 Rn 1.
[104] *Zöller – Vollkommer,* § 922 Rn 8; BGHZ 45, 251; NJW-RR 1995, 495.
[105] *Thomas/Putzo – Reichold,* § 269 Rn 17.

Bei Anordnung des Arrestes ist ein Ausspruch über die **vorläufige Vollstreckbarkeit** nicht erforderlich. Denn diese ergibt sich aus dem Wesen des Arrestes als Maßnahme des einstweiligen Rechtsschutzes.[106]

55

Wird der beantragte Arrest per Beschluss zurückgewiesen, so ist der bloße Kostenausspruch ebenfalls ohne weiteres vorläufig vollstreckbar.[107]

Ein den Arrestantrag abweisendes Urteil dagegen muss gem. § 708 Nr. 6 ZPO im Tenor die vorläufige Vollstreckbarkeit aussprechen.

d) Verkündung/Mitteilung der Entscheidung

Vgl. § 2 Rn 475.

55a

IX. Vollziehung

Während sich einem zivilprozessualen Erkenntnisverfahren zur Durchsetzung des zuerkannten Anspruchs ein Vollstreckungsverfahren anschließt, erfolgt die Durchsetzung der Arrestanordnung im Rahmen einer so genannten Vollziehung (§ 928 ZPO).

56

Die Vollziehung des Arrestes folgt weitgehend den Regeln der Zwangsvollstreckung, darf jedoch nicht zu einer Befriedigung des Gläubigers führen.[108] Dem tragen die Sonderregelungen der §§ 930 ff. ZPO Rechnung. Das entstehende Arrestpfandrecht gewährt dem Pfandgläubiger weder eine Befriedigungs- noch eine Verwertungsmöglichkeit.

1. Vollstreckungsklausel

Anders als die Zwangsvollstreckung zur Durchsetzung eines Individualanspruchs bedarf die Vollziehung eines Arrestes einer Vollstreckungsklausel **grundsätzlich nicht**. Nur dann, wenn auf Gläubiger- oder Schuldnerseite ein Wechsel stattfinden soll, also für oder gegen einen Rechtsnachfolger vollstreckt werden soll, ist gem. § 929 Abs. 1 ZPO eine Vollstreckungsklausel erforderlich.

57

Darüber hinaus bestimmt § 31 AVAG,[109] dass eine Klausel erteilt werden muss, wenn die Zwangsvollstreckung in einem ausländischen Vertragsstaat durchgeführt werden soll.[110]

---

106 Zöller – Vollkommer, § 922 Rn 9, 16; Gießler/Soyka, Rn 399.
107 Thomas/Putzo - Reichold, § 922 Rn 4; vgl. § 794 Abs. 1 Nr. 3 ZPO.
108 Thomas/Putzo – Reichold, Vorbem § 916 Rn 5.
109 Abgedruckt bei Thomas/Putzo.
110 Bezüglich derselben Rechtslage bei aufgrund deutscher Ausführungsgesetze zu zweiseitigen Verträgen über die gegenseitige Anerkennung gerichtlicher Entscheidungen vgl. Thomas/Putzo – Reichold, § 929 Rn 1; Thomas/Putzo – Hüßtege, § 328 Rn 37 ff.

§ 12 Die Sicherung des Zugewinnausgleichs

2. Vollstreckung vor Zustellung des Arrestbefehls

58 § 929 Abs. 3 S. 1 ZPO regelt ausdrücklich, dass eine Vollziehung des Arrestes bereits **vor Zustellung des Arrestbefehls** an den Schuldner zulässig ist.[111] Jedoch ist erforderlich, dass die Zustellung des Arrestbefehls an den Schuldner[112] innerhalb einer Woche nach der Vollziehung nachgeholt wird. Ansonsten verlieren erwirkte Vollstreckungsakte ihre Wirksamkeit (§ 929 Abs. 3 S. 2 ZPO).

Außerdem ist erforderlich, dass die Zustellung vor Ablauf der Vollziehungsfrist aus § 929 Abs. 2 ZPO erfolgt. Zur Fristwahrung genügt die Zustellung des Arrestbefehls von Amts wegen.[113]

Nach Ablauf der Wochenfrist kann der Schuldner oder auch ein Dritter gem. § 766 ZPO im Wege der Erinnerung die Unwirksamkeit der Vollstreckungsmaßnahme geltend machen.

Ist jedoch die Monatsfrist des § 929 Abs. 2 ZPO noch nicht abgelaufen, besteht die Möglichkeit, die Vollziehung zu wiederholen.[114]

Die Wochenfrist des § 929 Abs. 3 ZPO beginnt mit der Bewirkung des Vollstreckungszugriffs zu laufen und nicht bereits mit dem Eingang des Antrages beim zuständigen Vollstreckungsorgan.[115]

3. Versäumung der Vollziehungsfrist nach § 929 Abs. 2 ZPO

59 Der Arrestbefehl stellt ein Sicherungsmittel des einstweiligen Rechtsschutzes dar. Die für den Erlass darzulegenden Voraussetzungen sind Veränderungen unterworfen. Um zu verhindern, dass eine Vollziehung des Arrestbefehls durchgeführt wird, obwohl eine Veränderung der maßgeblichen Umstände eingetreten ist, wird eine Vollziehung unzulässig, wenn die Vollziehungsfrist von einem Monat nach § 929 Abs. 2 ZPO abgelaufen ist. Mit dieser Regelung soll darüber hinaus eine Überrumpelung des Schuldners verhindert werden.[116]

a) Ablauf der Vollziehungsfrist

60 Die Vollziehungsfrist von einem Monat ist eine gesetzliche Frist. Auf deren Einhaltung kann nicht verzichtet werden.[117] Durch Parteivereinbarung kann sie verkürzt, nicht aber ver-

---

111 Vgl. zum normalen Vollstreckungsverfahren die Regelungen der §§ 750, 751 ZPO, die Zustellung voraussetzen.
112 Bzw. an dessen Prozessbevollmächtigten gem. § 172 ZPO.
113 Zöller – Vollkommer, § 929 Rn 24.
114 Thomas/Putzo – Reichold, § 929 Rn 7.
115 Zöller – Vollkommer, § 929 Rn 24.
116 Thomas/Putzo – Reichold, § 929 Rn 2; Zöller – Vollkommer, § 929 Rn 3; BGHZ 112, 361, OLG Frankfurt NJW-RR 1999, 1447.
117 BGH NJW 1993, 1079.

längert werden (§ 224 Abs. 1 ZPO).[118] Da es sich nicht um eine Notfrist handelt, kommt Wiedereinsetzung in den vorigen Stand nicht in Betracht.[119]
Der **Fristlauf** beginnt mit der Verkündung des Urteils, kraft dessen der Arrest angeordnet wird. Dies gilt selbst dann, wenn dem Gläubiger eine vollstreckbare Ausfertigung des Urteils erst nach Ablauf der Vollziehungsfrist erteilt wird.[120] Wird der Arrest durch Beschluss angeordnet, ist für den Beginn der Vollziehungsfrist dessen Zustellung durch das Gericht an den Gläubiger maßgeblich. Nach herrschender Meinung genügt auch die formlose Aushändigung des Arrestbeschlusses.[121] Werden Rechtsbehelfe wie Widerspruch oder Berufung gegen den Arrest eingelegt, wird hierdurch der Fristlauf nicht gehemmt oder unterbrochen.[122]

Wird jedoch die Zwangsvollstreckung aus dem Arrest vor dessen Vollzug einstweilen eingestellt (vgl. §§ 924 Abs. 3 S. 2, 707, 719 ZPO), bewirkt dies eine Unterbrechung der Vollziehungsfrist.[123]

Hinweis
Aufgrund von Gläubiger oder Schuldner eingelegter Rechtsbehelfe kommt eine Abänderung eines erlassenen Arrestes in Betracht. Fraglich ist, ob hierdurch eine **neue Vollziehungsfrist** in Lauf gesetzt wird.[124]

Von einem neuerlichen Fristlauf der Vollziehungsfrist ist dann auszugehen, wenn der Arrestbefehl auf Widerspruch hin aufgehoben, sodann aber in der Berufungsinstanz erneut erlassen worden ist.[125]

Dies gilt ebenso, wenn die Widerspruchsentscheidung wesentliche Änderungen enthält, etwa andere Vollziehungsmaßnahmen nötig werden.[126] Für den Fall, dass aufgrund der Widerspruchsentscheidung Sicherheitsleistung angeordnet worden ist, ist diese Sicherheit vor Ablauf der (neuen) Vollziehungsfrist zu leisten.[127]

Auch die Abweisung eines Aufhebungsantrages des Schuldners nach § 927 ZPO soll den Lauf einer neuen Vollziehungsfrist bewirken.[128]

---

118 *Zöller – Vollkommer,* § 929 Rn 3.
119 BGH NJW 1993, 1079.
120 *Zöller – Vollkommer,* § 929 Rn 6 mit Hinweis auf OLG Hamm MDR 1988, 63; OLG Düsseldorf NJW-RR 1987, 764.
121 *Zöller – Vollkommer,* § 929 Rn 5; MK (ZPO) – *Heinze,* § 929 Rn 5; *Gießler/Soyka,* Rn 479; a.A. *Wedemeyer,* NJW 1979, 294: Der Mangel einer nicht förmlichen Zustellung soll unheilbar sein.
122 *Zöller – Vollkommer,* § 929 Rn 7; OLG Karlsruhe FamRZ 1992, 580; OLG Hamburg MDR 1960, 932; *Gießler/Soyka,* Rn 480.
123 *Zöller – Vollkommer,* § 924 Rn 12; OLG Düsseldorf FamRZ 1987, 497; OLG Frankfurt AfP 1980, 225.
124 Vgl. hierzu eingehend *Zöller – Vollkommer,* § 929 Rn 7.
125 OLG Düsseldorf NJW-RR 2000, 68; OLG Celle NJW-RR 1987, 64; OLG München NJW 1958, 752; *Thomas/Putzo – Reichold,* § 929 Rn
126 *Zöller – Vollkommer,* § 929 Rn 7; *Gießler/Soyka,* Rn 483.
127 OLG Frankfurt/Main OLGZ 1980, 259; KG ZMR 1998, 277.
128 *Zöller – Vollkommer,* § 929 Rn 7 mit Hinweis auf abweichende Auffassung.

Ebenso ist nach einer im Vordringen befindlichen Meinung von einem erneuten Fristlauf auszugehen, wenn der Arrest auf Widerspruch hin durch Urteil voll inhaltlich bestätigt wird.[129]

62 Hiervon zu unterscheiden ist die Frage, ob bei erneutem Fristlauf auch eine **erneute Vollziehung** eines Arrestes vorgenommen werden muss.[130]
Soweit der erlassene Arrest noch nicht vollzogen ist, treten insoweit keine Probleme auf. Innerhalb der neu laufenden Vollziehungsfrist ist die Vollstreckung des Arrestbefehls vorzunehmen.

Ist dagegen die Vollziehung des ursprünglichen Arrestes bereits erfolgt und wird der Arrest im Rechtsbehelfsverfahren bestätigt, bedarf es keiner erneuten Vollziehung.[131]

Beruht der neue Lauf der Vollziehungsfrist dagegen darauf, dass der Arrestbeschluss auf Widerspruch hin aufgehoben, nach Berufung des Arrestgläubigers aber erneut erlassen wurde, wird eine neue Vollziehung erforderlich.[132]

Im Falle einer inhaltlichen Abänderung des Arrestes im Rechtsbehelfs- oder Rechtsmittelverfahren ist grundsätzlich eine erneute Vollziehung erforderlich.[133] Eine Ausnahme wird dann zu machen sein, wenn die Abänderung zu einer Verbesserung der Rechtsstellung des Gläubigers, der bereits die Vollziehung bewirkt hat, geführt hat.[134]

b) Wahrung der Vollziehungsfrist

63 Nach wie vor umstritten ist, welche Voraussetzungen erfüllt sein müssen, um annehmen zu können, die Vollziehung des Arrestbefehls sei innerhalb der Monatsfrist des § 929 Abs. 2 ZPO erfolgt.

Hinweis
M.E. muss genügen, dass der Arrestbefehl zugestellt ist und der Arrestgläubiger rechtzeitig einen Antrag beim zuständigen Vollstreckungsorgan auf Vornahme von Vollstreckungshandlungen gestellt[135] hat.[136]

---

129 *Zöller – Vollkommer*, mit Hinweis auf OLG Zweibrücken NJW-RR 2002, 1657; OLG Frankfurt OLGZ 1985, 384; LG Münster RPfl 1997, 75; *Grunsky*, ZZP 104, 5; a.A. OLG Koblenz ZIP 1990, 1573 m.w.N.
130 Zur Vollziehung vgl. sofort § 12 Rn 63.
131 KG NJW 1997, 1161; OLG Düsseldorf WRP 95, 641; OLG Hamm NJW-RR 1999, 631; *Grunsky*, ZZP 104, 5 f; *Zöller – Vollkommer*, § 929 Rn 5, 15.
132 OLG Zweibrücken NJW-RR 2002, 1657; OLG Frankfurt NJW-RR 2002, 1080; OLG Düsseldorf NJW-RR 2000, 68; OLG Hamburg WRP 1997, 54; *Zöller – Vollkommer*, § 929 Rn 15; a.A. OLG Celle NJW-RR 1987, 64.
133 Zu dieser Rechtslage bei der einstweiligen Verfügung vgl. OLG Hamburg NJW-RR 1995, 1055; OLG Hamm RPfl 1995, 468 mit ablehnender Anmerkung *Wolf.*
134 *Gießler/Soyka*, Rn 484 mit Hinweis auf a.A. OLG Hamm RPfl 1995, 467.
135 Die Zustellung des Arrestbeschlusses erfolgt durch den Gläubiger im Parteibetrieb. Bei einer Zustellung des Urteils genügt eine solche von Amts wegen. Vgl. *Zöller – Vollkommer*, § 929 Rn 10.
136 BGH NJW 1991, 497; OLG Frankfurt NJW-RR 1999, 1447; OLG Oldenburg FamRZ 1989, 879; OLG Celle FamRZ 1988, 524; OLG Koblenz FamRZ 1991, 496; OLG Karlsruhe FamRZ 1992, 580; *Zöller – Vollkommer*, § 929 Rn 10 m.w.N.; *Gießler/Soyka*, Rn 486 m.w.N.

Nicht zu folgen ist der Auffassung, nach der die Vollziehung mit Ablauf der Frist beendet sein müsse.[137] Dasselbe gilt für die nach meiner Einschätzung weitgehend noch vertretene Meinung, nach der innerhalb der Vollziehungsfrist mit Vollstreckungsakten durch das Vollstreckungsorgan bereits begonnen worden sein muss,[138] denn beide Auffassungen bewirken eine Unzulässigkeit der Vollziehung des Arrestbefehls aufgrund von Umständen, die dem Einflussbereich des Arrestgläubigers entzogen sind. Mit der Antragstellung hat der Gläubiger alles seinerseits Erforderliche getan, um die Vollziehung zu bewirken. Die weiteren Maßnahmen müssen durch die staatlichen Vollstreckungsorgane vorgenommen werden. Mit Hilfe des Rechtsgedankens des § 932 Abs. 3 ZPO[139] ist zu begründen, dass der Vollziehungsgläubiger die Frist des § 929 Abs. 2 ZPO wahrt, wenn er innerhalb der Monatsfrist einen ordnungsgemäßen Vollstreckungsantrag bei dem zuständigen Vollstreckungsorgan[140] stellt. Über diese bloße Antragstellung hinaus ist erforderlich, dass der Arrestgläubiger alles seinerseits Erforderliche unternimmt, um eine zügige Durchführung der Zwangsvollstreckung zu bewirken. Von ihm zu verantwortende Verzögerungen müssen unterbleiben.[141]

Wird die Vollziehung des Arrestbefehls somit fristgerecht im Sinne des § 929 Abs. 2 ZPO beantragt, ist die damit eingeleitete Vollstreckung auch **nach Fristablauf durch das Vollstreckungsorgan fortzusetzen.**

64

Umstritten ist, inwieweit eine innerhalb der Vollziehungsfrist beantragte Zwangsvollstreckung neue Vollstreckungsmaßnahmen ermöglicht, falls die ursprünglich eingeleitete Vollstreckungsmaßnahme erfolglos geblieben ist. Nach der wohl herrschenden Meinung ist es zwar zulässig, eine rechtzeitig eingeleitete Vollstreckung zu Ende zu führen. Voraussetzung hierfür ist jedoch, dass die vor Fristablauf und die nach Fristablauf getroffenen Maßnahmen eine Einheit bilden.[142]

> *Beachte*
> Demnach ist es nicht möglich, nach Ablauf der Vollziehungsfrist eine andere, vom ursprünglichen Arrestbefehl nicht gedeckte Vollstreckungsmaßnahme zu beantragen, wenn die ursprüngliche Vollstreckungsmaßnahme erfolglos geblieben ist.[143] Demzufolge kann nicht nach einem fruchtlosen Pfändungsversuch von der Sachpfändung zur Forderungspfändung oder zur Immobiliarvollstreckung übergegangen werden.[144]

---

137 RGZ 75, 179.
138 OLG Koblenz NJW-RR 1987, 760; OLG Frankfurt/Main FamRZ 1980, 476.
139 *Zöller – Vollkommer,* § 929 Rn 10; *Gießler/Soyka,* Rn 486.
140 Dem Gerichtsvollzieher oder dem Vollstreckungsgericht (vgl. hierzu beispielsweise § 930 Abs. 1 S. 3 ZPO).
141 BGH NJW 1991, 496 m.w.N.
142 *Zöller – Vollkommer,* § 929 Rn 11 mit Hinweis auf OLG Düsseldorf MDR 1983, 239; OLG Koblenz NJW-RR 1987, 761.
143 BGH NJW 1991, 496; *Thomas/Putzo – Reichold,* § 929 Rn 4; *Zöller – Vollkommer,* § 929 Rn 11.
144 A.A. *Gießler/Soyka,* Rn 487 mit Hinweis auf OLG Celle NJW 1968, 1682 und weiteren Nachweisen.

c) Folgen der Versäumung der Vollziehungsfrist

65 Die Fristversäumnis des § 929 Abs. 2 ZPO ist grundsätzlich unheilbar und **von Amts wegen** zu beachten.[145] Demzufolge ist bei einem bereits anhängigen Rechtsbehelfsverfahren der Arrest wegen der Folge des § 929 Abs. 2 ZPO aufzuheben, ohne dass die weiteren Voraussetzungen geprüft würden.

Darüber hinaus kann jedoch der Arrestschuldner die entsprechende Fristversäumnis im Rahmen eines Widerspruchs- (§ 924 ZPO), eines Aufhebungs- (§ 927 ZPO) oder Berufungsverfahrens (§ 511 ZPO) geltend machen.[146]

Dies gilt nach herrschender Meinung dann, wenn ein Neuerlass eines Arrestes nach Ablauf der Vollziehungsfrist in Betracht käme.[147]

66 Der Arrestgläubiger hat als Folge seines Unterliegens im Falle der Aufhebung des Arrestes die gesamten **Verfahrenskosten** zu tragen. Bei Versäumung der Vollziehungsfrist ist davon auszugehen, dass der Arrest von Anfang an ungerechtfertigt war. Dementsprechend kommt eine einseitige Erledigungserklärung durch den Gläubiger im Widerspruchs- oder Berufungsverfahren ebensowenig in Betracht wie ein sofortiges Anerkenntnis bei einem vom Arrestschuldner betriebenen Aufhebungsverfahren.[148]

67 Nach Ablauf der Vollziehungsfrist ist eine Antragstellung auf Erlass **eines neuen Arrestes** nicht ausgeschlossen. Unerheblich ist, ob die ursprüngliche Entscheidung noch besteht oder aufgehoben worden ist.[149] Rechtskraft oder Rechtshängigkeit des früheren Arrestbefehls stehen nicht entgegen.[150]

Da es sich hier um einen Neuantrag handelt, ist nach herrschender Meinung die gem. § 802 ZPO bestehende ausschließliche Zuständigkeit zu beachten; eine Antragstellung im Berufungsverfahren kommt danach nicht in Betracht.[151]

68 Wurde die Vollziehungsfrist versäumt, dürfen die Vollstreckungsorgane keinerlei Vollstreckungsmaßnahmen mehr ergreifen. Werden dennoch solche unternommen, sind diese unwirksam.[152]

---

145 OLG Zweibrücken MDR 1998, 123; OLG Brandenburg FamRZ 1997, 624.
146 *Zöller – Vollkommer,* § 929 Rn 21 m.w.N.
147 A.A. *Zöller – Vollkommer,* § 929 Rn 23.
148 *Gießler/Soyka,* Rn 489; danach soll eine Erledigungserklärung ausnahmsweise dann möglich sein, wenn der Gläubiger die Vollziehungsfrist ohne eigenes Schulden versäumt hat – insbesondere wenn das Gericht es unterlassen hat, eine Ausfertigung des verkündeten Urteils zeitgerecht zur Verfügung zu stellen.
149 *Zöller – Vollkommer,* § 929 Rn 23 mit Hinweis auf OLG Düsseldorf MDR 1983, 239; KG NJW-RR 1992, 318.
150 OLG Köln FamRZ 1992, 75; *Zöller – Vollkommer,* § 929 Rn 23; *Gießler/Soyka,* Rn 492; a.A. OLG Koblenz GRUR 1981, 91 sowie OLG Hamm WRP 1996, 581.
151 OLG Frankfurt MDR 1986, 768; OLG Koblenz GRUR 1981, 91; *Gießler/Soyka,* Rn 492; a.A. *Zöller – Vollkommer,* § 929 Rn 23 mit zahlreichen Nachweisen.
152 BGH NJW 1991, 496; *Zöller – Vollkommer,* § 929 Rn 20.

Nach Versäumung der Vollziehungsfrist vorgenommene Vollstreckungsakte kann der Schuldner oder ein betroffener Dritter (wie der nachfolgende Pfandgläubiger) mit der Erinnerung nach § 766 ZPO angreifen.[153]

4. Hinterlegung der Lösungssumme nach § 923 ZPO

Wird ein Arrestbefehl erlassen, ist von Amts wegen eine **Lösungssumme**[154] festzusetzen. Bewirkt der Arrestschuldner die entsprechend angeordnete Sicherheitsleistung und weist er dies dem Gerichtsvollzieher bzw. dem Vollstreckungsgericht nach, so unterbleibt die Vollziehung des Arrestes (§§ 928, 775 Nr. 3 ZPO). Erfolgt die Hinterlegung der Lösungssumme erst zu einem Zeitpunkt, in dem die Arrestvollziehung bereits bewirkt ist, wird der Arrestschuldner berechtigt, Antrag auf Aufhebung der Vollstreckungsmaßnahmen zu stellen (§ 934 Abs. 1 ZPO).
Die Arrestanordnung als solche wird von einer Aufhebung der Vollziehung des Arrestes nicht berührt.

69

X. Rechtsbehelfe

Die statthaften Rechtsbehelfe im Arrestverfahren werden dadurch bestimmt, ob der Antragsteller oder der Antragsgegner einen solchen ergreift. Zum anderen ist danach zu unterscheiden, ob die angegriffene Entscheidung im Beschlussweg oder als Urteil ergangen ist und welche Gründe vom Rechtsbehelfsführer vorgebracht werden.

70

1. Rechtsbehelfe des Antragstellers

Als Rechtsbehelfe des Antragstellers kommen in Betracht:
- sofortige Beschwerde nach § 567 ZPO
  Wurde der Erlass eines Arrestes durch Beschluss abgelehnt, kann der Antragsteller hiergegen mit der sofortigen Beschwerde vorgehen.[155] Soweit die durch Arrest zu sichernde Forderung in erster Instanz nicht durch einen Anwalt gerichtlich geltend gemacht werden muss (so bei Unterhalt), kann die Beschwerde ebenfalls ohne anwaltliche Vertretung eingelegt werden (§§ 569 Abs. 3 Nr. 1, 78 Abs. 5 ZPO). Für den Fall, dass es sich – wie hier – um eine güterrechtliche Forderung handelt, ist umstritten, ob eine anwaltliche

71

---

153 BGH ZIP 1989, 404; *Zöller – Vollkommer*, § 929 Rn 22.
154 Zu deren Berechnung vgl. *Zöller – Vollkommer*, § 923 Rn 1.
155 *Zöller – Vollkommer*, § 922 Rn 13.

Vertretung nach §§ 78 Abs. 5, 569 Abs. 3 Nr. 1 ZPO nicht erforderlich ist, da ein Anwaltsprozess nicht stattfindet, wenn eine Entscheidung ohne mündliche Verhandlung ergeht.[156]
Das Ausgangsgericht kann der eingelegten Beschwerde ohne Anordnung mündlicher Verhandlung abhelfen (§ 572 Abs. 1 S. 1 ZPO).[157]
Die Entscheidung des Beschwerdegerichts kann erneut (so ebenfalls bereits vor der Änderung des Beschwerderechts) ohne mündliche Verhandlung in Form des Beschlusses (§§ 572 Abs. 4, 128 Abs. 4 ZPO) getroffen werden.

- Berufung nach § 511 ZPO
  Wenn die den Arrest ablehnende Entscheidung nach mündlicher Verhandlung durch Urteil ergangen ist, bleibt dem Antragsteller das Rechtsmittel der Berufung. Umstritten ist, ob bei einer (inkorrekten) Entscheidung durch Beschluss nach dem Grundsatz der Meistbegünstigung sowohl die Beschwerde als auch die Berufung statthaft sind.[158]
- Einspruch nach § 338 ZPO
  Ist der Antragsteller im anberaumten Termin zur mündlichen Verhandlung säumig, wird nach allgemeinen zivilprozessualen Regeln ein Versäumnisurteil gegen ihn erlassen (§ 330 ZPO).[159] Hiergegen kann er mit dem Einspruch vorgehen.

2. Rechtsbehelfe des Antragsgegners

72 Umfassender sind die Rechtsbehelfe, die dem Antragsgegner zustehen.
Es kommen in Betracht:
- Berufung nach § 511 ZPO, wenn die Arrestanordnung durch kontradiktorisches Urteil getroffen wurde
- Einspruch (§ 338 ZPO), wenn die Entscheidung gegen den Antragsgegner per Versäumnisurteil ergangen ist.

73 Als **spezifische Rechtsbehelfe des Arrestverfahrens** sind darüber hinaus statthaft:
- Widerspruch nach §§ 924, 925 ZPO, falls die Arrestanordnung im Beschlusswege ergangen ist
- Antrag auf Aufhebung des Arrestes wegen Versäumung der Frist zur Klageerhebung (§ 926 ZPO); unerheblich ist, ob der Arrest in einem Beschluss oder Urteil angeordnet wurde.

---

156 KG NJW-RR 1992, 576; OLGR Hamm 1996, 44; *Zöller – Vollkommer*, § 922 Rn 13 allgemein zur Frage der anwaltlichen Vertretung bei Zurückweisung des Arrestantrags durch ein Kollegialgericht m.w.N.; a.A. *Gießler/Soyka*, Rn 415; *Bergerfurth*, NJW 1981, 353.
157 *Zöller – Vollkommer*, § 922 Rn 13.
158 Bejahend *Zöller – Vollkommer*, § 922 Rn 17; *Stein/Jonas – Grunsky*, § 922 Rn 30; a.A. OLG Karlsruhe NJW 1987, 509, wonach nur die Berufung statthaft sein soll.
159 *Zöller – Vollkommer*, § 922 Rn 1

- Antrag auf Aufhebung des Arrestes wegen veränderter Umstände (§ 927 ZPO); auch hier ist die Entscheidungsform der Arrestanordnung ohne Bedeutung.

Diese Rechtsbehelfe sind sogleich gesondert darzustellen.

Ausgeschlossen ist dagegen die Erhebung einer Abänderungsklage nach § 323 ZPO und einer Wiederaufnahmeklage nach §§ 578 ff. ZPO.[160] Dies beruht darauf, dass im Arrestverfahren eine materielle Rechtskraft bezogen auf den Arrestanspruch nicht eintreten kann und die Abänderungs- und Wiederaufnahmeklage gerade eine Durchbrechung der Rechtskraftwirkung herbeiführen sollen.[161]

74

Ebenso scheidet eine Vollstreckungsgegenklage nach § 767 ZPO aus, da insoweit § 927 ZPO vorgeht.[162]

a) Widerspruch gegen die Arrestanordnung (§§ 924, 925 ZPO)[163]

aa) Zulässigkeit des Widerspruchs

Gegen den **Beschluss**, der eine Arrestanordnung enthält, ist der Widerspruch statthaft (§ 924 Abs. 1 ZPO). Einzulegen ist er bei dem Gericht, das den Arrest erlassen hat; insoweit ist gemäß § 802 ZPO eine ausschließliche örtliche und sachliche Zuständigkeit betroffen. Hat das OLG als Beschwerdegericht den Arrest angeordnet, ist Widerspruch ebenfalls beim erstinstanzlichen Gericht einzulegen.[164] Dieses hat auch über den Rechtsbehelf zu entscheiden. Dementsprechend kann der Widerspruch beim Amtsgericht gemäß §§ 924 Abs. 2 S. 3, 78 Abs. 5 ZPO ohne anwaltliche Vertretung eingelegt werden.[165]

75

Die Zulässigkeit des Widerspruchs ist nicht von der Einhaltung einer **Frist** abhängig.

76

> *Beachte*
> Jedoch kann nach Ablauf eines längeren Zeitraumes **Verwirkung** eingetreten sein,[166] wenn Umstände gegeben sind, aufgrund derer der Arrestgläubiger darauf vertrauen durfte, dass ein Widerspruch nicht mehr eingelegt wird.

Ein wirksamer **Verzicht** auf den Rechtsbehelf bewirkt die Unzulässigkeit des erhobenen Widerspruchs.[167]

---

160 Vgl. aber auch *Zöller – Vollkommer*, § 922 Rn 17 a.E. mit Hinweis auf OLG München JZ 1956, 112 und *Rosenberg*, JR 1956, 2; *Thomas/Putzo – Reichold*, § 924 Rn 7: Wiederaufnahmeklage ist dann statthaft, wenn durch das Urteil der Arrest aufgehoben worden ist.
161 *Gießler/Soyka*, Rn 471; teilweise wird § 927 ZPO auch als Sonderregelung angesehen; vgl. *Thomas/Putzo – Reichold*, § 924 Rn 7.
162 *Thomas/Putzo – Reichold*, § 924 Rn 7.
163 Vgl. *Crückeberg*, § 5 Rn 15, § 3 Rn 139 ff.
164 *Zöller – Vollkommer*, § 924 Rn 6 mit Hinweis auf div. Rechtsprechung und abweichende Auffassung; wie hier auch *Thomas/Putzo – Reichold*, § 924 Rn 2 mit Hinweis auf die a.A. KG NJW-RR 2004 für den Fall, dass nur über Rechtsfragen zu entscheiden ist.
165 Dagegen unterliegt eine Einlegung eines Widerspruchs in höherer Instanz dem Anwaltszwang; vgl. *Zöller – Vollkommer*, § 924 Rn 7; *Thomas/Putzo – Reichold*, § 924 Rn 1; *Bergerfurth*, FamRZ 1985, 546.
166 OLG Saarbrücken NJW-RR 1989, 1512; KG GRUR 1985, 237; *Zöller – Vollkommer*, § 924 Rn 10.
167 *Zöller – Vollkommer*, § 924 Rn 9; *Thomas/Putzo – Reichold*, § 924 Rn 9; *Crückeberg*, § 3 Rn 144.

Dagegen kann ein Widerspruch zwar jederzeit bis zum Eintritt der formellen Rechtskraft des zu erlassenden Urteils zurückgenommen werden. Diese Rücknahme verhindert jedoch nicht, dass der Rechtsbehelf erneut wirksam eingelegt werden kann.[168]

77 Zwar soll gemäß § 924 Abs. 2 S. 1 ZPO eine **Begründung** des Widerspruchs vorgenommen werden. Hierbei handelt es sich jedoch um eine bloße Ordnungsvorschrift, sodass eine fehlende Begründung keine Auswirkungen auf die Zulässigkeit des Rechtsbehelfs zeigt.[169]

Der Widerspruch kann auf die **Kosten** beschränkt werden, etwa wenn sich der Antragsgegner gegen die Anordnung als solche nicht zur Wehr setzen, aber vorbringen möchte, er habe keinen Anlass für das Arrestverfahren gegeben (§ 93 ZPO).[170]

bb) Verhältnis zu Hauptsacheverfahren und anderweitigen Rechtsbehelfen des Arrestverfahrens

(1) Verhältnis zu Hauptsacheverfahren bezüglich des Arrestanspruchs

78 Die Rechtshängigkeit eines Hauptsacheverfahrens hindert die Einlegung eines Widerspruchs nicht.

(2) Verhältnis zu anderen Rechtsbehelfen des Arrestverfahrens

79 Nach h.M. besteht ein **Wahlrecht** des Antragstellers, ob er die Arrestanordnung mit dem Widerspruch (oder der Berufung), dem Aufhebungsantrag wegen Fristversäumung nach § 926 Abs. 2 ZPO oder wegen veränderter Umstände nach § 927 ZPO angreift.[171]

Soweit der jeweilige Rechtsbehelf vom Prüfungsumfang her geeignet ist, den Sachvortrag zur Überprüfung durch das Gericht zu stellen, ist der Antragsteller frei in der Entscheidung, wie er vorgeht.

Somit kann beispielsweise die Nichterhebung der Hauptsacheklage sowohl im Widerspruchsverfahren[172] als auch im Rahmen einer Antragstellung nach § 926 Abs. 2 ZPO und auch nach § 927 ZPO[173] geltend gemacht werden. Der Rechtsbehelfsführer kann die konkrete Vorgehensweise bestimmen.

80 Ist jedoch bereits ein Verfahren **rechtshängig**, in dem der Grund für die Abänderung oder Aufhebung der Arrestanordnung vorgebracht wird oder auch nur werden kann, ist zu differenzieren

---

168 OLG München MDR 1997, 1067; *Zöller – Vollkommer*, § 924 Rn 8.
169 *Zöller – Vollkommer*, § 924 Rn 7 m.w.N. auch auf die abweichende Auffassung des LG München I WRP 1996, 253.
170 Vgl. näher *Crückeberg*, § 3 Rn 143 ff.
171 *Zöller – Vollkommer*, § 924 Rn 2; *Thomas/Putzo – Reichold*, § 924 Rn 6; *Crückeberg*, § 3 Rn 134.
172 Siehe § 12 Rn 44.
173 *Thomas/Putzo – Reichold*, § 926 Rn 20.

Die Sicherung des Zugewinnausgleichs §12

Hinweis
Ein Abänderungsverfahren nach § 927 ZPO scheidet aus, wenn bereits ein **Widerspruchsverfahren rechtshängig** ist, in dem der Umstand, der die Abänderungsentscheidung bewirken soll, bereits geltend gemacht wird oder auch nur werden kann. Es ist insoweit von anderweitiger Rechtshängigkeit auszugehen.[174] Nach anderer Auffassung ist das Rechtsschutzbedürfnis für eine weitere Antragstellung nach § 927 ZPO abzulehnen.[175]

Hinweis
Ein **anhängiges Abänderungsverfahren nach** § 927 ZPO soll dagegen das Rechtsschutzbedürfnis für ein später mit denselben Erwägungen eingeleitetes (Widerspruchs- oder) Berufungsverfahren nicht hindern, da dieses den weiter gehenden Rechtsbehelf darstellt.[176] Ab Einleitung dieses Verfahrens entfällt demnach für das Aufhebungsverfahren das Rechtsschutzbedürfnis. Das Aufhebungsverfahren muss zur Vermeidung der Kostentragungspflicht für erledigt erklärt werden.[177]

Liegt bereits eine (formell) **rechtskräftige Entscheidung** in einem Rechtsbehelfsverfahren vor, muss geprüft werden,[178] ob das entsprechende Vorbringen im bereits rechtskräftig erledigten Verfahren eingebracht wurde oder hätte eingebracht werden können. Derartige Abänderungsgründe sind in einem späteren Abänderungsverfahren nach § 927 ZPO nicht zu berücksichtigen. Anders ist die Rechtslage, wenn sich neue Abänderungsgründe (Wegfall des Arrestanspruchs nach der Widerspruchsentscheidung) ergeben haben.

81

Tipp
Bei der Wahl des Rechtsbehelfs sollte sich der Antragsteller von der **Kostenfolge**, dem **Zeitpunkt der Aufhebung des Arrestes** und dem etwaigen **Schadensersatzanspruch** aus § 945 ZPO leiten lassen.

82

Eine Aufhebung des Arrestes nach § 926 Abs. 2 ZPO löst den Schadensersatzanspruch nach § 945 ZPO problemlos aus. Eine weitere Sachdarstellung ist nicht erforderlich.[179] Widerspruch und Berufung ziehen grundsätzlich die Kostentragungspflicht des Antragstellers für das gesamte Anordnungsverfahren nach sich.[180] Eine Aufhebungsentscheidung nach § 927 ZPO bewirkt dies grds. nur für das Anordnungsverfahren selbst.[181]

---

174 *Zöller – Vollkommer*, § 927 Rn 2; *Gießler/Soyka*, Rn 469.
175 OLG Koblenz GRUR 1989, 373; OLG Düsseldorf NJW-RR 1988, 188; OLG Hamm FamRZ 1995, 824.
176 OLG Düsseldorf NJW-RR 1988, 188; OLG Hamm FamRZ 1995, 824; *Zöller – Vollkommer*, § 927 Rn 2; *Crückeberg*, § 3 Rn 137; ohne einen derartigen Vorrang des Widerspruchsverfahrens *Gießler/Soyka*, Rn 469.
177 Vgl. auch OLG Düsseldorf WRP 1987, 676: danach hat der Antragsteller die Kosten des Aufhebungsverfahrens zu tragen, da dieses überflüssig war.
178 *Zöller – Vollkommer*, § 924 Rn 3; *Gießler/Soyka*, Rn 470.
179 Vgl. § 12 Rn 153.
180 Vgl. § 12 Rn 88.
181 Vgl. § 12 Rn 133.

Die Aufhebung der Arrestanordnung aufgrund Widerspruchs und Berufung wirkt grundsätzlich ex tunc; bei einer Aufhebung nach § 927 ZPO tritt diese Wirkung ex nunc ein.[182]

cc) Verfahrensablauf

83 Nach Einlegung des Widerspruchs hat das Gericht notwendigerweise **mündliche Verhandlung** anzuberaumen (§ 924 Abs. 2 S. 2 ZPO). Deren Ablauf entspricht im Wesentlichen demjenigen der mündlichen Verhandlung nach § 922 Abs. 1 ZPO.[183]

Das Gericht hat von Amts wegen unverzüglich Termin zu bestimmen und die Parteien unter Wahrung der Ladungsfristen (§ 217 ZPO) zu laden.

84 Das **Vorbringen der Parteien** im Termin ist nicht beschränkt auf die Tatsachen, die zum Erlass der Arrestanordnung geführt haben. Auch nachträglich eingetretene Umstände können vorgebracht werden, selbst wenn diese im Rahmen sonstiger Rechtsbehelfe berücksichtigungsfähig sind wie nachträgliche Änderungen nach § 927 ZPO oder Nichtwahrung der Frist zur Klageerhebung nach § 926 Abs. 1 ZPO bzw. der Vollziehungsfrist nach § 929 Abs. 2 ZPO.[184]

Wenn die Voraussetzungen für den Erlass des Arrestes nachträglich weggefallen sind (also Änderungen bei Arrestgrund oder -anspruch), hat der Arrestgläubiger das Arrestverfahren in der Hauptsache für **erledigt** zu erklären. Ansonsten muss er die Kosten tragen.[185]

85 Da durch Erhebung des Widerspruchs die Vollziehung des Arrestes nicht gehemmt wird, ist es sinnvoll, dass der Arrestschuldner eine Antragstellung nach §§ 924 Abs. 3 S. 2, 707 ZPO in Erwägung zieht. Danach kann das Gericht **auf Antrag** die Vollziehung des Arrestes gegen oder ohne Sicherheitsleistung einstweilen einstellen. Die Einstellung der Vollziehung ohne Sicherheitsleistung ist dabei nicht an die Voraussetzungen des § 707 Abs. 1 S. 2 ZPO gebunden (§ 924 Abs. 3 S. 2 Hs. 2 ZPO).

Die Entscheidung ergeht durch **Beschluss**; sie ist **unanfechtbar** (§ 707 Abs. 2 S. 2 ZPO).

dd) Entscheidung über den Widerspruch

86 Über den Widerspruch ist durch Urteil zu entscheiden (§ 925 Abs. 1 ZPO). Dabei sind nach Erlass der Arrestanordnung eingetretene Umstände zu berücksichtigen.[186]

Als Entscheidungsform kommt sowohl ein kontradiktorisches Endurteil als auch ein Versäumnis- oder Anerkenntnisurteil in Betracht.[187] Dies gilt auch, wenn sich der Widerspruch ausschließlich gegen die Kostenentscheidung gerichtet hat.[188]

---

182 *Zöller – Vollkommer*, § 924 Rn 1; vgl. § 12 Rn 90 und § 12 Rn 132.
183 *Zöller – Vollkommer*, § 925 Rn 1.
184 *Zöller – Vollkommer*, § 924 Rn 11; *Thomas/Putzo – Reichold*, § 924 Rn 4.
185 *Zöller – Vollkommer*, § 924 Rn 11.
186 Vgl. soeben § 12 Rn 84.
187 *Zöller – Vollkommer*, § 925 Rn 6; *Gießler/Soyka*, Rn 434.
188 Vgl. § 12 Rn 77.

Die Sicherung des Zugewinnausgleichs § 12

Der denkbare Inhalt des Urteils ergibt sich aus § 925 Abs. 2 ZPO. Danach kann es lauten auf (teilweise)   87
- Bestätigung des Arrestes (evtl. unter Anordnung einer Sicherheitsleistung)
  In diesem Fall ist eine Entscheidung zur vorläufigen Vollstreckbarkeit nicht erforderlich.[189] Es bleibt die Vollstreckbarkeit der Vorentscheidung erhalten. Auch die neuerliche Kostenentscheidung ändert hieran nichts. § 708 Nr. 6 ZPO greift jedoch dann, wenn Sicherheitsleistung angeordnet wird.[190]
- Abänderung des Arrestes (evtl. unter Anordnung einer Sicherheitsleistung)
  Das Urteil bedarf gemäß § 708 Nr. 6 ZPO der Anordnung der vorläufigen Vollstreckbarkeit (ohne Sicherheitsleistung aber mit Abwendungsbefugnis nach § 711 ZPO).[191]
- Aufhebung des Arrestes
  Bei Aufhebung des Arrestes ist zusätzlich der Arrestantrag zurückzuweisen.[192] Ferner ist § 708 Nr. 6 ZPO zu beachten und die vorläufige Vollstreckbarkeit zu tenorieren.
- Verwerfung des Widerspruchs
  Im Falle der Unzulässigkeit des eingelegten Widerspruchs wird dieser in Analogie zu § 341 Abs. 1 S. 2 ZPO verworfen.[193]

Eine **Kostenentscheidung** hat das Urteil stets zu enthalten. Dabei sind die Regelungen der §§ 91 ff. ZPO zu beachten. Da das ursprüngliche Beschluss- und spätere Widerspruchsverfahren eine Einheit bilden, hat der Arrestgläubiger, der zunächst eine Arrestanordnung erwirkt hat, die gesamten Verfahrenskosten zu tragen, wenn später der Beschluss durch Urteil aufgehoben wird. Dies gilt auch dann, wenn diese Aufhebung wegen einer nach Erlass des Beschlusses eingetretenen Veränderung der Umstände erfolgt.[194]   88

> *Tipp*
> Dem kann der Arrestgläubiger nur dadurch entgehen, dass er die Hauptsache des Arrestverfahrens für erledigt erklärt.[195]

Bei Aufhebung des ursprünglich angeordneten Arrestes tritt **Wirksamkeit des Urteils** nach h.M. bereits mit dessen Verkündung ein;[196] auf den Eintritt der Rechtskraft ist danach nicht abzustellen.[197] Hieraus folgt, dass der Arrestschuldner die Aufhebung der Vollstreckungsmaßnahmen unmittelbar nach Urteilserlass beantragen kann (§§ 775, 776 ZPO).   89

---

189 *Zöller – Herget*, § 708 Rn 8; *Zöller – Vollkommer*, § 925 Rn 9.
190 *Zöller – Vollkommer*, § 925 Rn 9.
191 *Zöller – Herget*, § 708 Rn 8.
192 *Zöller – Vollkommer*, § 924 Rn 7; *Thomas/Putzo – Reichold*, § 925 Rn 2.
193 *Thomas/Putzo – Reichold*, § 925 Rn 2; *Gießler/Soyka*, Rn 434.
194 OLG Koblenz JurBüro 1990, 107; *Zöller – Vollkommer*, § 925 Rn 8.
195 *Zöller – Vollkommer*, § 925 Rn 8, § 922 Rn 8.
196 OLG Frankfurt/Main FamRZ 1998, 689; OLG Düsseldorf FamRZ 2000, 68; OLG Hamburg MDR 1997, 395; KG NJW-RR 1996, 1088; *Zöller – Vollkommer*, § 925 Rn 10; *Gießler/Soyka*, Rn 437.
197 So jedoch OLG Celle NJW-RR 1987, 64; vgl. auch OLG Karlsruhe RPfl 1997, 17; *Schneider*, MDR 1998, 1133.

§ 12 Die Sicherung des Zugewinnausgleichs

Nach wohl herrschender Rechtsprechung kann sich der Arrestgläubiger gegen eine derartige Aufhebung auch nicht dadurch zur Wehr setzen, dass er Berufung einlegt und gleichzeitig die Einstellung der Vollziehung des Urteils (in dem der ursprünglich angeordnete Arrest aufgehoben worden ist) gemäß §§ 707, 719 ZPO beantragt.[198]

90 Wird die Abänderungs- oder Aufhebungsentscheidung auf Gründe gestützt, die den Erlass der Arrestanordnung als von Anfang an ungerechtfertigt qualifizieren, wirkt sie **auf den Erlasszeitpunkt zurück.**[199] Dies gilt auch im Falle der Versäumung der Vollziehungsfrist[200] und der Abweisung der Hauptsacheklage als (bereits im Erlasszeitpunkt) unbegründet.[201] Einer nach Beschlussfassung erfolgten Erfüllung des Hauptsacheanspruchs kann diese Wirkung konsequenterweise nicht zukommen.[202]

91 Eine Entscheidung durch **Beschluss** kommt dann in Betracht, wenn eine Sachentscheidung nicht getroffen wird. Dies ist der Fall bei einer Verweisung des Arrestverfahrens an das zuständige Gericht (gemäß § 281 ZPO) oder einer Überleitung des Arrestverfahrens in ein Anordnungsverfahren nach §§ 620, 127a, 621f, 641d, 644 ZPO.[203]

92 Das im Widerspruchsverfahren erlassene Urteil ist entsprechend allgemeiner zivilprozessualer Regeln mit der **Berufung** nach § 511 ZPO anfechtbar bzw. für die säumige Partei mit dem **Einspruch** (§ 338 ZPO), wenn es sich um ein Versäumnisurteil handelt.
Im erfolgreichen Berufungsverfahren wird der Arrest nicht lediglich bestätigt,[204] sondern neu erlassen, falls im erstinstanzlichen Verfahren der ursprüngliche Arrestbefehl durch Urteil aufgehoben wird.[205] Aufgehobene Vollstreckungsmaßnahmen können nicht wiederaufleben.

b) Aufhebung wegen Versäumung der Klagefrist (§ 926 Abs. 2 ZPO)

93 Der Arrest dient der bloßen Sicherung der Zwangsvollstreckung wegen einer Geldforderung. Somit muss es dem Arrestschuldner möglich sein, die Wirksamkeit der Arrestanordnung dadurch zu »beeinflussen«, dass das **Hauptsacheverfahren** durchgeführt wird. Dies kann zum einen geschehen, indem der Arrestschuldner dieses selbst betreibt und negative Feststellungsklage erhebt.[206] Nach Erlass eines der Klage stattgebenden rechtskräftigen Urteils kann er schließlich gemäß § 927 ZPO die Aufhebung des Arrestes verlangen.

---

198 OLG Frankfurt/Main MDR 1997, 1060; KG NJW-RR 1996, 1088; OLG Düsseldorf NJW-RR 1987, 512; OLG Bremen MDR 1998, 677; *Thomas/Putzo,* § 925 Rn 2; *Zöller – Vollkommer,* § 925 Rn 11 mit Hinweis auf abweichende Auffassung; a.A. auch *Stein/Jonas – Grunsky,* § 925 Rn 19; *Gießler/Soyka,* Rn 436.
199 OLG Hamburg MDR 1997, 394.
200 OLG Hamburg NJW 1964, 600.
201 *Gießler,* 3. Auflage, Rn 435.
202 OLG Karlsruhe NJW-RR 1988, 1469.
203 *Gießler/Soyka,* Rn 434.
204 So jedoch OLG Celle NJW-RR 1987, 64.
205 OLG Düsseldorf NJW-RR 2000, 68; OLG Schleswig NJW-RR 1992, 317; OLG Hamburg WRP 1997, 54; OLG Düsseldorf FamRZ 1981, 44, 46; *Zöller – Vollkommer,* § 925 Rn 12; *Thomas/Putzo – Reichold,* § 925 Rn 4.
206 Im Rahmen dieser Klage ist es möglich, einen Antrag auf einstweilige Einstellung der Vollziehung des Arrestes gemäß § 707 ZPO analog zu stellen – OLG Frankfurt/Main FamRZ 1985, 723. Wegen derselben Möglichkeit im Aufhebungsverfahren vgl. § 12 Rn 112.

Die Sicherung des Zugewinnausgleichs § 12

Der Arrestschuldner kann jedoch auch den Arrestgläubiger veranlassen, die Hauptsacheklage zu erheben. § 926 Abs. 1 ZPO gibt ihm die Möglichkeit, den Gläubiger zur Klageerhebung zu zwingen, will dieser nicht Gefahr laufen, dass der Arrest wegen unterlassener Klageerhebung aufgehoben wird (§ 926 Abs. 2 ZPO).

Reicht der Arrestgläubiger jedoch die Hauptsacheklage ein, kann der Arrestschuldner nach erfolgter Klageabweisung den Rechtsbehelf des § 927 ZPO ergreifen und demnach die Aufhebung des Arrestes erlangen.[207]

Das Verfahren nach § 926 ZPO gliedert sich in zwei Abschnitte, nämlich das Verfahren zur Anordnung der Klageerhebung nach § 926 Abs. 1 ZPO und das Aufhebungsverfahren nach § 926 Abs. 2 ZPO.

aa) Anordnungsverfahren mit Fristsetzung nach § 926 Abs. 1 ZPO

(1) Zulässigkeit des Anordnungsverfahrens

Das Anordnungsverfahren zur Klageerhebung setzt eine **Antragstellung** voraus. Die Schriftform ist zu wahren. Jedoch kann der Antrag zu Protokoll der Geschäftsstelle oder auch des Rechtspflegers (§§ 24 Abs. 2 Nr. 3, 26 RPflG) gestellt werden. Es besteht kein Anwaltszwang.[208] 94

Hinweis 95

Statthaft ist das Verfahren, solange der Arrestbefehl Bestand hat. Es ist zulässig, den Antrag (vorsorglich) bereits für den Fall des Erlasses des Arrestes zu stellen. In einem solchen Fall muss die Arrestanordnung im Tenor zusätzlich die Fristsetzung zur Erhebung der Hauptsacheklage enthalten.[209]

Wird der Arrest im Widerspruchsverfahren (oder auch Berufungsverfahren) aufgehoben, übereinstimmend für erledigt erklärt oder im Urteil die Erledigung festgestellt, ist die Antragstellung nach § 926 Abs. 1 ZPO unzulässig.[210] Dasselbe gilt, wenn der Arrestgläubiger auf den Arrest verzichtet.[211]

Die **Hauptsacheklage** darf noch nicht anhängig sein. Zulässig ist die Antragstellung auch dann, wenn eine ursprünglich eingereichte Hauptsacheklage wieder zurückgenommen oder als unzulässig abgewiesen wurde.[212] Rechtshängigkeit der Hauptsacheklage im Ausland hindert den Antrag, wenn das ausländische Urteil im Inland anzuerkennen ist.[213] 96

---

207 Hierzu vgl. § 12 Rn 121 ff.
208 Zöller – Vollkommer, § 926 Rn 8; Thomas/Putzo – Reichold, § 926 Rn 2; Crückeberg, § 3 Rn 151; Gießler/Soyka, Rn 443.
209 Vgl. § 12 Rn 53.
210 BGH NJW 1973, 1329; Zöller – Vollkommer, § 926 Rn 9; Thomas/Putzo – Reichold, § 926 Rn 3; Crückeberg, § 3 Rn 152.
211 Zöller – Vollkommer, § 926 Rn 12: es fehlt sodann das Rechtsschutzbedürfnis.
212 Zöller – Vollkommer, § 926 Rn 10; Thomas/Putzo – Reichold, § 926 Rn 3.
213 OLG Frankfurt MDR 1981, 237; Zöller – Vollkommer, § 926 Rn 10; Gießler/Soyka, Rn 441.

§ 12 Die Sicherung des Zugewinnausgleichs

97 Die ausschließliche **Zuständigkeit** (§ 802 ZPO) für die Anordnung der Fristsetzung liegt bei dem erstinstanzlichen Gericht des Arrestverfahrens. Dies gilt nach ganz h.M. auch dann, wenn die Arrestanordnung auf Berufung oder Beschwerde hin durch das OLG erlassen wurde.[214]

Gemäß § 20 Nr. 14 RPflG ist die Entscheidung dem Rechtspfleger übertragen.[215]

98 Das **Rechtsschutzbedürfnis** für einen Antrag nach § 926 Abs. 1 ZPO fehlt, wenn der Arrestschuldner aus dem Arrest nicht mehr in Anspruch genommen werden oder er die Aufhebung des Arrests auf einfacherem Weg – ohne den Umweg über ein Hauptsacheverfahren – erlangen kann.[216]

Diese Voraussetzungen sind erfüllt,[217] wenn

- der Arrestgläubiger auf die Vollstreckung aus dem Arrest verzichtet hat[218]
- die zeitlich begrenzte Geltungsdauer des Arrestes abgelaufen ist[219]
- der Arrestgläubiger auf den materiellen Anspruch[220] und die Rechte aus der Kostenentscheidung[221] verzichtet hat.
- der zu sichernde Anspruch **offensichtlich** (z.B. durch Erfüllung) weggefallen und damit eine Hauptsacheklage von vornherein aussichtslos ist.[222]

Hier wird also entgegen der Regel die Begründetheit des Hauptsacheverfahrens bereits im Rahmen des Verfahrens nach § 926 Abs. 1 ZPO geprüft.[223]

99 Das Rechtsschutzbedürfnis bleibt jedoch bestehen, wenn der Arrestgläubiger es ablehnt, den Kostenerstattungsanspruch des Arrestschuldners bezüglich der Kosten des Arrestanordnungsverfahrens anzuerkennen.[224]

100 Wird eine Frist zur Klageerhebung gesetzt, obwohl dies unzulässig ist, kommt dieser Anordnung keine Wirkung zu. Der Arrestgläubiger hat nicht zu befürchten, dass der Arrestschuldner eine Aufhebung nach § 926 Abs. 2 ZPO erreichen kann.[225]

---

214 OLG Köln ZIP 1994, 81; *Zöller – Vollkommer*, § 926 Rn 1; *Stein/Jonas – Grunsky*, § 926 Rn 5; a.A. OLG Karlsruhe NJW 1973, 1509.
215 Wird allerdings die Fristsetzung in der Arrestanordnung selbst vorgenommen, dann ist der Richter auch hierfür zuständig; vgl. *Crückeberg*, § 3 Rn 155.
216 *Zöller – Vollkommer*, § 926 Rn 12; *Crückeberg*, § 3 Rn 153; *Gießler/Soyka*, Rn 444; *Thomas/Putzo – Reichold*, § 926 Rn 3.
217 Zu weiteren Beispielen vgl. *Zöller – Vollkommer*, § 926 Rn 12; *Thomas/Putzo – Reichold*, § 926 Rn 3.
218 *Zöller – Vollkommer*, § 926 Rn 12.
219 OLG Hamm MDR 1986, 418; OLG Karlsruhe NJW-RR 1988, 252.
220 In diesem Fall besteht die einfachere Möglichkeit, nach § 927 ZPO vorzugehen; *Zöller – Vollkommer*, § 926 Rn 12; *Crückeberg*, § 3 Rn 153; OLG Hamburg NJW-RR 1986, 1122.
221 BGH NJW 1993, 2687 zum Rechtsschutzbedürfnis im Falle des § 927 ZPO.
222 OLG Frankfurt NJW-RR 2002, 1474; BGH NJW 1974, 503; *Zöller – Vollkommer*, § 926 Rn 12; *Crückeberg*, § 3 Rn 153; *Gießler/Soyka*, Rn 444.
223 Vgl. *Zöller – Vollkommer*, § 926 Rn 14.
224 So *Zöller – Vollkommer*, § 926 Rn 12 mit Hinweis auf BGH NJW 1993, 2687 (diese Entscheidung erging jedoch zu § 927 ZPO).
225 OLG Karlsruhe NJW-RR 1988, 251; OLG Düsseldorf NJW-RR 1988, 696.

(2) Verhältnis zu Hauptsacheverfahren und anderweitigen Rechtsbehelfen des Arrestverfahrens

Verhältnis des Verfahrens nach § 926 Abs. 1 ZPO zu Hauptsacheverfahren

Es bleibt dem Arrestschuldner freigestellt, ob er selbst negative Feststellungsklage erhebt und somit ein Hauptsacheverfahren betreibt oder den Antrag nach § 926 Abs. 1 ZPO stellt. Sobald ein Hauptsacheverfahren anhängig ist, wird jedoch das Anordnungsverfahren unzulässig.

101

Verhältnis zu anderweitigen Rechtsbehelfen des Arrestverfahrens

Zum Verhältnis der Rechtsbehelfe der §§ 926 und 927 ZPO vgl. § 12 Rn 111. Die dort dargestellten Grundsätze gelten bereits im Verfahren nach § 926 Abs. 1 ZPO entsprechend.

102

(3) Verfahrensablauf

Das Verfahren wird durch den Rechtspfleger geführt. Eine **mündliche Verhandlung** findet nicht statt. Eine **Anhörung** des Gläubigers kann erfolgen; zwingend ist dies jedoch auch unter Berücksichtigung des grundgesetzlich statuierten Prinzips des rechtlichen Gehörs nach Art. 103 Abs. 1 GG nicht.[226]

103

(4) Entscheidung

Die Entscheidung des Rechtspflegers ergeht durch **Beschluss**.

104

Bei der Entscheidungsfindung hat der Rechtspfleger lediglich die Zulässigkeitsvoraussetzungen des Verfahrens zu überprüfen. Unter Umständen führt dies jedoch auch zu einer Überprüfung materiell-rechtlicher Fragestellungen,[227] obwohl grundsätzlich die Erfolgsaussicht der zu erhebenden Hauptsacheklage im Fristsetzungsverfahren nicht zu prüfen ist.[228]

Sind die Zulässigkeitsvoraussetzungen erfüllt, wird im Beschluss angeordnet, dass der Arrestgläubiger **Klage zu erheben** und **innerhalb welcher Frist** dies zu geschehen hat. Außerdem wird eine Rechtsfolgenbelehrung mit aufgenommen.[229]

105

Bei Fehlen der Zulässigkeitsvoraussetzungen wird der Antrag auf Anordnung der Klageerhebung abgelehnt.

Die Mindestdauer der **Frist** ist im Gesetz nicht ausdrücklich normiert. Entsprechend §§ 276 Abs. 1 S. 2, 277 Abs. 3 ZPO wird sie auf mindestens zwei Wochen[230] und im Regelfall auf

---

226 *Zöller – Vollkommer*, § 926 Rn 15; a.A. *Musielak – Huber*, § 926 Rn 10.
227 Vgl. zum Rechtsschutzbedürfnis bei offensichtlichem Wegfall des Arrestanspruchs Rn § 12 Rn 99.
228 *Zöller – Vollkommer*, § 926 Rn 14.
229 Vgl. zur Tenorierung *Zöller – Vollkommer*, § 926 Rn 16.
230 *Zöller – Vollkommer*, § 926 Rn 16; *Gießler/Soyka*, Rn 445.

maximal einen Monat[231] zu bemessen sein. Eine nachträgliche Verlängerung nach § 224 Abs. 2 ZPO ist bei entsprechender Glaubhaftmachung erheblicher Gründe möglich.[232]

106 Es ist eine **Kostenentscheidung** zu erlassen, die sich ausschließlich auf die Kosten des Anordnungsverfahrens nach § 926 Abs. 1 ZPO bezieht. Insoweit fallen Gerichtskosten nicht an. Anwaltliche Gebühren jedoch können ggf. erhoben werden (§ 16 Nr. 6 RVG).[233]

Nicht möglich ist es, bereits im Verfahren nach § 926 Abs. 1 ZPO eine **Einstellung der Vollziehung** der Arrestanordnung zu erwirken.[234]

bb) Aufhebungsverfahren nach § 926 Abs. 2 ZPO

107 Das vom Schuldner verfolgte Ziel der Aufhebung des Arrestes wird erst nach Antragstellung gemäß § 926 Abs. 2 ZPO erreicht.

(1) Zulässigkeit des Aufhebungsverfahrens

108 Eine Aufhebung des Arrestes erfordert eine schriftliche Antragstellung. Dieser **Antrag** unterliegt, da er beim Amtsgericht zu stellen ist, nicht dem Anwaltszwang.[235]

Zulässig ist der Aufhebungsantrag, solange der Arrest besteht. Die Zulässigkeit ist somit abzulehnen, wenn mittlerweile ein Verzicht auf die Vollstreckung aus dem Arrest erklärt wurde (evtl. unter Einschluss einer Erklärung zur Kostenerstattungspflicht) oder auch der Arrest im Widerspruchsverfahren (oder Berufungsverfahren) rechtskräftig aufgehoben wurde.[236]

109 Außerdem ist auch in diesem Verfahrensstadium zu prüfen, ob die **Fristsetzung zur Klageerhebung** in zulässiger Weise erfolgt ist.[237] Somit sind hier erneut die Prüfungen des Fristsetzungsverfahrens anzustellen.[238]

110 **Zuständig** für das Aufhebungsverfahren ist das Gericht, das auch für die Fristsetzung zuständig war. Nach teilweise vertretener Auffassung[239] ist auch das OLG zuständig, wenn das Arrestverfahren beim Berufungsgericht anhängig ist.

Die Bearbeitung liegt jedoch nunmehr in der Hand des Richters, nicht des Rechtspflegers.

---

231 Zöller – Vollkommer, § 926 Rn 16.
232 Zöller – Vollkommer, § 926 Rn 18 mit Hinweis auf OLG Karlsruhe WRP 1982, 256 LS; Crückeberg, § 3 Rn 155; die Ablehnung der beantragten Fristverlängerung ist mit der befristeten Erinnerung anfechtbar (§ 11 Abs. 2 S. 1 RPflG), Zöller – Vollkommer, § 926 Rn 19.
233 Thomas/Putzo – Reichold, § 926 Rn 5.
234 Crückeberg, § 3 Rn 155; a.A. wohl Thomas/Putzo – Reichold, § 924 Rn 8 – dort wird auf § 926 Abs. 1 ZPO verwiesen.
235 Vgl. jedoch sogleich zur evtl. erforderlichen anwaltlichen Vertretung im Verfahren § 12 Rn 112.
236 Zöller – Vollkommer, § 926 Rn 23.
237 BGH NJW-RR 1987, 685; OLG Karlsruhe NJW-RR 1988, 252; Zöller – Vollkommer, § 926 Rn 20.
238 Gießler/Soyka, Rn 447; vgl. oben § 12 Rn 104 f.
239 OLG Koblenz NJW-RR 1995, 443 (zu einem Verfügungsverfahren); Thomas/Putzo – Reichold, § 926 Rn 10; a.A. Zöller – Vollkommer, § 926 Rn 22 m.w.N.

(2) Verhältnis zu anderweitigen Rechtsbehelfen des Arrestverfahrens

Vgl. § 12 Rn 79 ff. Die dortigen Ausführungen gelten hier entsprechend.

111

Zum Verhältnis der Rechtsbehelfe der §§ 926 und 927 ZPO gilt Folgendes: Eine vorgenommene Antragstellung nach § 926 Abs. 1 oder Abs. 2 ZPO hindert nicht ein späteres Abänderungsverfahren nach § 927 ZPO, da der Rechtsbehelf nach § 926 Abs. 2 ZPO ausschließlich den Ablauf der Frist zur Klageerhebung (und die Versäumung der Vollziehungsfrist) zum Prüfungsgegenstand hat. Abänderungsgründe werden nicht überprüft.

Beachte
Umgekehrt jedoch umfasst der Prüfungsumfang eines rechtshängigen Verfahrens nach § 927 ZPO auch die Gründe des § 926 Abs. 2 ZPO. Somit ist Letzteres unzulässig bei bereits rechtshängigem Abänderungsverfahren nach § 927 ZPO.[240]

(3) Verfahrensablauf

Über den Aufhebungsantrag ist notwendigerweise **mündlich** zu verhandeln. Der Termin ist von Amts wegen zu bestimmen.[241]

112

Anwaltszwang besteht gemäß § 78 Abs. 2 ZPO, wenn sich das Arrestverfahren auf einen güterrechtlichen Hauptsacheanspruch bezieht.[242]

Wie im Arrestverfahren allgemein gelten auch hier die Grundsätze des **summarischen Verfahrens**, insbesondere ersetzt die Glaubhaftmachung den ansonsten notwendigen Beweis.[243]

Ab dem Zeitpunkt der Antragstellung nach § 926 Abs. 2 ZPO kann eine einstweilige Einstellung der Zwangsvollstreckung aus dem Arrest in entsprechender Anwendung der §§ 924 Abs. 3, 707 ZPO erwirkt werden.[244]

(4) Entscheidung

Über den Antrag nach § 926 Abs. 2 ZPO wird durch **Urteil** entschieden. Da auch die Regeln des Säumnisverfahrens Anwendung finden, kann die Entscheidung durch Versäumnisurteil getroffen werden.[245] Ebenso ist ein Anerkenntnis und eine Entscheidung nach Lage der Akten möglich.

113

Dem Antrag wird stattgegeben, wenn die Zulässigkeitsvoraussetzungen im Zeitpunkt des letzten Termins der mündlichen Verhandlung über den Aufhebungsantrag noch vorliegen

114

---

240 *Zöller – Vollkommer*, § 924 Rn 3; *Crückeberg*, § 3 Rn 138 (mit Hinweis auf a.A.); .
241 *Zöller – Vollkommer*, § 926 Rn 22.
242 *Gießler/Soyka*, Rn 449.
243 *Zöller – Vollkommer*, § 926 Rn 22.
244 OLG Frankfurt/Main FamRZ 1985, 723; OLG Düsseldorf MDR 1970, 58; *Zöller – Vollkommer*, § 926 Rn 28; *Gießler/Soyka*, Rn 450.
245 *Zöller – Vollkommer*, § 926 Rn 22.

und der Arrestgläubiger der Anordnung der Klageerhebung ebenfalls bis zu diesem Zeitpunkt nicht in gehöriger Weise nachgekommen ist.

Das Urteil lautet sodann auf **Aufhebung des Arrests**. Der Aufhebung kommt rückwirkende Kraft zu.[246]

In diesem Fall hat der Arrestgläubiger sowohl die Kosten des Aufhebungsverfahrens als auch diejenigen des Arrestanordnungsverfahrens zu tragen.[247] Dies ist im Rahmen der Kostenentscheidung zu tenorieren.

115 Ist die Antragstellung unzulässig oder wurde fristgerecht Klage erhoben, wird der Antrag zurückgewiesen. Die **Kosten** des Aufhebungsverfahrens trägt der Arrestschuldner. Die Kosten der Arrestanordnung wurden ihm bereits in der Arrestentscheidung selbst auferlegt.[248]

116 Eine **fristwahrende Klageerhebung** liegt vor, wenn der Arrestgläubiger eine Leistungs- oder auch Feststellungsklage erhebt, die den Arrestanspruch betrifft.[249] Der Klageerhebung steht die Zustellung eines Mahnbescheides gleich.[250] Ebenso genügt nach h.M. in der Literatur ein Antrag auf Gewährung von Prozesskostenhilfe.[251] In der Rechtsprechung hat sich diese Ansicht bislang jedenfalls nicht einhellig durchgesetzt, da ein Vorgehen nach § 14 Nr. 3a GKG auch einer finanzschwachen Person eine Klageerhebung ermöglicht.[252]

117 Auch eine beim **unzuständigen Gericht** erhobene Klage hat die Wirkung, dass das Aufhebungsverfahren unbegründet ist, da eine Verweisung an das zuständige Gericht vorgenommen werden kann.[253] Anders jedoch ist die Rechtslage, wenn die Klage als unzulässig abgewiesen ist.[254] Eine solche kann keine fristwahrende Wirkung entfalten. Dasselbe gilt, wenn eine Klage ursprünglich erhoben, dann jedoch wieder zurückgenommen wurde.[255]

118 Erfolglos (unbegründet) ist ein Aufhebungsantrag auch dann, wenn der Arrestgläubiger der Frist zur Klageerhebung zunächst nicht nachgekommen ist, jedoch bis zum Schluss der mündlichen Verhandlung (§ 231 Abs. 2 ZPO) diesen Mangel beseitigt und Klage eingereicht hat.[256] Im letztgenannten Fall kann der Arrestschuldner, der einen ursprünglich begründeten Antrag auf Aufhebung des Arrestes gestellt hat, der Kostentragungspflicht entgehen, indem er das Aufhebungsverfahren für erledigt erklärt. Im Falle der Zustimmung zur

---

246 *Thomas/Putzo – Reichold*, § 926 Rn 15; *Gießler/Soyka*, Rn 452.
247 OLG Karlsruhe MDR 1989, 826; OLG München NJW-RR 1997, 832; *Zöller – Vollkommer*, § 926 Rn 26; *Crückeberg*, § 3 Rn 160.
248 *Crückeberg*, § 3 Rn 168.
249 *Zöller – Vollkommer*, § 926 Rn 30; *Crückeberg*, § 3 Rn 156.
250 OLG Köln OLGZ 79, 119; *Zöller – Vollkommer*, § 926 Rn 32.
251 *Zöller – Vollkommer*, § 926 Rn 32 m.w.N.; *Gießler/Soyka*, Rn 452.
252 OLG Hamm OLGZ 1989, 322; OLG Düsseldorf MDR 1987, 771.
253 OLG Hamm OLGR 1994, 142; *Zöller – Vollkommer*, § 926 Rn 32.
254 OLG Düsseldorf JurBüro 1986, 625; *Zöller – Vollkommer*, § 926 Rn 24; *Crückeberg*, § 3 Rn 158.
255 *Zöller – Vollkommer*, § 926 Rn 24; *Gießler/Soyka*, Rn 452; *Crückeberg*, § 3 Rn 158.
256 OLG Frankfurt NJW-RR 1990, 190; OLG Köln OLGZ 79, 119; *Zöller – Vollkommer*, § 926 Rn 33; *Thomas/Putzo – Reichold*, § 926 Rn 8.

Erledigterklärung durch den Arrestgläubiger ergeht eine isolierte Kostenentscheidung, in der dem Arrestgläubiger die Kosten des Aufhebungsverfahrens auferlegt werden.[257] Stimmt der Arrestgläubiger der Erledigung nicht zu, ist ein Urteil zu erlassen, in dem die Erledigung festgestellt wird. Die unterlegene Partei (der Arrestgläubiger) trägt sodann die Kosten nach § 91 ZPO.[258]

In der Entscheidung muss die **vorläufige Vollstreckbarkeit** tenoriert werden. Diese richtet sich bei einem erfolglosen Aufhebungsantrag nach §§ 708 Nr. 11, 711 oder § 709 ZPO, bei einem stattgebenden Urteil nach §§ 708 Nr. 6, 711 ZPO.

119

Das Urteil im Aufhebungsverfahren ist mit der **Berufung** (§ 511 ZPO) anfechtbar. Wurde ein Versäumnisurteil erlassen, ist der Einspruch statthafter Rechtsbehelf (§ 338 ZPO). Das Berufungsurteil des OLG unterliegt keiner Anfechtung (§ 545 Abs. 2 ZPO).

120

c) Aufhebung wegen veränderter Umstände (§ 927 ZPO)

Die Regelung des § 927 ZPO trägt dem Umstand Rechnung, dass ein Arrest, der der Sicherung eines Hauptsacheanspruches wegen einer Geldforderung dienen soll, keinen Bestand mehr haben kann, wenn es dieser Sicherung wegen veränderter Umstände nicht mehr bedarf. In diesen Fällen muss der Arrestschuldner den Wegfall der Arrestanordnung herbeiführen können.

121

Statthaft ist das Aufhebungsverfahren auch dann, wenn nicht eine Arrestanordnung abgeändert werden soll, sondern die Parteien im Arrestverfahren einen **Vergleich** abgeschlossen haben, der die vorläufige Sicherung des Anspruchs bewirken soll.[259]

aa) Zulässigkeit des Aufhebungsverfahrens

Das Aufhebungsverfahren setzt eine **Antragstellung** voraus, die auch zu Protokoll der Geschäftsstelle vorgenommen werden kann. Die Schriftform ist zu wahren. Im amtsgerichtlichen Verfahren besteht kein Anwaltszwang.[260]

122

Die Antragsberechtigung kommt nur dem Schuldner (und etwaigen Rechtsnachfolgern) zu, nicht Dritten und erst recht nicht dem Gläubiger.[261]

Eine **Rücknahme** des Antrages ist jederzeit möglich, ohne dass es der Zustimmung des Antragsgegners bedarf.[262]

Die ausschließliche **Zuständigkeit** (§ 802 ZPO) für das Aufhebungsverfahren richtet sich nach § 927 Abs. 2 ZPO. Demnach ist zu unterscheiden, ob das Hauptsacheverfahren bereits anhängig ist oder nicht.

123

---

257 OLG Frankfurt/Main GRUR 1987, 651; *Zöller – Vollkommer*, § 926 Rn 33, 26.
258 *Crückeberg*, § 3 Rn 160.
259 *Zöller – Vollkommer*, § 927 Rn 15 zur einstweiligen Verfügung; *Gießler/Soyka*, Rn 454.
260 *Zöller – Vollkommer*, § 927 Rn 9.
261 *Zöller – Vollkommer*, § 927 Rn 9.
262 *Zöller – Vollkommer*, § 927 Rn 9b, § 920 Rn 13.

Ist die Hauptsacheklage bereits eingereicht, so hat das Gericht der Hauptsache über die Aufhebung des Arrestes zu entscheiden. Ist bereits Berufung eingelegt, so muss das Oberlandesgericht das Verfahren führen. Ab dem Zeitpunkt der Einlegung der Revision fällt die Zuständigkeit an das erstinstanzliche Gericht zurück.²⁶³

124 **Ohne Anhängigkeit einer Hauptsache** hat das Amtsgericht das Aufhebungsverfahren zu erledigen, das den Arrest erlassen hat. Dies gilt auch dann, wenn es den Erlass des Arrestes abgelehnt hatte, dieser jedoch durch das angerufene Oberlandesgericht angeordnet wurde.²⁶⁴

Wurde dagegen der Arrest durch das Berufungsgericht als Gericht der Hauptsache²⁶⁵ erlassen, ist es auch für den Aufhebungsantrag zuständig.²⁶⁶

Nach teilweise vertretener Auffassung soll jedoch dann, wenn eine mit dem Arrestanspruch deckungsgleiche Hauptsache zwar nicht anhängig, eine Ehesache aber bereits rechtshängig ist, wegen der Regelungen des § 621 Abs. 2 und 3 ZPO (Entscheidungskonzentration) das Gericht der Ehesache für das Aufhebungsverfahren zuständig sein, da bei diesem Gericht das Hauptsacheverfahren zu führen wäre (§ 621 Abs. 2 S. 1, Abs. 3 ZPO).²⁶⁷

125 **Zulässig** ist das Verfahren, solange der Arrestbefehl Bestand hat.²⁶⁸

Das **Rechtsschutzbedürfnis** für einen Antrag nach § 927 ZPO entfällt demzufolge, wenn der Arrestgläubiger auf die Rechte aus dem Arrest verzichtet und den Titel herausgegeben hat.²⁶⁹ Weiter ist in einem solchen Fall jedoch erforderlich, dass der Arrestgläubiger den Kostenerstattungsanspruch des Arrestschuldners – soweit ein solcher besteht²⁷⁰ – bezüglich des Arrestanordnungsverfahrens anerkennt.²⁷¹

Unzulässig ist ein Aufhebungsverfahren jedoch, wenn der Arrestschuldner auf die Rechte aus § 927 ZPO wirksam verzichtet hat.²⁷²

126 Der Antrag nach § 927 ZPO kann auf verschiedene »veränderte Umstände« gestützt werden. Das Erfordernis der **Veränderung** setzt zwar grundsätzlich voraus, dass Umstände vorliegen müssen, die erst nach Erlass der Arrestanordnung eingetreten sind. Somit scheidet das Vorbringen, der Arrest habe von Anfang an nicht erlassen werden dürfen, aus. Jedoch wird es als zulässig erachtet, dass **Tatsachen** vorgetragen werden, die bei Anordnung des Arres-

---

263 Stein/Jonas – Grunsky, § 927 Rn 12; Crückeberg, § 3 Rn 166.
264 OLG Düsseldorf MDR 1984, 324; OLG Hamm OLGZ 1985, 492; Zöller – Vollkommer, § 927 Rn 10; Crückeberg, § 3 Rn 166; Thomas/Putzo – Reichold, § 927 Rn 3.
265 Vgl. § 12 Rn 38.
266 OLG Hamm MDR 1992, 302; Zöller – Vollkommer, § 927 Rn 10; Thomas/Putzo – Reichold, § 927 Rn 3.
267 OLG Zweibrücken FamRZ 1983, 415; Gießler/Soyka, Rn 455.
268 Thomas/Putzo – Reichold, § 927 Rn 4; Gießler/Soyka, Rn 454; Crückeberg, § 3 Rn 162.
269 OLG Frankfurt ZIP 1981, 210; OLG München ZIP 1982, 497; OLG Köln OLGZ 1992, 449; Zöller – Vollkommer, § 927 Rn 3 m.w.N. auch auf die abweichende Auffassung OLG München NJW-RR 1986, 998.
270 Vgl. § 12 Rn 133.
271 BGH NJW 1993, 2687; OLG Hamm GRUR 1985, 84; Zöller – Vollkommer, § 927 Rn 3; Thomas/Putzo – Reichold, § 927 Rn 4 m.w.N.
272 Zöller – Vollkommer, § 927 Rn 9a, Thomas/Putzo – Reichold, § 924 Rn 9.

tes bereits vorlagen, dem Arrestschuldner aber nicht bekannt waren. Ebenso kann sich der Antragsteller auf **neue Beweismittel** berufen, die ebenfalls im Zeitpunkt des Erlasses des Arrestes bereits existent waren, von ihm jedoch noch nicht benutzt werden konnten.[273] Das Vorbringen des Antragstellers zu veränderten Umständen kann sich beziehen auf[274]

- den Arrestanspruch
  - Erlöschen der zu sichernden Forderung durch Erfüllung, Erlass, Wegfall einer Anspruchsvoraussetzung[275]
  - Wegfall der anspruchsbegründenden Norm nach Nichtigerklärung durch das Bundesverfassungsgericht[276]
  - Aberkennung des Hauptsacheanspruchs im Hauptsacheverfahren (durch Abweisung einer Leistungsklage[277] oder erfolgreiche Feststellungsklage); hier ist Eintritt der Rechtskraft dann nicht erforderlich, wenn das Rechtsmittel keinen Erfolg verspricht[278]
  - Änderung der Gesetzgebung oder höchstrichterlichen Rechtsprechung[279]
  - Beweismittel, die die Glaubhaftmachung des Arrestanspruchs erschüttern[280]
- den Arrestgrund
  - Eintritt der Rechtskraft des Leistungsurteils[281]
  - Wegfall des Arrestgrundes durch Vermögenserwerb des Arrestschuldners[282]
  - Ablauf der Vollziehungsfrist des § 929 Abs. 2 ZPO[283]
  - Ablauf der Frist zur Klageerhebung aus § 926 Abs. 1 ZPO[284]
  - Nichtleistung der Sicherheit, die zur Vollziehung des Arrestes vom Arrestgläubiger zu erbringen ist[285]

127

---

273 *Zöller – Vollkommer,* § 927 Rn 4; *Thomas/Putzo – Reichold,* § 927 Rn 12; *Stein/Jonas – Grunsky,* § 927 Rn 3, 5.
274 Zu weiteren Einzelbeispielen siehe *Zöller – Vollkommer,* § 927 Rn 5–7; *Thomas/Putzo – Reichold,* § 927 Rn 12–15.
275 *Zöller – Vollkommer,* § 927 Rn 5; *Thomas/Putzo – Reichold,* § 927 Rn 12.
276 BGH NJW 1989, 107.
277 BGH NJW 1993, 2685.
278 BGH WM 1976, 134; OLG München MDR 1986, 681; OLG Düsseldorf NJW-RR 1987, 993; KG WRP 1990, 330; *Zöller – Vollkommer,* § 927 Rn 5 m.w.N.
279 KG WRP 1990, 331; OLG Hamburg WRP 1997, 53.
280 *Gießler/Soyka,* Rn 456.
281 OLG Hamm OLGZ 1988, 321 zur einstweiligen Verfügung; auch im Falle des Eintritts der Rechtskraft des Leistungsurteils tritt der Arrest nicht von selbst außer Kraft – vgl. § 12 Rn 39; a.A. *Gießler/Soyka,* Rn 456 (3) und Rn 372 Fn 42, der ein Außer-Kraft-Treten ipso iure sowohl bei einem erfolgreichen als auch bei einem erfolglosen rechtskräftigen Hauptsacheverfahren annimmt und dem dennoch zulässigen Verfahren nach § 927 ZPO nur deklaratorische Wirkung beimisst; a.A. *Zöller – Vollkommer,* § 927 Rn 4 ausdrücklich zum klageabweisenden Urteil.
282 *Stein/Jonas – Grunsky,* § 927 Rn 8.
283 OLG München OLGZ 1986, 455; OLG Hamm NJW-RR 1990, 1214; OLG Frankfurt/Main NJW-RR 2000, 1236.
284 *Gießler/Soyka,* Rn 456.
285 *Zöller – Vollkommer,* § 927 Rn 6.

§ 12 Die Sicherung des Zugewinnausgleichs

- **Erbieten zur Sicherheitsleistung**
Die Möglichkeit der Aufhebung des Arrestes, wenn der Arrestschuldner eine Sicherheitsleistung anbietet, ist in § 927 Abs. 1 ZPO ausdrücklich angeordnet. Eine Aufhebung kommt jedoch erst in Betracht, wenn die Sicherheit tatsächlich geleistet ist oder der Arrestgläubiger die angebotene Sicherheit abgelehnt hat.[286] Teilweise wird es auch für zulässig gehalten, die Aufhebung aufschiebend bedingt durch die angebotene Sicherheitsleistung mit Fristsetzung auszusprechen.[287]

bb) Verhältnis zu Hauptsacheverfahren und anderweitigen Rechtsbehelfen des Arrestverfahrens

(1) Verhältnis des Verfahrens nach § 927 ZPO zu Hauptsacheverfahren

128 Sowohl eine Abänderungsklage (§ 323 ZPO) als auch eine Vollstreckungsgegenklage (§ 767 ZPO) scheiden im Falle des Vorliegens veränderter Umstände nach Erlass eines Arrestes aus. Vgl. § 12 Rn 74.

(2) Verhältnis zu anderweitigen Rechtsbehelfen des Arrestverfahrens

128a Vgl. § 12 Rn 79 ff. und 111. Die dortigen Ausführungen gelten hier entsprechend.

cc) Verfahrensablauf

129 Über den Aufhebungsantrag wird **mündlich** verhandelt. Die Ladung zum anzuordnenden Termin erfolgt von Amts wegen.[288]

Anwaltszwang besteht gemäß § 78 Abs. 2 ZPO, wenn sich das Arrestverfahren auf einen güterrechtlichen Hauptsacheanspruch bezieht.[289] Liegen dem Arrestanspruch unterhaltsrechtliche Forderungen zugrunde, ist eine anwaltliche Vertretung im amtsgerichtlichen Verfahren entbehrlich, beim Oberlandesgericht allerdings erforderlich.[290]

Es greifen die Grundsätze des **summarischen Verfahrens**, insbesondere ersetzt die Glaubhaftmachung den ansonsten notwendigen Beweis.[291]

Die **Beweislast** für die von ihm glaubhaft zu machenden veränderten Umstände trägt der Arrestschuldner, der im Verfahren nach § 927 ZPO als Antragsteller auftritt.[292]

Ab dem Zeitpunkt der Antragstellung nach § 927 ZPO kann eine **einstweilige Einstellung der Zwangsvollstreckung** aus dem Arrest in entsprechender Anwendung der §§ 924 Abs. 3, 707 ZPO erwirkt werden.[293]

---

[286] Zöller – Vollkommer, § 927 Rn 8; *Thomas/Putzo*, § 927 Rn 14; *Gießler/Soyka*, Rn 456.
[287] *Thomas/Putzo*, § 927 Rn 14; a.A. *Gießler/Soyka*, Rn 456 (4).
[288] Zöller – Vollkommer, § 927 Rn 9.
[289] *Gießler/Soyka*, Rn 456, 449; *Crückeberg*, § 3 Rn 166.
[290] Zöller – Vollkommer, § 927 Rn 9; *Gießler/Soyka*, Rn 456, 449.
[291] Zöller – Vollkommer, § 927 Rn 9.
[292] OLG Franfurt/Main NJW-RR 2000, 1236.
[293] OLG Zweibrücken FamRZ 1981, 698; Zöller – Vollkommer, § 927 Rn 9c; *Gießler/Soyka*, Rn 457.

dd) Entscheidung

Die Entscheidung über den Antrag nach § 927 ZPO ergeht durch **Urteil**. Auch eine Säumnisentscheidung ist zulässig, ebenso ein Anerkenntnisurteil und eine Entscheidung nach Lage der Akten.[294]

130

Das Gericht ist gemäß § 308 ZPO an die Antragstellung gebunden. Somit kommt bei einem entsprechenden Antrag nur die teilweise Aufhebung der Arrestanordnung in Betracht.[295]

Das Urteil kann lauten auf:
- (teilweise) Aufhebung des Arrestbefehls
- Abänderung des Arrestbefehls
- Anordnung einer Sicherheitsleistung (entspricht einer Abänderung)
- Zurückweisung des Antrages auf Aufhebung oder Abänderung.

Dem Antrag ist stattzugeben und der Arrestbefehl (teilweise) aufzuheben oder abzuändern, wenn die Zulässigkeitsvoraussetzungen im Zeitpunkt des letzten Termins der mündlichen Verhandlung über den Aufhebungsantrag noch vorliegen und der Arrestschuldner die Abänderungs-/Aufhebungsgründe bis dahin glaubhaft gemacht hat.[296]

131

Ansonsten ist der Antrag zurückzuweisen.

Der Aufhebung des Arrestes kommt **grundsätzlich keine rückwirkende** Kraft zu. Dies bedeutet, dass nach Verkündung des Urteils eine weitere Vollziehung des Arrestbefehls nicht zulässig ist, die Aufhebung der bereits vorgenommenen Vollstreckungsmaßnahmen jedoch erst nach Eintritt der Rechtskraft des Urteils nach § 927 ZPO erfolgen kann.[297] Wird der Arrest jedoch aufgrund von Umständen aufgehoben, aufgrund derer anzunehmen ist, dass der Arrest von Anfang an nicht gerechtfertigt war, weil Verfügungsanspruch oder Verfügungsgrund gefehlt haben, wirkt die Aufhebung zurück.

132

Eine derartige Rückwirkung[298] wird angenommen, wenn die Aufhebung erfolgt aufgrund einer
- Abweisung der Hauptsacheklage als von Anfang an unbegründet[299] (Verfügungsanspruch hat von Anfang an gefehlt)
- Versäumung der Vollziehungsfrist des § 929 Abs. 2 ZPO[300] (Verfügungsgrund hat von Anfang an gefehlt)
- Versäumung der festgesetzten Frist zur Klageerhebung nach § 926 Abs. 1 ZPO[301] (wie soeben).

---

294 *Zöller – Vollkommer*, § 927 Rn 11.
295 *Zöller – Vollkommer*, § 927 Rn 9b; *Stein/Jonas – Grunsky*, § 927 Rn 11.
296 *Thomas/Putzo – Reichold*, § 927 Rn 5; *Gießler/Soyka*, Rn 459.
297 *Zöller – Vollkommer*, § 927 Rn 14; *Gießler/Soyka*, Rn 459.
298 Gegen eine solche *Thomas/Putzo – Reichold*, § 927 Rn 6.
299 BGH NJW 1993, 2685; OLG Karlsruhe WRP 1996, 121; *Zöller – Vollkommer*, § 927 Rn 12 zur Kostenfolge; *Gießler/Soyka*, Rn 460.
300 *Crückeberg*, § 3 Rn 167; *Gießler/Soyka*, Rn 460; *Zöller – Vollkommer*, § 927 Rn 12 zur Kostenfolge.
301 *Crückeberg*, § 3 Rn 167; *Gießler/Soyka*, Rn 460.

§ 12 Die Sicherung des Zugewinnausgleichs

133 Wer im Verfahren nach § 927 ZPO unterliegt, hat gemäß § 91 ZPO die **Kosten** dieses Aufhebungsverfahrens zu tragen. Bei einer Rücknahme des Aufhebungsantrages greift § 269 Abs. 3 ZPO. Bei sofortigem Anerkenntnis gilt § 93 ZPO.[302]

> *Hinweis*
> Die **Kosten des Arrestverfahrens** bleiben von der hier getroffenen Kostenentscheidung unberührt. Eine Ausnahme von diesem Grundsatz wird in den Fällen zugelassen, in denen der Aufhebungsentscheidung Rückwirkung zukommt. Dann werden dem Arrestgläubiger auch die Kosten des Anordnungsverfahrens auferlegt.[303]

Somit hat der Arrestgläubiger sowohl die Kosten des Verfahrens nach § 927 ZPO als auch diejenigen des Arrestverfahrens selbst zu tragen, wenn die Aufhebung erfolgreich war, da die Hauptsacheklage (rechtskräftig) als von Anfang unbegründet[304] abgewiesen wurde, weil die Vollziehungsfrist des § 929 Abs. 2 ZPO[305] oder auch die Frist zur Klageerhebung nach § 926 Abs. 1 ZPO[306] versäumt wurde.

134 Bei Versäumung der Vollziehungsfrist wird teilweise noch weiter differenziert, ob die Vollziehung unterblieben ist, weil der Arrestanspruch (erst) während des Laufes der Vollziehungsfrist entfallen ist. War dies der Fall, so hat nach dieser Auffassung der Arrestgläubiger die Kosten des Anordnungsverfahrens nicht zu tragen.[307]

135 In der Entscheidung muss die **vorläufige Vollstreckbarkeit** tenoriert werden. Diese richtet sich bei einem erfolglosen Aufhebungsantrag nach §§ 708 Nr. 11, 711 oder 709 ZPO, bei einem stattgebenden Urteil nach §§ 708 Nr. 6, 711 ZPO.

136 Das Urteil im Aufhebungsverfahren ist mit der **Berufung** (§ 511 ZPO) anfechtbar. Wurde ein Versäumnisurteil erlassen, ist der Einspruch statthafter Rechtsbehelf (§ 338 ZPO). Das Berufungsurteil des OLG unterliegt keiner Anfechtung (§ 545 Abs. 2 ZPO).

d) Schutzschrift

137 Die Schutzschrift stellt keinen Rechtsbehelf dar, mit dessen Hilfe eine belastende Entscheidung beseitigt werden soll. Ihre Wirkung zeigt sich bereits früher.

---

302 *Zöller – Vollkommer*, § 927 Rn 12; *Thomas/Putzo – Reichold*, § 927 Rn 7.
303 Dies auch nach *Thomas/Putzo*, § 927 Rn 8, obwohl eine rückwirkende Aufhebung abgelehnt wird – vgl. dort Rn 6.
304 BGH NJW 1993, 2685; OLG Nürnberg OLGR 2003, 415; OLG Karlsruhe WRP 1996, 121; *Zöller – Vollkommer*, § 927 Rn 12; *Thomas/Putzo – Reichold*, § 927 Rn 8; *Crückeberg*, § 3 Rn 167, 168.
305 OLG Hamm NJW-RR 1990, 1214; OLG Schleswig NJW-RR 1995, 896; OLG Düsseldorf NJW-RR 2000, 68; *Zöller – Vollkommer*, § 927 Rn 12; *Thomas/Putzo – Reichold*, § 927 Rn 8; a.A. OLG München NJW-RR 1986, 998.
306 *Stein/Jonas – Grunsky*, § 927 Rn 16; *Crückeberg*, § 3 Rn 167, 168.
307 *Crückeberg*, § 3 Rn 104 mit Hinweis auf OLG Karlsruhe WRP 1998, 330 u.a. und den Eintritt eines erledigenden Ereignisses.

Die Schutzschrift wird bei Gericht von einem vermeintlichen zukünftigen Arrestschuldner[308] eingereicht, der damit verhindern möchte, dass einem zu erwartenden Arrestantrag entsprochen wird, ohne dass er zuvor angehört worden wäre. Somit handelt es sich um ein Mittel des vorbeugenden Rechtsschutzes. Dem Anwaltszwang unterliegt die Schutzschrift nicht.[309]

Mit Hilfe der Schutzschrift können Umstände vorgetragen und glaubhaft gemacht werden, die bei der einstweiligen Verfügung die besondere Dringlichkeit des § 937 Abs. 2 ZPO, aber auch den Arrestgrund oder den Arrestanspruch (bzw. Verfügungsanspruch oder -grund) betreffen.[310]

Das Gericht, bei dem die Schutzschrift eingereicht wird, trägt diese in ein gesondertes Register ein. Sobald ein Arrestantrag gegen den Ersteller der Schutzschrift bei Gericht eingeht, wird dieser Antrag dem zuständigen Richter zusammen mit der Schutzschrift vorgelegt.

Das Gericht hat das Vorbringen aus der Schutzschrift zu beachten, wenn der Zweck des einstweiligen Rechtsschutzes hierdurch nicht beeinträchtigt wird.[311] Dem Arrestantragsteller ist jedoch ebenfalls rechtliches Gehör zu gewähren. Ihm muss Gelegenheit eingeräumt werden, zum Inhalt der Schutzschrift Stellung zu nehmen.

Ob die **Kosten** für die Erstellung der Schutzschrift bei einem späteren Obsiegen des Arrestgegners[312] erstattungsfähig sind, ist umstritten.[313] M.E. ist der Ansicht zu folgen, die darauf abstellt, ob ein Arrest- oder Verfügungsantrag eingereicht und damit ein Prozessrechtsverhältnis begründet wird.[314] Unerheblich ist dann, ob die Schutzschrift vor Anbringung des Antrages auf Erlass der einstweiligen Verfügung oder danach bei Gericht eingegangen ist.

Prozesskostenhilfe wird für die Erstellung der Schutzschrift zu gewähren sein, wenn diese zur Abwehr eines drohenden Arrestes (oder einer drohenden einstweiligen Verfügung) dringend geboten ist,[315] was für Unterhaltssachen allerdings abgelehnt wird.[316]

138

---

308 Der Hauptanwendungsbereich betrifft sicherlich die zu erwartende einstweilige Verfügung und nicht den Arrest; doch auch hier ist eine Schutzschrift nicht ausgeschlossen. Ebenso ist es im familienrechtlichen Bereich durchaus denkbar, mit Hilfe einer Schutzschrift vorbeugenden Rechtsschutz zu erlangen; vgl. *van Els*, FamRZ 1996, 651.
309 *Zöller – Vollkommer*, § 937 Rn 4.
310 *Zöller – Vollkommer*, § 937 Rn 4; *Thomas/Putzo – Reichold*, § 935 Rn 9; *Gießler/Soyka*, Rn 473.
311 OLG Köln MDR 1998, 433; *Zöller – Vollkommer*, § 937 Rn 4 m.w.N.
312 Also desjenigen, der die Schutzschrift eingereicht hat.
313 *Zöller – Vollkommer*, § 937 Rn 5; *Thomas/Putzo – Reichold*, § 935 Rn 10.
314 *Zöller – Herget*, § 91 Rn 13 »Schutzschrift« mit zahlreichen Nachweisen.
315 *Zöller – Philippi*, § 114 Rn 2; *Gießler/Soyka*, Rn 473.
316 OLG Düsseldorf FamRZ 1985, 502.

XI. Außer-Kraft-Treten der Arrestanordnung

139 Wird in einem Hauptsacheverfahren ein dem Arrestanspruch deckungsgleicher materieller Anspruch rechtskräftig aberkannt, so wird dadurch der Arrest nicht von sich aus wirkungslos. Er ist stets nach § 927 ZPO aufzuheben.[317] Eine derartige Aufhebung erfolgt auch dann nicht »automatisch«[318] (oder von Amts wegen), wenn der Arrestanspruch in einem stattgebenden Leistungsurteil rechtskräftig zugesprochen wird. Er wird nicht von sich aus wirkungslos,[319] obwohl das aufgrund einer Arrestvollziehung erlangte Pfandrecht rangwahrende Wirkung für die Zwangsvollstreckung aus dem Leistungsurteil hat.[320]

XII. Schadensersatz wegen Vollziehung eines Arrestbefehls

140 Der Antragsteller, der einen Arrest zur Sicherung eines Geldanspruches zu erwirken beabsichtigt, trägt nicht nur das Kostenrisiko des Arrestverfahrens. Darüber hinaus besteht nach § 945 ZPO ein **verschuldensunabhängiger** Schadensersatzanspruch, der allerdings nur Schäden umfasst, die aus der Vollziehung des Arrestes entstanden sind. Nicht ersatzfähig sind Schäden aus der Anordnung des Arrestes selbst.[321]

141 Der Schadensersatzanspruch des § 945 ZPO setzt – bezogen auf die Vollziehung eines Arrestes – voraus, dass
- die Anordnung des Arrestes von Anfang an ungerechtfertigt war oder
- der Arrestbefehl aufgrund des § 926 Abs. 2 ZPO aufgehoben wurde.

Die Aufhebung nach § 942 Abs. 3 ZPO spielt im Rahmen des Anwendungsbereiches des Arrestverfahrens keine Rolle.

> *Beachte*
> Nach herrschender Meinung ist die Regelung des § 945 ZPO nicht anzuwenden, wenn Leistungen aufgrund eines so genannten **Interimsvergleichs** erbracht worden sind.[322] Ebenso scheidet eine entsprechende Anwendung dieser Regelung bezüglich einstweiliger Anordnungen nach §§ 620 Nr. 4 und 6, 644 ZPO aus.

---

317 *Zöller – Vollkommer*, § 927 Rn 4; BGH NJW 1993, 2687 zur einstweiligen Verfügung; a.A. *Gießler/Soyka*, Rn 372 in Fußnote 42, Rn 440 und 456, der ein Außer-Kraft-Treten ipso iure auch bei einem erfolglosen rechtskräftigen Hauptsacheverfahren annimmt und dem dennoch zulässigen Verfahren nach § 927 ZPO nur deklaratorische Wirkung beimisst; so auch *van Els*, Rn 55 Fn 110.
318 *Zöller – Vollkommer*, § 927 Rn 9.
319 A.A. *Gießler/Soyka*, Rn 456 (3).
320 *Zöller – Vollkommer*, § 927 Rn 6 m.w.N.
321 Dies bewirkt beispielsweise, dass die dem Antragsgegner im Arrestverfahren auferlegten Kosten nicht nach § 945 ZPO zurückverlangt werden können, weil sie eben nicht durch die Vollziehung, sondern bereits durch die Anordnung des Arrestes entstanden sind. Diese Kosten können u.U. in einem Aufhebungsverfahren nach § 927 – vgl. § 12 Rn 133 – geltend gemacht werden. Vgl. hierzu *Thomas/Putzo – Reichold*, § 945 Rn 15.
322 *Thomas/Putzo – Reichold*, § 945 Rn 6 mit Hinweis auf OLG Karlsruhe OLGZ 1979, 370; *Zöller – Vollkommer*, § 945 Rn 5; a.A. OLG Frankfurt FamRZ 1988, 88; *Gießler/Soyka*, Rn 495.

1. Haftung bei ungerechtfertigter Anordnung des Arrestes

a) Voraussetzungen

Erweist sich die Anordnung des Arrestes als von Anfang an ungerechtfertigt, hat der Arrestgläubiger dem Schuldner gemäß § 945 ZPO den aus der Arrestvollziehung entstandenen Schaden[323] zu ersetzen.

142

Diese Voraussetzungen sind dann erfüllt, wenn von Anfang an der Arrestanspruch oder Arrestgrund gefehlt hat.[324] Maßgeblich ist hierbei der **Zeitpunkt des Erlasses** des Arrestes.[325] Fällt der ursprünglich bestehende Anspruch nachträglich weg, kommt ein Schadensersatzanspruch nicht in Betracht. Steht der Anspruch dagegen dem Arrestgläubiger erst nach Anordnung des Arrestes zu (so durch nachträglichen Erwerb), ist ein etwaiger Schadensersatzanspruch beschränkt auf die Vollziehungsschäden, die bis zum Erwerb des Anspruchs entstanden sind.[326]

Der Schadensersatzanspruch aus § 945 ZPO ist **verschuldensunabhängig** konzipiert. Es handelt sich um einen Anspruch aus unerlaubter Handlung im weiteren Sinne. **Die Verjährung** richtet sich nach § 199 Abs. 1, 3 BGB.

143

b) Prüfungsumfang des Gerichts/Bindungswirkung an vorliegende Entscheidungen

Der im Schadensersatzprozess zur Entscheidung berufene Richter hat selbstständig zu prüfen, ob der Arrest von Anfang an ungerechtfertigt war, und ist in der Beurteilung dieser Frage grundsätzlich frei.[327] Jedoch wird unter bestimmten Voraussetzungen eine **Bindungswirkung** angenommen. Insoweit ist zu differenzieren:

144

aa) Wurde der Arrestanspruch in einem Hauptsacheverfahren einer **rechtskräftigen** Entscheidung zugeführt, ist das Gericht, das über den Anspruch aus § 945 ZPO entscheidet, an dieses Urteil gebunden, soweit dessen **materielle** Rechtskraft reicht.[328] Ein bloßes Prozessurteil, das keine Sachentscheidung enthält, genügt dementsprechend nicht.[329]

145

Da jedoch ein solches Urteil die Rechtslage im Zeitpunkt des letzten Termins der mündlichen Verhandlung zum Ausdruck bringt, bleibt es dem auf Schadensersatz in Anspruch genommenen Arrestgläubiger unbenommen vorzubringen, im Zeitpunkt der Anordnung des Arrestes habe der Anspruch bestanden und sei erst nachträglich (in der Zeit bis zum Schluss der mündlichen Verhandlung des Hauptsacheprozesses) weggefallen.[330]

---

323 Zum ersatzfähigen Schaden vgl. genauer § 12 Rn 155 ff.
324 BGH NJW-RR 1992, 736; NJW 1988, 3269; *Zöller – Vollkommer*, § 945 Rn 8; *Crückeberg*, § 3 Rn 177.
325 BGH NJW-RR 1992, 1001.
326 *Crückeberg*, § 3 Rn 177 mit Hinweis auf *Schuschke/Walker*, § 945 Rn 6.
327 *Zöller – Vollkommer*, § 945 Rn 9; *Thomas/Putzo – Reichold*, § 945 Rn 7 ff.
328 BGH NJW 1993, 2686; 1988, 3268; BGH NJW-RR 1992, 999.
329 BGH NJW-RR 1992, 999.
330 *Zöller – Vollkommer*, § 945 Rn 11; *Crückeberg*, § 3 Rn 178 m.w.N.

bb) Fehlt ein materielle Rechtskraft entfaltender Abschluss des Hauptsacheverfahrens, ist nach (teilweise) umstrittener Rechtsprechung weiter zu differenzieren:

146 Wird durch ein Arresturteil der Arrestanspruch bejaht, tritt nach wohl einhelliger Meinung eine Bindungswirkung nicht ein.[331] Dem ist zuzustimmen, da das Arrestgericht lediglich eine summarische Prüfung anstellt und das Vorliegen des Anspruchs nur auf Schlüssigkeit und Glaubhaftmachung hin überprüft.

147 Hebt dagegen das Arrestgericht in einem Arresturteil eine ursprünglich erlassene Arrestanordnung mit der Begründung auf, der Arrestanspruch habe von Anfang an gefehlt, wird teilweise eine **Bindungswirkung** angenommen.[332] Wenn die Urteilsgründe zum Arrestanspruch schweigen, tritt diese Rechtsfolge dagegen nicht ein.

148 Diese unterschiedliche Behandlung erscheint problematisch, zumal in einem summarischen Verfahren, in dem nicht nur die Entscheidung eilig zu treffen ist, sondern auch der Sachvortrag nicht immer so gründlich gehalten werden kann, wie es erforderlich ist, die Gefahr besteht, dass dieser Vortrag nicht schlüssig ist und somit eine Abweisung erfolgt mit der Begründung, der Arrestanspruch habe von Anfang an nicht bestanden. Außerdem ist der **Streitgegenstand** im Arrestverfahren ein anderer als im Hauptsacheverfahren und beschränkt sich auf die zwangsweise **Sicherung** des Hauptsacheanspruchs.[333] Deshalb ist m.E. der in der Literatur weit verbreiteten Auffassung zu folgen, wonach durch ein Arresturteil eine Bindungswirkung bei der Prüfung des Hauptsacheanspruchs im Verfahren nach § 945 ZPO generell nicht eintreten kann.[334]

149 Einem bloßen Prozessurteil im Hauptsacheverfahren kann nach allgemeiner Meinung ebensowenig Bindungswirkung bezüglich des Arrestanspruchs zukommen wie einem in diesem Verfahren abgeschlossenen Vergleich oder einer Klagerücknahme.[335] In einem solchen Fall kann jedoch auf die soeben dargestellte Fragestellung, ob einem Arresturteil diese Wirkung zuzumessen ist, abzustellen sein.

Der Schadensersatzrichter ist ferner in der Entscheidungsfindung dann nicht gebunden, wenn das Arrestverfahren lediglich durch Beschluss und nicht durch Urteil seine Erledigung gefunden hat.[336]

150 Der Arrestgrund wird im Hauptsacheverfahren über den Arrestanspruch nicht geprüft. Somit kann aus dem entsprechenden Hauptsacheurteil auch keine Bindungswirkung erwachsen.[337]

---

331 BGH NJW-RR 1992, 736 m.w.N.
332 BGH NJW 1980, 189, 191; 1992, 2298.
333 *Thomas/Putzo – Reichold,* Vorbem § 916 Rn 2; *Zöller – Vollkommer,* § 945 Rn 9.
334 *Thomas/Putzo – Reichold,* § 945 Rn 9; *Zöller – Vollkommer,* § 945 Rn 9; *Crückeberg,* § 3 Rn 179 jeweils m.w.N.; offen gelassen wurde die von anderen Senaten vertretene Bindungswirkung auch vom 1. Senat des BGH in NJW-RR 1998, 1651 – dort finden sich weitere zahlreiche Nachweise zum Streitstand.
335 *Crückeberg,* § 3 Rn 178; dasselbe gilt bei einer bloßen Beschlussfassung nach § 91a ZPO – BGH NJW-RR 1992, 998, 999.
336 *Zöller – Vollkommer,* § 945 Rn 9, 10. *Zöller – Vollkommer,* § 945 Rn 9, 10.
337 *Zöller – Vollkommer,* § 945 Rn 11.

Hat ein Arresturteil eine zuvor per Beschluss erlassene Arrestanordnung bestätigt oder auch den Arrestgrund verneint, soll nach wohl noch h.M. der Richter im Schadensersatzprozess bezüglich der Annahme bzw. der Ablehnung eines Arrestgrundes gebunden sein.[338] Folgt man dieser Auffassung gegen eine im Vordringen befindliche abweichende Ansicht,[339] ist jedoch zu überprüfen, ob ein ersatzfähiger Schaden eingetreten ist, was dann abzulehnen ist, wenn der Arrestanspruch materiell tatsächlich bestanden hat und fällig war.[340]

cc) Die Überprüfung der Sach- und Rechtslage erfolgt aufgrund des Vorbringens der Parteien im Schadensersatzprozess selbst. Eine Beschränkung auf den bereits im summarischen Verfahren gehaltenen Sachvortrag findet nicht statt. Somit können die Parteien weitere Tatsachen und Beweismittel anführen, die vom Gericht zu würdigen sind.[341]   **151**

Die **Beweislast** für den Umstand, dass der Arrest von Anfang an gerechtfertigt war, trägt der Arrestgläubiger.[342] Dagegen muss der Arrestschuldner und jetzige Anspruchsteller seinen Schaden nachweisen und darüber hinaus, dass dieser aus der Vollziehung des Arrestes resultiert.   **152**

2. Schadensersatz bei Aufhebung des Arrestes nach § 926 Abs. 2 ZPO

Wird dem Arrestgläubiger nach **§ 926 Abs. 1 ZPO** eine Frist gesetzt, innerhalb derer er Hauptsacheklage zu erheben hat, und kommt er dieser Anordnung nicht nach, wird gemäß § 926 Abs. 2 ZPO der Arrest aufgehoben. Damit steht die Schadensersatzverpflichtung des Arrestgläubigers nach § 945 Alt. 2 ZPO fest. Denn diese folgt insoweit rein formalen Gesichtspunkten. Nicht maßgeblich ist, ob der Verfügungsanspruch bestanden hat.[343]   **153**

> *Hinweis*
> Jedoch wird es als zulässig erachtet, dass der Anspruchsgegner im Schadensersatzprozess einwendet, die Aufhebung nach § 926 Abs. 2 ZPO sei zu Unrecht erfolgt und habe nur nach § 927 ZPO vorgenommen oder eine Frist für die Klage habe nicht gesetzt werden dürfen.[344]

---

338 BGH NJW-RR 1992, 736 für den Fall der Bestätigung des Arrestgrundes; BGHZ 75, 1, 5 zur Annahme, der Arrestgrund habe von Anfang an gefehlt.
339 *Thomas/Putzo – Reichold*, § 945 Rn 10; *Zöller – Vollkommer*, § 945 Rn 9; *Crückeberg*, § 3 Rn 178; *Stein/Jonas – Grunsky*, § 945 Rn 29, 32; danach besteht eine Bindung an die Annahme oder Ablehnung eines Verfügungsgrundes im Arresturteil nicht.
340 BGH NJW 1990, 122, 125; 1994, 2765.
341 BGH NJW-RR 1992, 998.
342 BGH NJW-RR 1992, 998, 1001.
343 *Zöller – Vollkommer*, § 945 Rn 12; *Thomas/Putzo – Reichold*, § 945 Rn 11; *Crückeberg*, § 3 Rn 176; vgl. jedoch die bei *Crückeberg* dargestellten Hinweise auf abweichende Auffassung, wonach auch hier zu prüfen sei, ob ein ersatzfähiger Schaden deshalb abzulehnen sei, weil sich herausgestellt habe, dass der Arrestanspruch materiell bestanden hat.
344 *Zöller – Vollkommer*, § 945 Rn 12; *Crückeberg*, § 3 Rn 176 m.w.N.

154 Dagegen kann sich der Arrestschuldner und Anspruchsteller im Schadensersatzprozess im Falle einer Aufhebung des Arrestes nach § 927 ZPO nicht darauf berufen, es habe auch der Aufhebungsgrund des § 926 Abs. 2 ZPO vorgelegen. Ebenso scheidet eine **analoge Anwendung** des § 945 ZPO auf andere Aufhebungsgründe aus.[345] Selbst wenn der Arrestgläubiger auf seine Rechte aus dem Arrest verzichtet hat und damit eine Entscheidung nach § 926 Abs. 2 ZPO verhindert, kommt eine Schadensersatzverpflichtung nach § 945 ZPO analog nicht in Betracht.[346]

Schließlich scheidet eine erweiternde Auslegung oder analoge Anwendung des § 945 ZPO bei Versäumung der **Vollziehungsfrist** des § 929 Abs. 2, 3 ZPO aus.[347]

Ebensowenig führt die Ablehnung der Anordnung eines Arrests bei einem späteren Erfolg des ursprünglichen Antragstellers im Hauptsacheverfahren nicht zu einem Schadensersatzanspruch aus § 945 ZPO (analog).[348]

3. Ersatzfähiger Vollziehungsschaden

a) Vollziehungsschaden

155 Ersatzfähig ist der aufgrund der Vollziehung des Arrestes **adäquat kausal verursachte unmittelbare und mittelbare Schaden**.[349] Es genügt jedoch, dass die Vollziehung nur begonnen wurde,[350] ebenso, dass sich der Schuldner dem Vollstreckungsdruck gebeugt und Leistungen zur Abwehr der objektiv drohenden Vollziehung erbracht hat.[351] Nicht dagegen sind Schäden zu ersetzen, die aus einer freiwilligen Befolgung[352] ohne drohende Vollziehung der Arrestanordnung resultieren.

156 Zum Vollziehungsschaden gehören beispielsweise die Aufwendungen, die zur Leistung der Lösungssumme (§ 923 ZPO) erforderlich waren, oder auch Nutzungsausfall, entgangener Gewinn etc.[353]

157 *Beachte*
*Die Auslagen und Anwaltskosten des unterlegenen Antrags**gegners**[354] sind als Kosten des Anordnungsverfahrens selbst nicht nach § 945 ZPO erstattungsfähig; anders verhält*

---

345 *Zöller – Vollkommer*, § 945 Rn 12.
346 BGH NJW-RR 1992, 998; *Crückeberg*, § 3 Rn 176.
347 BGH MDR 1964, 224; *Zöller – Vollkommer*, § 945 Rn 12; *Crückeberg*, § 3 Rn 175; a.A. *Stein/Jonas – Grunsky*, § 945 Rn 34.
348 *Thomas/Putzo – Reichold*, § 945 Rn 6; vgl. auch BGH NJW-RR 1992, 495 für den Fall der Rücknahme des Arrestantrages bei Versäumung der Vollziehungsfrist aus § 929 Abs. 2 ZPO.
349 BGH NJW 1993, 2687; 1986, 1108; *Zöller – Vollkommer*, § 945 Rn 14.
350 BGH NJW 1990, 122; 93, 864; 1993, 1076, 1079.
351 BGH NJW 1996, 198.
352 BGH NJW 1996, 198; 1993, 1076.
353 Zu Einzelfällen vgl. *Zöller – Vollkommer*, § 945 Rn 14, 15.
354 BGH NJW 1993, 2685; diese können jedoch nach § 927 ZPO geltend gemacht werden.

es sich mit den Kosten des Arrest**gläubigers**, die dieser aufgrund der in der Arrestanordnung enthaltenen Kostenentscheidung beitreibt.[355]
Auch weitere Schäden, die aus der bloßen Anordnung des Arrestes resultieren, unterfallen nicht dem Anspruch aus § 945 ZPO, können jedoch auf andere Anspruchsgrundlagen gestützt werden. Dies gilt beispielsweise für Nachteile (Kreditschäden), die aus dem Bekanntwerden des Arrestes entstehen.[356]

b) Mitverschulden

Beachte

Da § 945 ZPO einen Anspruch aus unerlaubter Handlung im weiteren Sinn gewährt, ist die Regelung des § 254 BGB zu beachten.[357] Den Schadensersatz minderndes Mitverschulden kann angenommen werden, wenn der Arrestschuldner mögliche Rechtsbehelfe oder Rechtsmittel[358] nicht ergreift oder auch darauf verzichtet, auf einen ungewöhnlich hohen drohenden Vollstreckungsschaden hinzuweisen.[359]

158

4. Anspruchsberechtigter

Anspruchsberechtigt ist ausschließlich der Arrestschuldner, gegen den der Arrest vollzogen wurde. Dritte, die mittelbar schädigende Auswirkungen des Arrestvollzugs hinnehmen mussten, sind auf die allgemeinen Schadensersatzansprüche zu verweisen.[360] Ausnahmsweise jedoch greift auch bei diesen § 945 ZPO, wenn die Arrestanordnung gegen Dritte ergangen ist.[361]

159

5. Verfahrensfragen/Zuständigkeit

Der Schadensersatzanspruch aus § 945 ZPO ist in einem gesonderten Hauptsacheverfahren geltend zu machen, nicht dagegen im Arrestverfahren.[362] Die Zuständigkeit des Familiengerichts ist für die Schadensersatzklage dann eröffnet, wenn der Arrestanspruch dieselbe Zuständigkeit begründet hat.[363]

160

---

355 BGHZ 45, 252; 122, 172, 176; *Thomas/Putzo – Reichold,* § 945 Rn 15.
356 BGH NJW 1988, 3268; *Crückeberg,* § 3 Rn 180; *Gießler/Soyka,* Rn 497.
357 BGH NJW 1990, 2689.
358 OLG München WRP 1996, 786.
359 BGH WM 1990, 1171.
360 BGH NJW 1994, 1416.
361 *Zöller – Vollkommer,* § 945 Rn 13a; *Thomas/Putzo – Reichold,* § 945 Rn 13.
362 *Zöller – Vollkommer,* § 945 Rn 7; *Thomas/Putzo – Reichold,* § 945 Rn 12; *Gießler/Soyka,* Rn 495.
363 *Gießler/Soyka,* Rn 495.

B. Der Arrest zur Sicherung des Anspruchs aus § 1389 BGB

161 Nach hier vertretener Auffassung ist der Anspruch aus § 1389 BGB durch Arrest zu sichern und nicht durch einstweilige Verfügung.[364]

Somit kann für den Ablauf des Verfahrens, für die erforderliche Antragstellung etc. auf die Darstellungen zum Arrest zur Sicherung des Zugewinnausgleichs verwiesen werden.

Schließt man sich der Auffassung an, dass der Arrest statthaft ist, wird fraglich, wie hoch der bei Antragstellung und Entscheidungsfassung anzugebende Arrestbetrag anzusetzen ist. Dies ist abhängig davon, ob sich die nach § 1389 BGB zu leistende Sicherheit nach dem Ausmaß der zu besorgenden Gefährdung[365] oder nach dem voraussichtlichen Betrag der Zugewinnausgleichsforderung[366] bemisst.[367]

M.E. sollte der Auffassung gefolgt werden, wonach der Ausgleichsbetrag maßgeblich ist. Dies wird gestützt durch einen Vergleich mit der Höhe der Sicherheitsleistung in vergleichbaren Fällen (§§ 1051, 1067 Abs. 2, 2128 Abs. 1 BGB),[368] die sich nach dem Wert des zu sichernden Anspruchs richtet. Außerdem setzt doch § 1389 BGB selbst bereits eine **erhebliche** Gefährdung des Ausgleichsanspruchs voraus. Somit ist jedenfalls ein wesentlicher Abschlag von der Ausgleichsforderung nicht angezeigt.[369]

C. Die einstweilige Verfügung im Bereich des Zugewinnausgleichs

I. Die einstweilige Verfügung auf Leistung einer Ausgleichszahlung

162 Die Leistungsverfügung ist als solche gesetzlich nicht geregelt.[370] Sie führt zu einer vorläufigen Befriedigung des Antragstellers. Da dies dem Charakter des einstweiligen Rechtsschutzes widerspricht, wird ihr Erlass nur ausnahmsweise dann zugelassen, wenn der Antragsteller zur Abwendung wesentlicher Nachteile, insbesondere einer **dringlichen Notlage,** auf die vorläufige Befriedigung angewiesen und ein rechtzeitiges Erwirken eines Titels im ordentlichen Verfahren nicht möglich ist.[371]

163 Der Anwendungsbereich der Leistungsverfügung ist nicht beschränkt auf wiederkehrende Leistungen, sondern kommt auch bei der Leistung eines Prozesskostenvorschusses,[372] der

---

364 Vgl. § 12 Rn 7.
365 OLG Celle FamRZ 1984, 1231; *Johannsen/Henrich/Jaeger,* § 1389 Rn 8 m.w.N.
366 OLG Köln FamRZ 1983, 709, 711; *Gießler/Soyka,* Rn 945.
367 Auf beide Kriterien stellt *Palandt – Brudermüller,* § 1389 Rn 5 ab.
368 *Gießler/Soyka,* Rn 945.
369 Vgl. auch *Johannsen/Henrich/Jaeger,* § 1389 Rn 8: »Bei der Schätzung des Ausmaßes der zu besorgenden Anspruchsgefährdung sollte ... nicht zu kleinlich verfahren werden.«
370 Ausnahme: § 1615o BGB.
371 *Thomas/Putzo – Reichold,* § 940 Rn 6; *Zöller – Vollkommer,* § 940 Rn 1, 6.
372 Vgl. § 2 Rn 608.

Anordnung der Zahlung von Sonderbedarf,[373] von Heilungs- und Kurkosten nach einem Unfall,[374] aber eben auch bei der **einstweiligen Zahlung des Ausgleichsanspruchs auf Zugewinn** in Betracht.

Voraussetzung ist jedoch, dass der Güterstand beendet und damit die Forderung bereits nach § 1378 Abs. 3 S. 1 BGB entstanden ist.

164

Der Verfügungsgrund ist **besonders strengen Anforderungen** zu unterstellen, da die aus der Vollziehung sich ergebenden Nachteile für den Antragsgegner in aller Regel erheblich sein werden. Wenn sich später herausstellen sollte, dass der Erlass der einstweiligen Verfügung nicht mit der materiellen Rechtslage bezüglich der Ausgleichsforderung in Einklang steht, wird der Antragsgegner zwar einen Ausgleichsanspruch aus § 945 ZPO geltend machen können. Eine Realisierung dieses Anspruchs im Wege der Zwangsvollstreckung wird sich jedoch regelmäßig äußerst schwierig gestalten, da der Antragsteller, würde er über hinreichendes Vermögen verfügen, den Erlass der einstweiligen Verfügung nicht benötigt hätte.

Beachte
Somit ist der Verfügungsgrund nur dann zu bejahen, wenn es eine **besonders dringliche Notlage** zu beseitigen gilt, wofür der Antragsteller Barmittel benötigt, die ihm ansonsten nicht zur Verfügung stehen.

Der Höhe nach ist der Erlass der einstweiligen Verfügung zu begrenzen auf den Betrag, der aufgewendet werden muss, um der dringlichen Notlage zu begegnen. Die (glaubhaft gemachte) Zugewinnausgleichsforderung selbst jedoch kann selbstverständlich betragsmäßig nicht übertroffen werden.

II. Die einstweilige Verfügung zur Sicherung der Ausgleichsforderung

1. Einstweilige Verfügung im Bezug auf die Sicherheitsleistung nach § 1389 BGB

Nach hier vertretener Auffassung ist der Anspruch aus § 1389 BGB, kraft dessen ein Ehegatte Sicherheitsleistung verlangen kann, wenn wegen des Verhaltens des anderen Ehegatten die Gefahr der Vereitelung des Ausgleichsanspruchs besteht, durch Arrest zu sichern und nicht durch einstweilige Verfügung.[375]

165

Folgt man der abweichenden Auffassung,[376] ist dem Schuldner im Wege der einstweiligen Verfügung aufzugeben, Sicherheit in bestimmter Höhe[377] zu leisten.[378]

---
373 Vgl. § 2 Rn 408.
374 *Thomas/Putzo – Reichold,* § 940 Rn 11.
375 Vgl. Rn § 12 Rn 7.
376 *Johannsen/Henrich/Jaeger,* § 1389 Rn 11.
377 Zur Höhe vgl. § 12 Rn 161.
378 Muster bei *Börger/Bosch/Heuschmid,* § 4 Rn 352; *Crückeberg,* § 9 Rn 72.

§ 12 Die Sicherung des Zugewinnausgleichs

Weitere Voraussetzung ist nach beiden Auffassungen die Rechtshängigkeit einer der in § 1389 BGB benannten Klagen.
Die Vollziehung folgt §§ 936, 928, 887 ZPO. Dem Schuldner stehen die Wahlmöglichkeiten des § 232 BGB bei der Art der zu erbringenden Sicherheitsleistung zu.[379]

2. Einstweilige Verfügung bei güterrechtlichen Veräußerungsverboten

166 Nach weit verbreiteter Auffassung ist es möglich, im Rahmen einer einstweiligen Verfügung ein Veräußerungsverbot auszusprechen, wenn ein Ehegatte verbotswidrig über Hausrat oder einen Gegenstand, der (nahezu) das gesamte Vermögen ausmacht, verfügt bzw. dies beabsichtigt.

Die §§ 1365 und 1369 BGB dienen zwar im Wesentlichen der Erhaltung der wirtschaftlichen Grundlage der Familie, sollen aber auch einer Gefährdung des Ausgleichsanspruchs entgegenwirken.[380]

Im Übrigen wird verwiesen auf § 9 Rn 8 ff.

3. Einstweilige Verfügung zur Verhinderung sonstiger den Ausgleichsanspruch schädigender Verfügungen?

167 Nur in den kraft Gesetzes vorgesehenen Fällen, bei denen nach § 1366 BGB mangels Zustimmung des anderen Ehegatten eine Verfügung über bewegliche Sachen oder Grundstücke keine Wirksamkeit erlangt, ist der Erlass eines Verfügungsverbotes im Wege der einstweiligen Verfügung zulässig.[381]

Nach teilweise vertretener Auffassung ist die einstweilige Verfügung auch dann statthaft, wenn einstweiliger Rechtsschutz im Rahmen des § 1389 BGB betroffen ist.[382]

168 Darüber hinausgehend jedoch ist es nicht möglich, einstweiligen Rechtsschutz mit Hilfe der einstweiligen Verfügung zu erlangen, um zu verhindern, dass ein Ehegatte über Vermögen verfügt. Dies gilt auch dann, wenn durch ein derartiges Vorgehen der Zugewinnausgleichsanspruch letztlich geschmälert wird, da der Ausgleichsanspruch durch § 1378 Abs. 1 BGB begrenzt ist auf den Wert des Vermögens (nach Abzug der Passiva) bei Beendigung

---

379 *Johannsen/Henrich/Jaeger*, § 1389 Rn 11.
380 *Palandt – Brudermüller*, § 1365 Rn 1; § 1369 Rn 1. Auch Hausrat kann im Übrigen den Anspruch auf Ausgleich des Zugewinns beeinflussen. Denn Hausrat, der im Alleineigentum eines Ehegatten steht (§ 9 HausratsVO), ist dem Zugewinnausgleich nach höchstrichterlicher Rechtsprechung keineswegs generell entzogen, sondern nur dann, wenn eine Zuweisung an den anderen Ehegatten erfolgt; vgl. BGH FamRZ 1988, 144, 147; *Finke/Garbe*, § 5 Rn 71, 74.
381 Vgl. auch die abweichende Auffassung (zitiert bei § 9 Rn 10), wonach eine einstweilige Verfügung generell ausscheidet.
382 Vgl. soeben § 12 Rn 165.

des Güterstandes, also bei Rechtskraft der Scheidung und nicht bei Zustellung des Scheidungsantrages.[383] Diese Begrenzung gilt auch bei einer nach § 1389 BGB zuvor festgesetzten Sicherheitsleistung für den künftigen Ausgleichsanspruch.[384]

D. Die einstweilige Anordnung nach § 53a FGG im Verfahren auf Stundung der Ausgleichsforderung oder auf Übertragung von Vermögensgegenständen

I. Bezug zu einem Hauptsacheverfahren

Die einstweilige Anordnung nach § 53a Abs. 3 FGG stellt ein verfahrensunselbstständiges Mittel des einstweiligen Rechtsschutzes dar und ist somit nur zulässig, wenn ein Hauptsacheverfahren anhängig ist. Dies kann ein solches nach § 1382 BGB auf Stundung der Ausgleichsforderung oder nach § 1383 BGB sein, mit dessen Hilfe dem Gläubiger des Ausgleichsanspruchs Vermögensgegenstände unter Anrechnung auf dessen Forderung übertragen werden können.

169

II. Regelungsinhalt

Der mögliche Regelungsinhalt ist vom Hauptsacheverfahren abhängig.

170

Eine einstweilige Anordnung im Rahmen eines Verfahrens auf Stundung der Ausgleichsforderung nach § 1382 BGB kann folgenden Inhalt haben:[385]

- vorläufiger Zahlungsaufschub (Stundung)
- Auferlegung von Ratenzahlungen
- Anordnung einer Verzinsung[386]
- einstweilige Einstellung der Zwangsvollstreckung aus einem vollstreckbaren Titel
- Aufhebung von Vollstreckungsmaßnahmen mit oder ohne Sicherheitsleistung
- Anordnung einer Sicherheitsleistung[387]

---

383 Ob diese Berechnungsweise auch gilt, wenn ein Ehegatte über Vermögensgegenstände verfügt hat, um den anderen zu benachteiligen und seine Ausgleichspflicht durch Manipulationen zu mindern, hat der BGH offen gelassen (BGH FamRZ 1988, 925).
384 BGH FamRZ 1988, 925; a.A. *Johannsen/Henrich/Jaeger,* § 1378 Rn 7; zu Lösungsmöglichkeiten, die eine Einschränkung der Begrenzung durch § 1378 Abs. 2 BGB bewirken, vgl. auch *Schwab,* VII Rn 182 ff.
385 Vgl. *Bumiller/Winkler,* § 53a Rn 8.
386 *Schwab,* VII Rn 277 zur Hauptsacheentscheidung.
387 Hierzu siehe auch § 1382 Abs. 3 BGB.

§ 12 Die Sicherung des Zugewinnausgleichs

171 Im Rahmen der einstweiligen Anordnung zum Verfahren nach § 1383 BGB (Übertragung von Gegenständen) können geregelt werden:[388]
- Veräußerungsverbote
- vorläufige Sicherstellung eines Gegenstandes, Hinterlegung oder Herausgabe an einen Verwahrer
- Eintragung einer Vormerkung im Grundbuch.[389]

III. Verhältnis der einstweiligen Anordnung zum Arrest

172 Die Regelung des § 53a Abs. 3 FGG verdrängt ab Anhängigkeit eines Hauptsacheverfahrens nach §§ 1382, 1383 BGB aus Gründen der Subsidiarität den Arrest.[390]

IV. Verfahrensfragen

1. Erfordernis der Antragstellung und Art des Antrags

173 Nach h.M. bedarf es einer Antragstellung nicht, wenn auch ein Erlass der einstweiligen Anordnung von Amts wegen nur ausnahmsweise in Betracht kommt.[391] Das Verfahren folgt den Regeln des FGG.

2. Zuständigkeit des Gerichts

174 Die Zuständigkeit des Gerichts ergibt sich aus der Zuständigkeit für die Hauptsache. Die Hauptsache ist durch das Familiengericht zu entscheiden (§ 621 Abs. 1 Nr. 9 ZPO, § 23b Abs. 1 S. 2 Nr. 10 GVG, § 64 Abs. 1 FGG), dort durch den Rechtspfleger (§§ 3 Nr. 2a, 14 Nr. 2 RPflG). Örtlich zuständig ist das Gericht der Ehesache ab Anhängigkeit einer solchen (§ 621 Abs. 2 S. 1 ZPO); ansonsten sind § 621 Abs. 2 S. 2 ZPO, § 45 FGG maßgeblich.

V. Vollstreckung

175 Die Vollstreckung der einstweiligen Anordnung richtet sich gemäß § 53a Abs. 4 FGG nach den Vorschriften der ZPO. Wirksamkeit erlangt die einstweilige Anordnung mit Bekanntgabe (§ 16 Abs. 1 FGG).

---

388 Vgl. *Bumiller/Winkler*, § 53a Rn 8.
389 *Gießler/Soyka*, Rn 952.
390 Vgl. § 12 Rn 16.
391 *Keidel/Kuntze-Weber*, § 53a Rn 10; *Bumiller/Winkler*, § 53a Rn 8; a.A. *Gießler/Soyka*, 943, der eine Antragstellung wegen des Charakters der streitigen FGG-Sache stets für erforderlich hält.

VI. Rechtsbehelfe

1. Abänderung

Eine Abänderung der einstweiligen Anordnung ist gemäß § 18 Abs. 1 FGG jederzeit (und zwar auch von Amts wegen) möglich.[392]

176

2. Anfechtung/befristete Beschwerde

Gegen die Hauptsacheentscheidung ist die befristete Beschwerde statthaft (§§ 621e Abs. 1, 621 Abs. 1 Nr. 9 ZPO). Nur im Zusammenhang mit dieser kann eine Anfechtung der einstweiligen Anordnung erfolgen (§ 53a Abs. 3 S. 2 FGG).

177

E. Die Sicherung des Ausgleichsanspruchs gegen Dritte wegen beeinträchtigender Schenkungen nach § 1390 BGB

I. Nach Rechtshängigkeit einer Klage auf vorzeitigen Zugewinnausgleich oder eines Antrages auf Scheidung oder Aufhebung der Ehe/Lebenspartnerschaft

In diesem Zeitraum hat der zugewinnausgleichsberechtigte Ehegatte/Lebenspartner gegen Dritte nach § 1390 Abs. 4 BGB einen Anspruch auf **Sicherheitsleistung** wegen der sich aus § 1390 Abs. 1 und 2 BGB ergebenden Forderungen.

178

Diese materiellen Ansprüche beruhen darauf, dass die Höhe der Ausgleichsforderung gemäß § 1378 Abs. 2 BGB begrenzt ist durch den Wert des Endvermögens (nach Abzug der Passiva).

Hat der Ausgleichspflichtige nach dem bei Scheidung und bei vorzeitigem Zugewinnausgleich maßgeblichen Stichtag (§§ 1384 und 1387 BGB) an Dritte Zuwendungen bewirkt, die das Endvermögen schmälern, kann die stichtagsbezogen errechnete Ausgleichsforderung höher sein als der nach § 1378 Abs. 2 BGB maximal auszugleichende Wert.

Ebenso kann auf Seiten des Ausgleichspflichtigen wegen § 1375 Abs. 2 BGB für die stichtagsbezogene Berechnung des Zugewinns eine Erhöhung des Endvermögens vorgenommen werden, was zu einer Ausgleichsforderung führt, die mangels entsprechender Vermögenswerte im Zeitpunkt der Beendigung des Güterstandes (Rechtskraft der Scheidung bzw. Aufhebung der Lebenspartnerschaft) verringert wird (§ 1378 Abs. 2 BGB).

In diesen Fällen kann der Gläubiger des Anspruchs auf Zugewinnausgleich von dem Dritten die Herausgabe des Erlangten verlangen, wenn die Zuwendung unentgeltlich erfolgt ist oder die Benachteiligungsabsicht dem Dritten bekannt war.

---

[392] Vgl. *Keidel/Kuntze-Weber*, § 53a Rn 10.

§ 12 Die Sicherung des Zugewinnausgleichs

179 Wie bereits zu § 1389 BGB dargestellt, wird auch in diesem Zusammenhang die Auffassung vertreten, eine Sicherung dieser Ansprüche aus § 1390 Abs. 1, 2 BGB durch Arrest scheide aus.[393]

Nach hier vertretener Auffassung jedoch kommt der **Erlass eines Arrestes** für den künftigen Anspruch aus § 1390 Abs. 1, 2 BGB in Betracht, sobald ein Verfahren auf Eheaufhebung, Aufhebung der Lebenspartnerschaft, auf Scheidung oder auf vorzeitigen Zugewinnausgleich rechtshängig ist.

180 Dass ein Arrest und nicht die einstweilige Verfügung[394] als Mittel des einstweiligen Rechtsschutzes zu wählen ist, beruht darauf, dass der Anspruch nicht auf Herausgabe der Gegenstände gerichtet ist, sondern auf Duldung der Zwangsvollstreckung in den oder die Gegenstände wegen eines bestimmten, festzusetzenden Betrages.[395] Bestand die Zuwendung bereits in Geld oder ist der Zuwendungsempfänger nicht in der Lage, den Gegenstand herauszugeben (§ 818 Abs. 2 BGB), ist dagegen der Anspruch aus § 1390 Abs. 1, 2 BGB bereits auf eine Geldzahlung gerichtet.[396]

181 Ebenso wie der »Auffüllungsanspruch« aus § 1390 Abs. 1, 2 BGB ist der **Sicherungsanspruch** aus § 1390 Abs. 4 BGB selbst durch Arrest sicherbar.[397]

182 Eine **Gefährdung des Anspruchs** gegen den Dritten (Arrestgrund) braucht nicht dargestellt zu werden.[398]

II. Nach Beendigung des Güterstandes

183 Wird der Anspruch aus § 1390 Abs. 1, 2 BGB (auf Duldung der Zwangsvollstreckung in den oder die Gegenstände wegen eines bestimmten, festzusetzenden Betrages)[399] etwa durch drohende Veräußerung des Gegenstandes gefährdet, kann der Gläubiger der Forderung zu deren Sicherung den Erlass einer **Regelungsverfügung** beantragen, die die Anordnung eines Veräußerungsverbotes oder der Hinterlegung des Gegenstandes bzw. der Herausgabe zur Verwahrung zum Inhalt haben kann.[400]

---

[393] *Johannsen/Henrich/Jaeger*, § 1390 Rn 9 mit Verweis auf § 1389 Rn 10, 11; *Palandt – Brudermüller*, § 1390 Rn 9: kein vorläufiger Rechtsschutz vor Beendigung des Güterstandes.
[394] Arrest wird angeordnet bei Sicherung der Zwangsvollstreckung »wegen einer Geldforderung oder wegen eines Anspruchs, der in eine solche übergehen kann«, während die einstweilige Verfügung der Sicherung eines Individualanspruchs auf gegenständliche Leistung dient; vgl. *Thomas/Putzo – Reichold*, Vorbem § 916 Rn 6, 7.
[395] *Johannsen/Henrich/Jaeger*, § 1390 Rn 5; *Palandt – Brudermüller*, § 1390 Rn 6.
[396] *Johannsen/Henrich/Jaeger*, § 1390 Rn 5; *Schwab*, VII Rn 283.
[397] A.A. AG Meppen NJW-RR 1994, 4 – danach ist die e.V. statthaft; nach *Soergel – Lange*, § 1390 Rn 22 sind sowohl Arrest als auch einstweilige Verfügung zulässig.
[398] *Schwab*, VII Rn 284; AG Meppen NJW-RR 1994, 4 zur einstweiligen Verfügung.
[399] *Johannsen/Henrich/Jaeger*, § 1390 Rn 5.
[400] Vgl. mit der Rechtslage bei Hausrat § 4 Rn 124.

184 Daneben kommt auch der Erlass eines **Arrestes** wegen des nunmehr entstandenen Anspruchs aus § 1390 Abs. 1, 2 BGB, aber auch wegen des Anspruchs auf Sicherheitsleistung nach § 1390 Abs. 4 BGB in Betracht.[401]

---

401 *Gießler/Soyka*, Rn 939.

§ 13 Die Sicherung des Unterhalts

Obwohl das hauptsächliche Interesse eines Unterhaltsgläubigers, dem die ihm zustehenden Unterhaltsleistungen nicht freiwillig erbracht werden, in aller Regel auf die Schaffung eines Titels gerichtet ist, mit dessen Hilfe zukünftig regelmäßig Unterhaltsansprüche vollstreckt werden können, sind doch Fälle denkbar und durchaus praxisrelevant, bei denen ein solcher Titel (allein) dem Unterhaltsgläubiger nicht hinreichend dient.

Ist beispielsweise zu erwarten, dass der Unterhaltsschuldner sich ins Ausland absetzen oder sein Vermögen verschleudern wird, könnte dem Gläubiger eine Vollstreckung aus einem Leistungsurteil erschwert, wenn nicht unmöglich gemacht werden. In derartigen Fällen ist eine Sicherung der Zwangsvollstreckung durch Anordnung eines Arrestes[1] zu bewerkstelligen.

Sowohl der zukünftige laufende Unterhalt als auch Unterhaltsrückstände sind einer derartigen Sicherung zugänglich.

In einzelnen Normen des Unterhaltsrechts sind Sicherungsmaßnahmen ausdrücklich angesprochen (§ 1615o Abs. 1 S. 2, Abs. 2 S. 2 BGB, § 641d Abs. 1 S. 2 ZPO). Somit stellt sich die Frage des Anwendungsbereiches des Arrestes. Einen Überblick hierüber soll folgende Übersicht geben.

Übersicht über die Maßnahmen einstweiligen Rechtsschutzes zur Sicherung des Unterhaltes

minderjähriges nicht eheliches Kind Mutter eines nicht ehelichen Kindes	vor der Geburt des Kindes	§ 1615o BGB § 2 Rn 501 und 527
	nach der Geburt des Kindes und vor Anhängigkeit einer Klage auf Feststellung der Vaterschaft (ohne Anerkennung der Vaterschaft)	§ 1615o BGB § 2 Rn 501 und 527
	nach der Geburt des Kindes und nach Anhängigkeit einer Klage auf Feststellung der Vaterschaft (ohne Anerkennung der Vaterschaft)	§ 641d ZPO § 2 Rn 335 und 344
	nach der Geburt des Kindes und nach Anerkennung oder rechtskräftiger Feststellung der Vaterschaft	Arrest § 13 Rn 25
alle sonstigen Ansprüche		Arrest

---

1 Die einstweilige Verfügung als Leistungsverfügung soll der vorläufigen Befriedigung dienen, der Arrest der Sicherung; zur Leistungsverfügung vgl. § 2 Rn 405 ff.; umfassend zur Sicherung von Unterhaltsansprüchen durch dinglichen Arrest: *Menne*, FamRZ 2004, 6 ff.

§ 13 Die Sicherung des Unterhalts

A. Anwendbarkeit der Arrestvorschriften

3 Anders als bei der Arrestierung eines zukünftigen Anspruchs auf Ausgleich des Zugewinns[2] ist bei zukünftigen Unterhaltsleistungen nicht ernsthaft umstritten, ob diese grundsätzlich durch Arrest gesichert werden können. Im Unterhaltsbereich besteht ohnehin die Möglichkeit, eine Klage auf zukünftige wiederkehrende Leistungen zu erheben (§§ 257, 258 ZPO), sodass das Erfordernis der Klagbarkeit erfüllt ist.[3]

Zu beachten gilt es jedoch, dass bei Ehegatten/Lebenspartnern eine Arrestanordnung für Trennungsunterhalt erst ab dem Zeitpunkt des Getrenntlebens erlangt werden kann, da ansonsten das maßgebliche Unterhaltsverhältnis noch gar nicht entstanden ist.[4]

B. Bezug zu einem Hauptsacheverfahren

4 Der Arrest ist als verfahrensselbstständiges Mittel des einstweiligen Rechtsschutzes[5] nicht von der Anhängigkeit eines Hauptsacheverfahrens abhängig.

Es besteht jedoch die Möglichkeit, dass das Gericht auf Antrag des Arrestschuldners gemäß § 926 ZPO eine Klageerhebung zur Hauptsache anordnet.

C. Regelungsbereich und Inhalt der Arrestanordnung

I. Anwendungsbereich des Unterhaltsarrestes

5 Der Arrest kann der Sicherung **sämtlicher Arten des Unterhalts** wie laufend wiederkehrendem Elementarunterhalt,[6] Sonderbedarf[7] oder auch Mehrbedarf[8] dienen. Auch Unterhaltszahlungen für die Vergangenheit[9] können gesichert werden. Bei den einzelnen Anspruchsgrundlagen ergeben sich jedoch materielle Unterschiede, die auch bei der Anordnung eines Arrestes zu beachten sind.

---

2 Vgl. § 12 Rn 4 ff.
3 Vgl. *Thomas/Putzo – Reichold*, § 916 Rn 5.
4 Vgl. § 13 Rn 10.
5 Vgl. § 1 Rn 4.
6 *Palandt – Diederichsen*, § 1610 Rn 8 ff.
7 *Palandt – Diederichsen*, § 1613 Rn 16.
8 *Palandt – Diederichsen*, § 1610 Rn 12.
9 Beachte jedoch die Differenzierung bei titulierten Unterhaltsansprüchen § 13 Rn 27.

1. Anspruch auf Kindesunterhalt

a) Allgemein

Der (rückständige und künftige) Anspruch auf Kindesunterhalt beinhaltet eine Geldforderung, soweit Barunterhalt geschuldet wird. In diesem Fall ist er durch die Anordnung eines Arrestes sicherbar. 6

Bei der Bestimmung des **maßgeblichen Zeitraums** des zu sichernden künftigen Unterhaltsanspruchs ist darauf abzustellen, wie lange voraussichtlich der Berechtigte bedürftig und der Unterhaltsschuldner leistungsfähig sein wird.[10] 7

Bei **minderjährigen Kindern** ist regelmäßig davon auszugehen, dass diese Voraussetzungen (jedenfalls) bis zur Volljährigkeit vorliegen. Somit kann der Arrest auf Unterhaltsansprüche bis zu diesem Zeitpunkt erstreckt werden.[11] Sollen Ansprüche darüber hinaus gesichert werden, ist es bereits vor Vollendung des 18. Lebensjahres angezeigt darzulegen, weshalb über diesen Zeitpunkt hinaus Bedarf und Bedürftigkeit vorliegen.

Bei **volljährigen Kindern** sind die konkreten Umstände wie die Dauer der Schul- oder Berufsausbildung darzulegen, aus denen sich der Zeitraum künftiger Unterhaltsforderungen ergibt.[12]

b) Nichteheliche Kinder

Soweit die **Vaterschaft wirksam anerkannt** oder **rechtskräftig festgestellt** ist, sind die soeben dargestellten Grundsätze auch bei nichtehelich geborenen Kindern anzuwenden. Denn gemäß §§ 1594 Abs. 1, 1600d Abs. 4 BGB können ab dem jeweiligen Zeitpunkt die Wirkungen der Vaterschaft geltend gemacht werden. 8

Zu Konkurrenzfragen wegen der Sicherung des Kindesunterhaltes nach § 1615o BGB, § 641d ZPO vgl. § 13 Rn 23–25.

2. Anspruch auf Ehegattenunterhalt

Entsprechend dem jeweils unterschiedlichen Streitgegenstand ist zu differenzieren nach der Sicherung des Unterhaltsanspruchs während der Zeit des Zusammenlebens der Ehegatten, während des Getrenntlebens und für die Zeit nach Rechtskraft der Scheidung. 9

a) Familienunterhalt

Kaum praxisrelevant, jedoch immerhin denkbar ist eine Sicherung der Unterhaltsforderungen, die während der Zeit des **Zusammenlebens** der Ehegatten entstehen. Hierbei kann es 10

---

10 *Crückeberg*, § 9 Rn 30.
11 KG FamRZ 1985, 730; OLG München FamRZ 2000, 965; *Gießler/Soyka*, Rn 594; *Crückeberg*, § 9 Rn 30; die durch das OLG Düsseldorf NJW-RR 1994, 450 vorgenommene Einschränkung der Sicherung auf 5 Jahre auch bei Kindesunterhalt steht dem m.E. nicht entgegen, da eine darüber hinausgehende Antragstellung nicht vorlag.
12 *Gießler/Soyka*, Rn 595.

§ 13 Die Sicherung des Unterhalts

sich um laufende Unterhaltsansprüche (Wirtschaftsgeld, Taschengeld nach § 1360a Abs. 2 BGB), aber auch um den Anspruch auf Leistung eines Prozesskostenvorschusses (§ 1360a Abs. 4 BGB) handeln.

Bei künftig fällig werdenden laufenden Ansprüchen ist bezüglich der zu sichernden Forderungen zu beachten, dass diese wohl nur zeitlich begrenzt entstehen werden. Maßgeblich ist, wie lange voraussichtlich ein Anspruch auf Haushaltsgeld aus § 1360a Abs. 2 BGB noch existieren wird. Dies wird wohl ein nur kurzer Zeitraum sein, da sich an eine Antragstellung auf Erlass eines Arrestes die Trennung der Ehegatten anschließen wird.

b) Trennungsunterhalt

11   *Beachte*

Ein Arrest wegen Unterhaltsforderungen nach § 1361 BGB kann erst **ab der Einleitung des Getrenntlebens** erlassen werden.[13] Eine verfrühte Antragstellung wird als unzulässig zurückgewiesen. Solange die Ehegatten noch zusammenleben, ist das maßgebliche Unterhaltsrechtsverhältnis noch gar nicht entstanden. Trennungsunterhalt und Familienunterhalt nach §§ 1360, 1360a BGB stellen verschiedene Streitgegenstände dar.[14]

Sobald die Ehegatten jedoch **getrennt leben**, ist der Arrest statthaft für alle Unterhaltsarten wie Elementarunterhalt, Sonderbedarf und Mehrbedarf. Auch Kranken-[15] und Altersvorsorgeunterhalt kann gesichert werden – Letzterer allerdings erst ab dem Zeitpunkt der Rechtshängigkeit eines Verfahrens auf Scheidung der Ehe (§ 1361 Abs. 1 S. 2 BGB).[16]

Die Höhe des zu sichernden Unterhaltsanspruchs ergibt sich aus den unterhaltsrechtlich maßgeblichen Kriterien: Bedarf und Bedürftigkeit des Anspruchstellers und Leistungsfähigkeit des Schuldners. Sich abzeichnende Änderungen sind bei der Entscheidungsfindung zu berücksichtigen, somit bei Antragstellung glaubhaft zu machen bzw. entsprechende Umstände zu entkräften.

Da die Zeit des Getrenntlebens regelmäßig nur eine vorübergehende ist, kommt der **zeitlichen Begrenzung** bei der Berechnung der zu sichernden Gesamtforderung auch hier maßgebliche Bedeutung zu. Für den Trennungsunterhalt ist darauf abzustellen, wann die Scheidung voraussichtlich rechtskräftig ausgesprochen sein wird. Dies ist abhängig davon, ob ein Scheidungsverfahren bereits rechtshängig ist und ggf. wie streitig das Verfahren einschließlich etwaiger Folgesachen betrieben wird.

Bei Berücksichtigung der Interessen des Unterhaltsschuldners wird eine Befristung des Sicherungszeitraums auf maximal fünf Jahre befürwortet.[17]

---

13 *Crückeberg*, § 9 Rn 30.
14 *Palandt – Brudermüller*, § 1361 Rn 4.
15 OLG Hamm FamRZ 1995, 1427.
16 *Gießler*, 3. Auflage, Rn 640.
17 *Crückeberg*, § 9 Rn 30; *Gießler/Soyka*, Rn 596; OLG Düsseldorf NJW-RR 1994, 450 – dortiger Entscheidung lag jedoch auch eine Antragstellung von 5 Jahren zugrunde.

c) Nachehelicher Unterhalt

Bereits im Zeitraum des Getrenntlebens ist es möglich, einen Arrest wegen Unterhalts nach Rechtskraft der Scheidung zu erwirken. Hierfür ist jedoch die **Rechtshängigkeit des Scheidungsantrages** erforderlich. Erst ab diesem Zeitpunkt ist der Unterhalt nach §§ 1569 ff. BGB einklagbar.[18]

12

Zu den Unterhaltsarten kann auf die Darstellungen zum Trennungsunterhalt verwiesen werden.

Der **Zeitraum** der zu sichernden künftigen Unterhaltsansprüche wird bestimmt durch den voraussichtlichen Wegfall des Unterhaltsanspruchs. Dieser Zeitpunkt kann ganz unterschiedlich sein. Handelt es sich beispielsweise um Betreuungsunterhalt nach § 1570 BGB, ist bei entsprechendem Alter der Kinder abzusehen, dass diese ab einem bestimmten Datum einer Betreuung voraussichtlich nicht mehr bedürfen. Bei einem Unterhaltsanspruch wegen Alters oder Krankheit (§§ 1571, 1572 BGB) dagegen ist der Zeitpunkt des Wegfalls des Unterhaltsanspruchs nicht vorauszusagen. In einem solchen Fall wird erneut eine **zeitliche Begrenzung auf fünf Jahre**[19] bis acht Jahre[20] vorgeschlagen.

13

§ 1585a BGB, der einen materiellen Sicherungsanspruch (regelmäßig maximal ein Jahresbetrag der Unterhaltsrente) gewährt, kann diesbezüglich keine Einschränkung bewirken, da sich die für diesen Anspruch maßgeblichen Voraussetzungen[21] von denjenigen des Arrestes unterscheiden. Der materielle Kautionsanspruch ist leichter darzulegen und bewirkt einen anderen Streitgegenstand.[22]

3. Anspruch auf Unterhalt des Lebenspartners

Hier gelten die zum Ehegattenunterhalt dargestellten Ausführungen entsprechend.

14

4. Anspruch auf Verwandtenunterhalt

Auch zur Sicherung der Ansprüche auf (sonstigen) Verwandtenunterhalt ist der Arrest statthaftes Mittel des einstweiligen Rechtsschutzes.

15

Bei der Bemessung der Unterhaltshöhe sind fraglos die Besonderheiten des Verwandtenunterhalts (erhöhter Selbstbehalt etc.) zu berücksichtigen.

Die Befristung des Sicherungszeitraumes hat sich danach zu richten, ob ein minderjähriges Kind, ein volljähriger Abkömmling oder ein Verwandter aufsteigender Linie als Antragsteller auftritt.

---

18 OLG Hamm FamRZ 1995, 1427; Zöller – *Vollkommer*, § 916 Rn 8; *Crückeberg*, § 9 Rn 30.
19 *Crückeberg*, § 9 Rn 30.
20 *Gießler/Soyka*, Rn 597.
21 Vgl. nur die umgekehrte Beweislast zur Gefährdung der Unterhaltsleistungen – *Palandt – Brudermüller*, § 1585a Rn 1.
22 *Gießler/Soyka*, Rn 597.

§ 13 Die Sicherung des Unterhalts

5. Anspruch auf Unterhalt eines Elternteils des nichtehelichen Kindes

16 Auch beim Unterhaltsanspruch der **Mutter**[23] des **nichtehelichen Kindes** gilt, dass ein Arrest wegen zukünftiger Unterhaltsforderungen ausscheidet, solange gemäß **§§ 1594 Abs. 1, 1600d Abs. 4 BGB** die Wirkungen der Vaterschaft noch nicht geltend gemacht werden können. Ab diesem Zeitpunkt ist der Arrest statthaft.

Zu den weiteren Sicherungsmöglichkeiten nach § 1615o Abs. 2 Hs. 2 BGB,[24] wenn die **Vaterschaft anerkannt** ist oder die Vermutungswirkung des § 1600d Abs. 2 BGB greift, vgl. § 2 Rn 525 und 527.

Bei **Anhängigkeit einer Vaterschaftsfeststellungsklage** räumt § 641d Abs. 1 S. 2 ZPO entgegen der Regelung in § 1600d Abs. 4 BGB auch **der Mutter** des nichtehelichen Kindes die Möglichkeit der Sicherung der Unterhaltszahlungen (ab Antragstellung) ein.

Hierzu vgl. § 2 Rn 346.

17 *Beachte*

Der **Unterhaltsanspruch des Vaters** aus § 1615l Abs. 2 S. 2, Abs. 4 BGB ist ausschließlich durch Arrest sicherbar. Voraussetzung hierfür ist die wirksame Anerkennung oder rechtskräftige Feststellung der Vaterschaft (§§ 1594 Abs. 1, 1600d Abs. 4 BGB).

18 Die **Befristung des Sicherungszeitraumes** ergibt sich in aller Regel bereits aus der materiellen Anspruchsgrundlage des § 1615l Abs. 2 S. 3 BGB und endet somit drei Jahre nach der Geburt des Kindes. Im Einzelfall kann auch ein darüber hinausgehender Unterhaltsanspruch gesichert werden. Entsprechende Darlegungen und Glaubhaftmachung in der Antragsschrift sind dann unumgänglich.

II. Inhalt der Arrestanordnung

19 Durch das Gericht kann sowohl der **dingliche** (§ 917 ZPO) als auch der **persönliche** (§ 918 ZPO) Arrest angeordnet werden. Als regelmäßig schwererwiegender Eingriff in Freiheitsrechte des Arrestschuldners kommt der persönliche Arrest jedoch nur subsidiär in Betracht, wenn der dingliche Arrest nicht die erforderliche Sicherung gewährleistet.[25]

Vgl. ferner § 12 Rn 12 f.

---

23 Dasselbe gilt für den Vater, der das Kind betreut, § 1615l Abs. 4 BGB.
24 Dies gilt aber nicht zugunsten des Vaters des nichtehelichen Kindes für den Unterhaltsanspruch nach § 1615l Abs. 2 S. 2, Abs. 4 BGB.
25 *Thomas/Putzo – Reichold*, § 918 Rn 1; *Zöller – Vollkommer*, § 918 Rn 1; *Crückeberg*, § 5 Rn 8; zu Beispielen vgl. jeweils dort.

D. Verhältnis des Arrestes zu anderen Mitteln des einstweiligen Rechtsschutzes und zu Hauptsacheregelungen

I. Das Verhältnis des Arrestes zu Hauptsacheverfahren

Ein Arrest zur Sicherung von Unterhaltsansprüchen kann auch dann beantragt werden, wenn ein Hauptsacheverfahren bereits anhängig gemacht ist. Ab **Eintritt der Rechtskraft** jedoch ist zu unterscheiden, ob im Urteil der Unterhaltsanspruch aberkannt oder zugesprochen wurde. Darüber hinaus ist maßgeblich, ob sich die erstrebte Sicherung auf künftige Unterhaltsbeträge oder rückwirkenden Unterhalt bezieht. 20

Im Falle der **rechtskräftigen Abweisung** einer Klage auf Unterhalt (oder bei erfolgreicher negativer Feststellungsklage) steht fest, dass ein solcher Anspruch nicht existiert. Dies ist im Arrestverfahren zu beachten. Haben sich jedoch nach dem maßgeblichen Entscheidungszeitpunkt der Hauptsache (letzter Tag der mündlichen Verhandlung) **Änderungen** ergeben, hindert die Rechtskraft des erlassenen Urteils in der Hauptsache nicht die Anordnung eines Arrestes, der sich auf diese neuerlichen Umstände zur Begründung des Arrestanspruchs stützt.

Ist die **Hauptsacheklage** dagegen **erfolgreich**, besteht **nach Eintritt der Rechtskraft** kein Sicherungsbedürfnis mehr, soweit es sich um **Unterhaltsbeträge für die Vergangenheit** handelt. Insoweit kann der Gläubiger die Zwangsvollstreckung betreiben. Dasselbe gilt, wenn das Urteil ohne Sicherheitsleistung vorläufig vollstreckbar ist.[26] 21

Ob das Regelungsbedürfnis auch im Falle eines nur gegen Sicherheitsleistung für vorläufig vollstreckbar erklärten Urteils entfällt, ist umstritten.[27]

> *Hinweis*
> Wegen der **zukünftig erst fällig werdenden** Unterhaltsansprüche ist die Anordnung eines Arrestes dagegen zulässig. Insoweit ist nach § 751 ZPO eine Zwangsvollstreckung nicht möglich.[28]

II. Das Verhältnis des Arrestes zu anderen Mitteln des einstweiligen Rechtsschutzes

1. Das Verhältnis des Arrestes zur Leistungsverfügung

Da Arrest und einstweilige Anordnungen bzw. Leistungsverfügungen unterschiedliche Zwecke (Sicherung einerseits und Zahlungen andererseits) verfolgen, kann ein Unterhaltsgläubiger nicht auf ein einstweiliges Anordnungsverfahren verwiesen werden, wenn er den Erlass eines Arrestes beantragt. 22

---

26 *Zöller – Vollkommer*, § 917 Rn 12.
27 Vgl. § 13 Rn 28.
28 Zur Ausnahme der Vorratspfändung vgl. § 850d Abs. 3 ZPO.

§ 13 Die Sicherung des Unterhalts

Sobald und soweit aus einer einstweiligen Anordnung oder einstweiligen (Leistungs-)Verfügung jedoch **vollstreckt** werden kann, scheidet der Erlass eines Arrestes aus. Dies bedeutet, dass die im Zeitpunkt der möglichen Vollstreckung bereits fälligen (rückständigen) Unterhaltsbeträge durch Arrest nicht mehr gesichert werden können. Es fehlt insoweit das erforderliche Regelungsbedürfnis.[29]

Für **zukünftigen** (in der einstweiligen Anordnung oder Leistungsverfügung titulierten) **Unterhalt** dagegen ist ein Arrest zulässig.

2. Das Verhältnis des Arrestes zu § 1615o BGB, § 641d ZPO

23 **Besonderheiten** sind zu beachten, soweit spezielle Regelungen ausdrücklich eine Sicherung des Unterhaltsanspruchs zulassen, was bei **§ 1615o BGB und § 641d Abs. 1 ZPO** der Fall ist. Danach kann der Unterhaltsanspruch nichtehelicher Kinder und der Mutter eines nichtehelichen Kindes bereits zu einem Zeitpunkt gesichert werden, zu dem eine wirksame Anerkennung der Vaterschaft noch nicht erklärt ist und auch ein rechtskräftiges Urteil, kraft dessen die Vaterschaft festgestellt wird, noch nicht vorliegt. In einem solchen Fall ist ein **Arrestverfahren (noch) unzulässig** (§§ 1594 Abs. 1, 1600d Abs. 4 BGB).[30]

24 Sowohl ein Arrest als auch eine einstweilige Verfügung nach § 1615o Abs. 2 Hs. 2 BGB können den Anspruch der Mutter aus § 1615l Abs. 1 BGB jedoch sichern, wenn die **Vaterschaft wirksam anerkannt** ist.[31] § 1594 Abs. 1 BGB greift, sodass eine Arrestanordnung nun möglich ist. Da § 1615o Abs. 3 BGB bewirkt, dass eine Glaubhaftmachung des Verfügungsgrundes nicht erforderlich ist, schließt die einstweilige Verfügung des § 1615o Abs. 2 BGB, soweit ihr Anwendungsbereich (zeitlich) reicht, den Erlass eines Arrestes aus.[32]

M.E. jedoch sollte es aus verfahrensökonomischen Gründen zugelassen werden, einen Arrestantrag auch für den Unterhalt nach § 1615l Abs. 1 BGB zu stellen, wenn der zu sichernde Unterhaltsanspruch nicht nur den begrenzten Zeitraum bis acht Wochen nach der Geburt umfassen soll. Anderenfalls wären zwei Antragstellungen vorzunehmen: nach § 1615o Abs. 2 BGB zur Sicherung des Unterhalts nach § 1615l Abs. 1 BGB und nach § 916 ZPO zur Sicherung des Anspruchs aus § 1615l Abs. 2 BGB.

25 Soweit eine **Sicherung des Kindesunterhaltes** betroffen ist, scheidet m.E. ein Konkurrenzverhältnis zum Arrest aus. Denn nach hier vertretener Auffassung ermöglicht der Wortlaut des § 1615o Abs. 1 S. 2 BGB die Anordnung einer Sicherheitsleistung ausschließlich vor der Geburt des Kindes.[33] Zu diesem Zeitpunkt ist der Erlass eines Arrestes noch nicht mög-

---

29 Vgl. § 13 Rn 27.
30 *Bernreuther*, FamRZ 1999, 69, 73.
31 Dies gilt aber nicht zugunsten des Vaters des nichtehelichen Kindes für den Unterhaltsanspruch nach § 1615l Abs. 2 S. 2, Abs. 4 BGB.
32 *Bernreuther*, FamRZ 1999, 69, 73.
33 Vgl. § 2 Rn 500.

lich, selbst wenn der Vater ein Anerkenntnis bereits abgegeben und die Mutter diesem zugestimmt haben sollte.[34]

Wer jedoch die Auffassung vertritt, die Hinterlegung eines Geldbetrages für den Kindesunterhalt könne auch nach der Geburt des Kindes angeordnet werden, sollte im Falle des Vorliegens eines wirksamen Vaterschaftsanerkenntnisses der Regelung des § 1615o Abs. 1 S. 2 Hs. 2 ZPO Vorrang vor dem Arrest einräumen. Es gilt dasselbe wie zum Unterhalt der Mutter nach § 1615o Abs. 2 BGB.

Bei **Anhängigkeit einer Vaterschaftsfeststellungsklage** wird nach § 641d Abs. 1 S. 2 ZPO ebenfalls unter Durchbrechung der Regelungen der §§ 1594 Abs. 1, 1600d Abs. 4 BGB die Möglichkeit der Sicherung der Unterhaltszahlungen (ab Antragstellung) eingeräumt. Ein Arrest scheidet in diesem Zeitraum aus (§ 1600 d Abs. 4 BGB).[35]   **26**

Ein Konkurrenzverhältnis kann dann auftreten, wenn eine Sicherheitsleistung nach § 641d Abs. 1 S. 2 ZPO erst nach rechtskräftiger Feststellung der Vaterschaft[36] angeordnet werden soll, in diesem Zeitpunkt jedoch auch ein Arrestantrag zulässig ist. M.E. ist (aus verfahrensökonomischen Gründen) das Verfahren nach § 641d Abs. 1 S. 2 ZPO zu Ende zu führen.

E. Arrestgrund

Vgl. § 12 Rn 18 ff.; die dortigen Ausführungen gelten hier entsprechend.   **27**

Da die Sicherung von Unterhaltsansprüchen betroffen ist, muss bei Vorliegen von Unterhaltstiteln wie folgt differenziert werden.

Ist ein Titel **rechtskräftig oder ohne Sicherheitsleistung vollstreckbar**, liegt ein Arrestgrund nicht vor, soweit Unterhaltsbeträge bereits **fällig** und damit vollstreckbar sind (vgl. § 751 ZPO). Anders verhält es sich jedoch bezüglich der **erst in Zukunft fällig werdenden** laufenden Unterhaltsbeträge; ein Arrestgrund kann insoweit bejaht werden.

Nach wohl h.M. ist ein Arrestgrund auch anzunehmen, wenn der Unterhaltstitel nur **gegen   28 Sicherheitsleistung für vorläufig vollstreckbar** erklärt ist; dies soll jedenfalls dann gelten, wenn der Gläubiger die geforderte Sicherheit nicht erbringen kann.[37] Zunehmend wird gegen diese Argumentation jedoch vorgebracht, dass nach § 720a ZPO eine Vollstreckung auch ohne Sicherheitsleistung herbeigeführt werden kann, die hinreichenden Schutz gewährleistet.[38] Es handelt sich insoweit um eine Sicherungsvollstreckung, die arrestähnlich ausgestaltet ist (§§ 720a Abs. 2, 930 Abs. 2, 3 ZPO).

---

34 Anerkenntnis und Zustimmung könnten bereits vor der Geburt des Kindes erklärt werden; vgl. §§ 1594 Abs. 2, 1595 Abs. 3 BGB.
35 *Bernreuther,* FamRZ 1999, 69, 73.
36 Dies ist möglich, wenn der Antrag nach § 641d ZPO vor Eintritt der Rechtskraft gestellt, aber noch nicht verbeschieden ist.
37 BGH LM § 719 ZPO Nr. 14; OLG Hamm NJW-RR 1990, 1536; OLG Karlsruhe NJW-RR 1996, 960.
38 OLG Frankfurt/Main OLGR 1999, 74; Zöller – *Vollkommer,* § 917 Rn 13; MK (ZPO) – *Heinze,* § 917 Rn 15.

29 Jedenfalls ist das Vorliegen eines Arrestgrundes wegen hinreichender anderweitiger Sicherung[39] insoweit abzulehnen, als der Gläubiger eine **Vorratspfändung** nach § 850d Abs. 3 ZPO[40] erwirkt hat.

F. Weitere Zulässigkeitsvoraussetzungen/Verfahrenshindernisse

30 Es sind die tatsächlichen Umstände darzustellen, aufgrund derer sich das Vorliegen der allgemeinen Prozessvoraussetzungen ergibt.[41]

G. Antragstellung

I. Erfordernis der Antragstellung und Art des Antrags[42]

31 Das Arrestverfahren zur Sicherung des Unterhalts bedarf einer Antragstellung (§ 920 Abs. 1 ZPO). Allerdings ist ein bestimmter Antrag im Sinne des § 253 Abs. 2 Nr. 2 ZPO nicht erforderlich. Zum Inhalt des Antrages vgl. § 13 Rn 34 ff. (sogleich).

II. Antragsbefugnis

32 Antragsbefugt ist derjenige, dessen Unterhaltsanspruch gesichert werden soll.

Handelt es sich um **Kindesunterhalt**, ist die gesetzliche Vertretungsregelung des § 1629 Abs. 2 S. 2 BGB zu beachten, wonach der Elternteil das Kind vertritt, in dessen Obhut es sich befindet. Wurde die elterliche Sorge einem Elternteil allein übertragen, ist dieser vertretungsbefugt.

Im Zeitraum des Getrenntlebens verheirateter Eltern und bei Anhängigkeit eines Scheidungsverfahrens ist zudem die gesetzliche Prozessstandschaft nach § 1629 Abs. 3 S. 1 BGB zu beachten.

III. Form/Anwaltszwang

33 Der Antrag kann **schriftlich** oder **zu Protokoll der Geschäftsstelle** gestellt werden (§§ 920 Abs. 3, 129a ZPO). Anwaltliche Vertretung ist nicht erforderlich.

---

39 OLG Zweibrücken FamRZ 2000, 966; OLG Stuttgart FamRZ 1997, 181; vgl. auch AG Ludwigslust FamRZ 2006, 285.
40 Zu den Voraussetzungen vgl. *Zöller – Vollkommer*, § 850d Rn 22 ff.
41 Vgl. *Thomas/Putzo – Reichold*, § 253 Vorbem Rn 15 ff.
42 Muster bei *Crückeberg*, § 9 Rn 68 und bei *Börger/Bosch/Heuschmid*, § 4 Rn 179.

IV. Inhalt der Antragsschrift/darzustellende Voraussetzungen

1. Formale Anforderungen

Auch wenn der Antrag nicht dem Bestimmtheitserfordernis des § 253 Abs. 2 Nr. 2 ZPO entsprechen muss, ist doch erforderlich, dass die **Art des begehrten Rechtsschutzes** (Arrest oder einstweilige Verfügung) deutlich wird, da Arrest und einstweilige Verfügung sich grundsätzlich gegenseitig ausschließen.[43] Zweckmäßig ist die **Angabe der Arrestart** (dinglicher oder persönlicher Arrest).[44] Es genügt somit eine Antragstellung auf Anordnung des Arrestes »in das Vermögen des Schuldners«.[45]

34

Im Übrigen vgl. § 12 Rn 26–28.

Hinweis

35

Bei Unterhaltsforderungen ergibt sich bezüglich des nach § 920 Abs. 1 ZPO anzugebenden Geldbetrages die Besonderheit, dass bei **zukünftigem Unterhalt** nicht konkret feststeht, wie lange solcher geschuldet wird und somit in welcher Höhe Zahlungen zu leisten sein werden. Dennoch ist eine Angabe über den zu sichernden Unterhaltsbetrag erforderlich. Um dem gerecht werden zu können, wurden den sicherbaren künftigen Ansprüchen durch die Rechtsprechung zeitliche Grenzen gesetzt.[46]

Fehlt die Darstellung des zu sichernden Geldbetrages auch noch in dem Zeitpunkt, in dem der Arrest angeordnet werden soll, darf ein solcher nicht erlassen werden. Die Geldforderung ist notwendiger Bestandteil des Arrestbefehls.[47]

2. Übersicht zu den darzustellenden Voraussetzungen

Im Einzelnen hat der Antragsteller folgende Voraussetzungen darzustellen und glaubhaft zu machen:

36

- allgemeine Prozessvoraussetzungen wie Partei- und Prozessfähigkeit,[48] insbesondere:
- Zuständigkeit des Gerichts
- bei Kindesunterhalt die Vertretungs- und Prozessführungsbefugnis des Elternteils, der den Arrest erwirken möchte
- das Fehlen von Verfahrenshindernissen (z.B. Vorliegen eines unbeschränkt vollstreckbaren Titels bezüglich rückständigen Unterhalts)

---

43 Vgl. *Thomas/Putzo – Reichold,* Vorbem § 916 Rn 8.
44 *Zöller – Vollkommer,* § 920 Rn 3.
45 *Crückeberg,* § 5 Rn 10; *Zöller – Vollkommer,* § 920 Rn 3.
46 Hierzu vgl. § 13 Rn 7, 9, 11, 13, 15, 18.
47 *Zöller – Vollkommer,* § 922 Rn 2; *Gießler/Soyka,* Rn 593.
48 Vgl. hierzu allgemein *Thomas/Putzo – Reichold,* § 253 Vorbem Rn 15 ff.

§13 Die Sicherung des Unterhalts

- Arrestgrund[49]
- Arrestanspruch[50]
- das Fehlen naheliegender Einwendungen, soweit ein Erlass des Arrestes ohne Anhörung des Gegners in Erwägung zu ziehen sein soll.

3. Materielle Voraussetzungen – zu sichernder Anspruch

37 Die materiellen Voraussetzungen des zu sichernden Unterhaltsanspruchs sind schlüssig darzustellen und glaubhaft zu machen. Somit sind alle Tatbestandsmerkmale des jeweiligen Unterhaltsanspruchs anzuführen.

38 Soweit **rückständiger Unterhalt** betroffen und einer Sicherung durch Arrest zugänglich ist,[51] muss die Glaubhaftmachung dementsprechend auch die Voraussetzungen der §§ 1613, 1361 Abs. 4 S. 4, 1360a Abs. 3, 1585b BGB umfassen.

Die **Höhe** der zu sichernden Unterhaltsforderung ist bei **rückständigem Unterhalt** konkret berechenbar.[52] Bei **künftigen Unterhaltszahlungen** ist maßgeblich, für **welchen Zeitraum**[53] und **in welcher Höhe** der Unterhaltsschuldner voraussichtlich Unterhalt zu leisten hat.

Bei den verschiedenen Unterhaltsbeständen auftretende Besonderheiten erfordern eine differenzierende Darstellung der Voraussetzungen des Arrestanspruchs und der Höhe der zu sichernden künftigen Forderung. Hierzu vgl. § 13 Rn 6.

V. Glaubhaftmachung

38a Vgl. § 12 Rn 31–33. Die dortigen Ausführungen gelten hier entsprechend.

VI. Zuständiges Gericht

39 Die Zuständigkeit des Gerichts ergibt sich aus § 919 ZPO.

Somit ist für die Anordnung des Arrestes **alternativ** zuständig
- das Gericht der Hauptsache
- das Gericht, in dessen Bezirk sich der mit Arrest zu belegende Gegenstand befindet
- das Gericht, in dessen Bezirk sich der Schuldner selbst befindet, wenn ein persönlicher Arrest angeordnet werden soll.

Vgl. im Übrigen § 12 Rn 35–39; die dortigen Ausführungen gelten hier entsprechend.
Zur internationalen Zuständigkeit vgl. § 14 Rn 18.

---

49 Vgl. § 13 Rn 27 ff.
50 Vgl. § 13 Rn 37 f.
51 Vgl. insoweit zum Regelungsbedürfnis bei Vorliegen eines Unterhaltstitels § 13 Rn 27 f.
52 Soweit dem Unterhaltsgläubiger die tatsächlichen Grundlagen für die Berechnung bekannt sind.
53 Vgl. § 13 Rn 7, 9, 11, 13, 15, 18.

H. Ablauf des Verfahrens

I. Parteien

Als Parteien des Arrestverfahrens treten die am Unterhaltsrechtsverhältnis beteiligten Unterhaltsgläubiger und Unterhaltsschuldner auf. 40
Bei Kindesunterhalt ist die gesetzliche Prozessstandschaft des § 1629 Abs. 3 S. 1 BGB zu beachten.

II. Mündliche Verhandlung

Vgl. § 12 Rn 42 ff.; die dortigen Ausführungen gelten hier entsprechend. 40a

III. Rechtliches Gehör

Vgl. § 12 Rn 45; die dortigen Ausführungen gelten hier entsprechend. 40b

IV. Anwaltszwang

Im Arrestverfahren zur Sicherung von Unterhaltsansprüchen bedarf es einer anwaltlichen Vertretung nur im Rahmen einer mündlichen Verhandlung vor dem Oberlandesgericht (§ 78 Abs. 1 S, 2, Abs. 2, 3 ZPO). 41

V. Beweisaufnahme

Vgl. § 12 Rn 47; die dortigen Ausführungen gelten hier entsprechend. 41a

VI. Beendigung durch Vergleich

Vgl. § 12 Rn 48; die dortigen Ausführungen gelten hier entsprechend. 41b

VII. Entscheidung

1. Förmlichkeiten der Entscheidung

Vgl. § 2 Rn 467 f. 41c

§ 13 Die Sicherung des Unterhalts

2. Prüfungsumfang

42 Vgl. § 12 Rn 49; die dortigen Ausführungen gelten hier entsprechend.

Die Möglichkeit der Sicherheitsleistung nach § 921 ZPO wird durch den bedürftigen Unterhaltsgläubiger regelmäßig nicht wahrgenommen werden können.

3. Inhalt der Arrestentscheidung

a) Bindung an die Antragstellung

42a Vgl. § 12 Rn 51; die dortigen Ausführungen gelten hier entsprechend.

b) Regelungsumfang

43 Die Entscheidung muss neben der Anordnung des Arrestes[54] selbst die Art des Arrestes (dinglich oder persönlich) und die zu sichernde Forderung dem Grund und der Höhe nach angeben.[55]

44 Bei Erlass eines Arrestes ist jedoch nicht nur das Sicherungsbedürfnis des Gläubigers zu berücksichtigen, sondern auch zu gewährleisten, dass der Schuldner der zu sichernden Forderungen nicht wirtschaftlich über alle Maßen eingeschränkt wird. Außerdem besteht keine Gewissheit,[56] wie sich der Unterhaltsanspruch künftig gestalten wird. Für welchen Zeitraum das Sicherungsbedürfnis im Arrestverfahren anzunehmen ist, hängt demzufolge entscheidend von der **Abwägung der beiderseitigen Interessen** unter Berücksichtigung der Umstände des Einzelfalles ab.[57] Deshalb kann eine **zeitliche Begrenzung** der zu sichernden Forderung angebracht sein.[58]

45 Die im Arrestbefehl festzustellende **Lösungssumme** nach § 923 ZPO umfasst den zu sichernden Unterhaltsbetrag zuzüglich etwaiger Zinsen sowie die zu erwartenden Kosten des Hauptsacheverfahrens (Kostenpauschquantum), nicht dagegen die Kosten des Arrestverfahrens, die nach erfolgter Kostenentscheidung im Arrestbeschluss oder Arresturteil im Kostenfestsetzungsverfahren nach § 104 ZPO vollstreckt werden können.[59]

Zur Kostenentscheidung, vorläufigen Vollstreckbarkeit und den weiteren denkbaren Inhalten der Arrestentscheidung vgl. § 12 Rn 53–55; die dortigen Ausführungen gelten entsprechend.

---

54 Muster bei *Crückeberg*, § 9 Rn 68; *Börger/Bosch/Heuschmid*, § 4 Rn 179.
55 *Thomas/Putzo – Reichold*, § 922 Rn 3.
56 Eine solche ist in Verfahren des einstweiligen Rechtsschutzes aber auch nicht erforderlich, weshalb eine Glaubhaftmachung der Voraussetzungen des Arrestanspruchs genügt.
57 OLG Hamm FamRZ 1995, 1427: Sicherung in Höhe von 300.000 DM im Hinblick auf das erhebliche Sicherungsbedürfnis des Berechtigten und die recht unübersichtliche Entwicklung der wirtschaftlichen Verhältnisse des Verpflichteten.
58 OLG Hamm FamRZ 1995, 1427; OLG Düsseldorf NJW-RR 1994, 450: zeitliche Begrenzung auf fünf Jahre (dem Antrag des Antragstellers entsprechend).
59 *Zöller – Vollkommer*, § 923 Rn 1; *Gießler/Soyka*, Rn 601, 602; *Crückeberg*, § 5 Rn 14.

c) Verkündung/Mitteilung der Entscheidung

Vgl. § 2 Rn 475. **45a**

I. Vollziehung

Vgl. § 12 Rn 56 ff.; die dortigen Ausführungen gelten hier entsprechend. **45b**

J. Rechtsbehelfe

Vgl. § 12 Rn 70 ff.; die dortigen Ausführungen gelten hier entsprechend. **45c**

K. Außer-Kraft-Treten der Arrestanordnung

Wird in einem Hauptsacheverfahren ein dem Arrestanspruch deckungsgleicher materieller Anspruch rechtskräftig **aberkannt**, so wird dadurch der Arrest nicht von sich aus wirkungslos. Er ist stets nach § 927 ZPO aufzuheben.[60] **46**

Auch wenn in einem Leistungsurteil der Anspruch rechtskräftig zugesprochen wird, kann ein zuvor erlassener Arrest nicht von sich aus seine Wirkung verlieren,[61] da er weiterhin der Sicherung der noch künftigen Forderungen dient. Für bereits fällige Unterhaltsansprüche hat das aufgrund der Arrestvollziehung erlangte Pfandrecht rangwahrende Wirkung für die Zwangsvollstreckung aus dem Leistungsurteil.[62]

L. Schadensersatz wegen Vollziehung eines Arrestbefehls

Vgl. § 12 Rn 140 ff.; die dortigen Ausführungen gelten hier entsprechend. **46a**

---

[60] *Zöller – Vollkommer*, § 927 Rn 4; BGH NJW 1993, 2687 zur einstweiligen Verfügung; a.A. *Gießler/Soyka*, Rn 372 in Fußnote 42 und Rn 456, der ein Außer-Kraft-Treten ipso iure auch bei einem erfolglosen rechtskräftigen Hauptsacheverfahren annimmt und dem dennoch zulässigen Verfahren nach § 927 ZPO nur deklaratorische Wirkung beimisst.
[61] Vgl. zur umstrittenen Rechtslage bei einem durch Arrest gesicherten Anspruch auf Ausgleich des Zugewinns § 12 Rn 139.
[62] *Zöller – Vollkommer*, § 927 Rn 6 m.w.N.

§ 14 Fälle mit Auslandsbezug

Die Bearbeitung von Familiensachen wird früher oder später bei jedem Praktiker dazu führen, dass er sich mit Fällen zu befassen hat, bei denen sich Fragen der internationalen Zuständigkeit und des anzuwendenden Rechts stellen. Diese beiden Ansatzpunkte sind streng auseinander zu halten.

Nach der **internationalen Zuständigkeit** beurteilt sich, ob ein deutsches Gericht eine Rechtsstreitigkeit überhaupt bearbeiten darf. Nicht beantwortet wird damit, ob das zuständige Gericht bei der Entscheidungsfindung **deutsches Recht** (Verfahrensrecht und Sachrecht) oder das Recht eines anderen Staates anzuwenden hat. Nicht selten wird beispielsweise ein Rechtsstreit (eine Scheidung) zwar durch ein deutsches Gericht,[1] aber nicht nach dem hiesigen Scheidungsrecht[2] zu entscheiden sein.

A. Internationale Zuständigkeit

Zunächst ist zu prüfen, ob eine **Ehesache** oder **Lebenspartnerschaftssache** nach § 661 Abs. 1 Nr. 1 bis 3 ZPO anhängig ist und einstweiliger Rechtsschutz nach §§ 620 ff. ZPO begehrt wird oder im Rahmen einer **isoliert anhängigen Familiensache** der Erlass einer einstweiligen Anordnung beantragt bzw. ein verfahrensselbstständiges Mittel des vorläufigen Rechtsschutzes ergriffen werden soll.

I. Die internationale Zuständigkeit bei Anhängigkeit der Ehesache/ Lebenspartnerschaftssache nach § 661 Abs. 1 Nr. 1 bis 3 ZPO

Die internationale Zuständigkeit des deutschen Gerichts für ein Eheverfahren zieht dessen internationale Zuständigkeit auch für das Verfahren nach §§ 620 ff. ZPO nach sich (Annexkompetenz).[3] Selbst bei bestehenden Zweifeln an der internationalen Zuständigkeit für die Ehesache bleibt die internationale Zuständigkeit für das Verfahren auf Erlass einer einstweiligen Anordnung bestehen, wenn die Ehesache anhängig ist.[4]

---

1 Etwa wegen bestehender internationaler Zuständigkeit nach Art. 3 Abs. 1 a) Spiegelstrich 1 EheVO (beide Ehegatten haben ihren gewöhnlichen Aufenthalt im Bundesgebiet).
2 Art. 17 Abs. 1 i.V.m. Art. 14 Abs. 1 Nr. 1 EGBGB: beide Ehegatten sind beispielsweise italienische Staatsangehörige.
3 *Rahm/Künkel/Niepmann*, VI Rn 8; MK (ZPO) – *Finger*, § 620 Rn 11; *Musielak – Borth*, § 620 Rn 9, 10; *Zöller – Philippi*, § 620a Rn 18; *Bergerfurth/Rogner*, Rn 528.
4 *Zöller/Philippi*, § 620a Rn 10; § 620 Rn 2; *Gießler/Soyka*, Rn 1041.

Welches Gericht für die Ehesache zuständig ist, bestimmt sich nach § 606a ZPO, dessen Anwendungsbereich jedoch durch die EheVO[5] erheblich eingeschränkt wird. Durch Art. 3 EheVO ist umfassend festgelegt, die Gerichte welchen Mitgliedstaates eine Entscheidung über die Ehescheidung, die Trennung ohne Auflösung des Ehebandes oder die Ungültigerklärung einer Ehe zu treffen haben.

Auf die Verfahren auf Aufhebung einer Lebenspartnerschaft findet die EheVO keine Anwendung.[6] Hier greifen §§ 606a, 661 Abs. 3 ZPO.

II. Besonderheiten der internationalen Zuständigkeit bei elterlicher Sorge, Umgangsrecht, Herausgabe des Kindes

1. Annexkompetenz/Vorrang der EheVO

4   Nach teilweise vertretener Auffassung greift die **Annexkompetenz** auch dann, wenn zwischenstaatliche Vereinbarungen wie das **MSA**[7] oder **EuGVVO**[8] existieren, die in ihrem Anwendungsbereich spezielle Regelungen zur internationalen Zuständigkeit beinhalten.[9] Begründet wird dies damit, dass dem Regelungsbedürfnis Vorrang einzuräumen sei und die einstweilige Anordnung mit dem Wirksamwerden einer ausländischen Entscheidung ohnehin ihre Wirkung verliere. Letzteres vermag m.E. nicht zu überzeugen, da ein im Anordnungsverfahren unterlegener Antragsgegner ansonsten gezwungen werden könnte, eine Hauptsacheentscheidung im Ausland überhaupt erst herbeizuführen, während dies ohne Erlass einer Maßnahme einstweiligen Rechtsschutzes im Inland dem Antragsteller obliegt.

5   Nach der wohl h.M. dagegen ist auch im Rahmen des Anwendungsbereiches einstweiliger Anordnungen der etwaige **Vorrang staatsvertraglicher Vereinbarungen** zu prüfen.[10]
Nur wenn ein solcher nicht besteht bzw. dieser nicht hinreichend sicher geklärt werden kann, bleibt es bei der Zuständigkeit des deutschen Gerichts.

---

5 EG-Verordnung Nr. 2201/2003 des Rates über die Zuständigkeit und die Anerkennung und Vollstreckung von Entscheidungen in Ehesachen und in Verfahren betreffend die elterliche Verantwortung und zur Aufhebung der Verordnung (EG) Nr. 1347/2000 vom 27.11.2003; ABl L 338, S. 1; kommentiert bei *Thomas/Putzo – Hüßtege* und bei *Zöller – Geimer*.
6 *Thomas/Putzo – Hüßtege*, § 661 Rn 13.
7 Übereinkommen über die Zuständigkeit der Behörden und das anzuwendende Recht auf dem Gebiet des Schutzes von Minderjährigen vom 5.10.1961, BGBl 1971 II, 217, 1150; abgedruckt bei *Palandt – Heldrich*, Anhang zu Art. 24 EGBGB.
8 Verordnung (EG) Nr. 44/2001 des Rates über die gerichtliche Zuständigkeit und die Anerkennung und Vollstreckung von Entscheidungen in Zivil- und Handelssachen vom 22.12.2000 (EuGVVO); ABl L 12/01, S 1; die Verordnung gilt in allen Mitgliedstaaten der EU mit Ausnahme von Dänemark – siehe weiter *Thomas/Putzo – Hüßtege*, Vorbem EuGVVO Rn 8.
9 *Schwab/Maurer/Borth*, I Rn 1084; OLG Karlsruhe FamRZ 1984, 184; *Geimer*, IZPR Rn 1216.
10 *Zöller – Philippi*, § 620a Rn 18; *Gießler/Soyka*, Rn 120, 1041; OLG Bamberg FamRZ 1996, 1224; OLG Düsseldorf FamRZ 1984, 194.

Demnach ist Folgendes zu beachten. 6

Bei Regelungen zur **elterlichen Sorge, zum Umgangsrecht und zur Kindesherausgabe**[11] handelt es sich um Schutzmaßnahmen[12] nach Art. 1 MSA. Dies bewirkt, dass das **MSA** als zwischenstaatliches Abkommen **vorrangig** anzuwenden ist. Art. 18 MSA bestimmt aber darüber hinaus, dass vor In-Kraft-Treten des MSA zwischen Vertragsstaaten abgeschlossene **zwischenstaatliche Übereinkommen**[13] wiederum den Regelungen des MSA vorgehen.[14]

Jedoch beansprucht ab dem 1.3.2005 für die Frage der internationalen Zuständigkeit[15] die Sonderregelung der **EheVO**[16] **Vorrang**[17] bei Entscheidungen über die Zuweisung, die Ausübung, die Übertragung sowie die vollständige oder teilweise Entziehung der elterlichen Verantwortung, insbesondere also bei Entscheidungen zum **Sorgerecht, Umgangsrecht** (Art. 1 Abs. 2 a) EheVO) und zur **Herausgabe eines Kindes**.[18] Nicht mehr erforderlich ist, dass die Entscheidung zur **elterlichen Sorge** im Zusammenhang mit einer **Scheidung**, Trennung ohne Auflösung des Ehebandes oder **Ungültigerklärung** einer Ehe zu treffen ist.[19]

Die EheVO überschneidet sich sowohl mit dem **MSA** als auch mit dem **HKiEntÜ**[20] bei der Frage der internationalen Zuständigkeit für sorgerechtliche Angelegenheiten für ein Kind, das widerrechtlich in einen Vertragsstaat verbracht wurde oder dort zurückgehalten wird (vgl. Art. 10 EheVO). Gemäß Art. 60 lit. a) und e) EheVO geht dieses Übereinkommen dem MSA und dem HKiEntÜ vor, wenn die betroffenen Staaten Vertragsparteien der jeweiligen Abkommen sind. Für **Rückgabeanträge und -entscheidungen** bleiben jedoch weiterhin die Regelungen des HKiEntÜ von Bedeutung (vgl. Art. 11 EheVO),[21] es sei denn, das maßgebliche Kind hat bereits das 16. Lebensjahr vollendet, da in diesem Fall der Anwendungsbereich des HKiEntÜ nicht mehr eröffnet ist (Art. 4 S. 2 HKiEntÜ).

Art. 8 Abs. 1 der EheVO bestimmt, dass die Gerichte des Mitgliedstaates,[22] in dem das 7 Kind zum Zeitpunkt der Antragstellung seinen gewöhnlichen Aufenthalt hat, für Entschei-

---

11 Zum gesamten Themenbereich vgl. *Rausch,* FuR 2005, 53 ff; 2005, 112 ff.; *Solomon,* FamRZ 2004, 1409 ff.
12 *Palandt – Heldrich,* Anhang zu Art. 24 EGBGB, Art. 1 MSA Rn 13 mit zahlreichen Nachweisen zur Rspr.
13 So das deutsch-iranische Niederlassungsabkommen vom 17.12.1929, RGBl 30 II 1006.
14 Vgl. *Palandt – Heldrich,* Anh zu Art. 24 EGBGB Rn 53.
15 Und die Anerkennung und Vollstreckung von Entscheidungen in Ehesachen und in Verfahren betreffend die elterliche Verantwortung.
16 Vom 27.5.2003; ABl L 338, S. 1, zuletzt geändert durch VO (EG) Nr. 2116/2004 vom 2.12.2004; ABl L 367, S. 1; abgedruckt bei *Zöller,* Anhang II und bei *Thomas/Putzo – Hüßtege.*
17 Zur Verhältnis zu anderen Rechtsinstrumenten und zu bestimmten bilateralen Übereinkommen vgl. allgemein Art. 59 ff. EheVO.
18 *Thomas/Putzo-Hüßtege,* Art. 1 EueheVO Rn 5.
19 So jedoch noch nach dem außer Kraft getretenen EheVO vom 29.5.2000; ABl L 160/19.
20 Haager Übereinkommen über die zivilrechtlichen Aspekte internationaler Kindesentführung vom 25.10.1980; BGBl 1990 II, 206; kommentiert bei *Palandt – Heldrich,* Anhang zu Art. 24 EGBGB Rn 59 ff.; hierzu vgl. § 14 Rn 26 ff.
21 *Rausch,* FamRZ 2005, 53, 56; Art. 11 EheVO enthält keine Regelung zur internationalen Zuständigkeit, sondern ergänzt und modifiziert die Vorschriften des HKiEntÜ, um die Rückführung entführter Kinder zu beschleunigen und zu erleichtern – *Thomas/Putzo – Hüßtege,* Art 11 EueheVO Rn 1.
22 Mitgliedstaaten sind alle Staaten der Europäischen Gemeinschaft mit Ausnahme von Dänemark – vgl. Art. 2 Nr. 3 EheVO.

dungen, die die elterliche Verantwortung betreffen, zuständig sind. Ein sich anschließender Wechsel des gewöhnlichen Aufenthalts bewirkt insoweit keine Änderung (vgl. aber auch Art. 15 der EheVO). Ein evt. später zusätzlich angerufenes Gericht muss Art. 19 EheVO beachten.

Allerdings greifen gemäß Art. 8 Abs. 2 EheVO die Regelungen aus Art. 9 EheVO (Umgangsrecht), Art. 10 (Kindesentführung) und 12 (Gerichtsstandsvereinbarung im Zusammenhang mit einer Ehesache – Abs. 1; in einem isolierten Verfahren zur elterlichen Verantwortung – Abs. 3) vorrangig.

8   Wenn eine (von Amts wegen zu prüfende)[23] Zuständigkeit sich aus der EheVO nicht herleiten lässt, kommt eine solche nach dem innerstaatlichen Recht des jeweiligen Mitgliedstaates und im Bundesgebiet somit nach dem MSA[24] in Betracht.[25]

> *Beachte*
> Für eine Anwendbarkeit der EheVO ist ohne Bedeutung, ob das gemeinsame Kind die Staatsangehörigkeit eines Mitgliedstaates besitzt.[26]
> Es werden alle Sorgerechtsstreitigkeiten erfasst, ohne dass es darauf ankäme, ob diese in Zusammenhang mit einer Ehesache oder isoliert geltend gemacht werden bzw. ob eheliche oder nichteheliche Kinder hiervon betroffen sind.[27]

9   Ungeachtet der Zuständigkeit nach Art. 8 ff. der EheVO kommen jedoch **einstweilige Maßnahmen** nach **Art. 20** der EheVO in Betracht, wenn **Dringlichkeit** bejaht werden kann, für die Entscheidung in der Hauptsache jedoch das Gericht eines anderen Mitgliedstaates zuständig wäre. Materiell richten sich derartige Eilmaßnahmen nach dem Recht des Mitgliedstaates, in dem die einstweiligen Maßnahmen ergriffen werden.[28]

2. Das Minderjährigenschutzabkommen (MSA)

10 Scheidet eine Anwendbarkeit der EheVO für die elterliche Sorge aus, was angesichts der Anknüpfung an den gewöhnlichen Aufenthalt nur noch im Ausnahmefall in Betracht kommt,[29] wird im Bereich elterlicher Sorge, des Umgangsrechts oder der Kindesherausgabe[30] das MSA zur Anwendung kommen.[31]

---

23 Art. 17 EheVO.
24 Allerdings wird das MSA in (voraussichtlich) naher Zukunft durch das Haager Kinderschutzübereinkommen ersetzt werden (KSÜ), das durch die Mitgliedstaaten der EU bereits unterzeichnet wurde, dessen Ratifizierung aber im Zeitpunkt der Fertigung des Manuskripts noch aussteht.
25 So genannte »Restzuständigkeit« – vgl. *Palandt – Heldrich*, Anhang zu Art. 24 EGBGB Rn 2.
26 *Palandt – Heldrich*, Anhang zu Art. 24 EGBGB Rn 2.
27 *Thomas/Putzo-Hüßtege*, Art. 1 EuEheVO Rn 6.
28 S.u. § 14 Rn 20 ff.
29 Vgl. *Rausch*, FuR 2005, 53, 58: wenn Deutschland nach Art. 9 oder 10 der VO als Staat des neuen Aufenthalts nicht zuständig ist und auch kein anderer Mitgliedstaat international zuständig ist.
30 Hierzu vgl. aber auch das HKiEntÜ § 14 Rn 26 ff.
31 So im Verhältnis zur Türkei und der Schweiz denkbar; vgl. *Rausch*, FuR 2005, 53, 58; *Thomas/Putzo – Hüßtege*, Art. 60 EuEheVO Rn 1.

Maßgeblicher Anknüpfungspunkt für die Anwendbarkeit des **MSA** ist der **gewöhnliche Aufenthalt** eines Minderjährigen (Art. 13 Abs. 1 MSA). Bundesdeutsche Gerichte sind für die Entscheidung somit international zuständig, wenn sich ein Minderjähriger[32] im Bundesgebiet gewöhnlich aufhält. Ohne Bedeutung ist, welche Staatsangehörigkeit das Kind hat, da die Bundesrepublik von der Möglichkeit der Beschränkung der Anwendbarkeit des MSA auf Angehörige der Vertragsstaaten nach Art. 13 Abs. 3 MSA keinen Gebrauch gemacht hat.[33]

Als gewöhnlicher Aufenthalt ist der Ort zu verstehen, an dem sich der Lebensmittelpunkt des Minderjährigen, der **Schwerpunkt seiner sozialen Bindungen** insbesondere in familiärer, schulischer bzw. beruflicher Hinsicht befindet.[34]

Ein **Aufenthaltswechsel** während eines anhängigen Verfahrens lässt nach h.M. die zuvor gegebene internationale Zuständigkeit entfallen.[35]

Beachte
Durch eine **Kindesentführung** jedoch wird grds. ein neuer gewöhnlicher Aufenthalt nicht begründet. Eine Ausnahme besteht dann, wenn mittlerweile eine Eingliederung in die soziale Umwelt des neuen Aufenthaltsortes stattgefunden hat.[36] Dies ist jedoch nur unter strengen Voraussetzungen anzunehmen. Maßgebliche Entscheidungskriterien sind die Dauer des Aufenthaltes,[37] der Wille des Kindes,[38] der (entgegenstehende) Wille des Sorgeberechtigten,[39] aber auch der Wille des betreuenden Elternteils, das Kind nicht wieder herauszugeben.[40, 41]

Hält sich der Minderjährige in einem anderen Vertragsstaat[42] des MSA gewöhnlich auf, kommt grds. eine Entscheidung durch ein deutsches Gericht wegen fehlender internationaler Zuständigkeit nicht in Betracht. Das Verfahren ist in dem jeweiligen Vertragsstaat zu führen, selbst wenn im Bundesgebiet ein Scheidungsverfahren anhängig ist.[43]

Ausnahmen hiervon enthalten die Regelungen der Art. 4 und 9 MSA.

11

---

32 Zum Begriff der Minderjährigkeit vgl. Art. 12 MSA und *Palandt – Heldrich,* Anhang zu Art. 24 EGBGB Rn 46.
33 *Palandt – Heldrich,* Anhang zu Art. 24 EGBGB Rn 47.
34 Weiterführend zum Begriff des gewöhnlichen Aufenthalts vgl. die Kommentierung bei *Palandt – Heldrich,* Anhang zu Art. 24 EGBGB, Art. 1 MSA Rn 10–12; *Wohlfahrt,* Band 1 § 1 Rn 138 ff.; BGH NJW 1975, 1068; 1981, 520.
35 *Palandt – Heldrich,* Anhang zu Art. 24 EGBGB Art. 1 MSA Rn 9 mit Hinweisen auf die (umstrittene) Rechtsprechung; vgl. dort auch zur Wirksamkeit bereits erlassener Schutzmaßnahmen.
36 BGH FamRZ 2005, 1540; NJW 1981, 520; BayObLG 81, 246; vgl. auch BVerfG NJW 1999, 633.
37 Vgl. OLG Stuttgart FamRZ 1997, 52, das eine Neubegründung eines gewöhnlichen Aufenthaltes grds. nicht vor Ablauf eines Jahres seit der Entführung annehmen will; *Wohlfahrt,* Band 1 § 1 Rn 139: mindestens 6 Monate; vgl. auch BGH FamRZ 2005, 1540; BGHZ 78, 293 = NJW 1981, 520.
38 OLG Hamm FamRZ 1991, 1466.
39 BGH NJW 1981, 520; OLG Bamberg FamRZ 1996, 1225; OLG Hamm NJW-RR 1997, 6.
40 *Wohlfahrt,* Band 1 § 1 Rn 140.
41 Zur Gesamtproblematik der Entführungsfälle vgl. *Palandt – Heldrich,* Anhang zu Art. 24 EGBGB, Art. 1 MSA Rn 12; *Johannsen/Henrich/Brudermüller,* § 606 ZPO Rn 20.
42 Zu den Vertragsstaaten vgl. *Palandt – Heldrich,* Anhang zu Art. 24 EGBGB Rn 1.
43 OLG Brandenburg FamRZ 1997, 1412; vgl. auch OLG Hamm FamRZ 1997, 1295.

Gemäß **Art. 4 MSA** ist die internationale Zuständigkeit eines deutschen Gerichts begründet, wenn der Minderjährige, der sich in einem anderen Vertragsstaat aufhält, die deutsche Staatsangehörigkeit[44] besitzt und die Behörden des Heimatstaates (das Gericht) Maßnahmen zum Wohl des Kindes für erforderlich halten. Diese Regelung ist als **Ausnahmevorschrift** jedoch nur zurückhaltend anzuwenden. Ihre Voraussetzungen können erfüllt sein, wenn die Behörden des Aufenthaltsortes zur Ergreifung von Schutzmaßnahmen nicht bereit oder in der Lage sind oder wenn die Heimatbehörden rascher und sachnäher handeln können.[45]

12 Art. 9 MSA begründet eine weitere Eilzuständigkeit deutscher Gerichte, wenn ein Minderjähriger zwar keinen gewöhnlichen Aufenthalt aber einen **vorübergehenden »einfachen« Aufenthalt** im Bundesgebiet hat. Weitere Voraussetzung ist jedoch, dass sich der gewöhnliche Aufenthalt in einem Vertragsstaat befinden muss.[46] Ein dringender Fall im Sinne dieser Regelung liegt beispielsweise bei Maßnahmen nach § 1666 BGB vor. Ausgeschlossen ist ein solcher, wenn die Behörden des gewöhnlichen Aufenthaltsortes die erforderlichen Maßnahmen ergreifen können, ohne dass das Kindeswohl ernsthaft gefährdet wäre.[47]

Bei Annahme der internationalen Zuständigkeit sind die Regelungen auf das unbedingt Erforderliche zu beschränken.

Hat der Minderjährige einen gewöhnlichen Aufenthalt in einem Nichtvertragsstaat begründet, bleibt es bei der Verbundzuständigkeit (Annexkompetenz).

3. Restzuständigkeit nach allgemeinen Regelungen

13 Wird der Rechtsstreit über die elterliche Sorge, das Umgangsrecht oder die Kindesherausgabe in einem **isolierten Verfahren** geführt, ist zur Bestimmung der internationalen Zuständigkeit auf die Regelungen der §§ 35b, 43, 64 Abs. 3 S. 2 FGG abzustellen, wenn nicht – wie soeben dargestellt – der vorrangige Anwendungsbereich der EheVO, des **MSA oder** des **HKiEntÜ** eröffnet ist. Ein solcher Ausnahmefall greift, wenn Deutschland nach Art. 9 oder 10 der EheVO als Staat des neuen Aufenthalts nicht zuständig ist und das Kind auch nicht seinen gewöhnlichen Aufenthalt in einem der Vertragsstaaten des MSA hat.[48]

Da bei einem gewöhnlichen Aufenthalt des Minderjährigen im Inland das MSA anzuwenden ist, greift § 35b Abs. 1 Nr. 2 FGG regelmäßig nicht.[49]

---

44 Es genügt, wenn der Minderjährige auch die deutsche Staatsangehörigkeit besitzt; vgl. BGH FamRZ 1997, 1071; *Palandt – Heldrich*, Anhang zu Art. 24 EGBGB, Art. 4 MSA Rn 31.
45 Vgl. im Einzelnen *Palandt – Heldrich*, Anhang zu Art. 24 EGBGB, Art. 4 MSA Rn 31 mit zahlreichen Nachweisen zur Rechtsprechung.
46 OLG Hamm FamRZ 1992, 209; *Palandt – Heldrich*, Anhang zu Art. 24 EGBGB, Art. 9 MSA Rn 42.
47 LG München FamRZ 1998, 1323.
48 *Rausch*, FuR 2005, 53, 58.
49 Eine Ausnahme kommt bei fehlender Anwendbarkeit des MSA wegen unterschiedlicher Beurteilung der Minderjährigkeit im Bundesgebiet und im Heimatstaat in Betracht.

Besitzt das Kind die deutsche Staatsangehörigkeit und hält es sich gewöhnlich in einem Vertragsstaat des MSA auf, ist die internationale Zuständigkeit der dortigen Behörden begründet.[50] Liegt der gewöhnliche Aufenthaltsort dieses Kindes dagegen in einem Nichtvertragsstaat, ist nach § 35b Abs. 1 Nr. 1 FGG die internationale Zuständigkeit deutscher Gerichte gegeben.

Darüber hinaus ist diese gemäß § 35b Abs. 2 FGG anzunehmen, wenn im Bundesgebiet nur ein **einfacher Aufenthalt** begründet ist, jedoch Eilmaßnahmen dringend erforderlich sind.[51]

Hinweis
Zu beachten ist, dass es sich hierbei nicht um Minderjährige handeln darf, deren gewöhnlicher Aufenthalt in einem anderen Vertragsstaat des MSA liegt. Denn dann greift wiederum diese zwischenstaatliche Vereinbarung mit der Möglichkeit, Eilmaßnahmen nach Art. 9 MSA zu erlassen. Letztlich bleibt diese Differenzierung ohne Bedeutung, da auch bei Anwendbarkeit des Art. 9 MSA die internationale Zuständigkeit eines deutschen Gerichts zu begründen ist.[52]

III. Besonderheiten der internationalen Zuständigkeit bei Unterhalt

Im Bereich des **Unterhaltsrechts** ist bei einstweiligen Anordnungen nach § 620 Nr. 4 und 6 ZPO ebenfalls die so genannte **Annexkompetenz** von Bedeutung. Also folgt die internationale Zuständigkeit für einstweilige Anordnungen derjenigen der Ehesache.[53] Jedoch ist im Rahmen des Anwendungsbereiches der **EuGVVO**, des **EuGVÜ**[54] und des **Lugano-Übereinkommens**[55] das jeweilige Abkommen vorrangig. Die Zuständigkeitsregeln der ZPO werden vollständig verdrängt, wenn Klage gegen eine Person erhoben werden soll, die ihren Wohnsitz in einem Mitgliedstaat hat (Art. 2 EuGVVO). Auf deren Staatsangehörigkeit kommt es nicht an.[56] Nach Art. 2 Abs. 1 EuGVVO wäre demnach Klage in dem Mitgliedstaat zu erheben, in dem der Beklagte seinen Wohnsitz (nicht lediglich Aufenthaltsort) hat.

Durch Art. 5 Nr. 2 EuGVVO jedoch wird die Möglichkeit eingeräumt, eine Unterhaltssache auch am Wohnsitz des Gläubigers (und nicht ausschließlich des Beklagten – vgl. Art. 3 EuGVVO) anhängig zu machen, wenn diese »im Zusammenhang mit einem Verfahren in

---

50 S.o. § 14 Rn 10.
51 *Oelkers*, § 5 Rn 26.
52 S. o. § 14 Rn 9.
53 *Zöller – Philippi*, § 620a Rn 18.
54 Zum Restanwendungsbereich des EuGVÜ vgl. *Thomas/Putzo – Hüßtege*, Vorbem EuGVVO Rn 2 (Dänemark).
55 Dieses hat noch Bedeutung im Verhältnis zu Norwegen, Island und der Schweiz. Vgl. *Thomas/Putzo – Hüßtege*, Vorbem EuGVVO Rn 3.
56 *Thomas/Putzo – Hüßtege*, Art. 2 EuGVVO Rn 7 (zur Prüfungsreihenfolge vgl. dort Rn 2); *Zöller – Geimer*, Art. 2 EuGVVO (Anhang I) Rn 7, 13.

Bezug auf den Personenstand« zu entscheiden ist, also im Zusammenhang mit einer Scheidungssache. Dies umfasst die einstweilige Anordnung.

Wenn jedoch die Zuständigkeit für die Scheidung (oder die Vaterschaftsfeststellung) lediglich auf der Staatsangehörigkeit[57] beruht, greift die Regelung des § 5 Nr. 2 EuGVVO nicht. Letztlich kann diese Einschränkung des § 5 Nr. 2 EuGVVO dahingestellt bleiben, da nach **Art. 31 EuGVVO**[58] **einstweilige Anordnungen** auch dann vor dem deutschen Gericht beantragt werden können, wenn für das Hauptsacheverfahren auf Unterhalt die internationale Zuständigkeit nicht begründet ist.

Hinweis
Die Sonderregelung des Art. 31 EuGVVO erfasst nicht nur einstweilige Anordnungen nach §§ 620 und 644 ZPO, sondern auch einstweilige Anordnungen in Kindschaftssachen nach § 641d ZPO und die einstweilige Verfügung nach § 935 ZPO sowie die Leistungsverfügung nach § 940 ZPO analog. Darüber hinaus ist Art. 31 EuGVVO auch im Falle der Sicherung von Unterhaltsansprüchen durch Arrest anwendbar.[59]

Die Leistungsverfügung kommt jedoch nur dann in Betracht, wenn für den Fall einer Klageabweisung im Hauptsacheverfahren sichergestellt ist, dass die Rückzahlung des zur Zahlung angeordneten Betrages erfolgt.[60]

16 Außerhalb des Anwendungsbereiches der EuGVVO (und des EuGVÜ) ist bei **isolierten Unterhaltsstreitigkeiten** der Grundsatz maßgeblich, dass sich die internationale Zuständigkeit aus der örtlichen Zuständigkeit für die einstweilige Anordnung herleitet. Diese ergibt sich aus der Anhängigkeit der Unterhaltssache.[61]

IV. Besonderheiten der internationalen Zuständigkeit bei (Ehe-)Wohnung und Hausrat sowie Maßnahmen nach dem Gewaltschutzgesetz

17 Die Familiensachen **Ehewohnung, gemeinsame Wohnung der Lebenspartner und Hausrat** sind in zwischenstaatlichen Abkommen nicht geregelt.[62] Somit leitet sich im Falle der Anhängigkeit einer Ehesache die internationale Zuständigkeit für den Erlass einer einstweiligen Anordnung nach § 620 ZPO aus der Ehesache ab (Annexkompetenz).

---

57 Vgl. §§ 606a Abs. 1 S. 1 Nr. 1, 640a Abs. 2 Nr. 1 ZPO; *Thomas/Putzo – Hüßtege*, Art. 5 EuGVVO Rn 14.
58 Gleichlautend ist Art. 24 Lugano-Übereinkommen; vgl. *Zöller – Geimer*, Art. 1 EuGVVO (Anhang I) Rn 16.
59 *Thomas/Putzo – Hüßtege*, Art. 31 EuGVVO Rn 2; *Thümmel*, NJW 1996, 1930.
60 *Thomas/Putzo – Hüßtege*, Art. 31 EuGVVO Rn 3.
61 *Gießler/Soyka*, Rn 120.
62 Vgl. *Zöller – Geimer*, § 606a Rn 23; *Zöller – Philippi*, § 621 Rn 84 m.w.N.; *Wohlfahrt*, Band 1 § 1 Rn 230; a.A. *Jayme*, IPR 1981, 50: das Hausratsverfahren wird als Unterhaltssache qualifiziert mit der Konsequenz, dass die Anwendbarkeit des EuGVÜ (nunmehr EuGVVO) in Betracht zu ziehen ist.

In einstweiligen Rechtsschutzverfahren bei isolierten Streitigkeiten folgt die internationale Zuständigkeit der örtlichen Zuständigkeit, die sich wiederum von der Anhängigkeit der Hauptsache ableitet.[63]
Diese Ausführungen gelten entsprechend für **Maßnahmen nach dem GewSchG**.

V. Besonderheiten der internationalen Zuständigkeit bei Arrest und einstweiliger Verfügung

Bei **Arrest und einstweiliger Verfügung** gilt das soeben Ausgeführte entsprechend. Die internationale Zuständigkeit folgt der örtlichen Zuständigkeit.[64] Beziehen sich diese verfahrensselbstständigen Mittel des einstweiligen Rechtsschutzes jedoch auf Unterhaltsansprüche, ist der evtl. Vorrang der EuGVVO zu beachten.[65]

18

B. Verfahrensrecht

Ist die internationale Zuständigkeit des Gerichts begründet, schließt sich die Frage an, nach welchen Verfahrensvorschriften das einstweilige Rechtsschutzverfahren zu verhandeln ist. Die förmliche Durchführung des Verfahrens richtet sich nach dem inländischen Verfahrensrecht.[66]

19

C. Anwendbares materielles Recht

Sodann ist zu prüfen, aufgrund welchen materiellen Rechts zu entscheiden ist.

20

Bei **Eilbedürftigkeit** einer Maßnahme kann die Ermittlung des anzuwendenden ausländischen Rechts unterbleiben und sogleich deutsches Recht angewendet werden, wenn sich die Ermittlung des maßgeblichen ausländischen Rechts schwierig gestaltet.[67]

Wird eine Eilmaßnahme zur **elterlichen Sorge** aufgrund Art. 20 EheVO erlassen, ist das Recht des jeweiligen Mitgliedstaates anzuwenden. Also kommt bei einer Entscheidung durch ein Gericht im Bundesgebiet deutsches Sachrecht zur Anwendung.[68]

21

Im Anwendungsbereich des MSA[69] ist nach Art. 2 MSA **deutsches Sachrecht** anzuwenden (Art. 2 MSA).

---

63 *Gießler/Soyka*, Rn 120.
64 *Gießler/Soyka*, Rn 367 m.w.N.
65 Hierzu siehe soeben § 14 Rn 15.
66 *Bergerfurth/Rogner*, Rn 598 zur einstweiligen Anordnung nach § 620 ZPO.
67 *Bergerfurth/Rogner*, Rn 582 m.w.N.
68 Vgl. aber auch *Bergerfurth/Rogner*, Rn 598 zur Beachtung des ausländischen Personensorgerechts.
69 § 14 Rn 6, 10.

Art. 3 MSA bestimmt jedoch, dass das Gericht ein Gewaltverhältnis, das nach dem Heimatstaat des Kindes kraft Gesetzes besteht, anzuerkennen hat.[70] Ein unzulässiger Eingriff in dieses Gewaltverhältnis ist nur dann anzunehmen, wenn das Recht des Staates, dem das Kind angehört, die beabsichtigte oder erlassene Maßnahme nicht zulässt.[71] Bei einer **ernstlichen Gefährdung des Kindes** jedoch verhindert Art. 3 MSA ein Tätigwerden des Gerichts nicht. Ebenso ist ein Gewaltverhältnis im Sinne des Art. 3 MSA gemäß Art. 16 MSA (ordre public) insoweit unbeachtlich, als dessen Ausgestaltung im Einzelfall mit der öffentlichen Ordnung offensichtlich unvereinbar ist.[72]

Soweit das MSA nicht greift, etwa weil der gewöhnliche Aufenthalt des Minderjährigen in einem Nichtvertragsstaat liegt und Art. 9, 13 MSA nicht anwendbar sind, ist gemäß Art. 21 EGBGB auf das ausländische Recht abzustellen, das am Ort des gewöhnlichen Aufenthalts des Kindes gilt.[73]

22 **Unterhaltspflichten** beurteilen sich regelmäßig nach dem Recht, das am Ort des gewöhnlichen Aufenthalts des Unterhaltsberechtigten gilt. Insoweit kann im Allgemeinen trotz des Vorrangs staatsvertraglicher Regelungen und der Existenz des Haager Übereinkommens über das auf Unterhaltspflichten anwendbare Recht[74] auf die »Hinweisnorm« des Art. 18 Abs. 1 EGBGB bzw. Art. 18 Abs. 4 EGBGB abgestellt werden.[75] Dies gilt auch für Unterhaltsansprüche unter Lebenspartnern nach §§ 5, 12, 16 LPartG (vgl. Art. 17b Abs. 1 S. 2 EGBGB).[76]

23 Zur **Zuweisung der Ehewohnung, gemeinsamen Wohnung bei Lebenspartnern und zu Regelungen zum Hausrat** wurde mit Hilfe der Art. 17a, 17b EGBGB[77] ein Streit um die kollisionsrechtliche Behandlung der Zuweisung der Ehewohnung und des Hausrates beigelegt.[78] Die Nutzungsbefugnis für eine im Bundesgebiet belegene Ehewohnung und den hier befindlichen Hausrat sowie auch damit **zusammenhängende Belästigungs-, Kontakt- und Näherungsverbote** werden nach deutschem Sachrecht beurteilt.[79]

---

70 Zu Einzelfällen vgl. *Palandt – Heldrich*, Anhang zu Art. 24 EGBGB, Art. 3 Rn 27 ff.
71 BGH FamRZ 1997, 1070.
72 *Palandt – Heldrich*, Anhang zu Art. 24 EGBGB, Art. 16 Rn 50 und Art. 3 Rn 23, 27; so OLG Hamm NJW-RR 1997, 6 zum Stichentscheid des Vaters nach türkischem Recht.
73 Lässt sich dieses Recht in der gebotenen Zeit nicht feststellen, so ist auf deutsches Sachrecht zurückzugreifen – s.o. § 14 Rn 20.
74 BGBl 1986 II, 837; abgedruckt und kommentiert bei *Palandt – Heldrich*, Anhang zu Art. 18 EGBGB Rn 4 bis 6.
75 *Palandt – Heldrich*, Art. 18 EGBGB Rn 5.
76 Vgl. zur Gesamtproblematik kollisionsrechtlicher Fragen der eingetragenen Lebenspartnerschaft *Henrich*, FamRZ 2002, 137 ff.
77 Vgl. die Fassung mit Wirkung vom 1.1.2002; Gesetz zur Verbesserung des zivilgerichtlichen Schutzes bei Gewalttaten und Nachstellungen sowie zur Erleichterung der Überlassung der Ehewohnung bei Trennung – BGBl 2001 I, 3513.
78 Vgl. nur *Hohloch*, Kap 1 Rn 188 ff.
79 Vgl. BT-Drucks. 14/5429, 36 f.

Soweit **isolierte** (von einer Ehewohnung unabhängige) **Schutzanordnungen**, die dem GewSchG unterfallen, anzuordnen sind, greift Art. 40 EGBGB.[80] Somit ist regelmäßig ebenfalls deutsches Sachrecht anzuwenden.

24

Da sich die **güterrechtlichen Wirkungen** der Ehe nach Art. 15 Abs.1 EGBGB richten und hierzu auch eine etwaige Durchführung eines Zugewinnausgleichsverfahrens zählt,[81] orientiert sich die Frage der Sicherung eines güterrechtlichen Anspruchs auch an dieser Regelung.[82] Bei **Lebenspartnern** ist auf Art. 17b Abs. 1 S. 1 EGBGB abzustellen.

25

D. Die Rückführung ins Ausland oder aus dem Ausland entführter Kinder

Insbesondere im Rahmen der Auseinandersetzung um das Sorgerecht innerhalb gemischtnationaler Ehen[83] besteht die Gefahr, dass ein Elternteil das Kind gegen den Willen des (Mit-)Sorgeberechtigten in einen anderen Staat verbringt, um es der »Zugriffsmöglichkeit« des anderen Elternteils zu entziehen. Beabsichtigt ist hiermit häufig eine endgültige faktische Trennung des Kindes vom anderen Elternteil, nicht zuletzt aber auch die Umgehung der Gerichtsbarkeit des ursprünglichen Aufenthaltsstaates.

26

Um dem wirkungsvoll zu begegnen, wurde das HKiEntÜ[84] geschaffen und dieses nunmehr durch Art. 11 EheVO ergänzt und modifiziert, wodurch eine **rasche Rückführung** widerrechtlich in einen Vertragsstaat verbrachter oder dort zurückgehaltener Kinder erstrebt wird. Die nach diesem Übereinkommen getroffene Maßnahme soll nicht eine Entscheidung über das Sorgerecht vorwegnehmen,[85] sondern gerade ermöglichen, dass am bisherigen Aufenthaltsort nach den dort geltenden Regeln über die elterliche Sorge entschieden werden kann.[86] Somit ist es nicht Aufgabe des zur Entscheidung berufenen Richters zu prüfen, welcher Elternteil das Sorgerecht erhalten soll,[87] um mit dieser Erwägung den Rückführungsantrag abzulehnen. Das Gericht hat vielmehr grds. nur die Frage zu beantworten, ob die Rückführungsvoraussetzungen vorliegen und evtl. Ausnahmen von der Rückführungs-

---

80 *Schumacher*, FamRZ 2001, 953, 957; *Schwab/Motzer*, VIII Rn 138.
81 *Palandt – Heldrich*, Art. 15 EGBGB Rn 26.
82 Zu Einzelheiten vgl. die Kommentierung bei *Palandt – Heldrich*, zu Art. 15 EGBGB und die Darstellung bei *Bergerfurth/Rogner*, Rn 621 f.
83 Bei Ehegatten gemeinsamer Nationalität besteht diese Gefahr ebenso, wenn sie nicht im Heimatstaat leben und im Zusammenhang mit der Scheidung oder Trennung ein Ehegatte eine Rückkehr dorthin beabsichtigt, während der andere Ehegatte mit dem Kind im Gastland verbleiben möchte.
84 Haager Übereinkommen über die zivilrechtlichen Aspekte internationaler Kindesentführung; BGBl 1990 II, 206; abgedruckt bei *Palandt – Heldrich*, Anhang zu Art. 24 EGBGB Rn 59 ff.
85 OLG Celle FamRZ 1995, 955; AG Würzburg FamRZ 1998, 1320; *Palandt – Heldrich*, Anhang zu Art. 24 EGBGB Rn 61.
86 *Wohlfahrt*, Band 1 § 3 Rn 290.
87 *Oelkers*, § 11 Rn 42.

pflicht bestehen.[88] Davon ausgehend, dass eine Rückführung des Kindes in aller Regel dem Kindeswohl am besten entspricht, ist es Zweck des Gesetzes für eine schnelle Rückführung zu sorgen – ohne langwierige Prüfung der Voraussetzungen einer Sorgerechtsregelung.[89] Das Hauptsacheverfahren ist nach dem HKiEntÜ **beschleunigt** zu führen (vgl. Art. 2 S. 2, 11 Abs. 1 HKiEntÜ, Art 11 Abs. 3 EheVO). Es soll eine schnelle Reaktion auf widerrechtliche Selbsthilfe ermöglichen.[90] Um dieser Forderung gerecht zu werden, sieht das u.a. hierzu erlassene Ausführungsgesetz (IntFamRVG[91]) in § 15 den Erlass einstweiliger Anordnungen vor.

I. Inhalt der einstweiligen Anordnung nach § 15 IntFamRVG

27 § 15 IntFamRVG legt den Zweck der einstweiligen Anordnung fest. Es sollen mit ihrer Hilfe Gefahren von dem Kind abgewendet und/oder **Beeinträchtigungen der Interessen der Beteiligten** vermieden werden. Insbesondere soll der Aufenthaltsort des Kindes während des Verfahrens gesichert, aber auch die Vereitelung oder Erschwerung der Rückgabe verhindert werden. Hieraus und aus dem Umstand, dass das Hauptsacheverfahren auf Rückgabe selbst schon als Eilverfahren ausgestaltet ist, resultiert, dass die Entscheidung der einstweiligen Anordnung **grds. nicht auf Herausgabe** des Kindes lauten kann.[92] Ansonsten würde die Hauptsacheentscheidung vorweggenommen. Die einstweilige Anordnung wird somit **Gebote oder Verbote zur Sicherung der Rückführung** anordnen wie z.B. die Herausgabe der Ausweispapiere[93] oder auch das Verbot, mit dem Kind das Bundesgebiet zu verlassen.

Andererseits ist zu beachten, dass die zu erlassende einstweilige Anordnung dem Ziel des Übereinkommens nicht widersprechen und somit die Herausgabe des Kindes nicht erschweren darf.[94]

Als Maßnahmen der Gefahrenabwehr sind Anordnungen denkbar, die sich auf die Gesundheitsfürsorge des Kindes,[95] aber auch auf Kontaktverbote oder -gebote (etwa mit dem anderen Sorgeberechtigten)[96] etc. beziehen.

---

[88] Im Einzelnen hierzu vgl. die Kommentierung bei *Palandt – Heldrich,* Anhang zu Art. 24 EGBGB Rn 59 ff. und die Darstellungen bei *Wohlfahrt,* Band 1 § 3 Rn 290; *Oelkers,* § 11 Rn 42 ff.
[89] Hierzu und zur Kritik an der häufig geübten Praxis vgl. *Weber,* NJW 2000, 267.
[90] *Palandt – Heldrich,* Anhang zu Art. 24 EGBGB Rn 61 mit Hinweis auf *Klein,* IPR 1997, 107.
[91] Gesetz zur Aus- und Durchführung bestimmter Rechtsinstrumente auf dem Gebiet des internationalen Familienrechts (Internationales Familienrechtsverfahrensgesetz – IntFamRVG); BGBl 2005 I, 162.
[92] *Jorzik,* S. 232 f.; *Börger/Bosch/Heuschmid,* § 4 Rn 278.
[93] Vgl. jedoch OLG Karlsruhe FamRZ 1996, 424, das die Auffassung vertritt, die Anordnung der Hinterlegung des Passes sei unzulässig.
[94] Vgl. hierzu BVerfG FamRZ 1996, 405; 1996, 479.
[95] *Börger/Bosch/Heuschmid,* § 4 Rn 278: Behandlung durch Ärzte im Krankenhaus.
[96] Hierbei ist selbstverständlich zu erwägen, ob ein Kontakt des anderen Elternteils mit dem Kind in dieser regelmäßig spannungsgeladenen Situation nicht eine Gefahr für das Kindeswohl mit sich bringt.

II. Verfahrensvoraussetzungen/Verfahrensablauf

§ 15 Halbs. 2 IntFamRVG ordnet eine entsprechende Anwendung des § 621g ZPO an, der wiederum auf §§ 620a bis 620g ZPO verweist. Demzufolge ist eine **Antragstellung** zulässig, sobald ein Hauptsacheantrag nach dem HKiEntÜ oder ein hierauf gerichteter PKH-Antrag (§ 621g S. 1 ZPO) gestellt ist. 28

Ein Antrag ist jedoch nicht stets erforderlich. Nach § 15 IntFamRVG kommt der Erlass einer einstweiligen Anordnung auch **von Amts wegen** in Betracht.

Zuständig für die Entscheidung über den Hauptsacheantrag und damit auch für den Erlass der einstweiligen Anordnung ist für jeden Bezirk eines OLG das **Familiengericht am Sitz des OLG** (§§ 11, 12 Abs. 1 IntFamRVG). Jedoch ermächtigt das Gesetz die Landesregierungen, durch Rechtsverordnung hiervon abweichend ein anderes Familiengericht des Oberlandesgerichtsbezirks oder, wenn in einem Land mehrere Oberlandesgerichte errichtet sind, ein Familiengericht für die Bezirke aller oder mehrerer Oberlandesgerichte zu bestimmen (§ 12 Abs. 3 IntFamRVG). 29

Maßgeblicher Zeitpunkt für die Feststellung der örtlichen Zuständigkeit ist grds.[97] der Eingang des Gesuches beim Generalbundesanwalt (§ 11 Nr. 1, § 3 Abs. 1 IntFamRVG); spätere Änderungen des Aufenthaltes sind bedeutungslos (perpetuatio fori).[98]

Der **Verfahrensablauf** richtet sich nach §§ 620a bis 620g ZPO. Insoweit wird auf § 3 Rn 51 ff. verwiesen. 30

Anwaltszwang besteht jedoch auch im Rahmen einer mündlichen Verhandlung **nicht**.[99]

Regelmäßig wird nach § 50 FGG ein **Verfahrenspfleger** zur Wahrnehmung der Interessen des Kindes zu bestellen sein.[100]

Das **Regelungsbedürfnis** ist hier besonders streng zu prüfen. Das Hauptverfahren ist selbst als Eilverfahren ausgestaltet. Somit muss ein dringendes Einschreiten geboten sein, das ein Zuwarten nicht zulässt, obwohl regelmäßig davon auszugehen ist, dass das Hauptsacheverfahren in zügiger Art und Weise erledigt werden wird (vgl. die Sechs-Wochenfrist aus Art. 11 Abs. 2 HKiEntÜ, Art. 11 Abs. 3 S. 2 EheVO). Lässt sich jedoch absehen, dass eine Verfahrensverzögerung eintritt, wird das Regelungsbedürfnis eher anzunehmen sein.[101] 31

---

97 Vgl. auch den Ausnahmefall des § 11 Nr. 2 IntFamRVG.
98 *Weber*, NJW 2000, 267.
99 *Gießler/Soyka*, Rn 1121; anders bei der einstweiligen Anordnung nach § 620 ZPO – vgl. § 2 Rn 101.
100 BVerfG FamRZ 1999, 85 zum Fall gegenläufiger Rückführungsanträge.
101 Vgl. das Beispiel von *Gießler/Soyka*, Rn 1120: dem Antragsteller wird die Vorlage einer Widerrechtlichkeitsbescheinigung nach Art. 15 HKiEntÜ aufgegeben.

III. Entscheidung

32 Bei der Entscheidungsfindung ist zu beachten, dass eine Vorwegnahme der Hauptsache grds. unterbleiben muss.[102]

Auch ist die Erfolgsaussicht des Hauptsacheantrags auf Rückgabe des Kindes nur insoweit von Bedeutung, als ein **offensichtlich erfolgloser** Antrag den Erlass einer einstweiligen Anordnung verhindert. Eine umfassende Prüfung des Hauptsacheantrages dagegen widerspricht dem Charakter der Eilmaßnahme.[103]

Eine gesonderte Kostenentscheidung ergeht grds. nicht, denn es greift diesbezüglich die Regelung des § 620g ZPO.

Die Vollstreckung der Entscheidung folgt § 44 IntFamRVG.

IV. Rechtsbehelfe

33 Eine Anfechtung der einstweiligen Anordnung scheidet kraft Gesetzes aus (§ 15 Halbs. 2 IntFamRVG, §§ 621g S. 2, 620c S. 2 ZPO).

In Betracht kommt jedoch ein Antrag auf erneute Entscheidung nach mündlicher Verhandlung bzw. auf Abänderung der getroffenen Entscheidung (§ 15 Halbs. 2 IntFamRVG, §§ 621g S. 2, 620b ZPO).[104]

V. Außer-Kraft-Treten der einstweiligen Anordnung

34 Das Außer-Kraft-Treten der einstweiligen Anordnung richtet sich nach der für entsprechend anwendbar erklärten Regelung des § 620f ZPO. Somit greift diese Folge, sobald die Hauptsacheentscheidung zur Kindesherausgabe wirksam, also gemäß § 40 Abs. 1 IntFamRVG rechtskräftig wird.

Wird das Verfahren nach Antragsrücknahme oder anderweitig (etwa durch Erreichen der Altersgrenze von 16 Jahren – Art. 4 HKiEntÜ) erledigt, tritt die einstweilige Anordnung ebenfalls außer Kraft.

VI. Prozesskostenhilfe

35 § 43 IntFamRVG regelt die Anwendbarkeit der §§ 114 ff. ZPO.

---

102 S.o. § 14 Rn 26.
103 *Gießler/Soyka*, Rn 1122.
104 Zum Verfahrensablauf insoweit vgl. § 3 Rn 79 ff.

Stichwortverzeichnis

Fette Zahlen bezeichnen die Kapitelnummer, magere Zahlen die Randnummer innerhalb des Kapitels

Abänderung
- Begründung **2** 154, 311
- einstweilige Anordnung Ehewohnung **5** 78
- einstweilige Anordnung GewSchG **6** 80, 129
- einstweilige Anordnung Hausrat **4** 41, 85
- einstweilige Anordnung im Kindschaftsprozess **2** 382 ff.
- einstweilige Anordnung Sorgerecht **2** 83
- einstweilige Anordnung Unterhalt **2** 151, 311, 382
- einstweilige Anordnung zu Prozesskostenvorschuss **2** 582
- einstweilige Anordnung zur Herausgabe persönlicher Gegenstände **9** 42, 74
- Interimsvergleich **2** 385
- Leistungsverfügung **2** 484
- Leistungsverfügung § 1615o BGB **2** 531
- Verfahrensablauf **2** 164, 311
- Vergleich **2** 169; **5** 79
- Verhältnis zu Hauptsacheklagen **2** 163, 314
- Verhältnis zu weiteren Rechtsbehelfen **2** 160, 311, 388
- von Amts wegen **3** 83
- vorläufige Anordnung **3** 245 ff.
- zeitliche Begrenzung **2** 158, 311
Abfindungsanspruch nach § 1587l BGB
- Sicherung **11** 23
Ablauf des Verfahrens
- Arrest **12** 41 ff.; **13** 40
- Ehestörungen **8** 20
- Ehewohnung **5** 62 ff.
- einstweilige Anordnung im FGG-Bereich **4** 77
- einstweilige Anordnung Kindschaftsprozess **2** 371 ff.
- einstweilige Anordnung nach § 3a Abs. 9 S. 3 VAHRG **11** 13 ff.

- Getrenntleben **7** 28
- Gewaltschutz **6** 67 ff., 114 ff., 157
- Herausgabe persönlicher Gegenstände **9** 34 ff., 64 ff.
- Veräußerungsverbot **10** 18, 32
Abtrennung Folgesache **3** 155
Allgemeines Persönlichkeitsrecht **7** 11
Amtsermittlung **1** 9, 33
Amtsermittlungsprinzip **3** 48
Anderweitige Regelung
- bei elterlicher Sorge **3** 125
- bei Kindesherausgabe **3** 129
- bei Umgangsrecht **3** 126
- Wirksamwerden **3** 122
Anfechtung *siehe* Rechtsbehelfe
Angebot zur Darlehensgewährung **2** 252
Angelegenheiten des täglichen Lebens **3** 146
Anhängigkeit
- Ehesache **2** 4 ff.; **3** 3; **4** 3
- Hauptsacheverfahren Hausrat **4** 50
- isolierte Hauptsache **2** 259, 261 ff.
- Lebenspartnerschaftssache **2** 11; **4** 4
- Prozesskostenhilfeantrag **2** 4
- Vaterschaftsklage **2** 320
Annäherungsverbote *siehe* Näherungsverbot
Anschlussbeschwerde **3** 110; **5** 83
Antrag
- anwaltliche Vertretung **2** 75, 292, 360, 443, 512, 574, 617; **3** 47, 165; **4** 23, 75; **5** 30, 107; **6** 62, 109, 153; **7** 23; **8** 13; **9** 28, 59, 94; **11** 10; **12** 25; **13** 33
- Arrest **12** 24
- auf einstweilige Verfügung **2** 441 ff.
- Bestimmtheit **2** 289
- Bindungswirkung **3** 63
- Ehestörungen **8** 11
- Ehewohnung **5** 105, 125, 28 ff.

665

Stichwortverzeichnis

- einstweilige Anordnung nach § 3a Abs. 9 S. 3 VAHRG
  - – Form **11** 10; **12** 25, **13** 33
  - – Inhalt **11** 11
- einstweilige Anordnung Prozesskostenvorschuss **2** 574 ff.
- Elterliche Sorge, Umgangsrecht, Kindesherausgabe **3** 44
- FGG-Angelegenheiten **3** 163
- Form **2** 75, 292, 360, 443, 512; **3** 47, 165, 167; **4** 23, 75; **5** 30; 107; **6** 62, 153, 109; **7** 23; **8** 13; **9** 28, 59, 94
- Gegenstände des persönlichen Gebrauchs **9** 92, 26 ff.
- Getrenntleben **7** 21
- Gewaltschutz **6** 60, 151
- Hausrat **4** 21, 71
- Herausgabe persönlicher Gegenstände **9** 57 ff.
- Inhalt bei § 1615o BGB **2** 513
- Inhalt bei § 620 Nr. 4, 6 **2** 76 f.
- Inhalt bei § 641d ZPO **2** 361 f.
- Inhalt bei § 644 ZPO **2** 293
- Inhalt bei einstweiliger Verfügung **2** 444 ff.
- Leistungsverfügung (§ 1615o BGB) **2** 510 ff.
- Prozesskostenvorschuss **2** 617
- Prozesskostenvorschuss (FGG-Angelegenheiten) **2** 604
- Sachantrag **2** 355
- Sachantrag bei § 620 Nr. 4, 6 ZPO **2** 69
- streitige FGG-Angelegenheiten **4** 21
- Umstellung an Sozialhilfeträger **2** 71, 358
- Unterhalt **2** 68, 289
- Unterhalt nichteheliches Kind **2** 355
- Veräußerungsverbot **10** 15, 30
- Verfahrensantrag **3** 45; **4** 73

Antrag auf mündliche Verhandlung
- anwaltliche Vertretung **2** 139, 310
- Begründung **2** 140; **3** 80
- Ehewohnungsanordnung **5** 77
- elterliche Sorge, Umgangsrecht, Herausgabe des Kindes **3** 79
- Gewaltschutzanordnung **6** 80, 129
- Hausratsanordnung **4** 40, 85
- Unterhaltsanordnung **2** 137 ff., 310
- Verfahren **2** 146 ff., 309
- Verhältnis zu Hauptsacheklagen **2** 145, 314
- Verhältnis zu weiteren Rechtsbehelfen **2** 145
- zeitliche Beschränkung **2** 142

Antragsbefugnis
- Arrest **12** 25
- Ehestörungen **8** 12
- Ehewohnung **5** 29, 106, 126
- einstweilige Anordnung nach § 3a Abs. 9 S. 3 VAHRG **11** 9
- FGG-Angelegenheiten **3** 164; **4** 74
- Getrenntleben **7** 22
- Gewaltschutz **6** 61, 108, 152
- Hausrat **4** 22
- Herausgabe von Gegenständen des persönlichen Gebrauchs **9** 27, 58, 93
- Leistungsverfügung **2** 442
- Leistungsverfügung (§ 1615o BGB) **2** 511
- Prozesskostenvorschuss **2** 575
- Sorgerecht **3** 46
- Unterhalt **2** 72, 290, 356

Anwaltliche Vertretung **2** 75, 101, 300, 374, 464, 519; **3** 56, 105 f., 171, 186, 231; **4** 23, 33, 79; **5** 30, 64, 107; **6** 62, 69, 116, 153; **7** 28; **8** 13; **9** 28, 36, 59, 94, 66; **11** 15; **12** 46; **13** 33, 41

Anwaltsgebühren **3** 184, 241

Arrest
- Ansprüche aus Ehewohnungsverfahren **5** 137
- Antrag **12** 24 ff.
- Antragsschrift
  - – Inhalt **12** 26 ff.
- Aufhebung wegen veränderter Umstände **12** 121
  - – maßgebliche Umstände **12** 127
  - – Verfahrensablauf **12** 129
- Aufhebung wegen Versäumung der Klagefrist **12** 93
  - – Ablauf des Anordnungsverfahrens **12** 103, 112

Stichwortverzeichnis

– – Anordnungsverfahren **12** 94 ff., 107
– – Entscheidung im Anordnungsverfahren **12** 104, 113
– Ausgleichsforderung der Lebenspartner **12** 10
– Ausgleichsforderung nach Beendigung des Güterstandes **12** 9
– Ehegattenunterhalt **13** 9 ff.
– Entscheidung
 – – Förmlichkeiten **12** 48
 – – Inhalt **12** 51 ff.
– Familienunterhalt **13** 10
– Förmlichkeiten der Entscheidung **13** 41
– Inhalt der Arrestanordnung **12** 12
– Kindesunterhalt **13** 6 ff.
– künftige Ausgleichsforderung **12** 4
– nachehelicher Unterhalt **13** 12 f.
– Rechtsbehelfe
 – – Antragsgegner **12** 72 ff.
 – – Antragsteller **12** 71
– Sicherung des Anspruchs nach § 1389 BGB **12** 161
– Sicherung des Unterhalts **13** 1 ff.
– Sicherung von Ansprüchen aus dem Hausratsverfahren **4** 130
– Sicherung von Schadensersatzforderungen aus verbotswidrigen Geschäften **10** 35
– Trennungsunterhalt **13** 11 f.
– Unterhalt
 – – Antrag **13** 31
 – – Antragsbefugnis **13** 32
 – – Anwendungsbereich **13** 5
 – – Entscheidung **13** 41
 – – Inhalt der Antragsschrift **13** 34
 – – Inhalt der Arrestanordnung **13** 19
 – – materielle Voraussetzungen **13** 37 f.
 – – Verfahrensablauf **13** 40
– Unterhalt des Lebenspartners **13** 14
– Unterhalt eines Elternteils eines nichtehelichen Kindes **13** 16 ff.
– Verkündung/Mitteilung **12** 55
– Verwandtenunterhalt **13** 15
– Widerspruch **12** 75 ff.
 – – Verwirkung **12** 76
 – – Zulässigkeit **12** 75 ff.

– Zugewinnausgleich **12** 3 ff.
Arrestanspruch **12** 30
Arrestgrund **13** 27
– Zugewinnausgleich, Ausgleichsgemeinschaft (LPart) **12** 18
Aufenthaltsbestimmungsrecht **3** 7, 11
Aufhebung
– einstweilige Anordnung Prozesskostenvorschuss **2** 382 ff., 582
Aufhebung wegen veränderter Umstände
– Leistungsverfügung **2** 485
– Leistungsverfügung (§ 1615o BGB) **2** 532
Aufhebung wegen Versäumung der Einleitung des Rechtfertigungsverfahrens
– Leistungsverfügung **2** 486
Aufhebung wegen Versäumung der Klagefrist
– Arrest **12** 93
– Leistungsverfügung **2** 484 ff.
– Leistungsverfügung (§ 1615o BGB) **2** 529
Aufhebungsverfahren
– Verfahrensablauf **2** 489
– Verhältnis zu sonstigen Rechtsbehelfen **2** 488
Ausgleich des Überschusses (LPart)
– Arrest **12** 3 ff., 10
Ausgleichsgemeinschaft **10** 1
Auslandsbezug
– materielles Recht **14** 20 ff.
 – – Belästigungsverbote **14** 23 f.
 – – Ehewohnung **14** 23
 – – elterliche Sorge **14** 21
 – – Güterrecht **14** 25
 – – Hausrat **14** 23
 – – Unterhalt **14** 22
– Verfahrensrecht **14** 19
Außer-Kraft-Treten
– Abweisung Hauptsacheantrag **2** 233
– anderweitige Regelung **2** 201 ff., 315, 390, 393, 584; **3** 125 ff., 188
– Anordnung zu Prozesskostenvorschuss **2** 584 ff.
– Anordnung zur Herausgabe persönlicher Gegenstände **9** 43, 76

667

Stichwortverzeichnis

- Arrest **12** 139; **13** 46
- aufgrund Bereicherungsklage **2** 208
- bei Abweisung Hauptsacheantrag **2** 316
- bei Abweisung PKH-Antrag **2** 232
- bei Anerkenntnis der Vaterschaft **2** 396
- bei Antragsrücknahme in der Hauptsache **3** 189
- bei Erledigterklärung **2** 585
- bei Erledigung der Hauptsache **2** 235; **3** 190
- bei Feststellungsklage **2** 396
- bei Klageabweisung **2** 395, 585
- bei Klagerücknahme **2** 585
- bei Leistungsklage **2** 206
- bei negativer Feststellungsklage **2** 207, 393
- bei Rückforderungsklage **2** 248
- bei Rücknahme Hauptsacheantrag **2** 229, 316
- bei Rücknahme PKH-Antrag **2** 231
- bei Rücknahme Vaterschaftsklage **2** 395
- bei Tod einer Partei **2** 235, 398
- bei Vaterschaftsanfechtungsklage **2** 218
- bei Wirksamwerden anderweitiger Regelung **2** 203, 209, 315; **3** 188
- Ehewohnungsanordnung **5** 87, 118
- einstweilige Anordnung nach § 3a Abs. 9 S. 3 VAHRG **11** 20
- einstweilige Verfügung zu Ehestörungen **8** 22
- Feststellung **2** 237, 318, 399, 586; **3** 191, 130
- Gegenstände des persönlichen Gebrauchs (einstweilige Verfügung) **9** 99
- Getrenntlebensanordnung **7** 34
- Gewaltschutz (einstweilige Verfügung) **6** 159
- Gewaltschutzanordnung **6** 81 ff., 130 ff.
- Hausratsanordnung **4** 44, 86 ff.
- Kongruenz der Regelungsbereiche der einstweiligen Anordnung und der Hauptsache **2** 204 f., 223
- Leistungsverfügung **2** 494
- Leistungsverfügung (§ 1615o BGB) **2** 533

- nach Rechtskraft der Scheidung **2** 225, 317
- Schadensersatz **2** 247, 251
- Sorgerechtsanordnung **3** 187
- Unterhaltsanordnung **2** 389 ff.
- Volljährigkeit **2** 222
- vorläufige Anordnung **3** 263 ff.

Aussetzung der Vollziehung
- Ehewohnungsanordnung **5** 86
- Sorgerechtsanordnung **3** 77, 112, 119
- Unterhaltsanordnung **2** 132, 176 ff., 309
- Verhältnis zu § 769 ZPO **2** 182
- vorläufige Anordnung **3** 262

Barunterhalt **2** 268
Bedingung **3** 179
Befristung
- einstweilige Anordnung Sorgerecht **3** 179
- Unterhalt **2** 31
- Wohnungszuweisung **6** 38
Begründung
- § 621g ZPO **3** 180
- einstweilige Anordnung Hausratsentscheidung **4** 37
Behauptungslast **1** 32 ff.
Bekanntgabe
- Hausratsanordnung **4** 80
- Sorgerechtsanordnung **3** 173
- vorläufige Anordnung **3** 237
Belästigungsverbote
- Abgrenzung **6** 30, 52 ff.
- Gewaltschutz **6** 40
- – einstweilige Verfügung **6** 144 ff.
- – Regelungsbedürfnis **6** 58, 105
- – im Zusammenhang mit Ehewohnung **5** 16
- zum Getrenntleben
- – materielle Voraussetzungen **7** 7, 26, 36
- – Regelungsbedürfnis **7** 20
- – Regelungsinhalt **7** 8 ff.
Belästigungsverbote bei Misshandlung eines Kindes **3** 213; **6** 95

Stichwortverzeichnis

Beschluss
- Ehewohnung
  - – – Förmlichkeiten **5** 66, 113
  - – – Inhalt **5** 68, 115
  - – einstweilige Anordnung nach § 3a Abs. 9 S. 3 VAHRG **11** 17
- Getrenntleben
  - – – Inhalt **7** 31
- Getrenntleben/Belästigungsverbote
  - – – Förmlichkeiten **7** 29
- Gewaltschutz
  - – – Förmlichkeiten **6** 73, 119
  - – – Inhalt **6** 75, 122
- Hausrat **4** 37, 79
  - – – Inhalt **4** 82
- Herausgabe persönlicher Gegenstände
  - – – Förmlichkeiten **9** 39, 69
  - – – Inhalt **9** 40
- Sorgerecht
  - – – Förmlichkeiten **3** 173
- Unterhalt
  - – – Förmlichkeiten **2** 108 f.
  - – – Inhalt **2** 113, 306, 377

Beschwerde
- gegen vorläufige Anordnung **3** 245 ff., 253 ff.

Beschwerdeberechtigung
- bei vorläufiger Anordnung **3** 255

Beschwerdeverfahren
- bei vorläufiger Anordnung **3** 256 ff.

Beteiligte
- Ehewohnungsanordnung **5** 62, 111
- einstweilige Verfügung (Ehestörungen) **8** 20
- Getrenntleben **7** 28
- Gewaltschutz **6** 67, 114
- Hausrat **4** 77
- Hausratsanordnung **4** 32
- Herausgabe persönlicher Gegenstände **9** 34, 64
- im formellen Sinn **3** 169 f.
- im materiellen Sinn **3** 169 f.
- Sorgerechtsanordnung **3** 51, 168 ff.
- Unterhaltsanordnung **2** 92, 296

- Unterhaltsanordnung (Kindschaftsverfahren) **2** 371
- vorläufige Anordnung **3** 168 ff.

Beweisaufnahme
- Arrest **12** 47; **13** 41
- Ehewohnungsverfahren **5** 65
- einstweilige Anordnung nach § 3a Abs. 9 S. 3 VAHRG **11** 16
- einstweilige Verfügung **2** 465
- Getrenntleben/Belästigungsverbote **7** 28
- Gewaltschutzverfahren **6** 70, 117
- Hausratsverfahren **4** 34, 79
- Herausgabe persönlicher Gegenstände **9** 37, 67
- Leistungsverfügung (§ 1615o BGB) **2** 520
- Sorgerechtsverfahren **3** 57, 172
- Unterhaltsverfahren **2** 102 f., 301
- vorläufige Anordnung **3** 232

Beweisführungslast **1** 33, 35
Beweislast **6** 33
Beweismittel
- streitige FGG-Angelegenheiten **4** 24

Bindungen des Kindes **3** 66
Bindungswirkung **3** 175 f.

Darlegungslast **1** 32, 35; **6** 33
Deckungsgleichheit **3** 135 f.
- einstweilige Anordnung und Hauptsache **6** 90

Dienende Maßnahme **3** 13; **3** 239
Dinglicher Arrest **12** 12
Drohung
- Verletzung von Leben, Körper, Gesundheit, Freiheit **6** 42

Ehestörungen **7** 3; **8** 1 ff.
- einstweilige Verfügung **8** 1
  - – – persönlicher Wirkungsbereich **8** 5
- einstweilige Verfügung Regelungsinhalt **8** 6
- materielle Voraussetzungen **8** 14

Ehewohnung
- Anhängigkeit isolierte Hauptsache **5** 89
- Aufteilung **5** 10

Stichwortverzeichnis

- begleitende Anordnungen **5** 16
- Begriff **5** 34
- Belästigungsverbote **5** 17
- Beseitigung der Besitzstörung **5** 120
- Durchführung der Ehewohnungszuweisung **5** 16
- Eingriff in Eigentum **5** 13
- Eingriff in Mietverhältnis **5** 13
- einstweilige Anordnung **5** 4 ff.
- gemeinsames Eigentum **5** 9
- nach Rechtskraft der Scheidung **5** 58
- Nutzungszuweisung **5** 10 ff.
- persönlicher Wirkungsbereich **5** 5, 93
- Räumungstitel gegen Dritte **5** 15
- Regelungsinhalt einstweilige Anordnung **5** 6 ff., 94
- Regelungsinhalt einstweilige Verfügung **5** 122
- Übersicht zu Maßnahmen des einstweiligen Rechtsschutzes **5** 3
- unbillige Härte **5** 35, *siehe auch dort*
- Veräußerungsverbot **5** 17
- Verhinderung der Verfügung über die **5** 13, 17
- vertraglicher Überlassungsanspruch **5** 59
- Wohnungsaufteilung **5** 17

Ehewohnungszuweisung
- materielle Voraussetzungen **5** 33
- Regelungsbedürfnis **5** 26
- Regelungsbedürfnis (GewSchG) **6** 58, 105

Ehre **7** 11

Eilverfahren **1** 8

Einstweilige Anordnung
- § 6 Abs. 2 SorgeRÜbkAG **14** 27 ff.
- – – Außer-Kraft-Treten **14** 34
- – – Entscheidung **14** 32
- – – Inhalt **14** 27
- – – Rechtsbehelfe **14** 33
- – – Verfahrensablauf **14** 28
- Begriff **1** 5
- Begründung **2** 115, 307
- Belästigungsverbote **6** 21 ff.; **7** 5 ff.
- elterliche Sorge **3** 3 ff.
- Förmlichkeit der Entscheidung **2** 377

- Gegenstände des persönlichen Gebrauchs **9** 4 ff., 44 ff.
- Getrenntleben **7** 5 ff.
- Gewaltschutz **6** 4 ff., 89 ff.
- Hausrat **4** 3 ff.
- Herausgabe des Kindes **3** 3 ff.
- Kontaktverbote **6** 23, 24
- Näherungsverbote **6** 21, 22
- Sorgerecht
- – – Inhalt **3** 6
- Stundung der Ausgleichsforderung (§ 53a FGG) **12** 169 ff.
- – – Rechtsbehelfe **12** 176
- – – Regelungsinhalt **12** 170
- – – Verfahrensablauf **12** 173
- – – Vollstreckung **12** 175
- Übertragung von Vermögensgegenständen **12** 169 ff.
- – – Rechtsbehelfe **12** 176
- – – Regelungsinhalt **12** 171
- – – Verfahrensablauf **12** 173
- – – Vollstreckung **12** 175
- Umgangsrecht **3** 3 ff.
- Unterhalt
- – – Inhalt **2** 12 ff., 18 ff., 266 ff.
- – – zeitliche Beschränkung **2** 28 ff.
- Wohnungszuweisung (GewSchG) **6** 29, 37 ff.

Einstweilige Verfügung
- Belästigungsverbote **7** 38 ff.
- Bindung an Parteianträge **2** 469
- Ehestörungen **8** 1 ff.
- Ehewohnungsangelegenheiten **5** 120
- – – Inhalt **5** 122
- Förmlichkeiten der Entscheidung **2** 467
- gegen Dritte (Hausrat) **4** 107, 124
- gegen Ehepartner (Hausrat) **4** 93 ff., 116 ff.
- Gegenstände des persönlichen Gebrauchs **9** 78 ff.
- – – persönlicher Wirkungsbereich **9** 80
- – – Regelungsinhalt **9** 83
- Gewaltschutz **6** 138 ff.
- – – persönlicher Wirkungsbereich **6** 140 ff.

Stichwortverzeichnis

- Hausrat **4** 91 ff.
- Kind gegen Elternteil (persönliche Gegenstände) **4** 114
- Kosten **2** 473
- Prozesskostenvorschuss **2** 608 ff.
- Unterhalt **2** 469 ff.
- Verhinderung der Verfügung über Hausrat **4** 91, 115 ff.
- Verkündung **2** 475
- vorläufige Vollstreckbarkeit **2** 474
- Zugewinnausgleich **12** 162 ff.
-- güterrechtliche Veräußerungsverbote **12** 166
-- Leistung **12** 162
-- Sicherung der Ausgleichsforderung nach § 1389 **12** 165
-- Verhinderung schädigender Verfügungen **12** 167

Einstweilige Verfügung (§ 1615o BGB) **2** 498 ff.
- § 1615o BGB und andere Mittel einstweiligen Rechtsschutzes **2** 504 ff.
- Hinterlegung des Unterhalts **2** 501, 525, 527
- Inhalt **2** 500 ff.
- Kindesunterhalt **2** 500
- Regelungsbedürfnis **2** 509
- Regelungsumfang **2** 523
- und Hauptsacheverfahren **2** 499
- Unterhalt für den Vater **2** 501
- Unterhalt für die Mutter **2** 501
- Verfügungsgrund **2** 509
- zeitliche Begrenzung **2** 524, 526

Einzelanordnungen
- Sorgerecht **3** 67

Elementarunterhalt **2** 25, 268, 327

Elterliche Sorge
- Antragserfordernis **3** 13 ff.
- bei Anhängigkeit Ehesache **3** 6 ff.
- bei Anhängigkeit isolierte Familiensache **3** 132 ff.
- bei Anhängigkeit Lebenspartnerschaftssache **3** 4
- dienende Maßnahme **3** 13
- gemeinschaftliches Kind **3** 6
- kleines Sorgerecht **3** 143

- Lebenspartner **3** 143
- persönlicher Wirkungsbereich **3** 137 f.
- Regelungsinhalt **3** 5 ff., 137 ff.
- Teilregelungen **3** 10 ff.
- Vorläufige Anordnung **3** 15

Entführungsfälle
- Auslandsbezug **14** 26

Familienunterhalt **2** 18
Feststellung des Bestehens der Vaterschaft **2** 323
Feststellungslast **1** 33
FGG-Familiensachen
- Begriff **1** 6
Förderungsprinzip **3** 66
Fortgesetzte Errungenschaftsgemeinschaft **10** 4
Freiheitsverletzung **6** 9, 32
Freiwillige Leistungen Dritter **2** 328, 336

Gebote
- Ehewohnung **5** 16
- Ehewohnung und begleitende Maßnahmen **5** 17
- Gewaltschutz **6** 19 ff.
- Umgangsrecht **3** 73
Gegenstände des persönlichen Gebrauchs **4** 28, 58; **9** 10 ff.
- Anhängigkeit Hauptsacheverfahren **9** 45
- Beschluss Inhalt **9** 72
- einstweilige Anordnung (§ 50d FGG) **9** 44 ff.
-- persönlicher Wirkungsbereich **9** 49
-- Regelungsinhalt **9** 50
- einstweilige Anordnung (§ 620 Nr. 8 ZPO) **9** 4 ff.
-- persönlicher Wirkungsbereich **9** 6
-- Regelungsinhalt **9** 12
- einstweilige Verfügung **9** 78 ff.
- Herausgabeverpflichtung **9** 12
- materielle Voraussetzungen **9** 31
- Nutzungsgestattung **9** 12
- Regelungsbedürfnis **9** 24, 55, 90
- Verfügungsgrund **9** 90
Gehörsrüge **2** 17, **3** 101

671

Stichwortverzeichnis

Gemeinsame Wohnung
– Begriff **5** 34
Gemeinsame Wohnung der Lebenspartner *siehe* Ehewohnung
Gerichtsgebühren **3** 183, 241
Gesundheitsverletzung **6** 9, 32
Getrenntleben
– Anhängigkeit der Ehesache/Lebenspartnerschaftssache **7** 5
– einstweilige Anordnung **7** 5 ff., 8
– – persönlicher Wirkungsbereich **7** 7
– – Regelungsinhalt **7** 8 ff.
– materielle Voraussetzungen **7** 25
– Regelungsbedürfnis **7** 19
Gewaltschutz
– Anhängigkeit Ehesache **6** 4
– Anhängigkeit Hauptsacheverfahren **6** 90
– Anwendungsbereich § 620 Nr. 9 ZPO **6** 44 ff.
– einstweilige Anordnung **6** 4 ff.
– – allgemeines Persönlichkeitsrecht **6** 9
– – Befristung der Maßnahme **6** 28, 38
– – Belästigungen **6** 16 f.
– – Drohungen **6** 14
– – Eindringen in befriedetes Besitztum **6** 15
– – Inhalt der Regelungen **6** 19 ff., 37 ff., 97
– – Nachstellungen **6** 14
– – psychische Gewalt **6** 9
– – Verhältnismäßigkeit **6** 27
– – Verlängerung der Wirkungsdauer **6** 29, 38
– – Verletzung von Körper, Gesundheit, Freiheit **6** 9, 32
– – Voraussetzungen **6** 8 ff., 32 ff., 97
– – Wahrnehmung berechtigter Interessen **6** 26
– einstweilige Verfügung **6** 138 ff.
– getrennt lebende Ehegatten **6** 7, 94, 141
– persönlicher Wirkungsbereich **6** 5, 92
– vorläufige Anordnung **6** 137
Glaubhaftmachung **1** 23; **2** 618
– § 1615o BGB **2** 514
– Arrest **12** 31 ff.; **13** 38
– Beweisführung **1** 23 ff.

– Beweismaß **1** 23, 27
– Beweismittel **1** 23, 26
– Ehewohnungsanordnung **5** 31, 108
– einstweilige Anordnung Prozesskostenvorschuss **2** 576
– einstweilige Verfügung (Ehestörungen) **5** 127; **8** 17
– einstweilige Verfügung (Gegenstände des persönlichen Gebrauchs) **9** 95
– einstweilige Verfügung (GewSchG) **6** 154
– einstweilige Verfügung (Veräußerungsverbot) **10** 16, 31
– Getrenntleben/Belästigungsverbote **7** 27
– Gewaltschutz **6** 63, 66, 110
– Hausratsanordnung **4** 75
– Herausgabe persönlicher Gegenstände **9** 33, 60
– Leistungsverfügung **2** 447
– Leistungsverfügung (§ 1615o BGB) **2** 514
– Sorgerechtsanordnung **3** 48, 50, 167
– streitige FGG-Angelegenheiten **4** 24
– Unterhaltsanordnung **2** 78, 102, 294, 363
– vorläufige Anordnung **3** 232
Greifbare Gesetzeswidrigkeit **2** 173 f., 312, **3** 100; **4** 40
Gütergemeinschaft **10** 2
Güterrechtliche Verfügungsverbote **10** 1 ff.

Hauptsacheverfahren
– allgemein **1** 8
– bei Ehewohnungsanordnung **5** 4
– bei gemeinsamer Wohnung (LPart) **5** 4
– bei Hausratsanordnung **4** 50
– bei Unterhaltsanordnung **2** 261 ff., 320, 323
Haushalt, gemeinsamer
– auf Dauer angelegt **6** 6, 93
Hausrat
– Ausgleichszahlung **4** 10
– Begriff **4** 27
– Benutzung **4** 6, 8
– einstweilige Anordnung **4** 3 ff., 49 ff.
– einstweilige Verfügung **4** 91 ff.
– Herausgabe **4** 7, 9

672

Stichwortverzeichnis

– persönlicher Wirkungsbereich **4** 5, 55
– Regelungsinhalt **4** 5 ff., 10, 56
– Übersicht **4** 2
– vorläufige Anordnung **4** 89
Herausgabe
– sonstiger Gegenstände **4** 102
Herausgabe des Kindes
– bei Anhängigkeit Ehesache **3** 3
– Entführung **14** 26 ff.
– persönlicher Wirkungsbereich **3** 24, 153
– Regelungsbedürfnis **3** 43
– Regelungsinhalt **3** 25, 154
– Voraussetzungen **3** 25 ff.
– zum Umgang **3** 29
Herstellung des ehelichen Lebens **7** 1

Internationale Zuständigkeit *siehe* Zuständigkeit, internationale

Kindesentführung **14** 6, 10, 26 *siehe auch* einstweilige Anordnung § 6 Abs. 2 SorgeRÜbkAG
Kindeswille **3** 66
Kindeswohl **3** 64
Kleines Sorgerecht **3** 143
Konkurrenz **3** 135 f.
– Maßnahmen des einstweiligen Rechtsschutzes zu Hauptsacheverfahren und zu weiteren Mitteln des einstweiligen Rechtsschutzes *siehe* Verhältnis
Kontaktverbote **6** 40
– bei Misshandlung eines Kindes **3** 213; **6** 95
– einstweilige Verfügung **6** 144 ff.
– GewSchG **6** 40
– Regelungsbedürfnis (GewSchG) **6** 58, 105
Kontinuitätsprinzip **3** 66
Kooperationsbereitschaft **3** 66
Kooperationsfähigkeit **3** 66
Körperverletzung **6** 9, 32
Kosten
– Arrest **12** 54
– Ehewohnungsanordnung **5** 71, 115
– einstweilige Anordnung **2** 120
– Gewaltschutzanordnung **6** 75

– Hausratsanordnung **4** 38, 82
– Leistungsverfügung (§ 1615o BGB) **2** 527
– Sorgerechtsanordnung **3** 183
– Unterhaltsanordnung **2** 308, 379
– vorläufige Anordnung **3** 241 ff.
– Widerspruch **12** 88
Kostenpauschale
– Arrest **12** 53
Kündigung der Ehewohnung **5** 132
Kündigungsverbot
– bei Ehewohnungsanordnung **5** 17
– bei Maßnahme nach GewSchG **6** 39
Künftige Ausgleichsforderung
– Arrest **12** 4

Leistungsklage **2** 163, 188, 190, 314
Leistungsverfügung **2** 405 ff.
– Höhe des Unterhalts **2** 411 f.
– Inhalt **2** 407 ff.
– persönlicher Anwendungsbereich **2** 407
– sachlicher Anwendungsbereich **2** 408
– zeitliche Begrenzung **2** 418
Lösungssumme
– Arrest **12** 52
– Hinterlegung **12** 69

Mehrbedarf **2** 25, 268
Meistbegünstigung **3** 102
Mündliche Verhandlung
– anwaltliche Vertretung **2** 101, 374; **4** 79
– Arrest **12** 42; **13** 40
– Ehewohnungsanordnung **5** 62, 112
– einstweilige Verfügung **2** 460
– Getrenntleben/Belästigungsverbote **7** 28
– Gewaltschutz **6** 68, 115
– Hausratsanordnung **4** 32, 78
– Herausgabe persönlicher Gegenstände **9** 35, 65
– Leistungsverfügung (§ 1615o BGB) **2** 519
– Sorgerechtsanordnung **3** 52
– Unterhaltsanordnung **2** 93, 98 ff., 297, 372
– vorläufige Anordnung **3** 229

673

Stichwortverzeichnis

Nachehelicher Unterhalt **2** 18
Nachgeschalteter vorläufiger Rechtsschutz **1** 3
Näherungsverbote
– bei Ehewohnungsanordnung **5** 17
– einstweilige Verfügung **6** 144 ff.
– Gewaltschutz **6** 40
– Regelungsbedürfnis **6** 58, 105
Näherungsverbote bei Misshandlung eines Kindes **3** 213; **6** 95
Naturalunterhalt **2** 25, 268
Nebenentscheidungen **2** 184; **3** 78, 120
Negative Feststellungsklage **2** 163, 188, 314, 580
Notunterhalt **2** 411 ff.

Parteien
– Arrest **12** 41; **13** 40
– einstweilige Verfügung **2** 459
– Leistungsverfügung (§ 1615o BGB) **2** 519
– Verfügungsverfahren Hausrat **4** 126
Persönliche Gebrauchsgegenstände *siehe* Gegenstände des persönlichen Gebrauchs
Persönlicher Arrest **12** 12
Pflegschaft **3** 14, 18
Primärer vorläufiger Rechtsschutz **1** 2
Prozesskostenhilfe **2** 253, 318, 404, 497; **3** 131, 192, 267; **4** 48, 88; **5** 88; **6** 88, 136; **9** 43; **11** 21; **14** 35
Prozesskostenvorschuss
– Bedürftigkeit **2** 550
– bei (anhängiger) Ehesache **2** 606 ff.
– bei isolierter Familiensache
– – Anhängigkeit der Hauptsache **2** 591
– – Anspruchsgegner **2** 592
– – Ehewohnung **2** 598
– – Gewaltschutzgesetz **2** 601
– – Güterrecht **2** 599
– – Hausrat **2** 598
– – Kindesherausgabe **2** 596
– – Sorgerechtsverfahren **2** 593
– – Stundung Zugewinn **2** 600
– – Umfang **2** 591

– – Umgangsverfahren **2** 595
– – Verfahrensarten **2** 591
– – Versorgungsausgleich **2** 597
– bei Kindschaftsverfahren **2** 319 ff., 535
– bei Unterhaltsverfahren **2** 559 ff.
– – Anhängigkeit der Hauptsache **2** 560
– – Art der Hauptsache **2** 561
– – Inhalt **2** 563
– – persönlicher Wirkungsbereich **2** 563
– – Ratenzahlung **2** 579
– – Umfang des Anspruchs **2** 564
– – zeitliche Begrenzung **2** 567
– Ehegatten **2** 537
– einstweilige Verfügung **2** 535, 608 ff.
– – Antrag **2** 617
– – Anwendungsbereich **2** 611
– – Familiensachen **2** 610
– – Hauptsacheverfahren **2** 612, 614
– – Inhalt **2** 613
– – Nichtfamiliensachen **2** 609
– – Prozesskostenhilfe **2** 624
– – Rückzahlung **2** 622
– – Verfahrensablauf **2** 620
– – Verfügungsgrund **2** 616
– – Verhältnis zu Hauptsacheverfahren **2** 614
– – Verhältnis zu sonstigem einstweiligen Rechtsschutz **2** 615
– Enkelkinder **2** 544
– Erfolgsaussicht **2** 556
– Kinder, minderjährige **2** 540
– Kinder, volljährige **2** 540
– Lebenspartner **2** 538, 606
– Leistungsfähigkeit **2** 552
– materielle Grundlagen **2** 536 ff.
– Mutter eines nichtehelichen Kindes **2** 331, 545
– nichteheliche Lebensgefährten **2** 539
– nichteheliches Kind **2** 331
– persönliche Angelegenheiten **2** 546 ff.
– Prozesskostenhilfe **2** 553, 560, 588
– Ratenzahlung **2** 554
– Rückzahlung **2** 587
– Verwandte **2** 543, 540
Prozessstandschaft **2** 291

674

Stichwortverzeichnis

Prüfungsumfang
- Arrest **12** 49; **13** 42
- Ehewohnung **5** 67, 114
- Getrenntleben/Belästigungsverbote **7** 30
- Gewaltschutz **6** 74, 120
- Hausrat **4** 36, 81
- Herausgabe persönlicher Gegenstände **9** 40, 71
- Sorgerecht **3** 62,174
- Umgangsrecht **3** 68
- Unterhaltsanordnung **2** 110

Räumlich gegenständlicher Bereich der Lebenspartnerschaft **8** 2 f.
Räumungsanordnung **5** 14, 68
Rechtfertigungsverfahren
- einstweilige Verfügung **2** 486 ff.

Rechtliches Gehör
- Arrest **12** 45; **13** 40
- Ehewohnungsanordnung **5** 63
- einstweilige Verfügung **2** 463
- Getrenntleben/Belästigungsverbote **7** 28
- Gewaltschutz **6** 68, 115
- Hausratsanordnung **4** 32
- Herausgabe persönlicher Gegenstände **9** 35, 65
- Leistungsverfügung (§ 1615o BGB) **2** 519
- Sorgerecht **3** 53
- Unterhaltsanordnung **2** 97
- vorläufige Anordnung **3** 230

Rechtsbehelfe
- Abänderung *siehe dort*
- Antrag auf mündliche Verhandlung *siehe dort*
- anwaltliche Vertretung **3** 186
- Arrest **12** 70 ff.; **13** 45
- Aufhebung *siehe dort*
- Ehewohnungsanordnung **5** 76 ff., 117
- einstweilige Anordnung nach § 3a Abs. 9 S. 3 VAHRG **11** 19
- einstweilige Verfügung (Ehestörungen) **8** 22
- einstweilige Verfügung (Gegenstände des persönlichen Gebrauchs) **9** 99
- einstweilige Verfügung (Gewaltschutz) **6** 159
- einstweilige Verfügung (Hausrat) **4** 129
- einstweilige Verfügung (Veräußerungsverbot) **10** 19, 32
- gegen Vollstreckungsmaßnahmen **3** 76
- Getrenntleben/Belästigungsverbote **7** 33
- Gewaltschutz **6** 80, 129 ff.
- Hausratsanordnung **4** 40, 84
- Herausgabe persönlicher Gegenstände **9** 42, 74
- Leistungsverfügung **2** 483 ff.
- Leistungsverfügung (§ 1615o BGB) **2** 528 ff.
- Prozesskostenvorschuss **2** 582 ff., 605
- sofortige Beschwerde *siehe dort*
- Sorgerechtsanordnung **3** 186
- Unterhaltsanordnung **2** 133 ff., 309, 381 ff.
- vorläufige Anordnung **3** 245 ff.
- Zwischen- und Nebenentscheidungen **3** 78, 120

Rechtshängigkeit **1** 12 f., 14 ff.
Rechtskraft
- beschränkte **1** 12, 20
- formelle **1** 18
- materielle **1** 19

Regelbetrag **2** 412
Regelungsbedürfnis
- allgemein **2** 58 f.
- Arrest *siehe* Arrestgrund
- Belästigungsverbote **7** 20
- Ehewohnungsanordnung **5** 26, 101
- einstweilige Verfügung (Ehestörungen) **8** 10
- einstweilige Verfügung (GewSchG) **6** 148
- Gegenstände des persönlichen Gebrauchs **9** 24, 55, 90
- Getrenntleben **7** 19
- Gewaltschutz **6** 58,105
- Hausratsanordnung **4** 19, 67
- Herausgabe des Kindes **3** 43, 159, 162
- Leistungsverfügung (§ 1615o BGB) **2** 509
- Prozesskostenvorschuss **2** 573, 604

Stichwortverzeichnis

- Sorgerecht **3** 39, 159 f.
- Umgangsrecht **3** 42, 159, 161
- Unterhaltsanordnung **2** 60 ff., 287, 348
- vorläufige Anordnung **3** 222
Rückforderung
- Unterhalt **2** 248
Rückforderungsklage **2** 188
- Prozesskostenvorschuss **2** 580

Schadensersatz
- Arrest **12** 140
 – – Aufhebung nach § 926 Abs. 2 ZPO **12** 153
 – – ungerechtfertigte Anordnung **12** 142
 – – Vollziehungsschaden **12** 155; **13** 46
- nach § 641g ZPO **2** 400
- nach Leistungsverfügung **2** 495
- nach Leistungsverfügung (§ 1615o BGB) **2** 534
- Zuständigkeit **12** 160
Schuldrechtlicher Versorgungsausgleich **11** 22, *siehe auch* verlängerter schuldrechtlicher Versorgungsausgleich
Schutzschrift **12** 137
Schwere Härte **5** 35
Sekundärer vorläufiger Rechtsschutz **1** 2
Sicherheitsleistung
- Arrest **12** 33, 53
Sicherung des Anspruchs nach § 1389 BGB
- Arrest **12** 161
- einstweilige Verfügung **12** 165
Sicherung des Ausgleichsanspruchs gegen Dritte **12** 178
Sicherung des Unterhalts
- § 641d ZPO **2** 319, 335
- Arrest **13** 1 ff.
Sicherung von Geldforderungen
- aus verbotswidrigen Geschäften **10** 35
Sofortige Beschwerde
- Abhilfe **3** 111
- Anschlussbeschwerde **3** 110; **5** 83
- anwaltliche Vertretung **3** 105 f.
- Aussetzung der Vollziehung **3** 112
- Begründung **3** 107

- Beschwer **3** 109; **5** 82
- Beschwerdeberechtigung **3** 108; **5** 81
- Ehewohnungsanordnung **5** 80
- Entscheidung **3** 115; **5** 85
- Form, Frist **3** 104
- Gewaltschutz **6** 80, 129
- greifbare Gesetzeswidrigkeit **2** 172, 312; **3** 100 ff.
- Hausratsanordnung **4** 85
- Inhalt angreifbarer Entscheidungen **3** 94
- Kindesherausgabe **3** 99
- Prozesskostenvorschuss **2** 582
- Sorgerecht **3** 87 ff., 98
- Umgangsrecht **3** 87
- Unterhaltsanordnung **2** 171, 312, 387
- Verfahrensablauf **3** 84, 104 ff.
- Verfahrensvoraussetzungen **3** 88 ff.
Sonderbedarf **2** 25, 268, 330
Sorgerecht
- Anhängigkeit Hauptsacheverfahren **3** 134
- Einzelanordnungen **3** 67
- Regelungsbedürfnis **3** 39
Sozialhilfe **2** 328, 437
Streitige FGG-Familiensachen **1** 7
Stundung der Ausgleichsforderung
- einstweilige Anordnung (§ 53a FGG) **12** 169 ff., *siehe auch* bei einstweilige Anordnung

Trennungsunterhalt **2** 18

Überlassung der Ehewohnung **6** 29
- teilweise **6** 36
Überlassung der gemeinsamen Wohnung **6** 97
Übersicht
- Ehewohnung, Belästigungsverbote **5** 3
- Getrenntleben, Belästigungsverbote **7** 4
- Gewaltschutz, Belästigungsverbote, Wohnungszuweisung **6** 3
 – – Voraussetzungen **6** 64, 111
- güterrechtliche Verfügungsverbote **10** 7
- Hausrat **4** 2
 – – Voraussetzungen **4** 26

Stichwortverzeichnis

- Herausgabe persönlicher Gegenstände **9** 3
  - – – Voraussetzungen **9** 30, 61
- Sorgerecht, Umgangsrecht, Herausgabe des Kindes **3** 2
  - – – Voraussetzungen **3** 49
- Unterhalt **2** 2
- Unterhalt (§ 1615o BGB)
  - – – Voraussetzungen **2** 514
- Unterhalt (§ 620 Nr. 4, 6 ZPO)
  - – – Voraussetzungen **2** 77
- Unterhalt (§ 641d ZPO)
  - – – Voraussetzungen **2** 362
- Unterhalt (§ 644 ZPO)
  - – – Voraussetzungen **2** 293
- Unterhalt (Leistungsverfügung)
  - – – Voraussetzungen **2** 446
- Unterhalt, Sicherung **13** 2
  - – – Voraussetzungen **13** 36
- Zugewinn/Ausgleichsforderung, Sicherung **12** 2
  - – – Voraussetzungen **12** 29

Übertragung von Vermögensgegenständen
- einstweilige Anordnung (§ 53a FGG) **12** 169 ff., *siehe auch* bei einstweilige Anordnung

Umdeutung
- Verfügungsantrag **2** 52

Umgang, begleiteter **3** 23

Umgangsrecht
- Ausschluss **3** 23
- bei Anhängigkeit Ehesache **3** 3
- Beschränkung **3** 23
- Maßnahmen gegen Dritte **3** 152
- persönlicher Wirkungsbereich **3** 19, 148
- Regelungsbedürfnis **3** 42
- Regelungsinhalt **3** 21 f., 151

Unbillige Härte **5** 35 ff.
- Beweislast **5** 48
- Billigkeitsabwägung **5** 43
- Definition **5** 42 f.
- Prüfungskriterien **5** 47 ff.
- widerstreitende Interessen **5** 44

Untätigkeitsbeschwerde **2** 175, **3** 103

Unterhalt
- Arrest *siehe auch* Arrest Unterhalt **13** 1 ff.
- bei Anhängigkeit Ehesache **2** 3
- bei Anhängigkeit isolierte Hauptsache **2** 266 ff.
- bei Anhängigkeit Lebenspartnerschaftssache **2** 3
- bei Vaterschaftsfeststellung § 641d **2** 326
- Betrag **2** 20, 267
- Ehegatte **2** 15, 18, 266, 407
- Ehegattenunterhalt **2** 266
- Kind, eheliches **2** 13, 266, 407
- Kind, nichteheliches **2** 266, 319, 407, 500
- Kind, volljähriges **2** 32, 266, 407
- Kongruenz zu Hauptsacheverfahren **2** 270
- Lebenspartner **2** 16, 19, 36, 266, 407
- Leistungsverfügung (§ 1615o BGB) **2** 498 ff.
- Leistungsverfügung *siehe dort*
- minderjährige Kinder **2** 13
- Mutter eines nichtehelichen Kindes **2** 266, 319, 326, 407, 501
- nach Rechtskraft der Scheidung **2** 35
- nichteheliches Kind **2** 319, 326
- Regelungsinhalt **2** 17, 267, 327, 408, 500, 501
- Rückforderung **2** 248
- Rückstände **2** 269
- rückwirkend **2** 28, 273
- Sicherung **2** 319, 335, 501, 527; **13** 1 ff.
- Vater eines nichtehelichen Kindes **2** 266, 407, 502
- vertraglich **2** 407
- Verwandtenunterhalt **2** 266, 407
- volljährige Kinder **2** 32, 266, 407
- vor Geburt des Kindes **2** 504
- zeitliche Beschränkung **2** 269, 334

Vaterschaft **2** 367 f.
Vaterschaftsanfechtungsklage **2** 323, 325
Vaterschaftsfeststellungsklage, negative **2** 325

677

Vaterschaftsklage **2** 320
Veräußerung der Ehewohnung **5** 129
Veräußerungsverbot
– bei Maßnahme nach GewSchG **6** 39
– bei Zuweisung der Ehewohnung **5** 17
– gegen Dritte **10** 22 ff.
– gegen Ehegatten/Lebenspartner **10** 9
Verbleibensanordnung **3** 146
Verbot
– Aufenthalt in Wohnungsnähe **6** 21
– Aufsuchen bestimmter Orte **6** 22
– Umgangsrecht **3** 73
– Verbindung aufzunehmen **6** 23
– Wohnung zu betreten **6** 20
– Zusammentreffen herbeizuführen **6** 24
Verfahrensablauf *siehe* Ablauf des Verfahrens
Verfahrensantrag
– Bindungswirkung **3** 63
Verfahrensgestaltung **2** 98; **3** 55, 172; **6** 68
Verfahrenspfleger **3** 120
– Anfechtung der Bestellung **3** 120
Verfahrensselbstständige Maßnahmen
– Begriff **1** 4
– Leistungsverfügung **2** 406
Verfahrensunselbstständige Maßnahmen
– Begriff **1** 4
Verfügungsanspruch
– einstweilige Verfügung (GewSchG) **6** 155
Verfügungsgrund **2** 433
– Ehestörungen **8** 10
– Ehewohnung **5** 124
– freiwillige Leistungen Dritter **2** 438
– Gegenstände des persönlichen Gebrauchs **9** 90
– Gewaltschutz **6** 148
– Prozesskostenvorschuss **2** 616
– Sozialhilfe **2** 436
– Veräußerungsverbot **10** 14, 29
Vergleich
– Abänderung **2** 106
– Arrest **12** 48; **13** 41
– Belästigungsverbote **7** 29
– Bindungswirkung **3** 60

– Ehewohnung **5** 65
– endgültige Regelung **2** 105
– Gewaltschutz **6** 71 f., 118
– Hausrat **4** 35, 79
– Herausgabe persönlicher Gegenstände **9** 38, 68
– Interimsvergleich **2** 105
– Leistungsverfügung **2** 466
– Sorgerecht **3** 58
– Umgangsrecht **3** 59
– Unterhalt **2** 104 ff., 302, 376, 521
– vorläufige Anordnung **3** 58 ff., 233
Verhältnis
– Anordnungsverfahren nach § 926 Abs. 1 ZPO und anderweitige Rechtsbehelfe **12** 101, 102
– Arrest und Hauptsacheverfahren **12** 14; **13** 20
– Arrest zu §§ 1615o BGB, 641d ZPO **13** 23 ff.
– Arrest zu einstweiliger Anordnung nach § 53a Abs. 3 FGG **12** 15
– Arrest zu einstweiliger Verfügung auf Leistung einer Ausgleichszahlung **12** 17
– Arrest zu Leistungsverfügung **13** 22
– Aufhebungsverfahren nach § 927 ZPO zu anderweitigen Rechtsbehelfen des Arrestverfahrens **12** 128
– Aufhebungsverfahren nach § 927 ZPO zu Hauptsacheverfahren **12** 128
– einstweilige Verfügung auf (Veräußerungsverbot) zu einstweiliger Anordnung **10** 13
– verschiedener Maßnahmen zu elterlicher Sorge, Umgangsrecht, Herausgabe des Kindes **3** 30 ff., 36 ff., 155, 157, 158, 201, 206, 210
– verschiedener Maßnahmen zum Hausrat **4** 12, 14, 18, 59, 63, 64
– verschiedener Maßnahmen zu Wohnungszuweisung und Belästigungsverboten **5** 19 ff., 23, 56, 95, 96; **6** 30, 48, 51 f., 57, 98, 101 ff.; **7** 13, 15, 18
– verschiedener Maßnahmen zum Prozesskostenvorschuss **2** 569, 571 f., 602 f.

Stichwortverzeichnis

- verschiedener Maßnahmen zum Unterhalt **2** 38, 46 f., 51 ff., 53 ff., 275, 277, 282 f., 339, 341 f., 344, 422 f., 425, 432 503 f.
- verschiedener Maßnahmen zur Herausgabe persönlicher Gegenstände **9** 13 ff., 18 ff., 21 ff., 51, 53 f., 84 ff.
- vorläufige Anordnung und einstweilige Anordnung **3** 220
- vorläufige Anordnung und Hauptsacheverfahren **3** 218
- Widerspruch und Hauptsacheverfahren **12** 78
- Widerspruch zu weiteren Rechtsbehelfen des Arrestverfahrens **12** 79

Verhinderung der Zwangsvollstreckung
- aus verbotswidrigem Verpflichtungsgeschäft **10** 33
- gegen verbotswidrigen Erwerber **10** 34
- wegen Teilungsversteigerung **10** 20 f.

Verhinderung verbotswidriger Verfügungen **10** 9 ff.

Verlängerter schuldrechtlicher Versorgungsausgleich
- einstweilige Anordnung nach § 3a Abs. 9 S. 3 VAHRG **11** 2
-- Regelungsbedürfnis **11** 7
-- Regelungsinhalt **11** 4

Versäumung der Klagefrist
- Leistungsverfügung **2** 484, 486
- Leistungsverfügung (§ 1615o BGB) **2** 529

Versäumung der Vollziehungsfrist
- Arrest **12** 59

Vollstreckung **3** 185
- Arrest **12** 56; **13** 45
-- vor Zustellung **12** 58
- Belästigungsverbote **7** 32
- Ehestörungen **8** 21
- Ehewohnung **5** 72, 116
- einstweilige Anordnung nach § 3a Abs. 9 S. 3 VAHRG **11** 18
- einstweilige Einstellung **2** 132, 183, 189 ff., 309
- elterliche Sorge **3** 70

- Gewaltschutzmaßnahmen **6** 76 ff., 126 ff., 158
-- mehrfacher Vollzug **6** 127
-- vor Zustellung **6** 128
- Hausrat **4** 39, 83, 128
- Herausgabe des Kindes **3** 71
- Herausgabe persönlicher Gegenstände **9** 41, 73, 99
- Leistungsverfügung **2** 476 ff.
- Leistungsverfügung (§ 1615o BGB) **2** 527
- Prozesskostenvorschuss **2** 580 f., 604
- Umgang **3** 71
- Unterhalt **2** 128 ff., 309, 380
- Veräußerungsverbot **10** 18, 32
- vor Zustellung **2** 478
- vorläufige Anordnung **3** 70 ff., 244

Vollstreckungsabwehrklage **2** 163, 194 ff., 313, 580

Vollstreckungsklausel
- Arrest **12** 56
- einstweilige Verfügung **2** 477

Vollstreckungsmaßnahmen
- Rechtsbehelfe **3** 76
- Umgangsrecht; Herausgabe des Kindes **3** 73

Vollziehungsfrist **2** 479
- Arrest **12** 59, 60 ff.
- Versäumung
-- Folgen **12** 65 ff.
- Wahrung **12** 63

Vollziehungsschaden **2** 400

Vorgeschalteter vorläufiger Rechtsschutz
- Begriff **1** 3

Vorläufige Anordnung **3** 15
- Abänderung elterliche Sorge **3** 214
- Abgrenzung zu einstweiliger Anordnung **3** 201
- Anhängigkeit des Hauptsacheverfahrens **3** 209
- Antragstellung **3** 223
- Anwendungsbereich **3** 193, 204 f.
- Begriff **1** 5
- Deckungsgleichheit mit Hauptsacheverfahren **3** 211

679

Stichwortverzeichnis

- dienende Anordnungen **3** 199
- Ehewohnung **5** 119
- Entscheidung **3** 234
- Gewaltanwendung gegen das Kind **3** 213
- Gewaltschutz **6** 137
- Hauptsacheverfahren auf Antrag **3** 197, 206
- Hauptsacheverfahren von Amts wegen **3** 194 ff., 205
- Hausrat **4** 89
- Herausgabe des Kindes **3** 217
- Missbrauch elterlicher Sorge **3** 195, 204, 206, 213
- Regelungsbedürfnis **3** 222
- Regelungsumfang **3** 239
- Sorge-, Umgangsrecht, Herausgabe des Kindes **3** 193 ff.
- Sorgerecht **3** 198, 200, 207, 212 ff.
- Teilbereiche elterlicher Sorge **3** 215
- Umgangsrecht **3** 196, 204, 208, 216
- Verfahrensantrag **3** 224

Vorläufige Vollstreckbarkeit **4** 82
- Arrest **12** 55
- Ehewohnung **5** 71
- Unterhalt **2** 127, 309, 380

Vormundschaft **3** 14

Wahrscheinlichkeit **1** 27 ff.
- Arrest **12** 63
- hohe **1** 31; **2** 21
- überwiegende **1** 29
- Vollbeweis **1** 31

Widerklage
- Vaterschaftsfeststellung **2** 324

Widerspruch
- Arrest **12** 75 ff.
- Entscheidung **12** 86
- Kostenentscheidung **12** 88
- Verfahrensablauf **12** 83
- Verhältnis zu Aufhebung **2** 488

Wille des Kindes **3** 66

Wohnungszuweisung *siehe auch* Ehewohnungszuweisung
- einstweilige Verfügung **6** 140 ff.
- GewSchG **6** 29

Wohnungszuweisung bei Misshandlung eines Kindes **3** 213; **6** 95

ZPO-Familiensachen
- Begriff **1** 6

Zugewinnausgleich
- Arrest **12** 3 ff.
- einstweilige Verfügung **12** 162 ff.

Zugewinngemeinschaft **10** 1

Zuständigkeit **2** 619
- Arrest **12** 34; **13** 39
- – – Schadensersatz **12** 160
- Ehestörungen **8** 18
- Ehewohnung **5** 60, 110, 128
- einstweilige Anordnung nach § 3a Abs. 9 S. 3 VAHRG **11** 12
- elterliche Sorge, Umgangsrecht, Herausgabe des Kindes **3** 50, 166
- Getrenntleben/Belästigungsverbote **7** 27
- Gewaltschutz **6** 66, 112, 156
- Hausrat **4** 31, 76
- Herausgabe persönlicher Gegenstände **9** 33, 63, 97
- internationale **2** 91, **14** 15 ff.
- Leistungsverfügung **2** 448 ff.
- Leistungsverfügung (§ 1615o BGB) **2** 516
- Prozesskostenvorschuss **2** 577
- Unterhalt **2** 81, 295, 370
- Veräußerungsverbot **10** 17, 31
- vorläufige Anordnung **3** 225

Zuständigkeit, internationale
- Arrest **14** 18
- Ehesache **14** 3
- Ehewohnung **14** 17
- einstweilige Anordnung nach § 620 ZPO
  - – – bei anhängiger Ehesache **14** 3
  - – – bei anhängiger Lebenspartnerschaftssache **14** 3
- einstweilige Verfügung **14** 18
- elterliche Sorge **14** 4 ff., 13
- Hausrat **14** 17
- Herausgabe des Kindes **14** 4 ff., 13
- isolierte Verfahren **14** 13
- Lebenspartnerschaftssache **14** 3

- Leistungsverfügung (§ 1615o BGB) **2** 518
- Maßnahmen nach dem GewSchG **14** 17
- Rückführung des Kindes in Entführungsfällen **14** 6
- Umgangsrecht **14** 4 ff., 13
- Unterhalt **14** 15

Zwangsvollstreckung in Ehewohnung **2** 184

Zwischenentscheidungen **3** 78, 120